Julian Caskel · Hartmut Hein (Hrsg.)

Handbuch Dirigenten

Julian Caskel ∙ Hartmut Hein (Hrsg.)

Handbuch Dirigenten

250 Porträts

Bärenreiter

Metzler

Mehrere Register zum Buch finden Sie unter:
https://www.baerenreiter.com/extras/BVK2174

Die im Buch angegebenen Websites können bequem auch
auf dem folgenden Weg aufgerufen werden:
- Aufruf der Website http://links.baerenreiter.com
- Eingabe von »BVK2174-« und daran angehängt jeweils die Nummer,
  die hinter ↪ angegeben ist; für den ersten Link (S. 57 unten)
  also insgesamt: BVK2174-0001

Die hier hinterlegten Links werden in regelmäßigen Abständen
auf ihre Aktualität überprüft. Wir freuen uns, wenn Sie uns
auf der genannten Website Aktualisierungsbedarf melden.

Bibliografische Information der Deutschen Nationalbibliothek
Die Deutsche Nationalbibliothek verzeichnet diese Publikation
in der Deutschen Nationalbibliografie;
detaillierte bibliografische Daten sind im Internet
über www.dnb.de abrufbar.

Auch als eBook erhältlich
(epub: ISBN 978-3-7618-7027-3 ▪ epdf: ISBN 978-3-7618-7032-7)

© 2015 Bärenreiter-Verlag Karl Vötterle GmbH & Co. KG, Kassel
Umschlaggestaltung: +CHRISTOWZIK SCHEUCH DESIGN unter Verwendung
folgender Fotos (von links oben nach rechts unten): René Jacobs, Gustavo Dudamel,
Yannick Nézet-Séguin, Simon Rattle (alle akg-images / Marion Kalter),
Andris Nelsons (Marco Borggreve), Simone Young (Klaus Lefebvre)
Lektorat: Diana Rothaug
Korrektorat: Daniel Lettgen, Köln
Innengestaltung: Dorothea Willerding
Satz: Dorothea Willerding und Christina Eiling, EDV + Grafik, Kaufungen
Druck und Bindung: Beltz Bad Langensalza GmbH, Bad Langensalza
ISBN 978-3-7618-2174-9 (Bärenreiter) ▪ ISBN 978-3-476-02392-6 (Metzler)
www.baerenreiter.com ▪ www.metzlerverlag.de

Inhalt

Zur Einleitung   7

Essays

   Komponierende Kapellmeister und dirigierende Konzertmeister:
   Zur Vorgeschichte des »interpretierenden Dirigenten«   19

   Dirigenten, Komponisten und andere Diktatoren   26

   Der Dirigent »im Zeitalter seiner technischen Reproduzierbarkeit«   33

   Dirigent und Probe   38

   Aspekte einer Kultur- und Ideengeschichte des Dirigierens   42

   »Werktreue« und die »Aura« des Dirigenten:
   Eine Einführung in ein ästhetisches Dilemma   46

Abkürzungsverzeichnis   52

Dirigenten A bis Z   53

Zur Einleitung

I.

Über Dirigenten kann man sich wundervoll streiten. Sie bieten dem informierten Experten wie dem interessierten Publikum eine Projektionsfläche für sämtliche Formen einer angemessenen oder unsachlichen Verbalisierung der erklingenden Musik. Dabei sind die Rezeptionsurteile über das Dirigieren relativ risikolos: Weit weniger als bei Sängern oder Instrumentalisten gibt es eindeutige technische Kriterien, an denen das Gefallen oder Missfallen sich zu orientieren hätte. Man erkennt das daran, dass die Inhalte, die in Lehrbüchern des Dirigierens unterrichtet werden, in der Musikkritik und auch in der musikwissenschaftlichen Interpretationsforschung fast nie eine Rolle spielen. Es wird über andere Dinge geredet als über die Angemessenheit einer bestimmten Schlagfigur in einer bestimmten Taktart in einem bestimmten Tempo. Das gilt auch für dieses Buch: Es entwickelt seine eigenen Sach- und Werturteile vornehmlich anhand von Tonträgern. Denn erstens kann trotz der möglichen Manipulationen durch Mikrofone, Nachbearbeitungen und Neukopplungen in den meisten Fällen unterstellt werden, dass der Dirigent sozusagen wie ein Regisseur das Recht über den »Final Cut« einer Aufnahme besitzt. Zweitens wird durch Tonträger eine einheitliche Grundlage zur Beschreibung verschiedener zeitlicher, stilistischer und auch geografischer Orte des Dirigierens gegeben. Drittens macht diese Aussagebasis für den Leser »jede unserer Aussagen nachprüfbar« (so haben es Ingo Harden und Gregor Willmes, die Autoren der *PianistenProfile*, formuliert). Mithilfe solcher Um-Schreibungen des fixierten Klangs sollen in diesem Handbuch exakt 250 Dirigenten der Gegenwart wie der Vergangenheit porträtiert werden.

Das Schreiben über das Dirigieren scheint nun genauso alt zu sein wie der gar nicht so alte Beruf des »modernen« Dirigenten – der wohl nicht zufällig relativ zeitgleich mit einem öffentlichen Presse- und Rezensionswesen zu Bedeutung gekommen ist. Man könnte vielleicht sogar sagen: Ohne die Musikkritik ist der Dirigent eigentlich gar nicht zu ertragen. Erst die Möglichkeiten zur Karikatur, zum Verriss, aber auch zum fundierten Lob bewirken, dass der Dirigent nicht als anachronistisch-autoritärer Dinosaurier in einer demokratischen Gesellschaft erscheint (auf diese Problematik hat Wolfgang Hattinger in seinem neuen Standardwerk *Der Dirigent* hingewiesen). Man könnte aber vielleicht auch sagen: Ohne den Dirigenten ist die Musikkritik eigentlich kaum zu ertragen. Erst die Idee vom »Dirigent als Statthalter« (Carl Dahlhaus) des komponierten Werks erzeugt einen Autor der einzelnen Aufführung, auf den die Kritik auch im Fall der groß besetzten Orchestermusik ihre eigenen Ausführungen zurücklenken kann. In diesem Spannungsfeld sollen »populäre« Charakteristika der 250 Dirigenten diskutiert werden, doch besteht auch ein Anspruch der »objektiven« Beschreibung von Interpretationsformen und Klangstrategien, der sich einer stärker fachspezifischen Erwartung an wissenschaftlich haltbare Urteile zu stellen hat. Die einzelnen Porträts müssen sich also einerseits daran messen lassen, ob sie Lust darauf machen, einen Dirigenten neu zu entdecken oder anders zu bewerten, und möchten andererseits dennoch immer eine kritische Distanz zu allen »Pult-Legenden« bewahren. Einige vorangestellte Überlegungen sollen daher unsere Entscheidungen als Herausgeber sowohl in der »harten« Frage der Auswahl der

Dirigentennamen wie auch in den »weicheren« Fragen der für die Darstellung gewählten Stilistik transparent machen.

II.

Dieses Buch befasst sich mit einem Feld, das üblicherweise der Musikkritik zugeordnet ist, auch wenn es hauptsächlich von Menschen verfasst wurde, deren Tätigkeitsbereich die öffentlich meist weniger präsente »akademische Musikwissenschaft« ist. Dazu muss man wissen, dass der Dirigent und die Musikwissenschaft erst sehr spät und sehr zögerlich zueinandergefunden haben. Man könnte sagen, sie misstrauen sich gegenseitig: Der Musikwissenschaftler ist solide, aber glanzlos (und unterstellt dem Dirigenten, bei ihm sei es umgekehrt). Vor allem aber erfüllen Wissenschaftler und ausführende Künstler im Musikleben tatsächlich gegensätzliche Aufgaben. Der Wissenschaftler kann schriftliche Quellen auswerten, Drucke und Handschriften eines Werks vergleichen und dessen Fassungen kritisch edieren, aber auch das »Jedes-Mal-Anders« vergangener Aufführungen darstellen; er überführt also generell vorhandene Musik in einen möglichst zuverlässigen Notentext oder auch in kommentierende Texte, die beide in bestimmten Fällen für folgende Aufführungen verpflichtend werden können. Ein Interpret wiederum soll aus solchen verbindlichen Vorlagen »seine« individuelle Aufführung herleiten und wandelt somit Texte neuerlich in Taten um. Die Musikkritik schließlich ist davon abhängig, dass es beides gibt, das objektive »Werk«, an dem man die einzelne Aufführung messen kann, und die subjektive Ausführung, durch die der Interpret als Individuum beschreibbar wird. Musikkritiker und Musikwissenschaftler misstrauen sich daher noch viel mehr, weil das Geschäft des einen schon vor der Aufführung zu enden und das Geschäft des anderen erst mit der Aufführung zu beginnen scheint.

Nun gibt es durchaus honorige Gründe, warum man mit einem Musikwissenschaftler über vieles sehr schön reden kann, nur nicht über Musik. Der transitorische Charakter des musikalischen Klangs, der nur durch einen gegebenen Notentext vermindert werden kann, vermag vielleicht am besten zu erklären, warum das Tabu einer Wissenschaft auch über Konzerte, Tonträger und Interpretationen bis in das späte 20. Jahrhundert hinein Bestand haben konnte. Doch bleibt es bis heute ein geradezu elementares Bedürfnis der Musikwissenschaft, auch dann, wenn sie über Konzerte und Tonträger spricht, eine Annäherung an die »subjektive« Beschreibungssprache der Musikkritik unter allen Umständen zu vermeiden. Es stellt sich dann aber die Frage, ob es überhaupt möglich ist, musikalischen Klang in einer nicht-empirischen Weise und dennoch »objektiv« zu beschreiben. Warum dies immer noch ein Risiko zu sein scheint, kann man am besten verständlich machen, indem man in aller gebotenen Kürze die wesentlichen Methoden und Begriffe einer musikalischen Interpretationsforschung erläutert.

Metaphorisch könnte man das Haus, in dem sich die musikwissenschaftliche Analyse von Tonträgern eingerichtet hat, als eher schmucklosen Plattenbau bezeichnen. Das erste und eigentlich bis heute einzig wirklich etablierte Kriterium zur Klassifizierung des Klangs bezieht sich darauf, ob eine interpretatorische Entscheidung dem Partiturtext entspricht oder vom Partiturtext abweicht. Im Plattenbau der Interpretationsforschung gibt es eine große Anzahl immer gleich eingerichteter Zweizimmerwohnungen: Der Raum der Erfüllung des Notentexts heißt »Neue Sachlichkeit«, der Ort der Abweichungen heißt »Espressivo«. Der fragile Status der Interpretationsanalyse ist schon daran erkennbar, dass sich für diese eigentlich präzisen Zuordnungen zwei derart unpräzise Etiketten etabliert haben. Der Begriff des »Espressivo« konzentriert sich auf konkrete technische Merkmale wie das Rubato oder Portamento, die er als ästhetische Qualitäten wahrnimmt. Der Begriff der »Sachlichkeit« weitet den Namen einer kurzlebigen Erscheinung der

Kunstgeschichte auf einen sich fast zeitgleich nach dem Ersten Weltkrieg entwickelnden, bis heute dominanten »neuen« Modus der Interpretation aus, für den sich jenseits der Postulate der »Werktreue« (bzw. Text- oder Partiturtreue) weitere technische Sach-Kriterien viel weniger klar angeben lassen (auch weil das Befolgen von Gesetzen schwerer nachzuerzählen ist als das Nicht-Befolgen). Die beiden gängigen aufführungspraktischen Antipoden gehen allerdings in Theorie wie Praxis durchaus Synthesen ein: in der heutigen Orientierung gerade auch »traditionell« ausgebildeter Dirigenten und Orchester an historischen Erkenntnissen, aber auch mit dem zunehmenden Interesse an einer Rekonstruktion der Anfänge unserer nach wie vor eigentlich »romantischen« Tradition öffentlicher Institutionen (des zumeist immer noch »städtischen« Konzertwesens wie auch der Opernhäuser und Festivals). Problematisch sind die Etiketten vor allem, weil sie dazu verleiten, den grundlegenden Dualismus von Partiturtreue und Partiturabweichung ungeprüft auf andere Dualismen zu übertragen. So sind die beiden Modi der Interpretation direkt mit den Namen von Wilhelm Furtwängler und Arturo Toscanini verbunden worden; jedoch erzeugen Furtwänglers Tempomodifikationen oftmals auch die bewusst kalkulierte Abbildung einer verborgenen musikalischen »Tiefenstruktur« (besonders typisch als Temposteigerung hin zum Werk- oder Satzende). Die Magie Toscaninis wiederum beruht weniger darauf, dass seine Interpretationen das Ideal unbedingter Texttreue tatsächlich erfüllen, sondern dass sie erstmals ostentativ ein solches Ideal erfüllen wollen (und ihm selbst dort eine Gestalt zu verleihen scheinen, wo de facto wie in den Sinfonien Beethovens die tradierten Retuschen zu hören sind). Das Denken im Dualismus von Espressivo und Sachlichkeit wird zudem problematisch, wenn sich zentrale Interpreten mit ihren Eigenheiten spürbar jenseits dieses Gegensatzes positionieren. Hierfür scheint Herbert von Karajan paradigmatisch: Der mit seinem Namen verbundene Begriff eines perfektionistischen »Schönklangs« verdankt sich nicht zuletzt der Notwendigkeit, für einen offenkundig eher dem Prinzip der Partiturtreue verpflichteten Ansatz dennoch eine ästhetisch abwertende Vokabel zur Hand zu haben. Karajan wäre somit darin modernistisch, dass er das Ideal der Schönheit an den Klang anbindet (und nicht an die Melodie oder den dramatischen Gehalt), er bleibt aber zugleich merkantil orientiert, indem er den Klang eben an das Ideal einer Schönheit anbindet, deren »Vollkommenheit« immer auch als bestes Verkaufsargument herzuhalten vermag. Dieses Klangmodell aber lässt sich interessanterweise besser auf die Musik Schönbergs als auf die von Strawinsky oder Hindemith übertragen. Karajan kann zum paradigmatischen Dirigenten der neusachlichen Schule werden, obgleich das mit diesem Etikett verbundene Repertoire von ihm wenig geschätzt und folgerichtig kaum dirigiert worden ist.

Die unklare Position zwischen den Prinzipien der Partiturtreue und Partiturabweichung ist aber vor allem für die Historische Aufführungspraxis problematisch. Eine »historisch-rekonstruktive« Ausrichtung des Musizierens (und Dirigierens) gilt zumeist als eigenständiger dritter Modus der Interpretation, doch erscheint wenig eindeutig, an welcher Stelle der damit notwendige Anbau an die Zweizimmerwohnung vorgenommen werden muss: Es ist zum einen schlüssig gezeigt worden, dass die Aufführung Alter Musik sich zunächst im Umkreis der Neuen Sachlichkeit und als Teil der Moderne des 20. Jahrhunderts etabliert hat. Der Rückgriff auf tradierte Verzierungslehren und rhetorische Konventionen als Mittel des Affekt-Ausdrucks verbindet »historisch informierte« Interpretationen aber auch mit romantischen Paradigmen einer expressiv das Gemüt berührenden und Gefühle ausdrückenden Aufführungshaltung. Der Einbezug alter Instrumente, Spielweisen und Besetzungen betrifft zudem primär den Klang und nicht dessen Bezug auf den Notentext, der daher entweder um implizites Wissen zu ergänzen oder vor expliziten Eingriffen zu schützen ist. Historischer Klang und historisch korrekte Spielweisen erscheinen dabei nicht selten als eine ebenso hypothetische wie dualistisch eindeutige Wahl zwischen divergenten Alternativen: Es gibt zum Beispiel einen Text von Christopher Hogwood, in dem dieser argumentiert, dass in den Menuett-Sätzen des 18. Jahrhunderts der Trioteil aufgrund des Fehlens explizit unterschiedlicher Tempovorgaben nicht langsamer gespielt werden sollte. Doch gibt es auch eine Stellungnahme in dieser Frage von Nikolaus Harnoncourt, der zum genau umgekehrten Schluss gelangt, weil sich das verlangsamte Tempo aus den Charakteren der einzelnen Tänze ableiten lasse und somit eine selbstverständliche Praxis war, die nicht explizit angegeben werden musste.

Die Historische Aufführungspraxis macht also alle Beschreibungen unhandlich, die aus einem Dualismus von Texttreue und Texteingriffen abgeleitet werden. Man erkennt das sehr schön daran, dass der Gegenpol zu den spezialisierten Ensembles für Alte Musik mit demselben Recht sowohl als »traditionelles Orchester« wie als »modernes Orchester« bezeichnet werden kann. Wenn aber die Moderne zugleich die Tradition ist, von der sich die Wiederentdeckung des Alten absetzen möchte, dann kann dieses Alte auch dem Geist der Moderne verpflichtet bleiben, und zwar genau dann, wenn diese Wiederentdeckung im Modus der Interpretation »antitraditionell« ist; dies ist der Begriff, mit dem Lars E. Laubhold in seiner Arbeit zur Aufnahmegeschichte von Beethovens 5. Sinfonie die Parallelen zwischen Historischer Aufführungspraxis und Neuer Sachlichkeit im Gegensatz zur Espressivo-Tradition markiert (deren eigene Verbindungen zum Expressionismus der Wiener Schule allerdings auch eine spezifische Form des Espressivo als Teil der Moderne erzeugen).

Als Zusammenfassung dieser bewusst zugespitzten Begriffsverwirrung lässt sich festhalten: Die musikwissenschaftliche Interpretationsforschung ist einerseits qualitativ zu wenig differenziert, weil sich scheinbar klare dualistische Kategorien nicht immer konsequent durchhalten lassen. Sie reagiert darauf mit einer andererseits manchmal schon zu großen quantitativen Differenzierung: Durch softwaregestützte Messmethoden wird vor allem die Tempogestaltung für jeden Moment einer Interpretation äußerst genau bestimmt, sodass derzeit grafische Darstellungswege und statistische Prinzipien die Interpretationsanalyse dominieren. Auf diese Weise wird es möglich, aus dem Vergleich zumeist sehr vieler Aufnahmen konkrete historische Tendenzen und grundlegende Gestaltungsmöglichkeiten abzuleiten. Die Beschreibung des individuellen Klangs einer bestimmten Interpretation tritt demgegenüber jedoch manchmal etwas in den Hintergrund. Das knapp gehaltene Porträt einer Persönlichkeit stellt also eine für die Methoden der Interpretationsforschung ungünstige Aufgabe dar: Weder die quantitative Objektivierung durch empirische Daten noch der Rückzug auf generalistische Grundkategorien scheinen besonders sinnvoll zu sein. Dieses Problem wird in den 250 Porträts durch zwei Strategien angepackt: Erstens werden die Schlagworte des Espressivo und der Neuen Sachlichkeit von Endurteilen zu Anfangsprämissen; man findet die beiden Begriffe zwar immer wieder aufgerufen, doch ist in jedem Fall klar, dass damit das entscheidende individuelle Merkmal des Porträtierten noch nicht formuliert sein kann. Zweitens kann die an empirischen Messungen gewonnene Sensibilität für Details einer Interpretation von dieser technologischen Basis auch wieder abgelöst werden: Es dürfte unzweifelhaft sein, dass viele der exakt gemessenen Beobachtungen auch als Bestätigung oder Kontrolle einer im Höreindruck erkennbaren Tendenz der Interpretation verstanden werden können (teilweise sogar wohl im Sinne einer »self-fulfilling prophecy«), sodass eine Beschreibung, die nicht der auf die Kommastelle genauen Klangausmessung verpflichtet sein will, sich auch weiterhin auf dieses Hörurteil verlassen darf.

Eine solche Beschreibung stützt sich primär auf drei Kategorien, deren erste der zugrunde gelegte Text bleibt: Modifikationen der Instrumentation und andere Retuschen markieren oft erstaunlich genau die ästhetische Positionierung, die eine Interpretation innerhalb der gegebenen Möglichkeiten ihrer eigenen Gegenwart einnimmt (bis hin zur Rückkehr einstmals verbreiteter Retuschen bei Christian Thielemann oder Daniel Barenboim). Die zweite Kategorie ist die zugrunde gelegte »Theorie der Klangmittel«: Zusätzliche Verzierungen oder der Verzicht auf ein durchgängiges Vibrato markieren in diesem Fall eher die Position, die eine Interpretation in Bezug auf die vermutete Aufführungspraxis einer bestimmten vergangenen Epoche einnimmt. Die dritte Kategorie ist das zugrunde gelegte Tempokonzept: Kriterien hierbei sind das schnelle oder langsame Grundtempo, die Konstanz dieses Tempos für verschiedene Formsektionen und dessen agogische Handhabung in kleineren Ablaufeinheiten. Schnelle Tempi sind allerdings charakteristisch sowohl für die Frühzeit wie für die Gegenwart der Aufnahmegeschichte, während langsame Tempi sich zu allen Zeiten eher als das Merkmal einzelner Interpreten erweisen (deren individuelle »Aura« dann von einer sich auch im Tempo niederschlagenden »Erhabenheit« gespeist wird – man denke besonders an Sergiu Celibidache oder auch an die letzten Jahre von Lorin Maazel). Daher gibt es in allen Modi der Aufführung sowohl Neigungen einzelner Dirigenten zu exorbitant raschen bzw. zu auffällig langsamen Tempi, ebenso wie es anders als bei der Frage der Retuschen und der Wahl der Klangmittel einzelne Dirigenten gibt, die zur spontanen Änderung ihrer Tempopräferenzen neigen können. Der von der empirischen Forschung bevorzugte Aspekt der Tempogestaltung erscheint somit paradoxerweise oftmals sogar am wenigsten geeignet, die verschiedenen Schulen und Strategien der Aufführung klar voneinander zu trennen.

Die Beschreibung des individuellen Klangs stößt trotz dieser umfassenden Liste immer wieder zu jenem Punkt vor, an dem zwei Aufführungen sich mit denselben Grundkategorien versehen lassen, auch im Tempo ganz ähnlich sein können und dennoch einen deutlich unterschiedlichen Eindruck hinterlassen. Es erscheint illusorisch zu glauben, dass ein wirklich vollständiges Porträt eines Interpreten ohne die Thematisierung auch dieser Ebene zu erreichen ist, und es erscheint ebenso illusorisch, hier noch mit demselben Anspruch des rein objektiven Zusammentragens von analytischen Daten und historischen Fakten operieren zu können. Damit aber gerät mindestens dieser Teil der Beschreibung vom Spielfeld der Musikwissenschaft auch wieder auf das der Musikkritik.

III.

Über Dirigenten kann man nicht besonders gut schreiben. Der Unterschied zwischen dem informierten Experten und dem interessierten Publikum bleibt daher einerseits von zentraler Bedeutung für eine »seriöse« Rezensionskultur und scheint doch im Zeitalter der Online-Bewertungen auch immer mehr zu verschwinden. Somit gilt für das Schreiben über Musik und insbesondere für das Beschreiben eines individuellen Klangeindrucks: Je weniger man einen Feind besiegen kann, desto besser muss man ihn kennen. Dieser Feind sind nun aus Sicht der Musikwissenschaft die vielen Klischees und Manierismen einer allzu »subjektiven« Musikkritik. Es wäre aber verfehlt, lediglich die altbekannte und (anders als die Musikkritik selbst) substanzlose Herabwürdigung dieses anspruchsvollen Tagesgeschäfts hier weiter zu betreiben. Allerdings ist auch nicht zu leugnen, dass nach der Lektüre unzähliger Bücher und Rezensionen über einzelne Dirigenten der Eindruck sich verfestigen kann, dass zumindest die am stärksten klischeehaften Mittel, die bei der Metamorphose von Musik in Manuskripte auftreten, sich ebenso klar benennen wie relativ einfach zumindest etwas entschärfen lassen. Daher wird für die weitere Diskussion dieser Klischees das vermutlich zwar verwerfliche, aber in der Sache sehr nützliche Mittel gewählt, aus einigen der Vorgängerwerke zum selben Thema besonders misslungene Satzkonstrukte anonym zu zitieren (die ernsthaft ausgesprochene Einladung, den fürchterlichsten Satz auch dieses Buches zu finden, ist damit natürlich verbunden).

Der schlimmste Feind eines sinnvollen Schreibens über Musik ist nun ganz eindeutig und mit großem Abstand die Adjektivhäufung. Hier ein typisches Beispiel:»Mit seinen akribisch detailpräzisen, klangsinnlich transparenten und bei allem Temperament stets kultiviert distanzierten Annäherungen an das romantische und spätromantische Repertoire hat Ozawa schon früh einen produktiven Mittelweg gefunden zwischen den Extremen einer hemmungslos pathetischen Emphase und einer sportiven Entschlackungsmanie.« So elegant dieser Satz darin ist, dass er einzelne Alliterationen über die Adjektive hinweg bildet und das formale Mittel der Doppelung der Attribute gar noch auf das Repertoire ausdehnt, so offenkundig ist doch auch, dass hier mit sehr vielen dieser Attribute insgesamt sehr wenig gesagt wird, sondern lediglich die immer besonders undankbare Einordnung eines Dirigenten in den Mainstream der Interpretation erfolgt. Eine solche Auflistung von Attributen verweist über das einzelne Beispiel darauf, dass der durch das Gehör verarbeitete Klang sich bei seiner sprachlichen Fixierung eher dem ganz subjektiven Geruchs- und Geschmackssinn zuordnet (statt wie das analysierbare Partitur-Bild dem rationalen »Gesichtssinn«). Die Folge ist, dass Sinfonien weniger wie Bücher und eher wie Duschgel beworben werden – je ungenauer das einzelne Attribut seinen Gegenstand beschreiben kann, desto stärker etabliert sich die Strategie, ein Produkt mit mehr als einem dieser Attribute zu beschreiben: Lavendel-Vanille oder Apfel-Aloe Vera als Duftrichtungen sind die wahren rhetorischen Parallelen von kristallin-transparenten oder subjektiv-erhabenen Interpretationen. Die Adjektivhäufungen zielen dabei zumeist nicht auf Tautologien (auch wenn im Zitat unklar bleibt, wie man sich akribische, aber im Detail total unpräzise Annäherungen an die Romantik vorzustellen hat), sondern auf latente Gegensätze (die man im Zitat zwischen klangsinnlich und transparent erspüren kann). Auf diese Weise werden zwei Dinge garantiert: Erstens heben die Attribute sich wechselseitig auf und verbleiben in jenem Ungefähren, das auch das beschriebene Produkt kennzeichnet. Zweitens schmiegt sich die Beschreibung dem subjektiven, aber womöglich ganz anders gewichtenden Eindruck der hörenden bzw. riechenden Rezipienten vorweg an. Eine besonders enervierende Strategie zur Absicherung dieser beiden Ziele ist es, Adjektive direkt kompensierend aufeinander zu beziehen: Interpretationen sind gefühlvoll, ohne sentimental zu sein, sie sind analytisch, ohne trocken zu werden, sie sind emotional, ohne die Kontrolle zu verlieren. Ein beeindruckendes Beispiel, wie dabei selbst durch schroffe Gegensätze nicht der Verdacht des Lesers geweckt, sondern seine Voreingenommenheit bestätigt wird, findet sich im folgenden kombinierten Zitat: »Levines Mozart-Auslegung, von der Karl Schuman [sic] (in Klassik-Akzente 7/86) so treffend schreibt, sie sei ›tiefsinnig und naiv verspielt, saftig und voll Grazie, ungestüm musikantisch und durchdacht‹ (man wird zustimmen müssen, dass nur ein genialer Mensch derart gegensätzliche Eigenschaften zugleich aktivieren kann) [...]«

Das oberste Gebot zur Verbesserung des Schreibens über Musik lautet also, zumindest hier und da den Mut zu besitzen, ein einzelnes Adjektiv als das am besten passende Attribut auszuwählen und dort, wo mehrere Attribute aneinandergekoppelt werden, verstärkt darauf zu achten, dass diese tatsächlich einander sinnvoll ergänzende Informationen über die Interpretation enthalten. Das Risiko im Befolgen eines solchen Ratschlags ist, dass mit dem exponierten Aussagekern sofort auch der subjektive Anteil der Sprache wieder zu steigen scheint. Daher gibt es als zweites zentrales

Klischee des Schreibens über Musik ein Bemühen, all das in den Vordergrund zu rücken, was zugunsten einer scheinbar objektiven Berichterstattung die direkte Beschreibung des Klangs von vornherein vermeidet. Was dabei schiefgehen kann, zeigt komprimiert der folgende Satz: »Die Besonderheit der Aufnahme beruht darauf, dass Zinman, wie vor ihm Abbado, Mackerras, Rattle oder Gardiner, die Werke in der Urtextversion des Briten Jonathan Del Mar dirigierte – mit einer zuweilen an Eigenmächtigkeit grenzenden musikalischen Freiheit.« Auch zu großer Schüchternheit neigende Studenten haben in einem Seminar über das Dirigieren feststellen können, dass dieser eine Satz gleich zwei eklatante Widersprüche enthält: Wenn viele andere Dirigenten bereits dieselbe Edition verwendet haben, kann das nicht die Besonderheit der Aufnahme sein, und wenn der Dirigent mit großer Eigenmächtigkeit vorgeht, erscheint es egal, an welche Edition er sich nicht hält. Sobald also der vermeintlich sichere Boden einer objektiven Aussage über nachprüfbare Fakten eines optisch-rationalen Texts erreicht ist, fällt manchmal jegliche Kontrolle über die Angemessenheit dieser Aussage in Relation zum klanglichen Resultat fort (im vorliegenden Fall scheint das Werbeetikett der mit der neuen Edition beworbenen CD den Rezensenten dazu zu verführen, aus Unterschieden, die selbst absolute Experten nicht zwingend wahrnehmen, jene einzig berichtenswerte Begebenheit zu machen, die dann alles tatsächlich Interessante der Aufnahme verdeckt).

Die zweite zentrale Lektion für das Schreiben über Musik lautet also, solche Fluchtversuche nicht allzu häufig oder offenkundig durchzuführen. Diese Lektion ist für Musikwissenschaftler fatal, die, werden sie gezwungen, sich über individuelle Aufnahmen zu äußern, eine geradezu panische Neigung entwickeln, erneut über alles zu reden, aber nicht über die Musik. Besonders penetrant ist hier die Formulierung »Die Kritik spricht von …«, durch die suggeriert wird, der klangliche Eindruck einer Tonaufnahme sei nicht bis heute verfügbar, sondern müsse wie im Fall anderer philologischer Fragestellungen mühsam aus Sekundärquellen rekonstruiert werden. Doch genau das ist das Problem: Die Tatsache, dass Aussagen, die über Aufnahmen getroffen werden, einerseits immer subjektiv erscheinen, aber andererseits jederzeit durch andere objektiv nachvollzogen werden können, führt dazu, dass im besten Fall diplomatische, im schlimmsten Fall einfach nur denkfaule Lösungen eines strategischen Nichtssagens dominieren.

Der für dieses Buch gewählte Weg der Beschreibung des Klangs basiert auf einem einzigen und recht einfachen rhetorischen Trick: Die Artikel kombinieren einzelne Aussagen, die in Relation zu den üblichen Rezensionsweisen noch stärker »subjektiv« erscheinen müssen, mit solchen Passagen, die in ihrer analytischen Ausrichtung schon wieder zu »objektiv« erscheinen können. Für den Aufbau und die Anlage der Artikel gilt dabei vor allem der Grundsatz, die stärker analytischen Aussagen weder ganz zu unterdrücken noch ganz dominieren zu lassen. Stattdessen ist in den Porträts hoffentlich ein Bemühen zu erkennen, bei der Suche nach neuen Metapherngebäuden für das Schreiben in der Zweizimmerwohnung zu etwas stärker individuell eingerichteten Aufenthaltsräumen zu gelangen.

IV.

Mit dem *Handbuch Dirigenten* wird erstmals (und zwar über den deutschsprachigen Raum hinaus) die Kombination eines »subjektiven« und eines »objektiven« Dirigentenbuchs vorgelegt. Ein »objektives« Dirigentenbuch beschränkt sich weitgehend auf die biografischen Rahmendaten, während zum Interpretationsstil maximal eine knapp gehaltene Würdigung formuliert wird (ein weitverbreitetes Beispiel ist das Interpretenlexikon von Alain Pâris). Ein »subjektives« Dirigentenbuch konzentriert sich umgekehrt auf die Beschreibung der künstlerischen Arbeit und der klanglichen Ästhetik der einzelnen Interpreten (ein Standardwerk ist hier Harold C. Schonbergs *The Great Conductors*). Der stärker umfassende Anspruch der Dirigentenporträts in diesem Buch resultiert also zum einen daraus, dass zunächst in einem Datenkopf die biografischen Angaben zur Verfügung gestellt werden, aber auch eine Würdigung der künstlerischen Persönlichkeit formuliert wird. Zum anderen ist mit der Zahl von 250 dieser Porträts ein gegenüber früheren Kompendien deutlich vergrößerter Umfang vorgegeben. Diese Gesamtzahl ergibt sich als hoffentlich glücklicher Kompromiss zwischen der für ein kompaktes Buch sinnvollen Maximalzahl und dem Wissen darum, dass allein schon im Blick auf die gegenwärtige Tonträgerproduktion weit mehr Namen einen Einschluss verdient gehabt hätten.

Es sind im Wesentlichen drei Kriterien, nach denen die Auswahl der 250 Dirigenten erfolgt ist. Erstens die diskografische Präsenz, wodurch verdiente Stützen des gegenwärtigen Musiklebens fehlen, aber viele Dirigenten erstmals eine Würdigung erhalten, die jedem CD-Sammler bekannt sind und die in ihrem Engagement jenseits der Major-Labels, des zentralen Repertoirekanons und auch der großen Musikzentren bislang in ihrer Bedeutung nicht zuletzt in solchen Kompendien sträflich unterschätzt worden sind. Es werden auch einzelne Dirigenten aus der Zeit vor Beginn der Tonaufzeichnung einbezogen, während mit Richard Strauss oder Robert Kajanus wichtige Namen aus der ersten Ära der Tonaufnahme fehlen, wenn ihre Darstellung sich zu sehr mit ihrem eigenen Komponieren oder dem Einsatz nur für einen Komponisten verbindet (wie Sibelius im Fall von Kajanus). Das zweite Kriterium ist die Bevorzugung ungewöhnlicher Biografien oder besonderer Repertoirepräferenzen gegenüber dem »soliden Kapellmeister«: Es fehlen Ferdinand Leitner oder Horst Stein, während der Einbezug von Wyn Morris oder Reginald Goodall vielleicht selbst diejenigen Leser überrascht, die mit diesen Namen etwas anfangen können. Das dritte Kriterium ist die immer auch subjektive Einschätzung für oder gegen einen Interpreten im Kontext lokaler und zeitgebundener Aufführungskulturen: So findet man keinen Artikel über Libor Pešek, aber sehr wohl über den weniger bekannten Karel Šejna, weil dieser stärker eine bestimmte Aufführungstradition tschechischer Musik zu repräsentieren scheint.

Die Auswahl der Angaben im Datenkopf wiederum versteht sich als komplementäre Ergänzung dessen, was in Agenturbiografien an Informationen gegeben wird: Es fehlen Listen von Spitzenorchestern, die der jeweilige Dirigent in der jüngeren Vergangenheit dirigiert hat, und ebenso ist der Verweis auf die sehr berechenbar aus kommerziellen (oder manchmal auch anti-kommerziellen) Gründen verliehenen Schallplattenpreise auf ein Minimum reduziert. Den zentralen Datensatz erzeugen (und dies unterscheidet sich stark von Pianisten oder Sängern) somit die festen Verbindungen der Dirigenten mit einzelnen Orchestern und Opernhäusern. Es ist allerdings an dieser Stelle auch ein Exkurs zur Recherche und zur Art der Angabe dieser Daten notwendig. Es gibt im Wesentlichen drei Probleme, die das Vorhandensein voneinander abweichender Angaben in den Biografien von Dirigenten nahezu zum Regelfall machen. Das erste Problem ist die unklare Unterscheidung zwischen dem Datum der Ernennung und dem tatsächlichen Amtsantritt bei einer bestimmten Institution bzw. die noch stärker grassierende Untugend, die vor oder nach einer Amtszeit oftmals bestehenden Vakanzjahre mit hinzuzurechnen. Es wurden hier im Regelfall einzig die realen Amtszeiten zugrunde gelegt; zudem werden missverständliche Angaben wie »er wird ernannt« nur dort eingesetzt, wo sie den Bezug eben auf das alternative Datum explizit machen sollen.

Der zweite Grund für das Kursieren unterschiedlicher Daten dürfte in der Kombination von gegensätzlichen Quellenarten begründet sein: Schwer erhältliche, aber ausführliche Biografien stehen neben zwar leicht zugänglichen, aber kaum immer zuverlässigen Online-Portalen. Die vorbildlichen Archivseiten einzelner

Aufführungsdatenbanken (etwa der Metropolitan Opera oder der Wiener Staatsoper), aber auch liebevolle Fan-Seiten und archivierte Zeitungsartikel können jedoch zur Aufdeckung verbreiteter falscher Daten sehr hilfreich sein. Die Hoffnung auf eine insgesamt etwas bessere Zuverlässigkeit der versammelten Angaben leitet sich daraus ab, dass diese beiden Quellenarten, wo immer es möglich gewesen ist, konsequenter als bislang miteinander vernetzt worden sind. Dennoch sind Formulierungen, in denen Daten bewusst unterdrückt scheinen, auch als Hinweis darauf zu lesen, dass die teils lange Recherche zur Eruierung einer einzelnen Angabe nicht in jedem Fall erfolgreich sein konnte. Wer immer hier aus erster Hand etwas korrigieren oder ergänzen kann, möge bitte die Herausgeber kontaktieren!

Der dritte Grund, der leider auch noch erwähnt werden muss, ist der unangenehm hohe Einfluss, den die Jahre des Faschismus auf die Biografie einer exorbitanten Zahl der hier versammelten Dirigenten ausgeübt haben: So finden sich unter den 250 Porträtierten ein Auschwitz-Überlebender und ein Auschwitz-Leugner, vor allem aber viele Lebenswege, die in der Grauzone zwischen persönlicher Schuld und schicksalhaften Zeitumständen anzusiedeln sind. Dirigenten bleiben als öffentliche Personen jedoch die Angelegenheit von Spezialisten, sodass selbst rezente Biografien die Tendenz aufweisen können, dass der Autor, der sich in jahrelanger Arbeit einem einzelnen Dirigenten widmet, eher in Sympathie zugunsten seines Favoriten argumentieren wird, auch eher an der Musik als an der Politik interessiert sein dürfte und (vorsichtig formuliert) nicht unbedingt ein überzeugter Anhänger von allen Ideen der Aufklärung sein muss. Die am leichtesten verfügbaren Informationen erzeugt daher bis heute oftmals das altbewährte Mittel der Anschwärzung: Wer wissen will, was André Cluytens im Vichy-Regime gemacht hat, muss nur eine Biografie über Charles Munch zur Hand nehmen, wer einen Hinweis darauf sucht, dass Hans Swarowsky trotz seiner Kontakte wohl auch zu Widerstandskreisen in Krakau ein Orchester von zwangsweise rekrutierten Musikern dirigiert hat, findet ihn zuverlässig in der Biografie über Joseph Keilberth. Es wurde daher die pragmatische Grundlinie gewählt, in keiner der Biografien solche faktischen Angaben zu unterschlagen, aber auch keines der Porträts auf die politische Seite zu reduzieren. Die Einspielungen eines dem Faschismus zugeneigten Dirigenten gehören zusammen mit den Einspielungen eines Emigranten derselben Geschichte der musikalischen Interpretation an und besitzen dasselbe Recht, weder ganz ohne ihren Kontext noch einzig aus ihrem Kontext heraus gehört zu werden.

Die im Datenanhang der einzelnen Artikel zur Verfügung gestellten Angaben schließlich umfassen (als individueller Zuschnitt für jeden Dirigenten) die Kategorien »Tonträger«, »Bildmedien«, »Kompositionen«, »Bearbeitungen«, »Editionen«, »Schriften«, »Literatur« und »Webpräsenz«. Zentral für jedes Dirigentenbuch ist offenkundig der Umgang mit der Kategorie der Tonträger, die wie ein Ausstellungskatalog oder eine Werkausgabe das bleibende Vermächtnis für diesen künstlerischen Beruf darstellen. Die Angabe vollständiger Diskografien ist nicht möglich, da diese in vielen Fällen den Umfang eines eigenen Buches annehmen. Der Verzicht auf eine Auswahldiskografie erscheint genauso inakzeptabel, weshalb als Kompromiss jene Aussagekräftigkeit angestrebt wurde, die aus der Begrenzung auf zumeist fünf bis fünfzehn ausgewählte Tonträger entsteht. Die Auswahl begründet sich dabei auch aus der Erhältlichkeit, vor allem aber aus der Erstellung eines möglichst vielfältigen Ausschnitts, der frühe und späte Einspielungen, die Arbeit mit verschiedenen Orchestern und Labels sowie Werke unterschiedlicher Gattungen und Epochen repräsentieren soll. Zugleich versteht die Auswahl sich ausdrücklich auch als Trennung des besser Gelungenen vom eher weniger Gelungenen. Eine solche bewusste Selektivität soll dem Leser reizvolle Lektürewege ermöglichen: Der Abgleich mit der eigenen Favoritenliste für den

Experten ist ebenso intendiert wie der erste Einstieg für den Novizen, der einmal etwas von einem bestimmten Dirigenten hören möchte. Die Bevorzugung einer repräsentativen Auswahl von Einzelaufnahmen verbindet sich dabei mit dem Bewusstsein, dass in Zeiten immer schneller auf den Markt geworfener und ebenso schnell wieder vergriffener Editionen, die zudem in Konkurrenz zu legalen und nicht ganz so legalen Online-Angeboten stehen, nur ein Verweis auf das originale Aufnahmedatum (und oft zudem die originale oder die am längsten verbreitete statt der aktuellen Kopplung) Zuverlässigkeit besitzt.

Die weiteren Kategorien des Datenanhangs übernehmen dieses Modell der bewussten Selektivität (weshalb manchmal die explizite eigene Kategorie fehlt und der entsprechende Hinweis stattdessen in den Datenkopf aufgenommen ist). Unter der Kategorie »Bildmedien« sind Opernproduktionen auf DVD, Probenmitschnitte und Filmporträts zusammengefasst, wobei etwas stärker auch die Verfügbarkeit auf dem Markt die Auswahl motiviert hat. Für die Kategorie »Bildmedien« wird eine Unterscheidung etabliert, wonach eine vorangestellte Jahreszahl im Fettdruck das spezifische Datum einer musikalischen Aufführung repräsentiert, während eine nachgestellte Jahreszahl ohne Fettdruck auf das Produktionsdatum zum Beispiel einer Dokumentation verweist. In den folgenden Kategorien »Kompositionen«, »Bearbeitungen« und »Editionen« muss dies leider schon wieder leicht unterschiedlich gehandhabt werden: Hier verweisen Angaben in eckigen Klammern zusätzlich auf das Jahr der Komposition, wohingegen die nachgestellten Jahreszahlen nun das Aufnahmedatum eines zugeordneten Tonträgers angeben. Für diese drei Kategorien gilt, dass der Nachweis sowohl über Tonträger wie über Werklisten und auch in Form einer Kombination beider Verfahren erfolgen kann. Dass solche Regelungen bei André Previn oder Leopold Stokowski dennoch gehörig durcheinandergeraten, sagt über deren Schaffen vermutlich mehr aus als jeder Versuch, eine Einheitlichkeit des Aufbaus künstlich zu bewahren.

Die Kategorien »Schriften« und »Literatur« setzen das Kriterium der notwendigen Selektivität in der Weise um, dass bewusst auch fremdsprachige oder schwer verfügbare Werke aufgenommen wurden, wenn diese für die Aufarbeitung einer Dirigentenbiografie maßgeblich erscheinen, während Interviews und Würdigungen in Tonträgermagazinen leider nur sehr begrenzt einbezogen werden konnten.

Problematisch durch eine beständig veränderte Verfügbarkeit ist die Kategorie »Webpräsenz«: Da sich Homepage und Diskografie eines Dirigenten über entsprechende Browser-Eingaben zudem sekundenschnell finden lassen, wurde hier so verfahren, dass die Angabe einer Homepage darauf verweisen soll, dass diese aktuell gepflegt wird (Stand Juni 2015) und mehr als die üblichen Werbeangaben der CD-Firma umfasst. Auf dem Verlags-Server werden diese Links in regelmäßigen Abständen aktualisiert; die Links sind auf der dafür eingerichteten Website durch Eingabe des jeweiligen Kurz-Links erreichbar (siehe Erläuterung im Impressum). Ebenso sind Register als PDF-Dateien auf der Verlags-Homepage als Zusatzmaterial verfügbar, von wo sie heruntergeladen werden können (siehe https://www.baerenreiter.com/extras/BVK2174). Das erspart dem an eigenen Recherchen im Buch interessierten Leser das lästige beständige Vor- und Zurückblättern und erlaubt einen stärker individuellen Umgang mit den Registern, indem zum Beispiel die Schriftgröße variabel eingestellt und eigene Suchfunktionen eingesetzt werden können.

Dieses Buch wird dennoch bei seinem Erscheinen bereits veraltet sein. Biografien und Diskografien von Dirigenten und deren Fremd- und Selbstdarstellung in Blogs, Social Networks und Online-Lexika erzeugen eine Logik der fortlaufenden Aktualisierung, die das gedruckte Buch nicht besitzen kann. Dabei kann sich jede der üblichen Quellen, sowohl der Artikel in einer Musikenzyklopädie oder der bei

Wikipedia, die offizielle Agenturbiografie oder die umfassende Buchveröffentlichung, sowohl als die einzig zuverlässige wie die einzig unzuverlässige Quelle zu einem bestimmten Recherchedetail herausstellen. Das Potenzial eines Handbuchs hat sich daher umgekehrt auf all jene Punkte zu konzentrieren, in denen die hier versammelten Daten und Darstellungen hoffentlich nicht rasch veralten: Es ist dies zum einen gerade die Selektivität der auch nach qualitativen Gesichtspunkten erstellten Diskografien und Literaturangaben (die in dieser Form keine andere Quelle bereithält), zum anderen das Bemühen um eine möglichst hohe Zuverlässigkeit der äußeren Rahmendaten und natürlich auch der Wunsch, dass die Wege zur Beschreibung der Biografien wie der Klangdokumente auf Zustimmung treffen.

V.

Es folgen in diesem letzten Abschnitt lediglich noch einige weitere Hinweise zur Benutzung des Buches im Hinblick auf die gewählten Daten- und Zeichenkonventionen, die möglichst knapp zusammengetragen sind: Die Datumsangaben vor allem bei Geburtsjahren beziehen sich auf den heute üblichen Kalender. Die Schreibweise der Werktitel richtet sich nach sprachspezifischen Standards (sodass z. B. die Kleinschreibung für das Italienische selbst im Fall von *La traviata* gilt). Die Schreibweisen von Eigennamen orientieren sich möglichst pragmatisch an der jeweils üblichsten Variante, sodass eine Tendenz besteht, anstelle einer strikten Orientierung an der deutschen Schreibweise in Einzelfällen auch die englischsprachige Version zu benutzen; bei der Walzerdynastie der Familie Strauß zum Beispiel bildet sich die internationale Vermarktung in einem Hin- und Herspringen der Schreibweise ab. Insbesondere bei den Orchesternamen wird zitathaft die auf Tonträgern übliche Schreibweise übernommen, anstatt für das Buch deutsche Phantasienamen zu erfinden. Es überwiegt daher vor allem für den osteuropäischen Raum eine Orientierung an der englischen Schreibweise, während in erster Linie für französische Orchester die Originalschreibweise beibehalten wird. Die gerade in Frankreich teilweise famose Begabung für faszinierend lange und beständig wechselnde Orchestertitulierungen führt dazu, dass partiell auch mit Abkürzungen gearbeitet wird. Dabei werden für Ensembles Alter Musik auch dort Abkürzungen etabliert, wo diese relativ ungewöhnlich sind, während auf eine Abkürzung verzichtet wurde, wenn das Label nicht zwingend notwendig und nicht direkt verständlich erscheint (so fehlt das GO für das Gewandhausorchester oder das RCO für das Concertgebouworkest). Die Abkürzungen finden sich nicht nur im beigefügten Abkürzungsverzeichnis, sondern zusätzlich nochmals bei der ersten Nennung im jeweiligen Einzelartikel aufgeschlüsselt; dies gilt auch für häufig genannte Orchester – wie zum Beispiel für die Berliner (BPh) und Wiener Philharmoniker (WPh) oder das Philharmonia Orchestra (PhO).

Als letzte, aber besonders wichtige »Besetzungsangabe« ist darauf zu verweisen, dass die Artikel des Buches von verschiedenen Autoren geschrieben worden sind, deren immer aus drei Zeichen bestehendes Kürzel am Ende jedes Artikels angegeben ist. Die Danksagungen haben also mit dem herzlichen Dank an alle unsere Autorinnen und Autoren zu beginnen: Christina Drexel hat als praktizierende Dirigentin und als Autorin einer hervorragenden Dissertation über Carlos Kleiber ihre Artikel stärker auch als Innenansichten der jeweiligen Künstler angelegt. Florian Kraemer und Alexander Gurdon haben sich als enge Vertraute des Kölner Instituts für Musikwissenschaft, an dem dieses Projekt seinen Ausgang genommen hat, früh und umfassend bereit erklärt, ihre Expertise in Dirigentendingen in eigene Artikel umzumünzen. Und auch Andreas Domann hat ein buntes Kontingent verschiedener Namen übernommen, während Dieter Gutknecht als ausgewiesener Experte für dieses Gebiet sich mit wichtigen Interpreten der Historischen Aufführungspraxis auseinandersetzt. Andreas

Eichhorn, Alberto Fassone, Hans-Joachim Hinrichsen und Peter Niedermüller haben sich als Schwergewichte der gegenwärtigen Interpretationsforschung dankenswerterweise dennoch die Zeit dafür genommen, Artikel auch für einzelne dirigentische Schwergewichte vorzulegen. Michael Stegemann sind wir für seine Bereitschaft dankbar, sein Wissen um das französische Musikleben, um Arturo Toscanini und um die Geschichte der Schallaufzeichnung in das Buch einzubringen. Michael Schwalb danken wir dafür, dass er für einige unterschätzte Dirigenten mit großer Umsicht eine Lanze bricht. Tobias Pfleger hat aus dem Wissen seiner Dissertation über Fragen der Aufführungspraxis in den Sinfonien von Robert Schumann auch für eine stattliche Summe von Artikeln schöpfen können. Michael Werthmann ist für die kurzfristige Übernahme anspruchsvoller Artikel besonders zu danken, und auch David Witsch hat die Zeit gefunden, neben seiner Qualifikationsarbeit über Instrumentationslehren einige Artikel zu übernehmen (natürlich auch die über Blech und Wood). Annette Kreutziger-Herr und ebenso Gesa Finke schließlich haben als Herausgeberin und redaktionelle Mitarbeiterin des Lexikons *Musik und Gender* nicht nur, aber mit der notwendigen Entschiedenheit die im Feld des Dirigierens bekanntlich besonders problembehaftete Präsenz von Frauen dokumentiert. Der Frauenanteil von 8 ½ aus 250 Namen (rechnet man Jeanne Lamon mit hinzu, die bei Aufnahmen Bruno Weils als Konzertmeisterin mitgewirkt hat) wird hoffentlich in allen weiteren Büchern zum Thema übertroffen, führt aber auch dazu, dass in diesem Buch als Standard die männliche Form als Schreibweise gewählt bleibt.

Den 250 Artikeln ist eine kleinere Anzahl von Essays vorangestellt, die in zentrale Themenfelder jenseits der an die einzelnen Personen gebundenen Geschichte des Dirigierens einführen sollen: Hier gilt unser Dank Kai Köpp, der seine große Kompetenz für die lange Geschichte vor dem Beginn der Geschichte des modernen Dirigentenberufs in einen konzisen Text hat einfließen lassen. Es folgt als nächste Etappe eine unterhaltsame wie faktenreiche Zusammenfassung der Techniken der Tonaufzeichnung von Michael Stegemann. Eine Interpretation entsteht jedoch nicht nur im Tonstudio, sondern auch in der Probenarbeit, wovon der Essay von Christina Drexel handelt, und in einem kulturgeschichtlichen Umfeld, dessen Bedeutung Annette Kreutziger-Herr skizziert. Die beiden Essays von uns als Herausgebern schließlich behandeln das wechselvolle Verhältnis zwischen Dirigieren und Komponieren und die Frage einer eigenständigen Ästhetik der musikalischen Interpretation.

Bei allen Autoren und Autorinnen haben wir uns vor allem dafür zu bedanken, dass sie sich bereit gezeigt haben, an einem Projekt mitzuwirken, das durch die angestrebte Einheitlichkeit eines Handbuchs der persönlichen Ausgestaltung nur relativ wenig Freiräume lässt. Die Autoren mögen sich dabei manchmal wie Orchestermusiker gefühlt haben, die sich als hochbegabte Individualisten dennoch von einem einzelnen Dirigenten (oder in diesem Fall von zwei Herausgebern) in ihrer kreativen Berufsausübung beständig korrigieren, modellieren und umpositionieren lassen müssen. Das ändert aber nichts daran, dass die Autoren der einzelnen Artikel die »Musiker« dieses Buches sind. Bei der »Intendanz« des Bärenreiter-Verlages schließlich bedanken wir uns auch im Namen der Autoren ganz herzlich für die Zusammenarbeit. Von der Konzeption bis zu den letzten Lektoraten sind Ilka Sührig, dann vor allem Diana Rothaug und auch Daniel Lettgen und Dorothea Willerding hier namentlich zu nennen. Die lange Arbeit an diesem Buch ist auch dank der immer freundschaftlichen Zusammenarbeit zu einem guten Ende gekommen.

Komponierende Kapellmeister und dirigierende Konzertmeister: Zur Vorgeschichte des »interpretierenden Dirigenten«

Kai Köpp

Der größte Teil des klassisch-romantischen Repertoires wurde uraufgeführt, als es Dirigenten im heutigen Sinne noch gar nicht gab. Diese Feststellung mag zunächst irritierend wirken, denn selbstverständlich gab es in der Musikgeschichte immer Ensembleleiter, die für die Aufführung verantwortlich waren. Die Feststellung bezieht sich also auf die spezifischen Aufgaben und Verfahrensweisen eines heutigen Dirigenten, die weit mehr umfassen als nur den Aspekt des Koordinierens. Die heute üblichen Kulturtechniken des Dirigierens entstanden erst im ausgehenden 19. Jahrhundert und lassen sich auf einen grundlegenden ästhetischen Wandel der Aufführungskonzepte zurückführen: Erst seit den 1860er-Jahren nämlich wurde das Aufführen von Musik mit dem Begriff der Interpretation in Verbindung gebracht. Bis dahin sprach man schlicht vom »musikalischen Vortrag«, während sich das Interpretieren auf die Auslegung von historischen Texten bezog und den Theologen, Juristen und Philologen vorbehalten war (auch Musiker wurden nicht als Interpreten bezeichnet, sondern als »reproduzierende Künstler«).

Mit dem Aufkommen der Interpretationsästhetik wurde die Tätigkeit des Dirigenten in den drei Bereichen Repertoirewahl, Probenarbeit und Aufführungsverhalten neu definiert: Ein Dirigent führt erstens im Hauptberuf solche Musikwerke auf, die er nicht selbst komponiert hat (Kompositionen von Berufsdirigenten wurden als »Kapellmeistermusik« disqualifiziert), er legt zweitens in den Proben den musikalischen Vortrag verbindlich fest, ohne auf musikpraktische Konventionen oder andere Autoritäten Rücksicht nehmen zu müssen, und in der Aufführung bringt er drittens seine Interpretation mit stummen Körperbewegungen zum Ausdruck. Dieser »interpretierende Dirigent«, der das heutige Musikleben in hohem Maße prägt, ist tatsächlich erst eine Erscheinung des ausgehenden 19. Jahrhunderts.

Den Zeitgenossen war dies durchaus bewusst. Der Berliner Musikwissenschaftler Leopold Schmidt schrieb für *Spemanns goldenes Buch der Musik*: »Die Kunst des Dirigierens, wie wir sie heute kennen, ist unter allen musikalischen Disziplinen die zuletzt zur Blüte gelangte. Dem Dirigenten ist mit der Verantwortlichkeit für die Darlegung des geistigen Gehalts einer Komposition zugleich eine bisher ungekannte Freiheit seiner individuellen Anschauungen eingeräumt« (Schmidt 1900, § 393; dort auch die folgenden Zitate). Schmidt führt diese Entwicklung ausdrücklich auf Richard Wagner zurück, der mit seiner neuartigen Dirigierweise zunächst Franz Liszt und später Hans von Bülow beeinflusste, die beiden anderen Hauptvertreter der sogenannten Neudeutschen Schule. Genau in diesem Umfeld ist auch erstmals der Begriff »Interpretation« für das Aufführen von Musik eingeführt worden (Hinrichsen 2009, S. 13 ff.). Einem Dirigenten wurde also zuerst im Umfeld der Neudeutschen Schule jene »Freiheit seiner individuellen Anschauung« zugestanden, die für das heutige Bild eines Dirigenten bezeichnend zu sein scheint. Was bleibt aber einem Dirigenten, wenn diese Definition von Interpretation keine

Anwendung findet? Haben die musikalischen Leiter vorangegangener Zeiten nicht etwa auch eine künstlerische Tätigkeit ausgeübt? Schmidt weist darauf hin, dass das Dirigieren zuvor gewissermaßen nur eine Nebentätigkeit des musikalischen Leiters war, denn »früher gehörte der Dirigent stets zu den Mitwirkenden«. Er unterscheidet daher den »Taktschläger« vom »Interpreten des Komponisten«. Der Unterschied zwischen beiden liegt in der Dirigiertätigkeit als »musikalische Disziplin«, die erst entstand, als die Ensembleleiter nicht mehr selbst musikalisch mitwirkten und dadurch die Gelegenheit erhielten, das Ensemble von außen mit stummen Körperbewegungen zu animieren. Dass bei den Dirigiergebärden ebenso wie bei anderen musikalischen Disziplinen die Gefahr einer zur Schau getragenen Virtuosität besteht, hat Schmidt ebenfalls bereits angemerkt: »Wie weit ein Dirigent darin gehen darf, ist Sache des Geschmacks und des Temperaments, und die Ansicht darüber meist geteilt. In der älteren Schule hieß es: der beste Kapellmeister ist der, den man gar nicht merkt. Die Vertreter der jüngeren Richtung wollen wiederum auf das Dirigentenpathos, dessen Einfluß auf Hörer wie Spieler nicht zu leugnen ist, nicht verzichten.«

Schmidt identifiziert also das »Dirigentenpathos« als Merkmal »interpretierender Dirigenten«, die als »Vertreter der jüngeren Richtung« dem Umfeld der Neudeutschen Schule entstammen. Unschwer kann man demgegenüber in seiner Beschreibung der »älteren Schule« die Haltung der akademischen Gegenpartei zu den Neudeutschen erkennen. Und obgleich ein großer Teil des Publikums wohl in erster Linie jenes »Dirigentenpathos« für den Kern der Tätigkeit eines heutigen Dirigenten hält, geht es in dem hier versuchten historischen Abriss um weit mehr als um publikumswirksame Dirigiergebärden. Es geht um die Frage, wie ein Dirigent alter Schule (also vor der Erfindung des »interpretierenden Dirigenten«) seine Wirksamkeit entfaltete. Dabei sollen die drei oben genannten Bereiche Repertoirewahl, Probenarbeit und Aufführungsverhalten im Zentrum stehen.

Da die Leitung von musikalischen Ensembles wahrscheinlich so alt ist wie das Aufführen von Musik selbst, gehören allgemeine Leitungsaufgaben nicht zu einer Geschichte des Dirigierens im engeren Sinne. Das Koordinieren der beteiligten Musiker zu einer Ensembleleistung sowie das aus der Lebenserfahrung gespeiste Vermitteln zwischen den Interessen individueller Akteure sind Fähigkeiten, die musikalische Leiter in allen Phasen der Musikgeschichte ausgezeichnet haben dürften. Um das Ensemblespiel zu organisieren, ist es unumgänglich, dass eine Person in der Probenarbeit Entscheidungen trifft und das Tempo angibt. Diese Leitungstätigkeit wurde in der Regel demjenigen Musiker zuerkannt, der die aufzuführende Musik komponiert hatte, oder einem ranghohen Musiker, der mit der Bereitstellung des Repertoires beauftragt gewesen ist. Im Generalbasszeitalter ist dieser ranghohe Musiker mit Repertoireauftrag, der für die Vorbereitung und Begleitung von Solisten zuständig ist, häufig ein Tasteninstrumentalist. Sein höfisches Amt heißt »Kapellmeister«, wobei mit »Kapelle« nicht mehr nur die Sänger, sondern auch die Instrumentalisten gemeint sind. In kleineren Musikergruppen ist der Kapellmeister oft in Personalunion Komponist und Musikdirektor, an großen Höfen sind die Leitungsfunktionen in Kirche, Theater und Kammer (und damit auch der Repertoireauftrag) auf verschiedene Musiker verteilt. Da die Oper unter allen Musikgattungen des 18. Jahrhunderts die repräsentativste war, trug deren Leiter in der Regel den Titel »Kapellmeister«, während der Leiter der instrumentalen Kammermusik – gewöhnlich ein Violinist – als »Konzertmeister« tituliert wurde. Am Beispiel der Dresdner Musikgeschichte im ausgehenden 17. und 18. Jahrhundert konnte gezeigt werden, dass die Repertoirebeauftragten in Kirche, Kammer und Theater über Generationen hinweg immer den dienstlichen Auftrag hatten, neben eigenen auch fremde Werke zur Aufführung zu bringen (Köpp 2005). Für ambitionierte Musiker war das eigene Komponieren also ebenso notwendig wie das Interesse für die Produktion auswärtiger Kollegen. Die Gewichtung zwischen der Aufführung von eigenen und fremden Kompositionen war jedoch nicht in allen musikalischen Ämtern gleich: Während der Kapellmeister in erster Linie als Komponist von Vokalmusik für Kirche und Theater gesehen wurde, verstand man den Konzertmeister, den Vorgesetzten der Instrumentalmusiker, eher als Musikdirektor. Den Unterschied zwischen Kapellmeister und Musikdirektor definiert der Leipziger Musiktheoretiker Johann Adolph Scheibe 1745 dahingehend, dass Letzterer seine umfassende theoretische und praktische Kenntnis der Musik nicht dazu einsetzt, eigene Werke zu komponieren, sondern vielmehr, um ein fremdes Stück »nach dem Sinne des Verfassers aufzuführen« (vgl. Köpp 2005, S. 251). In diesem Sinne wirkte der Dresdner Konzertmeister Johann Georg Pisendel (1687–1755) über Jahrzehnte prägend für das Verständnis eines Musikdirektors im deutschen Sprachraum, denn er beschäftigte sich fast ausschließlich mit der Aufführung fremder Kompositionen und entwickelte dies zu einer selbstständigen Kunst, die sein Schüler Johann Joachim Quantz ausführlich überliefert hat (die Beschreibung der Dresdner Orchesterpraxis nimmt ein Drittel seines berühmten *Versuchs* von 1752 ein). In Bezug auf die Repertoirewahl war also der Violindirektor oder Konzertmeister – und nicht der Kapellmeister – der Vorläufer des modernen Dirigenten.

Dies gilt jedoch nicht für die Probenarbeit, denn der »interpretierende Dirigent«, dem ja nach Schmidts oben zitierter Feststellung »eine bisher ungekannte Freiheit seiner individuellen Anschauung eingeräumt« wurde, hat keinen direkten historischen Vorläufer. Wodurch aber sollte die Interpretationsfreiheit früherer Musikdirektoren eingeschränkt worden sein? Zwar wird »individuelle Anschauung« das zentrale Element der neuartigen Interpretationsästhetik, aber traditionell konzentrierten sich die Bemühungen eines Musikdirektors darauf, die »Idee des Komponisten« zu verstehen und »ins Leben zu rufen« (wie Louis Spohr es 1833 in seiner Violinschule formuliert). Der sogenannte musikalische Vortrag war also nicht in erster Linie auf individuelle Lösungen ausgerichtet, sondern darauf, die je besonderen Entscheidungen des Komponisten, wie sie im Notentext dokumentiert sind, zu verstehen. Dies erfolgte im Kontext der zugehörigen Vortragsnormen, die häufig »nicht notierte Selbstverständlichkeiten« der Musikpraxis betreffen. Besteht zu diesem Kontext außerdem eine historische oder stilistische Distanz, muss diese mithilfe von Zusatzinformationen überbrückt werden. Spohr beispielsweise empfiehlt, für die Aufführung von Mozart-Quartetten die Violinschule von Leopold Mozart zurate zu ziehen. An dieser Methode des musikalischen Vortrags zeigt sich, dass für einen Musikdirektor oder Dirigenten deutlich höhere Anforderungen galten als für einen Komponisten, der in der Regel nur seine eigenen Werke einstudierte. Zugleich wird aber auch nachvollziehbar, dass dieser stilbewusste Musikvortrag von den »interpretierenden« Vertretern der neudeutschen Richtung als akademisch abgetan wurde. Noch zur Zeit Spohrs besaßen die nicht notierten Vortragsnormen des 18. Jahrhunderts, die auch als »musikalische Orthographie« bezeichnet wurden und für charakteristische Standardsituationen bestimmte Standardartikulationen vorsahen, allgemeine Gültigkeit (vgl. Köpp 2009, S. 220 ff. und S. 246). Für einen verständigen Musikdirektor galt es also, die richtige Wahl unter den Vortragsnormen zu treffen und deren Ausgestaltung durch die Komponisten in Klang zu übertragen. Irgendeine »Freiheit seiner individuellen Anschauung« zur Grundlage der Probenarbeit zu machen, wäre einem Musikdirektor des 18. Jahrhunderts wohl kaum in den Sinn gekommen.

Von Dirigenten früherer Zeiten wurde also durchaus erwartet, dass sie nicht nur selbst komponierten, sondern auch Werke anderer Komponisten mit stilkritischem Verstand und

Einfühlungsvermögen aufführten. Offensichtlich waren es aber gerade nicht die hauptberuflichen Komponisten mit Kapellmeistertitel, die als Dirigenten öffentlich in Erscheinung traten, sondern die untergeordneten Musikdirektoren. Mit der Frage, ob diese denn eine Dirigiertätigkeit im heutigen Sinne (kontinuierliche Körperbewegungen während der Aufführung) ausübten, wird jedoch endgültig Forschungsneuland betreten, denn es zeigt sich, dass die historiografische Narration allzu oft in ästhetischen und organisatorischen Konzepten des späten 19. Jahrhunderts befangen ist. Wenn also, wie Schmidt bemerkt, die alten Dirigenten noch Mitwirkende waren und dem Ensemble daher nicht gegenüberstanden, dann könnte doch der »Maestro al cembalo«, der die Rezitative der selbst komponierten Opern begleitete, der direkte Vorläufer heutiger Dirigenten gewesen sein. Tatsächlich wird die Funktion des »Maestro al cembalo« in der Literatur in der Regel mit dem komponierenden und dirigierenden Kapellmeister gleichgesetzt. Dagegen zeigen vor allem die deutschen und italienischen Quellen des 18. Jahrhunderts, dass der Kapellmeister als Komponist der Oper die Gesangspartien einstudierte, während sich der Konzertmeister oder Violindirektor um die Leitung des Orchesters kümmerte.

Aus dieser Arbeitsteilung konstruierte Georg Schünemann in seiner verdienstvollen *Geschichte des Dirigierens* von 1913 den Begriff der Doppeldirektion. Er verstand darunter eine simultane Leitungstätigkeit von Kapellmeister und Konzertmeister in der Barockoper, bei der der Cembalist die Gesamtleitung übernehme, während der erste Geiger gleichzeitig die »Spezialdirektion« über das Orchester innehabe (Schünemann 1913, S. 170 f.). Allerdings bezieht er sich vor allem auf jüngere Quellen aus der Zeit zwischen 1770 und 1830, wie beispielsweise auf den Eintrag »Kapellmeister« im *Musikalischen Lexikon* von Heinrich Christoph Koch aus dem Jahr 1802: »Bey der Kirchenmusik giebt er [der Kapellmeister] durch das ganze Tonstück den Takt; bey der Oper aber pflegt er gemeiniglich aus der Partitur zugleich den Generalbaß auf dem Flügel zu spielen. In beyden Fällen muß seine Aufmerksamkeit sowohl auf die Singstimmen, als auch auf jede Parthie der Instrumentalbegleitung gerichtet seyn, damit er jeden sich allenfalls ereignenden Fehler sogleich zu verbessern im Stande sey. In solchen Kapellen, wo nächst dem Kapellmeister noch ein Concertmeister oder Anführer der Instrumentalmusik vorhanden ist, überläßt der erste dem letztern gemeiniglich die besondere Aufmerksamkeit auf jede Parthie der Instrumentalbegleitung, und heftet sein Hauptaugenmerk vorzüglich auf die Singstimmen.«

Die daraus gezogene Schlussfolgerung Schünemanns, dass Kapellmeister und Konzertmeister in einer barocken Opernaufführung gleichzeitig dirigierten, ist nicht haltbar (vgl. Spitzer / Zaslaw 2004, S. 392). Mit seinem im Jahr 1913 durchaus innovativen Anliegen, die Direktion vom Cembalo als Modell für die Aufführungspraxis älteren Repertoires zu empfehlen, übersah er, dass der »Maestro al cembalo« während einer Opernaufführung gar keine Dirigierbewegungen ausführte und in großen Theatern sogar auch als Cembalist entbehrlich war, wenn sich neben dem Hauptcembalo noch ein zweites Cembalo zur Rezitativbegleitung im Operngraben befand (wie beispielsweise in London oder Dresden; siehe Abb. 1). Vielerorts war es sogar üblich, dass der Komponist dem Orchestergraben nach wenigen Opernaufführungen ganz fern blieb.

Aus der fehlenden Direktionstätigkeit des Kapellmeisters zu folgern, dass die Oper im 18. Jahrhundert ohne einen kontinuierlich dirigierenden Leiter aufgeführt worden sei, ist jedoch ebenfalls ein Irrtum, denn es gab ja einen Musikdirektor, der während der Aufführung kontinuierliche Direktionsbewegungen ausführte – den Konzertmeister. Seine Spielbewegungen mit Arm und Bogen sind viel raumgreifender als beim Cembalospiel und bieten metrische und artikulatorische Orientierungsmarken, die für alle Orchestermusiker sichtbar sind. Zudem ist überliefert, dass berühmte

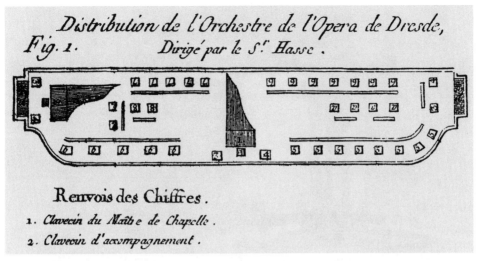

Abb. 1: Aufstellung des Dresdner Opernorchesters im Jahr 1754 (Jean-Jacques Rousseau, Dictionnaire de Musique, Paris 1768, Plance G, Fig. I), Ausschnitt

Konzertmeister im 18. Jahrhundert die üblichen Taktierfiguren durch Bewegungen der Geigenschnecke anzeigten und so beim Spielen beispielsweise Ritardandi und Fermaten dirigieren konnten. Die Leitungsaufgaben des Kapellmeisters konzentrierten sich also auf die Einstudierung der Oper in den Proben, während die öffentlichen Opernaufführungen vom Violindirektor dirigiert wurden (vgl. Köpp 2005, S. 347 ff. und Rovetta 2005, S. 444 ff.). Nicht nur das Aufführen fremder Kompositionen, sondern auch das kontinuierliche Dirigieren während der Aufführung – beides zentrale Merkmale des heutigen Dirigenten – war die Domäne des untergeordneten Musikdirektors.

In der ersten Hälfte des 19. Jahrhunderts wurde diese klare Rollenverteilung zwischen Kapellmeister und Konzertmeister zunehmend aufgelöst, weil sich die Zusammensetzung des Repertoires änderte. Neben neuen Kompositionen der hauseigenen Kapellmeister wurden immer mehr auswärtige und sogar auch stilistisch veraltete Werke aufgeführt. Deren Einstudierung erforderte vom komponierenden Kapellmeister Fähigkeiten, die vorher dem Musikdirektor zugeordnet waren. Zugleich wuchs die Zahl der beteiligten Akteure, weshalb es nicht mehr ausreichte, die einstudierten Ab-

läufe aus dem Operngraben heraus mitspielend zu reproduzieren. Darum beteiligte sich der Kapellmeister als Taktstock-Dirigent gewissermaßen in Fortsetzung der Probensituation nun auch an der Aufführung: Üblicherweise saß er auf einem drehbaren Stuhl mit Blick auf die Sänger direkt an der Bühnenrampe und hatte das Orchester im Rücken, wie aus zahlreichen Beschreibungen und Abbildungen hervorgeht (siehe Abb. 2). In dieser Übergangszeit agierten Kapellmeister und Konzertmeister tatsächlich gleichzeitig, wie Schünemann es irrtümlich schon für das 18. Jahrhundert angenommen hatte. Dennoch bewegte sich der Kapellmeister auch in dieser neuen Situation nicht kontinuierlich zur Musik – im Gegenteil: Es wurde größten Wert darauf gelegt, die Direktionsbewegungen des Kapellmeisters auf ein Minimum zu beschränken, denn der nach wie vor mitspielende Konzertmeister war ja traditionell für die kontinuierlichen, expressiven Bewegungen zuständig. Dass er sein altes Recht auch einforderte, lässt sich aus den bekannten Konflikten Richard Wagners mit dem Konzertmeister Carl (Karol) Lipiński während Wagners Zeit als Kapellmeister in Dresden ablesen.

Auch im zeitgenössischen Schrifttum wird darauf bestanden, dass der neue Taktstock-

Abb. 2a: Dresdner Opernorchester in der Schlussszene des *Rienzi* (Leipziger Illustrierte Zeitung, Bd. 1, 12. August 1843, S. 108), am Dirigentenpult möglicherweise Richard Wagner

Abb. 2b: Orchester und Bühne im Théâtre Italien in Paris bei Donizettis *Don Pasquale* (L'Illustration, Paris, 5. April 1843)

Dirigent seine Direktionsbewegungen auf das Nötigste zu beschränken habe. So schreibt der Karlsruher Hofmusikdirektor Ferdinand Simon Gassner 1844 in seinem Lehrbuch *Dirigent und Ripienist*, es sei ein »Missstand, den Direktor von Anfang bis Ende den Taktstab schwingen, jede Nuançe andeuten zu sehen«, und führt weiter aus: »Es dürfte hinlänglich sein, bei jedem neuen Tempo so lange zu taktiren, bis es aufgefasst ist.« Zugleich warnt er vor den »Grimassen, klein- und grosswerden, aufstehen und niedersetzen u. s. w., womit manche Leiter die Nuançen, Tempogradationen u. dergl. auf oft wahrhaft lächerliche Weise andeuten« (Gassner 1844, S. 103 f.). Damit ist recht unverhohlen die mit dem Namen Richard Wagners verbundene neuartige Dirigierweise angesprochen. Da der Taktstock-Dirigent aber an der Bühnenrampe saß und die Orchestermusiker gar nicht sehen konnte, stießen Wagners Versuche, den musikalischen Ausdruck mit kontinuierlichen Gesten zu verkörpern, in den 1840er-Jahren auf Unverständnis und Spott.

Eine sozialgeschichtliche Perspektive bietet dafür eine einleuchtende Erklärung: Auffallende und arbeitsame körperliche Bewegungen in der Öffentlichkeit galten in der weiterhin aristokratisch geprägten Gesellschaft als unanständig. Der ranghohe Kapellmeister durfte sich nur während der nichtöffentlichen Probenarbeit in körperlicher Weise exponieren – während der Aufführung setzte er damit sein gesellschaftliches Ansehen aufs Spiel. Die kontinuierliche Dirigiertätigkeit wurde dort bereitwillig dem nachrangigen Konzertmeister überlassen, zumal dieser durch seine Position im Orchestergraben für das Publikum weniger sichtbar war als der Kapellmeister, wie Franz Joseph Fröhlich in der *Allgemeinen Encyclopädie der Wissenschaften und Künste* schreibt: »Energie und bedeutsames Leben muß der Kapellmeister in den Proben entwickeln, und Ruhe bei der Produktion haben; der Orchesterdirector [Konzertmeister] im Gegentheile mit ruhiger und gespannter Aufmerksamkeit in den Proben den Geist des Ganzen und aller einzelnen Stellen aufzufassen sich bemühen, den Angaben des Kapellmeisters genau folgen, und dann mit tiefer Sele und voller Wärme das ganze Instrumentalchor bei der Produktion leiten. Unterstützt durch das durchgreifende Instrument, die Violine, kann er mit seinem energischen Striche das Ganze zur kräftigen Ausführung beselen, so wie auf der andern Seite demselben den zartesten Vortrag inniger Gefühle entlocken. So wie er den Kapellmeister stets im Auge haben muß, um die leiseste Andeutung sogleich dem Ganzen mittheilen zu können, so hat das ganze Orchester ihn zu beobachten. Ja dieses muß sich eigentlich ganz in denselben einstudirt haben, damit es aus jeder Bewegung, mehr aber des Strichs als des Körpers, – worin so oft die Gränze des Anstands überschritten wird – sogar aus jeder Miene die dadurch angedeutete geistige Erfüllung entnehme« (Fröhlich 1821, S. 294).

Dass Richard Wagner das »Dirigentenpathos« erstmals hoffähig machte und damit den Typus des »interpretierenden Dirigenten« vorweg nahm, bringt seine Bedeutung für die Geschichte des Dirigierens gewissermaßen auf den Punkt – und doch war dies nur im Kontext der gesellschaftlichen Veränderungen seiner Zeit möglich: Durch diese Veränderungen verloren die expressiven Körperbewegungen in der zweiten Hälfte des 19. Jahrhunderts den Geruch des Unanständigen, und dem dirigierenden Künstler wurden Grenzüberschreitungen zugestanden, in denen man die Wirkung des interpretierenden Genies zu erkennen glaubte. Das kontinuierliche Dirigieren während einer Aufführung, das traditionell als untergeordnete Tätigkeit galt und das die frühen Taktstock-Dirigenten deshalb noch vermieden, wurde von den »interpretierenden Dirigenten« pathetisch aufgeladen und zur Hauptsache des Dirigentenbildes erklärt. Vor diesem gesellschaftlichen Hintergrund kann die Geschichte des Dirigierens im 19. Jahrhundert also wie folgt zusammengefasst werden: Die neue »musikalische Disziplin« des Dirigierens erhob die peinlich versteckte Körperarbeit zu einer Kunstform eigenen Rechts, die in der öffentlichen Aufführung zur Schau gestellt werden konnte und sollte.

Literatur

Franz Joseph Fröhlich, Aufführung (in der Musik), in: Allgemeine Encyclopädie der Wissenschaften und Künste, hrsg. von Johann Samuel Ersch und Johann Gottfried Gruber, Section 1, Theil 6, Leipzig 1821, S. 294 bis 296 ▪ Ferdinand Simon Gassner, Dirigent und Ripienist, Karlsruhe 1844 ▪ Hans-Joachim Hinrichsen, Was heißt »Interpretation« im 19. Jahrhundert? Zur Geschichte eines problematischen Begriffs, in: Claudio Bacciagaluppi u. a. (Hrsg.), Zwischen schöpferischer Individualität und künstlerischer Selbstverleugnung. Zur musikalischen Aufführungspraxis im 19. Jahrhundert, Schliengen 2009, S. 13–25 ▪ Kai Köpp, Johann Georg Pisendel (1687–1755) und die Anfänge der neuzeitlichen Orchesterleitung, Tutzing 2005 ▪ Kai Köpp, Handbuch historische Orchesterpraxis, Kassel 2009 ▪ Michele Rovetta, Zur Berufsgeschichte des Opernkorrepetitors, in: Ariane Jeßulat (Hrsg.), Zwischen Komposition und Hermeneutik, Würzburg 2005, S. 433–448 ▪ Leopold Schmidt, Das Orchester: Leitung, in: Spemanns goldenes Buch der Musik, Berlin 1900 ▪ Georg Schünemann, Geschichte des Dirigierens, Leipzig 1913 ▪ John Spitzer / Neal Zaslaw, The Birth of the Orchestra. History of an Institution, 1650–1815, Oxford 2004 ▪ Louis Spohr, Violinschule, Wien 1833 [Nachdruck München 2000]

Dirigenten, Komponisten und andere Diktatoren

Julian Caskel

I.

Die Rechtsordnung der Römischen Republik basierte auf dem Prinzip der Doppeldirektion. In Kriegszeiten aber gab es die Möglichkeit, die beiden Konsuln für eine begrenzte Zeit durch einen Diktator zu ersetzen, der die notwendige Entscheidungsfindung gewährleisten sollte. Auf den Beruf des »modernen« Dirigenten lässt sich dieses Herrschaftsmodell in vielfältiger Weise als Metapher übertragen; auch hier findet man die Vorstellung, dass eine anarchische Phase der Doppeldirektion von der Alleinverantwortung des Dirigenten abgelöst werden musste. An dieser Behauptung ist vor allem schief, dass die Möglichkeiten der Orchesterleitung vom Tasteninstrument und vom Konzertmeisterpult aus zwar auf getrennte lokale oder gattungsbedingte Traditionen verweisen können, aber wohl nur selten in direkter Konkurrenz zueinander standen (vgl. dazu auch den Essay von Kai Köpp). Eine Anspielung auf diesen Konflikt scheint aber das Cembalosolo in Haydns Sinfonie Hob. I:98 zu enthalten. Der Komponist kommentiert hier seine in den Londoner Konzerten weiterhin sichtbare, aber nicht zwingend durchgängig hörbare Position am Tasteninstrument mit einer besonders gelungenen Pointe (vgl. Webster 1990). Der humoristische Moment markiert eine historische Situation, in der der Komponist für die Leitung der öffentlichen Aufführung nicht mehr und der Dirigent noch nicht die selbstverständlich vorgesehene Person ist. Dieser Umbruch ist in Haydns Finale vielleicht auch schon darin abgebildet, dass in die Durchführung mehrfach ein Violinsolo integriert ist, das den dirigierenden Konzertmeister (in der Londoner Uraufführung also Johann Peter Salomon) beinahe als Dilettanten inszeniert, der die Musik beständig in die falsche Richtung führt und sich in die Reprise des Rondothemas eher stolpernd hineinrettet. Man darf das Finale daher vielleicht als Auftrittsfolge eines karikierten Interpreten-Herrschers und eines klugen Deus-ex-machina-Komponisten wahrnehmen. Das Cembalosolo kündet somit von einem neuen Selbstbewusstsein in einem leicht veralteten Klang (und zwar mit »violinistischen« Arpeggio-Figuren, die anders als die Solovioline zuvor die Grundtonart bestätigen).

Der »moderne« Dirigent ist die Interpretenfigur, die zu diesem neuen Selbstbewusstsein des Komponisten nicht in Widerspruch steht. Das musikalische Werk gilt der Autonomieästhetik des 19. Jahrhunderts zugleich als nicht perfekt (denn es ist einer Interpretation bedürftig) und als meisterhaft (denn es ist einer Interpretation würdig). Um ein berühmtes Zitat Beethovens zu variieren: der Dirigent soll in der Aufführung die elende Geige und den schöpferischen Geist stets von Neuem miteinander verbinden. Der Preis dafür ist, dass er als Aufführender auch weit stärker abhängig von der autonomen Komposition ist als ein Sänger oder Solokünstler. Er besitzt kein eigenes Repertoire an kurzen Virtuosenstücken, auch die direkte Wiederholung einzelner Sätze im Konzert gilt als Lobpreisung eher des Werks als der Aufführung (zumal jedes Encore mit ganzem Orchester schon vorher geplant werden muss). Bis heute besitzen Sänger und Instrumentalisten Möglichkeiten zur Vermarktung wie die

Inszenierung des CD-Covers im passenden Kostüm und die individuelle Kompilation der Programmstücke, die dem Dirigenten zumindest teilweise verwehrt scheinen (weil er keine Konzeptalben produzieren kann, sondern immer nur »Konzertalben«).

Das Verhältnis von Dirigent und Komponist ist also dadurch gekennzeichnet, dass nicht der Interpret das Komponieren auf sein Niveau herunterzieht (das ist die Logik hinter aller Kritik am Virtuosentum), sondern der nachschöpferische Interpret auf das Niveau des Komponisten gehoben werden soll: »Der Dirigent ist der Mann, der das Werk, das er dirigiert, nur zufällig nicht auch komponiert hat« (nach Gregor 1953, S. 91).

II.

Man kann die Metapher von der zeitlich begrenzten Diktatur noch etwas weiter treiben und auf die europäische Kompositionsgeschichte übertragen: Für viele Jahrhunderte war es üblich, dass die jeweils gespielte Oper oder der gerade anwesende konzertierende Solist zwar das Musikleben einer Metropole für einige Monate vollständig beherrschen konnten, aber danach auch wieder vollständig vergessen wurden. Der »moderne« Dirigent hat mit diesem Modell nichts mehr zu schaffen. Er ist das Produkt einer Aufführungspraxis, die auf Werke zentriert ist, die Generationen älter sind als die Gegenwart des eigenen Musiklebens – und es gibt genau zwei Möglichkeiten, wie ältere, aber nicht veraltete Kompositionen aufgeführt werden können: Entweder man versucht die Bedingungen vergangener Aufführungen zu aktualisieren, oder man versucht diese Bedingungen zu rekonstruieren.

Jede Aktualisierung aber ist latent ein kompositorischer Akt, während jede Rekonstruktion eine philologische Perspektive voraussetzt. Der Dirigent wird dadurch im einen Fall eher mit dem Geniebild des Komponisten, im anderen mit der Gründlichkeit des Wissenschaftlers in Verbindung gebracht. Das unhinterfragte Eingreifen in die Werke setzt allerdings voraus, dass der Dirigent dessen Geist statt der bloßen Buchstaben, eine höhere statt einer akademischen Werktreue verkörpert. Der Dirigent erscheint somit im 19. Jahrhundert als der Garant für die Aktualität des Alten. Seine kultische Verehrung verdankt sich einer historischen Situation, in der eine starke Forderung nach Fortschrittlichkeit und eine neue Präsenz der Vergangenheit im Kulturleben aufeinanderprallen. Daher entsteht in dieser Zeit auch der abwertende Begriff der Kapellmeistermusik. Er bezeichnet im Grunde zwei ganz verschiedene Dinge: Einerseits steht er für ein allzu akademisches Komponieren (das das Neue dem Alten annähert, anstatt das Alte zu erneuern); andererseits bezeichnet der Begriff ein rein effektvoll berechnetes Komponieren (das das Neue zu sehr vom Alten ablöst, indem die Instrumentationskünste des eingreifenden Interpreten fälschlich zum Inhalt der Kompositionen erhoben werden). Bis heute ordnet sich die Rezeption komponierender Dirigenten nach diesem Raster: Felix Weingartner wird als Komponist in die erste akademische Richtung eingeordnet, deren Reputation weiterhin schlecht zu sein scheint. Gustav Mahler dagegen vertritt dezidiert die zweite Richtung, deren Reputation sich für die Moderne retten lässt, indem man auf die progressiven, auch gegen den Apparat des Orchesters gerichteten Aspekte in einem solchen Klangkalkül verweist (vgl. Adorno 1960, S. 46).

Mahler steht für die vielleicht extremste Position in der zentralen Frage einer Aktualisierung durch die Mittel der Retuschierung, die unter dem Einfluss vor allem der Schriften Richard Wagners nochmals in ihrer Akzeptanz gestärkt wurden. Das extreme (und immer schon als extrem empfundene) Ausmaß der Eingriffe Mahlers begründet sich wohl auch daraus, dass der Restbezug zum philologischen Begriff der Interpretation und dem Modell der kommentierten Klassiker-Ausgaben anders als zum Beispiel noch bei Hans von Bülow endgültig wegfällt (vgl. Hinrichsen 1999, S. 154). Umso mehr tritt die Nähe einer solchen Retuschenpraxis zum Rollenmodell des Komponisten hervor; dies ist heute in dem Faktum abgebildet, dass mehrere Einspielungen der 9. Sinfonie Beethovens in der Version Gustav Mahlers vorliegen (wie auch die Sinfonien Schumanns). Diese Einspielungen erzeugen einige durchaus ernste Probleme bei der Frage nach dem »Autor« einer Aufführung: Eine Interpretation definiert sich über alle Details des musikalischen Klangs (von den richtigen Noten über die gewählte Aufstellung der Instrumente bis zur Wahl von Tempo und Artikulation). Von der Beethoven-Interpretation Gustav Mahlers aber werden lediglich die »primären« Parameter der Partitur in die heutige Aufführung übernommen: Änderungen der Instrumentation bleiben bestehen, auch wenn sich für sie keine irgendwie sinnvollen Gründe benennen lassen (wie die gestrichene Paukenstimme in Takt 120 ff. des ersten Satzes); Angaben zur Agogik hingegen werden ignoriert, auch wenn an ihrer Wertigkeit für die von Mahler vertretene Aufführungstradition keine Zweifel bestehen können (vgl. zu Mahlers Fassung auch Eichhorn 1993, S. 98 ff.). Auf diese Weise kollidiert dann eine »heutige« Auffassung der rasch-stabilen Tempogrundierung mit einzelnen, umso bizarrer wirkenden Massierungen eines »romantischen« Klangideals. Dies ist der Preis dafür, dass eine Ebene der Interpretation (alle Eingriffe Mahlers) in eine zusätzliche Ebene der Komposition (einzelne dieser Eingriffe Mahlers) umgedeutet wurde. Nur auf diese Weise jedoch kann die Version Beethoven-Mahler wiederum in der eigenen Interpretation des jeweiligen Dirigenten vorgelegt werden. Ein Publikum für eine Konzertankündigung einer Aufführung der 9. Sinfonie Beethovens im Jahr 2015 exakt im Stil Furtwänglers oder Mengelbergs würde sich sicherlich finden lassen. Ein Interpret jedoch nicht unbedingt. Eine solche hypothetische Aufführung würde einen historischen Trend kommentieren, bei dem das aktualisierende Modell des Interpreten durch das Konkurrenzmodell des rekonstruierenden Philologen im 20. Jahrhundert immer mehr verdrängt wurde, wodurch als Nebeneffekt auch Dirigieren und Komponieren ihre zunächst enge Verbindung verlieren. Auch hierfür bleibt Mahler das schlagende Beispiel: Die Werke des Komponisten Mahler werden immer mehr zum zentralen Bestandteil des Musiklebens, die Mittel des Dirigenten Mahler werden aus demselben Musikleben immer mehr verbannt.

III.

Gustav Mahler ordnet sich ein in eine Reihe dirigierender Komponisten wie Strauss, Pfitzner, Zemlinsky und Webern, die einer Geschichte der musikalischen Interpretation mehr Probleme bereiten als einer Geschichte der Komposition. Während sie dort in ein Raster aus modernen und traditionellen Stilmitteln eingeordnet werden können, gefährdet ihre Beschreibung als Interpreten dasselbe Raster, das auch für die Geschichte der Tonträger entwickelt werden soll. Strauss und Webern ist als Dirigenten sogar eine Vorbildfunktion für den Berufsstand insgesamt zugesprochen worden. Es lässt sich allerdings zeigen, dass dieser Anspruch sich in beiden Fällen auch daraus ableitet, dass das Dirigieren an den »Taktgeber« des Komponierens gebunden bleiben soll (sodass jede Darstellung, die die Interpretation als Gegenstand eigenen Rechts von der Kompositionsgeschichte abtrennen möchte, um diese Reihe dirigierender Komponisten tatsächlich nicht ohne Grund einen Bogen macht).

Im Fall der Verklärung von Richard Strauss zum Vorbild für das Dirigieren scheint die Logik hinter einer solchen Argumentation relativ leicht rekonstruierbar zu sein: Die Werkeingriffe des »romantischen« Dirigenten bedürfen nach der »anti-romantischen« Wende der Weimarer Zeit immer dringlicher einer neuen Legitimation, und diese wird in der Tätigkeit des Dirigenten auch als Komponist gefunden. Die erhobenen Vorwürfe gegen eine mechanische und kommerzialisierte Kunstausübung bewahren zum Beispiel in Pfitzners Schrift *Werk und Wiedergabe* das Ideal des »schöpferischen Komponisten« (und richten sich also gegen die anti-romantische Ästhetik), doch zugleich polemisiert Pfitzner mit größter Vehemenz gegen die Vorstellung vom »schöpferischen Interpreten« als Widerspruch in sich (und damit implizit gegen die romantische Auffassung in dieser Frage; vgl. Pfitzner 1969, S. 20 f.).

Tatsächlich kann man die reduzierte Dirigiertechnik von Richard Strauss auch als das äußere Komplement einer gegen den herrschenden Trend gestellten Interpretationshaltung ansehen, die sehr wohl weiterhin mit relativ starken Temposchwankungen operiert (vgl. Laubhold 2014, S. 286 ff.). Diese Modifikationen konnten auch deswegen lange »überhört« werden, weil die minimierte körperliche Gestik dem romantischen Interpretationsweg nicht zu entsprechen scheint. Auf diese Weise kann das Dirigieren gleichzeitig vor einer falschen Moderne errettet und mit einer sachbezogenen Moderne argumentativ in Verbindung gehalten werden, was Strauss und das Modell des komponierenden Dirigenten auch für Alois Melichar zur Richtschnur erhebt: »Je näher nun die Geburtsdaten der Komponisten-Dirigenten zur Jahrhundertwende vorrücken, desto häufiger verschiebt sich das Verhältnis ihrer kapellmeisterlichen Tätigkeit zu Ungunsten ihrer kompositorischen« (Melichar 1981, S. 99).

Melichar, der vor allem für seine scharfen Angriffe gegen die Neue Musik bekannt war, fehlt in dieser erst postum veröffentlichten Positionierung nicht nur das Prophetentum für die im Umfeld der allerneuesten Musik auftretende Generation dirigierender Komponisten, sondern auch der Blick dafür, dass es bereits im Zeitraum seiner Argumentation noch ganz andere Prinzipien des Komponierens gibt, die sich mit dem Dirigieren ebenso in Beziehung setzen lassen. Anton Webern wird für das entgegengesetzte Milieu der Verfechter des unbedingten Fortschritts zum nahezu unfehlbaren Vorbild eines idealen Dirigenten. Erneut ließe sich aber leicht nachweisen, dass Webern – nicht zuletzt in der Nacherzählung einzelner Aufführungen durch Theodor W. Adorno – einmal das expressive Ideal der feinsten Temporegungen im Finale von Mahlers 6. Sinfonie, einmal das sachliche Ideal des bedingungslos stabil durchgehaltenen Tempos im ersten Teil von Mahlers 8. Sinfonie vertreten soll.

So weit entfernt voneinander Webern und Strauss als Komponisten auch stehen, sie durchkreuzen als Dirigenten beide einen zentralen Gegensatz innerhalb der Ästhetik der Interpretation, weshalb in beiden Fällen der Miteinbezug auch der Ästhetik der Kompositionen notwendig erscheint. Im Fall der Wiener Schule könnte man diese Notwendigkeit vielleicht so umschreiben, dass der Vorhalt, der weiterstrebende Leitton und die an Kadenzen orientierte Phrasierung, die in atonalen Kompositionen eigentlich nicht mehr vorhanden sein können, in der Interpretation ein Reservat erhalten sollen. Genau dieses Reservat kann man auf den wenigen erhaltenen Aufnahmen von Webern als Dirigent hören: Der dissonante Akkord ganz am Ende des ersten Satzes von Alban Bergs Violinkonzert setzt in der Aufnahme mit Louis Krasner so stark, aber auch so stabil ein, dass trotz der nicht mehr tonalen Struktur seine Schlussfunktion sofort hervortritt.

Die von Webern und Strauss repräsentierten Debatten markieren gleichsam eine Phase der Verwirrung im Verhältnis von Dirigieren und Komponieren, weil der Übergang vom aktualisierenden Nachschöpfer zum werktreuen Restaurator sich nach dem Ersten Weltkrieg eigentlich besonders eindeutig mit einem Trend der Kompositionsgeschichte verbindet. Strauss soll jedoch auch das »moderne« Dirigieren trotz seines konservativen Komponierens, Webern auch das teilweise expressiv verbleibende Dirigieren trotz seines avancierten Komponierens vertreten; indem beide als Komponisten nicht dem neusachlichen Grundtrend gehorchen, kann ihre Position innerhalb einer Geschichte des Dirigierens frei oszillierend sich allen argumentativen Wünschen anpassen. Andererseits wird in derselben Zeit die Trennung zwischen einer rückschauenden Aufführungswelt und einer fortschrittsorientierten Produktionsästhetik immer stärker (und nur in Bezug auf diese positionieren Strauss und Webern sich als Komponisten umso eindeutiger): Der Anfang der Aktualisierung markiert auch den Anfang der Musealisierung, das Ende der Aktualisierung dagegen markiert nicht das Ende, sondern die Vollendung dieser Musealisierung.

IV.

Im 20. Jahrhundert etablieren sich in den eigentlich voneinander getrennten Welten der Abonnementserie und der Avantgardekonzerte endgültig alle zentralen Formen, die für das Zusammenspiel von Dirigieren und Komponieren möglich erscheinen.

Es gibt erstens Dirigenten, die als Einzige ihre eigenen Werke dirigieren: Leif Segerstam, der für jedes seiner Konzerte bei einem deutschen Provinzorchester die Uraufführung einer neuen eigenen Sinfonie für das Programm vorschlägt (und so derzeit bei ungefähr 284 Sinfonien angekommen ist), liefert das extravaganteste Beispiel für ein Prinzip, das sonst eher mit dem Milieu der gediegenen Kapellmeistermusik assoziiert bleibt. Dabei ist auffällig, dass nicht mehr wie noch im 19. Jahrhundert das Modell der Jugendkompositionen dominiert, die zugunsten der Kapellmeisterlaufbahn vernachlässigt werden, sondern dass erfolgreiche Dirigenten am Ende ihrer Karriere zum Komponieren zurückfinden: Neben Wilhelm Furtwängler trifft das auch auf Otto Klemperer oder auf Lorin Maazel zu, und in allen diesen Fällen sind eine Aufführung oder eine Aufnahme durch einen Kollegen das größte Lob, mit dem ihre Musik ausgezeichnet werden kann.

Es gibt zweitens Dirigenten, die als Einziges ihre eigenen Werke dirigieren: Igor Strawinsky ist hierfür das bedeutsame Vorbild, das in Witold Lutosławski, aber auch John Adams oder Thomas Adès einige Nachahmer gefunden hat. Die Konzertprogramme können dabei auch Werke anderer Komponisten umfassen, aber nur selten umfassen sie nicht auch ein eigenes Werk (was zum Beispiel bei Paul Hindemith noch anders gewesen ist). Dieses Modell der Dirigate einzig von Konzerten mit eigenen Werken scheint sich für die Schönberg-Schule und deren kompositorisches Umfeld weniger gehalten zu haben, vielleicht, weil es eine kommerzielle Logik der Selbstpräsentation besitzt, vielleicht aufgrund der hohen Komplexität der Partituren, vielleicht auch im Blick auf den Kartenverkauf.

Es gibt drittens Dirigenten, die alles dirigieren außer ihren eigenen Werken: George Szell, Igor Markevitch und Giuseppe Sinopoli sind wohl die drei wichtigsten Namen, die eine über den Status von Jugendwerken weit hinausgehende Karriere als Komponist vollständig zugunsten des Dirigierens aufgegeben haben. Interessanterweise scheint in dieser Entscheidung in allen drei Fällen ein zeitnaher Beliebtheitsverlust des jeweiligen spätromantischen, neoklassischen bzw. postseriellen Stils vorauszugehen zu sein (auch indem die Werke vor allem der letzten beiden den Stil so überzeichnen, dass er brüchig wird).

Viertens schließlich gibt es Dirigenten, die ihre eigenen Werke als Teil einer propagierten Moderne dirigieren und zugleich aus dieser Moderne einen neuartigen Anspruch auch für die Aufführung des Standardrepertoires ableiten. Es fällt auf, dass dieser Typus sich nun genauso eindeutig eher der Schönberg-Schule und deren serieller Nachfolge verpflichtet fühlt. Pierre Boulez hat man unterstellt, dass er auch deswegen zum Dirigenten und Institutsdirektor von IRCAM geworden ist, weil er so sein immer selteneres Komponieren ersetzen kann und auf diese Weise das Kunststück vollbringt, eine Ästhetik, die im Komponieren vielleicht für fünf Jahre floriert hat, für weit über 50 Jahre im Musikleben zu verankern (vgl. dazu auch Born 1995). Zu den zentralen Namen eines solchen neuen Typus des dirigierenden Komponisten gehören zudem Michael Gielen, Hans Zender, der in beiden Tätigkeiten erst jetzt wiederentdeckte Bruno Maderna oder Heinz Holliger, der als Oboist, Dirigent und Komponist sogar eine Tripel-Begabung in das Konzertleben einbringt. Für alle von ihnen gilt, dass sie sich vom Bild des Stardirigenten bewusst abgrenzen wollen, und für viele von ihnen gilt, dass in ihren Kompositionen ein Einfluss der dirigierten Werke (mit Robert Schumann an erster Stelle) manchmal doch durchscheint, was den eigenen Kompositionen vielleicht einen weiteren kleinen Startvorteil verleiht.

Das modernistische Komponieren und dessen derzeitige Spiel- und Stilarten u. a. des Komplexismus, Spektralismus und Negativismus (Mahnkopf 1998, S. 68) scheint jedoch auch darum in der Öffentlichkeit noch weniger präsent als dessen serielle Vorgeschichte, weil sich keine Interpreten-Persönlichkeiten mehr etabliert haben, die ihre eigenen Werke über die Rolle als Dirigent oder Instrumentalist in der Öffentlichkeit verankern. Umgekehrt verschmelzen vor allem im musikalischen Minimalismus durch die Annäherung an Prinzipien der Popkultur die Figuren von Interpret und Komponist so stark miteinander, wie es seit den Virtuosen des 19. Jahrhunderts nicht mehr der Fall gewesen ist. Die eigenen Ensembles, die Philip Glass, Steve Reich oder Michael Nyman einen hohen Bekanntheitsgrad ihrer Musik gesichert haben, dokumentieren zugleich deren Außenseiterposition innerhalb einer Subventionskultur, die das Komponieren mit allen Vor- und Nachteilen relativ unabhängig von Aufführungsstatistiken macht.

Die Überwindung dieser Isolation und den dafür aus Sicht der Avantgarde zu zahlenden Preis repräsentiert am stärksten derzeit wohl Esa-Pekka Salonen, der eine der symbolisch höchsten Ehrungen der Gegenwartskultur erhalten hat: die Mitwirkung in einem Apple-Werbespot, in dem er als Dirigent und mit den Klängen seines Violinkonzerts auftreten durfte.

Das für das Verhältnis von Dirigent und Komponist zentrale Zwischenreich der Retuschen und Bearbeitungen wird heute vor allem durch einen Trend dominiert: Die Bearbeitung wird zur Aufgabe des Komponisten, der Aufträge mit einer Bezugnahme auf etablierte Werke und Namen der Musikgeschichte erhält. Man kann so die Förderung der Neuen Musik an jenen tonal-kadenzmetrischen Stil binden, den diese eigentlich doch aufgegeben hat (und dies reduziert den Komponisten manchmal auf die frühere Rolle des Interpreten als Kommentator einer Klassiker-Ausgabe). Das Prinzip der Aktualisierung, das zuerst als Modus der musikalischen Interpretation etabliert worden ist (vgl. Danuser 1992, S. 17), ist heute also zu einem Modus der Komposition geworden. In den technischen Mitteln eines Komponierens mit Vorlagen ergeben sich vielleicht aber neue Möglichkeiten, die eine Kultur des Scratching, der Loops und der Mashups auch für die »E-Musik« etablieren könnten.

Solche künstlerischen Mittel verweisen darauf, dass die technischen Mittel der Reproduktion auch das Verhältnis von Dirigieren und Komponieren stark mit beeinflusst haben. Nach dem Tod von Arthur Nikisch liest man noch das Bedauern darüber, dass seine Kunst anders als die der Komponisten leider bald vergessen sein wird. Dieser Makel hat sich mit dem Tonträger in sein Gegenteil verkehrt, sodass der Druck der Musealisierung durch die Präsenz zahlloser für sich »klassischer« und billig erhältlicher Aufnahmen auch auf den Plattenmarkt überspringt. Deswegen wäre dem heutigen Interpreten eigentlich anzuraten, seine Tätigkeit wieder stärker als kompositorisch kreatives Eingreifen in das Werk zu definieren. Es gibt hauptsächlich einen Grund, warum dies nicht geschieht: Der Notentext geht in der Klassik grundsätzlich der Studioaufnahme voraus, in der Rockmusik ist dies oft anders herum (vgl. Gracyk 1996). Und dadurch entstehen dort weitaus einfacher neue Möglichkeiten, im Aufnahmestudio oder zu Hause am Computer als Komponist tätig zu werden. Die Klassik-Welt hat zum Beispiel mit der DGG-Reihe »Recomposed« durchaus versucht, diese zeitgemäßen Mittel zu integrieren. Grundsätzlich nähern sich Aufnahme und Aufführung hier jedoch umgekehrt einander immer mehr an, weil teure Studioproduktionen zumal für Opern nicht mehr finanzierbar sind und Live-Mitschnitte gänzlich unauffällig nachbearbeitet werden können. Die vielen eigenen Labels von Orchestern sind hierfür nur das sichtbarste Zeichen. Auch dadurch werden Interpret und Komponist weiter voneinander getrennt: Der Tonträger als Ort des Experiments ist nur dahingehend präsent, dass ein Trend zur Einspielung von Früh- und Urfassungen erkennbar ist, die zumeist nur für eine Aufführung, aber auch dauerhaft für eine neue Aufnahme interessant sein können. Ansonsten aber sind Aufnahmen und Aufführungen beide vom selben Grundprinzip einer manchmal rekonstruktiven, meistens werktreu begründeten und möglichst textorientierten Darbietung geprägt, die das performative Eigenleben und die spontanen Momente einer Aufführung auf ein Minimum reduziert (vgl. Goehr 1996).

Gemäß der Metapher der politischen Herrschaft könnte man sagen, dass der Dirigent sich immer mehr der Diktatur des Werks unterwirft (oder dies zumindest behauptet), um auf diese Weise seine eigene diktatorische Position nicht zuletzt im Blick auf den Zuschnitt des Konzertablaufs zu bewahren. Damit aber verabschiedet sich der Dirigent zugunsten der alten Werke von der Gegenwart der neu entstehenden Werke. Für die Geschichte der Komposition gilt weiterhin: Nur die Ausnahme erzeugt neue Regeln. Für die Ästhetik der Interpretation gilt hingegen mehr und mehr: Die Aufnahme bestätigt die Regel.

Literatur

Theodor W. Adorno, Mahler. Eine musikalische Physiognomik, Frankfurt a. M. 1960 ▪ Georgina Born, Rationalizing Culture. IRCAM, Boulez and the Institutionalization of the Musical Avant-Garde, Berkeley 1995 ▪ Hermann Danuser (Hrsg.), Musikalische Interpretation (Neues Handbuch der Musikwissenschaft, Bd. 11), Laaber 1992 ▪ Andreas Eichhorn, Beethovens *Neunte Symphonie. Die Geschichte ihrer Aufführung und Rezeption*, Kassel 1993 ▪ Lydia Goehr, The Perfect Performance of Music and the Perfect Musical Performance, in: New Formations 27 (1995/96), S. 1–22 ▪ Theodore Gracyk, Rhythm and Noise. An Aesthetics of Rock, Durham 1996 ▪ Joseph Gregor, Clemens Krauss. Seine musikalische Sendung, Bad Bocklet 1953 ▪ Hans-Joachim Hinrichsen, Musikalische Interpretation. Hans von Bülow, Stuttgart 1999 ▪ Lars E. Laubhold, Von Nikisch bis Norrington. Beethovens 5. Sinfonie auf Tonträger. Ein Beitrag zur Geschichte der musikalischen Interpretation im Zeitalter ihrer technischen Reproduzierbarkeit, München 2014 ▪ Claus-Steffen Mahnkopf, Kritik der neuen Musik. Entwurf einer Musik des 21. Jahrhunderts. Eine Streitschrift, Kassel 1998 ▪ Alois Melichar, Der vollkommene Dirigent. Entwicklung und Verfall einer Kunst, hrsg. von Reinhold Kreile, München 1981 ▪ Hans Pfitzner, Werk und Wiedergabe, Tutzing ²1969 ▪ James Webster, On the Absence of Keyboard Continuo in Haydn's Symphonies, in: Early Music 18/4 (1990), S. 599–608

Der Dirigent »im Zeitalter seiner technischen Reproduzierbarkeit«

Michael Stegemann

Am 16. Dezember 1920 traf ein ziemlich bunter Haufen Musiker in dem kleinen Industriestädtchen Camden im amerikanischen Bundesstaat New Jersey ein: das Orchester der Mailänder Scala, das sich mit seinem damals 53-jährigen Dirigenten Arturo Toscanini auf Nordamerika-Tournee befand und eine Reihe von Schellackplatten für die Victor Talking Machine Company aufnehmen sollte. Die 1901 von Eldridge R. Johnson gegründete Gesellschaft war damals eines der weltweit führenden Schallplatten-Unternehmen und blieb es auch unter dem Namen RCA Victor (nachdem Johnson 1929 seine Anteile an die Radio Corporation of America verkauft hatte). Die Victor Company war zwar auf dem allerneuesten technischen Stand – sie sollte auch die Erste sein, die 1925 unter dem Namen »Orthophonic« die revolutionäre Neuerung eines elektrischen Aufnahmeverfahrens (mit Mikrofonen) verwendete, das die alte akustische Tonaufzeichnung ersetzte –, doch die Bedingungen, unter denen in jener fernen »Steinzeit« der Schallplattengeschichte Musik produziert wurde, waren mehr als abenteuerlich, wie sich der Scala-Korrepetitor Nuccio Fiorda später erinnerte: »Das Orchester war auf seine wichtigsten Mitglieder beschränkt, die in eine riesige, mit Holz ausgekleidete Nische hinein gezwängt und gequetscht wurden, aus der vier oder fünf glänzende Grammophontrichter herausragten, die wie Megaphone aussahen. Die Kontrabässe wurden zum Teil von der Tuba verstärkt. Laut Vertrag mit der Victor Company durfte keine Platte ohne die vorherige Einwilligung des Maestro veröffentlicht werden. Die damalige Aufnahmetechnik auf einer Wachs-Matrize erlaubte es nicht, die Aufnahme eines Stücks direkt von dieser Matrize abzuspielen und abzuhören, die dadurch zerstört worden wäre. Die Folge war, dass man das ganze Stück noch einmal aufnehmen musste, wenn man es einmal abgehört hatte. Leider war der Maestro so unzufrieden, dass viele solcher Neuaufnahmen nötig wurden – bis der Direktor der Firma eines Tages sagte: ›Wenn Toscanini noch einmal herkommt, gehen wir pleite!‹«

Die Aufnahmesitzungen erstreckten sich über sieben Tage im Dezember 1920 und acht weitere Tage im März 1921; am Ende waren knapp 50 Minuten Musik »im Kasten«: Mozart, Beethoven, Donizetti, Berlioz, Mendelssohn, Bizet, Massenet, Wolf-Ferrari, Respighi, Pizzetti. Eine erstaunliche Ausbeute in Anbetracht der andauernden Unzufriedenheit Toscaninis, die sich wie üblich in heftigen Wutanfällen äußerte: »Nein, nein, so nicht, das taugt nichts! Unsere ganze Arbeit ist zum Teufel und nutzlos: Veränderte Tempi, falsche Lautstärken, keine Dynamik, keine Klangschattierungen – nichts als ein Haufen Müll!«

Nach diesem katastrophalen Versuch schwor sich der Maestro, nie wieder eine Schallplattenaufnahme zu machen. Wie man weiß, hat sich Toscanini glücklicherweise nicht an diesen Schwur gehalten.

Das Verfahren der Schallplatten-Tonaufzeichnung war damals schon fast ein Vierteljahrhundert alt. Der Deutsch-Amerikaner Emil Berliner hatte es 1889 entwickelt und drei Jahre später in Washington D.C. die United States Gramophone Company gegründet, der er

1897 eine Zweigstelle in London und in seiner Geburtsstadt Hannover – am 6. Dezember 1898, gemeinsam mit seinem jüngeren Bruder Joseph – die Deutsche Grammophon Gesellschaft folgen ließ. Auch wenn das Hauptaugenmerk des neuen Mediums damals noch auf Sprach- und Dokumentaraufnahmen lag, hatte Berliner schon um 1898 die erste Aufnahme eines größeren Musikensembles realisiert (enthalten auf der Centenary Collection der DGG): John Philip Sousas Marsch *Hail to the Spirit of Liberty*, gespielt von der Municipal Military Band London in einer reinen Bläserbesetzung. Anders wäre es auch gar nicht möglich gewesen, denn Streichinstrumente ließen sich damals noch kaum aufnehmen. Trotz spezieller Entwicklungen wie der 1899 in London vorgestellten Stroh- bzw. Phonogeige, bei der die Saitenschwingung auf eine Membran und von dieser auf einen seitlich angesetzten Schalltrichter übertragen wurde, blieb es bis Mitte der 1920er-Jahre üblich, die tiefen Streicher eines Orchesters durch Fagotte, Posaunen oder Tuben zu ergänzen (oder gleich ganz zu ersetzen). Auch eine der ersten Aufnahmen von Teilen einer Beethoven-Sinfonie – eine Kurzfassung des ersten Satzes der *Pastorale* – entstand 1911 in Paris mit den Bläsern der Musique de la Garde Républicaine.

Doch waren Orchesteraufnahmen damals ohnehin noch kein Thema. Die ersten klassischen Schallplattenkünstler waren Gesangsstars wie Enrico Caruso, Geraldine Farrar oder Nellie Melba, die den Markterfolg des Mediums schnell in schwindelnde Höhen trieben. Als der legendäre Produzent Fred Gaisberg im April 1902 mit Caruso verhandelte und dieser 100 britische Pfund für zehn Arien verlangte, kabelte die Direktion aus London an Gaisberg (so die Anekdote): »Fee exorbitant, forbid you to record.« Gaisberg ignorierte das Verbot – entschlossen, das »exorbitante Honorar« notfalls aus eigener Tasche zu bezahlen – und legte den Grundstock einer spektakulären Erfolgsstory: In den nächsten zwei Jahrzehnten brachten allein Carusos Aufnahmen mehr als drei Millionen Pfund ein (und Nellie Melba verlangte übrigens fünf Jahre nach Caruso bereits 1.000 Pfund Honorar).

Während Einspielungen von Militärkapellen und Tanzorchestern im ersten Jahrzehnt der Schallplatte stetig zunahmen, blieben Aufnahmen klassischer Dirigenten und Orchester dünngesät; bestenfalls erschienen sie im weit entfernten akustischen Hintergrund prominenter Sängerinnen oder Sänger, die sich allerdings meist lieber von einem Klavier begleiten ließen. Immerhin war der kommerzielle Erfolg dieser Platten so groß, dass man sich auch an die ersten Opern-Gesamtaufnahmen heranwagte, selbst wenn sie – wie Gounods *Faust*, aufgenommen 1912 mit dem Ensemble der Pariser Opéra-Comique unter der Leitung des Belgiers François Ruhlmann (1868–1948) – 28 Schellackplatten umfassten, was ein Gewicht von mehr als elf Kilogramm ergibt! Eines der frühesten Beispiele war 1908 Bizets *Carmen* mit Emmy Destinn und dem Orchester der Berliner Hofoper unter Bruno Seidler-Winkler (1880–1960), der von 1903 bis 1923 künstlerischer Leiter der Deutschen Grammophon war.

Für reine Orchesteraufnahmen brachten dann die Jahre 1910 bis 1913 den Durchbruch. Kurz nacheinander entstanden gleich drei Aufnahmen der 5. Sinfonie von Beethoven: 1910 für Odeon mit Friedrich Kark (1869–1939) und dem Label-eigenen Odeon-Orchester, (vermutlich) 1912 für Pathé mit einem nicht genannten Orchester unter der Leitung von François Ruhlmann und am 10. November 1913 für die Deutsche Grammophon mit den Berliner Philharmonikern unter Arthur Nikisch (der schon im Juni Beethovens *Egmont*- und Webers *Oberon*-Ouvertüre mit dem London Symphony Orchestra aufgenommen hatte). Als in Europa der Erste Weltkrieg die Schallplattenindustrie lähmte, holte der amerikanische Markt auf: So entstanden 1916/17 kurz nacheinander die ersten Aufnahmen des Chicago Symphony Orchestra unter Frederick Stock, des Cincinnati Symphony Orchestra unter Ernst Kunwald (1868–1939), des Boston Symphony Orchestra unter Karl Muck (1859–1940) und des Philadelphia Orchestra unter Leopold Stokowski, der als einer der ersten Dirigentenstars die Bedeutung der Schallplatte erkannte und nutzte. So war Stokowskis Aufnahme auch die erste, die ein Orchester in voller Größe von 85 bis 100 Musikern aufbot, während die Orchester bei Aufnahmen sonst mit bestenfalls 35 bis 40 Musikern besetzt waren.

Alle diese akustischen Aufnahmen entstanden mehr oder weniger unter denselben prekären Bedingungen, wie sie Nuccio Fiorda für die ersten Toscanini-Produktionen beschrieben hat. Dass es einem Dirigenten wie Oskar Fried 1924 gelang, ein so monumentales Werk wie Mahlers 2. Sinfonie (für die Deutsche Grammophon) aufzunehmen, grenzt an ein Wunder. Die entscheidende Wende kam 1925 mit der Einführung des elektrischen Aufnahmeverfahrens, bei dem statt der Schalltrichter ein Mikrofon verwendet wurde. Nun ließen sich Orchester in jeder beliebigen Größe und Besetzung problemlos aufzeichnen. Wieder war es Stokowski, der (mit dem Philadelphia Orchestra) die erste klassische Aufnahme realisierte: Camille Saint-Saëns' *Danse macabre*. Bald nutzten alle Firmen, darunter auch die im Dezember 1925 in Köln gegründete Electrola, die neuen Möglichkeiten nach Kräften. Auch Toscanini ließ sich 1926 erneut zu einer Reihe von Schallplattenaufnahmen bewegen – dieses Mal in der Carnegie Hall mit dem New York Philharmonic Orchestra und für das amerikanische Label Brunswick, das unter dem Namen »Light-Ray Process« ein eigenes (foto-)elektrisches Aufnahmeverfahren eingeführt hatte. Mit der elektrischen Ära begann auch die Zeit einiger großer Orchester, die eigens für Schallplattenproduktionen gegründet wurden: das Orchestre Symphonique du Gramophone, das RCA Victor Symphony Orchestra, das Philharmonia Orchestra (1945 von dem EMI-Produzenten Walter Legge gegründet) oder das zunächst an der Ostküste etablierte Columbia Symphony Orchestra, das sich aus Mitgliedern des New York Philharmonic Orchestra, der Metropolitan Opera und des NBC Symphony Orchestra rekrutierte.

Kurz seien noch die weiteren wichtigen Entwicklungsstationen der Tonaufzeichnung genannt: Mit der Einführung des (in den Grundzügen bereits 1898 von dem Dänen Valdemar Poulsen erfundenen und später in Deutschland von AEG und BASF perfektionierten) magnetischen Aufnahmeverfahrens war es seit Mitte der 1940er-Jahre möglich, die nun nicht mehr auf Matrizen, sondern auf Tonband aufgezeichnete Musikaufnahme nachträglich zu bearbeiten. Während ausnahmslos alle bis dahin entstandenen Aufnahmen exakt das wiedergeben, was gespielt wurde, konnten Produzenten und Ingenieure nun aus verschiedenen »Takes« das ideale Ergebnis zusammenschneiden.

Etwa um dieselbe Zeit unternahm man die ersten Versuche stereophoner Musikaufzeichnung. Und noch einmal war es Stokowski, der den ersten Impuls gab: Als er die Musik zu dem Zeichentrick-Meisterwerk *Fantasia* (1940) aufnahm, entwickelte er gemeinsam mit den Walt-Disney-Technikern den sogenannten »Fantasound«, der in den Kinosälen über zwei links und rechts von der Leinwand installierte Lautsprecherensembles übertragen wurde. Stokowski war es dann auch, der im New Yorker Manhattan Center (am 6. Oktober 1953) für die RCA Victor die ersten Stereo-Aufnahmen der Schallplattengeschichte produzierte – sogenannte »binaurale« Aufnahmen der ersten *Rumänischen Rhapsodie* von George Enescu und des Walzers aus Tschaikowskys *Eugen Onegin*. Die frühesten, tatsächlich erstaunlichen Aufnahmen wurden allerdings mitten im Zweiten Weltkrieg bereits 1944 im Berliner Haus des Rundfunks produziert: Beethovens 5. Klavierkonzert mit Walter Gieseking und dem Großen Berliner Rundfunkorchester unter Artur Rother (1885–1972) und das Finale der 8. Sinfonie von Bruckner mit dem Orchester der Berliner Staatsoper unter Herbert von Karajan. Die erste kommerzielle Stereo-Schallplatte war dann die am 21. und 22. Februar 1954 produzierte Aufnahme von Berlioz' *La Damnation de Faust* mit dem Boston Symphony Orchestra unter Charles Munch, mit der die RCA ihre »Living Stereo«-Ära eröffnete.

Spätere Entwicklungen wie die Quadrophonie oder die 1982 von Philips und Sony vorgestellte digital aufgenommene CD brachten zwar spektakuläre aufnahme- und produktionstechnische Fortschritte, hatten aber keinen nennenswerten Einfluss mehr auf die Musikaufzeichnung an sich. Immerhin ist die Spieldauer einer CD (und damit ihr Durchmesser von zwölf Zentimetern) angeblich darauf zurückzuführen, dass der Sony-Vizepräsident Norio Öga unbedingt Beethovens Neunte auf einem der neuen Tonträger unterbringen wollte; seine Lieblingsaufnahme mit Herbert von Karajan und den Berliner Philharmonikern dauerte 66:50, aber die Sony-Techniker wollten »auf Nummer sicher« gehen und erhoben die langsamste Version der Neunten, die damals auf dem Markt war, zur Mindestnorm: Wilhelm Furtwänglers Aufnahme mit dem Orchester der Bayreuther Festspiele aus dem Jahr 1951, die 74:23 dauerte. Als dann Karajans erste Neunte auf CD erschien, dauerte sie 66:14.

Blickt man heute auf die rund 115-jährige Geschichte der Tonaufzeichnung von Orchestermusik zurück, ergibt sich ein Bild, das sich sozusagen dreidimensional mit den Vektoren Werk, Aufführung und Aufnahme vermessen lässt.

Jenseits der These Ferruccio Busonis, dass schon die Niederschrift einer Komposition eine Bearbeitung des absoluten, »reinen« Gedankens bedeutet, ist das musikalische Kunstwerk eine feste, immer mit sich selbst identische Größe. Wenn man heute Nikischs Fünfte von Beethoven hört, stellt man fest, dass die 100 Jahre, die seither vergangen sind, das Werk selbst nicht wirklich verändert haben: Es ist und bleibt die Fünfte von Beethoven – dasselbe Werk, das man auch aus allen anderen Interpretationen von A (wie Claudio Abbado) bis Z (wie David Zinman) kennt und wiedererkennt. Dabei spielt es keine Rolle, ob eine Aufnahme rauscht, knistert oder knackt, ob sie monaural, stereophon oder im Mehrkanalton produziert wurde, ob wir sie von einer Schellack- oder Vinylplatte, einer CD oder einem MP3-Player abspielen. Ebenso bedeutungslos ist es, ob im Vergleich verschiedener Einspielungen ein Dirigent das Allegro con brio eher schneller oder eher langsamer nimmt, ob das Fortissimo des Anfangs eher lauter oder eher leiser klingt, ob die Fermate im zweiten Takt eher länger oder eher kürzer gehalten wird, ob die Ersten Violinen sechsfach, zehnfach oder zwölffach besetzt sind, ob das Orchester nach den Maßgaben historischer oder moderner Aufführungspraxis musiziert; nicht einmal die Verstärkung oder Vertretung der Kontrabässe durch Posaunen und/oder Tuben verändert die Sinfonie in ihrer Werk-Identität.

Doch das, was wir hören, ist ja gar nicht *das* Werk: »Musik wird. Sie ist nicht. Sie lebt in der Ausführung«, hat Adolf Weissmann 1925 in seinem Buch *Der Dirigent im 20. Jahrhundert* festgestellt. Was wir hören, ist die Momentaufnahme einer ganz bestimmten Ausführung. Die Deutung eines Werkes, die »Übersetzung« – und nichts anderes heißt ja »Interpretation« – verhält sich zum Werk selbst wie ein Abbild zum Bild. Anders gesagt: Wir hören ebenso viel Nikisch (oder Abbado oder Zinman), wie wir Beethoven hören. Und auch hier spielt es im Prinzip keine Rolle, ob wir ein Konzert live erleben oder eine Schallplatte anhören: Der Vektor der Interpretation steht für sich – mal mehr, mal weniger dominant, je nachdem, ob sich der Dirigent um möglichst objektive Werktreue bemüht, oder ob er seine eigene, subjektive Deutung der Partitur in den Vordergrund stellt. Die Korrelation dieses klingenden Abbilds mit unserem persönlichen, auf mehr oder weniger vielen Vorkenntnissen und Vorerfahrungen beruhenden Bild eines Werkes entscheidet letztlich darüber, ob uns eine Aufführung oder Aufnahme gefällt und berührt oder nicht.

Hinzu kommt, dass Interpretationen auch darin Momentaufnahmen darstellen, dass sie immer zeitgebunden sind – sowohl auf den Moment ihres Entstehens bezogen als auch auf den ihrer Rezeption; im Konzertsaal fallen diese beiden Momente zusammen, im Fall der Fünften von Arthur Nikisch überspannen sie ein ganzes Jahrhundert und erheben die Schallplatte zu einer Zeitmaschine, wie sie H. G. Wells nicht genialer hätte ersinnen können.

Zwischen den Vektoren des »autonomen« Werks und der anlassgebundenen Interpretation steht als dritter Vektor derjenige der Aufnahme. Der erklärte Anspruch einer größtmöglichen Authentizität – als Übereinstimmung zwischen Ausführung und Aufzeichnung – wird immer eine Phantasmagorie bleiben: Selbst die perfekteste Produktion und Wiedergabe einer Aufnahme kann das, was tatsächlich gespielt wurde, nur bedingt einfangen. Man braucht nur an das Erlebnis einer Konzertaufführung zu denken, die man nachher als CD-Veröffentlichung noch einmal hört – und oft kaum wiedererkennt: gefiltert, geschnitten, gemischt, nach allen Regeln und Möglichkeiten der jeweils aktuellen Technik manipuliert, und zudem oft auch noch der persönlichen Klangästhetik des Produzenten angepasst.

»Nichts als ein Haufen Müll«? Sergiu Celibidache hat die Konsequenz gezogen, zu Lebzeiten jede Studioproduktion zu verweigern und jeden Mitschnitt einer Konzertaufführung zu untersagen. Wenn man allerdings bereit ist, die Schallplattenaufnahme als eigenständiges Kunstwerk zu sehen, wenn nicht gar (wie Glenn Gould) als die alleinige Zukunft der Musik, dann folgt sie auch ihren eigenen Gesetzen und unterliegt ihrer eigenen Ästhetik. Bild und Abbild – nun bezogen auf Aufführung und Aufnahme – sind nicht miteinander identisch, weshalb es nicht um »Original« und »Kopie« geht, sondern um unterschiedliche, aber gleichwertige »Aggregatzustände« einer Interpretation. In diesem Sinne gehören die Aufnahmen der großen Orchester und ihrer Dirigenten zu den spannendsten und wertvollsten »Kunstwerken«, die wir besitzen.

Literatur
Michael Chanan, Repeated Takes. A Short History of Recording and Its Effects on Music, London 1995 ▪ Nicholas Cook u. a. (Hrsg.), The Cambridge Companion to Recorded Music, Cambridge 2009 ▪ Timothy Day, A Century of Recorded Music. Listening to Musical History, New Haven 2000 ▪ Herbert Haffner, »His Master's Voice«. Die Geschichte der Schallplatte, Berlin 2011 ▪ Mark Katz, Capturing Sound. How Technology Has Changed Music, Berkeley 2004 ▪ Herfrid Kier, Der fixierte Klang. Zum Dokumentarcharakter von Musikaufnahmen mit Interpreten Klassischer Musik, Köln 2006 ▪ Friedrich Kittler, Grammophon, Film, Typewriter, Berlin 1986 ▪ Robert Philip, Performing Music in the Age of Recording, New Haven 2004 ▪ Jonathan Sterne, The Audible Past. Cultural Origins of Sound Reproduction, Durham 2003 ▪ Adolf Weissmann, Der Dirigent im 20. Jahrhundert, Berlin 1925

Dirigent und Probe

Christina Drexel

»Ich kenne den Saal, Sie kennen das Stück, Mahlzeit, meine Herren!« Auf diese oder ähnliche Weise soll Hans Knappertsbusch sich und den Wiener Philharmonikern gerne manch freien Vormittag geschenkt haben. In einer Version der Anekdote meldet sich jedoch der junge Solohornist und bittet um die Gelegenheit, das Stück einmal spielen zu dürfen, um es kennenzulernen. »Es ist ein gutes Stück. Es wird Ihnen gefallen!«, lautet die lakonische Antwort des Altmeisters (Schöttle 2001, S. 60). Erich Kleiber wiederum verlangte gewöhnlich auch für Repertoirestücke etliche Proben. Der Orchestervorstand eines bedeutenden Klangkörpers versuchte ihm verständlich zu machen, dass fünf Proben für eine Beethoven-Sinfonie zu viel seien: »Die Musiker kennen das Stück gut!« Kleiber entgegnete ungerührt: »Wenn das so ist, brauche ich zehn Proben« (vgl. auch Celibidache: »Je besser das Orchester, desto mehr Proben brauche ich«, zitiert nach Gülke 2006, S. 174).

Nur im ersten Moment scheinen die Ansichten der beiden Dirigenten diametral entgegengesetzt: Der eine glaubt, seine Intentionen im Augenblick der Aufführung erreichen zu können, der andere ebenso – nur mit dem Unterschied, dass Letzterer in der eingehenden Auseinandersetzung der Musiker mit dem Notentext unter seiner Anleitung noch einmal eine Annäherung an sein Ideal zu erzielen hofft. Auch Bruno Walter ist überzeugt: »Ohne vorhergehende, fürsorglich genaue Verständigung über die Ausführung von Einzelheiten, ohne gründliches Ausprobieren dynamischer Abstufung, feinfühliger Nuancierung im Ausdruck usw. wird auch die schwungvollste Aufführung den wahrhaft musikalischen Hörer meist enttäuschen« (Walter 1957, S. 135). Wie sieht aber eine solche Verständigung konkret aus? Neben Selbstverständlichkeiten, die zum Handwerk gehören, also Schlagfiguren zu beherrschen oder ein geschultes Gehör zu besitzen, ist ein genaues klangliches und strukturelles Interpretationskonzept Voraussetzung für die Probenarbeit. Professoren an traditionsreichen Instituten wie Dresden und München – etwa Hermann Michael und Ekkehard Klemm – empfehlen deshalb praxisorientierte Schriften zur Lektüre wie Hans Swarowskys *Wahrung der Gestalt*, in denen Interpretationstraditionen und Techniken der Werkanalyse weitergegeben und diskutiert werden. Allerdings nützt es in der Zusammenarbeit mit Profiorchestern wenig, wenn sich ein Dirigent allein auf ein vorher fixiertes Probenkonzept beruft. Bei einem Klangkörper wie den Berliner oder Wiener Philharmonikern wird die »Geschichte« eines Werks gespeichert, werden bewusst bestimmte »Werktraditionen« kultiviert. Mit diesem Selbstbewusstsein ist der Dirigent konfrontiert, sobald er ans Pult tritt. Jenseits von »zu schnell, zu langsam, zu laut, zu leise« (so fasste es Herbert von Karajan zusammen; Schöttle 2001, S. 46) sind daher zahlreiche Qualitäten vom Orchesterleiter gefragt. Neben Musikalität und psychologischem Feingefühl gehören ein umfassendes Wissen über historische Aufführungspraktiken, den Umgang mit Orchestersitzordnungen oder die Umstände der Uraufführung heutzutage zur Voraussetzung einer erfolgreichen Erarbeitung eines Werks. Theodor W. Adorno faszinierte dereinst die Begabung Wilhelm Furtwänglers, »die Werke in ihrer Fülle zu erhalten, eingebettet in den Glanz, den Geschichte ihnen brachte; die Innerlichkeit ihrer expressiven Gehalte durch die Innerlichkeit des Interpreten zu restituieren« (Adorno 1984, S. 453 f.). Gerade aber Furtwängler, der zu den Dirigenten gezählt wird, die das Orchester vor allem durch ihr Charisma zu leiten schienen, gibt zu bedenken, dass effektive Probenarbeit rational nicht fassbare und kaum einstudierbare Komponenten wie die Homogenität der Musiker hinsichtlich ihrer Empfindung und ihres Ausdrucks im Einklang mit dem Dirigenten nicht ersetzten kann: »Dieses gemeinsame Fühlen ist von der größten Wichtigkeit beim Vortrag jeder Melodie, ja jedes Taktes, und sein Fühlen kann durch einen zielbewußten Dirigenten immer nur bis zu einem gewissen Grade ausgeglichen werden. Es ist ein Imponderabile gerade für jene feinsten Schwingungen des Vortrags, die, weil spontan, notwendig durch Proben und noch so langen Drill nicht erreicht werden können, und die von einem lebendigen Vortrag nicht zu trennen sind« (Furtwängler 1980, S. 61).

Bruno Walter wiederum weist auf psychologische Momente bei der Orchesterarbeit hin, subtile Erfahrungswerte aus der Praxis: »Doch hat die Probenarbeit auch noch einen tieferen Sinn [...]: die allmähliche Entstehung einer musikalisch-persönlichen Beziehung zwischen Dirigent und Orchester«, welche die »allgemeine seelische Bereitschaft zur Ausführung seiner Intention« erhöhe (Walter 1957, S. 135). Wie bei wenigen Dirigenten war diese Bereitschaft bei Musikern gegeben, die unter Carlos Kleiber spielten – war doch seine Suggestionskraft ähnlich wie diejenige von Arthur Nikisch so stark, dass die Musiker seine Vision geradezu körperlich zu spüren glaubten und das Orchester nach wenigen Minuten einen speziellen Klang annahm. An Kollegen, die ihn zu mehr Auftritten bewegen wollten, schrieb Kleiber allerdings »Postkarte[n] mit zwei unappetitlich verklammerten Sumo-Ringern – auf den einen Bauch hatte er ›C. K.‹ geschrieben, auf den anderen ›Orchester‹, und darunter: ›Wollen Sie das??‹« (Gülke 2006, S. 178). Dies bezog sich wohl hauptsächlich auf die langen Probenphasen, die Kleiber wünschte, und nicht so sehr auf seine – nicht weniger erfolgreichen – kurzfristigen Einspringerdirigate, die sein Image ebenso prägten wie viele Absagen. Wie kurzweilig seine Proben für den unbeteiligten Beobachter sein konnten, das belegt eine frühe Produktion der *Fledermaus*- und *Freischütz*-Ouvertüre: Kleiber hält das Orchester an, beim Spiel an eine »Frau mit langen Beinen« zu denken oder »für die Dauer der Ouvertüre an Geister zu glauben«. In gleicher Weise gebrauchte Erich Kleiber derartige Vergleiche und verlangte »Seide, nicht Baumwolle« beim Brautchor des *Freischütz*, und Herbert von Karajan sprach vom »silbernen Glanz«, den der Orchesterklang anzunehmen habe. Einige Musiker bekannten, sie hätten Probleme mit derlei Phantasien und wünschten sich eher konkrete Instruktionen, andere Kollegen wiederum stellten eine Klangänderung fest, wenn ihre Vorstellungskraft dementsprechend aktiviert wurde.

Ebenso wie die Veranlagung des einzelnen Orchestermusikers das künstlerische Gesamtergebnis beeinflusst, kann auch die Prägung und kulturelle Identität des Dirigenten – mit Einschränkung – bedeutsam sein. Die Milieus, denen beispielsweise Zubin Mehta, Seiji Ozawa, Noam Sheriff oder Muhai Tang entstammen, unterscheiden sich von denjenigen von Simon Rattle, Fabio Luisi oder Andris Nelsons. An den Anfängen des »modernen« Dirigententums stehen zudem bekanntlich Berufskomponisten wie Carl Maria von Weber, Franz Liszt, Felix Mendelssohn oder Richard Wagner, welcher sich für sein »Gesamtkunstwerk« in hohem Maße verantwortlich fühlte, auch wenn die musikalische Leitung einer Aufführung nicht in seinen Händen lag: »Kaum sahen wir ihn eben mit Bülow über ein Tempo, mit Betz über eine Gebärde verhandeln, so steigt er ins Orchester hinab, um sich mit der Tuba über eine breit vorzutragende Themavergrößerung zu verständigen, kaum hat er zwei Lichter wieder auslöschen lassen, die ihm in der Straßendekoration des zweiten Aktes zu früh in die Dämmerstimmung der ersten Szenen hineinleuchteten, kaum Herrn Schlosser es vorgestürzt, wie er aus dem Fenster auf Beckmesser losstürzen muß, und Herrn Hölzel eine Malice gegen Hans Sachs vorgestampft, so tröstet er das angestrengte Orchester durch die Aufmunterung: ›Fräulein Mallinger möchte diese Stelle noch einmal! Wer könnte Fräulein Mallinger widerstehen!‹« (so beschreibt Peter Cornelius den umtriebigen Einsatz des späteren Bayreuther Festspielgründers; zitiert nach Bücken 1956, S. 222). Zentraler Fokus in Wagners eigener Probenarbeit war, das Orchester »zum Singen« zu bringen – auch durch eigenes Vorsingen (Gregor-Dellin 1980, S. 222), vor allem aber im Sinne einer expressiven Deklamation des Melos: »Ein Instrument gut spielen, heißt [...], auf demselben gut singen zu können« (Wagner 1911, Bd. 8, S. 273). Daraus, so Wagner, ergebe sich dann auch das »rechte Zeitmaß«. Bei Opernaufführungen (besonders seiner eigenen Opern) fordert er die exakte Kenntnis der Gesangsparts. Der Sänger wiederum solle, nachdem er seine Partie durch gesprochenen »rhythmischen Vortrag« verinnerlicht habe, »seiner natürlichen Empfindung, ja selbst der physischen Nothwendigkeit des Athmens bei erregtem Vortrage, durchaus freien Lauf« lassen (Wagner 1911, Bd. 5, S. 129). Ähnlich lautet auch eine Notiz von Furtwängler: »Eine Technik, die rhythmisch und präzise ist auf Kosten der Freiheit des Atmens, auf Kosten jener 1000 kleinen Züge, die das Leben zum Leben der Musik, zu Musik machen, gewährleistet meinetwegen die Disziplin, aber nicht die Kunst« (Furtwängler 1980, S. 24). Auch Wagners Sänger soll solchermaßen zu einer eigenständigen Interpretation finden: »Je selbstschöpferischer er durch vollste Freiheit des Gefühles werden kann, desto mehr wird er mich zum freudigsten Danke verbinden. Der Dirigent hat dann nur dem Sänger zu folgen. [...] Das sicherste Zeichen dafür, daß dem Dirigenten die Lösung seiner Aufgabe in diesem Bezuge vollkommen gelungen ist, würde sein, wenn schließlich bei der Aufführung seine leitende Thätigkeit fast gar nicht mehr äußerlich zu bemerken wäre« (Wagner 1911, Bd. 5, S. 129). In erster Linie ist es also Wagners Bestreben, dass sich alle Verantwortlichen als »mitschöpferische Künstler« ausschließlich in den Dienst seiner musikalischen Botschaft stellen und sich mit deren dramatischem Inhalt vollkommen identifizieren. Dieser Text kann unter Umständen auch dahingehend gedeutet werden, dass Wagner eine *ausladende* Dirigiergestik eben nicht unbedingt als Merkmal für erfolgreiche Kommunikation zwischen Dirigent und Orchester ansah. Das berühmteste Beispiel für eine sehr diskrete Schlagtechnik ist Richard Strauss. Erst nach näherer Betrachtung erweist sich, dass er das Orchester nicht nur durch die knappen Bewegungen des Taktstockes aus dem Handgelenk heraus leitet, sondern dem Orchester etwa mit seiner linken Hand, ökonomischer Mimik, dem Ausdruck der Augen, der Drehung des Kopfes oder einer Versteifung des Handgelenkes sehr differenzierte klangästhetische und phrasierungstechnische Impulse gibt (Drexel 2010, S. 207 f.). Eine solche Dirigierweise erfordert allerdings eine hohe Konzentration aller Beteiligten und eine überdurchschnittliche Vertrautheit mit dem Stück, sowie – je nach Orchester bzw. Dirigent – auch mit der Intention des Dirigenten.

Der Musikwissenschaftler und Dirigent Peter Gülke vermutet, dass »fundierte Neuansätze und richtungweisende Leistungen« derzeit häufig »bei kleineren Ensembles oder in der kontinuierlichen Zusammenarbeit eines Orchesters mit einem Dirigenten« zustande kämen, wo man das könne, »was der durchschnittliche Betrieb kaum je gestattet: sich Zeit nehmen« (Gülke 2006, S. 197). Serge Koussevitzky äußerte beispielsweise einmal nach einem Konzert mit dem Boston Symphony Orchestra, er habe an einem bestimmten Effekt in *La Mer* siebzehn Jahre lang gearbeitet (Marsh 1958, S. 98). Diese Bemerkung ist wohl auch so zu verstehen, dass jedes einzelne Orchestermitglied im langjährigen Umgang mit dem Dirigenten und dem Werk ein starkes Bewusstsein für eine eigene Identität und Spieltradition entwickelt. Vor diesem Hintergrund findet Gülke den aktuellen »Produktionsdruck« im Musikbetrieb bedenklich: »Man kann wohl, wie heute etliche Spitzenorchester, eine Mahler-Sinfonie nach zweieinhalb Proben spieltechnisch im Griff haben, kann aber in der gleichen Zeit kaum mit ihr vertraut geworden, in ihr zuhause sein und sich innerlich eingerichtet haben« (Gülke 2006, S. 202 f.).

Auch dem besonders intimen Moment des persönlichen Aufeinandertreffens von Dirigent und Orchester während der Probe wohnt heutzutage immer öfter – vor allem bei renommierten Klangkörpern – ein breites Publikum bei, unter der sicher lobenswerten Maßgabe, bisher unerreichte Zielgruppen für klassische Musik zu interessieren. Nach Adornos Definition ist die Interpretation »gewissermaßen eine Berufungsinstanz, vor der die Komposition als Prozeß nochmals ausgetragen wird. Interpretieren heißt: die Komposition so komponieren, wie sie von sich aus komponiert sein möchte« (Adorno 2001, S. 169). Eine gehaltvolle Interpretation muss unter dieser Maßgabe zwar als »Prozess« innerhalb eines bestimmten Zeitrahmens verwirklicht werden; wie *viel* Zeit jedoch für diesen jeweiligen »Kompositionsprozess« notwendig ist, entscheidet sich höchst individuell von Dirigent zu Dirigent und von Orchester zu Orchester. Die Güte einer Probe liegt nicht selten genau darin, dass sie auf eigenwilligen Pfaden verläuft – oder, unter bestimmten Umständen, auch gar nicht stattfindet.

Literatur

Theodor W. Adorno, Drei Dirigenten, in: Gesammelte Schriften, Bd. 19, hrsg. von Rolf Tiedemann und Klaus Schultz, Frankfurt a. M. 1984, S. 453–459 ▪ Theodor W. Adorno, Zu einer Theorie der musikalischen Reproduktion, hrsg. von Henri Lonitz, Frankfurt a. M. 2001 ▪ Ernst Bücken (Hrsg.), Richard Wagner. Die Hauptschriften, Stuttgart ²1956 ▪ Christina Drexel, Carlos Kleiber. ... einfach, was dasteht!, Köln 2010 ▪ Wilhelm Furtwängler, Aufzeichnungen 1924–1954, hrsg. von Elisabeth Furtwängler und Günter Birkner, Wiesbaden 1980 ▪ Martin Gregor-Dellin, Richard Wagner. Sein Leben. Sein Werk. Sein Jahrhundert, München / Zürich 1980 ▪ Peter Gülke, Auftakte – Nachspiele. Studien zur musikalischen Interpretation, Stuttgart 2006 ▪ Robert C. Marsh, Toscanini, der Meisterdirigent, übs. von Ilse Krämer, Zürich 1958 ▪ Rupert Schöttle, Spötter im Frack, Wien 2001 ▪ Richard Wagner, Über die Aufführung des »Tannhäuser«, in: Sämtliche Schriften und Dichtungen, Bd. 5, Leipzig ⁶1911, S. 123–159 ▪ Richard Wagner, Über das Dirigieren, in: Sämtliche Schriften und Dichtungen, Bd. 8, Leipzig ⁶1911, S. 261–337 ▪ Bruno Walter, Von der Musik und vom Musizieren, Frankfurt a. M. 1957

Aspekte einer Kultur- und Ideengeschichte des Dirigierens

Annette Kreutziger-Herr

Im heutigen Verständnis kontrolliert ein Dirigent zentrale Aspekte der klanglichen und dramatischen Interpretation musikalischer Werke und arbeitet dabei mit all denen zusammen, die an der Realisierung künstlerischer Produkte beteiligt sind. Damit können nicht nur ein Orchester, Sänger und ein Chor gemeint sein, sondern auch verschiedenste Akteure wie Regisseure, Intendanten, Orchestervorstände, Sponsoren, Vertreter aus Politik und Wirtschaft etc. Auch wenn europäische Musik spätestens mit der Entwicklung polyphoner Strukturen bei der Aufführung irgendeine Form von Leitung, Koordination und Interpretation voraussetzt, ist der Dirigent im modernen Verständnis eine relativ junge Erscheinung, die seit Mitte des 19. Jahrhunderts aus dem bürgerlichen Musikbetrieb und dem professionellen Konzertwesen nicht mehr wegzudenken ist. Interessanterweise hält sich hartnäckig sowohl für den Kompositions- als auch für den Dirigierberuf der auf irrigen Annahmen fußende Mythos, beide Tätigkeiten seien im Grunde nicht erlernbar und hätten wenig technische Fundierung, sodass sie nur außergewöhnlich begabten Einzelnen vorbehalten seien, deren Fähigkeiten weniger erworben als gegeben sind (obgleich im 19. Jahrhundert bereits ausgewiesene Techniken der Dirigierübung vor allem in der Oper entwickelt wurden und im 20. Jahrhundert dann profilierte Dirigierschulen entstanden).

Ein kurzer Rückblick

Kulturgeschichtlich gesehen verdankt sich der Beruf des Dirigenten einem Paradigmenwechsel um 1800, weg von einer handwerklich definierten Musikpraxis mit Schwerpunkt auf der Ausgestaltung höfischer und/oder geistlicher Lebenswelten, hin zur Entwicklung einer schriftlich organisierten Musikkultur mit überzeitlichem Anspruch: Es entsteht die Vorstellung vom musikalischen Werk als zentralem Gegenstand der musikalischen Produktion, was Improvisation in den Hintergrund und die loyal zu realisierende kompositorische Idee in den Vordergrund rückt. Das aufgezeichnete Werk wird von Musikern ausgeführt, der Dirigent vermittelt zwischen Idee und Ausführung und wird so zum Interpreten im wörtlichen Sinne: Er ist ein zumindest theoretisch gedachtes Medium, durch welches die Musik »hindurchströmen« und entsprechend der Vorstellung des Komponisten ausgeführt werden soll. Natürlich werden bereits die ersten Opern zu Beginn des 17. Jahrhunderts geleitet worden sein, auch wenn es darüber nur wenig Informationen gibt. Der Posten des Maestro di cappella wurde in Venedig im Grunde für Claudio Monteverdi geschaffen. Die Ensembles sind klein besetzt, die Instrumentalistinnen und Instrumentalisten werden dem Sängerensemble mühelos gefolgt sein, wobei allerdings die Praxis des Taktschlagens schon deutlich früher belegt ist. Traktate des 16. und 17. Jahrhunderts beschreiben, wie man den Takt (bzw. mensuralen Tactus) korrekt schlägt, Radierungen bestätigen das Taktgeben zum Beispiel mithilfe einer erhobenen Notenrolle oder eines kurzes Taktstockes. Eine berühmte Darstellung zeigt eine Aufführung von Lullys *Alceste* (1674), bei der der Komponist zwischen den Instrumentalisten steht und den Takt angibt. Somit belegen Traktate und solche frühen Darstellungen ex negativo auch, dass dem Taktgeben vor dem 19. Jahrhundert kein eigenes Berufsbild zugewiesen wird, dass es keine ästhetische Überhöhung erfährt und dass der Taktgeber Teil des Orchesters bzw. Ensembles ist, nicht dessen Gegenüber.

Im Generalbasszeitalter ist es entweder der erste Violinist, der vom Notenpult aus »taktiert« oder der Continuo-Spieler, der die Aufführung vom Tasteninstrument aus leitet (vgl. dazu ausführlich den Essay von Kai Köpp). Die musikalische Welt auch noch des 18. Jahrhunderts war weit weniger spezialisiert, als es unsere heutige Aufführungskultur dieser Musik suggeriert: Komponisten, häufig sogar an vielen Instrumenten ausgebildet, entsprechen oft noch dem Bild eines Universalmusikers, der zunächst als solcher, und erst dann in einzelnen Bereichen wie Komposition, Tasteninstrument, Streichinstrument etc. wahrgenommen wird. Bei dieser Durchlässigkeit haben selbst Frauen, denen normale Professionalisierungswege versperrt sind, Chancen auf Betätigung, wie die Beispiele u. a. von Francesca Caccini (1581–1640?) und Élisabeth Jacquet de La Guerre (1665–1729) zeigen.

Der Dirigent im 19. Jahrhundert

Die Herausbildung des Berufsbildes des Dirigenten im 19. Jahrhundert ist eng gekoppelt an ein Bündel von kulturellen, ästhetischen und sozialen Prozessen: Erstens die Professionalisierung musikalischer Berufe, die mit der Begründung und Verankerung von Ausbildungswegen und Berufsprofilen einer zunehmend arbeitsteiligen Gesellschaft auch im Kunstbereich Rechnung trägt. Zweitens die Entstehung eines professionellen Konzertwesens mit Institutionen wie öffentlichen Opern- und Konzerthäusern sowie Konservatorien und Musikschulen als Ausbildungsstätten. Hinzu kommt die Etablierung eines öffentlichen Diskursraumes um Musik mithilfe von Musikpublizistik, Musikkritik und Musikphilosophie. Drittens die Trennung des Berufsbildes des Dirigenten vom Orchesterberuf und die Profilierung dieses neuen Berufsbildes als »Mittler« zwischen dem Willen eines Komponisten und der technisch-musikalischen und damit klanglich realisierten Ausführung der kompositorischen Idee. Viertens die Überhöhung des Komponisten als Individualgenie und die ästhetische Aufladung seiner Werke als Repräsentationen und Sprachrohr eines zumeist von politischer Partizipation ausgeschlossenen Bürgertums.

Es ist also ein komplexer Wandel des Berufsbildes des Musikers, der peu à peu den Berufsstand »Dirigent« erzeugt und stärker an die Komposition als an das Orchester koppelt. Die eigenständige Rolle der Aufführungsleitung verbindet sich dabei zunächst mit einzelnen Namen, Orten und Ensemblegründungen. Zentrale historische Beispiele sind hierfür Johann Christian Cannabich und das Mannheimer (später Münchner) Orchester im ausgehenden 18. Jahrhundert, François-Antoine Habeneck und das Orchester des Pariser Conservatoire Ende der 1820er-Jahre und Felix Mendelssohn um 1840 beim Leipziger Gewandhausorchester.

In dem Moment, in dem das reine Taktschlagen abgelöst wird, beginnen Dirigenten auch, weitere Aspekte einer Aufführung mitzubestimmen. In den 1820er-Jahren teilt Carl Maria von Weber nachweislich den Sängern seine Interpretation explizit mit, wie er Anweisungen gibt, wie diese sich auf der Bühne bewegen sollen, zudem kümmert er sich um Kostüme und besondere Effekte. In der zweiten Hälfte des 19. Jahrhunderts ist die Profilierung des Dirigierberufes bereits weit fortgeschritten, sodass Michael Costa in England, Richard Wagner, Angelo Mariani, Gustav Mahler und andere unabhängig von ihrem Ruhm als Instrumentalisten oder Komponisten Berühmtheit als Dirigenten erlangen konnten (ebenso wie Hans von Bülow, Hermann Levi und viele andere).

Zwar bleibt im 19. Jahrhundert die Personalunion von Komponist und Dirigent die Regel, doch wird die Trennung beider Berufsfelder durch kritische Rezensionen und steigende Qualitätsanforderungen befördert – so wird Schumanns Tätigkeit als Musikdirektor in Düsseldorf heftig kritisiert, und auch Mendelssohns gleichförmige Tempi finden (nicht nur) bei Richard Wagner wenig Gefallen. Es sind also tatsächlich einige herausragende Dirigenten des 19. Jahrhunderts Komponisten (Berlioz, Mendelssohn, Mahler, Strauss), aber zugleich befördern Komponisten eine ausdrückliche Delegierung der Leitungsfunktion des Orchesters an einen professionellen Dirigenten (Liszt, Wagner, Brahms, Tschaikowsky). Die mit diesen Namen verbundene Konzertmusik des 19. Jahrhunderts – Opern, Sinfonien, Instrumentalkonzerte – wird häufig als »Dirigentenmusik« bezeichnet. All jene Aspekte, die grundsätzlich mit dem Dirigierberuf verbunden sind, erscheinen daher wiederum ideengeschichtlich an dieses Repertoire des 19. Jahrhunderts geknüpft: Es ist kaum vorstellbar, dass sich im Umfeld der Palestrina-Renaissance des 19. Jahrhunderts oder der Bach-Rezeption des 20. Jahrhunderts jener Kult des Dirigenten und des Dirigierens entwickelt hätte, wie er in der Produktionsästhetik seit Beethoven als musikphilosophische und ästhetische Prämisse aufkommt.

Genieästhetik

Um 1800 entsteht zeitlich verspätet zum literarischen Diskurs um Künstlertum und Autorschaft das Konzept einer Genieästhetik im Musikbereich. Der Genie-Komponist, als dessen Prototyp im musikästhetischen Schrifttum Beethoven gilt, wird als ein von seiner sozialen Umgebung im Grunde unabhängiges, schöpferisches Individuum bestimmt. Dadurch treten kulturelle Traditionen, Ausbildung, Förderung und Rezeption in den Hintergrund, während das solchermaßen isolierte komponierende Individuum wahrgenommen wird als elementare Urkraft, die das Geniale in direkter und subjektiver Weise auf die (und aus der) Natur bezieht. Es versteht sich dabei von selbst, dass die Konnotierung dieses Konzepts nicht geschlechtsneutral, sondern männlich ist, ebenso wie das Konzept einer begleitenden Muse weiblich gedacht wurde.

In der Konzentration des musikalischen Schaffensprozesses auf den Komponisten und damit auf ein einzelnes Individuum liegt ein Wesensmerkmal, das für die geschichtliche Entwicklung eines Begriffs und Prinzips »Klassischer Musik« bestimmend wurde. Es ist Voraussetzung für die seit dem 19. Jahrhundert zunehmende Verehrung des Komponisten als Schöpferpersönlichkeit, für die Überlieferung eines wachsenden Kanons an »Meisterwerken« und schließlich für die striktere Trennung und Spezialisierung von Komponist und Interpret. Im Grunde liegt hier jene entscheidende ideengeschichtliche Begründung, die den Dirigierberuf zu seiner Apotheose am Ende des langen 19. Jahrhunderts führt. Und paradoxerweise scheint es genau diese Entwicklung zu sein, die im 20. Jahrhundert eine rapide abnehmende Bedeutung des Komponisten gegenüber dem Interpreten begünstigt, da dieser nun auf den allgemein anerkannten Kanon zurückgreifen kann, zu dem der zeitgenössische Komponist mit neuen Werken zwangsläufig in Konkurrenz tritt. Es ist der Dirigent, der historische Ideen und künstlerische Konzepte in Gegenwartsklang umwandelt. Gunther Schuller formuliert in seinem *The Compleat Conductor* die hierfür notwendige soziale Bedingung: »Conducting is surely the most demanding, musically all-embracing, and complex of the various disciplines that constitute the field of music performance. Yet, ironically, it is considered by most people – including, alas, most orchestral musicians – to be either an easy-to-acquire skill (musicians) or the result of some magical, unfathomable, inexplicable God-given gifts (audience)« (Schuller 1997, S. 3). Es erscheint daher überaus treffend, den Maestro-Mythos wie Wolfgang Hattinger mit dem Bild eines Zauberers oder Priesters in Verbindung zu bringen und als »sehr verfeinerte Form der Anbetung« zu betrachten.

Wo sind die Frauen?

Wenn sich im frühen 19. Jahrhundert die Dirigiertätigkeit zu einer eigenständigen Musikprofession herausbildet, verengen sich Handlungsspielräume, die im 17. und 18. Jahrhundert in bescheidenem Maße für Frauen existiert haben und nun verschwinden. Ausbildung und Berufungspraxis sehen keine weiblichen Bewerberinnen vor, professionelle Orchester sind bis weit ins 20. Jahrhundert als Männerverbände organisiert, und das äußere Erscheinungsbild, das an »Herrenzeichen« wie Taktstock und Frack gekoppelt ist, ist nur das sichtbarste Signum eines tief in der Geschlechterdichotomie des 19. Jahrhunderts verankerten Konzepts.

So beginnt die Geschichte der Dirigentinnen im Grunde erst im 20. Jahrhundert und beginnt als Geschichte eines stets individuell gesuchten und gefundenen Weges von künstlerischer Verwirklichung, nicht als Geschichte einer kollektiven Bewegung oder eines Strukturwandels. Voraussetzung war nicht nur, dass Frauen in die Dirigierklassen an Konservatorien und Hochschulen zugelassen wurden, sondern dass sie besondere Förderer fanden, die ihnen Zugänge zu professionellen Orchestern eröffneten. Vítězslava Kaprálová (1915–1940) beispielsweise erhielt durch die Vermittlung von Bohuslav Martinů die Möglichkeit, 1938 in Paris dessen Konzert für Cembalo und kleines Orchester (H 246, 1935) zu dirigieren. Auch spielte eine Rolle, dass sie ihre eigenen Kompositionen zur Aufführung bringen wollte, worin sie Václav Talich, Dirigent der Tschechischen Philharmonie, unterstützte. 1937 dirigierte sie mit diesem Orchester die Uraufführung ihrer Komposition *Vojenská symfonietta* op. 11 [*Militär-Sinfonietta*].

Einher geht mit dem Aufstieg von Dirigentinnen mehrerlei: Zum einen ein frischer Blick auf die Aufführungsgeschichte von Musik, die nicht immer den Dirigierberuf so kannte, wie er sich im medialen Zeitalter darstellt, und nicht immer so frauenfrei war, wie es Musikgeschichtsschreibung zu suggerieren scheint. Zum anderen ein Wandel des Konzepts vom Dirigenten und eine Befragung, ob Dirigieren mehr mit Leitungsbefähigung als mit Macht, mehr mit künstlerischer Kompetenz als mit Herrschaft zu tun hat. Die Frage, wo die Dirigentinnen sind, wird im 21. Jahrhundert anders gestellt werden müssen, wenn das Berufsbild den Strukturwandel der globalen Orchester- und Opernlandschaft unbeschadet überstehen möchte.

Literatur

Elke Mascha Blankenburg, Dirigentinnen im 20. Jahrhundert, Hamburg 2003 ▪ Elliott W. Galkin, A History of Orchestral Conducting in Theory and Practice, New York 1988 ▪ Lydia Goehr, The Imaginary Museum of Musical Works, Oxford 2007 ▪ Peter Gülke, Dirigieren, in: MGG², Sachteil, Bd. 2, Sp. 1257–1273 ▪ Wolfgang Hattinger, Der Dirigent. Mythos – Macht – Merkwürdigkeiten, Kassel 2013 ▪ Hans-Joachim Hinrichsen, Dirigent, in: Friedrich Jaeger (Hrsg.), Enzyklopädie der Neuzeit, Bd. 2, Darmstadt 2005, Sp. 1044–1046 ▪ Roberto Illiano / Michela Niccolai (Hrsg.), Orchestral Conducting in the Nineteenth Century, Turnhout 2014 ▪ Heinz-Klaus Jungheinrich, Der Musikdarsteller. Zur Kunst des Dirigenten, Frankfurt a. M. 1986 ▪ Klaus Pietschmann / Melanie Wald-Fuhrmann (Hrsg.), Der Kanon der Musik. Theorie und Geschichte. Ein Handbuch, München 2013 ▪ Jochen Schmidt, Die Geschichte des Genie-Gedankens in der deutschen Literatur, Philosophie und Politik 1750–1945, 2 Bände, Heidelberg 2004 ▪ Gunther Schuller, The Compleat Conductor, Oxford 1997 ▪ Anke Steinbeck, Jenseits vom Mythos Maestro. Dirigentinnen für das 21. Jahrhundert, Köln 2010

»Werktreue« und die »Aura« des Dirigenten: Eine Einführung in ein ästhetisches Dilemma

Hartmut Hein

I.

Was bringt es eigentlich, ein Musikstück in Aufführungen und Aufnahmen von verschiedenen Dirigenten (und Dirigentinnen) zu hören? Diese Frage kann als Leitsatz der Autoren dieses Buchs, vielleicht aber auch bei seiner Lektüre gelten. Denn einerseits richtet sich oftmals das primäre Interesse beim Hören zunächst auf ein bestimmtes musikalisches »Werk« (etwa eine Sinfonie von Beethoven oder auch eines weniger bekannten Komponisten). Andererseits kann ein Konzertbesuch oder Musikkauf natürlich auch aus dem Interesse an einer bestimmten Persönlichkeit erfolgen, motiviert durch Presseberichte oder die unmittelbare Attraktivität des Künstlers (es ist wie in der Popmusik nicht immer die Schönheit der Musik, sondern mitunter auch das Albumcover, das den Erwerb des Tonträgers beflügeln soll – weswegen wir ganz zugunsten der »Werktreue« und gegen die »Aura« der Dirigenten auf Fotos zu den Personenartikeln verzichtet haben). Im Idealfall allerdings kennen Hörerinnen und Hörer die meisten Werke schon ein wenig und sind tatsächlich vor allem an deren musikalischen Reizen interessiert. Sie bemerken, dass Dirigent A – möglicherweise in der Aufnahme, die Onkel C einst aus Wien mitgebracht hat – alles viel schneller angeht als die gerade in der Konzerthalle auftretende Dirigentin B, die sich nicht nur mehr Zeit lässt, sondern auch noch das Volumen des Streicherklangs reduziert, sodass es nun in den Fagotten und Hörnern eine rhythmische Figur völlig neu zu entdecken gibt. Dabei spielt das Live-Orchester vielleicht auf den älteren, »originalen« Instrumenten, worauf der Programmzettel dann zumeist explizit hinweist. Allein schon diese größere »historische Authentizität« nimmt den einen für sich ein, während eine andere das Ausdrucksstark-Erhabene der zu Hause aufbewahrten Antiquität aus den 1960er-Jahren vermisst (»Ja, die alten Wiener, die hatten's noch im Blut, wie ihre Klassiker klingen müssen; das da ist ja eher was fürs Museum«). Die Geschmäcker sind offenbar nicht nur hinsichtlich der Musikrichtung verschieden, sondern auch bei der musikalischen Ausführung. Wer aber sagt denn, dass es nur einen einzigen angemessenen Geschmack, nur ein einziges berechtigtes Erkenntnisinteresse beim Musikhören geben sollte?

II.

Unter dem philosophischen Begriff »Ästhetik« findet sich die sinnliche und auch die musikalische Wahrnehmung keineswegs auf den Geschmack als ein rein subjektives Empfinden reduziert. Bis zum 18. Jahrhundert stand noch das Kriterium einer als »natürlich« und durch das Naturhafte zugleich als »gesetzmäßig-objektiv« wahrgenommenen Schönheit im Mittelpunkt der Theorien des Schönen und der Kunst. In der Zeit der Aufklärung (und mehr noch in der folgenden Frühromantik) gewann die »Ästhetik« allerdings als Modus einer Reflexion der durch ein künstlerisches Objekt oder eine »Performance« hervorgerufenen subjektiven Empfindungen den Status einer zentralen Disziplin in einer Subjekt-Philosophie, in der – allein über die konkreten sinnlichen Erfahrungen im jeweils individuellen Zeit- und Raum-Kontinuum – Eindrücke gerade auch von Kunstwerken als »transzendenten« Objekten emotional und rational beleuchtet werden. Nach Kants »kopernikanischer Wende« der Bestimmung des Subjekts zum universellen Zentrum in der Erkenntnistheorie (gemäß dem »Cogito« bei Descartes) ist ein Kunstwerk keineswegs mehr als »Ding an sich« objektiv reflektierbar. Stattdessen wird das Kunstwerk zum »subjektiven« Gegenstand einer begriffslosen, aber gerade dadurch für die Romantik auch überbegrifflichen Erkenntnis und erfährt eine ontologische Aufwertung als zugänglichstes Medium transzendentaler Erfahrung (bis hinein in den Bereich einer wahren »Kunstreligion«). Für nicht-gegenständliche Künste wie die Musik oder die Literatur, die sich eigener Zeichensysteme als Medium bedienen, stellt sich zudem die Frage, inwieweit ihre Signifikanten überhaupt noch auf andere, »reale« Gegenstände verweisen oder nicht vielmehr auf das Zeichensystem selbst. Denn ein Ton bzw. ein Klang (dessen instrumentale Farben vor der elektroakustischen Musik gar nicht genau notierbar sind) ist bereits das hinreichende Signifikat eines Notenzeichens – wenn man nicht grundsätzlich davon ausgeht, dass Klänge und Klangfolgen wiederum anderes, etwa ein Gefühl, einen Ausdruck, eine Rede, eine Handlung bezeichnen (hier kann neben der musikalisch-klanglichen dann eine andere, nämlich die »hermeneutische« Interpretation nach dem Vorbild der Literatur einsetzen).

Es ist in diesem Kontext erstaunlich, wie wenig die Theorie oder Philosophie der Musik in der Lage sind, den »ontologischen« Status ihrer Quellen und Gegenstände wirklich genau zu bestimmen. Das Problem kulminiert bereits in der Frage, was denn das »musikalische Kunstwerk« sei: ein Text in Form eines Notats (also die Partitur) oder das in einer Aufführung Erklingende? In der Musikgeschichte ist vor allem die verschriftlichte, vorab auskomponierte Musik als »Kunst« betrachtet worden, weniger die mündlich überlieferte oder improvisierte (die allerdings durch Transkription ebenfalls verschriftlicht werden kann); dennoch kommt ein Werkstatus eigentlich nicht nur der notierten Komposition, sondern auch jeder Aufführung als Musik-Machen zu. Wie der transkribierte bezieht sich auch der komponierte Notentext in der Regel auf eine beim Komponieren zumindest in der Vorstellung »klingende« musikalische Idee. In gewisser Weise ist er also auch immer schon eine Transkription von – zuerst im Kopf des Komponisten – Erklingendem (Busoni 1907 folgend). Die traditionellen Notationssysteme sind allerdings nicht geeignet, wirklich alle Parameter eines Musikstücks genau anzugeben – die meisten Bezeichnungssysteme für Tonhöhen oder Notendauern sind vielmehr auf relationale Verhältnisse ausgerichtet, keine absoluten Werte, und die Vortragsangaben für Ausdruck und Tempo erlauben gewöhnlich einen noch größeren Spielraum; bei Orchester- und Chormusik kann zudem aus pragmatischen Gründen die Besetzungsgröße variieren, wie auch akustische Bedingungen und Effekte des jeweiligen Aufführungsortes. Somit ist eigentlich keine Partitur aus unserem Werkkanon hinreichend konkret, sondern es verbleiben stets genügend »Unbestimmtheitsstellen«; die Partituren sind damit nach Roman Ingarden vor allem »intentionale Objekte«, die als Spielanweisungen erst mittels subjektiver Anschauungen und Ausführungen ihrer »imperativistischen Symbole« durch die Musiker und Dirigenten zeitlich wie räumlich »realisiert« werden können. Die musikalischen Werke »existieren also seinsheteronom und sind in ihren Eigenschaften letzten Endes von der sich allmählich ausbildenden intersubjektiven Auffassung des Werkes abhängig. Diese Auffassungen werden allmählich zu gewissen *regulativen Ideen*, die, nachdem sie einmal gebildet und im Rahmen einer Musikgemeinschaft bekannt und herrschend geworden sind, eben zu einem regulativen Faktor werden, der einerseits den Verlauf des Erfassens des Werkes durch die Zuhörer, andererseits aber auch die Weise, wie das betreffende Werk aufgeführt werden *soll*, beeinflußt« (Ingarden 1962, S. 133).

Was hier von Ingarden beschrieben wird, ist also ebenso ein historischer wie auch ein sozialer Prozess: Man einigt sich von Zeit zu Zeit »intersubjektiv« auf ein »regulatives« Ideal der Aufführung bestimmter Werke und gewährleistet so fortlaufend deren Verständlichkeit. Ein sukzessiver Wandel der Aufführungsideale hat zudem den Vorteil, dass sich die Werke nicht »abnutzen«. In seinem (notierbaren) Kern und seiner ideellen Identität bleibt ein Werk dabei gleichwohl erhalten: »Der geschichtliche Prozeß der angeblichen Wandlung des Musikwerkes selbst ist in Wirklichkeit nur ein Prozeß des Entdeckens und Aktualisierens immer neuer Möglichkeiten der zu dem Werkschema gehörigen potentiellen Gestalten des Werkes« (Ingarden 1962, S. 134).

Dieses Potenzial musikalischer Werke umfasst also einen gewissen Spielraum der Unbestimmtheit, der historisch von den Dirigenten unterschiedlich erkundet und entfaltet worden ist. Dabei spielt auch der aktuelle zeitgenössische Stand des Komponierens eine Rolle (worauf Theodor W. Adorno nicht nur in seinen Entwürfen einer Reproduktionstheorie kontinuierlich hingewiesen hat): Die jeweiligen Errungenschaften und Moden der zeitgenössischen Musik haben ihre Spuren in jenem Sound-Speicher hinterlassen, aus dem die »Unbestimmtheitsstellen« ergänzt werden (und zwar keineswegs immer bewusst oder kontrolliert). In den »aktualisierenden« Bearbeitungen »alter« Musik wird das durch Niederschrift evident. Sogar subkutane Einflüsse der Rockmusik und des Jazz auf die rhythmische Darstellung wie die spontane Phrasierung und Verzierung von Barockmusik (gerade auch auf »historischen Instrumenten«) sind von Richard Taruskin behauptet worden – durchaus nachvollziehbar. Wir haben es also selbst da, wo die »regulativen Faktoren« der Gegenwart die Rekonstruktion von historisch Verbürgtem im Sinne von »Authentizität« und »Werktreue« einfordern, auf manchen nicht notierten Ebenen der praktischen Ausführung von Notentexten mit unbewussten Substitutionen durch aktuellen »Geschmack« zu tun: Die Coca-Cola bleibt auch beim Weintrinker im Geschmacksgedächtnis gespeichert (und manchmal setzen Musiker das ganz gezielt ein, wie Nigel Kennedy in seiner berühmten Version von Vivaldis *Vier Jahreszeiten* mit dem English Chamber Orchestra).

Eine erste Antwort auf die Eingangsfrage sollte also lauten, dass sich in jeder Aufführung auch ein Stück Zeitgeschichte einnistet: Gerade in den Einspielungen eines tradierten Kanons von Meisterwerken können wir quasi auf Zeitreise gehen und Dinge hören, die in einer bestimmten Kulturepoche mit den regulativen Vorstellungen bestimmter Werke im Einklang standen (vielleicht aber nicht mehr mit unseren aktuellen Vorstellungen). Das ist die Perspektive eines Musik-Historikers – und zwar eines liberalen »Historisten«, dem jenseits der tatsächlichen Perfektion des Orchesterspiels, die sich in den letzten 150 Jahren deutlich gesteigert hat, alle historischen und aktuellen Aufführungen nahezu »gleich nah zu Gott« zu stehen scheinen (bzw. zum Begriff eines unveränderlichen Werkschemas).

III.

»Regulative Ideen« betreffen keineswegs nur einzelne Werke. Es haben sich im Laufe der Interpretationsgeschichte auch werkübergreifende Regulative musikalischer Interpretation herausgebildet, die sich einerseits explizit in Diskussionen von traditionellen und neu entstehenden Aufführungspraktiken manifestieren, und die sich andererseits über unterschwellig wirksame Prämissen implizit auf Praktiken konkreter Aufführungen und auch auf Reflexionen über mehr oder minder zeitgemäße Formen der »Interpretation« auswirken. Im Begriff der »Werktreue« begegnen wir dabei einem besonders prominenten Regulativ. Überraschenderweise sprechen diejenigen, welche »Werktreue« für ein gewissermaßen selbstevidentes Grundpostulat der Aufführung von

»Klassischer« bzw. Alter Musik halten, dennoch oftmals über ganz verschiedene Modi der Interpretation. An der Oberfläche scheint der Begriff geradezu selbstverständlich (wie auch »imperativistisch«) auf eine quasi moralisch gebotene Verantwortung der Aufführenden gegenüber Komponist und Partiturtext hinzuweisen und trifft darin sicherlich auf höchste intersubjektive Zustimmung. Bei der genaueren Überlegung, was denn eigentlich das »Werk« nun sei – die letzter Hand und kritisch (nicht immer vom Komponisten selbst) edierte Partitur, die diese Partitur umfassenden klangperformativen Ideen und Intentionen eines Komponisten im Kontext seiner Zeit oder eine letztlich zeitlos-abstrakt vermittelte »Werk-Idee« (wie etwa »Glaube«, »Freiheit«, »Sehnsucht« oder »Schicksal«), die in unsere eigene Gegenwart übersetzt werden kann oder sogar muss –, geraten theoretische und praktische Erwägungen jedoch schnell ins Schwimmen.

In einer älteren Tradition sowohl der musikalischen als auch einer »poetisch« wie wissenschaftlich betriebenen »hermeneutischen Interpretation«, in die sich etwa Wilhelm Furtwängler, auch Theodor W. Adorno und in deren Gefolge fast die gesamte ältere deutsche Musikwissenschaft (bis zu Carl Dahlhaus und Ludwig Finscher) einreihen ließen (vgl. Hein 2014, S. 394 ff.), gilt Musik als eine Höheres, Transzendentes vermittelnde Kunst. Jede Form der Musik-Interpretation zielt daher auf die Erkenntnis von Ideellem (wozu durchaus auch die Annahmen älterer oder aktualisierender Musizierpraktiken als kulturgeschichtliche Konstruktionen gehören), sodass Möglichkeiten jeder Aufführungspraxis – nicht nur einer historisch rekonstruktiven, sondern auch dezidiert moderner bis hin zur zeitgenössischen Bearbeitung – im Hinblick auf die gebotene Vermittlung solcher umfassender Ideen genutzt werden können. Man könnte hier vielleicht von einem generellen »idealistischen Modus« der Interpretation sprechen, der alle drei Zeithorizonte und Modi der Interpretationstheorie Hermann Danusers in sich aufnehmen kann. Dieser »idealistische« Modus deckt sich – insbesondere im Hinblick auf die klassische und romantische Musik des 18. und 19. Jahrhunderts, also für den Zeitraum der Aufklärung und einer noch bis weit in die Gegenwart reichenden »bürgerlichen Musikkultur« – zugleich weitestgehend mit Danusers Skizze eines »traditionellen Modus« der Interpretation und bleibt als solcher »ästhetisch und institutionell geprägt durch die Kontinuität des musikalischen Vortrags im Rahmen einer Interpretationskultur, die sich von der Kompositionskultur [der aktuellen Gegenwart] tendenziell abgespalten hat« (Danuser 1992, S. 13). Danusers Idee, dass seinen drei Modi der Aufführung drei Kulturen der Komposition – die Alte Musik (»historisch-rekonstruktiver Modus«), die klassisch-romantische Musik (»traditioneller Modus«) und die Neue Musik (»aktualisierender Modus«) – entsprächen, ist insofern problematisch, als dass sich in allen drei Repertoirebereichen diverse Aufführungsmodi auffinden lassen. So galt die Aufführung von Barockmusik mit Kammerorchesterformationen, die auch in der »neusachlichen« Ausrichtung einer kompositorischen Moderne bei Schönberg, Strawinsky, Britten u. a. eine Rolle spielen, nach einer ersten Erprobung durch Adolf Busch schon vor dem Zweiten Weltkrieg spätestens in den 1950er- und 1960er-Jahren als (aktualisierender) Fortschritt gegenüber den zumeist expressiv aufgeladenen Darbietungen etwa der *Wassermusik* oder der Oratorien Händels in Arrangements diverser Dirigenten (wie Hamilton Harty oder Malcolm Sargent). Zudem gibt es verschiedene Bestrebungen, inzwischen das gesamte Repertoire des 19. Jahrhunderts bis hin zu eben jener kompositorischen Moderne »historisch-rekonstruktiv« aufzuführen (wobei, wie Roger Norringtons Projekte in Stuttgart gezeigt haben, die Diskussion eines historisch angemessen erscheinenden »Espressivo« vor allem im Fall der »Vibrato-Frage« zu keinem Ende gelangen wird). Interessant ist da besonders die Position eines Dirigenten wie Vladimir Ashkenazy, der Musik des 18. Jahrhunderts (bis Beethoven und Mendelssohn) in der Regel mit konstanten Tempi »neusachlich« präsentiert, das spätromantische russische und skandinavische Repertoire als seine eigentliche Domäne – Tschaikowsky, Rachmaninow, Sibelius – hingegen mit einem passagenweise sehr individuell »nachempfindendem« Espressivo geradezu überformt, aber auch – wie seine jüngeren Einspielungen der Musik Gustav Mahlers und neuerer Werke zeigen – ein ganz modernes, reflektiertes Bewusstsein für besondere Orchesterfarben und Klangeffekte herausgebildet hat. Hier vermischen sich Aspekte aller drei Modi Danusers dank der nüchtern-sachdienlichen Darstellung und einer (ebenso sachdienlich wirksamen) expressiv-überwältigenden Emphase zu wiederum sehr werkspezifisch ausgerichteten Dramaturgien, die keine Schubladen-Zuordnung benötigen.

Indirekt bestätigt sich in solchen Beispielen immer wieder eine eher traditionell und vor allem auch institutionell am Musikleben und Musikmarkt unserer Zeit ausgerichtete Interpretationshaltung, die man mit Fug und Recht »postmodern« nennen kann, weil sie – auch dank Tonträger-Konservierung – alle vergangenen und aktuellen Aufführungsstile oder Modi sich vergegenwärtigen und als musikalische Ideen zitieren kann. Vielleicht liegt das Geheimnis moderner Interpretationskultur tatsächlich in einem anständig archivgestützten »historischen Bewusstsein«, das von dort aus nach sinnfälligen Synthesen mit den aktuellen Ideen und Erfordernissen unserer Gegenwart sucht. Das aber ist bereits wieder »idealistisch« gesprochen: Musikalische Interpretation erscheint so einerseits als Archäologie der rekonstruierten Ideen und Expressionen und – in dem dadurch gewonnenen endlosen Vorrat an Möglichkeiten – andererseits als Utopie einer aktuellen Beheimatung in den Ideenwelten und Ideengeschichten einer gleichermaßen zeitgebundenen wie in ihrer momentanen Ekstase auch zeitlosen Kunst.

IV.

Doch welcher Dirigent gewährleistet nun was? Was ist die Wahrheit, die »wahre Aufführung«, die Adorno während seiner Entwürfe einer (schließlich scheiternden) *Theorie der musikalischen Reproduktion* zu bestimmen sucht – wie auch ungezählte Dirigenten und Musiker, die ihre Verantwortung gegenüber einem musikalischen »Werk« als tradiertem »ästhetischen Subjekt« der Musikaufführung ernst nehmen?

Eine »ästhetische« (das heißt, subjektiv für Musiker wie Hörer erfahrbare) Wahrheit kann nicht einfach allgemein als Ziel ausgegeben werden, da sich die historischen und individuellen Faktoren und Regulative musikalischer Interpretation beständig ändern (nicht radikal, aber in durchaus geschichtlich wirksamen Nuancen). Erstaunlicherweise gibt es ab einem bestimmten künstlerisch hohen Grundniveau der Musiker, Dirigenten und Orchester kaum einen Weg oder Modus, der keine »Wahrheiten« oder Erkenntnisse hinsichtlich eines musikalischen Werks und seiner »Grundschemata« zeitigt, wenn auch mit Bestimmtheit gewisse prominente Aufführungen (bzw. weitverbreitete »Referenz-Einspielungen«) mehr zum Verständnis und zur Bildung zeitgenössischer Interpretationsregulative beitragen als andere. Das liegt oft auch an besonders eindrucksvollen Dirigenten und Solisten, deren Leistungen eine wiederum ganz eigene individuelle »Aura« zu besitzen scheinen.

Wenngleich etwa Adorno (im Gefolge Walter Benjamins) den Aspekt der getreuen »Reproduktion« eines Notentextes zum technischen Ausgangspunkt nimmt, so bildet für ihn (auch als Musikkritiker für Zeitungen und Zeitschriften) die Auseinandersetzung mit spezifischen Dirigenten – zuvorderst Arturo Toscanini, Wilhelm Furtwängler und Anton Webern, aber auch Karajan – vielfach einen Ausgangspunkt für grundsätzliche Überlegungen zur »Interpretation« als Wahl zwischen Möglichkeiten, welche die musikalische Schrift offenlässt. Der Kritiker arbeitet sein Verständnis von »Werktreue« an der Aura von Interpretenpersönlichkeiten ab. Und dabei sind es (nicht nur für Adorno) gerade die individuellen Extreme, die Synthesen von Espressivo und Sachlichkeit, historischer Information und emotionaler Überwältigung, welche auch die einzelne musikalische Aufführung bzw. Performance als individuelle »Interpretation« eines (schriftlich) tradierten Werkschemas zum eigentlichen »Werk«, zum Kunst-Werk eigener Ordnung machen, das eine eigene, zeittypische Signatur besitzt – die wir in diesem Buch als Aura des jeweiligen Dirigenten fassen und vermitteln wollen. Und dazu macht es für uns und unsere Leser Sinn, möglichst viele verschiedene Aufnahmen der gleichen Stücke zu hören: Es gehört zu unserem Verständnis von »Werktreue«, möglichst keine historisch wie auch ästhetisch signifikante Interpretation unterschlagen zu wollen, sei sie nun »sachlich« oder überschwänglich, historisch informiert oder auch ignorant in Bezug auf alle ihre Vorläufer – weil in der Interpretation viele Wege nach Rom führen können, wenn sie uns zu berühren vermögen.

Literatur
Theodor W. Adorno, Zu einer Theorie der musikalischen Reproduktion, hrsg. von Henri Lonitz, Frankfurt a. M. 2001 ▪ Ferruccio Busoni, Entwurf einer neuen Ästhetik der Tonkunst, Triest 1907 [Nachdruck hrsg. und kommentiert von Martina Weindel, Wilhelmshaven 2001] ▪ Hermann Danuser (Hrsg.), Musikalische Interpretation (Neues Handbuch der Musikwissenschaft, Bd. 11), Laaber 1992 ▪ Hermann Danuser, Interpretation, in: MGG², Sachteil, Bd. 4, Kassel 1996, Sp. 1053–1069 ▪ Detlef Giese, »Espressivo« versus »(Neue) Sachlichkeit«. Studien zu Ästhetik und Geschichte der musikalischen Interpretation, Berlin 2007 ▪ Lydia Goehr, The Perfect Performance of Music and the Perfect Musical Performance, in: New Formations 27 (1995/96), S. 1–22 ▪ Nikolaus Harnoncourt, Musik als Klangrede. Wege zu einem neuen Musikverständnis. Essays und Vorträge, Salzburg / Wien 1982 ▪ Hartmut Hein, Musikalische Interpretation als »tour de force«: Positionen von Adorno bis zur Historischen Aufführungspraxis (Studien zur Wertungsforschung 56), Wien 2014 ▪ Roman Ingarden, Untersuchungen zur Ontologie der Kunst. Musikwerk – Bild – Architektur – Film, Tübingen 1962 ▪ Peter Kivy, Authenticities. Philosophical Reflections on Musical Performance, Ithaka 1995 ▪ Otto Kolleritsch (Hrsg.), Musikalische Produktion und Interpretation. Zur historischen Unaufhebbarkeit einer ästhetischen Konstellation (Studien zur Wertungsforschung 43), Wien / Graz 2003 ▪ Jürg Stenzl, In Search of a History of Musical Interpretation, in: Musical Quarterly 79 (1995), S. 683–699 ▪ Richard Taruskin, Text and Act. Essays on Music and Performance, New York / Oxford 1995

Abkürzungsverzeichnis

AAM	Academy of Ancient Music	NZFM	Neue Zeitschrift für Musik
ABO	Amsterdam Baroque Orchestra	OAE	Orchestra of the Age of Enlightenment
ADM	l'arte del mondo	OCE	Orchestre des Champs-Élysées
ARSC	Association for Recorded Sound Collections	OEC	Orchestra of the Eighteenth Century
		OF	Orchestra Filarmonica / Orquesta Filarmónica
ASMF	Academy of St Martin in the Fields		
BCS	Bach-Collegium Stuttgart	ONCT	Orchestre National du Capitole de Toulouse
BNC	Balthasar-Neumann-Chor		
BNE	Balthasar-Neumann-Ensemble	ONF	Orchestre National de France /
BNOC	British National Opera Company	ONRF	Orchestre National de la Radiodiffusion Française /
BPh	Berliner Philharmoniker		
CBSO	City of Birmingham Symphony Orchestra	ONRTF	Orchestre National de la Radio-Télévision Française
Cl	Classics		
CLS	City of London Sinfonia	OP	Orchestre Philharmonique
CMW	Concentus Musicus Wien	ORR	Orchestre Révolutionnaire et Romantique
CO	Chamber Orchestra	OS	Orchestre Symphonique / Orchestra Sinfonica
COE	Chamber Orchestra of Europe		
CollA	Collegium Aureum	OSCC	Orchestre de la Société des Concerts du Conservatoire
DGG	Deutsche Grammophon Gesellschaft		
DHM	Deutsche Harmonia Mundi	OSR	Orchestre de la Suisse Romande
DNSO	Danish National Symphony Orchestra	PhO	Philharmonia Orchestra (London)
DSO	Deutsches Symphonie-Orchester (Berlin)	PO	Philharmonisches Orchester / Philharmonic Orchestra
EBS	English Baroque Soloists		
EC	The English Concert	RhK	Rheinische Kantorei
ECO	English Chamber Orchestra	RSB	Rundfunk-Sinfonieorchester Berlin
ENO	English National Opera	RSNO	Royal Scottish National Orchestra
FO	Festival Orchestra	RSO	Radio-Sinfonie-Orchester / Rundfunk-Sinfonie-Orchester
GäK	Gächinger Kantorei (Stuttgart)		
GÉ / CdR	La Grande Écurie et la Chambre du Roy	SBYO	Simón Bolívar Youth Orchestra of Venezuela
GM JO	Gustav Mahler Jugendorchester		
HMF	Harmonia Mundi France	SCB	Schola Cantorum Basiliensis
HMV	His Master's Voice	SO	Sinfonieorchester / Symphony Orchestra
IGNM	Internationale Gesellschaft für Neue Musik	WPh	Wiener Philharmoniker
IRCAM	Institut de Recherche Coordination Acoustique / Musique		
KlK	Das Kleine Konzert	**Autorenkürzel**	
KO	Kammerorchester	ADO	Andreas Domann
KO / CPE	Kammerorchester Carl Philipp Emanuel Bach	AEH	Andreas Eichhorn
		AFA	Alberto Fassone
LAF	Les Arts Florissants	AGU	Alexander Gurdon
LCA	Le Concert d'Astrée	AKH	Annette Kreutziger-Herr
LCP	London Classical Players	CHD	Christina Drexel
LCR	La Chapelle Royale	DGU	Dieter Gutknecht
LCS	Le Concert Spirituel	DWI	David Witsch
LPB	La Petite Bande	FKR	Florian Kraemer
LTL	Les Talens Lyriques	GFI	Gesa Finke
MAK	Musica Antiqua Köln	HAH	Hartmut Hein
MBC	Münchener Bach-Chor	HJH	Hans-Joachim Hinrichsen
MBO	Münchener Bach-Orchester	JCA	Julian Caskel
MC	Monteverdi Choir	MIS	Michael Schwalb
MdL	Les Musiciens du Louvre (Grenoble)	MST	Michael Stegemann
MGG	Die Musik in Geschichte und Gegenwart	MWE	Michael Werthmann
NGS	National Gramophonic Society	PEN	Peter Niedermüller
NO	National Orchestra	TOP	Tobias Pfleger

Dirigenten A bis Z

Abbado, Claudio

1933 am 26. Juni in Mailand geboren als Sohn des Violinisten Michelangelo Abbado und der Schriftstellerin Maria Carmela Savagnone. Er ist der Onkel des Dirigenten Roberto Abbado.

1949 beginnt er sein Studium am Mailänder Konservatorium (u. a. bei Antonino Votto), das er in Klavier (1953), Orchesterleitung und Komposition (1955) mit Diplom abschließt. Anschließend setzt er seine Studien bei Hans Swarowsky in Wien fort. Durch das Mitsingen im Chor des Musikvereins (zusammen mit seinem Studienfreund Zubin Mehta) kann er die Probenarbeit zahlreicher Dirigenten mitverfolgen.

1958 gewinnt er in Tanglewood den Koussevitzky-Preis, ebenso ist er im Jahr 1963 (zusammen mit u. a. Zdeněk Košler) Preisträger beim New Yorker Mitropoulos-Wettbewerb.

1961–1963 hat er eine Dozentenstelle für Kammermusik am Konservatorium in Parma.

1965 dirigiert er die Wiener Philharmoniker (WPh) auf Einladung Herbert von Karajans bei den Salzburger Festspielen in Mahlers 2. Sinfonie. Das Konzert gilt als entscheidender Durchbruch Abbados.

1968 Debüt mit Verdis *Don Carlo* am Royal Opera House, Covent Garden.

1968–1986 ist er (mit verschiedenen offiziellen Positionen und zeitweiligen Amtsniederlegungen) als leitender Dirigent an der Mailänder Scala tätig. Er öffnet das Haus für das zeitgenössische Repertoire und etabliert ab 1982 das Orchestra Filarmonica della Scala.

1973 setzt er sich zusammen mit dem Komponisten Luigi Nono und dem Pianisten Maurizio Pollini in Reggio Emilia mit »Musica / Realtà« benannten Konzertserien für Neue Musik ein.

1978 Gründung des European Community Youth Orchestra, aus dem ab 1981 das Chamber Orchestra of Europe (COE) hervorgeht, das nicht nur mit Abbado, sondern u. a. mit Nikolaus Harnoncourt wichtige sinfonische Zyklen einspielen wird.

1979–1987 leitet er das London Symphony Orchestra, dem er zuvor als Erster Gastdirigent verbunden war.

1982–1985 ist er Erster Gastdirigent des Chicago Symphony Orchestra.

1984 leitet er die Uraufführung von Luigi Nonos *Prometeo. Tragedia dell'ascolto* in Venedig.

1986 wechselt er als Musikdirektor an die Wiener Staatsoper (bis 1991), wo er mit dem Festival Wien Modern und dem Gustav Mahler Jugendorchester (GM JO) bleibende Initiativen setzt.

1989 gilt seine Wahl am 8. Oktober zum Nachfolger Herbert von Karajans bei den Berliner Philharmonikern (BPh) als Sensation, da andere Kandidaten durch den florierenden Tonträgermarkt stärker protegiert scheinen.

1990–2002 leitet er die Berliner Philharmoniker, lehnt eine Vertragsverlängerung aber bereits 1998 ab. Mit dem Orchester etabliert er thematische Zyklen, die jede Saison um ein einzelnes Sujet zentriert sind.

1994 übernimmt er auch die künstlerische Leitung der Salzburger Osterfestspiele.

2000 muss er wegen einer Krebserkrankung pausieren, bestreitet aber dennoch mit seinem Berliner Orchester eine Japantournee.

2003 begründet er das Lucerne Festival Orchestra, mit dem er fortan alljährlich musiziert. Den Kern des Orchesters bildet das Mahler Chamber Orchestra, zu dem sich berühmte Solisten an den ersten Pulten gesellen.

2004 etabliert er zudem in Bologna das Orchestra Mozart.

2013 wird er in Italien zum Senator auf Lebenszeit ernannt (zuvor erhält er im Jahr 1994 den Ernst von Siemens Musikpreis und im Jahr 2002 das Bundesverdienstkreuz).

2014 stirbt er am 20. Januar in Bologna.

Robert Schumann hat einmal in einer berühmt gewordenen Verwechslung angenommen, die *Schottische* sei eigentlich die *Italienische Sinfonie* Mendelssohns. Dieser Fehler wäre ihm bei einer Beschreibung von Claudio Abbado sicher nicht unterlaufen – trotz Abbados eher asketischer Statur und bisweilen »unitalienisch« wortkarger Natur. Zu unverwechselbar erscheinen viele Züge seines Dirigierens: die scheinbar leicht unterkontrollierte Probenarbeit, in der Abbado in verschiedenen Sprachen das Musizieren immer wieder an die beiden Worte »zuhören« und »zusammen« anbindet; die Konzerte, in denen die eingeforderte Spontaneität in der Unabhängigkeit seiner linken Hand und den mitzitternden Mundwinkeln sichtbar wird; die Karriere, in der Abbado Renommierensembles und neu begründete Jugendorchester zueinander durchlässig hält, wie auch seine Diskografie zahlreiche Repertoirezyklen neben anspruchsvollste Neue Musik stellt (nicht zuletzt seines Freundes Luigi Nono).

Doch Abbados Londoner Einspielung der *Schottischen Sinfonie* aus dem Jahr 1984 wirkt beinahe wie eine nachträgliche Rechtfertigung für Schumanns Verwechslung: Die nebelhafte Einleitung nimmt er mit unerwartet vollem Klang, das Hauptthema dagegen sehr verhalten, sodass bereits in den Anfangstakten die spätere Integration der Finale-Coda vorbereitet wird. Dazwischen entfaltet sich nicht nur im Scherzo eine Kombination virtuoser Motorik und detailgenauer Leichtigkeit, die in der Summe eine der schönsten Ouvertüren ergibt, die Rossini nie geschrieben hat. Eine derartige »Italianità« erlebt man auch in Dvořáks *Othello*-Ouvertüre, in der die stark profilierten Basslinien an die Sturmszene aus Verdis Oper erinnern. Eine solche Herangehensweise ist aber für Abbado keinesfalls immer typisch und bleibt eingebettet in Attribute eines kammermusikalischen Klangbilds. Ein erstes »Opfer« solcher Analytik ist Lady Macbeth: Im Vergleich mit Riccardo Mutis im selben Jahr entstandener Londoner Aufnahme – das persönliche Verhältnis der beiden wurde bisweilen ebenso zum Shakespeare'schen Königsdrama stilisiert – scheint tatsächlich schon in den ersten paar Takten alles entschieden. Muti dirigiert den »affektiven« Gehalt der ostinaten Rhythmen, die so schon im Vorspiel die folgende Hexenszene abbilden, Abbado eher deren »effektiven« Gehalt – noch näher an der Notation, aber auch etwas neutraler. Die Handlung des *Macbeth* wird bei Muti zur Schaueroper, bei Abbado hingegen sozusagen zur »Zuschaueroper«, indem die vielen Dreiklänge, die oft als unpassend zum Sujet empfunden wurden, wie unbeteiligte Beobachter wirken, die zur Szene immer etwas Distanz bewahren.

In der großen Masse seiner Aufnahmen vor allem der 1980er-Jahre dominiert jedoch ein manchmal auch leicht unpersönlicher Kompromissklang aus Karajan und Kammerorchester. Abbados multiple Versionen einzelner Mahler-Sinfonien bilden nicht eine gleichbleibende individuelle Stilistik ab, sondern die Anpassung an den jeweils spezifischen Orchesterklang und die Übernahme der gerade zeitaktuellen Trends der Tempogestaltung (das Adagietto der 5. Sinfonie ist in der späteren Berliner Einspielung rund drei Minuten rascher). Wieder reichen die Anfangstakte der *Auferstehungssinfonie* aus, um das Bild von Abbado als striktem Analytiker auch infrage zu stellen: Die von Mahler vorgesehene Kontrastierung zweier stark voneinander abweichender Tempi wird weder in der Aufnahme aus Chicago umgesetzt noch in den späteren aus Wien und Luzern, die einzelne schroffe Momente in einem schmelzenden Klangbild bewahren (was in Chicago noch genau umgekehrt war).

Abbados Persönlichkeit verbindet im Grunde einen weisen alten Mann und einen schalkhaft unernsten Jugendlichen, während ihm die Attitüden des seriös-kommerziellen Erwachsenen wenig zu bedeuten schienen. Eigentlich hat Abbado die allerletzten leisen Zweifel am Erfolg seiner Berliner Jahre nicht in Berlin, sondern erst danach in Luzern ausräumen können: Diese Luzerner Jahre stellen ein »vergeistigtes Spätwerk« dar, das sich mit demjenigen aller großen Komponisten messen kann – vielleicht auch, weil Abbado hier nun mit einem Orchester arbeitet, das sich umgekehrt immer seinen Wünschen anzuschmiegen hat. Abbados »Spätstil« beginnt aber bereits mit seinem zweiten Beethoven-Zyklus (der erste entsteht Ende der 1980er-Jahre in Wien, der zweite ab 1999 in Berlin). Im Abgleich mit Leonard Bernstein und Simon Rattle, die jeweils ein Jahrzehnt vor und nach Abbado ebenfalls einen »Wiener« Zyklus produzierten, zielt vor allem Abbados »Berliner« Zyklus nicht darauf, unerwartete interpretatorische Entscheidungen hörbar zu machen, sondern eher darauf, genau diese Entscheidungen zu verbergen. Die Aufnahmen verbinden einen schlanken Klang mit einer ruhigen und traditionellen Klangauffassung: So wird die 5. Sinfonie von der stark wechselnden Länge der jeweiligen Legatobögen her gedeutet, wodurch das »Schicksalsmotiv« beständig in neuen Phrasierungskontexten einsetzen kann. In den Luzerner Konzerten etabliert sich Abbado auch endgültig als der erste und eigentliche Dirigent des DVD-Zeitalters: Wovon Karajan immer nur träumte, das gelingt Abbado ganz mühelos, nämlich die visuelle Präsenz des Dirigenten als unverzichtbar empfundene Komponente des Konzerterlebnisses zu vermitteln.

Abbado besitzt eine unnachahmliche Fähigkeit, im »Laut« das »Leise« zu bewahren, und gerade darum bleibt er ein Spezialist für den archetypischen sinfonischen Weg vom »Leise« zum »Laut«. Musikhistorisch stellt sich dies wohl so dar: Die langsame Einleitung wird in der Geschichte der Sinfonie von der Einweg- zur Mehrwegverpackung; die geheimnisvollen Ruinen und Fanfaren, die leise etabliert werden, können dadurch auch noch die lauten Schlüsse grundieren. Bei Abbado hören sich diese großen Feiermusiken der Romantik immer etwas an wie der verträumte Jüngling, der abwesend dabeisitzt und das Fest später literarisch verewigen wird. Dies gilt im Kleinen für den Mittelteil der »Fêtes« aus Debussys *Nocturnes*, den Abbado in einer Kindheitserinnerung als Initialzündung seines Dirigierwunsches angegeben hat und der noch in seiner Berliner Aufnahme ungewöhnlich leise beginnt und ungewöhnlich laut endet. Es gilt aber auch für den Gesamtverlauf von Schumanns 2. Sinfonie: Die Anfangstakte kombinieren zwei Urtypen der langsamen Einleitung, die Fanfare und die »Nebelmusik«. Dies nutzt Abbado, um bis in das Finale hinein alle Zitate dieser Fanfare durch eine gleichzeitige Reminiszenz an die Nebelschleier abzutönen.

Claudio Abbado war immer auch ein Dirigent für Leute, die Dirigenten nicht mögen. Er hat das charismatische Bild des Berufsstandes so modifiziert, dass eine jüngere Generation sich sowohl in ihrem Bemühen um etwas weniger offenkundig äußerliches Machtgehabe wie in den bewahrten Spielräumen für Eitelkeit, Eigenwilligkeit und Ehrgeiz an Abbado ausrichten kann. Abbado steht nicht nur alphabetisch zu Recht ganz am Anfang jeder Kompilation großer Dirigentennamen – mit Abbado als »Anfangstakt« muss man sich auch um die Zukunft des Dirigierens keine Sorgen machen.

Tonträger
1969 BRUCKNER: Sinfonie Nr. 1 [Linzer Fassung, 1866] (WPh; Decca) ▪ 1976 VERDI: *Macbeth* (Cappuccilli, Verrett, Domingo, Teatro alla Scala; DGG) ▪ 1977 BARTÓK: Klavierkonzerte Nr. 1 & 2 (Maurizio Pollini, Chicago SO; DGG) ▪ **1977/79** PROKOFJEW: *Skythische Suite / Leutnant-Kije-Suite / Alexander Nevsky* (Elena Obraztsova, Chicago SO, London SO & Chorus; DGG) ▪ **1984/85** MENDELSSOHN: Sinfonien Nr. 1–5 (London SO; DGG) ▪ **1986** SCHUBERT: Messe Es-Dur D 950 (Mattila, Lipovšek, Hadley, Pita, Holl, Wiener Staatsopernchor, WPh; DGG) ▪ **1989** ROSSINI: Ouvertüren: *Il barbiere di Siviglia / Semiramide / L'italiana in Algeri / Guillaume Tell / La gazza ladra* etc. (COE; DGG) ▪ **1992** NONO: *Il canto sospeso /* MAHLER: *Kindertotenlieder* etc. (Ganz, Lothar, Bonney, Otto, Torzewski, Lipovšek, Rundfunkchor Berlin, BPh; Sony) ▪ **1993** MUSSORGSKY: *Boris Godunow* [Fassung 1872] (Kotcherga, Larin, Lipovšek, Slovak Philharmonic Chorus Bratislava, Rundfunkchor Berlin, BPh; Sony) ▪ **1994** MOZART: *Le nozze di Figaro* (Gallo, McNair, Skovhus, Studer, Bartoli, WPh; DGG) ▪ **1994** KURTÁG: *Grabstein für Stephan / Stele /* STOCKHAUSEN: *Gruppen* (Ruck, Goldman, Creed, BPh; DGG) ▪ **1997** DVOŘÁK: Sinfonie Nr. 9 »Aus der Neuen Welt« / *Othello* (BPh; DGG) ▪ **1999/2000** BEETHOVEN: Sinfonien Nr. 1–9 (BPh; DGG) ▪ **2010** BERG / BEETHOVEN: Violinkonzerte (Isabelle Faust, Orchestra Mozart; HMF) ▪ **2012** SCHUMANN: Sinfonie Nr. 2 / Ouvertüren: *Manfred / Genoveva* (Orchestra Mozart; DGG)

Bildmedien
2003 MAHLER: Sinfonie Nr. 2 »Auferstehungssinfonie« (Gvazava, Larsson, Orfeón Donostiarra, Lucerne FO; EuroArts) ▪ **2006** SCHÖNBERG: *Pelleas und Melisande /* MAHLER: Sinfonie Nr. 4 (Juliane Banse, GM JO; Medici Arts) ▪ **2011** BRUCKNER: Sinfonie Nr. 5 [Ed. Nowak] (Lucerne FO; Accentus)
Das klingende Haus (Film von Daniele Abbado; Sony 1994) ▪ A Trail on the Water. Abbado – Nono – Pollini (Dokumentation von Bettina Ehrhardt; EuroArts 2001) ▪ Claudio Abbado – Die Stille hören (Dokumentation von Paul Smaczny; EuroArts 2003)

Schriften
Das Haus voll Musik, Illustrationen von Paolo Cardoni, übs. von Maja Pflug, Zürich 1986 ▪ Meine Welt der Musik. Orchester und Instrumente entdecken, Illustrationen von Paolo Cardoni, übs. von Claudia Theis-Passaro, München 2012

Literatur
Das Berliner Philharmonische Orchester mit Claudio Abbado, Beiträge von Helge Grünewald u. a., Fotografien von Cordula Groth, Berlin 1994 ▪ Frithjof Hager, Claudio Abbado. Die Anderen in der Stille hören, Frankfurt a. M. 2000 ▪ Lidia Bramani, Claudio Abbado. Musik über Berlin, übs. von Agnes Dünneisen und Beatrix Birken, Frankfurt a. M. 2001 ▪ Christian Försch, Claudio Abbado. Die Magie des Zusammenklangs, Berlin 2001 ▪ Ulrich Eckhardt (Hrsg.), Claudio Abbado. Dirigent, Berlin 2003

Webpräsenz
www.abbadiani.it (↪0001)
www.ne.jp/asahi/claudio/abbado/discography/discography_frame.html (↪0002)

JCA

Abendroth, Hermann

1883 am 19. Januar in Frankfurt am Main geboren.

1901–1905 studiert er im Anschluss an eine Buchhändlerlehre Komposition bei Ludwig Thuille und Dirigieren bei Felix Mottl an der Münchner Königlichen Akademie der Tonkunst.

1905–1911 Tätigkeit als Städtischer Kapellmeister in Lübeck, daneben ist er Assistent Felix Mottls bei Wagner-Aufführungen in München und Bayreuth.

1911 geht Abendroth als Städtischer Musikdirektor nach Essen.

1915–1934 ist Abendroth – als Nachfolger von Fritz Steinbach – Kölner Gürzenich-Kapellmeister. Er wird 1918 zum Generalmusikdirektor ernannt, außerdem leitet er gemeinsam mit Walter Braunfels das Konservatorium, das 1925 von Oberbürgermeister Konrad Adenauer zur Staatlichen Musikhochschule aufgewertet wird.

1934–1945 wird er – nachdem ihn die Kölner Nationalsozialisten mit massiver Opposition bedrängt hatten – Gewandhauskapellmeister und Dirigierprofessor in Leipzig. Diese Position macht ihn aufgrund der von den Nationalsozialisten unterdrückten Mendelssohn-Tradition angreifbar.

1937 tritt er der NSDAP bei. Zudem ist er Leiter der Fachschaft Musikerziehung in der Reichsmusikkammer.

1945 wird Abendroth in Leipzig wegen seiner NSDAP-Mitgliedschaft entlassen; er zieht nach Weimar und wird dort Leiter der Staatskapelle und Professor an der Musikhochschule.

1949 erhält Abendroth den Nationalpreis der DDR und übernimmt – neben seinem Weimarer Dirigentenamt – das Rundfunk-Sinfonieorchester Leipzig.

1953 wird er Weimarer Ehrenbürger; als drittes Orchester leitet er das Rundfunk-Sinfonieorchester Berlin (RSB).

1956 stirbt er am 29. Mai in Jena.

Das künstlerische Schicksal von Hermann Abendroth ist ohne den Seitenblick auf die deutsche Geschichte nicht denkbar, sein Andenken leidet an deren Konsequenzen: 1933 war Abendroth zunächst ein Opfer nationalsozialistischer Agitation; dass er 1937 der NSDAP beigetreten war und eine herausgehobene Position in der Reichsmusikkammer eingenommen hatte, wurde ihm wiederum 1945 zum Verhängnis, als ihm deswegen nach elf Jahren am Gewandhaus in Leipzig gekündigt wurde. Der immerhin 62-jährige Dirigent war froh um die Chance eines nochmaligen Neubeginns in Weimar, auch wenn er für die dortigen Verhältnisse eine Nummer zu groß war. Weimar hat es ihm treu gedankt, doch Abendroths Anpassung an die Verhältnisse der DDR veranlasste nun wiederum Konrad Adenauer, der ehemals mit ihm befreundet war, gegen Gastdirigate Abendroths im Westen strikt vorzugehen.

Abendroths diskografische Hinterlassenschaft, vor allem für den Rundfunk aufgenommen, engt sein musikalisches Profil zwar auf die Schlachtrösser des sinfonischen Betriebs ein, zeigt ihn aber gleichwohl als Dirigenten einer älteren Tradition in einer historischen Umbruchszeit: Abendroth hatte mit Felix Mottl und Fritz Steinbach noch die Hausdirigenten von Wagner und Brahms erlebt, die ihm die Traditionen des 19. Jahrhunderts in lebendiger Handreichung vermitteln konnten. Anschaulich wird dies in der flexiblen, mit den feinsten dynamischen Prozessen korrespondierenden Tempogestaltung seiner Brahms-Interpretationen, beispielsweise im Andante sostenuto der 1. Sinfonie: Abendroth rückt immer wieder motivische Einzelheiten und Themenübergänge verlangsamt aus dem Grundtempo heraus und legt die großen Bläserpassagen beinahe rhapsodisch an, indem er den Solisten umfassende agogische Freiheiten lässt.

Tonträger

1927 BRAHMS: Sinfonie Nr. 4 (London SO; Biddulph) ▪ **1941** BRAHMS: Sinfonie Nr. 1 (BPh; Iron Needle) ▪ **1955** SCHUMANN: Sinfonie Nr. 1 »Frühlingssinfonie« (RSB; Tahra)

Literatur

Jörg Clemen, Hermann Abendroth und das Gewandhausorchester, in: Thomas Schinköth (Hrsg.), Musikstadt Leipzig im NS-Staat. Beiträge zu einem verdrängten Thema, Altenburg 1997, S. 250–260 ▪ Irina Lucke-Kaminiarz, Hermann Abendroth – Ein Musiker im Wechselspiel der Zeitgeschichte, Weimar 2007 ▪ Markus Gärtner, »Kein Wort von Erfüllung meiner Bedingungen!« Der Briefwechsel zwischen Hermann Abendroth und Hans Pfitzner, in: Die Tonkunst 2 (2008), S. 229–240

MIS

Abravanel, Maurice

1903 am 6. Januar geboren in Thessaloniki (Griechenland) als Sohn spanischer Eltern mit sephardischen Wurzeln, wächst er in der Schweiz in Lausanne auf, wo Ernest Ansermet ein früher Mentor ist.

1922 zieht er nach Berlin und ist kurzzeitig Schüler von Kurt Weill.

1931 debütiert er nach Engagements bei Popularmusikorchestern und in der deutschen Provinz (in Neustrelitz, Zwickau, Altenburg und Kassel) an der Berliner Staatsoper mit Verdis *La forza del destino*.
1933 Exil in Paris, wo er als Assistent von Bruno Walter und für die Ballets russes von George Balanchine arbeitet, und später in Australien, wo er auch nach dem Ende des Zweiten Weltkriegs nochmals dirigiert.
1936 tritt er als bis dato jüngster Dirigent an der Metropolitan Opera in New York auf.
1938 leitet *Knickerbocker Holiday* die erneute Zusammenarbeit mit Kurt Weill am Broadway ein.
1947–1979 ist er Chefdirigent des Utah Symphony Orchestra, das er als Teilzeitorchester mit einem Einjahresvertrag übernommen hat.
1950 erhält er für die Broadway-Produktion von Marc Blitzsteins *Regina* einen Tony Award.
1954–1980 ist er Musikdirektor der Music Academy of the West in Santa Barbara.
1966 führt die erste internationale Tournee das Utah Symphony Orchestra nach Deutschland und auch nach Griechenland.
1981 beginnt er, Dirigierkurse in Tanglewood abzuhalten.
1993 stirbt er in Salt Lake City am 22. September.

Maurice (de) Abravanels langer Weg nach Westen bleibt klanglich nur an den amerikanischen Wegstationen dokumentiert. So sind aus seiner Zeit in New York Rundfunkmitschnitte von Broadway-Produktionen Kurt Weills und von Aufführungen der Metropolitan Opera erhalten. Untrennbar verbunden ist sein Name jedoch mit dem Utah Symphony Orchestra, dessen Heimat in Salt Lake City heute die Abravanel Hall ist. Seine Klangästhetik jedoch behält eine frühe europäische Prägung durch die Neue Sachlichkeit und den Songstil Kurt Weills. Solistische Farbwerte erhalten den Vorrang vor der Homogenität des Gesamtklangs, sodass die Partituren gleichsam von oben nach unten statt vom Streicherfundament aus gelesen werden. Wie bei einem guten Cartoonisten bekommen so ganz verschiedene Protagonisten ein immer gleiches spezifisches Merkmal zugewiesen: Was bei Loriot die Knollennase ist, sind in Abravanels Aufnahmen die Haifischzähne der *Dreigroschenoper*. Der stilisierte Sound eines Spelunkenorchesters passt nicht nur zum Scherzothema von Tschaikowskys *Pathétique*, der beinahe spöttische Duktus kann an überraschenden Orten zu subtilen Ergebnissen führen: So spielt Abravanel Brahms' mittlere Sinfonien, als wären es die frühen Schuberts. Besonders bewährt sich dieser Ansatz als »Bombast-Bremse«, in Oratorien des 20. Jahrhunderts wie Honeggers *Judith* und *Le Roi David* ebenso wie in Schaustücken der Romantik (großartig lakonisch z. B. die *Marche slave* Tschaikowskys und auch der Marschsatz in dessen 2. Sinfonie). Unzweifelhaft ist dabei die Herkunft dieser Ästhetik aus der Moderne: In Prokofjews 3. Sinfonie lässt Abravanel die bruitistischen und melodischen Elemente der Partitur sich gegenseitig verstärken, und das wohltuend wenig zurückhaltende Schlagwerk verbindet Leroy Andersons *The Typewriter* mit Edgard Varèses *Amériques*.

Vor diesem Hintergrund überrascht Abravanels Neigung zu manchmal durchaus willkürlichen Tempoentscheidungen: Das gemächliche Allegro im Kopfsatz und das Accelerando am Ende des Scherzos der *Pathétique* sind hierfür prototypisch. Gegen veraltete klangtechnische Standards gelingen zugleich immer wieder originelle Phrasierungsdetails (vor allem durch abgeschliffene oder verlängerte und so unberechenbar gehaltene Endnoten einzelner Motive). Abravanels Mahler-Zyklus ist in Deutschland der ewige Geheimtipp geblieben, wobei der knabenhafte Sopran von Netania Davrath in der Vierten und der gut getroffene Grundklang der Siebten besonders eindrücklich bleiben. Seine umfangreiche Diskografie mit Zyklen der Sinfonien auch von Brahms, Tschaikowsky und Sibelius sowie Referenzaufnahmen einiger selten gehörter Werke des 20. Jahrhunderts könnte heute als Vorläufer der Independent-Kultur des Plattenmarkts neu entdeckt werden.

Tonträger
1967 BLOCH: *Schelomo* / Sinfonie »Israel« (Zara Nelsova, Utah SO; Vanguard) ▪ **1968** MAHLER: Sinfonie Nr. 4 (Netania Davrath, Utah SO; Vanguard) ▪ **1972** BERNSTEIN: *Candide*-Ouvertüre / GOULD: *American Salute* / SIEGMEISTER: *Western Suite* (Utah SO; VOX) ▪ **1972/73** TSCHAIKOWSKY: Sinfonien Nr. 1–6 / *Marche slave* etc. (Utah SO; VOX)

Literatur
Lowell Durham, Abravanel!, Salt Lake City 1989

JCA

Albrecht, Gerd

1935 am 19. Juli in Essen geboren als Sohn eines Musikwissenschaftlers und einer Pianistin, studiert er zunächst u. a. Musikwissenschaft an den Universitäten in Hamburg und Kiel. Früh macht er als Preisträger beim Dirigierwettbewerb in Besançon auf sich aufmerksam.
1963 wird er – nach ersten Anstellungen in Stuttgart und Mainz – Generalmusikdirektor in Lübeck,
1966–1972 arbeitet er in gleicher Position in Kassel.
1972 wird er Chefdirigent an der Deutschen Oper Berlin.
1975–1980 ist er Chefdirigent des Tonhalle-Orchesters in Zürich.
1978 leitet er in München die Uraufführung von Aribert Reimanns Oper *Lear*.
1988–1997 wirkt er als Generalmusikdirektor an der Oper Hamburg (im Zusammenspiel mit dem Komponisten Peter Ruzicka, der als Intendant fungierte). Hier begründet er die Jugendmusikstiftung und das Klingende Museum, das Kinder mit Musikinstrumenten vertraut macht.
1993 übernimmt er als vom Orchester gewählter und erster nicht-tschechischer Chefdirigent die Tschechische Philharmonie in Prag, gibt aber angesichts anhaltender Intrigen und Kritik das Amt bereits im Jahr 1996 wieder auf. Im Jahr 2004 markiert eine gemeinsame Tournee die »Versöhnung« mit dem Orchester.
1996 dirigiert er die Uraufführung von Alexander Zemlinskys letzter Oper *Der König Kandaules* in Hamburg.
1998–2007 leitet er das Yomiuri Nippon Symphony Orchestra, ebenso
2000–2004 das Danish National Symphony Orchestra (DNSO).
2014 stirbt er am 2. Februar in Berlin.

Gerd Albrecht hat als Dirigent alles richtig gemacht: Er hat sich früh und umfassend für Werke jenseits des traditionellen Repertoires eingesetzt, sodass die Wiederentdeckung von Franz Schreker und Alexander Zemlinsky an deutschen Opernhäusern ebenso wie die diskografische Präsenz wenig bekannter Werke von Hindemith und Dvořák eng mit seinem Namen verbunden bleibt. Er hat ebenfalls früh und umfassend die Notwendigkeit einer intensiven musikpädagogischen Arbeit erkannt und in verschiedensten Medien umgesetzt. Eine angemessene Würdigung Gerd Albrechts hingegen hat es nicht leicht, alles richtig zu machen: Aufgrund der oft eingeschränkten Klangqualität dürften Albrechts Pionierversionen gegen ihre zwar meist wenigen, aber doch vorhandenen neueren Konkurrenten oft einen eher schlechten Stand besitzen. Es besteht die Gefahr, solche äußeren Abnutzungen auf die Erinnerung an Albrecht als Dirigenten pauschal zu projizieren. Es besteht aber wohl auch das Problem, dass eine solche Einschätzung nicht in allen Fällen ganz falsch sein dürfte: Zemlinskys Ballett *Triumph der Zeit* belegt zwar beispielhaft, dass Albrecht die süß-schwelgerischen Klangbilder der von ihm so geschätzten spätromantischen Werke geradezu süffisant umzusetzen vermag. In Beethovens zweiter *Leonore*-Ouvertüre wirkt aber nicht nur das dynamische Spektrum der Aufnahme abgeflacht, auch die rhythmische Gestaltung lässt doch einiges an Eleganz und Energie vermissen. Albrechts beispiellose Beschäftigung mit Werken jenseits etablierter Traditionen gehorcht zugleich einer traditionalistisch durchsetzten Klangvorstellung: Als gerade darin dezidiert »deutscher« Dirigent interessieren ihn auch in Mendelssohns Violinkonzert eher die dunklen Farben als die spielerische Leichtigkeit. Daher scheint die Prognose kaum ganz verfehlt, dass viele Aufnahmen Gerd Albrechts bald derselben mühevollen Wiederentdeckung bedürfen werden wie die in diesen Aufnahmen dokumentierten, »zu Unrecht unterschätzten« Werke.

Tonträger
1978 REIMANN: *Lear* (Fischer-Dieskau, Dernesch, Lorand, Varady, Boysen, Bayerische Staatsoper; DGG) • **1985** MENDELSSOHN: Violinkonzerte e-Moll & d-Moll (Frank Peter Zimmermann, RSO Berlin; EMI) • **1990** SCHREKER: *Der ferne Klang* (Moser, Schnaut, Nimsgern, RSO Berlin; Capriccio) • **1991** DVOŘÁK: *Svatební košile* [*Die Geisterbraut*] (Ághová, Protschka, Kusnjer, Prager Philharmonischer Chor, Philharmonisches Staatsorchester Hamburg; Orfeo) • **1992** ZEMLINSKY: *Symphonische Gesänge / Triumph der Zeit* [Drei Ballettstücke] / *Der König Kandaules* [Auszüge] (Franz Grundheber, Philharmonisches Staatsorchester Hamburg; Capriccio) • **2001/03** BRAHMS: *Schicksalslied / Nänie / Triumphlied / Ave Maria* (Bo Skovhus, DNSO & Choir; Chandos)

Schriften
Mein Opernbuch, Hamburg 1988 • Musikinstrumente und wie man sie spielt, Zürich / Mainz 2003

Literatur
Herbert Glossner, Oper in Hamburg 1988–1997. Ein Rückblick auf die Amtszeit von Gerd Albrecht und Peter Ruzicka, Hamburg 1997

Webpräsenz
www.gerd-albrecht.com (↪0003)

JCA

Albrecht, Marc

1964 in Hannover geboren. Auf ein Studium in seiner Heimatstadt folgen Tätigkeiten als Assistent an der Hamburger Staatsoper und bei Claudio Abbados Gustav Mahler Jugendorchester. Sein Vater ist der Dirigent George Alexander Albrecht (dieser wiederum ist ein Bruder des Politikers Ernst Albrecht), der für mehrere Jahrzehnte Leiter der Niedersächsischen Staatsoper gewesen ist.
1995–2001 ist er Generalmusikdirektor am Staatstheater Darmstadt.
2001–2004 arbeitet er als Erster Gastdirigent an der Deutschen Oper Berlin.
2003–2006 Dirigate von *Der fliegende Holländer* in Bayreuth.
2006–2011 hat er die Position des Chefdirigenten beim Orchestre Philharmonique de Strasbourg inne.
2011 tritt er die Leitung der Nederlandse Opera und des Netherlands Philharmonic Orchestra an.

Der musikalische Klang lässt sich nach Konsonanten sortieren: Im Fall von Marc Albrecht drängen sich Wagner'sche Wortgebilde wie »wallen« oder »wogen« zur Beschreibung der besonderen Qualität seiner Aufnahmen und Konzerte auf. Das analytisch präzise Dirigieren verwirklicht sich bei ihm eher mit gehöriger Attacke als mit vorsichtiger Askese. Korngolds späte Sinfonie in Fis beispielsweise prescht mit den ersten dissonanten Akkorden ungestüm vorwärts, als ob das Image des Hollywood-Filmkomponisten mit allen Mitteln zertrümmert werden soll. In Richard Strauss' *Elektra* zeichnet das Orchester ebenso vom ersten Moment an jede noch so kleine bildliche Qualität des Textes nach. Ein »konsonantisch« zugespitzter Klang entfaltet das Hündische, Wühlende, Züngelnde, das im Libretto beständig aufgerufen wird, derart plastisch, dass selbst der »vokale« Moment des Orchesters, die Erkennungsszene mit ihren »Orest«-Rufen im Streicher-Legato, von brodelnd tiefen Klängen beinahe überlagert bleibt. Nicht zuletzt einzelne »Sorgenkinder« des CD-Markts profitieren von einer solchen wie Gischt aufgewühlten Klangoberfläche. In Mahlers *Lied von der Erde* überschattet der Nimbus legendärer Sänger die meisten Neuaufnahmen, sodass in Albrechts (mit mehr als akzeptablen Sängern besetzter) Version schon die Schärfe des digitalen Klangs überrascht: Zu Beginn des »Abschieds« dominiert nicht das metaphysische Todessymbol dumpfer Tamtam-Schläge, sondern das barock-obszöne des Kontrafagotts (und tatsächlich hat Mahler nur für dieses Instrument ein Sforzato notiert). Zugleich vermittelt die Aufnahme trotz aller Wachheit im Detail den Eindruck, dass die Musik gleichsam zauberisch verträumt vom anderen Seeufer herübergeweht wird (ein Grund, warum gerade in diesem Stück ältere Aufnahmen durch die schlechtere Klangtechnik ihre Aura entfalten). Man möchte diesem Dirigenten dringend eine Wunschliste zukommen lassen, was er als nächstes aufnehmen könnte.

Tonträger
2010 KORNGOLD: Sinfonie in Fis / *Much Ado About Nothing* op. 11 [Suite] (OP de Strasbourg; Pentatone) ▪ **2011** STRAUSS: *Elektra* (Herlitzius, Schuster, Nylund, Grochowski, Netherlands PO; Challenge) ▪ **2012** MAHLER: *Das Lied von der Erde* (Alice Coote, Burkhard Fritz, Netherlands PO; Pentatone)

Bildmedien
2011 BERG: *Lulu* (Petibon, Baumgartner, Volle, Grundheber, WPh; EuroArts)

JCA

Alessandrini, Rinaldo

1960 am 25. Januar in Rom geboren, kommt er erst mit 14 Jahren zum Klavier, später mit 18 Jahren auch zum Cembalo; außerdem singt er im Chor, wo er erstmalig mit Alter Musik in Berührung kommt.
1978–1979 nimmt er an Kursen bei Ton Koopman am Konservatorium in Amsterdam teil.
1984 gründet er das Ensemble Concerto Italiano, das auf historischen Instrumenten spielt, aber auch Vokalisten einbezieht. Es debütiert mit der Oper *La Calisto* von Francesco Cavalli. In den folgenden Jahren etabliert Alessandrini das Concerto Italiano als führendes italienisches Ensemble für die italienische Musik des Barock. Auftritte bei allen bedeutenden Festivals und Konzerte weltweit folgen.
1998 beginnt seine intensive Beteiligung an der – international regelmäßig ausgezeichneten – Vivaldi-Edition des Labels Opus 111 (zuletzt: Naïve), die eine Vielzahl geistlicher Werke, Opern und Concerti umfasst (viele davon als Tonträger-Premieren).
2007 wird Alessandrini an der Norske Opera in Oslo zum Ersten Gastdirigenten berufen. Zudem tritt er in den letzten Jahren verstärkt als Gastdirigent mit größeren Formationen (nicht nur) der Barockmusik-Szene auf.
2009 beginnt seine Serie mit Aufführungen von Monteverdis Operntrilogie an der Mailänder Scala.

Rinaldo Alessandrini gehört als Cembalist, Hammerklavierspieler und Dirigent seines Ensembles Concerto Italiano, das er zumeist vom Cembalo aus leitet, mit zu den Begründern eines »neuen italienischen Stils« in der Alte-Musik-Bewegung, der die Dominanz der englischen Ensembles ablöste. Dieser italienische Stil, den er nicht nur auf die Musik seines Heimatlandes anwendet, zeichnet sich vor allem durch ein hohes Maß an Virtuosität aus, sowohl auf vokalem wie auf instrumentalem Gebiet. Ferner fällt die Betonung rhythmischer Finessen auf, der plötzliche dynamische Wechsel bis hin zur Attacke, wodurch zumeist ein äußerst spannungsreiches Musizieren entsteht. Alessandrini bewahrt aber in allen seinen Interpretationen das gesangliche Moment – vielleicht ein Beleg dafür, dass er stark von seinen frühen Chorerfahrungen geprägt wurde. Da sämtliche italienischen Ensembles erst in den 1980er-Jahren oder noch später auf der Bühne der Rekonstruktionsbewegung erschienen, konnten sie einerseits auf dem aufbauen, was deutsche, niederländische und englische Ensembles erarbeitet hatten, fügten aber andererseits als eine wesentliche neue Komponente ihre virtuose Spielkultur hinzu – die vor allem in der Darstellung des Repertoires italienischer Barockkomponisten des 17. und 18. Jahrhunderts wiederum die etablierten Ensemblekulturen zum Teil stark beeinflusst hat.

Tonträger
1997 VIVALDI: Gloria RV 589 / Magnificat RV 611 / Concerti RV 128 & 563 (York, Biccire, Mingardo, Akademia, Concerto Italiano; Opus 111) ▪ **2000** HÄNDEL: Il trionfo del tempo e del disinganno (York, Bertagnolli, Mingardo, Sears, Concerto Italiano; Opus 111 / Naïve) ▪ **2001** ROSSINI: Arien/Ouvertüren: Il barbiere di Siviglia / La scala di seta (María Bayo, Concerto Italiano; Astrée/Naïve) ▪ **2005** BACH: Brandenburgische Konzerte Nr. 1–6 (Concerto Italiano; Naïve) ▪ **2009** VIVALDI: Armida al campo d'Egitto (Milanesi, Zanasi, Comparato, Mingardo, Concerto Italiano; Naïve) ▪ **2011** »1600« [Werke von Frescobaldi, Gabrieli, Marini, Torelli u. a.] (Concerto Italiano; Naïve)

Editionen
Claudio Monteverdi, Il ritorno d'Ulisse in patria, Kassel 2007 ▪ Claudio Monteverdi, L'Orfeo, Kassel 2012

Schriften
Performance Practice in the Seconda Prattica Madrigal, in: Early Music 27/4 (1999), S. 632–639 ▪ Monteverdiana, Palermo 2006

Literatur
Alles Zufall [Interview mit Johannes Jansen], in: Concerto, Heft 160 (2001), S. 18–20

DGU

Alsop, Marin

1956 am 16. Oktober in New York geboren, absolviert sie ihr Studium mit Hauptfach Violine in Yale und an der Juilliard School. Anschließend spielt sie als Geigerin in verschiedenen Orchestern in New York.
1979 beginnt sie ihre Ausbildung als Dirigentin bei Carl Bamberger und setzt diese dann fort bei Harold Farberman, Leonard Bernstein, Gustav Meier und Seiji Ozawa.
1981 gründet sie die Formation String Fever, eine Swingband für Streicher, die bis heute besteht.
1989 ist sie Preisträgerin des Stokowski-Wettbewerbs und gewinnt im selben Jahr den Koussevitzky-Preis. Daraufhin erhält sie ihre ersten Anstellungen als Dirigentin beim Eugene Symphony Orchestra (Oregon) und beim Long Island Philharmonic Orchestra.
1990 begleitet sie Leonard Bernstein nach Sapporo (Japan), als dieser das Pacific Music Festival gründet.
1993 gibt sie ihr Europa-Debüt beim Schleswig-Holstein Musik Festival.
1993–2005 ist sie Chefdirigentin des Colorado Symphony Orchestra.
2002–2008 leitet sie das britische Bournemouth Symphony Orchestra und seit
2007 das Baltimore Symphony Orchestra, wo ihr Vertrag bis mindestens 2021 verlängert wurde.
2012 tritt sie die Stelle der Chefdirigentin des São Paulo Symphony Orchestra an (mit Vertrag bis 2019).

Marin Alsop stammt aus einer New Yorker Musikerfamilie: Ihre Mutter Ruth arbeitete als Cellistin, der Vater LaMar als Konzertmeister im NYC Ballet Orchestra. Sie erlernte ebenfalls Violine, entschied sich aber nach dem Besuch von Leonard Bernsteins Young People's Concerts dafür, Dirigentin zu werden. Von ihm wurde sie unterrichtet und gefördert, sie bezeichnet ihn als ihren Mentor (und ihre Körperhaltung, Schlagtechnik und Konzertmoderationen lassen ihn durchaus auch als Vorbild erkennen).

Alsops Karriereweg scheint geradlinig und zeigt wie im Fall Simone Youngs, dass es zu Beginn des 21. Jahrhunderts vereinzelt Dirigentinnen möglich ist, die Spitze renommierter Orchester zu erreichen. Im Gegensatz zu Young spricht sie öffentlich über ihre Erfahrung, bei vielen Orchestern als »erste Frau« aufzutreten. Sie ist sich ihrer Rolle als Vorbild bewusst und setzt diese auch aktiv ein, wie im Rahmen des Taki Concordia Conducting Fellowship für junge Dirigentinnen. Im Jahr 2013 dirigiert sie die Last Night of the Proms (erneut 2015), womit erstmalig eine Frau eines der prestigeträchtigsten Dirigate des internationalen Konzertbetriebs übernimmt. In der für dieses Event verpflichtenden, aber von ihr bewusst eher ernsthaft als launig gehaltenen Ansprache kommentierte sie dies mit den Worten: »I am exceedingly proud to be ›the first‹ but I am also a bit shocked there can still be firsts for women in 2013!«

Bei den Proms erlebte man Alsop in ihrem Element: als unkonventionelle, unbefangene und enthusiastische Vermittlerin klassischer Musik an ein breites Publikum. Sie legt sich stilistisch dabei nicht fest, bedient den Kanon spätromantischer Sinfonien (Brahms, Dvořák) und hat mit dem São Paulo Symphony Orchestra einen Zyklus der Sinfonien Sergej Prokofjews begonnen. Sie widmet sich aber ebenso intensiv amerikanischen Komponistinnen und Komponisten des 20. Jahrhunderts und der Gegenwart (u. a. Libby Larsen, Mark O'Connor, Philip Glass und Michael Daugherty). Ihren diskografischen Durchbruch erzielte sie mit der Einspielung der gesamten Orchesterwerke Samuel Barbers für Naxos (bis heute ihr »Hauslabel«, das in der Repertoire- und Cover-Auswahl Alsops wachsende Reputation dokumentiert).

Bereits 1984 erfolgte in New York auf ihre Initiative die Gründung des Concordia Orchestra, das »Crossover« zwischen Neuer Musik, Jazz und Pop spielt. Für dieses Orchester gab sie eine Jazz-Gospel-Version von Händels *Messias* in Auftrag, die unter dem Titel *Too Hot to Handel* auch auf CD erschienen ist. Das stilistische »Crossover« setzt sie ähnlich wie Leonard Bernstein auch dazu ein, ihre Tätigkeit als Dirigentin eng mit der Nachwuchsförderung und Musikvermittlung zu verknüpfen. Als Leiterin des Baltimore Symphony Orchestra rief sie 2008 das Education-Programm OrchKids ins Leben, das in Kooperation mit Schulen Kindern und Jugendlichen Musikunterricht und über mehrere Jahre intensiven Kontakt mit dem Orchester ermöglicht. Die Gründung der OrchKids war nicht zuletzt eine Reaktion auf die tiefgreifenden sozialen Probleme der Stadt, die vor allem durch die HBO-Serie *The Wire* in den Blick geraten waren. Die Suite der Filmmusik Leonard Bernsteins zum Film *On the Waterfront* (1954) zeigt konzentriert Alsops Qualitäten als Interpretin: Im Mittelbereich angesiedelte Tempi und eher kontrollierte als exaltierte Phrasierungen vertreten eine sachbezogene musikalische Ästhetik. Das starke Pathos der letzten Steigerung allerdings wirkt hier einmal ganz organisch mit dem Vorangehenden verbunden, ähnlich verliert der Choreinsatz nach dem Solo des Knabensoprans in den *Chichester Psalms* alles Kitschige. In Marin Alsops Einspielungen bleibt so auch ein Repertoire bedeutsam, das ein eher traditionell optimistisches Amerika-Bild zeichnet.

Tonträger
2000–2002 BARBER: Klavierkonzert / *Die Natali* / *Medea's Meditation and Dance of Vengeance* etc. (Stephen Prutsman, RSNO; Naxos) ▪ 2002 DAUGHERTY: *Philadelphia Stories* / *UFO* (Evelyn Glennie, Colorado SO; Naxos) ▪ 2003 BERNSTEIN: *On the Waterfront* [Suite] / *Chichester Psalms* / *On the Town* [*Three Dance Episodes*] (Thomas Kelly, Bournemouth Symphony Chorus & SO; Naxos) ▪ 2006/07 TURNAGE: *Twice Through the Heart* / *Hidden Love Song* / *Torn Fields* (Sarah Connolly, Martin Robertson, Gerald Finley, London PO; LPO) ▪ 2007 DVOŘÁK: Sinfonie Nr. 9 »Aus der Neuen Welt« / *Sinfonische Variationen* (Baltimore SO; Naxos) ▪ 2008 BERNSTEIN: *Mass* (Sykes, Wulfman, Morgan State University Choir, Peabody Children's Chorus, Baltimore SO; Naxos) ▪ 2008 ADAMS: *Nixon in China* (Orth, Kanyova, Hammons, Heller, Dahl, Opera Colorado Chorus, Colorado SO; Naxos) ▪ 2010 GLASS: Violinkonzert Nr. 2 »The American Four Seasons« (Robert McDuffie, London PO; OMM) ▪ 2012 PROKOFJEW: Sinfonie Nr. 4 [Version 1947] / *The Prodigal Son* (São Paulo SO; Naxos)

Webpräsenz
www.marinalsop.com (↪0004)
http://takiconcordia.org/ [Conducting Fellowship] (↪0005)

GFI

Ančerl, Karel

1908 am 11. April in Tučapy geboren, wo er früh Violinunterricht erhält.

1930 Als Abschlusskonzert seiner Ausbildung am Prager Konservatorium (u. a. Meisterklassen bei Václav Talich) dirigiert er die Tschechische Philharmonie (Czech PO) mit seiner eigenen neoklassischen *Sinfonietta*. In den Jahren nach 1930 kommt es u. a. zu Engagements als Dirigent von Salonjazz am Befreiten Theater von Jaroslav Ježek und bei Festivals zeitgenössischer Musik (vor allem im Umfeld von Hermann Scherchen, z. B. bei der Uraufführung von Alois Hábas »Vierteltonoper« *Die Mutter* in München im Jahr 1931).

1942 Nach der Okkupation durch das nationalsozialistische Deutschland erlebt Ančerl die Perversion, dass es ihm in Freiheit unmöglich ist, als Dirigent zu arbeiten, während er nach seiner Gefangennahme im Konzentrationslager Theresienstadt ein Streichorchester zusammenstellen kann (das in dem unter dem Titel *Der Führer schenkt den Juden eine Stadt* bekannt gewordenen Propagandafilm dokumentiert ist). Seine Familie wird in Auschwitz ermordet, während Ančerl selbst in verschiedenen Arbeitslagern den Holocaust überlebt. Nach Kriegsende heiratet er erneut, er leidet bis an sein Lebensende unter den Spätfolgen der Gefangenschaft.

1945 beginnt Ančerls einzige Phase als Operndirigent am Prager Theater des 5. Mai (dem vormaligen deutschen Opernhaus).

1947–1950 leitet er das Prager Radio-Sinfonieorchester und unterrichtet ab 1948 für kurze Zeit Dirigieren an der Musikakademie.

1950 folgt – auf Betreiben der kommunistischen Staatsführung – die Berufung als Nachfolger von Karel Šejna und des emigrierten Rafael Kubelík zum Chefdirigenten der Tschechischen Philharmonie.

1959 Eine Welttournee dokumentiert einen Höhepunkt innerhalb der 18 Jahre Ančerls als Chefdirigent.

1968 Ančerl wird Chefdirigent des Toronto Symphony Orchestra, ein Jahr später dirigiert er als Reaktion auf die Niederschlagung des Prager Frühlings zum letzten Mal die Tschechische Philharmonie.

1973 stirbt er am 3. Juli in Toronto.

Welcher Dirigent ist der Antipode Herbert von Karajans? Das Feuilleton hat für diese Rolle so unterschiedliche Namen wie Bernstein, Solti oder Harnoncourt vorgeschlagen. Kaum einer aber stellt so eindeutig wie Karel Ančerl biografisch und auch ästhetisch ein Gegenmodell zu Karajan dar (obgleich ihre Geburtsdaten nur sechs Tage auseinanderliegen). Ančerls biografischer Weg führt aus der Provinz in die Metropole – wobei vom Beruf des Vaters als Spirituosenhändler bis zum späten Gang nach Amerika Parallelen zum »dreifach heimatlosen« Gustav Mahler bestehen. Der Beginn seiner Karriere aber erfolgt nicht im Provinztheater, sondern in der internationalen und urbanen Szene der zeitgenössischen Musik, und dies erzeugt auch ein anderes Stammrepertoire: Ančerls Markenkern sind nicht zuletzt die »Klassiker der Moderne«.

Ančerl besitzt im Gegensatz zum »kapitalistischen« Karajan eine typisch »sozialistische« Diskografie: Wo Karajan Plattenlabels und Orchester gegeneinander ausspielen konnte, ist Ančerls Diskografie das Produkt eines Monopolproduzenten, sodass dort Lücken bestehen, wo andere tschechische Dirigenten tschechisches Kernrepertoire schon eingespielt hatten. Trotz einiger früher Dvořák- und Tschaikowsky-Aufnahmen für das Label Philips Montana mit den Wiener Symphonikern und vereinzelten Kooperationen mit der Deutschen Grammophon (wie bei Dvořáks Requiem) scheint seine heutige Reputation nahezu synonym mit den Aufnahmen für das staatliche Label Supraphon. Für Supraphon spielten Gesamteinspielungen jedoch zunächst nur eine geringe Rolle, weshalb Ančerl keinen einzigen Komplettzyklus vorgelegt hat. Seine Diskografie ist so nach heutigen Maßstäben eher klein, immer auch bedauerlich unvollständig, aber dafür umso bunter.

Gut dokumentiert ist sein vor dem Zweiten Weltkrieg mit tschechischen Erstaufführungen der Wiener Schule begonnenes und lebenslang beibehaltenes Engagement für zeitgenössische Musik. So eröffnen die beeindruckenden Oratorien von Ladislav Vycpálek Einblicke in eine vergessene Traditionslinie spätromantischer Musik, und bei seinen häufigen Gastdirigaten in Westeuropa nimmt Ančerl neben Janáčeks *Sinfonietta* und *Taras Bulba* immer wieder Sinfonien des Exilanten Bohuslav Martinů in seine Programme auf.

Ančerls Aufnahmen sind auch ästhetisch ein Gegenentwurf zu Karajan: Wo dieser möglichst viele Detailakzente zugunsten seines Legato-Ideals unterschlägt, zielt Ančerls Staccato-Artikulation darauf, möglichst viele Einzelakzente hörbar zu machen. Beispielhaft hierfür ist der zweite Satz von Mahlers 9. Sinfonie: Während der »horizontale« Ablauf Tempoextreme vermeidet, dürfen die »vertikal« aufgefächerten orchestralen Einzelfarben rücksichtslos auseinandertreten.

In den *Slawischen Tänzen* Dvořáks tritt dieses Spaltklang-Prinzip besonders deutlich hervor. Die Grundregel, dass ein Einzelton bei einem Staccato zu verkürzen, aber bei einem Legato voll auszuspielen sei, wird in Ančerls Einspielung mit den Wiener Symphonikern außer Kraft gesetzt: Stattdessen wird immer wieder das Staccato einzelner Noten zum Auslöser minimaler Verzögerungen, nach denen mehrere auftaktige Legato-Noten leicht beschleunigt werden (dies ist besonders gut in op. 46 Nr. 5 zu hören). Dieses »beschleunigende Legato« findet sich auch in Ančerls inoffiziellen Einspielungen der *Slawischen Tänze*, die das Label Tahra dokumentiert hat, während es bei anderen tschechischen Dirigenten wie Václav Neumann und Karel Šejna nur in abgeschwächter Form zu hören ist und bei einer ebenso in den 1950er-Jahren entstandenen Einspielung wie derjenigen Artur Rodzińskis mit dem Royal Philharmonic Orchestra fast gar nicht; hier wird derselbe Eindruck folkloristischen Schwungholens umgekehrt durch ein extrem verkürztes Staccato erzeugt (so in op. 46 Nr. 7), das gegen die bewahrte, weil bewährte Legato-Artikulation absticht.

Ančerl verbindet so ein Klangbild, in dem das Orchester durch die vom Schönklang-Ideal abweichenden Instrumentalfarben noch nicht ganz in der Moderne angekommen zu sein scheint, mit einer strikt modernistischen Aufführungshaltung. So sehr sich der Orchesterklang dabei als böhmische Musikantenkapelle inszenieren kann, so sicher ist dies keine ins Stereo-Zeitalter gerettete »Authentizität«: Ančerl übernimmt zwar Details wie die Flatterzungen-Artikulation im Trioteil von Dvořáks 9. Sinfonie von Václav Talich, betont aber im böhmischen Repertoire vor allem die strukturellen Abläufe. Viel eher erscheint sein Orchesterklang als Parallelerscheinung zugleich folkloristischer und maschinenhafter Kompositionsprinzipien des 20. Jahrhunderts. In diesem Repertoire setzt Ančerl darauf, die neusachliche Exaktheit durch Überspitzungen wieder expressiv zu machen. Ostinate Figuren lässt er oftmals so ausführen, dass mehrere notierte Töne in einen geradezu ekstatischen und glissandoartigen Einzelakzent überführt werden. Beispiele dafür finden sich im dritten Satz von Janáčeks *Sinfonietta* oder im bruitistisch aufgefassten Intermezzo aus Bartóks *Konzert für Orchester*. Andererseits lässt Ančerl gemäß der osteuropäischen Orchestertradition ein relativ starkes Vibrato-Spiel zu (wie in den Soli der Trompete und Flöte in Strawinskys *Petruschka*).

»Tybalts Tod« aus Prokofjews *Romeo und Julia* – sicherlich eine der besten Aufnahmen Ančerls – zeigt dieses Vorgehen in besonders eindrücklicher Weise. Hier tritt seine Fähigkeit hervor, einen motorischen Ablauf gerade aus der relativen Zurückdrängung der rein perkussiven Elemente entstehen zu lassen. Das Solo der kleinen Trommel, das in einer modernen Einspielung (wie etwa derjenigen Paavo Järvis) als zusätzlicher Verstärkereffekt eingesetzt wird, ist für Ančerl unnötig, da bei ihm das Motorische keine zur Melodik hinzutretende Begleitschicht ist, sondern eine Begleiterscheinung der Melodik selbst.

Ančerls Schlaggestus, bei dem runde, den lauten Klang von sich weg weisende Bewegungen mit rhythmischen Nachzeichnungen auch durch die linke Hand verbunden werden, hinterlässt einen eher unverbindlichen Eindruck. Überspitzt gesagt: Man würde in Ančerl auf dem Konzertpodium nicht unbedingt den Dirigenten seiner eigenen Aufnahmen vermuten. Das Missverhältnis zwischen Aufnahmen, die bleiben, und Konzerterinnerungen, die vergehen, scheint zu seinen Gunsten auszuschlagen.

Einige Aufnahmen Ančerls zerfallen in Teile unterschiedlicher Qualität. Die Nachzeichnung langer Melodiebögen gehört nicht unbedingt zu seinen Stärken, sodass der Kopfsatz von Schostakowitschs 10. Sinfonie nicht ganz mit derselben Intensität erklingt wie das berühmte »Stalin-Scherzo«, das nur in Ančerls Aufnahme in einem solch raschen Tempo noch eine sinnvoll gegliederte Struktur bewahrt. In den beiden letzten Sätzen der Sinfonie jedoch entsteht der große Bogen, ohne dass Ančerl als Dirigent etwas machen muss: Die Farbwechsel des Orchesterklangs erzeugen hier die Form quasi von selbst.

Karajan und Ančerl könnte also miteinander verbinden, dass die Unverwechselbarkeit ihrer Interpretationen in ihre – allerdings gänzlich konträren – Vorstellungen vom Orchesterklang vorgelagert scheint. Individuell ist bei Ančerl das Kollektiv. Wenn ein Werk diesen Mehrwert durch den Individualklang jedoch nicht nötig hat, tritt hervor, wie wenig individuell Ančerls allerdings stets präzise einstudierte Interpretationen manchmal sein können (und wollen). Dies gilt gerade für seine nicht zahlreichen Einspielungen aus dem sinfonischen Kernrepertoire. Ančerl selbst hat immer Mozart als seinen Lieblingskomponisten genannt. Seine heutige Wertschätzung dagegen dokumentiert auch eine Verschiebung in der Frage, welches Repertoire als Maßstab dafür gilt, ob ein Dirigent selbst für maßgeblich gehalten wird. Gäbe es »Klassiker der Moderne« auch unter Dirigenten, so wäre Ančerl einer von ihnen.

Tonträger
1955 SCHOSTAKOWITSCH: Sinfonie Nr.10 (Czech PO; DGG) ▪ **1957** VYCPÁLEK: *Kantate über die letzten Dinge des Menschen* (Czech PO; Supraphon) ▪ **1958** DVOŘÁK: *Slawische Tänze* op. 46 (Wiener Symphoniker; Philips) ▪ **1959** DVOŘÁK: *Requiem* (Stader, Wagner, Haefliger, Borg, Czech PO; Supraphon/DGG) ▪ **1959** PROKOFJEW: *Romeo und Julia* [Auszüge aus den Suiten] (Czech PO; Supraphon) ▪ **1961** JANÁČEK: *Sinfonietta / Glagolitische Messe* (Domanínská, Soukupová, Blachut, Haken, Prague Philharmonic Choir, Czech PO; Supraphon) ▪ **1961** MARTINŮ: Klavierkonzert Nr. 3 (Josef Páleníček, Czech PO; Supraphon) ▪ **1962/63** STRAWINSKY: *Petruschka / Le Sacre du printemps* (Czech PO; Supraphon) ▪ **1966** MAHLER: Sinfonie Nr. 9 (Czech PO; Supraphon) ▪ **1971** MARTINŮ: Sinfonie Nr. 5 (Toronto SO; IMG Artists)

Bildmedien
1968 SMETANA: *Má vlast* [*Mein Vaterland*] etc. [+ Dokumentation: Who Is Karel Ančerl?] (Czech PO; Supraphon)

Literatur
Tully Potter, Time's Arrow, in: Gramophone 8/2003, S. 30 f. ▪ Jindřich Bálek, Karel Ančerl: The Legendary Conductor, in: Czech Music Quarterly 4 (2007), S. 19–25

Webpräsenz
www.karel-ancerl.com [Diskografie und Konzertverzeichnis] (↪0006)

JCA

Ansermet, Ernest

1883 am 11. November in Vevey geboren. In Lausanne und Paris studiert er Mathematik und Musik. Nach seinem Studienabschluss tritt er zunächst eine Stelle als Gymnasiallehrer für Mathematik an.

1911 debütiert er am 15. März als Dirigent in Lausanne mit dem Orchestre Symphonique.

1912 entscheidet er sich endgültig für eine Laufbahn als Dirigent und übernimmt die Leitung der Kursaal-Konzerte in Montreux (bis 1914). Er schließt eine enge Freundschaft mit Igor Strawinsky.

1915 beginnt Ansermet eine feste Zusammenarbeit mit Sergej Diaghilews Ballets russes, mit denen er 1916 eine USA-Tournee unternimmt und bis 1923 zahlreiche Uraufführungen realisiert.

1918 erfolgt die Gründung des Orchestre de la Suisse Romande (OSR), das Ansermet bis 1967 leitet.

1918 leitet er die Uraufführung von Strawinskys *Histoire du soldat*. In den 1920er-Jahren teilt er seine Arbeitszeit zwischen Europa und Sommeraufenthalten in Buenos Aires, später auch Mexiko auf.

1928 unterschreibt er einen Exklusivvertrag mit der englischen Decca.

1938 unterstützt er die Gründung des Lucerne Festival.

1945 verhilft er Wilhelm Furtwängler zur Einreise in die Schweiz.

1961 publiziert er sein musiktheoretisches Lebenswerk *Les Fondements de la musique dans la conscience humaine*.

1969 stirbt er am 20. Februar in Genf.

Ernest Ansermet gehörte in der ersten Hälfte des 20. Jahrhunderts zur Speerspitze der ästhetischen Moderne: Als Dirigent von Sergej Diaghilews Ballets russes arbeitete er mit Künstlern wie Massine, Cocteau oder Picasso zusammen und machte die Welt erstmals mit Werken wie Erik Saties *Parade*, Manuel de Fallas *El sombrero de tres picos* [*Der Dreispitz*] oder Strawinskys *Pulcinella* bekannt; auch die deutsche Erstaufführung des *Sacre* in Berlin 1922 geht auf sein Konto. Überhaupt hat kaum ein Dirigent seiner Zeit derart viel zeitgenössische Musik uraufgeführt: Man denke nur an Strawinskys

Histoire du soldat oder die *Psalmensinfonie* (trotz der Kommission des Werks durch Koussevitzky).

Für das schweizerische Musikleben war Ansermets fortdauerndes Engagement von kaum zu überschätzender Bedeutung. Mit der Zusammenlegung einzelner Orchestervereinigungen aus der Region um den Genfer See zum Orchestre de la Suisse Romande schuf er einen Klangkörper, der sich im Laufe der Jahrzehnte weltweites Renommee erarbeitete. Schweizer Zeitgenossen wie Frank Martin, Ernest Bloch oder Arthur Honegger verdanken ihm hochkarätige (Ur-)Aufführungen, und das Lucerne Festival brachte auf politisch neutralem Boden berühmte Gegner des Faschismus wie Arturo Toscanini zurück nach Mitteleuropa (wenngleich die spätere Verklärung des Festivals als »antifaschistisches Bollwerk« die Tatsachen verzerrt).

Ansermets Schlagtechnik folgt klar den Idealen der sogenannten Neuen Sachlichkeit. Hans Heinz Stuckenschmidt beschreibt Ansermets Dirigat als »präzis, gemessen, sparsam in der Geste« und lobt seine »auf klare Rhythmik und transparenten Klang bedachte Stabführung« (*FAZ* 11.11.1963). In seinen Ausführungen zur »Geste des Dirigenten« begrenzt Ansermet die Aufgaben der Schlagtechnik auf die Vermittlung rhythmischer Impulse, deren klangliche Ausgestaltung dagegen letztlich im Verantwortungsbereich der Musiker bleibe. Die optimale Gestik sei daher »einheitlich und einfach – alles andere ist Theater«. Den schauspielerischen Momenten seiner Profession steht Ansermet ablehnend gegenüber: Die »Mode« des Dirigierens ohne Pult und Partitur verdächtigt er sogar, einem trügerischen Spiel Vorschub zu leisten, das den Anschein erweckt, als ob der Dirigent »die Musik aus sich selbst zöge und sie durch die Magie seiner Gesten aus dem Orchester aufsteigen ließe« (Ansermet 1985, S. 108 f.).

Voraushörbare Linienführungen, rhythmische Genauigkeit und eine ausgewogene Balance des Orchesterklangs sind zentrale Maximen von Ansermets Ästhetik, die ihre Wurzeln nicht zuletzt im Ballett hat: Die Akzente der Taktmetrik bleiben stets genau hörbar, und die Melodiephrasen werden im Detail sorgfältig abgerundet; auftrumpfendes Pathos, brutale Rupturen oder weit ausladende Rubati sind seinen Interpretationen dagegen fremd. Seine Einspielung von Beethovens Sinfonien beispielsweise steht klar unter diesen Vorzeichen: Der schlanke, agile Streicherklang ermöglicht Ansermets Ensemble gerade in den schnellen Finalsätzen (z. B. der Vierten) ein außerordentlich präzise abgestimmtes Zusammenspiel. Im Finale der Siebten bindet er die in vielen Aufnahmen »unbeherrscht« wirkenden eruptiv-dynamischen Höhepunkte durch eine betont kurze, trockene Artikulation (besonders der Blechbläser) an einen ausgewogenen Orchesterklang zurück. Einkomponierte »Fehler« wie der doppelte Repriseneinsatz im Kopfsatz der Achten werden unter diesen Prämissen dagegen eher eingeebnet. Überhaupt denkt Ansermet die musikalische Form weniger vom einzelnen Ereignis, sondern vielmehr von der nuancierten Verdichtung her. Die Spannungsbögen im Kopfsatz von Borodins unvollendeter 3. Sinfonie konzipiert er durch genau bemessene Abstufungen im Tempo, die als abgestuftes Beschleunigen und Verlangsamen bis in einzelne Sequenzketten hineinspielen und so kontrastierende Abschnitte verbinden.

Im französischen Repertoire besticht Ansermet durch vornehme Unaufdringlichkeit. In Hector Berlioz' *Les Nuits d'été* gibt sein Orchester die Phrasierung nur in Ansätzen vor und beschränkt die klanglichen Kontraste auf ein Minimum, sodass sich der lyrische Sopran Régine Crespins umso wirkungsvoller absetzen kann. Die Musik Debussys erhält bei Ansermet durch sparsames Rubato und fließende Tempoübergänge jederzeit klare Konturen. Selbst eine scheinbar erdenferne und melancholisch-freie Passage wie die einleitende Oboenmelodie der »Gigues« aus den *Images* folgt bei ihm bereits exakt dem Tempo des folgenden tänzerischen Abschnitts.

In der Strawinsky-Interpretation, zu deren Geschichte er in vielen Fällen wortwörtlich den

Auftakt gegeben hat, orientiert sich Ansermet stilsicher an den ästhetischen Leitlinien der Partitur: Der Orchesterklang spaltet sich in mehrere Schichten aus klar unterscheidbaren Klangfarben und Bewegungsmustern auf. Wie ernst es ihm damit ist, Strawinskys Dramaturgie aus der Summierung heterogener Klangschichten zu erzeugen, zeigt seine Aufnahme von *Le Sacre du printemps*, die in ihrem gemessenen Tempo und dem eher sparsamen Umgang mit dynamischen Extremen relativ lange Latenzzeiten in Kauf nimmt, um die ekstatischen Querstände der Orchesterakzente gegen Ende des ersten Teils umso wirkungsvoller vorzubereiten.

Ansermets mehrere hundert Seiten starker Theorieentwurf über *Die Grundlagen der Musik im menschlichen Bewußtsein* ist durch seine esoterische Verquickung von Klangphysik, Musikästhetik und Geschichtsphilosophie nur schwer zugänglich. Während er in seiner Parallelisierung zwischen Gesetzen der Akustik und »Gesetzen« des menschlichen Bewusstseins später von den Lehren Sergiu Celibidaches beerbt wurde (der sich ebenso wie Ansermet an die Phänomenologie Edmund Husserls anlehnt), stehen seine Angriffe auf die Zwölftontechnik argumentativ auf tönernen Füßen. In der Interpretation von Orchestermusik des 20. Jahrhunderts werden Ansermets Einspielungen ein wichtiger Bezugspunkt bleiben.

Tonträger
1946/47 STRAWINSKY: *Der Feuervogel* [1919] / *Psalmensinfonie* (London PO & Choir; Dutton) ▪ **1951** RAVEL: *Ma Mère l'oye* (OSR; Naxos Historical u. a.) ▪ **1954** BORODIN: Sinfonie Nr. 3 (OSR; Decca) ▪ **1957** STRAWINSKY: *Le Sacre du printemps* / *Petruschka* (OSR; Decca) ▪ **1957/61** DEBUSSY: *Printemps* / *Nocturnes* / *Images* (OSR; Decca) ▪ **1958/60** BEETHOVEN: Sinfonien Nr. 7 & 4 (OSR; Decca) ▪ **1961** DE FALLA: *El sombrero de tres picos* [*Der Dreispitz*] (OSR; Decca) ▪ **1961/68** HONEGGER: Sinfonien Nr. 2–4 (OSR; Universal Australia) ▪ **1963** BERLIOZ: *Les Nuits d'été* (Régine Crespin, OSR; Decca)

Schriften
Die Grundlagen der Musik im menschlichen Bewußtsein, München 1965 ▪ Die Geste des Orchesterdirigenten, übs. von Hedwig Kehrli, in: Der Dirigent, Zürich 1965, S. 18–24 ▪ Écrits sur la musique, hrsg. von Jean-Claude Piguet, Neuchâtel 1971 ▪ Gespräche über Musik [mit Jean-Claude Piguet], München ²1985

Literatur
Bernard Gavoty, Ernest Ansermet, Fotografien von Jean Mohr, Genf 1961 ▪ Carl Dahlhaus, Ansermets Polemik gegen Schönberg, in: NZfM 127/5 (1966), S. 179–183 ▪ Jean-Louis Matthey (Hrsg.), Ernest Ansermet (1883–1969), Lausanne 1983 ▪ Jean-Jacques Langendorf, Ernest Ansermet oder eine Leidenschaft für das Authentische, übs. von Cornelia Langendorf, Genf 1997 ▪ Philippe Dinkel, Ansermet und die Geburt des Orchestre de la Suisse Romande. Die Entstehung eines Repertoires und einer Philosophie der Musik, in: Ulrich Mosch (Hrsg.), »Entre Denges et Denezy …«. Dokumente zur Schweizer Musikgeschichte 1900–2000, Mainz 2000, S. 63–75

FKR

Antonini, Giovanni

1965 am 13. Juli in Mailand geboren, besucht er dort die öffentliche Musikschule, bevor er ein Studium am Centre de la Musique Ancienne der Musikhochschule in Genf aufnimmt.

1985 gehört er als Flötist neben dem Lautenisten Luca Pianca und dem Geiger Enrico Onofri zu den Gründern des anfangs eher kammermusikalisch ausgerichteten Mailänder Ensembles Il Giardino Armonico.

1989 wird er offiziell dessen Leiter bzw. Dirigent bei Auftritten in größeren Formationen.

1991 debütiert Il Giardino Armonico mit vier Folgen »Concerti da camera« im Rahmen der zuvor vor allem von Nikolaus Harnoncourt bestimmten Serie »Das Alte Werk« des Labels Teldec und nimmt im folgenden Jahrzehnt überwiegend italienische Barockmusik des 16. bis 18. Jahrhunderts auf.

1999 beginnt mit einem Vivaldi-Album die dauerhaft fruchtbare Zusammenarbeit mit der Sängerin Cecilia Bartoli und deren Hauslabel Decca (später folgt u. a. eine Kastraten-Hommage unter dem Titel »Sacrificium«).

2005 erscheint die erste Folge einer chronologisch angelegten Gesamtaufnahme der Sinfonien Ludwig van Beethovens mit dem Kammerorchester Basel. Antonini wird in den folgenden Jahren regelmäßig von den Berliner Philharmonikern und weiteren europäischen Sinfonieorchestern als historisch orientierender Gastdirigent eingeladen und dirigiert auch Opernproduktionen (u. a. an der Mailänder Scala).

2012 debütiert er mit Händels *Giulio Cesare* bei den in diesem Jahr erstmals von Cecilia Bartoli künstlerisch geleiteten Salzburger Pfingstfestspielen und kehrt ein Jahr später für Bellinis *Norma* nach Salzburg zurück.

2013 übernimmt er die künstlerische Leitung des polnischen Musikfestivals Wratislavia Cantans.

Der zunehmende internationale Erfolg von Il Giardino Armonico während des CD-Booms der 1990er-Jahre hat maßgeblich dazu beigetragen, in der Alte-Musik-Szene, die zuvor für mehr als ein Jahrzehnt durch die eher rhythmischmotorische Ausrichtung britischer Musiker dominiert wurde, auch einmal eine Phase national authentischer »Italian Jobs« zu initiieren: Mit den in den Jahren ab 1960 geborenen Ensembleleitern – neben Giovanni Antonini (von Hause aus wie Frans Brüggen Flötist) die Cembalisten Rinaldo Alessandrini, Ottavio Dantone (zugleich auch Mitglied in Antoninis »harmonischem Gärtchen«) und Alessandro De Marchi – etablieren sich Spezialisten vor allem italienischer Barockmusik, die mit grelleren, mitunter sogar gezielt derben Orchesterfarben der Alte-Musik-Bewegung einen neuen, volkstümlicher anmutenden Anstrich verleihen. Wieder bildet – wie schon bei Harnoncourts Concentus Musicus oder bei The English Concert – eine Kammermusikformation den Ausgangspunkt für einen jeweils ensembleeigenen Stil der Phrasierung: Zu Antoninis mal spitzem, mal kantabel schluchzendem Flötenspiel treten vor allem Enrico Onofris virtuos-effektreiches Geigen- und Luca Piancas vollgriffig-pralles Lautenspiel; und zu den in ihrer Spielfreude bestechenden Sichtungen von tänzerischen Kammersonaten und Kammerkonzerten treten schließlich auch Bachs *Brandenburgische Konzerte* in »großer« Besetzung mit breiterem Streicher- und vor allem Bläser-Ripieno (die ungewohnte Spielweise vermittelt mitunter den Eindruck, als hätte ein Nachfahre der Fürsten aus Mantua bei Bach entspannte Ballettmusik à la Trabaci oder Zanetti bestellt). Hier vollzieht sich auch der Wandel Antoninis zu einem den Gesamtklang eigenwillig austarierenden »Dirigenten«, der sogar in Beethovens Sinfonien einen luziden, die Klangphantasie jedes einzelnen Bläsersolisten einfordernden und herausstellenden Kammermusikgestus anstrebt: Während der Anteil der Streicher am Klangbild in vibratoreduzierter Sehnigkeit stark zurücktritt (bis hin zu in der *Eroica* fast verstörender Magersucht), dominieren die Bläser als ausdrucksstarke und anpassungsfähige »Banda« die in Szene gesetzten Trauermärsche, Dorffeste und militanten Kämpfe (in der Fünften haben sich die Streicher dann doch hörbar erholt). Die von Beginn der italienischen Welle in der Aufführungspraxis an nachzulesenden Vorbehalte der deutschen Musikkritik und deren Vorwürfe der Effekthascherei sind da ebenso zu verstehen wie der seit Antoninis lebendigen und originellen Vivaldi-Aufnahmen bis heute ungebrochene Erfolg beim breiten Publikum.

Tonträger
1993 VIVALDI: *Le quattro stagioni* op. 8 Nr. 1–4 / Concerti op. 8 Nr. 8–9 RV 454 & 332 (Enrico Onofri, Paolo Grazzi, Il Giardino Armonico; Teldec/Warner) ▪ **1996/97** BACH: *Brandenburgische Konzerte* Nr. 1–6 (Il Giardino Armonico; Teldec) ▪ **1999** VIVALDI: »The Vivaldi Album« [Opern-Auszüge] (Cecilia Bartoli, Il Giardino Armonico; Decca) ▪ **2008/09** BEETHOVEN: Sinfonien Nr. 5 & 6 »Pastorale« (KO Basel; Sony) ▪ **2010** VIVALDI: *Ottone in villa* (Prina, Invernizzi, Cangemi, Lezhneva, Il Giardino Armonico; Naïve) ▪ **2011/13** BELLINI: *Norma* (Bartoli, Jo, Osborn, Pertusi, Orchestra La Scintilla; Decca)

Bildmedien
1999 »Viva Vivaldi! Arias and Concertos« (Cecilia Bartoli, Il Giardino Armonico; Arthaus/EMI) ▪ **2008** CIMAROSA: *Il matrimonio segreto* (Forte, Pinti, Caputo, Rinaldi, Opéra Royal de Wallonie; Dynamic)

HAH

Ashkenazy, Vladimir

1937 am 6. Juli im sowjetischen Gorki (eigentlich Nischni Nowgorod) geboren. Beide Eltern – der Vater jüdischer Herkunft – haben eine Klavierausbildung und arbeiten u. a. als Schauspieler und Musiker in einem reisenden Varieté-Theater. Die Familie gelangt drei Jahre später nach Moskau.
1945 beginnt er an der Zentralmusikschule Moskau seine intensive Klavierausbildung bei Anaida Sumbatian.
1953–1960 ist er Schüler von Lew Oborin und vor allem von Boris Zemlianski am Moskauer Konservatorium. Während der Studienzeit gewinnt er nach einem Zweiten Preis beim Chopin-Wettbewerb in Warschau (1955) den Brüsseler Concours Reine Elisabeth (1956) und wird dann auch auf Tourneen in Deutschland (1957) und den USA (1958) präsentiert.
1961 heiratet er Thórunn Jóhannsdóttir, eine isländische Gaststudentin am Moskauer Konservatorium; seine beiden Söhne sind ebenfalls Musiker: Vovka (Vladimir) Pianist, Dimitri Klarinettist.
1962 bestätigt er seinen Ausnahmerang unter dem traditionell starken sowjetischen Pianistennachwuchs durch den Gewinn des zweiten Internationalen Tschaikowsky-Wettbewerbs (gemeinsam mit dem Briten John Ogdon) und darf wiederum Nordamerika bereisen.
1963 verbringt er die ersten Monate demonstrativ in Großbritannien bei seinen Schwiegereltern, wird ausgebürgert, kehrt dennoch nach Moskau zurück, wird dort

vom KGB festgehalten und erhält von Chruschtschow schließlich die endgültige Ausreiseerlaubnis; er lebt mit seiner Familie zunächst in London und entwickelt, mit einem Exklusivvertrag des Labels Decca ausgestattet, zunächst seine internationale Pianistenlaufbahn.

1968 wird die Familie in Island ansässig, **1972** wird er isländischer Staatsbürger und sammelt im selben Jahr erste Erfahrungen als Dirigent dortiger Orchester; sein Hauptwohnsitz wird später jedoch die zentraler gelegene Schweiz.

1977 treibt er – ähnlich wie wenige Jahre zuvor Daniel Barenboim – seine internationale Dirigentenlaufbahn mit ersten Auftritten in England und einer sukzessive entstehenden Gesamtaufnahme der Klavierkonzerte Mozarts voran. Die von Beginn an glückliche Zusammenarbeit mit dem Philharmonia Orchestra (PhO) setzt sich in Decca-Produktionen russischer Orchesterwerke und der Sinfonien von Jean Sibelius bis in die 1980er-Jahre hinein fort.

1987 übernimmt er seine erste Position als Chefdirigent beim Royal Philharmonic Orchestra. Außerdem ist er nun dem Cleveland Orchestra als Erster Gastdirigent verbunden, es entsteht dort ein weiterer Aufnahmezyklus mit Orchesterwerken von Richard Strauss (Ashkenazy übernimmt damit in Cleveland und bei Decca das spezifische Kernrepertoire von Lorin Maazel, der zur Konkurrenz – nach Wien und zur DGG – gewechselt ist).

1989 wird er Nachfolger Riccardo Chaillys beim Radio-Symphonie-Orchester Berlin. Er wird bei diesem Orchester für ein gutes Jahrzehnt inklusive Namenswechsel – seit 1993 heißt es Deutsches Symphonie-Orchester Berlin – bleiben. Im Jahr seines Dienstantritts kehrt er erstmals mit dem Royal Philharmonic Orchestra zu Konzerten nach Moskau zurück (1994 kündigt er den Posten in London, da das Orchester hinter seinem Rücken bereits um Daniele Gatti als Nachfolger wirbt).

1998–2003 übernimmt er die Leitung der Tschechischen Philharmonie und lässt die Ära in Berlin aufgrund der dort andauernden Finanzierungsdiskussionen auslaufen; mit Decca bleibt er zwar weiterhin als Pianist verbunden, nimmt aber nun als Dirigent für das finnische Label Ondine auch eher entlegenes und zeitgenössisches Repertoire in Prag und Helsinki auf.

2004–2007 folgt eine Verpflichtung in Japan als Chefdirigent des NHK-Sinfonieorchesters Tokio.

2009 tritt er im Januar die Leitung des Sydney Symphony Orchestra an; als herausragendes Projekt entsteht ein kompletter Zyklus der Sinfonien Gustav Mahlers in dessen Gedenkjahren 2010/11.

2014 wird David Robertson sein Nachfolger in Sydney; mit 76 Jahren gastiert Ashkenazy weiterhin weltweit.

Mit dem Gespür des mit den Händen erzählenden Pianisten und der genauen Umsetzung russisch-sowjetischer Aufführungstraditionen gestaltete Ashkenazy Ende der 1970er-Jahre seine ersten Dokumente als Dirigent mit den berühmten letzten drei Sinfonien Tschaikowskys so ganz anders als der inzwischen durch Karajan, Maazel und Muti auf rhythmische Konstanz und ausgewogene Mischung der Orchesterfarben eingeschworene Mainstream. Mit dem damals gerade von Riccardo Muti auf »westliche« Perfektion getrimmten Philharmonia Orchestra entwickelte er ein »slawisches« Neo- bzw. Retro-Espressivo als eigensinniges Kontrastprogramm. Jedes Thema hat sein eigenes Tempo: am extremsten im Kopfsatz der 4. Sinfonie, am stärksten mitreißend in der gesamten Fünften, wo der je nach Satzcharakter elegische bis final turbulente Auswurf immer neuer Themengestalten und rhythmischer Fakturen in quasi Rachmaninow'schen Spannungsbögen profiliert wird – durch stimmiges Verlangsamen und Beschleunigen, in stets artikulatorisch prägnanter, doch manchmal ungewohnter, implizit pianistisch gedachter Akzentuierung, in der Bildung melodischer Phrasen völlig überzeugend. Den Eindruck, dass hier ein geborener Dirigent für das russische und skandinavische Repertoire agiert, bestätigen über zwei Jahrzehnte hinweg in der Kritik schnell hochgelobte Zyklen – Rachmaninow, Skrjabin, Sibelius und Schostakowitsch sowie Strauss und Brahms in Cleveland, durch das prunkende Blech mit »russischem Akzent« gefärbt (durchaus ähnlich den Aufnahmen Jewgeni Mrawinskis im deutschen romantischen Repertoire, aber noch viel kultivierter im Sound des Digitalzeitalters).

Jedes Tempo wird zu einem eigenen Thema; Ashkenazys Verständnis der Wiener »Klassiker« scheint hingegen von der Maxime geprägt, das anfangs angeschlagene Tempo in der Regel als konstante Grundlage für beredte Variationen der Klangfarbe und Phrasierung zu nutzen. So entsteht der Eindruck einer unerhörten Mannigfaltigkeit in jener charakteristischen Einheit, die noch an die Affektenlehre wie an das Improvisationstalent barocker Vorläufer erinnert. In der Tempokonstanz gegenläufig zur damals bereits im Trend stehenden expressiven Re-Historisierung von Klassik und Frühromantik haben diese Zyklen (u. a. der Sinfonien und Klavierkonzerte Beethovens) weniger Wertschätzung erfahren als womöglich angemessen: Herausstechend erscheint vielleicht ein in allem, was Odem und Saiten entspringt, stark und präzise durchphrasierter Berliner Mendelssohn-Zyklus, der tatsächlich beide Ansatzpunkte Ashkenazys – nämlich euphorisch-expressive Kantabilität mit rhythmischer Prägnanz – vereint. Hier wie dann auch in seinen zahlreichen Zugriffen auf Musik des 20. Jahrhunderts zeigt sich eine ungezwungene Natürlichkeit der Klangregie, ein quasi selbstverständlich wirkendes Musizieren in treffenden Idiomen, wie man sie kaum von einem »Moderne-Spezialisten« erhalten würde – das bekommt etwa der Musik Einojuhani Rautavaaras ausgezeichnet. In Ashkenazys Mahler-Zyklus aus Sydney (2010/11) wird auch dank der exzellenten Aufnahmetechnik direkt und ungebrochen in schönem Ton wie in dramatischen Gesten agiert (auch das hat russische Tradition), wiederum ergeben sich eine Vielzahl individueller, überzeugender Effekte. Eine Dirigentenkarriere läuft hier aus, deren breite Hinterlassenschaft heutigen Hörern inzwischen eher in Budget-Paketen nachgeworfen wird – und diese Hörer dürften überrascht und dem bescheiden auftretenden Enthusiasten äußerst dankbar sein, denn interessantere, besser gemachte Interpretationen heutiger Stardirigenten (nicht zuletzt russischer) zu finden, dürfte oft schwierig werden.

Tonträger
1972–1987 MOZART: Klavierkonzerte Nr. 1–27 (PhO; Decca) ▪ **1977** TSCHAIKOWSKY: Sinfonie Nr. 5 (PhO; Decca) ▪ **1980** SIBELIUS: Sinfonie Nr. 4 / *Finlandia* / *Luonnotar* (Elisabeth Söderström, PhO; Decca) ▪ **1989** BRITTEN: *Serenade* / KNUSSEN: Sinfonie Nr. 3 / WALTON: Sinfonie Nr. 2 (Martyn Hill, Jeffrey Bryant, Royal PO; RPO Records) ▪ **1992** BRAHMS: Sinfonie Nr. 4 / *Händel-Variationen* [Orchestration: Rubbra] (Cleveland Orchestra; Decca) ▪ **1993–1996** MENDELSSOHN: Sinfonien Nr. 1–5 (DSO Berlin; Decca) ▪ **1995** SCHOSTAKOWITSCH: Sinfonie Nr. 7 »Leningrader« (St. Petersburg PO; Decca) ▪ **1999** RAUTAVAARA: Klavierkonzert Nr. 3 »Gift of Dreams« / *Autumn Gardens* (Helsinki PO; Ondine) ▪ **2005/07** MARTINŮ: Klavierkonzerte Nr. 2 & 4 »Incantation« / Ouvertüre H. 345 / *Les Fresques de Piero della Francesca* (Robert Kolinsky, SO Basel; Ondine) ▪ **2011** MAHLER: Sinfonie Nr. 10 [Aufführungsversion von Rudolf Barshai] (Sydney SO; SSO Live)

Bearbeitungen
MUSSORGSKY: *Bilder einer Ausstellung* (PhO; Decca 1982)

Literatur
Jasper Parrott, Vladimir Ashkenazy. Jenseits von Grenzen, übs. von Elsbeth Drugowitsch, Zürich 1987

HAH

Bamert, Matthias

1942 geboren am 5. Juli in Ersigen (Schweiz). Er studiert Oboe und Komposition in Paris und besucht die Darmstädter Ferienkurse.

1965–1969 ist er Erster Oboist im Mozarteumorchester in Salzburg. Seine Karriere als Dirigent beginnt in den USA als Assistent von George Szell in Cleveland sowie von Leopold Stokowski. In Cleveland arbeitet er in der Amtszeit von Lorin Maazel als Resident Conductor.

1977–1983 leitet er das Schweizer Radio-Sinfonieorchester in Basel.

1985–1990 ist er Erster Gastdirigent des Royal Scottish National Orchestra und betreut das Glasgower Festival Musica Nova. Im Jahr 1987 verlegt er seinen Lebensmittelpunkt nach London.

1992–1998 ist er Intendant des Lucerne Festivals.

1993–2000 ist er Musikdirektor der London Mozart Players.

2005–2008 leitet er (nach Positionen in Australien und Neuseeland) das Malaysian Philharmonic Orchestra.

Das 19. Jahrhundert von Beethoven bis Brahms ist der Hauptträger des heutigen Konzertlebens, doch in der Diskografie von Matthias Bamert scheint gerade diese Zeitspanne ausgeklammert und nur indirekt im stets etwas hallig-opulenten Grundklang des Labels Chandos präsent. Lediglich sein bislang konkurrenzloser Zyklus der Sinfonien von Hubert Parry repräsentiert auch ganz direkt jene spätromantischen Streicherteppiche, die der »Chandos-Klang« gleichsam aus der englischen Feierstundenmusik für sich übernimmt. Daher kommt es in Bamerts umfassenden Aufnahmepaketen – in Anlehnung an das einzig allseits bekannte Stück Parrys – zu einer Art umgekehrter »Reise nach *Jerusalem*«, bei der immerzu Stühle hinzugestellt werden: Im Repertoire des 18. Jahrhunderts erzeugt dieser »romantisierende« Klang eine Scheinwerferfunktion, durch die in Sinfonien von Samuel Wesley, Luigi Boccherini oder Leopold Mozart jede den Hörnern oder Klarinetten zugeteilte Phrase schon zu einem ersten Vorecho der *Eroica* erhoben wird. Umfangreich hat Bamert auch Musik des 20. Jahrhunderts eingespielt, die aber durch das Ignorieren atonaler oder neoklassischer Zeitenwenden den Grundklang des 19. Jahrhunderts in sich bewahrt: Ernő Dohnányis 2. Sinfonie – eine mit einem effektsicheren Mottothema »getunte« Variante von Brahms' motivischer Logik – ist eines der vielen hier zu entdeckenden »verspäteten« Werke. Ein drittes Aufnahmepaket gilt den Orchestertranskriptionen Leopold Stokowskis. Diese übertragen das Prinzip der hinzukommenden Stühle bzw. eines vergrößernden Streicherklangs des späten 19. Jahrhunderts auf ein Repertoire aus ganz unterschiedlichen Epochen: Wie sein Label Chandos und sein Lehrer Stokowski steht Bamert damit für ein (heute eher ins Hintertreffen geratenes) Prinzip eines Sich-Erspielens der Musikgeschichte, das auch auf integrativer Angleichung und nicht nur auf historisierender Differenz beruht.

Tonträger

1991 PARRY: Sinfonie Nr. 5 »Symphonic Fantasia 1912« / *From Death to Life / Elegy for Brahms* (London PO; Chandos) ▪ **1994** »Stokowski Encores« [Mozart: Rondo alla Turca / Beethoven: *Mondscheinsonate* [1. Satz] / Chopin: Marche funèbre / Schubert: *Ständchen* etc.] (BBC Philharmonic; Chandos) ▪ **1995** DOHNÁNYI: Sinfonie Nr. 2 / *Sinfonische Minuten* (BBC Philharmonic; Chandos) ▪ **1995** MARTIN: *In terra pax / Les Quatre Éléments* (Howarth, Jones, Hill, Brighton Festival Chorus, London PO; Chandos) ▪ **1999** WESLEY: Sinfonien [u. a. Sinfonie D-Dur »Sinfonia obligato«] (London Mozart Players; Chandos) ▪ **2008** VOGLER: Sinfonien d-Moll & G-Dur / Ballett-Suiten Nr. 1 & 2 / Ouvertüren: *Hamlet / Athalie / Erwin und Elmire* (London Mozart Players; Chandos)

Kompositionen

Once Upon an Orchestra (1975) ▪ *Circus Parade* (1979) ▪ Konzerte u. a.

JCA

Barbirolli, John

1899 am 2. Dezember in London als Giovanni Battista Barbirolli geboren; Vater und Großvater haben als Geiger unter Franco Faccio an der Mailänder Scala gespielt (u. a. bei der Uraufführung von Verdis *Otello*), bevor sie nach London ausgewandert sind. Um des kleinen »Titas« Wanderungen durch die Wohnung beim Geigeüben zu bremsen, bekommt er schließlich ein Cello.

1910 wird er am Trinity College of Music als Cello-Schüler von Edmund Woolhouse aufgenommen.

1912 gewinnt er einen Wettbewerb um eine Scholarship an der Royal Academy of Music und setzt dort seine Cello-Studien bei Herbert Walenn fort.

1917 schließt er sein Studium ab und wird im Dezember für 14 Monate zum Militärdienst in einem Sanitätsbataillon in Kent eingezogen (Spitzname: »Bob O'Reilly«), in dessen ad hoc gebildetem Orchester er musiziert und es bei Gelegenheit auch dirigiert.

1919 ist er in verschiedenen, zumeist von Thomas Beecham geleiteten Orchestern aktiv und als Orchestermusiker u. a. im London Symphony Orchestra an der Uraufführung des Cellokonzerts von Edward Elgar beteiligt (das er selbst erstmals 1921 als Solist in Bournemouth spielt).

1922 entschließt er sich, fortan die englische Version seines ersten italienischen Vornamens zu nutzen. Als Mitglied zweier Streichquartett-Formationen (mit seinem Studienfreund Samuel Kutcher als Primarius) macht er weitere Konzerte und Einspielungen; 1924 werden Aufnahmen des Music Society Quartetts über die National Gramophonic Society (NGS) veröffentlicht; Barbirolli formiert nun auch ein Streicherorchester (anfänglich 12 Musiker), das ebenfalls für die NGS Werke von Henry Purcell bis Peter Warlock einspielt.

1926 veranstaltet er mit diesem um doppelt besetzte Bläser erweiterten Kammerorchester in den New Chenil Galleries in Chelsea eine Konzertserie und debütiert im September auch als Operndirigent der British National Opera Company mit Gounods *Roméo et Juliette* in Newcastle; während der regelmäßigen Verpflichtungen bis zur Auflösung der BNOC (1929) lernt er ein breites Opernrepertoire gründlich kennen. 1927 machen »John Barbirolli and His Symphony Orchestra« für Edison-Bell auch erste elektrisch aufgezeichnete Aufnahmen (Haydn, Mozart, Wagner).

1928 debütiert er am Royal Opera House, Covent Garden, wo er bis zu Beechams Rückkehr 1932 die meisten Aufführungen der Herbstsaison und mehrere Tourneen leitet; als routinierter Studiodirigent wird er von His Masters Voice unter Vertrag genommen und macht bis 1936 zahlreiche Einspielungen von Instrumentalkonzerten – u. a. mit Artur Rubinstein, Edwin Fischer, Jascha Heifetz und Fritz Kreisler – und von Opernauszügen mit namhaften Sängern wie Beniamino Gigli, Frida Leider oder Lauritz Melchior. Barbirollis frühe Aufnahmen werden durch die Barbirolli Society neu veröffentlicht.

1932 wird er vom Hallé Orchestra in Manchester als regelmäßiger Gastdirigent eingeladen; eine mit der Sängerin Marjorie Parry geschlossene Ehe hält nur knapp zwei Jahre.

1933–1936 ist er Dirigent des Scottish Orchestra, wo er wesentliche Erfahrungen als Konzertdirigent sammelt: sowohl hinsichtlich des klassisch-romantischen Kanons als auch der zeitgenössischen britischen Musik, die in seinen Programmen breiten Raum einnimmt.

1936 wird er überraschend eingeladen, hinsichtlich der Nachfolge Toscaninis probeweise für zehn Wochen das Philharmonic-Symphony Orchestra of New York zu dirigieren, nachdem Wilhelm Furtwängler als designierter Wunschkandidat nicht tragbar erscheint; das Orchester votiert für ihn und gegen den Hauptkonkurrenten Artur Rodziński (auch Strawinsky, George Enescu und der Mexikaner Carlos Chávez haben Probekonzerte absolviert).

1937–1943 ist Barbirolli (umstrittener) Chefdirigent in New York. Nach offizieller Scheidung von Marjorie 1939 heiratet er die Oboistin Evelyn Rothwell.

1943 kehrt er nach England zurück, nachdem das Hallé Orchestra angefragt hat: Mit der Leitung des Orchesters, um die auch Beecham konkurriert, ist ein weitgehender Neuaufbau verbunden. Trotz mehrerer Angebote renommierterer Orchester bleibt Barbirolli Manchester bis zu seinem Rücktritt 1968 als Chefdirigent treu und entwickelt in Konzerten und Aufnahmen einen ganz eigenen »Hallé-Klang«.

1956–1959 trennt er sich kurzzeitig von seinem Hauslabel HMV (EMI) und nimmt mit dem Hallé Orchestra in einem kurzen Zeitraum über 100 Werke für die Neugründung Pye-Barbirolli Records Ltd. auf, welche international mit dem amerikanischen Label Mercury kooperiert und frühe Stereo-Aufnahmen produziert; Zu den ersten eingespielten Werken gehört die Barbirolli gewidmete 8. Sinfonie von Ralph Vaughan Williams.

1961–1967 übernimmt er zusätzlich das Houston Symphony Orchestra.

1962 kehrt er zur EMI zurück und nimmt dort nun auch regelmäßig mit den großen Londoner Orchestern auf; mit den Berliner Philharmonikern (BPh) – seiner »Altersliebe« – konzertiert er nun regelmäßig jedes Jahr.

1970 erleidet er in London im Umfeld von Proben für eine Japan-Tournee mit dem New Philharmonia Orchestra (New PhO) in den frühen Morgenstunden des 29. Juli einen tödlichen Herzinfarkt.

Die unter dem Label der »Three Big B« zwischen 1920 und 1970 herausragenden britischen Dirigenten markieren exemplarisch drei musikalische Charaktertopoi des Old Empire: Thomas Beechams aristokratisch-perfekter Eleganz mit oft funkelndem »Witz« und Adrian Boults Hang zu würdevoller Melancholie, der jedem Kolonialoffizier zur Ehre gereichte, steht Barbirolli gegenüber als gelegentliches Londoner Raubein mit Migrationshintergrund voller gerne kritisierter, da scheinbar unkontrollierter Emotionalität. Während sich Beecham früh und intensiv auf Festland-Reisen sowohl französisch als auch deutsch kultivierte, hat für Barbirolli die französische Herkunft seiner Mutter kaum zu Repertoire-Affinitäten geführt, wohl aber ein Talent beider Eltern für die Verschmelzung kräftiger lokaler Küchen: Insbesondere in die Klangwelten britischer Komponisten, sogar in die Stadt-, Land- und Polarbilder seines Freundes Ralph Vaughan Williams, bringt er mitunter nahezu opernhaft-tumultuöses Leben. In den idyllischen Landschaften und Themen der musikalischen Spaziergänger Arnold Bax oder Frederick Delius leuchten die Instrumentalfarben wie unter südländischer Sonne, dürfen durch ihre Disparatheit eine Szenerie würzen, die sich weniger in einem homogenen Bild als in einem neugierigen Schwenken zwischen den diversen akustischen Orientierungspunkten offenbart. Darin liegt gerade auch Barbirollis Modernität als Dirigent, etwa in Arnold Schönbergs Tondichtung *Pelleas und Melisande* oder in einem späten, gerade in britischen Kritiken angesichts der gewohnten Geschliffenheiten Beechams und Karajans oft verkannten Sibelius-Zyklus (EMI 1966–1969): dass er einen eher italienisch-traditionellen Espressivo-Ansatz, der durchaus der Emphase des Opernpraktikers entstammt, nicht durch die unterstützende Verschmelzung der Orchestergruppen zu einem überwältigenden Gesamtklang realisiert, sondern durch die Konzentration auf und Isolation von jeweils führenden Stimmen den stetigen Kontrast zum Vorherigen sucht. Das macht das Hören vieler seiner Aufnahmen auch heute noch anstrengend, aber aufregend. Die leider wenigen Operneinspielungen Barbirollis allerdings strengen fast durchweg wegen fragwürdiger Sängerleistungen an, sogar seine – orchestral zweifelsohne – als Referenz gehandelte *Madama Butterfly* oder auch eine mit Dietrich Fischer-Dieskau als selbstreflexiv-analytischem Jago im Zentrum fast grotesk wirkende Produktion von Verdis *Otello*. Dafür entschädigt die ganze Breite der von Barbirolli eingespielten Sinfonik, für die E.T.A. Hoffmanns romantische Vorstellung der Sinfonie als »Oper der Instrumente« ebenso zutrifft wie das noch berühmtere Motto: »Aber Symphonie heißt mir eben: mit allen Mitteln der vorhandenen Technik eine Welt aufbauen.«

Dieser Aussage Gustav Mahlers korrespondiert eine erst spät stark zunehmende, aber dann sogleich naheliegende und nachhaltige Affinität Barbirollis zu Mahlers Musik: Das Gespaltene, Collagenhafte, Raue, Trotzige, Widerständige in Barbirollis Klangästhetik findet hier eine vollkommen adäquate kompositorische Materie. Gegenüber Leonard Bernsteins euphorisch mitreißender und Rafael Kubelíks bayerisch-gediegener »Mahler-Renaissance« der 1960er-Jahre machen gerade Barbirollis Aufführungen und Aufnahmen – eben nicht als durchgeplanter Gesamtzyklus, sondern als Zusammenschau einer Handvoll gelegentlicher Studioaufnahmen mit einer verstreuten Reihe erst allmählich verfügbarer Live- bzw. Rundfunkaufnahmen – das der Musik Mahlers von Beginn an eignende Potenzial einer in kontinuierlichen Metamorphosen des Klangmaterials um neue Wege und Utopien ringenden Moderne deutlich. Und zu den kuriosen, aber denkwürdigen Nebeneffekten dieser Mahler-Berufung gehörte auch, dass sich Barbirolli (und uns durch ihn) in einem ab 1962 breit angelegten Einspielungszyklus nun auch die Musik seines eigentlichen lebenslangen Favoriten neu erschließt: Edward Elgar wird in seiner Inszenierung gleichermaßen zum »Zeitgenossen der Zukunft«, wie es schon Daniel Barenboim, der in den 1960er-Jahren mit Barbirolli künstlerisch stark verbunden war, festgestellt hat: »Ich fühlte, dass er eine Dimension in Elgars Musik brachte, die so oft fehlt, eine Art Nervosität als Qualität, die er mit Mahler gemein hat. In einigen der bedeutenden Werke Elgars zeigt sich eine gewisse Übersensibilität, welche der konventionellen Idee von Elgar als perfektem englischem Gentleman manchmal geopfert wird« (nach E. Barbirolli 2002, S. 151). In dieser Hinsicht sind Barbirollis Aufnahmen der Sinfonien Elgars, des Cellokonzerts mit Jacqueline du Pré und der von Janet Baker hingebungsvoll neben die Mahler-Liederzyklen gestellten *Sea Pictures* konkurrenzlos.

Als Nachfolger Toscaninis (und über ein Vierteljahrhundert hinweg auch Mahlers) in New York zeitweise von der Kritik zerrissen, hat sich Barbirolli von Depressionen durch die glückliche Übernahme des neu formierten Hallé Orchestra nur mühsam kurieren können. Das »Emotionale« und Nervöse nebst Vorliebe für entsprechende Komponisten erscheint in dieser Hinsicht wahrscheinlich sogar als ein individuelles Symptom, welches die Spielformen musikalischer Interpretation nach dem Zweiten Weltkrieg jedoch erheblich bereichert hat. Hört man den sich perfekt mit Starsolisten abstimmenden jungen Begleiter um 1935, aber auch die wenigen Tondokumente Barbirollis aus New York (etwa Schumanns 4. Sinfonie), wird schnell klar, dass sich hier ein durch die Vorbilder Beecham und Toscanini Getrimmter zu entwickeln beginnt und eine Synthese zwischen sachlicher Präzision und Expression sucht, die später in Manchester ganz anders gelingt als etwa dem zeitgleich mit ähnlicher Intention in allen Zentren der europäischen Musikwelt viel erfolgreicheren Herbert von Karajan. Barbirolli ist aus heutiger Sicht der modernere, obwohl expressivere Dirigent, sein Weg ein Vorbild für ganz spezielle Nachfolger wie eben Daniel Barenboim.

Tonträger
1934 MOZART: Violinkonzert Nr. 5 KV 219 / GLASUNOW: Violinkonzert (Jascha Heifetz, London PO; EMI) ▪ **1937** PUCCINI: *Turandot* [Auszüge] (Turner, Martinelli, Favero, Dua, Chorus of the Royal Opera House, London PO; EMI / Pearl) ▪ **1940** SIBELIUS: Sinfonie Nr. 2 (New York PO; Columbia / Dutton u. a.) ▪ **1950** RUBBRA: Sinfonie Nr. 5 / *Loth to Depart* (Hallé Orchestra; EMI) ▪ **1954/55** VAUGHAN WILLIAMS: Sinfonie Nr. 7 »Sinfonia antarctica« / Tubakonzert / Oboenkonzert (Philip Catelinet, Evelyn Rothwell, Hallé Orchestra; EMI / Dutton) ▪ **1956/57** VAUGHAN WILLIAMS: Sinfonien Nr. 8 & 2 »A London Symphony« (Hallé Orchestra; Pye / Dutton) ▪ **1962/64** ELGAR: Sinfonien Nr. 1 & 2 (PhO, Hallé Orchestra; EMI) ▪ **1964** MAHLER: Sinfonie Nr. 9 (BPh; EMI) ▪ **1964/65** ELGAR: *Sea Pictures* / Cellokonzert (Janet Baker, Jacqueline du Pré, London SO; EMI) ▪ **1965/66** BAX: *Tintagel* / IRELAND: *A London Overture* / DELIUS: *The Walk to the Paradise Garden* / *Irmelin Prelude* / *A Song of Summer* (London SO; EMI) ▪ **1966** PUCCINI: *Madama Butterfly* (Scotto, Bergonzi, Panerai, di Stasio, Teatro dell'Opera di Roma; EMI) ▪ **1966/67** SIBELIUS: Sinfonie Nr. 1 / *Pelléas et Mélisande* [Bühnenmusik] (Hallé Orchestra; EMI / Warner) ▪ **1967** BRAHMS: Klavierkonzerte Nr. 1 & 2 (Daniel Barenboim, New PhO; EMI) ▪ **1967** SCHÖNBERG: *Pelleas und Melisande* (New PhO; EMI) ▪ **1969** MAHLER: Sinfonie Nr. 3 (Kerstin Meyer, Hallé Orchestra; BBC Legends)

Schriften
Glorious John: A Collection of Sir John Barbirolli's Lectures, Articles, Speeches and Interviews, hrsg. von Raymond Holden, Uttoxeter 2007 [Barbirolli Society]

Literatur
Charles Rigby, John Barbirolli: A Biographical Sketch, Altrincham 1948 ▪ Michael Kennedy, Barbirolli. Conductor Laureate. The Authorised Biography, London 1971 ▪ Charles Reid, John Barbirolli. A Biography, London 1971 ▪ Evelyn Barbirolli, Life with Glorious John. A Portrait of Sir John Barbirolli, London 2002 ▪ David Llewellyn Jones, Sir John Barbirolli. A Career on Record, Uttoxeter / Staffordshire 2011 [Barbirolli Society; Diskografie auf CD-ROM] ▪ The Barbirolli Society Journal [seit 1972]

Webpräsenz
www.barbirollisociety.co.uk (↪0007)

HAH

Barenboim, Daniel

1942 am 15. November in Buenos Aires als Sohn russisch-jüdischer Klavierpädagogen geboren.
1952 zieht die Familie nach Israel.
1954 wird er Schüler von Edwin Fischer (Klavier) und Igor Markevitch (Dirigieren) in Salzburg. Dort spielt er Wilhelm Furtwängler vor und wird von diesem für Konzerte nach Berlin eingeladen; sein Vater hält die Reise aber ein Jahrzehnt nach dem Holocaust noch für unangebracht.
1955 erhält er an der Accademia di Santa Cecilia in Rom sein erstes Abschlussdiplom als Pianist; es folgen weitere Studien (auch des Dirigierens) in Siena und in Paris bei Nadia Boulanger.
1956 folgt dem Gewinn des Alfredo-Casella-Wettbewerbs in Neapel eine weltweit erfolgreiche Solistenkarriere.
1961 dirigiert er in Haifa und pflegt fortan häufiger die Doppelfunktion als Pianist und Dirigent.
1967 debütiert er mit dem New Philharmonia Orchestra und tritt in den folgenden Jahren auch in Berlin und mit amerikanischen Orchestern als »reiner« Dirigent auf. Er heiratet die Cellistin Jacqueline du Pré.
1972 beginnt seine Aufnahmetätigkeit für die Deutsche Grammophon Gesellschaft (DGG).
1973 hat er seinen ersten Auftritt als Operndirigent beim Edinburgh Festival mit Mozarts *Don Giovanni*.
1975–1989 fungiert er beim Orchestre de Paris als musikalischer Direktor, scheidet aber als designierter Chef der Opéra Bastille schon vor deren Eröffnung nach einem Eklat aus allen Pariser Ämtern.
1981 dirigiert er erstmals in Bayreuth (*Tristan und Isolde*).

1988 geht er (nach dem Tod seiner ersten Frau an multipler Sklerose 1987) eine zweite Ehe mit der Pianistin Elena Baschkirowa ein.

1991–2006 ist er Music Director des Chicago Symphony Orchestra, das er schon in den vorangegangenen zwei Jahrzehnten der Ära Georg Soltis regelmäßig dirigiert hat.

1992 wird er Generalmusikdirektor an der Berliner Staatsoper Unter den Linden und formt »seine« Berliner Staatskapelle in den folgenden mehr als zwanzig Jahren – mit einer politisch turbulenten Vertragsverlängerung 2001 – wieder zu einem Spitzenorchester.

1999 gründet er mit Edward Said, einem palästinensischen Literatur- und Kulturwissenschaftler, das West-Eastern Divan Orchestra, in dem jüdische, palästinensische und andere arabische Nachwuchsmusiker gemeinsam musizieren. Für seine friedenspolitischen Stellungnahmen wird er vielfach ausgezeichnet; das Orchester gastiert bis heute, künstlerisch auf internationalem Niveau, u. a. in Ramallah und Salzburg, auf einer USA-Tournee und in allen Herkunftsländern der Mitglieder.

2007 wird er im Rahmen einer Kooperation seines Berliner Opernhauses ständiger Dirigent an der Mailänder Scala und 2011 Nachfolger Riccardo Mutis als deren Musikdirektor (bis 2014). An der Berliner Staatsoper wird er zum »Chefdirigenten auf Lebenszeit« ernannt und sein Vertrag 2011 nochmals um zehn Jahre bis 2022 verlängert.

2012 gründet er in Berlin – auch im Gedenken an seinen 2003 verstorbenen Freund – die Barenboim-Said-Akademie für musikalischen Nachwuchs aus dem Nahen Osten, die über Stipendien ein zweijähriges Studium in Deutschland ermöglichen soll.

2013 erhält er das Bundesverdienstkreuz mit Stern und Schulterband und weitere Preise für sein soziales Engagement im Umfeld des West-Eastern Divan Orchestra (seit 2007 ist er auch Friedensbotschafter der UNO).

2014 startet er in Kooperation mit Apples iTunes sein neues digitales Download-Musiklabel Peral Music und passt sich und seine künstlerische Arbeit damit den aktuellen Distributionswegen im Musikgeschäft an.

Trotz aller Mediendominanz seit der Jahrtausendwende – natürlich verdient das West-Eastern Divan Orchestra höchste Präsenz als kulturpolitisches Zeichen und soziale Utopie – ist der Musiker Barenboim außerordentlich schwer zu fassen. Als einer der musikalisch sensibelsten jungen Pianisten, den weniger ein virtuoses als ein »rhetorisch« durchdacht formuliertes Klavierspiel auszeichnet und der so Edwin Fischers Reflexionsvermögen am Klavier mit einer mitunter fast französisch anmutenden Eleganz (und auch Melancholie à la Samson François) zu verbinden vermochte, war er keineswegs für eine zweite, vielleicht noch erfolgreichere Dirigentenkarriere vorbestimmt. Im Projekt einer Gesamtaufnahme aller Klavierkonzerte Mozarts (ohne das Doppel- und das Tripel-Klavierkonzert) mit dem English Chamber Orchestra (ECO) präsentierte Barenboim einen neuen, ebenso perfekt phrasierten wie rhythmisch lebendigen Mozart-Klang, sodass sein Label ihn sogleich für eine Reihe weiterer Aufnahmen des Klassikers verpflichtete – Sinfonien, Bläserkonzerte, das Requiem und schließlich auch Opern. Genauso überrascht aber auch Barenboims erste Aufnahme von Arnold Schönbergs *Verklärte Nacht* (ebenfalls schon 1967 mit dem ECO), die im Gewand des immer etwas schneidenden Streicherklangs der EMI-Studioproduktionen dieser Zeit so punktgenau zwischen Wagner-Idyll und Alfred-Hitchcock-Soundtrack changiert, dass auch sein Talent für spätromantische Orchestermusik sofort außer Frage gestanden haben dürfte.

Einflüsse anderer Dirigenten auf ihn sind leicht zu ermitteln – die etwa zeitgleiche Zusammenarbeit als Pianist in Konzertaufnahmen mit John Barbirolli und mit Otto Klemperers New Philharmonia Orchestra sagt eigentlich fast alles. Das später immer wieder genannte Vorbild Wilhelm Furtwängler bleibt allerdings bis in die 1980er-Jahre mit der ersten starken Konzentration auf die Musik Richard Wagners noch sehr im Hintergrund: Barenboim ist zunächst als hochgelobter Mozart- und überraschend auch Bach-Dirigent (Magnificat, Violinkonzerte mit Itzhak Perlman) keineswegs schon der Verfechter eines »Neo-Espressivo«. Sein erster Elgar-Zyklus mit dem London Philharmonic Orchestra für das amerikanische Label CBS (nebst Begleitung seiner Frau Jacqueline du Pré in einer Live-Version des Cellokonzerts in Philadelphia 1970) tritt allerdings ganz deutlich in die Fußstapfen Barbirollis: Die 2. Sinfonie – wie eine Neuaufnahme des Cellokonzerts mit Alisa Weilerstein auch Bestandteil einer neuen Elgar-Reihe mit der Staatskapelle Berlin – atmet 1972 genau die durch teils extreme, aber stimmige Tempowechsel etwas hektische und nervöse Grundstimmung, welche Elgar über die Schwelle der Moderne hebt, und ist darin der klangtechnisch überwältigenderen, aber gerade wegen des

Auskostens der vielen schönen Einzelmomente in den Fieberkurven insgesamt abgemilderten Neuaufnahme aus dem Jahr 2013 überlegen (zumindest aus der Sicht nostalgischer Hörer). Mit dem Wechsel zur DGG und der engen Zusammenarbeit mit dem noch von Georg Solti geleiteten Chicago Symphony Orchestra änderte sich jedoch bereits wieder das Klangideal: Gerade eine sich bis 1981 hinziehende Gesamtaufnahme der »zehn Sinfonien« Bruckners ist geprägt von einer außerordentlichen orchestralen Klangperfektion (insbesondere der Blechbläser), wobei ganz »unfurtwänglerisch« nun gerade eher schnelle und relativ konstante Grundzeitmaße vorherrschen. Europäische Brucknerianer, die Eugen Jochums religiöse Andacht, Karajans Erhabenheit oder aber Günter Wands Kölner Sachlichkeit zu schätzen gelernt hatten, dürfte die außerordentliche Brillanz und Virtuosität des Zyklus aus Chicago eher abgeschreckt haben, wenngleich die Ergebnisse schon in der »Romantischen« (1972) und besonders in der oft unterschätzten »Nullten« (1979) nicht nur oberflächlich beeindrucken: Barenboim hat immer ein originelles Tempo- und Klangkonzept, das der Idee eines sublimierten musikdramatischen Schwungs als alternativer Lesart durchaus nahekommt (Bruckner als Organist, der lieber wie sein Heros Wagner Opern geschrieben hätte?). Sein zweiter Bruckner-Zyklus mit den Berliner Philharmonikern (Teldec 1990–1997) wirkt dagegen eher wie eine retrospektive Synthese verschiedenster Bruckner-Stile Karajans, Soltis, Celibidaches und eben auch Furtwänglers; der Mut einer zunehmenden Ankoppelung seiner Bruckner-Perspektiven an ältere expressive Extreme kann jetzt auch im Bild in einer DVD-Serie mit seiner Staatskapelle verfolgt werden.

Expressiv erscheint aber auch, wie Barenboim mitunter, zum Beispiel 1998 auf der Waldbühne in Ravels *Boléro*, fast nichts tut (Celibidaches Kölner Aufführung des Stücks von 1994 zeigt durchaus Parallelen). Seine einst von der DGG festgehaltene und heute etwas vergessene Pariser Zuneigung zum romantischen »Grelltöner« Berlioz, ein gelegentliches Gefallen an Mahler, die Deutung von »Klassikern der Moderne« – Schönberg, Strawinskys *Sacre*, Debussys *La Mer*, Furtwänglers Zweite und auch Boulez' *Notations* – als Chef in Chicago, die stets gleichrangige Nachbarschaft mit Abbado und Rattle in Berlin (teils auch bei den Philharmonikern und teils auch schon zu Karajans Lebzeiten), das alles markiert einen Weg, der aus Barenboim heute einen anerkannten Universaldirigenten gemacht hat, auch im Musiktheater. Auf Mozart folgten Berlioz in Paris und Wagner in Bayreuth: 1981 erst *Tristan und Isolde* (in einer Inszenierung von Jean-Pierre Ponnelle), dann 1988 der Harry-Kupfer-*Ring* (dessen »Soundtrack« wegen unterdurchschnittlichem Gesang leider wenig empfehlenswert ist) und schließlich eine Reihe von Produktionen an der Berliner Staatsoper, die als absolute Referenz der jüngeren Wagner-Interpretation gelten dürfen. Als Verdi-Dirigent allerdings blieb Barenboim bislang trotz seiner Berufung an die Mailänder Scala und eines vielbeachteten Requiems zu dessen 200. Geburtstag breitere Anerkennung versagt. Damit mag sich die Konkurrenz trösten, denn im Gegensatz zu auch Klavier spielenden Dirigenten (Leonard Bernstein, Wolfgang Sawallisch, James Levine u. a.) hat der dirigierende Pianist auf seinem »zweiten Berufsweg« viel mehr erreicht, etwa einen vermeintlich »deutschen Klang« (die Chimäre eines nicht näher bezeichneten »Erbes« Wilhelm Furtwänglers) ohne viel eigenes Aufheben stärker renoviert als sich entsprechend brüstende Kollegen, indem er weniger sich selbst erklärt als vielmehr, worum es etwa in Beethovens 4. Sinfonie tatsächlich musikalisch geht. Nachzuhören ist dies in vielen packenden Aufnahmen und nachzulesen in seinen in mehreren Sprachen publizierten »Erinnerungen und Einsichten«, wo auch Verdi neben Wagner seinen bedeutenden Platz im Weltbild eines immer auch politisch denkenden Weltbürgers bekommt, für den Musik alles ist und die Welt von ihren Bürgern durch gemeinsames Musizieren durchaus zu einer besseren gestaltet werden könnte.

Barshai, Rudolf

1924 am 28. September in Staniza Labinskaja (UdSSR) geboren.

1940 beginnt er sein Musikstudium am Moskauer Konservatorium bei Leo Zeitlin (Violine), Wadim Borissowski (Viola) und Dimitri Schostakowitsch (Komposition); Ilya Musin wird später sein Dirigierlehrer.

1945 Als Bratschist ist Barshai an der Gründung des Moskauer Philharmonischen Quartetts beteiligt (heute: Borodin-Quartett), das er allerdings 1953 wieder verlässt, um sich seiner Laufbahn als Dirigent zu widmen.

1955 gründet er das Moskauer Kammerorchester, das Werke zeitgenössischer russischer Komponisten sowie Musik der Barockzeit beim russischen Publikum einführt.

1969 leitet er die Uraufführung von Schostakowitschs 14. Sinfonie.

1977 emigriert er über Israel in den Westen.

1982–1988 ist er Chefdirigent beim Bournemouth Symphony Orchestra.

1992 beginnt die Gesamteinspielung der Sinfonien Schostakowitschs mit dem WDR Sinfonieorchester Köln.

2010 stirbt er am 2. November in Basel.

Die Kunst der musikalischen Bearbeitung begleitete Rudolf Barshais Laufbahn durchgehend: Seine Arrangements von Streichquartetten Schostakowitschs zu »Kammersinfonien« fanden höchste Anerkennung des Komponisten und trugen wesentlich dazu bei, dessen Kammermusik im Konzertleben zu etablieren. 2001 spielte er seine Rekonstruktion von Mahlers (größtenteils Particell gebliebener) 10. Sinfonie ein, und noch kurz vor seinem Tod stellte er eine Bearbeitung von Bachs *Kunst der Fuge* fertig. An der Arbeit des Arrangeurs sind im Fall Barshais zugleich die Qualitäten des Interpreten ablesbar. Seine Version von Prokofjews Klavierzyklus *Visions fugitives* beispielsweise drängt eine nahezu unüberschaubare Bandbreite an Spieltechniken des Streichorchesters (Tremolo, Glissandi, am Steg) im Miniaturformat zusammen, bleibt beim Austarieren kontrastierender Klangschichten und in der Zeichnung der Nebenstimmen aber jederzeit transparent. In den Einspielungen seiner Schostakowitsch-Bearbeitungen überzeugt vor allem in den expressiv aufgeladenen langsamen Sätzen die genau abgestimmte Phrasierung, die das Streichorchester in weit ausholenden Bögen atmen lässt. Überhaupt sind die klare Ordnung der Instru-

Tonträger

1967 SCHÖNBERG: *Verklärte Nacht* / WAGNER: *Siegfried-Idyll* / HINDEMITH: *Trauermusik* (ECO; EMI) ▪ **1967–1974** MOZART: 25 Klavierkonzerte (ECO; EMI / Warner) ▪ **1972** ELGAR: Sinfonie Nr. 2 (London PO; CBS / Sony) ▪ **1974** FAURÉ: Requiem (Armstrong, Fischer-Dieskau, Edinburgh Festival Chorus, Orchestre de Paris; EMI) ▪ **1976** MOZART: *Le nozze di Figaro* (Fischer-Dieskau, Harper, Evans, Blegen, ECO; EMI) ▪ **1979** BRUCKNER: Sinfonie d-Moll »Nullte« (Chicago SO; DGG) ▪ **1980** LALO: *Symphonie espagnole* / BERLIOZ: *Rêverie et caprice* (Itzhak Perlman, Orchestre de Paris; DGG) ▪ **1986/87** SKRJABIN: *Le Poème de l'extase* / Sinfonie Nr. 3 »Le Divin Poème« (Orchestre de Paris; Erato) ▪ **1988/89** BOULEZ: *Rituel in memoriam Bruno Maderna* / *Notations* I–IV / *Messagesquisse* (Orchestre de Paris; Erato) ▪ **1998** WAGNER: *Lohengrin* (Seiffert, Magee, Struckmann, Polaski, Staatsoper Berlin; Teldec / Warner) ▪ **1999** BEETHOVEN: Sinfonien Nr. 4 & 5 (Staatskapelle Berlin; Teldec / Warner) ▪ **2001** FURTWÄNGLER: Sinfonie Nr. 2 (Chicago SO; Teldec / Warner) ▪ **2001** WAGNER: *Tannhäuser* (Seiffert, Eaglen, Meier, Hampson, Staatsoper Berlin; Teldec / Warner) ▪ **2005** MAHLER: Sinfonie Nr. 7 (Staatskapelle Berlin; Warner) ▪ **2007** SCHÖNBERG: Variationen für Orchester op. 31 / TSCHAIKOWSKY: Sinfonie Nr. 6 »Pathétique« (West-Eastern Divan Orchestra; Decca) ▪ **2012** ELGAR / CARTER: Cellokonzerte / BRUCH: *Kol Nidrei* (Alisa Weilerstein, Staatskapelle Berlin; Decca)

Bildmedien

1998 »Waldbühne Berlin – Lateinamerikanische Nacht« [Ravel / Bizet / Rodrigo / Piazzolla / Lecuona etc.] (John Williams, BPh; Arthaus) ▪ **2010** BRUCKNER: Sinfonie Nr. 7 (Staatskapelle Berlin; Accentus) Von der Vielfalt des Seins. Begegnungen mit Daniel Barenboim (Dokumentation von Paul Smaczny; EuroArts 2002) ▪ Knowledge Is the Beginning. Daniel Barenboim and the West-Eastern Divan Orchestra (Dokumentation von Paul Smaczny; Warner 2005)

Schriften

Musik – mein Leben [Autobiografie, mit Michael Lewin], Reinbek 1992 [Originalausgabe: A Life in Music, London 1991] ▪ Parallelen und Paradoxien: Über Musik und Gesellschaft [mit Edward G. Said], übs. von Burkhardt Wolf, Berlin 2004 ▪ Klang ist Leben. Die Macht der Musik, übs. von Michael Müller, München 2008 [Originalausgabe: La musica sveglia il tempo, Mailand 2007] ▪ Musik ist alles und alles ist Musik: Erinnerungen und Einsichten, übs. von Christiane Landgrebe, Berlin 2014 [Originalausgabe: La musica è un tutto, Mailand 2012]

Literatur

Elena Cheah, Die Kraft der Musik. Das West-Eastern Divan Orchestra, übs. von Stefanie Krag, München 2009

Webpräsenz

www.danielbarenboim.com (↪0008)

HAH

mentalstimmen in Vorder-, Mittel- und Hintergrundschichten sowie das sorgfältige Ausmusizieren noch der kleinsten Einzelphrasen kennzeichnend für seine Orchesterführung. Diese Qualitäten brachten nicht nur die charakterliche Vielfalt der Musik Alexander Lokschins, dessen »hohe Präzision und äußerste Knappheit« Barshai besonders schätzte, zu voller Geltung, sondern sie bilden auch die handwerkliche Basis für seine Gesamteinspielung der fünfzehn Sinfonien Schostakowitschs. Barshais Tempo ist konstant und kontrolliert, seine Streicher-Artikulation scharf und federnd, sein Einsatz der Blechbläser, der auch in den Finalsätzen der 5. und 7. Sinfonie nie zur Hauptsache wird, vergleichsweise schlank. Zugunsten einer jederzeit luzide durchhörbaren Motiventwicklung verzichtet er weitgehend auf die Kraft der klanglichen Überwältigung, die zum Beispiel in Bernsteins Schostakowitsch zu hören ist. Barshais reflexive Distanz vom Klanggeschehen und seine Sensibilität für Brüchigkeiten der musikalischen Oberfläche kommt auch anderen Interpretationen zugute, was besonders seine Aufnahme von Mahlers 5. Sinfonie demonstriert. Im zweiten Satz wirken die Übergänge aus dem »stürmisch bewegten« Presto-Teil in die Trauermarsch-Reminiszenzen wie ein unüberbrückbarer Abgrund – die eruptiven Orchestertuttis werden von den Klangeinbrüchen förmlich verschluckt und ausgefranst. An den toten Punkten der Form, die Barshai so herbeiführt, klingt die Musik tatsächlich, als müsse sie sich erst neu erfinden. Plastischer lassen sich die Risse in Mahlers Musik kaum herausarbeiten.

Tonträger
1962 TIPPETT: *Concerto for Double String Orchestra* (Moskauer KO; EMI) ▪ 1974 LOKSCHIN: Sinfonie Nr. 7 (Nina Grigorieva, Moskauer KO; Melodiya / Brilliant) ▪ 1992–2000 SCHOSTAKOWITSCH: Sinfonien Nr. 1–15 (WDR SO; Brilliant) ▪ 1999/2001 MAHLER: Sinfonien Nr. 5 & 10 [Aufführungsversion Barshai] (Junge Deutsche Philharmonie; Laurel / Brilliant)

Bildmedien
Rudolf Barshai – The Note (Dokumentation von Oleg Dorman; EuroArts 2012)

Bearbeitungen
PROKOFJEW: *Visions fugitives* (Moskauer KO; Melodiya / Brilliant 1967) ▪ SCHOSTAKOWITSCH: Kammersinfonien op. 73a & 83a (COE; DGG 1989/91)

Schriften
Alexander Lokschin in memoriam. Nachruf auf einen Freund, übs. von Ernst Kuhn, in: Marina Lobanova / Ernst Kuhn (Hrsg.), Ein unbekanntes Genie: Der Symphoniker Alexander Lokschin, Berlin 2002, S. 165–171

Webpräsenz
www.rudolfbarshai.com (↪0009)

FKR

Bátiz, Enrique

1942 am 4. Mai als Sohn mexikanisch-polnischer Eltern in Mexiko City geboren. Er studiert Klavier bei György Sándor und an der Juilliard School. Als Pianist nimmt er erfolgreich an Wettbewerben teil und startet eine Solokarriere, das Dirigieren entdeckt er für sich bei weiterführenden Studien in Warschau (1967–1970).
1969 debütiert er als Dirigent mit dem mexikanischen Orquesta Sinfónica de Xalapa.
1971 ist Bátiz der Gründer und erste Chefdirigent des Orquesta Sinfónica del Estado de México; seine zweite, bis heute andauernde Amtszeit beginnt im Jahr 1990.
1983–1989 wechselt er zwischenzeitlich zum Mexico City Philharmonic Orchestra.
1984 wird er regelmäßiger Gastdirigent des Royal Philharmonic Orchestra. Viele seiner weit über 100 Aufnahmen entstehen mit diesem und anderen Londoner Orchestern.

Lateinamerikanische Tanzmusik kann und darf in ihrem inneren Kern immer ein Moment inszenierter Traurigkeit und Trägheit besitzen. In seiner Gesamteinspielung der *Bachianas Brasileiras* von Heitor Villa-Lobos schützt Bátiz genau diesen Kern vor allen Reflexen, eine letztlich neoklassische Musik auch vornehmlich analytisch transparent wiederzugeben. Stattdessen wählt er den mindestens ebenso »authentisch« wirkenden Ansatz, einen massiven, vom tiefen Blech oder vom Celloklang her errichteten Orchestersatz immer etwas lethargisch und gerade dadurch intensiv tänzerisch zu choreografieren.

Dieser abgedunkelte und »satte« Klang kann wie das Ergebnis einer reichhaltigen Mahlzeit mit süßlichen orchestralen Dickmachern wirken (in Tschaikowskys *Nussknacker*-Suite hätte nicht nur die Zuckerfee mit einem Zahnarztbesuch zu rechnen). Rachmaninows *Sinfonische Tänze* evozieren in diesem Klang das Bild eines alt und wohl auch leicht fett gewordenen Tänzers, der durch die Wucht seiner Bewegungen jedoch viele in Geschwindigkeit und Grazie überlegene Mitbewerber ausstechen kann. Rimski-Korsakows *Capriccio espagnol* erhält ebenfalls eine durchaus reizvolle Durchmischung von »Fiesta« und »Siesta«, während die »Pinien der Via Appia« in Respighis römischer Trilogie unter dem evozierten scheppernden Soldatenlärm erzittern, der bewusst als stehender statt gehender Klang inszeniert wird. In der bei Brilliant Classics wiederveröffentlichten Sammlung aller Orchesterwerke Georges Bizets repräsentiert die wie auf Zehenspitzen genommene Habanera der *Carmen*-Suite das federleichte Solo als weitere Option in diesem farbenreichen Orchestermalkasten. Das Prinzip eines zugleich etwas trägen und eminent tänzerischen Klangs hat Bátiz vor allem in seinen zahlreichen Aufnahmen spanisch inspirierter Musik anwenden können. Nicht zuletzt dank einer bei ASV erschienenen Serie mit »Música Mexicana« war er so zusammen mit Eduardo Mata bereits zwei Jahrzehnte vor Gustavo Dudamel – und zeitweise wie ein für einen ganzen Kontinent zuständiger, viel beschäftigter Auslandskorrespondent – der Hauptprotagonist eines ersten Popularitätsschubs »transatlantischer« Klassik.

Tonträger
1985/86 VILLA-LOBOS: *Bachianas Brasileiras* Nr. 1–9 (Barbara Hendricks, Royal PO; EMI) ▪ **1989/94** DE FALLA: *El amor brujo / El sombrero de tres picos* etc. (Herrera, Salinas, State of Mexico SO; Regis) ▪ **1991** RESPIGHI: *Feste romane / Fontane di Roma / Pini di Roma* (Royal PO; Naxos) ▪ **1991** RACHMANINOW: *Sinfonische Tänze / Die Toteninsel* (Royal PO; Naxos) ▪ **1994** CHÁVEZ: *Cantos de México / Paisajes mexicanos /* Toccata etc. (State of Mexico SO; ASV)

JCA

Beecham, Thomas

1879 wird er am 29. April in St Helens (zwischen Liverpool und Manchester) geboren. Großvater Thomas und Vater Joseph haben als Pharmazieunternehmer ein Vermögen mit »Leberpillen« gemacht.

1897 verwehrt der Vater ihm nach dem Schulabschluss den Wunsch, ein Konservatorium in Deutschland zu besuchen; das Wadham College in Oxford verlässt Beecham nach nur einem Jahr, wechselt zunächst in die Werbeabteilung des Familienunternehmens und nimmt Kompositionsunterricht bei Frederic Austin.

1899 gründet er eine St Helens Orchestral Society aus jungen lokalen Musikern, mit denen er – ergänzt um professionelle Mitglieder der großen Orchester in Liverpool und Manchester – nach einem Sommeraufenthalt in Bayreuth sein erstes Konzert als Dirigent vorbereitet. Dem Debüt in der Stadthalle von St Helens am 8. November folgt einen Monat später (anlässlich der Bürgermeisterwahl seines Vaters) ein Auftritt mit dem Hallé Orchestra aus Manchester, nachdem dessen Leiter Hans Richter verhindert ist.

1900–1902 bereist er Europa mit der befreundeten Familie seiner späteren ersten Frau, Utica Welles, und bestellt bei Puccinis Librettist Luigi Illica ein Opern-Libretto (*Christopher Marlowe*). Wegen der Einweisung seiner Mutter in ein Sanatorium distanziert er sich von seinem Vater.

1902 heuert er als Zweiter Dirigent bei der Imperial Grand Opera Company für eine Tournee an und debütiert in Lavender Hill, Battersea, mit Michael Balfes *The Bohemian Girl*.

1904 reist er u. a. nach Paris (mit Kompositionsunterricht bei Moritz Moszkowski), Luzern (Geburt des Sohnes Adrian, Arbeit an *Marlowe*) und Mailand (wo die Kooperation mit Illica ein vorzeitiges Ende findet).

1906–1908 dirigiert er das Londoner New Symphony Orchestra. Zunächst bleibt – auch wegen Beechams kompromissloser Programmgestaltung u. a. mit Werken französischer Sinfoniker – der Erfolg aus. Nachhaltige Kontakte zum Komponisten Frederick Delius lassen ihn bald zu dessen maßgeblichem Interpreten werden.

1909 tritt Beecham im Januar mit Mitgliedern des New SO und anderer Londoner Orchester als neu gegründetes Beecham Symphony Orchestra in der Queen's Hall auf. Durch die Versöhnung mit seinem Vater stehen ihm neue Mittel zur Verfügung. Es folgen eigene Projekte am Royal Opera House, Covent Garden: im Juni die britische Erstaufführung von Ethel Smyths *The Wreckers*, dazu u. a. Werke von Richard Strauss, Delius und Mozart. Im Oktober folgt eine große Inlandstournee seines Orchesters mit 23 Konzerten.

1910 startet seine Grammophon-Karriere mit ins Englische übertragenen Nummern aus Offenbachs *Hoffmanns Erzählungen*, der *Fledermaus* von Strauß und d'Alberts *Tiefland*; in den folgenden Jahren fungiert das Beecham Orchestra zeitweise – z. T. auch unter Leitung von Pierre Monteux – als Begleitung für Auftritte der Ballets russes in London und Berlin.

1914 sorgt er mit der neuformierten Beecham Opera Company auch abseits Londons für eine Fortsetzung der Opernpflege in Kriegszeiten.

1915–1919 nimmt er mit dem Beecham Symphony Orchestra für die englische Columbia Gramophone Company u. a. Strawinskys *Feuervogel*-Suite (mit Kürzungen) sowie viele kleinere Einzelstücke auf, auch Sätze aus Tschaikowskys *Pathétique* (z. T. wiederveröffentlicht in einer CD-Serie der Beecham Society in den USA).

1919 führen Beechams Opernunternehmungen zu hohen finanziellen Verlusten. Verpflichtungen hinsichtlich des väterlichen Erbes zwingen ihn bis 1924 mehr zu wirtschaftlichen als zu neuen künstlerischen Manövern.

1926 entwickelt sich Beechams beachtliche Tonträgerkarriere mit den ersten elektrischen Aufzeichnungen von Ouvertüren Mozarts sowie Beethovens 2. Sinfonie mit dem London Symphony Orchestra weiter; Aufsehen erregt ein Jahr später seine ungewohnt straff durchdirigierte (erste) »Gesamtaufnahme« von Händels *Messiah*.

1928–1930 übernimmt er – nach einer ersten Phase als Quasi-Leiter im Ersten Weltkrieg – als mehr oder minder ständiger Dirigent das London Symphony Orchestra.

1932 schafft er sich mit dem London Philharmonic Orchestra wieder einen eigenen Klangkörper: Das neue Orchester bereichert bald das britische Konzertleben sowie den Plattenmarkt um einen hervorstechenden Zyklus mit Mozarts Wiener Sinfonien. Beecham übernimmt zudem die künstlerische Leitung in Covent Garden bis zur kriegsbedingten Schließung im Jahr 1939.

1937 besucht er Berlin und produziert dort mit deutschsprachigen Sängern und den Berliner Philharmonikern (BPh) eine legendäre Aufnahme von Mozarts *Zauberflöte*. Das politisch Heikle seines Gastspiels kompensiert er nach seiner Rückkehr mit bissigem Humor.

1940–1945 setzt er mit einer schrittweisen Verlagerung seiner Aktivitäten in die USA seine Prioritäten auf eine möglichst ungestörte Fortsetzung seiner Dirigententätigkeit: Neben Gastspielen in New York und Philadelphia übernimmt er das Seattle Symphony Orchestra (1941–1944); seine Aufführungen französischer Opern an der Metropolitan Opera in New York im Jahr 1943 – *Carmen*, *Faust*, *Louise*, *Manon*, *Les Contes d'Hoffmann* – sind in Rundfunk-Livemitschnitten dokumentiert.

1946 folgt auf das Scheitern der von ihm zunächst angestrebten erneuten Zusammenarbeit mit dem London PO die Gründung eines weiteren Londoner Orchesters: des Royal Philharmonic Orchestra (vor 1946 bezeichnet dieser Name mitunter etwas irreführend das aus saisonalen Kräften zusammengestellte Orchester der Konzerte der Royal Philharmonic Society). Es gelingt ihm, die ersten Pulte dieses neuen Orchesters wieder mit herausragenden, ihm eng vertrauten Musikern zu besetzen und sein unverkennbar »funkelndes« Klangideal (engl. Topos: »sparkling«) zu dessen Markenzeichen zu machen.

1947 initiiert Beecham ein versöhnliches, den angereisten greisen Komponisten in London rehabilitierendes Richard-Strauss-Fest mit einer Reihe herausragender Konzerte, Opernaufführungen und Schallplattenprojekte.

1959–1960 unternimmt er Aufnahmeprojekte mit dem Orchestre National de la Radiodiffusion Française (u.a. Bizets *Carmen*) und eine anstrengende USA-Tournee; im Urlaub in Montreux erleidet er im Juni 1960 einen Schlaganfall, der weitere Arbeit unmöglich macht.

1961 stirbt er am 8. März in London an einem weiteren Schlaganfall.

Gerade angesichts der Dominanz, mit der Furtwängler und Toscanini als maßgebende Antipoden zwischen den beiden Weltkriegen dargestellt werden, wundert es nicht, dass auch die Briten mit Thomas Beecham einen hinsichtlich musikalischer Prägnanz und individueller Aura gleichwürdigen Vertreter ihrer Nation für die dirigentische Champions League reklamieren. Unzweifelhaft hat Beecham als zentrale Lichtgestalt des britischen Musiklebens die Spielkultur einheimischer Orchester im Laufe der 1920er-Jahre auf ein entsprechendes Niveau gehoben. Seine ersten Orchestergründungen und Opernaktivitäten fallen mit der Abschaffung des sogenannten Deputy-Systems – also des Usus der Orchestermusiker, je nach eigener Beschäftigungslage einfach Vertreter (Substituten) zu Proben wie auch zu Aufführungen zu schicken – zusammen. Durch die Bildung von Orchestern als festen Institutionen und deren Bindung an auratische Chefdirigenten war ein Schritt der qualitativen Konsolidierung getan, der zudem der Situation Rechnung trug, dass im Zuge der technischen wie wirtschaftlichen Weiterentwicklungen der Schallplatte die in London ansässigen Firmen nach konkurrenzfähigen Orchester- und Dirigentenleistungen vor Ort verlangten. Beecham erwies sich als fanatischer Studioarbeiter, der mit zunehmendem Alter über Monate und selbst über Jahresgrenzen hinweg mit seinen Orchestern an der Einspielung eines Werkes feilte (seine ausführlichen Annotationen in Partituren und Stimmen sind mit denen Willem Mengelbergs zu vergleichen).

Die individuellen Qualitäten seines Musizierens stechen in jeder seiner – in knapp fünfzig Jahren weit über fünfhundert Einzelprojekte umfassenden – Aufnahmen hervor: Die ihm wesentliche sorgfältigste Phrasierung von Melodie wie Begleitfiguren setzt ein recht offenes, jede Stimme deutlich abbildendes Gesamtklangbild voraus; die Tempi werden dabei für damalige Verhältnisse zügig gewählt (aber meist noch unter den heutigen Gewohnheiten und rasant nur bei Stücken, die auf Zurschaustellung von Orchestervirtuosität wirklich angelegt sind, wie etwa in den Konzertouvertüren von Berlioz: *Le Corsaire* war ein Glanzstück Beechams, wie auch die von ihm wieder ausgegrabenen Ouvertüren Méhuls). Der französische Begriff der »clarté« ist von Beecham für nachfolgende Dirigenten nachhaltig britisch definiert worden, betrifft er doch über Debussy (von dem er nur das *Prélude à l'après-midi d'un faune* und einige Tanzsätze einspielte) und Beechams historisch breit gestreute Liebe zum französischen Opern- und Sinfonie-Repertoire hinaus auch Frederick Delius' quasi impressionistisch kolorierte Klangtexturen. Am schillernden Funkeln der Streicher, der Plastizität jeder Bläser-Solostimme und Beechams für die Schallplatte perfektionierter Abmischung aller Klangebenen – was übrigens auch jeder Oper wie insbesondere den ersten Akten seiner berühmten *La Bohème* zugutekommt – hat sich sicherlich Herbert von Karajan in seiner Londoner Zeit beim Philharmonia Orchestra orientieren können, so sehr erinnern dessen Berlioz- und später noch die ersten Debussy-Aufnahmen mit den Berliner Philharmonikern (1964) an Beechams typische Klangszenerien.

Das Individuelle Beechams wird – jenseits der zweifellos von ihm maßgeblich mitgeprägten Aufführungsgeschichte der Sinfonik Mozarts, Haydns und Schuberts – vielleicht gerade auch an seinem Zugang zu Beethoven deutlich, über den er sich ähnlich gespalten hinsichtlich allgemeiner Überschätzung äußerte wie Glenn Gould über Mozart. Zwar gelten vor allem seine Live- und Studiodokumente der bevorzugten Sinfonien Nr. 2 und Nr. 7 sowie die einfühlsam ausgestaltete »kleine« C-Dur-Messe als seine Beethoven-Referenzen; es ist aber gerade die *Eroica*, die Beechams vielleicht extremste und gleichzeitig packendste Deutung erhält: Im Kopfsatz hat man tatsächlich den Eindruck, sich in einer als Sinfonie-Eröffnung breiter ausgewalzten Opernouvertüre eines vielleicht sogar nur zweitklassigen italienischen Komponisten zu befinden, so sehr findet Beecham Gefallen an den langen Steigerungspassagen, dem Orchesterschlag und der Dissonanz als Theatereffekten. Auch der Trauermarsch scheint als Bühnenmusik einer Oper Grétrys oder bereits Meyerbeers entlehnt. Das Scherzo schwankt zwischen Ballettsatz (mit einem Schuss *Nussknacker*-Klanglichkeit) und Aufbruch in eine zentrale pastorale Jagd-Idylle (angelehnt an *La Chasse du jeune Henri*, Méhuls Erfolgsstück von 1797, das Beecham wahrscheinlich häufiger aufgeführt hat als die *Eroica*). Beethovens Schlussvariationen, die wahrhaft sinfonisch Instrumentenfarben und Ausdruckscharaktere erkunden, finden sich quasi im Finale einer »Rettungsoper« zusammen, in dem alle Konflikte zuletzt heiter und triumphal aufgelöst werden. Beethoven als verkappter und womöglich in der falschen Gattung tätiger Operndramaturg – vielleicht die ironischste Sicht der *Eroica*, die jemals eingespielt wurde.

Tonträger

1928/29 DELIUS: *Brigg Fair* (His Symphony Orchestra; Columbia / Naxos Historical) ▪ **1934** MOZART: Sinfonie Nr. 41 KV 551 »Jupiter« (London PO; World Records Club / EMI) ▪ **1937/38** MOZART: *Die Zauberflöte* (Strienz, Berger, Lemnitz, Roswaenge, Hüsch, BPh; HMV / Nimbus u. a.) ▪ **1937/38–1939** SCHUBERT: Sinfonien Nr. 8 »Unvollendete« & 5 (London PO; Columbia / HMV) ▪ **1940** FRANCK: Sinfonie d-Moll (London PO; HMV / Documents) ▪ **1943** ELGAR: *Enigma Variations* / WAGNER: *Die Meistersinger von Nürnberg* [Vorspiele Akt 1 & 3] / Ouvertüre: *Der fliegende Holländer* / DELIUS: *On Hearing the First Cuckoo in Spring* (Seattle SO; Pristine) ▪ **1946/47** SIBELIUS: Sinfonie Nr. 2 (Royal PO; HMV / EMI) ▪ **1947** STRAUSS: Finalszenen aus *Ariadne auf Naxos* und *Elektra* (Cebotari, Friedrich, Field-Hyde / Schlüter, Schöffler, Welitsch, Royal PO; RCA / EMI / Naxos Historical) ▪ **1947/48** GOUNOD: *Faust* (Noré, Rico, Boué, Bourdin, Royal PO; RCA / Naxos Historical) ▪ **1948** DELIUS: *A Village Romeo and Juliet* (Soames, Dyer, Ritchie, Clinton, Royal PO; HMV / EMI) ▪ **1951–1952/53** BEETHOVEN: Sinfonie Nr. 3 »Eroica« / Ouvertüre: *Coriolan* (Royal PO; CBS / Sony) ▪ **1953/54** BERLIOZ: Te Deum / Ouvertüren: *Waverley* / *Les Francs-Juges* / *King Lear* / *Le Carnaval romain* / *Le Corsaire* (Alexander Young, London Philharmonic Choir, Royal PO; CBS / Sony) ▪ **1956** PUCCINI: *La Bohème* (de los Angeles, Björling, Merrill, Amara, RCA Victor SO; HMV / RCA / EMI) ▪ **1957–1959** HAYDN: »Londoner« Sinfonien Hob. I: 93–104 (Royal PO; HMV / EMI) ▪ **1959** HÄNDEL: *Messiah* [Orchestration: Goossens] (Vyvyan, Sinclair, Vickers, Tozzi, Royal PO & Chorus; RCA) ▪ **1959** *British National Anthem* »God save the Queen« [Arrangement: Elgar] / MENDELSSOHN: Ouvertüre: *Die schöne Melusine* / ADDISON: *Carte Blanche* [Ballet Suite] / BEETHOVEN: Sinfonie Nr. 7 / Zugaben [»Lollipops«] von SAINT-SAËNS / DEBUSSY / GOUNOD [Mitschnitt eines der letzten, typischen Beecham-Konzerte] (Royal PO; BBC Legends)

Schriften
A Mingled Chime: Leaves from an Autobiography, London 1944 ▪ Frederick Delius, London 1959

Literatur
Charles Reid, Thomas Beecham. An Independent Biography, London 1961 ▪ Humphrey Procter-Gregg (Hrsg.), Beecham Remembered, London 1976 ▪ Alan Jefferson, Sir Thomas Beecham: A Centenary Tribute, London 1979 ▪ Michael H. Gray, Beecham: A Centenary Discography, London 1979 ▪ John Hunt, Musical Knights: Wood, Beecham, Boult, Barbirolli, Goodall, Sargent, London 1995 ▪ Michael H. Gray, Discography of the Recordings of Sir Thomas Beecham, Falling Waters 1997 [Beecham Society Limited Edition] ▪ John Lucas, Thomas Beecham: An Obsession with Music, Woodbridge 2008

HAH

Beinum, Eduard van

1900 am 3. September in Arnheim geboren.
1919–1923 studiert er am Amsterdamer Konservatorium Klavier, Musiktheorie und Komposition (u. a. bei Bernard Zweers) und beginnt danach zunächst eine Laufbahn als Pianist.
1927–1931 leitet er die Haarlemsche Orkest-Vereeniging. Im Jahr 1927 heiratet er die Violinistin Sepha Jansen.
1929 dirigiert er am 30. Juni erstmals das Concertgebouworkest.
1931 wird er dort als Nachfolger von Cornelis Dopper Zweiter Dirigent neben Willem Mengelberg.
1938 erhält er beim Concertgebouworkest die Position eines Ersten Dirigenten; infolge des gegen Mengelberg erhobenen Dirigierverbots wird er schließlich im Jahr 1945 alleiniger Chefdirigent.
1949–1951 leitet er zusätzlich das London Philharmonic Orchestra.
1954 wechselt van Beinum von der englischen Decca zum wenige Jahre zuvor etablierten holländischen Label Philips, das zuvor vor allem mit Willem van Otterloo zusammengearbeitet hatte. Er debütiert im selben Jahr beim Philadelphia Orchestra in den USA.
1957–1958 bleibt seine Zeit als Leiter des Los Angeles Philharmonic Orchestra aufgrund zunehmender gesundheitlicher Probleme auf lediglich zwei längere Konzertserien beschränkt.
1959 stirbt er am 13. April bei einer Probe von Brahms' 1. Sinfonie in Amsterdam an einem Herzinfarkt.

Eduard van Beinums Aufnahmen werden üblicherweise die Attribute »nüchtern«, »objektiv« oder im schlimmsten Fall »unpersönlich« angeheftet. Im direkten Vergleich mit seinem Vorgänger Willem Mengelberg hat er das Concertgebouworkest rasch und radikal an jene anti-romantische Wende angepasst, die einen bis heute dominanten Mainstream etablierte. Eine persönliche Note besitzen seine Aufnahmen vor allem aus zwei Gründen: Erstens bewahrt van Beinum den virtuosen und schroffen Blechbläserklang des Orchesters, der so die Hauptattraktion etwa in seinen frühen Bartók-Aufnahmen darstellt. Auch bei Bruckner, den van Beinum als Ergänzung zu Mengelbergs Mahler-Zentriertheit besonders regelmäßig dirigiert hat – und zwar auch im Sinne regelhaft-rascher Tempi –, werden nicht nur in der Finalfuge der 5. Sinfonie manche eher unterprofilierte Einwürfe der Streicher von der Steigerungskurve hin zum krönenden Blecheinsatz geadelt. Als zweite persönliche Note wäre van Beinums ausgesprochenes Talent zu erwähnen, der alten Tugend der Phrasierung nach der Rodung der melodischen Agogik neue Reservate in der rhythmischen Gestaltung zu gewähren. Rimski-Korsakows *Scheherazade* zeigt dies mustergültig, wenn eine selbst in den Solopassagen der Violine bewahrte rigorose Tempokonstanz moderne »Großraumwagen« der musikalischen Form etabliert; zum anderen achtet van Beinum darauf, starre Details wie eine im ersten Satz potenziell entnervend oft eingesetzte Zweitonfigur durch die mal verschluckte, mal scharf modellierte Auftaktnote zu variieren (ist es Di-Da, Diii-Da oder Di-Daaa?). Auch die Musik Debussys profitiert von einer solch genauen Zeichnung der für den Komponisten typischen Kombination langer elegischer und kurzer motorischer Rhythmen: In *La Mer* wird die gedämpfte Trompete nicht als schemenhaft diffuser, sondern als wie Fossilgestein gehärteter Grundklang eingesetzt, der ähnlich wie in Brittens »Sea Interludes« aus *Peter Grimes* eher die gezackte Felsenküste als die spiegelglatte Wasseroberfläche abbildet. Eduard van Beinum besaß die Tugend, selbst noch einige Meter unter dem Meeresspiegel für einen musikalisch festen Boden unter den Füßen zu sorgen.

Tonträger
1947 Bach: Klavierkonzert d-Moll BWV 1052 [Arrangement: Busoni] (Dinu Lipatti, Concertgebouworkest; EMI) ▪ **1953** Britten: Four Sea Interludes & Passacaglia

aus *Peter Grimes* (Concertgebouworkest; Decca u. a.) ▪ **1954/57** DEBUSSY: *Images / La Mer / Nocturnes* (Concertgebouworkest; Philips) ▪ **1956** RIMSKI-KORSAKOW: *Scheherazade* (Jan Damen, Concertgebouworkest; Philips / IMG Artists) ▪ **1959** BRUCKNER: Sinfonie Nr. 5 [Ed. Nowak] (Concertgebouworkest; Philips / Decca)

Literatur
Bart van Beinum, Eduard van Beinum. Over zijn leven en werk, Bussum 2000 ▪ Truus de Leur, Eduard van Beinum 1900–1959. Musicus tussen musici, Bussum 2004 [Repertoireverzeichnis und Diskografie]

JCA

Bělohlávek, Jiří

1946 am 24. Februar in Prag geboren. Er sammelt erste musikalische Erfahrungen im Kinderchor; später studiert er Cello am Konservatorium und der Kunstakademie Prag, konzentriert sich aber bald auf die Ausbildung als Dirigent.

1968 lädt ihn Sergiu Celibidache bei einem Meisterkurs in Prag ein, seine Assistenz zu übernehmen; diese Zusammenarbeit prägt sein musikalisches Denken.

1972–1978 übernimmt Bělohlávek seine erste Stelle als Chefdirigent beim Philharmonischen Orchester Brünn.

1977–1989 leitet er das Prague Symphony Orchestra.

1992 quittiert er nach wenig mehr als einem Jahr die Zusammenarbeit mit der Tschechischen Philharmonie (Czech PO), nachdem das Orchester Gerd Albrecht zum Chefdirigenten gewählt hatte.

1994 gründet er die Prague Philharmonia (auch unter dem Namen Prager Kammerphilharmonie bekannt), an deren Spitze er bis 2005 steht.

1995–2000 ist er Erster Gastdirigent des BBC Symphony Orchestra.

2006–2012 übernimmt er die Leitung des britischen Orchesters und wird nach Ablauf der Zusammenarbeit für seine Verdienste mit dem Titel Commander of the British Empire geehrt.

2012 kehrt der international gefragte Dirigent, der u. a. regelmäßig mit den Berliner Philharmonikern arbeitet und Erfolge an der Metropolitan Opera in New York feiert, an seine vor zwanzig Jahren frühzeitig aufgegebene Wirkungsstätte bei der Tschechischen Philharmonie zurück.

2013 wird er Erster Gastdirigent beim Rotterdam Philharmonic Orchestra.

Als das BBC Symphony Orchestra, ein insbesondere mit zeitgenössischer Musik vertrauter Klangkörper, nach einem Chefdirigenten suchte, um unter dessen Leitung die Klangkompetenz für romantische Sinfonik zu erweitern, fiel die Wahl nicht von ungefähr auf Jiří Bělohlávek. Dieser schulte das Klangempfinden des Orchesters nicht zuletzt mit Werken, für die er seit seinen Anfängen auf internationalen Podien mit großem Engagement eintritt: der Musik seiner tschechischen Heimat. Neben Dvořák und Janáček verweist Bělohlávek mit Nachdruck auf das Schaffen von Josef Suk und Bohuslav Martinů. Er sensibilisiert das Orchester für einen warmen, sonoren Klang, der auf einem tragfähigen Bassfundament der Streicher aufbaut. Die Blechbläser werden in dessen homogene Klangfülle eingebettet, selbst starke Akzente lässt er, etwa in Dvořáks 9. Sinfonie, mit weichem Tonkopf ansetzen, um klangliche Härten zu vermeiden. Bělohlávek favorisiert, auch im Fall einer kammerorchestralen Besetzungsstärke, einen dunkel grundierten Klang, der durch prominente Holzbläserfarben zusätzlich schattiert wird. So verleiht er dem Larghetto von Beethovens Violinkonzert, das er mit Isabelle Faust eingespielt hat, besondere Wärme. Deutlichkeit der Struktur, insbesondere in der plastischen Gestaltung linearer Mehrstimmigkeit, und eine Phrasierung, die melodische Verläufe betont sanglich gestaltet, werden auch in seinen Brahms-Einspielungen miteinander verbunden. Die jugendstilhaft aufrauschenden Orchesterfarben von Suks *Ein Sommermärchen* lässt Bělohlávek in ihrer ganzen Opulenz schillern; gleichzeitig wird der große Bogen dieser dramaturgisch heiklen, da eigentlich handlungslosen Sinfonischen Dichtung ebenso überzeugend nachgezeichnet wie deren intrikate Mehrstimmigkeit, die in den opaken Klangtexturen allzu leicht vernebelt wird. Bělohláveks kantabel ausgerichteter Zugang vermeidet in den Klavierkonzerten Beethovens mit Paul Lewis scharfe Kontraste und baut auf einen in sich geschlossenen, kompakten, aber stets warmen Grundklang. Die langsamen Sätze der Sinfonien von Bohuslav Martinů werden zu elegischen sinfonischen Bildern geweitet, doch die zackige Motorik etwa der *Toccata e due canzoni* wird durch diese Betonung des Melodischen etwas eingeebnet. Seine Gesamteinspielung der Sinfonien aber weist dieses Manko kaum mehr auf.

Tonträger

1986 MARTINŮ: *Der trampelnde Schmetterling* (Kühn Mixed Chorus, Prague SO; Supraphon) ▪ **1991/92** SUK: *Asrael-Sinfonie / Pohádka [Märchen] /* Serenade für Streicher (Czech PO; Chandos) ▪ **2005** MOZART: Sinfonien Nr. 35 KV 385 »Haffner« & 36 KV 425 »Linzer« (Prague Philharmonia; HMF) ▪ **2009/10** MARTINŮ: Sinfonien Nr. 1–6 (BBC SO; Onyx) ▪ **2011** SMETANA: *Die verkaufte Braut* (Burešová, Juhás, BBC SO & Singers; HMF)

Bildmedien

2011 SMETANA: *Má vlast [Mein Vaterland]* (SO des Prager Konservatoriums; Supraphon)

Webpräsenz

http://jiribelohlavek.com (↪0010)

TOP

Berglund, Paavo

1929 am 14. April in Helsinki geboren, studiert er an der Sibelius-Akademie in Helsinki und in Wien Violine.

1949 erhält er eine Anstellung beim Finnischen Radio-Sinfonieorchester in der Gruppe der Ersten Violinen.

1952 ist er Mitbegründer des Kammerorchesters Helsinki; ab 1955 wird er Assistent von Nils-Eric Fougstedt und als dessen Nachfolger 1962 auch Chefdirigent des Finnischen Radio-Sinfonieorchesters (bis 1971).

1970 erste Sibelius-Aufnahmeprojekte mit dem Bournemouth Symphony Orchestra (Weltersteinspielung der *Kullervo*-Sinfonie für EMI) und dem Berliner Rundfunk-Sinfonieorchester (6. Sinfonie).

1972–1979 ist er Nachfolger von Constantin Silvestri als Chefdirigent des Bournemouth Symphony Orchestra, mit dem er 1965 in England anlässlich des 100. Geburtstages von Sibelius debütiert hat und nun seine erste Gesamteinspielung von dessen Sinfonien und vieler Tondichtungen vorlegt.

1975–1979 leitet er auch das Helsinki Philharmonic Orchestra, dem er anschließend als Emeritus durch Aufnahmeprojekte verbunden bleibt (»digitaler« Zyklus der Sibelius-Sinfonien einschließlich *Kullervo* ab 1984 für EMI).

1987 übernimmt er für vier Jahre die Leitung des Royal Stockholm Philharmonic Orchestra.

1993–1998 leitet er das Royal Danish Orchestra (Kopenhagen), mit welchem er ab 1987 bereits für das Label RCA einen Zyklus der Sinfonien von Carl Nielsen eingespielt hat. Kurz vor der Jahrtausendwende fallen seine letzten großen Aufnahmeprojekte mit dem Chamber Orchestra of Europe (COE): zum dritten Mal die Sibelius-Sinfonien sowie erstmals die Sinfonien von Brahms, die in ihrer konstruktivistisch anmutenden Luzidität eine diskografische Sonderstellung einnehmen.

2007 beendet er – nach weltweiten Einladungen als Gastdirigent (u. a. Berliner Philharmoniker 1988 und 2003) – seine aktive Laufbahn mit einem Konzert in Paris, dessen Programm seine Lieblingskomponisten Brahms und Sibelius nochmals kombiniert.

2012 stirbt er am 25. Januar in Helsinki.

Lebenslang ist Paavo Berglund den Werken seines Landsmanns Jean Sibelius in besonderer Weise verbunden gewesen: Noch während seiner Assistentenzeit erhielt er eine lobende Notiz des Komponisten nach einer Aufführung der 6. Sinfonie und besuchte ihn auf dessen Ruhesitz Ainola. Sein Einsatz für das frühe vokalsinfonische Epos *Kullervo*, dessen Aufführung Sibelius nach den ersten Aufführungen 1892 bzw. 1893 bis zu seinem Tode untersagt hatte, ist ebenso nachhaltig gewesen wie seine Revisionen der 7. Sinfonie, an deren kritischer Edition in der Gesamtausgabe Berglund maßgeblich beteiligt war. Sibelius' Frage an den Dirigenten, ob er auch Werke von Schönberg spiele, scheint bezeichnend für Berglunds Klangästhetik, deren Entwicklung in den drei Gesamtaufnahmen der Sinfonien nachvollzogen werden kann: Berglund setzte den in den 1950er- und 1960er-Jahren eher am Pathos orientierten Sibelius-Inszenierungen älterer Dirigenten in Skandinavien sowie einer britischen Tradition (Thomas Beecham, John Barbirolli und Herbert von Karajan während seiner Zeit mit dem Philharmonia Orchestra) eine sachlichere und in der Bläserbehandlung harschere Lesart entgegen, die das dichte motivische Gefüge ostinater und kontrapunktischer Entwicklungen sowie die instrumental aufgespaltene klangliche Faktur als Momente der Moderne zur Geltung bringt. Insbesondere in Berglunds späten Aufnahmen mit dem Chamber Orchestra of Europe werden vermeintlich Naturhaftes spiegelnde Streicher-Effekte wie die »Windschleifen« im Poco-rallentando-Abschnitt der 7. Sinfonie oder auch die Erhabenheit des finalen »Schwanen-Themas« der Fünften unterlaufen durch eine in moderaten Tempi überraschend nüchtern und analytisch das motivische Geschehen nachzeichnende Klangdramaturgie. Selbst in dieser Kammerfassung der Siebten beeindruckt allerdings der zentrale, hier fast historistisch vibratoarme Adagio-Streichergesang (in der letzten Live-Aufnahme seines Paradestücks 2003 mit dem London Philharmonic Orchestra erklingt dieser Abschnitt wieder im gewohnteren »Breitwand-Sound«). Kennzeichnend für die früheren Sibelius-Zyklen aus Helsinki und vor allem Bournemouth, aber auch für viele weitere Berglund-Aufnahmen ist ein mitunter gezielt rücksichtsloser Blechbläser-Einsatz gegenüber den klanglich zurücktretenden (und nicht immer auf hohem Niveau spielenden) Streichern. Mit welcher Brutalität Berglund dynamische und rhythmische Kontraste inszenieren konnte, machen stärker noch seine kompromisslosen Einspielungen der 4. und 6. Sinfonie von Ralph Vaughan Williams deutlich, die diesen oftmals weichgezeichneten Komponisten als Klassiker der Moderne zu retten suchen. Dass Berglund gerade originelle Klangschichtungen zu durchsichtigen Darstellungen ihrer kontrapunktischen und motorischen Bewegung reizen, zeigen schließlich einige wenige Aufnahmen seiner bevorzugten finnischen Komponisten aus der Generation nach Sibelius: Joonas Kokkonens Sinfonien oder Einar Englunds *Epinikia* [*Siegesgesänge*], die keineswegs blind einer dodekaphonen Moderne folgen, sondern vielmehr durch eine Art »sinnlichen« Konstruktivismus gekennzeichnet sind, der Berglunds Musikverständnis entgegenkommt.

In Berglunds Programmen und seiner Diskografie sind klassische und frühromantische Werke eher eine Seltenheit. Beachtung verdienen u. a. die Klavierkonzerte Schumanns und Griegs mit dem eher kraftvollen als lyrischen Briten John Ogdon, deren Begleitung bei Berglund im Hinblick auf die klangliche Prägnanz episodenhafter Szenerien und sinnfällige Temporelationen keine Wünsche offen lässt. Gleiches gilt für Smetanas *Mein Vaterland* als prägnante Prä-Sibelius-Synthese aus Landschafts- und Orchesterstudien. In der (und damit auch: zu der) Rolle des großen Sibelius-Dirigenten verpflichtet von nahezu allen großen Orchestern der Welt, ist Paavo Berglund ein etwa von Simon Rattle und Osmo Vänskä hoch geschätztes Vorbild für eine explizit moderne Schule der Sibelius-Interpretation.

Tonträger
1970 Sibelius: *Kullervo* op. 7 (Bournemouth SO; EMI) ▪ **1971** Grieg / Schumann: Klavierkonzerte (John Ogdon, New PhO; EMI) ▪ **1972–1977** Sibelius: Sinfonien Nr. 1–7 (Bournemouth SO; EMI) ▪ **1974** Vaughan Williams: Sinfonie Nr. 6 / Oboenkonzert (John Williams, Bournemouth SO; EMI) ▪ **1977** Britten / Walton: Violinkonzerte (Ida Haendel, Bournemouth SO; EMI) ▪ **1978** Smetana: *Má vlast* [*Mein Vaterland*] (Staatskapelle Dresden; EMI) ▪ **1979** Vaughan Williams: Sinfonie Nr. 4 (Royal PO; EMI) ▪ **1994–1996** Kokkonen: Sinfonien Nr. 1 & 4 / … *durch einen Spiegel* … (Finnisches RSO; Ondine) ▪ **1995/96** Sibelius: Sinfonien Nr. 7 & 5 (COE; Finlandia) ▪ **2003/05** Sibelius: Sinfonien Nr. 7 & 2 (London PO; LPO)

Schriften
A Comparative Study of the Printed Score and the Manuscript of the Seventh Symphony of Sibelius, Turku 1970

Literatur
Tero-Pekka Henell, Eyes of Fire – Paavo Berglund, Conductor, in: Finnish Musical Quarterly 4/1 (1988), S. 61–64

HAH

Bernstein, Leonard

1918 am 25. August in Lawrence (Massachusetts) geboren als erstes Kind russisch-jüdischer Einwanderer; er bekommt ab 1928 Klavierunterricht und studiert ab 1930 am New England Conservatory of Music, dann ab 1932 bei Helen Coates.

1935 Beginn des Studiums an der Harvard University mit Klavierunterricht bei Heinrich Gebhard und Studien bei A. Tillman Merritt und Walter Piston.

1937 lernt er Dimitri Mitropoulos und Aaron Copland kennen. Außerdem erster Auftritt als Klaviersolist mit Ravels Klavierkonzert G-Dur.

1939 macht er seine Abschlussprüfung in Harvard, gefolgt von einem Studium bis 1941 am Curtis Institute in Philadelphia (Klavier: Isabelle Vengerova; Instrumentation: Randall Thompson; Dirigieren: Fritz Reiner).

1942 Nach einem früheren Dirigierkurs bei Serge Koussevitzky am Berkshire Music Center (1940) wird er nun dessen Assistent in Tanglewood. Er komponiert seine erste Sinfonie *Jeremiah* für Mezzosopran und Orchester.

1943 wird er von Artur Rodziński zum assistierenden Dirigenten der New Yorker Philharmoniker berufen. Am 14. November springt Bernstein kurzfristig für den erkrankten Bruno Walter ein. Er feiert einen sensationellen Erfolg und wird in den USA schlagartig bekannt.

1944 erfolgen Premieren seiner Kompositionen *Jeremiah* und *Fancy Free* sowie zahlreiche Dirigate der wichtigsten amerikanischen und kanadischen Orchester (gelegentlich dirigiert Bernstein am Klavier).

1945–1947 wird er in der Nachfolge von Leopold Stokowski Leiter des New York City Symphony Orchestra.

1946 erster Auftritt als Dirigent in Europa: Bernstein dirigiert die Tschechische Philharmonie anlässlich des ersten Festivals »Prager Frühling« und anschließend das London Philharmonic Orchestra. Sein Dirigierstil stößt auf harsche Kritik.

1947 erstes Dirigat des Palestine Orchestra (ab 1948 Israel Philharmonic Orchestra): Bernstein lehnt die ihm angebotene Position des Chefdirigenten ab, dirigiert aber im Oktober 1948 während des Unabhängigkeitskrieges über 40 Konzerte in Palästina.

1951 geht er mit dem Israel Philharmonic Orchestra auf USA-Tournee. Als Nachfolger von Koussevitzky wird er Leiter der Dirigentenklasse in Tanglewood.

1953 Bernstein dirigiert als erster amerikanischer Dirigent an der Mailänder Scala (Cherubinis *Medea* mit Maria Callas).

1954 konzipiert er seine erste Fernsehsendung in der Reihe »Omnibus« (mit der Symphony of the Air).

1957 wird *West Side Story* in New York uraufgeführt.

1958 wird Bernstein – nach einem Jahr als Ko-Direktor – Chefdirigent der New Yorker Philharmoniker; er beginnt mit der Reihe »Young People's Concerts«.

1959 startet ein langjähriger Vertrag mit Columbia Records (später CBS).

1964 dirigiert er Verdis *Falstaff* an der Metropolitan Opera, mit dem er 1966 auch an der Wiener Staatsoper debütiert.

1967 gibt er nach dem Ende des Sechstagekrieges ein Konzert mit dem Israel Philharmonic Orchestra auf dem Mount Scopus.

1969 erfolgt sein Rücktritt von der Leitung der New Yorker Philharmoniker nach insgesamt 939 Konzerten und die Ernennung zum »Laureate Conductor«, als der er dem Orchester verbunden bleibt.

1973 Ernennung zum Charles Eliot Norton Professor of Poetry an der Harvard Universität: Bernstein hält sechs Vorträge unter dem Titel *The Unanswered Question*.

1979 erfolgt mit einer Aufführung von Mahlers 9. Sinfonie Bernsteins einziger Auftritt mit den Berliner Philharmonikern.

1982 wird er künstlerischer Direktor des Los Angeles Philharmonic Institute.

1984 entsteht für die DGG eine auch auf Video dokumentierte Studioaufnahme von *West Side Story*.

1985 geht er auf eine »Journey for Peace« mit dem European Community Youth Orchestra (u. a. nach Hiroshima).

1987 gibt er Dirigentenkurse in Salzau beim Schleswig-Holstein Musik Festival.

1989 dirigiert er zweimal Beethovens 9. Sinfonie als »Freedom Concert« in Berlin anlässlich des Falls der Berliner Mauer.

1990 gründet er das Pacific Music Festival in Sapporo. Am 14. Oktober stirbt Bernstein in New York.

Bernstein war eine Musikerpersönlichkeit, die in ihrer Vielseitigkeit mit Recht als universal bezeichnet werden kann. Von seinen Aktivitäten als Lehrer, Musikvermittler, Musikdenker, Pianist, Musikorganisator und Komponist bildet jedoch, sieht man einmal von der *West Side Story* ab, sein monumentales, in Ton- und Filmaufnahmen überliefertes dirigentisches Œuvre den Kern seines künstlerischen Vermächtnisses. Die Personalunion von Dirigent und Komponist hat Bernstein angesichts der Schwierigkeit, beide Tätigkeiten auszubalancieren, gelegentlich als belastend empfunden. Er war der erste Dirigent, der ab 1954 die Bedeutung der visuellen Medien für die Möglichkeiten der Musikdarbietung entdeckte und nutzte. Kein Dirigent hat seine Kunst so konsequent mit seinem politischen und sozialen Engagement verknüpft und dazu auch Konzerte an historischen Brennpunkten veranstaltet (zuletzt 1989 spektakulär anlässlich des Mauerfalls in Berlin). Kennzeichnend für Bernsteins Mediennutzung ist die fehlende Scheu, auch verstärkt Live-Aufnahmen zu dokumentieren.

Mit dem New York Philharmonic Orchestra, dem Boston Symphony Orchestra, dem Israel Philharmonic Orchestra und ab 1966 den Wiener Philharmonikern war Bernstein am engsten verbunden. Als er 1958 Chefdirigent der New Yorker Philharmoniker wurde, besaß er den Nimbus, in dieser Position der erste gebürtige und auch in den USA musikalisch sozialisierte Amerikaner zu sein. Gleichwohl war Bernstein über seine drei Lehrer Dimitri Mitropoulos, Fritz Reiner und Serge Koussevitzky mit europäischen Traditionen verbunden. Besonders inspiriert hat Bernstein gewiss Mitropoulos, mit dem er nicht nur einen temperamentvollen, leidenschaftlichen, explosiv-expressiven und deswegen bisweilen heftig verurteilten Dirigierstil teilte, sondern auch die Vorliebe zum taktstocklosen Dirigat (bis zur Übernahme der New Yorker Philharmoniker) und die gelegentliche Personalunion als Klaviersolist und Dirigent (vor allem mit Ravels Klavierkonzert G-Dur, Gershwins *Rhapsody in Blue* und Mozarts Klavierkonzert G-Dur KV 453).

Mit dem New York Philharmonic Orchestra übernahm er ein Orchester, dessen Spielkultur nach allgemeiner Kritikermeinung Defizite aufwies. In nur wenigen Jahren formte er es zu einem internationalen Spitzenensemble.

Zugleich profilierte er das Orchester durch eine Neuausrichtung des Repertoires, dessen Schwerpunkt in den ersten Jahren Werke amerikanischer Komponisten bildeten, ergänzt durch Werke zeitgenössischer europäischer Komponisten. Bernstein dirigierte zahlreiche Welturaufführungen: u. a. Olivier Messiaens *Turangalîla-Sinfonie* (1949), Charles Ives' 2. Sinfonie (1951; ein halbes Jahrhundert nach der Entstehung) und Hans Werner Henzes 5. Sinfonie (1963). Zudem ist er der Widmungsträger von Luciano Berios *Sinfonia*. Ab der Saison 1959/60 rückten in New York die Werke Gustav Mahlers ins Zentrum, wobei Bernsteins Programmkonzeption der Vielfalt der Mahler-Interpretation Rechnung trug: Von 144 Mahler-Aufführungen in der Ära Bernstein wurden 59 von Gastdirigenten geleitet (Barbirolli, Krips, Mitropoulos, Solti, Steinberg, Walter). Bernsteins am häufigsten dirigierte Mahler-Sinfonien waren die Erste, Zweite und Fünfte. Er spielte zudem den ersten kompletten Zyklus der Sinfonien Mahlers auf Tonträgern ein (1960–1967 für die CBS). Ein zweiter Mahler-Zyklus für die Deutsche Grammophon Gesellschaft umfasst Aufnahmen aus den Jahren 1974 bis 1988. Nach 1970 verengte sich Bernsteins Repertoire zunehmend auf die klassisch-romantische europäische Musik, wobei er sich seit den 1960er-Jahren auch den Werken von Carl Nielsen und Jean Sibelius zuwandte.

Bernstein ist vor allem ein Konzertdirigent. Als Operndirigent trat er nur mit wenigen Werken, vergleichsweise selten und vor allem in Wien in Erscheinung. Eine Besonderheit stellt dabei seine konzertante Einspielung von Richard Wagners *Tristan und Isolde* im Jahr 1981 in München dar: Das Werk wurde, um den Sängern bestmögliche Voraussetzungen zu bieten, aktweise auf drei Konzerte aufgeteilt. Die Aufnahme selbst wurde aus Konzert- und Probenmitschnitten zusammengesetzt.

Bernstein ist Ausdrucksmusiker par excellence und steht damit in der »Espressivo«-Tradition. Darauf deutet nicht nur sein Dirigierstil, sondern auch seine Praxis, mittels anschaulicher Metaphern die interpretatorische Phantasie seiner Musiker zu lenken. Der gelegentlich bis ins Exzessiv-Persönliche gesteigerte Ausdruckswille, der sich in Bernsteins Interpretationen insbesondere der Werke Mahlers und Tschaikowskys manifestiert, gründet wohl auch in der Tatsache, dass Bernstein sich mit dem Lebensschicksal der beiden Komponisten stark identifizierte. Bernsteins Espressivo äußert sich signifikant in den starken Tempomodifikationen, die exemplarisch gerade auch an seinen Einspielungen der Werke der Wiener Klassik zu beobachten sind: Musikalische Charakterwechsel und zentrale Formeinschnitte markierende Kadenzbildungen sind fast immer mit deutlichen Tempoänderungen verbunden. Kennzeichnend für den »späten Bernstein« ist die Tendenz zu drastisch verlangsamten Tempi; so steigerte sich die Dauer des Finalsatzes in seinen Einspielungen von Tschaikowskys *Pathétique* von 11:38 Minuten (1964) auf 17:12 Minuten (1986).

Tonträger

1951 IVES: Sinfonie Nr. 2 (New York PO; NYP Special Edition) ▪ **1958** STRAWINSKY: *Le Sacre du printemps* (New York PO; CBS / Sony) ▪ **1959/65** SCHOSTAKOWITSCH: Sinfonien Nr. 5 & 9 (New York PO; CBS / Sony) ▪ **1960–1966** SCHUMAN: Sinfonien Nr. 3, 8 & 5 »Symphony for Strings« (New York PO; CBS / Sony) ▪ **1960–1967** MAHLER: Sinfonien 1–9 (New York PO, London SO; CBS / Sony) ▪ **1962/65** NIELSEN: Sinfonie Nr. 5 & 3 »Espansiva« (New York PO, Royal Danish Orchestra; CBS / Sony) ▪ **1971** STRAUSS: *Der Rosenkavalier* (Ludwig, Jones, Berry, Popp, Domingo, WPh; CBS / Sony) ▪ **1976** MILHAUD: *La Création du monde / Le Bœuf sur le toit / Saudades do Brasil* (ONF; EMI) ▪ **1978** BEETHOVEN: Sinfonien Nr. 1 & 7 (WPh; DGG) ▪ **1981** WAGNER: *Tristan und Isolde* (Behrens, Hoffmann, Minton, Sotin, Weikl, SO des BR; Philips) ▪ **1981/82** BRAHMS: Sinfonien Nr. 1–4 (WPh; DGG) ▪ **1986** TSCHAIKOWSKY: Sinfonie Nr. 6 »Pathétique« (New York PO; DGG)

Bildmedien

1971–1976 MAHLER: Sinfonien Nr. 1–10 »Adagio« / *Das Lied von der Erde* (René Kollo, Christa Ludwig, London SO, WPh, Israel PO; DGG) ▪ Young People's Concerts (DVD-Edition; Kultur 1960–1972) ▪ Leonard Bernstein: Reflections (Dokumentation von Peter Rosen; Medici Arts 1978) ▪ The Making of West Side Story (DGG 1984) ▪ Leonard Bernstein. The Gift of Music: An Intimate Portrait (Dokumentation von Horant H. Hohlfeld; DGG 1993)

Kompositionen

Symphony No. 1 »Jeremiah« [1942] (Jennie Tourel, New York PO; CBS/Sony 1961) ▪ *The Age of Anxiety* [Symphony No. 2 for Piano and Orchestra, 1949, rev. 1965] (Philippe Entremont, New York PO; CBS/Sony 1965) ▪ *Serenade after Plato's Symposium* [1954] (Gidon Kremer, Israel PO; DGG 1979) ▪ *West Side Story* [Musical, 1957] (Carreras, Te Kanawa, Troyanos, Studio Orchestra; DGG 1984) ▪ *Candide* [Comic Operetta, 1958, rev. 1976] (Hadley, Anderson, London SO; DGG 1989) ▪ *Mass* [Theatre Piece for Singers, Players & Dancers, 1971] (Alan Titus, Norman Scribner Choir, Berkshire Boy Choir, Orchestra of the Original Production; CBS/Sony 1971)

Schriften

The Joy of Music, New York 1959 [Freude an der Musik, übs. von Kora Tenbruck, Stuttgart 1961] ▪ The Infinitive Variety of Music, New York 1966 [Von der unendlichen Vielfalt der Musik, übs. von Else Winter, Tübingen 1968] ▪ The Unanswered Question, Cambridge, Mass. 1981 [Musik, die offene Frage, übs. von Peter Weiser, München 1981] ▪ Findings, New York 1982 [Erkenntnisse: Beobachtungen aus 50 Jahren, übs. von Peter Weiser, Hamburg 1983]

Literatur

Harold C. Schonberg, Die großen Dirigenten, übs. von Hildegard Weber, Bern 1970, S. 321–328 ▪ Paul Robinson, Bernstein, London 1982 ▪ Peter Gradenwitz, Leonard Bernstein. Unendliche Vielfalt eines Musikers, München 1993 ▪ Humphrey Burton, Leonard Bernstein, übs. von Harald Stadler, München 1994 ▪ Paul R. Laird, Leonard Bernstein. A Guide to Research, New York 2002 ▪ Burton Bernstein / Barbara B. Haws, Leonard Bernstein. American Original, New York 2008 ▪ Jonathan Cott, Leonard Bernstein. Kein Tag ohne Musik, übs. von Susanne Röckel, München 2012

Webpräsenz

http://memory.loc.gov/ammem/collections/bernstein/ (↪0011)
www.leonardbernstein.com [Bibliografie und Diskografie] (↪0012)

AEH

Bertini, Gary

1927 am 1. Mai in Briceva (im heutigen Moldawien) geboren. Nach der Emigration nach Palästina studiert er dort Violine und Komposition; an den Konservatorien von Mailand und Paris vervollständigt er seine Ausbildung.

1955 gründet er in Israel den Rinat Chor,

1965 das Israel Chamber Ensemble. In diesen Jahren erlangt er auch als Komponist zahlreicher Theatermusiken Bekanntheit.

1977–1987 verzeichnet ihn das Jerusalem Symphony Orchestra als Musikdirektor.

1983–1991 leitet er das Kölner Rundfunk-Sinfonie-Orchester, nachdem er zuvor vor allem als Operndirigent sehr gefragt war (als unermüdlicher Förderer israelischer Musik, u. a. der Opern von Josef Tal, und nach anfänglichen Vorbehalten seinerseits auch in Deutschland, auf Einladung von Rolf Liebermann).

1987 übernimmt er die Nachfolge Michael Gielens an der Frankfurter Oper; seine durch den Niederbrand der Spielstätte und Konflikte mit dem Orchester eher schwierige Amtszeit beendet er durch Kündigung 1990.

1994 beginnt seine Tätigkeit als Direktor der New Israel Opera.

1998 wird er Chefdirigent des Tokyo Metropolitan Symphony Orchestra.

2005 stirbt er am 17. März in Tel Aviv.

Die Sinfonien Gustav Mahlers werden von der heutigen Super-Audio-Stereophonie eher zu stark als zu wenig differenziert. Gary Bertinis oft gelobter, aber trotzdem wenig bekannter Zyklus dagegen orientiert sich an stabilen Grundcharakteren und längeren Satzabschnitten, die dann oft wie imaginäre Opernszenen inszeniert scheinen. In dieser Hinsicht werden die in Japan als Live-Mitschnitte eingespielten späten Werke (zudem die 1. Sinfonie) nochmals eindringlicher umgesetzt. Bertinis eher dramatische als epische Konzeption tritt direkt im Kopfsatz der 1. Sinfonie hervor: Die Streicherlinien dürfen sich in ihrem aufblühenden Klang immer wieder verselbstständigen, wodurch die Musik insgesamt weniger fragil wirkt und auch der entscheidende Moment des »Durchbruchs« in diesem Streicherklang aufgefangen wird. Viele Mahler-Zyklen bilden ein altes Rezeptionsklischee des Komponisten ab: Einzelne starke und manche fragwürdige Momente wechseln allzu uneinheitlich. Bertinis Ansatz überzeugt demgegenüber vor allem in der Summe des Ganzen. In den von Capriccio und Altus veröffentlichten Konzertdokumenten aus seiner Kölner Zeit erlebt man ähnliche Qualitäten, zum Beispiel in den letzten beiden Sätzen der *Symphonie fantastique*, in denen das tiefe Blech eine lustvolle Revolte gegen das für die französische Musiktheorie zentrale Konzept des stabilen Fundamentalbasses anzettelt. Aus der eher kleinen Anzahl seiner frühen Aufnahmen stechen Kurt Weills beide Sinfonien heraus: Spieltechnisch überlegene Einspielungen der 2. Sinfonie von Kent Nagano oder Mariss Jansons versuchen, das fehlende Streicherfundament im

Studio wieder zu ergänzen, während Bertini – einschließlich einiger Unsicherheiten der Intonation – das Werk als Anti-Sinfonie auffasst, die sich zynisch mit Zigarre im Mund über ihre letzten Gattungsgeschichten mokiert.

Bertinis Einsatz für die zeitgenössische Musik ist vor allem durch die in den 1980er-Jahren aufgezeichneten Einspielungen der Kompositionen von Theodor W. Adorno und von Bernd Alois Zimmermanns *Requiem für einen jungen Dichter* (beide bei Wergo) dokumentiert. Mit seiner emotionalen Gestik und involvierten Interpretationshaltung aber war er vom üblichen Bild der analytisch sezierenden Neue-Musik-Dirigenten weit entfernt.

Tonträger
1967 WEILL: Sinfonien Nr. 1 & 2 (BBC SO; EMI) ▪ 1981 DONIZETTI: *Il campanello di notte* (Baltsa, Dara, Romero, Wiener Staatsopernchor, Wiener Symphoniker; CBS) ▪ 1982 BRAHMS: Serenaden Nr. 1 & 2 / *Liebeslieder-Walzer* [Auswahl, Orchestration: Brahms] (Singverein der Gesellschaft der Musikfreunde Wien, Wiener Symphoniker; Orfeo) ▪ 1986 DUKAS: *Ariane et Barbe-Bleue* (Schmiege, Kennedy, Taillon, Rundfunkchor & RSO Köln; Capriccio) ▪ 1991 MAHLER: Sinfonien Nr. 8 & 9 / *Das Lied von der Erde* (Ben Heppner, Marjana Lipovšek, RSO Köln; EMI)

Bildmedien
2000 PROKOFJEW: *Krieg und Frieden* (Guryakova, Obraztsova, Gunn, Opéra National de Paris; Arthaus)

Literatur
Anton Webern und die musikalische Praxis. Ein Gespräch mit Gary Bertini, in: Dieter Rexroth (Hrsg.), Opus Anton Webern, Berlin 1983, S. 61–64

JCA

Billy, Bertrand de

1965 geboren am 11. Januar in Paris. Er beginnt relativ spät mit intensivem Musikunterricht, ist als Violinist und Bratschist in Orchestern tätig und beginnt seine Dirigierlaufbahn u. a. beim Orchestre Colonne.
1991 gibt er mit *La traviata* im spanischen Oviedo sein Operndebüt.
1993–1995 arbeitet er als Erster Kapellmeister in Dessau, danach in gleicher Position
1996–1998 an der Wiener Volksoper.
1997 debütiert er an der Wiener Staatsoper, kurz darauf auch an der Metropolitan Opera in New York.
1999–2004 leitet er das Gran Teatre del Liceu in Barcelona.
2002–2010 ist er Chefdirigent des ORF Radio-Symphonieorchesters in Wien.
2013 übernimmt er Positionen als Erster Gastdirigent an der Oper Frankfurt und beim Orchestre de Chambre de Lausanne, ab 2014 zudem bei der Dresdner Philharmonie.

Der mediale Machtkampf um die Sichtbarkeit oder Unsichtbarkeit des Dirigenten wird von Bertrand de Billy in eine neue Runde getragen: Als »unsichtbarer« Operndirigent ist er der Koordinator einiger der das breiteste Publikum mit den größten Stars erreichenden Veranstaltungen (es dürften von ihm nahezu ebenso viele Einspielungen auf DVD wie auf CD vorliegen). Tatsächlich darf Bertrand de Billy in beiden Medien als einer der profilierten Operndirigenten der Gegenwart gelten, wobei neben einem Mozart-Zyklus vor allem spätromantische Werke – mit allerdings ganz differentem Bekanntheitsgrad – den Schwerpunkt bilden. Im *Hamlet* von Ambroise Thomas, der die Unschlüssigkeit des Protagonisten in diverse Rache- und Wahnsinnsarien ummünzt, lässt de Billy auch die vielen eleganten Instrumentalsoli zu ihrem Recht kommen. In Puccinis *La Bohème* mit dem »Traumpaar« Netrebko / Villazón zieht er sich als Dirigent ein wenig zurück, wenn die ersten beiden Akte eine eher aggressiv aufgeladene Grundstimmung etablieren, als ob die Ungeduld des Publikums, das auf die Liebesgeschichte wartet, in die Künstlerkommune eingedrungen wäre (was sicher auch der mitproduzierten Filmversion geschuldet sein dürfte).

Als »sichtbarer« Konzertdirigent auf dem CD-Cover unterliegt dagegen auch Bertrand de Billy den verschlechterten Verkaufsargumenten einer kaum noch selbstverständlichen regelmäßigen Aufnahmetätigkeit. Seine Einspielungen für Oehms verbinden – insbesondere auch in einigen Folgen eines Beethoven-Zyklus' – ein resonanzstarkes Klangbild mit einer sehr präsenten Form der Akzentuierung. Diese reizvolle Kombination rollt im besten Fall gleichsam den scharfen Akzenten den samtenen Teppich aus (die aber manchmal doch auch etwas unter diesen Teppich gekehrt werden). Im französischen

Repertoire bleibt so das große Tableau eines Hector Berlioz als Alternative den punktgenau ausgehörten Pinselstrichen zur Seite gestellt, die sich von Debussy bis Boulez als das dominantere »französische« Interpretationsmuster etabliert haben. Dass de Billy eher im deutschsprachigen Raum Karriere gemacht hat, wäre das äußerliche Äquivalent einer in den Aufnahmen hörbaren Tendenz, die ein schwereloses Stück wie Albert Roussels Insektenballett *Le Festin de l'araignée* in unerwartet volltönendem Schönklang wiedergibt – auch dieses Konzept aber wäre eine im Opernhaus erlernte Strategie, mit der Bertrand de Billy den klassischen Weg von der »Unsichtbarkeit« der Oper als Ausbildungsstätte zur »Sichtbarkeit« des Konzertdirigenten vollzogen hat.

Tonträger
2003 D'ALBERT: *Tiefland* (Gasteen, Botha, Struckmann, Wiener Singakademie, RSO Wien; Oehms) ▪ **2004** GERSHWIN: *Concerto in F* / RAVEL: Klavierkonzert G-Dur (Pascal Rogé, RSO Wien; Oehms) ▪ **2004** VERDI: *Don Carlos* [Französische Fassung 1867] (Vargas, Skovhus, Miles, Tamar, Michael, Wiener Staatsoper; Orfeo) ▪ **2007** PUCCINI: *La Bohème* (Netrebko, Villazón, Daniel, Cabell, Chor & SO des BR; Warner/DGG) ▪ **2007/10** BRAHMS: *Rinaldo* / BEETHOVEN: Sinfonie Nr. 2 (Johan Botha, Wiener Staatsopernchor, RSO Wien; Oehms)

Bildmedien
2003 THOMAS: *Hamlet* (Dessay, Keenlyside, Uria-Monzon, Gran Teatre del Liceu; EMI) ▪ **2008** MOZART: *Don Giovanni* (Maltman, Dasch, Polenzani, Röschmann, Esposito, Schrott, WPh; EuroArts) ▪ **2011** MASSENET: *Cendrillon* (DiDonato, Gutiérrez, Coote, Covent Garden; Virgin)

Webpräsenz
www.debilly.com (↪0013)

JCA

Blech, Leo

1871 am 21. April in Aachen geboren. Von Jugend an für die Nachfolge im Familienunternehmen ausgebildet, kann er erst volljährig nach Berlin wechseln, um bei Ernst Rudorff Klavier und bei Woldemar Bargiel Komposition zu studieren.

1893 beginnt er seine Karriere als Zweiter Kapellmeister am Stadttheater Aachen; bis 1898 nimmt er im Sommer weiter Kompositionsunterricht bei Engelbert Humperdinck und schreibt mehrere Opern und Orchesterstücke.

1899–1906 engagiert ihn das Neue Deutsche Theater Prag als Ersten Kapellmeister.

1906 wird er als Nachfolger Karl Mucks an die Königliche Oper Berlin verpflichtet; dort ist er ab 1913 Generalmusikdirektor. 1908 feiert seine neue Oper *Versiegelt* Erfolge – bis hin zur Aufführung an der New Yorker Metropolitan Opera (1912).

1923 wirkt er – nach einem wenig erfolgreichen Gastspiel als Dirigent eines als »Wagner Opera Festival« in den USA tourenden Opernensembles – als Künstlerischer Direktor am Deutschen Opernhaus in Charlottenburg, im folgenden Jahr an der Berliner und 1925 an der Wiener Volksoper.

1926 kehrt er wieder nach Berlin zurück und dirigiert bis April 1937 an der von Heinz Tietjen reorganisierten Staatsoper. Der Einfluss des Generalintendanten Tietjen auf Hermann Göring bewahrt Blech als Juden in dieser Zeit vor den Konsequenzen der nationalsozialistischen Rassenpolitik.

1937 reist er für ein Gastengagement nach Riga, von dem er nicht nach Deutschland zurückkehren kann. Er bleibt als Dirigent am Stadttheater, bis die Stadt im Juni 1941 von deutschen Truppen besetzt wird. Mit Tietjens Unterstützung darf er nach Schweden ausreisen und erhält in Stockholm, wo er seit 1935 regelmäßig dirigiert hat, eine Festanstellung als Hofkapellmeister an der Königlichen Oper.

1949 kehrt er im September zum dritten Mal nach Berlin zurück, um auf Tietjens Betreiben wieder als Generalmusikdirektor an der Städtischen Oper in Charlottenburg zu arbeiten, bis ihn ein Gehörleiden 1953 zum Ruhestand zwingt.

1958 stirbt er am 25. August in West-Berlin.

Im Bereich der Orchesterleitung besteht stets ein schmaler Grad zwischen zu viel und zu wenig. Ersteres führt zu einer möglicherweise überladenen Interpretation auf Kosten von Präzision und gutem Geschmack, Letzteres im ungünstigsten Falle zu unendlicher Langeweile. Leo Blech muss diesen Drahtseilakt wohl auch zur Zufriedenheit seiner Kollegen bewältigt haben, da schon Wilhelm Furtwängler seine Dirigierkunst als unvergleichliche Vereinigung von Sicherheit und Klarheit mit Eleganz und Geschmeidigkeit rühmte. Wenig verwunderlich scheint es da, dass Blech sich schnell einen Namen als Interpret der Opern von Wolfgang Amadeus Mozart, Richard Strauss, Giuseppe Verdi und Richard Wagner erworben hat, was insbesondere für deren eher selten gespielte Werke gilt. Dass er ungeachtet dessen nie in Bayreuth dirigierte, versteht sich allerdings in jener Zeit fast von selbst.

In gewisser Weise ist der Name Blech seit den Aufnahmen der Violinkonzerte von Ludwig van Beethoven, Felix Mendelssohn Bartholdy und Johannes Brahms in den 1920er-Jahren verbunden mit dem von Fritz Kreisler. Beethovens Konzert lässt Blech dabei so bemerkenswert romantisch klingen, dass es sich mit den beiden anderen zu einer harmonischen Einheit verbindet. Keinesfalls eine Einheit stellt allerdings das Orchester dar, welches den Solisten zwar sensibel begleitet, es dafür aber auch oftmals an präzisem Zusammenspiel und sauberer Intonation mangeln lässt. Dafür sind die Aufnahmen jedoch frei von Blechs Angewohnheit, in Cantabile-Passagen mitzusummen oder das Orchester bei Crescendi, Accelerandi und sonstigen Steigerungen geräuschvoll anzutreiben, wie es etwa bei seiner Einspielung von Richard Wagners Ouvertüre zum *Fliegenden Holländer* nach der Generalpause vor dem Schlussteil gut dokumentiert ist. In Franz Schuberts »Großer« C-Dur-Sinfonie finden sich Blechs typische federnde Tempi, hier jedoch präzise und trotzdem lebhaft umgesetzt, was gerade das Scherzo wiederum an Beethoven erinnern lässt (berühmt ist eine Londoner Aufnahme von 1927). Die Kombination schneller Tempi mit einem dennoch schwergewichtigen Orchesterton erscheint als spezifisches Merkmal auch der anderen erhaltenen Aufnahmen Blechs.

Tonträger
1922 WAGNER: *Siegfried-Idyll* (BPh; DGG) ▪ 1926 BEETHOVEN / MENDELSSOHN: Violinkonzerte (Fritz Kreisler, Orchester der Berliner Staatsoper; Electrola / Naxos Historical) ▪ 1927 SCHUBERT: Sinfonie Nr. 9 C-Dur »Große« (London SO; Electrola / Koch Legacy u. a.) ▪ 1928 WAGNER: *Die Meistersinger von Nürnberg* [Auszüge] (Schorr, Hutt, Marherr, Schützendorf, Berliner Staatsoper; Symposium) ▪ 1930 MOZART: Sinfonie Nr. 34 KV 338 (Orchester der Berliner Staatsoper; Archiphon) ▪ 1950 SCHUBERT: Sinfonie Nr. 9 C-Dur »Große« / CHOPIN: Klavierkonzert Nr. 2 (Julian von Károlyi, RIAS SO Berlin; Audite)

Kompositionen
Versiegelt (Günter, Söderström, Chor & Orchester des Rundfunks Hamburg, Herbert Sandberg; Cantus Cl 1954)

Literatur
Wolfgang Poch, Leo Blech. Ein Beitrag zur Berliner Theatergeschichte unter besonderer Berücksichtigung der musikdramaturgischen Einrichtungen und der Spielplanpolitik Leo Blechs, Diss., Berlin 1985 ▪ Manfred Haedler, Leo Blech – des Kaisers »letzter General«, in: Jürgen Wetzel (Hrsg.), Berlin in Geschichte und Gegenwart, Berlin 1998, S. 105–119 ▪ Lolita Fürmane, Deutsche Dirigenten am Rigaer Opernhaus zwischen 1919 und 1944. Zur Frage der Inszenierungen von Leo Blech, in: Audronė Žiūraitytė / Klaus-Peter Koch (Hrsg.), Deutsch-baltische musikalische Beziehungen. Geschichte – Gegenwart – Zukunft, Sinzig 2003, S. 43–49

DWI

Blomstedt, Herbert

1927 am 11. Juli in Springfield (Massachusetts) als Sohn schwedischer Einwanderer geboren, verbringt er seine Kindheit in Schweden und studiert Dirigieren am Königlichen Konservatorium Stockholm (u. a. bei Tor Mann) sowie Musikwissenschaft an der Universität Uppsala; weitere Studien führen ihn an die Juilliard School in New York, zu den Darmstädter Ferienkursen für Neue Musik und an die Schola Cantorum Basel.
1953 gewinnt er den Koussevitzky-Preis und arbeitet danach mit Igor Markevitch in Salzburg und Leonard Bernstein in Tanglewood.
1954 debütiert er als Dirigent beim Royal Stockholm Philharmonic Orchestra.
1954–1961 sammelt er erste Erfahrungen in fester Position als Dirigent des Norrköping Symphony Orchestra.
1962–1967 fungiert er als Chefdirigent des Oslo Philharmonic Orchestra,
1967–1977 in gleicher Position beim Dänischen Rundfunk-Sinfonieorchester, ebenso danach bis 1982 beim Swedish Radio Symphony Orchestra.
1975–1985 verwirklicht er als Chefdirigent der Staatskapelle Dresden zahlreiche Aufnahmen, darunter Gesamteinspielungen der Sinfonien Beethovens und Schuberts.
1985–1995 ist er Musikdirektor des San Francisco Symphony Orchestra, mit dem er einen vielbeachteten Nielsen-Zyklus einspielt.
1996 übernimmt er für zwei Jahre die Leitung des NDR Sinfonieorchesters.
1998–2005 hat er seine letzte Stelle als Chefdirigent beim Gewandhausorchester Leipzig inne; Blomstedt wird von einem Großteil der Orchester, denen er als Chefdirigent vorstand, darüber hinaus jedoch auch von den Bamberger Symphonikern und vom japanischen NHK Symphony Orchestra zum Ehrendirigenten ernannt. Im hohen Alter erfolgen Einladungen von den Berliner und Wiener Philharmonikern.

Herbert Blomstedt nimmt sich nicht nur abseits des Podiums als Person zurück. Jedwede Theatralik vermeidend, schwingt sein Körper bei präzisem Schlag locker, auf den Lippen hat der Dirigent stets ein Lächeln. Die interpretatorische Haltung, Ausdruckswerte der Musik in Mimik und Gestik nicht widerzuspiegeln, wurde von Kritikern manchmal als kühle Distanz missverstanden. Gemäß seinem künstlerischen Credo, Voraussetzungen dafür zu schaffen, dass Musik sich selbst ausdrücken kann, reduziert er tatsächlich in den letzten Jahren seine Schlagtechnik aufs Wesentliche und schafft dadurch Möglichkeiten, die Musik in weiter ausgreifendem metrischem Schwung fließen zu lassen. In seinen jüngeren Jahren hatte noch die strenge Kontrolle rhythmischer Präzision und eines konstanten Tempos die Oberhand, wie in den Beethoven- und Schubert-Sinfonien mit der Dresdner Staatskapelle deutlich wird.

Blomstedt setzte sich Zeit seines Lebens für die Musik seiner skandinavischen Heimat ein. Vor allem den Sinfonien Carl Nielsens widmete er sich mit besonderem Nachdruck. Neben den Sinfonien spielte er mit dem Dänischen Rundfunk-Sinfonieorchester in den 1970er-Jahren für EMI auch Orchesterstücke und die drei Instrumentalkonzerte des dänischen Komponisten ein – ein in dieser Breite bis dahin einmaliges Engagement. Seinen ersten Nielsen-Zyklus überragt Blomstedts zweite Gesamteinspielung mit dem San Francisco Symphony Orchestra um ein Vielfaches, nicht nur an spieltechnischer Präzision, sondern auch an Farbigkeit des Orchesterklangs. Sie wird seitdem als ein Höhepunkt der Nielsen-Diskografie gewürdigt, insbesondere wegen der gelungenen Darstellungen der letzten drei Sinfonien, in denen motorische Strenge, rhythmische Schärfe und melodische Spannung mit einem konturierten Orchesterklang in ein ideales Verhältnis gebracht werden. Das amerikanische Orchester hatte Nielsens Sinfonien vorher nie gespielt; so konnte Blomstedt sein künstlerisches Konzept umsetzen, ohne vorher Routinen der Aufführungstradition korrigieren zu müssen. Auch in der Folgezeit als Gewandhauskapellmeister machte Blomstedt das Publikum mit den Sinfonien von Nielsen bekannt. Neben Grieg und Sibelius gilt sein Interesse auch unbekannteren skandinavischen Komponisten, etwa Franz Berwald, um dessen Sinfonien sich Blomstedt zudem als Herausgeber verdient gemacht hat. Vor allem in jungen Jahren erwarb sich Blomstedt auch Verdienste als Förderer zeitgenössischer skandinavischer Musik (Per Nørgård, Ingvar Lidholm, Sven-David Sandström). Eine Aufgeschlossenheit gegenüber Neuem zeigt sich zudem, wenn er Mozarts Klavierkonzerte mit einem auf Kammerorchestergröße reduzierten Klangkörper aufführt und den Streicherklang in Piano-Passagen auf die Musiker der ersten Pulte ausdünnt.

Auch die Beschäftigung mit Anton Bruckner zieht sich seit Blomstedts Jugend wie ein roter Faden durch seine musikalische Laufbahn. Mit der Dresdner Staatskapelle spielte er einige Sinfonien ein, doch ein kompletter Zyklus der Bruckner-Sinfonien, die er als Gastdirigent in den letzten Jahren immer wieder zur Aufführung bringt, entstand erst mit dem Gewandhausorchester. Das Interesse des Dirigenten gilt in Bruckners Sinfonien vor allem der kontrapunktischen Faktur: Er macht sie durch dynamisch sorgfältige Konturierung sinnfällig und erleichtert die Durchsichtigkeit polyphoner Verläufe – insbesondere der ineinander verschlungenen Streicherlinien in den sogenannten Gesangsperioden – mithilfe der antiphonischen Positionierung der Violinen, die Blomstedt seit seiner Zeit als Gewandhauskapellmeister einfordert. Indem er die Unterstimmen in ihrer Funktion als harmonisches Fundament betont, baut sich der Orchesterklang rund und klangvoll, dabei aber durchsichtig auf, sodass die Farben der Holzbläser gegenüber dem massigen Blech nicht verschwinden. Bei aller Sorgfalt der Stimmengewichtung wirken die schroffen Klanggesten in keiner Weise geglättet, die Themenkomplexe stellt Blomstedt ohne vermittelnde Verzögerungen nebeneinander. Eine Vorliebe für kontrapunktisch angelegte Musik zeigt sich außerdem in seiner intensiven Beschäftigung mit den Werken Paul Hindemiths und mit Max Regers üppig wuchernder Mehrstimmigkeit. Neben einem durchsichtigen, strukturklaren Klangbild und kantablen Ausarbeitungen von Einzelstimmen zeichnen sich

Blomstedts Interpretationen durch groß angelegte und stetig anwachsende Steigerungspartien aus, die sich sowohl bei Bruckner zeigen als auch die sich langsam entwickelnde Einleitungsstrecke von Nielsens *Helios*-Ouvertüre zu einem zwingenden Ereignis machen.

Tonträger
1976 BEETHOVEN: *Leonore* (Moser, Donath, Adam, Staatskapelle Dresden; Berlin Cl) ▪ 1978/81 SCHUBERT: Sinfonien Nr. 8 »Unvollendete« & 9 C-Dur »Große« (Staatskapelle Dresden; Eterna) ▪ 1987 HINDEMITH: Sinfonie »Mathis der Maler« / *Symphonische Metamorphosen / Trauermusik* (San Francisco SO; Decca) ▪ 1987–1989 NIELSEN: Sinfonien Nr. 1–6 (San Francisco SO; Decca) ▪ 1991/92 BERWALD: Sinfonien Nr. 1 »Sinfonie sérieuse« & 4 »Sinfonie naïve« (San Francisco SO; Decca) ▪ 1997 MENDELSSOHN: Klavierkonzerte Nr. 1 & 2 (Jean-Yves Thibaudet, Gewandhausorchester; Decca) ▪ 2011 BRUCKNER: Sinfonie Nr. 9 (Gewandhausorchester; Querstand)

Bildmedien
1999/2005 BEETHOVEN: Sinfonie Nr. 5 / BACH: Messe h-Moll (Ziesak, Larsson, Genz, Henschel, Gewandhaus-Kammerchor, Gewandhausorchester; EuroArts)

Editionen
Franz Berwald, Sinfonie singulière, Kassel 1967

Literatur
Martin U. K. Lengemann (Hrsg.), Herbert Blomstedt. Eine Annäherung in Text und Bild, Berlin 2007

TOP

Böhm, Karl

1894 am 28. August in Graz geboren, beginnt er im Jahr 1913 ein Jurastudium, das er 1919 mit der Promotion beendet, um wie sein Vater Rechtsanwalt zu werden.
1913–1914 studiert er in Wien bei Eusebius Mandyczewski und Guido Adler.
1917 debütiert er als Dirigent mit Victor Ernst Nesslers *Der Trompeter von Säckingen* in Graz, wo er seine erste Stelle als Kapellmeister erhält.
1921 Auf Empfehlung seines Förderers Karl Muck erhält Böhm von Bruno Walter den Posten eines Theaterkapellmeisters in München (bis 1927).
1927 wird er Generalmusikdirektor in Darmstadt. 1931 führt er dort Alban Bergs Oper *Wozzeck* auf.
1927 heiratet er die Sopranistin Thea Linhard. Ihr einziges Kind ist ihr ein Jahr später geborener Sohn Karlheinz Böhm.
1931 erhält er den Posten des Generalmusikdirektors am Stadttheater in Hamburg.
1933 dirigiert er erstmals an der Wiener Staatsoper und kann mit Wagners *Tristan und Isolde* einen für seine Karriere entscheidenden Erfolg verbuchen.

1934–1942 Böhm wird an der Dresdner Semperoper der Nachfolger von Fritz Busch, der von den Nationalsozialisten aus dem Amt gedrängt wurde. Ab 1938 ist er häufiger Gast der Salzburger Festspiele.
1943–1945 ist Böhm Direktor der Wiener Staatsoper. 1945 muss er diesen Posten wegen seiner Nähe zu den Nationalsozialisten verlassen und erhält für zwei Jahre ein Auftrittsverbot.
1950–1953 leitet er die deutsche Saison am Teatro Colón in Buenos Aires.
1955 dirigiert er Beethovens *Fidelio* zur Wiedereröffnung der Wiener Staatsoper, tritt aber bereits 1956 vom offiziell seit 1954 erneut ausgeübten Amt des Direktors zurück.
1957 debütiert er an der New Yorker Metropolitan Opera mit *Don Giovanni*.
1962 dirigiert er Wieland Wagners Neuinszenierung von *Tristan und Isolde* in Bayreuth.
1964 wird ihm der Titel eines Österreichischen Generalmusikdirektors verliehen.
1981 stirbt er am 14. August in Salzburg.

Karl Böhm erlangte in seiner Laufbahn als Dirigent seine ersten, für seine Karriere entscheidenden Erfolge zu einer Zeit, die in politischer Hinsicht mit dem Nationalsozialismus zusammenfiel und in musikalischer Hinsicht von Furtwängler und Toscanini geprägt war. Doch dass sich freilich politisches und künstlerisches Wirken gerade in dieser Epoche des 20. Jahrhunderts kaum voneinander trennen lassen, Kunst keine hermetisch in sich ruhende, von aller »äußeren« Welt geschiedene Angelegenheit ist, davon zeugen Musikerbiografien gewissermaßen exemplarisch. Im Unterschied zu Toscaninis Verhalten dem italienischen Faschismus gegenüber ließen es viele der deutschen Maestri zu, dass ihr Renommee zu Propagandazwecken eingesetzt werden konnte, sei es aus Überzeugung oder aus purem Opportunismus. Eine Ausnahme ist auf deutscher Seite Fritz Busch, der wegen seiner Weigerung, als Dirigent mit den Nationalsozialisten zu kooperieren, von diesen aus dem Amt des Generalmusikdirektors der Dresdner Semperoper gedrängt wurde und anschließend nach England emigrierte. Sein Nachfolger auf diesem Posten war 1934 Karl Böhm, der die Politik Hitlers offen begrüßte, ihn unter anderem für den »Anschluss« Österreichs bejubelte und Mitglied des noch in den 1920er-Jahren gegründeten Kampfbundes für deutsche Kultur war. Zwar war er – anders als Karajan – nie Parteimitglied, doch gehörte er wie dieser oder auch Furtwängler und Knappertsbusch zu jenen Personen des kulturellen Lebens, die für die Nationalsozialisten unverzichtbar waren und sich – welches »innere« Unbehagen der eine oder andere dabei auch verspürt haben mag – für politisch-propagandistische Zwecke vereinnahmen ließen, noch zuletzt geschützt vor einem Kriegseinsatz, da sie zu den sogenannten »Gottbegnadeten« gehörten.

Böhm widmete sich insbesondere der Musik von Mozart, Wagner und Richard Strauss, der er sich besonders verbunden fühlte. Zu Strauss pflegte er bis zu dessen Tod 1949 ein persönliches, freundschaftliches Verhältnis und dirigierte unter anderem die Uraufführungen der Opern *Die schweigsame Frau* (1935) und – Böhm gewidmet – *Daphne* (1938). Auch der avancierteren Musik seiner Zeit gegenüber war er durchaus aufgeschlossen; so führte und nahm er etwa Alban Bergs Opern *Wozzeck* und *Lulu* auf. Die 1955 an der Wiener Staatsoper – im Jahr der Wiedereröffnung nach ihrem Wiederaufbau – entstandene Aufnahme des *Wozzeck* ist ein Zeugnis von Böhms Verständnis und Kompetenz im Umgang mit dieser Musik. Carl Orffs *Carmina Burana*, bereits 1937 in Frankfurt uraufgeführt, wurden vor allem durch Böhms Dresdner Aufführung von 1940 landesweit bekannt. Schon 1935 dirigierte er in Dresden die erste Aufführung der Oper *Der Günstling* von Rudolf Wagner-Régeny, die daraufhin ein überaus oft gespieltes und erfolgreiches Werk des Komponisten wurde, wohl nicht zuletzt auch Resultat einer Tonsprache, die in ihrem klassizistischen Duktus allzu verstörende Mittel der Neuen Musik mied. Nach dem Zweiten Weltkrieg war Böhm einer der international angesehensten Dirigenten und wirkte in Salzburg, Wien, in Zusammenarbeit mit Wieland Wagner in Bayreuth, in Berlin und München ebenso wie in Paris oder New York.

Böhm kultivierte eine Klangästhetik, der sentimentales Pathos meist fremd war. Der Wunsch nach Exaktheit und größtmöglicher Werktreue lässt seine Interpretationen denjenigen Furtwänglers gegenüberstehen, der zu gedehnteren Tempi und weiten Spannungsverläufen neigte. Jedoch näherte er sich auch nicht den rigorosen Auffassungen Toscaninis: In der in den 1960er-Jahren entstandenen Einspielung der Mozart-Sinfonien mit den Berliner Philharmonikern, die sich durch eine gut durchhörbare musikalische Faktur auszeichnet, nimmt er zwar die Tempi teils recht flott, aber dennoch nie so forsch wie Toscanini. Dass das klangliche Ergebnis seiner Einspielungen bisweilen eine gewisse Kühle vermittelt, mag auch der inzwischen schon etwas in die Jahre gekommenen Aufnahmetechnik geschuldet sein.

In seiner Gestik als Dirigent suchte er so präzise und direkt wie möglich zu sein, frei von vordergründiger Virtuosität und sich gebärdender Sentimentalität. Er pflegte wie viele seiner zeitgenössischen Kollegen einen autoritären Umgang mit den Orchestermusikern, von denen er vor allem Disziplin und Folgsamkeit verlangte: In den erhaltenen Probenmitschnitten lässt Böhm, der für seine schneidenden Kommentare berüchtigt war, die Musiker in jeder Sekunde spüren, dass sie nicht zum Vergnügen anwesend sind.

Tonträger

1936/37 BRUCKNER: Sinfonien Nr. 4 [Ed. Haas] & 5 [Ed. Haas] (Sächsische Staatskapelle; Electrola / Hänssler) ▪ **1944** STRAUSS: *Ariadne auf Naxos* (Reining, Lorenz, Seefried, Noni, Wiener Staatsoper; Preiser) ▪ **1953** VON EINEM: *Der Prozess* (Della Casa, Lorenz, Hofmann, Berry, WPh; Orfeo) ▪ **1955** MOZART: *Don Giovanni* (London, Della Casa, Dermota, Jurinac, Seefried, Wiener Staatsoper; RCA) ▪ **1955** BERG: *Wozzeck* (Berry, Goltz, Dickie, Wiener Staatsoper; Cantus Cl) ▪ **1959** STRAUSS: *Die schweigsame Frau* (Hotter, Güden, Wunderlich, Prey, WPh; DGG) ▪ **1959–1968** MOZART: Die Sinfonien (BPh; DGG) ▪ **1962** MOZART: *Cosi fan tutte* (Schwarzkopf, Ludwig, Kraus, Taddei, Berry, PhO; EMI) ▪ **1966** WAGNER: *Tristan und Isolde* (Nilsson, Windgassen, Ludwig, Talvela, Bayreuther Festspiele; DGG) ▪ **1968** BERG: *Lulu* (Silja, Hotter, Mödl, Wiener Staatsoper; Andante) ▪ **1973** MOZART: Klavierkonzerte Nr. 10 Es-Dur KV 365 & 27 B-Dur KV 595 (Emil Gilels, Elena Gilels, WPh; DGG)

Bildmedien

1966/78 BEETHOVEN: Sinfonie Nr. 7 [+ Probendokumentation] / DVOŘÁK: Sinfonie Nr. 9 »Aus der Neuen

Welt« (Wiener Symphoniker, WPh; EuroArts) ▪ **1980** MOZART: *Die Entführung aus dem Serail* (Grist, Araiza, Gruberová, Talvela, Bayerische Staatsoper; DGG)

Schriften
Begegnung mit Richard Strauss, hrsg. von Franz Eugen Dostal, Wien / München 1964 ▪ Ich erinnere mich ganz genau [Autobiografie], hrsg. von Hans Weigel, Zürich 1968

Literatur
Margarete Roemer, Karl Böhm, Berlin 1966 ▪ Franz Endler, Karl Böhm. Ein Dirigentenleben, Hamburg 1981 ▪ Harald Hoyer, Karl Böhm an der Wiener Staatsoper (1933–1981). Eine Dokumentation, Wien 1981 ▪ Richard Strauss – Karl Böhm. Briefwechsel 1921–1949, hrsg. von Martina Steiger, Mainz 1999

ADO

Bolton, Ivor

1958 geboren am 17. Mai in Blackrod. Er singt im Kirchenchor und geht (anstelle eines geplanten Mathematik-Studiums) zur Ausbildung als Organist ans Clare College in Cambridge. Das Dirigieren erlernt er am Royal College of Music und am National Opera Studio. Er arbeitet als Continuo-Spieler für verschiedene Ensembles und leitet die Schola Cantorum in Oxford.
1984 begründet er die St James's Baroque Players, aus deren Konzerttätigkeit auch das bis heute bestehende Lufthansa Festival of Baroque Music hervorgeht.
1992–1997 übernimmt er die Verantwortung für die Glyndebourne Touring Opera (wo er seit 1982 regelmäßig gearbeitet und u. a. Simon Rattle assistiert hat), ebenso war er Leiter der English Touring Opera.
1994 debütiert er mit Händels *Giulio Cesare in Egitto* an der Bayerischen Staatsoper.
1994–1996 leitet er das Scottish Chamber Orchestra.
1995 debütiert er mit der Uraufführung von Alexander Goehrs *Arianna* am Royal Opera House, Covent Garden.
2004 wird er Chefdirigent beim Mozarteumorchester in Salzburg (bis 2016).
2012 leitet er die ersten Konzerte des Dresdner Festivalorchesters, in dem Spezialisten verschiedener Ensembles für Alte Musik projektweise miteinander musizieren.
2015 übernimmt er die Leitung des Teatro Real in Madrid.

Ivor Boltons Weg zum Spezialisten für Alte Musik vollzieht sich genau umgekehrt zur Generation der Gründerväter einer rekonstruktiven Aufführungspraxis: Während diese sich allmählich das klassische und romantische Repertoire »erobern«, wandert Bolton in seiner Karriere immer weiter nach hinten in der Musikgeschichte bis zu Monteverdi. Im Repertoire des 18. Jahrhunderts orientiert er sich in der starken Herausstellung einzelner Klangfarben an der »kontinentaleuropäischen« Alte-Musik-Szene, deren Rückkehr auch zur beständigen Modifikation des Tempos er aber nicht übernimmt (in diesem Punkt hält sich Bolton eher an die »englische«, motorisch konstante Auffassung). Dies ermöglicht in Haydns Sinfonien und Oratorien süffig-attraktive Aufnahmen: Der zum virtuosen Solo ausgeweitete Paukenwirbel der Sinfonie Hob. I : 103 zum Beispiel wird von ebenso farbsatten (statt ausgedünnten) Fagotten fortgesetzt. Und auch Glucks *Iphigénie en Tauride* profitiert von einem Streicherklang, der das evozierte klassizistische Idealbild und dessen quasi weiß getünchte Grundfärbung durch ein Spiel mit subtilen Licht- und Schatteneffekten belebt.

Schon bei Mozart aber tritt das unflexible Moment eines solchen Musizierens im Abgleich etwa mit den Interpretationen von René Jacobs hervor. Und in Boltons (beim Label Oehms erschienenen) Aufnahmen von Bruckner-Sinfonien entsteht dann endgültig eine Art Imitation des Klangs alter Schallplatten. Der vehemente Bläserklang, der von vibratoarmen Streichern nicht immer genügend grundiert wird, stellt Bruckners sperrige Formblöcke noch stärker nebeneinander. Das Barockzeitalter als zugleich mechanistisch-rationale und sinnenprächtig-dekadente Kultur passt besser zu Boltons Interpretationsansatz: Man wird in berechenbarem Tempo durch eine punktuell unerwartet bunte Welt geführt.

Tonträger
1995 CHARPENTIER: Te Deum H. 146 / Missa »Assumpta est Maria« H. 11 (St James's Singers & Baroque Players; Teldec) ▪ **2000** GLUCK: *Iphigénie en Tauride* (Graham, Hampson, Groves, Rouillon, Wiener Staatsopernchor, Mozarteumorchester Salzburg; Orfeo) ▪ **2000** HÄNDEL: *Ariodante* (Murray, Rodgers, Kaufmann, Robson, Bayerische Staatsoper; Farao) ▪ **2004** HAYDN: *Die Jahreszeiten* (Persson, Ainsley, Wilson-Johnson, Salzburger Bachchor, Mozarteumorchester Salzburg; Oehms) ▪ **2011** HAYDN: Sinfonien Hob. I : 102 & 103 »Paukenwirbel« (Mozarteumorchester Salzburg; Oehms)

Bildmedien
2006 MOZART: *Die Entführung aus dem Serail* (Aikin, Farcas, Castronovo, Kerschbaum, Hawlata, Wiener Staats-

opernchor, Mozarteumorchester Salzburg; Decca) ▪ **2009** HÄNDEL: *Theodora* (Schäfer, Mehta, Fink, Salzburger Bachchor, Freiburger Barockorchester; CMajor)

Literatur
»Partituren sind nicht gleich Partituren«, in: Dieter David Scholz, Mythos Maestro. Dirigenten im Dialog, Berlin 2002, S. 26–39

JCA

Boskovsky, Willi

1909 geboren am 16. Juni in Wien. Nach der im Kindesalter begonnenen Geigenausbildung am Konservatorium sammelt er erste Erfahrungen in der Badener Kurkapelle. In den 1930er-Jahren wird er Mitglied und ab 1939 für dreißig Jahre Konzertmeister der Wiener Philharmoniker.
1935 erhält er eine Professur für Violine an der Wiener Musikakademie.
1947 begründet er das Boskovsky-Quartett und das Wiener Oktett.
1955 leitet er erstmals das Neujahrskonzert der Wiener Philharmoniker (als vom Orchester zunächst wohl auch mangels Alternativen gewählter Nachfolger von Clemens Krauss). Er dirigiert es alljährlich bis 1979 und wird durch die Fernsehübertragung (ab 1959) international bekannt. Als Dirigent und Kammermusiker beginnt eine umfangreiche Aufnahmetätigkeit (u. a. der Tänze und Violinsonaten Mozarts).
1969 übernimmt er (als Nachfolger von Eduard Strauß II.) die Leitung beim Wiener Johann Strauß Orchester.
1991 stirbt er am 21. April in Visp (Schweiz).

Unternimmt man mit Willi Boskovsky eine Donaukreuzfahrt durch den bekanntesten Walzer von Johann Strauß, so glaubt man doch zu hören, dass hier ein Konzertmeister zum Kapitän berufen wurde: Die Introduktion wird nicht als »sinfonischer« Fernorchestereffekt inszeniert, sondern führt zügig in den ersten Walzer, dessen »wienerische« Agogik auf die angerissenen oder ausgespielten Einzeltöne konzentriert bleibt (aber auf ein starkes Ritardando verzichtet); doch wenn die ersten Geigen dann ihr Dolce-Thema haben, darf sich der typische Strauß'sche »Soufflé-Klang« einmal kurz ungehemmt ausbreiten.

Boskovsky hat durch seine Dirigate mal mit dem Taktstock, mal mit dem Geigenbogen und gerne auch in einzelnen Phrasen mithilfe des eigenen Geigenspiels eine alte Praxis in das Fernsehzeitalter gerettet. Der leicht konservative Eindruck, den die dabei bevorzugten Formen der visuellen Inszenierung bis heute ausstrahlen, passt zu dem »K. u. K.-Repertoire« (Musik mit leichtem Kitsch- und Kommerzverdacht), das er vornehmlich dirigiert hat: Operetten von Lehár, Zeller oder Suppé bilden neben Walzerfolgen-Platten den Kern, und nicht nur bei der Inthronisation des Champagners in der *Fledermaus* verzichtet Boskovsky auf alle schrille Übertreibung. Vom Repertoire der Wiener Neujahrskonzerte konnte er sich aber mit Aufnahmen zum Beispiel auch von Liszts *Ungarischen Rhapsodien* immer mal wieder für einzelne Ausflüge in andere Gefilde dispensieren: Schuberts *Rosamunde* hat er in Dresden eingespielt, mit einem eher undifferenzierten Tuttiklang, aber einer beständigen Bezauberung durch die Bläsermelodien. Das wirkt wie ein Schwanken zwischen bewusster Sentimentalisierung und deren Unterdrückung, wobei die Holz- und Blechregister – quasi vom Konzertmeisterpult aus gehört – im Klangbild immer etwas von hinten kommen. Wer angesichts der Begrenztheit des Repertoires der Meinung ist, Boskovsky müsse man in ein Buch wie dieses dann doch nicht zwingend mit hineinnehmen, der möge es als typische Operetten-Pointe begreifen: Jener Mann, den ihr alle die ganze Zeit nur für einen einfachen Musikanten gehalten habt, war in Wahrheit auch ein nicht nur von der EMI sehr geschätzter und mit besten Besetzungen bedachter Plattendirigent.

Tonträger
1971 STRAUSS [J.]: *Die Fledermaus* (Gedda, Rothenberger, Holm, Fassbaender, Fischer-Dieskau, Chor der Wiener Staatsoper in der Volksoper, Wiener Symphoniker; EMI) ▪ **1973** ZELLER: *Der Vogelhändler* (Rothenberger, Berry, Dallapozza, Holm, Chor der Wiener Staatsoper in der Volksoper, Wiener Symphoniker; EMI) ▪ **1976/77** LISZT: *Ungarische Rhapsodien* Nr. 1–6 etc. (Philharmonia Hungarica, London PO; EMI) ▪ **1977** SCHUBERT: *Rosamunde / Ouvertüre: Die Zauberharfe* (Ileana Cotrubaș, Rundfunkchor Leipzig, Staatskapelle Dresden; Berlin Cl) ▪ **1982** STRAUSS [J.]: *An der schönen blauen Donau / Wiener Blut / Kaiser-Walzer* etc. (Wiener Johann Strauss Orchester; EMI)

Bildmedien
Willi Boskovsky. Neujahr in Wien 1963–1979 (WPh; DGG 2004)

JCA

Boulez, Pierre

1925 am 26. März in Montbrison geboren. Mit sechs Jahren erhält er ersten Klavierunterricht.

1943 beginnt er sein Studium am Pariser Conservatoire: Er besucht Kurse u .a. bei Olivier Messiaen (Harmonielehre) und nimmt Privatstunden bei René Leibowitz (Analyse).

1946–1956 Boulez ist musikalischer Direktor der Bühnenmusik bei der Compagnie Renaud-Barrault.

1954–1967 ist er als Direktor der Pariser Konzertreihe Domaine Musical tätig (gegründet 1953 als Concerts du Petit-Marigny), wo er regelmäßig als Dirigent Neuer Musik hervortritt.

1959 Boulez ersetzt den erkrankten Hans Rosbaud als Dirigent beim SWF-Orchester. Diese Vertretung wird der eigentliche Beginn seiner Dirigentenlaufbahn. Im selben Jahr überwirft er sich mit der französischen Kulturpolitik und übersiedelt nach Baden-Baden.

1966–1970 Auf Wieland Wagners Einladung hin dirigiert Boulez *Parsifal* bei den Bayreuther Festspielen.

1971–1975 ist er Chefdirigent des BBC Symphony Orchestra und

1971–1977 Musikdirektor der New Yorker Philharmoniker.

1976–1980 Beginnend mit dem 100-jährigen Jubiläum der Bayreuther Festspiele dirigiert er Richard Wagners *Ring*-Tetralogie in Bayreuth. Den an einer zeitgemäßen Neuausrichtung der Festspiele orientierten Wolfgang Wagner überzeugt er, die Inszenierung Patrice Chéreau anzuvertrauen.

1976 gründet er das Ensemble Intercontemporain, dessen Leitung er bereits 1979 an Péter Eötvös abgibt.

1977–1991 Boulez ist Direktor des neu gegründeten Institut de Recherche et Coordination Acoustique / Musique (IRCAM) in Paris.

1992 wird sein Aufnahmevertrag mit der Deutschen Grammophon exklusiv.

2004 dirigiert Boulez erneut *Parsifal* in Bayreuth, zur Inszenierung Christoph Schlingensiefs. Im selben Jahr findet erstmals unter seiner Leitung die Lucerne Festival Academy statt.

Pierre Boulez, Komponist, Dirigent, Musiktheoretiker und Kulturpolitiker, kann unter die einflussreichsten Persönlichkeiten der Musikgeschichte der letzten 60 Jahre gerechnet werden. Er gehörte zu den Vordenkern der seriellen Komposition, und als Direktor des IRCAM und des Ensemble Intercontemporain verfügte er zeitweise über 70 Prozent des staatlichen Etats für Neue Musik in Frankreich. Durch seine Freundschaften mit Heinrich Strobel (SWF) und William Glock (BBC) knüpfte Boulez enge Verbindungen zum öffentlichen Rundfunk, dessen Orchester ihm die bestmöglichen Bedingungen für die Arbeit mit zeitgenössischer Musik boten und so den Grundstein für seine weltweit erfolgreiche Dirigentenkarriere legten.

Bereits in der Konzertreihe Domaine Musical wird das für seine Biografie charakteristische Zusammenspiel von Komponieren und Dirigieren deutlich: Die Erfahrungen in der Ensemblepraxis sind von Anfang an ein wichtiges Feedback für sein kompositorisches Schaffen und verursachen einen Prozess immer neuer Revisionen in seinem Werk. Umgekehrt trägt seine Fachkenntnis als Komponist dazu bei, ihn als Kapazität für die Aufführungspraxis zeitgenössischer Musik zu profilieren: In einem Konzert Hermann Scherchens mit dem WDR-Orchester übernimmt Boulez im Dezember 1957 das Dirigat seiner Kantate *Le Visage nuptial*, und wenig später leitet er zusammen mit dem Komponisten und Bruno Maderna die Uraufführung von Stockhausens *Gruppen* für drei im Raum verteilte Orchester.

Boulez' Konzertprogramme für die Domaine Musical kombinieren die Musik der klassischen Moderne mit ausgewählten zeitgenössischen Kompositionen. Diese Programmpolitik zielt darauf ab, die scheinbar radikal neue Klangsprache der Nachkriegsgeneration in eine historische Kontinuität mit ihren Vorgängern zu stellen, deren Musik umgekehrt die Hör-Voraussetzungen zum Verständnis der Gegenwartsmusik legen soll. Einem vergleichbaren pädagogischen Konzept folgen seine Invitation-Concerts bei der BBC sowie insbesondere die Rug Concerts mit den New Yorker Philharmonikern, in denen Boulez sich nicht scheut, Bachs *Brandenburgische Konzerte* und Ligetis *Aventures* gegenüberzustellen. Konzerte bedeuten für Boulez immer auch die Chance, einen Dialog der Gegenwart mit der Vergangenheit zu initiieren – folglich kritisiert er die Historische Aufführungspraxis dafür, die produktiven Reibungskräfte zwischen gegenwärtiger und vergegenwärtigter Musikepoche zu vernachlässigen.

Hans Rosbaud, Hermann Scherchen und Roger Désormière, die in der Nachkriegszeit zu den wenigen ausgewiesenen Fachmännern für die Aufführung Neuer Musik zählen und daher auch als Gastdirigenten der Domaine Musical auftreten, sind Bezugspunkte für den jungen Boulez, der sich sein Können als Dirigent autodidaktisch aneignet. Seine Schlagtechnik verwendet ein möglichst kleines Repertoire an funktional genau bestimmten Gesten – eine Ökonomie, die nicht zuletzt aus der Notwendigkeit erwächst, der zunehmenden Komplexität der Partituren des 20. Jahrhunderts praktikable Orientierungshilfen für das Orchester entgegenzusetzen. Den Verzicht auf den Taktstock hat Boulez aus seinen kammermusikalischen Anfängen in der Ensemblearbeit bis heute beibehalten.

Präzision in Rhythmus und Intonation sowie eine ausgeprägte Sensibilität für kompositorische Details gelten als charakteristische Qualitäten von Boulez' Orchesterleitung. Seine Maxime, der Dirigent habe vor allem die Hierarchien in der Partitur deutlich zu machen, ist in seinen Aufnahmen allgegenwärtig – angefangen mit seiner *Pli selon pli*-Einspielung mit dem BBC Symphony Orchestra, in der noch die leiseste Hintergrundschicht hörbar bleibt, über das minutiös ausbalancierte Verhältnis zwischen Haupt- und Nebenstimmen in Schönbergs Variationen op. 31 bis hin zu Ravels *Rapsodie espagnole*, wo die dialogischen und kontrapunktischen Strukturen der abschließenden »Feria«, die in vielen Aufnahmen im Überschwang des Klangkolorits untergehen, überraschend klar hervortreten.

Sowohl in Boulez' Konzerten als auch in seiner Diskografie nimmt die Musik der klassischen Moderne den mit Abstand breitesten Raum ein. Die Musik Strawinskys bildet bei ihm eine regelmäßig wiederkehrende Referenz – ein eindrückliches Zeugnis rhythmischer und klanglicher Feinabstimmung ist zum Beispiel seine Aufnahme der Sinfonischen Dichtung *Le Chant du rossignol* –, ebenso Kompositionen von Bartók, Schönberg und Webern, dessen Werk Boulez bereits in zwei Gesamteinspielungen vorgelegt hat (1967–1972 für Sony, danach 1992–1996 u. a. mit den Berliner Philharmonikern bei der DGG).

Die Oper erklärte Boulez in einem berüchtigten *Spiegel*-Interview für eine tote Gattung; in seinem kompositorischen Œuvre hat sie bislang keinen Platz, und auch als Dirigent ging sein Interesse an diesem Genre zumeist nicht weit über Alban Bergs *Wozzeck* und *Lulu* hinaus. Eine gewichtige Ausnahme bildet jedoch das Musiktheater Richard Wagners. In Boulez' *Parsifal*, der mit weniger Portato, flexibleren Tempi und klarerer Ausdifferenzierung des Orchesterklangs aufwartet als bei seinem legendären Bayreuther Vorgänger Hans Knappertsbusch, entdeckte bereits Wolfgang Wagner eine »Entsakralisierung« des Bühnenweihfestspiels (Häusler 1985, S. 49). Während der Proben zum Bayreuther *Ring*-Zyklus führte Boulez' entschiedene Abkehr vom dickflüssigen Wagner-Klangbild sogar zum offenen Konflikt mit den Orchestermusikern – gleichwohl konnte sich die äußerst fruchtbare Zusammenarbeit zwischen Chéreau und Boulez beim »Jahrhundert-Ring« auch gegen die konservativen Teile des Publikums durchsetzen. Dass derlei Grabenkämpfe inzwischen längst obsolet sind, zeigt seine viel beachtete Einspielung von Mahlers 6. Sinfonie mit den Wiener Philharmonikern, dem Traditionsorchester par excellence – Pierre Boulez, angetreten als musikalischer »Revolutionär«, ist mittlerweile selbst zu einer »klassischen« Figur im internationalen Musikbetrieb geworden.

Tonträger
1966 BERG: *Wozzeck* (Berry, Strauss, Uhl, Opéra de Paris; Sony) ▪ 1970 WAGNER: *Parsifal* (King, Stewart, Crass, Jones, Bayreuther Festspiele; DGG) ▪ 1975 STRAWINSKY: *Le Chant du rossignol* (New York PO; CBS) ▪ 1976 SCHÖNBERG: Variationen für Orchester op. 31 (BBC SO; Sony) ▪ 1984 ZAPPA: »Boulez conducts Zappa« [*The Perfect Stranger* etc.] (Ensemble Intercontemporain; Angel) ▪ 1990 XENAKIS: *Jalons* (Ensemble Intercontemporain; Erato) ▪ 1993 RAVEL: *Boléro / Ma Mère l'oye / Rapsodie espagnole* etc. (BPh; DGG) ▪ 1993/94 BACH: Fuga (Ricercata) a 6 voci [Orchestration: Webern] / WEBERN: Passacaglia / Fünf Stücke op. 5 / Sechs Stücke für Orchester op. 6 / *Im Sommerwind* etc. (BPh; DGG) ▪ 1994 MAHLER: Sinfonie Nr. 6 (WPh; DGG) ▪ 2001–2004 BARTÓK: Klavierkonzerte Nr. 1–3 (Krystian Zimerman, Chicago SO / Leiv Ove Andsnes, BPh / Hélène Grimaud, London SO; DGG) ▪ 2009/10 SZYMANOWSKI: Violinkonzert Nr. 1 / Sinfonie Nr. 3 »Lied der Nacht« (Christian Tetzlaff, Steve Davislim, WPh; DGG)

Bildmedien
1979/80 WAGNER: *Der Ring des Nibelungen* (Jones, Jung, Hofmann, Salminen, McIntyre, Bayreuther Festspiele; DGG) ▪ **1998** BERG: Drei Orchesterstücke op. 6 / BOULEZ: *Notations* I–IV [Probendokumentation von Felix Breisach] (WPh; Arthaus)

Kompositionen
Le Marteau sans maître [1953/55] (Hilary Summers, Ensemble Intercontemporain; DGG 2002) ▪ *Pli selon pli* [1957–1962] (Halina Łukomska, BBC SO; Sony 1969) ▪ *Répons* [1981/85] (Ensemble Intercontemporain; DGG 1996)

Schriften
Anhaltspunkte. Essays, übs. von Josef Häusler, Kassel 1979 ▪ Orientations. Collected Writings, übs. von Martin Cooper, hrsg. von Jean-Jacques Nattiez, London 1986 ▪ Leitlinien. Gedankengänge eines Komponisten, übs. von Josef Häusler, Kassel 2000

Literatur
Sprengt die Opernhäuser in die Luft!, in: Der Spiegel 40/1967, S. 166–174 ▪ Josef Häusler (Hrsg.), Pierre Boulez. Eine Festschrift zum 60. Geburtstag, Wien 1985 [Filmografie und Diskografie] ▪ Theo Hirsbrunner, Pierre Boulez und sein Werk, Laaber 1985 ▪ William Glock (Hrsg.), Pierre Boulez. A Symposium, London 1986 ▪ Georgina Born, Rationalizing Culture. IRCAM, Boulez and the Institutionalization of the Musical Avant-Garde, Berkeley 1995 ▪ Jean Vermeil, Conversations with Boulez. Thoughts on Conducting, übs. von Camille Naish, Portland 1996 [Diskografie und Konzertübersicht] ▪ Heinz-Klaus Metzger / Rainer Riehn (Hrsg.), Pierre Boulez (Musik-Konzepte 89/90), München 1995 / Pierre Boulez II (Musik-Konzepte 96), München 1997 ▪ Catherine Steinegger, Pierre Boulez et le théâtre: de la Compagnie Renaud-Barrault à Patrice Chéreau, Wavre 2012

FKR

Boult, Adrian

1889 am 8. April in Chester als Sohn eines wohlhabenden Kaufmanns und einer klavierbegabten Mutter geboren, erlebt er früh die Gastkonzerte des Hallé Orchestra unter Hans Richter in Liverpool.

1908–1912 studiert er am Christ Church College in Oxford zunächst Geschichte, dann Musik bei Hugh Allen und freundet sich mit dem Komponisten Ralph Vaughan Williams an.

1912–1913 setzt er seine Musikstudien am Leipziger Konservatorium fort: Wichtiger als die Dirigentenklasse von Hans Sitt ist das Vorbild Arthur Nikisch, dessen Gewandhauskonzerte und Proben er begeistert besucht.

1913 assistiert er am Royal Opera House, Covent Garden (u. a. bei Nikischs Aufführungen von Wagners *Ring*).

1914 erfolgt sein Konzertdebüt mit einem Mischprogramm bei der Liverpool Philharmonic Society.

1918 hat sich (trotz Kriegsdienst als Übersetzer) sein Ruf dank gelegentlicher Konzerte mit dem London Symphony Orchestra verfestigt; die Uraufführung der Orchestersuite *The Planets* seines Freundes Gustav Holst macht ihn als Dirigenten der »Moderne« ebenso bekannt wie sein Engagement im folgenden Jahr bei Sergej Diaghilews Ballets russes, wo er Strawinsky und Respighi aufführt.

1919–1930 leitet er am Royal College of Music eine Dirigierklasse und verfasst 1920 das Lehrbuch *The Point of the Stick: A Handbook on the Technique of Conducting*.

1924–1930 ist er Musikdirektor beim City of Birmingham Symphony Orchestra (CBSO).

1930 beginnt mit dem Aufbau des BBC Symphony Orchestra sein Anteil an der Neubegründung fest besetzter Orchester in London, die dort einen internationalen Standard erst ermöglichen. Er führt u. a. Sinfonien Mahlers auf und ist auch für die Einladung Anton Weberns als Gastdirigent (1931–1936) verantwortlich. Ab 1942 übernehmen er und das BBC SO die von Henry Wood begründeten Londoner »Proms«.

1950 scheidet er aus Altersgründen bei der BBC aus; das London Philharmonic Orchestra beruft ihn umgehend als Nachfolger von Eduard van Beinum zum Chefdirigenten. Es folgen u. a. eine Deutschlandtournee (1951) und ein lukrativer Fünfjahresvertrag mit dem Label Decca.

1953 dirigiert er bei der Krönung von Elisabeth II. (wie schon 1936 bei ihrem Vater, George VI.).

1957 tritt er beim London PO zurück, leitet es aber als Präsident des Verwaltungsrats weiter bis zum Dienstantritt seines Nachfolgers William Steinberg (1959) und kehrt dann für ein Jahr zum CBSO zurück.

1962–1966 lehrt er wieder am Royal College, dessen Vizepräsident er 1963 wird; zu seinen Schülern gehören Colin Davis, Richard Hickox und Vernon Handley.

1978 beendet er im Juni faktisch – erklärtermaßen aber erst 1981 – seine öffentliche Dirigententätigkeit mit einer Ballettaufführung von Elgars *The Sanguine Fan*; mit seiner fünften Aufnahme von Holsts *The Planets* ist er beteiligt an ersten Experimenten mit digitaler Aufzeichnung, stellt aber im Dezember auch die Studioarbeit ein.

1983 stirbt er am 22. Februar in London.

Wenn sich ein Dirigent laut der wichtigsten deutschen Musikenzyklopädie »durch eine unspektakuläre Präsenz auszeichnet«, so verbirgt sich hinter einer solchen Höherbewertung des (scheinbar) Unauffälligen doch die ganze Ästhetik einer rigorosen Vorstellung von »Werktreue«, der jede gefühlsbetonte Geste als quasi demagogischer Eingriff suspekt erscheinen muss. Solche Eingriffe machen die Aufführenden in ihrer Subjektivität und Historizität sichtbar, anstatt dass sie ausgeblendet bleiben wie jene Fotografen, in deren Bildern man eine »objektive« Wirklichkeit der Welt unmittelbar zu erkennen meint. Die Wahrnehmung Boults als unspektakulärer »Diener der Musik« hat Tradition gerade in seinem Heimatland: »Boult was the least sensational but not the least remarkable. He made no attempt to cultivate a public image«, heißt es rhetorisch geschickt im *Grove's Dictionary Online*. Gerade dadurch wird aber ein öffentliches Bild, ja ein Klischee aktiviert, das die Tugend des Unaffektierten einer mehr oder minder unausgesprochen verurteilten Tendenz der Selbstinszenierung moralisierend gegenüberstellt. »All conductors should be clad in an invisible Tarnhelm which makes it possible to enjoy the music without seeing any of the antics that go on«, lautet einer von Boults humorvollen Beiträgen zum Thema Orchesterleitung, gewissermaßen die Interview-Version seiner über fünfzig Jahre vertretenen Dirigierdidaktik (der dann auch prompt bis in seinen Wikipedia-Artikel verbreitet worden ist). Arthur Nikisch war hierin Boults Vorbild. Tatsächlich soll er, wenn er konzentriert, aber unbewegt mit langem Stab nur kleine Zeichen und Akzente gesetzt hat, vor allem aus der Rückenansicht des Auditoriums ganz wie die Inkarnation des dirigierenden »English gentleman« erschienen sein.

Glücklicherweise verblasst aber auch dieses Klischee, wenn es um die hinterlassenen Klangaufzeichnungen geht, wo jeder Dirigent qua Medium tatsächlich unter eine Tarnkappe schlüpft. Der Großteil von Boults Aufnahmen entstand erst nach dem Zweiten Weltkrieg mit dem London Philharmonic Orchestra. Boult präsentiert sich in seinen frühen Elgar-Aufnahmen durchaus als humor- und glanzvoller Musiker – in der vorzüglich inszenierten sinfonischen *Falstaff*-Studie, besonders aber im von Elgar mit lakonischem Witz und Schlagzeug mehr als süffig überinstrumentierten Fugen-Finale einer Orgel-Fantasie von Bach. Dem folgt später eine äußerst leidenschaftliche Parteinahme für Elgars sonst in der Fülle von Selbstzitaten eher peinlich berührendes Erinnerungsstück *The Music Makers*. Elgars Sinfonien begreift Boult bis in die 1970er-Jahre hinein aus der Perspektive der Sinfonien von Johannes Brahms (die er zyklisch nur für die beiden Budget Label Pye und Nixa im Jahr 1954 sehr melancholisch und mitunter etwas oberflächlich eingespielt hat). Die beiden legendären Gesamtaufnahmen der Sinfonien seines Freundes Ralph Vaughan Williams – der LPO-Zyklus wurde 1952 bis 1956 noch unter dessen Aufsicht aufgenommen, der Komponist verstarb allerdings genau in der Nacht vor der nachträglichen Aufnahme der Neunten – stehen einander beinahe diametral gegenüber, wie das Beispiel des Kopfsatzes der Sechsten zeigt. Während 1953 das wie durch ein Hafenviertel und keineswegs gentleman-like dahintorkelnde Hauptthema mit Ragtime-Gehabe à la Bernstein und bruitistischem Schmiss den Hörer hinreißt, bis es nach unvermittelt einsetzenden Harfenklängen von einer eher schalen Erinnerung an britisch-pastorale Volkslied-Idyllik abgelöst wird, verhält es sich in der Stereo-Neuaufnahme 1967 mit dem New Philharmonia Orchestra fast umgekehrt: Der nun verhältnismäßig mühsam vorankommende Großstadtverkehr schleppt sich zum erlösenden Paradies einer schön ländlich gelegenen Raststätte. Aus dem distinguierten, allem Modernen aber grundsätzlich sehr aufgeschlossen gegenüberstehenden BBC-Moderator wird nach 1960 ein alles möglichst objektiv, aber etwas pauschal auf britische Werte abklopfender Senior-Kommentator der *Times*. Boults Abschied vom Spektakulären beinhaltet auch eine zunehmende Hinwendung zum konservativeren Sujet: Statt Britten oder Walton, Strawinsky oder Schönberg – einstmals sein BBC-Repertoire – vertritt der alte Boult fast nur noch jene einheimischen »Music Makers«, in deren Werken sich unmittelbar eine melancholische Pose manifestiert (und dirigentische »Possen« tatsächlich höchst unangebracht erscheinen).

Tonträger
1935 BRAHMS: Klavierkonzert Nr. 2 (Artur Schnabel, BBC SO; HMV) ▪ 1943 BLISS: Klavierkonzert (Solomon, Liverpool PO; HMV) ▪ 1945 HOLST: *The Planets* (BBC SO & Chorus; HMV / Victor) ▪ 1949–1955 ELGAR: *Falstaff / Nursery Suite / Dream Children /* BACH: *Fantasia & Fugue in C minor* BWV 537 [Arrangement: Elgar] etc. (London PO; HMV / Testament) ▪ 1952–1956 VAUGHAN WILLIAMS: Sinfonien Nr. 1–8 (London PO; Decca) ▪ 1959 MOZART: Klavierkonzerte Nr. 20 d-Moll KV 466 & 23 A-Dur KV 488 (Annie Fischer, PhO; EMI) ▪ 1959 HÄN-

DEL: *Acis and Galatea* (Pears, Sutherland, Brannigan, St Anthony Singers, Philomusica of London; Decca) ▪ **1966** ELGAR: *The Music Makers* (Janet Baker, London PO & Choir; EMI) ▪ **1968** VAUGHAN WILLIAMS: Sinfonie Nr. 3 »*A Pastoral Symphony*« / *In the Fen Country* (Margaret Price, New PhO; EMI) ▪ **1974** HOLST: *A Choral Symphony* (Felicity Palmer, London PO & Choir; EMI)

Schriften
A Handbook on the Technique of Conducting, Oxford 1920 [Revidierte Fassung: London 1968] ▪ The St Matthew Passion: Its Preparation and Performance, London 1949 [mit Walter Emery] ▪ Thoughts on Conducting, London 1963 [dt. Zur Kunst des Dirigierens, übs. von Ursula von Zedlitz, München 1965] ▪ My Own Trumpet [Autobiografie], London 1973 ▪ Boult on Music: Words from a Lifetime's Communication, London 1983

Literatur
Nigel Simeone / Simon Mundy, Sir Adrian Boult: Companion of Honour, London 1980 ▪ Michael Kennedy, Adrian Boult, London 1987 ▪ John Hunt, Musical Knights: Wood, Beecham, Boult, Barbirolli, Goodall, Sargent, London 1995 [Diskografie]

HAH

Bour, Ernest

1913 am 20. April in Thionville geboren; der Vater arbeitet als Chordirigent.
1933 kommt es zur entscheidenden Begegnung mit Hermann Scherchen bei dessen Dirigierkursen in Straßburg. Zuvor studiert er dort Orgel, Klavier, Musiktheorie sowie Dirigieren bei Fritz Münch.
1935 arbeitet er bis zum Kriegsausbruch als Kapellmeister beim Straßburger Rundfunk.
1941–1947 übernimmt er das städtische Orchester in Mühlhausen im damals von Deutschland besetzten Elsass, ab 1945 leitet er auch das Konservatorium.
1950 wird er Chefdirigent des Orchestre Municipal in Straßburg, ab 1955 auch Leiter der Oper.
1964–1979 ist er eine prägende Figur der Neue-Musik-Szene als Leiter des Sinfonieorchesters des Südwestfunks in Baden-Baden (SWF SO), wo er bereits zuvor seit 1951 ständiger Gastdirigent neben Hans Rosbaud war. Er leitet eine Vielzahl von Uraufführungen, vor allem bei den Donaueschinger Musiktagen (viele davon dokumentiert in einer Edition des Labels Col Legno).
1976–1987 dirigiert er das Radio Kammerorchester in Hilversum. Eine Augenschwäche macht in den folgenden Jahren das Dirigieren unmöglich.
2001 stirbt er am 20. Juni in Straßburg.

Die Rezensionskultur der Neuen Musik besitzt ihre eigenen Spielregeln: Die Vertrautheit und Vergleichbarkeit mit anderen Aufnahmen fehlt, die Komplexität der Musik gibt eine eher analytisch-nüchterne Dirigierhaltung beinahe vor, und die moralisierende Ablehnung oder Anerkenntnis von Materialinnovationen überträgt sich auf denjenigen, der sich für die Werke einsetzt. Ernest Bour gehört zu der kleinen Zahl von Dirigenten, die Ur- und Erstaufführungen in derart großer Zahl geleitet haben, dass diese Kriterien auch die Reputation des Interpreten weitgehend bestimmen.

Die analytische Striktheit hört man immer wieder aufblitzen, so in der durch rasches Tempo aller Sentimentalität beraubten Forlane aus Ravels *Le Tombeau de Couperin*, ebenso im Fagottsolo zu Beginn von Strawinskys *Le Sacre du printemps*, das Bour ohne jede Agogik spielen lässt, sodass die in der Notation fixierten Rubati das Werk steuern; dieser Anfang gibt das Stichwort für einen auch ungemein dissonanten und lustvollen *Sacre* – wäre Bours Version bekannter, wären einige berühmte Versionen weniger bekannt.

Bours Sonderstellung begründet sich vielleicht daraus, dass er die analytische Dirigierhaltung noch mit einer Unbefangenheit gegenüber dem motorischen Reiz der neoklassischen Moderne verbindet (zum Beispiel in den Sinfonien von Albert Roussel). Den musikalischen Humor Haydns – wie auch bei Mozart sind Bours Einspielungen zurzeit nur online verfügbar – versteht er als Vorgänger des Spiels mit Vertrautheit und Eklat in der Neuen Musik. Den Paukenwirbel der Sinfonie Hob. I:103 spielt er pianissimo gemäß der Partitur (und dies dürfte als Rekonstruktion der einstmaligen Überraschung ebenso tauglich sein wie die exzessiven Soli bei Harnoncourt oder Minkowski), das Stimmen der Instrumente in der Sinfonie Hob. I:60 endet in dissonanter Intonation, und das Continuo-Solo am Ende der Sinfonie Hob. I:98 ertönt in einem beinahe an Papagenos Glockenspiel erinnernden hellen Klavierklang.

Von den derzeit erhältlichen Rundfunkmitschnitten ist Luigi Dallapiccolas Oper *Ulisse* ein Beispiel für das Hörraster der Moralisierung: Man kann die Oper als Nachfolgestück von Debussys *Pelléas et Mélisande* hoch einschätzen, wobei der Dirigent dann unzählige

Nuancen kammermusikalisch auflichtet, man kann sie aber auch als eher zähe Angelegenheit wahrnehmen, in der zwei Stunden lang Bildungswissen im Grundklang der verminderten Oktave vermittelt wird (den dann auch der Dirigent nicht genügend dramatisch auflädt).

Der Dirigent Neuer Musik ist immer selbst Odysseus, der beständig mit ungekannten Rätseln konfrontiert wird und auf die Frage nach seinem Ruhm doch nur antworten kann: »Ich bin Niemand.« In diesem Sinn wäre eine umfangreiche Bour-Edition eine Idee, mit der man merkantil vermutlich vieles, aber musikalisch sehr wenig verkehrt machen würde.

Tonträger
1947 RAVEL: *L'Enfant et les sortilèges* (Sautereau, Scharley, Vessières, Chœur & ONRF; Testament u. a.) ▪ **1969/72** STRAWINSKY: *Le Sacre du printemps / Le Chant du rossignol* (SWF SO; Auvidis-Astrée) ▪ **1975** DALLAPICCOLA: *Ulisse* (Desderi, Cornell, Unruh, Herzog, Chœur & OP de Radio France; Naïve) ▪ **1976/77** RIHM: *Lichtzwang / Sub-Kontur* (János Négyesy, SWF SO; Hänssler) ▪ **1985/87** XENAKIS: *Alax* / BEETHOVEN: Violinkonzert (Thomas Zehetmair, Ensemble Modern; EMM)

Literatur
Volker Scherliess (Hrsg.), August-Halm-Preis 1989 für Ernest Bour, Trossingen 1989 ▪ Jürg Stenzl (Hrsg.), Orchester Kultur. Variationen über ein halbes Jahrhundert. Aus Anlaß des 50. Geburtstages des SWF-Sinfonieorchesters, Stuttgart 1996

JCA

Brico, Antonia

1902 am 26. Juni in Rotterdam geboren. Sie wird 1904 adoptiert, wenige Jahre später emigriert die Familie nach Kalifornien. Ihren Adoptivnamen Wilhelmina Wolthus (bzw. Wolthuis) legt sie während des Studiums ab, auch da die wenig liebevollen Adoptiveltern ihre musikalische Begabung kaum gefördert haben.
1919–1923 studiert sie Klavier am Berkeley College der University of California, danach bei Sigismond Stojowski in New York.
1927 beginnt sie ein Dirigierstudium an der Musikhochschule Berlin bei Karl Muck, das sie im Jahr 1929 mit Examen abschließt. Während dieser Zeit arbeitet sie auch als Assistentin Mucks in Bayreuth.
1930 gibt sie ihr Debüt bei den Berliner Philharmonikern. Im folgenden Jahrzehnt dirigiert sie zahlreiche Orchester, u. a. die Hamburger Philharmoniker und im Jahr 1938 als erste Dirigentin das New York Philharmonic Orchestra.
1935 gibt das (mithilfe von Eleanor Roosevelt) durch Brico in New York begründete Women's Symphony Orchestra das erste Konzert. Nach der Aufnahme männlicher Orchestermitglieder wird es in The Brico Symphony umbenannt.
1945 zerschlagen sich durch die Berufung eines anderen Chefdirigenten Bricos Hoffnungen auf eine Festanstellung beim Denver Symphony Orchestra. Sie ist mit Blick auf diesen Posten bereits vier Jahre zuvor nach Denver gezogen und lebt dort bis zu ihrem Tod.
1946 kann sie auf persönliche Einladung von Jean Sibelius eine Konzertserie in Helsinki dirigieren.
1989 stirbt sie am 3. August in Denver.

Antonia Brico besaß ein vielversprechendes Talent als Dirigentin, lebte aber, wie es der New Yorker Orchestermanager Arthur Judson formuliert hat, »50 Jahre zu früh«. So blieb ihr die Chance verwehrt, als Dirigentin eine angesehene Position zu erhalten und ihren Lebensunterhalt zu verdienen. Tatsächlich gelang es erst Marin Alsop in den 1990er-Jahren, Chefdirigentin beim Colorado Symphony Orchestra (vormalig Denver Symphony Orchestra) zu werden – und damit jenen Posten zu erhalten, um den sich Antonia Brico nach ihrem ersten, enthusiastisch aufgenommenen Gastdirigat im Jahr 1940 über lange Zeit vergeblich bemüht hatte.

Bricos vorheriger Aufstieg als Dirigentin allerdings war rasant: Sie hatte Auftritte bei einigen der wichtigsten Orchester der Welt, aber sobald der Sensationsfaktor als »erste Frau« keine Rolle mehr spielte, verschwand sie aus dem Bewusstsein, und ihre Hoffnungen auf eine Festanstellung blieben unerfüllt. Darüber äußerte sich Brico verbittert: »Talent is inborn, the genes determine one's ability, but a woman must be five times better than a male if she is to conduct from prestigious podiums; the podiums of major symphony orchestras in the United States remain the last stronghold of male domination in America« (nach LePage, S. 25). Sie ließ sich in Denver nieder und suchte sich Alternativen: Neben einer intensiven Unterrichtstätigkeit leitete sie diverse Laienorchester, z. B. mehr als zwanzig Jahre das Denver Businessmen's Orchestra (das sich ebenfalls später in The Brico Symphony umbenannte und mit dem sie trotz semiprofessioneller Bedingungen anspruchsvollstes Repertoire aufführte). Erst der Dokumentarfilm *Antonia. A Portrait of the Woman* verschaffte Brico erneut Engagements als Dirigentin (zum Beispiel beim Mostly Mozart Festival in New York). Der Film entstand auf Initiative von Judy Collins, die in den 1960er-Jahren in Denver Bricos Schülerin gewesen war und später als Folk-Sängerin sehr bekannt wurde. Der im Jahr 1974 für einen Oscar nominierte Film sorgte so dafür, dass Antonia Brico heute im kulturellen Gedächtnis als frühes Beispiel einer herausragenden Dirigentin verankert ist.

Tonträger
1975 MOZART: Sinfonie Nr. 35 KV 385 »Haffner« / Ouvertüren: *Don Giovanni* / *Die Zauberflöte* / *Le nozze di Figaro* (Mostly Mozart FO; Columbia)

Literatur
Jane Weiner LePage, Women Composers, Conductors, and Musicians of the Twentieth Century. Selected Biographies, Metuchen 1980, S. 13–26 ▪ Patricia Stanley, Dr. Antonia Brico and Dr. Albert Schweitzer. A Chronicle of Their Friendship, in: Geoffrey C. Orth (Hrsg.), Literary and Musical Notes, Bern 1995, S. 185–204 ▪ Beth Abelson Macleod, Women Performing Music. The Emergence of American Women as Classical Instrumentalists and Conductors, Jefferson 2001, S. 124–139

GFI

Brown, Iona

1941 am 7. Januar in Salisbury in eine Musikerfamilie geboren. Sie erhält bereits als Kind Geigenunterricht und studiert später bei Hugh Maguire in London und in Brüssel bei Carlo Van Neste.
1963–1966 ist sie Mitglied im Philharmonia Orchestra unter der Leitung von Otto Klemperer. Außerdem spielt sie im Cremona Quartet.
1964 wird sie Mitglied der Academy of St Martin in the Fields (ASMF); ab 1974 leitet sie neben dem Gründer Neville Marriner das Orchester (größtenteils vom Konzertmeisterpult aus). Zugleich wird sie in Konzerten und Aufnahmen auch als Geigenvirtuosin international bekannt (u. a. Vaughan Williams' *The Lark Ascending* mit Marriner und das 2. Violinkonzert von Béla Bartók mit dem jungen Simon Rattle).
1981 wird sie Chefdirigentin des Norwegischen Kammerorchesters in Oslo, das sie zwanzig Jahre lang leiten wird.
1987–1992 leitet sie nach einer Saison als Artistic Advisor auch das Los Angeles Chamber Orchestra, wohin sie 1995–1997 als Principal Conductor nochmals zurückkehrt. Sie ist außerdem regelmäßige Gastdirigentin des City of Birmingham Symphony Orchestra.

1998 gibt sie aufgrund gesundheitlicher Einschränkungen durch Arthritis ihr letztes Konzert als Solistin, dirigiert aber noch bis zu einer Krebsdiagnose im Jahr 2002. 2004 stirbt sie am 5. Juni in Salisbury.

Iona Brown repräsentiert einerseits die Ursprünge des Dirigentenberufs, indem sie ab 1965 als Konzertmeisterin viele Aufführungen vom Notenpult aus leitete. Dabei repräsentiert sie andererseits die lange britische Kammerorchester-Tradition – ihr Name wird beinahe so selbstverständlich wie derjenige von Neville Marriner mit der Academy of St Martin in the Fields assoziiert. Ihre umfassende Diskografie ist Zeugnis dieser langjährigen Tätigkeit und zeigt ihr musikalisches Profil. Vor allem die Musik des 18. Jahrhunderts war ihr Spezialgebiet – darunter auch Konzerte eher unbekannter Komponisten, denen sie Leichtigkeit und Glanz wie in ihrer über England hinaus weit verbreiteten Referenzaufnahme der Violinkonzerte Mozarts zukommen lässt; ihre solistischen Qualitäten überträgt sie auch auf den Klang des vertrauten Orchesters.

Sie unternahm aber auch immer wieder Wanderungen ins 20. Jahrhundert: Der britische Komponist David Blake widmete ihr ein Violinkonzert, das sie 1976 bei den Proms aufführte. Die durch die parallele Solistenkarriere sicher geförderte Wahrnehmung Iona Browns als Dirigentin zu Lebzeiten steht in großem Kontrast zum doch raschen Verblassen dieser Wahrnehmung, obwohl sie über die Grenzen Großbritanniens hinaus bekannt war. Umso wichtiger wäre es, die leider nur spärliche Dokumentation ihres Lebens und ihrer Tätigkeit als Dirigentin zu ergänzen.

Tonträger
1976 HOFFMEISTER / SCHNEIDER / KOŽELUH: Konzertante Sinfonien (Klöcker, Wandel, Grobholz, Kussmaul, ASMF; EMI/CPO) ▪ 1981 HÄNDEL: Zwölf Concerti grossi op. 6 (ASMF; Philips) ▪ 1988 BRITTEN: *Variations on a Theme of Frank Bridge* / TSCHAIKOWSKY: Serenade für Streicher / MOZART: Divertimento KV 137 (Norwegisches KO; Simax) ▪ 1992 STAMITZ [CARL]: Klarinettenkonzerte Nr. 3, 10 & 11 / STAMITZ [JOHANN]: Klarinettenkonzert B-Dur (Sabine Meyer, ASMF; EMI) ▪ 1994 SCHOSTAKOWITSCH: Kammersinfonie c-Moll op. 110a [Arrangement: Barshai] / STRAWINSKY: *Concerto en Ré* / TSCHAIKOWSKY: Serenade für Streicher (Norwegisches

KO; Virgin) ▪ **1994/96** Schönberg: *Verklärte Nacht* [Version für Streichorchester] / Schubert: Streichquartett D 810 »Der Tod und das Mädchen« [Arrangement: Mahler] (Norwegisches KO; Chandos)

GFI

Brüggen, Frans

1934 am 30. Oktober in Amsterdam geboren.

1951 schließt er ein Blockflöten-Studium bei Kees Otten am Amsterdamer Muzieklyceum ab. An der Amsterdamer Universität studiert er auch Musikwissenschaft.

1955 erhält Brüggen bereits eine Professur für sein Instrument am Königlichen Konservatorium in Den Haag.

1972 übernimmt er für ein Jahr die Erasmus-Professur an der Harvard University in Boston.

1981 gründet Brüggen das Orchestra of the Eighteenth Century (OEC), das sich an Mannheimer, Wiener und Pariser Besetzungen orientiert und aus Spezialisten der historisierenden Aufführungspraxis aus der ganzen Welt besteht. Es kommt zwei- oder dreimal im Jahr zu fünf- bis sechswöchigen Probenphasen zusammen, um zwei Programme zu erarbeiten. Es folgen 15 bis 20 Konzerte, wobei die letzten immer in Utrecht stattfinden, wo die Konzerte live mitgeschnitten werden.

1984–1992 erfolgt eine erste Einspielung der neun Sinfonien Beethovens. Das bei Philips eingespielte Programm umfasst zudem Werke von Purcell, J. S. Bach, Rameau, Haydn, Mozart, Schubert und Mendelssohn. 1997 wechselt er mit seinem Orchester zum Label Glossa.

1990–1997 bekleidet er beim Stavanger Symphony Orchestra den besonderen Posten eines Programmdirektors für Alte Musik (ihm folgen Philippe Herreweghe und Fabio Biondi).

1991–1994 wirkt er als fester Dirigent des Kammerorchesters des Niederländischen Rundfunks (Hilversum), 2001 wird er Chefdirigent. Nach der Überführung in das Netherlands Radio Chamber Philharmonic Orchestra im Jahr 2005 bleibt er dort zunächst Erster Gastdirigent, dann Conductor Emeritus (ab 2007).

1992 verbindet er sich als ständiger Gastdirigent mit dem Orchestra of the Age of Enlightenment (zuletzt ist er dort Conductor Emeritus); er dirigiert nun häufiger auch renommierte »moderne« Orchester.

2014 stirbt er am 13. August in Amsterdam.

Frans Brüggen revolutionierte das Blockflötenspiel in den Sechziger- und Siebzigerjahren des 20. Jahrhunderts maßgeblich. In einem Interview bekennt er, dass er durch die Ausdruckskraft von Dietrich Fischer-Dieskau und von Jascha Heifetz gelernt habe, was »Instrumentalismus« schlechthin bedeutet. Viel verdankt er ferner Gustav Leonhardt und Anner Bylsma, mit denen er für das damalige Telefunken-Label Das Alte Werk zahlreiche Schallplatten mit barocker Blockflötenmusik eingespielt hat. Sein häufig durch Instrumenten- und Körperbewegungen unterstütztes solistisches Musizieren, das stets ausdrucksstark, sprechend und brillant genannt werden kann, wurde zu seinem schulbildenden individuellen Markenzeichen. Zahlreiche Erkenntnisse aus seinem Instrumentalstil konnten Brüggen als Basis dienen, um sie für sein dirigentisches Musizieren nutzbar zu machen.

Die Schallplattenkritik betont den Entwicklungsprozess vom eher kantigen und rauen Spiel der ersten Einspielungen (z. B. in Mozarts »Pariser« Sinfonie KV 297 aus dem Jahr 1985) zu einem »eleganten« und »geschliffenen« Stil (Sinfonien A-Dur KV 201 und B-Dur KV 319). Dieser Wandel tritt in den nachträglichen Koppelungen der zunächst einzeln aufgenommenen Sinfonien Haydns zu geschlossenen Werkgruppen besonders hervor. Das Klangbild wird insgesamt ausgeglichener, weniger spektakulär auf äußerliche überraschende Wirkung hin angelegt, ohne die durch alle Stimmen zu verfolgende Herausarbeitung der musikalischen Substanz zu vernachlässigen. Mag seine Dirigate in der Anfangszeit noch der subjektive Gestaltungswille eines vormaligen Solisten mitbestimmt haben, so tritt im Verlaufe der Arbeit die Person »Brüggen« immer mehr zurück, ohne dass die Darstellungspräzision des jeweiligen Stückes darunter zu leiden hätte. Insgesamt vermag es Brüggen, einem durch unendlich zahlreiche Aufnahmen bestens bekannten klassischen Repertoire oft ganz neue klangliche Nuancen und Dimensionen zu entlocken. Als ungewöhnlich kann dabei Brüggens Auseinandersetzung mit den Sinfonien Beethovens bezeichnet werden: Seinen ersten Zyklus begann er in der Mitte der 1980er-Jahre und beendete ihn erst zu Beginn der 1990er-Jahre; im Oktober 2011 nimmt er die Sinfonien für das Label Glossa dann im Ganzen und auf wenige Tage begrenzt als Live-Produktion zum zweiten Mal auf – die dreißigjährige Geschichte seines Orchesters wird so durch die Beschäftigung mit Beethoven umschlossen.

Tonträger
1979 VIVALDI: Concerti per flauto, archi e cembalo op. 10 (Frans Brüggen, OEC; Seon/RCA) ▪ **1984/95** HAYDN: Sinfonien Hob. I: 90, 91 & 92 (OEC; Philips) ▪ **1986** MOZART: Sinfonie Nr. 41 KV 551 »Jupiter« / Ouvertüre: *La clemenza di Tito* (OEC; Philips) ▪ **1990–1996** SCHUBERT: Sinfonien Nr. 1–9 (OEC; Philips) ▪ **1998/2000** RAMEAU: Orchestersuiten aus *Naïs* und *Zoroastre* (OEC; Glossa) ▪ **2011** BACH: Osteroratorium »Kommt, eilet und laufet« BWV 249 / Orgelkonzert [nach den Kantaten BWV 35 & 156] (Eerens, Chance, Schäfer, Wilson-Johnson, Belder, Cappella Amsterdam, OEC; Glossa)

Literatur
Frans Brüggen im Gespräch mit Mirjam Nastasi, in: Tibia. Magazin alter und neuer Bläsermusik 7/3 (1982), S. 193–196 ▪ »Wir sind ein bißchen rauher«, in: Concerto, Heft 99 (1994/95), S. 29–33

DGU

Bülow, Hans von

1830 am 8. Januar in Dresden geboren. Sein Vater Eduard ist Schriftsteller und enger Freund Ludwig Tiecks, die Mutter Franziska (geb. Stoll) ist mit der Leipziger Familie Frege verschwägert, über die er als Jugendlicher mit Mendelssohn in Kontakt kommt.

1846 übersiedelt die Familie nach Stuttgart, wo er die lebenslange Freundschaft mit dem Komponisten Joachim Raff begründet.

1848 nimmt er, dem Wunsch der Eltern folgend, in Leipzig das Jurastudium auf und setzt es 1849 in Berlin fort.

1850 folgt er einem Ruf Richard Wagners nach Zürich, den er bereits aus der Dresdner Zeit persönlich kennt, um diesem beim Dirigieren am Aktientheater zu assistieren. Das Handwerk lernt er rasch bei Wagner und leitet dann selbstständig eine Saison in St. Gallen.

1852 übersiedelt er nach Weimar, um seine Klavierausbildung bei Franz Liszt zu perfektionieren, der ihn 1853 auf eine erste Tournee durch Österreich-Ungarn schickt.

1855–1864 unterrichtet er in Berlin am Stern'schen Konservatorium als Klavierpädagoge, leitet dort auch gelegentlich Orchesterkonzerte und unternimmt einzelne Tourneen als Pianist.

1857 heiratet er in Berlin Cosima Liszt.

1864 übersiedelt er, erneut einem Ruf Wagners folgend, nach Starnberg und dann nach München, um offiziell als »Vorspieler« des bayerischen Königs Ludwig II. zu wirken.

1865 leitet er in München die Uraufführung von Wagners *Tristan und Isolde* und wird kurz darauf zum Bayerischen Hofkapellmeister ernannt.

1868 folgt ebendort die Uraufführung von Wagners *Die Meistersinger von Nürnberg*.

1869 zieht er sich, von Wagner menschlich tief enttäuscht, nach Florenz zurück.

1872 kehrt er, inzwischen von seiner Frau Cosima geschieden, nach Deutschland zurück und beginnt seine eigentliche Karriere als tourender Klaviervirtuose. Er beginnt sich zunehmend für die Musik von Johannes Brahms zu erwärmen.

1875–1876 unternimmt er als Pianist eine erste USA-Tournee (1888 und 1890 folgen zwei weitere).

1877–1879 ist er, vermittelt durch seinen Freund Hans von Bronsart, Hofkapellmeister in Hannover.

1880–1885 bekleidet er den eigens für ihn geschaffenen Posten des »Intendanten« der Meininger Hofkapelle. Europaweit beachtete Konzerttourneen folgen, deren Radius von Wien und Prag über Berlin und Leipzig bis nach Norddeutschland und Holland reicht. In Meiningen geht er seine zweite Ehe mit der Schauspielerin Marie Schanzer ein. Im letzten Jahr holt er den jungen Richard Strauss als seinen Assistenten nach Meiningen.

1885 nimmt er, ausgelöst durch ein vorübergehendes Zerwürfnis mit Brahms auf der letzten Orchestertournee, seinen Abschied von Meiningen und ist als Dirigent und Pianist in Deutschland, Russland und Skandinavien unterwegs.

1887 wird er zunächst Dirigent am Hamburger Stadttheater, dann auch der Bremer Sinfoniekonzerte, schließlich leitet er in Zusammenarbeit mit der Berliner Konzertagentur Hermann Wolff die Hamburger Abonnementskonzerte und die Berliner Philharmoniker. Sein Wohnsitz bleibt bis zum Lebensende Hamburg.

1892 zieht er sich, gesundheitlich stark angeschlagen, mit offiziellen Abschiedskonzerten in Berlin und Hamburg vom öffentlichen Konzertleben zurück und konzertiert danach nur noch gelegentlich.

1894 stirbt er am 12. Februar auf einer Erholungsreise in Kairo. Er wird auf dem Ohlsdorfer Friedhof in Hamburg beigesetzt (Gustav Mahler erhält durch das Ereignis die Inspiration für seine *Auferstehungssinfonie*).

Hans von Bülow gilt als der Inbegriff des »modernen« Dirigenten, der die Prinzipien der Liszt'schen und der Wagner'schen Interpretationsästhetik systematisiert und professionalisiert hat. Das neue Berufsbild des Orchesterchefs geht überhaupt erst auf ihn zurück; das eigene Komponieren gab er schon in mittleren Jahren zugunsten der musikalischen Praxis gänzlich auf. Bei Wagner als Dirigent, bei Liszt als Pianist ausgebildet, hat er diese Prinzipien zunächst vor allem auf das Repertoire der »neudeutschen« Schule und ihrer Vorbilder (Berlioz, Liszt, Wagner), aber auch auf eine als modern empfundene Sichtweise Beethovens angewandt. Zu seinen Großtaten als Pianist zählen die öffentlichen Erstaufführungen von Beethovens *Diabelli-Variationen* (1856) und Liszts h-Moll-Sonate (1857) sowie die Gesamtaufführung der letzten fünf Beethoven-Sonaten an einem einzigen Abend (seit 1878). Als Dirigent machte er sich einen Namen als Uraufführungsdirigent von Wagners *Tristan* (1865) und *Die Meistersinger von Nürnberg* (1868) sowie durch die integrale Aufführung aller Beethoven-Sinfonien (erstmals 1881). Auf seiner letzten Tournee mit dem Meininger Orchester (1885) präsentierte er, in Anwesenheit des Komponisten selbst, die 4. Sinfonie von Brahms als Novität. In seinen späten Jahren galt der Pianist wie der Dirigent Bülow, unterstützt durch seine legendär gewordene kommentierte Ausgabe der Klavierwerke Beethovens (1872), als *der* Spezialist für Beethoven.

Getrieben durch ein zur Polarisierung neigendes Temperament, verstand sich Bülow anfangs als Propagator der »neudeutschen« Schule, der sich auch umfangreich publizistisch betätigte, bis er nach seiner Münchner Zeit einen scharfen Seitenwechsel vornahm und sich zunehmend für Johannes Brahms einsetzte. Seine anfänglich stark durch Wagner beeinflusste Beethoven-Interpretation fügte sich in dieses gewandelte Musikverständnis so ein, dass ein zunächst hochgradig rhetorischer und expressiver, durch deutliche Tempo-Modifikationen charakterisierter Vortrag zunehmend dem Ideal eines die Themen, Phrasen und Motive geradezu analytisch sezierenden Musizierens wich. Diese Interpretationstendenz des späten Bülow wurde, vor allem an Beethoven, von Kritikern als »Vivisektion« wahrgenommen und ebenso heftig kritisiert wie leidenschaftlich bewundert. Zu den Bewunderern zählte, mit Folgen für die wissenschaftliche Beethoven-Analyse, der am Bernuth'schen Konservatorium in Hamburg als Klavierlehrer tätige Hugo Riemann.

Bülow war ein fanatischer Probenarbeiter, der schon bei der Vorbereitung der Münchner *Tristan*-Aufführung akribische Separatproben der einzelnen Instrumentengruppen durchführte – ein Prinzip, das er in Weimar bei Liszt beobachtet hatte und mit dem er die an sich eher mittelmäßige Meininger Hofkapelle zu einem erstklassigen Klangkörper erzog. Sein phänomenales Gedächtnis ermöglichte ihm (noch nicht in München, aber später) das auswendige Proben und Dirigieren getreu seiner durch seinen Schüler Richard Strauss überlieferten Devise, es sei besser, die Partitur im Kopf als ständig den Kopf in der Partitur zu haben. Die Systematisierung eines agogisch wie dynamisch hochgradig differenzierten (»nüancierten«) Vortrags wurde zum Markenzeichen seines Dirigierstils, an dem häufig die Phrasenzerlegung durch die »Bülow'sche Luftpause« wahrgenommen wurde – sie ist als Erbschaft an seine Bewunderer Strauss und Mahler übergegangen (möglicherweise bis in die Faktur ihrer Kompositionen hinein). Bülow gehörte zur ersten Generation von Dirigenten, die im Gefolge Wagners die Orchesterpartituren der Klassiker vorsichtigen »Retuschen« unterzog und diese Praxis auch publizistisch legitimierte, was sich an manchen seiner im Nachlass in der Staatsbibliothek zu Berlin erhaltenen Dirigierpartituren gut nachvollziehen lässt. Das Repertoire der von ihm dirigierten Werke – um den Kern der anfangs viel gespielten Liszt und Wagner, später Beethoven und Brahms herum – ist in seiner Breite beeindruckend. Von den osteuropäischen Komponisten bewunderte er Dvořák und Tschaikowsky, unter den Wiener Sinfonie-Komponisten hingegen begegnete er Schubert mit einiger Geringschätzung und Bruckner sogar mit eindeutiger Verachtung. Die Musik der jüngeren Generation betrachtete er mit wachsender Skepsis (im Falle seines Schülers Strauss) oder akzeptierte sie überhaupt nicht (im Falle Mahlers, den er allerdings als Dirigenten hoch einschätzte).

Bülow dürfte für eine ganze Generation junger Musiker ein prägendes Vorbild gewesen sein. Noch Max Reger begründete später die Übernahme des Meininger Hofkapellmeisteramts (1911–1914) mit dessen Aufwertung durch Bülow: »Mich hat es überhaupt *nur* gelockt nach Meiningen zu gehen«, schrieb er rückblickend am 4. Mai 1915 an Marie von Bülow, »weil eben Ihr Herr Gemahl da gewirkt hat!«

Schriften
Briefe und Schriften, hrsg. von Marie von Bülow, 8 Bände, Leipzig 1895–1908 ▪ Ausgewählte Schriften 1850–1892, hrsg. von Marie von Bülow, 2 Teilbände, Leipzig 1911 ▪

Neue Briefe, hrsg. von Richard Graf Du Moulin Eckart, München 1927 ▪ Die Briefe an Johannes Brahms, hrsg. von Hans-Joachim Hinrichsen, Tutzing 1994 [erweiterte und aktualisierte engl. Fassung Lanham 2011]

Literatur
Hans-Joachim Hinrichsen, Musikalische Interpretation. Hans von Bülow, Stuttgart 1999 ▪ Frithjof Haas, Hans von Bülow. Leben und Wirken, Wilhelmshaven 2002 ▪ Wolf-Dieter Gewande, Hans von Bülow. Eine biographisch-dokumentarische Würdigung aus Anlass seines 175. Geburtstages, Lilienthal 2004 ▪ Alan Walker, Hans von Bülow. A Life and Times, Oxford 2010 ▪ Kenneth Birkin, Hans von Bülow. A Life for Music, Cambridge 2011

HJH

Busch, Fritz

1890 am 13. März in Siegen geboren. Als ältester Sohn eines Geigenbauers und Instrumentenhändlers profitiert Busch, ebenso wie drei seiner jüngeren Brüder – der Geiger Adolf (1891–1952), der Cellist Hermann (1897–1975) und der Pianist Heinrich (1900–1929) –, von einem hochmusikalischen Elternhaus.
1906–1909 studiert er am Kölner Konservatorium Klavier sowie Dirigieren (bei Fritz Steinbach).
1909 geht Busch als Dritter Kapellmeister nach Riga,
1910–1912 als Kurkapellmeister nach Bad Pyrmont, wo er u. a. von Max Reger gefördert wird.
1912–1918 übernimmt Busch seine erste bedeutende Stelle als Generalmusikdirektor in Aachen, von wo er
1918–1922 an die Stuttgarter Oper wechselt; es ist der Beginn seiner Arbeit als Operndirigent, die fortan den Schwerpunkt seiner Tätigkeit bilden wird.
1922–1933 übernimmt Busch als Generalmusikdirektor die künstlerische Leitung der Dresdner Semperoper, wo er als Uraufführungen u. a. *Intermezzo* (1924) und *Die ägyptische Helena* (1928) von Richard Strauss, *Doktor Faust* (1925) von Busoni, *Cardillac* (1926) von Hindemith und *Der Protagonist* (1926) von Weill dirigiert. Schon Anfang der 1930er-Jahre gerät Fritz Busch ins Visier der Nationalsozialisten: Einerseits wollen sie den inzwischen international berühmten Dirigenten unbedingt in Dresden halten, andererseits macht Busch aus seiner vehementen und kompromisslosen Ablehnung der Nazis keinen Hehl.
1933 wird Busch am 7. März vor einer Aufführung von Verdis *Rigoletto* von einer SA-Horde niedergebrüllt. Wenige Wochen später verlässt er Deutschland und geht ins Exil: zuerst nach Zürich, dann nach England, schließlich nach Buenos Aires, wo er 1936 die argentinische Staatsbürgerschaft erhält. Die Jahre bis zum Ende des Zweiten Weltkriegs arbeitet Busch parallel in Südamerika, England und Skandinavien.
1933–1936 leitet Busch das Teatro Colón in Buenos Aires (erneut 1941–1945).
1934 begründet er, gemeinsam mit dem Berliner Regisseur Carl Ebert, das Glyndebourne Festival, dessen musikalischer Leiter er bis 1939 bleibt.
1937–1940 ist er Chefdirigent der Stockholmer Philharmoniker und arbeitet regelmäßig mit dem Sinfonieorchester des Dänischen Rundfunks zusammen.
1945–1949 dirigiert er an der New Yorker Metropolitan Opera.
1950 gibt Busch am 30. September mit Verdis *Otello* sein spätes Debüt an der Wiener Staatsoper.
1951 dirigiert er am 15. Februar in Köln Verdis *Maskenball*: die erste Opernproduktion des NWDR im Großen Sendesaal des neu erbauten Funkhauses am Wallraffplatz. Seine Berufung als Generalmusikdirektor an die Wiener Staatsoper steht da bereits fest, sollte aber nicht mehr zustande kommen.
1951 stirbt er am 14. September überraschend in London.

Wenn man an so etwas wie die viel zitierten »deutschen Tugenden« glaubt, dann könnte man Fritz Busch leicht für einen typisch deutschen Dirigenten halten: eher ein disziplinierter, gewissenhafter, vielleicht sogar etwas pedantischer Kapellmeister als ein genialischer Pult-Star, wortkarg bei den Proben, aber von unangefochtener Autorität und ebenso präzise in seinen Vorstellungen wie in seinen Dirigiergesten, ein sicherer »Fels in der Brandung«, im Orchestergraben wie auf dem Podium, hoch gewachsen, mit breiten Schultern und strahlend blauen Augen, »ein Künstler, der Echtheit und Redlichkeit förmlich ausstrahlt«, so ein Kritiker 1950 nach seinem Wiener *Otello*. Vergleicht man allerdings Buschs Aufnahmen mit denen anderer »typisch deutscher« Dirigenten seiner Zeit, etwa Wilhelm Furtwängler oder Otto Klemperer, dann gerät dieses Bild ins Wanken: Fast immer wirken die Interpretationen von Fritz Busch schneller, leichter und eleganter; sein Orchesterklang ist heller abgetönt und weniger breit (und läuft damit auch weniger Gefahr, in ein unterschwelliges Pathos zu verfallen), die metrischen Akzente und die dynamischen Kontraste sind schärfer gezeichnet.

Besonders deutlich zeigen das die legendären Glyndebourne-Aufnahmen der drei Da-Ponte-Opern Mozarts, die als erste Studioproduktionen dieser Werke Schallplattengeschichte geschrieben haben und bis heute (jenseits allen Knisterns und Rauschens) zu deren großartigsten Interpretationen gehören. »Die Vitalität, der erregte Pulsschlag, die stets aufgewühlte Emotion« (Attila Csampai) seines *Don Giovanni* zum Beispiel wirken geradewegs wie eine Antizipation jenes neuen Mozart-Stils, den Josef Krips und Erich Kleiber ab den späten 1940er-Jahren an der Wiener Staatsoper initiiert haben.

Seit seiner Zeit in Dresden – wo er eine ähnliche Opernreform anstieß wie Mahler in Wien oder Toscanini in Mailand – war Busch ein Operndirigent par excellence, mit einem unglaublichen Gespür für das richtige »Timing«, wie sich auch Willi Domgraf-Fassbaender später erinnerte, der in Glyndebourne den Guglielmo und den Figaro gesungen hatte: »Bei Busch stimmte einfach alles! Ein Tempo, das er anschlug, war – wie seine gesamte Mozartinterpretation – so, daß man sich etwas anderes überhaupt nicht vorstellen konnte.« Sena Jurinac – die Ilia im *Idomeneo* – formulierte es ähnlich: »Buschs Zeichengebung war von höchster Klarheit und Natürlichkeit. Er drängte sich nie vor das Werk. Bei ihm sprach die Musik für sich selbst.« So greifen die einzelnen Teile der großen Finali im *Figaro* oder im *Don Giovanni* bei Busch wie in einem Räderwerk ineinander und fügen sich zu einem organischen Ganzen zusammen, das sich von Takt zu Takt steigert.

Wie bei Mozart war Busch auch bei Verdi ein Meister der dramatischen Hochspannung. Seit er in Dresden eine regelrechte Verdi-Renaissance für Deutschland angestoßen hatte, gehörten dessen Opern zu seinem Kernrepertoire. Aufnahmen wie die beiden *Otello*-Mitschnitte aus der New Yorker Met (1946 und 1948), *La forza del destino* aus Edinburgh (1951) oder der Kölner *Maskenball* – mit dem 25-jährigen Dietrich Fischer-Dieskau als René – bestechen auch heute noch durch eine Eindringlichkeit des Ausdrucks und eine Genauigkeit der Gestaltung, wie man sie sonst wohl nur bei Toscanini erlebt; kein Wunder, dass der »Maestrissimo« zu den erklärten Bewunderern und Förderern Fritz Buschs gehörte.

Tonträger

1935 MOZART: *Cosi fan tutte* (Souez, Helletsgruber, Domgraf-Fassbaender, Nash, Glyndebourne Festival; EMI / Naxos Historical u. a.) ▪ 1935 BEETHOVEN: *Missa solemnis* (Rokyta, Steffensen, von Pataky, Kipnis, Chor & SO des Dänischen Rundfunks; Danacord) ▪ 1936 MOZART: *Don Giovanni* (Brownlee, Souez, Helletsgruber, Baccaloni, Glyndebourne·Festival; EMI / Naxos Historical u. a.) ▪ 1938 BERG: Violinkonzert (Louis Krasner, Stockholmer Philharmoniker; Guild) ▪ 1942 BEETHOVEN: Violinkonzert (Adolf Busch, New York PO; IDIS) ▪ 1949 HAYDN: Sinfonie Hob. I: 88 / MOZART: Sinfonie Nr. 36 KV 425 »Linzer« (SO des Dänischen Rundfunks; Guild) ▪ 1950 BEETHOVEN: Sinfonie Nr. 9 (Lindberg-Torlind, Jena, Sjöberg, Byrding, Chor & SO des Dänischen Rundfunks; Guild) ▪ 1951 MOZART: *Idomeneo* [Auszüge] (Lewis, Young, Jurinac, McNeil, Glyndebourne Festival; EMI) ▪ 1951 VERDI: *Ein Maskenball* [dt.] (Fehenberger, Fischer-Dieskau, Wegner, Mödl, RSO Köln; Calig u. a.)

Bildmedien

1932 WAGNER: *Tannhäuser*-Ouvertüre [+ sämtliche Dresdner Aufnahmen 1923–1932] (Staatskapelle Dresden; Hänssler)

Schriften

Aus dem Leben eines Musikers, Zürich 1949 [Neuausgabe Frankfurt a. M. 2001] ▪ Der Dirigent, hrsg. von Grete Busch, Zürich 1961

Literatur

Grete Busch, Fritz Busch – Dirigent, Frankfurt a. M. 1970 ▪ Bernhard Dopheide, Fritz Busch. Sein Leben und Wirken in Deutschland mit einem Ausblick auf die Zeit seiner Emigration, Tutzing 1970 ▪ Helmut Reinold, Mozarts Haus. Eine Geschichte aus Glyndebourne, Köln 2001 ▪ Susanne Popp, Berufung und Verzicht: Fritz Busch und Richard Wagner, Köln 2013

Webpräsenz

www.max-reger-institut.de/media/busch_diskografie.pdf (↪0014)

MST

Bychkov, Semyon

1952 am 30. November in Leningrad (heute St. Petersburg) geboren, studiert er später am dortigen Glinka-Konservatorium u. a. Dirigieren bei Ilya Musin.

1973 gewinnt er den Rachmaninow-Dirigentenwettbewerb.

1975 emigriert er in die USA. Dort setzt er seine Studien am Mannes College in New York fort.

1980–1985 übernimmt er als Chefdirigent das Grand Rapids Symphony Orchestra.

1985 springt er bei den Berliner Philharmonikern (BPh) sowohl für Eugen Jochum als auch Riccardo Muti ein und erntet hierfür internationale Anerkennung.

1985–1989 bekleidet er die Stelle des Music Director des Buffalo Philharmonic Orchestra.

1989 wird er Chefdirigent des Orchestre de Paris (als Nachfolger Daniel Barenboims, bis 1998).

1990–1994 ist er Erster Gastdirigent beim Saint Petersburg Philharmonic Orchestra.
1997–2010 leitet er als Chefdirigent das WDR Sinfonieorchester Köln, ebenso hat er
1999–2002 den Posten des Chefdirigenten der Dresdner Staatsoper inne.
2012 ehrt ihn das BBC Symphony Orchestra mit der eigens für ihn neu kreierten Position des »Günter Wand Conducting Chair«.

Semyon Bychkov entstammt – ähnlich wie Valery Gergiev (*1953) oder Mikhail Pletnev (*1957) – einer Generation von russischen Dirigenten, die zwar nicht mehr mit dem Stalinismus konfrontiert wurden, aber noch in den hermetischen Strukturen der Sowjetunion aufgewachsen sind und ihre Ausbildung erfahren haben. Mit westlichen Orchestern und Dirigenten kommen sie nur bei deren sowjetischen Gastspielen in Berührung; für Bychkov ist die Anekdote überliefert, dass er als junger Musikstudent bei einem Gastspiel Karajans keine Eintrittskarte mehr bekam, woraufhin er kurzentschlossen versuchte, über das Glasdach einzusteigen, welches jedoch einbrach und ihn der Polizei und nicht Karajan näherbrachte.

Bychkov besitzt in dieser russischen Dirigentengeneration biografisch einen Ausnahmerang, da er schon mit 22 Jahren in die USA auswandert (nicht zuletzt aufgrund antisemitischer Anfeindungen in seiner Heimat). Seiner musikalischen Verbundenheit zu seinem Geburtsland tut dies jedoch keinen Abbruch: Auch wenn er sich zusehends als internationaler Dirigent mit multinational kompatiblem Programm etabliert, so sind es doch gerade seine Aufnahmen russischer Komponisten wie Rachmaninow und Schostakowitsch, die durch ihre expressive Herangehensweise hervorstechen. Dabei lässt sich an Bychkov ein Typus der russischen Schule ausmachen, der vielleicht am besten als »tragische Durchleuchtung des musikalischen Gehalts« beschrieben werden könnte. So sind es in seinen frühen Aufnahmen der Sinfonien Schostakowitschs mit den Berliner Philharmonikern eben nicht nur die voluminösen und abrupten Ausbrüche, die seine Interpretationen prägen, sondern auch die melancholischen Zwischentöne, wie das Aussingen der Revolutionsliedzitate in der 11. Sinfonie, die von einer großen Ernsthaftigkeit zeugen.

Diesen Wesenszug perfektioniert Bychkov während seiner Arbeit mit dem WDR Sinfonieorchester; interessante Neuansätze zeigen sich dadurch beispielsweise in seiner gänzlich »unverdihaften« Darbietung von Verdis Requiem: Dieses funktioniert bei Bychkov nicht als apokalyptische Vision, sondern mehr als psychologisierte Innenschau. Er legt den Fokus nicht wie so häufig auf die Zerstörungswellen, die das Dies irae und das Libera me zerreißen, sondern inszeniert diese Abschnitte schnell und drastisch als heftigen Sturm, der aber nur der Auslöser und nicht der Mittelpunkt des Werks ist. Ähnlich agiert er in Richard Strauss' *Elektra*: In Elektras Hasstiraden hört man eine glühende Polyphonie der Dissonanzen als Ausdruck ihrer inneren Zerrissenheit. Die rastlos vorandrängenden Ereignisse entladen sich schließlich in Klytämnestras Todesschreien, die endgültig das vielbesungene Blut in den Adern gefrieren lassen. Bychkovs Faible für derartige psychologische Zwischentöne prägt einen Zugang, zu dem nun in einer Zeit ohne Chefdirigentenposition auch erste Merkmale eines reflexiven Spätstils treten – mit diesem wäre er den eingangs genannten Kollegen wiederum einen großen Schritt voraus.

Tonträger
1987 SCHOSTAKOWITSCH: Sinfonie Nr. 11 »Das Jahr 1905« (BPh; Philips) ▪ **1990** RACHMANINOW: Sinfonie Nr. 2 (Orchestre de Paris; Philips) ▪ **2004** STRAUSS: *Elektra* (Polaski, Palmer, Schwanewilms, Grundheber, WDR SO; Hänssler) ▪ **2005/06** SCHOSTAKOWITSCH: Sinfonie Nr. 10 / GLANERT: *Theatrum bestiarum* (WDR SO; Avie) ▪ **2007** VERDI: *Messa da Requiem* (Urmana, Borodina, Vargas, Furlanetto, Rundfunkchor Köln, WDR SO; Hänssler)

Bildmedien
2002–2004 BRAHMS: Sinfonien Nr. 1 & 2 [+ Porträt-Dokumentation] (WDR SO; Arthaus) ▪ **2007** RACHMANINOW: *Die Glocken* etc. [Dokumentation von Enrique Sánchez Lansch] (WDR SO; Arthaus)

AGU

Cambreling, Sylvain

1948 am 2. Juli in Amiens geboren, wird er nach seiner Ausbildung am Pariser Konservatorium (u. a. bei Pierre Dervaux) zunächst Posaunist im Orchestre National de Lyon. In Lyon arbeitet er später als Stellvertreter von Serge Baudo und gibt 1975 sein Operndebüt mit Rossinis *La Cenerentola*.

1974 ist er Preisträger beim Dirigierwettbewerb in Besançon.

1976 Beginn der Zusammenarbeit mit dem Ensemble Intercontemporain.

1981–1991 wird das Théâtre de la Monnaie in Brüssel seine erste zentrale Opernstation, wo er zusammen mit Gerard Mortier seine innovative Repertoirepolitik entwickeln kann.

1993–1997 ist er Generalmusikdirektor an der Oper in Frankfurt am Main.

1997 beginnt seine regelmäßige Zusammenarbeit als Gastdirigent mit dem Klangforum Wien.

1999–2011 ist er Chefdirigent beim SWR Sinfonieorchester Baden-Baden und Freiburg.

2002 übernimmt er eine Gastprofessur für Dirigieren an der zur Johannes Gutenberg-Universität gehörenden Musikhochschule in Mainz.

2010 wird er Leiter des Yomiuri Nippon Symphony Orchestra.

2012 wechselt er als Generalmusikdirektor an die Staatsoper Stuttgart.

Sylvain Cambreling gehört zu jenen Dirigenten, denen man als besonderes Kennzeichen die Affinität zu einem ganz bestimmen Komponisten zuordnen könnte. Die Mischung aus Kitsch und Konstruktivismus, die Olivier Messiaens Orchesterwerke – von Cambreling vollständig für Hänssler Classics eingespielt – unverwechselbar macht, scheint er auch in anderer Musik zu suchen. Sachliche Konstruktion kennzeichnet seinen Umgang mit marschier- und walzerfreudiger französischer Opern- und Ballettmusik, während in zeitgenössischen Stücken oftmals die funkelnde Klangoberfläche betören soll. Seine Aufnahmen für das Label Kairos zeigen dabei ein sicheres Gespür für »Bleibendes«: Friedrich Cerhas *Spiegel*-Zyklus mit seiner grafischen Notation von Glissandi und mehr noch die mikrotonale Bruckner-Tektonik von Georg Friedrich Haas' *In Vain* binden ganz neue Klänge in monumentale und gerade dadurch latent traditionelle Formabläufe ein (die vielleicht genialischste Umsetzung dieses Prinzips ist wohl die von Cambreling ebenfalls eingespielte Musik von Gérard Grisey).

Eine »spektrale« Klangzeichnung erkennt man aber auch in einer Aufnahme von Carl Orffs *Catulli Carmina* und Strawinskys *Les Noces* (Glor 2010), wenn in den beiden rein perkussiven Partituren dennoch die lang einschwingenden und hellen Klänge herausgestellt werden. Und selbst in Bruckners 7. Sinfonie thront der umstrittene berühmte Beckenschlag im Adagio nicht triumphal über dem Streicherklang, sondern bleibt stärker den grundierenden Bassfrequenzen zugeordnet, sodass er eher wie eine naturhafte Erscheinung und weniger wie der »Publikumsjoker« der Partiturumsetzung wirkt.

Cambrelings Operndirigate spiegeln die Spaltung der Aufführungskultur in ein Regietheater, dessen Maxime visuelle Aktualisierung ist, und eine akustische Werktreue, deren Maxime die Ablehnung solcher Eingriffe bleibt: In Leoš Janáčeks *Katja Kabanowa* ergänzt der Dirigent in der finalen Todesmusik zwischen den tröpfelnden Streicherfiguren und den darunter dahinfließenden Holzbläsertrillern jenen räumlichen Abgrund, der auf der Bühne durch einen Sturz in den Springbrunnen ersetzt wird. Cambreling scheut sich nicht, auch im instrumentalen Repertoire solche Regieeffekte einzubauen: In Debussys *Ibéria* zum Beispiel werden einzelne Glissandi einen Tick aggressiver ausgeführt, sodass sie wie Androhungen einer bald musikgeschichtlich ausbrechenden Brutalität wirken. Cambrelings Ästhetik ließe sich, wo nicht ein etwas zu dicker Orchesterklang sich in den Weg stellt, anhand der sinnlichen Titel einiger strukturstrenger Stücke von Helmut Lachenmann zusammenfassen: auffälliges Kennzeichen *Schwan-*

kungen am Rand; ausgelöste Wirkung *Mouvement vor der Erstarrung*; Resultat oft ein *Reigen seliger Geister*.

Tonträger
1983 CHARPENTIER: *Louise* (Lott, Gorr, Pruett, Blanc, Opéra National de Belgique; Erato) ▪ 1998/99 BERLIOZ: *Roméo et Juliette* / MESSIAEN: *L'Ascension* (Denize, Beczala, Lika, Europa Chorakademie, SWR SO Baden-Baden und Freiburg; Hänssler) ▪ 2000 GRISEY: *Quatre Chants pour franchir le seuil* (Catherine Dubosc, Klangforum Wien; Kairos) ▪ 2002 MESSIAEN: *Éclairs sur l'au-delà* (SWR SO Baden-Baden und Freiburg; Hänssler) ▪ 2008 BRUCKNER: Sinfonie Nr. 7 (SWR SO Baden-Baden und Freiburg; Glor)

Bildmedien
1996 STRAWINSKY: *The Rake's Progress* (Hadley, Upshaw, Pederson, Wiener Staatsopernchor, Camerata Academica; Arthaus) ▪ 1998 JANÁČEK: *Katja Kabanowa* (Denoke, Kuebler, Henschel, Pecková, Czech PO; EuroArts) ▪ 2013 MOZART: *Così fan tutte* (Fritsch, Gardina, Avemo, Gatell, Wolf, Teatro Real de Madrid; CMajor)

JCA

Cantelli, Guido

1920 am 27. April im norditalienischen Novara als Sohn des Leiters einer Militärkapelle geboren.
1939 beginnt er seine Ausbildung am Konservatorium in Mailand. Sein Kompositionslehrer ist Giorgio Federico Ghedini, der sein Interesse für italienische Barockmusik fördert. Zudem besucht er die 1941 etablierten Dirigierkurse von Antonino Votto.
1943 dirigiert er nach dem Abschluss seines Studiums *La traviata* am Teatro Coccia in seiner Heimatstadt. Im selben Jahr führt die Besetzung Italiens durch die Nationalsozialisten zu seiner Einberufung. Er wird in ein Arbeitslager bei Stettin verbracht; in Folge der Strapazen wird er bei der Rückkehr nach Italien (wo er als Soldat für die Salò-Republik kämpfen soll) in ein Krankenhaus eingewiesen, wo ihm zur Flucht verholfen wird.
1948 hört Toscanini am 21. Mai Cantellis Debütauftritt im Konzertsaal der Scala (das Programm beinhaltet u. a. Hindemiths *Mathis*-Sinfonie); beeindruckt ermöglicht er im Januar des nächsten Jahres Cantellis Debüt bei »seinem« NBC Symphony Orchestra.
1951 Beginn der Zusammenarbeit mit dem Philharmonia Orchestra (PhO), ein Jahr später erfolgen die ersten Auftritte mit dem New York Philharmonic Orchestra. Cantelli wird insgesamt die meisten Auftritte in den USA absolvieren, wo sein blendendes Aussehen Kritiker zu Vergleichen mit Frank Sinatra verleitet.
1956 stirbt er auf dem Weg in die USA am 24. November bei einem Flugzeugabsturz nahe dem Flughafen Orly in Paris – als designierter Chefdirigent der Mailänder Scala (die Verkündigung erfolgte eine Woche zuvor nach Dirigaten von *Così fan tutte*). Ein Dirigierwettbewerb und ein Orchester tragen seinen Namen.

Wer Cantelli sagt, muss auch Toscanini sagen: Der größte aller dirigierenden Greise verlor in Cantelli kurz vor seinem eigenen Tod seinen Protegé, der vielleicht der renommierteste aller dirigierenden Frühverstorbenen gewesen ist. Mit Toscanini verbindet Cantelli eine Ästhetik, welche der Schallplatte entgegenzukommen scheint. Tschaikowskys *Pathétique* wird in einer virtuosen Bedrohlichkeit wiedergegeben, die zugleich alle Gräben und grüblerischen Generalpausen umgeht (was »live« als Ausdruck von Tiefe wirkt, wäre auf der Schallplatte lediglich eine Klangpause, in der das Knistern als Störgeräusch hörbar wird). Bei Cantelli besitzt das Fagottsolo der Einleitung denselben Präsenzgrad wie das Hauptthema, das keineswegs aus dem Nichts entsteht, sondern so gespielt wird, wie es dasteht – und damit aber zugleich auch als etwas gespielt wird, das dasteht: ein stabiler Stützpfeiler der Form.

Wer Cantelli sagt, könnte aber auch Karajan sagen. Seine Philharmonia-Einspielungen entstehen zeitnah zu Aufnahmen manchmal desselben Werks durch Karajan oder auch Igor Markevitch mit denselben Orchestermusikern. Cantelli hält dem Vergleich selbst in Brahms' 1. Sinfonie stand: Man vernimmt in den ersten Takten nicht den üblichen Konflikt des Themas und der pochenden Paukenachtel, sondern der Streichergesang dominiert so selbstverständlich, dass darin Cantelli auch wieder als Live-Künstler erkennbar wird. Alles kommt darauf an, den kontinuierlichen Schwung einer Aufführung ins Studio zu retten. Die eine Minute, in der man Cantelli auf YouTube auch dirigieren sehen kann, reicht schon aus, um zu verstehen, warum viele, die ihn im Konzert erlebt haben, noch Jahrzehnte später seine Erinnerung hochhalten. Tatsächlich hat er Aufnahmepläne kurzfristig umgestürzt, um gerade vorher im Konzert gelungene Werke direkt einspielen zu können (der Brahms etwa ersetzt eigentlich geplante Rossini-Ouvertüren, und das meint man dann doch zu hören).

Wer Cantelli sagt, verweist häufig auch auf Dinu Lipatti. Mit dem ebenso früh verstorbenen Pianisten verbindet Cantelli eine Kombination aus Präzision und Leidenschaft, die besonders beeindruckend in Schumanns 4. Sinfonie zu erleben ist, die sozusagen wie von der Tarantella aus Mendelssohns *Italienischer* gestochen losstürmt. In der *Italienischen* überzeugen umgekehrt die leicht zurückgehaltenen Tempi, wodurch die Streicherlinien nie zum Begleitflirren abgleiten.

Wer Cantelli beschreiben will, wird am Ende aber doch wieder auf Toscanini zurückkommen. Das Symbol seiner amputierten Karriere ist eine Aufnahme der 5. Sinfonie Beethovens, deren erster Satz fehlt. Solch ein Rückwärts-Einspielen aber fällt der Toscanini-Ästhetik sicher leichter als zum Beispiel Otto Klemperer, der mit demselben Orchester später jene schwergewichtigen Beethoven-Aufnahmen verwirklichen wird, die wie eine letzte Revolte gegen die Möglichkeiten technischer Nachbearbeitungen wirken. Wie unvollendet Cantellis Karriere war, ist daran abzulesen, dass er durch seine Platten bis heute als Beethoven-Interpret präsent ist, aber die *Eroica* und die Neunte nie dirigiert hat. Seine Scharnierfunktion zwischen alter Live- und moderner Studio-Ästhetik belegt der Satz, mit dem er diesen Verzicht im Fall der *Eroica* begründete (nach Bennett, S. 317): »Ich kenne sie hier (zeigt auf seinen Kopf), aber nicht hier (zeigt auf sein Herz).«

Tonträger
1949 TSCHAIKOWSKY: Sinfonie Nr. 4 (NBC SO; Music & Arts) ▪ **1953** BRAHMS: Sinfonie Nr. 1 (PhO; EMI) ▪ **1953** SCHUMANN: Sinfonie Nr. 4 (PhO; EMI) ▪ **1954** DEBUSSY: La Mer / Prélude à l'après-midi d'un faune / Le Martyre de Saint-Sébastien (PhO; EMI / Testament) ▪ **1955** MENDELSSOHN: Sinfonie Nr. 4 »Italienische« (PhO; EMI)

Literatur
Laurence Lewis, Guido Cantelli. Portrait of a Maestro, London 1981 ▪ Keith Bennett, Guido Cantelli: Just Eight Years of Fame, Woodbridge 2009

JCA

Celibidache, Sergiu

1912 am 11. Juli in Roman geboren. Er erhält früh Klavierunterricht; nach dem Schulabschluss studiert er Philosophie und Mathematik in Jassy, später in Bukarest. **1936–1945** folgt ein Studium an der Berliner Musikhochschule u. a. bei Heinz Tiessen (Komposition) und Walter Gmeindl (Dirigieren) sowie an der Friedrich-Wilhelms-Universität u. a. bei Arnold Schering und Georg Schünemann (Musikwissenschaft) und Nicolai Hartmann (Philosophie).

1945 übernimmt er kommissarisch die Leitung der Berliner Philharmoniker (BPh), deren Chefdirigent Wilhelm Furtwängler sich während seines Entnazifizierungsverfahrens in der Schweiz aufhält.

1945–1954 dirigiert er die Berliner Philharmoniker in über 400 Konzerten im In- und Ausland, auch nach der Rückkehr Furtwänglers (1947), der eine zu enge Bindung an Berlin zunächst vermeiden will. Die Wahl Karajans zum Nachfolger des 1954 verstorbenen Furtwängler ist das Ende von Celibidaches Tätigkeit mit dem Orchester.

1954–1979 ist er Gastdirigent verschiedener europäischer Orchester, so beim WDR Sinfonieorchester Köln (1957/58), der Königlichen Kapelle Kopenhagen (1960 bis 1963), dem Sinfonieorchester des Schwedischen Rundfunks (1963–1971) und dem Orchestre National de l'ORTF Paris (1973–1975). Künstlerisch besonders ertragreich ist die Zusammenarbeit mit dem Radio-Sinfonieorchester Stuttgart (1972–1977), die nicht zuletzt aufgrund persönlicher Differenzen mit den Verantwortlichen der Rundfunkanstalt endet.

1979 wird er als Generalmusikdirektor der Stadt München Dirigent der Münchner Philharmoniker – eine Stellung, die er bis zu seinem Lebensende behält.

1988 erfolgt eine Konzertreise nach Moskau anlässlich von Helmut Kohls Staatsbesuch in der UdSSR.

1989 leitet er in Bonn das Konzert zum Staatsakt anlässlich des vierzigjährigen Bestehens der Bundesrepublik Deutschland und unternimmt von 1989 bis 1992 Konzerttourneen nach Nordamerika, Asien und Südamerika.

1992 Auf Einladung des Bundespräsidenten Richard von Weizsäcker dirigiert Celibidache erstmals seit 38 Jahren wieder die Berliner Philharmoniker (mit Bruckners 7. Sinfonie).

1996 stirbt er am 14. August in Nemours (Frankreich).

Sergiu Celibidaches Senkrechtstart ans Pult der Berliner Philharmoniker ist in der Geschichte der Dirigentenkarrieren wohl einzigartig. Während Orchesterleiter wie Erich Kleiber, Fritz Busch oder Otto Klemperer noch nicht aus dem Exil zurückgekehrt sind, können andererseits Wilhelm Furtwängler und auch Herbert von Karajan ihren Beruf für die Dauer des eigenen Entnazifizierungsverfahrens nicht ausüben. Nachdem Leo Borchard, der Interimsdirigent des Orchesters, im August 1945 aufgrund eines tragischen Missverständnisses von einem US-Soldaten erschossen worden ist, schlägt die Stunde des Musikstudenten Sergiu Celibidache, der gerade erst einen Wettbewerb beim Berliner Rundfunk-Sinfonieorchester gewonnen hat. Mit ihm berufen die Philharmoniker einen ideologisch völlig Unverdächtigen auf eine leitende Position im Zentrum der deutschen Nachkriegs-Musikkultur – einen jungen Rumänen, der sich ausdrücklich einer »deutschen« Tradition des Orchesterklangs verpflichtet fühlt und seine Tätigkeit bis an sein Lebensende, weit über den persönlichen Bruch mit Furtwängler und dem Orchester hinaus, als Fortführung von Furtwänglers Arbeit wahrnimmt.

Im Zentrum der Musikauffassung, die Celibidache im Laufe seiner Karriere entwickelt und die er in Anlehnung an Edmund Husserl »musikalische Phänomenologie« nennt, steht die Frage, wie das menschliche Bewusstsein »das Ende im Anfang erleben«, also die lineare Sukzession physikalischer Klänge transzendieren und zu einer höheren Sinneinheit zusammenfassen kann. Die Produktion von Tonträgern lehnte Celibidache (mit seltenen Ausnahmen) ab, da die aufnahme- und wiedergabetechnische Apparatur die tatsächliche Vielfalt der im ursprünglichen physikalischen Raum vorhandenen Klangphänomene nicht einzufangen vermöge und das klangliche Ergebnis somit erheblich verfälsche. Zudem führt die zunehmende Orientierung der Musiker und Hörer an Tonträgern aus seiner Sicht zu einer sinnentleerten Reproduktion fixierter Klangergebnisse, die den lebendigen Prozess der Wechselwirkung zwischen klanglichem Ereignis und menschlicher Affektwelt – für Celibidache quasi das »Musikalische an der Musik« – abstumpft und an die kommerziellen Interessen der Plattenindustrie verkauft. Mitschnitte von Celibidache-Konzerten sind daher zumeist nicht autorisiert bzw. werden erst von seinen Erben freigegeben.

In der Musikpresse avancierte die Abstinenz vom Tonträger zum zentralen Markenzeichen Celibidaches, der mit der Beschränkung auf Live-Konzerte an einer sozusagen »überholten« – da wirtschaftlich nicht mehr rentablen – Form der Musikproduktion festhielt. Die Gründe für das rege Interesse der schreibenden Zunft an Celibidaches Plattenboykott sind heterogen – und nur selten seine eigenen: Der Verdacht, dass die industriell vervielfältigten Produkte einer monopolistisch organisierten Kulturgüter-Industrie den »ursprünglich« lebendigen Umgang mit denselben Gütern entwerten, passt nur zu gut in eine Zeit, die auch die Öko-Bewegung hervorbrachte – so jedenfalls wäre die Diagnose einzuordnen, »daß Celibidache zum potenziellen Präzeptor einer ›grünen‹ Kulturbewegung wird, die dem Genuß von Musikkonserven absagt und versucht, erneut eine Unmittelbarkeit des ins Leben integrierten Musikmachens und -hörens zu erreichen« (Jungheinrich, S. 24). Andererseits kommt die Überzeugung, nur der Konzertbesucher vor Ort begegne der »echten« Musik, möglicherweise auch einer Münchner »Schwäche für Luxus und Exklusivität« entgegen, in der bereits Claus Spahn einen Schlüssel zum Erfolg von Celibidaches Tätigkeit in der bayerischen Metropole sah (*SZ* 3.12.1996).

In der Probe geht es Celibidache weniger darum, eine gewisse Zahl fester Vorabsprachen einzustudieren, sondern vielmehr darum, die Spontaneität der Orchestermitglieder im Sinne musikphänomenologischer »Gesetze« auszubilden, um ein jederzeit sensibles und organisches Zusammenspiel zu erzielen. Geprobt wird bei ihm eher das Hören als das Spielen. Die Überschrift seines *FAZ*-Artikels über den buddhistischen Lehrer Martin Steinke, *Verstehende sind schwer zu finden* (1962), könnte als Motto auch über seinen eigenen Proben stehen, die sich oft umfassend an kürzesten musikalischen Phrasen abarbeiteten und die er gerne um ausführliche Theoriereferate ergänzte. Demselben didaktischen Impetus entspricht es, dass Celibidache seine Orchesterproben in der Münchner Zeit auch für das interessierte Publikum öffnete. Seine Kurse zur Dirigierpraxis und zur musikalischen Phänomenologie, die er an der Universität Mainz und in privatem Rahmen abhielt, stehen ebenfalls jedem offen, ohne Teilnahmebeschränkung oder Gebühren. Kaum ein Dirigent der zweiten Jahrhunderthälfte hat mit vergleichbarer Passion versucht, seine Überzeugungen an die nächste Generation weiterzugeben.

Ebenfalls leidenschaftlich wirkt die Gestik des jungen Celibidache: Bildaufzeichnungen aus der Berliner Zeit zeigen eine hoch expressive, fast unbändige und wilde Körpersprache (die der rhythmischen Präzision allerdings in keiner Weise entgegensteht, wie bereits die ältesten erhaltenen Konzertmitschnitte belegen, zum Beispiel mit Brahms' 4. Sinfonie). Der späte Münchner Celibidache dagegen strahlt in seiner Haltung eine geradezu stoische Ruhe aus und führt das Orchester mit minutiös abgestimmten Impulsen aus dem frei schwingenden Arm. Die enorme Bandbreite seiner Mimik reicht vom entschlossenen Blick in den düsteren Abgrund bis zur koketten Clownerie.

Seit seiner Zeit bei den Berliner Philharmonikern bildet die Orchestermusik von der Wiener Klassik bis zum frühen 20. Jahrhundert den Kernbestand von Celibidaches Repertoire. Freilich leistete er auch jenseits des »Kanons« Außergewöhnliches – man denke nur an seine spannungsgeladene Aufführung von Henri Dutilleux' *Métaboles* mit dem Orchestre National de l'ORTF (1964) oder an die *Hamlet*-Suite seines Lehrers Heinz Tiessen, die bei ihm eine noch dichtere Stringenz entfaltet als Israel Yinons spätere handwerklich solide Einspielung (RSB; Koch 1996). Maßstäbe setzte Celibidache jedoch eher in anderen Gebieten, zum Beispiel bei der filigranen Arbeit an der klanglichen Nuance bei Debussy oder Respighi, deren Musik er durch kurzatmig flackernde Belebungen der Streicher und einen weich gezeichneten Holzbläseransatz gekonnt »impressionistisch« in Szene setzt. In der »Elegia« aus Bartóks *Konzert für Orchester* gestaltet Celibidache die Einsätze der Instrumente so behutsam und zögerlich, dass die verschiedenen Klänge im Laufe einer rätselhaften Metamorphose ineinander überzugehen scheinen. Diese Elegia ist geradezu der Gegenentwurf zur Einspielung Georg Soltis (Chicago SO; Decca 1981), die die Klangcharaktere klar abgrenzt und im eher zügigen Tempo die Flüchtigkeit der einzelnen Impressionen unterstreicht.

Charakteristisch für die Behandlung des Streicherapparats vor allem in der Münchner Zeit ist eine langsame Bogenführung, die einen dunklen, obertonarmen Klang erzeugt. Die »Breite« des Tempos, in der Celibidache die notwendige Bedingung für den »Reichtum an Ausdruck« sah, erschien bereits im Konzert zuweilen gewöhnungsbedürftig – umso mehr gilt dies für den Hörer des 21. Jahrhunderts, für den gewohnte Tempi desselben Stücks nur wenige Mausklicks entfernt liegen. Celibidaches Breite ist allerdings zugleich eine Voraussetzung für die Kunst der Phrasierung, die vielleicht als Herzstück seiner Orchesterarbeit gelten kann. Sowohl auf der Ebene der großen Form als auch auf der Ebene kleinster (manchmal nur halbtaktiger) Einheiten folgen seine Phrasen einer klar konturierten Spannungskurve, die ihre Sogwirkung aus der episch gedehnten Breite des Zeitmaßes schöpft. Insbesondere sein epochemachender Bruckner-Zyklus ist in dieser Hinsicht ohne Vorbild und Nachfolger. Celibidaches Entdeckung der Langsamkeit ist zugleich eine Entdeckung des musikalischen Großformats.

Tonträger
1945 BRAHMS: Sinfonie Nr. 4 (BPh; Audite) ▪ 1947 STRAUSS: *Till Eulenspiegels lustige Streiche* (BPh; Audite) ▪ 1948 DEBUSSY: *Jeux* (BPh; Audite) ▪ 1957 TIESSEN: *Hamlet*-Suite (RSO Berlin; IMG Artists) ▪ 1976 RESPIGHI: *Pini di Roma* (SWR RSO Stuttgart; DGG) ▪ 1986/88 SCHUMANN: Sinfonien Nr. 4 & 3 »Rheinische« (Münchner Philharmoniker; EMI) ▪ 1987–1995 BRUCKNER: Sinfonien Nr. 3–9 (Münchner Philharmoniker; EMI) ▪ 1992 DEBUSSY: *La Mer / Ibéria* (Münchner Philharmoniker; EMI) ▪ 1995 BARTÓK: *Konzert für Orchester* (Münchner Philharmoniker; EMI)

Bildmedien
1994 RAVEL: *Boléro / Alborada del gracioso / Rapsodie espagnole* etc. (Münchner Philharmoniker; EuroArts) Celibidache Rehearses Bruckner's Ninth (Film von Jan Schmidt-Garre, Münchner Philharmoniker; Arthaus 1991) ▪ Celibidache. You Don't Do Anything – You Let It Evolve (Dokumentation von Jan Schmidt-Garre; Arthaus 1992) ▪ Der Garten des Sergiu Celibidache (Dokumentation von Serge Ioan Celebidachi; Absolut 1996) ▪ Sergiu Celibidache – Firebrand and Philosopher (Dokumentation von Norbert Busè; Arthaus 2011)

Kompositionen
Der Taschengarten (SWR RSO Stuttgart; DGG 1979)

Schriften
Über musikalische Phänomenologie. Ein Vortrag, in: Celibidachiana I/1, Augsburg ²2008

Literatur
Hans-Klaus Jungheinrich, Das Grün eines Meisters, in: NZfM 148/3 (1987), S. 24–29 ▪ Klaus Umbach, Celibidache – der andere Maestro, München ²1998 ▪ Michael Strobel, Sergiu Celibidache am Pult des Radio-Sinfonieorchesters Stuttgart (1958–1983), in: Gabriele Busch-Salmen u. a. (Hrsg.): Musik in Baden-Württemberg 13, München 2006, S. 147–160 ▪ Klaus Weiler, Celibidache – Musiker und Philosoph. Eine Annäherung, Augsburg ²2008 ▪ Klaus Lang, Celibidache und Furtwängler. Der große philharmonische Konflikt in der Berliner Nachkriegszeit, Augsburg ²2010

Webpräsenz
www.celibidache.de (↪0015)
www.celibidache.net [Sergiu Celibidache Stiftung] (↪0016)
www.gerhard-greiner.de [Diskografie, Videografie und Bibliografie] (↪0017)

FKR

Chailly, Riccardo

1953 am 20. Februar in Mailand als Sohn des Komponisten Luciano Chailly geboren. Von ihm erhält er ersten Musikunterricht, später studiert er am Mailänder Konservatorium in der Klasse von Franco Caracciolo.
1970 dirigiert er sein erstes Konzert in Mailand. Bis 1972 absolviert er einige Meisterkurse, bei Piero Guarino in Perugia sowie beim legendären Dirigentenprofessor Franco Ferrara in Siena.
1972 holt ihn Claudio Abbado nach einer Aufführung von Massenets *Werther* am Mailänder Teatro Nuovo als Assistenten an die Scala.
1976 arbeitet er mit Hans Werner Henze zusammen bei dessen Festival in Montepulciano.
1978 gibt er nach vorherigen Gastdirigaten an der Oper von Chicago (ab 1974) und von San Francisco (ab 1977) sein offizielles Debüt an der Scala mit Verdis *I masnadieri* [*Die Räuber*].
1982–1989 ist er Chefdirigent beim Berliner Radio-Symphonie-Orchester.
1983–1986 ist er Erster Gastdirigent des London Philharmonic Orchestra.
1984 holt ihn Herbert von Karajan nach Salzburg, um die dortigen Festspiele mit einer Neuinszenierung von Verdis *Macbeth* zu eröffnen.
1986–1993 übernimmt er den Posten des Musikdirektors am Teatro Comunale in Bologna.
1988 übernimmt Chailly bis 2004 das Concertgebouworkest als Nachfolger Bernard Haitinks und ist damit der erste Nicht-Holländer als Chefdirigent in dessen Geschichte.
1999–2005 leitet er das junge, nur aus Privatmitteln finanzierte Orchestra Sinfonica di Milano Giuseppe Verdi, um im kulturkrisengeplagten Italien ein Zeichen zu setzen.
2005 folgt er nach seinem Weggang aus Amsterdam dem Ruf nach Leipzig, wo er als neunzehnter Gewandhauskapellmeister (mindestens bis 2020) zugleich Generalmusikdirektor der Oper Leipzig ist (bis 2008).
2011 legt er mit dem Gewandhausorchester seinen ersten Zyklus der Beethoven-Sinfonien vor, dem zwei Jahre später ein ebenso stark gelobter Brahms-Zyklus folgt.
2013 gibt die Mailänder Scala bekannt, dass Chailly ab 2015 die Nachfolge von Daniel Barenboim als Musikdirektor antreten soll.

Riccardo Chailly macht einem die Einordnung seiner künstlerischen Persönlichkeit schwer. Die Feuilleton-Kritiker arbeiten sich höchst unterschiedlich an ihm ab, je nachdem wundern, freuen oder ärgern sie sich über die häufig beschworene vermeintliche Leichtigkeit seines Musizierens. Auch der Umweg über die Biografie offenbart keine schnelle Kategorisierung, denn in der Reihe großer italienischer »Maestri« positioniert sich Chailly nicht eindeutig: Die diktatorische Strenge eines Arturo Toscanini liegt ihm ebenso wenig wie die weltmännische Grandezza eines Riccardo Muti. Da sind es schon mehr die Begeisterung und Spontaneität des jungen Claudio Abbado, die sein Erscheinungsbild vor den Orchestern prägen. Wird Chailly nach Vorbildern befragt, nennt er (etwa in Bezug auf die Beethoven-Rezeption) Karajan und Toscanini – nicht als Gegensätze, sondern als sich bereichernde Möglichkeiten. Und so sammelt er Ideen und Ansätze, probiert Klangkonzepte aus und wägt zwischen Stilen ab, ohne eklektizistisch zu werden. Der Vorwurf einer »Oberflächlichkeit durch Leichtigkeit« vernachlässigt Chaillys analytische Möglichkeiten: Folgt man nur den (bewusst) enthusiastischen Klängen, negiert man die vielschichtigen Bedeutungsebenen darunter.

Chaillys Karriere beginnt in der Oper, wo er lernt, Werkkonzepte anhand dramaturgischer Verläufe aufzubauen, wie beispielsweise seine detail- und abwechslungsreiche Verdi-Pflege zeigt. Sein zweites Standbein ist die Neue Musik: So leitet er 1988 die Uraufführung von Schnittkes zugleich als »Concerto grosso Nr. 4« angelegter 5. Sinfonie, 1987 hebt er Berios *Formazioni* aus der Taufe. Auch hier spürt er nicht nur den Strukturen der Musik nach, sondern öffnet die abstrakten Klänge, ohne sie zwanghaft zu harmonisieren, auch in ihrer Erzählstruktur. Chaillys Berio-Dirigate bestechen durch eine modernistische Farbigkeit, die sich zum Glück nicht davor scheut, die Komplexität Neuer Musik mit Elan zu zelebrieren. Die Liebe zum Ungewohnten etabliert er auch beim Amsterdamer Concertgebouworkest, doch erobert er dort auch Mahlers Sinfonien am Ende des 20. Jahrhunderts noch einmal neu. Seine verzehrende Hingabe ist nahe bei Leonard Bernstein, doch ohne dessen Exzesse des Tempos oder der überhöhten Klangextreme zu kopieren. Hört man die Eröffnung des Finales der 6. Sinfonie, wie sich fratzenhaft der Orchesterschlund aufspreizt, dann erkennt man bei Chailly, welcher Mikrokosmos in diesen wenigen Takten sich entfaltet.

Seit 2005 frönt Chailly seiner gleichzeitigen Entdeckungs- und Traditionslust mit dem Gewandhausorchester. So widmet er sich den Leipziger Ahnen Schumann und Mendelssohn, präsentiert sie aber mit Ungehörtem: Mendelssohns *Schottische* führt er kraftstrotzend in der frühen Londoner Fassung auf, Schumanns Sinfonien liest er durch die Brille Mahlers, indem er dessen Arrangements neu aufraut und gleichberechtigt zum Vergleich bereitlegt. Und er nähert sich Beethoven: Mit 58 Jahren legt er seine erste Gesamteinspielung der neun Sinfonien vor. Gerade in puncto dieser »titanischen« Sinfonien scheint es noch immer so, dass Begriffe wie Spielfreude, Heiterkeit und Leichtigkeit nicht mit der grüblerischen Stirnfalte der Beethoven-Büste in Einklang zu bringen sind. Wie viel Leichtigkeit verträgt Beethovens Fünfte, wie viel tänzerische Unbeschwertheit die *Eroica*, wie frech darf die Achte sein? Chaillys Antwort fällt eindeutig und einleuchtend aus: Neben dem gravitätischen Monumentalpathos und neben den unbändigen, den Traditionsstaub wild davonwirbelnden Einspielungen etwa von Paavo Järvi findet Chailly die plausible Möglichkeit einer die verschiedenen Aufführungsstile reflektierenden Aufnahme. Virtuose Strahlkraft, historisch informierte Instrumentenbehandlung und rasante Tempi, die lustvoll die Metronomdebatte ausreizen, ermöglichen trotz des großen Orchesters eine luzide Durchsichtigkeit und eine von Pathos unbeschwerte Lesart. Gleichzeitig konfrontiert er im Trauermarsch der *Eroica* den Hörer mit einer abrupt aufbrechenden und dadurch wahrlich existenziell ergreifenden Fuge – umso dramatischer in ihrer Wirkung, die am besten funktioniert, wenn man gar nicht mehr mit ihr gerechnet hat.

Tonträger
1979 MASSENET: *Werther* (Domingo, Obraztsova, Auger, Grundheber, Moll, RSO Köln; DGG) ▪ 1985 SCHÖNBERG: *Gurre-Lieder* (Dunn, Jerusalem, Fassbaender, RSO Berlin; Decca) ▪ 1988–1991 SCHOSTAKOWITSCH: »The Jazz-Album« [Jazz-Suiten Nr. 1 & 2 / Klavierkonzert Nr. 1 / *Tahiti Trot*] (Ronald Brautigam, Concertgebouworkest; Decca) ▪ 1988/89 BERIO: *Sinfonia / Formazioni / Folk Songs* (Jard van Nes, Electric Phoenix, Concertgebouworkest; Decca) ▪ 1989 MAHLER: Sinfonie Nr. 6 / ZEMLINSKY: *Maeterlinck-Lieder* (Jard van Nes, Concertgebouworkest; Decca) ▪ 1993 STRAWINSKY: *Petruschka / Pulcinella* (Concertgebouworkest; Decca) ▪ 2000 VERDI: *Messa solenne* etc. (Scano, Flórez, OS & Coro di Milano Giuseppe Verdi; Decca) ▪ 2006/07 SCHUMANN: Sinfonien Nr. 1–4 [Bearbeitung: Mahler] (Gewandhausorchester; Decca) ▪ 2006/09 MENDELSSOHN: Ouvertüre: *Die Hebriden* [Römische Fassung 1830] / Sinfonie Nr. 3 »Schottische« [Londoner Fassung 1842] / Klavierkonzert Nr. 3 (Roberto Prosseda, Gewandhausorchester; Decca) ▪ 2007–2009 BEETHOVEN: Sinfonien Nr. 1–9 (Gewandhausorchester; Decca) ▪ 2012 VERDI: *Alzira* [Sinfonia] / *Giovanni d'Arco* [Sinfonia] / *I vespri siciliani* [Sinfonia] / *Jérusalem* [Ballettmusik] etc. (Filarmonica della Scala; Decca)

Bildmedien
1982 VERDI: *Rigoletto* (Wixell, Gruberová, Pavarotti, WPh; DGG) ▪ 1998 PUCCINI: *Tosca* (Malfitano, Margison, Terfel, Concertgebouworkest; Decca) ▪ 2006 VERDI: *Aida* (Urmana, Alagna, Teatro alla Scala; Decca)

Literatur
Nico Steffen, Bruckner and the Bruckner-Tradition of the Royal Concertgebouw Orchestra, in: Studien & Berichte: Mitteilungsblatt der Internationalen Bruckner-Gesellschaft 42 (1994), S. 28–34 ▪ Sören Meyer-Eller, Leidenschaftliche Klarheit, in: Fono Forum 12/1995, S. 38–42 ▪ Donald Mitchell, New Sounds, New Century: A Dialogue with Riccardo Chailly [S. 353–380] / Chailly, Mahler, and the Italian Connection [S. 550–555], in: Discovering Mahler. Writings on Mahler, 1955–2005, Woodbridge 2007 ▪ »Mahler hat ein Universum einer neuen Sprache geöffnet«, in: Wolfgang Schaufler, Gustav Mahler. Dirigenten im Gespräch, Wien 2013, S. 50–59 ▪ Das Geheimnis liegt in der Stille. Gespräche über Musik, übs. von Michael Horst, Leipzig / Kassel 2015

AGU

Christie, William

1944 am 19. Dezember in Buffalo (New York) geboren, studiert er dort zunächst Klavier und Orgel, um dann an die Harvard University zu wechseln und ein Studium der Kunstgeschichte zu beginnen. Danach geht er an die Yale University zum Cembalo-Studium bei Ralph Kirkpatrick.
1969–1970 unterrichtet Christie am Dartmouth College (New Hampshire), wo er auch das Collegium musicum leitet.
1971 übersiedelt er nach Paris und arbeitet als Cembalist mit Sängern wie Judith Nelson und René Jacobs.
1977–1980 ist er Mitglied in dessen Concerto Vocale.
1979 gründet Christie das Ensemble Les Arts Florissants (LAF; benannt nach einer Oper von Marc-Antoine Charpentier), mit dem er vor allem das reichhaltige barocke französische Repertoire erarbeiten wird.
1982–1995 unterrichtet er am Conservatoire Paris.
1986 mit der Pariser Aufführung von Lullys *Atys* und anschließender Tournee (1987) werden das Ensemble und sein Leiter – gleichermaßen aber auch wieder die Tragédie lyrique als Genre – weltweit bekannt.
1995 erwirbt er die französische Staatsangehörigkeit.
1996 dirigiert er in Glyndebourne Händels Oratorium *Theodora* in der szenischen Einrichtung von Peter Sellars.
2002 begründet er mit seinem Ensemble in Caen die Akademie Le Jardin des Voix.
2008 wird er zum Mitglied in der Académie des Beaux-Arts als Nachfolger von Marcel Marceau gewählt.

William Christie arbeitet von Beginn seiner Übersiedelung nach Paris an mit Sängern zusammen, was den Stil von Les Art Florissants mitprägen sollte. Das anfänglich aus amerikanischen und französischen Musikern zusammengesetzte Ensemble fiel durch einen eleganten, niemals harschen Musizierstil auf, wodurch es sich deutlich z. B. von belgisch-niederländischen Gruppen wie La Petite Bande unter der Leitung von Sigiswald Kuijken unterschied. Es bleibt die Frage, ob dieser Stil durch die intensive Beschäftigung mit der französischen Tradition der Tragédie lyrique oder nur durch Vorstellungen davon geprägt wurde, dass diese Musik in dieser Art aufzuführen sei. Obwohl im Lauf der Jahre die Mitglieder wechselten, die teils eigene Ensembles gründeten (Il Seminario Musicale, gegründet 1985 durch Gérard Lesne, und Les Musiciens du Louvre, 1982 gegründet und von Marc Minkowski geleitet), hat sich der Stil des Klanges kaum verändert. Mittlerweile hat Christie das Repertoire wesentlich ausgeweitet, sodass es von Werken der Monteverdi-Zeit bis zu Beethovens *Missa solemnis* reicht. Er hat zahlreiche Barock-Opern aufgeführt und auf Tonträger – und zuletzt auch in vielen Video-Produktionen – eingespielt, wobei besonders der singende Instrumentalstil und die moderat eingesetzten Vokalverzierungen hervorzuheben sind. Auf diese Weise verwandelt die Vielfalt der Instrumentalfarben selbst die »Vorstellung des Chaos« in Haydns *Schöpfung* zur plastisch deklamierten »Klangrede«. Viel Lob erntete Christie gleichfalls mit den Purcell-Einspielungen von *The Fairy Queen* und *King Arthur*, bei denen er auch den Dryden'schen Sprechtext mit aufnahm.

Angebote, das Gewandhausorchester oder das Concertgebouworkest zu dirigieren, lehnte Christie bis um 2000 ab. Danach leitete er aber mehrfach das Orchestra of the Age of Enlightenment, 2002 auch die Wiederaufführung der *Rodelinda* am Théâtre du Châtelet. Im selben Jahr wurde er der erste Gastdirigent in der Ära von Simon Rattle bei den Berliner Philharmonikern. Das Ereignis symbolisiert Christies eminente Bedeutung als inspirierender Lehrer in der Alte-Musik-Szene und die Wertschätzung seiner fundierten wie farbintensiven Interpretationen weit über diese Szene hinaus.

Tonträger
1986 HASSE: *Cleofide* (Kirkby, Mellon, Ragin, Rheinische Kantorei, Cappella Coloniensis; Capriccio) ▪ **1995** CHARPENTIER: *La Descente d'Orphée aux enfers* (Agnew, Daneman, Petibon, Bernadi, LAF; Erato) ▪ **1997** RAMEAU: *Les Fêtes d'Hébé ou Les Talents lyriques* (Daneman, Connolly, Agnew, Fouchécourt, LAF; Erato) ▪ **1999** DESMAREST: Grands Motets lorrains (Daneman, Ockenden, Agnew, Slaars, Marzorati, LAF; Erato) ▪ **1999** HÄNDEL: *Alcina* (Fleming, Graham, Dessay, Robinson, LAF; Erato) ▪ **2007** HAYDN: *Die Schöpfung* (Kühmeier, Spence, Henschel, Karthäuser, Werba, LAF; Virgin)

Bildmedien
2001 GLUCK: *Iphigénie en Tauride* (Galstian, Gilfry, van der Walt, Orchestra La Scintilla, Opernhaus Zürich; Arthaus) ▪ **2011** LULLY: *Atys* (Richter, d'Oustrac, Daneman, Agnew, LAF; FRA Musica)

Schriften
Purcell au cœur de baroque, Paris 1995 [mit Marielle D. Khoury]

Literatur
Olivier Rouvière, Les Arts Florissants de William Christie, Paris 2004

DGU

Chung, Myung-Whun

1953 am 22. Januar in Seoul geboren. Als pianistisches Wunderkind gibt er 1960 sein Debüt.

1967 beginnt er regelmäßig im Klaviertrio mit seinen beiden älteren Schwestern aufzutreten, der Geigerin Kyung-Wha Chung (*1948) und der Cellistin Myung-Wha Chung (*1944). Sein Studium in New York an der Mannes School of Music und der Juilliard School gilt parallel dem Klavierspiel und dem Dirigieren.

1974 ist er als Pianist Zweiter Preisträger des Moskauer Tschaikowsky-Wettbewerbs.

1979 wird er Assistent von Carlo Maria Giulini beim Los Angeles Philharmonic Orchestra.

1984–1990 leitet er das Rundfunk-Sinfonieorchester Saarbrücken.

1987–1992 ist er Erster Gastdirigent am Teatro Comunale in Florenz.

1989 ist seine Ernennung zum ersten Dirigenten der neuen Opéra Bastille in Paris für viele eine Überraschung. Er dirigiert die Eröffnungs-Premiere – Berlioz' *Les Troyens* – und wird Exklusivkünstler der Deutschen Grammophon, für die er eine Reihe vielfach preisgekrönter Opern- und Konzertaufnahmen realisiert, u. a. die postume Uraufführung von Olivier Messiaens *Concert à quatre*.

1994 legt er diesen Posten wieder nieder, nach internen und vor allem politischen Querelen.

1997 leitet er das erste Konzert des von ihm begründeten, projektbezogen arbeitenden Asia Philharmonic Orchestra, ebenso wird er Chefdirigent der Accademia Nazionale di Santa Cecilia (bis 2005).

2000 beginnt seine Ära als musikalischer Leiter des Orchestre Philharmonique de Radio France.

2006 wird er außerdem zum Chefdirigenten des Seoul Philharmonic Orchestra ernannt und ist zudem seit

2012 Erster Gastdirigent der Staatskapelle Dresden.

Es gibt vom Dezember 1989 eine Filmaufzeichnung des Saarländischen Rundfunks mit Myung-Whun Chung als Solist und Dirigent des G-Dur-Klavierkonzerts von Ravel, die zu den eindrucksvollsten Aufführungen dieses Werkes überhaupt gezählt werden darf; zugleich ist sie bezeichnend für Chungs Doppelkarriere als Pianist und Dirigent, die allerdings ebenso schwer zu fassen ist wie die Bandbreite seines Repertoires. Und obgleich er von der Presse und in einschlägigen Artikeln regelmäßig als »einer der herausragenden Dirigenten unserer Zeit« gelobt wird, scheint er merkwürdig wenig wahrgenommen zu werden. Der Grund mag zum einen darin liegen, dass Chung – anders als zum Beispiel der charismatische Kent Nagano – in seiner Ernsthaftigkeit und fast etwas spröden Zurückhaltung weder zum Pult- noch zum Medien-Star taugt. Zum anderen gehört er nicht zu den »bequemen« Dirigenten; weder die Orchester, die mit ihm gearbeitet haben, noch die Schallplattenindustrie haben ihn »in ihr Herz geschlossen«.

Chungs große Zeit waren, diskografisch gesehen, die fünf Jahre als Chefdirigent der Pariser Opéra Bastille, deren Chor und Orchester er binnen kürzester Zeit zur Weltklasse gebracht hat. Fast alle damaligen Einspielungen für die Deutsche Grammophon haben den Stellenwert von Referenzaufnahmen: Berlioz, Saint-Saëns und Messiaen ebenso wie Verdis *Otello* oder Schostakowitschs *Lady Macbeth von Mzensk*. Aber auch sein (leider nicht fortgesetzter) Dvořák-Zyklus mit den Wiener Philharmonikern war spektakulär und beweist – wie auch seine jüngeren Aufnahmen mit dem Orchestre Philharmonique de Radio France und dem Seoul Philharmonic Orchestra – Chungs Rang als sorgfältiger Klangfarben-Regisseur.

Tonträger

1990 MESSIAEN: *Turangalîla-Sinfonie* (Yvonne & Jeanne Loriod, Orchestre de l'Opéra Bastille; DGG) ▪ **1992** SCHOSTAKOWITSCH: *Lady Macbeth von Mzensk* (Ewing, Haugland, Larin, Langridge, Opéra Bastille; DGG) ▪ **1996** BEETHOVEN: Tripelkonzert / Romanzen op. 40, 50 & Hess 13 (Kyung-Wha Chung, Myung-Wha Chung, PhO; DGG) ▪ **2001/02** DUTILLEUX: Cellokonzert »Tout un monde lointain …« / Violinkonzert »L'Arbre des songes« (Truls Mørk, Renaud Capuçon, OP de Radio France; Virgin) ▪ **2004** RAVEL: *Daphnis et Chloé* (Chœur & OP de Radio France; DGG)

Literatur

Jean-François Leclercq, Myung-Whun Chung – Sculpteur de sons, Paris 2011

MST

Cluytens, André

1905 am 26. März in Antwerpen als Sohn des Dirigenten Alphonse Cluytens geboren. Bereits als Neunjähriger beginnt er sein Studium am königlich-flämischen Konservatorium seiner Vaterstadt.

1922 wird er durch die Vermittlung seines Vaters als Assistent an das Antwerpener Théâtre Royal berufen, wo er 1926 mit Bizets *Les Pêcheurs de perles* sein Debüt als Operndirigent gibt und fortan als Kapellmeister arbeitet.

1932 wechselt Cluytens an das Théâtre du Capitole in Toulouse, **1935** an die Oper in Lyon, deren musikalische Leitung er – nach einem Interregnum ab 1938 in Bordeaux – im Jahr 1942 übernimmt.
1940 wird Cluytens am 14. Mai französischer Staatsbürger.
1944 dirigiert er erstmals an der Opéra de Paris und leitet am 5. Dezember am Théâtre des Champs-Élysées die Uraufführung der *Cinq Danses rituelles* von André Jolivet.
1947–1953 ist er Chefdirigent der Opéra Comique und zusätzlich
1949–1960 (als Nachfolger von Charles Munch und eigentlich bereits ab 1946 ohne offiziellen Titel) Chefdirigent des Orchestre de la Société des Concerts du Conservatoire (OSCC); in dieser Zeit entstehen auch seine ersten Schallplatten-Produktionen. Er arbeitet zudem in den 1950er-Jahren regelmäßig mit dem Orchestre National de la Radiodiffusion Française (ONRF / ONRTF).
1950 dirigiert er an der Opéra de Paris die Uraufführung des *Bolivar* von Darius Milhaud.
1955 gibt Cluytens – als erster Franzose – am 23. Juli mit dem *Tannhäuser* sein Debüt bei den Bayreuther Festspielen (nur zwei Tage vor der Premiere springt er für den erkrankten Eugen Jochum ein). In den nächsten drei Jahren gehört er zu den wichtigen Dirigenten der Ära Wieland Wagners. Nicht weniger erfolgreich ist seine Gesamtaufnahme der Beethoven-Sinfonien mit den Berliner Philharmonikern (1957–1960).
1960 wird er zudem Leiter des Orchestre National de Belgique.
1967 stirbt er am 3. Juni in Neuilly-sur-Seine.

Leben, Werk und Rezeption von André Cluytens bilden ein Lehrstück des hartnäckigen »germanozentrischen« Weltbilds, das seit mehr als zweieinhalb Jahrhunderten das Musikleben diesseits und jenseits des Rheins spaltet. Die Tatsache zum Beispiel, dass Cluytens mit den Berliner Philharmonikern bis 1960 einen der ersten Stereo-Zyklen aller Beethoven-Sinfonien für die Schallplatte publizierte (noch vor Karajan), wurde hierzulande quasi damit »gerechtfertigt«, dass er als gebürtiger Belgier eine Affinität zur mitteleuropäischen (will sagen: deutschen) Tradition habe, die man einem Franzosen nie zugestanden hätte. Und noch 2005 verstieg sich Wolfgang Schreiber in seinem Buch *Große Dirigenten* zu der Formulierung, mit dem »Sprung in den ›mystischen Abgrund‹, den Orchestergraben des Bayreuther Festspielhauses« habe Cluytens im Jahr 1955 »den großen Sprung in seiner Musikkarriere« vollzogen – als wäre seine Arbeit in Paris bedeutungslos und als könne es kein höheres Ziel und keine größere Ehre geben, als in Bayreuth zu dirigieren! »In Frankreich sagt man von mir: Er ist *der* Wagner-Dirigent, in Deutschland dagegen heißt es: Er ist *der* Ravel-Dirigent«, klagte Cluytens in einem Interview; »ich finde, man sollte diese Klischees endlich abschaffen!« Wie tief dieses Gegeneinander-Ausspielen deutscher und französischer Traditionen nachwirkt, zeigt die relativ geringe Resonanz, die Cluytens außerhalb dieser beiden Länder gefunden hat: In Harold C. Schonbergs *The Great Conductors* (1967) wird er nur en passant erwähnt, der *New Grove* (2001) schreibt zu seinen Aufnahmen, es fehle ihnen »sometimes a truly distinctive character«.

Wie wenig sich Cluytens unter dem Blickwinkel nationaler Stil-Identitäten fassen lässt, zeigt ein Vergleich seines Berliner Beethoven-Zyklus mit jenem, den gleichzeitig (und ebenfalls für die EMI) Carl Schuricht mit dem Orchestre de la Société des Concerts du Conservatoire aufgenommen hat: eine Art deutsch-französischer »Kreuzblende«, die alle (Vor-)Urteile ad absurdum führt. Beide Dirigenten zeigen bei Beethoven jenen »distinctive character«, der große Interpretationen auszeichnet – wobei Cluytens (mit zumeist langsameren Tempi) eher in die Fußstapfen Otto Klemperers zu treten scheint, während die Deutungen des älteren Schuricht manchmal fast wie eine Vorahnung historisch orientierter Aufführungspraxis klingen.

Vergleicht man jedoch Cluytens' Debussy- oder Ravel-Aufnahmen mit denen des (14 Jahre älteren) Charles Munch oder des (fünf Jahre jüngeren) Jean Martinon, so ist Cluytens sicher der »unfranzösischste«: Auch in diesem Repertoire sind seine Tempi fast immer langsamer, ist seine Klangvorstellung – gleich mit welchem Orchester – kompakter und wuchtiger, weniger dem Ideal der »clarté« verpflichtet. Was allerdings sowohl hier als auch bei Beethoven, Wagner oder Mussorgsky besticht, ist sein unglaubliches Gespür für Rhythmik; schöne Beispiele dafür sind der $^{10}/_8$-Takt in der »Danse d'Ariane et de Bacchus« aus Albert Roussels *Bacchus et Ariane* oder Igor Strawinskys *Le Rossignol*.

»Offen, leidenschaftlich, sensibel und voller Poesie« – so beschreibt die Sopranistin Anja Silja den Dirigenten (mit dem sie Mitte der 1960er-Jahre eine kurze, intensive Affäre hatte): »Er konnte einen mit dem Orchester begleiten, einen ›auf Händen tragen‹, wie man so schön sagt, ohne dabei den Orchesterklang zu reduzieren, noch dazu mit einer ausgesprochen positiven Ausstrahlung. Seine Spontaneität übertrug sich auf Sänger und Musiker« (Silja, S. 192 f.). So sind es vor allem seine Opernaufnahmen, mit denen André Cluytens Schallplattengeschichte geschrieben hat: Die beiden Studio-Produktionen der *Contes d'Hoffmann*, Gounods *Faust* und *Boris Godunow* (mit dem überragenden Boris Christoff), Bizets *Pêcheurs de perles* von 1954 oder der zwei Jahre später entstandene *Pelléas* zeigen in der unglaublichen Balance zwischen Stimmen und Orchester einen Ausnahmedirigenten, den man auch in den Bayreuther Mitschnitten des *Tannhäuser* oder *Lohengrin* wiederfindet.

Tonträger
1948 OFFENBACH: *Les Contes d'Hoffmann* (Jobin, Doria, Bovy, Boué, Théâtre de l'Opéra Comique; EMI) ▪ **1953** BIZET: Sinfonie C-Dur (ONRF; EMI / IMG Artists) ▪ **1955** WAGNER: *Tannhäuser* (Greindl, Windgassen, Fischer-Dieskau, Brouwenstijn, Bayreuther Festspiele; Orfeo) ▪ **1955** STRAWINSKY: *Le Rossignol* (Micheau, Roux, Gayraud, Lovano, Chœurs & ONRF; Testament u. a.) ▪ **1958** SCHOSTAKOWITSCH: Klavierkonzerte Nr. 1 & 2 / Sinfonie Nr. 11 »Das Jahr 1905« (Dimitri Schostakowitsch, ONRF; EMI) ▪ **1958** GOUNOD: *Faust* (Gedda, de los Angeles, Christoff, Gorr, Théâtre National de l'Opéra de Paris; EMI) ▪ **1959** RAVEL: Klavierkonzert G-Dur / Klavierkonzert für die linke Hand (Samson François, OSCC; EMI) ▪ **1962** MUSSORGSKY: *Boris Godunow* [Fassung: Rimski-Korsakow] (Christoff, Diakov, Lanigan, Ouzounov, Lear, Chor der Nationaloper Sofia, OSCC; EMI) ▪ **1964/65** OFFENBACH: *Les Contes d'Hoffmann* (Gedda, d'Angelo, Schwarzkopf, de los Angeles, London, Chœurs René Duclos, OSCC; EMI) ▪ **1965/66** BERLIOZ: *L'Enfance du Christ* (Gedda, de los Angeles, Soyer, Chœurs René Duclos, OSCC; EMI)

Bildmedien
1959/60 TSCHAIKOWSKY: Klavierkonzert Nr. 1 / RAVEL: *Daphnis et Chloé* [Suite Nr. 2] / MUSSORGSKY: *Bilder einer Ausstellung* [Orchestration: Ravel] (Emil Gilels, ONRTF; EMI)

Literatur
Bernard Gavoty, André Cluytens, Frankfurt a. M. 1955 ▪ Egon Voss, Die Dirigenten der Bayreuther Festspiele, Regensburg 1976 ▪ Anja Silja, Die Sehnsucht nach dem Unerreichbaren, Berlin 1999 ▪ Eric Baeck, André Cluytens. Itinéraire d'un chef d'orchestre, Wavre 2009 [Diskografie und Konzertregister]

Webpräsenz
http://fischer.hosting.paran.com/music/Cluytens/discography-cluytens.htm (↪0018)

MST

Conlon, James

1950 am 18. März in New York geboren, wo er an der Juilliard School studierte.
1974 debütiert er beim New York Philharmonic Orchestra, zwei Jahre später an der Metropolitan Opera, an der Conlon seitdem weit über 200 Aufführungen geleitet hat.
1979 wird er Musikdirektor des Cincinnati May Festivals, des ältesten Festivals für Chormusik in den USA.
1983–1991 ist er Chefdirigent des Rotterdam Philharmonic Orchestra.
1989–2002 leitet er das Gürzenich-Orchester Köln, wo er 1990 zum Generalmusikdirektor ernannt wird.
1995 beginnt seine Arbeit bei der Opéra National de Paris, deren Leitung er im Jahr 2004 wieder abgibt.
2006 übernimmt er die Leitung der Los Angeles Opera, bereits ein Jahr zuvor des Ravinia Festivals in Chicago.

James Conlon gehört zu den Dirigenten, die einem naheliegenden Image eher zu entgehen suchen – in seinem Fall versetzt er alle Erwartungen an einen »Eintänzer« in der Nachfolge Leonard Bernsteins. Das konträre Prinzip einer bewussten »Mäßigung der Affekte« bestimmt stattdessen schon seine Einspielungen für Erato in den 1980er-Jahren; eine Serie von Mozart-Sinfonien mit dem Scottish Chamber Orchestra ist in diesem Grundton für den entspannten Sonntagvormittag besonders gut geeignet, und in Dvořáks Sinfonie »Aus der Neuen Welt« wird das Englischhorn-Thema durch elegische Klangfarben-Wechsel sehr zurückhaltend inszeniert.

Bei der EMI (und später Capriccio) etabliert sich Conlon danach vor allem als Dirigent, der die Renaissance eines von den Nationalsozialisten unterdrückten deutschen Repertoires auf vielen Wegen entscheidend gefördert hat; auch hier dominiert in den Aufnahmen jedoch eher ein sicherer Mittelweg: In Schrekers *Vorspiel zu einem Drama* bleibt der Anfang säuberlich getrennt in die Melodielinie der Streicher und die lediglich als Hintergrund fungierenden Glitzerklänge. In Alexander Zemlinskys *Sinfonietta* betont Conlon – anders als Antony Beaumont – nicht die Annäherung an die Neoklassik, sondern durch langsamere Tempi den romantisch-unzeitgemäßen Charakter.

Als Operndirigent hat Conlon gemäß dem bewährten Prinzip der Ablenkung vom schlechten Libretto durch die konzertante Aufführung zur Neubewertung zum Beispiel von Webers *Oberon* eingeladen. In *La traviata* vermeidet er trotz Starbesetzung und opulentem Bühnenbild ein allzu sentimentales Erlebnis, stattdessen dürfen sich der Gesundheitszustand des Orchesters und der Protagonistin sozusagen gegenläufig entwickeln (der leise Anfang und die lauten Schlüsse bleiben aber stets miteinander vermittelt). In der Verdrängung groß angelegter Aufnahmeserien durch einzelne Lebenszeichen auf DVD ist Conlon eines von vielen Beispielen für eine Tonträger-Karriere, die sich nun selbst eher einem leise verklingenden Schluss zuneigt.

Tonträger
1983 Dvořák: Sinfonie Nr. 9 »Aus der Neuen Welt« / Ouvertüre: *Karneval* (London PO; Erato) ▪ **1992** Weber: *Oberon* [Adaption: Mahler] (Lakes, Heppner, Voigt, Gürzenich-Orchester; EMI) ▪ **1995** Zemlinsky: *Die Seejungfrau* / *Sinfonietta* (Gürzenich-Orchester; EMI) ▪ **1999** Goldmark: Violinkonzert / Ouvertüre zum *Gefesselten Prometheus* (Sarah Chang, Gürzenich-Orchester; EMI) ▪ **2003** Schulhoff: Sinfonien Nr. 2 & 5 / Suite für Kammerorchester (SO des BR; Capriccio)

Bildmedien
2006 Verdi: *La traviata* (Fleming, Villazón, Bruson, Los Angeles Opera; Decca) ▪ **2008** Zemlinsky: *Der Zwerg* / Ullmann: *Der zerbrochene Krug* (Dixon, Dunleavy, Johnson, Los Angeles Opera; Arthaus) Puccini: *Madame Butterfly* [Kinofilm von Frédéric Mitterand] (Huang, Troxell, Orchestre de Paris; Sony 1995)

Webpräsenz
www.jamesconlon.com (↪0019)
http://orelfoundation.org/ (↪0020)

JCA

Coppola, Piero

1888 am 11. Oktober in Mailand als Sohn des Tenors Vincenzo Coppola und der Sopranistin Teresa Angeloni geboren. Er studiert am Konservatorium seiner Heimatstadt Klavier und Komposition.
1911 dirigiert er regelmäßig an der Mailänder Scala und anderen italienischen Opernhäusern. Im Juni erlebt er ein Konzert Claude Debussys in Turin, das entscheidenden Einfluss auf sein Repertoire hat. Weitere Stationen seiner Arbeit sind Brüssel (1912), London (1914), Oslo (1915–1918) und Kopenhagen (1918–1919).
1922 lässt sich Coppola in Paris nieder und übernimmt auf Einladung von Fred Gaisberg
1923 die künstlerische Leitung der Schallplattenfirma La Voix de son Maître.
1924 entsteht die erste Aufnahme der d-Moll-Sinfonie von César Franck, drei Jahre später eine der ersten Gesamtaufnahmen von Bizets *Carmen*.
1934 werden mit dem von ihm gegründeten Orchestre Symphonique du Gramophone, aber auch mit dem Orchestre des Concerts Pasdeloup und dem Orchestre de la Société des Concerts du Conservatoire (OSCC) zahllose Aufnahmen realisiert, die zu den Meilensteinen der Schallplattengeschichte gehören. Das gilt vor allem für seine Interpretationen des französischen Repertoires – Debussy und Ravel, aber auch Berlioz und Saint-Saëns. Ebenso war er ein engagierter Anwalt der zeitgenössischen Musik. Eine »Collection« aus den 1990er-Jahren beim französischen Label LYS ist derzeit vergriffen.
1939 übersiedelt Coppola nach Lausanne. Neben Konzerten u. a. mit dem Orchestre de Chambre de Lausanne und dem Orchestre de la Suisse Romande entstehen einige letzte Aufnahmen in Paris und London (1949).
1971 stirbt er am 17. März in Lausanne.

Dass Piero Coppola heute weitestgehend vergessen ist, ist ebenso unverständlich wie unverzeihlich. Gerade für das französische Repertoire des 19. und 20. Jahrhunderts haben seine Aufnahmen Maßstäbe gesetzt, die immer noch gültig sind und sich vor allem bei der Musik Debussys und Ravels spektakulär von dem unterscheiden, was man gemeinhin als »impressionistisch« bezeichnet. Statt Klangfarben diffus ineinander verschwimmen zu lassen, zeichnet Coppola scharfe Linien und Konturen nach, lässt Reibungen und Synkopen deutlich hervortreten und wahrt das Ideal einer »clarté«, bei der jede Nuance des Orchesters und jede dynamische Abstufung zu hören sind. Vergleicht man etwa seine Einspielung von *La Mer* mit Abbado, Bernstein, Karajan oder selbst Boulez, hat man fast das Gefühl, ein anderes

Werk zu hören. Seine Ravel-Aufnahmen – viele davon Schallplatten-Premieren wie der *Boléro* (mit dem Orchestre Symphonique du Gramophone), den Coppola wenige Tage vor der von Ravel selbst dirigierten Konzert-Premiere aufnahm – entstanden in enger Zusammenarbeit mit dem Komponisten und oft in dessen Anwesenheit, was ihnen besondere Authentizität verleiht. Sein Eintreten für die französische Musik verhalf ihr vor allem in den USA und in Japan zum Erfolg, während seine Aufnahmen in Frankreich oft nur ein spärliches Echo fanden, wie Coppola in seiner Autobiografie berichtet hat: »Eines Tages sagte mir Maurice Ravel: ›Mein armer Coppola, Sie geben sich so viel Mühe; aber vergessen Sie nicht, dass die Franzosen einfach nichts für Musik übrig haben! …‹ Ich hielt das für einen Witz, bis ich erkennen musste, wie viel Wahrheit in diesem Satz steckte.«

Tonträger
1927 BIZET: *Carmen* (Perelli, de Trévi, Opéra Comique Paris; Malibran) ▪ **1930** BERLIOZ: *La Damnation de Faust* (de Trévi, Panzéra, Berthon, Orchestre Pasdeloup; Pearl) ▪ **1932** DEBUSSY: *La Mer* (OSCC; LYS) ▪ **1932** PROKOFJEW: Klavierkonzert Nr. 3 (Sergej Prokofjew, London SO; Pearl / Naxos Historical) ▪ **1933/46** SCHUMANN: Sinfonien Nr. 3 »Rheinische« & 1 »Frühlingssinfonie« (OSCC, National SO; LYS / Pristine)

Kompositionen
Fünf [nach anderen Quellen: zwei] Opern ▪ Ein Ballett ▪ Orchesterwerke: eine Sinfonie, *La Ronde sous la cloche, Poème élégiaque, Suite intime, Interlude dramatique, Burlesque*

Schriften
Dix-sept Ans de musique à Paris 1922–1939, Lausanne 1944 ▪ Les Affres du Roi Marke et autres variations en majeur et mineur, Lausanne 1945

Literatur
Jean-Louis Matthey, Piero Coppola (1888–1971): Note biographique et catalogue des œuvres, Lausanne 2000

MST

Craft, Robert
1923 am 20. Oktober in Kingston (New York) geboren. Er studiert an der Juilliard School.
1947–1950 fungiert er als Leiter der Chamber Art Society in New York.
1948 wird Craft Assistent und Mitarbeiter von Igor Strawinsky und bleibt dies bis zu dessen Tod im Jahr 1971.
1950–1968 dirigiert er die Evenings on the Roof und die Monday Evening Concerts in Los Angeles.
2002 erhält er in Cannes den International Prix du Disque Lifetime Achievement Award. Für das Label Naxos betreut er Gesamteinspielungen der Werke von Schönberg, Webern und Strawinsky.

Der Name Robert Craft wird wahrscheinlich den meisten im Zusammenhang mit Igor Strawinsky in den Sinn kommen. Von 1948 bis zu dessen Tod im Jahr 1971 war er sein Mitarbeiter und Vertrauter. Allerdings hat er sich mit einem so breiten Repertoire qualifiziert, dass er keinesfalls als reiner Strawinsky-Experte gelten kann. Schon Ende der 1950er-Jahre nahm er Werke von Carlo Gesualdo auf; seine Auseinandersetzungen mit älterer Musik umfassen ebenso Monteverdi, Schütz und Bach. Doch zur selben Zeit widmete er sich auch intensiv den Werken der Wiener Schule – so leitete er die amerikanische Erstaufführung von Alban Bergs *Lulu* – und späterer Musik des 20. Jahrhunderts, wovon er vieles für CBS aufnahm.

Den dominanten Posten innerhalb seines Repertoires bilden jedoch tatsächlich die Werke Strawinskys, von denen er auch einige Uraufführungen dirigiert hat. Gewiss lässt ihn seine langjährige Zusammenarbeit mit Strawinsky als Autorität erscheinen, als jemanden, der am ehesten der Intention des Komponisten mit seinen Deutungen zu entsprechen vermag. Der sinnliche Reiz seiner Einspielungen besteht aber nicht zuletzt darin, dass er dem oft ruppigen Charakter der Werke Strawinskys eine gewisse Leichtigkeit abgewinnen kann. Besonders verträgt sich dies mit den neoklassizistischen Werken, deren teils recht raue und spröde Tonsprache zwar zur Geltung kommt, aber nie quasi mechanisch abgespult wird – besonders sinnfällig im dritten Satz der *Symphony in C*. Aufführungen und Einspielungen sind indes nicht das alleinige Gebiet, auf dem er sich mit seinem Mentor auseinandersetzt: Neben seiner Tätigkeit als Dirigent hat er ein beachtliches Werk als Musikschriftsteller hervorgebracht, für das er 1976 mit dem American

Academy of Arts and Letters Award ausgezeichnet wurde.

Tonträger

1958 GESUALDO: Madrigals and Sacred Music (Marilyn Horne, Cora Lauridsen; CBS / Sony) ▪ **1992/95** STRAWINSKY: *Agon / Apollo / Orpheus* (Orchestra of St. Luke's, London SO; Naxos) ▪ **1999** STRAWINSKY: *Symphony in C / Symphony in Three Movements* (PhO; Koch / Naxos) ▪ **2000** SCHÖNBERG: Kammersinfonie Nr. 2 / *Die glückliche Hand* (Mark Beesley, Simon Joly Chorale, PhO; Koch / Naxos)

Schriften

Igor Strawinsky, Gespräche mit Robert Craft, übs. von Manfred Gräter und Hilmar J. Schatz u. a., hrsg. von Martin Hürlimann, Zürich 1961 ▪ Strawinsky, übs. von Theodor Knust und Manfred Gräter, München 1962 ▪ Igor Strawinsky mit Robert Craft, Erinnerungen und Gespräche, übs. von David und Ute Starke, Frankfurt a. M. 1972 ▪ Strawinsky. Einblicke in sein Leben, übs. von Vera L. Calábria, Zürich / Mainz 2000 ▪ An Improbable Life: Memoirs, Nashville 2002

Webpräsenz

www.robertcraft.net [Bibliografie und Diskografie] (↪0021)

ADO

Dausgaard, Thomas

1963 am 4. Juli in Kopenhagen geboren; er studiert dort sowie in London bei Norman Del Mar.
1993 wird er Assistent von Seiji Ozawa in Boston.
1997 beginnt seine Amtszeit als Leiter des zwei Jahre zuvor gegründeten Swedish Chamber Orchestra.
2004–2011 ist er Chefdirigent des Danish National Symphony Orchestra (DNSO), danach dessen Ehrendirigent.
2010 markiert die Aufführung von Rued Langgaards *Sphärenmusik* bei den BBC Proms einen Höhepunkt in der Neuentdeckung dieses Komponisten.
2014 wird er Erster Gastdirigent des Seattle Symphony Orchestra.
2016 übernimmt er das BBC Scottish Symphony Orchestra.

Thomas Dausgaard zeigt in prototypischer Weise die drei Wege, auf denen ein Dirigent ohne Star-Status heute diskografische Spuren hinterlassen kann: als Dirigent von Kernrepertoire für kleinere Labels, als Entdeckungsreisender im Randrepertoire und als Begleiter bekannter Solisten. Ähnlich wie Paavo Järvi besitzt Dausgaard dabei ein besonders starkes Renommee als Leiter eines exzellenten Kammerorchesters. Der für Simax eingespielte Zyklus aller Orchesterwerke Beethovens und die Reihe »Opening Doors« bei BIS führen den reduzierten Apparat an eine Grenze, sodass nicht mehr ein authentischer Klang als Ersetzung, sondern ein bewusst alternativer Klang als Ergänzung angestrebt scheint. Es entstehen Liebhaber-CDs für denjenigen, der schon mehrere Aufnahmen eines Werkes besitzt und es nun einmal »anders« hören möchte. So wird in Schuberts »Großer« C-Dur-Sinfonie das Allegro ma non troppo des Kopfsatzes zum ganztaktig genommenen Geschwindmarsch, durch den das bereits rasche Tempo der Introduktion nochmals überboten wird.

Die skandinavische Sinfonik dagegen wird von Dausgaard in Aufnahmen präsentiert, die alle Extreme vermeiden, da derselbe Liebhaber nun mit der häufig einzig verfügbaren und möglichst repräsentativen Aufnahme sein Repertoire ergänzen soll. Ein zentrales Projekt war die (hier allerdings nach Ilya Stupel bereits zweite) Gesamteinspielung der Sinfonien des dänischen Exzentrikers Rued Langgaard, dessen Geisteszustand böswilligen Kommentaren zufolge in etwa dort beginnt, wo derjenige Schumanns endete, und der stilistisch dort endet, wo Schumann und Gade begonnen hatten. Dausgaard entdeckt eine Stringenz in diesen oft auch experimentellen Werken, die man so nicht vermutet hätte. Empfehlenswert sind auch die umgekehrt betont unaufgeregten Sinfonien des Schweden Dag Wirén, in denen motivische Ökonomie mit einigem musikantischen Charme verbunden wird. Dänemark dagegen besitzt auch einen Nationalsinfoniker der Neuen Musik; die Studioaufnahme der 7. Sinfonie Per Nørgårds wurde daher sogar schon vor der Uraufführung realisiert (bei der so bereits die CD verkauft werden konnte).

In romantischen Tondichtungen aus der zweiten Reihe wie *Lélio* von Hector Berlioz oder Alexander Zemlinskys *Seejungfrau* zeigt sich Dausgaard als Vertreter eines analytisch-nüchternen Grundansatzes. Seine unprätentiöse Arbeitsweise macht ihn zum gefragten Partner von Solisten aus der ersten Reihe: Hier ist das 2. Violinkonzert Joseph Joachims eine Entdeckung, in der Dausgaard seine diskografischen Pfade miteinander verbinden kann. Das »im ungarischen Stil« komponierte Mollkonzert wird mit der Erprobtheit des sachlichen Begleiters und dem Erkundungsdrang des Experten auch für neue Musik wiedergegeben.

Tonträger
1999 WIRÉN: Sinfonien Nr. 2 & 3 / Konzertouvertüren op. 2 & 16 (Norrköping SO; CPO) ▪ **2000** BEETHOVEN: Sinfonie Nr. 7 / *Egmont* [Schauspielmusik] (Henriette Bonde-Hansen, Swedish CO; Simax) ▪ **2006/07** SCHUBERT: Sinfonien Nr. 8 »Unvollendete« & 9 C-Dur »Große« (Swedish CO; BIS) ▪ **2006/07** BRAHMS: Violinkonzert /

JOACHIM: Violinkonzert Nr. 2 (Christian Tetzlaff, DNSO; Virgin) • **2009/10** LANGGAARD: *Sphärenmusik / Endzeit / Aus der Tiefe* (DNSO; Dacapo)

JCA

Davies, Dennis Russell

1944 am 16. April in Toledo (Ohio) geboren, wird er an der Juilliard School in New York u. a. von Lonny Epstein (Klavier) sowie Jean Morel und Jorge Mester (Dirigieren) ausgebildet.
1968 gründet er mit Luciano Berio und Garrett List das Juilliard Ensemble, das er bis 1974 leitet.
1972–1980 ist er Musikdirektor des Saint Paul Chamber Orchestra.
1974–1990 findet das Cabrillo Festival of Contemporary Music unter seiner künstlerischen Leitung statt.
1977–2002 leitet er das mit Francis Thorne in New York gegründete American Composers Orchestra.
1978–1980 wird er nach Gastdirigaten an europäischen Opernhäusern (u. a. Amsterdam und Stuttgart) eingeladen, in Bayreuth *Der fliegende Holländer* zu dirigieren.
1980 wird er Generalmusikdirektor an der Württembergischen Staatsoper in Stuttgart und leitet dort u. a. die Uraufführung von *Akhnaten* von Philip Glass.
1987 wechselt er als Generalmusikdirektor nach Bonn. In den folgenden Jahren lädt er eng mit ihm verbundene Starsolisten wie Gidon Kremer oder den Jazzpianisten Keith Jarrett (mit Mozart) in die Bundeshauptstadt ein.
1991–1996 ist er auch Chefdirigent des Brooklyn Philharmonic Orchestra und
1991–1993 Direktor der Brooklyn Academy of Music.
1995 wechselt er von Bonn als Chefdirigent zum Stuttgarter Kammerorchester bis 2006; dort entsteht für Sony ein Zyklus aller Sinfonien Joseph Haydns).
1996–2002 ist er Leiter des ORF Radio-Symphonieorchesters Wien.
2002 beginnt seine Amtszeit beim Bruckner Orchester Linz und dem Linzer Landestheater (bis 2017).
2009 tritt er zudem die Position des Chefdirigenten beim Sinfonieorchester Basel an (mit Vertrag bis 2016).

Angesichts einer Kunst der musikalischen Repetition, in der jede Veränderung im weitgehend Gleichen größte Aufmerksamkeit beansprucht, markiert der Begriff »Interpretation« für Dirigenten die Notwendigkeit, tatsächlich jedes Detail zu erkennen und es subtil hervortreten zu lassen, ohne jedoch einen geläufigen Fluss, in den eine Musik und ein Orchester gerät, spürbar zu stören. Philip Glass ist gewissermaßen der Erfinder des »Pop«-Minimalismus, der populärste Großmeister der Repetition des eigentlich immer schon Gehörten (nicht zuletzt der variierten Dur-Kadenzen). Davies verantwortet beinahe neunzig Prozent aller Aufnahmen dieses »Vivaldi der Postmoderne« und prägt damit nachhaltig *sein* Idiom – und das ist doppelt zu verstehen: Es gilt für das, was wir von Glass kennen, wie auch für das eigene Grundprofil. Davies ist vor allem ein Architekt der aus Einzelstimmen mosaikartig zusammengesetzten Klangflächen, der Farbverbindungen zwischen den Instrumentengruppen, des konstanten, ganz berechenbaren Grundtempos und der Einbettung dynamischer Effekte, deren Anschwellen und Abschwellen selten bis nie einen echten Bruch im Kontinuum erzeugt. Eine musikalische Moderne, die das schafft (mit welchem musikalischen Material auch immer), ist seine Moderne. Neben Glass und zeitgenössischen Anverwandten wie Lou Harrison, Giya Kancheli oder Arvo Pärt interpretiert er auch deren mittelbare »klassische« Vorläufer als Moderne ihrer Tage. Mit fast jedem seiner Orchester überträgt er seinen Ansatz auf einen der kanonisierten Zyklen. Im Falle des seit dem Dritten Reich für Bruckner besonders berufenen, aber nicht immer befähigten Bruckner Orchesters Linz brauchte und bekam Davies' Aufbauarbeit quasi ein Jahr für je zwei Sinfonien: Nach ersten noch recht unbefriedigenden Live-Mitschnitten vorzugsweise mit den unbekannteren Frühwerken gelang – parallel zu wiederum reichen Glass-Aktivitäten in Linz – mit der Fünften (2006) ein Umschlag: In dieser Aufnahme entwickelt sich ein fast meditativer Ton, immer noch nur bedingt konkurrenzfähig, aber individuell für sich überzeugend; die populäre Siebte erscheint für diesen Weg im folgenden Jahr wie von Bruckner als krönender Abschluss geschaffen. In Basel wird derzeit ebenso ein ambitionierter Honegger-Zyklus als lokal naheliegende Visitenkarte präsentiert, wobei in der 2. Sinfonie einmal nicht die melodische Gestik gegenüber dem Rhythmus isoliert wird, sondern dem fließenden Übergang zwischen beiden Aspekten in teils überraschenden Tempi besondere Aufmerksamkeit geschenkt wird.

Davies zeigt sich bis zuletzt in seiner bewährten Rolle als Orchestererzieher: Er prägt seine Ensembles mit einem Verständnis von Interpretation als subtiler, individueller Neubestimmung jedes Details gerade des ewig Wiederkehrenden – bei Glass wie im klassischen Kanon.

Tonträger
1978 COPLAND: *Appalachian Spring / Short Symphony* [Nr. 2] / IVES: Sinfonie Nr. 3 »The Camp Meeting« (Saint Paul CO; Pro Arte / Intersound) ▪ **1986/91** SCHNITTKE: Violakonzert / KANCHELI: *Vom Winde beweint* (Kim Kashkashian, RSO Saarbrücken, Orchester der Beethovenhalle Bonn; ECM) ▪ **1992** BEASER: *Chorale Variations / The Seven Deadly Sins* / Klavierkonzert (Jan Opalach, Pamela Mia Paul, American Composers Orchestra; Argo / Decca) ▪ **1999** GLASS: Sinfonie Nr. 5 »Requiem, Bardo, Nirmanakaya« (Martinez, Graves, Schade, Owens, Dohmen, Morgan State University Choir, Kinderchor des Ungarischen Rundfunks, RSO Wien; Nonesuch / Warner) ▪ **2007** BRUCKNER: Sinfonie Nr. 7 (Bruckner Orchester Linz; Arte Nova) ▪ **2013** HONEGGER: Sinfonien Nr. 2 & 4 »Deliciae Basilienses« (SO Basel; SOB)

HAH

Davis, Andrew

1944 am 2. Februar in Ashridge (Hertfordshire) geboren, genoss er in Watford früh musikalische Bildung.
1959–1967 setzt er bei Peter Hurford (St Albans) seine Ausbildung als Organist fort, die er am King's College in Cambridge abschließt; als Dirigent wird er ab 1965 bei George Hurst ausgebildet und besucht 1967 und 1968 Kurse bei Franco Ferrara in Rom.
1970 wird er Associate Conductor beim von James Loughran geleiteten BBC Scottish Symphony Orchestra und debütiert beim BBC Symphony Orchestra.
1973–1978 ist er – während der Amtszeit von Riccardo Muti – Associate Conductor des (New) Philharmonia Orchestra (PhO), mit welchem er 1975 für CBS Francks Sinfonie d-Moll und Faurés Bühnenmusik-Suite *Pelléas et Mélisande* einspielt.
1975–1988 ist er musikalischer Leiter des Toronto Symphony Orchestra (danach Conductor Laureate).
1988 übernimmt er die musikalische Leitung der Opernfestspiele in Glyndebourne (bis 2000). Er heiratet die amerikanische Sopranistin Gianna Rolandi.
1989 folgt die Ernennung zum Chefdirigenten des BBC Symphony Orchestra, mit welchem sich Davis nicht nur bei den Londoner Proms-Konzerten, sondern auch über die erfolgreiche Reihe »The British Line« des Labels Teldec als Spezialist für das britische Kernrepertoire etabliert (Aufnahmen u. a. der Sinfonien von Vaughan Williams, der Orchesterwerke von Edward Elgar sowie populärer Werke von Holst, Britten und Tippett).
1995–1998 teilt er sich mit Paavo Järvi die Leitung des Royal Stockholm Philharmonic Orchestra.
2000 übergibt Davis das BBC SO an den Amerikaner Leonard Slatkin und geht im Gegenzug an die Lyric Opera of Chicago (sein Vertrag datiert zuletzt bis zur Saison 2020/21).
2005 wird er Artistic Advisor beim Pittsburgh Symphony Orchestra (bis 2007).
2013 wird er Chefdirigent des Melbourne Symphony Orchestra.

Zu Beginn seiner Karriere inszenierte sich Andrew Davis auf den Hüllen seiner CBS-Produktionen mit Beatles-Frisur und John-Lennon-Brille als feinsinniger Intellektueller: Entsprechend bettet er 1978 in Mahlers Orchesterliedern Frederica von Stades »Mélisande«-Stimme in ein impressionistisch anmutendes Fin-de-Siècle-Dekor fein abgestimmter Instrumentalspektren. In seinem anschließenden Londoner Dvořák-Zyklus dosiert Davis Pathos und Musikantentum genau in dem Maße, dass im farbigen Stimmgeflecht auch die modernen Qualitäten einer »entwickelnden« Motiv- und Klangvariation hervortreten: Dvořák wird schlüssig als Vorbild Leoš Janáčeks präsentiert (dessen Orchesterwerke Davis im Jahr 1996 in Stockholm für Finlandia eingespielt hat).

Klangsinn und vor allem Gespür für unmittelbare musikalische Wirkungen verbinden den jungen Intellektuellen mit dem späteren bärtigen Volkstribun der Londoner Proms-Konzerte: Als charmanter Seebär leitet der BBC-Chefdirigent Davis 1994 anlässlich der »100th Season« durch die *Fantasia on British Sea Songs* des Proms-Gründers Sir Henry Wood – und regt das Publikum an zum Mitsingen des traditionellen Abschlussprogramms mit Elgars *Land of Hope and Glory*, Arnes *Rule Britannia* und Parrys *Jerusalem* (der Mitschnitt ist ideal, um einmal Patriotismus voll britischer Selbstironie zu studieren – bis hin zu Bryn Terfels gälischer Übersetzung von *Rule Britannia*, gesungen im Trikot der walisischen Nationalmannschaft).
1992 als Commander of the Order of the British Empire geadelt, 1999 zum Knight Bachelor befördert, zog man ihn 2002 noch einmal vor (und zwar seinem Nachfolger Leonard Slatkin, der das Patriotische der Proms explizit einzudämmen suchte), um »Prom at the Palace« zum

goldenen Thronjubiläum von Queen Elisabeth angemessen zu begehen.

Tonträger

1978 MAHLER: *Lieder eines fahrenden Gesellen* / Rückert-Lieder (Frederica von Stade, London PO; CBS/ Sony) ▪ **1979–1982** DVOŘÁK: Sinfonien Nr. 1–9 (PhO; CBS/Sony) ▪ **1986** HÄNDEL: *Messiah* (Battle, Quivar, Aler, Ramey, Toronto Mendelssohn Choir, Toronto SO; EMI) ▪ **1991** ELGAR: *Cockaigne Overture / Introduction and Allegro / Serenade / Enigma Variations* (BBC SO; Teldec) ▪ **1994** VAUGHAN WILLIAMS: *A Sea Symphony* (Roocroft, Hampson, BBC SO & Chorus; Teldec) ▪ **2012** GRAINGER: Werke für Chor & Orchester (Sydney Chamber Choir, Melbourne SO & Chorus; Chandos)

Bildmedien

1994 »Last Night of the Proms – The 100th Season« (Bryn Terfel, Evelyn Glennie, BBC SO & Chorus; NVC Arts) ▪ **2002** »Prom at the Palace: The Queen's Concerts, Buckingham Palace« (Alagna, Georghiu, Rostropowitsch, BBC SO & Chorus; Opus Arte)

Webpräsenz

http://sirandrewdavis.com/ (↪0022)

HAH

Davis, Colin

1927 am 25. September in Weybridge (Surrey) geboren.

1938 ermutigt man ihn an der Christ's Hospital Boarding School, ein Instrument zu erlernen; es gelingt ihm, als Klarinettist ein Stipendium am Royal College of Music zu erlangen, wo er von Frederick Thurston professionell ausgebildet wird. Seine mangelnden Fertigkeiten als Pianist verwehren ihm aber die angestrebte Ausbildung als Dirigent.

1949 Neben seiner Laufbahn als »Freelance«-Klarinettist – u. a. in Glyndebourne unter Fritz Busch – begründen seine Leitungen insbesondere von Sinfonien und auch Opern Mozarts im von Mitstudenten gegründeten Kalmar Orchestra seinen Ruf als talentierter Dirigier-Autodidakt.

1950 Die neugegründete Chelsea Opera Group bietet ihm Gelegenheit, mit Mozarts *Don Giovanni* zu debütieren und ein Grundrepertoire als Operndirigent aufzubauen: Davis bleibt bis 1957 der »C. O. G.« verbunden. Weitere »freie« Aktivitäten als Klarinettist, Dirigent und Dozent (vor allem in Cambridge) tragen oft kaum genug zum Unterhalt der mit der – zunächst erfolgreicheren – Sängerin April Cantelo gegründeten Familie bei.

1957 nimmt er einen Posten als Assistant Conductor beim von Ian Whyte geleiteten BBC Scottish Orchestra an.

1958 debütiert er am Sadler's Wells Theatre mit Mozarts *Entführung aus dem Serail*.

1959 gelingt ihm ein »wunderbarer« Durchbruch: Erst zieht sein Auftritt beim Edinburgh Festival im September mit Werken von Strawinsky und Mozart einen Artikel von Peter Heyworth in *The Observer* nach sich, dessen Titel »Best Since Beecham« sich nach einer (konzertanten) Aufführung von *Don Giovanni* in der Londoner Royal Festival Hall, wo er für Otto Klemperer eingesprungen war, als öffentliches Etikett festsetzt. Davis wird Musical Director der Sadler's Wells Opera (bis 1965).

1964 trennt er sich von April Cantelo (zwei gemeinsame Kinder) und heiratet ihr iranisches Au-Pair-Mädchen Ashraf »Shamsi« Naini, mit der er in langer Ehe fünf weitere Kinder hat.

1965 Als häufiger Gast des London Symphony Orchestra (auch in Einspielungen von sinfonischem Repertoire) gilt er als ein Favorit auf die Nachfolge von Pierre Monteux, Chefdirigent wird aber István Kertész; schließlich unterschreibt er im Dezember beim BBC Symphony Orchestra, wo er 1967 bis 1971 tätig ist.

1971 übernimmt er für schließlich fünfzehn Jahre die Leitung des Royal Opera House, Covent Garden; dem sinfonischen Repertoire bleibt er verbunden als Gast u. a. der Berliner Philharmoniker, des regelmäßig auf Schallplatten seines Hauslabels Philips dirigierten Concertgebouworkest sowie als Principal Guest Conductor des Boston Symphony Orchestra (1972–1984).

1977 dirigiert er bei den Bayreuther Festspielen die Eröffnung mit Wagners *Tannhäuser*.

1980 wird er zum Ritter geschlagen.

1981 beginnt seine langjährige Zusammenarbeit (im Konzert wie auf Tonträgern) mit der Staatskapelle Dresden, deren erster Ehrendirigent er seit 1990 ist.

1983 wird Davis Chefdirigent des Symphonieorchesters des Bayerischen Rundfunks (bis 1992).

1995 erhält er die Position des Principal Conductor beim London Symphony Orchestra.

1998 wird er Principal Guest Conductor des New York Philharmonic Orchestra (bis 2003).

2001 erhält er den Order of the Companions of Honour.

2006 tritt er beim London SO zurück, bleibt dem Orchester aber als Ehrenpräsident verbunden und feiert 2009 den 50. Jahrestag seines Debüts mit dem Orchester.

2013 stirbt er am 14. April in London.

Auch Geburten neuer Sterne am Dirigentenhimmel folgen recht festen Gesetzen und werden zumeist in der Zeitung mit griffiger Poesie angezeigt. Wie im Falle von Herbert von Karajan, der 1938 in der Berliner Presse nach einer Aufführung von Wagners *Tristan* zum »Wunder in der Staatsoper« erhoben wurde, stellt zwanzig Jahre später Peter Heyworths Proklamation von Colin Davis als »Best since Beecham« keineswegs eine Würdigung der Mühen dar, aus provinziellen Wirkungsräumen scheinbar plötzlich kometenhaft auf den Radar der Weltöffentlichkeit zu gelangen; vielmehr stehen solche wirkmächtigen Gründungsurkunden von Dirigentenmythen am Ende der Bemühungen eines Netzwerks von Geburtshelfern, publizistische Teleskope auf die Karriere-Perspektiven ihres jeweiligen Zöglings zu justieren. Colin Davis hatte sich insbesondere als Geheimtipp für Mozart-Aufführungen diese Unterstützung redlich verdient: Hört man seine frühen Mozart-Einspielungen mit der für Studiositzungen zusammengestellten Sinfonia of London, so kreuzen sich dort Toscaninis rhythmisch präzise Artikulation und Beechams Talent, »klassischen« Themen bis auf den Grund ihrer vielschichtigen Charaktere zu blicken und diese den Zuhörern plastisch wie Gestalten von Charles Dickens auf einer gelassenen Promenade vorzustellen. Auch den Charme des jungen Kalmar-Orchesters meint man noch in den turbulenten Bläser-Einwürfen des Finales der C-Dur-Sinfonie KV 338 wahrzunehmen – und wie Davis als ausgebildeter Klarinettist gerade im Dialog mit Bläsersolisten auch die Streicher mitatmen lässt, ist in der einst mit KV 338 gekoppelten Aufnahme des Oboenkonzerts zu erleben. Kaum zu glauben ist deshalb, dass es der gleiche Dirigent ist, der schon im Mai 1959 und natürlich mit Mozart (u. a. der *Kleinen Nachtmusik*) beim viel opulenter klingenden, auf Streicherschmelz getrimmten Philharmonia Orchestra sein Debüt bei His Master's Voice, dem britischen Kernlabel der EMI, gegeben hatte (und damit unter die Fittiche des in London allmächtigen Produzenten Walter Legge geraten war). Als nun Otto Klemperer erkrankte und Carlo Maria Giulini, den Legge stattdessen für eine legendäre Aufnahme des *Don Giovanni* verpflichtete, am 18. Oktober 1959 verhindert war, setzte Legge für eine zwischen öffentlicher Probe und Marketing-Event angesiedelte konzertante Aufführung mit der Schallplatten-Besetzung auf sein neues junges Mozart-Zugpferd: Davis dirigierte das Star-Ensemble mit Intensität und glücklicher Hand für Tempi und Phrasierungen, mit »love and understanding«, wie der Kritiker der *Times* befand: »a conductor of ripe and greatness«.

Mozart, Strawinsky, Berlioz, Tippett: Schon 1972, für seinen ersten Biografen Alan Blyth, ließ sich das Wirken von Colin Davis auf diese vier Namen fixieren; danach kam vor allem noch Sibelius mit drei kompletten Sinfonie-Zyklen hinzu.

Die Mischung aus zugkräftigem dramatischem Drall (à la Sinfonia of London) und plastisch-eleganten Ausformungen im Detail (à la Philharmonia Orchestra) entwickelt sich in den 1960er-Jahren in Aufnahmen von Konzerten – am Klavier Ingrid Haebler, an der Geige Arthur Grumiaux – und aller großen Mozart-Opern zum Markenkern des Hausdirigenten des niederländischen Philips-Labels (wo sein Repertoire das von Bernard Haitink sinnvoll ergänzte). In der Ära der Historischen Aufführungspraxis stellt sein Anfang der 1980er-Jahre nun fast zeitgleich mit Nikolaus Harnoncourt eingespielter Zyklus der »großen« Mozart-Sinfonien mit der Staatskapelle Dresden das rechtschaffene Relikt eines keineswegs romantisch-überholten, sondern vielmehr in warmen Orchesterfarben perfekt abgestimmten »sinfonischen« Mozart-Bildes dar: Die »Jupiter«-Sinfonie etwa, deren »gravity and substance« Davis schon 1959 in Edinburgh auf eine zumindest für den Kritiker Heyworth vormals nie erreichte Weise vermittelte (vgl. Blyth, S. 12), wirkt auch in Dresden wie ein zeitenthobener Monolith. Beethovens Sinfonien – 1991 bis 1993 mit den Dresdnern in Davis' einziger Gesamtaufnahme gelegentlich heroisch-wuchtig, zumeist aber überraschend entspannt, ja fast behäbig genommen – scheinen dann nur vorläufige Brücken zu bilden zum nächsten »himmlischen« Eckpfeiler seiner Diskografie, Schuberts »Großer« C-Dur-Sinfonie, die bei Davis nicht nur durch ihre organische Umsetzung rhythmischer Triebkräfte und dynamischer Ekstasen, sondern dank der schönen Dresdner Bläser-Palette noch mehr durch ihre warmen Klangfarben beeindruckt.

Strawinsky war schon 1959 in Edinburgh mit seinen *Danses concertantes* Gegenpol und Nutznießer einer an Mozart gewonnenen Klangästhetik. In einer ab 1963 mit dem London Symphony Orchestra produzierten Strawinsky-Serie zeigen besonders die Sinfonien rhythmische Perfektion und klangliche Härten. In diesem Klang oft wahlverwandt erscheint Tippett, den Davis als Export-Marke britischer Moderne neben Benjamin Britten quasi im Alleingang international etablierte – durch Einspielungen des Klavierkonzerts (1963 mit John Ogdon), der Sinfonien, insbesondere aber der Oper *The Midsummer Marriage* (1970). Ein »neoklassizistischer« Ansatz macht auch die erste seiner drei Einspielungen von Händels *Messiah* zur signifikantesten: Gegenüber einer spätviktorianischen Tradition, in der bei Beecham und Boult großorchestrierte Bearbeitungen die Regel waren, setzt Davis 1966 im Schulterschluss mit den britischen Barockspezialisten seiner Generation (wie Raymond Leppard) auf ein kleineres Ensemble, provokant straffe Tempi und starke rhythmische Akzente – fast als sei es nun eine Strawinsky-Bearbeitung.

Auch mit Berlioz ging Davis – in Repertoirebreite und individueller Profilierung sogar den früheren britischen Hauptimporteur französischer Musik, nämlich eben Thomas Beecham, überflügelnd – mehrfach in Serie: als ebenso schwungvoller wie in Klangeffekten präziser Studiodirigent der LP-Ära wagt er sich erstmals sogar an die Restauration vormals nur zusammengestrichener Monumentalopern wie *Benvenuto Cellini* oder *Les Troyens*; später wird er zum Vorreiter der – mit dem Preisverfall der CD und Vertriebsmöglichkeiten im Internet einhergehenden – Selbst-Dokumentation vieler Orchester auf eigenen Hauslabels, wobei seine stetig mit Preisen gewürdigten LSO Live-Aufnahmen die Berlioz-Referenzen früherer Jahre und deren perfektionierte Studio-Dramaturgie durch individuelle Live-Dramatik und ein moderneres Klangbild ergänzen. Dieses Phänomen betrifft auch Sibelius: Für die euphorische britische Presse scheint zwar in den zwei jüngeren Zyklen mit Davis und dem London SO (Anfang der 1990er-Jahre bei RCA, Anfang dieses Jahrtausends auf LSO Live) die Tradition Beechams gewahrt und eine Wiederherstellung Großbritanniens als Mutterland der Sibelius-Rezeption gelungen; wie jedoch Davis schon in den 1970er-Jahren mit den damals international nahezu konkurrenzlosen Blechbläsern des Boston Symphony Orchestra mit spätromantischem Klangsinn und gotisch-großbögiger Zeit-Architektur beeindruckende Klang-Kathedralen aufbaute und die Streicherteppiche in ihren eher andächtigen Räumen passgenau entrollte, dürfte auch heute an schlankere Lesarten gewöhnte Hörer beeindrucken. Davis zeigt sich hier auf einem Karriere-Höhepunkt und vollends in der Lage, eine an Karajan zu messende Detail-Perfektion mit Bernsteins Enthusiasmus zu verbinden. Neben Neuauflagen seines alten Repertoires bietet die Produktionsmaschine LSO Live aber auch neue Einblicke hinsichtlich der Breite und Aktualität eines inzwischen »großen Alten«: So widmete Davis sich zuletzt auch intensiv der Musik des im Jahr seines Durchbruchs 1959 geborenen schottischen Komponisten James MacMillan.

Tonträger
1960 Mozart: Sinfonie Nr. 34 KV 338 / Oboenkonzert (Léon Goossens, Sinfonia of London; EMI) ▪ **1962** Berlioz: *Béatrice et Bénédict* (Veasey, Cantelo, Watts, Mitchinson, Shirley-Quirk, London SO; Decca) ▪ **1964** Strawinsky: *Symphony in Three Movements / Orpheus* (London SO; Philips) ▪ **1966** Händel: *Messiah* (Harper, Watts, Wakefield, Shirley-Quirk, London SO & Chorus; Philips) ▪ **1967** Tippett: Sinfonie Nr. 2 (London SO; Argo / Decca) ▪ **1969** Berlioz: *Les Troyens* (Vickers, Veasey, Lindholm, Covent Garden; Philips) ▪ **1971** Mozart: *Le nozze di Figaro* (Wixell, Norman, Freni, Ganzarolli, Minton, BBC SO; Philips) ▪ **1974** Beethoven: Klavierkonzert Nr. 4 (Stephen Bishop Kovacevich, BBC SO; Philips) ▪ **1975** Sibelius: Sinfonien Nr. 5 & 7 (Boston SO; Philips) ▪ **1975–1981** Haydn: »Londoner« Sinfonien Hob. I: 93–104 (Concertgebouworkest; Philips) ▪ **1981** Mozart: Sinfonien Nr. 28 KV 200 & 41 KV 551 »Jupiter« (Staatskapelle Dresden; Eterna / Philips) ▪ **1991** Mozart: *Idomeneo* (Araiza, Mentzer, Hendricks, Heilmann, Chor & SO des BR; Philips) ▪ **1996** Schubert: Sinfonie Nr. 9 C-Dur »Große« (Staatskapelle Dresden; RCA) ▪ **2003** Berlioz: *Harold en Italie* (Tabea Zimmermann, London SO; LSO Live) ▪ **2008** MacMillan: *St John Passion* (Christopher Maltman, London SO & Chorus; LSO Live) ▪ **2009** Verdi: *Otello* (O'Neill, Schwanewilms, Finley, London SO & Chorus; LSO Live)

Literatur
Alan Blyth, Colin Davis, Shepperton 1972 ▪ Richard Alston, Colin Davis – For the Record, London 1997 ▪ Anthony Burton, »Ripe for Greatness«: The Young Colin Davis, in: Colin Davis: The Early Recordings [Booklet, mit dt. Übs.], EMI Records 2012

Webpräsenz
www.hberlioz.com/music/CDavis.htm [Diskografie] (↪0023)

HAH

Denève, Stéphane

1971 am 24. November im nordfranzösischen Tourcoing geboren.
1995 erhält er sein Diplom am Pariser Konservatorium. Im selben Jahr erregt er die Aufmerksamkeit von Georg Solti, dem er bei Produktionen von *Herzog Blaubarts Burg* und *Don Giovanni* assistiert.
1997 erfolgt sein Debüt in Deutschland mit Mozarts *Zauberflöte* an der Deutschen Oper am Rhein in Düsseldorf, wo er als Kapellmeister vier Spielzeiten tätig ist.
2005–2012 leitet er als gefeierter Chefdirigent das Royal Scottish National Orchestra (RSNO).
2011 übernimmt er als Nachfolger von Roger Norrington das Radio-Sinfonieorchester Stuttgart des SWR.
2014 tritt er die Position als Erster Gastdirigent beim Philadelphia Orchestra an, ab 2015 ist er Chefdirigent der Brüsseler Philharmoniker.

Stéphane Denève ist weniger der Hüter als vielmehr der Neubegründer einer nationalen Klangtradition. Der »französische« Orchesterklang wirkt bei ihm nie impressionistisch vernebelt, die glitzernde Vielfalt der Klangfarben bleibt stets am harten Anschlagston des Klaviers ausgerichtet. Kein Komponist dürfte von diesem Ansatz mehr profitieren als Francis Poulenc, der so nicht ins Regal mit den süßlichen Likören, sondern in die von Strawinsky einmal mit dem Label »Champagner Extra Dry« etikettierte Klangkultur eingeordnet wird. In den Orchesterwerken von Albert Roussel resultiert aus diesen Prämissen ein strikt anti-klassizistischer Ansatz. Die beständigen Wechsel zwischen elegischen Andante- und motorischen Allegro-Sektionen treten schroff hervor; umso mehr bezaubern jene Stellen, in denen die Ostinati selbst elegisch werden dürfen (wie im Mittelteil des langsamen Satzes der 3. Sinfonie). Auch bei Debussy wirken einzelne Momente wie neu gehört: Denève betont die programmatische Süffigkeit der Details, zum Beispiel in der an Charles Ives erinnernden Kombination aus räumlicher Ferne und rhythmischer Direktheit im Marschteil der »Fêtes« aus den *Nocturnes*.

In seiner Position in Stuttgart hat Denève solche Modellierungen auf die drastischen Momente der Tondichtungen von Richard Strauss übertragen. Diese werden im Sendegebiet des SWR aber derzeit durch den als Klangrestaurator ähnlich disponierten François-Xavier Roth eingespielt. Die geplante Fusion der beiden SWR-Orchester wird so unwillentlich diskografisch vorbereitet; das dabei dokumentierte Niveau jedoch macht die Entscheidung noch fraglicher, was nach der Präsentation der ersten Folgen einer Serie von Ravel-CDs umso mehr gilt: Denève gelingt eine sensationelle Einspielung von *La Valse*, die in ihrer sekundengenauen Justierung aller brodelnden und fauchenden Einzeldetails stärker gefeierte Jungdirigenten wie Yannick Nézet-Séguin in diesem Fall weit hinter sich lässt.

Tonträger
2003 POULENC: Konzert für zwei Klaviere / Klavierkonzert / *Aubade* (Eric Le Sage, Frank Braley, OP de Liège; RCA) ▪ **2006–2008** ROUSSEL: Sinfonien Nr. 1–4 (RSNO; Naxos) ▪ **2011/12** DEBUSSY: *Images / Jeux / Nocturnes* etc. (RSNO; Chandos) ▪ **2012** RAVEL: *Boléro / La Valse / Le Tombeau de Couperin* etc. (RSO Stuttgart des SWR; Hänssler)

Bildmedien
2011 DUKAS: *Ariane et Barbe-Bleue* (Charbonnet, van Dam, Gran Teatre del Liceu; Opus Arte)

Webpräsenz
www.stephanedeneve.com (↪0024)

JCA

Désormière, Roger

1898 am 13. September in Vichy geboren. In Paris studiert er Flöte (bei Philippe Gaubert), Dirigieren (bei Vincent d'Indy) und Komposition (bei Charles Koechlin).
1921 gibt Désormière bei den Concerts Pleyel sein Debüt als Dirigent.
1923 tritt er der »École d'Arcueil« bei, die sich um Erik Satie gebildet hat.

1924 komponiert er die Bühnenmusik zu Jean Cocteaus Shakespeare-Bearbeitung *Roméo et Juliette*.

1924–1925 ist er musikalischer Leiter des Ballets suédois des Choreografen Rolf de Maré, mit denen u. a. Saties *Relâche* und Milhauds (ihm gewidmetes) Ballett *La Création du monde* zur Uraufführung bringt. In späteren Jahren wird er Uraufführungen von Pierre Boulez, Olivier Messiaen, Francis Poulenc, Sergej Prokofjew und Albert Roussel dirigieren.

1925–1929 wechselt er zu den Ballets russes, die er bis zum Tod Sergej Diaghilews leitet.

1930 übernimmt er die Leitung der Société des musiques d'autrefois und gibt bei den Éditions de l'Oiseau-Lyre zahlreiche Werke französischer Barockmusik heraus, die er später zum Teil auch für die Schallplatte aufnimmt. Daneben unternimmt Désormière mehrere Konzerttourneen, als überzeugter Kommunist auch in die UdSSR.

1932 beginnt seine intensive Arbeit für das Medium Film: Er dirigiert Alexandre Tansmans Musik zu Julien Duviviers *Poil de carotte*; auch für die Filme von Jean Renoir dirigiert Désormière fast alle Soundtracks; seine erste eigene Filmmusik komponiert er 1935 für Jacques Natansons *Le Clown Bux*, der bis 1945 rund ein Dutzend weitere folgen – darunter 1939 für Jean Renoirs *La Règle du jeu*. Im selben Jahr entsteht auch seine Bühnenmusik zu *Les Cenci* von Antonin Artaud (nach Shelley und Stendhal).

1936 beginnt er regelmäßig für den französischen Rundfunk zu arbeiten. Außerdem wird er musikalischer Leiter der Pariser Opéra Comique, mit deren Ensemble er 1941 die erste Gesamtaufnahme von Debussys *Pelléas et Mélisande* realisiert.

1944–1946 leitet Désormière die Opéra de Paris,

1947–1951 übernimmt er als Chefdirigent die Leitung des Orchestre National de la Radiodiffusion Française.

1952 erleidet er am 7. März in Rom einen Schlaganfall, der seine Karriere als Dirigent abrupt beendet.

1963 stirbt er am 25. Oktober in Paris.

Es sind drei sehr unterschiedliche Domänen, in denen die musikhistorische Bedeutung des Dirigenten und Komponisten Roger Désormière verankert liegt: Zum einen war er einer der Pioniere der Wiederentdeckung der französischen Musik des 17. und 18. Jahrhunderts, zum anderen ein engagierter Vorkämpfer und Interpret der zeitgenössischen französischen Musik, zum dritten schließlich eine Schlüsselfigur der französischen Filmmusik der 1930er- und 1940er-Jahre. Und doch zeigen seine Aufnahmen in allen drei Bereichen dieselbe Präzision und Transparenz, die Désormière einmal als sein Ideal bezeichnet hat. Merkmale seines Interpretationsstils sind eine analytische, quasi »cartesianische« Klarheit, gepaart mit einer Eleganz und Leichtigkeit, die wohl aus den Jahren an der Opéra Comique und seinen Erfahrungen mit dem Film herrühren. Die Tatsache, dass sich Désormières Arbeit fast ausschließlich auf das französische Repertoire konzentrierte, dürfte dazu beigetragen haben, dass sein Name außerhalb seiner Heimat relativ unbekannt geblieben ist. Sein *Pelléas* bleibt ein diskografischer Klassiker, und Kenner der Neuen Musik werden sich unbedingt dem Urteil Igor Strawinskys anschließen: »Bis an mein Ende werde ich Roger Désormière eine grenzenlose Dankbarkeit für all das bewahren, was er in den kurzen Jahren seiner Laufbahn für die Musik unserer Zeit geleistet hat.«

Tonträger

1931–1946 Campra: *L'Europe galante* [Ballettsuite] / Lully: *Alceste* [Ouvertüre & *Pompe funèbre*] / Rameau: *Les Paladins* [Suiten Nr. 1 & 2] (Ensemble Orchestral de l'Oiseau-Lyre; LYS) ▪ **1941** Debussy: *Pelléas et Mélisande* (Joachim, Jansen, Etcheverry, OS de l'Opéra Comique; EMI) ▪ **1945** Messiaen: *Trois Petites Liturgies de la présence divine* (Yvonne Loriod, Ginette Martenot, OSCC; LYS) ▪ **1950** Franck: Sinfonie d-Moll / Debussy: *La Mer* / Ravel: *Boléro* etc. (Czech PO; Supraphon / LYS) ▪ **1950/51** Delibes: *Coppélia* / *Sylvia* / Poulenc: *Les Biches* [Ballettsuiten] (OSCC; Decca / Testament) ▪ **1951** Ibert: *Divertissement* / Ippolitow-Ivanow: *Kaukasische Skizzen* [Suite Nr. 1] / Scarlatti: *Le donne de buon umore* [Arrangement: Tommasini] / Tschaikowsky: *Dornröschen* [Suite] (OSCC; Decca / Testament)

Literatur

Denise Mayer / Pierre Souvtchinsky, Roger Désormière et son temps, Monaco 1966 ▪ Nicolas Guillot (Hrsg.), Roger Désormière, 1898–1963 [Kongressbericht], Paris 1999

Webpräsenz

http://archives-roger-desormiere.blogspot.de/ (↪0025)
http://hector.ucdavis.edu/SdC/Recordings/ (↪0026)

MST

Dixon, Dean

1915 am 10. Januar in New York als Sohn eines Einwanderers aus Jamaika geboren. Er studiert an der Juilliard School (zunächst Violine) und an der Columbia University. Im Dirigieren lässt er sich später durch Albert Stoessel unterrichten.

1932 gründet er sein eigenes Dean Dixon Symphony Orchestra. In den Jahren nach 1940 leitet er dann – u. a.

durch die Förderung Eleanor Roosevelts – viele renommierte amerikanische Orchester, zumeist als erster Künstler afroamerikanischer Herkunft.
1949 verlegt er – auch aufgrund rassistischer Beschränkungen des Karrierewegs – seinen Arbeitsschwerpunkt nach Europa und dirigiert zunächst u. a. das Israel Philharmonic Orchestra.
1953–1960 ist er Chefdirigent der Göteborger Sinfoniker.
1961–1974 übernimmt er als Chefdirigent das Sinfonie-Orchester des Hessischen Rundfunks.
1964–1967 ist er zusätzlich beim Sydney Symphony Orchestra tätig.
1976 stirbt er am 4. November in Zug (Schweiz).

Es gibt verschiedene Wege, auf denen ein Dirigent vergessen werden kann: Ein zu früher Tod, eine zu geringe Anzahl von vergriffenen Schallplatteneinspielungen bei den »falschen«, heute ebenso vergessenen Labels, aber auch eine ungünstige Startposition. Norman Lebrecht fasste in seinem Buch *Der Mythos vom Maestro* die Tabus des Dirigentenberufs in einem legendär betitelten Kapitel »Frauen, Farbige und Homosexuelle« zusammen – Dean Dixon als erster farbiger Dirigent von internationaler Geltung weist trotz einzelner Nachfolger wie z. B. James DePreist eine leider bis heute definitiv nicht alltägliche Biografie auf.

Es gibt aber auch verschiedene Wege, auf denen ein Dirigent wiederentdeckt werden kann: Als Nebeneffekt der Suche nach der Stimme von Fritz Wunderlich in den Rundfunkarchiven erlebt man Dixon mit einer 9. Sinfonie Beethovens, in der die für ihn typischen, heftig zupackenden Akzentsetzungen auffallen (die aufsteigenden Quarten der Pauke in der Reprise des Kopfsatzes lassen sich nur mit martialischen Attributen adäquat beschreiben). Dixons Attraktion im europäischen Konzertleben beruhte darauf, dass ein »Dirigent ohne Tradition« sich durch solche tief in der Tradition gesättigten Aufführungen präsentiert, die im Fall der Neunten die Erhabenheit des Stückes in blockhaft hingestellten Forte-Ausbrüchen abbilden. Im Internet finden sich nun dankenswerter Weise immer mehr Seiten, die Digitalisierungen alter LPs zum kostenlosen Download bereitstellen, sodass auch Dixons Einspielungen aus den 1950er-Jahren von Schubert, Schumann oder Liszt (vor allem mit Wiener Orchestern für Westminster) wieder leicht zugänglich sind: exemplarisch zum Beispiel der Wert der Mono-Aufnahme von Dvořáks Cellokonzert mit Antonio Janigro, in der das Orchester viele Details schärfer und sprunghafter spielen darf als in einer Kultur der stereophonen Verschmelzung. Die Suche nach diesen Aufnahmen lohnt sich, weil man mit Dixon einer Situation beiwohnen darf, die sich in Wien dann – begleitet von weitaus stärkerer Medienaufmerksamkeit – mit Leonard Bernstein wiederholen wird: Es ist der »Exot« vom anderen Kontinent, der gegen den Grundtrend zur Versachlichung die Musiker zur Lust an schweren Tempi, schwärmerischer Artikulation und dennoch oftmals ganz leichten Sforzati und Staccati verführen kann.

Tonträger
1953 Dvořák: Cellokonzert (Antonio Janigro, Orchester der Wiener Staatsoper; Nixa) ▪ **1953** MacDowell: Klavierkonzerte Nr. 1 & 2 (Vivian Rifkin, Orchester der Wiener Staatsoper; Westminster / Naxos Online) ▪ **1962** Beethoven: Sinfonie Nr. 9 (Yano, Höffgen, Wunderlich, Adam, Chor & SO des HR; Audite)

Literatur
Alfred Sous, Ein Orchester für das Radio. Das Radio-Sinfonie-Orchester Frankfurt, Frankfurt a. M. 1998, S. 108–125

JCA

Dohnányi, Christoph von

1929 am 8. September in Berlin geboren. Sein Vater Hans von Dohnanyi und sein Onkel Dietrich Bonhoeffer werden von den Nationalsozialisten hingerichtet.
1948 wechselt er in München vom Jurastudium zur Musik, nimmt u. a. an Dirigierkursen von Hans Rosbaud teil und komponiert. Seit seiner Jugend spielt er Klavier und Flöte.
1951 gewinnt er als Absolvent den Richard-Strauss-Preis der Stadt München; ab 1953 arbeitet er als Korrepetitor bei Georg Solti an der Frankfurter Oper. Kurzzeitig studiert er zuvor bei seinem Großvater, dem Komponisten und Pianisten Ernst von Dohnányi, in den USA.
1957 wird er (damals jüngster) Generalmusikdirektor Deutschlands in Lübeck, ab 1963 hat er dieselbe Position in Kassel inne, schließlich wechselt er 1968 ans Opernhaus in Frankfurt am Main (bis 1977).

1964–1970 leitet er das Kölner Rundfunk-Sinfonie-Orchester.

1965 leitet er die Uraufführung von Hans Werner Henzes Oper *Der junge Lord*, ein Jahr später in Salzburg *Die Bassariden*.

1977 wird er musikalischer Leiter und auch Intendant der Hamburgischen Staatsoper, erfüllt den Vertrag aber nur bis 1984; einige Jahre ist zeitgleich sein Bruder Klaus von Dohnanyi Erster Bürgermeister der Hansestadt.

1980 heiratet er nach einer ersten Ehe mit Renate Zillessen seine langjährige Lebensgefährtin Anja Silja.

1984–2002 leitet er das Cleveland Orchestra. Hier entsteht für Decca, Teldec und Telarc die Mehrzahl seiner kommerziellen Tonträger, die er jedoch letztlich nur knapp fünfzehn Jahre lang in größerem Umfang produziert.

1992/93 leitet er Wagners *Ring des Nibelungen* an der Wiener Staatsoper. Mit den Wiener Philharmonikern (WPh), seinem zweiten Stammorchester für Aufnahmen, tritt er häufig bei den Salzburger Festspielen auf.

1997 wird er nach drei Jahren als Erster Gastdirigent Leiter des Philharmonia Orchestra (PhO; bis 2008).

1998–2000 wirkt er als Conseiller Artistique beim Orchestre de Paris.

2004–2010 kehrt er als Chefdirigent des NDR Sinfonieorchesters nach Deutschland zurück.

Das Cleveland Orchestra scheint die Eigenschaften George Szells auch auf die Bewertung all seiner Nachfolger als Chefdirigent zu übertragen: Kühle »amerikanische« Präzision, gepaart mit »europäischer« emotionaler Reserviertheit – solche Beschreibungen begleiten beständig auch Christoph von Dohnányi. Der mögliche wahre Kern dieser Attribute tritt zum Beispiel in Edgard Varèses *Amériques* hervor, in denen die neuartigen Geräusch- und Sirenenklänge von den dominierenden Clevelander Blechbläsern beständig unter Kontrolle gehalten werden, sodass eine ungemein virtuose Lesart zugleich eher konservativ verbleibt.

Dohnányi kann im Extremfall das Konzept analytischer Werktreue nahezu in sardonische Publikumsfeindlichkeit umschlagen lassen: Die Paukenschläge, die den allerersten Auftritt des Don Juan in Richard Strauss' Tondichtung markieren, wirken bei Dohnányi steril, wie von der Medienaufsicht abgezählt; in derselben Einspielung mit den Wiener Philharmonikern wird danach der einzelne Paukenschlag, der in *Tod und Verklärung* die Introduktion abrupt durchreißt, bewusst an der Grenze des Unangenehmen disponiert. Im *Till Eulenspiegel* hingegen ist dieser sardonische Ton umso publikumsfreundlicher: Bei einer Blindverkostung des Live-Mitschnitts mit dem Philharmonia Orchestra würde kein mit den genannten Attributen präparierter Rezensent auf Dohnányi als Dirigent tippen.

Wenn Claudio Abbado also mit einiger Verspätung in die Welt der Dirigenten manche Merkmale Willy Brandts eingebracht hat – das »Mehr Demokratie wagen« oder auch die Mischung aus vertraulicher Nennung beim Vornamen und spürbarer Menschenscheu –, dann wirkt Christoph von Dohnányi demgegenüber äußerlich wie die perfekte Inkarnation des hanseatischen Bürgerstolzes, wie ihn auch sein Bruder oder Helmut Schmidt repräsentieren. Die Vermeidung falscher Sentimentalität führt dabei manchmal zur Unterdrückung der richtigen: In Dvořáks Sinfonie »Aus der Neuen Welt« wirkt der mit dem ersten Hornsignal angeschlagene aggressive Tonfall irritierend, als ob der Komponist sich in die falschen Stadtviertel von New York verirrt hätte. Typisch scheint auch Dohnányis Neigung, bewusst das interpretatorisch herauszustellen, was die Werke nicht selbst mitzubringen scheinen: In Witold Lutosławskis durchaus reißerischem *Konzert für Orchester* betont er – und zwar am Ende des zweiten Satzes in den Schlagzeugsoli – die Reservate traditioneller durchbrochener Arbeit. In Strawinskys *Feuervogel* scheinen dessen spätere Partituren in den beständig hörbar gemachten Sollbruchstellen schon präsent und werden gleichsam beim Versuch beobachtet, den spätromantischen Glanz des populären Frühwerks auszuhöhlen. Und in Mahlers 4. Sinfonie wird die bittere Ironie vom unerreichbaren Schlaraffenland durch die virtuose und auch vibratolastige Artikulation bewusst gegen die üblichen Deutungen aus der Adorno-Nachfolge ein wenig mit »Schlagobers« aus der Konditorei Strauss versüßt.

Dohnányis Karriere als Operndirigent kann diskografisch durch Henzes *Der junge Lord* und Strauss' *Salome* gerahmt werden. Beide Stücke locken das Konzept der Literaturoper in hedonistisch-instrumentale Tanzszenen; der von den beiden Libretti (auch deswegen?) geteilte Satz »Es wird Schreckliches geschehen« allerdings wird in Dohnányis Einspielungen generell nicht eingelöst. Die permanent spürbare Kontrolle ist die große Tugend wie das kleine Manko einer Klangregie, die zum Beispiel auch zu Beginn des Schleiertanzes eher den komplexen Orchestersatz als die Erotik der Hauptfigur entblättert. Auf Silberscheiben gebannt wirkt ein analytischer Kopf zwar schnell als Besserwisser oder Spielverderber, doch schon die Vorliebe für die Werke Henzes verweist darauf, dass Dohnányi beinahe gegen seinen Willen vor allem eine besondere Begabung für sinnlich schmelzende Partiturbilder besitzt. In Tschaikowskys 4. Sinfonie findet er eine besonders schöne Lösung für das sentimentale Seitenthema, das hier auftritt wie ein Kind, das sich vorsichtig ins Studierzimmer des Vaters schleicht und fragt, ob dieser Zeit zum Spielen habe oder gerade mit irgendwelcher wichtiger thematischer Arbeit beschäftigt sei.

Tatsächlich hat Dohnányi sich immer bemüht, das von Produzenten und Publikum gewünschte Repertoire in seinen Aufnahmen und Konzerten mit Sperrigem zu durchmischen – von Anton Webern bis zu amerikanischen Neutönern und dem Klavierkonzert Ferruccio Busonis, das pathetische pianistische Gesten im Bonbonpapier einer »Così-Cosà-Italianità« verpackt und diese dann in einer monströsen, über einstündigen Gesamtform versteckt. Der Ästhetik hinter einem solchen Konzept scheint Dohnányi als Mensch und Musiker zu entsprechen. Die Umsetzung in Aufnahmen aber wurde zunehmend schwieriger: Symbol der veränderten kommerziellen Verhältnisse ist der Abbruch von Dohnányis Decca-*Ring* nach der *Walküre*, an deren Ende sozusagen nicht nur Brünnhilde, sondern auch Dohnányis Tonträger-Karriere in ewigen Schlaf versetzt wird. Gerade in seinem Fall wäre daher die Veröffentlichung von frühen Rundfunkmitschnitten zur Ergänzung des Bildes um die verschüttete Vorgeschichte ähnlich segensreich, wie sie sich in Wagners *Ring*-Konzeption schon einmal erwiesen hat.

Tonträger
1967 HENZE: *Der junge Lord* (Mathis, Grobe, Johnson, McDaniel, Deutsche Oper Berlin; DGG) ▪ **1976/78** MENDELSSOHN: Sinfonien Nr. 1–5 etc. (WPh; Decca) ▪ **1979** STRAWINSKY: *Der Feuervogel* / BARTÓK: *Zwei Portraits* op. 5 (WPh; Decca) ▪ **1983** SCHUBERT: Sinfonie Nr. 8 »Unvollendete« / BEETHOVEN: Sinfonie Nr. 8 (Cleveland Orchestra; Telarc) ▪ **1988** TSCHAIKOWSKY: Sinfonie Nr. 4 / *Ouverture solennelle* »1812« (WPh; Decca) ▪ **1988/89** BARTÓK / LUTOSŁAWSKI: Konzerte für Orchester (Cleveland Orchestra; Decca) ▪ **1989** BUSONI: Klavierkonzert (Garrick Ohlsson, Cleveland Orchestra & Men's Chorus; Telarc) ▪ **1994** STRAUSS: *Salome* (Malfitano, Riegel, Schwarz, Terfel, WPh; Decca) ▪ **2009** BRAHMS: Sinfonien Nr. 1 & 3 (PhO; Signum)

Bildmedien
1998 HAYDN: Sinfonie Hob. I:88 [Probendokumentation] (PhO; Arthaus) ▪ **2006** STRAUSS: *Ariadne auf Naxos* (Magee, Moşuc, Breedt, Volle, Oper Zürich; Arthaus)

Literatur
Musiker im Gespräch. Christoph von Dohnányi, Frankfurt a. M. 1976 ▪ James Badal, Recording the Classics. Maestros, Music, and Technology, Kent 1996, S. 59–68 ▪ Jochen Thies, Die Dohnanyis. Eine Familienbiographie, Berlin 2005 ▪ Hilmar Hoffmann, Frankfurts Stardirigenten. Erinnerungen, Frankfurt a. M. 2008 ▪ Klaus Schultz (Hrsg.), Offen sein zu-hören. Der Dirigent Christoph von Dohnányi. Gespräche – Bilder – Texte, Hamburg 2010

JCA

Doráti, Antal

1906 am 9. April in Budapest als Sohn eines Geigers und einer Pianistin geboren, studiert er ab 1920 an der Franz-Liszt-Musikakademie (Klavier bei Béla Bartók, Komposition bei Zoltán Kodály, Leó Weiner und Ernő Dohnányi) sowie Philosophie an der Wiener Universität.
1924 debütiert er als Kapellmeister an der Königlichen Oper seiner Heimatstadt, wo er bis 1928 als Korrepetitor angestellt ist.
1928 wird er von Fritz Busch als Assistent an die Staatsoper in Dresden berufen.
1929–1933 wirkt Doráti als Erster Kapellmeister an den Städtischen Bühnen in Münster (Westfalen).
1934–1941 ist er zuerst Zweiter Kapellmeister, ab 1938 Musikdirektor der Ballets russes de Monte Carlo.
1937 gibt er in Washington D. C. mit dem National Symphony Orchestra sein Amerika-Debüt.
1941–1945 wirkt Doráti in New York als Musikdirektor des American Ballet Theatre.

1945–1949 steht er als Chefdirigent dem von ihm neu aufgebauten Dallas Symphony Orchestra vor.
1947 nimmt er die amerikanische Staatsbürgerschaft an.
1949–1960 ist Doráti als Nachfolger von Dimitri Mitropoulos Musikdirektor des Minneapolis Symphony Orchestra.
1963–1966 wirkt er als Chefdirigent des BBC Symphony Orchestra.
1966–1974 ist Doráti Chefdirigent des Royal Stockholm Philharmonic Orchestra.
1970–1977 leitet er das National Symphony Orchestra in Washington D.C.
1975–1978 arbeitet er als Chefdirigent beim Londoner Royal Philharmonic Orchestra.
1977–1981 hat Doráti den Posten eines Chefdirigenten beim Detroit Symphony Orchestra inne, mit dem er quasi als sein »Spätwerk« bei der Decca alle großen Ballette Igor Strawinskys aufnimmt.
1988 stirbt er am 13. November in Gerzensee bei Bern.

Antal Doráti war nicht nur Dirigent, sondern auch ein Komponist von Kammermusik und sinfonischen Werken, der »keine Angst vor der Melodie« hatte und so im modernistischen Klima des 20. Jahrhunderts eher übersehen wurde. Am Dirigentenpult hat er sich vor allem als hervorragender Haydn-Interpret ausgezeichnet, als Ballettdirigent (wobei seine Vorliebe vor allem Tschaikowsky, Delibes und Strawinsky galt) und nicht zuletzt als sensibler Interpret ungarischer Musik des 20. Jahrhunderts. Als Bearbeiter legte er 1940 das Ballett *Graduation Ball* nach Musik von Johann Strauß (Sohn) in der Choreografie von David Lichine vor. Seine intellektuelle Neugierde bewog ihn dazu, in sein recht umfangreiches Repertoire auch bisher vernachlässigte bzw. noch nicht eingespielte Werke aufzunehmen wie Jean Sibelius' Tondichtung *Luonnotar* oder Max Bruchs Konzert für zwei Klaviere. Ebenso leitete er die Uraufführung vieler Werke amerikanischer Komponisten (Copland, Piston, Schuman, Sessions). Eine Pionierleistung stellt auch seine Einspielung der drei großen Ballette Tschaikowskys mit dem Concertgebouworkest dar, in denen sich Dorátis stark ausgeprägter Sinn für rhythmische Vitalität und subtile klangliche Nuancierungen dokumentiert.

Sein lebenslanges Engagement für Haydn fand seinen Niederschlag in der Einspielung einer Reihe der wenig bekannten Opern (1975 bis 1980; Philips), vor allem aber aller Sinfonien mit dem 1957 in Wien gegründeten Exilorchester Philharmonia Hungarica. Es handelt sich um die zweite Gesamteinspielung des Zyklus, die mit ihrer klanglichen Balance und Transparenz Maßstäbe in der Geschichte der Haydn-Interpretation des 20. Jahrhunderts gesetzt hat (die erste mit Ernst Märzendorfer und dem Wiener Kammerorchester wurde im Jahr 1972 veröffentlicht, erhielt aber so wenig Aufmerksamkeit, dass bis heute häufig Doráti als der Pionier genannt bleibt). Obwohl Doráti keine Originalinstrumente verwendet, wird seine Wiedergabe der Haydn'schen Sinfonien in den klanglichen Proportionen der historischen Entwicklung des Orchesterapparats vollkommen gerecht: Ist in den frühen Werken die Besetzung noch kammermusikalisch, so wächst sie in den »Pariser« und »Londoner« Sinfonien, die für das neue bürgerliche Publikum der großen Metropolen geschrieben wurden, dementsprechend an, sodass man quasi die Geschichte der Gattung zwischen 1760 und 1790 hörend nachvollziehen kann.

Tonträger

1946 BARTÓK: Violinkonzert Nr. 2 (Yehudi Menuhin, Dallas SO; RCA) ▪ **1949** PROKOFJEW: Klavierkonzert Nr. 3 (William Kapell, Dallas SO; RCA) ▪ **1958** TSCHAIKOWSKY: *Ouverture solennelle* »1812« (University of Minnesota Brass Band, Minneapolis SO; Mercury/Decca) ▪ **1960** WAGNER: *Der fliegende Holländer* (London, Rysanek, Tozzi, Covent Garden; Decca) ▪ **1969** SIBELIUS: *Luonnotar / En Saga / Die Ozeaniden* etc. (Gwyneth Jones, London SO; EMI) ▪ **1969–1972** HAYDN: Sinfonien Hob. I: 1–104 (Philharmonia Hungarica; Decca) ▪ **1975** TSCHAIKOWSKY: *Der Nussknacker* (Concertgebouworkest; Philips) ▪ **1980** SZYMANOWSKI: Sinfonien Nr. 2 & 3 »Das Lied der Nacht« (Ryszard Karczykowski, Kenneth Jewell Chorale, Detroit SO; Decca)

Kompositionen

Sinfonien Nr. 1 & 2 »Querela pacis« (Royal Stockholm PO; BIS 1972/88) ▪ *Trittico* (Heinz Holliger, SO Basel; Philips 1986)

Schriften

Notes of Seven Decades, London 1979 ▪ For Inner and Outer Peace, London 1987

Literatur
Everett Helm, Antal Doráti. Ein Porträt, in: Fono Forum 2/1965, S. 57 f. ▪ Richard Chlupaty, Antal Doráti and the Joy of Making Music, Bournemouth 2006 ▪ Richard Chlupaty, Antal Doráti and His Recorded Legacy, Bournemouth 2013 [Antal Doráti Centenary Society]

Webpräsenz
www.dorati.com [Verzeichnis eigener Kompositionen] (↪0027)

AFA

Dudamel, Gustavo

1981 am 26. Januar in Barquisimeto (Venezuela) als Sohn eines Posaunisten und einer Gesangslehrerin geboren. Im Rahmen des venezolanischen Ausbildungsprogramms El Sistema, das 1975 von dem Ökonomen und Musiker José Antonio Abreu begründet wurde, bekommt er bereits als Vierjähriger Musikunterricht. Er erhält Geigenunterricht bei José Luis Jiménez am Jacinto Lara Konservatorium und später bei José Francisco del Castillo an der Latin American Academy of Violin.
1993 dirigiert er erstmalig das Simón Bolívar Youth Orchestra of Venezuela (SBYO), das Hauptorchester von El Sistema. Aufgrund seines enormen Talents wird ihm Unterricht in Orchesterleitung ermöglicht.
1996 nimmt er ein Dirigierstudium bei Rodolfo Saglimbeni auf.
1999 setzt er seine Studien in Caracas bei José Antonio Abreu fort und wird zum Musikdirektor des SBYO ernannt.
2002 nimmt er an einer Dirigenten-Meisterklasse bei Charles Dutoit in Buenos Aires teil. Im Folgejahr schafft er den Sprung nach Europa, assistiert Simon Rattle in Berlin und Salzburg und arbeitet 2005 mit Claudio Abbado zusammen, als dieser als Gastdirigent das SBYO leitet.
2004 gewinnt er den Gustav-Mahler-Dirigentenwettbewerb der Bamberger Symphoniker. In den folgenden Jahren beginnt eine beispiellose internationale Karriere, die den jungen Dirigenten in nur wenigen Jahren vor die weltweit einflussreichsten Orchester trägt.
2005 springt er bei den BBC Proms für Neeme Järvi bei den Göteborger Sinfonikern ein und ist damit einer der jüngsten Dirigenten der Proms aller Zeiten.
2007–2012 ist er Chefdirigent der Göteborger Sinfoniker (danach Ehrendirigent).
2009 setzt ihn das *Time*-Magazine auf die Liste der 100 weltweit einflussreichsten Personen. Im selben Jahr übernimmt er als Nachfolger von Esa-Pekka Salonen das Los Angeles Philharmonic Orchestra (mit Vertrag mindestens bis 2019).
2012 gründet er The Dudamel Foundation, eine soziale Stiftung, die sich ähnlich El Sistema darum bemüht, Musik für möglichst viele Kinder und Jugendliche zugänglich zu machen.

Gustavo Dudamel ist ein Phänomen – ein dirigentisches und mediales, aber auch ein sozial- und kulturpolitisches. Als er mit seinem Simón Bolívar Youth Orchestra of Venezuela die internationalen Podien im Sturm eroberte, geriet die Klassikwelt in Aufruhr. Einen derartigen Shooting-Star, zumal vor der Kulisse der beeindruckenden humanistischen Musikausbildung Venezuelas, hatte man noch nie erlebt. Die amerikanische Presse sprach von »Dudamania«, Simon Rattle sah die Zukunft der klassischen Musik in Venezuela. Und auch in Deutschland entwickelte man nach dem Vorbild von El Sistema neue musikpädagogische Initiativen: 2007 startete das heute allseits bekannte JeKi – mit »Jedem Kind ein Instrument« adaptierte man die Grundidee der sozialen Musikförderung für alle Kinder und Jugendlichen und implementierte sie von Venezuela in die deutschen Grundschulen. Dudamel wird so zur Symbolfigur eines einzigartigen Wandels.

Gustavo Dudamel ist aber beileibe nicht nur ein kulturpolitisches Phänomen. Er hat es in den letzten Jahren geschafft, als weltweit gefeierter Dirigent seinem Wunderkind-Image zu entkommen – kein großes Orchester, das sich nicht bereits durch seine Anwesenheit gerühmt hat, kein großes Festival, das sich nicht mit der das Publikum begeisternden Musizierfreude dieses Dirigenten und seiner venezolanischen Mitstreiter geschmückt hat. Seine Impulsivität, seine jugendlich berstende Kraft und der ungestüme Lockenkopf sind Symbole nicht nur seiner Person, sondern auch seiner Werkdeutungen geworden. Die westliche, sprichwörtlich ruhige Konzertstimmung beantwortet er mit lateinamerikanischem Feuer: Dudamel etabliert seine eigene Schule emotionaler Aufführungspraxis. So steht er nicht nur für die Wiederentdeckung lateinamerikanischer Komponisten wie Evencio Castellanos, Silvestre Revueltas, Alberto Ginastera oder Arturo Márquez, dessen *Danzón No. 2* zur wehmütig rhythmischen Hymne seiner Konzerte mit dem SBYO wurde. Auch Mahlers 5. Sinfonie entfaltet im hemmungslosen und sich verzehrenden Spiel des SBYO eine urwüchsige Kraft, die Mahlers allumfassende Klangsprache bis in die letzte Faser mit prallem Leben füllt. Ähnliches geschieht in und mit Strawinskys *Le Sacre du printemps*: Die »Anbetung der Erde« etwa wird durch die ekstatischen Rhythmen und die sich immer weiter auftürmenden Tanzebenen zum grellen Höllenmambo.

Umso problematischer scheinen nun seine Aufnahmen des klassischen Kanons zu sein. Was erwartet man hier? Eine ähnlich sich verzehrende Klangorgie? Wer Dudamel nur auf seine Öffentlichkeitswirksamkeit reduziert, wird positiv enttäuscht: Zwar strotzen Beethovens Sinfonien in seinen Live-Auftritten mit dem SBYO vor Energie, doch hinter den instrumentalen Verdopplungen und Verdreifachungen ist ein durchdachtes Konzept vernehmbar. So besitzt Beethovens Siebte viel Sinn für durchhörbare Instrumentierung und rhythmische Verschachtelung; besonders der Finalsatz gewinnt durch Spontaneität an Komplexität, nicht durch Überrumpelung, sondern durch vermittelte Begeisterung. Ähnliche Qualitäten des Finalsatzes überdecken in seinem Antrittskonzert in Los Angeles mit Mahlers 1. Sinfonie einige durchaus im Aufgabenbereich des Dirigenten zu verortende Schwächen (wie die verpassten Temporückungen im dritten Satz).

Dudamels Dirigat birgt auf einen zweiten Blick mehr als nur jugendliche Impulsivität. Seine Technik, das Orchester zu führen, ist von Eleganz und Präzision durchdrungen, was an den jungen Lorin Maazel erinnern könnte, wohingegen sein pathetisches Feuer bisweilen dem jungen Sergiu Celibidache ähnelt. Es bleibt zu hoffen, dass ihm die Sensationslust unserer Medienlandschaft genug Freiraum lassen wird, sich kontinuierlich weiterzuentwickeln.

Tonträger
2006 MAHLER: Sinfonie Nr. 5 (SBYO; DGG) ▪ 2008 »Fiesta« [Ginastera: *Estancia* / Castellanos: *Santa Cruz de Pacairigua* / Carreño: *Margariteña* etc.] (SBYO; DGG) ▪ 2008/09 NIELSEN: Sinfonien Nr. 5 & 4 »Das Unauslöschliche« (Göteborg SO; DGG) ▪ 2010 STRAWINSKY: *Le Sacre du printemps* / REVUELTAS: *La noche de los Mayas* (SBYO; DGG) ▪ 2010 TSCHAIKOWSKY: *Hamlet / Der Sturm / Romeo und Julia* (SBYO; DGG) ▪ 2012 BEETHOVEN: Sinfonie Nr. 3 »Eroica« / Ouvertüren: *Egmont / Die Geschöpfe des Prometheus* (SBYO; DGG) ▪ 2013 ADAMS: *The Gospel According to the Other Mary* (O'Connor, Mumford, Thomas, Los Angeles Master Chorale & PO; DGG)

Bildmedien
2012 MAHLER: Sinfonie Nr. 8 (Uhl, di Giacomo, Duffy, Larsson, Hellekant, Fritz, Mulligan, Vinogradov, Coro Sinfónico Juvenil Simón Bolívar de Venezuela, Los Angeles PO, SBYO; DGG) ▪ 2012 BRAHMS: *Haydn-Variationen* / HAYDN: Cellokonzert C-Dur Hob. VIIb:1 / BEETHOVEN: Sinfonie Nr. 5 (Gautier Capuçon, BPh; DGG) *The Promise of Music* (Dokumentation von Enrique Sánchez Lansch; DGG 2008) ▪ *El Sistema* (Dokumentation von Paul Smaczny und Maria Stodtmeier; EuroArts 2009)

Kompositionen
Libertador [Filmmusik] (SBYO; DGG 2014)

Literatur
Elisabeth Elstner, Die soziale Kraft der Musik. Reise zu den Jugend- und Kinder-Orchestern von Venezuela, Berlin 2011 ▪ Michael Kaufmann / Stefan Piendl, Das Wunder von Caracas. Wie José Antonio Abreu und El Sistema die Welt begeistern, München 2011 ▪ Tricia Tunstall, Changing Lives. Gustavo Dudamel, El Sistema, and the Transformative Power of Music, New York 2012 ▪ »Wow, Mahler!«, in: Wolfgang Schaufler, Gustav Mahler. Dirigenten im Gespräch, Wien 2013, S. 70–75

Webpräsenz
www.gustavodudamel.com (↪0028)
www.dudamelfoundation.org (↪0029)
http://fundamusical.org.ve/ [Hauptseite von El Sistema] (↪0030)

AGU

Dutoit, Charles

1936 am 7. Oktober in Lausanne geboren, erhält er in seiner Geburtsstadt und dann in Genf eine umfassende musikalische Ausbildung, die neben Violine, Bratsche, Klavier und Schlagzeug auch Komposition und Dirigieren umfasst.

1958 schließt er sein Dirigierstudium bei Samuel Baud-Bovy ab; seine Entwicklung als Dirigent ist wesentlich durch Ernest Ansermet beeinflusst, dessen Proben mit dem Orchestre de la Suisse Romande er regelmäßig beiwohnen darf, aber auch durch Studien bei Alceo Galliera (Siena) und Charles Munch (Tanglewood).

1959 debütiert er im Januar mit dem Kammerorchester Lausanne und der aufstrebenden Nachwuchspianistin Martha Argerich in Ravels G-Dur-Konzert (die Aufzeichnung ist derzeit veröffentlicht auf dem Label IDIS).

1964 holt ihn Paul Kletzki als seinen Adjutanten zum Berner Symphonieorchester; dort debütiert er mit Strawinskys *Le Sacre du printemps* und wird – nach ersten Kontakten beim Lucerne Festival – von Herbert von Karajan an die Wiener Staatsoper eingeladen, um Manuel de Fallas Ballett *Der Dreispitz* zu dirigieren.

1968–1978 bekleidet er als Nachfolger Kletzkis in Bern seine erste Chefposition.

1969 heiratet er Martha Argerich; die Ehe hält bis 1973.

1973 beginnt für zwei Spielzeiten eine intensive Zusammenarbeit mit dem Orquesta Sinfónica Nacional in Mexiko, das in dieser Zeit über keinen – traditionell mexikanischen – Chefdirigenten verfügt.

1976–1979 ist er musikalischer Leiter der Göteborger Sinfoniker.

1977–2002 währt seine wohl ertragreichste und berühmteste Ära beim Orchestre Symphonique de Montréal, das er zu einem internationalen Eliteorchester formt, dokumentiert in über 80 Einspielungen für das Label Decca. In Europa bleibt er bei vielen bedeutenden Orchestern (u. a. in London, Paris, München) als Gast präsent, in den USA vor allem in Minnesota (1983–1986) und Philadelphia (ab 1990, vor allem die Sommerkonzerte).

1991–2001 leitet er parallel das Orchestre National de France (ONF).

1996 kommt eine Verpflichtung als Chefdirigent und von 1998 bis 2003 Musikdirektor des in Japan führenden NHK-Sinfonieorchesters Tokio hinzu; in Südostasien wie auch in Nordamerika engagiert sich Dutoit bei Festivals und Orchesternachwuchsprojekten, die auf eine breitere Öffentlichkeit für »klassische Musik« zielen.

2008–2012 engagiert ihn das Philadelphia Orchestra als Musikdirektor (danach Ehrendirigent).

2009 übernimmt er neben der künstlerischen Verantwortung für das Festival in Verbier als einer der inzwischen letzten »großen Alten« noch die Leitung des Royal Philharmonic Orchestra.

Mit seinem Mentor Ernest Ansermet teilt Dutoit die lange, einen ganz individuellen »Sound« ausprägende Regentschaft bei einem Orchester und die Vorliebe für französisches und russisches Repertoire: Das Orchestre Symphonique de Montréal zeigt sich in den 1980er-Jahren als Verbindung französischer »Clarté« des Klangs mit amerikanischer Virtuosität und Bläser-Plastizität – so wie einst Ansermets Orchestre de la Suisse Romande zwischen triebhaft-subtilem Klangsinn der Pariser Vorkriegsmoderne (einschließlich russischer Importe) und der Orientierung an nachkriegsdeutscher Perfektionierung neuer »Sachlichkeit« in den 1950er-Jahren seinen Ort fand. Auch die fabelhafte Decca-Aufnahmetechnik hat bei beiden gleichen Anteil (wenn nicht Einfluss) gehabt: Dutoit »klingt« sogar oft noch schöner, besser, perfekter als sein zweiter Mentor Karajan – was man wie bei diesem von Fall zu Fall schätzen oder gelegentlich als »zu schön« kritisieren kann.

In der oft bagatellisierten »Begleitung« von Instrumentalkonzerten demonstrieren bereits seine frühen Aufnahmen ein Gefühl für Temporelationen und Klangfarben, das zum Ausnahmerang der Einspielung von Tschaikowskys b-Moll-Konzert (1970) mit Dutoits Ehefrau Martha Argerich beitrug: Ins Zentrum rückt eine wahrscheinlich unübertroffen farben- und detailreiche Ausbreitung des Andantino semplice, umgeben von Ecksätzen, die »präraveleske« Klangfantasien statt »pianistische Pranken« präsentieren – als sei das Konzert eigentlich von Saint-Saëns erfunden. Gerade dessen Konzerte mit den Solisten Pascal Rogé (Klavier) und Kyung-Wha Chung (Violine) bilden einen weiteren Höhepunkt in Dutoits Diskografie; eine Vorliebe für eher »klassizistisch« ausgerichtete Komponistentypen – und im Falle Mendelssohns auch für forcierte Tempi – findet sich zudem in Zusammenarbeiten mit András Schiff, Jean-Yves Thibaudet oder seiner Gattin seit 2010, der kanadischen Geigerin Chantal Juillet.

Im französischen Kern- wie Nebenrepertoire des 19. und 20. Jahrhunderts zuhause, hat Dutoit in Montréal eine *La damnation de Faust* und *Les Troyens* umfassende Berlioz-Serie in teils erschlagender Klangregie hinterlassen, Orchestrales von Debussy und Ravel wie auch Poulenc integral eingespielt, sich aber auch intensiv für Honegger, Roussel und Dutilleux engagiert. Haydn (bezeichnenderweise die »Pariser« Sinfonien) verband er mit der Reduktion seines Orchesters auf die »Sinfonietta de Montréal«, die 1991 ebenso Pergolesis Stabat mater einspielt, wobei in einer denkwürdigen Decca-Allstars-Wunschkonstellation eine eher Traviata-haft ätherische June Anderson auf eine gleichermaßen klangschön phrasierende, aber manche Koloraturen gelegentlich schon wie später gewohnt girrende junge Cecilia Bartoli traf. In zwangsläufiger Synthese aus alten und neuen Stilen sowie italienischen, französischen und amerikanischen Idiomen gelingt Dutoit hier eine Art beispielhafter »Genfer Konvention« der Aufführungspraktiken. Seinen wohlverdienten Nimbus als weltweit von vielen Orchestern geschätzter Diplomat am Pult zeigen die auch im höheren Alter noch in großer Breite wahrgenommenen Verpflichtungen daheim in Verbier und London wie in aller Welt.

Tonträger
1970 TSCHAIKOWSKY: Klavierkonzert Nr. 1 (Martha Argerich, Royal PO; DGG) ▪ **1974/75** PAGANINI: Sämtliche Violinkonzerte (Salvatore Accardo, London PO; DGG) ▪ **1978-1980** SAINT-SAËNS: Klavierkonzerte Nr. 1-5 (Pascal Rogé, Royal PO, PhO, London PO; Decca) ▪ **1982** MENDELSSOHN: Klavierkonzerte Nr. 1 & 2 (András Schiff, SO des BR; Decca) ▪ **1984** STRAWINSKY: *Le Sacre du printemps* / Bläsersinfonien (OS de Montréal; Decca) ▪ **1985** HONEGGER: Sinfonien Nr. 2 & 4 »Deliciae Basilienses« (SO des BR; Erato / Warner) ▪ **1990** DEBUSSY: *Pelléas et Mélisande* (Henry, Alliot-Lugaz, Cachemaille, Chœur & OS de Montréal; Decca) ▪ **1991** PERGOLESI: Stabat mater / Salve Regina / SCARLATTI [ALESSANDRO]: Salve Regina (Anderson, Bartoli, Sinfonietta de Montréal; Decca) ▪ **1991/93** RACHMANINOW: Sinfonie Nr. 1 / *Die Toteninsel* (Philadelphia Orchestra; Decca / Newton) ▪ **1994-1996** POULENC: *Concert champêtre* / *Sinfonietta* / *Suite française* etc. (Pascal Rogé, ONF; Decca) ▪ **2010** RIMSKI-KORSAKOW: *Scheherazade* / Ouvertüre »Russische Ostern« (Clio Gould, Royal PO; Onyx)

Literatur
Georges Nicholson, Charles Dutoit. Le Maître de l'orchestre, Montréal 1986 [Diskografie] ▪ Charles Dutoit, Musique du monde – entretiens avec Jean Pierre Pastori, Lausanne 2007

HAH

Ehrhardt, Werner

1957 am 2. Juni in Köln geboren. Seine Ausbildung zum Barockvioliniste n erhält er dort bei Franzjosef Maier sowie bei Sigiswald Kuijken in Brüssel. Orchesterleitung studiert er bei Karl-Heinz Bloemeke in Detmold.

1985 gründet er Concerto Köln, das als auf Historische Aufführungspraxis spezialisiertes Ensemble schnell Furore macht. Er leitet es bis 2005, zunächst als Konzertmeister, später auch explizit als Dirigent.

2004 gründet er mit l'arte del mondo (ADM) ein neues Ensemble, das neben historisierendem Musizieren einen Schwerpunkt auf interkulturelle Musikprojekte legt.

2008 wird er in der Nachfolge von Franz Willnauer zum künstlerischen Leiter des Festivals Altenberger Kultursommer ernannt.

2010 startet er in Kooperation mit Bayer Kultur das Projekt »Opern aus den Archiven der Welt« zur Wiederaufführung vergessener Bühnenwerke.

Werner Ehrhardt, der wie viele künstlerische Leiter historisch-rekonstruktiv ausgerichteter Ensembles als Instrumentalist und Konzertmeister begann, vertritt eine zunehmend freiere, undogmatische Aufführungspraxis. Concerto Köln steht für paradigmatische Erarbeitungen insbesondere der Sinfonik von Zeitgenossen Mozarts und Beethovens und zugleich für eine Öffnung des Interpretationsstils hin zu einer flexiblen, die dramatischen Finessen auskostenden Gestaltungsform. Das Faible für die Wiederentdeckung vergessener Kompositionen entwickelte sich schnell zu einem Markenzeichen von Concerto Köln und auch von Werner Ehrhardt. Von besonderem Reiz sind hierbei neben den ungemein virtuosen Kantaten von Joseph Martin Kraus (mit Simone Kermes; Phoenix 2007) auch Opernproduktionen wie Étienne-Nicolas Méhuls augenzwinkernd verschachtelte Oper *L'Irato ou l'Emporté*, die in freundschaftlich-ironischer Nähe zu Napoleon entstanden war, oder Pasquale Anfossis zarte *La finta giardiniera*, die – auf das gleiche Libretto verfasst – bereits vor Mozarts gleichnamiger Oper ihre Premiere erlebt hatte. Ebenso erlaubt sich Ehrhardt mit seinem neuen Ensemble l'arte del mondo Ausflüge in das romantische Repertoire, etwa mit einer kernigen Aufnahme von Brahms' 1. Klavierkonzert mit Hardy Rittner an einem im Klang wohlig durchsichtigen und ungemein farbigen Érard-Flügel aus dem Jahr 1854 (MDG 2011).

In seinen interkulturellen Projekten scheint das Grundkonzept jenem Jordi Savalls ähnlich: Ehrhardts historische Neugier lässt ihn nicht an den europäischen Grenzen haltmachen, sondern er setzt beispielsweise Händels Oratorium *Israel in Egypt* mit israelischen, arabischen und europäischen Musikern und Musikeinflüssen dramaturgisch als interreligiösen kulturellen Dialog um (und liefert so auch einen ernst zu nehmenden politischen Beitrag). Inzwischen ist Werner Ehrhardt zudem wie viele andere seiner Kollegen aus dem Kreis spezialisierter Ensembles getreten und zu einem auch bei traditionellen Orchestern historisierende Aufführungspraktiken verbreitenden Gast geworden. Hierbei bleibt er ein verlässlicher Kompass für das Wiederentdeckungspotenzial zahlreicher noch unentdeckter Werke im Schatten großer Komponisten und aus den Kellern historischer Archive.

Tonträger

1991 KRAUS: Sinfonien VB 139, 142, 144 & 145 (Concerto Köln; Capriccio) ▪ **1994** SALIERI: Fortepiano-Concerti C-Dur & B-Dur / STEFFAN: Concerto B-Dur (Andreas Staier, Concerto Köln; Teldec) ▪ **1994–1996** MENDELSSOHN: Streichersinfonien Nr. 1–13 (Concerto Köln; Teldec) ▪ **2000** KOŽELUH: Sinfonien C-Dur PV I:1, D-Dur PV I:6, »à la française« PV I:10 & »L'irresoluto« PV I:11 (Concerto Köln; Teldec) ▪ **2003** WILMS: Sinfonien Nr. 6 & 7 (Concerto Köln; DGG Archiv) ▪ **2008** EICHNER: Sinfonien op. 5/1, 6/2, 7/4 & 11/4 (ADM; Capriccio) ▪ **2011** HÄNDEL: *Israel in Egypt* (Benno Schachtner, Tölzer Knabenchor, The Al Ol Ensemble, ADM; Capriccio)

Webpräsenz
www.lartedelmondo.de (↪0031)

AGU

Elmendorff, Karl

1891 am 25. Oktober in Düsseldorf geboren.
1913–1917 studiert er Dirigieren bei Fritz Steinbach und Hermann Abendroth in Köln.
1916–1920 arbeitet Elmendorff als Korrepetitor und Kapellmeister am Düsseldorfer Stadttheater; später ist er in Mainz, Hagen und Aachen tätig.
1925–1932 ist er Erster Staatskapellmeister an der Bayerischen Staatsoper in München.
1927 dirigiert er *Tristan und Isolde* bei den Bayreuther Festspielen, wo er bis 1942 regelmäßig verpflichtet wird.
1932–1936 ist Elmendorff Generalmusikdirektor am Hessischen Staatstheater Wiesbaden, danach
1936–1942 am Nationaltheater Mannheim. Zudem dirigiert er an der Staatsoper Berlin.
1942 wird er zum Generalmusikdirektor der Dresdner Staatsoper ernannt, wo er Orchester und Sänger davor bewahrt, in den Kriegsdienst eingezogen zu werden.
1948 Nach Abschluss seines Entnazifizierungsverfahrens erlangt er Anstellungen bei den Staatstheatern in Kassel (bis 1951) und Wiesbaden (bis 1955).
1962 stirbt er am 21. Oktober in Hofheim am Taunus.

Karl Elmendorffs Laufbahn als Dirigent verläuft in mehrfacher Hinsicht parallel zu derjenigen von Hans Knappertsbusch: Beide sind Schüler des Kölner Gürzenich-Dirigenten Fritz Steinbach, an der Bayerischen Staatsoper sind sie etwa zur selben Zeit tätig, und als Protegé Siegfried Wagners beginnt Elmendorffs Verbindung mit den Bayreuther Festspielen sogar ein Vierteljahrhundert früher als diejenige von Knappertsbusch.

Mit dem Nationalsozialismus hatte Elmendorff allerdings deutlich weniger Berührungsschwierigkeiten als sein drei Jahre älterer Generationsgenosse. Hiervon zeugt z. B. sein Einsatz für den jungen Komponisten Gottfried Müller, einen musikalischen Hoffnungsträger des Dritten Reichs, dessen *Deutsches Heldenrequiem* er durch die Uraufführung beim Wiesbadener Tonkünstlerfest 1934 bekannt macht und dessen Musik er auch später – trotz ihres eher mäßigen Erfolgs beim deutschen Konzertpublikum – wiederholt ins Programm nimmt. Elmendorffs politische Vernetzung im NS-Staat wird insbesondere beim Besetzungsverfahren für die Direktion der Dresdner Staatsoper deutlich, in dem er sich sowohl durch eigene Intervention beim sächsischen Gauleiter Martin Mutschmann als auch durch die persönliche Fürsprache Gerda Troosts (der Witwe des Architekten Paul Ludwig Troost) bei Hitler gegen Herbert von Karajan als Nachfolger Karl Böhms durchsetzen kann. Anders als sein Konkurrent vermag er nach dem Krieg jedoch nicht mehr an seine früheren Erfolge anzuknüpfen, was nicht zuletzt seine Rückkehr ans (im Vergleich zu Berlin und Dresden) eher kleinformatige Theater in Wiesbaden belegt.

Das Musiktheater des 19. Jahrhunderts bildet den Kern von Elmendorffs Repertoire, das Aubers *Fra Diavolo* ebenso umfasst wie Tschaikowskys Oper *Die Zauberin*, deren in Vergessenheit geratene Partitur Elmendorff in französischen Privatbeständen ausfindig macht und die er 1941 auf die Bühne der Berliner Staatsoper bringt. Seine *Tristan*-Aufnahme von 1928 blickt geradezu obsessiv gebannt auf Wagners expressiv aufgeladene Melodik, auf einzelne Vorhalte und Exklamationen – zumal im Vorspiel zum Ersten Akt, dem deutliche Taktschwerpunkte und gleichmäßige Metrik erst allmählich abgerungen werden, oder auch am Beginn des Dritten Akts, wo die Tonleiterfragmente nahezu bis zur Stummheit verblassen. Nicht nur ihre Rolle als erste Gesamtaufnahmen von den Bayreuther Festspielen, sondern auch ihre eindringliche Emotionalität machen die erhaltenen Elmendorff-Mitschnitte zu einer wichtigen Quelle für die Geschichte der Wagner-Interpretation.

Tonträger

1928 WAGNER: *Tristan und Isolde* [gekürzt] (Larsen-Todsen, Graarud, Bayreuther Festspiele; Columbia / Naxos Historical) • **1930** WAGNER: *Tannhäuser* [Pariser Fassung, gekürzt] (Pilinszky, Müller, Janssen, Bayreuther Festspiele; Columbia / Naxos Historical) • **1944** VERDI: *Luisa Miller* [dt.] (Cebotari, Hopf, Böhme, Herrmann, Dresdner Staatsoper; Cantus Cl) • **1944** AUBER: *Fra Diavolo* [dt.] (Hopf, Beilke, Schellenberg, Schilp, Frick, Dresdner Staatsoper; Preiser)

Literatur

Fred K. Prieberg, Musik im NS-Staat, Frankfurt a. M. 1982 • Fred K. Prieberg, Elmendorff, Karl, in: Handbuch Deutsche Musiker 1933–1945 [CD-ROM 2004], S. 1392 bis 1396

FKR

Erede, Alberto

1909 am 8. November in Genua geboren, erhält Erede zunächst Klavier- und Violoncello-Unterricht in seiner Heimatstadt; am Mailänder Konservatorium studiert er hauptsächlich Komposition, bevor er seine dirigentische Ausbildung in Basel bei Felix Weingartner und dann in Dresden bei Fritz Busch fortsetzt.

1930 debütiert er an der Accademia di Santa Cecilia in Rom.

1934–1939 wird er kontinuierlich als Assistent von Fritz Busch nach Glyndebourne eingeladen (1938 und 1939 mit eigenen Mozart-Dirigaten); zwischen 1935 und 1938 tritt er auch als Dirigent der Salzburg Opera Guild auf, eines um die – 1936 nach Amerika emigrierende – österreichische Altistin Herta Glaz (Hertha Glatz) formierten Tournee-Ensembles; 1937 wird er vom NBC Symphony Orchestra in New York eingeladen, mit dem er 1939 auch die Uraufführung von Giancarlo Menottis Radio-Operngroteske *The Old Maid and the Thief* bestreitet.

1939 nach Italien zurückgekehrt, wird er mehrfach von Victor de Sabata für die Mailänder Scala engagiert.

1945 übernimmt er für eine Saison das Turiner RAI-Orchester, 1946 für zwei Spielzeiten die musikalische Leitung der im Cambridge Theatre gastierenden New London Opera Company.

1950–1955 wird er an der Metropolitan Opera Hauptdirigent für das italienische Repertoire und leitet dort auch die letzte Vorstellung mit Kirsten Flagstad (1952 in Glucks *Alceste*; Mitschnitt bei Walhall).

1958–1961 hat er das Amt des Generalmusikdirektors der Deutschen Oper am Rhein inne.

1961–1967 ist er fest in Göteborg tätig.

1968 ist er nach Toscanini und de Sabata der erst dritte »Italiener in Bayreuth« (mit *Lohengrin*).

2001 stirbt er am 12. April in Monte Carlo.

Erede war einer der letzten italienischen Opern-Kapellmeister »alter Schule« und Spezialist für das entsprechende Repertoire. Ihren Zenit erreichte seine Laufbahn, als Rudolf Bing, der schon bei den Festspielen in Glyndebourne und Edinburgh als General Manager mit Erede zusammengearbeitet hatte, im Jahr 1950 zum Intendanten der New Yorker Metropolitan Opera berufen wurde und ihn umgehend als Dirigenten für das italienische Repertoire mitnahm. Ein Mitschnitt von Rossinis *Il barbiere di Siviglia* zeigt ihn als schwunggebenden, gleichwohl den Verzierungsmanieren seiner stilistisch überragenden Sänger souverän folgenden Graben-Dresseur, der schon in der Ouvertüre überraschende Tempowechsel vornimmt, um auch im »Orchester-Belcanto«, so plastisch es überhaupt geht, die Charakteristika der Themen und begleitenden Bewegungsmuster herauszustellen.

Seine Aufnahmetätigkeit im Studio begann 1948 in London für HMV / EMI noch in der Ära der 78-rpm-Schallplatte: als Begleiter dreier Arien des Baritons Tito Gobbi, aber auch der von der Geigerin Gioconda de Vito wie eine glückselige Arie gesungenen 2. Violinromanze Beethovens. Parallel zur in vielen Live-Mitschnitten dokumentierten Tätigkeit in New York wurde Erede dann als Opern-Hausdirigent der Decca aufgebaut und harmonierte in etwa einem Dutzend heute noch gängiger Gesamteinspielungen insbesondere der Zugpferde von Verdi und Puccini offenbar sehr gut mit den vielen Gesangsstars des Labels, allen voran Renata Tebaldi und Mario del Monaco. Eredes Dirigate sind hier geprägt von bühnenhafter Dramatik und einem angemessenen Umgang mit den Erfordernissen der Schallplatte wie weitgehender Perfektion im Zusammenspiel, austarierter Tempi-Gestaltung sowie farbigen Klangmischungen – etwa im 1955 pionierhaft erstmals in Stereo umgesetzten *Turandot*-Bombast, aber auch im munteren »Banda«-Kolorit der folgenden Studioproduktion von Rossinis *Barbier* (1956 mit Kräften des Maggio Musicale in Florenz, unter denen nur Giulietta Simionato herausragt).

Ende der 1950er-Jahre, als sich auch die Star- bzw. Universal-Dirigenten der Decca – Georg Solti sowie vor allem Karajan an der mit der Mailänder Scala kooperierenden Wiener Staatsoper – intensiv der italienischen Oper anzunehmen begannen, verschwand der Name Erede weitgehend von den Produktionsplänen. Sein an der Met gewonnenes Renommee strahlte nun an der Deutschen Oper am Rhein in Düsseldorf und Duisburg; die folgende Position in Göteborg – neben Sten Frykberg, der von den Göteborger Sinfonikern offiziell als Chefdirigent zwischen 1960 und 1967 geführt wird (entgegen mancher Quellen, die dieses Amt Erede zugeschlagen haben) – war wohl ebenfalls primär auf die dortige Oper ausgerichtet. Als Gastdirigent blieb Erede bis ins hohe Alter international gefragt: am Rhein, in Rom, in Covent Garden oder in Sydney, wo noch in den 1980er-Jahren Puccinis *Tosca* mit Eva Marton in der Titelrolle als Video festgehalten wurde.

Tonträger
1950 ROSSINI: *Il barbiere di Siviglia* (Pons, di Stefano, Valdengo, Glaz, Metropolitan Opera; Sony) ▪ 1951 PUCCINI: *La Bohème* (Tebaldi, Prandelli, Güden, Inghilleri, Corena, Accademia di Santa Cecilia; Decca) ▪ 1955 PUCCINI: *Turandot* (Borkh, del Monaco, Tebaldi, Zaccaria, Accademia di Santa Cecilia; Decca) ▪ 1959 VERDI: *Otello* (del Monaco, Tucci, Gobbi, NHK SO Tokio; Andromeda u. a.) ▪ 1960 PAGANINI: Violinkonzerte Nr. 1 & 2 (Yehudi Menuhin, PhO; EMI) ▪ 1976 WOLF-FERRARI: *I gioielli della Madonna* (Tinsley, Turp, Glossop, BBC SO; BellaVoce / IMC Music)

Bildmedien
1955 DONIZETTI: *Don Pasquale* (Tajo, Bruscantini, Coro & Orchestra della RAI; Bel Canto Society)

Literatur
Luigi Rognoni, Alberto Erede, Arzignano 1954 ▪ Martin Elste, Erede, Alberto, in: MGG², Personenteil, Bd. 6, Sp. 418

HAH

Eschenbach, Christoph

1940 am 20. Februar in Breslau als Sohn des Musikwissenschaftlers Heribert Ringmann geboren. Seine Mutter stirbt bei der Geburt, der Vater kommt im Zweiten Weltkrieg um. Er nimmt den Namen seiner Adoptivmutter Wallydore Eschenbach an. Klavier studiert er bei Hans-Otto Schmidt-Neuhaus in Köln und Eliza Hansen in Hamburg. Dirigierstudien (ebenso wie kurzfristig auch ein Geigenstudium) nimmt er ebenfalls in Hamburg bei Wilhelm Brückner-Rüggeberg auf.
1962 ist er als Pianist beim ARD-Wettbewerb in München erfolgreich, drei Jahre später gewinnt er den Concours Clara Haskil in Luzern. Diese Preise sind der Startschuss für seine internationale Solistenkarriere.
1967 wird George Szell auf ihn aufmerksam; Eschenbach kann seine dirigentische Ausbildung bei ihm fortsetzen. Ebenso wird Herbert von Karajan zu einem prägenden Vorbild, etwa durch die Zusammenarbeit in Beethovens 1. Klavierkonzert im Jahr 1966.
1972 gibt er sein offizielles Dirigentendebüt in Hamburg mit Bruckners 3. Sinfonie.
1979–1983 ist er Generalmusikdirektor in Ludwigshafen bei der Staatsphilharmonie Rheinland-Pfalz.
1981 wird er zum Ersten Gastdirigenten des London Philharmonic Orchestra ernannt.
1982–1986 leitet er das Orchester der Tonhalle Zürich und

1988–1999 das Houston Symphony Orchestra.
1994 übernimmt er von James Levine den Posten des Musikdirektors des Ravinia Festivals, des Sommerfestivals des Chicago Symphony Orchestra (bis 2003).
1998–2003 ist er Chefdirigent beim NDR Sinfonieorchester,
1999–2002 auch künstlerischer Leiter des Schleswig-Holstein Musik Festivals.
2000–2010 lenkt er als Chefdirigent die Geschicke des Orchestre de Paris.
2003–2008 ist er in der Nachfolge Wolfgang Sawallischs Music Director des Philadelphia Orchestra.
2010 wird er Music Director des National Symphony Orchestra, Washington D. C. (ab 2017 Conductor Laureate).
2014 erhält er den Rheingau Musik Preis, ein Jahr später den Ernst von Siemens Musikpreis.

Es ist kein seltenes Phänomen, dass aus Instrumentalisten Dirigenten werden. Christoph Eschenbach ist hier Ausnahme und Bestätigung zugleich. Auch wenn er zunächst als Pianist international Karriere macht (berühmte Kombinationen: mit Dietrich Fischer-Dieskau, Herbert von Karajan und Justus Frantz), so steht für ihn das Ziel des Dirigierens stets fest am Horizont. Kein Wunder also, dass er sich früh an seinem Mentor George Szell orientiert; wichtige Eindrücke waren auch Igor Markevitchs Probenarbeit und die Möglichkeit, Wilhelm Furtwängler noch im Konzert erleben zu können.

Inzwischen hat ihn sein Weg längst international etabliert; die von ihm geleiteten Klangkörper haben von seiner ruhigen Beharrlichkeit profitiert, sowohl im Repertoire der Moderne wie in zugleich klangvollen und analytischen Aufführungen des spätromantischen Kernrepertoires: Eschenbachs Zugang zur Musik ist gleichermaßen getragen von einer Affinität zur Komplexität und von einer durchdachten Sinnlichkeit. Er sagt von sich selbst, er habe eine sensible, ja obsessionelle Verbindung zur Musik – ein Eindruck, der sich nicht nur klanglich, sondern auch visuell bestätigen lässt. Seine hochgeschlossene, ja asketische Figur erinnert an Dimitri Mitropoulos, doch sind Eschenbachs Bewegungen stets geschmeidig, seine gestische Ansprache ans Orchester wirkt nie gebieterisch oder nervös. Eschenbach ist markant, ohne diktatorisch sein zu müssen (ja bisweilen von charmanter Ironie), feinsinnig, ohne zerbrechlich zu wirken, intellektuell durchdrungen und ähnlich wie Sergiu Celibidache auch an fernöstlicher Spiritualität orientiert, ohne dabei esoterisch zu werden.

Strenge und Formsinn sind gleichermaßen produktiv für das romantische Repertoire und verbinden sich dort mit einer freien Gestaltung der Orchestersoli. Hierin ist er beispielsweise Georg Solti und erneut seinem langjährigen Lehrmeister George Szell nicht unähnlich. Andererseits bewahren seine intellektuell feinsinnigen Klangsichtungen stets eine aufrichtige Emotionalität. Schönbergs Orchesterbearbeitung des 1. Klavierquartetts von Brahms ist ein Paradebeispiel für diese Kombination aus flexibel hervorgehobenen Feinheiten des musikalischen Satzes und auftrumpfender romantischer Klanggeste. Doch auch bei Kaija Saariaho oder Luciano Berio profitiert die Komplexität der komponierten Klänge von Eschenbachs stetiger Suche nach abstrakter Schönheit.

Tonträger
1995 BRAHMS: Klavierquartett op. 25 [Orchestration: Schönberg] / BACH: Präludium und Fuge BWV 552 [Orchestration: Schönberg] etc. (Houston SO; RCA) ▪ **2004** BERIO: *Rendering / Stanze* (Dietrich Henschel, Orchestre de Paris; Ondine) ▪ **2005** BARTÓK: *Konzert für Orchester* / MARTINŮ: *Memorial to Lidice* / KLEIN: *Partita* (Philadelphia Orchestra; Ondine) ▪ **2005** ZEMLINSKY: *Lyrische Sinfonie* (Christine Schäfer, Matthias Goerne, Orchestre de Paris; Capriccio) ▪ **2008** SAARIAHO: *Notes on Light / Orion / Mirage* (Karita Mattila, Anssi Karttunen, Orchestre de Paris; Ondine)

Bildmedien
2001 BERLIOZ: *Symphonie fantastique / Harold en Italie* (Tabea Zimmermann, Orchestre de Paris; BelAir)

Literatur
Wolfgang Sandner, 25 Klassiker, München 2006, S. 168 f. ▪ Stephan Schwarz, Entspannung ist eigentlich langweilig, in: Fono Forum 11/2012, S. 45 ff.

Webpräsenz
www.christoph-eschenbach.com (↦0032)

AGU

Falletta, JoAnn

1954 am 27. Februar in New York geboren; sie studiert klassische Gitarre und (durchaus mit Vorbehalten seitens der Institutionen) Dirigieren am Mannes College of Music und an der Juilliard School. Während ihrer Studienzeit gründet sie in New York das semiprofessionelle Jamaica Symphony Orchestra (später Queens Philharmonic), erste wichtige Positionen folgen beim Denver Chamber Orchestra (1983–1992) und beim Milwaukee Symphony Orchestra (1985–1988).

1985 erlangt sie größere Bekanntheit durch den Gewinn des Stokowski-Dirigierwettbewerbs.

1986–1997 leitet sie das in San Francisco ansässige Women's Philharmonic Orchestra.

1991 übernimmt sie das Orchester in Virginia, das sie bis heute leitet, parallel dazu hat sie Chefpositionen in Long Beach (1989–2000) und beim Buffalo Philharmonic Orchestra inne (seit 1999).

2011 wird sie Artistic Advisor des neu gegründeten Hawaii Symphony Orchestra, außerdem übernimmt sie die Position als Principal Conductor beim nordirischen Ulster Orchestra (bis 2014).

Eine Kultur, die bevorzugt die Musik vergangener Jahrhunderte aufführt, muss nicht auch deren Geschlechterrollen übernehmen. Der Karriereweg von JoAnn Falletta beweist, dass die Diskriminierung von Dirigentinnen allmählich geringer wird, auch indem sie – eine sonst eher vermiedene Strategie – in ihren frühen CD-Programmen explizit die Diskriminierung von Komponistinnen thematisiert hat (u. a. in einer Kompilation von Clara Schumanns Klavierkonzert mit Werken von Lili Boulanger und Germaine Tailleferre beim Label Koch).

Die auch von Marin Alsop beklagte Situation, dass Dirigentinnen gerade um Aufnahmen und Aufführungen des Standardrepertoires kämpfen müssen, trifft auf Falletta wiederum in der Weise zu, dass sie für das Label Naxos vornehmlich das Repertoire übernimmt, das ein bis zwei Stufen unter den Marin Alsop zugänglichen Projekten anzusiedeln wäre: Dohnányi statt Dvořák, Moeran statt Mahler. Auf beinahe einzigartige Weise bildet ihre Diskografie so den in Europa meist wenig bekannten »American Populism« ab. Meilensteine einer beständig neu zu begründenden Balance zwischen Crossover-Romantik und vorsichtiger Moderne sind die Neuvertonungen von Songtexten Bob Dylans, die John Corigliano nach eigener Aussage ohne Kenntnis der Originale vorgenommen hat, oder auch Paul Schoenfields Kolportagen-Klavierkonzert *Four Parables*, das in die tradierte Gattung reichlich »jiddische Jazz« einbaut und in Fallettas Aufnahme in intimer »Combo«-Atmosphäre eingefangen wird. In den mit dem Pianisten Orion Weiss eingespielten Gershwin-Evergreens lässt sie einzelne Motive möglichst prägnant intonieren und verbindet doch das Potpourri melodischer Gesten mit eher »romantischen« Phrasierungen, die das entspannende wie das phlegmatische Moment gemächlicher Tempi zu nutzen verstehen. Das evozierte Genre ist dabei nicht nur in Coplands *Rodeo* der Western, in dem das Warten als männliche Kulturtechnik zelebriert wird. Dieser Ansatz bringt in der *Rhapsody in Blue* ein wenig Reggae in den sonst zumeist neoklassisch nüchtern gehaltenen orchestralen Ragtime. Ihr eigenes Instrument, die eher »weiblich« konnotierte Gitarre, inspiriert sie auch im europäischen Repertoire zu Interpretationen, die zugleich in der Durchhörbarkeit »gezupft« und in der Ausrichtung an der Melodie »gesungen« wirken.

Tonträger

1993 MOROSS: Sinfonie Nr. 1 / *The Last Judgement* / *Variations on a Waltz* (London SO; Koch / Albany) ▪ **2007** DOHNÁNYI: Violinkonzerte Nr. 1 & 2 (Michael Ludwig, RSNO; Naxos) ▪ **2007** SCHOENFIELD: *Four Parables* (Andrew Russo, Prague Philharmonia; BlackBox) ▪ **2007/08** CORIGLIANO: *Mr. Tambourine Man* / *Three Hallucinations* (Hila Plitman, Buffalo PO; Naxos) ▪ **2010/12** GERSHWIN: *Rhapsody in Blue* / *Catfish Row* [Arrangement: Bowen] etc. (Orion Weiss, Buffalo PO; Naxos)

Schriften
The Twenty-First-Century Maestro, in: James R. Heintze (Hrsg.), Reflections on American Music. The Twentieth Century and the New Millennium, Hillsdale 2000, S. 134–140

Webpräsenz
www.joannfalletta.com (↪0033)

JCA

Fedoseyev, Vladimir

1932 geboren am 5. August in Leningrad (heute: St. Petersburg); seine Ausbildung beginnt an der Musikschule seiner Heimatstadt, danach setzt er seine Studien am Moskauer Gnessin-Institut fort. Zu seinen Lehrern zählt Leo Ginzburg.
1959–1974 ist er Leiter des Russischen Folklore-Orchesters am Moskauer Rundfunk.
1971 debütiert er auf Einladung von Jewgeni Mrawinski bei den Leningrader Philharmonikern.
1974 wird er Chefdirigent des Großen Rundfunk-Sinfonieorchesters der UdSSR (1993 umbenannt in Tchaikovsky Symphony Orchestra).
1997–2004 ist er Chefdirigent der Wiener Symphoniker.
2007 wird Fedoseyev mit der Goldmedaille der Internationalen Gustav Mahler Gesellschaft ausgezeichnet.

Neben musikalischer Disziplin verkörpert Vladimir Fedoseyev vor allem große Demut vor der Musik, wie auch sein bescheidenes Auftreten und sein völlig uneitler Charakter bezeugen. Ein Vierteljahrhundert amtierte Fedoseyev als Chef des Rundfunk-Folkloreorchesters, eine Arbeit, die er auch im Rückblick nie abwertend betrachtete, sondern bei der er die hohe Professionalität und große stilistische Bandbreite seiner Musiker hervorhob. Nach Karajans Moskau-Besuch im Jahr 1964 hatte Fedoseyev eine Einladung zu den Salzburger Festspielen erhalten, um dort bei Karajan zu studieren – doch durfte er aus politischen Gründen nicht ausreisen, obwohl Salzburg alle Kosten übernommen hätte. Das Blatt wendete sich erst nach Fedoseyevs Debüt bei den Leningrader Philharmonikern; nun schien er für bedeutendere Positionen befähigt, was ihm die Nachfolge Gennadi Roschdestwenskis am Moskauer Rundfunk einbrachte. Und auch in dieser Position bürgt Fedoseyev für Kontinuität, denn seit nunmehr 40 Jahren steht er an der Spitze des heutigen Tschaikowsky-Sinfonieorchesters. In den schwierigen Jahren des politischen Umbruchs hat Fedoseyev sein Orchester aus der rein staatlichen Trägerschaft gelöst und für eine Übergangszeit die Musikergehälter mit seinen Devisenhonoraren aus eigener Tasche bezahlt, bis sich die Verhältnisse soweit stabilisiert hatten, dass die Existenz des Orchesters – auch durch Gastspiele in westlichen Ländern – gesichert war. Die neue Identität drückte sich auch in der Umbenennung aus, bei der das Bekenntnis zu Tschaikowsky ästhetisches Programm ist. Fedoseyevs Interpretationen von Tschaikowskys Sinfonik beziehen ihre Spannung weder aus virtuosen Muskelspielen noch aus reinem Schönklang. Stattdessen arbeitet er mit gehaltenen Tempi und gezügelter Kraft, wodurch jede dynamische und agogische Entwicklung in ihrer kalkulierten Energieentladung umso zwingender wirkt. Der kontrollierte Wechsel von Spannung und Entspannung, von Emphase und Resignation zeichnet ein bestechendes Psychogramm dieser Musik. Die typisch russische Orchestertradition mit dunkel abgetöntem Blech und geradezu »swingenden« Holzbläsern unterstreicht die idiomatische Authentizität der Interpretationen. Auch als Operndirigent hat sich Fedoseyev besonders für das russische Repertoire eingesetzt, wobei seine langjährige Tätigkeit als Erster Gastdirigent am Zürcher Opernhaus besonders hervorzuheben ist. Jeglichem Starkult und dirigentischer Umtriebigkeit entzieht sich Vladimir Fedoseyev durch seine unkorrumpierbare musikalische Lauterkeit und die Vermeidung jeglicher Effekthascherei.

Tonträger
1978–1983 MUSSORGSKY: *Boris Godunow* [Urfassung 1872] (Vedernikov, Matorin, Piavko, Archipova, Masurok, Großes RSO der UdSSR; Philips) ▪ **1990** TSCHAIKOWSKY: Klavierkonzerte Nr. 2 & 3 (Mikhail Pletnev, PhO; Virgin) ▪ **1997** RUBINSTEIN [ANTON]: *Der Dämon* (Silins, Alexandrova, Mescheriakova, Daniluk, Moskauer Kammerchor, Kammerchor Sofia, Wiener Symphoniker; Koch) ▪ **1998** TSCHAIKOWSKY: Sinfonie Nr. 4 / *Francesca da Rimini* (Tchaikovsky SO; Relief) ▪ **2010** WEINBERG: Sinfonie Nr. 6 (Wiener Sängerknaben, Wiener Symphoniker; NEOS)

Bildmedien
1991 TSCHAIKOWSKY: Sinfonien Nr. 1–6 etc. [The Tchaikovsky Cycle] (RSO Moskau; Arthaus)

Schriften
Die Welt der russischen Musik, aufgezeichnet von Elisabeth Heresch und Wilhelm Sinkovicz, Wien 2013

Literatur
Elisabeth Heresch, Wladimir Fedosejew. Maestro, Wien 2002

Webpräsenz
www.fedoseyev.com (↪0034)

MIS

Ferencsik, János

1907 am 18. Januar in Budapest geboren. Er studiert Komposition bei László Lajtha und Dirigieren bei Anton Fleischer.
1927 wird er Repetitor an der Budapester Staatsoper (ab 1930 auch Dirigent). Zudem arbeitet er 1930 und im Jahr darauf als Repetitor in Bayreuth (u. a. für Arturo Toscanini).
1948–1950 kann er regelmäßig an der Wiener Staatsoper dirigieren (erneut als Gastdirigent ab 1964).
1952 wird er an die Spitze des Ungarischen Nationalorchesters berufen, das er bis an sein Lebensende leitet. In Budapest übernimmt er zudem eine Professur an der Franz-Liszt-Musikakademie und wirkt in leitender Stellung an der Staatsoper.
1956 entsteht die erste von insgesamt drei Einspielungen von Béla Bartóks *Herzog Blaubarts Burg*.
1960–1967 leitet er auch das Budapest Philharmonic Orchestra.
1984 stirbt er am 12. Juni in Budapest.

Die Aufnahmen von János Ferencsik für Hungaroton können eine Zeitreise zurück hinter den »Eisernen Vorhang« auslösen: Der Orchesterklang wirkt oft etwas vormodern, da anders als bei Aufnahmen aus Russland von Jewgeni Mrawinski oder aus Tschechien von Karel Ančerl »westliche Standards« an rhythmischer Präzision und orchestraler Durchhörbarkeit gar nicht angestrebt werden. Stattdessen bewahrt der farbintensive und vibratolastige Klang im besten Fall den Charme einer klein besetzten Kurkapelle. In Franz Liszts *Les Préludes* wird dadurch, anders als zum Beispiel bei Karajan, die politisch vorbelastete Fanfare in ihrer Wirkung stark abgedämpft. Béla Bartóks *Der holzgeschnitzte Prinz* wird vor allem als Stimmungsgemälde aufgefasst und in immer etwas verfließenden Ölfarben porträtiert: Die *Rheingold*-Atmosphäre, mit der das Ballett beginnt, öffnet sich nicht stärker modernistischen Texturen, sondern bleibt bis zum Werkende bewahrt – und wohl über dieses hinaus, da auch noch im *Konzert für Orchester* eine ganz auf die melodische Charakterzeichnung ausgerichtete Gestaltung gewählt wird. Zu den Tanzsuiten und Vokalwerken von Zoltán Kodály passt dieser Ansatz besser: Das ein wenig vergilbte orchestrale Porträt bevorzugt das figurale, nicht das bereits leicht abstrakte Sujet.

International verbreitet ist ein immer wieder neu aufgelegter Beethoven-Zyklus, der wie manch andere Aufnahme Ferencsiks – etwa eine extrem verlangsamte Version von Arnold Schönbergs *Gurre-Liedern*, die jede Klangfarbe auskostet – zwischen dann doch fehlender Konkurrenzfähigkeit und unerwarteter Souveränität und Sorgfalt im Detail schwankt. Ferencsik repräsentiert einen eher traditionalistischen Interpretationsmodus, weil er den »Funktionswandel des Folklorismus« zur modernistischen (statt koloristischen) Kategorie des Komponierens nicht nachvollzieht.

Tonträger
1950 BARTÓK: Vier Orchesterstücke op. 12 / *Der holzgeschnitzte Prinz* (Budapest Philharmonic Society Orchestra; Arlecchino) ▪ 1961 BEETHOVEN: Sinfonien Nr. 2 & 4 (Czech PO; Supraphon) ▪ 1968 SCHÖNBERG: *Gurre-Lieder* (Arroyo, Baker, Young, Patzak, Danish State Radio Chorus & SO; EMI) ▪ 1973 LISZT: *Die Legende von der heiligen Elisabeth* (Andor, Komlóssy, Sólyom-Nagy, Slovak PO; Hungaroton) ▪ 1979 KODÁLY: *Háry-János*-Suite / *Konzert für Orchester* (Budapest PO, Hungarian State Orchestra; Hungaroton)

JCA

Ferrara, Franco

1911 am 4. Juli in Palermo geboren, erlernt er Violine und Klavier und fängt sehr früh an, Konzerte zu geben.
1924 übersiedelt er nach Bologna, wo er das Liceo Musicale G. B. Martini besucht: Er studiert Violine, Klavier, Orgel und Komposition.
1925 wird er als Violinist in das Orchester des Teatro Comunale (Bologna) aufgenommen; danach ist er im

Orchester des Augusteo in Rom tätig (1931–1933), schließlich als Konzertmeister im neu gegründeten Orchester des Maggio Musicale in Florenz (1933–1940).
1938 debütiert er am 20. Januar in Montecatini als Dirigent.
1940 fällt Ferrara während eines Konzertes in Rom im Teatro Adriano zum ersten Mal krankheitsbedingt vom Podium. Er verzichtet daher Mitte der 1940er-Jahre endgültig auf eine Karriere als Dirigent und dirigiert bis 1966 nur noch Filmmusik für Kino und Fernsehen. Zudem unterrichtet er ab 1947 am Conservatorio di Santa Cecilia.
1958 wird er von Valentino Bucchi eingeladen, einen Dirigierkurs in Perugia zu halten, im Ausland übernimmt er die Dirigierkurse in Hilversum.
1961–1971 hält er in Venedig die von Renato Fasano veranstalteten Ausbildungskurse »Vacanze Musicali«; ab 1961 ist er Mitglied der Jury des Guido-Cantelli-Wettbewerbs.
1966–1985 hält er mit zwei Unterbrechungen in Siena die Sommerkurse der Accademia Musicale Chigiana.
1969 lädt ihn Karajan nach Berlin als Juror seines Dirigierwettbewerbs ein; er bestreitet vor allem in den Jahren ab 1975 weltweit Dirigierkurse.
1985 stirbt er am 7. September in Florenz.

Franco Ferrara war in seinem Fach zweifellos einer der erfolgreichsten Lehrer des 20. Jahrhunderts: Dass er wegen seiner (höchstwahrscheinlich nervösen) Krankheit nach einer kometenhaften internationalen Karriere früh gezwungen war, sich aus dem Konzertleben zurückzuziehen, stellte einen großen Verlust für das Musikleben im Allgemeinen und für die italienische Dirigententradition insbesondere dar, die Ferrara zehn Jahre lang repräsentiert und originell erneuert hatte. Da sich die wenigen von Ferrara hinterlassenen Aufnahmen, abgesehen von Filmmusik, vornehmlich auf drei Opern beschränken (Pergolesis *La serva padrona*, Donizettis *L'ajo nell'imbarazzo* und Rossinis *La scala di seta*) und bisher leider nicht auf CD übertragen wurden, ist man bei der historischen Einordnung und ästhetischen Würdigung des Dirigenten Ferrara vor allem auf die Rezensionen und die zahlreichen Zeugnisse seiner Schüler und Kollegen angewiesen.

Ferraras Interpretationen erscheinen den Zeitgenossen durch eine äußerste klangliche Transparenz, eine rhythmische Vitalität und eine Expressivität gekennzeichnet, die an seine Vorbilder Antonio Guarnieri, Victor de Sabata und vor allem Arturo Toscanini gemahnen, unter dessen Leitung Ferrara in seiner Jugend gespielt hatte. In seinem Repertoire nehmen neben der klassischen und romantischen Tradition italienische Komponisten der ersten Hälfte des 20. Jahrhunderts wie Giuseppe Martucci, Ildebrando Pizzetti und Ottorino Respighi eine wichtige Stellung ein, was sich auch in den Programmen der Kurse widerspiegelte, die Ferrara in der ganzen Welt hielt. Dem Ideal der Texttreue zum Trotz schreckte Ferrara, wie schon sein Vorbild Toscanini, vor Retuschen in der Instrumentation der Werke nicht zurück.

Ferraras pädagogisches Genie zielte darauf, »das zu vervollkommnen, was jeder einzelne machen kann: Es gibt, es soll, es kann keine allgemeine Methode geben, das Dirigieren zu lehren« (nach Tosi, S. 94). Nicht zu vernachlässigen ist außerdem seine langjährige Zusammenarbeit mit den wichtigsten italienischen Regisseuren des 20. Jahrhunderts, vor allem mit Luchino Visconti und Federico Fellini: Ferrara dirigierte Nino Rotas Filmmusik für Viscontis *Il gattopardo* [*Der Leopard*] und Bruckners Adagio aus der 7. Sinfonie für *Senso*. Als Komponist und Lehrer hielt Ferrara Abstand von der Wiener Schule (Schönbergs Orchesterstücke op. 16 ausgenommen) wie von der Avantgarde der Nachkriegszeit. Seine auf CD erschienene Tondichtung *Notte di tempesta* orientiert sich stattdessen an der Programmmusik des 19. Jahrhunderts.

Tonträger
1962 »Anna Moffo and Franco Ferrara – A Verdi Collaboration« (RCA Italiana Orchestra; RCA)

Bildmedien
1958 PERGOLESI: *La serva padrona* (Moffo, Montarsolo, Orchestra Filarmonica di Roma; ViewVideo)

Kompositionen
Preludio / Fantasia tragica / Notte di tempesta / Burlesca (OS di Roma, Francesco La Vecchia; Naxos 2008)

Literatur
Silvia Tosi, Franco Ferrara. Una vita nella musica, Florenz 2005

Webpräsenz
http://francoferrara.wordpress.com/ (↝0035)

AFA

Fey, Thomas

1960 am 9. November in Heidelberg geboren, studiert er an der Hochschule für Musik und Darstellende Kunst in Mannheim zuerst Klavier und belegt dann den Aufbaustudiengang Dirigieren.

1985 gründet er den Heidelberger Motettenchor,
1987 ruft er das Schlierbacher Kammerorchester ins Leben.

1988–1991 erhält er entscheidende künstlerische Impulse von Nikolaus Harnoncourt am Salzburger Mozarteum und nimmt an Dirigierkursen von Leonard Bernstein beim Schleswig-Holstein Musik Festival teil.

1993 etabliert sich die vergrößerte Besetzung des Kammerorchesters unter dem Namen Heidelberger Sinfoniker (mit offiziellem Debütkonzert am Neujahrstag 1994).

1999 startet Fey eine Gesamteinspielung der Sinfonien Joseph Haydns.

2003 anlässlich des neu gegründeten Musikfestivals La Passione stellen die Heidelberger Sinfoniker zusätzlich das Ensemble La Passione, ein auf historischen Instrumenten musizierendes Barockorchester.

2006 gibt das Mannheimer Mozartorchester, dem Fey fünf Jahre später auch einen Chor zur Seite stellt, zum 250. Geburtstag seines Namenspatrons sein Debüt.

2014 erleidet er einen schweren häuslichen Unfall, was seine Orchester in ihrer Existenz gefährdet.

Thomas Fey hat den Radius seines Repertoires eng gezogen: Er beschäftigt sich hauptsächlich mit Musik zwischen dem späten 18. und mittleren 19. Jahrhundert (einzelne Ausflüge etwa zu Händel oder Johann Strauß eingeschlossen) und stützt sich dafür auf die noch während seines Studiums begründeten Ensembles, den Heidelberger Motettenchor und das Schlierbacher Kammerorchester, aus dem später die Heidelberger Sinfoniker hervorgingen. Mittlerweile konnte sich der Klangkörper als Spezialistenensemble insbesondere für die Musik der Wiener Klassik profilieren. Die Heidelberger Sinfoniker spielen in einer Mischbesetzung aus modernen Streich- und Holzblasinstrumenten, während die Blechbläsergruppe samt Pauke auf historische Instrumente zurückgreift. Dadurch sind die Klangregister stark getrennt, die Eigenfarben der Instrumente stehen im Spaltklang nebeneinander. Besonderes Gewicht liegt auf den zuweilen fast stechend scharf artikulierenden Blechblasinstrumenten, mit denen der Signal- und Fanfarencharakter der ihnen zugeordneten Motive unterstrichen wird. Den fast gänzlich ohne Vibrato auskommenden Streicherklang belebt Fey vor allem durch große dynamische Kontraste und Schwelldynamik auf engem Raum. So vermittelt der erste Satz von Beethovens *Pastorale* eher aufgeregte als heitere Gefühle bei der Ankunft auf dem Lande.

Thomas Feys impulsives Dirigat hält zu vorwärtsdrängendem Musizieren an und stellt dynamische und artikulatorische Gegensätze in aller Schärfe heraus. Die Präzision, mit der etwa in Haydns Sinfonien rasend schnelle Streicherpassagen absolviert werden, nötigt großen Respekt ab. Die Kehrseite ist jedoch eine durch diese Rasanz hervorgerufene Monotonie, bei der die Geschwindigkeitsrekorde der Finalsätze auf Kosten einzelner Nuancen erzielt werden. Durch dynamische Abfederung auf längeren Notenwerten wird zwar Raum geschaffen für luzide Klangtransparenz, doch bleibt der auf Krawall gebürstete Orchesterklang zum Beispiel in den langsamen Sätzen der *Schottischen* oder *Italienischen Sinfonie* Mendelssohns zartere Stimmungsbilder schuldig. Zudem treten durch ihre geschärfte Färbung auch solche Blechbläserstimmen in den Vordergrund, die im Orchestersatz eher der Grundierung dienen.

Die Akzentuierung gegensätzlicher Stimmungen zeigt sich paradigmatisch in Feys Umgang mit dem Tempo. Während er das Bewegungsmaß innerhalb von Themenkomplexen konstant hält, setzt er drängende Haupt- und kantable Seitenthemen im Tempo deutlich voneinander ab. In Haydns sogenannter »Trauersinfonie« (Hob. I : 44) hält Fey das von den Streichern gespielte Eingangsmotto im Tempo zurück, um erst im Tutti in die Allegro-Bewegung zu wechseln. Immer wieder rückt er Überraschungsmomente im Pianissimo aus dem musikalischen Fluss heraus, kehrt im Laufe des Kopfsatzes zu dem langsameren Tempo der Anfangsprägung zurück und unterstreicht auf diese Weise die Satzstruktur.

Tonträger
1999 HAYDN: Klavierkonzerte Nr. 3, 4 & 11 (Gerrit Zitterbart, Schlierbacher KO; Hänssler) ▪ **2001** BEETHOVEN: Sinfonien Nr. 4 & 6 »Pastorale« (Heidelberger Sinfoni-

ker; Hänssler) ▪ **2006** HAYDN: Sinfonien Hob. I: 41, 44 »Trauersinfonie« & 47 [Vol. 8] (Heidelberger Sinfoniker; Hänssler) ▪ **2007** SALIERI: Ouvertüren & Ballettmusik Vol. 1 [*Les Danaïdes / Armida / Der Rauchfangkehrer* etc.] (Mannheimer Mozartorchester; Hänssler) ▪ **2009** MENDELSSOHN: Sinfonie Nr. 2 »Lobgesang« (Marguerre, Strömstedt, Schäfer, Deutscher Kammerchor, Heidelberger Sinfoniker; Hänssler)

TOP

Fiedler, Arthur

1894 am 17. Dezember in Boston geboren. Er ist der (nach Arthur Nikisch benannte) Sohn des Violinisten Emanuel Fiedler, der nach seiner Emigration aus Österreich Mitglied im Boston Symphony Orchestra ist.
1911 beginnt er sein Studium an der Musikhochschule in Berlin. Im Jahr 1915 kehrt er kriegsbedingt nach Boston zurück, wo auch er Mitglied des (damals von Karl Muck geleiteten) Boston SO wird. Erste Dirigate erfolgen mit dem Chor der Cecilia Society und später mit der von ihm initiierten Boston Sinfonietta (ab 1924).
1929 organisiert und leitet er das erste seiner Esplanade Concerts mit freiem Eintritt.
1930 übernimmt er von Alfredo Casella die Leitung der Bostoner Pops-Konzerte. In den folgenden fünf Jahrzehnten werden er selbst, das aus Mitgliedern des Boston SO gebildete Boston Pops Orchestra und manchmal auch die von ihm gespielte Musik berühmt.
1935 verkaufen sich über eine Million Platten des eher zufällig von Fiedler für sein Repertoire entdeckten Tangos *Jalousie* von Jacob Gade.
1951 beginnt die Zusammenarbeit für Pops-Konzerte mit dem San Francisco Symphony Orchestra (bis 1978).
1953 begründet er das in den gesamten USA auftretende Boston Pops Tour Orchestra.
1970 wird die bis 2005 bestehende TV-Show »Evening at Pops« erstmals ausgestrahlt.
1976 gilt das Festkonzert am 4. Juli mit geschätzt 400 000 Zuhörern als das meistbesuchte Klassik-Konzert.
1979 leitet er ein Jubiläumskonzert anlässlich seiner fünfzig Jahre an der Spitze der Pops. Er stirbt kurz darauf am 10. Juli in Brookline (Massachusetts).

Eine amerikanische Dissertation über Arthur Fiedler übernimmt von einer seiner Platten den schönen Titel »Classical Music for People Who Hate Classical Music«. Tatsächlich ist Fiedler der Gründervater einer bis heute nicht nur kommerziell einflussreichen Form der Präsentation populärer Orchestermusik – von Erich Kunzel und Carl Davis bis zu Filmmusik-Experten wie Frank Strobel sind viele bekannt gewordene Namen in seiner Nachfolge zu verorten. Vor allem hat Fiedler die bis heute grundlegenden Interpretationswege für dieses in elitären Klassikzirkeln immer auch leicht anrüchige Format gefunden: Stücke, die auch die »großen Orchesterbrüder« spielen, werden gemäß dem Markenkern eines kompakteren, auch stärker vom Blech getragenen Klangbilds mit antreibend raschen Tempi und wenig Rubato möglichst »straight« gespielt. Arrangements leichterer Musik, die das eigene Repertoire der populären Konzerte darstellen, werden mit umso mehr Rubato und Vibrato zum unverhohlenen, aber auch augenzwinkernden »Kitsch me if you can«.

Bei Tschaikowsky erlebt man beide Strategien: Der Anfangschoral der *1812-Ouvertüre* wird als kurzes Vorspiel des Kanonendonnerns und also ganz unsentimental abgehandelt. Stücke aus *Schwanensee* spielt Fiedler hingegen so, als ob es sich um Instrumentalfassungen einiger Weihnachtslieder von Irving Berlin handeln würde. In Fiedlers Gershwin-Aufnahmen mit Earl Wild klappt es aber, mit dem Orchester wirklich Großstadtmusik zu machen. Die Akzentsetzung nimmt den Effekt der hupenden Autofahrer, der in *An American in Paris* humoristisch eingesetzt wird, und verwandelt ihn in eine antreibende, aber auf einzelne metrische Einsatzpunkte konzentrierte Rhythmusgruppe. Arthur Fiedlers enormer Erfolg ist im Grunde eine klangliche Vorwegnahme des MP3-Formats: Ein auf das Wesentliche konzentrierter, kompakter und an den Rändern leicht beschnittener Klang erzeugt sogleich eine viel breitere öffentliche Rezeption.

Tonträger
1953 PISTON: *The Incredible Flutist* [Suite] (Boston Pops Orchestra; Naxos Classical Archives) ▪ **1954/56** OFFENBACH: *Gaîté parisienne* [Orchestration: Rosenthal] / ROSSINI: *La Boutique fantasque* [Arrangement: Respighi] (Boston Pops Orchestra; RCA) ▪ **1958** RODGERS: *Slaughter on Tenth Avenue* etc. (Boston Pops Orchestra; RCA) ▪ **1959/61** GERSHWIN: *Rhapsody in Blue / An American in Paris / Concerto in F / I-Got-Rhythm*-Variations (Earl Wild, Boston Pops Orchestra; RCA) ▪ **1975** TSCHAIKOWSKY: *Ouverture solennelle* »1812« etc. (Boston Pops Orchestra; DGG)

Literatur
Robin Moore, Fiedler: The Colorful Mr. Pops. The Man and His Music, Boston 1968 ▪ Carol Green Wilson, Arthur Fiedler. Music for the Millions, New York 1968 ▪ James R. Holland, Mr. Pops, Barre 1972 ▪ Harry Ellis Dickson, Arthur Fiedler and the Boston Pops, Boston 1981 ▪ Johanna Fiedler, Papa, the Pops and Me, New York 1994

JCA

Fischer, Ádám

1949 am 9. September in Budapest als Sohn des Dirigenten Sándor Fischer geboren. Wie sein jüngerer Bruder Iván Fischer geht er – nach einer Ausbildung in Budapest – zum Dirigierstudium zu Hans Swarowsky nach Wien.
1971 beginnt seine künstlerische Laufbahn als Korrepetitor in Graz.
1973 gewinnt er den Guido-Cantelli-Wettbewerb. Engagements an allen internationalen Opernhäusern, etwa in Wien, München (1978 Einspringerdirigat in *Fidelio* für Karl Böhm) und Mailand folgen.
1981–1983 wird er Generalmusikdirektor in Freiburg im Breisgau, danach 1987 bis 1992 in Kassel.
1987 erfolgt die Gründung der Österreichisch-Ungarischen Haydn-Philharmonie in Eisenstadt.
1998 wird er Chefdirigent des Danish National Chamber Orchestra (damals noch Danish Radio Sinfonietta, seit 2015 Danmarks Underholdningsorkester).
2000–2005 ist er als Generalmusikdirektor in Mannheim tätig.
2001 springt er bei den Bayreuther Festspielen in Wagners *Ring des Nibelungen* ein. Dafür wird er von der Zeitschrift *Opernwelt* zum Dirigenten des Jahres gewählt. In Bayreuth dirigiert er auch in den Folgejahren, 2006 übernimmt er den *Parsifal* von Pierre Boulez.
2007 wird er Musikdirektor der Ungarischen Staatsoper. Aus künstlerischen und politischen Gründen verlässt er das Haus nach drei Jahren wieder. Seit 2006 fungiert er als Mitinitiator der Budapester Wagner-Tage.
2015 wird er als Nachfolger von Andrey Boreyko Erster Konzertdirigent der Düsseldorfer Symphoniker.

Erst mit seinem Amtsantritt in Mannheim im Jahr 2000 debütiert Ádám Fischer in Wagners *Ring des Nibelungen*; *Siegfried* und *Götterdämmerung* muss er dabei aufgrund fixierter Spielpläne innerhalb kurzer Zeit lernen. Einige Monate später ereilt ihn der Ruf nach Bayreuth, wo er statt des überraschend verstorbenen Giuseppe Sinopoli die Tetralogie übernimmt. Daraufhin richtet die Weltöffentlichkeit ihren Fokus auf ihn, obwohl Fischer an großen Opernhäusern längst bekannt ist: Seine Repertoirekenntnis, sein musikalischer Instinkt und sein flexibles Dirigat werden international geschätzt. In Bayreuth würdigt man vornehmlich die Geschlossenheit seiner Interpretation und ebenso, dass er die Sänger mit dem Orchester »trägt« – was vielleicht mit autobiografischen Erfahrungen als ehemaliges Mitglied im Kinderchor der Ungarischen Staatsoper zusammenhängt. Die Oper ist von Anfang an Fischers Metier, wovon zahlreiche frühe Mitschnitte wie *Die verkaufte Braut* aus Wien mit Siegfried Jerusalem zeugen. Mit Jerusalem spielt er ebenso die bis heute einzige Studioproduktion der *Königin von Saba* von Karl Goldmark ein. Des Weiteren finden sich in seiner Diskografie viele Werke von Zoltán Kodály und sämtliche Orchesterwerke Béla Bartóks. Dessen *Herzog Blaubarts Burg* beeindruckt sowohl in der Aufnahme von 1987 als auch als psychologisch inszenierter Opernfilm aus dem Jahr 1988.

Fischer besitzt großes Gespür für dramatische Entwicklungen sowie das Geschick, seine Impulse mit eindringlicher Intensität zu vermitteln und seine musikalischen Partner so auf Anhieb zu inspiriertem Spiel meist regelrecht anzufeuern – vor allem durch emotionale Identifikation mit dem Geschehen. Das wird deutlich in den Studio-Projekten mit dem Danish National Chamber Orchestra, die die Gesamteinspielung der Sinfonien und Opere serie von Mozart umfassen und durch einen Beethoven-Zyklus ergänzt werden sollen. Fischers Konzeptionen sind abwechslungsreich durch die Aufmerksamkeit, die er unzähligen feinen Nuancen schenkt; dabei scheut er sich durchaus nicht, die Grenzregionen von »Schönklang« und Tempo auszuloten, so etwa im beinahe lautmalerischen »Corriamo«-Chor im *Idomeneo*. Innerhalb der Intonation einer Tonart gibt es bei Fischer – je nach Affekt – dennoch zahlreiche subtile Abschattierungen des orchestralen Timbres, etwa in Ilias Arie »Se il padre«. Auch für die Sinfonien Mozarts ist charakteristisch, dass jede einzelne Phrase und jedes rhythmische Detail mit einer Lebendigkeit und zugleich Homogenität musiziert wird, die wohl im Sinne von Richard Strauss gewesen wäre, der einmal beklagte: »Unsere Kapellmeister dirigieren immer nach der musikalischen Phrase an sich, statt nach deren dramatischem Gefühlsinhalt« (Richard Strauss, Betrachtungen und Erinnerungen, hrsg. von Willi Schuh, Zürich 1949, S. 66). Nicht die lediglich »technische« Umsetzung, sondern die klanglich-expressive Essenz liegt Fischer am Herzen, der entscheidende Impulse für sein Schaffen nach eigener Aussage von Nikolaus Harnoncourt und Carlos Kleiber bekommen hat.

Fischer arbeitet mit Resultaten der historisch informierten Aufführungspraxis, macht sich aber auch seine langjährige Erfahrung mit komplexer Orchesterliteratur der Spätromantik klanglich zunutze. Auf historische Instrumente wird allerdings bewusst verzichtet: »Eine langweilige Aufführung bleibt auch dann ein Verbrechen, wenn sie historisch korrekt ist«, betont Fischer im Begleittext zu seiner Haydn-Gesamtaufnahme. Die mit der von ihm gegründeten Österreichisch-Ungarischen Haydn-Philharmonie – nicht der kompositorischen Reihenfolge folgend – eingespielten Sinfonien bezeichnet Fischer selbst gern als »Lebensabschnittswahrheiten«. Als solche geben sie interessante Einblicke in eine vierzehnjährige Entwicklungsphase von Dirigent und Ensemble, innerhalb derer sich eine musikalisch elegante Spielweise zur aussagekräftigen Orchestersprache wandelt, besonders bei Sinfonien, die Fischer später noch ein zweites Mal eingespielt hat (nach dem Label Nimbus nun für MDG). Desiderata in Fischers Diskografie wären u. a. Beethovens *Fidelio*, bis heute ein Kernstück seines Repertoires, sowie Studio-Einspielungen seiner Mahler-Interpretationen: Ungeachtet der Übersättigung des Marktes auf diesem Gebiet scheint Fischer prädestiniert, durch seine intelligenten wie elektrisierenden Partiturdeutungen und sein Talent, Orchestergruppen unabhängig voneinander zu führen bzw. zu motivieren, auch hier bisher weniger beachtete Nuancen und Klangfarben zutage zu fördern.

Tonträger
1987 BARTÓK: *Herzog Blaubarts Burg* (Marton, Ramey, Ungarisches Staatsorchester; CBS / Sony) ▪ 2005 MO-ZART: *Idomeneo* (Elsner, Hammarström, Bonde-Hansen, Danish Radio Sinfonietta; Dacapo) ▪ 2006 »Maria« [Repertoire Maria Malibran, Werke von Rossini, Bellini u. a.] (Cecilia Bartoli, Orchestra La Scintilla; Decca) ▪ 2006 HAYDN: Sinfonien Hob. I : 88 & 101 etc. (Österreichisch-Ungarische Haydn-Philharmonie; MDG) ▪ 2007 MOZART: Sinfonien Nr. 19 KV 132, 20 KV 133, 21 KV 134 & 26 KV 184 [Vol. 6] (Danish National CO; Dacapo)

Bildmedien
1983 MASSENET: *Manon* (Gruberová, Araiza, Wiener Staatsoper; DGG) ▪ 1986 PONCHIELLI: *La Gioconda* (Marton, Domingo, Wiener Staatsoper; Arthaus) ▪ 2002 PAISIELLO: *Nina* (Bartoli, Kaufmann, Polgár, Oper Zürich; Arthaus) ▪ 2009 MOZART: *Così fan tutte* (Persson, Petibon, Leonard, Skovhus, WPh; EuroArts)

Literatur
Arnt Cobbers / Oliver Müller, Haydn, der gute Hausfreund. Adam Fischer verrät, warum er so gern Haydns Sinfonien dirigiert, in: Partituren, Heft 1 (2005), S. 20–25 ▪ Anat Feinberg, Nachklänge. Jüdische Musiker in Deutschland nach 1945, Berlin / Wien 2005, S. 164–182

CHD

Fischer, Iván

1951 am 20. Januar in Budapest geboren. Sein Vater und auch sein älterer Bruder Ádám sind ebenso Dirigenten. Er besucht die Budapester Musikschule, singt im Chor der Ungarischen Staatsoper und studiert Klavier, Violine, Cello und Komposition am Konservatorium seiner Heimatstadt. Sein Dirigierstudium, das ihn auch intensiv mit Alter Musik in Berührung bringt, schließt er an der Wiener Musikhochschule in der Klasse von Hans Swarowsky ab; danach ist er zwei Jahre Assistent von Nikolaus Harnoncourt am Salzburger Mozarteum.

1976 ist ein Erster Preis beim Dirigentenwettbewerb der Rupert Foundation in London die Initialzündung für eine internationale Gastdirigententätigkeit.

1979–1982 leitet er (geteilt mit Tamás Vásáry) die englische Northern Sinfonia.

1983 gründet er zusammen mit Zoltán Kocsis das Budapest Festival Orchestra und leitet es seitdem als verantwortlicher Musikdirektor.

1984–1989 ist er Musikdirektor der südenglischen Kent Opera, anschließend wirkt er

1989–1996 als Erster Gastdirigent des Cincinnati Symphony Orchestra.

2000 wechselt er für drei Jahre als Musikdirektor an die Opéra de Lyon.

2006 wird er Erster Gastdirigent, danach interimsweise Chefdirigent des National Symphony Orchestra in Washington D. C. (2008–2010). Zudem wird er einer der Principal Artists des Orchestra of the Age of Enlightenment (OAE).

2012 übernimmt er die Leitung des Berliner Konzerthausorchesters.

Obgleich Iván Fischer als Dirigent noch nicht Weltruhm erlangt hat, so wird doch sein »Kind« international hoch gehandelt: Zusammen mit Zoltán Kocsis rief er 1983 das Budapest Festival Orchestra ins Leben und etablierte es innerhalb kurzer Zeit als internationales Spitzenorchester. Es besticht durch spieltechnische Brillanz, vor allem aber durch die fein abgestimmte Balance der Instrumentengruppen, auf die Fischer größten Wert legt. So sind in der 6. Sinfonie von Gustav Mahler die Stimmen so sorgsam gewichtet, dass das üppig besetzte Blech an keiner Stelle Streicher und Holzbläser verdeckt.

In auffälliger Weise lässt Fischer oftmals die Holzbläser hervortreten: Im Seitenthema des ersten Satzes von Schuberts »Großer« C-Dur-Sinfonie und im zweiten Satz von Bartóks *Konzert für Orchester* bestimmen sie mit herzhaft akzentuiertem »musikantischem« Spiel das Klangbild. Fischer evoziert so einen transparenten Orchesterklang ohne Härten, der durch den elastischen Rubato-Einsatz im entsprechenden Repertoire direkt an Aufführungspraktiken des 19. und frühen 20. Jahrhunderts anschließt: Verbreiterungen im Tempo werden sogleich durch Accelerando-Passagen ausgeglichen. Auf diese Weise verleiht Fischer Brahms' *Ungarischen Tänzen*, die er zum Teil selbst arrangiert hat, mehr noch allerdings Liszts *Ungarischen Rhapsodien* eine flexibel alle Spannungsmomente nachzeichnende Gestalt. In Kodálys *Tänzen aus Galánta* sind die heiklen Tempoübergänge ebenso flüssig wie zwingend realisiert, in Rachmaninows 2. Sinfonie werden die Höhepunkte melodischer Entwicklungen mithilfe solcher agogischer Akzente beleuchtet. Auch das Streicher-Portamento als essenzielles Ausdrucksmittel »romantischer« Aufführungspraxis wird neu belebt: Bei Mahler wird dabei differenziert zwischen (nicht notiertem) Portamento und (notiertem) Glissando, in den Sinfonien Dvořáks dient es als Unterstützung eines kantablen Legato.

Die Kunst der Phrasierung durch eine variabel gestaltete Vibrato-Dosierung und dynamische Feinzeichnung mag von seinem Mentor Harnoncourt beeinflusst sein. Mit Letzterem verbindet ihn ein stilistisch differenzierter Zugang ohne jede Dogmatik. So verwendet Fischer in Beethovens 4. Sinfonie Naturhörner und -trompeten und nutzt in dem einleitenden Hornsolo zu Schuberts C-Dur-Sinfonie die Farbwerte gestopfter und offener Töne; in Beethovens *Pastorale* experimentiert er mit einer alternativen Orchesteraufstellung und lässt im Finalsatz eine solistische Violine der Bläsermelodie antworten. Frei von jeglichen stilistischen Dogmen sind auch die Werke des Komponisten Iván Fischer, in denen er oft auf jiddische Texte zurückgreift.

Tonträger
1996 BARTÓK: *Der wunderbare Mandarin* / Rumänische Volkstänze etc. (Budapest FO; Philips) ▪ **2004** TSCHAIKOWSKY: Sinfonie Nr. 4 / *Romeo und Julia* (Budapest FO; Channel) ▪ **2008** MAHLER: Sinfonie Nr. 4 (Miah Persson, Budapest FO; Channel) ▪ **2009** BRAHMS: Sinfonie Nr. 1 / *Haydn-Variationen* / *Ungarischer Tanz* Nr. 14 (Budapest FO; Channel) ▪ **2010** BEETHOVEN: Sinfonien Nr. 4 & 6 »Pastorale« (Budapest FO; Channel)

Bildmedien
2006 MOZART: *Così fan tutte* (Lehtipuu, Pisaroni, Persson, OAE; Opus Arte)

Kompositionen
Spinoza-Vertalingen für Sopran und Kammerensemble ▪ *Eine Deutsch-Jiddische Kantate* für Mezzosopran, Trompete und Klavier

Literatur
Tom Service, Music as Alchemy, London 2012, S. 193–225
TOP

Fricsay, Ferenc

1914 am 9. August in Budapest als Sohn eines Militärkapellmeisters geboren, der ihm eine umfassende Ausbildung an verschiedenen Instrumenten abfordert. Zudem studiert er früh Komposition.
1928 springt Fricsay als Dirigent erstmals für seinen Vater ein – die Ankündigung im Radio beschränkt sich weise auf die Nennung des Nachnamens.
1933 wird er Kapellmeister in Szeged, wo er Wagner und Beethoven in Platzkonzerten aufführt; ein Jahr später übernimmt er das Philharmonische Orchester der Stadt. 1940 dirigiert er dort erstmals auch an der Oper.
1945 übernimmt er nach der Befreiung des Landes leitende Positionen im Konzertleben Budapests.
1947 debütiert er nach ersten Auftritten in Wien spektakulär mit der Uraufführung von Gottfried von

Einems *Dantons Tod* bei den Salzburger Festspielen (als Assistent und dann Ersatz für Otto Klemperer).

1948 übernimmt er auf Antreiben von Elsa Schiller, die in Budapest studierte und später bei der DGG tätig sein wird, die Leitung des RIAS-Symphonie-Orchesters (1956 umbenannt in Radio-Symphonie-Orchester Berlin). Seine erste Amtszeit dauert bis 1954, er kehrt ab 1959 in fester Position zurück; zusätzlich ist er 1949 bis 1952 in Doppelfunktion auch Generalmusikdirektor der Städtischen Oper in Berlin.

1953 dirigiert er erstmals in den USA beim Boston Symphony Orchestra. Ein Gastspiel als Leiter des Houston Symphony Orchestra bleibt auf eine Saison beschränkt (1954–1955).

1956 wird er Generalmusikdirektor der Stadt München, löst den Vertrag aber 1958 wieder auf.

1959 muss er krankheitsbedingt nahezu ein Jahr pausieren (er selbst bezeichnet dies als »Bereicherung«, als eine Art auferlegtes Martyrium, das ihm den Weg zu sublimeren musikalischen Erfahrungen öffnet).

1960 nimmt er die österreichische Staatsbürgerschaft an. In diesem Jahr produziert er mit dem Südfunk Sinfonieorchester eine der bis heute bekanntesten Innenansichten des Dirigentenberufs: die Dokumentation der Proben und Aufführung von Smetanas *Vltava* [*Die Moldau*].

1961 eröffnet er mit einer (im Bild dokumentierten) Aufführung des *Don Giovanni* die Deutsche Oper Berlin.

1963 stirbt er nach längerer Krankheit am 20. Februar in Basel.

Ferenc Fricsay ist von Kindheit an für den Dirigentenberuf erzogen worden. Als bereits »fertiger« Dirigent kann er so binnen kürzester Zeit in Schlüsselpositionen des deutschen Musiklebens aufrücken. Dabei kontert er in seinen ersten Erfolgsjahren die Erwartungen an einen spontanen ungarischen Musikanten mit der modernistischen Akribie eines Homo faber. Das Pathos, mit dem – typisch für seine Generation – die Musik in Schriften und Äußerungen noch gelebt wird, soll in deren Interpretation überwunden werden. Fricsays Bedeutung liegt vielleicht darin, dass er den Eindruck emotionaler Identifikation auch in die zeitgemäß etwas nüchterner eingerichtete Interpretationshaltung zu transponieren vermag: So wird Beethovens *Fidelio* von der rasanten Ouvertüre bis zum effektvollen Trompetenruf als Bekenntnis zum Menschenrecht der Freiheit existenziell ernst genommen.

Auch wenn Fricsay wenig mehr als ein Jahrzehnt blieb, verbinden sich diese Jahre doch mit der vielleicht wichtigsten Veränderung in der Geschichte der musikalischen Reproduktion. Eine Aufnahme ist spätestens mit der Etablierung der Stereo-Langspielplatte nicht mehr das unfertige Abbild einer Aufführung, sondern deren potenzielles Vorbild. Bereits Fricsays erste Einspielung signalisiert diesen neuen Anspruch, indem in Tschaikowskys 5. Sinfonie auch jene Passagen eine strikte »Nur-den-Notentext-und-sonst-nichts«-Wiedergabe erhalten, in denen die Tempoannotationen das romantische Gegenmodell explizit vermerken. Fricsay dirigiert über das Ritardando der Finale-Coda oder das zögerliche Wiedererstehen des Themas im langsamen Satz hinweg, und man vermeint zu hören, wie das objektivierende Medium hier die Botschaft mit erzeugt. Die ästhetischen Einforderungen der Langspielplatte spalten im Fall von Fricsay beinahe das Repertoire: Je länger und gewichtiger das Werk ist, desto stärker dominiert der Homo faber über den Musikanten. In der ersten Stereo-Einspielung von Beethovens 9. Sinfonie wird das erweiterte Klangpotenzial genutzt, um im Kopfsatz den »toten« Moment des Neuansatzes zur Durchführung stark gedehnt und bis ins letzte Detail abgestuft erlebbar zu machen. Das Werk ändert sich gleichsam durch den Umzug in eine geräumigere Wohnung. Zoltán Kodálys *Tänze aus Galánta* hingegen oder auch Paul Hindemiths *Symphonische Metamorphosen* bieten Zeugnisse eines wetteifernden Live-Musizierens unter Studiobedingungen, während in Ravels *Boléro* die allmähliche Ablösung agogischer Freiheiten durch maschinelle Vervielfältigungstechniken schon im Werk selbst symbolisiert scheint. In Fricsays zügig-mechanischem Grundtempo sind dessen letzte Takte nicht ein Zusammenbruch, sondern bleiben ein abrupter Abgang in stolzer Haltung.

Zwei Komponisten allerdings hat Fricsay persönliche Pathos-Reservate gewährt: Mozart und Bartók. Die Rückbindung der Moderne an Klassik und Romantik, die mit diesem Paar unterstrichen wird, dürfte dem eher die Strukturlogik würdigenden heutigen Bartók-Bild nicht ganz entsprechen. Für die Klavierkonzerte allerdings ermöglichte dieser Ansatz den Inbegriff einer Referenzaufnahme, und die in *Herzog Blaubarts Burg* evozierte Schauerromantik dient einer Vereinheitlichung des Stoffes, die in modernistischen Lesarten zugunsten der hinter den einzelnen Türen entdeckten innovativen Klangfarben vernachlässigt wird. Fricsay dirigiert für heutige Ohren also Bartók noch wie Mozart, während durchgehaltene Tempi sowie die scharfe Zeichnung einzelner Motive Fricsay zum frühen Vorreiter eines umgekehrt von der Romantik befreiten Mozart-Bildes machen. Dessen Opern stehen im Zentrum einer Serie von Studioproduktionen – beginnend mit Glucks *Orpheus* bis hin zu Wagners *Der fliegende Holländer* –, die Fricsay mit einem festen Stamm von Sängern wie Maria Stader, Ernst Haefliger und dem jungen Dietrich Fischer-Dieskau verwirklicht hat. »Altmodisch« wirkt in vielen zusätzlich vorliegenden Live-Mitschnitten lediglich die ebenso durch die LP-Ästhetik verdrängte deutschsprachige Aufführung (die in Honeggers *Le Roi David* Sehnsüchte wecken kann, dass David mit einem Stein seiner Schleuder auch den Sprecher erschlägt).

Der Fricsay oft zugesprochene »Spätstil« nach der langen Krankheitspause tritt am stärksten in einem Konzertmitschnitt von Verdis Requiem hervor. Ähnlich wie bei Claudio Abbado erlebt man das beobachtende Nicht-Eingreifen als besonderen Reifegrad des Dirigierens: Wo das Orchester sicherer ist, führt es den Chor, wo die Solistin sicherer ist, führt sie das Orchester. Eine solche Koordination erlaubt erst die verlangsamten Tempi und dynamischen Extreme, in denen jene Überwindung der Zeit zelebriert wird, die als profane technologische Möglichkeit die tragisch verkürzte Karriere Fricsays für die Nachwelt erhalten konnte. Auch in diesem Sinn ist Fricsay einer der ersten und bis heute größten Schallplattendirigenten.

Tonträger
1949 TSCHAIKOWSKY: Sinfonie Nr. 5 (BPh; DGG) ▪ 1952 HINDEMITH: *Symphonische Metamorphosen* (RIAS SO Berlin; IMG Artists) ▪ 1952–1954 BEETHOVEN: Sinfonien Nr. 7 & 8 / Ouvertüre: *Leonore* Nr. 3 (RIAS SO Berlin; Audite) ▪ 1953/54 KODÁLY: *Tänze aus Galánta / Marosszéker Tänze* etc. (RIAS SO Berlin; DGG) ▪ 1957 BEETHOVEN: *Fidelio* (Rysanek, Haefliger, Fischer-Dieskau, Seefried, Bayerisches Staatsorchester; DGG) ▪ 1958 BARTÓK: *Herzog Blaubarts Burg* [dt.] (Fischer-Dieskau, Töpper, RSO Berlin; DGG) ▪ 1958 MOZART: *Don Giovanni* (Fischer-Dieskau, Jurinac, Haefliger, Stader, Seefried, RSO Berlin; DGG) ▪ 1959 MOZART: Sinfonien Nr. 39 KV 543 & 40 KV 550 (Wiener Symphoniker; DGG) ▪ 1959/60 BARTÓK: Klavierkonzerte Nr. 1–3 (Géza Anda, RSO Berlin; DGG) ▪ 1960 VERDI: *Messa da Requiem* (Stader, Domínguez, Carelli, Sardi, RSO Berlin; DGG)

Schriften
Über Mozart und Bartok, Kopenhagen 1962 ▪ »Geburtsort Budapest«, in: Josef Müller-Marein / Hannes Reinhardt (Hrsg.), Das musikalische Selbstportrait, Hamburg 1963, S. 307–322

Literatur
Friedrich Herzfeld (Hrsg.), Ferenc Fricsay. Ein Gedenkbuch, Berlin 1964 ▪ Arnold Werner, Fricsay – ein Vergessener unter den Großen?, in: Fono Forum 9/1973, S. 802–809 [Diskografie] ▪ Björn Westberg, Ferenc Fricsay – Recovering a Legacy. A Musical Biography; Discography, Stockholm 1999

JCA

Fried, Oskar

1871 am 10. August in Berlin in eher ärmlichen Verhältnissen geboren. Nach ersten Versuchen an der Violine (bei Joseph Joachim) verlässt Fried die Schule, beginnt eine Musiklehre zum Hornisten in der Stadtpfeiferei Nowawes (bei Potsdam) und führt ein vagabundierendes Musikerleben (arbeitet aber auch als Zirkusclown und Hundedompteur).

1889 erlangt er eine Stelle als Hornist im Opernorchester in Frankfurt am Main. Wichtig ist die Bekanntschaft mit Engelbert Humperdinck, der ihn einige Jahre bei sich aufnimmt und zu ersten Kompositionen anregt.

1900 kehrt Fried nach mehreren Jahren in den Künstlerkreisen von München, Düsseldorf und Paris nach Berlin zurück, wo er als Hundezüchter sesshaft wird und seine kompositorischen Studien bei Philipp Scharwenka fortführt.

1904 wird die Uraufführung seines *Trunknen Liedes* mit den Berliner Philharmonikern (BPh) unter Karl Muck zur entscheidenden Wende – über Nacht gehört Fried zu den Stars des Berliner Kulturlebens.

1904–1911 leitet er den Stern'schen Gesangverein (bevor dieser 1912 aufgelöst wird).

1905 begegnet er in Wien Gustav Mahler; am 8. November dirigiert er Mahlers 2. Sinfonie in Berlin. Dieses Konzert ist von entscheidender Bedeutung für seine Karriere, er entwickelt sich nicht nur zum Mahler-Spezialisten, sondern ihm wird auch die Leitung der »neuen Konzerte« in Berlin übertragen.

1908 wird er mit der Leitung des renommierten Berliner Blüthner-Orchesters betraut.

1910 leitet er die deutsche Erstaufführung von Arnold Schönbergs *Pelleas und Melisande* (dies ist zugleich die erste Aufführung eines Orchesterwerks Schönbergs außerhalb Wiens).

1922 bereist er als erster westlicher Dirigent die Sowjetunion und wird von Lenin persönlich empfangen.

1924 spielt er auf Schellack für die Deutsche Grammophon Gesellschaft mit der 2. Sinfonie zum ersten Mal eine Mahler-Sinfonie ein – eines der zentralen Dokumente der frühen Plattengeschichte.

1925–1926 ist er erster Chefdirigent des Berliner Symphonie-Orchesters (das aus dem Blüthner-Orchester hervorgeht).

1933 emigriert er nach Moskau und beginnt dort eine zweite Karriere.

1941 stirbt er am 5. Juli unter bis heute ungeklärten Umständen in Moskau – nur knapp zwei Wochen nach Hitlers Angriff auf die Sowjetunion und während einer Zeit stalinistischer »Säuberungsaktionen«.

In Künstlerbiografien gehört eine gewisse Dichte an Überraschungen und Skurrilitäten zur Normalität, doch der Fall des 1871 geborenen Oskar Fried dürfte in dieser Hinsicht eine Spitzenstellung einnehmen. Nur wenige Dirigenten haben ihre Karriere als Zirkusclown begonnen und als Hundezüchter fortgesetzt, zugleich konnten aber auch nur wenige Gustav Mahler derart beeindrucken, dass sie von ihm mit der Aufführung einer seiner Sinfonien beauftragt wurden – als Fried 1905 Mahlers Zweite in Berlin aufführte (mit Otto Klemperer als Dirigent des Fernorchesters), war dies erst das zweite größere Konzert seiner Laufbahn.

Umso erfreulicher, dass sich Frieds Sichtweise auf dieses Werk Mahlers erhalten hat, trotz der widrigen akustischen Aufnahmesituationen in Zeiten beständiger Wirtschaftskrisen. Zu hören ist eine bis heute verblüffende Interpretation, die nicht nur einen womöglich authentischen Blick auf Tempogestaltungen und Rubatopraxis der Zeit Mahlers erlaubt, wie es auch bei Willem Mengelberg noch der Fall sein dürfte, sondern die zudem mit hohem Formverständnis die Binnenstrukturierung des gigantischen Werks in nur selten erreichter Weise hervortreten lässt. Frieds Mahler speist sich aus einer genuin romantischen Flexibilität, die Parameter der Phrasierung wie das Portamento der Streicher auch in die Solo- und Chorstimmen überträgt, zugleich aber von einer Drastik der musikalischen Mittel getragen ist, die deutlich modernistischer und aufwühlender ihre Wirkung entfalten als es beispielsweise beim Mahler-Adepten Bruno Walter der Fall ist.

Oskar Fried war eine der schillerndsten Persönlichkeiten der Kulturmetropole Berlin, sein künstlerisches Netzwerk liest sich wie ein »Who's who« der Weimarer Republik: Der Verleger und Mäzen Paul Cassirer gehörte zu seinem engeren Kreis, am Deutschen Theater arbeitete er mit Max Reinhardt und Hugo von Hofmannsthal. Als Dirigent wurde er zu einem der zentralen Gestalter dieser Zeit, der zahlreiche Ur- und Erstaufführungen von Busoni und Bartók über Delius und Mahler bis hin zu Schönberg und Skrjabin leitete. In Wien dirigierte er 1920 einen eigenständigen und vielbeachteten Mahler-Zyklus (bis auf die 8. Sinfonie, aber einschließlich nahezu aller Lieder und des *Klagenden Lieds*).

Was Frieds Dirigierstil anbelangt, legen die Fotografien und Überlieferungen der Zeit einen Vergleich mit imposanten Charakterköpfen vom Schlage Fritz Reiners nahe, wenn auch eher die diktatorische Strenge, weniger aber dessen zeichengebende Klarheit für Frieds legendär feurige Anpeitschungen kennzeichnend gewesen sein dürfte. Mit der Aufnahme von Berlioz' *Symphonie fantastique* aus seinen späten Moskauer Jahren hat sich ein Paradebeispiel für Frieds Stil erhalten. Die »Träumereien und Leidenschaften« des ersten Satzes hüllt er in ein zartes Geflecht zeitlicher Verzögerungen und Verdichtungen, der abschließende Hexensabbat beschwört im Donner der Glocken ein Dies irae, wie man es in solch höllischer Plastizität heute nicht mehr zu musizieren wagt. Oskar Frieds derzeitige mediale Abwesenheit auch aufgrund der schwierigen Quellenlage steht seiner historischen Größe diametral entgegen, doch in Anbetracht einer Vielzahl von Pionieraufnahmen und seiner persönlichen Beziehungen zu zahlreichen Schlüsselfiguren der Epoche wäre eine Renaissance dieses ungestümen und mitreißenden Dirigenten wünschenswert.

Tonträger
1924 MAHLER: Sinfonie Nr. 2 »Auferstehungssinfonie« (Bindernagel, Leisner, Chor & Orchester der Berliner Staatsoper; Naxos Historical u. a.) ▪ 1924 BRUCKNER: Sinfonie Nr. 7 (Orchester der Berliner Staatsoper; Music & Arts) ▪ 1928 STRAWINSKY: *Der Feuervogel* [Suite] (BPh; Arbiter) ▪ 1929 BEETHOVEN: Sinfonie Nr. 9 (Leonard, Sonnenberg, Transky, Guttmann, Bruno Kittel Chor, Orchester der Berliner Staatsoper; Naxos Historical) ▪ 1929 TSCHAIKOWSKY: Sinfonie Nr. 6 »Pathétique« (Royal PO; Columbia / Preiser) ▪ 1937 BERLIOZ: *Symphonie fantastique* (Staatliches SO der UdSSR; LYS)

Kompositionen
Lieder für eine oder zwei Singstimmen (1893–1904) [Alexander Gurdon / Urs Liska (Hrsg.), Oskar Fried – Sämtliche Lieder. Revidierte Neuausgabe, Esslingen 2013] ▪ Praeludium und Doppelfuge für Streichorchester (1902) ▪ *Das trunkne Lied* für Soli, Chor und Orchester (1904) ▪ *Verklärte Nacht* für Soli und Orchester (1905) ▪ *Die Auswanderer*, Melodram für Sprechtonstimme und Orchester (1913) [auf Tonträger: Salome Kammer, RSB, Matthias Foremny; Capriccio 2008]

Schriften
Gustav Mahler [Nachruf], in: Pan, Heft 15 (1911), S. 496 f. ▪ Erinnerungen an Mahler, in: Musikblätter des Anbruchs 1 (1919), S. 16–18 ▪ Musik, Musiker und musikalische Eindrücke eines Dirigenten in Sowjetrussland, in: Pariser Tageblatt, 21.1.1935

Literatur
Paul Bekker, Oskar Fried. Sein Werden und Schaffen, Berlin 1907 ▪ Paul Stefan, Oskar Fried. Das Werden eines Künstlers, Berlin 1911 ▪ Alexander Gurdon, »Ein einziger angestauter Wille …«. Der Dirigent und Komponist Oskar Fried. Leben, Werk und Wirkung, Dortmund 2014 [Diss.]

AGU

Frühbeck de Burgos, Rafael

1933 am 15. September als Sohn deutscher Eltern im kastilischen Burgos geboren. Später fügt er den Namen seiner Geburtsstadt seinem eigenen hinzu. An den Konservatorien von Bilbao und Madrid studiert er Violine, Klavier und Komposition. Seine Ausbildung vervollständigt er an der Musikhochschule München.
1962–1978 leitet er das Orquesta Nacional de España in Madrid.
1966–1971 verzeichnet ihn die Stadt Düsseldorf als Generalmusikdirektor.
1975–1976 leitet er das Orchestre Symphonique de Montréal. In den 1980er-Jahren bindet er sich lediglich als ständiger Gastdirigent in Washington D. C. und beim Yomiuri Nippon Symphony Orchestra in Tokio.
1991–1996 übernimmt er die Wiener Symphoniker.
1992–1997 ist er Generalmusikdirektor der Deutschen Oper Berlin, ebenso
1994–2000 Chefdirigent des Rundfunk-Sinfonieorchesters Berlin.
2001–2007 arbeitet er als Principal Conductor des Orchestra Sinfonica Nazionale della RAI di Torino.
2004–2011 steht er der Dresdner Philharmonie vor (zuvor ist er dort ein Jahr Erster Gastdirigent).
2012 beginnt seine Tätigkeit als Chefdirigent des Danish National Symphony Orchestra.
2014 stirbt er am 11. Juni in Pamplona.

Als Friedrich Nietzsche Georges Bizets *Carmen* erstmals hörte, verglich er sie sogleich mit Prosper Mérimées Novelle: geistreich, stark und manchmal erschütternd. Doch was er gesehen hatte, war bereits eine durch Streichungen und Einfügungen verharmloste Nachbildung des für die Zeit wohl zu veristischen Originals. Erst Bestrebungen der 1960er-Jahre brachten die Urfassung wieder ans Licht, sodass Frühbeck für seine Gesamteinspielung erstmalig die Dialogfassung der Uraufführung von 1875 zugrunde legen konnte. Allerdings wirken Frühbecks Aufnahmen der 1960er-Jahre in ihrem Farbenpathos »veristisch«, gerade weil sie von historisch-rekonstruktiven Tendenzen noch nichts wissen. Seine eigenen Kompositionsstudien zeigen sich in der differenzierten Herausarbeitung der einzelnen Klangfarben des Orchesters (eine Fähigkeit, die seine Aufnahmen generell auszeichnet). Auch Carl Orffs *Carmina Burana* profitieren davon, indem Orchester, Chor und Solisten zu gleichberechtigten Partnern werden, die der Aufzeichnung Monumentalität und Schwung verleihen. All diese Merkmale finden sich schon in Mendelssohns *Elias*, wenn Frühbeck das Soloquartett zum voluminös-leisen Chor aufstockt oder das Engelsterzett mit Knaben- statt Frauenstimmen besetzt. Sein Bestreben, sich besonders der Pflege spanischer Musik zu widmen, findet unter anderem Ausdruck in der Einspielung des Gesamtwerks von Manuel de Falla sowie seiner eigenen Orchestration der *Suite española* von Isaac Albéniz, die dem Werk das Maß an Substanz entlockt, das man im Original immer schon erahnte.

Tonträger
1965 DE FALLA: *La vida breve* (de los Angeles, Rivadeneira, Cossutta, Orquesta Nacional de España; EMI) ▪
1965 ORFF: *Carmina Burana* (Popp, Unger, Noble, Wolansky, New PhO & Chorus; EMI) ▪ **1968** MENDELSSOHN: *Elias* [engl.] (Fischer-Dieskau, Jones, Gedda, Baker, New PhO & Chorus; EMI) ▪ **1969/70** BIZET: *Carmen* (Bumbry, Vickers, Freni, Paskalis, Opéra de Paris; EMI) ▪
1976/77 MENDELSSOHN: *Paulus* (Donath, Schwarz, Hollweg, Fischer-Dieskau, Chor des Städtischen Musikvereins Düsseldorf, Düsseldorfer Symphoniker; EMI) ▪
2005 STRAUSS: *Eine Alpensinfonie / Rosenkavalier*-Suite (Dresdner Philharmonie; Genuin)

DWI

Furtwängler, Wilhelm

1886 am 25. Januar in Berlin geboren. Sein Vater Adolf wird 1894 Professor für Archäologie an der Universität München, wo der Elfjährige nach nur kurzem Besuch des humanistischen Gymnasiums Privatunterricht erhält (durch Walter Riezler und Ludwig Curtius, musikalische Ausbildung bei Anton Beer-Walbrunn, später durch Josef Gabriel Rheinberger).

1901 begleitet er seinen Vater auf einer Forschungsreise nach Ägina (bei Athen). 1902 folgt ein längerer sommerlicher Studienaufenthalt in Florenz; nach der Rückkehr wird er Schüler bei Max von Schillings.

1903 wird eine frühe, später nicht gezählte D-Dur-Sinfonie durch Georg Dohrn in Breslau aufgeführt; in Berlin absolviert er einen Meisterkurs bei Conrad Ansorge.

1905 ist er Korrepetitor am Stadttheater Breslau, danach in Zürich.

1907 holt ihn Felix Mottl als Korrepetitor an die Münchner Hofoper.

1910 wird er Dritter Kapellmeister der Oper Straßburg und Assistent Hans Pfitzners.

1911–1915 ist er Kapellmeister in Lübeck.

1915–1920 ist er Kapellmeister und Operndirektor in Mannheim, wo die Freundschaft mit seiner späteren Chefsekretärin Berta Geissmar beginnt.

1917 dirigiert er zum ersten Mal die Berliner Philharmoniker (BPh).

1919–1924 ist er Dirigent des Wiener Tonkünstlerorchesters (als Nachfolger von Ferdinand Löwe),

1920–1922 auch Dirigent der Sinfoniekonzerte der Berliner Staatsoper (als Nachfolger von Richard Strauss) und der Frankfurter Museumskonzerte (als Nachfolger von Willem Mengelberg).

1921 wird er Konzertdirektor der Gesellschaft der Musikfreunde in Wien (bis 1927), danach Hauptdirigent der Wiener Philharmoniker (WPh; bis 1930).

1922 wird er als Nachfolger Arthur Nikischs sowohl Dirigent des Leipziger Gewandhauskonzerte (bis 1928) als auch Leiter der Berliner Philharmoniker.

1928 wird er in Berlin zum Städtischen Generalmusikdirektor ernannt.

1931 übernimmt er die Leitung der Bayreuther Festspiele, überwirft sich aber bald mit Winifred Wagner.

1933 dirigiert er am 21. März (»Tag von Potsdam«) Wagners *Meistersinger*. Im Juni wird er zum Direktor der Berliner Staatsoper ernannt und erhält den Titel Erster Staatskapellmeister; im September erfolgt die Ernennung zum Preußischen Staatsrat (durch Hermann Göring). Zudem wird er Vizepräsident der Reichsmusikkammer.

1934 wird im November sein publizistisches Engagement im »Fall Hindemith« zum Anlass, sich von allen seinen Leitungspositionen zurückzuziehen. Er nimmt bis 1945 keinen dieser Posten wieder an. Zur Folge hat dies auch, dass er seine jüdische Chefsekretärin Berta Geissmar nicht länger halten kann; sie emigriert nach England.

1935 nimmt er nach einem Kompromiss mit Joseph Goebbels seine Tätigkeit mit einem Beethoven-Konzert am 25. April wieder auf und fällt den endgültigen Entschluss, in Deutschland zu bleiben.

1936 soll er als Nachfolger Arturo Toscaninis die Leitung der New Yorker Philharmoniker übernehmen; infolge von Berichten, er habe sein Amt als Direktor der Berliner Staatsoper wieder angetreten (in Wirklichkeit handelt es sich um einen Gastspielvertrag), kommt der Plan jedoch nicht zustande. Er kehrt zu den Bayreuther Festspielen zurück, nimmt sich danach aber bis zum Frühjahr 1937 eine (von Hitler eigens genehmigte) Dirigierpause, um sich stärker dem Komponieren zuzuwenden.

1937 leitet er zwei Zyklen der Wagner'schen *Ring*-Tetralogie am Londoner Royal Opera House, Covent Garden. Nach einem Auftritt bei den Bayreuther Festspielen kommt es zu einem erneuten Zerwürfnis mit Winifred Wagner. Sein Debüt bei den Salzburger Festspielen führt zu einer Kontroverse mit Toscanini.

1938 leitet er *Die Meistersinger von Nürnberg* in der Wiener Staatsoper anlässlich von Hitlers Geburtstag (in den Folgejahren ein teils bewusst gemiedener Termin); ebenso dirigiert er wie bereits 1935 im Umfeld des Nürnberger Reichsparteitages der NSDAP.

1939 wird er erneut Hauptdirigent der Wiener Philharmoniker.

1942 unternimmt er eine Nordeuropa-Tournee mit den Berliner Philharmonikern.

1944 Im März leitet er in Prag ein Konzert während der Feier des fünften Jahrestages des »Protektorats Böhmen und Mähren«; danach meldet er sich bis zum Mai krank. Nach Konzerten bei den Luzerner Musikwochen bleibt seine Frau Elisabeth in der Schweiz. Er erhält im Laufe der kommenden Monate mehrere Warnungen vor drohender Verfolgung durch die Gestapo.

1945 folgt er am 7. Februar einer Einladung Ernest Ansermets in die Schweiz und kehrt vor Kriegsende nicht mehr nach Deutschland zurück. In der Schweiz kommt es zu Protesten gegen seine Konzerte; er erhält aber eine Aufenthaltsbewilligung für den Kanton Vaud und lässt sich am Genfer See nieder.

1946 hält er sich im Februar in Wien und im März in Berlin auf; im Dezember wird er vor den Berliner Entnazifizierungsausschuss für Kunstschaffende zitiert. Im September erfolgt der Abschluss eines Plattenvertrages mit dem Produzenten Walter Legge (HMV / EMI)

1947 gibt er erstmals nach dem Krieg wieder Konzerte, im April in Rom und im Mai in Berlin.
1948 bringt er am 22. Februar seine eigene 2. Sinfonie in Berlin zur Uraufführung; im April leitet er ein erstes Gastspiel am Teatro Colón in Buenos Aires; im August schließt er einen Vertrag zur Leitung des Chicago Symphony Orchestra ab, von dem er aber nach heftigen Protesten in den USA wieder zurücktritt.
1951 eröffnet er die Bayreuther Nachkriegsfestspiele mit Beethovens 9. Sinfonie. Ab Dezember erfolgen erste Schallplatteneinspielungen für die Deutsche Grammophon.
1952 wird er zum Künstlerischen Leiter der Berliner Philharmoniker auf Lebenszeit ernannt.
1954 stirbt er am 30. November in Baden-Baden.

Furtwängler gilt als einer der bedeutendsten, in mancher Hinsicht aber auch umstrittensten Dirigenten der ersten Hälfte des 20. Jahrhunderts. Die kontroverse Einschätzung hat nicht nur mit seinem Verhalten im nationalsozialistischen Deutschland zu tun, sondern auch mit den Schwierigkeiten einer adäquaten Einschätzung seines künstlerischen Profils. Mit seinem nach anfänglichem Zögern sehr bewussten Verbleiben in Deutschland hat er, so wohl sein eigenes Verständnis, das kulturelle Erbe vor einer Verhunzung durch die nationalsozialistische Kulturpolitik bewahren wollen und doch, so der nachvollziehbare Vorwurf, sich als offizieller Repräsentant dem staatlichen Musikleben als dessen Galionsfigur zur Verfügung gestellt. Seine Hoffnung, sich von der Politik gänzlich fernhalten zu können, stellte sich sehr rasch als Illusion heraus, und das Lavieren zwischen Anpassung und Verweigerung beeinträchtigte schließlich auch die künstlerische Tätigkeit.

Seine immense Bedeutung als Dirigent stand immer, und zwar schon sehr früh, außer Frage. Schwerer ist es, die Hauptzüge seiner Interpretationsästhetik distinkt zu charakterisieren. Wenig verwunderlich ist es daher, dass einschlägige Versuche gern zu idealtypischen Oppositionen greifen, indem sie Furtwängler in der Weimarer Republik als expressiven Gegenpol zum neusachlichen Otto Klemperer oder in späteren Jahren als subjektiven Intuitionsmusiker gegen die technische Perfektion eines Arturo Toscanini positionieren. Der Nachteil solcher auf den ersten Blick plastischen Profilierungen ist die Verwischung jener Differenzierungen, auf die es eigentlich ankommt. Symptomatisch für die zusätzlich zu berücksichtigende Bedeutung der historischen Dimension ist zum Beispiel, dass Theodor W. Adorno, dem vor 1933 die vermeintlich spätromantische »deutsche Furtwängler« noch auf die Nerven ging, später im amerikanischen Exil gerade die individualistischen Qualitäten Furtwänglers gegen die verdinglichte Objektivität Toscaninis positiv auszuspielen liebte.

Im Rückblick hat es Versuche gegeben, Furtwängler zu historisieren und ihn etwa als letzten, fast schon anachronistischen »Espressivo-Dirigenten« (Stenzl 1996) zu charakterisieren. Doch bleiben solche Versuche einer Dirigententypologie unzureichend. Fraglos hat Furtwängler, dessen ausdrucksstarke Beethoven-, Brahms- und Bruckner-Interpretationen ein breites Publikum zur Bewunderung hinrissen, einiges an Erbschaft aus dem 19. Jahrhundert übernommen. Sein Selbstverständnis ist dem bis zu Liszt und Wagner zurückreichenden Ideal der musikalischen Modellierung durch Tempomodifikationen jedoch konträr entgegengesetzt. Das ist zwar erstaunlich, weil die außerordentlich klug disponierten und technisch überragend realisierten Temporückungen ein aus heutiger Sicht evidentes Merkmal seiner Tonaufnahmen darstellen. Doch hat er bis zum Schluss, so etwa Anfang der 1950er-Jahre in einer Podiumsdiskussion an der Berliner Musikhochschule, auf einer strikten Einheitlichkeit der Temponahme bestanden: »Denn die Grundlage ist, daß ein Tempo innerhalb eines klassischen Satzes absolut ein Einheitstempo ist, das heißt immer dasselbe Tempo. Und alle Variationen, die müssen so sein, daß sie absolut in das Einheitstempo hineingehen und nicht den Eindruck von Modifikationen, von wirklichen Tempowechseln machen. Die Tatsache, daß man ein zweites Thema langsamer nimmt als das erste, das halte ich für ganz falsch, immer und überall falsch.« Bei genauer Analyse vieler Aufnahmen ist festzustellen, dass sich die unbestreitbar vorhandenen agogischen Nuancen in der Tat häufig weit eher als »Variationen« des Grundtempos denn als anachronistische Reflexe der spätromantischen Modifikationsidee verstehen lassen: Es sind oft Übergänge, die beschleunigt oder retardiert werden, um danach aber die davon unberührte thematische Grundsubstanz umso klarer hervortreten zu lassen (Beethoven, 5. Sinfonie, 1937), oder es handelt sich um einen über das gesamte Werk fast unmerklich ausgespannten Dynamisierungsprozess von ungeheurer Eindrücklichkeit (Schumann, 4. Sinfonie, 1953). Ein weiteres Rezeptionsstereotyp, die angeblich stets sehr langsamen Tempi, erweist sich ebenfalls als unreflektiertes Klischee: Es kann zutreffen und ist dann stets mit hinreißender Plausibilität ins Werk gesetzt (Wagner, *Tristan und Isolde*, 1952), es können aber ebenso bezwingend die raschen Tempi seines angeblichen Antipoden Toscanini noch in den Schatten gestellt werden (Mozart, Sinfonie KV 550, 1944). So verwundert es nicht, wenn Furtwängler selbst mehrfach das Attribut der unerbittlichen Objektivität für sich in Anspruch nahm, wofür er den Begriff der »Sachangemessenheit« benutzt, der die Nähe zur Ästhetik der Neuen Sachlichkeit nur knapp vermeidet. Sein Ideal hat er selbst in ein schönes Paradox gefasst: »Der Sache dienen und doch gestalten.«

Möglicherweise wird man seiner Interpretationsästhetik gerade in Bezug auf die agogische Differenziertheit jenseits eines starren Einheitstempos am ehesten gerecht, wenn man sie im Sinne dieser »Sachangemessenheit« als ausgefeilt konstruierte »Tempoarchitektur« erfasst. Wenn man das irreführend Statische solcher Metaphorik einmal beiseitelässt, dann gerät nämlich auch seine tiefe Prägung durch einen Archäologen- und Kunsthistorikerhaushalt als mögliches Erklärungsmoment für seine Musikästhetik in den Blick.

Bemerkenswert ist, dass Furtwänglers eigentliches Dirigierverhalten sich einer Beschreibung in genuin technischen Kategorien zu entziehen scheint. Schlagtechnische Präzision ist keineswegs das, was ihn auszeichnet. Seine Arbeit basiert auf einer überaus suggestiven Zeichengebung und, wie viele Orchestermusiker immer wieder zu berichten wussten, auf einer offenbar fast hypnotischen Ausstrahlungskraft. Seine Arbeitspartituren zeigen, soweit erhalten, ein hohes Maß an Durcharbeitung bis hin zu zahlreichen klanglichen (Instrumentations-) Retuschen. Eine systematische Erfassung wurde bisher noch kaum versucht; sie hätte sich der Schwierigkeit zu stellen, erstens die historische Entwicklung zu erfassen, die sich über Jahrzehnte hinweg durch die Interpretation derselben Werke zieht, zweitens die anfänglich eher widerwillig mitgeschnittenen Live-Konzerte von den zunehmend bewusst produzierten Studioaufnahmen zu separieren und drittens die historischen und politischen Kontexte der erhaltenen Dokumente methodisch zu reflektieren. Wie weit sich etwa in der Aufnahme von Beethovens 9. Sinfonie am Vorabend des offiziellen Führer-Geburtstags (Konzertmitschnitt vom März 1942) ein emotionaler Reflex der Erschütterung im Kontext von Diktatur und Bombenterror hören lässt (Gülke 2005), muss dahingestellt bleiben.

Es ist bezeichnend, dass Furtwängler sein Tun durchaus wirkungsvoll auch publizistisch begleitete (wobei seine schriftliche Selbstdarstellung mit großer methodischer Vorsicht zu behandeln ist). Kollegen gegenüber blieb er reserviert. Seinen angeblichen Antipoden Toscanini analysierte er geradezu akribisch, wie ein erhaltenes Probenprotokoll erkennen lässt, und seinen jungen Konkurrenten Karajan beobachtete er mit Misstrauen und kaum verhohlener Abneigung. Seine Vorlieben galten, obwohl er leidenschaftlich gern auch Tschaikowsky oder Debussy dirigierte, der sinfonischen Tradition des deutschen Kulturbereichs mit einem Schwerpunkt auf Beethoven, Brahms und Bruckner. Diesem Ideal hat er auch die zunehmend häufig dirigierte 4. Sinfonie von Robert Schumann angenähert, deren Studioaufnahme von 1953 als klingendes Vermächtnis konzipiert wirkt. Von den Zeitgenossen ließ er im Wesentlichen nur Hindemith gelten. Er selbst hat sich, erstaunlich genug, in erster Linie als Komponist verstanden – ein Gebiet, auf das er sich nach langjähriger Abstinenz ab den 1930er-Jahren wie in einem Akt des Rückzugs wieder zu besinnen begann. Seine drei Sinfonien, deren zwei letzte mühevoll lange Entstehungsprozesse aufweisen, lassen sich vielleicht am besten als eine sehr eigenwillige Anknüpfung an den späten Bruckner charakterisieren.

Tonträger
1937 BEETHOVEN: Sinfonie Nr. 5 (BPh; Naxos Historical u. a.) ▪ **1944** BRUCKNER: Sinfonie Nr. 8 [Ed. Haas] (WPh; DGG) ▪ **1944** BRUCKNER: Sinfonie Nr. 9 (BPh; Music & Arts) ▪ **1944** MOZART: Sinfonie Nr. 40 KV 550 (WPh; Music & Arts) ▪ **1947** MOZART: Serenade für 13 Bläser KV 361 »Gran Partita« (Bläser der WPh; HMV / EMI) ▪ **1948–1952** BRAHMS: Sinfonien Nr. 2–4 (BPh; EMI) ▪ **1950** BACH: Brandenburgische Konzerte Nr. 3 & 5 / BEETHOVEN: Sinfonie Nr. 3 »Eroica« (WPh; EMI) ▪ **1950** WAGNER: *Der Ring des Nibelungen* (Treptow, Konetzni, Flagstadt, Frantz, Swanholm, Lorenz, Höngen, Weber, Teatro alla Scala; Music & Arts) ▪ **1951** BEETHOVEN: Sinfonie Nr. 9 (Schwarzkopf, Höngen, Hopf, Edelmann, Bayreuther Festspiele; HMV / EMI) ▪ **1951** BRUCKNER: Sinfonie Nr. 7 (BPh; DGG) ▪ **1951** SCHUBERT: Sinfonie Nr. 9 C-Dur »Große« (BPh; DGG) ▪ **1952** WAGNER: *Tristan und Isolde* (Flagstad, Suthaus, Greindl, Fischer-Dieskau, PhO; EMI) ▪ **1952/53** MENDELSSOHN / BEETHOVEN: Violinkonzerte (Yehudi Menuhin, BPh, PhO; EMI) ▪ **1953** HINDEMITH: Sinfonie »Die Harmonie der Welt« (WPh; DGG) ▪ **1953** SCHUMANN: Sinfonie Nr. 4 (BPh; DGG)

Bildmedien
1954 MOZART: *Don Giovanni* (Siepi, Grümmer, Dermota, Della Casa, Berger, Berry, WPh; DGG) Taking Sides – Der Fall Furtwängler (Spielfilm von István Szabó; Warner 2001) ▪ Furtwängler's Love (Dokumentation von Jan Schmidt-Garre; Arthaus 2004)

Kompositionen
Sinfonie Nr. 1 h-Moll [1941] (Staatskapelle Weimar, George Alexander Albrecht; Arte Nova 2000) ▪ Te Deum [1910] (Frankfurt a. d. Oder PO & Singakademie, Alfred Walter; Marco Polo 1993) ▪ Symphonisches Konzert für Klavier und Orchester [1937] (Edwin Fischer, BPh; HMV 1939) ▪ Sinfonie Nr. 2 e-Moll [1947] (BPh; DGG 1951) ▪ Sinfonie Nr. 3 cis-Moll [1954] (Bayerisches Staatsorchester, Wolfgang Sawallisch; Orfeo 1980)

Schriften
Ton und Wort. Aufsätze und Vorträge 1918–1954, Wiesbaden 1954 ▪ Vermächtnis. Nachgelassene Schriften, Wiesbaden 1956 ▪ Briefe, hrsg. von Frank Thiess, Wiesbaden ⁴1980 ▪ Gespräche über Musik, Wiesbaden ¹¹1983 ▪ Aufzeichnungen 1924–1954, hrsg. von Elisabeth Furtwängler und Günter Birkner, Mainz 2009

Literatur
Curt Riess, Furtwängler. Musik und Politik, Bern 1953 ▪ Elisabeth Furtwängler, Über Wilhelm Furtwängler, Wiesbaden 1979 ▪ Berta Geissmar, Musik im Schatten der Politik [1945], hrsg. von Fred K. Prieberg, Zürich ⁴1985 ▪ Fred K. Prieberg, Kraftprobe. Wilhelm Furtwängler im Dritten Reich, Wiesbaden 1986 ▪ Sam H. Shirakawa, The Devil's Music Master. The Controversial Life and Career of Wilhelm Furtwängler, New York 1992 ▪ John Ardoin, The Furtwängler Record [Diskografie von John Hunt], Portland 1994 ▪ Jürg Stenzl, Wilhelm Furtwängler: Der Dirigent nach dem Ende des »Espressivo«, in: Wilhelm Furtwängler in Diskussion [Werkverzeichnis von Chris Walton], Winterthur 1996, S. 25–32 ▪ René Trémine, Wilhelm Furtwängler. Concert Listing 1906–1954, Bezons 1997 ▪ Herbert Haffner, Furtwängler, Berlin 2003 ▪ Detlef Giese, Wilhelm Furtwängler und Otto Klemperer im Spiegel der Berliner Musikkritik der Weimarer Republik, in: Jahrbuch des Staatlichen Instituts für Musikforschung Preußischer Kulturbesitz 2005, Mainz 2007, S. 52–77 [Weitere Aufsätze zu Furtwängler von Peter Gülke und Hans-Joachim Hinrichsen] ▪ Peter Gülke, Der Erwählte. Zum 30. November 2004, in: Musik & Ästhetik, Heft 34 (2005), S. 93–114 ▪ Eberhard Straub, Die Furtwänglers. Geschichte einer deutschen Familie, München 2007 ▪ Hans-Joachim Hinrichsen, Furtwängler und Schumann. Überlegungen zum Gegenstand der Interpretationsforschung, in: Andreas Ballstaedt / Hans-Joachim Hinrichsen (Hrsg.), Werk-Welten. Perspektiven der Interpretationsgeschichte, Schliengen 2008, S. 44–71 ▪ Dietrich Fischer-Dieskau, Jupiter und ich. Begegnungen mit Wilhelm Furtwängler, Berlin 2009 ▪ Klaus Lang, Wilhelm Furtwängler und seine Entnazifizierung, Aachen 2012

Webpräsenz
www.furtwangler.net [Konzertregister, Bibliografie, Filmografie] (↪0036)
www.furtwaengler-gesellschaft.de [Diskografie der Werke Furtwänglers] (↪0037)
http://fischer.hosting.paran.com/music/Furtwangler/furtwangler-discography.htm (↪0038)

HJH

Gardelli, Lamberto

1915 am 8. November in Venedig geboren, wird er in Pesaro (Liceo Musicale Rossini) und Rom (Accademia di Santa Cecilia) ausgebildet – anfangs spielt er vor allem Klavier und Kontrabass. Als Komponist von Opern und Instrumentalwerken findet er zeitlebens keine nachhaltige Anerkennung.

1944 debütiert er nach Dirigaten verschiedener kleinerer Orchester als Operndirigent am Teatro Reale dell'Opera di Roma, wo er vorher insgesamt acht Jahre als Assistent Tullio Serafins verbracht hat.

1946–1955 arbeitet er als ständiger Gastdirigent mit der Königlichen Kapelle und an der Königlichen Oper in Stockholm sowie in Drottningholm; als »Hofdirigent« nimmt er die schwedische Staatsbürgerschaft an.

1955–1961 dirigiert er das Dänische Rundfunk-Sinfonieorchester.

1961–1965 spielt er als Musikdirektor an der Budapester Oper u. a. Verdi-Opern auf Ungarisch für das Label Hungaroton ein. In dieser Zeit entwickelt sich eine internationale Karriere als Gastdirigent führender Opernhäuser und Festivals.

1978 nimmt er wieder ein dauerhaftes Engagement an der Oper in Bern an (bis 1984).

1982–1985 ist er zudem Chefdirigent des Münchner Rundfunkorchesters.

1986–1988 kehrt er kurzzeitig als Chefdirigent zum Dänischen Rundfunk-Sinfonieorchester zurück. In Ungarn produziert er mit Hungaroton um 1989 einen Zyklus mit musikdramatischen Werken Ottorino Respighis.

1998 stirbt er am 17. Juli in München.

Mit seinen Einspielungen eines breiten, viele Raritäten umfassenden Repertoires italienischer Opern hat sich Lamberto Gardelli seinen Nachruhm als Schallplattendirigent verdient. In den 1970er-Jahren ergänzten und überflügelten seine frischen Einspielungen der frühen Opern Verdis, die glänzend mit aufstrebenden jungen Sängern wie José Carreras, Jessye Norman oder Samuel Ramey besetzt wurden, deren in den 1950er-Jahren als Versuch einer ersten »Gesamtaufnahme« entstandene Mono-Produktionen des italienischen Labels Cetra. Schon in den 1960er-Jahren waren Luigi Cherubinis *Medea*, Amilcare Ponchiellis *La Gioconda* und Umberto Giordanos *Fedora*, die kein Star-Dirigent mehr im Repertoire hatte, unter Gardellis Leitung beispielhaft eingespielt worden, zudem Verdis bis auf den Gefangenenchor noch wenig geschätzter *Nabucodonosor* mit dem legendären Tito Gobbi in der Titelpartie als dauerhafte Referenz. Es fällt allerdings (auch angesichts nur weniger Dokumente mit Konzertrepertoire) nicht leicht, bei Gardelli Kennzeichen eines Personalstils auszumachen: Ein eher moderates »Espressivo« mit organischen Tempo-Modifikationen rückt ihn in die Tradition seines Mentors Tullio Serafin; wie dieser bevorzugt er einen gepflegten »sinfonischen« wie sängerdienlichen Mischklang, der – handwerklich wohl einst im Verein mit den Decca-Tonmeistern genau auf Studio- und Heimanlagen-Situationen kalkuliert – drastischere orchestrale Effekte eher abmildert als provokativ herausstellt.

Tonträger

1965 VERDI: *Nabucco* (Gobbi, Souliotis, Cava, Prevedi, Wiener Staatsopernchor & Opernorchester; Decca) ▪ **1969** GIORDANO: *Fedora* (Olivero, del Monaco, Gobbi, Opéra de Monte Carlo; Decca) ▪ **1972** ROSSINI: *Guillaume Tell* (Bacquier, Caballé, Gedda, Mesplé, Ambrosian Opera Chorus, Royal PO; EMI) ▪ **1975** VERDI: *Il corsaro* (Carreras, Grant, Caballé, Norman, New PhO; Philips) ▪ **1984** BIZET: *Roma*-Suite / Sinfonie C-Dur (Münchner Rundfunkorchester; Orfeo) ▪ **1989** RESPIGHI: *Belfagor* (Miller, Sass, Lamberti, Takács, Ungarisches Staatsorchester; Hungaroton)

HAH

Gardiner, John Eliot

1943 am 20. April in Fontmell Magna (in der Grafschaft Dorset, England) als Sohn eines nicht-professionellen Chorleiters geboren. In seiner Kindheit bestimmt vor allem polyphone Chormusik aus Renaissance und Barock seinen Horizont als Chorsänger, daneben spielt er auch Violine. Später studiert er zunächst Geschichte und Arabistik am King's College in Cambridge, ehe er sich gegen seinen skeptischen Vater durchsetzt und die Musik ins Zentrum stellt. Er tritt als Chorleiter auf, daneben auch als Sänger und Violinist. Entscheidende Anregungen erfährt er von dem Musikwissenschaftler und Cembalisten Thurston Dart in London und von

Nadia Boulanger während einer zweijährigen Studienzeit in Paris.

1964 gründet er noch während seiner Studienzeit den Monteverdi Choir (MC) und stellt ihm vier Jahre später das Monteverdi Orchestra zur Seite.

1969 debütiert er als Operndirigent mit Mozarts *Zauberflöte* an der English National Opera.

1977 gehen aus dem Monteverdi Orchestra die English Baroque Soloists (EBS) hervor, die von nun an auf historischen Instrumenten spielen. Gleichzeitig dirigiert er weiterhin traditionelle Sinfonieorchester.

1980–1983 ist er Musikdirektor des CBC Vancouver Orchestra; für den Zeitraum der 1980er-Jahre übernimmt er zudem die Leitung der Göttinger Händel-Festspiele.

1983–1988 baut er als Musikdirektor der Opéra de Lyon ein festes Orchester auf.

1989 ruft er das Orchestre Révolutionnaire et Romantique (ORR) ins Leben, mit dem er nun auch Musik von Beethoven bis Debussy im »Originalklang« präsentiert.

1991–1994 leitet er das NDR Sinfonieorchester.

2000 vollendet er mit dem Monteverdi Choir und den English Baroque Soloists anlässlich von Bachs 250. Todestag eine einjährige internationale Tournee unter dem Titel »Bach Cantata Pilgrimage«; er führt wöchentlich an wechselnden Orten sämtliche Kantaten auf, angepasst an den liturgischen Kalender.

2005 gründet Gardiner sein eigenes Label Soli Deo Gloria, das den kompletten Zyklus der Bach-Kantaten sowie alle seither folgenden Aufnahmen herausbringt (seine Diskografie umfasst inzwischen über 250 Titel). Neben Tourneen ist er u. a. regelmäßig Gast am Pariser Théâtre du Châtelet.

2010 wird er nach zahlreichen früheren gesellschaftlichen Ehrungen – 1990 Commander of the British Empire, 1998 Knight Bachelor, 2005 Bundesverdienstkreuz – in Frankreich zum Ritter der Ehrenlegion ernannt.

2014 wird er Präsident der Stiftung Bach-Archiv in Leipzig.

In Überblicksdarstellungen wird John Eliot Gardiner für gewöhnlich im Bereich der Alte-Musik-Spezialisten verortet. Der englische Dirigent kann solch einer einseitigen Etikettierung nichts abgewinnen und unterstreicht demgegenüber durch die Breite seines Repertoires sein Selbstverständnis als Interpret: »I'm not a period performance guy at all.« Gardiners Anfänge als Dirigent liegen in der »traditionellen« Interpretationskultur (auch wenn er in Charles Mackerras einen Mentor hatte, der historisch-stilistischen Fragestellungen größte Aufmerksamkeit schenkte); neben der Arbeit mit den eigens gegründeten »period ensembles« spielen für Gardiner Auftritte in Oper, Konzert und Kirche, in denen er Orchester mit modernem Instrumentarium leitet, eine bedeutsame Rolle. Nicht zuletzt verbietet es sein bis Britten, Weill oder Strawinsky reichendes Repertoire, ihn als typischen Vertreter der Alte-Musik-Bewegung abzustempeln. Freilich findet eine solche Verortung des Dirigenten nicht ganz ohne Grund statt, schließlich waren es vor allem zahlreiche Einspielungen im Bereich der Barockmusik von Monteverdi bis zu Händel und Bach, die den englischen Dirigenten einer breiteren Öffentlichkeit bekannt machten. Aber die konsequente Ausdehnung eines historisch informierten Interpretationsansatzes auf die Musik des 19. Jahrhunderts ist ebenso repräsentativ innerhalb der beachtlichen Diskografie eines Dirigenten, der in Bezug auf Schallplattenauszeichnungen eine Spitzenposition einnimmt. Gardiner ist ebenso akribisch wie verantwortungsvoll – in der Musik bei der quellenkundlichen Erschließung der Werke und bei der Erarbeitung der Interpretation, aber auch in seiner zweiten Profession als ökologisch bewusster Landwirt. Er gilt als Perfektionist, der stets die volle Kontrolle über das musikalische Geschehen behält, weshalb er die Zusammenarbeit mit hoch motivierten wie flexiblen Freelancer-Ensembles bevorzugt. Die Leitung traditioneller Sinfonieorchester steht neben den Projekten mit »seinen« Musikern etwas im Schatten – allerdings mit spektakulären Ausnahmen: Das idiomatische Spiel der Wiener Philharmoniker, die für Lehár als denkbar bestes »period ensemble« erscheinen, macht die Einspielung der *Lustigen Witwe* zu einem der Höhepunkte in Gardiners Diskografie.

Das Fundament seiner internationalen Anerkennung legt Gardiner vor allem mit der konsequenten Aufbauarbeit der eigenen Ensembles. Der 1964 ins Leben gerufene Monteverdi Choir galt schon nach wenigen Jahren als eine Spitzenformation im Kammerchorbereich, seine Qualitäten hinsichtlich von Plastizität und Klangtransparenz bleiben letztlich die Grundlage für Gardiners kleingliedrig-affektbetonten Zugriff auf die Musik zwischen Monteverdi und Bach. Mit diesem Zugang prägte er die Interpretation barocker Musik im letzten Drittel des 20. Jahrhunderts, brach auf diese Weise radikal mit etablierten Aufführungstraditionen und übte auf jüngere Dirigenten einen enormen Einfluss aus. Im Gegensatz zu der Opulenz großer Chormassen in breitem Sostenuto setzt Gardiner etwa in Händels Opern und Oratorien auf ein durchsichtiges und von differenzierter wie klarer Artikulation bestimmtes Klangbild. Während er in jungen Jahren von Aufführungen mit historischen Instrumenten noch aufgrund der von einigen Interpreten gepflegten Manierismen Abstand genommen hatte, stellte er dem Monteverdi Choir später mit den English Baroque Soloists ein historischen Instrumenten und Spielweisen verpflichtetes Kammerorchester zur Seite, das den »sprechenden« Aufführungsstil des Chors instrumental ergänzt.

Gardiners Zugriff ist im Allgemeinen dramatisch-straff, die Vermittlung des geforderten Ausdrucks unterstreicht er mit kraftvollen, energischen Gesten, die nicht selten den ganzen Körper des Dirigenten in Bewegung setzen. Nicht nur die Barockoper kommt seinem auf die theatralische Fokussierung von Spannungsmomenten ausgerichteten Zugang entgegen; auch Bachs Kantaten versieht er mit vorwärtsdrängender Impulsivität und tänzerischer Bewegung, die Passionen begreift er auf diese Weise als geistliche Musikdramen. Ein Musizieren im Sinne rhetorischer Ausdrucksgesten und einer affektbetonend-differenzierten Artikulation wirkt bei Gardiner einem rhythmischen Gleichmaß entgegen: Momente der Öffnung treten aus dem straffen Tempo als lokale Verbreiterungen heraus und beleuchten herausgehobene Phrasen.

Auf vergleichbare Weise verfährt Gardiner auch bei seinen Annäherungen an die Werke der Klassik und Frühromantik, bei denen er historische Instrumente nicht zur Rekonstruktion eines vermeintlichen »Originalklangs«, sondern zur Erweiterung der Farbenpalette einsetzt. In Beethovens Sinfonien sind für Gardiner klangfarbliche Differenzierungen, etwa zwischen gestopften und offenen Tönen in den Hörnern, von zentraler Bedeutung; die starke Charakteristik der historischen Instrumente dient zudem der Deutlichkeit in der Balance der Stimmen. Gardiners druckvolle Beethoven-Lesart, die sich von anderen »Originalklang«-Einspielungen vor allem durch den vehementen Impetus der instrumentalen Ausführung unterscheidet, behält ein drängendes Tempo auch in lyrischen Seitenthemen bei, ein etwas freieres Fließen gewährt er den langsamen Sätzen. In den Mittelsätzen von Mozarts Klavierkonzerten versuchte er im Rahmen der ersten Gesamteinspielung auf historischem Instrumentarium mit dem Pianisten Malcolm Bilson sogenannte »melodische« Rubati zu realisieren, bei denen die Oberstimme gegenüber einem festen rhythmischen Grundmuster graduell abweicht. Dieser interpretatorische Ansatz wurde jedoch von den Toningenieuren durchkreuzt – das Auseinandertreten von Melodie und Begleitung wurde im Nachhinein technisch wieder geradegerückt.

Besondere Verdienste hat sich Gardiner um die Werke von Hector Berlioz erworben. Seine Einspielung der *Symphonie fantastique* gehört zu den farbigsten und hitzigsten der Aufnahmegeschichte (wobei die »Originalklang«-Ästhetik durch elektronisch verstärkte Glocken im Hexensabbat konterkariert wird). Berlioz' angeblich vernichtete *Messe solennelle* stellte Gardiner 1993 der Öffentlichkeit vor; ihre Einspielung markiert erneut einen der Höhepunkte in Gardiners Diskografie. Der englische Dirigent ist auch im romantischen Repertoire kein Dogmatiker: Das Streichervibrato setzt er sparsam und differenziert ein, verteufelt es aber nicht, und in den Sinfonien von Schumann und insbesondere Brahms lässt er aufführungspraktische Mittel wie das Streicherportamento zur Anwendung kommen, die im 19. Jahrhundert zur Steigerung von Ausdruckswerten üblich waren, aber in der gegenwärtigen Orchesterpraxis eher vergessen scheinen. Ein weiteres Ausdrucksmittel des 19. Jahrhunderts nutzt Gardiner, um die Verbindungen von Brahms zur Alten Musik – die er auch durch die Programmkoppelung mit Gabrieli oder Schütz unterstreicht – stark hervortreten zu lassen: Ein lokales Rubato auf der

Ebene von Einzeltakten überträgt die Prinzipien barocker »Klangrede« auf Brahms und die Musik der Romantik.

Tonträger
1981 PURCELL: *The Fairy Queen* (Harrhy, Smith, Nelson, MC, EBS; DGG Archiv) ▪ 1984 CHABRIER: *L'Étoile* (Alliot-Lugaz, Gautier, Bacquier, Opéra de Lyon; EMI) ▪ 1984 HÄNDEL: *Solomon* (Watkinson, Hendricks, Rolfe Johnson, MC, EBS; Philips) ▪ 1986 MOZART: Messe c-Moll KV 427 [revidiert & rekonstruiert von Alois Schmitt & J. E. Gardiner] (McNair, Montague, Rolfe Johnson, Hauptmann, MC, EBS; Philips) ▪ 1987 BACH: *Weihnachtsoratorium* BWV 248 (Argenta, von Otter, Rolfe Johnson, Blochwitz, Bär, MC, EBS; DGG Archiv) ▪ 1989 BEETHOVEN: *Missa solemnis* (Margiono, Robbin, Kendall, Miles, MC, EBS; DGG Archiv) ▪ 1991 BERLIOZ: *Symphonie fantastique* (ORR; Philips) ▪ 1991–1994 BEETHOVEN: Sinfonien Nr. 1–9 (ORR; DGG Archiv) ▪ 1993 MONTEVERDI: *L'incoronazione di Poppea* (McNair, von Otter, Chance, MC, EBS; DGG Archiv) ▪ 1994 LEHÁR: *Die lustige Witwe* (Studer, Bonney, Skovhus, Terfel, MC, WPh; DGG) ▪ 1994 HOLST: *The Planets* / GRAINGER: *The Warriors* (PhO; DGG) ▪ 1997 SCHUMANN: Sinfonien Nr. 1–4 / »Zwickauer« Sinfonie / Ouvertüre, Scherzo & Finale (ORR; DGG Archiv) ▪ 2000 BACH: Kantaten für den 15. & 16. Sonntag nach Trinitatis [Vol. 8] (MC, EBS; SDG) ▪ 2007 BRAHMS: Sinfonie Nr. 2 / *Alt-Rhapsodie* / SCHUBERT: *Gesang der Geister über den Wassern* / *Gruppe aus dem Tartarus* [Arrangement: Brahms] / *An Schwager Kronos* [Arrangement: Brahms] (Nathalie Stutzmann, MC, ORR; SDG)

Bildmedien
1992 MOZART: *Così fan tutte* (Roocroft, Mannion, Gilfry, Trost, James, Nicolai, MC, EBS; DGG Archiv) ▪ 1999 GLUCK: *Alceste* (von Otter, Groves, Henschel, Beuron, MC, EBS; Arthaus) ▪ 2003 BERLIOZ: *Les Troyens* (Graham, Antonacci, Kunde, Chœur du Théâtre du Châtelet, MC, ORR; Opus Arte) ▪ 2009 BIZET: *Carmen* (Antonacci, Richards, Gillet, MC, ORR; FRA Musica)

Schriften
Les Boréades von Rameau – eine verspätete Uraufführung, in: Christoph Wolff (Hrsg.), Die Gegenwart der musikalischen Vergangenheit, Salzburg / Wien 1999, S. 92–107 ▪ Bach: Musik für die Himmelsburg, übs. von Martin Pfeiffer, München 2014

TOP

Gatti, Daniele

1961 am 6. November in Mailand geboren, wo er seine Ausbildung in Dirigieren und Komposition am Konservatorium Giuseppe Verdi erhält. Im Jahr 1988 debütiert er am Teatro alla Scala.
1992–1997 ist er Musikdirektor des Orchestra dell'Accademia Nazionale di Santa Cecilia in Rom.
1994–1997 ist er Erster Gastdirigent am Royal Opera House, Covent Garden, danach Chefdirigent des Teatro Comunale in Bologna (1997–2007).
1996–2009 leitet er das Londoner Royal Philharmonic Orchestra.
2005 gibt er sein Debüt bei den Salzburger Festspielen mit den Wiener Philharmonikern (WPh), denen er als Dirigent für Tourneen und Gastspiele eng verbunden bleibt.
2008 dirigiert er erstmals den *Parsifal* in der Inszenierung Stefan Herheims in Bayreuth, im selben Jahr wird er als Nachfolger von Kurt Masur Musikdirektor des Orchestre National de France (ONF).
2009–2012 ist er Chefdirigent am Opernhaus Zürich; 2013 eröffnet er die Saison der Scala mit *La traviata*; im Jahr 2016 übernimmt er das Amsterdamer Concertgebouworkest als Nachfolger von Mariss Jansons.

Es muss keineswegs zuerst die emotionalisierte kantable Melodik sein, durch die ein an Verdi geschulter Dirigent sich zu erkennen gibt. Bei Daniele Gatti ist es vor allem die Ausrichtung der Interpretation an markant gegensätzlich eingesetzten Instrumentengruppen. Der virtuose, aber eher aggressive als festliche Blechbläserklang und eine oftmals bewusst abschattierte Streichersektion lassen sinfonische Handlungsfäden entstehen, so wie sich Trompetenfanfaren und Tragik in Verdis Klangdramaturgie ablösen. Solche großformalen Zuschnitte benutzt Gatti, um Bravura und analytische Zurücknahme miteinander zu verbinden; typisch scheint der Weg vom groben Geschmetter im Ritterballett hin zu gänzlich fahlen Texturen in den Abschiedsszenen von Prokofjews *Romeo und Julia*. Diese Klangdramaturgie bewährt sich auch in Mahlers 5. Sinfonie, in der musikhistorisch vielleicht erstmalig das Streichertutti durch die Blechbläser als Grundfarbe verdrängt wird. Diese Formidee wird nachgezeichnet, indem die in allen Hauptsektionen dominante Vehemenz des Blechs immer wieder in einem vibratoarmen Streicherklang versickert, der zum Ausgleich mit dem Adagietto einen ganzen Nebensatz geschenkt bekommt. Manchmal inszeniert Gatti geradezu seine Skrupel vor dem undifferenzierten Forte; das Decrescendo wird als die primäre Handlungsanweisung der Orchestermusik Debussys aufgefasst, weshalb in *La Mer* niemals eine Klangfarbe ganz dominieren soll (was dort am meisten auffallen muss, wo dies sonst der Fall ist, wie im Hörnerchoral am Ende des ersten Satzes). In Tschaikowskys 5. Sinfonie bleibt der Finalsatz der Ort des entfesselten Blechs, während Gatti im Kopfsatz vorführt, in welchem Maße Tschaikowsky motivisch bedeutsame Nebenstimmen und einen aufgefächerten Orchestersatz kennt. Auch in Puccinis *La Bohème* nutzt er alle Möglichkeiten, die komödiantischen Teile klanglich von den Liebesduetten zu trennen: Gatti dirigiert mit eiskaltem Händchen nur dort, wo Mimi nicht präsent ist. Als Operndirigent bleibt Gatti so auch umstritten. In den Extremen beharrlicher Intimität (wie im verlangsamten Bayreuther *Parsifal*) und agitatorischer Orchestereinwürfe verweigert er sich der Rolle eines folgsamen Chauffeurs von Sängerleistungen. Er bezahlt dafür mit einer häufig eher reservierten Publikumshaltung gegenüber seinen Dirigaten. Tatsächlich ist seine Version von *Le Sacre du printemps* irritierend in dem Ausmaß, in dem sich die leise Introduktion und die lautstarke Aggression einander annähern, während er bei Alban Bergs komplexer Orchestermusik den apokalyptischen Marsch ohne eine solche Bremse ausspielt. Gatti wird in Amsterdam endgültig beweisen müssen, dass seine »harte« Variante eines analytisch abgedämpften Klangs mehr als nur Aufführungen mit einzelnen genau ausgehörten und anderen eher verpassten Details erzeugen kann.

Tonträger
1993 ROSSINI: *Armida* (Fleming, D'Arcangelo, Kunde, Teatro Comunale di Bologna; Sony) ▪ **1997** MAHLER: Sinfonie Nr. 5 (Royal PO; Conifer / RCA) ▪ **2003** TSCHAIKOWSKY: Sinfonie Nr. 5 / *Romeo und Julia* (Royal PO; HMF) ▪ **2005/06** BERG: *Lulu*-Suite / Drei Orchesterstücke op. 6 (Anat Efraty, Concertgebouworkest; RCO Live) ▪ **2011** DEBUSSY: *La Mer* / *Prélude à l'après-midi d'un faune* / *Images* (ONF; Sony)

Bildmedien
2010 STRAUSS: *Elektra* (Meier, Theorin, Pape, WPh; Arthaus) ▪ **2012** PUCCINI: *La Bohème* (Netrebko, Beczała, WPh; DGG) ▪ **2013** WAGNER: *Die Meistersinger von Nürnberg* (Volle, Saccá, Gabler, Werba, WPh; EuroArts)

JCA

Gergiev, Valery

1953 am 2. Mai in Moskau geboren. Seine Kindheit verbringt er in Ossetien, der Heimat seiner Eltern. Das Dirigieren erlernt er zunächst bei Anatoly Briskin, dann beim legendären Ilya Musin in Leningrad.

1976 gewinnt er den sowjetischen All-Unions-Dirigierwettbewerb, ein Jahr später ist er Hauptpreisträger beim Berliner Karajan-Wettbewerb.

1978 debütiert er am Kirow-Theater in Leningrad, wo er Assistent von Juri Temirkanow wird.

1981–1985 ist er Chefdirigent des Armenischen Philharmonischen Orchesters.

1988 wird er Künstlerischer Leiter des Kirow-Theaters; im Jahr 1996 wird er zum Generaldirektor der Institution berufen, die er durch viele internationale Tourneen und Residenzen (u. a. bei den Festspielen in Baden-Baden) zu Weltgeltung führt. Der sowjetische Name wird dabei für CD-Produktionen noch einige Jahre nach der bereits 1992 vollzogenen offiziellen Rückbenennung zum Mariinski-Theater beibehalten.

1989 beginnt seine langjährige Zusammenarbeit mit dem holländischen Philips-Label.

1993 begründet er als wichtigstes der vielen von ihm initiierten Festivals die »Weißen Nächte« in St. Petersburg.

1995–2008 leitet er auch das Rotterdam Philharmonic Orchestra.

1997 übernimmt er die Leitung des von Georg Solti begründeten World Orchestra for Peace und wird Erster Gastdirigent an der New Yorker Metropolitan Opera.

2000 dirigiert er in Stuttgart die Uraufführung der *Johannes-Passion* von Sofia Gubaidulina.

2007 wird er Chefdirigent des London Symphony Orchestra (bis 2015).

2009 gründet sich das Mariinsky Label, das neben vielen Veröffentlichungen bei LSO Live Gergievs neue Hauptstütze für seine rege Aufnahmetätigkeit wird.

2013 erhält er den Ehrentitel »Held der Arbeit der russischen Föderation«. Seine Äußerungen zugunsten der russischen Regierungsmacht von Präsident Putin sorgen bei der Annexion der Krim erneut für Schlagzeilen. Als designierter Nachfolger Lorin Maazels bei den Münchner Philharmonikern bleibt er medial umstritten.

Valery Gergievs stetiger und scheinbar unerschöpflicher Fluss von Neuproduktionen kann das entnervende Gefühl erzeugen, sich auf einer jener Europareisen zu befinden, bei der für jede Metropole jeweils nur noch ein halber Tag Zeit eingeplant bleibt. Bei Gergiev scheint jedoch auch die musikalische Gestaltung manchmal dieser Form des Reisens verpflichtet zu sein. So wird Mahlers 7. Sinfonie, die gerne mit (auch russischen) Romanen des 19. Jahrhunderts verglichen wird und dann als Geflecht von Nebenfiguren und Einschüben erscheint, durch Gergievs rasche Tempi eine ganz andere Form der literarischen Aneignung mitgegeben: Statt verschlungener Satzkonstruktionen hört man das hastige Verschlingen von Seiten – die Neugier, wie es wohl weitergehen wird, stattet alle Details mit einem durchaus reizvollen Moment der Ungeduld aus. Ein qualitatives Schwanken der Resultate scheint bei dieser Methode allerdings als Prinzip in die Produktionsmaschinerie eingebaut. Bei Schostakowitsch beeindrucken beide Einspielungen der »Leningrader« Sinfonie (Nr. 7) in ihrer intensiven Gestaltung der Invasionsmusik: Die maschinellen Trommelsalven wirken wie eine manische Variante von Beckmessers Kreidestrichen und etablieren eine imaginäre Zensurbehörde, die zur Operettenherkunft des Themas immer mehr in Gegensatz gerät. Schostakowitschs 1. Klavierkonzert andererseits endet mit dem Pianisten Denis Matsuev stellenweise als »Rollator-Version« eines Rachmaninow-Konzerts. Der häufig abgenutzt wirkende Anfang des b-Moll-Konzerts von Tschaikowsky hingegen überzeugt mit seinen nuanciert abgestuften und doch stets volltönenden Akkorden.

Gergievs Orchesterklang entspricht in seinen frühen Aufnahmen durchaus dem Klischee eines mit einem voluminösen Bassregister, aber auch der entsprechenden Körperfülle ausgestatteten Donkosaken: In Borodins Sinfonien prägt sich dieser dunkelschwere und auch bewusst etwas träge Ton besonders deutlich aus, er ist aber auch noch bewahrt in Mussorgskys *Bildern einer Ausstellung*, wo die Instrumentation Ravels in einem durchgängigen »Katakomben-Klang« vom Vorwurf des fehlenden russischen Kolorits befreit wird. Und in Rachmaninows 2. Sinfonie hört man eine abgründige Melancholie, die den ersten Satz gleichsam darüber trauern lässt, dass er eben nicht in gewohnter Weise vom Streichergesang, sondern von den stockenden Holzbläsermotiven getragen wird (was sich in der Neuaufnahme aus dem Jahr 2008 für LSO Live ändert, wie insgesamt Gergievs Aufnahmen schon einmal eingespielter Stücke dann fast immer im Klangbild »internationalisiert« erscheinen).

Beide Klangprofile passen nicht zwingend zu Gergievs Dirigierweise, die ihn auf dem Podium zu einer völlig unkonventionellen Figur macht: Er dirigiert entweder mit einem sehr kurzen Taktstock, der in seinen Händen wie eine während einer erregten Debatte herumzirkulierende Zigarettenspitze aussehen kann, oder er führt nur mit den Händen dieselben bis in die einzelnen Fingerspitzen zitternden Bewegungen aus und wirkt dann wie jemand, der gerade das Rauchen aufgegeben hat. Dem entspricht eine Probenarbeit, die beschrieben wird als ausführliche Auseinandersetzung mit einem Teilabschnitt, dessen Ergebnisse auf die anderen Teile übertragen werden, sodass jedes Konzert zum bewussten Risiko im Schwanken zwischen sehr stark und sehr wenig geprobten Teilstücken gerät. Gergievs Prinzip eines an solche Produktionen gekoppelten »Recording in progress« führt dazu, dass seine Aufnahmen gemäß einer einfachen Faustregel vorsortiert werden könnten: Je bekannter das Werk ist, desto umstrittener ist die Qualität seiner Interpretation. Je stärker Gergievs Einspielungen jedoch alternativlos ein bestimmtes Repertoire repräsentieren, umso brillanter scheinen diese auch zu gelingen. Dies betrifft vor allem natürlich das weite Feld der russischen Oper, wo Gergiev inzwischen als eine Art Monopolist gelten darf. Neben den weithin etablierten Werken von Mussorgsky, Borodin, Glinka und Tschaikowsky hat sich Gergiev dabei auch für das Opernschaffen von zwei weiteren zentralen Protagonisten der russischen Musik eingesetzt: für Rimski-Korsakow, in dessen *Sadko* Gergiev die wogende Meeresmusik der kleinen Sinfonischen Dichtung, aus der später die Oper entstand, virtuos immer wieder aufwallen lässt; und für Prokofjew, dessen *Krieg und Frieden* als Ballett musikalischer Angstfiguren umgesetzt wird, deren unruhiges Tremolo die späteren Schlachten schon als Schatten in die Salonszenen projiziert.

Gergievs im »Westen« umstrittene Gesamtbeurteilung steht stellvertretend für die anfängliche Begeisterung und sich anschließende Ernüchterung über ein kapitalistisch-autoritäres

Russland. Die Abhängigkeit des Opernbetriebs von den Geldgeschenken des Herrschers ist der Gattung aber geschichtlich so tief eingeschrieben, dass sie eher den Glanz von Gergievs längst global operierender »Mariinski-Maschine« erklären kann (und der Musikbetrieb wird dem Entdecker von Anna Netrebko ohnehin die moralische oder auch ästhetische Anrüchigkeit mancher Äußerung und Aufführung nur ungern vorrechnen).

Gergiev scheint als Dirigent schlichtweg eine Ästhetik zu vertreten, die sich nicht nur aus den gewohnten (klassisch-romantischen) kompositorischen Traditionen ableiten lässt: Blockartige Gegenüberstellungen sentimental leiser oder enthusiastisch massiver, immer aber relativ simpler Musik, wie sie die gegenwärtige russische Orchesterschule prägen, entsprechen dem Höreindruck vieler seiner Aufführungen. Giya Kanchelis Violakonzert *Styx* wäre so nicht nur ein typisches Beispiel für diesen Orchesterstil, sondern symbolisch auch ein Schlüsselroman über Gergievs extrem dicht gestrickte Proben- und Konzertpläne, in denen dieser als Fährmann allseits geschätzte Meisterwerke bewusst ins Gefährliche führt, oft sicher ans Ufer rettet, aber manchmal auch versenkt.

Tonträger
1991 PROKOFJEW: *Krieg und Frieden* (Prokina, Gergalov, Borodina, Kirov Opera; Philips) ▪ **1993** RACHMANINOW: Sinfonie Nr. 2 (Kirov Orchestra; Philips) ▪ **1993** RIMSKI-KORSAKOW: *Sadko* (Galusin, Tarassova, Alexashkin, Kirov Opera; Philips) ▪ **1994** MASSENET: *Hérodiade* (Fleming, Domingo, Zajick, Pons, San Francisco Opera; Sony) ▪ **2001** SCHOSTAKOWITSCH: Sinfonie Nr. 7 »Leningrader« (Kirov Orchestra, Rotterdam PO; Philips) ▪ **2001** KANCHELI: *Styx* / GUBAIDULINA: Violakonzert (Yuri Bashmet, Mariinsky Orchestra; DGG) ▪ **2008** SCHOSTAKOWITSCH: *Die Nase* (Sulimski, Tanovitski, Kravtsova, Semishkur, Mariinsky Chorus & Orchestra; Mariinsky) ▪ **2008** MAHLER: Sinfonie Nr. 7 (London SO; LSO Live) ▪ **2013** TSCHAIKOWSKY: Klavierkonzerte Nr. 1 & 2 (Denis Matsuev, Mariinsky Orchestra; Mariinsky)

Bildmedien
2008 STRAWINSKY: *Le Sacre du printemps* / *Der Feuervogel* [Choreografien von Vaslav Nijinsky und Michel Fokine] (Mariinsky Orchestra & Ballett; BelAir) ▪ **2010** MAHLER: Sinfonien Nr. 4 & 5 (Camilla Tilling, World Orchestra for Peace; CMajor) ▪ **2013** TSCHAIKOWSKY: *Eugen Onegin* (Netrebko, Kwiecień, Beczala, Metropolitan Opera; DGG)
You Cannot Start Without Me. Valery Gergiev – Maestro (Dokumentation von Allan Miller; BelAir 2008)

Literatur
John Ardoin, Valery Gergiev and the Kirov. A Story of Survival, Portland 2001 ▪ Tom Service, Music as Alchemy, London 2012, S. 15–54 ▪ »Mahlers *Siebente* raubte mir den Schlaf«, in: Wolfgang Schaufler, Gustav Mahler. Dirigenten im Gespräch, Wien 2013, S. 92–99

JCA

Gielen, Michael

1927 am 20. Juli in Dresden geboren als Sohn des Regisseurs Josef Gielen und der Schauspielerin Rose Steuermann, zu deren Geschwistern die Drehbuchautorin Salka Viertel und der Pianist Eduard Steuermann zählen.

1940 folgt die Familie nach einer kurzen Lebensphase in Wien dem Vater in die Emigration nach Argentinien.

1947 ist er in Buenos Aires Korrepetitor in einer Aufführung der *Matthäus-Passion* durch Wilhelm Furtwängler.

1949 führt er als Pianist sämtliche Klavierwerke Arnold Schönbergs auf.

1950 Übersiedlung nach Wien, wo er bei Josef Polnauer studiert und als Korrepetitor und Kapellmeister arbeitet.

1954 übernimmt er für Clemens Krauss eine Aufführung von Arthur Honeggers *Jeanne d'Arc au bûcher* und dirigiert danach regelmäßig Repertoire-Vorstellungen der Wiener Staatsoper.

1957 heiratet er die Sängerin Helga Augsten; Trauzeuge ist Carlos Kleiber, den Gielen noch in Argentinien kennengelernt und stets als einziges Genie unter den Dirigenten seiner Generation bezeichnet hat.

1960–1965 ist er Chefdirigent an der Oper Stockholm; dort kommt es zur Zusammenarbeit mit Ingmar Bergman in Strawinskys *The Rake's Progress*.

1965 leitet er in Köln die Uraufführung von Bernd Alois Zimmermanns Oper *Die Soldaten*.

1969–1973 übernimmt er beim Orchestre National de Belgique als Nachfolger von André Cluytens seine erste Position als Leiter eines Konzertorchesters.

1973–1975 ist er Chefdirigent der Niederländischen Nationaloper Amsterdam.

1974 Produktion der experimentellen Filmversion von Schönbergs *Moses und Aron* mit dem Regieduo Jean-Marie Straub und Danièle Huillet.

1977–1987 leitet Gielen die Oper Frankfurt: Nach dem Modell Gustav Mahlers an der Wiener Staatsoper gestaltet sich im Tandem mit dem Dramaturgen Klaus Zehelein sowie mit Regisseuren wie Hans Neuenfels und Ruth Berghaus eine Art letztes legendäres Direktorenjahrzehnt.

1980–1986 ist er Chefdirigent beim Cincinnati Symphony Orchestra.

1986–1999 wird er Chefdirigent beim Sinfonieorchester des Südwestfunks Baden-Baden (SWF SO). Danach wechselt er in den Status eines ständigen Gast- und ab 2002 Ehrendirigenten.
2010 erhält er als besonders renommierte unter zahlreichen Auszeichnungen den Ernst von Siemens Musikpreis.

Die Interpretationsästhetik der Schönberg-Schule muss jeder konsistenten Geschichte des Dirigierens Schwierigkeiten bereiten. Wie kann es sein, dass der Neuen Musik eine »kopflastige« Haltung nachgesagt wird, wenn diese ihre Wurzeln im Expressionismus hat? Und wie passt es zusammen, dass Anton Webern und Alexander Zemlinsky agogisch extrem frei dirigierten, aber die Rationalisierung der Tempokategorie durch den Violinisten Rudolf Kolisch die Interpretationshaltung der Schönberg-Schule repräsentieren soll? Die solitäre Stellung von Michael Gielen unter den Dirigenten der Nachkriegszeit begründet sich nicht zuletzt daraus, dass er das Erbe Arnold Schönbergs auch in solchen Spannungen weiterträgt. Motorik und Rhetorik können beide als Maßstab analytischen Dirigierens gelten, und in diesem Sinn nimmt Gielen einerseits Metronomangaben als beinahe moralisch verpflichtende Vorgabe ernst und leitet ungewohnte Tempi aus proportionalen Temporelationen ab. Andererseits hat Gielen in seinen öffentlichkeitswirksamen Publikationen (zumeist mit Paul Fiebig in der Rolle des Eckermann) die tradierten Retuschierungen in den Sinfonien Beethovens und Schumanns verteidigt und in seinen Konzertprogrammen mit Montagen experimentiert, bei denen die Integrität eines Werks durch das andere bewusst infrage gestellt wird (am berühmtesten ist der Versuch, mit Schönbergs *Ein Überlebender aus Warschau* die eingeübte Rezeption von Beethovens 9. Sinfonie zu durchbrechen).

Tatsächlich muss Gielen jedem Versuch einer Typologie ebenso als Montage erscheinen: als Aufeinandertreffen einer modernistischen Ästhetik mit der deutschen Kapellmeister-Tradition (so besitzt seine linke Hand häufig noch eine pädagogisch abwehrende Intention, verbunden mit der väterlichen Mahnung, bestimmte Dinge doch bitte nicht zu tun). Sehr bewusst von Gielen herausgestellt scheint auch der Konflikt zwischen dem Spezialisten für großformatige Orchestermusik, die ohne Dirigent unaufführbar ist, und dem Komponisten, der seine eigenen Werke der »Befreiung des Orchestermusikers von der Sklaverei des Podiums« (Fiebig 1997, S. 185) gewidmet hat.

Gielens Misstrauen gegen die Kategorie des vollendeten (und dadurch leicht konsumierbaren) Meisterwerks führt dazu, dass auch für ihn Mahler zu einem zentralen Komponisten wird, da trotz aller Publikumswirksamkeit eine kritische Intention der Werke unterstellt werden kann. Davon geht Gielen auch im Finalsatz der 7. Sinfonie aus, den er wie eigentlich alle Dirigenten besser bewertet als Feuilleton und Musikwissenschaft, weil er ihn dirigieren muss und somit die enorme Komplexität der Tempokonzeption umzusetzen hat – was Gielen überzeugend gelingt, indem er die Grundtempi hervortreten lässt, die wie Schraubzwingen die Rondo-Episoden koordinieren. Bei Mahler lassen sich Expressionismus und Sachlichkeit miteinander verbinden: Gesten wie die Glissandi im Kopfsatz der Dritten oder das Col-legno-Spiel treten denn auch bei Gielen in geradezu sardonischer Weise hervor.

Gielens Rezeption scheint lange davon bestimmt gewesen zu sein, dass er selbst zweifellos ein Intellektueller genannt werden kann, aber Orchestermusiker im Ruf stehen, keine zu sein – tatsächlich wurde ihm in Frankfurt nicht zuletzt »Kantinenabstinenz« vorgeworfen. Er selbst verweist einmal darauf, dass er dem Vorwurf ausgesetzt sei, zu kalt und didaktisch zu sein (und tat dies in einem didaktischen Schreiben an seine Abonnenten in Cincinnati, das ihn kaum von diesem Vorwurf entlastet). Doch nicht Gefühlsverweigerung, sondern rhythmische Präzision ist Gielens Gegenpol zur Sentimentalität: Klar ausgespielte Triolen und nicht verschleifende Auftaktnoten sind Markenzeichen seiner Linienführung. Im Anfangsrhythmus von Bruckners 6. Sinfonie entdeckt man so in der Präzision auch das Poetische eines naturhaften Zikadenzirpens. Ebenso wirkt der Sprechgesang in Schönbergs *Moses und Aron* nicht als Verzicht, sondern er symbolisiert ein grundlegendes Paradoxon der Neuen Musik: Die erhöhte Abstraktion (der vergeistige Gott) verlangt nach erhöhter Deutlichkeit (die direkte sprachliche Rede), gerade um den expressiven Bekenntnischarakter der Musik zu bewahren. Gielen bezeichnet sich daher als »Spezialisten für Transparenz«. Auch dies verweist auf das Erbe der Schönberg-Schule, für die der Anspruch thematischer Durcharbeitung von höchster Bedeutung gewesen ist. Das elitäre Ethos ermöglicht aber relativ egalitäre, demokratische Deutungen; es erfolgt eine Umverteilung zugunsten eines Minderheitenschutzes für die vernachlässigte Nebenstimme. Das Prinzip des Primus inter Pares soll für Gielen sowohl in der Sozialstruktur des Orchesters wie in der Partitur Gültigkeit erlangen. Beispielhaft dafür ist seine Umsetzung der Erstfassung der 4. Sinfonie Bruckners, in deren Kopfsatz die Substanz der späteren Fassung wie in eine Verpackung zusätzlicher Nebenstimmen eingewickelt scheint. Rasche Tempi stehen dabei einem transparenten Klangbild nicht entgegen, da immer mindestens eine dieser Nebenstimmen auch den Formverlauf weiterdrängen lässt.

Parallelen zur Selbstwahrnehmung Gielens können durchaus gezogen werden: Wer sich selbst stets nur als privilegierte Nebenstimme im Schatten bekannterer Pultstars gesehen hat, entwickelt auch in der Musik Sympathien für Nebenfiguren. Schreker, Busoni oder auch Josef Suk werden von Gielen als Vorläufer und Nachzügler in ein dadurch geweitetes Bild der musikalischen Moderne mit aufgenommen. Was das Standardrepertoire angeht, ist Gielen dagegen ein diskografischer Spätentwickler, dem aber anders als etwa Günter Wand alle Merkmale eines Spätstils fehlen: Je älter Gielen wird, desto jugendlicher klingt es.

Tonträger
1974 SCHÖNBERG: *Moses und Aron* (Reich, Devos, Chor & SO des ORF; Philips / Brilliant) ▪ 1980 BEETHOVEN: Sinfonie Nr. 3 »Eroica« (Cincinnati SO; VOX) ▪ 1988/95 MAHLER: Sinfonie Nr. 4 / SCHREKER: *Vorspiel zu einem Drama* (Christine Whittlesey, SWF SO; Hänssler) ▪ 1989/93 BRAHMS: Sinfonien Nr. 4 & 3 (SWF SO; Hänssler) ▪ 1993 MAHLER Sinfonie Nr. 7 (SWF SO; Hänssler) ▪ 1993/95 SCHÖNBERG: Kammersinfonien Nr. 1 & 2 / Klavierkonzert (Alfred Brendel, SWF SO; Philips) ▪ 1994 BRUCKNER: Sinfonie Nr. 4 [Erstfassung 1874] (SWF SO; Intercord) ▪ 1995 ZIMMERMANN: *Requiem für einen jungen Dichter* (Rotschopf, Schir, SWF SO; Sony) ▪ 2001 BRUCKNER: Sinfonie Nr. 6 (SWR SO Baden-Baden und Freiburg; Hänssler) ▪ 2006 SCHÖNBERG: *Gurre-Lieder* (Diener, Naef, Dean Smith, Chor des BR, MDR Rundfunkchor Leipzig, SWR SO Baden-Baden und Freiburg; Hänssler)

Bildmedien
1997–2000 BEETHOVEN: Sinfonien Nr. 1–9 (SWR SO Baden-Baden und Freiburg; EuroArts)

Kompositionen
Ein Tag tritt hervor [Neruda-Kantate; 1961/63] (SWF SO; Intercord 1987) ▪ Streichquartett »Un vieux souvenir« [1983] (LaSalle Quartett; DGG 1987) ▪ *Pflicht und Neigung* für Ensemble [1988] (SWF SO; Hänssler 1990)

Bearbeitungen
BEETHOVEN: *Große Fuge* op. 133 [für Streichorchester] (SWF SO; Hänssler 1993)

Schriften
Beethoven im Gespräch. Die neun Sinfonien, Stuttgart 1995 [mit Paul Fiebig] ▪ Mahler im Gespräch. Die zehn Sinfonien, Stuttgart 2002 [mit Paul Fiebig] ▪ »Unbedingt Musik«. Erinnerungen, Frankfurt a. M. 2005

Literatur
Musiker im Gespräch. Michael Gielen, Frankfurt a. M. 1982 ▪ Mara Eggert / Hans-Klaus Jungheinrich, Durchbrüche. Die Oper Frankfurt. 10 Jahre Musiktheater mit Michael Gielen, Weinheim 1987 ▪ Jürg Stenzl (Hrsg.), Orchester Kultur. Variationen über ein halbes Jahrhundert. Aus Anlaß des 50. Geburtstages des SWF-Sinfonieorchesters, Stuttgart 1996 ▪ Paul Fiebig (Hrsg.), Michael Gielen. Dirigent, Komponist, Zeitgenosse, Stuttgart 1997 ▪ Hilmar Hoffmann, Frankfurts Stardirigenten. Erinnerungen, Frankfurt a. M. 2008

JCA

Gilbert, Alan

1967 am 23. Februar in New York geboren. Beide Elternteile sind als Violinisten Mitglieder der New Yorker Philharmoniker, auch ihr Sohn erlernt dieses Instrument. Er studiert in Harvard, am Curtis Institute in Philadelphia und an der Juilliard School in New York. **1994** gewinnt er den Georg-Solti-Preis und ist Preisträger bei der International Music Competition in Genf.

1995–1997 ist er Assistent beim Cleveland Orchestra während der Amtszeit Christoph von Dohnányis.
2000–2008 ist er Chefdirigent des Royal Stockholm Philharmonic Orchestra (seitdem Conductor Laureate).
2003–2006 ist er Musikdirektor der Oper Santa Fé.
2004 wird er Erster Gastdirigent des NDR Sinfonieorchesters (erneut neben Dohnányi als Chefdirigent), wo ab 2015 Krzysztof Urbański sein Nachfolger in dieser Position ist.
2009 tritt er die Stelle als Chefdirigent der New York Philharmoniker an (bis 2017).
2011 wird er zusätzlich Direktor der Dirigentenkurse an der Juilliard School.

Alan Gilbert ist der erste gebürtige New Yorker an der Spitze der New Yorker Philharmoniker. Die private Subventionskultur, die ihm dort den zusätzlichen Titel des »The Yoko Nagae Ceschina Chair« einbringt, führt jedoch dazu, dass Gilberts nicht sehr zahlreiche Tonträger-Visitenkarten zumeist im »europäischen Exil« produziert werden: Mit seinem New Yorker Orchester spielt er für das staatlich geförderte Label Dacapo einen betont stringenten Zyklus der Sinfonien von Carl Nielsen ein; in Stockholm hat er zuvor für BIS eine in ihrer optimistischen Grundtönung außergewöhnlich anmutende 9. Sinfonie Mahlers vorgelegt. Technisch wird dies durch leichte, aber spürbare Accelerandi für die krisenhaften Partien des Kopfsatzes erreicht, was diesen die Gewissheit verleiht, dass auch sie vorübergehen werden und Teil einer Gesamtform sind, in welcher der Klang niemals ganz abstirbt.

Im Gedenken an die Anschläge vom 11. September leitete Gilbert 2011 in New York eine vor allem im Kopfsatz ebenso beeindruckende Aufführung von Mahlers *Auferstehungssinfonie*; der Gefahr einer Feierstunde entgeht er durch rigorose Beachtung gestopfter Trompetentöne und der Tempovorschrift »vorwärts« dort, wo sie steht. Dabei präsentiert sich Gilbert als Dirigent, der während des Konzerts vor allem den übergreifenden Fluss mit einer relativ einfachen Schlagtechnik abbildet, was der auffälligen Detailgenauigkeit seiner Aufführungen aber nicht entgegensteht. Ergänzt werden kann dieses Bild derzeit lediglich durch als Download verfügbare Konzerte, eine kapitalistische Nischenkultur, deren Reiz für den Sammler darin besteht, früh an Aufnahmen zeitgenössischer Stücke wie Thomas Adès' zersetzende Minimalismus-Hommage *Polaris* heranzukommen.

Gilbert hat sich auch als Operndirigent bereits einige Reputation erworben. In *Doctor Atomic* von John Adams betont er die dissonanten Timbres, die sich beständig Freiräume gegen den eigentlich nur noch pro forma aufrechterhaltenen minimalistischen Grundpuls verschaffen. Die vielleicht letzte große Arie der bisherigen Operngeschichte, »Batter my heart«, erscheint so nicht als Zusatzangebot außerhalb der eigentlichen Handlung. Auch mit Ligetis *Le Grand Macabre* konnte er Kritiker und Publikum begeistern. Gilbert verbindet in seinem Lebensweg wie in seinem Repertoire europäische und amerikanische Einflüsse und scheint die geeignete Person, einen dritten Weg des zeitgenössischen Musiklebens zwischen Elfenbeinturm und Effektorientierung in entscheidender Weise zu fördern.

Tonträger
2005/06 ROUSE: Sinfonie Nr. 1 / Klarinettenkonzert / *Iscariot* (Martin Fröst, Royal Stockholm PO; BIS) ▪ **2008** MAHLER: Sinfonie Nr. 9 (Royal Stockholm PO; BIS) ▪ **2011/12** NIELSEN: Sinfonien Nr. 2 »Die vier Temperamente« & Nr. 3 »Espansiva« (New York PO; Dacapo)

Bildmedien
2008 ADAMS: *Doctor Atomic* (Finley, Cooke, Fink, Metropolitan Opera; Sony) ▪ **2011** MAHLER: Sinfonie Nr. 2 »Auferstehungssinfonie« (Röschmann, DeYoung, New York PO & Choral Artists; Accentus)

Webpräsenz
www.alangilbert.com (↪0039)

JCA

Giulini, Carlo Maria

1914 am 9. Mai in Barletta geboren, wächst er in Südtirol in Bozen auf und erhält als Kind Geigenunterricht.
1930 beginnt er ein Studium der Viola in Rom bei Remy Principe. Auch Bernardino Molinari, Alessandro Bustini und Alfredo Casella gehören zu seinen Lehrern.
1934 wird er Mitglied im Orchester des Teatro Augusteo (das heutige Orchestra dell'Accademia Nazionale di Santa Cecilia), wo er zahlreiche Dirigenten – mit Ausnahme von Toscanini – erlebt.
1944 feiert er am 16. Juli mit diesem Orchester und Brahms' 4. Sinfonie sein offizielles Debüt als Dirigent

(beim Konzert zur Feier der Befreiung der Stadt vom Faschismus; zuvor entzieht er sich einige Monate im Untergrund einer erneuten Verpflichtung in die Armee).

1946 wird er musikalischer Direktor der RAI in Rom, im Jahr 1950 begründet er deren Rundfunkorchester in Mailand. Toscanini fördert Anfang der 1950er-Jahre seine Karriere.

1953–1956 ist er Chefdirigent der Mailänder Scala, wo er ein Jahr zuvor mit De Fallas *La vida breve* debütierte und als Assistent von Victor de Sabata verpflichtet wird. Er arbeitet dort mit Maria Callas und Luchino Visconti zusammen (u. a. für eine Furore machende *La traviata* im Jahr 1955).

1955 beginnt die Zusammenarbeit mit Walter Legge und dessen Philharmonia Orchestra (PhO), die zum Sprungbrett für eine internationale Konzerttätigkeit wird. Ebenfalls 1955 erfolgt das Debüt in Chicago.

1958 tritt er mit Verdis *Don Carlo* erstmals in Covent Garden auf. Knapp zehn Jahre später erklärt er seinen Rückzug vom Bühnenbetrieb, dessen Zwänge und Freiheiten (der Regie) er nicht mehr mittragen möchte.

1969–1978 arbeitet er neben Georg Solti beim Chicago Symphony Orchestra (bis 1972 als Erster Gastdirigent).

1973–1976 ist er Chefdirigent der Wiener Symphoniker.

1978–1984 leitet er das Los Angeles Symphony Orchestra.

1982 kehrt er mit Verdis *Falstaff* ein einziges Mal zur Opernbühne zurück. Auch aufgrund gesundheitlicher Probleme seiner Ehefrau Marcella verzichtet er nach Ende der Amtszeit in Los Angeles auf die Übernahme fester Posten. In seiner Aufnahmetätigkeit intensiviert sich die Zusammenarbeit mit den Wiener und Berliner Philharmonikern (WPh / BPh) und später auch dem Concertgebouworkest (für die DGG und Sony).

1998 hat er seine letzten öffentlichen Konzertauftritte.

2005 stirbt er am 14. Juni in Brescia.

Carlo Maria Giulini ist ein italienischer Dirigent, wie ihn sich die deutsche Romantik ausgedacht haben könnte. Äußerlich entsprach er dem Bild eines weltabgewandten Priesters der Musik, bei dem Fotografien sich mehr und mehr auf die nach oben gerichteten Augen und die segnenden, nach vorne gestreckten Hände konzentrierten. »Innerlich« wurde in seinem ohnehin schmalen Repertoire das Requiem geradezu eine Art Hauptgattung, in der Giulini gleichsam alle »Sünden« der Werke auf sich nimmt: Die Theatralik im Verdi-Requiem ließ er vor allem in jüngeren Jahren lautstark und doch mit heiligem Ernst sich austoben, die gänzlich fehlende Theatralik des Requiems von Gabriel Fauré dagegen legt er (vor allem in der späten Studioaufnahme aus Berlin) mit demselben Ernst in einem durchaus auch süßlichen Dauer-Pianissimo und gemächlichster Gangart frei.

Giulini ist der Dirigent einer »Was-wäre-wenn-Werktreue«: Von einzelnen gewohnten Zügen eines Werkes weicht er bewusst und manchmal radikal ab, doch unter den so veränderten Prämissen wird die Partitur mit skrupulöser Sorgfalt wiedergegeben. Die späte Aufnahme von Dvořáks 8. Sinfonie mit dem Concertgebouworkest wird jeden Hörer zunächst dadurch irritieren, dass die »Allegro con brio« überschriebenen ersten Takte so behandelt werden, als wären sie doch eine langsame Einleitung. Durch diese Abweichung von der Partitur nähert er aber die beiden Ecksätze einander an, da nun auch der Kopfsatz in eine Abfolge schnellerer und langsamerer Episoden aufgesplittet wird.

Genau dieselbe Aufsplittung in eine schnelle Frühphase und langsamere späte »Tempojahre«, die äußerlich für die meisten seiner Mehrfacheinspielungen unabweisbar ist, verdeckt jene Konstanten, die Giulini als Dirigent schon früh ein besonderes Moment verliehen haben. Die langsamen Tempi macht er – zum Beispiel 1959 im Kopfsatz von Tschaikowskys *Pathétique* – lange vor Sergiu Celibidache zu seinem Markenzeichen. Anders als dieser aber bewahrt Giulini einzelne Enklaven virtuoser Geschwindigkeit (wie in diesem Fall den dritten Satz; im anschließenden Adagio-Finale unterdrückt er sogar eher die Generalpausen). Der bei Giulini aufscheinende Horror vacui vor dem ganz abreißenden Klangstrom sorgt dafür, dass trotz der Langsamkeit die Schwelle einer allzu subjektiven Emotionalisierung nicht überschritten wird. In Giulinis Einspielung der 9. Sinfonie Gustav Mahlers wird das dann beinahe zur Schwäche: Der letzte Satz wird mit unerwarteter Tempokonstanz bis zum verlöschenden Ende geführt, im Kopfsatz werden die modernistisch fragilen Motivwelten in einen allzu stabilen, von den Ersten Violinen getragenen Klang überführt. Dieser Klang aber fasziniert darin, wie er in diesem Anfang die Klangwelt des Finalsatzes schon andeuten kann.

Den Kontinuität schaffenden Klangstrom mit Legato-Artikulation und einer Abdämpfung skandierender Akzente hat Giulini mindestens gleichzeitig mit Herbert von Karajan für sich etabliert: Giulini bevorzugt dabei aber gerade nicht ein Wagner'sches beständiges An- und Abschwellen, sondern eine Artikulation, die immer »direkt da« ist und in diesem Punkt eher der italienischen Oper verpflichtet bleibt. Der Legato-Zauber eines sich verströmenden (aber selten verstörenden) Klangs überträgt sich auf diese Weise auch auf die weniger sanglichen Nebenstimmen, die wie in ein melodisches Magnetfeld gebannt scheinen. Das große Gestaltungspotenzial dieser Strategie erlebt man zum Beispiel in Brahms' 4. Sinfonie, wobei die Philharmonia-Aufnahme aus dem Jahr 1968 gegenüber derjenigen, die ein Jahr später in Chicago eingespielt wurde, derzeit etwas unterschätzt scheint: Die Verlängerung des allerersten auftaktigen Tons im Kopfsatz und die Verkürzung des ersten abtaktigen Tons im Scherzo (beides ist metrisch ungewöhnlich) korrespondieren hier noch sublimer miteinander.

Seinen spezifischen Streicherklang hat Giulini in der Praxis durch genaue Vorarbeiten und die Einrichtung des Stimmenmaterials erzielt, was an andere Dirigenten-Legenden wie vor allem Furtwängler und Carlos Kleiber erinnert. Auch Giulinis Konzerte besaßen am Ende einen besonderen Ereignischarakter, so die Aufführungen des *Falstaff* im Jahr 1982. Dessen Aufnahme ist der bekannteste Fall für Giulinis »Was-wäre-wenn-Werktreue«: Verdi liefert zugleich die Erfüllung (Kontrapunkt) und die Enttäuschung (Komödie) tradierter Spätstil-Erwartungen, und Giulini enttäuscht die Erwartungen an Komödie und Kontrapunkt, indem er das Werk so dirigiert, als wäre es nicht von allen vorherigen Opern Verdis getrennt. Warum auch sollte ausgerechnet ein Stück über einen Fettwanst von einer möglichst schlanken Wiedergabe geleitet sein? Die Magie dieser Aufnahme beruht darauf, dass der Humor musikalisch sogar besser funktioniert, wenn das im massiveren Klang angedeutete Pathos sich permanent in triviale Skalen, Abstürze in extreme Register und von sich selbst scheinbar gelangweilte Et-cetera-Gesten auflöst.

Giulinis Präsenz auf dem heutigen Plattenmarkt durch einige billige Boxen, die zahlreiche Einzelaufnahmen zusammenfassen, bildet gerade dessen Karriere eigentlich inadäquat ab: Giulini war vor allem in den 1980er-Jahren eine Art »Erster Weltgastdirigent«, der mit ganz unterschiedlichen Orchesterkulturen immer seinen eigenen Klangansatz umsetzen konnte. Sein strikt selektives Repertoire und seine von jeder Alltagsadministration weit entfernte Aura machten ihn zum idealen Dirigenten einzelner Arbeitswochen. In diesem Sinne sollte man mindestens eine alljährliche Zuhör-Arbeitsphase der Wiederentdeckung einer der kanonischen Giulini-Aufnahmen widmen.

Tonträger
1955 VERDI: *La traviata* (Callas, di Stefano, Bastianini, Teatro alla Scala; EMI) ▪ 1959 TSCHAIKOWSKY: Sinfonie Nr. 6 »Pathétique« (PhO; EMI) ▪ 1962 FAURÉ: Requiem / VERDI: *Quattro pezzi sacri* (Janet Baker, Gérald Souzay, PhO & Chorus; BBC Legends) ▪ 1969 BRAHMS: Sinfonie Nr. 4 (Chicago SO; EMI) ▪ 1970 VERDI: *Don Carlo* (Domingo, Caballé, Raimondi, Milnes, Covent Garden; EMI) ▪ 1982 VERDI: *Falstaff* (Bruson, Ricciarelli, Nucci, Hendricks, Los Angeles PO; DGG) ▪ 1984 MAHLER: *Das Lied von der Erde* (Francisco Araiza, Brigitte Fassbaender, BPh; DGG) ▪ 1986 FRANCK: Sinfonie d-Moll / *Psyché et Éros* (BPh; DGG) ▪ 1988 BRUCKNER: Sinfonie Nr. 9 (WPh; DGG) ▪ 1989/90 RAVEL: *Ma Mère l'oye* / DVOŘÁK: Sinfonie Nr. 8 (Concertgebouworkest; Sony)

Bildmedien
1964 VERDI: *Messa da Requiem* (Ligabue, Bumbry, Kónya, Arié, PhO & Chorus; EMI / IdéaleAudience) ▪ 1996 BRUCKNER: Sinfonie Nr. 9 [+ Probendokumentation] (RSO Stuttgart; Arthaus)

Literatur
John Hunt, Carlo Maria Giulini. Discography and Concert Register, London 2002 ▪ Alessandro Zignani, Carlo Maria Giulini. Una demonica umiltà, Varese 2009 ▪ Thomas D. Saler, Serving Genius. Carlo Maria Giulini, Urbana 2010

Webpräsenz
http://mapage.noos.fr/giulini/ [Diskografie, Bibliografie und Videografie] (↪0040)

JCA

Goebel, Reinhard

1952 am 31. Juli in Siegen geboren, erhält er mit zwölf Jahren seinen ersten Geigenunterricht. Zwischen dem 14. und 18. Lebensjahr kommt Goebel über das Radio zur Alten Musik. Die Lektüre von theoretischen Schriften wie der Flötenschule von Quantz und Matthesons *Der vollkommene Capellmeister* begleiten diese ersten Erfahrungen.

1971 beginnt er das Geigenstudium bei Franzjosef Maier an der Hochschule für Musik in Köln, bei dem er bereits während seiner Schulzeit Unterricht hatte, der ihn aber zunächst auf der modernen Violine ausbildet und nebenbei auf der Barock-Violine (moderne Violine mit Darm-E-Saite) unterrichtet. Er belegt zudem Seminare bei dem Cembalisten Hugo Ruf. Kurse im Barock-Violinspiel belegt er bei Marie Leonhardt in Amsterdam und Eduard Melkus in Wien, zusätzlich studiert er bei Saschko Gawriloff in Essen an der Folkwang-Hochschule.

1973 gründet Goebel mit Studenten der Kölner Hochschule das Ensemble Musica Antiqua Köln (MAK).

1974 erscheinen beim Label FSM Aulos die ersten Schallplattenaufnahmen (u. a. mit Sonaten des Früh- und Hochbarock auf Originalinstrumenten).

1978 erhält das Ensemble einen Exklusivvertrag mit der Deutschen Grammophon (Archiv Produktion),

1979 gewinnt es mit Auftritten beim Holland Festival und in London internationale Aufmerksamkeit.

1992 muss Goebel wegen einer Dystonie in der linken Hand das Geigenspiel zunächst aufgeben, erlernt es aber in fünfjährigem Training mit rechter Griff- und linker Bogenhand wieder und bestreitet weiter Konzerte.

2006 löst Goebel die Musica Antiqua Köln auf. Er dirigiert verstärkt Orchester mit modernem Instrumentarium.

2010 erfolgt die Berufung zum Professor für Historische Aufführungspraxis an das Mozarteum Salzburg.

Goebel war immer ein begeisterter, begeisternder Musiker, aber auch einer, der seinen Mitstreitern stets das höchste Maß an Ensembledisziplin und Spielkultur abverlangte, um zusammen mit ihnen durch Virtuosität und Sachkenntnis ein Musizieren zu erlangen, das seinen Ansprüchen genügte. Als Geiger und Ensembleleiter konnte er dadurch den allgemeinen Musikbetrieb davon überzeugen, auf welch hohem Niveau die Alte-Musik-Bewegung mittlerweile angelangt war und welche hohe Spielkultur notwendig ist, um den Werken der Barockzeit gerecht zu werden. All das belegte er mit Musica Antiqua Köln eindrucksvoll, vor allem in der Einspielung der *Brandenburgischen Konzerte* von Johann Sebastian Bach, die einerseits begeistert aufgenommen, auf der anderen Seite aber – vor allem wegen der vermeintlich überzogenen Tempi – auch entschieden abgelehnt wurde. Konsens bestand jedoch in der Anerkennung der virtuosen Ensemble-Spielkultur.

Goebels Zusammenarbeit mit Forschungsinstituten wie der Telemann-Forschungsstätte in Magdeburg, dem Leipziger Bach-Archiv oder der Sächsischen Landesbibliothek Dresden ermöglichte es ihm, viele bislang unbeachtet gebliebene Werke des Früh- und Hochbarock in Editionen und Aufnahmen vorzulegen. Auf diese Weise konnten zahlreiche Kompositionen Telemanns eingespielt werden, einige Kantaten und Orchesterwerke Bachs, aber auch erstmals Werke von Johann David Heinichen und Francesco Maria Veracini aus dem reichen Bestand der Dresdner Bibliothek. Das Ensemble Musica Antiqua Köln war in seiner Glanzzeit zweifelsohne eines der innovativsten und virtuosesten Ensembles der Alte-Musik-Szene.

Tonträger

1984 TELEMANN: »Wassermusik« [Ouvertüre *Hamburger Ebb' und Flut* / Konzerte] (MAK; DGG Archiv) ▪ **1986/87** BACH: *Brandenburgische Konzerte* Nr. 1–6 (MAK; DGG Archiv) ▪ **1992** HEINICHEN: »Dresden Concerti« (MAK; DGG Archiv) ▪ **1993** VERACINI: Ouvertüren Nr. 1–4 & 6 (MAK; DGG Archiv) ▪ **2002** »Bachiana«: Concerti von W. F. BACH [BR WFB C15], C. P. E. BACH [Wq 47], J. Chr. Fr. BACH [BR JCFB C44] & J. Chr. BACH [Sinfonia concertante T. 284/4] (Verena Fischer, Robert Hill, Léon Berben, MAK; DGG Archiv) ▪ **2005/06** HAYDN [MICHAEL]: *Andromeda und Perseus* (Porstein, Wolff, VokalEnsemble Köln, RSO Saarbrücken; Oehms)

Schriften

Heinichen und die Musik »per l'orchestra di Dresda«, in: Christoph Wolff (Hrsg.), Die Gegenwart der musikalischen Vergangenheit, Salzburg / Wien 1999, S. 47–65 ▪ Laudatio auf Nikolaus Harnoncourt, in: Otto Hochreiter / Mathis Huber (Hrsg.), Being Nikolaus Harnoncourt, Wien 2009, S. 61–71

Literatur

Du spielst Brahms, aber es klingt wie Biber [Interview mit Gerd Berg], in: Concerto, Heft 1 (1983), S. 58–64 ▪ Genug ist genug [Interview mit Peter Reichelt], in: Concerto, Heft 208 (2006), S. 22 f. ▪ Michael Struck-Schloen, Vom Bilderstürmer zum Aufklärer, in: Opernwelt 48/5 (2007), S. 76–78

Webpräsenz

www.reinhardgoebel.com [Verzeichnis eigener Editionen] (↪0041) ▪
www.medieval.org/emfaq/performers/koeln.html [Diskografie] (↪0042)

DGU

Golowanow, Nikolaj

1891 am 21. Januar in Moskau geboren. Er erhält seine Ausbildung als Chorsänger und Chordirigent an der Moskauer Synodalschule und studiert am Konservatorium Komposition und Theorie; er trifft dort Alexander Skrjabin und Sergej Rachmaninow, denen er fortan freundschaftlich verbunden ist. Er selbst hat als Komponist u. a. sinfonische Werke und eine Oper vorgelegt. Im Jahr 1909 gibt er sein Debüt als Dirigent.

1915 übernimmt er eine erste Anstellung am Moskauer Bolschoi-Theater als Assistent des Chorleiters.

1919 wird er Chefdirigent am Bolschoi-Theater und tritt

1925 eine Professur am Moskauer Konservatorium an.

1926 übernimmt er für drei Jahre die Leitung der Moskauer Philharmoniker.

1937 wechselt er als Chefdirigent zum Moskauer Radio-Sinfonieorchester (All-Union Radio-Sinfonie-Orchester, das heutige Tchaikovsky Symphony Orchestra), das er bis zu seinem Tod leiten wird.

1948 beginnt seine zweite Amtszeit als Chefdirigent des Bolschoi-Theaters.

1952 wird er plötzlich seiner Ämter enthoben. Nach der erzwungenen Demission stirbt er im folgenden Jahr (nach den meisten Quellen am 28. August).

An Nikolaj Golowanow scheiden sich die Geister. Von den einen als subjektivistischer Pult-Rabauke geschmäht, gilt der russische Hitzkopf anderen als letzter Mohikaner einer längst untergegangenen Interpretationsästhetik. Nicht umsonst wurde Golowanow als »russischer Furtwängler« apostrophiert, wobei die Nähe zu Mengelberg und Stokowski jedoch größer scheint. Golowanow ist ein Theaterdirigent im emphatischen Sinn, der selbst sinfonischer Musik zu szenischer Prägnanz verhilft. Das geht nicht ohne ein hohes Maß an Tempoflexibilität und dynamischen Kontrasten; über beides verfügt Golowanow frei und subjektiv, ohne sein Ausdrucksbedürfnis von den Vorgaben des Notentextes einschränken zu lassen. Golowanows Interpretationen sind daher vollkommen unvorhersehbar: Von einem Moment auf den anderen kann das Tempo ruckartig um die Hälfte reduziert oder stark beschleunigt werden; auf engem Raum wechseln introvertierte Kantilene und vibratofeuriges Aufrauschen der Streicher einander ab (etwa im Seitenthema von Tschaikowskys *Pathétique*). Das macht Golowanow zu einem Spezialisten für die rauschhafte Musik Alexander Skrjabins, die kaum je so glühend, quasi improvisatorisch und ekstatisch in ihrem zuweilen schwülen Espressivo unterstrichen wurde. Neben den umwerfenden Skrjabin-Deutungen finden sich in Golowanows klingendem Nachlass vornehmlich Werke des russischen Repertoires, vor allem Tschaikowsky, Mussorgsky und Rachmaninow.

Golowanows stets spontaner, vitalistischer Zugang stellt zugespitzte und auch ungeschönte Ausdrucksstärke stets über instrumentalen Schönklang (was durch die dürftige Aufnahmequalität der Mitschnitte noch potenziert wird). Der Kopfsatz-Durchführung der *Pathétique* gibt Golowanow mit rüden Blechattacken fast schreiende Intensität, während er im ersten Satz von Glasunows 6. Sinfonie die beiden Themen mit unheimlicher Wucht in unterschiedlichen Tempi aufeinanderprallen lässt. Diese in jedem Moment aufregenden Espressivo-Deutungen stehen einem eleganten und kultivierten Musizieren diametral entgegen und ließen Golowanow nicht nur zu einem von den Musikern ebenso gefürchteten wie verehrten Dirigenten werden, sondern auch zur Zielscheibe neusachlich geprägter Kunstrichter. In der Tat verfehlt Golowanows subjektiver Interpretationsansatz bisweilen das Ziel, wenn etwa im ersten Satz von Rachmaninows 3. Sinfonie der Abstieg der Ersten Violinen im ersten Themenkomplex grob artikuliert wird oder Portati im Seitenthema als Fermaten missverstanden werden. Dessen ungeachtet ist Golowanows von Theaterblut durchdrungenes Ausdrucksmusizieren von bezwingender Sicherheit in der Entwicklung von Spannungsbögen. Beispielhaft dafür kann die zielgerichtete Spannungssteigerung und das anschließende schier endlos lange Absinken in »Åses Tod« aus Griegs *Peer Gynt* stehen.

Tonträger

1946 SKRJABIN: Klavierkonzert / *Prometheus* etc. (Genrikh Neigauz, Alexander Goldenweiser, RSO Moskau; Boheme) • **1948** TSCHAIKOWSKY: Sinfonie Nr. 6 »Pathétique« / *Ouvertüre solennelle* »1812« (RSO Moskau; Boheme) • **1949** MUSSORGSKY: *Boris Godunow* [Fassung: Rimski-Korsakow] (Pirogov, Nelepp, Maksakova,

Bolshoi Theater; Preiser) • **1951** RACHMANINOW: *Aleko* (Petrov, Pokrovskaya, Orfenov, Bolshoi Theater; Cantus Cl) • **1952/53** LISZT: Sinfonische Dichtungen Nr. 1–12 (RSO Moskau; Melodiya / Archipel)

TOP

Goodall, Reginald

1901 am 13. Juli in Lincoln (England) geboren, wird er als Neunjähriger Mitglied des dortigen Kathedralchors.

1914 zieht er mit der Familie nach Springfield (Massachusetts) und drei Jahre später nach Kanada, wo er am Hamilton Conservatory in Ontario zum Kirchenmusiker ausgebildet wird.

1925 kehrt er nach England zurück und studiert am Royal College of Music (u. a. bei Malcolm Sargent).

1929–1936 ist er Organist an der katholischen Kirche St Alban's (Holborn) und leitet deren Knabenchor, mit welchem er 1934 Benjamin Brittens *A Boy Was Born* erstmals öffentlich aufführt.

1936 wird er Assistent von Albert Coates am Royal Opera House, Covent Garden.

1939 tritt er wenige Tage nach Hitlers Überfall auf Polen und der britischen Kriegserklärung an Deutschland der British Union of Fascists bei (bereits zuvor hat er die Beschäftigung jüdischer Flüchtlinge bei der BBC kritisiert).

1939–1943 leitet er das nach der kriegsbedingten Auflösung des Bournemouth Municipal Orchestra mit dessen Restbestand an Musikern und Aushilfen gegründete Wessex Philharmonic Orchestra.

1944 beginnt seine Tätigkeit bei der Sadler's Wells Opera Company, mit der unter seiner Leitung im folgenden Jahr die Uraufführung von Brittens Oper *Peter Grimes* stattfindet.

1945 weigert er sich auf einer Deutschlandreise, das ehemalige Konzentrationslager in Belsen zu besuchen, da er den Holocaust für einen inszenierten »BBC Jewish Plot« hält (vgl. Lucas 2009, S. 93, sowie Blog und Diskussion auf: http://theovergrownpath.blogspot.com/2007/05/reginald-goodall-holy-fool.html) (↪0043).

1946 dirigiert er im Juni in Glyndebourne die Uraufführung von *The Rape of Lucretia*, jener Kammeroper, die Britten unter dem Eindruck gerade auch der Judenvernichtung geschrieben hat. Er wird im September unter Karl Rankl Assistant Conductor am Royal Opera House.

1951 weilt er im Juli bei den ersten Nachkriegsfestspielen in Bayreuth und sitzt bei einigen Aufführungen sogar als Gast im Orchestergraben, beeindruckt vor allem von Hans Knappertsbusch.

1961 zieht er sich nach Georg Soltis Amtsantritt weitgehend auf seine Korrepetitorpflichten zurück: Wird in seinem Dienstzimmer im Obergeschoss der königlichen Oper geprobt, ist spaßhaft von »Valhalla« die Rede.

1967 kehrt er zur Sadler's Wells Opera Company zurück – die 1974 zur English National Opera wird – und dirigiert dort vielbeachtete englischsprachige Aufführungen zunächst der *Meistersinger von Nürnberg*, später des kompletten *Ring*-Zyklus.

1979–1985 folgen u. a. Produktionen von *Tristan and Isolde* (auf Englisch) und *Parsifal* (auf Tonträgern auch auf Deutsch) an der Welsh National Opera und der English National Opera.

1990 stirbt er – nach Rückzug aus dem Konzertleben 1987 – am 5. Mai.

Nach einigen wenigen Einspielungen mit Ouvertüren von Beethoven und Tschaikowsky (Decca 1945) und den ersten (Teil-)Produktionen der beiden von ihm uraufgeführten Britten-Opern (bis 1948) umfassen die Tondokumente Goodalls ab 1968 ausschließlich Wagner-Dirigate und die letzten drei Sinfonien Anton Bruckners. Bis auf dessen Neunte (1974), *Tristan und Isolde* (1981) sowie *Parsifal* (1984) handelt es sich um Live-Mitschnitte. Diese vermitteln jedoch nicht durchweg jene nahezu sakrosankte Aura, welche Teile der britischen Kritik und des Publikums dazu bewog, Goodall als »unvergleichlichen Wagner-Dirigenten« (David Cairns, *Sunday Times*, 1987) zu verehren. Seine »absolute Beherrschung« einer eher ominösen als analytisch evidenten »Architektur« der Musikdramen Wagners gründete maßgeblich in oft extrem langsamen Tempi – welche andererseits eine auch unter britischen Wagner-Liebhabern keineswegs seltene Abneigung hervorgerufen haben (von einer ernsthaften deutschen Rezeption und Diskussion der Aufnahmen Goodalls kann bislang keine Rede sein): In Goodalls Produktionen des *Ring* wie von *Parsifal* sind in jedem Aufzug neben mitreißenden Steigerungen auch längere Leerläufe zu überstehen, was bei aller »sinfonischen« Perspektive das Augenmerk wieder auf die teils hervorragenden, mitunter aber auch hilflosen britischen Gesangsdarsteller lenkt. Unbestritten dürften deshalb eigentlich nur Goodalls Britten-Pioniertaten als internationale Opernreferenzen gelten.

Gemischte Eindrücke überwiegen auch bei Bruckner: Während die Achte (1969) wohlprobte Temporückungen und Mischungen der Orchesterregister aufweist, mit schönen Übergängen in der zwischen Blech und Streichern hin- und hergereichten (im Scherzo hinüberstampfenden) Melodik, sodass man tatsächlich von einem Referenz- oder Kultstatus dieser Live-Aufnahme sprechen kann, wirkt die Siebte (1971) fast ungeprobt, ja oft abgehackt und rhetorisch uninspiriert. Man sollte Goodalls überlieferte Konserven immer kritisch vergleichend durchhören – etwa mit den Wagner- und Bruckner-Aufnahmen von Karajan oder Barenboim – und auch den merkwürdigen Spagat des Dirigenten zwischen Holocaust-Leugnung und Einsatz für den Pazifisten Britten nicht vergessen (wobei Goodall bei der Arbeit als scharfsinnig wie auch für seine sehr humanen, durchaus sympathischen Züge bekannt war): Die Identifikation als musikbesessener und eigentlich unpolitischer »reiner Tor« à la Parsifal erscheint als eine absurde Strategie der Entschuldigung. Somit ist keineswegs alles gut: Goodall muss als ein äußerst fragwürdiger Kandidat für eine Walhalla der 250 bedeutendsten Dirigenten gelten.

Tonträger
1947 BRITTEN: *The Rape of Lucretia* [gekürzt] (Pears, Cross, Evans, Lumsden, English Opera Group CO; EMI) ▪ **1948** BRITTEN: *Peter Grimes* [Auszug] (Pears, Cross, Culbert, Covent Garden; EMI) ▪ **1968** WAGNER: *The Mastersingers* [engl.] (Bailey, Remedios, Curphey, Hammond-Stroud, Sadler's Wells Opera; Chandos) ▪ **1969/71** BRUCKNER: Sinfonie Nr. 8 [Ed. Haas] / WAGNER: *Tristan und Isolde* [Vorspiel] / Wesendonck-Lieder (Janet Baker, BBC SO; BBC Legends) ▪ **1973–1977** WAGNER: *Der Ring des Nibelungen* [engl.] (Bailey, Curphey, Hunter, Remedios, Sadler's Wells Opera / English National Opera; EMI / Chandos) ▪ **1984** WAGNER: *Parsifal* (Ellsworth, McIntyre, Meier, Joll, Welsh National Opera; EMI)

Literatur
John Lucas, Reggie. The Life of Reginald Goodall, London 1993 ▪ John Lucas, The Genius of Valhalla. The Life of Reginald Goodall, Woodbridge 2009 [Neuauflage mit aktualisierter Diskografie]

HAH

Gülke, Peter

1934 am 29. April in Weimar geboren. Zu seinen frühen kulturellen Eindrücken gehört die Begegnung mit Hermann Abendroth, der wohl auch auf seine Berufswahl Einfluss hat.
1952–1957 studiert er Violoncello, Musikwissenschaft, Romanistik und Germanistik in Weimar, Jena und Leipzig.
1959 Nach der Promotion wird er Repetitor und Kapellmeister am Theater Rudolstadt.
1964–1976 folgen Positionen als Musikalischer Oberleiter in Stendal, Potsdam und Stralsund.
1976–1981 dirigiert er als Kapellmeister an der Staatsoper Dresden. Er assistiert u. a. bei der *Tristan*-Einspielung von Carlos Kleiber.
1981 wird er Generalmusikdirektor in seiner Heimatstadt Weimar.
1983 baut er sich aufgrund von Repressionen der DDR-Regierung in Westdeutschland eine neue Existenz auf.
1986–1996 ist er als Generalmusikdirektor in Wuppertal tätig.
1996–2000 arbeitet er als Dirigierprofessor an der Staatlichen Hochschule für Musik Freiburg im Breisgau, daneben gibt er Dirigierkurse beim Deutschen Musikrat. Im Kreise der Wissenschaft und Literatur würdigt man Gülkes musikwissenschaftliche Veröffentlichungen durch mehrere Ehrendoktortitel.
2011–2014 übernimmt er als Präsident die Leitung der Sächsischen Akademie der Künste.
2014 erhält er den Ernst von Siemens Musikpreis. Die Hierarchie seiner vielen Tätigkeiten stellt er dabei klar heraus: »Die ganze Wissenschaft, die ganze Theoretisiererei dient vor allem dazu, dass ich die Musik noch schöner finde als sonst sowieso schon.«
2015 wird er Chefdirigent der Brandenburger Symphoniker.

»Musik ist wirklich, indem sie klingt. Jedoch, indem sie *erklingt*, *verklingt* sie auch, und Klingendes entzieht sich der begrifflich fixierenden Beschreibung nicht nur, weil diese auf Metaphern angewiesen ist, sondern auch, weil es im nächsten Moment schon wieder ein anderes ist [...] – glücklicherweise: Denn wäre dies möglich, wäre Musik nahezu ersetzbar« (Gülke 2006, S. 209). So schreibt bescheiden einer, der Musik kennt und sie auch beschreiben kann – der seine eigenen Einspielungen, wie im Fall von Bergs *Lyrischer Suite*, in Begleittexten facettenreich aus der Position des Interpreten, Analytikers und Hörers kommentiert, der für seine Aufnahme der sinfonischen Fragmente Franz Schuberts eigenhändig Spielfassungen eingerichtet hat sowie in seiner Identität als Dirigent, Musikwissenschaftler und -philosoph tiefgründige Portraits über Karajan, Bülow, Furtwängler und Carlos Kleiber komponiert. Man könnte dabei auf den Gedanken kommen, dass Gülke seine Reflexionen als »Anleitung« für die richtige Ausführung der Musik versteht oder verstanden haben will. Als Chefdirigent in Wuppertal arbeitet er in Beethovens *Pastorale* beispielsweise einen zunächst einfachen Duktus ganz im Zeichen des ländlichen Charakters der Komposition heraus, wie er ihn auch in seinem Artikel »Natur darstellen – Natur sein« skizziert, wenngleich mit dramaturgisch durchdachtem Ansatz, etwa hinsichtlich gut proportionierter Tempi. Allerdings bleibt der klangliche Einbruch aus, den man mit konkreten Vorschlägen assoziieren würde wie »die schmetternden Terzen der Hörner und Fagotte [im dritten Satz] müssten primitiv und penetrant lustig klingen« (Gülke 2000, S. 197): Deren Realisierung ereignet sich stets im Rahmen der warmen Klangfarbe dieser Aufnahme und damit ganz im Sinne des Furtwängler'schen Prinzips »je nachdem, wie es klingt«. Innerhalb von Gülkes Diskografie nehmen selten gespielte Werke aus verschiedenen Epochen breiten Raum ein, Melodramen von Jiří Benda und Carl Eberwein ebenso wie Einspielungen von Franz Schreker oder Udo Zimmermann. Seine Einschätzung über Felix Weingartner würde auch auf ihn selbst zutreffen: Die Essenz des »Erlebnisganzen« seines künstlerischen Wirkens entzieht sich uns aufgrund einer zu schmalen Diskografie, in seinen Schriften jedoch klingt ein Echo seines Musizierens an bzw. nach.

Tonträger
1979 SCHUBERT: Sinfonie-Fragmente D 615, 708A & 936A (Staatskapelle Dresden; Berlin Cl) ▪ **1985** BERG: Drei Stücke aus der *Lyrischen Suite* / SCHÖNBERG: Streichquartett Nr. 2 [Fassung mit Streichorchester] / WEBERN: Fünf Stücke für Streichorchester op. 5 (Eva Csapó, KO der Jungen Deutschen Philharmonie; DHM / EMI) ▪ **1986** SCHUMANN: *Carnaval* op. 9 [Orchestration: Ravel u. a.] (RSO Berlin; Koch) ▪ **1996** BENDA: *Ariadne auf Naxos* / EBERWEIN: *Proserpina* (Kammer, Schortemeier, SO Wuppertal; MDG)

Editionen
Ludwig van Beethoven, Sinfonie Nr. 5, Leipzig 1977 ▪ Heinrich Besseler, Aufsätze zur Musikästhetik und Musikgeschichte, Leipzig 1978 ▪ Jean-Jacques Rousseau, Musik und Sprache: Ausgewählte Schriften, Leipzig 1989

Schriften
Das Schriftbild der mehrstimmigen Musik [mit Heinrich Besseler], Leipzig 1973 ▪ Franz Schubert und seine Zeit, Laaber 1991 ▪ »Triumph der neuen Tonkunst«. Mozarts letzte Sinfonien und ihr Umfeld, Kassel / Stuttgart 1998 ▪ »… immer das Ganze vor Augen«. Studien zu Beethoven, Stuttgart / Kassel 2000 ▪ Die Sprache der Musik: Essays zur Musik von Bach bis Holliger, Stuttgart / Kassel 2001 ▪ Guillaume Du Fay. Musik des 15. Jahrhunderts, Stuttgart / Kassel 2003 ▪ Auftakte – Nachspiele. Studien zur musikalischen Interpretation, Stuttgart / Kassel 2006 ▪ Robert Schumann. Glück und Elend der Romantik, Wien 2010 ▪ Von Bach bis Beethoven. Streifzüge durch große Musik, Kassel 2014 ▪ Musik und Abschied, Kassel / Stuttgart 2015

Literatur
Uwe Schweikert, Laudatio auf Peter Gülke, in: Schweizer Jahrbuch für Musikwissenschaft 25, Bern 2006, S. 107–112

CHD

Guttenberg, Enoch zu

1946 am 29. Juli in Guttenberg geboren; er ist der Sohn von Karl Theodor und der Vater von Karl-Theodor zu Guttenberg, die beide die politische Karriere einschlagen. In München und Salzburg studiert er Komposition und Dirigieren.
1967 übernimmt er die Leitung der Chorgemeinschaft Neubeuern.
1981–1987 leitet er den Frankfurter Cäcilienverein.
1997 gründet zu Guttenberg das projektbezogene Orchester KlangVerwaltung, das er seitdem leitet.
1999 ruft er die Internationalen Herrenchiemsee Festspiele ins Leben, deren Intendant er später wird.

Enoch zu Guttenberg, Gründungsmitglied des BUND, hat sein Engagement für den Naturschutz kontinuierlich in eine ideelle Verbindung mit seiner musikalischen Tätigkeit gestellt: In Haydns *Die Jahreszeiten*, die zum Kernbestand seines Repertoires gehören, sieht zu Guttenberg eine »Symbiose von Mensch und Natur« ins Werk gesetzt; die Musikhörer ermutigt er, sie sollten »keine Verbraucher sein, sondern nachhaltig erleben, was die Musik in ihrem Innersten zu sagen hat« (Mayer, S. 41 f.); 1997 trug eine ARD-Dokumentation über ihn den vielsagenden Titel *Dirigieren gegen den Untergang*, und der Name KlangVerwaltung seines Projektorchesters suggeriert auch einen verantwortungsvoll bewahrenden Umgang der Gegenwart mit ihrem (musikalischen) Erbe. Es verwundert nicht, dass musikalische »Natur«-Topoi zu Guttenbergs besondere Aufmerksamkeit genießen: Seine Aufnahme von Haydns *Schöpfung* arbeitet die lautmalerischen Effekte wie Vogelstimmen und Meeresfluten jederzeit plastisch heraus. Den Kopfsatz von Bruckners 4. Sinfonie, den bereits die einleitenden Hornrufe in Bezug zur romantischen Landschaftsästhetik setzen, konzipiert er quasi aus der Wahrnehmung eines durch die Landschaft wandernden Subjekts: Vor allem in der Durchführung deuten die starken Umbrüche in Tempo und Timbre die Form eher von »innen«, von der Episode her, als vom »außen« stehenden Überblick, wobei die sensibel ausgelauschten Echoeffekte der Hörner ein gekonntes Spiel von Nähe und Distanz inszenieren. Der Chor »Sind Blitze, sind Donner« aus Bachs *Matthäus-Passion* nimmt selten die Gestalt einer derart eruptiv ausbrechenden Gewitterszene an wie in zu Guttenbergs Aufnahme mit ihrer Kombination aus hohem Tempo und dichter Textartikulation. In dieser Einspielung greift zu Guttenberg mit vibratoarmem Spiel, kurz gehaltenen Phrasierungen und teilweise »altem« Instrumentarium Impulse der Historischen Aufführungspraxis auf; sein ausführlicher Begleitkommentar setzt sich kenntnisreich mit der Herausforderung auseinander, älterer Musik eine Form zu geben, die einem an neuerer Musik geschultem Publikum immer noch verständlich bleibt. Cineastische Schockwirkungen wie der schaurig dissonant herausfahrende »Barrabam!«-Ruf des Chors wurzeln in dieser Vermittlungsintention, die in den Chorälen sogar noch weitergeführt wird: Durch auffällig kräftige Stimmgebung, zügiges Tempo und oft sehr knapp gehaltene Fermaten führen sie eher tiefer ins erzählte Geschehen hinein als aus ihm heraus – das Publikum dieser Choräle ist weniger die kontemplativ auf die Passion antwortende Gemeinde, sondern ein Konzertbesucher, der vor allem die aufrechterhaltene Spannung goutiert.

Überhaupt ist das Moment körperlicher Anspannung kennzeichnend für zu Guttenbergs Konzertauftritte: Die Kritik spricht treffend von »Schwerstarbeit« (*FAZ* 22.7.2003), von einem »kraftzehrenden Wirken«, in dem der Dirigent sich »verausgabt« und seinen Chor »bis zur Belastungsgrenze führt« (*FAZ* 4.7.2006) oder »vehement atmend, raumgreifend rudernd, gefährlich hüpfend« auf dem Podium agiert (*SZ* 28.7.2010). Der Habitus des abgeklärten, körperlos agierenden Pultmagiers wäre einem erdverbundenen Musiker wie Enoch zu Guttenberg sicher suspekt.

Tonträger
1998 HAYDN: *Die Schöpfung* (Hartelius, Odinius, Scharinger, Chorgemeinschaft Neubeuern, RSO Saarbrücken; Farao) ▪ **2003** BACH: *Matthäus-Passion* (Ullmann, Mertens, Korondi, Vondung, Güra, Begemann, Chorgemeinschaft Neubeuern, Tölzer Knabenchor, Orchester der KlangVerwaltung; Farao) ▪ **2007** BRUCKNER: Sinfonie Nr. 4 (Orchester der KlangVerwaltung; Farao)

Literatur
Enoch zu Guttenberg. Dirigent, Intendant, Umweltschützer [Gespräch mit Constantin Magnis], Fotografien von Markus C. Hurek, Berlin 2011 ▪ Stephan Mayer, Auf der Suche nach der Seelenruhe, in: Musikforum 9/1 (2011), S. 40–43

Webpräsenz
www.enochzuguttenberg.de [Diskografie] (↪0044)

FKR

Haenchen, Hartmut

1943 am 21. März in Dresden geboren. Dort ist er ab 1953 Mitglied im Kreuzchor unter Rudolf Mauersberger und absolviert sein Studium (Gesang und später Dirigieren).

1966–1972 ist er Direktor der Singakademie und Dirigent des Sinfonieorchesters in Halle an der Saale, danach ein Jahr Erster Kapellmeister an der Oper in Zwickau.

1976–1979 leitet er die Mecklenburgische Staatskapelle und das Staatstheater in Schwerin, wo seine Entlassung im Streit um Repertoirediktate die Konflikte mit der Staatsführung der DDR verschärft.

1980 wird ihm in beruflich prekären Zeiten die Leitung des Kammerorchesters Carl Philipp Emanuel Bach angeboten (KO CPE; zunächst noch unter dem Namen Musica nova musizierend), mit dem Pionieraufnahmen von Musik des 18. Jahrhunderts entstehen, die häufig aus dem Manuskript gespielt werden. Im Jahr 2014 beendet das Orchester seine Tätigkeit.

1985 wird er an der Dresdner Hochschule für Musik zum Professor ernannt.

1986 verlässt er als »Selbstfreikäufer« die DDR und geht nach Amsterdam, wo er Leiter des im Jahr zuvor begründeten Netherlands Philharmonic Orchestra (bis 2002) und auch der Niederländischen Staatsoper wird (bis 1999).

2003–2008 leitet er als Intendant die Dresdner Musikfestspiele.

Hartmut Haenchen kennt die musikalische Subjektivität, seit sie noch ganz klein war: Einer seiner Arbeitsschwerpunkte ist die notorisch vernachlässigte »vorklassische« Musik des 18. Jahrhunderts, wo der das heutige Konzertleben dominierende Stil in seinem Entstehen erlebt werden kann. Dabei scheint für Haenchen die Prägung durch das frühe Chorsingen doch bedeutsam, denn sowohl in Pergolesis Stabat mater wie in Glucks *Orfeo* kombiniert er die Stimme des Countertenors Jochen Kowalski mit dem fragilen Timbre eines Knabensoprans. Der klassische Stil scheint hier tatsächlich noch die Phase vor seinem »Stimmbruch« und einer mit Haydn einsetzenden Reifezeit zu durchleben. Dessen Sinfonien dirigiert Haenchen als klugen Kompromiss einzelner Traditionen: In der Sinfonie Hob. I:103 setzt der titelgebende einzelne Paukenwirbel unerwartet in furiosem Fortissimo ein und wirkt so wie die Androhung einer historisch späteren Orchestergröße.

Der Knabensopran kann in Form von Siegfrieds Waldvöglein auch zu einem weiteren Arbeitsschwerpunkt Haenchens überleiten: der spätromantisch überreifen Subjektivität von Wagner, Mahler und Strauss. *Der Ring des Nibelungen* erhält eine Klangregie aus dem Geist der musikalischen Grammatik des 18. Jahrhunderts: Die Leitmotive sind nicht die kleinsten Einheiten, aus deren Kombination die große Klangüberwältigung erwächst, sondern werden selbst zum detailgenauen Ergebnis interpretativen Handelns. Das Walhall-Motiv zu Beginn der zweiten Szene im *Rheingold* bietet dafür ein besonders plastisches Beispiel. Das Erwachen der Götter wird klanglich abgebildet, indem das Motiv selbst auch erwacht, in stets wechselnder Dynamisierung sich zu strecken, zu dehnen und sein Potenzial zu erkunden scheint. Während bei Wagner auf diese Weise die »unendliche Melodie« tektonisch verdeutlicht und durchgegliedert wird, dominiert in Mahlers 8. Sinfonie das Tableau eines permanent feierlichen Klanges, um den herum Haenchen betont unauffällig agierende Motive springen lässt wie die Dienerschaft bei einem großen höfischen Fest.

Hartmut Haenchen gehört zu den Dirigenten, die ein großes Ausmaß an philologischen und pädagogischen Vorarbeiten in jedes Projekt investieren (nicht zufällig dürfte seine Homepage zu den materialreichsten und professionellsten der Szene zählen). In der Entdeckung dieses in keine Schubladen passenden Dirigenten wäre daher noch einiges Nacharbeiten gerade des deutschen Publikums geboten.

Tonträger
1985 BACH [C. P. E.]: Berliner Sinfonien Wq 174, 175, 178, 179 & 181 (KO CPE; Capriccio / Brilliant) ▪ **1988** GLUCK: *Orfeo ed Euridice* [Fassung Wien 1762] (Kowalski, Schel-

lenberger-Ernst, Fliegner, Rundfunkchor Berlin, KO CPE; Capriccio) ▪ **1993** BACH [W. Fr.]: Sinfonien Falck 64, 65 & 67 »Dissonanzen-Sinfonie« etc. (KO CPE; Berlin Cl) ▪ **1999/2002** MAHLER: Sinfonien Nr. 1 & 8 (Cullis, Blasi, Sala, Keen, Runkel, Winslade, Bröcheler, Rydl, National Choir of the Ukraine, Ukrainian Radio Choir, Netherlands PO; ICA) ▪ **2005** WAGNER: *Das Rheingold* (Dohmen, Soffel, Van Mechelen, Merritt, Netherlands PO; Etcetera) ▪ **2014** BACH [C. P. E.]: *Die letzten Leiden des Erlösers* (Landshammer, Oelze, Vondung, Schmitt, Trekel, RIAS Kammerchor, KO CPE; Berlin Cl)

Bildmedien
2010 WAGNER: *Der fliegende Holländer* (Uusitalo, Naglestad, Jentzsch, Lloyd, Chorus of De Nederlandse Opera, Netherlands PO; Opus Arte)

Schriften
Mahler. Wien – Amsterdam [14 Bände], Saarbrücken 2001 ▪ Werktreue und Interpretation. Erfahrungen eines Dirigenten [Band 1: Von Bach über Mozart bis Beethoven / Band 2: Von Brahms über Wagner bis Reimann; Persönliches], Saarbrücken 2013

Webpräsenz
www.haenchen.net/ [Diskografie und Schriftenverzeichnis] (↪0045)

JCA

Haïm, Emmanuelle

1962 in Paris geboren (einige Quellen geben spätere Daten an); sie erhält früh Klavierunterricht, dem sich eine Ausbildung an verschiedenen Tasteninstrumenten am Konservatorium anschließt (u. a. bei Christophe Rousset im Fach Cembalo und Generalbass).
2000 gründet sie ihr eigenes Barockensemble Le Concert d'Astrée (LCA), mit dem sie rasch Erfolge feiert.
2001 debütiert sie in Glyndebourne mit *Rodelinda* von Georg Friedrich Händel.
2003 leitet sie Monteverdis *L'Orfeo* im Londoner Barbican Centre mit Ian Bostridge in der Titelrolle.
2004 wird sie mit ihrem Ensemble Artist in Residence an der wiedereröffneten Opéra de Lille, wo sie weiterhin jedes Jahr Konzerte und Opernproduktionen leitet.
2008 debütiert sie bei den Berliner Philharmonikern mit Händels *Ode for St Cecilia's Day* (in einem mit Susanna Mälkki geteilten Konzertabend).
2009 wird sie als Chevalier in die Ehrenlegion aufgenommen. Sie ist ebenso Chevalier im Ordre des Arts et des Lettres und Ehrenmitglied der Royal Academy of Music.

Auf William Christies Initiative hin begann Emmanuelle Haïm für das Ensemble Les Arts Florissants zu arbeiten und ist dort Continuo-Spielerin und musikalische Assistentin. Auf Christies Empfehlung wird sie danach Assistentin von Simon Rattle und verlässt das Ensemble, um Dirigieren zu studieren. Im Bereich der Alten Musik ist dies durch die enge Verbindung von Continuo und Dirigat ein oft natürlicher Schritt für viele Cembalisten. So gründete auch sie im Jahr 2000 ihr eigenes Ensemble aus Sängern und Instrumentalisten: Le Concert d'Astrée ist geprägt von dem Bemühen, Expressivität als Weg zur Vermittlung der Werke ins Zentrum der Arbeit zu rücken. Eine solche Ausrichtung im Zweifel immer an Temperament und Lebendigkeit, die auch die Dirigierästhetik von Emmanuelle Haïm prägt, hat szenefremdes Publikum angezogen und die Musikkritik sowie Verfechter Historischer Aufführungspraxis vielleicht manchmal auch befremdet. Gegenüber Angeboten aus dem Mainstream des Klassikbetriebs bleibt sie aber immun. Sämtliche Aufnahmen und Aufführungen Emmanuelle Haïms sind geprägt von einem unbedingten Willen zur Farbigkeit, Opulenz und Dramatik, der dem Verständnis und der Bedeutung von Barockmusik an der Wende zum 21. Jahrhundert einen weiteren großen Schub in die Öffentlichkeit beschert hat.

Tonträger
2002 HÄNDEL: *Aci, Galatea e Polifemo* HWV 72 (Piau, Mingardo, Naouri, LCA; Virgin) ▪ **2003** MONTEVERDI: *L'Orfeo* (Bostridge, Ciofo, Dessay, Coote, European Voices, Les Sacqueboutiers, LCA; Virgin) ▪ **2003** PURCELL: *Dido and Aeneas* (Graham, Bostridge, Tilling, European Voices, LCA; Virgin) ▪ **2005** HÄNDEL: *Delirio amoroso* HWV 99 / *Mi palpita il cor* HWV 132b etc. (Natalie Dessay, LCA; Virgin) ▪ **2006** »Carestini – The Story of a Castrato« [Werke von Porpora, Händel, Hasse, Graun etc.] (Philippe Jaroussky, LCA; Virgin) ▪ **2009** HÄNDEL: *La resurrezione* HWV 47 (Tilling, Royal, Spence, Pisaroni, Prina, LCA; Virgin)

Bildmedien
2011 HÄNDEL: *Giulio Cesare* (Dessay, Zazzo, Chœur de l'Opéra National de Paris, LCA; Virgin) ▪ **2012** MONTEVERDI: *L'incoronazione di Poppea* (Yoncheva, Cencic, Hallenberg, Mead, LCA; Virgin)

AKH

Haitink, Bernard

1929 am 4. März in Amsterdam in eine Familie ohne besonderen musikalischen Hintergrund geboren.

1947 beginnt er sein Studium am Amsterdamer Konservatorium, wo er sich – neben einer Anstellung zunächst als Violinist im Rundfunkorchester – mit derselben unaufdringlichen Entschlossenheit auf eine Karriere als Dirigent festlegt, die ihn in diesem Beruf auszeichnen wird.

1957 wird er bereits – gefördert vor allem von Felix Hupka und Ferdinand Leitner – zum Leiter der Orchester des Niederländischen Rundfunks ernannt.

1961–1988 ist er als Nachfolger Eduard van Beinums Chefdirigent des Concertgebouworkest (in den ersten beiden Jahren geteilt mit Eugen Jochum, als Kompromiss zwischen Haitinks eher geringer Erfahrung und dem Wunsch, weiterhin einen Holländer als Chefdirigenten präsentieren zu können).

1967–1979 übernimmt er auch die Leitung des London Philharmonic Orchestra.

1977 wird er für ein Jahrzehnt Musikdirektor des Opernfestivals in Glyndebourne, wo er 1972 mit Mozarts *Entführung aus dem Serail* debütiert hat.

1987 folgt der logisch nächste Schritt: Haitink übernimmt vier Jahre nach seiner Ernennung den Posten als Direktor des Royal Opera House, Covent Garden (bis 2002).

1995–2004 ist er Erster Gastdirigent beim Boston Symphony Orchestra.

2002–2004 wird er Nachfolger des verstorbenen Giuseppe Sinopoli bei der Staatskapelle Dresden.

2006–2010 ist er Principal Conductor des Chicago Symphony Orchestra. Nun vollendet sich seine diskografische Karriere als »Da-capo-Arie«: Nach einem »kontrastierenden Mittelteil« mit Opernaufnahmen legt er – jetzt aber in Live- statt Studio-Produktionen – zuvor eingespieltes Repertoire für LSO Live (Zyklen der Sinfonien von Beethoven und Brahms) und andere Orchesterlabels nochmals vor.

Von allen Dirigenten, die eine unbegrenzte »Lizenz zum Pressen« von Tonträgern besitzen, scheint Haitink die am wenigsten mit einem festen Image verbundene Persönlichkeit zu sein. Seine Interessen und die Anforderungen des kanonisierten Repertoires wirken – bis auf eine leichte Vorliebe für britische Musik – beinahe deckungsgleich. Bernard Haitink ist schwer zu beschreiben, und schon Julia Spinola wählte dieses Faktum als »Aufhänger« ihrer eigenen Beschreibung: »Verdächtig häufig wird in Rezensionen zum Mittel der ex-negativo-Charakterisierung gegriffen: Haitink sei *kein* Pultpfau, seine Interpretationen seien, etwa im Falle Bruckners, *nicht* zu schnell, *nicht* zu langsam, *nicht* zu analytisch, dabei *nicht* zu pauschal« (Julia Spinola, Die großen Dirigenten unserer Zeit, Berlin 2005, S. 133).

Das Bild von Haitink als Dirigent ohne Eigenschaften sollte nicht direkt verworfen werden, denn eine solche Haltung kann eigenständige Wertkriterien erzeugen: Für Schostakowitsch produziert er einen lange maßgeblichen Gesamtzyklus der Sinfonien, gerade weil hier einmal alle Sinfonien gleich gut klingen. Was den »zentralen« Werken an Intensität abgeht (so wird in der 8. Sinfonie das Hauptthema dem stärker entspannten Gestus des Seitenthemas angenähert), kommt den »peripheren« Werken umso mehr zu. Vaughan Williams andererseits wird etwas zu einseitig so eingespielt, als ob er ebenfalls Schostakowitsch wäre. Das Schillern zwischen impressionistischen und verhalten pathetischen Klängen will sich nicht so recht einstellen: Tatsächlich wirkt die bei LPO veröffentlichte Wiedergabe im Konzert weitaus lebendiger als die Studioaufnahme der 5. Sinfonie; es fällt die Sterilität weg, den Klang möglichst leise oder möglichst volltönend zu inszenieren. Darum scheint in diesem Fall mit der 6. Sinfonie umgekehrt das vielleicht »extremste« Werk besonders gelungen, das solche Gegensätze tatsächlich ausspielt.

Haitinks merkantile Attraktivität ließe sich also daraus erklären, dass er den kontinuierlichen Klangstrom des »Karajan-Sounds« auch in dem Repertoire erzeugen kann, für das Karajan selbst keine Gesamtzyklen vorlegen wollte. In einem solchen »integrativen Raumklang« dient die äußere Entfernung, die die Einzelstimmen voneinander einnehmen können, nie dazu, auch deren innere Entfernung zu inszenieren. Das Panorama bewegt sich stets zur Mitte hin, wo dann, etwa bei Schubert und Schumann, die einzelnen Instrumentalregister etwas zu sämig ineinander verklebt scheinen. Haitinks Mozart-Aufnahmen aus Glyndebourne bleiben aber eine Empfehlung gerade für Einsteiger, da entspannte Tempi zur genau abgrenzenden Charakterzeichnung eingesetzt werden.

Ordnet man die unter dem Titel »The Philips Years« herausgegebene Retrospektive auf

20 CDs chronologisch, so tritt der Wechsel von einem unerwartet ruppigen Stil, der in Dvořáks 7. Sinfonie oder Bartóks *Konzert für Orchester* einen starken »Live-Charakter« bewahrt, hin zu einer bewusst die künstliche Perfektion des Aufnahmeklangs ausspielenden Ästhetik deutlich hervor. In den Dubletten dieser Aufnahmen aus späteren Jahrzehnten werden dann vor allem die Tempi allmählich langsamer: In Bruckners 8. Sinfonie verzichtet Haitink 2002 in Dresden im Finale auf das aggressive Tempoanziehen der ersten Philips-Aufnahme aus dem Jahr 1969; in Mahlers Sechster verschiebt sich Live in Paris (Naïve) und Chicago (CSO Resound) der Fokus im Finale durch fünf Zusatzminuten auf die erdenfernen Partien, bei beständig enttäuschter Hoffnung auf wirksame Hammerschläge und ebenso beständig gelungenen Passagen wie der Coda des Kopfsatzes, deren perfekteste Einpegelung zwischen tatsächlichem und trügerischem Triumph aber erneut bereits 1969 im Studio gelingt.

Mahlers 3. Sinfonie erzählt diesen ästhetischen Wandel in sich nach; nicht nur dadurch klingt sie bei Haitink wie eine imaginäre *Rheingold*-Variante, die von der rauen Naturmusik zum Schönklang des Finales führt, gleichsam als Einzug der Götter ins Tonstudio. Die »Wahl des Halls« als neue Residenz, dessen kontrollierbarer Einsatz die volltönende Verschmelzung der Klangregister ermöglicht, tritt besonders hervor im *Deutschen Requiem*, eingespielt 1980 mit Gundula Janowitz und den Wiener Philharmonikern: Alles Fleisch wird hier zu Glanz. Haitink präsentiert sich in diesen Aufnahmen vordergründig als der berechenbare Dirigent des bürgerlichen Wohnzimmers. Die Garantie, dass ein Gesamtzusammenhang im und durch den exquisiten Klang gewahrt bleibt, ermöglicht jedoch eine »heimlich individuelle« Formung: Zu Beginn von Beethovens 3. Klavierkonzert mit András Schiff (Teldec 1996) werden hinter der diesmal von der Staatskapelle Dresden errichteten Fassade blitzblanker Perfektion die einzelnen Motive ganz kontrastierend ausphrasiert. Und am Beginn der *Götterdämmerung* fasst eine Variante dieses Grundmodells die Strategie Haitinks nicht nur für den *Ring* zusammen: Ein unerwartet schroffer Einzelmoment (die Bläserintonation im beginnenden »Bad Chord«) wird in sich verströmenden Klang überführt (die Arpeggien des antwortenden »Good Chord«).

Als Operndirigent tendiert Haitink dazu, die menschlich grausamen Handlungen zugunsten der eleganten Orchesterfarben zurückzudrängen: In Brittens *Peter Grimes* entsteht dabei der magische Moment, wenn die satirische Gerichtsszene von der Meeresmusik überspült wird, die im ersten Ton des ersten Interlude erwacht. Ähnlich wirkt in Janáčeks *Jenůfa* das beständige Klappern der Mühlräder kaum noch bedrohlich – viele Dirigenten sind bereit, Janáčeks kurzatmige Motive zu melodisieren, Haitinks Qualitäten zeigen sich daran, dass dies bei ihm einmal tatsächlich klappt. Als Begleiter wird er durch diese Qualitäten endgültig auf höchstem Niveau ungreifbar: In Liszts A-Dur-Konzert besteht der Dialog mit Alfred Brendel in einem beständigen Überbieten, wer das Stück doch zum Virtuosenkonzert ummodellieren kann, in Brahms' B-Dur-Konzert, das er nach Aufnahmen mit Claudio Arrau und Vladimir Ashkenazy zum dritten Mal mit Emanuel Ax einspielt (die Liste setzt sich aber nur im Konzert mit Daniel Barenboim alphabetisch weiter fort), dominiert dagegen der Versuch, den Partner durch ein höfliches »Bitte nach Ihnen« zu besonders leisen Momenten zu animieren. Haitink ist ein Dirigent, der sich selbst zugunsten anderer verändern und anpassen kann. Er hat seine umfangreiche Diskografie schon darum verdient, weil er erst in der Summe seiner Orchester, Labels und Werkzyklen als Person erkennbar wird und dann immer wieder zu Bewunderung einlädt.

Tonträger
1959 Dvořák: Sinfonie Nr. 7 (Concertgebouworkest; Philips) ▪ **1966** Mahler: Sinfonie Nr. 3 (Maureen Forrester, Concertgebouworkest; Philips) ▪ **1972** Liszt: Klavierkonzerte Nr. 1 & 2 / *Totentanz* (Alfred Brendel, London PO; Philips) ▪ **1978** Bruckner: Sinfonie Nr. 7 (Concertgebouworkest; Philips) ▪ **1978/83** Schostakowitsch:

Sinfonie Nr. 15 / *Aus jüdischer Volkspoesie* (Söderström, Wenkel, Karczykowski, London PO, Concertgebouworkest; Decca) ▪ **1984** MOZART: *Don Giovanni* (Allen, Vaness, Lewis, Ewing, Van Allen, London PO; EMI) ▪ **1987** MAHLER: Sinfonie Nr. 1 (BPh; Philips) ▪ **1988** WAGNER: *Die Walküre* (Goldberg, Studer, Morris, Meier, Marton, Salminen, SO des BR; EMI) ▪ **1992** BRITTEN: *Peter Grimes* (Rolfe Johnson, Lott, Allen, Payne, Covent Garden; EMI) ▪ **1997** VAUGHAN WILLIAMS: Sinfonie Nr. 6 / *On Wenlock Edge* / *In the Fen Country* (Ian Bostridge, London PO; EMI) ▪ **2001** JANÁČEK: *Jenůfa* [Brünner Fassung] (Mattila, Silja, Silvasti, Hadley, Covent Garden; Erato) ▪ **2002** BRUCKNER: Sinfonie Nr. 8 [Ed. Haas] / MOZART: Sinfonie Nr. 38 KV 504 »Prager« (Staatskapelle Dresden; Hänssler) ▪ **2005** BEETHOVEN: Sinfonien Nr. 2 & 6 »Pastorale« (London SO; LSO Live) ▪ **2007** RAVEL: *Daphnis et Chloé* / POULENC: Gloria (Jessica Rivera, Chicago SO & Chorus; CSO Resound)

Bildmedien
1977 STRAWINSKY: *The Rake's Progress* (Goeke, Lott, Ramey, Glyndebourne Chorus, London PO; Arthaus) ▪ **1994** MOZART: *Le nozze di Figaro* (Finley, Hagley, Fleming, Schmidt, London PO; NVC)

Literatur
Simon Mundy, Bernard Haitink. A Working Life, London 1987 ▪ Paul Korenhof (Hrsg.), Bernard Haitink. Een vriendenboek, Amsterdam 1999 ▪ Jan Bank / Emile Wennekes, De klank als handschrift. Bernard Haitink en het Concertgebouworkest, Amsterdam 2006 ▪ »Mahler's Seventh. A Dialogue with Bernard Haitink« (1994), in: Donald Mitchell, Discovering Mahler. Writings on Mahler. 1955–2005, Woodbridge 2007, S. 411–420

JCA

Handley, Vernon

1930 am 11. November im Londoner Stadtteil Enfield in eine walisisch-irische Arbeiterfamilie geboren, erhält Handley zunächst keinerlei professionellen Musikunterricht, eine Handverletzung behindert zudem sein (von der Mutter angeleitetes) Klavierspiel. Durch Vermittlung eines Lehrers bietet sich ihm allerdings die Gelegenheit, Adrian Boult bei Proben mit dem BBC Symphony Orchestra zu beobachten.
1958 Nach Studien am Balliol College in Oxford (englische Literatur) und an der Guildhall School of Music (Hauptfach: Kontrabass) sowie einer Phase, in der er bei Amateurorchestern, Baumschulen und Tankstellen beschäftigt ist, wird er Schüler und Assistent seines Idols Adrian Boult.
1960 debütiert er beim Bournemouth Symphony Orchestra.
1962 übernimmt er das Guildford Philharmonic Orchestra, mit dem er 1964 erstmals eine Aufnahme der 4. Sinfonie von Arnold Bax verwirklicht.
1973 beginnt seine Tätigkeit für Classics for Pleasure, dem EMI angegliedertes Budget-Label, mit Einspielungen des *Concerto for Double String Orchestra* von Michael Tippett und der *Tallis Fantasia* von Ralph Vaughan Williams. Bis in die 1990er-Jahre wird er einerseits für Budget-Reihen der EMI populärere Werke (nicht nur britische) aufnehmen, andererseits für Independent Label wie Hyperion und Chandos umfassende Zyklen weniger bekannter britischer Sinfonik des späten 19. und 20. Jahrhunderts.
1983 ernennt ihn das London Philharmonic Orchestra nach einer Vielzahl gemeinsamer Produktionen zum Associate Conductor (neben Klaus Tennstedt als Principal Conductor).
1985–1989 übernimmt er beim Ulster Orchestra in Belfast die Chef-Position; Resultate sind u. a. erste zyklische Einspielungen aller Sinfonien und *Irischen Rhapsodien* von Charles Villiers Stanford und der Orchesterwerke von Ernest J. Moeran (Chandos).
1986–1988 leitet er das Malmö Symphony Orchestra. Das Royal Liverpool Philharmonic Orchestra sowie das Royal Philharmonic Orchestra sind in den 1990er-Jahren seine Hauptpartner im Rahmen einer immensen Aufnahmetätigkeit im Studio mit teils über zehn Tonträgern pro Jahr.
2002 Ein Unfall im Taxi in München sowie zunehmend ernste Alterserkrankungen beschränken seine Arbeitskraft; dennoch entsteht endlich auch eine Gesamtaufnahme der Sinfonien von Arnold Bax, dessen weithin unterschätzte Musik ihm lebenslang ein besonderes Anliegen war.
2008 stirbt er am 10. September in seinem Heimatsitz in Monmouth (Wales).

Mit britischer Musik – etwa Elgars Märschen, Malcolm Arnolds effektvoll instrumentierten Konzertouvertüren oder den lyrischen Stimmungsbildern von Delius und Bax – verbinden sich gerade in Deutschland noch Klischees unterhaltsamer Musik für Promenadenkonzerte, und ein dynamisch zugreifender Dirigent dieses Repertoires wie Handley, der zudem auch »Wunschkonzert«-Platten produziert hat, kann leicht in den Ruf eines bloßen »Proms-Dirigenten« geraten. Versteht man »Promenade« jedoch als aufmerksames musikalisches Promenieren durch sich kontinuierlich verändernde Klangwelten, so wird damit nicht nur ein Prinzip britischer Sinfonik von der Romantik bis in die Gegenwart ästhetisch ernst genommen, sondern auch die herausragende Qualität Handleys beschrieben: Als sorgsamer Wegbegleiter durch hierzulande immer noch kaum entdeckte britische Musikgefilde führt er uns beispielsweise durch die Blütenstände der alles Thematische bunt überwuchernden Elementarmotive im Kopfsatz der 2. Sinfonie von Arnold Bax bis zu eben jener Stelle, an der plötzlich doch noch eine »schöne Melodie« im Streicherglanz erstrahlt. Nahezu gleichrangig zu musikalischen Wanderrouten von Mahler oder Richard Strauss erscheint bei Bax und Handley auch der in *Tintagel* eingeschlagene umgekehrte Weg vom fast »zu schönen« Hauptthema in ein Motivdickicht, aus dem heraus eine Rückkehr ebenso mühsam wie lustvoll erarbeitet wird, wonach der Durchbruch aber nur noch wie eine unzureichende Erinnerung des einst genossenen Glücks erscheint.

Wer sich etwa für die Komponisten Granville Bantock (1868–1946) oder Robert Simpson (1921–1997) interessiert, kommt um Handley nicht herum. Ein halbes Dutzend Tonträger – mit Einspielungen u. a. von *Sappho* oder den *Helena Variations* – zeigt, dass Bantocks bekanntere »keltische« und maritime Stimmungsbilder eigentlich in einer bildungsbürgerlich edwardianischen Wohnstube hängen, zwischen Reproduktionen in den Klangfarben von Elgar und Richard Strauss, sodass einen selbst der Schuss Johann Strauß in den Volkstanz-Partien der *Celtic Symphony* kaum mehr erstaunt. Das mit fast einem Dutzend Sinfonien von Simpson modernistischer eingerichtete Nebenzimmer bietet hingegen eine interessante Mischung aus fast schon minimalistischem Konstruktivismus und Fin-de-siècle-Expressionismus: teils mikroskopisch kleine Motivkeime, die zu monumentalen Panoramen anwachsen können. Die bei Simpson zu bewundernde Geduld, Klänge und Stimmungen in eher verhaltenen Tempi mehr räumlich als zeitlich aufzubauen, prägt nahezu alle Aufnahmen Handleys. Nigel Kennedy fügt sich in seiner berühmten Debüt-Aufnahme mit Elgars Violinkonzert ein als solistischer Spaziergänger, der gebannt die sinfonische Landschaft in Handleys Breitwandpanorama reflektiert, das sich episch über mehr als fünfzig Minuten aus einem eingängigen orchestralen Themenmassiv entwickelt. Das spürbare Prinzip, seinen Solisten genügend Raum zu geben, tritt gerade in Handleys zahlreichen Aufnahmen kanonisierter wie aus dem Fundus britischer Musik reanimierter Instrumentalkonzerte hervor, sodass viele eher regional in Großbritannien geschätzte Solisten wie Tasmin Little oder Kathryn Stott mit ihm äußerst signifikante und international beachtenswerte Einspielungen hinterlassen konnten.

In der Regel aber genügt Handley das Orchester selbst als Ensemble »ästhetischer Subjekte«: Wie er in anfänglich eher betulichen Zeitmaßen 1983 das London Philharmonic Orchestra Mozarts späte Es-Dur-Sinfonie angehen lässt (ganz anders als die schon längst mächtige »entschlackte« Kammerorchester- und Historismus-Welle), wie er den Bläsern ihren Raum gibt und dennoch im langsamen Satz die Perspektive besonders auf die Violinen richtet als zentrale Verkörperung des Klanggeschehens und subjektiv »empfindende Stimme«, kann sich als »zeitlose« musikalische Ausdruckskunst mit jeder Festland-Tradition messen.

Tonträger
1974 FAURÉ: Pavane / *Masques et bergamasques* (London PO; Classics for Pleasure / EMI) ▪ 1981 DELIUS: *Brigg Fair / Eventyr / In a Summer Garden* etc. (Hallé Orchestra; Classics for Pleasure / EMI) ▪ 1983 MOZART: Sinfonie Nr. 39 KV 543 (London PO; Chandos) ▪ 1984 ELGAR: Violinkonzert (Nigel Kennedy, London PO; EMI) ▪ 1987–1996 SIMPSON: Sinfonien Nr. 1–9 (Royal Liverpool PO, Royal PO, Bournemouth SO; Hyperion) ▪ 1989 BRUCH: Violinkonzert Nr. 1 (Tasmin Little, Royal PO; EMI) ▪ 1989 STANFORD: Klavierkonzert Nr. 2 / *Concert Variations* (Margaret Fingerhut, Ulster Orchestra; Chandos) ▪ 1990 BANTOCK: *Celtic Symphony / Hebridean Symphony / The Witch of Atlas* (Royal PO; Hyperion) ▪ 1997 ARNOLD: Ouvertüren / *Philharmonic Concerto / Water Music* etc. (BBC Concert Orchestra; Conifer) ▪ 2002/03 BAX: Sinfonien Nr. 1–7 / *Tintagel* (BBC Philharmonic; Chandos)

HAH

Harding, Daniel

1975 am 31. August in Oxford geboren. Als Hauptinstrument erlernt er die Trompete.
1993 wird er neben einem Studium der Musikwissenschaft in Cambridge zum Assistenten seines Förderers Simon Rattle in Birmingham, später ist er auch Assistent Claudio Abbados bei den Berliner Philharmonikern.

1996 gilt sein Debüt bei den BBC-Proms als Auftritt des dort bisher jüngsten Dirigenten überhaupt.
1997–2000 ist er Chefdirigent beim Sinfonieorchester in Trondheim.
1999–2003 leitet er die Deutsche Kammerphilharmonie Bremen, danach ab 2003 das Mahler Chamber Orchestra, wo er 2011 zum Conductor Laureate ernannt wird.
2005 eröffnet er die Saison der Mailänder Scala mit *Idomeneo*.
2006 wird er Erster Gastdirigent beim London Symphony Orchestra,
2007 Chefdirigent des Swedish Radio Symphony Orchestra.
2016 übernimmt er die Leitung des Orchestre de Paris.

Daniel Harding verhält sich zum üblichen Bild des Dirigenten wie Ian Bostridge oder auch Christian Gerhaher zum üblichen Bild des Sängers: Ist im Gesang aber immer schon Platz gewesen für ein intimeres Rollenfach, so nimmt Harding seine Zusammenarbeit mit beiden Sängern zum Anlass, eine solche Möglichkeit auch für den stärker an das große Orchester gebundenen Dirigenten auszuforschen. Benjamin Brittens kammermusikalischer Tutti-Klang wird dabei in mehreren Einspielungen mit Bostridge zum natürlichen Verbündeten, während in Carl Orffs *Carmina Burana* – trotz Gerhahers auch im Bauernlatein stupenden Sologesangs – doch die Grenzen dieses Ansatzes erkennbar werden (das »O Fortuna« verliert derart viel von seinem Glanz, dass man meinen könnte, es ginge um Fortuna Düsseldorf). Dies entspricht der üblichen Erwartung an einen Kammerorchester-Klang: die leisen Stellen profitieren und die großen Ballungen klingen zu dünn. Hardings Einspielungen in tatsächlich kleinerer Ensemblegröße von Brahms, Mahler und Beethoven dagegen besitzen die leicht irritierende Grundausrichtung, dass im Tutti jenes aggressive Klangbild vorweggenommen wird, wie es zum Beispiel Pablo Heras-Casado oder Teodor Currentzis für ein nochmals radikalisiertes Kammerorchester des 21. Jahrhunderts propagieren, während gerade die lichteren Stellen oft etwas ausgedünnt und spannungsarm wirken.

Frühere Generationen von Dirigenten erlernten ihr Handwerk bei kleiner besetzten Orchestern mit entsprechend schlechterer Qualität, es entsteht so die Erfahrung: »je größer die Besetzung, desto besser die Qualität«. Harding hingegen übernimmt zunächst Chefpositionen bei Kammerorchestern von brillanter Qualität und will auf seinem weiteren Karriereweg in den größeren Besetzungen deren Meriten bewahren. Die dadurch gegebene Garantie, dass seine durchaus extrovertierten Gesten das Orchester niemals in einen den Solisten überdeckenden Machtapparat umwandeln, hat dazu geführt, dass Harding vom Musikbetrieb offenkundig zunächst zum Spezialisten für Violinkonzerte erhoben wurde. Statistisch drückt sich diese Schlagseite so aus: Es liegen mindestens neun CDs mit sechs verschiedenen Solisten, sechs verschiedenen Labels und drei bereits mehrfach von Harding eingespielten Konzerten vor. Im internen Wettbewerb ist Mendelssohns Konzert mit Ray Chen reizvoll als neu entdecktes Virtuosenstück mit einer stärker »geradlinigen« Begleitung versehen; dagegen ist bei Renaud Capuçon eine eher traditionelle, aber lyrisch differenziertere Variante auch mit einer stärker »einfärbenden« Begleitung kombiniert. Im internationalen Wettbewerb tritt in der zu Recht fast überall gelobten Aufnahme der Violinkonzerte von Béla Bartók mit Isabelle Faust hervor, wie die Solistin und das Orchester die vielen perkussiven Effekte stets so ausführen, dass der jeweils andere darauf antworten kann. In der zu Recht beinahe noch mehr gelobten Aufnahme mit Patricia Kopatchinskaja und Péter Eötvös – erschienen bei Naïve – dagegen »führt« die Solistin, da sie dieselben Effekte expressionistisch dorthin führt, wo das Orchester nicht mehr folgen kann. Die alte Debatte, ob »concertare« sich vom Miteinander oder Gegeneinander ableiten lasse, wird in diesen beiden nahezu zeitgleich entstandenen Aufnahmen gegensätzlich und von Harding natürlich mit dem für ihn zentralen Ideal des Miteinanders beantwortet.

Tonträger
2002 BRITTEN: *The Turn of the Screw* (Bostridge, Rodgers, Henschel, Mahler CO; Virgin) ▪ 2007 MAHLER: Sinfonie Nr. 10 [Fassung D. Cooke] (WPh; DGG) ▪ 2011/12 WIDMANN: Violinkonzert / *Antiphon* / *Insel der*

Sirenen (Christian Tetzlaff, Swedish RSO; Ondine) ▪ 2012 BARTÓK: Violinkonzerte Nr. 1 & 2 (Isabelle Faust, Swedish RSO; HMF) ▪ 2013 SCHUMANN: *Szenen aus Goethes Faust* (Gerhaher, Karg, Miles, Chor & SO des BR; BR Klassik) ▪ 2013 TURNAGE: *From the Wreckage / Speranza* (Håkan Hardenberger, London SO; LSO Live)

Bildmedien
2002 MOZART: *Don Giovanni* (Mattei, Padmore, Deshorties, Larsson, Mahler CO; BelAir) ▪ 2012 STRAUSS: *Ariadne auf Naxos* (Magee, Kaufmann, Moşuc, WPh; Sony)

Literatur
Stephen Pettitt, In der Provinz hat Daniel Harding Standfestigkeit geübt, um auf dem Parkett der Scala zu bestehen, in: Wolfgang Sandner (Hrsg.), 25 Klassiker, München 2006, S. 82 f.

Webpräsenz
www.danielharding.com (↪0046)

JCA

Harnoncourt, Nikolaus

1929 am 6. Dezember in Berlin als Johannes Nikolaus Graf de la Fontaine und d'Harnoncourt-Unverzagt und Sohn einer musikliebenden Familie geboren, verbringt er seine Kindheit und Jugend in Graz.

1945 nimmt Paul Grümmer den jungen Cellisten in seine Meisterklasse an der Wiener Musikakademie auf; bei Emanuel Brabec setzt Harnoncourt seine Studien fort.

1949 ist er eines der Gründungsmitglieder des Wiener Gamben-Quartetts.

1952 wird er als Cellist bei den Wiener Symphonikern aufgenommen und bleibt bis 1969 Mitglied dieses Orchesters; er widmet sich neben dem Orchesteralltag jedoch forschend und spielend mit seiner Frau Alice, einer Geigerin, der Alten Musik; es formiert sich um ihn ein Kern von Musikern, die auf historischen Instrumenten spielen.

1957 hat sein Ensemble, das von Alice Harnoncourt nicht nur gemanagt, sondern auch als Konzertmeisterin angeführt wird, unter dem Namen Concentus Musicus Wien (CMW) seinen ersten öffentlichen Auftritt. Harnoncourt leitet es zu dieser Zeit noch vom Cello aus. In der Folge entstehen erste Schallplatten, die das Speziallabel Das Alte Werk der Firma Telefunken (heute Teldec) etablieren.

1971 startet mit Telefunkens »Kantatenwerk« das Großprojekt einer auf zwei verschiedene Formationen um Harnoncourt und Gustav Leonhardt verteilten Gesamtaufnahme aller Kirchenkantaten Johann Sebastian Bachs, die den historischen Bedingungen der Bach-Zeit folgen soll (1989 erscheint die letzte Folge).

1972 debütiert er mit Monteverdis *Il ritorno d'Ulisse in patria* an der Piccola Scala in Mailand (zuvor bei den Wiener Festwochen).

1973 beginnt eine zwanzig Jahre andauernde Tätigkeit als Professor für Aufführungspraxis und historische Instrumentenkunde am Mozarteum in Salzburg (wo er 2008 einen Ehrendoktor erhält).

1975 nimmt eine erfolgreiche Zusammenarbeit sowohl mit den Zürcher Opernhaus (Monteverdi-Zyklus mit Jean-Pierre Ponnelle) als auch mit dem Amsterdamer Concertgebouworkest ihren Anfang.

1984 debütiert er bei den Wiener Philharmonikern (WPh).

1985 beginnen in Graz die alljährlich für und von Harnoncourt gestalteten Styriarte-Festspiele, wo 1987 auch seine langjährige Zusammenarbeit mit dem Chamber Orchestra of Europe (COE) beginnt; in Graz führt Harnoncourt auch Opern wie Bizets *Carmen* (2005), Mozarts *Idomeneo* (2008 einschließlich Regiedebüt) oder Gershwins *Porgy and Bess* (2009) auf.

1990–1991 entsteht in Graz mit dem COE ein live mitgeschnittener Zyklus der Sinfonien Beethovens.

2001 dirigiert er das Neujahrskonzert der Wiener Philharmoniker (nochmals 2003).

2002 erhält der bis dahin schon mit zahlreichen Preisen und Ehrungen ausgezeichnete Dirigent mit dem Ernst von Siemens Musikpreis den »Nobelpreis der Musik«.

2006 beginnt eine Ära mit regelmäßigen Produktionen am Theater an der Wien, wo er bereits im Vorfeld des Haydn-Jahres 2009 einige von dessen wenig bekannten Opern aufführt; auch seine dafür unterbrochenen, oft zwiespältig aufgenommenen Operndirigate bei den Salzburger Festspielen setzt er 2012 einmalig mit Mozarts *Zauberflöte* fort.

Wie kaum ein zweiter Interpret in der zweiten Hälfte des 20. Jahrhunderts hat Harnoncourt Türen zu Neuem aufgestoßen – versteht man das Neue als interpretatorisch frischen Blick auf Werke der Vergangenheit. Der Cellist, Gambist und Dirigent eröffnete »Wege zu einem neuen Musikverständnis« (wie eine seiner einflussreichen Schriften im Untertitel benannt ist) durch ein Interpretationskonzept, dessen Zentrierung auf die historische Reflexion ihn zu einem der Gründungsväter der »historisch informierten Aufführungspraxis« erhebt. Generationen von Musikern wurden von seinen Ideen und Idealen angeregt, Werke der Vergangenheit kritisch zu befragen und deren aufführungspraktische Hintergründe zu erforschen, um aus dem Wissen um historische Bedingtheiten Vorstellungen für eine schlüssige Interpretation in der Gegenwart zu entwickeln. Seine Maxime, für jedes Werk ein eigenes interpretatorisches Konzept zu erarbeiten und umzusetzen, basiert auf einer skeptischen Haltung gegenüber allem Hergebrachten und Unhinterfragten. Der grundlegende Zweifel, auch gegenüber eigenen Idealen der Vergangenheit, ist ihm Ansporn dafür, Musik zu einer geradezu existenziellen Erfahrung zu machen; kulinarischen Musikgenuss lassen seine gegen den Strich gebürsteten musikalischen Darstellungen nicht zu.

Im Gegensatz zur Ausrichtung an Interpretationsidealen der (Neuen) Sachlichkeit, wie sie bei vielen seiner Kollegen im Bereich der historisch informierten Aufführungspraxis zu beobachten ist, führt Harnoncourt Ideen romantischer Musikästhetik fort: Statt den »Buchstaben« des Notentextes ins Zentrum zu stellen, sucht er nach der Bedeutung der Musik »zwischen den Zeilen«. Musik ist ihm die sinnliche Vermittlung ausdrucksvoller Inhalte; nicht umsonst nutzt er Arnold Scherings umstrittene hermeneutische Ideen als Sprungbrett eigener Vorstellungen über den inhaltlichen Gehalt rein instrumentaler Werke. Selbst in Orchesterproben spielt die verbale Kommunikation der Klangvorstellung im Dienste des intendierten Ausdrucks eine zentrale Rolle; die dafür genutzten bildgewaltigen Metaphern sind legendär (und wurden sogar in Buchform publiziert). Harnoncourt ist wie kaum ein Zweiter seiner Zunft ein Mann des Wortes: Oftmals in Vortragsform abgefasste Darstellungen interpretatorischer Ideen, Reflexionen über historische Kontexte und kritische Überlegungen zu den Grundlagen des eigenen Tuns hat er neben pädagogisch motivierten Texten in vielen Einzelbeiträgen (auch zu musikwissenschaftlichen Debatten) und Büchern veröffentlicht.

Bereits in der Frühphase der kommerziellen Erfolgsgeschichte der Alte-Musik-Bewegung in den ersten Jahrzehnten nach dem Zweiten Weltkrieg machte Harnoncourt mit Nachdruck deutlich, dass es ihm nicht primär um eine historische Rekonstruktion geht, sondern darum, Musik der Vergangenheit für die Gegenwart relevant zu machen. Diesem erklärten Ziel dient die Rückbesinnung auf historische Aufführungsweisen, die im Kontext traditioneller Interpretationskulturen des 20. Jahrhunderts zu ungewohnten Hörerfahrungen und damit zu herausfordernd neuen Begegnungen mit bekannten Werken führen mussten. Bezeichnungen wie »Originalklang« lehnt er allerdings in dem Bewusstsein, als Musiker der Gegenwart die »authentische« Klangwelt der Vergangenheit nicht wiedererlebbar machen zu können, bis heute strikt ab. Der Einsatz historischer Instrumente ist bei ihm primär ästhetisch motiviert und keine museale Rekonstruktion der Vergangenheit. Harnoncourt nimmt nicht nur aufgrund der dezidierten Ansicht, der »Originalklang« sei eine Chimäre, eine Sonderstellung im Bereich der Alte-Musik-Szene ein, auch sein in jeglicher Hinsicht undogmatischer Zugang hebt ihn vom Gros seiner Kollegen ab. Der Wechsel zwischen Orchestern mit historischen Instrumenten und Traditions-Klangkörpern mit modernem Instrumentarium zeigt, in welchem Ausmaß sich die ehemals streng getrennten Bereiche des Musizierens gegen Ende des 20. Jahrhunderts angenähert haben.

Das Zentrum seines Musikverständnisses bildet die Vorstellung einer sprachähnlichen Gestik der Musik, die er auf die Formel »Klangrede« gebracht hat. Entwickelt wurde dieses Konzept musikalischer Rhetorik im Kontext der Barockmusik, der sich Harnoncourt als Leiter des Concentus Musicus Wien in den ersten Jahrzehnten nach dessen Gründung mit besonderem Engagement widmete. Der »Nähmaschinenmotorik« älterer Barockmusik-Interpretationen stellte Harnoncourt einen tänzerischen, in der Vokalmusik von der Wortbetonung her generierten und in Dynamik, Akzentuierung und Agogik äußerst flexiblen wie artikulatorisch differenzierten Zugang entgegen. Auch wenn in frühen Aufnahmen Einzelaspekte zum Manierismus tendieren und das Spiel auf historischen Instrumenten noch recht holprig klingt, haben die Einspielungen etwa von Claudio Monteverdis *L'Orfeo* oder von Bachs *Brandenburgischen Konzerten* doch die folgende Interpretationsgeschichte geprägt.

Stets ohne Taktstock dirigierend, nutzt Harnoncourt auch nach dem Wechsel vom Cello ans Dirigentenpult die diabolisch durchdringenden Augen als zentralen Kommunikationskanal zu den Musikern, zusätzlich verkörpert er nun mit »wischenden« Gesten und punktgenau zustechenden Bewegungen den Kern seines Musikverständnisses: die instrumentale Rede, das Gestische der Musik. In Mozarts Sinfonien und Konzerten, vor allem aber in dessen Opern erreicht er durch scharfe dynamische Kontraste, Beleuchtung von Nebenstimmen, artikulatorischen Nuancenreichtum und lebendige Frische des Vortrags eine regelrecht aufwühlende Dramatik: Klassisches Ebenmaß wird zugunsten von Sturm-und-Drang-Intensität aufgegeben. Schallplattengeschichte hat er auch mit seiner Gesamteinspielung der Beethoven-Sinfonien geschrieben, in der formale Abschnitte mitunter durch deutliche Tempounterschiede voneinander abgegrenzt werden und das Chamber Orchestra of Europe mit gemischter Besetzung agiert (moderne Instrumente, aber historische Trompeten und Pauken).

Das »Klangrede«-Ideal, in seinem Kern ein dynamisch und agogisch gestaltetes Öffnen und Schließen von Phraseneinheiten, erlaubt Harnoncourt im Bereich der romantischen Sinfonik ein hohes Maß an Elastizität der Tempi auf engstem Raum. Damit greift er aufführungspraktische Mittel wieder auf, die seit dem 19. Jahrhundert zugunsten rhythmischer Konstanz aufgegeben waren (paradigmatisch ist z. B. die Ermahnung während einer Probe zu Bruckners 5. Sinfonie, vier aufeinanderfolgende Sechzehntel nicht gleich lang zu spielen). Eine Orientierung an frei fließenden Tanzbewegungen zeigt sich in seinen Interpretationen bis hinein in Werke wie Bartóks *Divertimento*, das, mit agogischen Akzenten belebt, in seiner Flüssigkeit so suggestiv wirkt wie das eigene Klavierspiel des Komponisten. Nach 1980 wurde Harnoncourt damit auch zum Vorreiter der Ausdehnung »historistischer« Praktiken auf die Wiener Klassik und Repertoire des 19. und frühen 20. Jahrhunderts.

Tonträger
1964 BACH: *Brandenburgische Konzerte* Nr. 1–6 (CMW; Telefunken / Teldec) ▪ 1965 BACH: *Johannes-Passion* (Equiluz, van Egmond, Wiener Sängerknaben, CMW; Teldec) ▪ 1978 HÄNDEL: *Water Music* (CMW; Teldec) ▪ 1980 MOZART: Sinfonien Nr. 34 KV 338 & 35 KV 385 »Haffner« (Concertgebouworkest; Teldec) ▪ 1987 STRAUSS [J.]: *Die Fledermaus* (Gruberová, Bonney, Hollweg, Lipovšek, Heller, Concertgebouworkest; Teldec) ▪ 1988 HAYDN: Sinfonien Hob. I : 45 »Abschiedssinfonie« & 60 »Il distratto« (CMW; Teldec) ▪ 1988 MOZART: *Don Giovanni* (Hampson, Gruberová, Alexander, Polgár, Concertgebouworkest; Teldec) ▪ 1990 BEETHOVEN: Sinfonien Nr. 1 & 3 »Eroica« (COE; Teldec) ▪ 1995 WEBER: *Der Freischütz* (Orgonášová, Schäfer, Wottrich, Salminen, Rundfunkchor Berlin, BPh; Teldec) ▪ 2000/01 DVOŘÁK: *Slawische Tänze* op. 72 & 46 (COE; Teldec) ▪ 2001 VERDI: *Aida* (Gallardo-Domâs, La Scola, Borodina, Hampson, Arnold Schoenberg Chor, WPh; Teldec) ▪ 2004 BRUCKNER: Sinfonie Nr. 5 [Ed. Nowak] (WPh; RCA) ▪ 2011 »Walzer Revolution: From Mozart's Dances to Lanner and Strauss« (CMW; Sony) ▪ 2013 MOZART: Sinfonien Nr. 39 KV 543, 40 KV 550 & 41 KV 551 (CMW; Sony)

Bildmedien
1978 MONTEVERDI: *L'Orfeo* (Huttenlocher, Turban, Schmidt, Monteverdi-Ensemble des Opernhauses Zürich; DGG) ▪ 1989 MOZART: *Die Entführung aus dem Serail* (Winska, Szmytka, Streit, Wiener Staatsoper; DGG) ▪ 2008 SCHUMANN: *Genoveva* (Banse, Mathey, Kallisch, Opernhaus Zürich; Arthaus) ▪ 2009 HAYDN: *Il mondo della luna* (Genaux, Richter, Henschel, CMW; CMajor)

Schriften
Musik als Klangrede. Wege zu einem neuen Musikverständnis. Essays und Vorträge, Salzburg / Wien 1982, Kassel ⁷2014 ▪ *Der musikalische Dialog. Gedanken zu Monteverdi, Bach und Mozart*, Salzburg / Wien 1984, Kassel ⁷2012 ▪ *»Töne sind höhere Worte«. Gespräche über romantische Musik*, hrsg. von Johanna Fürstauer, St. Pölten 2007 ▪ *Mozart-Dialoge. Gedanken zur Gegenwart der Musik*, hrsg. von Johanna Fürstauer, Kassel 2009 ▪ *»... es ging immer um Musik«. Eine Rückschau in Gesprächen*, hrsg. von Johanna Fürstauer, St. Pölten 2014

Literatur
Monika Mertl, *Vom Denken des Herzens. Alice und Nikolaus Harnoncourt – eine Biographie*, Salzburg 1999, St. Pölten ²2011 ▪ Monika Mertl / Milan Turković, *Die seltsamsten Wiener der Welt. Nikolaus Harnoncourt und sein Concentus musicus. 50 Jahre musikalische Entdeckungsreisen*, Salzburg 2003 ▪ Wolfgang Gratzer (Hrsg.), *Ereignis Klangrede. Nikolaus Harnoncourt als Dirigent und Musikdenker*, Freiburg i. Br. 2009 ▪ Otto Hochreiter / Mathis Huber (Hrsg.), *Being Nikolaus Harnoncourt*, Graz 2009 ▪ *Unmöglichkeiten sind die schönsten Möglichkeiten: Die Sprachbilderwelt des Nikolaus Harnoncourt*, hrsg. von Sabine M. Gruber, St. Pölten ⁴2010

Webpräsenz
www.harnoncourt.info (↪0047)

Hausegger, Siegmund von

1872 am 16. August in Graz geboren, erhält er ersten Unterricht in Klavier und Musiktheorie von seinem Vater Friedrich von Hausegger, der an der dortigen Universität Musikgeschichte und Musikästhetik lehrt.
1896 debütiert er als Dirigent an der Grazer Oper.
1899 wird er Dirigent der Volkssymphonie-Konzerte des Münchner Kaim-Orchesters, das zu dieser Zeit noch unter der Gesamtleitung Felix Weingartners steht.
1903 übernimmt er die Leitung der Museumskonzerte in Frankfurt am Main – eine Tätigkeit, die er drei Jahre später aus Protest gegen eine (seiner Ansicht nach) zu sehr am »Amusement« orientierte Programmplanung aufgibt.
1910 wird er Dirigent der Hamburger Philharmonischen Konzerte und des Berliner Blüthner-Orchesters.
1920–1934 ist er zunächst als Direktor, später als Präsident der Münchener Akademie der Tonkunst tätig, zudem dirigiert er die Abonnementkonzerte des Münchner Tonkünstlervereins (bis 1938).
1926–1935 ist er Vorsitzender des Allgemeinen Deutschen Musikvereins.
1939 gibt er die in der Wagner-Nachfolge bedeutsamen *Gesammelten Schriften* seines Vaters heraus.
1942 erhält er zu seinem 70. Geburtstag von Hitler die Goethe-Medaille für Kunst und Wissenschaft.
1948 stirbt er am 10. Oktober in München.

Siegmund von Hausegger war tief in der bildungsbürgerlichen Tradition verwurzelt. Zu seinen philologischen Verdiensten um die Bruckner-Interpretation zählt neben einer Arbeit über das Problem der Zeitmaße in verschiedenen Fassungen der 1. Sinfonie vor allem die Münchner Aufführung der 9. Sinfonie in der neu erarbeiteten »Urtext«-Fassung am 2. April 1932, die Hausegger im selben Konzert der bis dato gängigen Fassung (nach Ferdinand Löwe) gegenüberstellte. Die Gestaltung thematisch zusammenhängender Konzertprogramme für ein »bildungsfähiges« Publikum war ein zentrales Anliegen seiner Tätigkeit als Dirigent – ein Anliegen, das auch Felix Weingartner aufgenommen hat und dem Hausegger 1903 einen engagierten Aufsatz widmete, in dem er u. a. die »Verbannung aller Unterhaltungs- und Virtuosenmusik« aus dem Sinfoniekonzert forderte.

Wie kurz der Weg vom Postulat »stylreiner Programme« zum Vokabular völkischer Reinheitsideologien im NS-Staat sein konnte, zeigt eine Zuschrift an die Zeitschrift *Die Musik* aus dem Jahr 1934, in der Hausegger »die Auswüchse eines üblen Star- und Virtuosentums, eines undeutschen Amerikanismus auf dem Podium« beklagt. Seine Äußerung zu Beethovens 150. Geburtstag, »uns Deutschen« sei es »vorbehalten geblieben, die Musik als eine geistige Macht anzusehen, die berufen ist, mit zu wirken an der Gesundung unseres Volkstums« (Hausegger 1921, S. 221), legt Anknüpfungspunkte offen, die das Sendungsbewusstsein des Bildungsbürgertums der NS-Kulturpolitik bot. Zu den Institutionen dieser Politik wahrte Hausegger, der nicht Mitglied der NSDAP wurde, zwar eine gewisse Distanz. Als Dirigent jedoch beschwor er die »geistige Macht« der Musik auch dort, wo sie der staatlichen Macht offenkundig zuarbeitete, beispielsweise durch seine Aufführung des Finales von Bruckners 5. Sinfonie nach Adolf Hitlers Rede auf dem Kulturkongress beim Nürnberger »Reichsparteitag der Arbeit« im Jahr 1937.

Hauseggers aus dem Jahr 1938 erhaltene Aufnahme von Bruckners Neunter zeugt von einem bestechend klaren Sinn für die formale Architektur, der durch eine sensible Abstimmung der Klangverhältnisse im Orchester den sinfonischen Spannungsbogen nahezu mühelos zu schlagen vermag. Hausegger kann als der Begründer der Bruckner-Tradition der Münchner Philharmoniker gelten, die in seiner Erstaufführung der 8. Sinfonie im Jahr 1900 ihren Anfang nahm und in der zweiten Jahrhunderthälfte besonders prominent von Sergiu Celibidache fortgesetzt wurde.

Tonträger
1938 BRUCKNER: Sinfonie Nr. 9 (Münchner Philharmoniker; EMI)

Kompositionen
Zinnober [Oper nach E. T. A. Hoffmann, 1898] ▪ *Barbarossa* [Sinfonische Dichtung, 1900] ▪ *Wieland der Schmied* [Sinfonische Dichtung, 1903] ▪ *Natursymphonie* für großes Orchester mit Schlusschor [1911; auf Tonträger: WDR Rundfunkchor & SO Köln, Ari Rasilainen; CPO 2005/06]

Schriften
Betrachtungen zur Kunst. Gesammelte Aufsätze, Leipzig 1921 ▪ Die Zeitmassbestimmungen der beiden Fassungen von Bruckners 1. Symphonie, in: Alfred Morgenroth

(Hrsg.), Von deutscher Tonkunst. Festschrift zu Peter Raabes 70. Geburtstag, Leipzig 1942, S. 160–163

Literatur
Friedrich von Hausegger, Mein Vater: Siegmund von Hausegger, in: Regina Schmoll (Hrsg.), Die Münchner Philharmoniker von der Gründung bis heute, München 1985, S. 299–304 ▪ Irina Kaminiarz, Der Allgemeine Deutsche Musikverein. Kosmopolitische und nationalistische Tendenzen vom Ende des 19. Jahrhunderts bis zu seiner Auflösung im Jahre 1937, in: Hanns-Werner Heister (Hrsg.), »Entartete Musik« 1938 – Weimar und die Ambivalenz, Saarbrücken 1999, S. 380–391 ▪ Christa Brüstle, Siegmund von Hausegger. A Bruckner Authority from the 1930s, in: Crawford Howie u. a. (Hrsg.), Perspectives on Anton Bruckner, Aldershot 2001, S. 341–352 ▪ Fred K. Prieberg, Hausegger, Siegmund von, in: Handbuch Deutsche Musiker 1933–1945 [CD-ROM 2004], S. 2704–2708

Webpräsenz
www.vonhausegger.com/ [Biografie und Werkanalysen von Don O'Connor] (↦0048)

FKR

Heger, Robert

1886 am 19. August in Straßburg geboren. Nach einem Musikstudium am dortigen Konservatorium sowie in Zürich, Lyon und München arbeitet er zunächst als Cellist am Straßburger Stadttheater. Dort beginnt 1907 auch seine Kapellmeisterlaufbahn. Als Komponist legt er u. a. drei Sinfonien und fünf Opern vor.
1908 setzt er seine Dirigiertätigkeit in Ulm fort und wechselt im Jahr darauf nach Barmen.
1911–1913 dirigiert er an der Wiener Volksoper, anschließend bis 1920 am Stadttheater Nürnberg.
1920–1925 verzeichnet ihn die Bayerische Staatsoper erstmals als Dirigent.
1925–1933 wirkt er an der Wiener Staatsoper und ist Konzertdirektor der Gesellschaft der Musikfreunde. Zudem tritt er bis 1935 als Gastdirigent am Royal Opera House in London auf.
1933–1945 wird er an die Staatsoper Berlin verpflichtet, arbeitet aber auch am Stadttheater Kassel und der als »Bayreuth des Nordens« bezeichneten Zoppoter Waldoper (in Sopot, einem Ostseebad nahe Danzig). Dort ist er Nachfolger seines ehemaligen Lehrers Max von Schillings.
1937 tritt er der NSDAP bei. Kurz vor Kriegsende wird er auf die sogenannte Gottbegnadeten-Liste gesetzt, was ihn vom aktiven Kriegsdienst freistellt. Nach Kriegsende engagiert ihn die Städtische Oper Berlin.
1950 kehrt er nach München zurück, leitet bis 1954 die Hochschule für Musik und dirigiert bis 1968 wieder an der Bayerischen Staatsoper.
1957–1961 steht er als Chefdirigent den neugegründeten Hamburger Symphonikern vor.
1964 dirigiert er *Die Meistersinger von Nürnberg* in Bayreuth.
1978 stirbt er am 14. Januar in München.

Wer zu Beginn des 20. Jahrhunderts Opern auf Schallplatte aufnehmen wollte, musste sich, je nach Länge des Originals, entweder damit zufrieden geben, bloß Auszüge einspielen zu können, oder massive Kürzungen vorzunehmen. Robert Heger, ein typisches Beispiel der deutschen Kapellmeistertradition seiner Zeit, hat beides getan. Von seinen zahlreichen Operneinspielungen gelten viele – wie etwa die Auszüge aus Wagners *Siegfried* und die schwungvolle Einspielung von Verdis *Rigoletto* auf Deutsch – bis heute als Referenzen, die einen Einblick in vergangene Standards gewähren. Besonders umstritten war und ist dabei seine gekürzte Fassung von Richard Strauss' *Rosenkavalier*: Typisch ist das viel stärker aus dem einzelnen Moment abgeleitete Musizieren, das die Aufteilung auf insgesamt 13 einzelne Platten vielleicht etwas erträglicher machte; andererseits finden sich rigoros durchgehaltene Tempi, die ebenfalls eine neue Form des Zusammenhalts in Zeiten der technischen Reproduktion ermöglichen. Trotzdem mussten die Kürzungen so umfangreich bleiben, dass es einen zusätzlichen Sinn erhält, wenn der aus dem ersten Akt weitestgehend verbannte Ochs dann im zweiten singt: »Ohne mich, ohne mich ...«

Nach dem Zweiten Weltkrieg setzte Heger seine Karriere ohne Beschränkungen aus der Entnazifizierung fort. Es entstanden weitere wichtige Opernaufnahmen, besonders im Bereich der deutschen Spieloper, auf die Hegers heutige Reputation maßgeblich zurückzuführen ist. Der Popularitätsverlust, den dieses Genre im Zeitalter des Regietheaters erfahren hat, dürfte dazu führen, dass viele seiner Einspielungen auch weiterhin in jeder Hinsicht konkurrenzlos bleiben. Abseits des Dirigentenpults widmete sich Heger – ganz in der spätromantischen Tradition von Richard Strauss, Max Reger und Hans Pfitzner stehend – seinem eigenen kompositorischen Schaffen. Dieses blieb jedoch trotz eines umfangreichen Œuvres stets im Schatten derer, die er sein Leben lang auf Schallplatten festhielt.

Tonträger
1933 STRAUSS: *Der Rosenkavalier* [gekürzt] (Lehmann, Mayr, Olszewska, WPh; HMV / Naxos Historical) ▪ **1944** VERDI: *Rigoletto* [dt.] (Schlusnus, Berger, Rosvaenge, Staatskapelle Berlin; DGG / Berlin Cl) ▪ **1963** LORTZING: *Der Wildschütz* (Prey, Litz, Wunderlich, Rothenberger, Bayerische Staatsoper; EMI) ▪ **1963** NICOLAI: *Die lustigen Weiber von Windsor* (Frick, Wunderlich, Mathis, Bayerische Staatsoper; EMI) ▪ **1966** LORTZING: *Undine* (Rothenberger, Gedda, Pütz, Schreier, Prey, RSO Berlin; EMI) ▪ **1968** FLOTOW: *Martha* (Rothenberger, Fassbaender, Gedda, Prey, Bayerisches Staatsorchester; EMI)

Kompositionen
Verdi-Variationen op. 23 [und Werke von Szell, Bülow, Weingartner] (National Philharmonic of Lithuania, Leon Botstein; Arabesque 2000)

Literatur
Christoph Henzel, »Du, Tell, sollst der Führer sein …«. Die Rossini-Bearbeitung von Julius Kapp und Robert Heger (1934), in: Die Musikforschung 52 (1999), S. 190–203 ▪ Martin Elste, Richard Strauss' Opern auf Schallplatte – Reduktion oder Konzentration?, in: Julia Liebscher (Hrsg.), Richard Strauss und das Musiktheater, Leipzig 2005, S. 365–380

DWI

Hengelbrock, Thomas

1958 am 9. Juni in Wilhelmshaven geboren. Er beginnt das Studium der Geige bei Conrad von der Goltz in Würzburg, das er bei Rainer Kussmaul in Freiburg im Breisgau fortsetzt. Als Konzertmeister (und auch als Assistent) von Witold Lutosławski, Mauricio Kagel und Antal Doráti gewinnt er erste prägende Eindrücke. Zudem ist er Mitglied u. a. im Concentus Musicus von Nikolaus Harnoncourt.
1982–1985 arbeitet er in Freiburg als Dozent für Violine und Kammermusik, danach ab 1988 auch in Basel.
1985 ist er Mitbegründer des Freiburger Barockorchesters (dem er bis 1997 als Dirigent verbunden bleibt).
1988–1991 arbeitet er mit den Amsterdamer Bachsolisten.
1991 gründet er den Balthasar-Neumann-Chor (BNC), im Jahr 1995 auch das gleichnamige Ensemble (BNE), das mit Opern-Entdeckungen bei den Schwetzinger Festspielen rasch Bekanntheit erlangt.
1995 wird er künstlerischer Leiter der Deutschen Kammerphilharmonie Bremen (bis 1998).
2000–2003 ist er Direktor der Wiener Volksoper,
2001–2006 beim Feldkirch Festival.
2011 wird er Chefdirigent des NDR Sinfonieorchesters (mit Vertrag bis mindestens 2019). Im selben Jahr dirigiert er *Tannhäuser* in Bayreuth.
2016 übernimmt er die Position des Chef associé beim Orchestre de Paris.

Thomas Hengelbrock ist sowohl in der Alten Musik wie im romantischen Repertoire eine Kapazität für eine Musikumsetzung ohne Purismus und ohne Populismus. Dies hat ihm auch verstärkt mediale Aufmerksamkeit verschafft (vor allem durch einige Interviews ohne weihevollen Frageton). Tatsächlich versucht er seit seinen Anfangsjahren, Brückenschläge für ein breiteres Publikum anzubieten: »Konzeptalben« überblenden barocke Tanzrhythmen und Trauermusiken, ohne in der philologischen Akribie Kompromisse einzugehen. Das von Hengelbrock wiederentdeckte Requiem von Antonio Lotti beginnt mit einem derart schmelzenden Klang, dass auch die Fans von Helmut Lotti nicht gänzlich enttäuscht wären. Bachs h-Moll-Messe (1996 mit dem Freiburger Barockorchester aufgenommen) ist darin typisch, dass einerseits ein berechenbar schöner Klangstrom sich einem »modernen« Hörer anschmiegt, während andererseits die auf den Schlussakkorden stark ritardierenden Tempi und die zumal im Crucifixus eher wenig profilierten Instrumentalparts diesen Klangstrom an das Bild eines »mittelalterlichen« Bach zurückbinden. Technisch beschreibbar wäre das so, dass Hengelbrock (als hervorragender Violinist) in der motorischen Bewegung immer einen Rest expressiver Legato-Artikulation bewahrt. Der Druckfehler im Booklet, der für den ersten Satz der Sinfonie von Jan Václav Voříšek als Tempo »Allegro von Brio« angibt, ist nicht die schlechteste Beschreibung für den so erzielten »aristokratischen« Effekt.

Diese zugleich szenisch aktivierende und schnurgerade ablaufende Musikauffassung überträgt Hengelbrock auf seine Arbeit mit groß besetzten Orchestern. Hier bewahrt er umgekehrt schon durch den Einbezug historischer Instrumente und die Wahl wenig bekannter Frühfassungen einen hörbaren Anteil rekonstruktiver Erfahrungen. In Schuberts C-Dur-Sinfonie D 944 wird die melodische Substanz immer wieder durch die rhythmische Begleitung in den Hintergrund verdrängt, sodass die »romantischen« Temporückungen etwas aufgesetzt wirken: Was die melodische Abfolge von Haupt- und Seitenthema koordinieren soll, markiert nun eher den Rhythmus, der sich aber im Kopfsatz durch den Wechsel von duolischen und triolischen Bewegungsmustern eigentlich auch ohne Tempowechsel der Melodik anpasst. Der Ansatz funktioniert dann am besten, wenn ein Werk aus einer Wiedergabe in virtuosen Tempi und mit einer transparenten Trennung der Instrumentalgruppen viel gewinnt (wie im Fall von Mendelssohns 1. Sinfonie). Bei der Eröffnung des Schleswig-Holstein Musik Festivals im Jahr 2014 erlebt man die Grenzen und Chancen dieses Prinzips: In Beethovens 5. Sinfonie wird das Anfangsmotto – abgeleitet aus alten Rezeptionszeugnissen – stark verlangsamt. Indem das »Schicksalsmotiv« attacca an die zuvor aufgeführte Urfassung von Brahms' *Triumphlied* anschließt, wirkt dieser manieristisch andersartige Gestus zwar nicht als authentische, aber doch als modernistische Montage-Idee im Konzert überzeugend. So ist Hengelbrock nicht zuletzt auch ein Virtuose der Musikvermittlung: Das in Spezialistenzirkel auseinanderdriftende Musikleben kuriert er durch eine Art Zirkeltraining, indem Ideen der verschiedenen Spezialschulen neu zusammengeführt werden.

Tonträger
1996 Voříšek: Sinfonie D-Dur / Schubert: Sinfonie Nr. 1 (Deutsche Kammerphilharmonie Bremen; DHM) ▪ 1998 Lotti: Requiem / Miserere / Credo (BNC, BNE; DHM) ▪ 1999 »Festa Teatrale« [Maskeraden, Ballette und Karnevalsszenen von Monteverdi, Ortiz, Vecchi etc.] (BNC, BNE; DHM) ▪ 2007 Mendelssohn: Violinkonzert [Version 1844] (Daniel Hope, COE, DGG) ▪ 2011 Mendelssohn: Sinfonie Nr. 1 / Scherzo [aus dem Oktett] / Schumann: Sinfonie Nr. 4 [Fassung 1841] (NDR SO; Sony)

Bildmedien
2006 Mozart: *Il re pastore* (Spicer, Dasch, Petersen, BNE; DGG) ▪ 2013 Mozart: *Don Giovanni* (Schrott, Netrebko, Ernman, Pisaroni, BNE; Sony)

Webpräsenz
www.thomas-hengelbrock.com (↪0049)

JCA

Herbig, Günther

1931 am 30. November in Aussig (heute: Ústí nad Labem / Tschechien) geboren. Zu seinen Lehrern gehören Hermann Abendroth in Weimar, Hermann Scherchen und Herbert von Karajan. Erste Positionen übernimmt er in Weimar und Potsdam.

1972–1977 leitet er die Dresdner Philharmonie, mit der er Haydns »Londoner« Sinfonien einspielt.

1977 wird er Nachfolger von Kurt Sanderling beim Berliner Sinfonie-Orchester (das heutige Konzerthausorchester).

1979 übernimmt er internationale Positionen als Gastdirigent beim BBC Philharmonic und in Dallas.

1984 verlässt er die DDR im Streit mit dem Staatsapparat um die rechtliche Eingliederung seines Berliner Orchesters in das wiedereröffnete Schauspielhaus am Gendarmenmarkt. In Amerika gelingt ihm eine Karriere als Chefdirigent in Detroit (1984–1990) und Toronto (1989–1994).

1990 leitet er erstmals die Dirigierklasse an der Yale University.

2001–2006 ist er Chefdirigent des Rundfunk-Sinfonieorchesters Saarbrücken.

2008–2010 ist er Artistic Advisor der Philharmonia Taiwan, zudem seit 2006 Erster Gastdirigent des Orquesta Filarmónica de Gran Canaria.

Günther Herbig ist als Dirigent vor allem ein guter Erzähler. Der Klang besitzt eine bewusst distanzierte, aber stets autoritative Disposition, die gleichsam nicht selbst in die Handlung eingreift. Aufgrund der eher einheitlichen Tempi tragen die umhüllenden Begleitschichten zur Modellierung der Form- und Themengestaltung so entscheidend bei (anstatt dass die Themen selbst durch agogische Maßnahmen dies leisten würden). In den Seitenthemen der Brahms-Sinfonien wird dieser Ansatz exemplarisch umgesetzt, indem der Staccato-Begleitsatz und die deutlich an Karajans Legato-Ideal orientierte Melodiegestaltung klar voneinander abgetrennt werden. In Anlehnung an Paul Hindemith ließe sich dieses Erzählprinzip als bewusste »übergeordnete Zweistimmigkeit« umschreiben.

In der Neuen Musik werden kompositorisch oftmals die klanglichen Träger der grundierenden »Unterschicht« zu Akteuren der gestaltenden »Oberschicht«. Dieser Wechsel resultiert bei Herbig in einem viel direkteren Klangbild: Der narrative Titel von Witold Lutosławskis *Livre pour orchestre* wird umgesetzt, indem ähnlich wie in Schönbergs Fünf Orchesterstücken op. 16 eine durchgängige Geschichte gerade aus der Absenz einer tonalen Gliederung gewonnen wird. Man hört in beiden Stücken ganz plastisch, wie die verschiedensten Texturen auf ihre Tauglichkeit als Formträger durchgespielt und auch verworfen werden. In Herbigs Dresdner Haydn-Aufnahmen dagegen ist es die Präsenz eben jener melodischen Legato-Lasur, die trotz frischer Tempi und forscher Phrasierung heute unzeitgemäß wirkt. Sein klanglicher Ansatz funktioniert interessanterweise dort weniger gut, wo die Musik selbst stark erzählerisch ist, wie in den in Saarbrücken entstandenen Mahler- und Schostakowitsch-Aufnahmen. Bei Schostakowitsch werden die ruhigen Eckteile zu sicheren Erzählinstanzen, von denen her die dynamischen Exzesse, die dazwischen geschehen, zu eingeschobenen Episoden verblassen. Die 4. Sinfonie verweigert sich einer solchen Berechenbarkeit, in ihr betont Herbig zum Beispiel im Posaunensolo des dritten Satzes bereits die Detailschroffheit der Neuen Musik.

Herbig wird wie sein Dresdner Vorgänger Heinz Bongartz oder sein Leipziger Kollege Max Pommer beständig mit dem Attribut des souveränen, aber auch un-individuellen Sachwalters gediegen gelungener Konzertabende porträtiert. Um Herbigs Individualität zu würdigen, muss man daher »zwischen den Klängen« lesen: Seine distanzierte Erzählhaltung ermöglicht es vor allem in dem bereits erwähnten Brahms-Zyklus, den modern-üblichen Ablauf einer strikten Tempokontrolle mit einer ungewohnt üppigen Entfaltung des Klangs zu verbinden.

Tonträger
1973 HAYDN: Sinfonien Hob. I: 6–8 »Die Tageszeiten« (Staatskapelle Berlin; Berlin Cl) ▪ **1978/79** BRAHMS: Sinfonien Nr. 1–4 (Berliner SO; Berlin Cl) ▪ **1979** HARTMANN: Sinfonien Nr. 5 & 6 (Berliner SO; Berlin Cl) ▪ **1979–1983** LUTOSŁAWSKI: Livre pour orchestre / Trauermusik / SCHÖNBERG: Fünf Orchesterstücke op. 16 / Variationen für Orchester op. 31 (Berliner SO; Berlin Cl) ▪ **2005** SCHOSTAKOWITSCH: Sinfonie Nr. 4 (RSO Saarbrücken; Berlin Cl)

JCA

Herreweghe, Philippe

1947 am 2. Mai in Gent geboren, besucht er das Jesuitenkolleg in Gent und sammelt Erfahrungen sowohl als Chorsänger wie auch als Chordirigent. Er studiert auf Wunsch seines Vaters Medizin, gleichzeitig aber auch Klavier bei Marcel Gazelle am Genter Konservatorium und ergänzt die Tasteninstrumentausbildung durch Cembalo- und Orgelstudien.

1970 ruft er mit dem Collegium Vocale Gent einen Chor ins Leben, mit dessen (anfangs semiprofessionellen) Mitgliedern Herreweghe eine transparent-flexible Klanggebung entwickelt; nach einer Aufführung von Bachs *Johannes-Passion* bieten Gustav Leonhardt und Nikolaus Harnoncourt ihm an, bei ihrer Gesamteinspielung aller Kirchenkantaten Bachs mitzuwirken.

1977 gründet er in Paris das auf französische Musik spezialisierte Alte-Musik-Ensemble La Chapelle Royale (LCR).

1982 übernimmt er für fast zwanzig Jahre die künstlerische Leitung des Sommerfestivals Académies Musicales de Saintes.

1991 schafft er mit der Gründung des Orchestre des Champs-Élysées (OCE) die Grundlage dafür, größer besetzte chorsinfonische Werke des 19. Jahrhunderts auf historischen Instrumenten aufführen zu können.

1998 beginnt eine langjährige Zusammenarbeit als Hauptdirigent des Royal Flemish Philharmonic Orchestra (mit dem er für das Label Pentatone sämtliche Sinfonien Beethovens aufnimmt); zudem ist er ab 2008 ständiger Gastdirigent der Niederländischen Radio Kamer Filharmonie.

2010 gründet der vielfach ausgezeichnete Dirigent, der inzwischen von internationalen Spitzenorchestern als Gast eingeladen wird, sein eigenes Label Phi, um über die Veröffentlichungspolitik seiner Ensembles selbst bestimmen zu können.

Dem belgischen Dirigenten Philippe Herreweghe eilt der Ruf voraus, der »Romantiker« unter den Vertretern historisch informierter Aufführungspraxis zu sein. Das geht vor allem darauf zurück, dass er seit seinen Anfängen als Leiter des von ihm gegründeten Kammerchors Collegium Vocale Gent stärker als andere Interpreten der Alte-Musik-Szene auf ein weich ausgeformtes Legato Wert legt. Herreweghe kritisiert die kleinteilige Phrasierung, zuweilen holprige Artikulation und rhythmische Starrheit, die ab den 1960er-Jahren insbesondere im Barockrepertoire von »Originalklang«-Apologeten verfochten wurde. Obwohl auch in Herreweghes musikalischer Ausbildung Tasteninstrumente im Vordergrund standen, die seiner Meinung nach eben dieses skizzierte Klangbild dem Interpreten suggerieren können, achtet er als Chordirigent erklärtermaßen vor allem auf eine Balance zwischen den (spezifische Worte betonenden) Ausdrucksgesten und dem übergeordneten Zusammenhang.

Anhand von Mehrfacheinspielungen lässt sich eine Entwicklung seiner Interpretationsästhetik insbesondere von Chorwerken des Barock nachverfolgen: Sie verläuft von der prägnanten Herausarbeitung kleinerer Zellen zu einer Hervorhebung größerer Einheiten. Das zeigt sich beispielsweise in seinen beiden Aufnahmen von Johann Sebastian Bachs *Matthäus-Passion* aus den Jahren 1984 und 1998. Auf einer anderen Ebene wird die Tendenz zu weichen Konturen allerdings wieder ausgeglichen: Während in den älteren Aufnahmen eine großflächige Koordination des gesamten Chorklangs hergestellt wird, arbeitet Herreweghe etwa in der jüngsten Einspielung der Motetten Bachs mit im Volumen eher »kleineren« Stimmen, denen er mehr individuellen Spielraum in der Gestaltung der einzelnen Parts überlässt, wodurch das ausgreifende Legato in der dynamischen Nuancierung und differenzierten Artikulation der idiomatischen Einzelstimmen aufgefangen wird.

»Klangrede« bedeutet für Herreweghe, der einen Großteil seiner Einspielungen mit selbst verfassten Beihefttexten begleitet, im barocken Repertoire nicht nur die Vermittlung rhetorischer Figuren, sondern die Anwendung der Rhetorik-Lehre auf die Formung ganzer Sätze. So deutet Herreweghe das Kyrie in Bachs h-Moll-Messe vor dem Hintergrund der fünfteiligen Struktur antiker Redekunst und leitet daraus Angelpunkte der interpretatorischen Umsetzung ab. In der strittigen Frage der Chorbesetzung in Bachs Werken sind für ihn nicht aufführungspraktische, sondern ästhetische Argumente ausschlaggebend: Er hält an einer Besetzung von bis zu vier Sängern in einer Stimme fest, um den Unterschied zwischen solistischer Äußerung in den Arien und Rezitativen und den chorisch-entindividualisierten Abschnitten zu verdeutlichen. Pragmatisch zeigt er sich im Repertoire der Alten Musik zudem in der Verwendung von Frauenstimmen in Sopran und Alt wie auch im Hinblick auf die Klangmittel: Historische Instrumente sind für ihn weder Selbstzweck noch Conditio sine qua non einer idiomatischen Interpretation von Barockmusik.

Nicht nur Herreweghes ausgeprägte Legato-Kultur, die in seltsamem Kontrast zu der eckigen, manchmal fast zackigen Gestik seines Dirigierens ohne Taktstock steht, weicht vom Interpretationsideal zahlreicher Vertreter historisch informierten Musizierens ab. Auch deren antitraditionalistische Haltung und gelegentliche Geschwindigkeitsrekorde sind ihm fremd: Das zeigt sich vor allem in seinen Vorstößen ins (früh-)romantische Repertoire, das er mit historischen Instrumenten unter dem Zeichen einer von ihm so benannten »relecture« zum Klingen bringt. Nicht nur in seinen Schumann-Einspielungen schließt er, etwa in der Temponahme, an etablierte Traditionen an; auch seine Aufnahmen der Bruckner-Sinfonien, in denen trotz der Verwendung historischer Instrumente bis auf ein luzides Klangbild kaum Funken neuer interpretatorischer Ideen sprühen, sind in dieser Hinsicht traditionell.

Besondere Bedeutung misst Herreweghe als gründlicher Vorbereiter der Klangbalance zu: So fächern Tenorsolist, Chor und Orchester im »Et incarnatus est« aus Bruckners 3. Messe in f-Moll den Gesamtklang äußerst farbig und durchhörbar auf. In Schumanns Klavierkonzert übernehmen die Holzbläser vom Solisten Andreas Staier am Hammerklavier artikulatorische Nuancen. Solcher Feinarbeit wegen, aber nicht zuletzt aufgrund der schwungvollen Elastizität der metrischen Varianten im Finalsatz ragt diese Aufnahme aus Herreweghes »relecture« des romantischen Repertoires deutlich heraus. Weitere Höhepunkte seiner umfassenden Diskografie liegen im Bereich der Chormusik, wobei seine Beschäftigung mit dem Werk Johann Sebastian Bachs gewissermaßen das Gipfelkreuz bildet, eingerahmt von Victorias *Officium defunctorum* und Mendelssohns *Elias*. Daneben zeigen Einspielungen von Strawinskys *Psalmensinfonie* oder Schönbergs *Pierrot lunaire* die

Breite von Herreweghes Repertoire, das bis in die zeitgenössische Musik reicht.

Tonträger
1984 BACH: *Matthäus-Passion* (Crook, Cold, Schlick, Jacobs, Blochwitz, Kooy, Collegium Vocale, LCR; HMF) ▪ 1987 BACH: Kantaten BWV 198 »Trauerode« & 78 »Jesu, der du meine Seele« (Schmithüsen, Brett, Crook, Kooy, LCR; HMF) ▪ 1987 SCHÜTZ: *Musikalische Exequien* (LCR; HMF) ▪ 1990 BACH: Magnificat / Kantate BWV 80 »Ein feste Burg« (Schlick, Mellon, Lesne, Crook, Kooy, Collegium Vocale, LCR; HMF) ▪ 1993 MAHLER: *Das Lied von der Erde* [Kammerorchester-Fassung Schönberg / Riehn] (Birgit Remmert, Hans Peter Blochwitz, Ensemble Musique Oblique; HMF) ▪ 1995/96 SCHUMANN: Klavierkonzert / Cellokonzert (Andreas Staier, Christophe Coin, OCE; HMF) ▪ 1996 BRAHMS: *Ein deutsches Requiem* (Oelze, Finley, Collegium Vocale, LCR, OCE; HMF) ▪ 2008 BEETHOVEN: Violinkonzert / Romanzen Nr. 1 & 2 etc. (Patricia Kopatchinskaja, OCE; Naïve) ▪ 2011 BACH: Motetten BWV 225–230 (Collegium Vocale; Phi)

Bildmedien
Philippe Herreweghe: And the Word Became Song (Dokumentation von Sandrine Willems; Kultur 1999)

Literatur
Stephan Moens, Philippe Herreweghe, Louvain-la-Neuve 2009

TOP

Hickox, Richard

1948 am 5. März im englischen Stokenchurch (Buckinghamshire) geboren, beginnt er
1966 ein Studium an der Royal Academy of Music in London.
1967 setzt er seine Ausbildung zum Organisten am Queen's College in Cambridge fort. In Wooburn, wo sein Vater als Vikar tätig ist, initiiert er ein Festival und gründet sein erstes Ensemble, die Wooburn Singers.
1971 gründet er die City of London Sinfonia (CLS), mit der er als Music Director bis zu seinem Tod unzählige Konzerte und Aufnahmen bestreitet. Hinzu kommen als Vokalensemble die Richard Hickox Singers.
1972–1982 ist er Organist und Master of Music an St Margaret's (Westminster, Houses of Parliament).
1976 übernimmt er die Leitung des London Symphony Chorus und wird 1985 dauerhaft außerordentlicher Associate Guest Conductor des London Symphony Orchestra.
1982–1990 ist er Artistic Director der Northern Sinfonia in Newcastle upon Tyne.
1990 gründet er – nach Projekten mit einer City of London Baroque Sinfonia wie einer Aufnahme von Monteverdis *L'incoronazione di Poppea* (Virgin 1988) – gemeinsam mit dem Konzertmeister Simon Standage das auf Historische Aufführungspraxis spezialisierte Collegium Musicum 90 (einen Projekt-Chor einschließend).
2000–2006 ist er Principal Conductor des BBC National Orchestra of Wales (anschließend Conductor Emeritus); einer gemeinsamen Gesamtaufnahme der Sinfonien von Edmund Rubbra folgen als weitere Pioniertaten nun Aufnahmen der Orchesterwerke von Frank Bridge sowie von Lennox und Michael Berkeley.
2003 verpflichtet ihn die Opera Australia als Musikdirektor; am 1. Januar 2005 tritt er die Stelle in Sydney an.
2008 bricht er am 23. November eine Aufnahmesitzung wegen Brustschmerzen ab und stirbt wenig später im Hotelzimmer in Swansea an Herzversagen.

Auch außerhalb der englischsprachigen Länder ist Richard Hickox aufgrund seiner Tonträger-Produktionen britischer Chormusik für Decca und EMI bekannt geworden. Seiner Verpflichtung beim Label Chandos folgt nach 1990 ein unfassbar großer Ausstoß an Aufnahmeprojekten: Zu einer umfassenden Retrospektive britischer Musik, die von Elgars Werken für Chor und Orchester und Opern Benjamin Brittens bis hin zu Gesamtaufnahmen der Sinfonien (und weiterer Werke) u. a. von William Alwyn, Malcolm Arnold, Edmund Rubbra und – mehrfach prämiert – auch von Ralph Vaughan Williams reicht, gesellen sich bekanntere und unbekannte Barockmusik von Bach, Telemann, Vivaldi (u. a. dessen Oper *Ottone in villa*) mit dem Collegium Musicum 90, mit welchem er zudem die Messen von Joseph Haydn und Johann Nepomuk Hummel eingespielt hat.

Hickox hat zwar einen in England traditionellen Weg als Chorleiter genommen, sich aber bis zur Jahrtausendwende gleichermaßen als Konzert- und Operndirigent mit breitem Repertoire etabliert. Seine Aufnahmen weisen ihn als einen Klangmonteur aus, der nicht nur stets die optimale Balance zwischen Vokalsolisten, Chor und Orchester zu gewährleisten sucht, sondern auch Klangfarben trifft, die ein Werk intensiv und neuartig zu beleuchten vermögen. Seine Darstellungen zielen eher auf Synthesen (auch zwischen historischen und aktuellen Praktiken) als auf – manchmal vor allem in der Tempogestaltung durchaus wünschenswerte – stärkere Kontrastierungen. Sein in Deutschland auf spezialisierte Hörerkreise begrenzter Bekanntheitsgrad entspricht nicht der hervorragenden Qualität der meisten seiner Aufnahmen britischer Musik, die gerade bei den von ihm erstmals umfassend präsentierten weniger bekannten Komponisten noch für Jahrzehnte als Referenz gelten dürften.

Tonträger
1978/79 FINZI: *Dies natalis* / *For St Cecilia* / *In terra pax* / *Magnificat* (Langridge, Burrowes, Shirley-Quirk, CLS, London SO & Chorus; Decca) ▪ **1982** GLUCK: *Armide* (Palmer, Rolfe Johnson, Slorach, Finnie, Richard Hickox Singers, CLS; EMI) ▪ **1986** ELGAR: *The Banner of St George* / *Te Deum & Benedictus* / *Psalm 48* (London Symphony Chorus, Northern Sinfonia; EMI) ▪ **1992** ARNOLD: Filmmusik-Suiten [Arrangement: Christopher Palmer] zu *The Bridge on River Kwai* / *Hobson's Choice* / *The Inn of the Sixth Happiness* / *The Sound Barrier* etc. (London SO; Chandos) ▪ **1993** TELEMANN: *Die Donner-Ode* / Motette *Deus judicium tuum* (Kwella, Denley, Tucker, Roberts, George, Collegium Musicum 90; Chandos) ▪ **1993/94** RUBBRA: Sinfonie Nr. 9 »Sinfonia Sacra« / *The Morning Watch* (Dawson, Jones, Roberts, BBC NO & National Chorus of Wales; Chandos) ▪ **2000** VAUGHAN WILLIAMS: *A London Symphony* [Sinfonie Nr. 2, Originalfassung 1913] / BUTTERWORTH: *The Banks of Green Willow* (London SO; Chandos) ▪ **2006** BERKELEY [MICHAEL]: *Concerto for Orchestra* »Seascapes« / *Gregorian Variations* / BERKELEY [LENNOX]: Konzert für zwei Klaviere und Orchester (Kathryn Stott, Howard Shelley, BBC NO of Wales; Chandos)

HAH

Hogwood, Christopher

1941 am 10. September in Nottingham geboren. Er schließt 1964 ein Studium in klassischer Literatur und Musik in Cambridge ab. Im Fach Musik sind Thurston Dart und Raymond Leppard seine Lehrer.
1961 beginnt er ein Cembalostudium bei dem kolumbianischen Landowska-Schüler Rafael Puyana (später studiert er auch in Prag und bei Gustav Leonhardt in Amsterdam). Ab 1965 spielt er Continuo-Cembalo in Neville Marriners Academy of St Martin in the Fields.
1967 ist Hogwood Gründungsmitglied des Early Music Consort, das von David Munrow geleitet wird und sich mit der klanglichen Rekonstruktion der Musik des Mittelalters und der Renaissance beschäftigt.
1973 gründet Hogwood die Academy of Ancient Music (AAM) auf Anregung von Peter Wadland, Produzent der englischen Schallplattenfirma Decca. Den Namen des Ensembles übernimmt Hogwood von der 1726 von John Pepusch gegründeten Gesellschaft. Hogwood leitet am Anfang das Ensemble vom Cembalo aus, gibt diese Praxis jedoch bald wegen der Koordinationsprobleme auf und dirigiert es in moderner Weise (manchmal wird es auch vom Konzertmeister geleitet).

1978–1985 werden von der AAM sämtliche Mozart-Sinfonien mit dem holländischen Geiger Jaap Schröder als Konzertmeister aufgenommen.
1986–2001 ist er Artistic Director der Handel and Haydn Society Boston (danach Conductor Laureate).
1988–1992 ist er Music Director und danach Principal Guest Conductor beim Saint Paul Chamber Orchestra.
1989 wird er zum Commander of the British Empire erhoben.
2000–2006 ist er Erster Gastdirigent des Kammerorchesters Basel.
2001 erfolgt sein Debüt am Royal Opera House, Covent Garden, mit Haydns *L'anima del filosofo*.
2002 wird er Honorary Professor of Music der Universität Cambridge.
2006 wechselt er bei der AAM in den Status des Emeritus Director (sein Nachfolger wird Richard Egarr).
2011 wird er Principal Guest Conductor der Filharmonia Poznańska.
2014 stirbt er am 24. September in Cambridge.

Der vielseitig gebildete Christopher Hogwood gehört mit dem allzu früh verstorbenen David Munrow zu den Pionieren der Alte-Musik-Bewegung in Großbritannien. Konzentriert sich Munrow auf die Musik des Mittelalters und der Renaissance, steht bei Hogwood zunächst die Barockmusik im Mittelpunkt, ein Repertoire, das er aber schon Ende der 1970er-Jahre auf die Klassik ausweitet. Die Einspielungen von Purcells Theatermusiken und Mozarts Sinfonien bringen ihm und seinem Ensemble frühe positive Kritik ein. Allerdings kann sich auch Hogwood nicht der verbreiteten Beurteilung der englischen Alte-Musik-Ensembles erwehren, deren Spiel mitunter als zu glatt und emotionslos klassifiziert worden ist.

Dieser »objektive« Stil ist als ästhetische Idee besonders dort hörend nachzuvollziehen (und in seinem eigenen Reiz zu entdecken), wo seine Bewahrung den Musiker zu Anstrengungen zwingt: In Bachs *Brandenburgischem Konzert* Nr. 4 hört man zu Beginn der Aufnahme von 1984 die ausgehaltenen Liegetöne der Violine nicht wie in der späteren »italienisch-virtuosen« Aufführungstradition als kontinuierlich an- und abschwellenden Klangfarbenreiz, sondern als in möglichst einheitlicher Artikulation durchgezogene Linie. Dafür aber muss das natürliche Decrescendo des Klangs bewusst unterdrückt werden, sodass die akustische Bewahrung des optischen Partiturbilds erst durch einen Eingriff des Interpreten entsteht. In dieser interpretatorischen Entscheidung ist immer wieder eine Verwandtschaft zur neoklassischen Sachlichkeit erkannt worden. Hogwood bestätigt diese Theorie indirekt, indem er – durchaus ungewöhnlich – tatsächlich auch die motorische Musik des frühen 20. Jahrhunderts schätzt und einspielt (insbesondere die Werke von Bohuslav Martinů, die er auch als Editor betreut). Hogwoods große Verdienste um die Alte Musik lassen sich gleichfalls an zahlreichen editorischen und schriftstellerischen Arbeiten erkennen, worunter sich zum Beispiel eine Ausgabe von Vivaldis *Quattro stagioni* in der Manchester-Version und eine weitverbreitete Biografie Georg Friedrich Händels finden.

Tonträger
1974–1983 PURCELL: Theatre Music (Kirkby, Nelson, Bowman, Hill, Taverner Choir, AAM; L'Oiseau-Lyre / Decca) ▪ 1978–1985 MOZART: Sämtliche Sinfonien (AAM; L'Oiseau-Lyre) ▪ 1979 HÄNDEL: *Messiah* (Nelson, Kirkby, Watkinson, Elliott, Thomas, Choir of Christ Church Cathedral Oxford, AAM; L'Oiseau-Lyre) ▪ 1982 VIVALDI: Concerti op. 8 Nr. 1–12 [u. a. *Le quattro stagioni*] (AAM; L'Oiseau-Lyre) ▪ 1991/92 MOZART: *La clemenza di Tito* (Bartoli, Heilmann, Jones, Bonney, AAM; L'Oiseau-Lyre) ▪ 1993 HÄNDEL: *Alexander's Feast* [Arrangement: Mozart] / *Ode for St Cecilia's Day* [Arrangement: Mozart] (Handel and Haydn Society Chorus & Orchestra; Arabesque) ▪ 2001 GADE: Sinfonien Nr. 1 & 5 (Ronald Brautigam, DNSO; Chandos) ▪ 2001 MARTINŮ: *Toccata e due canzoni* / STRAWINSKY: *Concerto en Ré* / HONEGGER: Sinfonie Nr. 4 »Deliciae Basilienses« (KO Basel; Arte Nova) ▪ 2009 MENDELSSOHN: Konzerte für zwei Klaviere E-Dur & As-Dur (Silver, Garburg, Bayerische Kammerphilharmonie; Oehms)

Editionen
Vivaldi, Le quattro stagioni, Kassel 2000 ▪ Händel, Music for the Royal Fireworks, Kassel 2008 ▪ Martinů, La Revue de cuisine, Paris 2009

Schriften
Music at Court, London 1977 ▪ The Trio Sonata (BBC Music Guides), London 1979 ▪ Haydn's Visits to England, London 1980 ▪ Handel, London 1984 [dt.: Händel. Eine Biographie, übs. von Bettina Obrecht, Stuttgart 1992] ▪ Handel: Water Music and Music for the Royal Fireworks (Cambridge Music Handbooks), Cambridge 2005

Literatur
Thomas Donahue (Hrsg.), Essays in Honor of Christopher Hogwood: The Maestro's Direction, Lanham 2011

Webpräsenz
www.hogwood.org/ [Diskografie, Liste der Editionen und Veröffentlichungen] (↪0050)

DGU

Honeck, Manfred

1958 am 17. September in Nenzing (Vorarlberg) geboren, verbringt er seine Jugend in Wien. An der dortigen Hochschule für Musik und darstellende Kunst studiert er Violine und Viola.
1983 wird er Bratschist im Orchester der Wiener Staatsoper, später auch Mitglied der Wiener Philharmoniker.
1987 wird er Assistent von Claudio Abbado beim Gustav Mahler Jugendorchester, zwei Jahre später debütiert er mit Johann Strauß' *Fledermaus* an der Wiener Volksoper.
1991–1996 ist er Erster Kapellmeister am Opernhaus Zürich.
1993 erhält er den Europäischen Dirigentenpreis.
1996 wird er einer der drei Hauptdirigenten des MDR Sinfonieorchesters.
1997 nimmt er für eine Saison die Stelle als Musikdirektor der Norwegischen Nationaloper an und wird ab 1998 Erster Gastdirigent des Oslo Philharmonic Orchestra.
2000–2006 fungiert er als Chefdirigent des Schwedischen Radio-Sinfonieorchesters in Stockholm; im Anschluss daran übernimmt er für vier Jahre die Position des Generalmusikdirektors an der Stuttgarter Oper (bis 2011).
2008 beginnt eine fruchtbare Zusammenarbeit als Musikdirektor mit dem Pittsburgh Symphony Orchestra, die bis (mindestens) 2020 andauern soll.
2013 wird er erneut Erster Gastdirigent der Tschechischen Philharmonie (Czech PO; zuvor 2008–2011).

Der österreichische Dirigent Manfred Honeck gehört zu jenen, die ihre Laufbahn als Orchestermusiker angefangen, später aber die Seite gewechselt haben und fortan den Platz auf dem Podium einnehmen. Doch macht sich seine frühere Profession nicht nur im Umgang mit den Musikern, sondern auch in Schwerpunkten seines interpretatorischen Zugriffs bemerkbar. So dokumentieren minutiös gestaltete Phrasierungen und insbesondere deren dynamische Differenzierung, dass ein ausgebildeter Streicher den Dirigierstab führt. Sein Interpretationsideal ist ein kammermusikalisches Interagieren selbst im großen Orchester. Das zeigt sich beispielhaft in seiner Einspielung von Tschaikowskys 5. Sinfonie, vor allem im zweiten Satz: Das nur leicht in den Vordergrund gerückte und durch die dynamische Abstufung klar gegliederte Hornsolo wird von präsenten Holzbläsern umspielt. Die Satzanlage wirkt so nicht als solistischer Vorder- und orchestraler Hintergrund, sondern ist mit zahlreichen Zwischenstufen reicher schattiert. Einem Großteil seiner bisherigen Aufnahmen verhilft nicht zuletzt die audiophile Tontechnik des »Klanggurus« Tomoyoshi Ezaki zu einer ungewöhnlich differenzierten Klanggestalt. Dies hat jedoch nicht nur Vorteile: Die gleißende Strahlkraft der Blechbläser des Pittsburgh Symphony Orchestra stellt zuweilen die anderen Orchestergruppen in den Schatten.

Honeck ist es eher um Ausdruckskraft als um Oberflächenpolitur zu tun; das zeigt sich auch in seiner impulsiven, dabei nicht exaltierten Körpersprache. Um expressive Werte zu verstärken, lässt er bei Mahler manches nicht eigens im Notentext verankerte Portamento spielen, und um musikalische Gesten zu modellieren, greift er im spätromantischen Repertoire zu drängenden Accelerandi, bremst aber im Gegenzug in kantablen Seitenthemen mitunter stark ab. Zu solcher expressiver Verstärkung gehört auch, in den »gackernden« Holzbläsern in der Anfangsphase des Scherzos von Mahlers 5. Sinfonie die Achtel beinahe ein wenig zu schnell, fast überstürzt spielen zu lassen. Die dadurch erreichte Betonungsverschiebung des Dreiertaktes unterstützt Honecks erklärtes Ziel, in Mahlers Sinfonien die Anklänge an einen wienerischen Tonfall besonders deutlich werden zu lassen. Das zeigt sich auch in Rubato-Ausformungen wie im Nebenthema des Trauermarsches von Mahlers Fünfter oder in deren berühmt-berüchtigtem Adagietto.

Tonträger
2006 Tschaikowsky: Sinfonie Nr. 5 (Pittsburgh SO; Exton) ▪ 2010 Mahler: Sinfonie Nr. 3 (Michelle DeYoung, Pittsburgh SO; Exton) ▪ 2012 Strauss: *Don Juan / Tod und Verklärung / Till Eulenspiegels lustige Streiche* (Pittsburgh SO; Reference) ▪ 2013 Dvořák: Violinkonzert / Romanze op. 11 / Mazurka op. 49 (Anne-Sophie Mutter, BPh; DGG) ▪ 2014 Strauss [J.]: *Im Krapfenwaldl / Rosen aus dem Süden / Tritsch-Tratsch / Frühlingsstimmen / Unter Donner und Blitz* etc. (Wiener Symphoniker; WS)

Bildmedien
2006 Mozart: Sinfonie Nr. 38 KV 504 »Prager« / Klarinettenkonzert etc. (Sharon Kam, Czech PO; EuroArts)

Literatur
Menschenkenntnis und »natürliche Autorität« [Interview mit Daniel Ender], in: Österreichische Musikzeitschrift 64/1 (2009), S. 35–37 ▪ »Alles in Mahlers Musik hat einen Grund«, in: Wolfgang Schaufler, Gustav Mahler. Dirigenten im Gespräch, Wien 2013, S. 124–131

TOP

Horenstein, Jascha

1898 am 6. Mai in Kiew als Sohn eines Fabrikanten geboren, wächst er ab 1905 in Königsberg und ab 1911 in Wien auf.
1916 beginnt er bei Joseph Marx ein Kompositionsstudium, das er ab 1918 bei Franz Schreker in Wien und Berlin fortsetzt.
1922 debütiert er als Dirigent mit Mahlers 1. Sinfonie und den (nachmaligen) Wiener Symphonikern. Ebenso übernimmt er als Nachfolger von Hermann Scherchen den Schubert-Chor und den Chor Groß-Berlin.
1923 wird er Assistent des Chordirigenten Siegfried Ochs und leitet Konzerte des Berliner Blüthner-Orchesters.
1927 bereitet er als Assistent für Wilhelm Furtwängler u. a. eine Aufführung von Carl Nielsens 5. Sinfonie für das IGNM-Festival in Frankfurt am Main vor.
1928 Schallplattenaufnahmen von Mahlers *Kindertotenliedern* mit Heinrich Rehkemper und von Bruckners 7. Sinfonie. Von 1928 bis 1933 arbeitet er bis zu seiner von einer rassistischen Kampagne begleiteten Beurlaubung in leitender Position am Opernhaus Düsseldorf (danach übernimmt er nie mehr eine dauerhafte Anstellung).
1929 wird er preußischer Staatsangehöriger, im Jahr 1941 erhält er die Staatsbürgerschaft der USA.
1939 Flucht in die USA nach Aufenthalten in Paris, der Sowjetunion und Auftritten in Australien und Palästina. In New York arbeitet er an der New School for Social Research, u. a. beim Filmmusik-Projekt seines Jugendfreundes Hanns Eisler.
1950 leitet er die Pariser Premiere von Alban Bergs *Wozzeck* (den er schon in Düsseldorf aufs Programm setzte).
1954 nimmt er mit Walter Schneiderhan und Nikolaus Harnoncourt unter den Instrumentalisten Bachs *Brandenburgische Konzerte* mit einem Ensemble auf, das auch historische Instrumente einbezieht. Seine Aufnahmen für VOX in diesen Jahren entstehen oft mit Mitgliedern der Wiener Symphoniker, die für die CD-Produktionen unter anderem Orchesternamen auftreten.
1959 gilt seine Aufführung von Mahlers 8. Sinfonie als entscheidender Auslöser für die Renaissance des Komponisten im Konzertleben Großbritanniens (dokumentiert bei BBC Legends).
1973 stirbt er am 2. April in London.

Wie klein kann ein musikalisches Detail sein, um eine musikalische Aufführung einzigartig zu machen? Bei Jascha Horenstein treten gegen manche Beschränkungen von Klang und Spieltechnik immer wieder Momente hervor, die schlicht nirgendwo anders besser gemacht wurden. In Mahlers *Lied von der Erde* sind dies zum Beispiel die angespitzten Pizzicati, die in Takt 203 des ersten Liedes dessen Mittelteil eröffnen, das Sforzato der Oboe, das in Takt 56 des »Trunkenen im Frühling« den Abgrund aufreißen lässt, oder das herzzerreißende plötzliche Piano in Takt 351 im Trauermarsch des »Abschieds«. Der Kultstatus Horensteins begründet sich allerdings daraus, dass man auch die Kohärenz der Gesamtkonzeption als besonders gelungen empfinden kann. Je größer und episodenreicher ein Stück ist, desto stärker spürt man Horensteins Tendenz, die Tempi einander so weit anzunähern, dass eine Art durchgängiger Grundpuls hervortritt. Im Kopfsatz von Mahlers 3. Sinfonie stechen nur jene »irrationalen« Details heraus, die als dumpfe Paukenschläge oder instabile Vogelrufe jenseits dieser Tempokontrolle platziert sind. Die ebenso zum Kultstatus gehörende Umstrittenheit, zu der groteske Kämpfe um die Unfehlbarkeit oder Unfähigkeit Horensteins auf englischsprachigen Klassik-Portalen im Internet einiges beitragen, dürfte unter anderem daraus zu erklären sein, dass Horenstein auch jede Menge Details ungepflückt am Wegesrand vorüberziehen lässt. Seinen sachbezogenen Interpretationen kann scheinbar jede persönliche Intervention abgehen – und wer es so hört, der hört dann vor allem die Beschränkungen von Klang und Spieltechnik.

Horenstein erscheint in seinen Aufnahmen als eine Art Sphinx: Hilfskonstruktionen der Musikwissenschaft, die vorderhand zwischen neusachlicher Partiturtreue und expressiven Partitureingriffen unterscheidet, helfen nicht weiter; bewusst paradoxe Etikettierungen wie »dämonisch versachlicht« oder »expressionistisch objektiv« treffen hingegen durchaus etwas Zutreffendes. Tempo und Klang entfalten sich bei Horenstein oft komplementär: In Mahlers 8. Sinfonie erzeugen die expressionistisch bereicherten Schlagwerkeffekte eine hohe Grundspannung trotz des erneut eher eingeebneten Tempoplans. Instruktiv ist insbesondere ein Vergleich mit der Aufführung von Dimitri Mitropoulos ein Jahr später bei den Salzburger Festspielen, wo diese Spannung umgekehrt durch Tempoextreme erzielt wird.

Manchmal findet Horenstein eine ganz persönliche Note, indem er nichts tut. So verbirgt er nirgends durch romantisierende Ausphrasierungen, dass Liszts *Faust-Sinfonie* sozusagen das erste Instrumentalstück seit der Vorklassik ist, das primär aus kurzen zweitaktigen Sequenzen besteht. Man hört so bei Horenstein Vorwegnahmen der Tonsprache Leoš Janáčeks, zu dessen unermüdlichen Vorkämpfern er wie auch im Falle von Carl Nielsen oder Ferruccio Busoni gehörte. Manchmal dagegen erscheint Horenstein altmodisch, indem er viel tut, wie in den anachronistischen Dehnungen des Anfangsmottos von Haydns letzter Sinfonie (Hob. I:104). Ebenso unterschiedlich können verschiedene Aufnahmen desselben Werks ausfallen: In Mahlers 1. Sinfonie ist die spätere Aufnahme (1969, Unicorn) in der Detailschärfe der Nebenstimmen überlegen, die spieltechnisch schlechtere (1953, VOX) aber bezaubert mit einer ganz aus dem Klangwissen um Rubato und Portamento der Wiener Musiker geschöpften Interpretation. Horenstein ist in der Suche nach dem authentischen Mahler-Klang, die zumeist einseitig zugunsten von Willem Mengelberg und gegen Bruno Walter entschieden wurde, ein oftmals übersehenes Puzzleteil.

Horensteins zugleich intensivierte und objektive Deutungen lassen sich aus dem Faktum ableiten, dass er keine räumliche Tiefenstaffelung anstrebt, sondern Haupt- und Nebenstimmen in denselben Raum projiziert. Das ist eigentlich ein Vinyl-Klang, der durch CD-Transfers nicht unbedingt eine Verbesserung erfährt – auch dies dürfte zum Kultstatus mit beigetragen haben. Horenstein lässt sich am ehesten vielleicht noch mit Erich Kleiber vergleichen.

Instruktiv ist dabei die Retuschenpraxis in Beethovens 9. Sinfonie: Auch Horenstein verzichtet auf allzu starke Eingriffe und betont zum Beispiel gerade das häufig als Fehler korrigierte Aussetzen der Trompetenmelodie der »Schreckensfanfare«, die so einen ganz modernen Stroboskop-Effekt erhält. Und im Kopfsatz ist er vom Streicherklang Furtwänglers weit entfernt und betont stattdessen in für ihn typischer Weise die »gezackte« Linienführung. Ein ähnliches Hervortreten und Verschwinden von Instrumentengruppen kann man im *Meistersinger*-Vorspiel hören, das so nicht zum Abbild der Festwiese, sondern des Wettbewerbs zuvor gerät. Der Sammelwert von Horenstein-Aufnahmen begründet sich auch daraus, dass es keine feste Zuordnung zu großen Orchestern und etablierten Labels gibt, sondern ein Dirigent in der diskografischen Diaspora seinen Fans einen gewissen Enthusiasmus bei der Suche nach der besten Pressung abverlangt. Diese Suche aber lohnt sich, denn Horenstein erfüllt jenen Slogan mit Leben, der sich auf vielen seiner Langspielplatten gedruckt findet, ohne als Mann der Moderne dessen Ideologie zu verfallen: »Weihet mit Musik hohe Lebensstunden.«

Tonträger

1928 BRUCKNER: Sinfonie Nr. 7 (BPh; Polydor / Im Takt der Zeit) ▪ 1952 DVOŘÁK: Sinfonie Nr. 9 »Aus der Neuen Welt« (Vienna Pro Musica Orchestra; VOX) ▪ 1954 WAGNER: *Die Meistersinger von Nürnberg* [Vorspiel] (Bamberger Symphoniker; VOX) ▪ 1956 BEETHOVEN: Sinfonie Nr. 9 (Lipp, Höngen, Patzak, Wiener, Singverein der Gesellschaft der Musikfreunde Wien, Vienna Pro Musica Orchestra; VOX) ▪ 1956 PROKOFJEW: Sinfonie Nr. 5 (ONF; Music & Arts) ▪ 1958 LISZT: *Eine Faust-Sinfonie* (Ferdinand Koch, SWF SO Baden-Baden; VOX) ▪ 1970 MAHLER: Sinfonie Nr. 3 (Norma Procter, London SO; Unicorn / Brilliant) ▪ 1972 MAHLER: *Das Lied von der Erde* (Alfreda Hodgson, John Mitchinson, BBC Northern SO; BBC Legends)

Literatur

Carsten Schmidt, Jascha Horenstein, in: Dietmar Schenk u. a. (Hrsg.), Franz Schrekers Schüler in Berlin, Berlin 2005, S. 56–62 ▪ Barbara Suchy, Jüdische Musiker, Komponisten und Musikwissenschaftler in Düsseldorf und in der Emigration. Fünf Porträtskizzen, in: Kurt Düwell u. a. (Hrsg.), Vertreibung jüdischer Künstler und Wissenschaftler aus Düsseldorf 1933–1945, Düsseldorf 1998, S. 97–140

Webpräsenz

www.donaldclarkemusicbox.com [Diskografie] (↪0051)
www.srst.wbs.cz/Horenstein.html [Diskografie] (↪0052)
www.classical.net/music/performer/horenstein/index.php [Biografie] (↪0053)

JCA

Immerseel, Jos van

1945 am 9. November in Antwerpen geboren, wächst Immerseel in einem musikbegeisterten Elternhaus auf. Am Konservatorium seiner Heimatstadt studiert er zunächst Klavier bei Eugène Traey, Orgel bei Flor Peeters, Cembalo bei Kenneth Gilbert, Gesang bei Lucie Frateur und Orchesterleitung bei Daniel Sternefeld. Sein Interesse an Historischer Aufführungspraxis schließt intensive Studien zur Instrumentengeschichte ein.

1964 begründet er in Antwerpen ein Collegium Musicum, mit dem er Renaissance- und Barockmusik auf historischen Instrumenten aufführt.

1973 gewinnt er den neu inaugurierten Cembalo-Wettbewerb in Paris.

1982–1985 leitet er zusammen mit Ton de Leeuw das Sweelinck Conservatorium Amsterdam; er unterrichtet zudem für mehrere Jahre als Professor am Conservatoire National Supérieur in Paris und als Gastdozent an der Schola Cantorum Basiliensis.

1987 gründet er das auf historische Instrumente spezialisierte Projektorchester Anima Eterna, das in Brügge beheimatet ist, und leitet es seitdem als Musikdirektor. Mit der Konzertmeisterin Midori Seiler sowie mit dem Cellisten Sergei Istomin tritt der Spezialist für historische Tasteninstrumente auch als Kammermusiker auf, wie auch im Klaviertrio mit Vera Beths und Anner Bylsma.

Jos van Immerseel nimmt im Bereich historisch informierter Aufführungspraxis eine Sonderrolle ein: Er ist Nachzügler und Vorreiter zugleich. Nachzügler insofern, als er sich vom Wettlauf der »Originalklangensembles« bei der Erschließung sinfonischer Musik des 19. Jahrhunderts in den 1990er-Jahren fernhielt und etwa eigene Beethoven-Einspielungen erst gut fünfzehn Jahre später vorgelegt hat; da war es schon lange keine Besonderheit mehr, diese Musik auf historischen Instrumenten zu hören. Gleichzeitig aber ist Immerseel ein Vorreiter, hat er doch die Grenzen des Repertoires, mit dem er sich im Zeichen historisch informierter Aufführungspraxis beschäftigt, konsequent in Richtung Gegenwart verschoben. Mittlerweile hat er als Dirigent auch die Musik von Debussy und Ravel mit den Instrumenten ihrer Zeit dargeboten und dem von ihm hochverehrten Francis Poulenc eine Einspielung gewidmet (wobei eine Kopie eines Cembalos des 18. Jahrhunderts zum Einsatz kommt, nicht eines der Stahlrahmen-Instrumente aus Poulencs Zeit). Bis auf diese Ausnahme nimmt es Immerseel, der anders als viele Kollegen aus der Alte-Musik-Szene nicht von der Chortradition, sondern vom Tasteninstrument herkommt und eine stattliche Sammlung historischer Claviere sein Eigen nennt, mit der Herkunft der verwendeten Instrumente äußerst genau.

Immerseel gilt als Klang- und Farbenspezialist im Bereich der historisch informierten Aufführungspraxis. Akribischer noch als manch anderer Dirigent macht er sich auf die Suche nach dem Klang der Entstehungszeit eines Werks. Stets hält er die Musiker des nach seinem Nachnamen benannten Ensembles Anima Eterna an, die Provenienz der jeweils verwendeten Instrumente genau zu prüfen und auf das Repertoire abzustimmen. So kommen bei seiner Gesamteinspielung der Sinfonien Ludwig van Beethovens ausschließlich Wiener Modelle zum Einsatz. Das Klangbild ist schillernd in seiner Reichhaltigkeit, vor allem im Bereich der Holzbläser sind die Eigenfarben der einzelnen Instrumente stark ausgeprägt, der klangliche Verschmelzungsgrad der Orchestergruppen ist gering. In der *Symphonie fantastique* von Hector Berlioz verleihen französische Blasinstrumente dem Orchesterklang eine individuelle Färbung, die durch die Verwendung von zwei Klavieren als Glockenersatz im Hexensabbat noch erhöht wird. Nicht zuletzt, weil die Farbenvielfalt historischer Instrumente von ihren modernen Nachfolgern nicht imitiert werden kann, verweigert sich Immerseel der Zusammenarbeit mit traditionellen Sinfonieorchestern. Die Einschätzung einiger Kollegen wie Roger Norrington, John Eliot Gardiner oder Philippe Herreweghe, wesentliche Erfahrungen im Umgang mit historischen Instrumenten ließen sich auf die Arbeit mit einem Sinfonieorchester übertragen, teilt Immerseel nicht.

Eindrücklicher noch als in seinen Interpretationen des klassischen Repertoires, zu denen luzide und sorgsam ausgehörte Mozart-Einspielungen gehören, gerät das Klangfarbenspiel in seinen Aufnahmen (spät-)romantischer Werke. Rimski-Korsakows *Scheherazade* erhält ein sehr helles, zuweilen quecksilbriges Timbre. Auch die Differenzierung zwischen solistischer Violine mit Vibrato und dem Streichertutti mit nahezu vibratolosem Ton trägt zur Vielfalt des Farbenspektrums bei. Wo allerdings die außergewöhnlich präsenten Holzbläser nicht im Vordergrund stehen, tritt aufgrund der kleinen Streicherbesetzung durch die Hintertür das ein, was Immerseel an Aufführungen traditioneller Sinfonieorchester kritisiert: Die Wucht der Blechbläser deckt den Rest des Orchesters zu. Diese Balanceprobleme treten besonders in seiner Aufnahme von Tschaikowskys 4. Sinfonie hervor. An ihr zeigt sich auch, dass der Dirigent bei der Umsetzung historischer Aufführungsweisen klare Schwerpunkte setzt: Das Hauptaugenmerk liegt auf klangfarblichen Aspekten, zu denen der weitgehende Vibrato-Verzicht bei den Streichern gehört. Andere aufführungspraktische Aspekte bleiben ausgeklammert, etwa Portamenti bei den Streichern (außer dort, wo sie in der Partitur gefordert werden, wie in den Glissando-Bewegungen von Ravels *La Valse*); auch lokale Modifikationen des Tempos als aufführungspraktisches Mittel des späten 19. Jahrhunderts bringt der Dirigent in seine Interpretationen nicht ein. Immerseels Tschaikowsky erscheint im Gleichmaß der Bewegung geradezu klassizistisch, und auch der Zugriff auf Orchesterwerke von Franz Liszt wirkt in der Gangart wenig beweglich, was sich besonders in den *Ungarischen Rhapsodien* bemerkbar macht.

Immerseel zeichnet weite Bögen und vermeidet das Kleinteilige in der Phrasierung, das Dirigenten der Alte-Musik-Bewegung häufig favorisieren. Gleichzeitig spürt er rhythmischen Bewegungsmustern gerade in den Begleitstimmen mit besonderer Sorgfalt nach. Vor allem in seiner Gesamteinspielung der Sinfonien Franz Schuberts treten die rhythmischen Impulse der Begleitfiguren als bewegter Klanggrund deutlich hervor. Dramatisch-straff legt er das wispernde, brodelnde Hauptthema des ersten Satzes der 4. Sinfonie an und kombiniert geschärfte dynamische Kontraste mit elegant ausgearbeiteter Kantabilität. Eine solche Verbindung tendenziell auseinanderstrebender Dimensionen der Interpretation kann man durchaus als Kern seines musikalischen Naturells bezeichnen.

Tonträger

1992 SCHUBERT: Sinfonie Nr. 5 / *Rosamunde* [Auszüge] (Anima Eterna; Channel) ▪ **2003** LISZT: *Totentanz* / *Les Préludes* / *Mazeppa* / *Von der Wiege bis zum Grabe* etc. (Rian de Waal, Anima Eterna; Zig-Zag) ▪ **2004** MOZART: Sinfonie Nr. 29 KV 201 / Violinkonzerte Nr. 2 & 3 (Midori Seiler, Anima Eterna; Zig-Zag) ▪ **2005** RAVEL: *Boléro* / *La Valse* / *Rapsodie espagnole* / *Pavane* / Klavierkonzert für die linke Hand (Claire Chevallier, Anima Eterna; Zig-Zag) ▪ **2012** DEBUSSY: *La Mer* / *Prélude à l'après-midi d'un faune* / *Images* (Anima Eterna; Zig-Zag)

Bildmedien

2009 BEETHOVEN: Sinfonie Nr. 5 [inkl. Dokumentation] (Anima Eterna; EPR)

Literatur

Die Musik verteidigen [Interview mit Michael Arntz], in: Concerto, Heft 241 (2011/12), S. 14–17

TOP

Inbal, Eliahu

1936 am 16. Februar in Jerusalem geboren. Das Umfeld der Familie ist religiös geprägt. Er studiert Komposition bei Paul Ben-Haim und spielt als Geiger im Rundfunk-Sinfonie-Orchester des YMCA Jerusalem. Auf Empfehlung von Leonard Bernstein studiert er anschließend in Paris und besucht Dirigierkurse bei Franco Ferrara und Sergiu Celibidache.

1963 öffnet sich ihm als Preisträger des Guido-Cantelli-Dirigierwettbewerbs der Weg zu einer internationalen Karriere. Ab Anfang der 1970er-Jahre produziert er zahlreiche Aufnahmen für das niederländische Label Philips.

1974–1990 leitet er das Radio-Sinfonie-Orchester Frankfurt. Berufen auf ausdrücklichen Wunsch der Orchestermitglieder, konzentriert sich seine Arbeit stark auf Bruckner und Mahler. 1996 ernennt ihn das Orchester zum Ehrendirigenten.

1984–1987 wird er künstlerischer Direktor des Teatro La Fenice in Venedig (auf diese Position kehrt er 2007 bis 2011 nochmals zurück).

1996–2001 ist er als Ehrendirigent dem Turiner Orchestra Nazionale della RAI verbunden, wo er eine aktweise angelegte konzertante Aufführung von Wagners *Ring des Nibelungen* verwirklicht.

2001–2006 ist er Chefdirigent des Berliner Sinfonie-Orchesters (das heutige Konzerthausorchester).
2006 erhält er die Goethe-Plakette der Stadt Frankfurt am Main und das Bundesverdienstkreuz.
2009–2012 leitet er die Tschechische Philharmonie, ebenso ab 2008 das Tokyo Metropolitan Symphony Orchestra (ab 2014 Conductor Laureate). In Japan genießt Inbal seit Jahrzehnten – auch als Hausdirigent des Klassik-Labels des Technologiekonzerns Denon – eine außergewöhnlich hohe Popularität.

Eliahu Inbals großes Aufnahmenkonvolut hat Glück und Pech zugleich erfahren: Trotz des Niedergangs der Labels Teldec und Denon ist es weiterhin leicht zugänglich, wenn auch in einer Zweitvermarktung, die ihren Ausgangspunkt bei einer niederländischen Kosmetik-Kette hat. Zudem wurden die Erstveröffentlichungen über ihr spektakuläres Klangbild vermarktet und damit über einen Faktor, der schnell veralten kann: Zwar bleiben die »Subwoofer-Pauken« im Requiem von Hector Berlioz stereophon beeindruckend, doch wendet sich die auf grandiose Panoramaschwenks zielende Klangtechnik manchmal gegen das interpretatorische Konzept. Der detailarme Mischklang wirkt dann wie einmal zu oft gewaschen.

Inbals berühmter Bruckner-Zyklus bleibt vor allem editorisch von großer Bedeutung, da die Studienwerke mit eingespielt und konsequent die Erstfassungen herangezogen wurden. Der hohe Karatgrad der Blechbläser erinnert wie die schroffe Artikulationsweise an amerikanische Orchester: Inbal unterstreicht die Kontinuität des Klangstroms und relativiert auf diese Weise die Formbedeutung der Generalpausen und orgelartigen Texturwechsel. Die Sinfonien wirken wie instrumentale Oratorien, in denen sich lyrische Soloszenen und aggressive Chorblöcke in zügigen Tempi abwechseln. Im Mahler-Zyklus bleibt diese Tendenz zur Herausstellung der Blechbläser spürbar, wovon – als Faustregel formuliert – die »ungeraden« Sinfonien etwas mehr profitieren. Hervorzuheben ist hier die 7. Sinfonie, in der das schwache Timbre des Tenorhorns einmal nicht im Tutti untergeht.

Weitere große Aufnahmeprojekte hat Inbal für die Orchesterwerke von Ravel und Berlioz sowie die Sinfonien Schostakowitschs vorgelegt. Dabei passt sich die Klangtechnik immer der Individualität des Komponisten an: Für Schostakowitsch wird in den Produktionsjahren nach 1990 bewusst ein weniger brillanter Grundklang gewählt, der durchaus rückblickende Züge auf ein gerade untergegangenes System aufzuweisen scheint. Überzeugend ist dieser elegische Ansatz in der 13. Sinfonie, während sich in der Vierten sozusagen die sozialistische Mangelwirtschaft auch auf die Tempowahl projiziert: Die relative Angleichung der Gangarten meidet jene Extreme, die gerade dieses Werk so offenkundig sucht.

Inbals Interpretationen scheinen häufig noch einer Überzeugungsarbeit verpflichtet, in der Komponisten gegen bestehende Vorurteile verteidigt werden sollen. Jedoch kann auch die Reputation eines Dirigenten raschen Wechseln unterworfen sein, sodass heute eher Inbals – zunächst von der deutschsprachigen Musikkritik gefeierte – Aufnahmen bereits wieder neu zu entdecken und bewerten wären. Deren Image leidet derzeit wohl auch unter dem insgesamt schlechten ästhetischen Ruf der 1980er-Jahre. Die Oberflächenpolitur in den Filmen, der Mode und auch der CD-Klangtechnik jenes Jahrzehnts ist abgelagert in Aufnahmeserien, die selten für Experten, aber fast immer für Einsteiger ihren Referenzwert behalten haben.

Tonträger
1970 CHOPIN: Klavierkonzerte Nr. 1 & 2 (Claudio Arrau, London PO; Philips) ▪ 1975 PUCCINI: Messa di Gloria (Lövaas, Hollweg, McDaniel, Kölner Rundfunkchor, RSO Frankfurt; Philips) ▪ 1982 BRUCKNER: Sinfonie Nr. 8 [Urfassung 1887] (RSO Frankfurt; Teldec) ▪ 1986 MAHLER: Sinfonie Nr. 7 (RSO Frankfurt; Denon / Brilliant) ▪ 1993 SCHOSTAKOWITSCH: Sinfonie Nr. 13 »Babi Yar« (Robert Holl, Chorus Viennensis, Wiener Symphoniker; Denon)

Literatur
Gustav Mahlers Wirklichkeit. Ein Gespräch mit dem Dirigenten Eliahu Inbal, in: Karl Josef Müller (Hrsg.), Mahler. Leben – Werke – Dokumente, Mainz 1988, S. 600–614 ▪ Alfred Sous, Ein Orchester für das Radio. Das Radio-Sinfonie-Orchester Frankfurt, Frankfurt a. M. 1998, S. 126–168 ▪ Anat Feinberg, Nachklänge. Jüdische Musiker in Deutschland nach 1945, Berlin / Wien 2005, S. 130–150

JCA

Inghelbrecht, Désiré-Émile

1880 am 17. September in Paris geboren. Nach seinem Studium am dortigen Conservatoire wird die Uraufführung von Debussys *Pelléas et Mélisande* (1902 mit André Messager am Pult) zum Schlüsselerlebnis für den jungen Dirigenten und Komponisten.

1908 wird er als Kapellmeister an das Pariser Théâtre des Arts verpflichtet und bringt Florent Schmitts *La Tragédie de Salomé* zur Uraufführung.

1911 wirkt er als Chordirigent an der Uraufführung des *Martyre de Saint Sébastien* von Debussy mit, mit dem ihn inzwischen eine enge Freundschaft verbindet.

1912 gründet Inghelbrecht in Paris die Association Chorale Professionnelle und wird zum musikalischen Leiter des im folgenden Jahr neu eröffneten Théâtre des Champs-Élysées.

1920–1923 leitet er die Ballets suédois des Choreografen Rolf de Maré, mit denen er u. a.

1921 das Gemeinschaftswerk *Les Mariés de la Tour Eiffel* der Groupe des Six und *L'Homme et son désir* von Darius Milhaud zur Uraufführung bringt. Abgesehen von einem kurzen Intermezzo an der Oper von Algier (1929–1930) arbeitet Inghelbrecht fast ausnahmslos weiter in Paris (insbesondere 1924 bis 1925 und erneut 1932 bis 1933 an der Opéra Comique).

1928–1932 ist er Leiter der Concerts Pasdeloup.

1934 gründet er das Orchestre National de la Radiodiffusion Française (ONRF), das er bis 1944 als Chefdirigent leitet und dem er auch danach eng verbunden bleibt in zahlreichen Aufnahmen, darunter das komplette Orchesterwerk von Debussy.

1945–1950 arbeitet er als Dirigent an der Opéra de Paris.

1965 stirbt er am 14. Februar in Paris.

»Inghel ist der einzige, der mich und meine Musik versteht!« Claude Debussys Lob für seinen Freund und Meisterinterpreten Désiré-Émile Inghelbrecht ist ebenso begründet wie aufschlussreich: Tatsächlich sind seine Debussy-Aufnahmen einzigartig in ihrer Strenge und Stringenz – »musikalische Mathematik« (wie Debussy sie immer gefordert hat) ohne pseudo-impressionistische Klangwolken, in denen jede Kontur verschwimmt. Sein 1951 bei der BBC produzierter *Pelléas* ist die absolute Referenzaufnahme des Werkes, das *Prélude à l'après-midi d'un faune*, die *Nocturnes*, *La Mer* oder *Jeux* klingen so kristallklar und scheinen so scharf umrissen wie die japanischen Farbholzschnitte, die der Komponist besonders liebte. In ihrer Kompromisslosigkeit sind diese Interpretationen sicher ungewohnt (vielleicht sogar gewöhnungsbedürftig), aber sie zeigen Debussy als eine der Schlüsselfiguren der frühen Moderne.

Inghelbrecht war klein, hager und dirigierte mit einer überaus präzisen Schlagtechnik. Für seine detailversessene, autoritäre und oft cholerische Probenarbeit wurde er von seinen Musikern eher gefürchtet als geliebt; doch letztlich sprang der Funke seiner Begeisterung immer wieder auf Orchester und Publikum über. Vor allem durch seine jahrzehntelange Arbeit beim französischen Rundfunk hat Inghelbrecht maßgeblich dazu beigetragen, eine vor allem im differenzierten Klang der Holzbläser und in der Transparenz der Streicher unverwechselbare Klangästhetik zu formen, die auch seine Aufnahmen nicht-französischer Musik prägt (z. B. Mahlers *Kindertotenlieder* 1959 mit Rita Gorr). Dirigenten wie André Cluytens, Jean Martinon oder Georges Prêtre stehen hörbar in seiner Nachfolge. Inghelbrechts stilistisch deutlich von Debussy beeinflusstes kompositorisches Œuvre umfasst rund 70 Werke, darunter sieben Bühnenwerke, ein Requiem, Konzert- und Orchesterwerke, Kammermusik, Lieder, Klavierwerke und diverse Arbeiten für Film und Radio.

Tonträger

1951 DEBUSSY: *Pelléas et Mélisande* (Maurane, Danco, Etcheverry, PhO; EMI / Testament) ▪ **1953/55** RAVEL: *Daphnis et Chloé / Ma Mère l'oye* (ONRF; EMI / Testament) ▪ **1953/57** DEBUSSY: *Prélude à l'après-midi d'un faune / Nocturnes / Jeux* (ONRF; EMI / Testament) ▪ **1956** FAURÉ: *Pénélope* (Crespin, Jobin, Massard, Gayraud, ONRF; Rodolphe / Cantus Cl) ▪ **1959** ROSSINI: *Le Comte Ory* (Sénéchal, Ogéas, Vessières, Granger, Orchestre Radio-Lyrique; Cantus Cl) ▪ **1960** DEBUSSY: *Le Martyre de Saint Sébastien* (Sussman, Gayraud, Michel, Falcon, ONRF; Montaigne)

Kompositionen

La Nursery [1905] (Lise Boucher; ATMA 2001)

Schriften

Comment on ne doit pas interpréter Carmen, Faust, Pelléas, Paris 1932 ▪ Mouvement contraire. Souvenirs d'un musicien, Paris 1947 ▪ Le Chef d'orchestre et son équipe, Paris 1949 ▪ Le Chef d'orchestre parle au public, Paris 1957

Literatur

Dominique Sordet, Douze Chefs d'orchestre, Paris 1924 ▪ Germaine Inghelbrecht, D. É. Inghelbrecht et son temps, Neuchâtel 1978 [Werkverzeichnis] ▪ Margaret G. Cobb, Debussy's Letters to Inghelbrecht. The Story of a Musical Friendship, Rochester 2005

MST

Jacobs, René

1946 am 30. Oktober in Gent geboren. An der dortigen Universität studiert er klassische Philologie und arbeitet danach als Lehrer. Parallel dazu nimmt er Gesangsunterricht bei Louis Devos und Lucie Frateur, zudem besucht er Kurse beim britischen Countertenor Alfred Deller; die endgültige Durchsetzung dieses Gesangsfaches begründet in den 1970er-Jahren seine erste musikalische Karriere.

1977 ist er die zentrale Figur bei der Etablierung des Concerto Vocale (anlässlich von Aufnahmen für Harmonia Mundi), zu dessen Mitwirkenden u. a. William Christie und Konrad Junghänel gehörten. Ebenso übernimmt er einen Lehrauftrag für Gesang an der Schola Cantorum Basiliensis.

1997–2009 ist er künstlerischer Leiter der Innsbrucker Festwochen der Alten Musik, wo er seinen Repertoireschwerpunkt, die barocke Oper, ebenso zur Geltung bringen kann wie als fester Gastdirigent für das frühe Repertoire an der Berliner Staatsoper.

2005 erhält er für seine Interpretation von Mozarts *Le nozze di Figaro* einen Grammy. In den folgenden Jahren arbeitet er regelmäßig an wichtigen Opernhäusern, vor allem in Brüssel, Paris und Wien.

Historische Aufführungspraxis verwirklicht sich, einigermaßen grob gesprochen, vornehmlich durch zwei interpretatorische Reflexe: erstens Dinge, die nicht in der Partitur stehen, auch nicht zu spielen; oder aber zweitens Dinge zu spielen, die nicht in der Partitur stehen, weil sie sich aus zeitgenössischen Quellen rekonstruieren lassen. René Jacobs kann heute als einer der wichtigsten Köpfe der zweiten Richtung gelten, deren stärkeres Interesse an Verzierungen und Farbwechseln für die vom vokalen Fach kommenden Vertreter vielleicht insgesamt etwas typischer ist als für die »Pianistendirigenten« der Alte-Musik-Szene.

Vergleicht man Jacobs' Interpretation der Motetten Johann Sebastian Bachs mit der ebenfalls exzellenten Deutung dieser Werke von Philippe Herreweghe mit dem Collegium Vocale Gent, so fallen seine eher ruhigen Tempi und das fein nuancierte und weiche Klangbild auf, wobei letzteres auch Resultat der vergleichsweise großen Besetzung durch den RIAS Kammerchor ist, die allerdings nie zulasten dynamischer und rhythmischer Präzision geht.

In der jüngeren Vergangenheit hat sich Jacobs zunehmend als Mozart-Interpret profiliert. Sein Konzept ließe sich dabei als eine Art aus vokaler Rhetorik abgeleitetes, historisch informiertes Gesamtkunstwerk umschreiben. Am stärksten gilt dies für die *Zauberflöte*: Die gesprochenen Dialoge werden in das dramatisierende Klangdesign konsequent mit einbezogen, und der Gegensatz von heiligen Hallen und frivolen Figuren wird nicht gemindert, sondern – angelehnt an Thesen von Jan Assmann – als Verwirrspiel aus dem Geist des Freimaurertums überhöht. Überhaupt scheinen auch die umfangreichen Booklets und eleganten Pappboxen in seinen aufwendigen Editionen Teil des Gesamtkunstwerkes zu sein. Sie dokumentieren das Ziel, bekannteste Werke mit dem Anspruch ereignishafter Neuartigkeit zu präsentieren – wie zuletzt die in einen antiphonalen Stereo-Raumklang aufgefaltete *Matthäus-Passion*.

Das Ideal historisch-rekonstruktiver Werkdeutungen verlangt in den späten Sinfonien Mozarts vom »traditionellen« Hörer den Kompromiss, dass das drahtig-schroffe Klangbild mitunter unausgewogen zulasten der Streicher ausbalanciert wirkt. Der Finalsatz der »Prager« Sinfonie ist ein Beispiel dafür, wie Jacobs andererseits mit dem Freiburger Barockorchester die musikalische Faktur ohne vordergründige Übertreibungen pointiert und prägnant bis ins Detail auszuleuchten versteht. Gleiches gilt für den Beginn der »Jupiter«-Sinfonie, bei der trotz aller übergeordneten starken Kontraste jedes musikalische Detail gewissermaßen einzeln umsorgt wird: Wie sich zwei Flüsse in weiten Bögen plötzlich ganz nah kommen können, so ist hier die flackernde Agogik ein sprechendes Zeugnis für die Nähe zwischen René Jacobs und der romantischen Aufführungstradition.

Tonträger

1990 MONTEVERDI: *L'incoronazione di Poppea* (Borst, Laurens, Köhler, Larmore, Concerto Vocale; HMF) ▪ **1991** HÄNDEL: *Giulio Cesare* (Larmore, Schlick, Fink, Concerto Köln; HMF) ▪ **1995** BACH: Motetten BWV 225–230 (RIAS Kammerchor, Akademie für Alte Musik Berlin; HMF) ▪ **2003** MOZART: *Le nozze di Figaro* (Regazzo, Ciofi, Keenlyside, Gens, Kirchschlager, Collegium Vocale Gent, Concerto Köln; HMF) ▪ **2006** MOZART: Sinfonien Nr. 38 KV 504 »Prager« & 41 KV 551 »Jupiter« (Freiburger Barockorchester; HMF) ▪ **2012** BACH: *Matthäus-Passion* (Güra, Weisser, Im, Fink, Lehtipuu, RIAS Kammerchor, Akademie für Alte Musik Berlin; HMF)

Bildmedien

1996 CAVALLI: *La Calisto* (Bayo, Lippik, Kammerer, Pushee, Concerto Vocale; HMF) ▪ **1998** MONTEVERDI: *L'Orfeo* (Keenlyside, Lascarro, Oddone, Collegium Vocale Gent, Concerto Vocale; HMF)

Schriften

The Controversy Concerning the Timbre of the Countertenor, in: Peter Reidemeister / Veronika Gutmann (Hrsg.), Alte Musik. Praxis und Reflexion, Winterthur 1983, S. 288–306

Literatur

Nicolas Blanmont, René Jacobs: Prima la musica, prime le parole, Louvain-la-Neuve 2009 ▪ Ich will Musik neu erzählen. René Jacobs im Gespräch mit Silke Leopold, Kassel / Leipzig 2013

ADO / JCA

Janowski, Marek

1939 am 18. Februar in Warschau geboren, wächst er kriegsbedingt in Wuppertal auf.

1958–1961 studiert er in Köln (u. a. bei Wolfgang Sawallisch).

1961–1973 ist er Korrepetitor in Aachen und Köln, dann Kapellmeister in Düsseldorf, Köln und Hamburg.

1973–1975 setzt er seine Karriere als Generalmusikdirektor in Freiburg im Breisgau fort,

1975–1979 in gleicher Funktion in Dortmund. Danach folgt eine Zeit freischaffender internationaler Tätigkeit.

1980–1983 entsteht die erste digitale Studioeinspielung von Wagners *Der Ring des Nibelungen* mit der Staatskapelle Dresden, die seinen internationalen Ruhm begründet.

1983 wird er Artistic Advisor des Royal Liverpool Philharmonic Orchestra (bis 1986).

1984–2000 ist er musikalischer Leiter des (Nouvel) Orchestre Philharmonique de Radio France.

1986–1990 kehrt er als Chefdirigent des Gürzenich-Orchesters nach Köln zurück.

2000–2005 ergeben sich parallele Engagements als Chefdirigent des Orchestre Philharmonique de Monte Carlo und als Leiter der Dresdner Philharmonie (2001 bis 2004).

2002 wird Janowski auch Chefdirigent des Rundfunk-Sinfonieorchesters Berlin (RSB; bis 2016) und

2005–2012 musikalischer Direktor de l'Orchestre de la Suisse Romande (OSR). Ab 2016 übernimmt er von Kirill Petrenko die Dirigate von *Der Ring des Nibelungen* bei den Bayreuther Festspielen.

Ausgehend von einer reichen Erfahrung als Operndirigent hat sich Marek Janowski im Laufe der Jahre zum Konzertdirigenten entwickelt. Sein Rückzug aus dem Opernleben gründet in der Kritik an einer Form des Regietheaters, die eine musikalisch angemessene Darstellung der Werke verhindere. Seine konzertanten Wagner-Aufführungen seit 1980 machen die klanglich-strukturelle Substanz der Musik kenntlich und weisen ihn international als Wagner-Dirigenten ersten Ranges aus (zuletzt entstehen auf diese Weise in Berlin von 2010 bis 2013 für Pentatone Aufnahmen aller zehn zentralen Musikdramen). Janowskis Repertoire umfasst eine enorme Spannbreite: Wagner, Strauss, Bruckner, Brahms und Beethoven bilden den Kern, der durch einen ausgeprägten Schwerpunkt im (französischen und moderat modernen) 20. Jahrhundert ergänzt wird. Seine Bruckner-Aufnahmen sind vom Bestreben geprägt, die Blechsektion im Klangbild nicht dominieren zu lassen, sondern die Kontrastierung von schwach und stark instrumentierten Blöcken durch ausgestaltete Phrasierungen zu vermitteln. Der Anfang der 3. Sinfonie bietet ein typisches Beispiel: Die Trompetenmelodie erhebt sich nicht über die Begleitung, sondern ist in ein Netz verschieden pulsierender Timbres eingebettet.

Janowskis Dirigierstil ist sachlich und meidet jegliche Theatralik. Das von ihm evozierte orchestrale Klangbild, inspiriert von der langjährigen Zusammenarbeit mit französischen Orchestern, tendiert zu klassizistischer Transparenz und verbindet schattierungsreiche Detailgenauigkeit mit einer Ausdrucksintensität, die Pathos und exzessive Kontrastgestaltung meidet. Mit seiner auf Vielfalt zielenden Programmgestaltung beabsichtigt Janowski, die Spielkultur seiner Orchester zu fördern, einer Repertoireverkrustung entgegenzuwirken und eher Unbekanntem den Weg zu bahnen.

Tonträger
1980–1983 WAGNER: *Der Ring des Nibelungen* (Adam, Kollo, Schreier, Altmeyer, Norman, Jerusalem, Staatskapelle Dresden; Ariola/RCA) ▪ **1994** ROUSSEL: Sinfonien Nr. 1–4 (OP de Radio France; RCA / Newton) ▪ **2000** HINDEMITH: *Die Harmonie der Welt* (Kotchinian, Le Roux, Wörle, Rundfunkchor Berlin, RSB; Wergo) ▪ **2010** HENZE: Sinfonien Nr. 3–5 (RSB; Wergo) ▪ **2011** BRUCKNER: Sinfonie Nr. 3 [Version 1889] (OSR; Pentatone) ▪ **2012** WAGNER: *Tannhäuser* (Dean Smith, Stemme, Gerhaher, Dohmen, Rundfunkchor Berlin, RSB; Pentatone)

Bildmedien
Les Leçons particulières de musique (Dokumentation von Michel Follin; HMF 1989)

Literatur
Wolfgang Seifert, Marek Janowski. Atmen mit dem Orchester, Mainz 2010

AEH

Jansons, Mariss

1943 am 14. Januar in Riga geboren. Die Geburt findet heimlich im jüdischen Ghetto statt, sein Großvater und sein Onkel werden von den Nationalsozialisten ermordet. Seine Eltern sind der renommierte Dirigent Arvīds (engl.: Arvid) Jansons und die Opernsängerin Iraida Jansons.
1956 übersiedelt die Familie nach Leningrad, wo sein Vater Stellvertreter von Jewgeni Mrawinski am Pult der Leningrader Philharmoniker ist. Der junge Mariss Jansons akklimatisiert sich nach und nach in seiner neuen Heimat, er studiert Violine, Bratsche, Klavier und Orchesterleitung am Leningrader Konservatorium.
1968 lernt er Herbert von Karajan bei einem Meisterkurs im Rahmen eines Gastspiels der Berliner Philharmoniker in Moskau kennen (so erzählt er es selbst, das Gastspiel Karajans ist aber erst im Jahr darauf). Im Jahr 1971 ist er unstrittig Preisträger beim Karajan-Dirigierwettbewerb, bereits
1969 erhält er eine erste Ausreisegenehmigung in den Westen – ein Privileg, da Reisen für russische Studenten während des Kalten Kriegs sonst tabu sind. Er zieht nach Wien und nimmt Studien bei Hans Swarowsky und bei Karajan in Salzburg auf. Die westliche Kultur überwältigt ihn, er besucht täglich bis zu drei Konzerte. Danach eröffnen sich ihm ab 1971 neue Möglichkeiten auch in der UdSSR: Mrawinski macht ihn zu seinem Assistenten bei den Leningrader Philharmonikern (denen er bis 1999 eng verbunden bleibt), zudem übernimmt er eine Professur für Dirigieren (bis 2000).
1979 übernimmt er das Oslo Philharmonic Orchestra und formt es in über zwei Jahrzehnten als Chefdirigent zum führenden Klangkörper Skandinaviens.
1992–1997 ist er Erster Gastdirigent des London Philharmonic Orchestra.
1996 erleidet er einen ersten Herzinfarkt während einer Aufführung von Giacomo Puccinis *La Bohème* in Oslo. Nach diesem einschneidenden Erlebnis ändern sich seine musikalischen Herangehensweisen, er verringert zeitweilig sein Arbeitspensum und muss mehrfach gesundheitsbedingt Pausen einlegen.
1997–2004 ist er Chefdirigent des Pittsburgh Symphony Orchestra.
2003 wird er Chefdirigent des Symphonieorchesters des Bayerischen Rundfunks, das er vertragsgemäß mindestens bis 2018 leiten wird.
2004 übernimmt er zusätzlich den Chefposten beim Amsterdamer Concertgebouworkest (bis 2015).
2006 dirigiert er erstmalig das Neujahrskonzert der Wiener Philharmoniker (2012 ein weiteres Mal).
2012 gibt er erstmals seit über zehn Jahren einen vielbeachteten öffentlichen Meisterkurs im Concertgebouw.
2013 wird er mit dem Ernst von Siemens Musikpreis ausgezeichnet und erhält das Bundesverdienstkreuz.

Mariss Jansons' Erscheinung ist von einer entwaffnenden Bescheidenheit und Offenherzigkeit. Wird er auf seine Erfolge angesprochen, scheinen sie ihm fast unangenehm – mit den Chefdirigentenpositionen in Amsterdam und München längst auf dem dirigentischen Olymp angekommen, zählt dieser bis zur Jahrtausendwende noch als Geheimtipp gehandelte Dirigent nicht zu den Jetset-Pultstars oder Orchesterdiktatoren, er beherrscht seine Klangkörper nicht, sondern dient ihnen. Persönliche Anekdoten vernimmt man nur selten von ihm; eine, die er manchmal erzählt, zeigt den jungen Mariss Jansons in seiner musikalischen Kindheit: Dank seiner Eltern, dem erfolgreichen Dirigenten Arvīds Jansons und der Opernsängerin Iraida Jansons, verbringt er die meiste Zeit im Opernhaus, zuhause ahmt er die Arbeit des Dirigenten nach, mit einem Orchester aus Hosenknöpfen und Büroklammern, er verkauft sogar spielerisch Abonnements für seine Konzerte. Von jener Unbeschwertheit bleibt seine Biografie nicht gekennzeichnet. Das gefährliche kulturelle Klima der Sowjetunion bekommt er durch Verschleppungen naher Familienangehöriger zu spüren, die Unterdrückung durch das Regime verwehrt ihm die Chance, als Assistent Karajans nach Berlin zu gehen (auch wenn sich Mrawinski seiner annimmt und eine künstlerische Leitfigur wird). Rückblickend haben die Unterdrückungen jener Zeit seine humanitäre Art nur noch stärker gemacht, sein Credo von Aufrichtigkeit und Ehrlichkeit prägt nicht nur seine Persönlichkeit, sondern verdichtet sich auch musikalisch zu einem Gesamtbild. Besonders seine nie autoritäre, sich stets im Sinne der Musik verzehrende Probenarbeit vermag die Spielfreude und den Gestaltungswillen der Musiker zu animieren: Jansons dirigiert nicht nur, er aktiviert und motiviert, er vernetzt das Orchester, bleibt aber einvernehmlich der geistige und emotionale Kopf.

Jansons' dirigentische Gestaltung zeigt drei entscheidende Merkmale zur Ausformung des Klangs: die weite, ausladende Geste, die zu bogenspannender Melodiegestaltung einlädt; die häufig geballte Faust als Ausdruck nicht von Gewalt oder Härte, sondern von Intensität im unnachgiebigem Vorwärtsdrang; drittens die gespannt aufmerksame Mimik des Zuhörens, eine visuelle Aufforderung, stets den Orchesternachbarn zu lauschen und dabei niemals die Spontaneität zu verlieren, den Klang als neu und überraschend wahrzunehmen, ja in gewisser Weise mit ihm zu kommunizieren. Man kann sich hier seine gestische Gestaltung des finalen Chorus mysticus aus Mahlers 8. Sinfonie vor Augen führen: Mit welch weicher Präzision und flexibler Kunstfertigkeit er den Chor in einen erlösungsnahen Zustand transformiert, ohne der Gefahr fataler Süßlichkeit auch nur nahezukommen. Jansons' strukturelles Denken ist stets von Emotionalität durchwoben, der analytisch strenge Geist seines Lehrers Mrawinski – vergleichbar auch mit dem Michael Gielens – verbindet sich mit dem aufbrausenden Klangsinn Karajans oder mehr noch Carlos Kleibers. Diese Symbiose von analytischer Präzision und romantischer Emphase, die sich gegenseitig nicht ausschließen, sondern bereichern, macht ihn sozusagen zum »Meta-Dirigenten« – seine direkte dionysische Ansprache verwandelt sich in ein apollinisch durchdrungenes Interpretationskonzept.

Jansons hat vor allem eine Meisterschaft der Zwischentöne entwickelt. Manchmal sind es nur Kleinigkeiten, die augen- und ohrenöffnend ein neues Verständnis mit sich bringen: So isoliert er im Largo von Dvořáks 9. Sinfonie kurz das drängende Nebenthema der Flöten und Oboen aus seinem zeitlichen Zusammenhang und rückt es in die Nähe der vorherigen gedämpften Waldhörner, um in die Melodie eine zusätzliche Erinnerungsstruktur einzubauen. Was in solchen Details hervortritt, verleiht auch dem gigantomanen zweiten Teil von Mahlers Achter eine wohltuende Binnenstruktur, die dessen Monumentalität kanalisiert; ebenso kehren die Mittelsätze der »Auferstehungssinfonie« Mahlers romantische Modernität hervor, indem das komplexe Geflecht der Nebenstimmen entschlüsselt wird, sodass die Musik in Dialog mit sich selbst zu treten scheint. Seine Aufnahme von Rachmaninows 2. Sinfonie kündet intelligent von Nostalgie im Gewande prachtvoll leuchtender Schönheit, sie verhüllt und bejubelt Emotionalität gleichermaßen. Das Spiel mit Schostakowitschs brüchigen Fassaden und giftigen Grotesken wiederum macht ihn zu einem der wichtigsten Interpreten dieser Musik, wie etwa seine Erarbeitung der *Lady Macbeth von Mzensk* zeigt, die Schostakowitschs politische Verfolgung und das Ende seiner kompositorischen Freiheit eingeläutet hatte. Diese bitterzynische Gesellschaftsstudie samt polizeilicher Willkür und gerechtfertigtem Tyrannenmord hüllt Jansons in ein dissonantes Klanggerüst, welches imstande ist, die Bühne zähnefletschend zu verschlingen, aber auch zugleich entlarvend zu kommentieren. Als die Protagonistin ihren gewalttätigen Schwiegervater mittels einer großen Portion Rattengifts entfernt, scharen sich die Holzbläser geifernd lachend wie Hyänen um ihn, doch spätestens das Elend des letzten Aktes lässt keinen Zweifel mehr an der sozialen Sprengkraft dieser Oper. Ein Konzept, das auch in den Sinfonien Schostakowitschs funktioniert, beispielsweise in der Entwicklung der Invasionsepisode der 7. Sinfonie vom harmlosen Eifer über eine sich manisch wiederholende Indoktrination bis zur selbstzerstörerischen Klimax. Es sind diese erhellenden Momente, die sich einprägen und in denen Mariss Jansons' aufrichtiges Musizieren eine unbeirrbare Entschlüsselung musikalischer Verläufe ermöglicht.

Tonträger
1984 Tschaikowsky: Sinfonie Nr. 5 (Oslo PO; Chandos) ▪ 1989 Dvořák: Sinfonie Nr. 5 / Othello / Scherzo capriccioso (Oslo PO; EMI) ▪ 1993 Rachmaninow: Sinfonie Nr. 2 / Scherzo / Vocalise (St. Petersburg PO; EMI) ▪ 1999/2000 Brahms: Sinfonie Nr. 4 / Joachim: Heinrich IV. (Oslo PO; Simax) ▪ 2001 Schostakowitsch: Sinfonie Nr. 8 (Pittsburgh SO; EMI) ▪ 2002 Mahler: Sinfonie Nr. 6 (London SO; LSO Live) ▪ 2003 Dvořák: Sinfonie Nr. 9 »Aus der Neuen Welt« (Concertgebouworkest; RCO Live) ▪ 2003/07 Haydn: Sinfonien Hob. I:100 »Militär« & 104 / Sinfonia concertante Hob. I:105 (SO des BR; Sony) ▪ 2004 Tschaikowsky: Sinfonie Nr. 6 »Pathétique« / Schönberg: Verklärte Nacht (SO des BR; Sony) ▪ 2006 Schostakowitsch: Sinfonie Nr. 7 »Leningrader« (Concertgebouworkest; RCO Live) ▪ 2007/08 Strauss: Eine Alpensinfonie / Don Juan (Concertgebouworkest; RCO Live) ▪ 2009 Dvořák: Requiem (Stoyanova, Fujimura, Vogt, Quasthoff, Wiener Singverein, Concertgebouworkest; RCO Live) ▪ 2009 Mahler: Sinfonie Nr. 2 »Auferstehungssinfonie« (Fink, Merbeth, Netherlands Radio Choir, Concertgebouworkest; RCO Live) ▪ 2011 Mahler: Sinfonie Nr. 8 (Brewer, Nylund, Espada, Blythe, Fujimura, Smith, Hakala, Kocán, Netherlands Radio Choir, Chor des BR, Staatlicher Chor Latvija, Concertgebouworkest; RCO Live) ▪ 2012 Beethoven: Sinfonien Nr. 1–9 (SO des BR; BR Klassik)

Bildmedien
1997 Bartók: Der wunderbare Mandarin [Suite; Probendokumentation] (Oslo PO; Arthaus) ▪ 2006 Schostakowitsch: Lady Macbeth von Mzensk (Westbroek, Ventris, Vaneev, Concertgebouworkest; Opus Arte) ▪ 2012 Janáček: Glagolitische Messe / Brahms: Sinfonie Nr. 2 (Monogarova, Prudenskaja, Ludha, Mikuláš, Chor & SO des BR; Arthaus) ▪ Music Is the Language of the Heart and Soul. A Portrait of Mariss Jansons (Dokumentation von Robert Neumüller; CMajor 2011)

Literatur
Adelbert Reif, »Ein ganz anderer Mensch«, in: Fono Forum 11/2003, S. 28–31 ▪ »Haydns Musik ist unsterblich!« Mariss Jansons im Gespräch über Haydns Symphonien, in: Renate Ulm (Hrsg.), Haydns Londoner Symphonien, Entstehung – Deutung – Wirkung, Kassel / München 2007, S. 9–12 ▪ Roderick L. Sharpe / Jeanne Koekkoek Stierman, Maestros in America, Conductors in the 21st Century, Lanham 2008, S. 107–112 ▪ Alain Steffen, Bitte fragen Sie. Interviews mit Musikern, Freiburg i. Br. 2010, S. 15–21 ▪ »Seine Musik lächelt«, in: Walter Dobner, Unser Haydn. Große Interpreten im Gespräch, Wien 2008, S. 49–52

AGU

Järvi, Kristjan

1972 am 13. Juni in Tallinn geboren, wächst er nach der Emigration seines Vaters Neeme Järvi in New York auf.
1993 gründet er an der Manhattan School of Music das Absolute Ensemble, das verschiedenste Musikstile von John Adams bis Joe Zawinul miteinander verbindet. Zudem studiert er an der University of Michigan.
1998–2000 ist er Assistent von Esa-Pekka Salonen beim Los Angeles Philharmonic Orchestra.
2000–2004 ist er künstlerischer Leiter der Norrlands-Opera Umeå.
2004–2009 ist er Chefdirigent des Tonkünstler-Orchesters Niederösterreich.
2008 gründet er das Baltic Youth Philharmonic Orchestra, das ebenso wie die beim Musikfest Bremen ins Leben gerufene Absolute Academy sein musikpädagogisches Engagement dokumentieren.
2012 übernimmt er das MDR Sinfonieorchester Leipzig.
2014 erscheint beim Label Naïve mit »Balkan Fever« die erste Folge einer geplanten Serie des »Kristjan Jarvi Sound Project«, das Crossover und Orchestertradition miteinander verschmelzen lassen möchte.

In der musikalischen Interpretation des 20. Jahrhunderts führen alle Wege zu Strawinsky: Diese zugespitzte These des Musikwissenschaftlers Richard Taruskin wird durch Kristjan Järvi eindrücklich bestätigt. Carl Orffs *Carmina Burana* und Leonard Bernsteins *Mass* erhalten bei ihm ganz ähnliche Interpretationen: Das »O Fortuna«-Trinkgelage wird durch den Klavierklang ausgenüchtert, dessen harter Anschlag das Stück in unerwartete Nähe zum emotionalen Understatement eines Philip Glass rückt; bei Bernstein werden in derselben Weise akkurate rhythmische Abstufungen prononciert, während Pathos und Parodie im Vergleich mit Marin Alsops Konkurrenzeinspielung (Naxos) stark gezügelt sind.

Kristjan Järvi selbst ist vielleicht sein bestes Crossover-Projekt: Einerseits ist er eine schillernde Persönlichkeit mit Starschnitt-Qualitäten, zu der medienaffine Projekte wie die *Pocket Symphonies* von Sven Helbig passen (deren Möbeldesign-Klänge vor allem unfassbar harmlos sind, nach dem Motto: »I can't get no Satie-faction«); andererseits bleibt er ein präziser Gestalter mit Kompetenzen auch für »sperrige« Musik, dessen Karrierestationen kapellmeisterliche Gediegenheit vermitteln.

Järvis Repertoire dokumentiert, wie nahe verwandt der estnische Minimalismus eines Arvo Pärt und die amerikanische Musikszene schon in den 1980er-Jahren waren. In den Aufnahmen mit dem Absolute Ensemble entsteht ein Crossover-Effekt vor allem durch die Tontechnik, die – für Klassik ungewöhnlich – den Klang »extrem laut und unglaublich nah« abbildet. In den Kammersinfonien von John Adams und Arnold Schönberg erscheint letztere so nicht nur als die »gepresste Sinfonie« (so bezeichnete sie Reinhold Brinkmann), sondern auch als »gestresste Sinfonie«. Eines der beiden Stücke wurde von Fernsehcartoons inspiriert – bei Järvi könnte es auch der Schönberg sein.

Järvis am stärksten irritierendes Crossover-Dirigat dürfte allerdings die 9. Sinfonie Beethovens in der retuschierten Fassung Gustav Mahlers sein. Aus dessen Dirigierpartitur wird nur die Instrumentation übernommen, während die hastigen Tempi von der Aufführungstradition Mahlers nicht weiter entfernt sein könnten: Strawinsky führt selbst hier im Hintergrund Regie. Järvis bisherige Aufnahmen sind in heftiger Weise gleichermaßen gelobt und verrissen worden. Seine zukünftige Karriere erscheint extrem schwer prognostizierbar: Von Bayreuth bis Bollywood ist alles denkbar.

Tonträger
2002/03 SCHNYDER: Violinkonzert / Trompetenkonzert / Sinfonie Nr. 4 »Colossus of Sound« / *African Fanfare* (Kathrin Rabus, Reinhold Friedrich, NDR Radiophilharmonie; Enja) ▪ 2004 ATTERBERG: Cellokonzert / BRAHMS: Streichsextett op. 36 [Arrangement: Atterberg] (Truls Mørk, NorrlandsOpera SO; BIS) ▪ 2006 BERNSTEIN: *Mass* (Scarlata, Absolute Ensemble, Tonkünstler-Orchester Niederösterreich; Chandos) ▪ 2012 ORFF: *Carmina Burana* (Duffy, Panuccio, Schmutzhard, MDR Rundfunkchor & SO; Sony)

Webpräsenz
http://kristjanjarvi.com/ (↪0054)

JCA

Järvi, Neeme

1937 am 7. Juni in Tallinn geboren, erhält er seine Ausbildung u. a. am Konservatorium in Leningrad.
1963–1979 ist er Chefdirigent des (heutigen) Estonian National Symphony Orchestra und bis 1975 auch der Estnischen Nationaloper.
1971 führt der Gewinn des Dirigierwettbewerbs der Accademia Nazionale di Santa Cecilia in Rom zu verstärkten Gastdirigaten auch im westlichen Ausland.
1979 debütiert er mit *Eugen Onegin* an der New Yorker Metropolitan Opera. Opernaufnahmen bleiben jedoch in der Folge Ausnahmen (wie Tschaikowskys *Mazeppa* und Prokofjews *Der feurige Engel* für die DGG).
1980 emigriert er in die USA, sodass die mit seinen beiden Söhnen begründete Dirigenten-Dynastie dennoch ganz unterschiedliche kulturelle Einflüsse repräsentiert. 1987 erhält er die amerikanische Staatsbürgerschaft.
1982–2004 ist er Chefdirigent der Göteborger Sinfoniker, mit denen er u. a. die Orchesterwerke Griegs und die Sinfonien von Jean Sibelius, Carl Nielsen und Wilhelm Stenhammar einspielt.
1984–1988 ist er Chefdirigent beim Royal Scottish National Orchestra (RSNO), danach (1990–2005) beim Detroit Symphony Orchestra; mit beiden Orchestern beginnt er eine rege Aufnahmetätigkeit für das britische Label Chandos.
1989 kehrt er mit den Göteborger Sinfonikern erstmals wieder in sein Heimatland zurück.
1995 dirigiert er das Estonian National SO in einer Tournee mit Rudolf Tobias' Oratorium *Des Jona Sendung*.
2005 übernimmt er Chefpositionen beim New Jersey Symphony Orchestra (bis 2009) und beim Residentie Orkest Den Haag (bis 2012).
2010 kommt es zu Spannungen mit den staatlichen Kulturbehörden bei seiner Rückkehr als Leiter des Estonian National SO.
2012 übernimmt er eine neue Position als Musikdirektor beim Orchestre de la Suisse Romande (bis 2015).

Die Spannungsbögen sinfonischer Kunstmusik können als Actionfilm oder als Arthouse-Kino inszeniert werden. Das »Excitement« und der Verdacht purer Geschmacklosigkeit drohen sich im ersten Fall wechselseitig zu verstärken, während Langeweile auch der Absicherung dessen dienen kann, was ganz sicher hohe Kunst sein muss. Bei Neeme Järvi, dem Gegenteil eines puristischen Dirigenten, hat sich selten jemand gelangweilt – seine Strategien, ein Mindestmaß an Excitement in jedem beliebigen Repertoire zu sichern, machen ihn zu einem Orchesterleiter, der der Logik des Actionkinos zu gehorchen scheint. Järvi hat dabei in bald 500 Tonträger-Einspielungen mit nur recht wenigen Doppelungen auch riesige Repertoire-Felder neu erschlossen. Kann das Übermaß an Quantität aber mit etwas anderem als mit einem Verlust an Qualität erkauft sein? Järvi kombiniert einen Tuttiklang, der vor allem in den Blechbläsern einer kontinuierlichen Brillanz die letzte Genauigkeit auch zu opfern bereit ist, mit einer oft aggressiv-scharfen Detailzeichnung. Diese vibratoreiche und raumfüllende Grundierung erweist sich als ungewöhnlich anpassungsfähig: Järvi kommt mit dem stark halligen Grundklang des Labels Chandos ebenso zurecht wie mit dem trockenen Klangbild von BIS; seine Ästhetik eher der Neon- als der Pastellfarben überträgt sich gewinnbringend auf Komponisten, die wie Aram Khachaturian oder Samuel Barber selbst im Verdacht stehen, lediglich effektsicher zu sein. Dabei ist sein Repertoire im Konzertsaal nochmals um einiges größer als seine Diskografie, zu der bis heute beständig neue Namen hinzutreten. Järvi tendiert aber auch dazu, »A-Komponisten« in »B-Pictures« umzuwandeln: So wird Arnold Schönbergs Bearbeitung des 1. Klavierquartetts op. 25 von Johannes Brahms zur Hommage an einen imaginären »Hollywood Bowl«-Tschaikowsky. Dem echten Tschaikowsky hingegen verleiht Järvi viel Stringenz, hat aber auch keine Probleme, in der *Ouverture solennelle* »1812« die Artillerie-Division und die Kirchenglocken von Göteborg mit heranzuziehen.

Die Actionfilm-Eigenschaften in Järvis Aufnahmen beruhen auf der Tendenz, nie völlig zur Ruhe zu kommen, einer latenten Brutalisierung des Klangs und der Ausrichtung der Tektonik an pathetischen Höhepunkten. Der Klang ist immer massiv, aber nur selten majestätisch. In Järvis Schostakowitsch-Aufnahmen werden Gemeinsamkeiten zwischen den weniger und den stärker anerkannten Sinfonien hörbar, weil die Eruption langer Steigerungsstrecken als Grundlage sowohl des Bombastisch-Affirmativen wie des Zerstörerischen dienen kann. Das schnelle Anfangstempo der »Leningrader« Sinfonie (Nr. 7) beispielsweise verstärkt bei seiner Rückkehr gleichermaßen das Bedrohliche der Invasionsmusik und den Triumph der Coda. Im amerikanischen Repertoire überbietet Järvi »autochthone« Vergleichsaufnahmen (etwa von Leonard Bernstein in der für den »American Populism« prototypischen 2. Sinfonie von Randall Thompson), sein Prinzip eines aktivierenden Klanges tritt auch im Abgleich mit dem Zugriff tschechischer Dirigenten auf die Sinfonien Bohuslav Martinůs deutlich hervor. Die Neuaufnahme von Jiří Bělohlávek auf dem Label Onyx verschärft den Gegensatz zwischen pastoralen Klangflächen und surrenden Ostinati, die Erstaufnahme mit Václav Neumann reduziert ihn, doch nur in Järvis unbekümmerter Lesart hört man beide Grundgesten als Ausdruck jener patriotischen Phase der amerikanischen Kultur, die gemäß der Heimatfront-Ästhetik der 1940er-Jahre eigene Pathosfloskeln jenseits der deutschen Tradition suchte.

Der Actionstar benötigt im Actionfilm jedoch vor allem Gelassenheit: eine ironische, aber nicht zynische Minimaldistanz zu den Explosionen um sich herum. Eine clownsartige Attitüde im besten Sinn tritt in Neeme Järvis Dirigieren gleichsam aus der zuckenden Schulter immer wieder hervor. Parallelen bestehen dabei – auch in der Neugier auf Repertoire-Raritäten – am ehesten zu Gennadi Roschdestwenski. Dessen offenes Flirten mit dem Dilettantismus ersetzt Järvi aber durch einzelne Attribute des Dirigenten vom alten Schrot und Korn. Altmodisch scheint Järvi im Zurückschrecken vor experimentellen Werken und in seinem unproblematischen Verhältnis zum Pathetischen in der Musik. Instruktiv ist ein Vergleich mit der konkurrierenden Einspielung der Sinfonien des estnischen Nationalkomponisten Eduard Tubin durch Arvo Volmer: Järvis Pathos der Identifikation ist dort durch ein Pathos der Distanz ersetzt (man vergleiche den von Volmer eher versteckten Paukeneinsatz am sehr heroischen Ende des Kopfsatzes der 3. Sinfonie mit Järvis »Bum-Bum-Geschoss«). Modern ist Järvi in seiner Fähigkeit, verlangsamte, gleichsam brodelnde und dräuende Ablaufprozesse auszugestalten: Dies macht ihn zu einem hervorragenden Dirigenten der vegetativen Formkonzepte von Jean Sibelius und auch des estnischen Minimalismus, deren Zentralfigur Arvo Pärt den Schnittpunkt in der Heimatwerbung aller drei dirigierenden Järvis darstellt. Ansonsten hat sich der Vater sinnfällig vornehmlich für Vaterfiguren wie Eino Tamberg und dessen reizvollen Ostinato-Orchestersatz eingesetzt, seine Söhne dagegen für Jüngere wie Lepo Sumera und Erkki-Sven Tüür (die immer noch reizvolle Ostinati schreiben).

Actionfilme verkaufen sich aber auch über die tollpatschigen Nebenfiguren mit weniger Muskelmasse. Zu Järvis wichtigsten Verdiensten zählt es, Miscellanea stets in seiner Diskografie mit berücksichtigt zu haben. Ihn selbst mit einem solchen tollpatschigen Nebencharakter zu verwechseln, wäre jedoch keine gute Idee: Seine Demokratisierung des Repertoires begründet sich vor allem aus der Autorität des Kapellmeisters, der spielt, was er will. Dass Järvi dabei immer wieder die Rettung »zu Unrecht vergessener« Werke gelingt, verleiht seiner Diskografie nicht nur quantitativ einige Plätze in der Hall of Fame der musikalischen Reproduktion.

Tonträger
1984 SIBELIUS: Sinfonie Nr. 4 / *Die Ozeaniden* (Göteborg SO; BIS) ▪ **1987/88** MARTINŮ: Sinfonien Nr. 1–6 (Bamberger Symphoniker; BIS / Brilliant) ▪ **1988** SCHOSTAKOWITSCH: Sinfonie Nr. 7 »Leningrader« (RSNO; Chandos) ▪ **1988** SCHOSTAKOWITSCH: Sinfonie Nr. 15 / *Oktober* / *Ouvertüre über russische und kirgisische Volksthemen* (Göteborg SO; DGG) ▪ **1988/89** BRAHMS: Klavierquartett op. 25 [Orchestration: Schönberg] / *Händel-Variationen* [Orchestration: Rubbra] (London SO; Chandos) ▪ **1991** RACHMANINOW: *Sinfonische Tänze / Tänze aus Aleko / Capriccio bohémien* (PhO; Chandos) ▪ **1995** THOMPSON: Sinfonie Nr. 2 (Detroit SO; Chandos) ▪ **1997** PÄRT: Sinfonie Nr. 3 / *Fratres / Tabula rasa* (Gil Shaham, Göteborg SO; DGG) ▪ **2001/03** DAUGHERTY: *MotorCity Triptych / Fire and Blood / Raise the Roof* (Ida Kavafian, Detroit SO; Naxos) ▪ **2007** TAMBERG: *Sinfonische Tänze* / Concerto grosso / *Joanna-Tentata-Suite* (Residentie Orkest Den Haag; SACD) ▪ **2012** ATTERBERG: Sinfonien Nr. 4 »Sinfonia piccola« & 6 »Dollar Symphony« / Suite Nr. 3 etc. (Göteborg SO; Chandos)

Literatur
James Badal, Recording the Classics. Maestros, Music, and Technology, Kent 1996, S. 178–184 ▪ Urmas Ott / Priit Kuusk, Encore! Neeme Järvi, Tallinn 2003

Webpräsenz
www.neemejarvi.ee [Diskografie] (↪0055)

JCA

Järvi, Paavo

1962 am 30. Dezember in Tallinn als Sohn von Neeme Järvi geboren. Mit fünf Jahren erhält er Klavier- und Schlagzeugunterricht, später nimmt er in seiner Heimatstadt das Musikstudium in den Fächern Schlagzeug und Dirigieren auf. Neben zahlreichen Auftritten als Orchestermusiker entwickelt sich eine produktive Freundschaft zu dem etwa gleichaltrigen Komponisten Erkki-Sven Tüür, er wird Schlagzeuger in dessen populärer Rockmusik-Gruppe In Spe.

1980 emigriert die Familie in die USA. Dort studiert er Orchesterleitung bei Otto-Werner Mueller und Max Rudolf am Curtis Institute in Philadelphia und wird Schüler Leonard Bernsteins am Los Angeles Philharmonic Institute.

1985 gibt er in Norwegen mit dem Sinfonieorchester Trondheim sein Debüt als Dirigent.

1994–1997 steht er dem Malmö Symphony Orchestra vor.

1995–1998 beruft ihn das Royal Stockholm Philharmonic Orchestra zu seinem zweiten Chefdirigenten neben Andrew Davis.

2001–2011 ist er Chefdirigent des Cincinnati Symphony Orchestra.

2004 ernennt ihn die Deutsche Kammerphilharmonie Bremen zu ihrem künstlerischen Leiter. Bereits im gleichen Jahr beginnen die Aufnahmen des Furore machenden Zyklus der Beethoven-Sinfonien.

2006–2013 leitet er das HR-Sinfonieorchester, dem er als Ehrendirigent verbunden bleibt.

2010 übernimmt er von Christoph Eschenbach das Amt des Musikdirektors beim Orchestre de Paris (bis 2016). Ab 2015 hat er zudem die Position des Chefdirigenten beim NHK Symphony Orchestra in Tokio inne.

Spricht man über Paavo Järvi, so spricht man über seinen Beethoven. Es gibt manche Aufnahmen, die das Attribut »epochal« verdienen – die Beethoven-Sinfonien unter Järvi und mit der Deutschen Kammerphilharmonie Bremen gehören unweigerlich dazu. Als die ersten Aufnahmen dieses Zyklus vorliegen, scheint der unerhörte Umgang mit den Partituren sich in den Reaktionen der Musikwelt zu wiederholen: Gewohnte Kategorien der Bewertung werden durcheinandergeschüttelt. Mit einem Schlag katapultiert Järvi alle Bemühungen der Historischen Aufführungspraxis ins 21. Jahrhundert, auch dank der enormen Verve der Deutschen Kammerphilharmonie werden die Sinfonien mit urwüchsiger Frische, Lust an Dissonanzen und unbändiger Vitalität musiziert. Der Humor der Achten entwickelt eine nahezu anarchische Kraft, die aufgerauten Trauermärsche der *Eroica* und der Siebten weisen in ihrer drahtigen Strenge und im grollenden Schnarren der Kontrabässe bereits auf Mahlers spätere dämonische Umdeutungen hin. Der revoltierende Beginn des Finales der Neunten schließlich sprengt die Tore zur Moderne derart weit auf, dass man die in Ehrfurcht verharrende Skepsis von Beethovens Zeitgenossen von Neuem nachvollziehen kann. Umso erstaunlicher, was Järvi über sein Vorbild und seine Herangehensweise sagt: »Der Mensch, der am meisten über Beethoven wusste, ist für mich Furtwängler, und ich habe mich von dieser Tradition nie gelöst, aber ich verbinde sie mit den Kenntnissen und mit der Werktreue, die die historische Aufführungspraxis uns gebracht hat.« (Hillebrand, S. 70)

Järvis reflexive Symbiose aus Historischer Aufführungspraxis und Interpretationstraditionen verleiht den Sinfonien eine luzide Durchsichtigkeit, gepaart mit dem sich verzehrenden Ideal romantisch-erhabener Größe. Doch nicht alles an Paavo Järvi ist Beethoven. Er setzt sich für Komponisten seiner Heimat wie Erkki-Sven Tüür, Eduard Tubin oder Lepo Sumera ein, aber auch für die einzige Sinfonie von Hans Rott, einem jung verstorbenen Freund Mahlers. Besonders profitiert von Järvis Entdeckungslust haben auch die Sinfonien Robert Schumanns. Järvi nimmt Schumann beim Wort und wirft mithilfe einer überschaubaren Orchestergröße und klanglich flexibler Formung alle Diskussionen über vermeintliche Instrumentationsschwächen über Bord. Umso wichtiger, dass der Entstaubungsvorgang des Notentextes niemals zum Selbstzweck wird: Aus den freigelegten Problemen, auf die Järvi dabei stößt, gewinnt er die Kraft seiner Interpretationen. Die Spannungen zwischen den verschiedenen Interpretationswegen zu Beethoven ebenso wie die vermeintliche Problematik von Schumanns Instrumentation leugnet er nicht, sondern nimmt sie als Anlass, genauer nach innewohnenden Gesetzmäßigkeiten zu suchen, ebenso wie er das revolutionäre Potenzial der Deutschen Kammerphilharmonie erkannte und in die gemeinsamen Aufnahmen mit einschreibt: Ihre demokratische Grundordnung, ihren freien Gestus, das Ethos der jungen Musiker, die auf eigene Initiative und auf eigenes Risiko das Orchester gegründet hatten.

Dieses Phänomen macht sich auch mit anderen Orchestern klanglich bemerkbar: Das City of Birmingham Symphony Orchestra jazzt sich mit prachtvoller Stilsicherheit wie improvisiert durch Bernsteins *Divertimento for Orchestra*, das Orchestre de Paris verbeißt sich lustvoll in Strawinskys *Le Sacre du printemps*, das HR-Sinfonieorchester kostet die sinfonischen Welten von Mahlers Sinfonien aus, mit denen Järvi jährlich das Rheingau Musik Festival eröffnet hat. Mit demselben Orchester frönt er zudem in Bruckners Sinfonien einer produktiven und dräuenden Destruktionslust, die auf der einen Seite in den Scherzi ähnlich durchsichtig wie Philippe Herreweghes neues Bruckner-Bild funktioniert, aber zugleich die kompakte blechgepanzerte Schönheit von Bruckners Polyphonie bewahrt. Überhaupt könnte Bruckner einer der neuen Schwerpunkte seines Schaffens werden – zu entdecken gäbe es dort genug, ein versierter Entstauber wie Paavo Järvi vermag auch hier den Glanz unter der Patina sich neu entfalten zu lassen.

Tonträger
1993/94 Sumera: Sinfonien Nr. 1–3 (Malmö SO; BIS) ▪ **1997** Bernstein: *West Side Story: Sinfonische Tänze / Facsimile / Divertimento* etc. (CBSO; Virgin) ▪ **2002** Tüür: *Violinkonzert / Aditus / Exitus* (Isabelle van Keulen, CBSO; ECM) ▪ **2002/03** Sibelius: Kantaten [*Snöfrid / Sandels / Finlandia* etc.] (Sofia Joons, Estonian National Male Choir & SO; Virgin) ▪ **2002/03** Prokofjew: *Romeo und Julia* [Suiten 1–3] (Cincinnati SO; Telarc) ▪ **2004–2008** Beethoven: Sinfonien Nr. 1–9 (Deutsche Kammerphilharmonie Bremen; RCA) ▪ **2006** Tüür: Sinfonie Nr. 4 »Magma« etc. (Evelyn Glennie, Estonian National SO; Virgin) ▪ **2009** Bruckner: Sinfonie Nr. 5 [Ed. Nowak] (SO des HR; RCA) ▪ **2009** Mahler: Sinfonie Nr. 2 »Auferstehungssinfonie« (Dessay, Coote, Orfeón Donostiarra, SO des HR; Virgin).

Bildmedien
2007 Mahler: Sinfonie Nr. 3 (Waltraud Meier, SO des HR; HR Media / CMajor) ▪ **2009** Beethoven: Sinfonien Nr. 1–9 [+ Dokumentation »The Beethoven Project« von Christian Berger] (Deutsche Kammerphilharmonie Bremen; Sony) ▪ **2012** Schumann: Sinfonien Nr. 1–4 [+ Dokumentation »Schumann at Pier2« von Christian Berger] (Deutsche Kammerphilharmonie Bremen; CMajor) ▪ **2012** Strawinsky: *Le Sacre du printemps / Der Feuervogel* etc. (Orchestre de Paris; Electric Picture).

Literatur
Jörg Hillebrand, Kontext ist wichtiger als Stil, in: Fono Forum 10/2007, S. 69 ff. ▪ Roderick L. Sharpe / Jeanne

Koekkoek Stierman, Maestros in America, Conductors in the 21st Century, Lanham 2008, S. 119–122

Webpräsenz
www.paavojarvi.com (↪0056)

AGU

Jochum, Eugen

1902 am 1. November in Babenhausen (Bayern) als Sohn eines Lehrers und Organisten geboren, beginnt er mit vier Jahren Klavier und dann Orgel zu erlernen.

1922 beginnt er ein Orgel- und Kompositionsstudium an der Münchner Akademie der Tonkunst bei Emanuel Gatscher, Siegmund von Hausegger und Hermann von Waltershausen, beschließt aber bald, sich dem Dirigieren zu widmen.

1926 debütiert er mit dem Münchner Tonkünstler-Orchester (auf dem Programm u. a. Bruckners 7. Sinfonie) und wird an die Kieler Oper berufen.

1929 wechselt Jochum an das Nationaltheater in Mannheim.

1930 erfolgt die Ernennung zum Generalmusikdirektor in Duisburg: Mit 28 Jahren ist Jochum der jüngste Generalmusikdirektor in Deutschland.

1932 übernimmt Jochum in Berlin die Sendung »Funkstunde« und leitet in deren Rahmen Konzerte mit den Berliner Philharmonikern (BPh) und dem Rundfunk-Sinfonieorchester. Er hat bis 1934 den Posten eines Generalmusikdirektors an der Städtischen Oper inne.

1934–1949 wirkt Jochum als Nachfolger Karl Mucks in Hamburg als Chefdirigent der Hamburger Philharmoniker und auch der Staatsoper. Er ist zwar nicht Parteimitglied, dirigiert aber KdF-Konzerte und tritt während der deutschen Besatzung in Brüssel und Paris auf.

1949 gründet er in München das Symphonieorchester des Bayerischen Rundfunks, dessen Chef er bis 1960 bleibt.

1953–1954 dirigiert Jochum *Tristan und Isolde*, *Lohengrin* und *Tannhäuser* in Bayreuth (ab 1971 auch *Parsifal*).

1961–1963 amtiert er neben Bernard Haitink als Chefdirigent des Concertgebouworkest Amsterdam.

1969–1973 arbeitet Jochum als Nachfolger des unerwartet verstorbenen Joseph Keilberth bei den Bamberger Symphonikern (ab 1971 als Chefdirigent).

1975–1978 wirkt er mit dem Titel eines Conductor Laureate beim London Symphony Orchestra.

1987 stirbt er am 26. März in München.

Eugen Jochum gehört zusammen mit Karl Böhm, Wolfgang Sawallisch, Hans Schmidt-Isserstedt, Ferdinand Leitner und vielen anderen, weniger bekannten Künstlern jener Gruppe deutscher und österreichischer Dirigenten an, die, ohne die Verwendung der modernen Medien zu verschmähen, die gediegene Kapellmeister-Tradition des 19. Jahrhunderts kreativ fortzuführen vermochten. Die Voraussetzung dafür bildet nicht nur eine nüchterne, sachgemäße Einstellung zu den Werken selbst, sondern auch eine bescheidene professionelle Attitüde, die in Jochums Fall den Kritiker Peter Cossé veranlasste, von einem »bekannten Unbekannten« zu reden.

Jochums Engagement für Bartók, Hindemith und Strawinsky, das ihn dazu bewog, die Nazi-Verbote zu unterlaufen, und das darum kulturpolitisch von erheblicher Relevanz erscheint, betrifft vor allem die Jahre bis 1940. Stellen Werke wie Bizets *Carmen*, Mussorgskys *Boris Godunow*, Tschaikowskys *Eugen Onegin*, Verdis *Messa da Requiem* und dessen *Otello* in Jochums Repertoire (wichtige) Ausnahmen dar, so stimmt indes sein Interesse für Furtwänglers 2. Sinfonie völlig mit seinen ästhetischen Prämissen überein, die von der deutschen Romantik herrühren und den Zugang zur avanciertesten Neuen Musik des 20. Jahrhunderts zu erschweren scheinen. Jochum brachte zwar 1944 in Hamburg Strauss' *Elektra* mit Erfolg heraus und dirigierte 1955 in München Schönbergs *Verklärte Nacht*, wagte sich allerdings nicht an die atonale und dodekaphone Musik der Wiener Schule und lehnte die Avantgarde der zweiten Nachkriegszeit entschieden ab. Er setzte sich dafür umso intensiver für die Vertreter einer »gemäßigten« Moderne ein: Unter den zahlreichen von ihm geleiteten Uraufführungen ragt die der 6. Sinfonie Karl Amadeus Hartmanns heraus.

Den Kern von Jochums Repertoire bilden neben den Werken der Wiener Klassiker – bemerkenswert seine geistige Affinität zu Haydn, durch die Einspielung der »Londoner« Sinfonien dokumentiert – und den Sinfonien von Brahms die großen Kirchenwerke Johann Sebastian Bachs und die Sinfonien Anton Bruckners. Letztere liegen in zwei Gesamtaufnahmen vor, von denen die ältere mit dem Symphonieorchester des Bayerischen Rundfunks und den Berliner Philharmonikern die erste komplette Aufnahme des Zyklus darstellt (Jochum klammerte allerdings, wie auch in der späteren Gesamtaufnahme mit der Staatskapelle Dresden, die sogenannte »Nullte« in d-Moll sowie die

»Studiensinfonie« in f-Moll aus). Im Unterschied zu anderen hervorragenden Bruckner-Dirigenten seiner Generation bevorzugte Jochum, der sich über die philologischen Probleme der Sinfonien auch theoretisch geäußert hat, die von Leopold Nowak herausgegebene Kritische Ausgabe der Partituren. Als Bruckner-Interpret bemüht sich Jochum um das großrhythmische Gerüst, auf dem die architektonische Anlage jedes Satzes basiert, und mehr noch um die ausdrucksvolle Wiedergabe der motivischen und thematischen Substanz. Die Konzentration auf die expressive Dimension der Musik und die innere Dynamik der Form – vor allem in den groß angelegten, bis zur klanglichen Ekstase getriebenen Steigerungen – erfordert den Verzicht auf jene grundsätzliche Stabilität des Tempos, die etwa Karajans Bruckner-Interpretationen kennzeichnet: In der Exposition des Kopfsatzes der 7. Sinfonie zum Beispiel beachtet Jochum in der Überleitung zum dritten Thema streng Bruckners agogische Vorschriften. Sein interpretatorischer Ansatz ist paradigmatisch für eine österreichisch-katholische Bruckner-Rezeption, die Bruckners Vokabular religiöser und liturgischer Figuren und deren Symbolik deutlich hervortreten lässt; Jochums Vertrautheit mit Bruckners Messen und Motetten stellt hierbei einen Konnex her, der bei anderen Dirigenten nicht so klar zum Vorschein kommt. In den Trios der Scherzi arbeitet Jochum indes jenen Ländlerton heraus, der eine Brücke zu Schubert schlägt und somit einen Zug jener »österreichischen« Entwicklungslinie der Sinfonie aufzeigt, die Paul Bekker und Theodor W. Adorno nachvollzogen haben (der Werke Mahlers hat sich Jochum jedoch nur sporadisch angenommen).

Jochums Verwurzelung in der Tradition der Kirchenmusik bezeugt seine ununterbrochene Auseinandersetzung mit Bachs großen Kirchenwerken. Trotz tendenziell schnellerer Tempi ist Jochums Bach-Bild der romantischen Auffassung Furtwänglers noch weitgehend verpflichtet, wie es u. a. die dynamisch abgestufte Gestaltung der Choräle dokumentiert. Der überkommene, durch eine plastische Artikulation des Textes ausgeglichene Hang zur Monumentalität in Besetzung und Wiedergabe erzielt oft Effekte von überwältigender theatralischer Dramatik, so z. B. in den beiden Turba-Chören Nr. 16b (»Wäre dieser nicht ein Übeltäter«) und Nr. 16d (»Wir dürfen niemand töten«) aus dem zweiten Teil der *Johannes-Passion*. Jochums süddeutsch-barockes Kunstempfinden ebnete ihm die Bahn zum Musiktheater seines Landsmannes Carl Orff, wobei er sich auf das Triptychon der *Trionfi* konzentrierte, während er Werke wie die drei Antikendramen vernachlässigte. Jochums jüngere Aufnahme der *Carmina Burana* von 1967 gilt noch heute als ein Meilenstein in der Diskografie der Kantate, welcher er eine innere Spannung zu verleihen wusste, die anderen, mehr auf den Effekt abgestellten Wiedergaben des Werkes oft fehlt.

Tonträger
1933 WAGNER: Ouvertüre zu *Tannhäuser* (BPh; Telefunken / Tahra) ▪ **1951–1956** BRAHMS: Sinfonien Nr. 1–4 (BPh; DGG) ▪ **1955** VERDI: *Othello* [dt.] (Hopf, Kupper, Frantz, Kmentt, Chor & SO des BR; Walhall u. a.) ▪ **1958–1967** BRUCKNER: Sinfonien Nr. 1–9 (SO des BR, BPh; DGG) ▪ **1962–1972** BRUCKNER: Messen Nr. 1–3 (Chor & SO des BR; DGG) ▪ **1967** BACH: *Johannes-Passion* (Haefliger, Berry, Giebel, Höffgen, Young, Crass, Netherlands Radio Chorus, Concertgebouworkest; Philips) ▪ **1967** ORFF: *Carmina Burana* (Janowitz, Stolze, Fischer-Dieskau, Deutsche Oper Berlin; DGG) ▪ **1969** BEETHOVEN: Sinfonien Nr. 8 & 9 (Rebmann, Reynolds, de Ridder, Feldhoff, Netherlands Radio Chorus, Concertgebouworkest; Philips) ▪ **1971–1973** HAYDN: »Londoner« Sinfonien Hob. I : 93–104 (London PO; DGG) ▪ **1976** MOZART: Messe C-Dur KV 317 »Krönungsmesse« / *Vesperae solennes de confessore* KV 339 (Moser, Hamari, Gedda, Fischer-Dieskau, Chor & SO des BR; EMI)

Schriften
Zur Phänomenologie des Dirigierens (1938) [wieder abgedruckt in: Jochum 1994] ▪ Zur Interpretation der Fünften Symphonie von Anton Bruckner. Ein Rechenschaftsbericht, in: Bruckner-Studien (1964), S. 53–59

Literatur
Eugen Jochum 1902–1987. Ein Lebensbild zum 90. Geburtstag, Ottobeuren 1994 ▪ Eugen Jochum, Ottobeuren 2005 [hrsg. beide von der Eugen-Jochum-Gesellschaft] ▪ Stephanie Mauder, Eugen Jochum als Chefdirigent beim Bayerischen Rundfunk, Frankfurt a. M. 2003

Webpräsenz
http://www.robkruijt.onyx.com/EugenJochum/jochrecs.htm [Diskografie und Schriftenverzeichnis] (↪0057)

AFA

Jurowski, Vladimir

1972 am 4. April in Moskau geboren, wo er am Konservatorium studierte. Sein Vater ist der Dirigent Michail Jurowski, der u. a. umfangreich sowjetische Musik für Capriccio und CPO eingespielt hat.
1990 Umzug der Familie nach Deutschland; er setzt in Dresden und Berlin seine Studien fort und besucht einen Meisterkurs bei Colin Davis.
1995 feiert er sein internationales Debüt beim irischen Wexford-Festival (mit Rimski-Korsakows *Mainacht*), ein Jahr später debütiert er bereits mit *Nabucco* am Royal Opera House, Covent Garden.
1997–2001 ist er Erster Kapellmeister (zuvor für ein Jahr Zweiter Kapellmeister) an der Komischen Oper Berlin.
2000–2003 arbeitet er als Erster Gastdirigent am Teatro Comunale in Bologna.
2001–2013 ist er Music Director des Glyndebourne Festivals.
2005–2009 hat er die Position eines Ersten Gastdirigenten auch beim Russian National Orchestra.
2007 wird er Chefdirigent des London Philharmonic Orchestra (zuvor war er seit 2003 Erster Gastdirigent).
2011 übernimmt er die Leitung des State Academic Symphony Orchestra of Russia (zusätzlich benannt als Svetlanov Symphony Orchestra). Ebenso ist er einer der Principal Artists des Orchestra of the Age of Enlightenment.

Von seiner äußeren Erscheinung her wäre Vladimir Jurowski auch als Don Giovanni eine gute Besetzung. Seine Dirigate weisen bisweilen eine »gefährliche« Schneidigkeit auf, die einem amoralischen und amourösen Helden gut zu Gesicht stehen würde: In Beethovens 5. Klavierkonzert zum Beispiel lässt er das Orchester wie einen Gegenspieler des Klavierparts wirken, der sich nicht in die Karten schauen lässt. Wenn sich im Finale die Solistin Hélène Grimaud weniger für die metrischen Pointen des Themas, sondern für dessen harmonische Umfärbungen interessiert, behält das Tutti mit einer umso stärker auftrumpfenden Artikulation das letzte Wort.

Jurowski gelingt es immer wieder, in Aufführungen, die auch bei ihm partiell rekonstruktiv, aber primär sachbezogen sind, einzelne Elemente einer älteren Tradition aufblitzen zu lassen: In Brahms' 1. Sinfonie lässt er die Introduktion rasch und transparent spielen, wie man es heute eben macht, aber ihre veränderte Wiederkehr in der Satzcoda wird mit einem starken Abbremsen dramatisch vorbereitet, wie man es heute eher selten hört. Durch solche Qualitäten werden seine Londoner Einspielungen zumeist nicht von dem Lamento begleitet, dass man eigentlich eine weitere Neuaufnahme gar nicht benötige, sondern mit der Laudatio versehen, dass diese eine Neuaufnahme genügend individuelle Meriten aufweist. In Mahlers 2. Sinfonie werden Anfang und Ende im Klang derart intensiviert, dass man über einzelne Spannungsabfälle in den Mittelsätzen gerne hinweghört. In den Sinfonien Tschaikowskys hingegen überzeugen gerade die im Klang nicht nachgebenden Mittelsätze. Zugleich umfasst Jurowskis Diskografie auch etwas selteneres Repertoire: Herauszugreifen wären eine klanglich »harte« Aufnahme von Honeggers 4. Sinfonie und eine orchestral anschmiegsame, aber nie zu »weiche« Version von Zemlinskys *Eine florentinische Tragödie*.

Jurowski hat sich nicht zuletzt in Glyndebourne auch als Operndirigent nachhaltig etabliert. Ein »gefährliches« Werk in jedem Sinne sind Wagners *Meistersinger*: Indem er die Melodien schon im Vorspiel immer wieder beinahe versickern lässt, kann der volle Klang auf einzelne Momente begrenzt werden. So scheint das Orchester Hans Sachs (bzw. den herausragenden Gerald Finley in dieser Rolle) beinahe vor seinem Schlussmonolog zu warnen, während zuvor eine geradezu Mozart'sche und somit nie ganz harmlose Heiterkeit dominiert.

Tonträger
1998 MASSENET: *Werther* (Kasarova, Vargas, Kotoski, Trekel, DSO Berlin; RCA) ▪ **2006** BEETHOVEN: Klavierkonzert Nr. 5 »Emperor« (Hélène Grimaud, Staatskapelle Dresden; DGG) ▪ **2007** TSCHAIKOWSKY: *Hamlet* [Bühnenmusik] / *Romeo und Julia* [Version 1869] (Russian NO; Pentatone) ▪ **2008** TSCHAIKOWSKY: Sinfonien Nr. 1 »Winterträume« & 6 »Pathétique« (London PO; LPO) ▪ **2013** STRAWINSKY: Violinkonzert / PROKOFJEW: Violinkonzert Nr. 2 (Patricia Kopatchinskaja, London PO; Naïve)

Bildmedien
2011 WAGNER: *Die Meistersinger von Nürnberg* (Finley, Jentzsch, Gabler, Kränzle, The Glyndebourne Chorus, London PO; Opus Arte)

JCA

Kabasta, Oswald

1896 am 29. Dezember in Mistelbach (Niederösterreich) geboren. Als Sohn des lokalen Kapellmeisters erlernt er früh verschiedene Instrumente.

1916 meldet er sich nach der Ausbildung an der Musikakademie in Klosterneuburg – u. a. bei Ferdinand Löwe und Joseph Marx – zum Militärdienst.

1919–1926 arbeitet er als Lehrer an der Bundeserziehungsanstalt in Traiskirchen und studiert u. a. bei Franz Schmidt und Hans Gál. Er komponiert Märsche und die Operette *Rosentraum*.

1926 wird er Chefdirigent in Graz, ab 1930 arbeitet er in Wien zunächst als Leiter der Musikabteilung der RAVAG, dann auch der Kapellmeisterschule und ab 1933 als Dirigent der Wiener Symphoniker.

1938 wird er zum Dirigenten der Münchner Philharmoniker berufen, ein Jahr später zum Generalmusikdirektor ernannt (faktisch bis zur kriegsbedingten Auflösung des Orchesters 1944).

1946 vergiftet er sich, stark depressiv und mit einem Berufsverbot belegt, am 6. Februar in Kufstein. Seine Frau überlebt den gemeinsamen Selbstmordversuch, einen zweiten wenige Monate später jedoch nicht.

Die Münchner Philharmoniker bezeichneten sich während der Zeit des Nationalsozialismus stolz als »Orchester der Hauptstadt der Bewegung«. Nach 1945 konnte somit unmöglich deren Chefdirigent einfach in seinem Amt belassen werden. Oswald Kabasta bringt sich in dieser Situation um, er war als Parteimitglied belastet (unzweifelhaft ist 1938 als das spätere von zwei möglichen Eintrittsdaten), aber wohl kaum stärker persönlich in Schuld verstrickt als andere, die wenig später wieder Karriere machten. Mit seiner kleinen, korpulenten Gestalt repräsentiert er den Künstlertypus des unpolitisch-naiven »Urmusikanten« – glissandoartige Artikulationen in Mozarts »Jupiter«-Sinfonie und dudelnde Melodieeinsätze in Schuberts 3. Sinfonie zeigen, dass diese Bezeichnung so unpassend wohl nicht gewesen ist.

Kabasta wäre heute schon deswegen wiederzuentdecken, weil das Musikleben gerade sein Repertoire wiederentdeckt: Zwar auch bündnispolitisch günstig, aber zugleich gegen tradierte chauvinistische Hierarchien gerichtet, dirigierte er recht viel italienische Instrumentalmusik (z. B. Respighi und Wolf-Ferrari) und propagierte ein um gemäßigte Varianten erweitertes Bild der musikalischen Moderne. Dabei sind vor allem die Uraufführungen der Kabasta gewidmeten 4. Sinfonie (1934) und des Oratoriums *Das Buch mit sieben Siegeln* (1938) von Franz Schmidt hervorzuheben (der wie die italienischen Komponisten den Makel einer offenen Umarmung des Politischen mit seinem erneut von Kabasta geleiteten unvollendeten Oratorium *Deutsche Auferstehung* nicht umging).

Kabasta schaltete sich energisch ein in die in den 1930er-Jahren einsetzende Bemühung um von Revisionen und Kürzungen befreite Fassungen der Sinfonien Bruckners. Bei aller rein musikalischen Berechtigung passt dieses Anliegen in eine Zeit ideologischer »Säuberungen«. Nimmt man den Kopfsatz aus Bruckners 4. Sinfonie als Maßstab, wären Kabastas auffallend rasche Tempi nicht einfach als Zeichen einer »bereits modernen« Auffassung zu bewerten. Eher wäre zu fragen, ob die mechanische Musikaufzeichnung, ähnlich wie die stets in der Tendenz zu schnellen Metronomangaben von Komponisten, zu schnelle Studiowiedergaben daran noch nicht gewöhnter Dirigenten begünstigte. Und wenn das »weiche« Seitenthema derart rücksichtslos im Tempo weiterdirigiert wird, ist eine solche Umdeutung Bruckners zum Tatmenschen auch kaum gänzlich unpolitisch.

Vielleicht wäre also zu akzeptieren, dass – analog der Beschreibung, die der Historiker Götz Aly für das deutsche Sozialstaatsprinzip zur Debatte gestellt hat – das Ideal einer texttreuen und objektiven Wiedergabe sich über alle politischen Systemwechsel hinweg in Faschismus, Kommunismus und Demokratie gleichermaßen immer stärker etablieren konnte. Kabastas Nachkriegskarriere wäre unzweifelhaft überaus erfolgreich gewesen.

Tonträger

1940 SCHUBERT: Sinfonie Nr. 3 (Münchner Philharmoniker; Electrola / Preiser) ▪ **1941** MOZART: Sinfonie Nr. 41 KV 551 »Jupiter« (Münchner Philharmoniker; Electrola / Preiser) ▪ **1943** BRUCKNER: Sinfonie Nr. 4 [Ed. Haas] (Münchner Philharmoniker; Music & Arts)

Literatur

Karl Robert Brachtel, Oswald Kabasta, in: Regina Schmoll (Hrsg.), Die Münchner Philharmoniker von der Gründung bis heute, München 1985, S. 83–102 ▪ Engelbert M. Exl / Michael Nagy (Hrsg.), »… mögen sie meiner still gedenken.« Die Beiträge zum Oswald-Kabasta-Symposion in Mistelbach vom 23. bis 25. September 1994, Wien 1995 [Diskografie und Chronologie] ▪ Walter Kurt Kreyszig, Oswald Kabasta (1896–1946) als Mozartinterpret im Kontext seiner Dirigententätigkeit, in: Musicologica Austriaca 19 (2000), S. 17–91 ▪ Fred K. Prieberg, Kabasta, Oswald, in: Handbuch Deutsche Musiker 1933–1945 [CD-ROM 2004], S. 3492–3497

JCA

Karajan, Herbert von

1908 am 5. April in Salzburg geboren als Heribert Ritter von Karajan. Der Familienname hat griechische Wurzeln, die väterlichen Vorfahren lebten u. a. in Sachsen; der Vater Ernst ist Chirurg, die Familie der Mutter stammt aus Slowenien. Sein zwei Jahre älterer Bruder Wolfgang, musikalisch ein befähigter Organist, verfolgt später eine Laufbahn als Ingenieur.

1912–1926 wird er als Pianist von Franz Ledwinka erst privat und später am Salzburger Mozarteum ausgebildet, wo er u. a. auch Komposition bei Bernhard Paumgartner studiert.

1926 schließt sich nach der Matura ein Studium in Wien an. Ein Maschinenbau-Studium an der Technischen Hochschule wird nach drei Semestern nicht fortgesetzt, auch der Klavier- und Dirigierunterricht (bei Josef Hofmann und Alexander Wunderer) an der Akademie für Musik und darstellende Kunst hat weniger Einfluss als die Hospitanz als Zuhörer in Oper und Konzert: Richard Strauss und Clemens Krauss werden – bis zu Karajans Begeisterung für Arturo Toscanini um 1930 – zu Vorbildern.

1929 beginnt nach dem Debüt als Dirigent mit Rossinis *Tell*-Ouvertüre an der Wiener Akademie (Dezember 1928) und einem vom Vater finanzierten Konzert mit dem Orchester des Salzburger Mozarteums (22. Januar 1929) seine Karriere als Kapellmeister in Ulm (überwiegend mit Opernaufführungen).

1934 folgt nach dem Vertragsende in Ulm auf ein Probedirigat eine Verpflichtung in Aachen, in die Wege geleitet durch die Reichsmusikkammer: Nachdem Karajan durch Vermittlung eines Bekannten schon 1933 in Salzburg in die NSDAP eingetreten ist, aber ein Verbot der Ortsgruppen in Österreich droht (vgl. Uehling, S. 42–46), erfolgt 1935 ein nach Ulm rückdatierter zweiter Parteieintritt, wohl um die RMK-Mitgliedschaft und die Stelle zu sichern.

1935–1942 leitet Karajan als zunächst jüngster Generalmusikdirektor Deutschlands am Stadttheater in Aachen neben mehreren Opern Mozarts, Verdis und Strauss' auch einen umfassenden Zyklus der Musikdramen Wagners.

1938 etabliert sich mit einer Aufführung von *Tristan und Isolde* an der Berliner Staatsoper das Schlagwort vom »Wunder Karajan« (abgeleitet aus der Schlagzeile der Kritik von Edwin von der Nüll in der *BZ am Mittag* vom 22. Oktober 1938): Karajan wird kulturpolitisch als jüngerer Antipode Wilhelm Furtwänglers inszeniert, dirigiert die folgenden Jahre die Staatskapelle (ab 1939 als Staatskapellmeister) und auch die Berliner Philharmoniker (BPh; einschließlich erster Tonträgereinspielungen).

1942–1943 folgen Auftritte und Aufnahmen mit dem RAI-Orchester Turin (Sinfonien Mozarts) und dem Concertgebouworkest (Brahms und Strauss). Die Karriere stockt, weil Hitler den Dirigenten Karajan offenbar nur wenig schätzt, aber auch wegen der veränderten Bedingungen im Krieg, vor dessen Ende er sich nach Mailand absetzt.

1946 beginnt – trotz eines Auftrittsverbots durch die Besatzungsmächte in Deutschland und Österreich bis Oktober 1947 – eine Zusammenarbeit mit den Wiener Philharmonikern (WPh) zunächst im Rahmen von Schallplattenaufnahmen für die EMI und deren Produzenten Walter Legge. Ab 1948 leitet er auch dessen neugegründetes Philharmonia Orchestra (PhO) in London in einer imposanten EMI-Aufnahmeserie (bis 1960; in den ersten Jahren als inoffizieller Chefdirigent dirigiert er das Orchester auch in Konzerten und bei Tourneen).

1948–1964 fungiert er in Wien als Konzertdirektor der Gesellschaft der Musikfreunde, was die Leitung der Wiener Symphoniker (die 1960 Wolfgang Sawallisch als Chefdirigent übernimmt) und des Wiener Singvereins einschließt.

1948–1968 ist er ständiger Gastdirigent an der Mailänder Scala und dort vor allem für das deutsche Repertoire zuständig; 1951 und 1952 dirigiert er zudem erst- und letztmals in Bayreuth.

1955 leitet er anstelle des im Jahr zuvor verstorbenen Wilhelm Furtwängler und als designierter Chefdirigent eine USA-Tournee der Berliner Philharmoniker,

1956 beerbt er Furtwängler als künstlerischer Leiter der Berliner Philharmoniker auf Lebenszeit (und produziert wie dieser ab 1959 Aufnahmen für die DGG, der er zeitweise sogar exklusiv verbunden ist).

1957–1964 ist er künstlerischer Leiter der Wiener Staatsoper, wo er auch Regie führen kann und einen eigenen ersten *Ring*-Zyklus produziert (aus Bayreuth bringt er das Interesse vor allem an der Lichtgestaltung mit); für das italienische Repertoire kooperiert er gemäß dem Stagione-System mit der Scala und bei Studioproduktionen mit der Decca (bis 1963 wegweisende Puccini- und Verdi-Einspielungen, der *Ring* wird jedoch mit Georg Solti produziert). Karajan leitet nun auch die Salzburger Festspiele – künstlerisch 1956 bis 1960, im Direktorium 1964 bis 1988 – und gründet 1967 die »eigenen« Osterfestspiele (zunächst mit den Berliner Philharmonikern als ständigem Gastorchester).

1958 wird nach zwei geschiedenen Ehen mit der Sopranistin Elmy Holgerloef (Hochzeit 1938) und der Industriellentochter Anna Maria (»Anita«) Gütermann (1942) das Fotomodell Eliette Mouret seine Frau für das weitere Leben.

1963 wird die neugebaute Berliner Philharmonie (damals direkt an der Grenze nach Ost-Berlin) mit Beethovens 9. Sinfonie eröffnet. Karajan interessiert sich verstärkt für Videoproduktionen von Opern- und Konzertaufführungen (mit Regisseuren wie Henri-Georges Clouzot und mit stärker experimentellem Ansatz ab 1967 Hugo Niebeling).

1969–1971 arbeitet er als Nachfolger des verstorbenen Charles Munch als »Conseiller musical« mit dem 1967 aus dem Conservatoire-Orchester hervorgegangenen Orchestre de Paris (u. a. Aufnahmen wieder für EMI).

1982 gründet er die eigene Firma Telemondial, welche nach den bisherigen Gemeinschaftsprojekten mit Leo Kirchs Unitel nun die Produktion von Bildmedien im Digitalformat übernimmt (vor allem seiner »Home Videos«, einer letzten Selbstarchivierung seines Standardrepertoires in Zusammenarbeit mit dem Sony-Konzern). Im selben Jahr wird ein gravierender Konflikt mit den Berliner Philharmonikern hinsichtlich der Anstellung der Klarinettistin Sabine Meyer öffentlich, der in Krisenjahre bis zum Amtsrücktritt im April 1989 mündet.

1987 dirigiert er zum einzigen Mal ein Wiener Neujahrskonzert. Körperliche Probleme beeinträchtigen seine Auftritte nun zusehends.

1989 stirbt er am 16. Juli in Anif an einem Herzinfarkt.

»Er war der musikalische Genius des Wirtschaftswunders«: Theodor W. Adornos pointierte Karajan-Diagnose (im *Spiegel* vom 8. April 1968 im Zusammenhang einer Rezension der Biografie von Ernst Haeusserman) findet sich, auf die Bezeichnung Karajans als »Dirigent[en] des Wirtschaftswunders« reduziert, in unzähligen schnell recherchierten Jubiläumsartikeln wiederverwertet – doch erscheinen in ihr tatsächlich Zeitbezug und zeitlose Größe, Glanz und Elend des um die Mitte des 20. Jahrhunderts weltweit bedeutendsten Dirigenten treffend zusammengefasst. Angesichts der Tatsache, dass zu Zeiten der Studentenrevolte ein die Schallplatten seiner Eltern mitdirigierendes Kind gerne als »kleiner Karajan« gehänselt wurde (so wie jedes Wunderkind als »kleiner Mozart«), steht Karajan in vielerlei Hinsicht pars pro toto für das Dirigentenbild nach dem Zweiten Weltkrieg. Zweifellos sah er sich selbst als Haupterben der künstlerischen Antagonisten seiner Vorgängergeneration und betonte regelmäßig, Furtwänglers klangliche »Phantasie« und dessen besondere »Kunst des Übergangs« zwischen den Teilen einer Komposition mit der (nicht nur von Adorno als »mechanisch« kritisierten) Präzision der Aufführungen und Schallplatten Toscaninis zu einer Synthese bringen zu wollen. Karajan denkt dabei auf seine eigene Art dialektisch: In seinem rasant fortschreitenden Zeitalter der plötzlich stereophonen und am Ende sogar digitalen Reproduktionsmöglichkeiten von Musik versuchte er, ein eher »sachliches«, Notentext und Werkidee möglichst perfekt umsetzendes Arbeitsethos, wie es Toscanini werbewirksam verkörperte, mit dem Erhalt des Emphatischen und Empathischen einer auratisch-singulären Künstlerfigur zu verschmelzen, wofür vor allem in Deutschland und auch für Adorno an erster Stelle Furtwängler stand. Diese erste Synthese erlaubte es, Ton- und auch Bildtonträger als Artefakte einer quasi zeitlosen Kunst- bzw. Musik-Religion zu betrachten, welche aber zugleich als Produkte einer in Klangqualität und internationaler Verbreitung immer effizienteren und innovativen Kulturindustrie regelmäßige »Updates« ihrer selbst einfordern. Karajan hat sein Kernrepertoire an Sinfonien von Beethoven, Bruckner, Mozart oder Tschaikowsky alle fünf bis zehn Jahre neu eingespielt – und das stets möglichst noch »perfekter«? Zur werkdienlich optimalen Synthese nutzt er dabei erstmals auch intensiv eben jene Technologie, die er selbst fortentwickelt: Die Vorbereitung zum Dirigieren umfasst bei ihm keineswegs wie einstmals nur die Partitursichtung, sondern gleichermaßen auch die intensive Wahrnehmung der vorhandenen Tonkonserven seiner Vorgänger und Konkurrenten (wie Böhm, Solti oder Bernstein). Hier lassen sich konkrete Klangmöglichkeiten »lesen« und vergleichen: Im Medium der technischen Musik-Reproduktion wird bei Hörern wie Dirigenten eine fortwährende Reflexion der von beiden Seiten rezipierten Produkte voraus- und fortgesetzt (im Sinne interpretationsgeschichtlicher Konkretisierungen einer abstrakten »Werkidee«). Karajan nutzt die Möglichkeit, die besten Aufnahmen quasi legal auszuspionieren und aus ihren herausragenden Elementen eine möglichst noch bessere Maschinerie zusammenzusetzen. Das ist Karajans wirkliche Genialität: in technischen, medialen Entwicklungen zugleich auch ästhetische Neuerungen, ja Wunder zu entdecken – und wirtschaftlich nutzbar zu machen.

Zu Recht verdächtigt man mit Adorno und dessen Kritik der künstlerischen »Spitzenleistung« Karajan auch einer zweiten Synthese: In der Präsentation des musikalisch Bestmöglichen liegt immer auch die Sehnsucht nach einem Deutungsmonopol (das gilt gleichwohl genauso für die Historische Aufführungspraxis, welche nach 1970 ernsthaft mit Karajans Ästhetik des Zeitlos-Perfekten konkurriert hat); durch Karajan greife »die wirtschaftliche Monopolstruktur vollends auf die Musik über«, wofür sich das bis 1960 entwickelte »Dreierkombinat Wien – Mailand – Salzburg« des Operndirektors Karajan leicht anführen lässt, zuzüglich der Verbindung erst mit EMI und Legge, dann aber noch erfolgreicher mit den Berliner Philharmonikern zu einer Art musikalischem Weltkonzern. Es entsteht eine die größtmögliche Vollkommenheit ihrer Produkte suggerierende Qualitätsmarke: Karajans Partner-Labels hat das zeitweise mehr als ein Drittel ihres Umsatzes eingebracht, über sein Erbe wacht heute noch das Salzburger »Eliette und Herbert von Karajan Institut«.

Die Rezeption dieser Aufnahmen ist geprägt von stark widersprüchlichen Diskursen: Verbreitet ist – insbesondere auch auf dem Niveau von Internet-Lexika und Diskussionsforen – die pauschale Verurteilung jenes »Schönklang«-Ideals, das Karajan mit seinen Äußerungen selbst als Angriffsfläche geboten hat. Peter Uehling hat in seiner Monografie, in der er Biografisch-Faktisches um eine zweite Biografie der sich entwickelnden Klangästhetik Karajans ergänzt, die Leitidee eines in Formabschnitten nahezu tempokonstanten »Großrhythmus« herausgestellt (die nahe beieinanderliegenden ersten beiden Beethoven-Zyklen mit dem Philharmonia Orchestra und in Berlin Anfang der 1960er-Jahre bieten hier einer Anhörung genug). In der Tat entsteht in Karajans Tonspuren oft der Eindruck eines vorgeblich »körperlosen« Klanges: Durch die Unterdrückung spieltechnischer Geräusche und die Verschmelzung individueller Instrumentalfarben zu klanglichen Einheiten materialisiert sich der Gedanke des Orchesters als eines möglichst »unsichtbaren« homogenen Klangmediums, das zwischen Komposition (sowie ihrer angemessenen Interpretation, die der Dirigentenname auf der Plattenhülle verbürgt) und Konsument kaum mehr als Versammlung von Individuen wahrgenommen werden soll. Wie im Soundtrack eines Films werden auch Sängerinnen und Sänger in grundsätzlich »sinfonisch« ausgetüftelte Orchesterszenerien gestellt: Gerade Karajans Aufnahmen der Bühnenwerke Wagners und Verdis, aber auch Puccinis und Mozarts prägten in der frühen Stereo-Ära – nicht zuletzt dank der hervorragenden Decca-Tonmeister – nachhaltig die neue Kunstform eines bilderlosen Musiktheaters als mediengerecht inszeniertes »Hörspiel« (auf den in Wien wie Salzburg höchst umstrittenen »Regisseur« Karajan mag man da getrost verzichten).

Neben dem klassisch-romantischen Kernrepertoire gibt es diskografisch einerseits eine Annäherung Karajans bei Alter Musik von Bach oder Vivaldi an die Kammerorchester-Mode der 1960er-Jahre zu verfolgen – und andererseits faszinierende Inseln im Bereich der gleichwohl inzwischen »klassischen« Moderne zu bereisen, wo aufnahmetechnisch fein gestaffelte klangliche Biotope in ihrer Originalität wie Werkdienlichkeit beeindrucken. Sogar Adorno lobte überrascht Karajans Einsatz für Schönberg – wohingegen Strawinskys strikte Ablehnung von Karajans *Sacre*-»Interpretation« keinesfalls dessen Versuch schmälert, anders als manche amerikanische Aufnahme den Show-Charakter einer heidnisch-kultischen Tanz-Reportage mittels »dissonanter« Instrumentation in etwas auch im christlichen Sinne »Erhabeneres« zu verwandeln. Nicht zuletzt die Feinmotorik der an konstanteren rhythmischen Fäden entlanggezogenen Klangaufwühlungen frankophoner »Impressio-Expressionisten« wie Debussy, Ravel und Honegger entspricht Karajans im Grunde immer cineastisch ausgerichteter Erzählhaltung. Bedauerlich ist nur, dass er dann im Alter die Ästhetik seiner »Home Videos« ganz auf die päpstliche Erleuchtung seiner eigenen Dirigentenfigur ausgerichtet hat: Eine filmisch neue Struktur der Konzert-Visualisierung zu finden, wollte ihm nach einigen früheren Experimenten nicht mehr gelingen. Es bleibt nach wie vor jedem Hörer selbst überlassen, in der Wahrnehmung der über 1500 Aufnahmen in Ton und Bild immer wieder die Wunder eines eben auch musikalisch oft abenteuerlichen Unternehmergeistes und dirigierenden Multitalents zu entdecken, das die Geschichte der Klangaufzeichnungen stärker geprägt hat als jeder andere seiner Zeitgenossen.

Tonträger

1939 TSCHAIKOWSKY: Sinfonie Nr. 6 »Pathétique« (BPh; DGG u. a.) ▪ **1944** BRUCKNER: Sinfonie Nr. 8 [Ed. Haas] (Staatskapelle Berlin; DGG u. a.) ▪ **1951** WAGNER: *Siegfried* (Aldenhoff, Björling, Varnay, Kuen, Bayreuther Festspiele; Walhall) ▪ **1952/53** VAUGHAN WILLIAMS: *Fantasia on a Theme by Thomas Tallis* / HÄNDEL: *Water Music* [Suite, Arrangement: Harty] / BRITTEN: *Variations on a Theme of Frank Bridge* (PhO; EMI/ Warner) ▪ **1955** SIBELIUS: Sinfonien Nr. 6 & 7 (PhO; EMI/ Warner) ▪ **1959** VERDI: *Aida* (Tebaldi, Bergonzi, Simionato, McNeil, Wiener Singverein, WPh; Decca) ▪ **1961/62** BEETHOVEN: Sinfonien Nr. 1–9 (BPh; DGG) ▪ **1964** DEBUSSY: *La Mer* / *Prélude à l'après-midi d'un faune* / RAVEL: *Daphnis et Chloé* [Suite Nr. 2] (BPh; DGG) ▪ **1969** HONEGGER: Sinfonien Nr. 2 & 3 »Liturgique« (BPh; DGG) ▪ **1972** RACHMANINOW: Klavierkonzert Nr. 2 / FRANCK: *Variations symphoniques* (Alexis Weissenberg, BPh; EMI) ▪ **1972** PUCCINI: *La Bohème* (Freni, Pavarotti, Panerai, Harwood, Chor der Deutschen Oper Berlin, BPh; Decca) ▪ **1972–1974** BERG: Drei Orchesterstücke op. 6 / Drei Stücke aus der *Lyrischen Suite* / SCHÖNBERG: Variationen für Orchester op. 31 / WEBERN: Passacaglia op. 1 (BPh; DGG) ▪ **1974–1977** MAHLER: *Kindertotenlieder* / Rückert-Lieder / Sinfonie Nr. 6 (Christa Ludwig, BPh; DGG) ▪ **1980** STRAUSS: *Eine Alpensinfonie* (BPh, DGG) ▪ **1984** VIVALDI: *Le quattro stagioni* op. 8 Nr. 1–4 (Anne-Sophie Mutter, WPh; EMI) ▪ **1989** BRUCKNER: Sinfonie Nr. 7 (WPh; DGG)

Bildmedien

1965/66 SCHUMANN: Sinfonie Nr. 4 / BEETHOVEN: Sinfonie Nr. 5 [Herbert von Karajan in Rehearsal & Performance] (Wiener Symphoniker, BPh; EuroArts) ▪ **1967–1972** BEETHOVEN: Sinfonien Nr. 1–9 [Filmproduktionen] (BPh; DGG) ▪ **1974** PUCCINI: *Madama Butterfly* (Freni, Domingo, Ludwig, Kerns, Wiener Staatsopernchor, WPh; Decca/DGG) ▪ **1986** VERDI: *Don Carlo* (Carreras, Izzo d'Amico, Baltsa, Furlanetto, BPh; Sony) ▪ **1987** »Neujahrskonzert aus Wien« (Kathleen Battle, WPh; Sony 1987) ▪ **1988** PROKOFJEW: Sinfonie Nr. 1 »Classique« / TSCHAIKOWSKY: Klavierkonzert Nr. 1 (Evgeny Kissin, BPh; Sony)
Herbert von Karajan – A Portrait (Dokumentation von Gernot Friedel; Arthaus/ EMI 1999) ▪ Karajan (Dokumentation von Robert Dornhelm; DGG 2008) ▪ Herbert von Karajan: Maestro for the Screen (Dokumentation von Georg Wübbolt; Arthaus 2008) ▪ Karajan – Das zweite Leben (Dokumentation von Eric Schulz; DGG 2012)

Literatur

Viktor Reimann, Dirigenten, Stars und Bürokraten. Glanz und Abstieg des Wiener Opernensembles, Wien 1961 ▪ Ernst Haeusserman, Herbert von Karajan, Gütersloh 1968 [aktualisiert: Wien 1978] ▪ Paul Robinson, Karajan, Toronto 1975 [dt., aktualisiert: Herbert von Karajan, übs. von Sylvia Hofheinz, Rüschlikon/ Zürich 1981] ▪ Robert C. Bachmann, Karajan. Anmerkungen zu einer Karriere, Düsseldorf/ Wien 1983 ▪ Roger Vaughan, Karajan. Ein biographisches Porträt, übs. von Hans-Ulrich Seebohm, Frankfurt a. M. / Berlin 1986 ▪ Werner Thärichen, Paukenschläge. Furtwängler oder Karajan, Zürich 1987 ▪ Peter Csobádi (Hrsg.), Karajan oder die kontrollierte Ekstase, Wien 1988 ▪ Herbert von Karajan. Mein Lebensbericht, aufgezeichnet von Franz Endler, Wien 1988 ▪ Dirigieren – das ist vollkommenes Glück. Gespräche mit Richard Osborne, übs. von Christine Mrowietz, München 1990 ▪ Wolfgang Stresemann, »Ein seltsamer Mann ...«. Erinnerungen an Herbert von Karajan, Frankfurt a. M. / Berlin 1991 ▪ Klaus Lang, Herbert von Karajan. Der philharmonische Alleinherrscher, Zürich / St. Gallen 1992 ▪ Franz Endler, Karajan. Eine Biographie, Hamburg 1992 ▪ Franz Endler / Karl Michael Fritthum, Karajan an der Wiener Oper. Dokumentation einer Ära, Wien 1997 ▪ Richard Osborne, Herbert von Karajan. A Life in Music, London 1998 [dt.: Herbert von Karajan. Leben und Musik, übs. von Brigitte Hilzensauer und Reinold Werner, Wien 2002] ▪ John Hunt, Philharmonic Autocrat. The Discography of Herbert von Karajan, London 2000 ▪ Peter Uehling, Karajan. Eine Biographie, Reinbek 2006 ▪ Pierre-Henri Verlhac, Herbert von Karajan. Bilder eines Lebens, Berlin 2007 ▪ Eliette von Karajan, Mein Leben an seiner Seite, Berlin 2008 ▪ Lars E. Laubhold / Jürg Stenzl (Hrsg.), Herbert von Karajan (1908–1989). Der Dirigent im Lichte einer Geschichte der musikalischen Interpretation, Salzburg 2008 ▪ Roswin Finkenzeller, Das Phänomen Karajan. Ein Divertimento, Frankfurt a. M. 2008 ▪ Karl Löbl, »Ich war kein Wunder!« Herbert von Karajan – Legende und Wirklichkeit, Wien 2014 ▪ Ricarda Kopal, Herbert von Karajan. Musikethnologische Annäherung an einen »klassischen« Musikstar, Berlin / Münster 2015

Webpräsenz

www.karajan.org [Datenbank zur Diskografie und Biografie des Eliette & Herbert von Karajan Instituts Salzburg] (↪0058)
www.karajan.co.uk [»A tribute site«] (↪0059)

HAH

Kegel, Herbert

1920 am 29. Juli in Zschachwitz (heute ein Teil von Dresden) geboren; er erlernt Klavier und Cello, am stärksten beeinflussen ihn in seiner Ausbildung Karl Böhm und Boris Blacher.
1945 nach den Kriegsjahren als Soldat an der Ostfront (eine Schussverletzung zerstört alle pianistischen Ambitionen) beginnt seine Dirigentenlaufbahn mit Operettenrepertoire in Pirna.
1946 wechselt er für drei Jahre als Kapellmeister ans Opernhaus in Rostock.
1949 beginnt als Chorleiter seine Tätigkeit in Leipzig, wo er ab 1958 als Generalmusikdirektor das Stadtleben in einer bewährten Aufspaltung prägen wird: Kurt Masur am Gewandhaus leitet das Traditionsorchester, Kegel bezieht als Chefdirigent des Rundfunk-Sinfonieorchesters (bis 1978) noch stärker das Zeitgenössische mit ein.
1974 führt die Erstaufführung von Henzes *Das Floß der Medusa* zu starken Konflikten mit der Obrigkeit.
1977–1985 übernimmt er die Dresdner Philharmonie, wo er als ständiger Gastdirigent auch nach seiner »Zwangspensionierung« weiterarbeitet.
1990 beendet er sein Leben am 20. November in Dresden.

Von den vielen leicht veralteten deutschen Synonymen für den Dirigentenberuf passt auf Herbert Kegel am besten dasjenige eines Orchestererziehers – und zwar ausgesprochen mit jenem nüchtern belehrenden Tonfall, den das alle Larmoyanz verachtende epische Theater Brechts entwickelt hat und der in den schriftlichen Äußerungen Kegels wie auch in seinen Aufnahmen erkennbar ist. Kegel ist der Dirigent, für den man am ehesten und rein im Sinne dieses praxisbezogenen Machens von einer sozialistischen Ästhetik sprechen könnte: In Kurt Weills *Die sieben Todsünden* werden die Ostinati zu dreckigen Männerphantasien, die Gisela Mays Darstellung der beiden Anna-Figuren von allen Seiten begaffen. Diesen inszenierten Zynismus überträgt Kegel überaus schlüssig auf die 1. Sinfonie Schostakowitschs, die dadurch in ihrem prononcierten Spaltklang so wirkt, als wären vom Baum romantischer Sinfonik heruntergefallene Einzelblätter neu zusammengeklebt worden. Völlig zu Recht ist diese Aufnahme in der Box mit Kegels »Legendary Recordings« an den Anfang gestellt. Auch Wagners *Parsifal* – live mitgeschnitten in der Leipziger Kongresshalle 1975 – wird ohne alle Strahlenkränze in einer heidnisch-schroffen Variante angeboten, in der die Gralsglocken kurzzeitig zum Walking Bass mutieren und Wagner selbst wie die nie ganz heilende Wunde der bürgerlichen Musikgeschichte behandelt scheint.

Der Wille zur Erziehung des Publikums ist häufig verbunden mit einem nimmermüden Einsatz zugunsten des Zeitgenössischen: Kegel darf als eigentlicher Entwickler der Methode gelten, Beethovens 9. Sinfonie mit Werken zu konfrontieren, die alle Schrecken der Jahrhundertmitte in sich tragen. Ein Programm zur Emanzipation der Dissonanz von ihrer romantisierenden Verharmlosung zeigt sich auch in Mussorgskys *Boris Godunow*, wobei die Fassung Schostakowitschs die ungeschliffene Harmonik der Urfassung bewahrt, aber in gesteigerter instrumentaler Wucht präsentiert (eine Gesamteinspielung dieser Fassung gehört zu den dringlichen Desideraten des CD-Marktes). In »seinem« Beethoven-Zyklus (Capriccio) wählt er hingegen aus den Optionen der Objektivierung nicht die Metronomzahlen, sondern den Matinee-Charakter: In den ersten beiden Sinfonien überrascht der »milde«, die Phrasen sanft abrollende Grundton, durch den in Kombination mit einander angenäherten Satztempi die Werke in Kegels Händen dem Geist Haydns verpflichtet bleiben.

Das Ideal des Erzieherischen passt besonders zu groß besetzten Bekenntniswerken, und der profilierte Chordirigent Kegel hat gerade hier eine umfängliche Diskografie vorgelegt, die (um einen Begriff von Brecht zu benutzen) stets »brauchbare« Einspielungen von Brittens *War Requiem*, Schönbergs *Moses und Aron* und Bergs *Wozzeck* ebenso umfasst wie seltener gehörte Opern von Carl Orff und Repertoirestücke wie Brahms' *Ein deutsches Requiem*. Letzteres wird mit Leipziger Kräften in die Nähe Bachs gerückt, indem der »Einheitsablauf« einer ganz unromantisch stetigen Orchestergrundierung die harmonischen Rauheiten der Stimmführung hervortreten lässt. Auch im *Wozzeck* steht ein realistischer Ansatz im Vordergrund: Der

Wechsel von Theo Adam in eine leicht sächselnde Diktion nach der Mordszene wird von einem überwältigend intensiven letzten Orchester-Zwischenspiel beantwortet, das für Kegels stetige Vermittlung von Schroffheit und Menschlichkeit in der Diktion symbolhaft einstehen kann.

Tonträger
1962 SCHOSTAKOWITSCH: Sinfonie Nr. 1 (Siegfried Stöckigt, RSO Leipzig; Edel / Corona) ▪ 1966 WEILL: *Die sieben Todsünden* (Gisela May, RSO Leipzig; Berlin Cl) ▪ 1973 BERG: *Wozzeck* (Adam, Schröter, Hiestermann, RSO Leipzig; Berlin Cl) ▪ 1976–1980 ORFF: *Die Kluge* (Falewicz, Stryczek, Süß, RSO Leipzig; Berlin Cl) ▪ 1980 BLACHER: *Concertante Musik / Paganini-Variationen / Klavierkonzert Nr. 2* (Gerty Herzog, Dresdner Philharmonie; Berlin Cl) ▪ 1985 BRAHMS: *Ein deutsches Requiem* (Häggander, Lorenz, Rundfunkchor & RSO Leipzig; Capriccio) ▪ 1988 MOZART: Messen KV 49/47d & 66 »Dominicus« (Mathis, Lang, Heilmann, Rootering, Rundfunkchor & RSO Leipzig; Philips)

Literatur
Helga Kuschmitz, Herbert Kegel. Legende ohne Tabu. Ein Dirigentenleben im 20. Jahrhundert, Altenburg 2003

Webpräsenz
www.oocities.org/stskonno/kegel-dis.htm [Diskografie] (↪0060)

JCA

Keilberth, Joseph

1908 am 19. April in Karlsruhe geboren; sein Vater ist Solocellist der Großherzoglich Badischen Hofkapelle (zur Abgrenzung vom gleichen Vornamen des Vaters ändert der Sohn daher das Josef zu Joseph).
1925 wird er zunächst unbesoldeter Korrepetitor am Badischen Staatstheater Karlsruhe und macht dort eine Karriere vom Zweiten Kapellmeister bis zur Ernennung zum Generalmusikdirektor im Jahr 1935.
1940 wird er Chefdirigent des Deutschen Philharmonischen Orchesters im besetzten Prag.
1945 wird er zunächst interniert und dann nach Sachsen abgeschoben. Keilberth begibt sich nach Dresden und wird unmittelbar nach seiner Ankunft Generalmusikdirektor der Dresdner Staatskapelle und der Oper.
1948 übernimmt Keilberth zusätzlich die Position des Ersten Kapellmeisters als Leiter der Ostberliner Staatsoper.
1950 verlässt Keilberth die DDR und wird Chefdirigent der Bamberger Symphoniker; diese Position wird er bis zu seinem Tod beibehalten.
1951 wird Keilberth nach Hamburg berufen und leitet die Konzerte des Philharmonischen Staatsorchesters.
1952–1956 leitet er bei den Bayreuther Festspielen den *Ring des Nibelungen*.
1959 wird Keilberth Generalmusikdirektor der Bayerischen Staatsoper München.
1968 stirbt er am 20. Juli in einer Aufführung der Münchner Opernfestspiele während des zweiten Aufzugs von Richard Wagners *Tristan und Isolde*. 1993 weihen die Bamberger Symphoniker den Joseph-Keilberth-Saal der neu erbauten Konzerthalle Bamberg ein.

Joseph Keilberths fotografische Porträts als Bayerischer Generalmusikdirektor vermitteln den Eindruck eines alten Mannes; Keilberth war aber bei seinem plötzlichen Tod am Dirigentenpult der Münchner Staatsoper während des zweiten *Tristan*-Aufzugs gerade erst 60 Jahre alt. Doch hatte der jeglichen Starkult vermeidende Orchesterleiter ein immenses Arbeitspensum abgeleistet: Seit 1951 amtierte er neben seiner Cheftätigkeit bei den Bamberger Symphonikern, die vor allem auch ein Reiseorchester waren, zunächst als Generalmusikdirektor des Philharmonischen Staatsorchesters Hamburg und dann an der Bayerischen Staatsoper. Dass die Zentren von Keilberths Wirken seiner letzten Jahre, München und Bamberg, so nahe beieinanderlagen, hat die zeitliche Verschränkung seiner Tätigkeiten und die damit einhergehende Doppelbelastung noch verstärkt. Zusätzlich dirigierte Keilberth oft in seiner rheinischen »Rundfunkheimat« (Lewinsky, S. 9) das Kölner Rundfunk-Sinfonie-Orchester und gastierte viel in Oper und Konzert, zumal bei den Berliner Philharmonikern, mit denen er auch Schallplatten produzierte. Die von Keilberths Sohn ausgewerteten Dirigiertagebücher spiegeln die akribisch selbstkritische, über die rein numerische Einordnung weit hinausgehende Buchführung eines jeden Auftritts. Anzahl und Dichte der festgehaltenen Dirigate würden zum Typus eines Jetset-Dirigenten passen, doch war Keilberth dies gerade nicht und in seiner Außenwirkung das genaue Gegenteil: Applaus, insbesondere beim Auftritt, war ihm ein Gräuel, und seine Aversion gegen Show-Dirigenten äußerte er oft und vehement. Skrupulös und selbstkritisch war er auch in Bezug auf seine Vergangenheit als Chefdirigent der Deutschen Philharmonie Prag in der besetzten Tschechoslowakei, ein Amt, das zwangsweise mit dem Eintritt in die NSDAP verbunden war; diesen Schritt hat Keilberth zeitlebens als »Schandfleck« (Keilberth, S. 71) empfunden. In der Folge war er gegen politische Vereinnahmung während seiner Dresdner Zeit umso empfindlicher. Und vielleicht war Keilberths aufopferungsvolle, bis zu seinem Tod währende Cheftätigkeit für die Bamberger Symphoniker, die zum großen Teil aus vertriebenen Musikern seiner Prager Philharmonie bestanden, neben aller symbiotischen musikalischen Übereinstimmung auch ein Versuch moralischer Wiedergutmachung und Abbitte.

Den jungen Dirigenten hatte eine enge Arbeitsfreundschaft mit Hans Pfitzner verbunden, dessen von Schopenhauer beeinflusster Kulturpessimismus Keilberth lebenslang prägte. Keilberths im Alter zunehmende manisch-depressive Disposition sensibilisierte ihn für tatsächliche oder vermeintliche Karrierebehinderungen, sei es der Bruch mit Wieland Wagner nach fünf Jahren als Bayreuther *Ring*-Dirigent, seien es die gefühlten Verletzungen durch den exakt gleichaltrigen Herbert von Karajan, den älteren Hans Knappertsbusch als Bayerischer Generalmusikdirektor auf Lebenszeit oder zuletzt auch den jüngeren Carlos Kleiber, den kometenhaft aufsteigenden Liebling von Publikum und Presse in München. Keilberths mythischer Tod im Orchestergraben während des *Tristan* ist nicht nur eine schicksalhafte Wiederholung, da der legendäre Wagner-Dirigent und Königlich Bayerische Generalmusikdirektor Felix Mottl 1911 ebenfalls in München bei Wagners Liebes- und Todesdrama zusammenbrach und kurz darauf verstarb. Keilberths Tod erscheint zudem als zeichenhafte Zäsur, markiert das Ende einer Epoche deutscher kapellmeisterlicher Tradition in einer Zeit des verstärkten Aufkommens der glamourösen Pultvirtuosen. Ähnlich den Minimalbewegungen eines Richard Strauss dirigierte er äußerlich unbeweglich, gab auch alle dynamischen Nuancen mit seiner taktierenden Rechten an und gebrauchte seine Linke nur sparsam und hauptsächlich für Einsätze.

Die derzeit erhältlichen Tondokumente ergeben ein zwiespältiges Bild: Der Konzertdirigent ist fast ausschließlich in Live-Mitschnitten präsent, seine zahlreichen Studioaufnahmen vor allem mit den Bamberger Symphonikern sind weitgehend nicht mehr erhältlich. Gut vertreten ist er hingegen als Operndirigent, insbesondere als Interpret von Mozart, Wagner und Richard Strauss. Keilberth war, seine Sänger bezeugen das, ein genial vorausfühlender »Stimm-Führer«. Im Live-Mitschnitt seiner Münchner *Arabella* ist das bezwingend nachvollziehbar: Für die raschen Stimmungswechsel des Parlando-Konversationstons führt er den großen Orchesterapparat an kurzer Leine, und in den großen monologischen Aufschwüngen bietet er der betörenden Lisa Della Casa einen immer wieder reaktionsschnell abgetönten Klangteppich. Keilberth war nach Anlage und Temperament tatsächlich eher Opern- als Konzertdirigent, mehr ein intuitiver Abendgestalter denn ein perfektionistischer Probierer. Er liebte es nicht, jedes Detail im Voraus festzulegen, sondern ließ Raum für manchen magisch inspirierten Moment während der Aufführung. Aus eben diesem Grund repräsentiert gerade ein Live-Mitschnitt suggestive Antagonismen von Spannung und Gelöstheit, die er zu einer äußerlich unspektakulären, musikalisch dafür umso zwingenderen Synthese bringen konnte: Keilberth dirigierte 1967 als kurzfristiger Einspringer für Rafael Kubelík das Symphonieorchester des Bayerischen Rundfunks und hatte kaum Probenzeit für Beethovens 7. und 8. Sinfonie, die in abendlicher Konzentration zur musikalischen Sternstunde gerieten.

Tonträger

1954 STRAUSS: *Ariadne auf Naxos* (Zadek, Streich, Jurinac, Hopf, RSO Köln; Capriccio / Walhall) ▪ **1955** WAGNER: *Der Ring des Nibelungen* (Hotter, Varnay, Windgassen, Brouwenstijn, Bayreuther Festspiele; Testament) ▪ **1958** WEBER: *Der Freischütz* (Schock, Grümmer, Otto, Prey, Frick, Chor der Deutschen Oper Berlin, BPh; EMI) ▪ **1962** REGER: *Variationen und Fuge über ein Thema von W. A. Mozart / Eine Ballett-Suite* (Bamberger Symphoniker; Teldec) ▪ **1963** STRAUSS: *Arabella* (Della Casa, Rothenberger, Malaniuk, Fischer-Dieskau, Kohn, Bayerisches Staatsorchester; DGG) ▪ **1965** PFITZNER: *Von deutscher Seele* [Eichendorff-Kantate op. 28] (Giebel, Töpper, Wunderlich, Wiener, Chor & SO des BR; DGG) ▪

1966 BRUCKNER: Sinfonie Nr. 8 [Ed. Haas] (RSO Köln; Orfeo) ▪ **1967** BEETHOVEN: Sinfonien Nr. 7 & 8 / *Coriolan*-Ouvertüre (SO des BR; Orfeo) ▪ **1968** HINDEMITH: *Cardillac* [Erstfassung] (Fischer-Dieskau, Kirchstein, Söderström, RSO Köln; DGG)

Bildmedien
1959 ROSSINI: *Der Barbier von Sevilla* [dt.] (Prey, Wunderlich, Köth, Proebstl, Hotter, Bayerisches Staatsorchester; DGG)

Literatur
Wolf-Eberhard von Lewinsky, Joseph Keilberth, Berlin 1968 ▪ Thomas Keilberth, Joseph Keilberth. Ein Dirigentenleben im XX. Jahrhundert, Wien 2007 [Diskografie von Edeltraut Schneider]

Webpräsenz
http://daphne.fc2web.com/keilberth-dis.htm [Diskografie] (↪0061)

MIS

Kempe, Rudolf

1910 am 14. Juni in Niederpoyritz (heute Teil Dresdens) geboren. Im Alter von sechs Jahren beginnt er mit Klavier-, im Alter von zwölf Jahren mit Violinunterricht.
1924–1928 studiert er an der Orchesterschule der Dresdner Staatskapelle Oboe und Dirigieren.
1929 wird er Erster Oboist des Leipziger Gewandhausorchesters.
1935 debütiert er als Dirigent an der Leipziger Oper mit einer Aufführung von Albert Lortzings *Wildschütz*, wo er ab sofort als Korrepetitor und Zweiter Kapellmeister eingesetzt wird.
1942–1948 leitet Kempe während seines Militärdienstes das Theater in Chemnitz (ab 1946 ist er dort Generalmusikdirektor).
1949–1953 ist Kempe nach einem Jahr als Kapellmeister in Weimar bei der Staatskapelle und der Staatsoper in Dresden tätig (deren Leitung er nach dem Weggang von Joseph Keilberth übernimmt).
1952 wird er in München Chefdirigent der Bayerischen Staatsoper – ein Posten, den er nach der gescheiterten *Carmen*-Premiere im Jahr 1954 niederlegt.
1955 tritt Kempe u. a. mit Strauss' *Arabella* als erster deutscher Dirigent nach dem Krieg an der New Yorker Metropolitan Opera auf; im selben Jahr dirigiert er Pfitzners *Palestrina* bei den Salzburger Festspielen.
1960–1963 dirigiert er Wagners *Ring*-Zyklus bei den Bayreuther Festspielen.
1961–1975 Als Nachfolger von Sir Thomas Beecham (und auf dessen ausdrücklichen Wunsch) leitet er das Londoner Royal Philharmonic Orchestra.
1965 tritt er Hans Rosbauds Nachfolge als Chefdirigent beim Tonhalle-Orchester Zürich an (bis 1972).
1967 wird er zudem Chefdirigent der Münchner Philharmoniker.
1976 stirbt er am 11. Mai in Zürich.

Rudolf Kempe, der aus einfachen Verhältnissen stammte (der Vater war Gastwirt) und den Weg ans Pult erst über seinen Orchesterdienst als Oboist fand, wurde von zahlreichen Orchestern für sein allürenfreies, kollegiales Auftreten und seine soliden handwerklichen Fähigkeiten hoch geschätzt. Dass Kempe kaum Presseinterviews gab und durch seinen schieren »Mangel an Extravaganzen« überhaupt eher »hausbacken« wirken musste (*FAZ*, 21.11.1977), hat seinem Marktwert nicht geschadet, was besonders die Ämterhäufung der letzten Jahre seiner Karriere eindrucksvoll belegt, in denen er gleichzeitig an der Spitze dreier international renommierter Orchester stand.

Kempe verschrieb sich zeitlebens dem Repertoire des späten 19. Jahrhunderts, insbesondere dem Musiktheater Richard Wagners sowie den Tondichtungen von Richard Strauss, dessen gesamte Orchestermusik er mit der Staatskapelle einspielte und dessen *Alpensinfonie* er 1967 mit den Münchner Philharmonikern im Konzertsaal zu rehabilitieren begann. Besonders sein *Don Juan* von 1970 kann sich bis heute im Pantheon bedeutender Strauss-Referenzaufnahmen behaupten: Die Sogwirkung des treibenden Pulsschlags zu Beginn rettet Kempe durch eine fließende, fast unmerkliche Gestaltung der Übergänge bis in die lyrischen Passagen hinein. Auch sein *Till Eulenspiegel*, dessen manchmal geradezu schelmisch flexibles Tempo deutlichen Zäsurbildungen konsequent ausweicht, lässt die eher episodisch gehaltene Grundidee des Sujets dennoch weit hinter sich.

Zu Kempes Stationen als Operndirigent gehörten neben Covent Garden sowohl die Salzburger als auch die Bayreuther Festspiele. Einen plastischen Eindruck seines Wirkens vermittelt insbesondere seine Wiener *Lohengrin*-Aufnahme, deren auffällig heller Orchesterklang stets in der Dynamik Abstand vom Stimmvolumen der Bühnenfiguren hält. Kempe, der im Opernbetrieb einen exzellenten Ruf für seine sensible Arbeit mit Sängerensembles genoss, denkt auch jenseits des Musiktheaters sozusagen von der menschlichen Stimme her: In Brahms' Sinfonien (die er sowohl mit den Berliner als auch mit den Münchner Philharmonikern aufgenommen hat) meidet er starke Kontraste zugunsten einer lang angelegten Entfaltung des mehrstimmigen orchestralen Melodiegeflechts – eine Qualität, die nicht zuletzt der 2. Sinfonie und ihrer aus eher kammermusikalisch gedachten Keimzellen erwachsenden Anlage (insbesondere dem zweiten Satz) zugutekommt.

Tonträger
1951 WEBER: *Der Freischütz* (Trötschel, Aldenhoff, Böhme, Staatskapelle Dresden; Hänssler) ▪ **1962** SMETANA: *Die verkaufte Braut* [dt.] (Lorengar, Wunderlich, Frick, Sardi, RIAS-Kammerchor, Bamberger Symphoniker; EMI) ▪ **1962/63** WAGNER: *Lohengrin* (Thomas, Grümmer, Frick, Fischer-Dieskau, Ludwig, Chor der Wiener Staatsoper, WPh; EMI) ▪ **1970** STRAUSS: *Don Juan / Till Eulenspiegels lustige Streiche* etc. (Staatskapelle Dresden; EMI / Brilliant) ▪ **1975** BRAHMS: Sinfonien Nr. 2 & 4 (Münchner Philharmoniker; Acanta / Artone)

Bildmedien
1974 STRAUSS: *Ein Heldenleben* (Erich Gruenberg, Royal PO; ICA)

Literatur
Cordula Kempe-Oettinger, Rudolf Kempe. Bilder eines Lebens, München 1977 [Diskografie] ▪ Karl Schumann, Rudolf Kempe, in: Regina Schmoll (Hrsg.), Die Münchner Philharmoniker von der Gründung bis heute, München 1985, S. 127–136 ▪ John Hunt, The Post-War German Tradition: Kempe, Keilberth, Sawallisch, Kubelik, Cluytens. Discographies, London 1996

Webpräsenz
http://patachonf.free.fr/musique/kempe/discographie.php (↪0062)
http://fischer.hosting.paran.com/music/Kempe/discography-kempe.htm (↪0063)
www.rudolfkempesociety.org (↪0064)

FKR

Kertész, István

1929 am 28. August in Budapest geboren, beginnt er im Alter von sechs Jahren mit seiner musikalischen Ausbildung, die er auch während des Zweiten Weltkriegs fortsetzt. Während die meisten Mitglieder seiner jüdischen Familie deportiert und ermordet werden, überlebt István mit seiner Mutter und seiner jüngeren Schwester den Holocaust.
1947 nimmt er sein Studium am Königlichen Musikkonservatorium in Budapest auf, wo er Klavier, Violine und Komposition studiert (u. a. bei Zoltán Kodály und Leó Weiner). Daneben nimmt er Dirigierunterricht bei János Ferencsik und László Somogyi.
1948 gibt er in Budapest sein Debüt als Dirigent mit einem reinen Mozart-Programm.
1951 heiratet Kertész die Sopranistin Edith Gabry (Edith Gáncz).
1953–1955 wirkt er als Musikdirektor des Philharmonischen Orchesters Györ,
1955–1957 arbeitet er als Kapellmeister an der Budapester Oper. In den Wirren nach dem ungarischen Volksaufstand setzt sich Kertész mit seiner Familie ins Ausland ab, er setzt seine Studien zunächst mit einem Stipendium in Rom an der Accademia Nazionale di Santa Cecilia fort.
1960–1963 ist er Generalmusikdirektor (zuvor seit 1958 Chefdirigent) in Augsburg. Binnen weniger Jahre wird Kertész – inzwischen deutscher Staatsbürger – zu einem international gefragten und gefeierten Opern- und Konzertdirigenten. Projekte als Exklusivkünstler der Decca umfassen u. a. die ersten vollständigen Aufnahmen von Mozarts *La clemenza di Tito* und der Sinfonien und Sinfonischen Dichtungen von Antonín Dvořák.
1964 wechselt er als Generalmusikdirektor von Augsburg an die Kölner Oper und übernimmt parallel
1965–1968 die Leitung des London Symphony Orchestra als Nachfolger von Pierre Monteux.
1973 wird er zum Leiter der Bamberger Symphoniker ernannt, doch kann er das Amt nicht mehr antreten: Am 16. April ertrinkt István Kertész, erst 43 Jahre alt, bei einem Badeunfall im israelischen Mittelmeer bei Herzliya.

Unter den vielen ungarischen Dirigenten des 20. Jahrhunderts, die außerhalb ihrer Heimat Karriere machten – Antal Doráti, Ferenc Fricsay, Eugene Ormandy, Fritz Reiner, Georg Solti, George Szell –, war István Kertész mit Sicherheit einer der bemerkenswertesten: ein »Kapellmeister von überragender Begabung und Ausstrahlung«, dessen umfangreiche und gewichtige Aufnahmetätigkeit »die natürliche Musikalität, Intelligenz und Noblesse, die außerordentliche Führungsenergie dieses Dirigenten« bezeugen (Wolfgang Schreiber, Große Dirigenten, München 2005, S. 304 f.). Umso erstaunlicher (und bedauerlicher), dass er heute weitgehend in Vergessenheit geraten zu sein scheint. Weder gibt es eine konsistente Diskografie – die auf der englischen Wikipedia-Seite ist die einzig halbwegs vollständige – noch größere biografische Texte; die Website einer István Kertész Association, die offenbar zumindest bis 2009 gepflegt wurde, scheint es gleichfalls nicht mehr zu geben.

Kertész' Interpretationshaltung ist im idealen Sinne die eines »Übersetzers«: präzise und werktreu, dabei unprätentiös und unaufdringlich, ohne Manierismen und Effekthaschereien. Exemplarisch dafür sind seine großartigen Gesamtaufnahmen der Schubert- und Brahms-Sinfonien mit den Wiener Philharmonikern (WPh), aber auch das zurückhaltende Understatement der beiden Mozart-Konzerte, die er 1967 mit dem London Symphony Orchestra und Clifford Curzon eingespielt hat. Gerade als Mozart-Dirigent vertritt Kertész damals neben Josef Krips auf ideale Weise jenen »Neuen Mozart-Stil«, der nach dem Zweiten Weltkrieg mit schlanken, energischen Deutungen in gewisser Weise die Historische Aufführungspraxis vorbereitete. Und seine *Clemenza di Tito* von 1967 – die überhaupt erste Aufnahme des vollständigen Werkes – kann heute noch neben Gardiner, Hogwood oder Jacobs bestehen.

Dass István Kertész durchaus auch mitreißendes Feuer versprühen konnte, zeigen vor allem seine Dvořák-Aufnahmen; hier leistete er diskografische Pionierarbeit mit der ersten Gesamteinspielung aller neun Sinfonien des Böhmen, die er ohne folkloristische »Schmankerln« dirigiert. Sie sind und bleiben ebenso Referenzaufnahmen wie die 1965 entstandene Studioproduktion von Béla Bartóks *Herzog Blaubarts Burg* mit Christa Ludwig und Walter Berry – ein Meilenstein der Schallplattengeschichte.

Tonträger
1963–1966 DVOŘÁK: Sinfonien Nr. 1–9 (London SO; Decca) ▪ 1963–1971 SCHUBERT: Sinfonien Nr. 1–9 etc. (WPh; Decca) ▪ 1964–1973 BRAHMS: Sinfonien Nr. 1–4 (WPh; Decca) ▪ 1965 BARTÓK: *Herzog Blaubarts Burg* (Ludwig, Berry, London SO; Decca) ▪ 1967 MOZART: *La clemenza di Tito* (Berganza, Popp, Fassbaender, Wiener Staatsoper; Decca) ▪ 1967 MOZART: Klavierkonzerte Nr. 23 A-Dur KV 488 & 24 c-Moll KV 491 (Clifford Curzon, London SO; Decca)

Literatur
Karl Richter (Hrsg.), István Kertész, Augsburg 1974
MST

Kitajenko, Dmitrij

1940 am 18. August in Leningrad (heute St. Petersburg) geboren; sein Vater ist angesehener Ingenieur und Träger des Stalin-Preises, bevor er unter Spionageverdacht fünf Jahre in sibirischen Lagern inhaftiert wird. Kitajenko studiert Musik an der Glinka-Musikschule und am Konservatorium seiner Heimatstadt.

1949 singt er im Knabenchor bei der Uraufführung von Schostakowitschs *Das Lied von den Wäldern* unter Jewgeni Mrawinskis Leitung.

1966 führen ihn seine Studien – nach einer Ausbildung in Moskau bei Leo Ginzburg – schließlich nach Wien, wo er für ein Jahr der legendären Dirigierklasse von Hans Swarowsky angehört.

1969 ist er Preisträger beim ersten Herbert-von-Karajan-Dirigierwettbewerb in Berlin. Schon zuvor wird er Erster Kapellmeister am Stanislawski-Nemirowitsch-Dantschenko-Theater in Moskau, es kommt zunächst in Moskau, später auch in Berlin zur Zusammenarbeit mit dem Regisseur Walter Felsenstein bei der gemeinsamen Produktion von Bizets *Carmen*.

1976–1990 ist er Chefdirigent bei den Moskauer Philharmonikern (als Nachfolger Kirill Kondraschins).

1990 geht er in den Westen und übernimmt noch im selben Jahr drei Chefdirigentenpositionen: als Nachfolger Eliahu Inbals das Radio-Sinfonie-Orchester Frankfurt (bis 1996), ebenso das Bergen Philharmonic Orchestra (bis 1998) sowie das Berner Symphonieorchester (bis 2004).

1999–2004 leitet er das KBS Sinfonieorchester des Koreanischen Rundfunks.

2002 beginnt eine enge Partnerschaft mit dem Gürzenich-Orchester Köln, wo er innerhalb von nur gut zwei Jahren den Zyklus der fünfzehn Sinfonien Schostakowitschs einspielt. Im Jahr 2009 ernennt das Orchester ihn nach Günter Wand zu seinem erst zweiten Ehrendirigenten.

2012 übernimmt er den Posten des Ersten Gastdirigenten beim Konzerthausorchester Berlin.

Zu Beginn des 21. Jahrhunderts ist etwas mit den Sinfonien Dimitri Schostakowitschs passiert, was man wohl lange nicht für möglich gehalten hatte: Sie wurden alltäglich. Es ist nicht mehr das Problem, dass sie nicht aufgeführt würden; doch das breite Spektrum so unterschiedlicher Sinfonien bleibt zumeist auf einige populäre Exemplare begrenzt, deren Wirkung manches Mal ihrer beißenden Intensität beraubt wird, sodass sie wie zahnlose altersschwache Tiger daherkommen. Die politische Zeitenwende, aber auch die komplexe Zweischneidigkeit seiner Musik haben dazu geführt, dass Schostakowitsch scheinbar mehr zum gern gesehenen Gast taugt als zum bitter sarkastischen Zeitzeugen.

Neben Mariss Jansons ist es nun vor allem jener unauffällig agierende, aber ungemeine Kräfte entfesselnde Dmitrij Kitajenko, der gegen eine Normalität dieser Musik einsteht. Seine von profunder Textkenntnis und eigener Lebenserfahrung getragene Gesamtaufnahme der Sinfonien, die er mit dem Gürzenich-Orchester Köln aufgenommen und zugleich live im Konzertsaal erarbeitet hat, zählt zu deren eindringlichsten Interpretationen. Dabei sind Kitajenkos Tempi häufig bewusst an der unteren Grenze gehalten – er bezieht sich in diesem Punkt auf persönliche Gespräche mit Schostakowitsch, der ihn immer dazu angehalten habe, Langsames als wirklich langsam zu begreifen. Von Behäbigkeit bleibt Kitajenko jedoch weit entfernt: Seine Kombination aus einem »pyramidenartigen« Klang (breites Bassfundament mit dynamischen Spitzen) und gezügeltem Vorwärtsdrang lässt das Orchester bebend wie in der Vorbereitung zum Sprung verharren, als würde die Musik, stets bereit, von der Leine gelassen zu werden, nur mühevoll gehalten werden können. Hieraus entwickelt sich ein für die Schostakowitsch-Rezeption wohltuendes Moment des eingeforderten Nachhörens: Wie in realistischer Zeitlupe entfaltet Schostakowitschs Doppelbödigkeit ihre Kraft und offenbart in der tempomäßigen Zurücknahme einen Blick in ihre tragischen Abgründe (eine Herangehensweise, die jener Sergiu Celibidaches durchaus verwandt scheint).

Ebenso schlüssig funktionieren auch andernorts Kitajenkos Konzeptionen russischer Sinfonik. So beschwört Prokofjews 3. Sinfonie den ihr thematisch zugrunde liegenden Feuerengel (nach der gleichnamigen Oper) mit dämonischer Schönheit, und Tschaikowskys 6. Sinfonie scheint wie von innen zu glühen, wenn sich in romantischem Klanggewand, aber zugleich mit dramaturgischer Strenge die Verzweiflungen der *Pathétique* entfalten. So verbissen und manisch-melancholisch hat man sie wahrscheinlich seit dem russischen Großmeister Jewgeni Mrawinski nicht mehr gehört.

Tonträger
1979 TSCHAIKOWSKY: Konzertfantasie op. 56 (Igor Schukow, Akademisches SO der UdSSR; Melodiya) ▪ 1984 STRAWINSKY: *Der Feuervogel* (Moskauer Philharmoniker; Melodiya) ▪ 1987 RIMSKI-KORSAKOW: *Der goldene Hahn* (Nesterenko, Voinarovsky, Kotova, Akademisches SO Moskau; Melodiya) ▪ 1991/92 SKRJABIN: *Le Poème de l'extase* / Sinfonie Nr. 1 (RSO Frankfurt; RCA) ▪ 2002 bis 2004 SCHOSTAKOWITSCH: Sinfonien Nr. 1–15 (Gürzenich-Orchester; Capriccio) ▪ 2010 TSCHAIKOWSKY: Sinfonie Nr. 6 »Pathétique« (Gürzenich-Orchester; Oehms)

Literatur
Werner Pfister, Noch heute höre ich seine Stimme, in: Fono Forum 9/2006, S. 38–40 ▪ Kai Luehrs-Kaiser, Musikalischer Virus, in: Fono Forum 7/2010, S. 46–49

Webpräsenz
www.kitajenko.com (↪0065)

AGU

Kleiber, Carlos

1930 am 3. Juli in Berlin als Karl Ludwig Bonifatius Kleiber und Sohn des Dirigenten Erich Kleiber geboren, wird er schon als Kind vom Vater in Orchesterproben mitgenommen. Er erlernt zunächst Pauke und Klavier.
1939 emigriert die Familie aus dem nationalsozialistischen Deutschland nach Südamerika. Nach anfänglichem Widerstand des Vaters beginnt Carlos ein Musikstudium in Buenos Aires (ohne regulären Dirigierunterricht).
1952 beginnt seine Bühnenlaufbahn als Repetitor am Theater La Plata, danach am Gärtnerplatztheater in München.
1955 debütiert er als Dirigent mit Carl Millöckers *Gasparone* in Potsdam.
1957 übernimmt er an der Deutschen Oper Düsseldorf-Duisburg ein Engagement mit Dirigierverpflichtung.
1966 Nach zwei Jahren in Zürich wird er Erster Kapellmeister am Staatstheater Stuttgart. Dort gründet er mit der Balletttänzerin Stanka Brezovar eine Familie (zwei Kinder).
1968 erfolgt mit Richard Strauss' *Der Rosenkavalier* sein Debüt an der Bayerischen Staatsoper, der er wie keinem anderen Opernhaus verbunden bleibt.
1973 Für Herbert von Karajan übernimmt er an der Wiener Staatsoper *Tristan und Isolde*. Bei der Deutschen Grammophon erhält er einen Plattenvertrag. Ein Jahr später debütiert er bei den Bayreuther Festspielen, ebenso in Covent Garden, 1976 an der Mailänder Scala und 1988 an der Metropolitan Opera in New York.
1994 verabschiedet er sich mit Gastvorstellungen der Wiener Staatsoper in Tokio von der Opernbühne.
1999 tritt er zum letzten Mal in einem Konzert mit dem Symphonieorchester des Bayerischen Rundfunks auf.
2004 stirbt er am 13. Juli in seinem Ferienhaus in Konjšica (Slowenien). Von seinem Tod erfährt die Öffentlichkeit erst eine Woche später.

»Carlos Kleiber, einer der größten Dirigenten überhaupt, hat in der Kunst das gesucht, was niemand findet: das Absolute«, urteilt Ioan Holender, der ehemalige Wiener Staatsoperndirektor (Drexel, S. 7), und teilt dieses Pathos für die »Jahrtausenderscheinung, die zwischen Gott und den Menschen die Kunst vermittelt« hat, mit ausnahmslos allen, die Kleiber erlebt haben und vielen, die ihn nur aus Aufzeichnungen kennen. Der Nimbus, der Carlos Kleiber seit seiner Stuttgarter Zeit anhaftet, »Archetypus des Dirigenten« schlechthin zu sein, hat zunächst seinen Ursprung in extrem betriebsunüblichen Verhaltensweisen. Unbekümmert darum, wie das Orchester reagiert, stürzt er sich in die Musik und verfolgt seine »idée fixe«, seine künstlerische Vision mit fast zwanghafter Passion. Die Wiener Philharmoniker (WPh) beispielsweise verlässt er mitten in einer Probe, weil die Zweiten Violinen am Anfang des Adagios in Beethovens 4. Sinfonie (angeblich) nicht »Thérèse« sondern »Marie« phrasieren; eine formlose Notiz beim Portier verkündet den Sitzengelassenen, er sei »ins Blaue« gefahren. Man tritt in Wien dennoch wieder mit ihm auf: Zwei Neujahrskonzerte dokumentieren, wie ein »Welt-Showkonzert« (Claus H. Drese) bei Kleiber eben nicht um des Effektes willen zur Show wird, sie zeigen seine bedingungslose Hingabe beim Musizieren, die man in tausend Facetten und Details hören kann, die aber auch optisch Eleganz und Freude ausstrahlt.

Renommierte Musiker, Sänger und Regisseure, mit denen er zusammenarbeitet – darunter Gruberová, Domingo, Pavarotti, Zeffirelli und Felsenstein –, sprechen ehrfürchtig von der Intensität, welche Kleibers Klang kennzeichnet: Innerhalb eines Tones, dem *c* zu Beginn der *Freischütz*-Ouvertüre, so erinnert sich ein Mitglied der Staatskapelle Dresden, brachte er »das Orchester ›hoch‹ und steigerte sich völlig in die Musik hinein. Dies erlebten wir nie wieder« (Drexel, S. 82). Schon in den Stuttgarter Jahren bescheinigen Zeitzeugen seinen Interpretationen von *Wozzeck*, *Elektra*, *Freischütz* oder (wie im folgenden Zitat) dem *Rosenkavalier*, dass in seinen Vorstellungen Außergewöhnliches geschieht: »Kleiber lichtet die Partituren auf, macht Passagen durchsichtig, die sonst als bloßes Getümmel kommen [...], setzt ironische Pointen statt vollsaftiger Akzente, lässt das Orchester glitzern und singen. Wunderbar, mit welcher Geschmeidigkeit Kleiber Bögen baut, Steigerungen zum Höhepunkt führt, wie er die Walzerszenen ganz duftig, schwebend bringt« (Hans Göhl, *Münchner Merkur*, 15.1.1968).

Nicht allein sein Charisma und seine hypnotische Suggestionskraft, auch die virtuose Beherrschung des Handwerks ist für seine internationalen Erfolge verantwortlich – obschon der technische Begriff »Handwerk« bei Carlos Kleiber wohl eher durch die Bezeichnung »Kunst« ersetzt werden muss. Mit derselben Akribie wie der Vater widmet er sich in Archiven dem Studium von Autografen und Faksimiles, bezeichnet Orchestermaterial und entwickelt daraus neue Konzepte: »Wenn man ein richtiger Künstler ist (was auch immer *das* ist), dann wird die Hälfte des Vergnügens darin bestehen, die Noten persönlich zu bezeichnen (Bogenstriche, Dynamik etc.) hinsichtlich dessen, was man hören will. Spart eine Menge Probenzeit, wenn man nicht zufällig Stok[owski] oder Karajan ist« (nach Barber, S. 197).

Auch ist er – wie kaum ein anderer – informiert über Spieltraditionen, die ihm nicht nur durch den Vater vertraut sind (von dem er gar nicht viele Werke live erlebt hat), sondern die er auch auf zahlreichen Aufnahmen studiert, die er von jenem sowie anderen Dirigenten wie etwa Scherchen, Toscanini, Krauss oder Monteux besitzt. Zudem besucht er eifrig Proben von Kollegen wie Karajan, Bernstein, Muti oder Abbado. Carlos Kleiber gilt nicht als Antipode eines bestimmten Kollegen – zu einzigartig ist seine Sonderstellung im Betrieb. Er hat noch mehr Skrupel als sein Vater, wenn er eine Studioproduktion leiten soll, da das Werk dadurch unveränderlich konserviert wird, während gerade *sein* Musizieren stets aus dem Augenblick heraus lebt. Überdies ist eine derart perfekte Vision von Musik, wie sie ihm vorschwebt, nicht realisierbar. Dies ist auch ein Grund, warum von Carlos Kleiber mehr inoffizielle als von ihm autorisierte Einspielungen erhältlich sind. Letztere gelten nahezu ausnahmslos als Referenzaufnahmen, vor allem genießen die Bühnenproduktionen Otto Schenks des *Rosenkavalier* und der *Fledermaus* Kultstatus. Daneben kursieren in seiner ausgedehnten Fangemeinde inoffizielle Live-Mitschnitte von (fast) jedem seiner internationalen Auftritte ab 1968, manchmal sogar aus der Perspektive der Dirigentenkamera im Orchestergraben. Er selbst entzieht sich jenseits des Podiums konsequent seinem Publikum.

Briefpartnern vertraut er an, welche Hochachtung er selbst etwa vor der Dirigier- und Interpretationskunst von Furtwängler, Nikisch und Richard Strauss hat – vor allem in frühen Jahren spielt daneben eine große Rolle sein »unerreichtes« Vorbild Erich Kleiber. Vielleicht auch deswegen ist Carlos Kleibers eigenes Interpretationskonzept extrem vielschichtig. Im ersten Satz der 5. Sinfonie von Beethoven durchleuchtet er mehrere strukturelle Ebenen, sodass das Anfangsmotiv ebenso hervortreten kann wie die einzelnen musikalischen Phrasen und dennoch dabei die Großraumstruktur nicht verloren geht. Diese entwickelt sich mit zwingender Stringenz und Dramatik, verdeutlicht durch feinste Rubati und eine ausdrucksstarke Herausarbeitung von rhythmischen und thematischen Gegensätzen. Kleibers Musiker spielen mit vorbehaltlosem Pathos, was Instrumentalfarben expressiv hervortreten lässt. Dennoch bleibt der Orchesterklang transparent, sodass auch melodische Nuancen von Nebenstimmen zu hören sind. Sein Musizieren vermittelt ein Gefühl von Authentizität, ein Gefühl, »es müsse so sein, es könne gar nicht anders gespielt werden«. Ein derartiger Stil verweigert sich einer systematischen Zuordnung im Hinblick auf Kategorien wie »Espressivo« oder »Neue Sachlichkeit«. Kleiber war zu Lebzeiten von theoretisierender Analyse jeglicher Art wenig begeistert, wenn sie nicht zum Ziel hatte, die Intention des Komponisten zum Leben zu erwecken.

Als längst renommierter Dirigent erkundigte er sich einmal bei seinem Studienkollegen Michael Gielen, wie denn die 2. Sinfonie von Brahms »ginge«. Dieser meinte verwundert, er habe doch bereits exzellent die 4. Sinfonie dirigiert und sogar aufgenommen. »Das war ganz einfach«, entgegnete Kleiber, »ich hab einfach gemacht, was dasteht.«

Tonträger

1973 WEBER: *Der Freischütz* (Janowitz, Mathis, Schreier, Adam, Rundfunkchor Leipzig, Staatskapelle Dresden; DGG) ▪ **1974–1975/76** BEETHOVEN: Sinfonien Nr. 5 & 7 (WPh; DGG) ▪ **1976** DVOŘÁK: Klavierkonzert (Swjatoslaw Richter, Bayerisches Staatsorchester; EMI) ▪ **1976** VERDI: *Otello* (Freni, Domingo, Cappuccilli, Teatro alla Scala; Myto u. a.) ▪ **1976/77** VERDI: *La traviata* (Cotrubaş, Domingo, Milnes, Bayerische Staatsoper; DGG) ▪ **1978** SCHUBERT: Sinfonien Nr. 3 & 8 »Unvollendete« (WPh; DGG) ▪ **1980–1982** WAGNER: *Tristan und Isolde* (Kollo, Price, Moll, Fischer-Dieskau, Staatskapelle Dresden; DGG) ▪ **1982/83** BEETHOVEN: Sinfonien Nr. 4, 7 & 6 »Pastorale« (Bayerisches Staatsorchester; Orfeo)

Bildmedien

1970 STRAUSS [J.]: *Die Fledermaus* / WEBER: *Der Freischütz* [Ouvertüren; Probendokumentation] (Südfunk SO; Arthaus) ▪ **1978** BIZET: *Carmen* (Obraztsova, Domingo, Masurok, Wiener Staatsoper; TDK / Arthaus) ▪ **1979** STRAUSS: *Der Rosenkavalier* (Jones, Fassbaender, Jungwirth, Popp, Bayerisches Staatsorchester; DGG) ▪ **1986** STRAUSS [J.]: *Die Fledermaus* (Wächter, Coburn, Fassbaender, Bayerisches Staatsorchester; DGG) ▪ **1989** »Neujahrskonzert aus Wien« (WPh; DGG) ▪ **1991** MOZART: Sinfonie Nr. 36 KV 425 »Linzer« / BRAHMS: Sinfonie Nr. 2 (WPh; Philips / Decca) ▪ **1996** BEETHOVEN: *Coriolan*-Ouvertüre / MOZART: Sinfonie Nr. 33 KV 319 / BRAHMS: Sinfonie Nr. 4 (Bayerisches Staatsorchester; DGG)
Carlos Kleiber. Traces to Nowhere (Dokumentation von Eric Schulz; Arthaus 2010) ▪ Carlos Kleiber. I Am Lost to the World (Dokumentation von Georg Wübbolt; CMajor 2011)

Literatur

Jens Malte Fischer, Carlos Kleiber – der skrupulöse Exzentriker, Göttingen 2006 ▪ Christina Drexel, Carlos Kleiber. ... einfach, was dasteht!, Köln 2010 ▪ Alexander Werner, Carlos Kleiber – eine Biographie, Mainz 2010 ▪ Charles Barber, Corresponding with Carlos. A Biography of Carlos Kleiber, Lanham 2011 [Diskografie]

Webpräsenz

www.thrsw.com [Konzertverzeichnis, Diskografie und Videografie von Toru Hirasawa] (↪0066)
www.carlos-kleiber.de [Materialien des Biografen Alexander Werner] (↪0067)

CHD

Kleiber, Erich

1890 am 5. August in Wien geboren. Als Waisenkind verbringt er Kindheit und Jugend in Wien (dort erlebt er die Erstaufführung von Mahlers 6. Sinfonie) und Prag, wo er nach seinem Musikstudium ans Deutsche Theater engagiert wird und man ihn bald vom Chor- zum Orchesterdirigenten befördert. In dieser Zeit komponiert er auch.

1912 geht er als Dritter Kapellmeister an das Theater Darmstadt. Dort springt er 1916 in einer Generalprobe zum *Rosenkavalier* ein, was ihm die Aufmerksamkeit von Richard Strauss und Arthur Nikisch einträgt.

1919 beginnt eine Serie von Engagements in Barmen-Elberfeld, Düsseldorf (1921) und Mannheim (1922).

1923 wird er als Nachfolger Leo Blechs in Berlin Generalmusikdirektor an der Staatsoper Unter den Linden. Bei einem seiner weltweiten Auftritte lernt er in Buenos Aires 1926 die Botschaftsangestellte Ruth Goodrich kennen, die er wenig später heiratet. Aus der Ehe gehen zwei Kinder hervor: Veronika und Carlos Kleiber.

1925 leitet er in Berlin die Uraufführung von Alban Bergs *Wozzeck*.

1934 löst er seinen Vertrag mit der Staatsoper, verlässt zu Beginn des Jahres 1935 das nationalsozialistische Deutschland und gastiert fortan in Prag, London und anderen Städten Europas.

1939 wird Südamerika zu seiner zweiten Heimat. In Kuba, Montevideo und besonders in Argentinien am Teatro Colón in Buenos Aires engagiert er sich im lateinamerikanischen Musikleben. Später schließen sich Auftritte mit dem NBC Symphony Orchestra in New York an (1947/48).

1948 kehrt er erstmals nach Europa zurück, wo er als Gastdirigent, etwa in Rom, München und Prag, tätig ist. Erneute Verhandlungen mit der Berliner Staatsoper (zuletzt im Jahr 1955, als die Kulturverantwortlichen der »Ostzone« ihn mit ideologischen Entscheidungen abschrecken), aber auch der Wiener Staatsoper scheitern, nicht zuletzt an Forderungen Kleibers in Bezug auf lange Probenphasen.

1956 stirbt er am 27. Januar (dem 200. Geburtstag Mozarts) in einem Hotel in Zürich.

»Ich habe es nicht für möglich gehalten, als Musiker und Dramatiker je so verstanden zu werden, wie dieses durch Kleiber geschieht. […] Begeisterung bei allen Beteiligten in höchstem Maße. Ich kann ruhig alles ihm überlassen.« So äußert sich Alban Berg in einem Brief an seine Frau, in dem er seinen Eindruck von den Proben zur Uraufführung des *Wozzeck* schildert. Kaum als Generalmusikdirektor an die Berliner Staatsoper berufen, lässt sich Erich Kleiber die Rechte sichern, das Werk als Erster auf die Bühne zu bringen – mit sensationellem Erfolg, trotz vorangegangener Intrigen konservativer Kreise. Auch Leoš Janáček ist von Kleibers Interpretation seiner *Jenůfa* angetan, ebenso schätzen den Dirigenten die Komponisten Schreker, Křenek und Milhaud, mit deren Bühnenwerken der Hausherr das Standardrepertoire bereichert. Kleiber befindet sich in Berlin in illustrer Gesellschaft: Neben ihm haben Bruno Walter, Otto Klemperer und Wilhelm Furtwängler Schlüsselpositionen inne (ein berühmtes Bild zeigt die vier Chefdirigenten zusammen mit Toscanini, zu dem Kleiber in freundschaftlichem Kontakt steht). Elf Jahre kümmert er sich um avantgardistische Musik, mit Mozart, Offenbach und Puccini aber ebenso um die Repertoirepflege des Hauses. Als er 1934 dem Publikum die *Lulu*-Suite vorstellt, ruft ein Querulant: »Heil Mozart!«, worauf Kleiber erwidert: »Sie irren. Das Stück ist von Alban Berg!« Einige Tage später entschließt er sich zur Demission, da im nationalsozialistischen Deutschland künstlerische Freiheit und unabhängige Entscheidungen nicht mehr möglich sind. Er arbeitet zunächst als Gastdirigent in Musikzentren wie Brüssel und London, ehe er am Teatro Colón seinen neuen Wirkungskreis findet. Aus dieser Zeit sind Mitschnitte erhalten, die dokumentieren, wie hart Kleiber mit dem Orchester gearbeitet haben muss, um beispielsweise Wagners *Siegfried* – wenn auch leicht gekürzt – mit derartiger Konzentration und konsequenter Strukturierung aufzuführen. Noch heute befindet sich an der Außenfassade des argentinischen Theaters ein Schild, das in spanischer Sprache seinen Wahlspruch wiedergibt: »Routine und Improvisation sind Todfeinde der Kunst.«

Während Kleibers Berliner Zeit entstanden erste Studioaufnahmen, die allesamt fesselnd im musikalischen Ausdruck sind (und zwar offenkundig auch für die Musiker, die mit größter Konzentration zu agieren scheinen). Große Bögen gehen trotz, oder vielleicht eben wegen der straffen Spielweise nicht verloren: Smetanas *Vltava [Die Moldau]* etwa fließt beschwingt und zielstrebig dahin, die strahlenden Klangfarben von Bläsern und Streichern sind bemerkenswert, exakte Ausrhythmisierung und genauestes Zusammenspiel legen Zeugnis ab von Kleibers Probenakribie, Partiturbeherrschung und Disziplin. Das Wagner-Zitat »Nicht Kaiser und nicht König, aber so dastehen und dirigieren« trifft wohl am besten auf Kleibers Dirigierhaltung zu, die man auf wenigen erhaltenen Videodokumenten studieren kann. Erst bei genauerer Betrachtung nimmt man subtile Kommunikationsformen wahr wie die Qualität kurzer Blickkontakte, die Veränderung der Mimik oder den Wechsel der Schlagebene.

Nach erfolgreichen Jahren mit Tourneen durch Südamerika und der Zusammenarbeit mit dem NBC Orchestra, das er auf Einladung Toscaninis hin dirigiert, kehrt Kleiber 1948 nach Europa zurück. Da es zunächst zu keinem Festengagement kommt, investiert er – obwohl er diesem Medium kritisch gegenübersteht – Zeit in seinen Plattenvertrag mit der Decca. Kleiber ist sich bewusst, dass der Reiz einer musikalischen Aufführung gerade in deren Einmaligkeit liegt und keine auch noch so ideale Aufnahme absoluten Gültigkeitsstatus haben kann. Er selbst hadert vor allem mit den Resultaten seiner beiden Einspielungen von Beethovens 3. Sinfonie, zu der er einen besonderen Bezug hat – jedoch hört man gerade in diesen Beethoven-Interpretationen, mit welcher Hochachtung Kleiber klassische Meisterwerke musiziert: Die *Eroica* mit den Wiener Philharmonikern wartet mit perfekter Klangbalance und spieltechnischer Makellosigkeit auf, seine Intentionen hört man aber noch besser mit dem Concertgebouworkest. Von Manierismen wie etwa stark ritardierenden Seitenthemen oder pathetischem Cantabile hält Kleiber nichts. Er motiviert die Musiker zur strengen Achtsamkeit letztlich auf jeden einzelnen Ton und legt Wert darauf, dass jede Phrase bis zum Ende »ausgespielt« wird. Die verschiedenen Themengruppen entwickeln sich so mit wahrlich »heroischer« Konsequenz, dabei aber immer organisch und mit einem gewissen Gespür für Eleganz (etwa bei der Entwicklung von Übergängen). Insbesondere den Finalsatz legt Kleiber als spannungsgeladene Klimax an, jeder Abschnitt ist genauestens kalkuliert. Dabei bleibt der Orchesterklang immer transparent. Martin Elste fasst dies so zusammen: »Kleibers exzeptionelle Dirigierkunst ähnelte in vielem der von F[ritz] Busch, der gleich ihm ein Vertreter der Neuen Sachlichkeit war. Dennoch sind Kleibers Interpretationen alles andere als nur sachlich. Bei ihm wird das Expressivo durch elegante Hochspannung ersetzt, die immer mit Durchsichtigkeit und Ausbalanciertheit einhergeht« (Elste, Sp. 234).

Erich Kleibers Qualitäten als Operndirigent sind ebenfalls dokumentiert – soweit dies auf einer Aufnahme möglich ist: Im Studio entstehen als sein Paradestück *Der Rosenkavalier* sowie bereits in Stereo Mozarts *Le nozze di Figaro* mit den Wiener Philharmonikern. Schon bei ihrem Erscheinen setzen diese Aufnahmen Maßstäbe, bis heute erkennt man ihre epochale Bedeutung an. Ein weiterer außergewöhnlicher Mitschnitt ist Kleibers Debüt in Italien mit Verdis *I vespri siciliani*, der vor allem durch die Mitwirkung von Maria Callas bekannt wurde. Das hohe Niveau der Aufführungen ist nicht nur seinem Talent geschuldet: In etlichen Arbeitsstunden bezeichnet der Dirigent das Orchestermaterial mit Eintragungen, um seine Intention zu verdeutlichen. Gleichzeitig forscht er in Autografen und lässt daraufhin etwa die Schlusstöne der Streicher im zweiten Satz der 7. Sinfonie von Beethoven pizzicato spielen (da das »arco« seiner Ansicht nach nicht vom Komponisten stammt). Jenseits aller akribischen Vorbereitung und einem unbedingten Gestaltungswillen folgte Kleiber jedoch im Augenblick der Vorstellung einer ganz auf die einzelne Aufführung gerichteten Maxime (nach Russell, S. 74): »Ich dirigiere so, wie mir's ums Herz ist und wie mir mein Gefühl und die Ehrfurcht vor dem Werk es mir diktieren.«

Tonträger
1927 SMETANA: *Vltava [Die Moldau]* (Staatskapelle Berlin; Naxos Historical u. a.) ▪ **1947** BORODIN: Sinfonie Nr. 2 (NBC SO; Hänssler) ▪ **1948** WAGNER: *Tristan und Isolde* (Flagstad, Svanholm, Hotter, Weber, Ursuleac, Teatro Colón; Cantus Cl) ▪ **1950** BEETHOVEN: Sinfonie Nr. 3 »Eroica« (Concertgebouworkest; Decca) ▪ **1951**

VERDI: *I vespri siciliani* (Callas, Kokolios Bardi, Christoff, Teatro Comunale Florenz; Cantus Cl u. a.) ▪ **1953** SCHUBERT: Sinfonie Nr. 5 / STRAUSS: *Till Eulenspiegels lustige Streiche* (NDR SO; IMG Artists) ▪ **1954** STRAUSS: *Der Rosenkavalier* (Reining, Jurinac, Güden, Weber, WPh; Decca) ▪ **1955** WEBER: *Der Freischütz* (Grümmer, Streich, Hopf, Proebstl, RSO Köln; Capriccio) ▪ **1955** MOZART: *Le nozze di Figaro* (Della Casa, Güden, Siepi, Poell, WPh; Decca) ▪ **1956** BEETHOVEN: *Fidelio* (Nilsson, Frick, Hopf, Schöffler, RSO Köln; Capriccio)

Literatur
John Russell, Erich Kleiber. Eine Biographie, übs. von Andreas Razumovsky, München 1958 ▪ César A. Dillon, Erich Kleiber. A Discography, Buenos Aires 1990 ▪ Martin Elste, Kleiber, Erich, in: MGG², Personenteil, Bd. 10, Sp. 233 f. ▪ Briefe der Freundschaft. Alban Berg – Erich Kleiber, hrsg. von Martina Steiger, Wien 2013

Webpräsenz
www.thrsw.com [Diskografie und Videografie von Toru Hirasawa] (↪0066)

CHD

Klemperer, Otto

1885 am 14. Mai in Breslau geboren, studiert er 1901 Klavier am Hoch'schen Konservatorium in Frankfurt am Main bei James Kwast und erhält ab 1902 in Berlin Dirigier- und Kompositionsunterricht bei Hans Pfitzner.
1905 erfolgt seine erste Begegnung mit Gustav Mahler,
1906 sein Debüt als Dirigent in Berlin.
1907–1910 ist er als Kapellmeister und Chordirektor am Deutschen Landestheater in Prag angestellt. Es folgen Stellen als Kapellmeister am Stadttheater Hamburg (1910–1912), in Barmen (1913/14) und als Kapellmeister in Straßburg (1914–1917 als Vertreter Pfitzners).
1917–1924 Seine Ära als Generalmusikdirektor (ab 1922) in Köln umfasst u. a. die Uraufführungen von Franz Schrekers *Irrelohe*, Erich Wolfgang Korngolds *Die tote Stadt* und Alexander Zemlinskys *Der Zwerg*.
1924–1927 ist er Generalmusikdirektor in Wiesbaden.
1927–1931 Als Leiter der Berliner Oper am Platz der Republik (Kroll oper) betreut er Inszenierungen u. a. von Beethovens *Fidelio*, Wagners *Der fliegende Holländer*, Offenbachs *Hoffmanns Erzählungen* sowie zahlreiche Ur- und Erstaufführungen von Werken zeitgenössischer Komponisten (Janáček, Hindemith, Weill, Strawinsky, Schönberg). Nach der Schließung der Kroll oper wird sein Vertrag juristisch der Staatsoper zugeordnet. Ab 1929 fungiert er auch als Leiter des Philharmonischen Chors Berlin.
1933 emigriert Klemperer nach der Machtergreifung der Nationalsozialisten in die USA.
1933–1939 ist er Chefdirigent des Los Angeles Philharmonic Orchestra; er nimmt Kompositionsunterricht bei Arnold Schönberg.
1939 Eine Gehirntumor-Operation führt zu einer langjährigen Unterbrechung der künstlerischen Aktivität. Im Jahr 1940 wird er amerikanischer Staatsbürger.
1946 kehrt er nach Europa zurück und arbeitet 1947 bis 1950 als Direktor der Budapester Oper.
1949 ergibt sich bei einer *Carmen*-Inszenierung an der Komischen Oper Berlin eine Zusammenarbeit mit Walter Felsenstein.
1959 wird er Principal Conductor auf Lebenszeit des Philharmonia Orchestra (PhO; ab 1964 New PhO) in London, mit dem er bereits seit 1954 den Kern seines diskografischen Vermächtnisses einspielen kann.
1967–1970 entfaltet er eine intensive kompositorische Tätigkeit; in dieser Zeit entsteht der größte Teil seines Œuvres (darunter neun Streichquartette und fünf Sinfonien).
1972 zieht er sich aus dem öffentlichen Konzertleben zurück.
1973 stirbt er am 6. Juli in Zürich.

Dass Otto Klemperer 1917 zu den ersten gehörte, die das Manuskript von Ernst Blochs *Geist der Utopie* zu lesen bekamen und um ein Urteil gebeten wurden, mag noch ein Zufall gewesen sein: Seine begeisterte Reaktion insbesondere auf den ausführlichen Musikteil dieses Werkes ermutigte den Verlag, das Buch zu veröffentlichen. Wenn aber Thomas Mann im 34. Kapitel seines Romans *Doktor Faustus* das visionäre Oratorium *Apocalipsis cum figuris* seines Protagonisten Adrian Leverkühn unter der Leitung von Klemperer 1926 zur Uraufführung gelangen lässt, ist dies die Reverenz an einen Dirigenten, der sich in den 1920er-Jahren nicht nur wie kaum ein anderer für die zeitgenössische Musik engagiert hat, sondern dessen Interpretationen in ihrer spezifischen »Geistigkeit«, ihrer Modernität und in ihrem künstlerischen Ernst viele Intellektuelle wie etwa Theodor W. Adorno, Hans Mayer, Bertolt Brecht, Albert Einstein, Georg Simmel, Jean Cocteau und Walter Benjamin angezogen haben.

Klemperer galt als Exponent eines Interpretationskonzepts, das gegen die romantische Espressivo-Tradition eine Werkdarstellung setzte, die als klar, sachlich, streng und zugleich leidenschaftlich beschrieben werden kann. Ernst Bloch, nicht nur ein guter Freund, sondern auch ein Berater Klemperers, rühmte den ebenso personenhaften wie unpersönlichen »Werkdienst« des Dirigenten und fand in seiner Rezension des Klemperer'schen *Fidelio* dafür die prägnante Formel: »Nirgends brennen wir genauer.« Verfolgt man die Attribute, mit denen Klemperers Interpretationen im Laufe seiner diskontinuierlichen, zerklüfteten, von großen Brüchen und Rückschlägen gekennzeichneten Karriere charakterisiert werden, so kristallisiert sich ein eigentümlich konstantes Begriffsfeld heraus, für das Prägungen wie »lapidar«, »werkorientiert«, »analytisch«, »transparent«, »ausdrucksgespannt«, aber nicht »gefühlvoll«, »formbetont«, »objektiv« und »zeitlos« stehen. Die Konstanz der Klemperer zugeschriebenen Züge darf nicht darüber hinwegtäuschen, dass seine Interpretationshaltung auch Wandlungen durchlaufen hat. Während seiner Tätigkeit als Generalmusikdirektor in Köln, in der die Oper und die von ihm begründeten Opernhauskonzerte dank seiner Programmgestaltung vorübergehend auf die Stadt als bedeutenden Aufführungsort für zeitgenössische Musik aufmerksam machten, tendierte er offenbar dazu, den neusachlichen und antiromantischen Zugang zu forcieren, indem er das Streichervibrato reduzierte und die dynamischen Nuancen einebnete. Die vermeintliche Sprödigkeit seiner Wagner-Aufführungen fiel dem Publikum negativ auf, Klemperers Kapellmeister Paul Dessau hingegen lobte die Kühle und das »Antikulinarische« an dessen Stil. Andererseits setzte sich Klemperer auch dezidiert über die Texttreue hinweg, indem er das klassische Repertoire mit erweiterter Besetzung und den von Mahler praktizierten Instrumentationsänderungen aufführte (wovon er später Abstand genommen hat). Sein Wirken als Leiter der Krolloper in Berlin war künstlerisch hoch bedeutsam, theaterpolitisch jedoch ein Debakel. Ein wichtiges Motiv, das ihn dazu bewegte, diese Aufgabe anzunehmen, war seine Kritik an den künstlerischen Beschränkungen des Repertoiretheaters. Im Sinne einer klanglich möglichst authentischen Wiedergabe befreite Klemperer die Partituren von allen werkfremden Zusätzen. So verzichtete er bei seinem *Fidelio* beispielsweise auf die – von Mahler eingeführte – Interpolation der dritten *Leonore*-Ouvertüre vor dem Finale und entschied sich im Falle des *Fliegenden Holländers* für die Urfassung von 1841, die er für dramaturgisch schlüssiger und musikalisch kompromissloser hielt. Innovativ war auch die Programmstruktur seiner Sinfoniekonzerte, in denen Werke des traditionellen Repertoires mit zeitgenössischer Musik kombiniert wurden (u. a. Strawinsky, Hindemith, Weill, Křenek, Hauer). Bei einigen Inszenierungen der Krolloper führte Klemperer auch Regie, wobei es seine Leitidee war, dass sich die Szene der Musik unterzuordnen habe. In Ewald Dülberg fand er einen kongenialen Partner, dessen Bühnenbilder mit ihrer Synthese von kubistischer Abstraktion, struktureller Strenge und klarer Architektonik ein visuelles Äquivalent zu Klemperers sachlicher musikalischer Interpretation bildeten (ein wechselseitiger Einfluss ist nicht ausgeschlossen).

Das Streben nach einer möglichst authentischen Wiedergabe fand beim späten Klemperer jedoch gelegentlich dort seine Grenzen, wo er meinte, die Texttreue zugunsten einer hypothetischen Werktreue opfern zu müssen. Ein exponiertes Beispiel dafür bildet der vierte Satz von Mendelssohns *Schottischer Sinfonie*, dessen hymnenartigen Epilog, der nach Mendelssohn auf einen Männerchor anspielen soll, Klemperer für äußerliche Effekthascherei hielt; er ließ ihn nach dem Zweiten Weltkrieg in öffentlichen Aufführungen zunächst gelegentlich weg und ersetzte ihn schließlich durch einen eigens komponierten, ästhetisch indes wenig überzeugenden Schluss, der das Material des zuvor erklingenden lyrischen Seitensatzes weiterzuentwickeln versucht (dokumentiert auch in den Aufnahmen des Werks). Klemperers Orchesterklang kennzeichnet aufgrund der deutlichen Präsenz der Holzbläser eine gewisse Offenheit, was vor allem seinen Interpretationen der Musik der Wiener Klassik ein strukturiertes, transparentes Klangbild verleiht. Klemperers Bach-Interpretationen gehen auf Distanz zur romantisierenden Tradition, ohne die historisch informierte Aufführungspraxis zu kennen. Die immer wieder hervorgehobene formale Plastizität seiner Werkdeutung – Adolf Weissmann sprach schon 1925 von einer »bauenden Kraft des Dirigenten

Klemperer« – erreicht Klemperer, wie sich zum Beispiel an seiner Interpretation der *Eroica* zeigen lässt, bei weitgehendem Verzicht auf Tempomodifikationen durch eine klare Profilierung der jeweiligen musikalischen Innenspannung (lyrisch, vorwärtstreibend, suchend, statisch) bzw. der Faktur der einzelnen Abschnitte (kammermusikalisch-durchbrochen, kompakt).

Tonträger
1951 MAHLER: Sinfonie Nr. 2 »Auferstehungssinfonie« (Ferrier, Vincent, Amsterdam Toonkunst Choir, Concertgebouworkest; Decca) ▪ 1954 HINDEMITH: *Nobilissima visione* [Suite] (RIAS SO Berlin; Audite) ▪ 1956 BRAHMS: *Ein deutsches Requiem* (Grümmer, Prey, Rundfunkchor & RSO Köln; Archiphon) ▪ 1960 BEETHOVEN: Sinfonien Nr. 1–9 (PhO; Andromeda u. a.) ▪ 1961 STRAUSS: *Tod und Verklärung / Metamorphosen* (PhO; EMI) ▪ 1962 BEETHOVEN: *Fidelio* (Ludwig, Vickers, Berry, Frick, PhO; EMI) ▪ 1962/63 STRAWINSKY: *Symphony in Three Movements / Pulcinella*-Suite (PhO; EMI) ▪ 1964/66 MAHLER: *Das Lied von der Erde* (Christa Ludwig, Fritz Wunderlich, [New] PhO; EMI) ▪ 1967 BACH: Messe h-Moll (Giebel, Baker, Gedda, Prey, Crass, BBC Chorus, New PhO; EMI) ▪ 1968 WAGNER: *Der fliegende Holländer* [Fassung Dresden 1843] (Adam, Silja, Talvela, Kozub, BBC Chorus, New PhO; EMI)

Bildmedien
1964 BEETHOVEN: Sinfonie Nr. 9 (Giebel, Höffgen, Haefliger, Neidlinger, New PhO & Chorus; EMI)

Kompositionen
Sinfonien Nr. 1 & 2 / Scherzo / *Merry Waltz* etc. (Staatsphilharmonie Rheinland-Pfalz, Alun Francis; CPO 2003) ▪ Streichquartette Nr. 3, 4, 7 & 9 (Winterthur Quartett, Euler Quartett u. a.; Archiphon 1969/70)

Schriften
Meine Erinnerungen an Gustav Mahler, Zürich / Freiburg i. Br. 1960 ▪ Klemperer on Music. Shavings from the Musician's Workbench, hrsg. von Martin J. Anderson, London 1986 [Verzeichnis eigener Kompositionen] ▪ Anwalt guter Musik, hrsg. von Stephan Stompor, Berlin 1993

Literatur
Hans Curjel, Experiment Krolloper, 1927–1931, hrsg. von Eigel Kruttke, München 1975 ▪ Peter Heyworth, Otto Klemperer. Dirigent der Republik 1885–1933, übs. von Monika Plessner, Berlin 1988 ▪ Peter Heyworth, Otto Klemperer. His Life and Times, Bd. 2: 1933–1973, Cambridge 1996 [Diskografie von Michael H. Gray] ▪ Eva Weissweiler, Otto Klemperer. Ein deutsch-jüdisches Künstlerleben, Köln 2010 ▪ »Verzeiht, ich kann nicht hohe Worte machen« Briefe von Otto Klemperer 1906–1973, hrsg. von Antony Beaumont, München 2012

Webpräsenz
www.archiphon.de/arde/klemperer/index.php [Diskografie] (↪0068)

AEH

Knappertsbusch, Hans

1888 geboren am 12. März in Elberfeld. Neben Studien der Musik und Philosophie in Bonn (später Dissertation in München »Über das Wesen der Kundry in Wagners *Parsifal*«) erhält er seine Ausbildung vor allem von Fritz Steinbach in Köln.

1909 erste Engagements in Mülheim an der Ruhr und Bochum, danach ab 1913 in seiner Heimatstadt. Er arbeitet als Assistent von Hans Richter in Bayreuth (1909–1912) und dirigiert bei Wagner-Festspielen in Holland.

1918 geht er als Erster Kapellmeister nach Leipzig, ein Jahr später nach Dessau, wo er 1920 zum Generalmusikdirektor ernannt wird.

1922 Berufung an die Bayerische Staatsoper als Nachfolger von Bruno Walter, wo er rasch zum Generalmusikdirektor auf Lebenszeit aufsteigt. Die Freundschaft zum Skatpartner Richard Strauss wird durch die fehlende Übertragung von Uraufführungen zunehmend belastet.

1933 Die maßgebliche Initiation des »Protests der Richard-Wagner-Stadt München« gegen Thomas Mann (u. a. auch von Richard Strauss unterschrieben) trübt das später publizistisch verbreitete Bild vom »Nazigegner«.

1935 Das am Jahresende zutage tretende Zerwürfnis mit den nationalsozialistischen Machthabern führt zu seiner Entlassung und einem kurzzeitigen Arbeitsverbot in Deutschland. Er wechselt nach Wien, wo er an der Staatsoper, bei den Salzburger Festspielen und mit den Wiener Philharmonikern (WPh) auftritt.

1945 wird durch die Amerikaner ein (im Frühjahr 1947 aufgehobenes und als Missverständnis deklariertes) Dirigierverbot gegen ihn ausgesprochen, nachdem er in sein altes Amt in München zurückgekehrt war.

1951 wird er trotz seiner Vorbehalte gegen die szenischen Neuerungen zum zentralen Dirigenten von Wieland Wagners »Neu-Bayreuth«, vor allem mit *Parsifal* (bis 1964), aber auch mit Dirigaten von *Der Ring des Nibelungen* und *Die Meistersinger von Nürnberg*.

1965 stirbt er am 25. Oktober in München.

Um Hans Knappertsbusch ist es still geworden: Einerseits hat er das Prinzip der Musik als Kunstreligion durch seine extrem getragenen Bayreuther *Parsifal*-Aufführungen beschworen (über zehn sind auf CD dokumentiert). Andererseits erscheint »der Kna« in einem Bündel von Anekdoten als Kraftmeierperson mit der Neigung zur unverblümt profanen Ausdrucksweise. Beides darf als Anzeichen einer der Gegenwart eher ferngerückten Form der Kunstausübung gelten, die denn auch vor allem von einer konservativen Biografik in Ehren gehalten wird. Diese neigt aber in fataler Weise dazu, zwischen den Dirigierverboten durch die Alliierten nach 1945 und den Exilschicksalen ab 1933 nicht wirklich zu unterscheiden. Im Fall von Knappertsbusch wird dabei aus dem erzwungenen Wechsel nach Wien ein eigenes Exilschicksal abgeleitet, was den Fakten nicht widerspricht, aber die wohl unzweifelhaft antidemokratische Grundeinstellung Knappertsbuschs unterschlägt.

Im heutigen Musikbetrieb mit seinem beständigen Probenmangel wären die Fertigkeiten des berühmten Probenverächters Knappertsbusch aber sicher nützlich. Sein Interpretationskonzept lässt sich gut in der von ihm geschätzten knurrig-kurzen Art beschreiben: Knappertsbusch dirigiert die langsamen Tempi so, als wären es die schnellen; es gibt keine strategische oder sentimentalische Aufweichung der Großform, sondern es dominiert eine – für den *Parsifal* natürlich ideale – Umsetzung der Musik im Sinne des Eindrucks einer ebenso stabilen wie schwerblütigen Prozession. Knappertsbusch dirigiert umgekehrt die schnellen Tempi so, dass sie verlangsamte Schlaglichter auf einzelne melodische Details stets erlauben: Vor allem bei Bruckner bekommen die Formblöcke dadurch eine oft faszinierende Beweglichkeit, während schon 1929 in Beethovens 7. Sinfonie und endgültig dann 1963 im Stuttgarter Mitschnitt von Brahms' 3. Sinfonie auch das Altmodische einer solchen Auffassung hervorgekehrt scheint.

Knappertsbusch wäre als der Dirigent neu zu entdecken, der ein oft formuliertes Diktum über Richard Wagner von dessen Werk auf das vieler seiner Antipoden – von Strauß-Walzern bis zur deutschen Spieloper – übertragen hat: Die Begabung für das Monumentale ändert nichts daran, dass auch Knappertsbusch vor allem ein großartiger Miniaturist gewesen ist.

Tonträger
1929 BEETHOVEN: Sinfonie Nr. 7 (Orchester der Berliner Staatsoper; Documents) ▪ 1951 BRUCKNER: Sinfonie Nr. 8 [Ed. Schalk] (BPh; Andromeda/Audite) ▪ 1951 WAGNER: *Parsifal* (Windgassen, Mödl, Weber, London, Bayreuther Festspiele; Teldec u. a.) ▪ 1957 NICOLAI: *Die lustigen Weiber von Windsor* (Kupper, Schmitt-Walter, Proebstl, Bayerisches Staatsorchester; Orfeo) ▪ 1958 WAGNER: *Götterdämmerung* (Varnay, Windgassen, Grümmer, Greindl, Bayreuther Festspiele; Walhall) ▪ 1963 BRAHMS: Sinfonie Nr. 3 / *Haydn-Variationen* (RSO Stuttgart; Hänssler)

Bildmedien
1962 BEETHOVEN: Ouvertüre: *Leonore* Nr. 3 / Klavierkonzert Nr. 4 / WAGNER: *Tristan und Isolde* [Vorspiel und Liebestod] (Wilhelm Backhaus, Birgit Nilsson, WPh; Arthaus)

Literatur
Walter Panofsky, Knappertsbusch, Fotos von Rudolf Betz, Ingolstadt 1958 ▪ Franz Braun, Ehrfurcht hielt mich in acht. Hans Knappertsbusch zur Erinnerung, München 1988 ▪ Gabriele E. Meyer, 100 Jahre Münchner Philharmoniker, München 1994, S. 229–245 ▪ Robert Münster, Glück und Ende einer Künstlerfreundschaft. Strauss und Knappertsbusch im Briefwechsel, in: Richard Strauss. Autographen, Porträts, Bühnenbilder, München 1999, S. 81–95 ▪ Fred K. Prieberg, Knappertsbusch, Hans, in: Handbuch Deutsche Musiker 1933–1945 [CD-ROM 2004], S. 3755–3767 ▪ Hans Rudolf Vaget, Thomas Mann, Wagner und der Fall Knappertsbusch, in: Wagnerspectrum 7/2 (2011), S. 21–36

Webpräsenz
www.hansknappertsbusch.de [Bibliografie und Diskografie] (↪0069)

JCA

Kondraschin, Kirill

1914 am 6. März in Moskau geboren. Mit sechs Jahren erhält er Klavierunterricht, später studiert er am Moskauer Musiktechnikum Klavier und Musiktheorie sowie privat bei Nikolai Zylajew.

1931 gibt er sein Dirigierdebüt und wird drei Jahre später Assistent am Stanislawski-Nemirowitsch-Dantschenko-Theater in Moskau.

1932–1936 studiert er Dirigieren bei Boris Chajkin und Alexander Gauk am Moskauer Konservatorium. Danach arbeitet er bis 1943 als Assistent von Chajkin am Leningrader Maly-Theater.

1938 erhält er das Ehrendiplom des innersowjetischen Allunion-Dirigentenwettbewerbs.

1943–1956 ist er Dirigent am Bolschoi-Theater und erhält dort wichtige Impulse durch die Dirigenten Samuil Samossud und Nikolaj Golowanow.

1958 begleitet er Van Cliburn beim Internationalen Tschaikowsky-Wettbewerb in Moskau. Im selben Jahr bereist er als erster sowjetischer Dirigent die USA und wird von Präsident Eisenhower als erster sowjetischer Künstler im Weißen Haus empfangen.

1960–1975 ist er Chefdirigent der Moskauer Philharmoniker. Er reformiert die Spielpläne hin zum westlichen Repertoire und zur Moderne.

1962 leitet er die von politischer Seite aufgrund der Anprangerung des sowjetischen Antisemitismus sabotierte Uraufführung der 13. Sinfonie »Babi Yar« von Dimitri Schostakowitsch. Bereits im Jahr zuvor hat er die Erstaufführung der 4. Sinfonie dirigiert.

1970 erscheint sein Buch *Die Kunst des Dirigierens* (in Deutschland erst postum 1989 veröffentlicht).

1972–1978 übernimmt er eine Professur am Moskauer Konservatorium.

1978 kommt es aufgrund künstlerischer Repressalien zum endgültigen Bruch mit der sowjetischen Heimat und deren Machthabern: Auf einer Tournee durch die Niederlande ersucht er um politisches Asyl und wird vom Concertgebouworkest zum festen Dirigenten ernannt (neben Bernard Haitink).

1981 stirbt er am 7. März an einem Herzanfall in Amsterdam.

Als Kirill Kondraschin in Amsterdam nach einem Matineekonzert überraschend verstarb, stand er am Anfang seiner zweiten Karriere. Nach seiner Flucht in den Westen im Jahr 1978 hatte ihm das Concertgebouworkest sogleich künstlerisches Exil in Form eines festen Dirigentenpostens neben Bernard Haitink geboten, und auch andere Orchester wie das Symphonieorchester des Bayerischen Rundfunks hatten Pläne mit Kondraschin (als bereits verpflichteter Nachfolger von Rafael Kubelík). Seine erste Karriere in Russland hatte ganz im Zeichen seiner langjährigen Chefdirigentenzeit bei den Moskauer Philharmonikern gestanden (auch wenn er in den ersten zwanzig Jahren seiner Laufbahn als Operndirigent tätig war). Für sein behutsames Gespür in der Begleitung von Solisten wurde er von zahlreichen Kollegen geschätzt, wovon seine künstlerische Zusammenarbeit mit David Oistrach, Emil Gilels und Swjatoslaw Richter ebenso kündet wie die legendär gewordenen Moskauer Konzerte mit Van Cliburn.

Kondraschin und sein Moskauer Orchester entwickelten sich zum emotional extrovertierten Gegenpol von Jewgeni Mrawinski und dessen Leningrader Philharmonikern (und auch Gennadi Roschdestwenskis mitunter eher leichtfertige Art war dem ernsten Dirigenten fremd). Was die Probenarbeit angeht, waren sich Mrawinski und Kondraschin in ihrer Detailversessenheit zwar durchaus ähnlich – auf die Uraufführung von Schostakowitschs 2. Violinkonzert mit David Oistrach 1967 hatte Kondraschin ganze siebzehn Proben verwendet. Doch Kondraschins Handschrift ist von Deutlichkeit und Emotionalität gekennzeichnet, einer feinnervigen Durchdringung des musikalischen Geflechts, die ein besonderes Faible für die Nebenstimmen und Nebenschauplätze der Musik entwickelt. Dies wird besonders in Kondraschins Schostakowitsch-Interpretationen durch sein Vermögen bereichert, die Expressivität zu epochaler Wucht zu steigern (die zudem vom typischen Vibrato und den messerscharfen Trompeten des russischen Orchesterklangs profitiert). Kondraschins Aufnahmen der Sinfonien sind beklemmend authentische Zeugnisse einer gefährlichen Zeit: Die von Schostakowitsch häufig verwendete Dynamikangabe eines »Fortissimo espressivo« erhebt er gleichsam zur Dramaturgie des Gesamtklangs, sein Ideal der strukturellen Durchhörbarkeit kombiniert er mit einer genuin romantischen Ausschöpfung aller klanglichen Möglichkeiten. Umso erschütternder fallen die Zusammenbrüche der Musik aus, wenn Kondraschin bewusst Schönheit und Feingliedrigkeit von scheinbar willkürlicher Brutalität und berstender Kraft verschlingen lässt – je mehr sich der Hörer mit der Vielschichtigkeit und Individualität der Stimmen identifiziert, desto existenzieller trifft auch ihn deren dissonante Zerstörung.

Die »dramatische Symphonik« und deren »psychologische Umgestaltung einer Melodie« interessiert Kondraschin besonders: »Die Konflikthaftigkeit in der Musik steht mir nahe: die Linie Beethoven – Tschaikowski – Mahler – Schostakowitsch« (Kondraschin 1989, S. 232 f.). Dass er in jener Komponistenfolge Gustav Mahler nennt, war damals ein Novum, denn Mahlers Sinfonien litten unter einem – wenn auch nur halboffiziell ausgesprochenen – Aufführungsverbot (auch Mrawinski mied sie), bis Kondraschin sozusagen im Alleingang die sowjetische Mahler-Renaissance vollzog. Diese Wiederentdeckung wird in Anbetracht des westlichen Mahler-Booms der 1960er-Jahre von Leonard Bernstein, Rafael Kubelík, Georg Solti oder auch Bernard Haitink gerne vergessen, bildet aber einen wichtigen Bestandteil der Mahler-Tradition und repräsentiert einen analytischen Zugang zu dessen Werk, der beispielsweise Bernstein fremd gewesen ist. So zeigt sich schon in der Eröffnung der 3. Sinfonie Kondraschins ganze Bandbreite: Donnernde Hörner werden von massivem Schlagwerk untermauert, doch innerhalb eines Augenblicks vermag der sich anschließende Akkord der Posaunen eine bis auf das Ende der Sinfonie vorausweisende Verletzlichkeit und Melancholie zu erwecken.

Eine solche Herangehensweise erscheint symptomatisch für Kondraschin: Er nimmt nicht nur die polyphone Komplexität Mahlers ernst, er behandelt Stimmungen und Klangfarben als ebenbürtige Parameter – eigentlich eine romantisierende Ansicht, in der Loslösung der Klangfarbe als struktureller Komponente zugleich aber hochmodern und auf Arnold Schönberg verweisend. Welche Früchte dieses Konzept tragen kann, zeigt der Live-Mitschnitt von Mahlers 7. Sinfonie mit dem Concertgebouworkest: Kondraschin respektiert alle Dimensionen der kaleidoskopartigen Kompositionsweise und erzielt dennoch eine ganz kompakte klangliche Plastizität.

Tonträger
1958 TSCHAIKOWSKY: Klavierkonzert Nr. 1 (Van Cliburn, RCA Victor SO; RCA) ▪ 1961 LISZT: Klavierkonzerte Nr. 1 & 2 (Swjatoslaw Richter, London SO; Philips) ▪ 1961 MAHLER: Sinfonie Nr. 3 (Valentina Levko, Moskauer Philharmoniker; Melodiya) ▪ 1961–1975 SCHOSTAKOWITSCH: Sinfonien Nr. 1–15 (Moskauer Philharmoniker; Melodiya) ▪ 1962 WEINBERG: Sinfonie Nr. 5 (Moskauer Philharmoniker; Melodiya) ▪ 1963 RACHMANINOW: Sinfonische Tänze (Moskauer Philharmoniker; Melodiya) ▪ 1963 SCHOSTAKOWITSCH: Sinfonie Nr. 4 (Staatskapelle Dresden; Hänssler) ▪ 1965 TSCHAIKOWSKY: Sinfonie Nr. 6 »Pathétique« (Moskauer Philharmoniker; Melodiya) ▪ 1979 MAHLER: Sinfonie Nr. 7 (Concertgebouworkest; Tahra) ▪ 1979/80 RIMSKI-KORSAKOW: Scheherazade / BORODIN: Sinfonie Nr. 2 (Herman Krebbers, Concertgebouworkest; Philips)

Bildmedien
1967 SCHOSTAKOWITSCH: Violinkonzert Nr. 2 (David Oistrach, Moskauer Philharmoniker; VAI) ▪ 1972 RACHMANINOW: Klavierkonzert Nr. 2 (Van Cliburn, Moskauer Philharmoniker; VAI) ▪ 1974 SAINT-SAËNS: Klavierkonzert Nr. 5 »Ägyptisches« (Aldo Ciccolini, OS di Torino della Radiotelevisione Italiana; VAI)

Schriften
O dirižërskom iskusstve, Moskau 1970 [dt.: Die Kunst des Dirigierens, übs. von Elisabeth Heresch, München 1989] ▪ O dirižërskom pročtenii simfonij P. I. Čajkovskogo [Partiturstudium der Sinfonien P. I. Tschaikowskys], Moskau 1977

Literatur
David Nice, The Russian Tradition, in: José Antonio Bowen (Hrsg.), The Cambridge Companion to Conducting, Cambridge 2003, S. 191–201 ▪ Gregor Tassie, Kirill Kondrashin. His Life in Music, Plymouth 2010 [Diskografie]

Webpräsenz
http://patachonf.free.fr/musique/kondrachine/discographie.php (↪0070)

AGU

Konwitschny, Franz

1901 geboren am 14. August in Fulnek (Mähren) als Sohn des städtischen Musikdirektors. Er absolviert sein Studium in Brünn und am Leipziger Konservatorium, als Bratschist spielt er danach im Gewandhausorchester unter Wilhelm Furtwängler und ist Mitglied des Fitzner-Quartetts. Daneben arbeitet er als Dozent in Wien.

1927 wird er Korrepetitor an der Staatsoper in Stuttgart, wo er in den folgenden drei Jahren zum Ersten Kapellmeister aufsteigt.

1933 wird er Generalmusikdirektor in Freiburg im Breisgau, wo er bei Musikfesten zyklische Aufführungen der Werke von Brahms, Bruckner und Reger bestreitet.

1937 tritt er der NSDAP bei (zudem hat Fred K. Prieberg eine frühere Mitgliedschaft in Fulnek bereits für das Jahr 1923 nachgewiesen; vgl. Prieberg, S. 3882).

1938 wechselt er als Musikdirektor ans Opernhaus in Frankfurt am Main.

1945 erfolgt zwar ein kurzzeitiges Dirigierverbot, doch schon im folgenden Jahr ist Konwitschny als Generalmusikdirektor in Hannover wieder in Amt und Würden.

1949 wird er als Nachfolger von Hermann Abendroth und Herbert Albert Leiter des Gewandhausorchesters.

1953–1955 übernimmt er zusätzlich die Leitung der Staatskapelle und Staatsoper in Dresden, danach

1955 die Leitung der Berliner Staatsoper.

1959 dirigiert er Wagners Ring des Nibelungen am Royal Opera House, Covent Garden.

1962 stirbt er am 28. Juli bei einer Gastspielreise in Belgrad. Sein Sohn Peter Konwitschny ist einer der bekanntesten Opernregisseure der Gegenwart.

Gäbe es für den stummen Musikerberuf des Dirigenten so etwas wie vokale Stimmfächer, dann wäre Franz Konwitschny ganz unzweifelhaft ins Bassregister einzuordnen: Der Klang ist voluminös, wie es einer älteren »romantischen« Tradition entspricht, doch fehlt zugleich alles »Neurotische«. Diese Attribute wären eine ebenso passende Aussage auch über die äußere Physiognomie Konwitschnys. Die scheinbar objektive Beschreibung der Aufführungen wäre in Wahrheit eine in den Klang projizierte Beschreibung von sichtbaren Merkmalen des Dirigenten, was von Furtwänglers nervösen Armbewegungen bis zurück zu Gustav Mahlers berühmt eigenwilliger Gehweise eine lange Tradition besitzt. Bei Konwitschny treten die »Bassisten-Eigenschaften« allerdings eklatant als Eigenheiten auch des klingenden Resultats hervor. Die Prominenz der tiefen Register erzeugt einen ganz ruhigen harmonischen Rhythmus, die Melodielinie erscheint weniger von der erregten Figuration, sondern von jenen sicheren einzelnen Schritten der grundierenden Farbwechsel her konzipiert. Nicht nur im zweiten Thema im langsamen zweiten Satz von Bruckners 7. Sinfonie tritt dadurch bei Konwitschny die unter die eigentliche »Gesangspartie« gelegte zweite Melodielinie außergewöhnlich klar strukturiert hervor. Eine solche Entwicklung des Formverlaufs von der Basslage aus kann man auch in Beethovens 9. und vor allem 7. Sinfonie hörend nacherleben. In der Siebten wird dadurch deren letzte Steigerung besonders eindrücklich: Die Bässe bringen in der Coda einem Erdbeben gleich jenen festen Boden ins Schwanken, der bei Konwitschny zuvor ungemein stabil und stark tönend inszeniert ist.

Konwitschnys Diskografie überzeugt vor allem überall dort, wo er als ruhender Pol agieren kann: bei Schumann, in Musteraufführungen des *Fliegenden Holländers* und des *Tannhäuser*, wo gerade der eher träge, kräftige Grundklang alle Szenenwechsel zwischen Venusberg und heiliger Elisabeth organisch zu vermitteln vermag, oder auch in Mendelssohns *Schottischer*. Deren langsame Einleitung wird unerwartet kontraststark angelegt (sozusagen zwischen Elfenmusik und Erdgeistern oszillierend), sodass umgekehrt alles Folgende nie ganz in Kontrast zu dieser Einleitung gerät. Konwitschny nimmt (nicht nur hier) kleinere Defizite in der Formabbildung bewusst in Kauf, um eine durchgängige Dunkelheit des Klangs bewahren zu können.

Tonträger
1951 BRUCKNER: Sinfonie Nr. 2 [Ed. Haas] (RSB; Berlin Cl) • **1954** TSCHAIKOWSKY: Violinkonzert / MOZART: Violinkonzert Nr. 5 KV 219 (David Oistrach, Staatskapelle Dresden; DGG / Hänssler) • **1959/61** BEETHOVEN: Sinfonien Nr. 7 & 8 (Gewandhausorchester; Corona) • **1960** WAGNER: *Tannhäuser* [Dresdner Fassung] (Hopf, Grümmer, Frick, Fischer-Dieskau, Wunderlich, Staatsoper Berlin; EMI) • **1962** MENDELSSOHN: Sinfonie Nr. 3 »Schottische« (Gewandhausorchester; Eterna / Berlin Cl) • **1962** SCHUBERT: Sinfonie Nr. 9 C-Dur »Große« (Czech PO; Supraphon)

Literatur
Vermächtnis und Verpflichtung. Festschrift für Franz Konwitschny zum 60. Geburtstag, Leipzig 1961 • Fred K. Prieberg, Konwitschny, Franz, in: Handbuch Deutsche Musiker 1933–1945 [CD-ROM 2004], S. 3881 ff.

JCA

Koopman, Ton

1944 am 2. Oktober im niederländischen Zwolle geboren. Er singt als Kind im örtlichen katholischen Kirchenchor und nimmt in Jugendjahren zuerst Klavier-, später auch Orgelunterricht. Am Amsterdamer Konservatorium studiert er Orgel und Cembalo und ergänzt die praktische Ausbildung durch ein Studium der Musikwissenschaft an der Universität Amsterdam.

1969 formiert sich unter seiner Federführung noch während des Studiums sein erstes Ensemble Musica Antiqua Amsterdam.

1979 gründet er zusammen mit der britischen Barockviolinistin Monica Huggett das Amsterdam Baroque Orchestra (ABO), das sich rasch zum führenden auf Alte Musik spezialisierten Klangkörper der Niederlande entwickelt.

1992 ruft er als vokale Ergänzung den Amsterdam Baroque Choir ins Leben, nachdem er bis dahin wechselnde Chöre, unter anderem das von Philippe Herreweghe geleitete Collegium Vocale Gent, hinzugezogen hatte.

1994–2005 nimmt er sämtliche Kantaten Johann Sebastian Bachs auf; um das Projekt zum Abschluss zu bringen, gründet er sein eigenes Label Antoine Marchand (die französische Übertragung seines Namens).

2004 wird er Professor für Musikwissenschaft an der Universität Leiden.

2005 beginnt er mit der Gesamteinspielung sämtlicher Werke von Dieterich Buxtehude ein weiteres ehrgeiziges enzyklopädisches Aufnahmeprojekt.

2011–2013 verpflichtet ihn das Cleveland Orchestra als Artist in Residence.

Der niederländische Cembalist, Organist, Dirigent und Musikwissenschaftler Ton Koopman ist im Bereich der Aufführungspraxis der Alten Musik eine Ausnahmeerscheinung. Kaum ein anderer Instrumentalist und Ensembleleiter versprüht so viel Energie, kaum einer widmet sich mit so großer Hingabe, kompromissloser Ernsthaftigkeit und umfassendem Einsatz seinen künstlerischen Projekten, für die er auch hohe privatwirtschaftliche Risiken eingeht, sich beinahe existenziell mit Haut und Haar der Kunst verschreibt.

Seit seinen ersten Erfahrungen als Ensembleleiter ist dem Gustav-Leonhardt-Schüler ein sehr körperbetontes Dirigieren eigen. Das geht vor allem darauf zurück, dass er die Leitungsfunktion zuerst als Primus inter Pares vom Cembalo aus wahrnahm und den rhetorischen Gestus der Werke des 17. und 18. Jahrhunderts, die den Kern seines Repertoires bilden, mit lebhaften Bewegungen seines Rumpfes impulsiv markierte. Die bisweilen eckige, etwas abgehackt wirkende Art seines autodidaktisch und ausschließlich in praxi erlernten Dirigierens hat er bis heute nicht nur in der Arbeit mit dem von ihm gegründeten Amsterdam Baroque Orchestra beibehalten, sondern auch bei seinen Gastauftritten am Pult international führender Sinfonieorchester. Koopmans impulsiver musikalischer Zugriff hat seine Wurzeln eigenen Angaben zufolge auch in seiner Prägung als Sohn eines jazzbegeisterten Schlagzeugers und kommt der Herausarbeitung rhythmischer Klarheit und lebhafter Akzente im Rahmen eines auf die Plastizität barocker Klangrede setzenden Vortrags zugute. Dies macht sich insbesondere in den Kantaten Johann Sebastian Bachs auch in einer präzisen Textaussprache bemerkbar: Was zuweilen auf Kosten weicher vokaler Linienführung geht, wird an Textdeutlichkeit gewonnen.

Der meinungsstarke Präsident der Internationalen Dieterich-Buxtehude-Gesellschaft und bekennende Wagner-Verächter, der ausschließlich den Repertoirebereich pflegt, zu dem er Zugang findet – erweitert nur um punktuelle romantische Ausflüge mit Schumann als Spätausläufer –, hat in den vergangenen Jahren auch in der Debatte um die Größe von Bachs Leipziger Chor eindeutig Stellung bezogen: Er widerspricht der vor allem von britischen Forschern und Praktikern verfochtenen »One-to-a-part«-These und tritt vehement für einen Chor mit 16 bis 20 Sängern ein. Mit einer solchen Besetzung konnte der an Cembalo und Orgel improvisationsfreudige und mit zahlreichen Preisen ausgezeichnete Ensembleleiter das diskografische Mammutprojekt einer Bach-Kantaten-Einspielung (samt sämtlicher apokryphen Werke) zu großem Erfolg führen, nicht zuletzt deswegen, weil er auch in der Auswahl der Solisten oft Fortüne hatte.

Tonträger
1984 Händel: Orgelkonzerte op. 4 & 7 (Ton Koopman, ABO; Erato) ▪ **1987/88** Mozart: Sinfonien Nr. 29 KV 201, 33 KV 319 & 25 KV 183 (ABO; Warner) ▪ **1994–2005** Bach: Kantaten Vol. 1–22 (ABO & Choir; Challenge) ▪ **1998** Biber: Missa Salisburgensis (ABO & Choir; Erato) ▪ **2009** Haydn: Orgelkonzerte Hob. XVIII:1 & 2 / Konzert für Orgel und Violine Hob. XVIII:6 (Ton Koopman, Catherine Manson, ABO; Challenge) ▪ **2011** Buxtehude: Membra Jesu Nostri [Opera Omnia, Vol. 16] (Thornhill, Wohlgemuth, van Goethem, Dürmüller, Mertens, ABO & Choir; Challenge)

Bildmedien
2000 Bach: Markus-Passion [rekonstruiert nach BWV 247 von Ton Koopman] (York, Prégardien, Kooy, Mertens, ABO & Choir; Challenge)

Editionen
Dieterich Buxtehude, Das Jüngste Gericht. Wacht! Euch zum Streit gefasset macht BuxWV Anh. 3, Stuttgart 2007 ▪ Georg Friedrich Händel, Messiah HWV 56, Stuttgart 2009

Webpräsenz
www.tonkoopman.nl [Diskografie] (↪0071)

TOP

Koussevitzky, Serge

1874 am 26. Juli in Wyschni Wolotschok als Sohn eines jüdischen Musikerehepaares geboren. Als Kind wirkt er als Geiger, Cellist, Trompeter und Pianist in den Tanzorchestern mit, in denen auch seine Eltern spielen. Nach seiner Taufe – Juden war der Aufenthalt in der Hauptstadt verboten – geht er 1891 nach Moskau und studiert dort Kontrabass und Komposition.

1894 tritt er als Kontrabassist in das Orchester des Bolschoi-Theaters ein (1901 bis 1905 ist er dort Solobassist). Als Komponist hat er fast ausschließlich Werke für sein Instrument geschrieben (beim Label Biddulph ist eine Edition seiner 1928/29 entstandenen Aufnahmen als Kontrabassist erschienen).

1905 Nach einer ersten, bald wieder geschiedenen Ehe mit der Tänzerin Nadjeschda Galat heiratet er Natalie Uschkowa, die Tochter eines sagenhaft reichen Teehändlers. Mit dessen Unterstützung geht Koussevitzky mit seiner Frau nach Berlin, wo er sich autodidaktisch auf das Dirigieren verlegt.

1908 gibt er am 23. Januar in einem selbst finanzierten Konzert mit den Berliner Philharmonikern (und Rachmaninow als Solisten in dessen 2. Klavierkonzert) sein Debüt als Dirigent.

1909 kehrt er nach Moskau zurück und gründet – finanziert durch seinen Schwiegervater – ein eigenes Sinfonieorchester sowie den Russischen Musikverlag (Éditions Russes de Musique), den er später durch den Zukauf des Traditionsverlags Gutheil erweitert und dessen Katalog 1947 von Boosey & Hawkes aufgekauft wird. Bis 1920 veranstaltet er mit diesem Orchester zahllose Konzerte und Tourneen, vor allem mit zeitgenössischen Werken – darunter die Uraufführung von Skrjabins *Prométhée* (1911).

1917 Nach der Revolution wird Koussevitzky zum Leiter des Staatlichen Sinfonieorchesters Petrograd ernannt.

1920 verlässt er mit seiner Frau die UdSSR und übersiedelt nach Paris, wo er ein neues Orchester gründet und seine eigene Konzertreihe veranstaltet; die Liste der Werke, die er in Auftrag gibt bzw. zur Uraufführung bringt, umfasst u. a. Ravels Orchesterfassung von Mussorgskys *Bildern einer Ausstellung* (1922), das 1. Violinkonzert (1923) und die 2. Sinfonie (1925) von Prokofjew und das Konzert für Klavier und Bläser von Strawinsky (1924).

1924 übernimmt Koussevitzky von Pierre Monteux die Leitung des Boston Symphony Orchestra. In den Jahren bis 1929 kehrt er während der Sommermonate noch regelmäßig nach Paris zurück, um dort seine »Concerts Koussevitzky« zu veranstalten, bevor er sich ganz auf seine Arbeit in den USA konzentriert (deren Staatsbürgerschaft seine Frau und er 1941 annehmen). Sein nachdrückliches, durch das Vermögen seiner Frau finanziertes Engagement für die Neue Musik setzt Koussevitzky auch hier fort.

1930 gibt er zum 50-jährigen Bestehen des Boston SO zehn sinfonische Werke in Auftrag, darunter die 4. Sinfonie von Prokofjew, die Dritte von Roussel, die Erste von Honegger und die *Psalmensinfonie* von Strawinsky.

1940 gründet er in Tanglewood bei Boston das Berkshire Music Center, wo u. a. Leonard Bernstein zu seinen Studenten gehört.

1942 Nach dem Tod seiner Frau Natalie ruft er zu ihrem Gedenken die Koussevitzky Music Foundation ins Leben, die regelmäßig Kompositionsaufträge vergibt (u. a. als einen der ersten Bartóks *Konzert für Orchester*). Die bis heute aktive Stiftung finanziert auch Werke, die nicht in Boston uraufgeführt werden, etwa Brittens *Peter Grimes*.

1947 heiratet Koussevitzky in dritter Ehe Olga Naumova – eine Nichte seiner zweiten Ehefrau.

1949 gibt er die Leitung des Boston SO an Charles Munch ab.

1951 stirbt er am 4. Juni in Boston.

Es gibt nur wenige Dirigenten des 20. Jahrhunderts, die so tiefe Spuren in der Musikgeschichte hinterlassen haben wie Serge Koussevitzky. Allein die Liste der Werke, die ihm ihr Entstehen und / oder ihre Uraufführung verdanken, liest sich wie ein »Who's Who« der klassischen Moderne, seine Bedeutung vor allem für die amerikanische Orchesterlandschaft ist kaum hoch genug einzuschätzen. Dabei vergisst man leicht, dass er schon vor seiner Übersiedlung in die USA ein herausragender Dirigent war: »Koussewitzky hat eine Neigung und Fähigkeit zur Pointe, die ihn zur Primadonna werden läßt. Er wird von dem Willen zum Effekt, dann von der Freude an ihm weiter getrieben. Aber seine Klarsichtigkeit in der Disposition der Werke ist nicht zu verkennen. In dem Sinne des klugen Aufbaus und der Abstufung der Klanggruppen probt er sie durch und ist des Endergebnisses sicher, wenn es zur Feuerprobe der Aufführung kommt«, schrieb schon Adolf Weissmann in seinem Standardwerk *Der Dirigent im 20. Jahrhundert* (Berlin 1925, S. 178).

Dabei war und blieb Koussevitzky durch und durch Russe, trotz seiner Jahre in Berlin, seiner Affinität zur französischen Musik und der fast drei Jahrzehnte, die er in den USA lebte. »Mit seinem unbeschreiblichen Akzent, seinen Wortverdrehungen, den dostojewskischen Wutanfällen, seinen Fehden und Aussöhnungen« (Harold C. Schonberg, Die großen Dirigenten, Bern 1970, S. 273) war der hochgewachsene, stets ausgesucht elegant gekleidete Maestro eine ebenso imposante wie charismatische Erscheinung, der sich mit wilder Leidenschaft auf und in die Musik stürzte, die er mit weit ausladender, hoch expressiver Gestik (und immer nach der Partitur) dirigierte. Sein schlagtechnisches Handwerk war jedoch durchaus nicht unumstritten; schließlich hatte Koussevitzky das Dirigieren autodidaktisch erlernt, und es gab Kollegen und Musiker, die sich über seine »manchmal unzulängliche oder unrichtige Zeichengebung« (Moses Smith) mokierten. Aber wie sich der Geiger Isaac Stern erinnerte: »Er schrie, brüllte und überredete sie [die Musiker] auf Englisch, Russisch und Französisch, bis er es hatte.«

Viele seiner Aufnahmen umweht die Aura des einzigartig Authentischen; wer wollte Kritik am Mitschnitt der Uraufführung von Bartóks von Koussevitzky in Auftrag gegebenem *Konzert für Orchester* wagen?! Wer allerdings auch nur die geringsten Zweifel an Koussevitzkys Kunst hegt, dem seien seine Mozart-Aufnahmen empfohlen: Sie gehören zu den erstaunlichsten Mozart-Interpretationen jener Zeit – elegant, federnd, transparent, voller Esprit und fernab von all dem damals üblichen Pathos.

Tonträger
1930 MUSSORGSKY: *Bilder einer Ausstellung* [Orchestration: Ravel] (Boston SO; Pearl / Naxos Historical u. a.) • 1933 SIBELIUS: Sinfonie Nr. 7 (BBC SO; HMV / Naxos Historical) • 1935–1939 MENDELSSOHN: Sinfonie Nr. 4 »Italienische« / SCHUBERT: Sinfonie Nr. 8 »Unvollendete« / SCHUMANN: Sinfonie Nr. 1 »Frühlingssinfonie« (Boston SO; Pearl) • 1936/44 BERLIOZ: *La Damnation de Faust* [Auszüge] / *Harold en Italie* / *Le Carnaval romain* (William Primrose, Boston SO; RCA / Biddulph) • 1939 HARRIS: Sinfonie Nr. 3 (Boston SO; RCA / IMG Artists) • 1940–1949 MOZART: Sinfonien Nr. 34 KV 338 & 26 KV 184 & 36 KV 425 »Linzer« (Boston SO; RCA / LYS) • 1943/44 MUSSORGSKY: *Bilder einer Ausstellung* [gekürzt, Orchestration: Ravel] / BARTÓK: *Konzert für Orchester* [Finale, urspr. Version] (Boston SO; Naxos Historical) • 1945/47 PROKOFJEW: *Romeo und Julia* [Auszüge] / Sinfonien Nr. 5 & 1 »Classique« (Boston SO; RCA / LYS) • 1945/47 RACHMANINOW: *Die Toteninsel* / Sinfonie Nr. 3 (Boston SO; History u. a.)

Kompositionen
Konzert für Kontrabass und Orchester op. 3 [1905] (Entcho Radoukanov, Swedish CO, Ronald Zollman; Bluebell 1996)

Literatur
Arthur Lourié, Serge Koussevitzky and His Epoch, New York 1931 • Hugo Leichtentritt, Serge Koussevitzky, the Boston Symphony Orchestra and the New American Music, Cambridge 1946 • Moses Smith, Koussevitzky, New York 1947 • Edward D. Young, Serge Koussevitzky – A Complete Discography, in: ARSC Journal 21, Nr. 1 & 2 (1990)

Webpräsenz
www.koussevitzky.net [Koussevitzky Recordings Society] (↪0072)

MST

Krauss, Clemens

1893 am 31. März in Wien geboren. Sein Vater Hector Baltazzi ist Kavalier am kaiserlichen Hof, seine Mutter Clementine Krauss eine damals 15 Jahre alte Ballerina.
1901 wird er Mitglied der Wiener Sängerknaben.
1907 beginnt seine Ausbildung am Konservatorium (u. a. bei Richard Heuberger).
1913 debütiert er als Operndirigent in Brünn (wohin er im Vorjahr engagiert wurde) mit Lortzings *Zar und Zimmermann*. Danach ist er jeweils für eine Saison in Riga und Nürnberg angestellt.
1916–1921 arbeitet er als Kapellmeister in Stettin.
1921 folgt ein Engagement als Erster Kapellmeister und Leiter der Oper in Graz.
1922 Debüt an der Wiener Staatsoper und direkte Verpflichtung als Kapellmeister durch die damaligen Direktoren Franz Schalk und Richard Strauss – einer entscheidenden Bezugsperson seiner weiteren Karriere.
1923 beginnt seine Lehrtätigkeit an der Musikakademie in Wien.
1924–1929 wirkt er als Opernintendant und Leiter der Museumskonzerte in Frankfurt am Main.
1929 übernimmt er nun die Leitung der Wiener Staatsoper. 1930 erfolgt die Erstaufführung von Alban Bergs *Wozzeck*. Im Jahr 1934 tritt er von dieser Position aufgrund anhaltender Intrigen zurück.
1933 leitet er in Dresden anstelle von Fritz Busch die Uraufführung der *Arabella* von Richard Strauss.
1935 wechselt er an die Berliner Staatsoper, wo auch seine spätere Gattin Viorica Ursuleac – wie schon zuvor in Frankfurt und danach in München – zum Ensemble gehört.
1937 wird er Generalmusikdirektor (ab 1938 Intendant) an der Bayerischen Staatsoper in München.
1939 begründet er am Silvesterabend – 1941 erstmals am Neujahrstag – die Tradition der Strauß-Konzerte der Wiener Philharmoniker (WPh) zum Jahreswechsel, die er auch nach dem Zweiten Weltkrieg leiten wird.
1942 erfolgt in München die Uraufführung von Strauss' Oper *Capriccio*, zu der Krauss das Libretto mitverfasst hat.
1942–1944 ist er Generalintendant der Salzburger Festspiele (und seit 1939 auch Direktor des Mozarteums).
1945 Dirigierverbot durch die amerikanische Besatzungsmacht in Österreich, das erst 1947 aufgehoben wird. Ohne Festanstellung bestreitet er in den folgenden Jahren weltweite Tourneen vor allem mit den Wiener Philharmonikern, ebenso kommt es zu Dirigaten von *Tristan und Isolde* am Londoner Royal Opera House, Covent Garden (1951) und von *Der Ring des Nibelungen* in Bayreuth (1953).
1954 stirbt er am 16. Mai in Mexico City im Anschluss an ein Konzert.

Es ist nicht leicht, heute zum Dirigenten Clemens Krauss vorzudringen. Er gehört zu jenen Faszinationsfiguren für ein bürgerlich konservatives Milieu, das bereits lange vor 1933 jene Textbausteine etabliert, die sich dann im faschistischen Kontext als verhängnisvoll erweisen (und durch rührige »Nachlassverwalter« in abgewandelter Form auch nach 1945 in den Biografien erhalten bleiben). Anton Berger beendet die zweite Auflage seines kleinen Büchleins über Krauss im Jahr 1926 mit folgender Würdigung: »Wenn irgendwo, so wird an einem solchen Manne alles demokratische Fühlen und Denken zu Schanden.« In der dritten Auflage, die zum Antritt an der Wiener Staatsoper 1929 erscheint, fehlt dieser Satz, der in typischer Weise den Parlamentarismus mit einem angeblichen Ausverkauf der Kunst durch zugleich kommerzielle und modernistische Antriebe in Verbindung bringt; er wird durch ein Lob der echt wienerischen Toleranz ersetzt, dessen potenziell faschistoide Logik wohl noch weniger zu bezweifeln ist: Für Krauss erscheine es »ruchlos, die Leistung eines Mannes nur deshalb minder zu werten oder gar hämisch herabzusetzen, etwa weil der Vollbringer derselben ein Jude oder sonst was ist«.

So groß der historische Abstand zu solchen Aussagen heute scheint, so klein ist die Differenz, die auf dem Tonträgersektor die historischen von den aktuellen Aufnahmen eines damals wie heute stabilen und geteilten Werkkanons trennt. Eine Reaktion auf den Weltkrieg vermeint man bei Krauss ähnlich wie bei Furtwängler doch zu hören, etwa in einer unschön aggressiven *Hochzeit des Figaro* von 1942 oder einer als riesenhaftes Decrescendo angelegten *Missa solemnis* aus dem Jahr 1940. Diese Aufnahmen dürften allerdings ebenso Zeugnisse einer Ästhetik sein, die in einem gesellschaftlich wie künstlerisch gelebten elitären Irrationalismus verwurzelt ist. In den Werken von Richard Strauss erwächst bei Krauss die Struktur aus den vielen exzentrischen Einzelgesten: Es sind die kleinen Pausen mit anschließender exaltierter Beschleunigung, die das »amoralische« Element der Hauptthemen von *Don Juan* und auch *Ein Heldenleben* überdeutlich herauskitzeln. Das wirkt immer wie ein sekundenkurzes Flirten mit der Salonmusik – deren eigene agogische Komplexität von Krauss auch in einer unbestrittenen Referenzaufnahme der *Fledermaus* souverän disponiert wird.

Bei Wagner wirkt der von Krauss gewählte Ansatz eminent »modern«, da er die einzelnen Motive aus dem steten Strom herausschleift und gegeneinanderstellt. Es gelingt auf diese Weise wirklich so etwas wie die »Quadratur des *Rings*«: Eine Deutung aus der Struktur der einzelnen Szene erzeugt dennoch nie den Eindruck, dass an den entscheidenden Höhepunkten im Gesamtklang etwas fehlt. Krauss ist ein Dirigent, der genau jenes »gefährlich leben« in der Musik faszinierend gestalten konnte, das als politisch-moralisches Programm alle Ideen einer Autonomie der Kunst dauerhaft beschädigt hat.

Tonträger
1939 STRAUSS: *Friedenstag* (Hotter, Ursuleac, Wiener Staatsoper; Koch) ▪ **1940** BEETHOVEN: *Missa solemnis* (Eipperle, Willer, Patzak, Hann, Wiener Staatsopernchor, WPh; DGG) ▪ **1950** STRAUSS [J.]: *Die Fledermaus* (Güden, Patzak, Lipp, Poell, WPh; Decca / Naxos Historical) ▪ **1950/52** STRAUSS: *Don Juan / Ein Heldenleben* (Willi Boskovsky, WPh; Decca) ▪ **1953** WAGNER: *Der Ring des Nibelungen* (Hotter, Windgassen, Varnay, Greindl, Bayreuther Festspiele; Orfeo)

Literatur
Anton Berger, Clemens Krauss, Graz ³1929 ▪ Joseph Gregor, Clemens Krauss. Seine musikalische Sendung, Bad Bocklet u. a. 1953 ▪ Oscar von Pander, Clemens Krauss in München, München 1955 ▪ Signe Scanzoni, Der Prinzipal. Clemens Krauss. Fakten, Vergleiche, Rückschlüsse, Recherchen von Götz Klaus Kende, Tutzing 1988 ▪ Kurt Wilhelm, Fürs Wort brauche ich Hilfe. Die Geburt der Oper *Capriccio* von Richard Strauss und Clemens Krauss, München 1988 ▪ Richard Strauss – Clemens Krauss. Briefwechsel, hrsg. von Günter Brosche, Tutzing 1997

JCA

Kreizberg, Yakov

1959 am 24. Oktober in Leningrad (heute St. Petersburg) geboren, wo er Klavier und Dirigieren bei Ilya Musin studiert. Kreizberg ist der Bruder des Dirigenten Semyon Bychkov, nimmt jedoch den Geburtsnamen der Mutter an.

1976 emigriert er in die USA, wo er am Mannes College und in Tanglewood u. a. bei Leonard Bernstein studieren kann.

1986 gewinnt er den Ersten Preis beim Stokowski-Dirigierwettbewerb in New York.

1988–1994 leitet er das Gemeinschaftstheater in Krefeld und Mönchengladbach.

1994–2001 ist er Generalmusikdirektor der Komischen Oper in Berlin, zudem
1995–2000 Chefdirigent des Bournemouth Symphony Orchestra.
2003 wird er Chefdirigent des Netherlands Philharmonic Orchestra,
2009 auch beim Orchestre Phiharmonique de Monte Carlo.
2011 stirbt er nach längerer Krankheit am 15. März in Monte Carlo.

Yakov Kreizberg lässt sich einerseits einordnen in die große Riege der Partituranwälte, die ihre Mandanten durch einen möglichst unpathetischen Orchesterklang gegen alte Vorwürfe in Schutz nehmen: In den Klavierkonzerten Liszts lenkt ein Geflecht von Nebenschauplätzen vom auftrumpfenden Grundgestus weg, in Tschaikowskys Violinkonzert schwört schon die Eröffnungsgeste aller Süße ab. Kreizberg ist mit diesen Qualitäten vor allem als Begleiter bekannt geworden, und hierbei insbesondere durch die Zusammenarbeit mit der Geigerin Julia Fischer: Die beiden verbindet die Souveränität, das ernsthaft Geradlinige dem interessanten Andersmachen immer vorzuziehen, für beide ist in dieser Eigenschaft David Oistrach ein Vorbild.

Andererseits zeigt Kreizberg auch eine Bereitschaft, einzelne Werke in durchaus abstechenden Interpretationen anzubieten: Der *Don Giovanni* aus Glyndebourne präsentiert ein alle Standesunterschiede einebnendes Szenenbild, zu dem eine stark »Beethoven'sche« Musizierweise passt, mit attackierenden Tempi, die sich in schroffen Sforzati verdichten. Mahlers 5. Sinfonie dagegen erklingt in Monte Carlo in eher zäher Gangart. Doch zeigt die Aufnahme ein souveränes Wissen darum, dass sich mit den Tempi auch der Klangfokus ändern muss: weg von den polyphonen Konfliktballungen, hin zu den stehenden Klängen im Hintergrund, die Aktivität eher androhen als vollziehen. In seinem Zyklus der späten Dvořák-Sinfonien verbinden sich diese beiden Äste im häufig stark markierten Kontrast energischer Hauptthemen und deutlich verlangsamter Seitenthemen.

Die Erinnerung an Yakov Kreizberg besitzt also keinen individuellen klanglichen Speicher, weil er – typisch für einen Dirigenten seiner Generation – keine immergleichen Visitenkarten mehr autoritär auf das Repertoire überträgt, sondern je nach der gezogenen »Ereigniskarte« ganz verschiedene Interpretationen anbieten kann.

Tonträger

2003 Liszt: Klavierkonzerte Nr. 1 & 2 / *Totentanz* (Alfredo Perl, BBC SO; Oehms) ▪ 2005 Schostakowitsch: Cellokonzerte Nr. 1 & 2 (Daniel Müller-Schott, SO des BR; Orfeo) ▪ 2005/06 Dvořák: *Vodník [Der Wassermann]* / Sinfonie Nr. 6 (Netherlands PO; Pentatone) ▪ 2006 Tschaikowsky: Violinkonzert / *Sérénade mélancolique* / *Valse-Scherzo* (Julia Fischer, Russian NO; Pentatone) ▪ 2010 Mahler: Sinfonie Nr. 5 (OP de Monte Carlo; OPMC)

Bildmedien

1995 Mozart: *Don Giovanni* (Cachemaille, Martinpelto, Pieczonka, Ainsley, Page, Banse, OAE; NVC Arts)

JCA

Krips, Josef

1902 am 8. April in Wien geboren. Sein Bruder Henry (Heinrich Maria, 1912–1987) wird ebenfalls Dirigent und leitet 23 Jahre lang das South Australian Symphony Orchestra (1949–1972; heute: Adelaide SO).
1920 beginnt er sein Studium an der Wiener Musikakademie bei Eusebius Mandyczewski und Felix Weingartner, der ihn bereits 1921 als Assistenten an die Wiener Volksoper holt. Weitere Stationen sind Aussig (heute Ústí nad Labem; 1924–1925) und Dortmund (1925–1926).
1926–1933 ist er Generalmusikdirektor in Karlsruhe.
1933 wird Krips ständiger Dirigent der Wiener Staatsoper.
1938 verlässt er (als Halbjude) wegen des Einmarsches der Nationalsozialisten Wien und geht für eine Saison nach Belgrad. Zurück in Wien, unterliegt er einem strikten Berufsverbot und übersteht die Kriegsjahre als Lohnbuchhalter in einer Wein- und Lebensmittelgroßhandlung.
1945 Gleich nach Kriegsende kehrt Krips an die Wiener Staatsoper zurück und dirigiert am 1. Mai eine Aufführung von Mozarts *Le nozze di Figaro*.
1946 ist er wesentlich an der Neugründung der Salzburger Festspiele beteiligt und dirigiert dort *Don Giovanni*.
1950–1954 ist Krips Chefdirigent des London Symphony Orchestra, bevor er in die USA geht und
1954–1963 das Buffalo Philharmonic Orchestra sowie
1963–1970 das San Francisco Symphony Orchestra leitet.
1970–1973 übernimmt er (als Nachfolger von Wolfgang Sawallisch) die Wiener Symphoniker.
1974 stirbt er am 13. Oktober in Genf.

»Josef Krips führte während seiner Laufbahn als Dirigent über 600 Werke von insgesamt 215 Komponisten auf«, stellt Michael Malkiewicz mit statistischer Gründlichkeit in der *MGG* fest. Doch trotz dieses enormen Repertoires werden es vor allem seine Mozart-Interpretationen bleiben, für die Krips höchste (Be-)Achtung verdient. Er war es, der nach dem Zweiten Weltkrieg maßgeblich jenen »Neuen (Wiener) Mozart-Stil« initiierte, der bis in die Zeit der Historischen Aufführungspraxis hinein prägend war. Sein *Don Giovanni* von 1955 steht exemplarisch für diese schlanke, moderne Deutungslinie: »Man wollte Wahrheiten in der Musik, nicht mehr leeres Pathos, nicht mehr leeren Schwulst«, schreibt Krips dazu in seinen *Erinnerungen*. Diesem vorwärts gerichteten, hoch expressiven und dynamischen, extrem klangdifferenzierten Stil – ohne agogische »Beulen«, ohne Übertreibungen – ist Krips zeit seines Lebens treu geblieben, wie sein gleichermaßen grandioser Zyklus der mittleren und späten Sinfonien Mozarts zeigt, den er kurz vor seinem Tod mit dem Concertgebouworkest aufgenommen hat. Aber auch seine Beethoven-Sinfonien und die »Große« C-Dur-Sinfonie von Schubert zeigen eine Klarheit, Stringenz und Unbestechlichkeit, die dem damals in Deutschland und Österreich vor allem durch Herbert von Karajan behaupteten Stil-Monopol dieser Musik diametral entgegengesetzt ist. Der untersetzte, rundliche Krips entsprach indessen so wenig dem Glamour-Idealtypus eines Maestro, dass er nie in die erste Reihe der Pultstars vorrückte.

Einer seiner größten Bewunderer war der kanadische Pianist Glenn Gould: »Meiner Meinung nach war Josef Krips der meistunterschätzte Dirigent seiner Generation. […] Er verfügte über die außergewöhnliche Gabe, Strukturen zu erfassen, die mir auf dem Papier wenig sinnvoll und beim Hören ziemlich langweilig zu sein schienen – zum Beispiel die Symphonien von Bruckner – und die er so interpretierte, daß es einem den Atem verschlug. […] In dem Moment, wo man sich zur Aufführung eines Konzerts an den Flügel setzte, ging von ihm etwas aus, was ich nicht anders als hypnotisch bezeichnen kann: Er schaute einen an, und in diesem Augenblick wußte man, daß ein unerbittlicher Prozess in Gang gesetzt worden war – ein Prozeß, bei dem man nicht anders konnte als mitzumachen –, und daß schließlich alles so ablaufen würde, wie es sein mußte. Dann kam der Auftakt, es ging los, und alles war richtig. Die reinste Magie!« (nach Krips, S. 289 f.)

Tonträger
1950 MOZART: *Die Entführung aus dem Serail* (Ludwig, Lipp, Loose, WPh; Decca) ▪ 1953 SCHUMANN: Klavierkonzert (Wilhelm Kempff, London SO; Decca/DGG) ▪ 1955 MOZART: *Don Giovanni* (Siepi, Danco, Della Casa, Güden, Dermota, WPh; Decca) ▪ 1958 SCHUBERT: Sinfonie Nr. 9 C-Dur »Große« (London SO; Decca) ▪ 1960 BEETHOVEN: Klavierkonzert Nr. 5 (Glenn Gould, Buffalo PO; Sony) ▪ 1968 MOZART: *Così fan tutte* (Janowitz, Ludwig, Berry, Dallapozza, WPh; Orfeo) ▪ 1972 MAHLER: *Das Lied von der Erde* (Jess Thomas, Anna Reynolds, Wiener Symphoniker; Orfeo) ▪ 1972/73 MOZART: Sinfonien Nr. 21–41 (Concertgebouworkest; Philips/Decca)

Bildmedien
1962 MOZART: Sinfonie Nr. 41 KV 551 »Jupiter« / Klavierkonzert Nr. 13 C-Dur KV 415 etc. (Malcom Frager, Orchestre de Radio-Canada; VAI)

Literatur
Harrietta Krips (Hrsg.), Josef Krips. Ohne Liebe kann man keine Musik machen. Erinnerungen, Wien 1994 [Diskografie und Filmografie]

MST

Kubelík, Rafael

1914 am 29. Juni in Býchory bei Prag als Sohn des berühmten Violinisten Jan Kubelík geboren, wird er schon früh von seinem Vater auf der Geige unterrichtet. Zudem erhält er Klavierunterricht von seinem Onkel František Kubelík.
1928–1933 studiert er Violine, Klavier, Komposition und Dirigieren am Prager Konservatorium.
1934 dirigiert er im Januar (u. a. mit einem eigenen Werk, gespielt von seinem Vater als Solist) erstmals die Tschechische Philharmonie (Czech PO). Im Jahr 1936 wird er ständiger Dirigent des Orchesters.
1939–1941 ist Kubelík Musikalischer Direktor des Opernhauses in Brünn (bis zur Schließung durch die Nationalsozialisten).
1941–1948 ist Kubelík Chefdirigent der Tschechischen Philharmonie als Nachfolger von Václav Talich.
1946 ist er an der Gründung des Musikfests »Prager Frühling« beteiligt und leitet das erste Konzert mit der Aufführung von Bedřich Smetanas *Má vlast* [*Mein Vaterland*].

1948 verlässt Kubelík aus Protest gegen das kommunistische Regime sein Heimatland und ist zunächst als Gastdirigent u. a. beim BBC Symphony Orchestra und dem Concertgebouworkest tätig.

1950–1953 ist er Music Director des Chicago Symphony Orchestra.

1955–1958 übernimmt er in London die Leitung des Royal Opera House, Covent Garden.

1961–1979 ist er Chefdirigent des Symphonieorchesters des Bayerischen Rundfunks (dessen ständiger Gastdirigent er bis zu seinem »Ruhestand« im Jahr 1985 bleibt).

1973–1974 ist er kurzzeitig Musikdirektor der Metropolitan Opera in New York.

1990 kehrt Kubelík in seine Heimat zurück und dirigiert auf Einladung von Václav Havel am 12. Mai das Eröffnungskonzert des »Prager Frühlings«.

1991 dirigiert er am 2. November sein letztes großes Konzert in Tokio (mit der Tschechischen Philharmonie).

1996 stirbt er am 11. August in Kastanienbaum (Schweiz), seine Asche wird später auf dem Vyšehrad neben dem Sarg seines Vaters in der nationalen Ehrengruft Slavín beigesetzt.

Unter seinem zweiten Chefdirigenten Rafael Kubelík baute das noch junge Symphonieorchester des Bayerischen Rundfunks seine Stellung unter den internationalen Spitzenorchestern aus. Kubelík, der stets ein breites Programmspektrum von Barock, Klassik, Romantik und Neuer Musik anstrebte, legte nach seinem Antritt den Schwerpunkt auf Werke tschechischer Komponisten wie Smetana, Dvořák oder Janáček sowie allgemein auf die Musik des 20. Jahrhunderts. Zeitgenössische Musik war ihm bei aller Liebe für die Klassiker sehr wichtig: »Man kann doch nicht Bach und Beethoven lieben, ohne Hindemith und Schönberg zu kennen« (nach Ulm 1999, S. 111). So dirigierte Kubelík zahlreiche Uraufführungen von Olivier Messiaen, Bohuslav Martinů sowie von Arnold Schönbergs unvollendetem Oratorium *Die Jakobsleiter*. Auch seine eigenen Werke verschiedenster Gattungen dirigierte er und nahm sie zum Teil auf Schallplatte auf; er war jedoch immer der Auffassung, dass andere zeitgenössische Musik in den Programmen Vorrang habe und bedeutsamer sei. Einflussreich war außerdem sein Einsatz für die noch nicht endgültig kanonisierten Werke Gustav Mahlers; die frühe Gesamteinspielung der Sinfonien Ende der 1960er-Jahre gilt vor allem im deutschsprachigen Raum bis heute als wichtige Referenzaufnahme.

Die Periode als Chefdirigent in München ist sicherlich als Karrierehöhepunkt Kubelíks zu betrachten, er selbst bezeichnete sie als die glücklichste Zeit seines Lebens. Das Verhältnis zu den Musikern war so gut, dass Kubelík dem Orchester – zählt man die Zeit als Gastdirigent bis 1985 dazu – fast ein Vierteljahrhundert treu blieb (bis hin zu vielen kurzfristig für erkrankte Kollegen übernommenen Dirigaten). Maßgeblich waren gegenseitiges Vertrauen und Respekt. Als ein Fürsprecher des freiheitlichen Denkens, der zu Diplomatie, Sensibilität und Selbstkritik neigte, lag es Kubelík fern, sein Orchester diktatorisch zu unterdrücken: »Für mich ist das Dirigieren und das ganze Prinzip Orchester-Dirigent wie ein demokratischer Staat« (nach Ulm 2006, S. 66). Auch Starallüren waren ihm völlig fremd. Das gute Verhältnis zu den Orchestermusikern machte sich zudem in Kubelíks Dirigierstil bemerkbar: Oft stand ihm die Musizierfreude förmlich ins Gesicht geschrieben, seine Präsenz am Pult vermittelte eine positive Ausstrahlung, weshalb Kubelíks Dirigieren von vielen als ausgesprochen »menschlich« charakterisiert wurde. Zwischen ihm und dem Orchester kam es dadurch zu für seine Arbeit essenziellen Wechselwirkungen, die er selbst mit dem Begriff »Fluidum« umschrieb.

Als Dirigent vertritt Kubelík eine »romantische« Herangehensweise, deren Schwerpunkt auf der Melodie liegt. Das musikalische Werk in seiner Gesamtheit steht im Zentrum, nicht die Offenlegung einzelner Strukturen. Sein Sohn Martin Kubelík äußerte dazu: »Er besaß einfach die Fähigkeit, die großen Zusammenhänge zu erkennen und das Nebensächliche zu ignorieren. Daher konnte er auch in den gewaltigen Orchesterwerken von Bruckner oder Mahler den großen übergreifenden musikalischen Bogen spannen« (nach Ulm 2006, S. 49). Dies gelingt ihm beispielhaft in der 1967 aufgenommenen 1. Sinfonie Mahlers, in der zunächst vor allem die raschen Tempi auffallen. Daher wirkt die langsame Gangart im dritten Satz – Kubelík beginnt den Trauermarsch äußerst zurückgenommen – umso kontrastiver. Die volksliedhaften Elemente werden sehr stark herausgearbeitet und wirken durch das bereits wieder angezogene Tempo und die Phrasierung ausgesprochen tänzerisch, sodass man besonders hier Mahlers »böhmische Musikantenkapelle« zu hören glaubt. Kubelíks Interpretation von Dvořáks 9. Sinfonie mit den Berliner Philharmonikern (BPh) besticht durch eine gefühlvolle Umsetzung insbesondere der kantablen Partien – zu nennen ist natürlich vor allem das Largo mit dem Englischhorn-Solo – und den Fluss erhaltende Verknüpfungen mit den turbulenteren, von den Blechbläsern dominierten Passagen, sodass auch hier ein übergreifender musikalischer Bogen gespannt wird.

Kubelík, der mehr als die Hälfte seines Lebens in der Emigration außerhalb seiner Heimat verbrachte, ist nichtsdestotrotz als ein tschechischer Musiker zu betrachten. Seine musikalische Sozialisation – in seinem Elternhaus war die nationale tschechische Romantik omnipräsent – behielt stets Einfluss. Die Verbindung zu seinem Heimatland riss nie ab, er verfolgte die politischen Entwicklungen und setzte sich, wie 1968 durch einen Protestaufruf gegen den sowjetischen Einmarsch, von außen für das tschechische Volk ein. Die Musik war ihm dabei ein wichtiger Ersatz für seine verlorene Heimat: Immer war es ihm bei seiner breit gefächerten und international ausgerichteten Programmgestaltung ein Anliegen, die Werke tschechischer Komponisten einzubeziehen. Smetanas *Má vlast* spielte dabei eine symbolhafte Rolle: Die Aufführungen des Werks durch Kubelík nach der Befreiung vom Faschismus und insbesondere beim Festival »Prager Frühling« 1990 nach dem Sturz des kommunistischen Regimes stellten für Kubelík wichtige, auch persönlich bewegende Ereignisse dar. Aus diesem Anlass nahm er sogar das Dirigieren nach fast fünf Jahren trotz Krankheit wieder auf: Der Kreis eines facettenreichen Dirigentenlebens wurde gewissermaßen geschlossen.

Tonträger
1946 DVOŘÁK: Klavierkonzert (Rudolf Firkušný, Czech PO; Supraphon) ▪ 1956 MARTINŮ: *Les Fresques de Piero della Francesca* / TSCHAIKOWSKY: Sinfonie Nr. 6 »Pathétique« (WPh; Orfeo) ▪ 1962 HÄNDEL: *Xerxes* [dt.] (Wunderlich, Cook, Pöld, Proebstl, Hallstein, Töpper, Kohn, SO des BR; Orfeo) ▪ 1965 SCHÖNBERG: *Gurre-Lieder* (Schachtschneider, Borkh, Töpper, Engen, Fehenberger, Fiedler, SO des BR; DGG) ▪ 1966–1973 DVOŘÁK: Sinfonien Nr. 1–9 (BPh; DGG) ▪ 1967–1971 MAHLER: Sinfonien Nr. 1–10 (SO des BR; DGG) ▪ 1969 TSCHAIKOWSKY: Sinfonie Nr. 4 / Violinkonzert (Pinchas Zukerman, SO des BR; Audite) ▪ 1978/79 SCHUMANN: Sinfonien Nr. 1–4 / Ouvertüre: *Manfred* (SO des BR; Sony) ▪ 1990 SMETANA: *Má vlast* [*Mein Vaterland*] (Czech PO; Supraphon)

Bildmedien
Rafael Kubelík. Music is My Country. A Portrait (Dokumentation von Reiner E. Moritz; Arthaus 2003)

Literatur
Max See, Rafael Kubelík. Ein Musikerportrait, in: NZfM 126 (1965), S. 153–157 ▪ Renate Ulm (Hrsg.), 50 Jahre Symphonieorchester des Bayerischen Rundfunks, Kassel 1999 ▪ Renate Ulm (Hrsg.), Rafael Kubelíks »Goldenes Zeitalter«. Die Münchner Jahre 1961–1985, Kassel 2006

Webpräsenz
http://vagne.free.fr/kubelik/discographie.htm#discography (↪0073)

MWE

Kuijken, Sigiswald

1944 am 16. Februar in Dilbeek bei Brüssel geboren. Bereits mit sieben Jahren besucht er gemeinsam mit dem älteren Bruder Wieland einen Kurs zum Nachbauen von Instrumenten der Renaissancezeit. Auf diese Weise kommen beide auch zum Spiel der Viola da gamba. Das Violinstudium absolviert er am Konservatorium in Brügge und in Brüssel bei Maurice Raskin (Diplom 1964).

1964–1972 spielen Sigiswald und Wieland Kuijken im Alarius Ensemble Brüssel, zu dem ferner Janine Rubinlicht (Violine) und Robert Kohnen (Klavier) gehören. Steht anfänglich die zeitgenössische Musik im Vordergrund, wechselt man Mitte der 1960er-Jahre zu Werken des 17. und frühen 18. Jahrhunderts. International macht das Ensemble 1969 mit dem Erscheinen einer Aufnahme mit italienischen Triosonaten des 17. Jahrhunderts auf sich aufmerksam. Zudem sind die Kuijken-Brüder Mitglieder des im Jahr 1962 von Pierre Bartholomée gegründeten Ensemble Musiques Nouvelles.

1969 beginnt Kuijken mit einer neuen Geigenhaltung – »Chin-off«-Praktik mit freier Schulterhaltung – zu experimentieren, die er aus Abbildungen des 17. Jahrhunderts ableiten zu können vermeint.

1971–1996 ist er Professor für Barockvioline am Königlichen Konservatorium in Den Haag.

1972 formiert Kuijken das Ensemble La Petite Bande (LPB) im Auftrag der Harmonia Mundi Freiburg für die Produktion von Jean-Baptiste Lullys Musik zu Molières *Le Bourgeois gentilhomme* unter der Leitung von Gustav Leonhardt. In den ersten zehn Jahren werden für Harmonia Mundi fast ausschließlich Barockwerke aufgenommen, danach weitet das Ensemble sein Repertoire bis in die Klassik aus.

1986 gründet er das Kuijken String Quartet.

1993–2009 unterrichtet Kuijken Barockvioline am Königlichen Konservatorium in Brüssel. Zudem übernimmt er immer wieder Gastprofessuren (u. a. in London, Genf, Salamanca und Leipzig).

2004 Erste Auftritte mit dem Violoncello da spalla (auch als Violoncello piccolo oder Viola pomposa bezeichnet); 2006 entsteht damit auch eine neue Aufnahme von Vivaldis *Le quattro stagioni*.

2007 erhält er die Ehrendoktorwürde der Katholischen Universität Leuven.

Die Karriere Sigiswald Kuijkens verläuft, wie bei zahlreichen Instrumentalisten der Alte-Musik-Szene, vom instrumental innovativen Ensembleleiter am Konzertmeisterpult hin zur Dirigententätigkeit. Auf dem erstgenannten Feld etablierte Kuijkens »Chin-off«-Technik zwar eine wesentliche Neuerung, mit der eine distinkte Klanglichkeit erreicht werden sollte, doch hat diese sich letztendlich nicht durchgesetzt. Kuijkens Verdienste liegen also zweifelsfrei vor allem im Ensemblebereich, wo er mit La Petite Bande einen Stil in die Rekonstruktionsbewegung einbrachte, der von Virtuosität, Klangsinnlichkeit, pointierter Dynamik und manchmal auch schroffer Akzentuierung geprägt ist (wie in Vivaldis *Quattro stagioni*). Dieser vibratolose und äußerlich entspannte Klang ist der Strukturdurchsichtigkeit äußerst dienlich. Als Dirigent spielte Kuijken zuletzt Johann Sebastian Bachs oratorische Werke und seit 2004 vor allem dessen Kantaten ein, die er in Anlehnung an eine entsprechende These von Joshua Rifkin konsequent mit nur solistischer Chorbesetzung aufführt.

Tonträger

1989 HAYDN: »Pariser« Sinfonien Hob. I: 82–87 (OAE; Virgin) ▪ **1995** MOZART: *Don Giovanni* (Van Mechelen, Vink, Schäfer, Claessens, Argenta, Collegium Compostellanum, LPB; Accent/Brilliant) ▪ **2003** GRAUN: *Der Tod Jesu* (Schwabe, Van de Kerkhove, Genz, Ex Tempore, LPB; Hyperion) ▪ **2006** VIVALDI: *Le quattro stagioni* op. 8 Nr. 1–4 / Concerto RV 403 / Sonata RV 63 »La Follia« (LPB; Accent) ▪ **2011** BACH: Kantaten BWV 52, 60, 116 & 140 [Vol. 15, »Wachet auf, ruft uns die Stimme«] (Suh, Noskaiová, Genz, Van der Crabben, LPB; Accent)

Schriften

A Bach Odyssey, in: Early Music 38 (2010), S. 263–272

Webpräsenz

www.lapetitebande.be [Diskografie] (↪0074)

DGU

Leibowitz, René

1913 am 17. Februar in Warschau geboren, wo er als Fünfjähriger Violinunterricht erhält und als Neunjähriger als Geiger debütiert. Nach der Scheidung der Eltern übersiedelt er mit seiner Mutter (vermutlich im Jahr 1926) nach Paris. Nach dem Tod des Vaters im Jahr 1931 schließt sich eine in Wien verbrachte Lebensphase an. Die Angaben zu seiner musikalischen Ausbildung bleiben jedoch widersprüchlich: So finden sich Hinweise auf ein »Studium« bei Anton Webern in Wien bzw. Maurice Ravel in Paris und auf die Teilnahme an den Dirigierkursen von Pierre Monteux.

1936 lernt er in Paris den Geiger Rudolf Kolisch und den Komponisten Erich Itor Kahn kennen, die ihn mit der Dodekaphonie Schönbergs weiter vertraut machen. Ein wichtiger Kontakt ergibt sich kurz darauf auch zu Paul Dessau, der Leibowitz Dirigierunterricht erteilt. Leibowitz wird ein enthusiastischer Anhänger der Zwölftonmusik, für die er sich nicht nur in Artikeln und Vorträgen einsetzt, sondern auch als Komponist. Von seinen zahlreichen Essays und Büchern ist jedoch so gut wie nichts ins Deutsche übersetzt worden.

1939 entsteht seine Klaviersonate op. 1, der knapp hundert weitere Werke in verschiedenen Gattungen folgen.

1940–1945 Die Kriegsjahre sind ebenfalls kaum dokumentiert: Leibowitz verbringt sie zunächst unter falschem Namen in Südfrankreich, dann im Untergrund in Paris.

1947 Im geistigen Umfeld der Surrealisten und Existenzialisten veranstaltet er nach Kriegsende in Paris private Kompositionskurse und setzt sich in einer eigenen Konzertreihe am Conservatoire und in einem Kammermusikfestival »Hommage à Schoenberg« für die Musik des bewunderten Vorbilds ein, dem er kurz darauf in Los Angeles auch persönlich begegnet.

1948 bietet Leibowitz erstmals bei den Darmstädter Ferienkursen für Neue Musik Kompositionsseminare an, an denen u. a. Pierre Boulez, Pierre Henry, Hans Werner Henze und Mikis Theodorakis teilnehmen. Auch als Dirigent steht Leibowitz unter dem Einfluss des Schönberg-Kreises und vor allem Rudolf Kolischs. In den 1950er- und 1960er-Jahren dirigiert er zahlreiche Einspielungen für verschiedene Labels (zuletzt vor allem für Reader's Digest). Obwohl er nie einen Chefposten bekleidet – abgesehen von einer regelmäßigen Zusammenarbeit mit dem französischen Rundfunk –, schreiben einige seiner Aufnahmen Interpretationsgeschichte.

1961 verwirklicht er eine Gesamtaufnahme der neun Beethoven-Sinfonien mit dem Royal Philharmonic Orchestra, die sich erstmals an den Metronomangaben des Komponisten orientiert.

1972 stirbt er am 28. August in Paris.

René Leibowitz sei »einer seiner eifrigsten Apostel«, schreibt H. H. Stuckenschmidt in seiner Monografie über Arnold Schönberg; Alexander L. Ringer nennt ihn dessen »eher doktrinär veranlagten Jünger«. Sicher war Leibowitz einer der wichtigsten und einflussreichsten Propagatoren der Zwölftonmusik (und darin oft radikal und apodiktisch); aber er war eben auch ein Dirigent, der in seinem Glauben an die Gültigkeit des Notentextes – im Adorno'schen Sinne der »Autonomie des Kunstwerks« verpflichtet – erstaunliche Aufnahmen hinterlassen hat. Sein epochaler Beethoven-Zyklus klingt heute fast wie eine Vorwegnahme der Historischen Aufführungspraxis, seine Einspielungen von Werken der Wiener Schule haben Maßstäbe gesetzt, und selbst im Standardrepertoire, wie es die populären »Reader's Digest«-Editionen von ihm verlangten, können viele seiner Interpretationen neben denen ungleich prominenterer Dirigenten bestehen. Wer Leibowitz für einen trocken-akademischen Zeloten der Avantgarde hält, dem seien seine fulminanten Offenbach-Aufnahmen aus den 1950er-Jahren ans Herz gelegt, die mit Abstand zum Besten zählen, was es von diesen Werken zu hören gibt.

Tonträger
1951 OFFENBACH: *Orphée aux enfers* (Mollien, Collart, Demigny, OP de Paris; Preiser) ▪ **1952** OFFENBACH: *La Belle Hélène* (Linda, Dran, Giraud, OP de Paris; Preiser) ▪ **1953** SCHÖNBERG: *Gurre-Lieder* (Lewis, Semser, Tangemann, Chœur & Orchestre de la Nouvelle Association Symphonique de Paris; Preiser) ▪ **1961** BEETHOVEN: Sinfonien Nr. 1–9 (Royal PO; Chesky u. a.) ▪ **1967** SCHÖNBERG: Violinkonzert op. 36 (Rudolf Kolisch, Wisconsin FO; Music & Arts)

Kompositionen
Kammersinfonie für zwölf Instrumente op. 16 [1946–1948] (KO des Landestheaters Darmstadt; Neos 1948) ▪ Violinkonzert op. 50 [1958] (Ivry Gitlis, Rundfunkorchester Hannover; Divox 1961)

Schriften
Introduction à la musique de douze sons. Les Variations pour Orchestre op. 31, d'Arnold Schönberg, Paris 1949 ▪ Le Compositeur et son double. Essais sur l'interprétation musicale, Paris 1971 [Neuausgabe 1986]

Literatur
Sabine Meine, Ein Zwölftöner in Paris. Studien zur Biographie und Wirkung von René Leibowitz (1913–1972), Augsburg 2000 ▪ Yvonne Schürmann-Zehetner, René Leibowitz: ein Pionier für die Musik des 20. Jahrhunderts, Diss., Wien 2010 [Online; Verzeichnis zentraler Schriften und weiterer Literatur]

Webpräsenz
www.angelfire.com/music2/reneleibowitz/rl.html [Diskografie] (↪0075)

MST

Leinsdorf, Erich

1912 am 4. Februar als Erich Landauer in Wien geboren. Der Vater stirbt früh, er wächst bei Mutter und Tante auf. Zu seinen Lehrern gehören Paul A. Pisk in Theorie und zuvor Paul Emerich am Klavier.

1930 immatrikuliert er sich kurzzeitig in Musikwissenschaft, wendet sich dann aber einem praktischen Studium an der Wiener Staatsakademie zu (formal betreut von Oswald Kabasta). Außerdem arbeitet er für den sozialdemokratischen Singverein, der damals von Anton Webern geleitet wird.

1934 wird er Assistent von Bruno Walter und ab 1935 von Arturo Toscanini für Opernproduktionen in Salzburg.

1937 verpflichtet ihn die New Yorker Metropolitan Opera als Assistant Conductor, wo er im Januar 1938 mit *Die Walküre* debütiert und (nach dem Tod von Artur Bodanzky) das deutschsprachige Repertoire betreut.

1942 wird er amerikanischer Staatsbürger (u. a. vermittelt durch Lyndon B. Johnson).

1943 wird er Chefdirigent des Cleveland Orchestra, der Dreijahreskontrakt ist durch seine Einberufung zum Militär aber de facto mit nur wenigen Arbeitsphasen verbunden. Sein Nachfolger wird George Szell.

1947–1955 leitet er das Rochester Philharmonic Orchestra.

1956 ist er für nur eine Saison Direktor der New York City Opera.

1957 Rückkehr als Musikalischer Berater an die Metropolitan Opera (auf Einladung von Rudolf Bing).

1962–1969 ist er der Nachfolger von Charles Munch beim Boston Symphony Orchestra. Danach beginnt eine rege Tätigkeit als Gastdirigent ohne feste Bindungen. So scheitert Ende der 1970er-Jahre die Übernahme der vakanten Chefposition beim Radio-Symphonie-Orchester Berlin.

1972 dirigiert er *Tannhäuser* in Bayreuth, verzichtet aber aufgrund der allzu freien Regie von Götz Friedrich auf die Leitung der Wiederaufnahme im Folgejahr.

1993 stirbt er am 11. September in Zürich.

Erich Leinsdorf repräsentiert eine Zwischengeneration, die zwar bereits mit rigoroser Rhetorik einen allzu willkürlichen Umgang mit den aufgeführten Partituren zurückweist, aber die Praxis instrumentaler Retuschen und die ganz selbstverständliche Verwendung eines »modernen« Orchesters noch nicht infrage stellt. Robert Schumanns *Szenen aus Goethes Faust*, die Leinsdorf im Konzertsaal neu etabliert hat, haben wohl auch von seiner Expertise als Arrangeur profitiert; man findet seinen Namen folgerichtig auf CDs mit instrumentalen Opernauszügen, die Claudio Abbado (*Pelléas et Mélisande*) und Roger Norrington (*Parsifal*) in Leinsdorfs Einrichtungen aufgenommen haben.

Keine Beschreibung von Erich Leinsdorf kommt ohne einen Hinweis auf sein streitbares Temperament aus. Tatsächlich hat auch der Klang bei ihm etwas vom Habitus eines sozialen Aufsteigers: Hinter der aristokratisch beherrschten Fassade flackert oft Aggressivität hervor – was zum Beispiel dem Beethoven'schen Humor gut zupasskommt, wie in der 4. Sinfonie, wo die Streicher genau den richtigen Tonfall entwickeln, um sich gegen die Attacken der anderen Instrumentengruppen zu wehren. Dieser Abwehrkampf zugunsten eines im Ergebnis auch traditionellen Tuttiklangs ist in der Aufnahme der Mozart-Sinfonien manchmal beinahe schon zu erfolgreich. Das cholerische Element schreibt sich umso positiver in solche Werke ein, in denen durch die »anfeuernde« Interpretation polyphone Gegenlinien klar hervortreten und mögliche Längen überspielt werden: Prokofjews 6. Sinfonie dokumentiert prototypisch diesen Zugriff, der eine bewährte Rettungsmethode für allzu verwickelte Opernsujets auf sinfonische Satzverläufe überträgt (wobei für Leinsdorf offenkundig auch noch Mahlers Sinfonien eine solche von außen implantierte Stringenz benötigen).

Viele Beschreibungen von Erich Leinsdorf verkneifen sich auch nicht den Hinweis, dass seine Aufnahmen eigentlich keine individuellen Merkmale besitzen, die diese aus dem Mainstream herausheben. Dies erscheint beim Anhören seiner zahlreichen Operneinspielungen weder ganz falsch noch ganz richtig: Ein auffällig konstantes Merkmal ist die ungewohnte

Kompaktheit des Klangs, die nicht nur die Interpretationen, sondern auch die Werke einander angleicht. Es dominiert fast immer ein eher schroffer als schöner, eher direkter als maximal differenzierter Gestus, den man konkret anhand der Neigung zur Herausstellung einzelner Dissonanzen (Ende der *Salome*) und zur Abtrennung unterschiedlicher Artikulationsformen (Anfang der *Tosca*) nachweisen könnte. Im Fall von *Turandot* kontrolliert diese Kompaktheit den Sadismus wie den Exotismus des Stoffs. Puccinis Kombination früherer Erfolgsrezepte, die andere Aufnahmen durch ein Zerfallen in Einzeleffekte den Kopf gekostet hat, lässt bei Leinsdorf selbst eine Behandlung von »Nessun dorma« gefahrlos zu, bei der durch das verlangsamte Tempo durchaus der Eindruck eines quasi vorab aus dem Ereignisablauf extrahierten Einzeltracks erzeugt werden kann. In seiner Autobiografie formuliert Leinsdorf das grundlegende Problem, einen solchen Ansatz zu beschreiben: Die Interpretation bleibt nicht mehr durch individuell abweichende Details im Gedächtnis haften und erscheint dem Kritiker daher rasch als unspezifisch. Leinsdorf gedruckte Polemiken zielen nicht zuletzt darauf, diesen unabdingbaren Preis der postulierten Partiturtreue zu akzeptieren.

Tonträger
1956 CORNELIUS: *Der Barbier von Bagdad* (Czerwenka, Schwarzkopf, Gedda, Prey, PhO; EMI) ▪ **1959** PUCCINI: *Turandot* (Nilsson, Björling, Tebaldi, Tozzi, Rome Opera; RCA) ▪ **1960** BRAHMS: Klavierkonzert Nr. 2 (Swjatoslaw Richter, Chicago SO; RCA) ▪ **1963** TSCHAIKOWSKY: Klavierkonzert Nr. 1 (Arthur Rubinstein, Boston SO; RCA) ▪ **1965/68** PROKOFJEW: Sinfonien Nr. 6 & 2 (Boston SO; RCA / Testament) ▪ **1967** MOZART: *Così fan tutte* (Price, Troyanos, Milnes, Shirley, Raskin, New PhO; RCA) ▪ **1975** KORNGOLD: *Die tote Stadt* (Kollo, Neblett, Prey, Chor des BR, Münchner Rundfunkorchester; RCA)

Bildmedien
1984 WAGNER: *Parsifal* [Vor- und Zwischenspiele, Arrangement: Leinsdorf] / SCHUMANN: Sinfonie Nr. 4 [Fassung 1841, Probendokumentationen] (SWF SO; Arthaus)

Schriften
Cadenza. A Musical Career, Boston 1976 ▪ Lesen Sie Musik oder »aimez-vous Beethoven«? Einige musikalische Gedanken für alle, die Noten lesen, Frankfurt a. M. 1976 ▪ The Composer's Advocate. A Radical Orthodoxy for Musicians, New Haven 1981 ▪ Erich Leinsdorf on Music, Portland 1997

Webpräsenz
http://daphne.fc2web.com/leinsdorf-dis.html [Diskografie] (↪0076)

JCA

Leppard, Raymond

1927 am 11. August in London geboren, wächst er in Bath auf und studiert nach dem Militärdienst ab 1948 am Trinity College in Cambridge.
1953 gründet er das auf Barockmusik spezialisierte Leppard Chamber Orchestra. Außerdem arbeitet er als Pianist für das Philharmonia Orchestra (PhO) und reüssiert als Komponist von Filmmusik.
1958–1968 kehrt er als Lecturer nach Cambridge zurück.
1959–1970 ist er Music Director des English Chamber Orchestra (ECO; nochmals kurzzeitig 1980/81).
1962 Aufführung von Monteverdis *L'incoronazione di Poppea* in Glyndebourne nach Leppards Edition (dirigiert von John Pritchard), die er selbst zwei Jahre später dort erstmals leitet. Als Assistent ist er bereits seit 1954 in Glyndebourne tätig.
1973–1980 leitet er das BBC Northern Symphony Orchestra in Manchester (heute: BBC Philharmonic).
1984–1988 ist er Principal Guest Conductor des Saint Louis Symphony Orchestra,
1987–2001 Music Director des Indianapolis Symphony Orchestra (seitdem Conductor Laureate).

Raymond Leppard ist als Dirigent zugleich ein Allrounder und ein Experte für Alte Musik. Die Kombination dieser Tätigkeitsfelder aber wird zunehmend problematisch, als eine stärker auf historische Instrumente fokussierte Aufführungskultur ihre zunächst isolierte Position im Musikleben überwindet und infolgedessen Leppards Editionen und Einspielungen eines bis zu Monteverdi reichenden Repertoires durch die vorgenommenen Kürzungen und erweiterten Besetzungen selbst umstritten werden. Leppards Schrift über »Authentizität in der Musik« besitzt deutlich polemische Züge: Mit der spöttisch als »knit-your-own-violin« bezeichneten Aufführungslinie teilt er zwar die Aversion gegen das spätromantische Fortschrittsdenken, doch vertritt er den Kompromiss als einzig mögliches ästhetisches Ideal im Umgang mit Alter Musik (und zwar dezidiert auch den Kompromiss mit erst später aufgekommenen, aber in der Gegenwart vorherrschenden Hörweisen). Tatsächlich ist zum Beispiel der Schluss des ersten Akts von Francesco Cavallis *La Calisto* bei Leppard derart elegant als sich allmählich steigernde Auffächerung des Klangs angelegt, dass auch auf Musikfesten des 19. Jahrhunderts das Publikum sicher Gefallen daran gefunden hätte. Seine zweite Einspielung von Purcells *Dido and Aeneas* mit Jessye Norman durchzieht eine – im Grunde zum Stück passende – Traurigkeit darüber, dass man diese Musik so derzeit leider nicht mehr aufführt (einmündend in die ungewohnt agogisch untergliederte Basslinie von »When I am laid«).

Leppard macht also alles, was man aus heutiger Sicht nicht machen sollte, und doch kann ihm kaum jemand heute mehr darüber böse sein: Seine Aufnahmen vor allem mit dem English Chamber Orchestra besitzen einen bleibenden Wert, weil Leppard mit seinem kleinen Schuss »romantischer« Traditionalität die Fallstricke eines motorischen Metrums zu umgehen weiß. Minutiös kalkulierte Verkürzungen einzelner Noten und andere artikulatorische Nuancen verleihen in Bachs Cembalokonzerten und Händels *Feuerwerksmusik* dem Continuo-Satz eine federnde Geschmeidigkeit. Leppard verleugnet den »Einheitsablauf« der Barockmusik nicht, aber er verfeinert ihn durch die Sorgfalt, die darin der einzelne Takt zu erhalten hat (gerade *weil* sein metrisches Muster sich mehrfach wiederholen wird).

Bei diesen Qualitäten verwundert es nicht, dass Leppard auch den britischen Insider-Tipp für eine sängerisch wie interpretatorisch gelungene Einspielung von Mahlers *Lied von der Erde* vorgelegt hat. Diese Aufnahme ist zwar untypisch für sein Repertoire, aber ihre Meriten sind für Leppard insgesamt kennzeichnend: Ein abgehärteter neoklassizistischer Grundklang erzeugt eine eher milde, entspannt alle Extreme vermeidende Interpretation.

Tonträger

1970/71 HÄNDEL: *Water Music / Music for the Royal Fireworks* (ECO; Philips) ▪ **1973** MOZART: Messe c-Moll KV 427 (Cotrubaş, Te Kanawa, Krenn, Sotin, John Alldis Choir, New PhO; EMI) ▪ **1977** MAHLER: *Das Lied von der Erde* (Janet Baker, John Mitchinson, BBC Northern SO; BBC Legends) ▪ **1980/82** BACH: Cembalokonzerte D-Dur BWV 1054, F-Dur BWV 1057, g-Moll BWV 1058 & c-Moll BWV 1062 (Raymond Leppard, Philip Ledger, ECO; Philips) ▪ **1980** RAMEAU: *Dardanus* (Gautier, von Stade, Eda-Pierre, van Dam, Opéra de Paris; Erato) ▪ **1985** PURCELL: *Dido and Aeneas* (Norman, Allen, McLaughlin, ECO; Philips)

Bildmedien

1973 MONTEVERDI: *Il ritorno d'Ulisse in patria* (Luxon, Baker, Glyndebourne Chorus, London PO; Arthaus)

Bearbeitungen

SCHUBERT: *Gran Duo* D 812 (Indianapolis SO; Koss 1990)

Editionen

Monteverdi, L'incoronazione di Poppea, London 1966 ▪ Cavalli, La Calisto [Vocal Score], London 1975

Schriften

Authenticity in Music, London 1988 ▪ Raymond Leppard on Music. An Anthology of Critical and Personal Writings, hrsg. von Thomas P. Lewis, White Plains 1993 [Chronologie, Diskografie und Konzertregister] ▪ Music Made Me, Leicester 2010

JCA

Levi, Hermann

1839 am 7. November in Gießen als Sohn des Landesrabbiners Benedikt Levi geboren.
1852 beginnt sein Musikunterricht beim Mannheimer Hofkapellmeister Vinzenz Lachner.
1855–1858 studiert Levi am Leipziger Konservatorium. Zu seinen Lehrern gehören Moritz Hauptmann, Ignaz Moscheles und Julius Rietz. Zudem verbringt er einen Studienaufenthalt in Paris.
1859 wird er Musikdirektor in Saarbrücken.
1861 vertritt er für einige Monate seinen ehemaligen Lehrer Lachner als Kapellmeister in Mannheim.
1862–1864 ist Levi an der Deutschen Oper in Rotterdam tätig.
1864 wird er Kapellmeister (ab 1865 Hofkapellmeister) in Karlsruhe, wo Eduard Devrient als Theaterdirektor wirkt. Er pflegt freundschaftliche Beziehungen zu Clara Schumann und Johannes Brahms.
1872 wird Levi in der Nachfolge von Franz Lachner zum Hofkapellmeister in München ernannt.
1878 leitet er den historisch zweiten Aufführungszyklus von Richard Wagners *Ring des Nibelungen* in München (im Folgejahr auch in Form der berühmten Separataufführungen für Ludwig II. mit leerem Zuschauerraum).

1882 leitet er die Uraufführung des *Parsifal* in Bayreuth.
1894 wird er in München zum Generalmusikdirektor befördert (bis zu seinem Ruhestand zwei Jahre darauf).
1900 stirbt er am 13. Mai in München.

Hermann Levi, der seinen Ruhm insbesondere durch die Aufführungen von Bühnenwerken Richard Wagners begründete, erlebte seinen Karrierehöhepunkt mit der Uraufführung des *Parsifal* im Jahr 1882. Während der folgenden zwölfjährigen Zeit als *Parsifal*-Dirigent der Bayreuther Festspiele (im Wechsel mit Franz Fischer) gelang es ihm, sich als einer der wichtigsten Bayreuth-Dirigenten der ersten Generation zu etablieren. Davon abgesehen leitete Levi aber auch bedeutende Erstaufführungen als Hofkapellmeister in München: Neben dem *Ring des Nibelungen* zählen auch die deutschen Premieren zahlreicher französischer Opern zu seinen Verdiensten. Einflussreich waren zudem Levis Neuübersetzungen zentraler Mozart-Opern ins Deutsche. Tatsächlich konnten sich seine Fassungen bis zur Machtübernahme der Nationalsozialisten als Standard für die deutsche Aufführungstradition etablieren.

Levi, der schon in jungen Jahren als Wunderkind öffentliche Auftritte am Klavier bestritt, erhielt zunächst eine vornehmlich klassizistisch geprägte Ausbildung. Jedoch kam er auch mit der Neudeutschen Schule in Berührung und wurde in den späten 1860er-Jahren schließlich in den Bann der Musik Wagners gezogen. Dabei schlossen sich für Levi die Verehrung von Brahms auf der einen und von Wagner auf der anderen Seite grundsätzlich nicht aus: Musikästhetische Lagerbildungen lagen ihm fern, es konnte »jede neue Thondichtung auf das vorurtheilsfreie Entgegenkommen Levi's zählen« (Possart, S. 42). Als Levi in den 1870er-Jahren immer mehr auch den persönlichen Kontakt zu Wagner suchte, zerbrach die langjährige Freundschaft mit Brahms. Aufgrund seiner jüdischen Abstammung fühlte sich Levi aber auch nie wirklich in Bayreuth akzeptiert (und die inneren Kämpfe und äußeren Verunglimpfungen, welche die musikhistorische Pointe eines jüdischen *Parsifal*-Dirigenten mit sich brachten, bestimmen bis heute im Wesentlichen seine Rezeption). Dass Levi den *Parsifal* dirigieren konnte, war dem Umstand geschuldet, dass Ludwig II. die Münchner Hofkapelle nur mit ihren Kapellmeistern den Bayreuther Festspielen zur Verfügung stellte.

Zeitzeugen rühmten an Levis Dirigierstil die äußere Ruhe und Eleganz der Bewegungen, die bei sehr kontrolliertem Einsatz des Dirigierstabs dennoch scharf und expressiv gewesen sein sollen. Oftmals hervorgehoben wurde Levis Loslösung von der Partitur: Vielmehr hatte er als »schauspielerisch mitfühlende[r] Träger des musikalischen Dramas« (Possart, S. 47) bzw. »Regisseur am Dirigentenpult« (nach Haas, S. 162) das Orchester und die Bühne stets im Blick – eine Eigenschaft, die sicherlich dem von Wagner geforderten neuen Dirigententypus entsprach. Die enge Zusammenarbeit mit den Komponisten war für Levis Arbeit als Dirigent zentral. Es war ihm stets ein Anliegen, ihre künstlerischen Absichten zu erfassen, ihre Werke analytisch zu durchdringen und sich mit ihrem Stilhorizont zu identifizieren.

Levi, der nach anfänglichen Ambitionen schließlich – dem Rat seines Freundes Brahms folgend – seine eigene Komponistenlaufbahn aufgegeben hatte, ist neben Hans von Bülow, Hans Richter und Arthur Nikisch ein wichtiger Vertreter jener ersten Dirigentengeneration, die vom Bild des komponierenden Kapellmeisters abrückte und sich ausschließlich in den Dienst der Interpretation stellte. Er gehört damit der Generation an, die das Berufsbild des Dirigenten schuf und den Dirigentenkult des 19. und 20. Jahrhunderts einleitete.

Schriften
Vorwort zu: H. Alvin / R. Prieur, Métronomie expérimentale. Paris – Bayreuth – Munich, Paris 1895 ▪ Gedanken aus Goethes Werken, gesammelt von Hermann Levi, München 1901 ff.

Literatur
Ernst von Possart, Hermann Levi. Erinnerungen, München 1901 ▪ Egon Voss, Die Dirigenten der Bayreuther Festspiele, Regensburg 1976 ▪ Frithjof Haas, Zwischen Brahms und Wagner. Der Dirigent Hermann Levi, Zürich / Mainz 1995 [Verzeichnis eigener Kompositionen] ▪

Stephan Mösch, Weihe – Werkstatt – Wirklichkeit. Wagners »Parsifal« in Bayreuth 1882–1933, Kassel ²2012, S. 253–315

MWE

Levine, James

1943 am 23. Juni in Cincinnati als Sohn eines Textilhändlers (und zeitweiligen Bandleaders) geboren. Dort wächst er als ein ansonsten »völlig normales Wunderkind« (Marsh, S. 24) auf und erhält früh Unterricht durch Walter Levin. Sein Studium absolviert er ab 1961 an der Juilliard School in New York (Klavier bei Rosina Lhévinne, die ihn bereits in Aspen unterrichtet hatte; Dirigieren bei Jean Morel).
1964–1970 ist er Assistent von George Szell beim Cleveland Orchestra.
1971 Debüt mit *Tosca* an der Metropolitan Opera, wo er ab 1973 als Chefdirigent, ab 1976 als Musikalischer Direktor, zudem 1986 bis 2004 als Künstlerischer Leiter die Geschicke des Hauses seit nunmehr über vierzig Jahren und nahezu 2500 gezählten Aufführungen betreut.
1973–1993 verbringt er die Sommermonate als Leiter des Ravinia Festivals des Chicago Symphony Orchestra.
1974–1978 leitet er auch das Cincinnati May Festival.
1975 erfolgt sein Debüt bei den Salzburger Festspielen, wo er im Jahr darauf seine erste Opernproduktion übernimmt.
1977 begründet er die Fernsehübertragungen aus der Met, wodurch sein Opernrepertoire umfassend dokumentiert ist. Hinzu kommen Produktionen eines auf die Zeit von Mozart bis Mahler konzentrierten, aber um einzelne Ausflüge zur Avantgarde ergänzten sinfonischen Repertoires zunächst für RCA, später dann die DGG.
1982 Debüt bei den Bayreuther Festspielen mit *Parsifal* (ab 1994 dirigiert er dort die *Ring*-Tetralogie).
1996 übernimmt er von Zubin Mehta die Leitung der Konzerttourneen der »Drei Tenöre«.
1999–2004 ist er der Nachfolger von Sergiu Celibidache bei den Münchner Philharmonikern, er wechselt
2004–2011 zum Boston Symphony Orchestra; beide Engagements sind durch Krankheitsphasen beeinträchtigt.
2013 kehrt er nach zweijähriger schwerer Krankheit (im Rollstuhl) ans Pult der Met zurück.

Die Sinfonien Gustav Mahlers bleiben ein ideales Spielfeld, um einen Dirigenten kennenzulernen (und im Fall von James Levine war Mahler tatsächlich der zentrale Name seiner allerersten Orchestereinspielungen). In seinem mit drei verschiedenen Orchestern, aber leider nicht ganz vollständig eingespielten Zyklus tritt die Studio-Tontechnik als Mitspieler hervor, die mit künstlich generierten Raumstaffelungen experimentiert und dadurch immer wieder Stimmen und Details insbesondere des Schlagwerks stark in den Vordergrund rückt. Gleich zu Beginn der 5. Sinfonie wird dem Trauermarsch durch die langen und lauten Wirbel der kleinen Trommel eine ganz realistische Guillotinen-Stimmung mitgegeben, die insgesamt den Auftakt für einen Mahler aus dem Geist der großen Oper Meyerbeers abliefert. Das drastische Detail und die monumentale Gesamtdramaturgie sind stets vorbildlich kontrolliert, wohingegen die individuelle Zeichnung der einzelnen Satzepisoden an Bedeutung verliert.

Man erlebt so in reiner Instrumentalmusik die Qualitäten von Levine als Impresario eines eigentlich unregierbaren Opernhauses: Er reagiert auf die Stimmungswechsel der Tontechnik wie der Musik mit der stets gleichen Souveränität eines musikalischen Leiters, der zwar immer nur an einer Stelle zugleich sein kann, aber doch das Funktionieren des Ganzen zu gewährleisten hat. Die Folge ist, dass Mahler bei Levine immer gleich gut klingt, aber eben auch alles immer etwas gleichartig erklingt. Als individuelles Kennzeichen treten bereits hier in den Finalsätzen der 9. und – beeindruckend als gleichzeitige Betonung und Auflösung des Fragmentcharakters – der 10. Sinfonie die langsamen Tempi hervor, die Levine in späteren Jahrzehnten dann zu seinem bewussten persönlichen Manierismus erhoben hat. In den Aufnahmen der späten 1970er-Jahre dagegen lädt die virtuose Tempo- und Blechbläser-Kultur aus Sicht des europäischen Feuilletons zu amerikakritischen Betrachtungen geradezu ein: Die Aufnahme der 2. und 4. Sinfonie von Robert Schumann wäre hierfür das beste Beispiel. Levine beweist jedoch gegen alle möglichen Vorwürfe der fehlenden Zwischentöne und einer allzu geglätteten Inszenierung eines »Superman-Schumann«, dass der für die romantische Ästhetik zentrale Begriff der Verkleidung eben nicht nur die Bedeutung der Maske hat, sondern auch diejenige der Masse (also wie im Begriff der Holzverkleidung eines Gebäudes). Der große Reiz auch der Brahms- und Schubert-Sinfonien bei Levine besteht darin, dass man hört, wie die stärkere »Blechverkleidung« des Beethoven'schen Orchesters im 19. Jahrhundert durch verschiedene Belastungstests geführt wird, weshalb auch und gerade in einem äußerlich-virtuosen Effektklang hervortritt, welchen Sinn die ungewohnten Formverläufe und eingeflochtenen Liedzitate eigentlich haben (und warum die Komponisten auch im anderen Sinn des Wortes zu Verkleidungen greifen).

Der Inbegriff eines amerikanischen Dirigenten ist Levine schon äußerlich: Einem vor allem durch Richard Strauss inthronisierten Bild des schlanken und nicht schwitzenden Dirigenten konnte er mit seiner fleischigen Gestalt und dem über die Schulter geworfenen Handtuch, das zu seinem etikettierenden Markenzeichen wurde, nie entsprechen. Man muss aber nur eine Generation zurückgehen und wird dann mit Arthur Nikisch oder Hans Richter (und natürlich auch Hermann Levi) auf einen ganz anderen Dirigententypus treffen, dessen Qualitäten im Umgang mit dem Orchesterkollektiv auch Levine auszeichnen. Im »alten« Europa reüssiert dieser ab den 1980er-Jahren in Bayreuth als *Parsifal*-Dirigent und in Wien als Hausdirigent für Aufnahmen der Wiener Philharmoniker (u. a. ein Zyklus der Sinfonien von Mozart).

In der Vielzahl dieser derzeit teils leider auch vergriffenen Aufnahmen tritt vor allem die spezifische Mischung aus Veräußerlichung (durch virtuose Artikulation) und Verinnerlichung (durch langsame Tempi) des Klangs als zentrales Interpretationsmerkmal Levines hervor. Es ist wohl kaum ein Zufall, dass sein Name sich besonders stark mit solchen Werken verbindet, die diese Konfrontation auch in sich austragen: Verdis *Otello*, das am häufigsten von Levine dirigierte Werk an der Met, bewahrt zunächst im Klang die äußere Sturmszene des Beginns und wechselt später doch souverän zu »inneren Stürmen« der Eifersucht. In Brahms' 3. Sinfonie vollzieht sich bei Levine der Wechsel vom lautstark losstürmenden zum leise verklingenden Motto, indem er wie kaum ein anderer Dirigent im ersten Satz schon das stille Ende und im letzten Satz noch den lauten Beginn anklingen lassen kann (technisch erfolgt dies in der bereits großartigen früheren Aufnahme aus Chicago zu Beginn durch das vorgezogene und verstärkte Piano-Crescendo im sechsten Takt und am Ende durch die als pochende Einzeltöne und nicht als Wirbel ausgeführte Paukenstimme der drei letzten Takte). Solche Qualitäten eines »Brahms the Progressive« verweisen darauf, dass Levine immer auch eine frühe, von seinen Lehrern geerbte Sympathie für die Schönberg-Schule und deren kontrapunktisch komplexe Musik bewahrt hat (was hinter kommerziellen Projekten wie der Einspielung des Soundtracks für Disneys *Fantasia 2000* ähnlich wie bei Stokowski leicht übersehen werden kann). Die beiden Grundgesten in Levines Interpretationen findet man auch in der Entwicklung der amerikanischen (und dezidiert New Yorker) Komponistenszene der 1970er-Jahre, die ebenso zwischen einer Popularisierung bei Philip Glass und einer nach innen gekehrten Zeitdehnung vor allem bei Morton Feldman schwankt. Kehrt man nun zu Mahlers 5. Sinfonie zurück, so zeigt sich diese avancierte »amerikanische« Seite vor allem in den allerletzten Partiturseiten: Levine findet einen nahezu idealen Kompromiss zwischen der deutlich gewahrten Ordnung als Virtuositätsnachweis des Orchesters und einer chaotischen Unordnung im Stil von Charles Ives als Nachweis seiner eigenen Virtuosität in der dirigentischen Detailzeichnung.

Tonträger

1977 MAHLER: Sinfonie Nr. 5 (Philadelphia Orchestra; RCA / Sony) • **1977/78** SCHUMANN: Sinfonien Nr. 2 & 4 (Philadelphia Orchestra; RCA / Sony) • **1982/85** MOZART: Violinkonzerte Nr. 1–5 (Itzhak Perlman, WPh; DGG) • **1984** MENDELSSOHN: *Ein Sommernachtstraum* [Auszüge] / SCHUBERT: *Rosamunde* [Auszüge] (Blegen, Quivar, Chicago SO & Chorus; DGG) • **1989** DONIZETTI: *L'elisir d'amore* (Battle, Pavarotti, Nucci, Dara, Upshaw, Metropolitan Opera; DGG) • **1990** MOZART: *Le nozze di Figaro* (Furlanetto, Upshaw, Te Kanawa, Hampson, Otter, Troyanos, Metropolitan Opera; DGG) • **1991** SCHÖNBERG: *Verklärte Nacht* / STRAUSS: *Metamorphosen* / WAGNER: *Siegfried-Idyll* (BPh; DGG) • **1992** BRAHMS: Sinfonie Nr. 3 / *Alt-Rhapsodie* / *Tragische*

Ouvertüre (Anne Sofie von Otter, Arnold Schoenberg Chor, WPh; DGG) ▪ **1996** VERDI: *I lombardi* (Anderson, Leech, Pavarotti, Ramey, Metropolitan Opera; Decca) ▪ **2001** SCHÖNBERG: *Gurre-Lieder* (Heppner, Voigt, Meier, Philharmonischer Chor München, Münchner Philharmoniker; Oehms)

Bildmedien
1978 VERDI: *Otello* (Vickers, Scotto, MacNeil, Metropolitan Opera; Sony) ▪ **1983** BERLIOZ: *Les Troyens* (Domingo, Troyanos, Norman, Metropolitan Opera; DGG) ▪ **1988** STRAUSS: *Ariadne auf Naxos* (Norman, Battle, King, Troyanos, Metropolitan Opera; DGG) ▪ **1989** WAGNER: *Die Walküre* (Lakes, Norman, Moll, Morris, Behrens, Ludwig, Metropolitan Opera; DGG)

Literatur
Gudrun Haas-Regnemer, James Levine. Vom Wunderkind zum Top-Maestro. Stationen einer ungewöhnlichen Karriere, Frankfurt a. M. 1988 ▪ Robert C. Marsh, James Levine. Sein Leben, seine Musik, München 1998 [Diskografie]

JCA

Litton, Andrew

1959 am 16. Mai in New York geboren. Seine Ausbildung im Klavierspiel und Dirigieren absolviert er dort an der Fieldston School und der Juilliard School.
1982 ist er Gewinner der International Conductors Competition der BBC.
1988–1994 ist er Chefdirigent des Bournemouth Symphony Orchestra,
1994–2006 leitet er als Music Director das Dallas Symphony Orchestra.
2002 erhält er eine Grammy-Nominierung für seine Einspielung von Stephen Sondheims *Sweeney Todd*.
2003 übernimmt er das Bergen Philharmonic Orchestra, dessen Leitung er 2015 an Edward Gardner weitergibt.
2012 wird er Artistic Advisor des Colorado Symphony Orchestra in Denver (wo er seit 2013 und bis mindestens 2018 als Music Director tätig ist). Ab 2015 ist er zudem Music Director des New York City Ballet.

Andrew Litton gehört hierzulande eher zu den weniger bekannten Dirigenten. Dies ist umso erstaunlicher, als sowohl sein Repertoire als auch sein klangästhetischer Ansatz durchaus für größere Hörerkreise attraktiv sein sollten: Litton meidet die Extreme der Einzelstücke, stattdessen setzt er deren Stilschichten elegant gegeneinander in Szene. Prototypisch kann man dies in seinem Zyklus der Sinfonien von Charles Ives erleben, wo die langgezogenen Streicherelegien durch expressive Phrasierungen den progressiven Marching-Band-Collagen gleichwertig zur Seite gestellt werden. Der dissonante Schlussklang der 2. Sinfonie wirkt dadurch weniger stark als Durchstreichung einer zuvor gewahrten spätromantischen Stilistik, und die ganz unabhängig voneinander disponierten Klangbänder der 4. Sinfonie profitieren zusätzlich von einer brillanten Aufnahmetechnik.

Ein unverkennbarer Schwerpunkt seines Repertoires liegt auf russischen Komponisten sowie auf Musik des 20. Jahrhunderts. Besondere Beachtung fand unter anderem seine Interpretation der Klavierkonzerte Rachmaninows mit Stephen Hough als Solisten. Die Ausnahmestellung dieser Aufnahme gründet in den recht straffen Tempi und in der Zurücknahme des individuellen Ausdrucks zugunsten einer strikten Befolgung der von Rachmaninow gegebenen Spielanweisungen. Diese klangästhetischen Vorstellungen kommen auch dem 2. Klavierkonzert von Johannes Brahms und dessen kammermusikalischer Faktur entgegen. Zusammen mit Marc-André Hamelin gelingt eine packende Einspielung, die in ihrer Akzentuiertheit und Prägnanz – besonders sinnfällig am Beginn des zweiten Satzes – vom Wunsch nach durchsichtigen Strukturen geleitet wird, welche mit vorantreibender Energie und Dynamik wiedergegeben, nicht aber mit reinem Wohlklang verbunden werden. Es ist vielleicht kein Zufall, dass Litton – selbst ein versierter Pianist, der oft vom Klavier aus sein Orchester leitet – nicht zuletzt als Begleiter in Klavierkonzerten immer wieder auf sich aufmerksam machen konnte: In Gershwins *Rhapsody in Blue* überträgt er als Gegenpart des nicht sonderlich jazzig spielenden Freddy Kempf weit konsequenter als die dirigierenden Pianisten Previn und Bernstein den Charakter der berühmten Anfangsgeste auch auf die nachfolgenden Orchestereinwürfe.

Tonträger
1989/90 TSCHAIKOWSKY: Sinfonien Nr. 5 & 6 »Pathétique« / *Der Sturm* / *Romeo und Julia* (Bournemouth SO; Virgin) ▪ **2003/04** RACHMANINOW: *Rhapsodie über ein Thema von Paganini* / Klavierkonzerte Nr. 1–4 (Stephen Hough, Dallas SO; Hyperion) ▪ **2004–2006** IVES: Sinfonien 1–4 etc. (Dallas SO; Hyperion) ▪ **2006** BRAHMS:

Klavierkonzert Nr. 2 (Marc-André Hamelin, Dallas SO; Hyperion) ▪ **2011** GERSHWIN: *Concerto in F / Rhapsody in Blue / Second Rhapsody* etc. (Freddy Kempf, Bergen PO; BIS) ▪ **2014** PROKOFJEW: Sinfonie Nr. 5 / *Skythische Suite* (Bergen PO; BIS)

Bildmedien
2011 STRAUSS: *Die Liebe der Danae* (Uhl, Delavan, Klink, Deutsche Oper Berlin; Arthaus)

Webpräsenz
www.andrewlitton.com (↪0077)

ADO

Lloyd-Jones, David

1934 am 19. November in London geboren, verbringt er die Kriegsjahre im ländlichen Umfeld von West Wales und begeistert sich erst als Teenager für Musik (insbesondere für russische und britische Komponisten). Er studiert am Magdalen College in Oxford.
1959 wird er Korrepetitor am Royal Opera House, Covent Garden.
1961 debütiert er als Dirigent mit dem Royal Liverpool Philharmonic Orchestra und ist in den 1960er-Jahren als freier Dirigent für zahlreiche Institutionen tätig (New Opera Company bis 1964, auch die BBC); zudem fungiert er als »Backup« für Otto Klemperers EMI-Produktionen und hält für diese Vorproben ab.
1972 wird er Assistent von Charles Mackerras an der Londoner Sadler's Wells Opera (seit 1974: English National Opera), dort dirigiert (und übersetzt) er u. a. russische Opern.
1977 wird von der English National Opera die »ENO North« als Ableger in Leeds gegründet (ab 1981 selbstständig die Opera North), als deren erster Musikalischer Direktor Lloyd-Jones die Saison 1978/79 mit Saint-Saëns' *Samson et Dalila* eröffnet und in den folgenden zwölf Spielzeiten auch das zugehörige Orchester maßgeblich formt (das außerhalb der Oper als English Northern Philharmonia firmiert).
1984 gibt er *The Gondoliers* von Gilbert & Sullivan in einer kritischen Neuedition heraus; er ist an vielen weiteren Editionen beteiligt (u. a. der 6. Sinfonie von Ralph Vaughan Williams und russischer Musik).
1990 übergibt er die Leitung der Opera North und »seines« Orchesters an Paul Daniel und arbeitet wieder als nun zunehmend international gefragter »Freelancer« auf Opern- und Konzertpodien und im Aufnahmestudio.
2007 wird er zum Ehrenmitglied der Royal Philharmonic Society ernannt.

Zur Erfolgsgeschichte des »Budget-Labels« Naxos gehörte während des Booms der Klassik-CD als Massenartikel in den 1990er-Jahren ein strategischer Angriff nicht nur im Bereich des Preises, sondern auch des Repertoires: Die jenseits der britischen Inseln durch Hochpreis-Label wie EMI, Chandos oder Hyperion protegierten Orchesterwerke einheimischer Komponisten wurden mit weniger bekannten Lokalkoryphäen nun ebenso preiswert wie hochwertig neu produziert. David Lloyd-Jones, schon bei Hyperion mit Ersteinspielungen der Musik Constant Lamberts oder viktorianischer Konzertouvertüren hervorgetreten, konnte sich mit einer in den Jahren 1995 bis 2002 entstandenen Gesamtaufnahme der Sinfonien und wesentlichen Tondichtungen von Arnold Bax nach fast einhelliger Kritikermeinung so erfolgreich mit den Pionieren Bryden Thomson und Vernon Handley (beide: Chandos) messen, dass er quasi zu einem Stardirigenten des bislang gegenüber jeglichem Personenkult abstinenten Labels avancierte (wo auch jüngere Dirigenten wie Paul Daniel mit Werken William Waltons oder Andrew Penny mit den Sinfonien Malcolm Arnolds eine gewisse Bekanntheit dank »British Music« erlangten. In der mit ihren starken Kontrasten und originellen Farbkoppelungen bereits kompositorisch hervorstechenden 5. Sinfonie von Bax sowie in einer Sammlung von Orchesterstücken Gustav Holsts gelangen ihm veritable Referenzaufnahmen. Neben den verdienstvollen Komplettzyklen auch der Sinfonien von Charles Villiers Stanford (stilistisch »Kreuzungen« aus Mendelssohn und Brahms mit gelegentlich irischen Einsprengseln) sowie des Patchwork-Romantizisten William Alwyn zieren u. a. auch Werke von Lord Berners, Ernest J. Moeran, Alan Rawsthorne, Arthur Sullivan und drei bunte Scheiben englischer Streicherminiaturen die inzwischen umfangreiche Diskografie seiner überraschenden Alterskarriere. Lloyd-Jones bevorzugt eher gemäßigte Tempi und moderate dynamische Akzente; markant für ihn erscheinen vielmehr sorgfältig profilierte rhythmische Konturen und opulente Klangmixturen (wobei ihn die mitunter wenig tiefgestaffelte Naxos-Aufnahmetechnik nicht immer unterstützt). Als vielsprachig talentierter Operndirigent ist er leider kaum auf Tonträgern dokumentiert.

Tonträger
1974 MASSENET: *Hérodiade* (Denize, Blanc, de Channes, Orchestre Lyrique de Radio-France; Rodolphe) ▪ 1991 LAMBERT: *Summer's Last Will and Testament / The Rio Grande / Aubade héroïque* (Burgess, Shimell, Gibbons, Chorus of Opera North, Leeds Festival Chorus, English Northern Philharmonia; Hyperion) ▪ 1996 BAX: Sinfonie Nr. 5 / *The Tale the Pine-Trees Knew* (RSNO; Naxos) ▪ 1996 HOLST: *Beni Mora / Somerset Rhapsody / Hammersmith / Egdon Heath* etc. (RSNO; Naxos) ▪ 2005 ALWYN: Sinfonien Nr. 2 & 5 / *Lyra Angelica* (Suzanne Willison, Royal Liverpool PO; Naxos) ▪ 2007 STANFORD: Sinfonie Nr. 1 / Klarinettenkonzert (Robert Plane, Bournemouth SO; Naxos) ▪ 2009 SULLIVAN: *Ivanhoe* (Spence, Wyn-Rogers, McGreevy, BBC NO of Wales; Chandos)

Literatur
Insights and Ideas from Conductor David Lloyd-Jones [Interview mit Colin Anderson], in: Fanfare (Jan. / Febr. 2006)

HAH

López Cobos, Jesús

1940 am 25. Februar im kastilischen Toro geboren, schließt er zunächst 1964 an der Universidad Complutense in Madrid, wo er auch den Universitätschor leitet, ein Philosophiestudium ab, bevor er sich neben einem Diplom in Komposition ab 1966 bei Franco Ferrara und Hans Swarowsky auch als Dirigent professionellen Schliff holt.
1969 debütiert er mit Mozarts *Zauberflöte* am Teatro La Fenice in Venedig.
1970 dirigiert er Puccinis *La Bohème* an der Deutschen Oper in Berlin und arbeitet anschließend dort für fünf Jahre als Kapellmeister. International etabliert er sich mit Operndirigaten u. a. in San Francisco (1972), am Royal Opera House, Covent Garden (1975) und an der Metropolitan Opera (1978).
1981–1986 ist er Principal Guest Conductor des London Philharmonic Orchestra.
1981–1990 ist er an der Deutschen Oper in Berlin als Generalmusikdirektor tätig und arbeitet zudem parallel mit dem Spanischen Nationalorchester (ab 1984 als Musikdirektor).
1986–2001 prägt er als Nachfolger von Michael Gielen nachhaltig das Cincinnati Symphony Orchestra und etabliert es über zahlreiche Aufnahmen für das amerikanische Label Telarc auch international, u. a. mit einem – mit Yoel Levi und dem Atlanta Symphony Orchestra geteilten – Mahler-Zyklus, Sinfonien von Anton Bruckner sowie Werken spanischer Komponisten (Albéniz, de Falla, Turina).
1990–2000 leitet er auch das Orchestre de Chambre de Lausanne.
2003–2010 trägt er in seinem Heimatland als Musikdirektor zu einer »königlichen« Ära des Teatro Real in Madrid bei. Als Gastdirigent bleibt er weiterhin international aktiv.

Als einer der wenigen spanischen Dirigenten von Weltrang ist López-Cobos (international zumeist mit Bindestrich geschrieben) keineswegs nur als Exponent der musikalischen Heimatdichtungen seiner Landsleute und südeuropäischen Opernkolorits von Rossini bis Puccini hervorgetreten. Seine in Cincinnati produzierte Anthologie spanischer »Klassiker« des frühen 20. Jahrhunderts mutet stellenweise sogar weniger idiomatisch an als die Lesarten Ernest Ansermets – López-Cobos rückt stärker expressive Modernität im Gefolge Strawinskys und das raffinierte Spiel mit klassizistischen Versatzstücken (auch bei Joaquín Turina) in den Vordergrund. Sein in den Tempi besonnener, eher selten klischeegemäß »feuriger« Zugang präsentiert rhythmische Strukturen als dezent grundierenden Antriebsraum für aufeinanderprallende Klangfarbenkontraste. Solche farbigpräzisen Grundierungen kennzeichnen auch seine Operndirigate (zu verfolgen in mehr als zwei Dutzend Ton- und Bilddokumenten). Ließ sich sein Ansatz fruchtbar gerade auch auf eine von Denon produzierte Reihe mit »Namenssinfonien« von Haydn im Lausanner Kammerorchester-Gewand übertragen, so erscheint im Hinblick auf das spätromantische deutsche Repertoire eine mitunter erstaunlich sorglose Detailphrasierung als Manko seiner amerikanischen Projekte. López-Cobos gelang es zwar 1980 in Los Angeles, die Mixturen von Brahms'scher Satzkunst und böhmischer Tanz-Seligkeit in Karl Goldmarks als »biedermeierlich« verschrieener *Ländlicher Hochzeit* in das direkte historische Vorfeld Mahler'scher Ironie zu retten. Statt die problematische Qualifikation eines vermeintlichen B-Orchesters zu überwinden, verharren die oft zu domestizierten Bruckner- und Mahler-Dokumente seiner Cincinnati-Ära jedoch zwischen den Stühlen einer im Ansatz aus Karajans Berlin importierten »deutschen« Klangtradition und Versuchen, dieser nun statt emphatischer Kantabilität einen mitunter fast distanziert-legeren Umgangston zu verordnen. Letzteres steht Mahlers Nachläufer Schostakowitsch (in einer exemplarischen

Kopplung der ersten und letzten Sinfonie) sowie de Falla und Turina besser zu Gehör. Nach seinen letzten Produktionen in Cincinnati reißen kontinuierliche Dokumente des Konzertdirigenten leider ab; der markante ältere Operndirigent wird hingegen dank mehrerer Videoproduktionen aus Madrid und einzelner neuer Aufnahmen als Begleiter aktueller Sängerstars (Glucks *Orphée et Eurydice* mit Juan Diego Flórez, Donizettis *Lucia di Lammermoor* mit Diana Damrau) in Erinnerung bleiben.

Tonträger
1976 DONIZETTI: *Lucia di Lammermoor* (Caballé, Carreras, Ahnsjö, Ramey, Ambrosian Opera Chorus, New PhO; Philips) ▪ **1980** GOLDMARK: Sinfonie »Ländliche Hochzeit« (Los Angeles PO; Musical Heritage Society / Decca) ▪ **1982** BIZET: Te Deum / POULENC: Gloria (Greenberg, Winbergh, Chœur Pro Arte de Lausanne, Chœur & OSR; Decca) ▪ **1992** ROSSINI: *Il barbiere di Siviglia* (Hagegård, Giménez, Larmore, Orchestre de Chambre de Lausanne; Teldec) ▪ **1992** HAYDN: Sinfonien Hob. I : 82 »L'Ours«, 83 »La Poule« & 85 »La Reine« (Orchestre de Chambre de Lausanne; Denon) ▪ **2001** TURINA: *Danzas fantásticas / Sinfonía sevillana / La procesión del Rocío* / DEBUSSY: *Ibéria* (Cincinnati SO; Telarc)

Bildmedien
2006 MORENO TORROBA: *Luisa Fernanda* (Herrera, Domingo, Teatro Real Madrid; Opus Arte) ▪ **2008** MASSENET: *Thaïs* (Fleming, Hampson, Schade, Metropolitan Opera; Decca)

Webpräsenz
http://jesuslopezcobos.com (↪0078)

HAH

Luisi, Fabio

1959 geboren am 17. Januar in eine Arbeiterfamilie in Genua, wo er – auch wegen einer Asthma-Erkrankung – früh das Klavier als Beschäftigung für sich entdeckt. Nach einem ersten Diplom setzt er seine Klavierstudien in Paris bei Aldo Ciccolini fort. Das Dirigieren erlernt er bei Milan Horvat in Graz (Diplom 1983), wo er bis 1987 als Korrepetitor an der Oper und als Lehrbeauftragter am Konservatorium arbeitet.
1989 kommt es zu Debüts in München (*Il barbiere di Siviglia*) und Wien (*Tosca*), die seine Karriere befeuern (die sich bis zum Debüt im Jahr 2000 in New York und an der Lyric Opera in Chicago auf Europa beschränkt).
1995–2000 ist er Chefdirigent beim Tonkünstler-Orchester Niederösterreich,
1997–2002 Musikdirektor des Orchestre de la Suisse Romande (OSR).
1999 übernimmt er alleinverantwortlich – nach drei Jahren geteilter Leitung mit Marcello Viotti und Manfred Honeck – das MDR Sinfonieorchester (bis 2007).
2005–2013 steht er an der Spitze der Wiener Symphoniker.
2007–2010 wirkt er als Generalmusikdirektor und Chefdirigent der Staatskapelle in Dresden. Seine vorzeitige Vertragsauflösung erzeugt wie zehn Jahre zuvor der Rückzug von der designierten Leitung der Deutschen Oper Berlin mediales Aufsehen.
2011 erhält er nach einem Jahr als Erster Gastdirigent den Titel des Principal Conductor der New Yorker Metropolitan Opera (auch als dauerhafte Krankheitsvertretung für James Levine).
2012 übernimmt er die Leitung des Opernhauses Zürich. Zudem ist er ab 2017 als Chefdirigent des Danish National Symphony Orchestra vorgesehen.

Auf jeder Wanderung gibt es eine Person, die vor einem aufziehenden Unwetter warnt, und eine andere Person, die dann antwortet: »Da vorne ist es schon wieder hell.« Genau diesen Satz könnte man als Überschrift für viele Aufnahmen Fabio Luisis verwenden. Ein extremer Fall in dieser Hinsicht ist Schumanns 4. Sinfonie, in der durch das zügige Lauftempo schon in der Introduktion vom dunklen und dicken Instrumentalklang Schumanns höchstens einige Schäfchenwölkchen übrig bleiben. Ein solcher Ansatz funktioniert in Mahlers 6. Sinfonie naturgemäß weniger gut, während in Bruckners Neunter das aufgehellte Klangbild dafür genutzt wird, einzelne Dissonanzen als Zielpunkte größerer Wegstücke herauszustellen. Dieses wie ein Blick in gleißendes Sonnenlicht wirkende Kolorit, das den luziden Grundklang mit einer lasziven Darstellung farblich widerborstiger Nuancen verbindet, setzt Luisi auch in seinen Dresdner Strauss-Aufnahmen ein (als prägnantes Hörbeispiel bietet sich die Hammelherde im *Don Quixote* an). Man könnte es deuten als Erkennungszeichen eines Dirigenten, der als viel beschäftigter Dauerläufer dennoch sein Hauptinteresse an gründlicher Detailarbeit nicht verlieren will. So besitzt Luisi in Wagners *Götterdämmerung* die Geduld, die Nornenszene des ersten Akts auszukosten, oder auch den Mut, den Schlussakkord sehr lange ausklingen zu lassen, als ob die Spannkraft des Publikums getestet werden solle.

In seiner Autobiografie kritisiert Luisi eine Voreingenommenheit der deutschen Musikkritik zugunsten der Historischen Aufführungspraxis und nennt als seine Vorbilder eine Liste von Namen (u. a. Sawallisch, Abendroth und Keilberth), die allesamt als Hüter der Tradition in historisch späten Zeiten gelten dürfen. Kaum zufällig setzt er sich immer wieder für die Werke Franz Schmidts ein, die einen ähnlichen Innenkonflikt austragen: Die Kombination spätromantischer Farbigkeit und spröder Kontrapunktik führt dazu, dass der Zuhörer sich hier in jedem Moment zuhause fühlt, aber nicht immer in der musikalischen Form zurechtfindet. Durch die hallige Klangregie wird diese Sperrigkeit aber in Luisis beim MDR produziertem Zyklus wie von einer Kirchenempore aus im Raum verteilt und klanglich sinnlich dargeboten.

Luisi kommt auch ein Stück wie die *Alpensinfonie* entgegen, in der Strauss sozusagen die große sinfonische Form in eine Halbtageswanderung mit vielen Fotogelegenheiten zerlegt: Er »rettet« das Werk, indem er das Programmatische offen herausstellt, aber zugleich motivisch durcharbeitet; der zentrale Aufwärtssprung des Hornthemas zum Beispiel wird zuerst möglichst scharf, am Ende dann spürbar ruhiger gespielt.

Auf diese Weise kommt der sinfonische Anteil der Partitur einmal auch problemlos trocken durchs Gewitter. Luisis bisherige Karriere ließe sich ebenso beschreiben als eine Abfolge vieler kleiner Erfolge, die nach einigen Hindernissen mit der Leitung gleich zweier renommierter Opernhäuser auf einem ersten Höhepunkt angelangt scheint.

Tonträger
1993 BELLINI: *I puritani* (Gruberová, Lavender, Kim, Chor des BR, Münchner Rundfunkorchester; Nightingale) ▪ 1998 VERDI: *Jérusalem* (Mescheriakova, Giordani, Scandiuzzi, OSR; Philips / Decca) ▪ 2004 SCHMIDT: Sinfonien Nr. 1–4 (MDR SO; Querstand) ▪ 2007 BRUCKNER: Sinfonie Nr. 9 (Staatskapelle Dresden; Sony) ▪ 2007 STRAUSS: *Eine Alpensinfonie / Vier letzte Lieder* (Anja Harteros, Staatskapelle Dresden; Sony) ▪ 2008 BELLINI: *I Capuleti e i Montecchi* (Garanča, Netrebko, Calleja, Wiener Singakademie & Symphoniker; DGG)

Bildmedien
2008 VERDI: *Rigoletto* (Lučić, Flórez, Damrau, Staatskapelle Dresden; Virgin) ▪ 2012 WAGNER: *Götterdämmerung* (Hunter Morris, Voigt, König, Paterson, Metropolitan Opera; DGG)

Schriften
Erst der halbe Weg. Autobiographie, aufgezeichnet von Walter Dobner, Wien 2008

Webpräsenz
www.fabioluisi.net (↪0079)

JCA

Maazel, Lorin

1930 geboren am 6. März in Neuilly-sur-Seine als Sohn amerikanischer Eltern, die einer Künstlerfamilie mit russischen Wurzeln angehören. Nach der Rückkehr in die USA im Jahr 1932 (zunächst nach Los Angeles, später nach Pittsburgh) debütiert er mit acht Jahren als Schüler von Wladimir Bakaleinikoff als Geiger und Dirigent. Es folgt in den Kriegsjahren eine Karriere als dirigierender Kinderstar (u. a. beim NBC Symphony Orchestra und beim New York Philharmonic Orchestra).

1946–1950 ist er während seines Studiums (Philosophie, Sprachen und Mathematik) zugleich ab 1948 als Geiger Mitglied im Pittsburgh Symphony Orchestra. Außerdem gründet er das Fine Arts String Quartet.

1951 studiert er in Tanglewood, danach mit einem Fulbright-Stipendium in Italien. Am Weihnachtsabend 1953 erfolgt dort in Catania sein erneutes Debüt als Dirigent.

1960 tritt er erstmals bei den Bayreuther Festspielen auf (mit *Lohengrin*, erneut ab 1968 mit dem *Ring*).

1962 leitet er eine USA-Tournee des Orchestre National de la Radio-Télévision Française (ONRTF). Nach der Umbenennung zum Orchestre National de France ist er dort ab 1977 in verschiedenen Positionen tätig (zuletzt als Directeur Musical 1987–1991).

1963 Debüt bei den Salzburger Festspielen mit *Le nozze di Figaro*.

1965 übernimmt er in Doppelfunktion die Leitung des Radio-Symphonie-Orchesters Berlin (bis 1975) und der Deutschen Oper (bis 1971).

1971–1972 ist er neben Otto Klemperer Associate Principal Conductor des Philharmonia Orchestra.

1972–1982 ist er Music Director des Cleveland Orchestra.

1982 wird er Staatsoperndirektor in Wien (bis zur Demission 1984). Zudem leitet er ab 1980 als Nachfolger von Willi Boskovsky zunächst alljährlich die Neujahrskonzerte der Wiener Philharmoniker (WPh).

1988–1996 ist er Music Director in seiner Heimatstadt beim Pittsburgh Symphony Orchestra (dem er bereits seit 1984 zunächst mit dem Titel eines Music Consultant verbunden ist).

1993–2002 leitet er das Symphonieorchester des Bayerischen Rundfunks.

2002 folgt er Kurt Masur als Music Director des New York Philharmonic Orchestra (bis 2009).

2005 feiert seine Oper *1984* nach George Orwell Premiere am Royal Opera House, Covent Garden.

2006–2011 leitet er die Geschicke am neu gegründeten Opernhaus Palau de les Arts in Valencia.

2009 gründet er mit seiner (dritten) Ehefrau Dietlinde Turban das Castleton Festival.

2012 übernimmt er seine letzte Chefposition bei den Münchner Philharmonikern (bis Juni 2014).

2014 stirbt er am 13. Juli in Castleton (Virginia).

Lorin Maazel kann mit einigem Recht als ein Dirigent des Manierismus bezeichnet werden. Der Begriff würde dabei in manchen Fällen auch seine übliche negative Färbung beinhalten, in den meisten Fällen jedoch auf eine Grundkategorie der ästhetischen Moderne verweisen, deren Merkmale auf Maazel allesamt zu passen scheinen. Ein deutliches Bewusstsein um sich abnutzende und darum weiter verstärkte Reizmittel kann man zum Beispiel in seinen vielen spektakulären merkantilen Projekten erkennen: Er dirigiert ein Konzert in Nordkorea und – mit ähnlichem Gesichtsausdruck – eine YouTube-Hymne zu Ehren von Bayern München im Vereinstrikot. Berüchtigt waren Maazels auf enge Zeitpläne terminierte Aufführungsserien kompletter Sinfoniezyklen, die immer auch den Charakter von Sportereignissen besaßen. In der Abfolge der Sinfonien Franz Schuberts inszeniert Maazel dabei die »Große« C-Dur-Sinfonie durch eine energiegeladene Temporegie schlüssig als Zielpunkt der vorher gehörten Werke. Die 9. Sinfonie Bruckners erfüllt dieselbe Rolle dagegen nur mithilfe stark verlangsamter Tempi, was im Kopfsatz auch den Überleitungspassagen die rhetorische Wucht der großen Durchbrüche verleiht. Der gesamte Zyklus aber ist gerade nicht manieristisch, sondern im besten Sinne mit Routine und klaren Rollenprofilen für die Instrumentengruppen angelegt, wobei ein sperriges Werk wie die kontrapunktische Fünfte zum Höhepunkt wird.

Inbegriff einer in sich manieristischen Aufnahme ist demgegenüber Maazels Interpretation von Mahlers 4. Sinfonie mit Kathleen Battle und den Wiener Philharmonikern. Die zähen Grundtempi, die im Vokalfinale endgültig überreizt scheinen, werden genutzt, um immer wieder schroff artikulierte Einzeldetails irritierend stark hervortreten zu lassen (vor allem Paukenschläge und Pizzicati der hohen Streicher). Ein solches Klangbild wirkt beinahe wie eine in Musik umgesetzte Liebeserklärung an einen spezifischen Wiener Menschentypus: den immer gemächlichen Grantler, für den nie etwas wirklich wichtig erscheint, für den aber unter der Hand als Gerücht vorgetragene Einzelheiten einen enormen Sensationswert besitzen. Diesem Prinzip gehorcht das Verhältnis von Großform und Genauigkeit in vielen Aufnahmen von Maazel. Eklatant ist das zum Beispiel im *Till Eulenspiegel* mit dem BR-Orchester, wo der Hintergrund schneidend scharf gezeichnet, die programmatische Bilderfolge aber eher diffus verfließend gehalten ist. Derselbe Effekt überzeugt in der 4. Sinfonie von Sibelius, wo mit den deutlich gezeichneten Rändern und dem Bedeutungsverlust der melodischen Mittellage ein Prinzip auskomponiert wird, das Maazel insgesamt in seinen Interpretationen anzuwenden scheint. Er ist als Dirigent so eher ein Geologe der einzelnen Klangschichten und nicht ein Geschichtenerzähler. Die vielen kleinen Luftpausen und zusätzlichen Ritardandi wirken in einer solchen Orchesterregie dann oftmals seltsam isoliert, zumal Maazel gegenüber großen emotionalisierenden Gesten gerne ein perfektes Pokerface bewahrt: Man hört es der Aufnahme nicht an, ob er das Requiem von Andrew Lloyd Webber tatsächlich schätzt oder doch subtil gegensteuert, wenn schon das Kyrie mit einem Solo zweier Knabensoprane beginnt, um danach allmählich etwas kitschig zu werden.

Seine frühen Aufnahmen etablieren das ehemalige Wunderkind Maazel hingegen mit einem Klangbild, das in sich etwas vom Image eines Hochseilartisten zu besitzen scheint. Prokofjews *Romeo und Julia* – wo die stärker sinfonisch zugeschnittenen Suiten auch deshalb so beliebt sind, weil die komplette Ballettmusik eine Zirkuslogik der vielen kurzen Galopp-Rhythmen und Gefühls-Melodien verkörpert – wird von Maazel perfekt umgesetzt, indem er sich an dem Gebot orientiert, dass zwischen den imaginären Auftritten der Artisten keine Sekunde des Leerlaufs entstehen darf. Das Prinzip einer suggerierten atemlosen Spannung funktioniert auch im plötzlichen Umschlagen der Dynamik im *Dreispitz* von Manuel de Falla oder in Strawinskys *Feuervogel*-Suite, deren Einspielung Maazel schlagartig bekannt machte.

Der Komponist Lorin Maazel dagegen entdeckt in den 1990er-Jahren nochmals eine andere Spielart eines ästhetischen Manierismus für sich: Die Werktitel wie »Musik für Cello und Orchester« sind so neutral wie nur möglich gewählt, doch die Satzabfolge beruht auf der Reihung kurzer sprechender Stücke wie Blues oder Tango, in denen alle Klischees einer von äußeren Impressionen abhängigen Kapellmeistermusik derartig unbedarft bedient werden, dass man vermuten könnte, Maazel komme es genau auf diesen Gegensatz an. Im Konflikt zwischen gespieltem Desinteresse und genauester Detailarbeit kann man in Maazel als Dirigenten wie als Komponisten den Vertreter einer »Lost Generation« der Moderne erkennen, die sich mit den Werten der eigenen Zeit nicht mehr identifizieren kann, aber diese doch weiter vertreten muss: »Die 20-jährigen Musiker halte ich für begabter als meine Generation, die der Musik am liebsten ›wissenschaftlich‹ und ›antiromantisch‹ begegnet. Die Jugend hat in der Kunst das Gefühl wieder entdeckt« (nach Geleng, S. 62).

Manierismus meint bei Maazel also immer beides: sowohl die ungewöhnliche Reife, Schärfe und Klarheit der Klangmittel, die ihn zu einem der zentralen »Ingenieurs-Dirigenten« der Moderne machen, aber auch die Anfälligkeit für äußere Effekte, die ihn eher als einen zu früh geborenen »Postmodernen« bestimmen. In der Kombination dieser beiden Eigenschaften aber konfrontiert Maazel ein immer stärker musealisiertes Musikleben mit sich selbst.

Tonträger
1960/65 RAVEL: *L'Enfant et les sortilèges / L'Heure espagnole* (Ogéas, Collard, Berbié, Bacquier, Chœurs & ONRTF; DGG). ▪ **1965** BACH: *Messe h-Moll* (Stich-Randall, Reynolds, Haefliger, Shirley-Quirk, RIAS Kammerchor, RSO Berlin; Philips). ▪ **1965** DE FALLA: *El amor brujo / El sombrero de tres picos* [Tänze] (Grace Bumbry, RSO Berlin; DGG). ▪ **1966/68** SIBELIUS: Sinfonien Nr. 7 & 4 / *Tapiola* (WPh; Decca). ▪ **1973** PROKOFJEW: *Romeo und Julia* (Cleveland Orchestra; Decca). ▪ **1975** GERSHWIN: *Porgy and Bess* (White, Mitchell, Clemmons, Cleveland

Orchestra & Chorus; Decca) ▪ 1981/82 RACHMANINOW: *Die Toteninsel* / Sinfonie Nr. 2 (BPh; DGG) ▪ 1984 LLOYD WEBBER: Requiem (Domingo, Brightman, Winchester Cathedral Choir, ECO; EMI) ▪ 1991 GROFÉ: *Grand Canyon Suite* / HERBERT: *Hero and Leander* etc. (Pittsburgh SO; Sony) ▪ 1991 PUCCINI: *La fanciulla del West* (Zampieri, Domingo, Pons, Teatro alla Scala; Sony) ▪ 1995 STRAUSS: *Sinfonia domestica* / *Tod und Verklärung* (SO des BR; RCA / Sony) ▪ 1999 BRUCKNER: Sinfonien Nr. 0–9 (SO des BR; BR Klassik) ▪ 2011 SCHOSTAKOWITSCH: Cellokonzert Nr. 1 (Sol Gabetta, Münchner Philharmoniker; Sony)

Bildmedien
2007 VERDI: *La traviata* (Gheorghiu, Vargas, Frontali, Teatro alla Scala; Arthaus)

Kompositionen
Musik für Cello und Orchester / Musik für Flöte und Orchester / Musik für Violine und Orchester (Mstislaw Rostropowitsch, James Galway, Lorin Maazel, SO des BR; RCA 1996/97)

Literatur
Ingvelde Geleng, Lorin Maazel. Monographie eines Musikers, Berlin 1971

JCA

Mackerras, Charles

1925 am 17. November in Schenectady (New York) als Sohn australischer Eltern geboren. Er wächst in Sydney auf; mit sieben Jahren erhält er Violinunterricht, später spielt er auch Flöte und stellt ein erstes Klavierkonzert im Alter von zwölf Jahren fertig.
1941 beginnt er sein Studium (Oboe, Klavier und Komposition) am Konservatorium in Sydney.
1943–1946 ist er Erster Oboist des Sydney Symphony Orchestra.
1947 ermöglicht ihm ein Stipendium des British Council, in Prag bei Václav Talich zu studieren. Dort lernt er erstmals die Musik von Leoš Janáček kennen, für die er sich zeit seines Lebens energisch einsetzt.
1948 eine Assistentenstelle am Sadler's Wells Theatre markiert den Startpunkt seiner Laufbahn in England; wenig später wird er leitender Dirigent des BBC Concert Orchestra (1954–1956).
1959 unterstreicht er mit einer Aufnahme von Händels *Feuerwerksmusik* in originaler Bläserbesetzung (u. a. 26 Oboen) sein Interesse an einem historisch orientierten Interpretationszugang, jedoch ohne direkte Kontakte zur Alte-Musik-Bewegung.
1966–1969 wirkt er als Musikdirektor an der Hamburger Staatsoper, anschließend kehrt er
1970 als Musikdirektor ans Sadler's Wells Theatre zurück (bis 1977; ab 1974: English National Opera).
1976–1979 hat er die Position des Ersten Gastdirigenten beim BBC Symphony Orchestra inne.
1982–1985 kehrt er als Chefdirigent des Sydney Symphony Orchestra in seine Heimat zurück.
1986–1990 entsteht mit dem Prager Kammerorchester eine wegweisende Gesamtaufnahme der Sinfonien von Wolfang Amadeus Mozart.
1987–1992 fungiert er als Musikdirektor der Welsh National Opera; zur gleichen Zeit beginnt seine intensive Zusammenarbeit mit dem Orchestra of the Age of Enlightenment (OAE).
1997–2003 ist er Erster Gastdirigent der Tschechischen Philharmonie (Czech PO); in seinen letzten Lebensjahren arbeitet er erfolgreich mit dem Scottish Chamber Orchestra zusammen, mit dem er hoch geschätzte Einspielungen der späten Sinfonien Mozarts vorlegt (und 2006 für Hyperion der Sinfonien Beethovens).
2010 stirbt er am 14. Juli in London.

Charles Mackerras nahm in vielerlei Hinsicht eine Vorreiterrolle ein – und dennoch stand er vor allem hierzulande mit den berühmtesten seiner Zeitgenossen nicht in einer Reihe. Bereits in jungen Jahren, als die Bezeichnung »historisch informierte Aufführungspraxis« noch gar nicht geprägt war, handelte er nach den Grundsätzen eines stilistisch differenzierten Interpretationsansatzes und dehnte aufführungspraktische Fragestellungen wie kaum ein anderer früh auch auf Werke der Wiener Klassik aus. Besondere Beachtung fanden seine Einspielungen der Mozart-Opern, in denen er durch den Rückgriff auf zeitgenössische Verzierungstechniken Neuland betrat. Doch hielt sich Mackerras von jeder Dogmatik fern und stellte nie die Klangmittel in den Vordergrund: Ob auf historischen Instrumenten oder in der Zusammenarbeit mit »modernen« Kammerorchestern – stets lag das Hauptgewicht seines interpretatorischen Interesses auf einer stilistisch angemessenen und klanglich luziden Gestaltung. Seine Gesamteinspielung der Mozart-Sinfonien mit dem Prager Kammerorchester zeichnet sich durch einen schlanken Orchesterklang und eine leichtfüßig-filigrane Artikulation aus; Mozarts Musik von der Oper her begreifend, arbeitet er Ausdrucksgesten präzise heraus, als handle es sich um imaginäre dramatische Szenerien. In dieser Hinsicht unterscheiden sich seine Mozart-Deutungen stark von den geradlinigen Zugriffen aus dem Lager der Alte-Musik-Spezialisten britischer Provenienz. Zwischen »süßlichem«

Mozart-Spiel Wiener Herkunft und aufgerauten Kontrasteffekten fand Mackerras einen in seiner Zeit einmaligen Mittelweg. Allein auf weiter Flur stehen auch seine Annäherungen an italienische Belcanto-Opern auf historischen Instrumenten.

Ebenso wichtig wie eine stilistisch differenzierte Wiedergabe von barocken und klassischen Werken war Mackerras die Erschließung »romantischer« Aufführungspraktiken für die Musik des 19. Jahrhunderts. Vor allem das Streicherportamento soll als expressives Mittel und essenzieller Bestandteil der Ausdruckswelt romantischer Sinfonik wieder eingeführt werden. In seiner Einspielung der Brahms-Sinfonien mit dem Scottish Chamber Orchestra orientiert er sich an dokumentierten Hinweisen, wie Fritz Steinbach, ein von Brahms geschätzter Dirigent, die Sinfonien aufgeführt hat. Mit süffigen Portamenti lässt Mackerras Kantilenen aussingen, der Blechbläserklang hingegen wird kernig und schlank gehandhabt. An vortragsästhetischen Maximen des 19. Jahrhunderts ist auch Mackerras' Rubato orientiert: Dynamische Schweller im Kopfsatz der 4. Sinfonie von Brahms sind zugleich breiter im Tempo; in aufgeregten Passagen zieht er das Tempo zusätzlich an. Ein solch vitales Nachzeichnen musikalischer Spannungslinien zeigt sich auch live in Dvořáks 7. Sinfonie, die Mackerras mit dem Philharmonia Orchestra eingespielt hat (Signum 2008), oder in einem Rachmaninow-Programm mit dem Royal Liverpool Philharmonic Orchestra (die Aufnahme der 3. Sinfonie für Seraphim gehört, obgleich kaum bekannt, zu den einfühlsamsten Versionen überhaupt).

Von besonderer Bedeutung war für Mackerras die tschechische Musik, für die sich der fließend Tschechisch sprechende Dirigent beharrlich einsetzte – mit besonderer Vehemenz für Janáčeks Opern. Dessen Schaffen widmete sich der musikhistorisch versierte Dirigent auch editorisch; er zeichnet als Herausgeber von *Katja Kabanowa* verantwortlich. Mackerras' Erfolge auf Opernbühnen von Sydney über Wien bis London und San Francisco gingen nicht zuletzt auf sein uneitles und sängerfreundliches Dirigat zurück, das ihn auch zu einem umworbenen Recital-Partner für Bryn Terfel oder Renée Fleming werden ließ.

Tonträger
1966 PURCELL: *The Indian Queen* (Brown, Cantelo, Tear, Partridge, Keyte, St Anthony Singers, ECO; L'Oiseau-Lyre) ▪ **1969** DONIZETTI: *Roberto Devereux* (Sills, Ilosfalvy, Glossop, Wolff, Ambrosian Opera Chorus, Royal PO; Westminster) ▪ **1970** HÄNDEL: *Israel in Egypt* (Harper, Clark, Esswood, Young, Rippon, Keyte, Leeds Festival Chorus, ECO; DGG Archiv) ▪ **1982** JANÁČEK: *Jenůfa* (Söderström, Popp, Ochman, Dvorský, Randová, WPh; Decca) ▪ **1987** MENDELSSOHN: Sinfonie Nr. 4 »Italienische« / Ouvertüre & Bühnenmusik zu *Ein Sommernachtstraum* (OAE; Virgin) ▪ **1993** SULLIVAN: *The Pirates of Penzance* (Ainsley, Evans, Van Allan, Adams, Welsh National Opera; Telarc) ▪ **1997** BRAHMS: Sinfonie Nr. 1 [mit »Erstfassung« des Andante sostenuto] / *Akademische Festouvertüre* (Scottish CO; Telarc) ▪ **1997** DONIZETTI: *Lucia di Lammermoor* (Ford, Miles, Rost, Michaels-Moore, London Voices, The Hanover Band; Sony) ▪ **2001** DVOŘÁK: *Sinfonische Variationen / Scherzo capriccioso / Legenden* (Czech PO; Supraphon) ▪ **2007** MOZART: Sinfonien Nr. 38–41 (Scottish CO; Linn)

Bildmedien
1995 JANÁČEK: *Das schlaue Füchslein* (Allen, Jenis, Orchestre de Paris; Arthaus)

Editionen
Leoš Janáček, Katja Kabanowa, Wien 1992

Literatur
Nancy Phelan, Charles Mackerras. A Musicians' Musician, London 1987 [Beiträge von Sir Charles Mackerras] ▪ Nigel Simeone / John Tyrrell (Hrsg.), Charles Mackerras, Woodbridge 2015 [Bibliografie, Diskografie von Malcolm Walker und Konzertregister]

TOP

Maier, Franzjosef

1925 am 27. April in Memmingen geboren, wird er bereits mit dreizehn Jahren Gastschüler am Augsburger Konservatorium (Violine und Oboe) und kurz darauf Schüler des von den Nationalsozialisten initiierten Frankfurter Musischen Gymnasiums. Wilhelm Isselmann wird sein Geigenlehrer, bei Kurt Thomas, dem Begründer des Gymnasiums, erhält er Unterricht in Dirigieren und Komposition.

1944 wird Maier als Dozent an die Landesmusikschule Saarbrücken berufen. Nach Kriegsende beginnt er ein erneutes Studium an der Kölner Musikhochschule (Violine bei Hermann Zitzmann und Kurt Schäffer, in dessen Streichquartett er später mitwirkt). Im Jahr

1949 erhält er eine Dozentur für Violine an der Robert-Schumann-Hochschule in Düsseldorf.

1954 geht aus dem Collegium musicum des WDR (damals noch NWDR), zu dessen Mitbegründern Maier gehörte, die Cappella Coloniensis hervor. Die von den Ensembles verwendeten Darmsaiten werden zunächst noch auf moderne Instrumente aufgezogen.

1959 beruft die Staatliche Hochschule für Musik Köln Maier als Leiter einer Hochschulklasse für Violine, im Jahr 1964 gründet er dort das Seminar für Alte Musik. Er bildet u. a. Reinhard Goebel und Werner Ehrhardt aus.

1962 wird er Konzertmeister in dem von Alfred Krings und der Deutschen Harmonia Mundi gegründeten Projektensemble Collegium Aureum (CollA) – die Plattenhüllen erscheinen folgerichtig in goldener Farbgebung. Bis in die 1980er-Jahre hinein entstehen Aufnahmen eines Repertoires von Corelli bis Beethoven.

2014 stirbt er am 16. Oktober in Bergisch Gladbach.

Franzjosef Maier war in erster Instanz immer Geiger. Also leitete er das Collegium musicum des WDR und später das Collegium Aureum vom Konzertmeisterpult aus. Wenn jedoch Chöre hinzukamen, wie z. B. bei den Aufnahmen von Bach-Kantaten gegen Ende der 1950er-Jahre, erfolgte die Gesamtleitung durch die jeweiligen Chorleiter der hinzugezogenen Vokalensembles (diese Praxis wurde bei CD-Produktionen des Collegium Aureum oftmals beibehalten). Maier war stets ein kritischer Beobachter der Rekonstruktionsbewegung. Er ließ sich nie ganz auf den Interpretationsstil zum Beispiel Gustav Leonhardts oder Nikolaus Harnoncourts ein, sondern fand seinen eigenen Stil, indem er, von den hohen geigerischen Ansprüchen eines konzertierenden Solisten ausgehend, auch einige Merkmale des modernen Geigenspiels wie vor allem das Vibrato nie ganz scheute. Das bedeutete, dass Dynamik, Artikulation und Gestaltung der Einzeltöne in der moderaten Weise der zeitüblichen Kammerorchester eingesetzt wurden, was insgesamt einen glatten Klangstil erzeugt. Das Collegium Aureum mit Franzjosef Maier als leitendem Konzertmeister ist dabei in gewisser Weise stilistisch eine Fortsetzung der Cappella Coloniensis (zahlreiche Musiker spielten in beiden Ensembles), vom spieltechnischen Zugriff dieser jedoch weit überlegen, woraus sich seine zeitweilig sehr große Beliebtheit erklären lässt.

Tonträger
1963 STAMITZ [CARL]: Sinfonie Es-Dur / Konzert für Viola und Orchester D-Dur etc. (Ulrich Koch, CollA; DHM) ▪ **1969** BACH: Ouvertüren Nr. 1–4 (CollA; DHM) ▪ **1970** BACH [J. CHR.]: Londoner Sinfonien D-Dur op. 18 Nr. 4, D-Dur op. 18 Nr. 6 & g-Moll op. 6 Nr. 6 (CollA; DHM) ▪ **1972/74** BEETHOVEN: Klavierkonzert Nr. 4 / Tripelkonzert (Paul Badura-Skoda, Franzjosef Maier, Anner Bylsma, CollA; DHM) ▪ **1983** MOZART: Serenade Nr. 4 KV 203 / Marsch KV 237 (CollA; DHM)

Literatur
Alte Musik ist keine Mode [Interview mit Dieter Gutknecht], in: Concerto, Heft 5 (1985), S. 43–48 ▪ Thomas Synofzik u. a. (Hrsg.), 50 Jahre Alte Musik im WDR 1954–2004, Köln 2005

DGU

Malgoire, Jean-Claude

1940 am 25. November in Avignon geboren. Das Studium der Oboe am Conservatoire in Paris schließt er mit Auszeichnung im Jahr 1960 ab. Danach beginnt er zunächst eine Solistenkarriere.

1966 gründet er das auf historischen Instrumenten musizierende Ensemble La Grande Écurie et la Chambre du Roy (GÉ / CdR), dennoch gilt sein Interesse zunächst vor allem der zeitgenössischen Musik (vermutlich auch aus praktischen Gründen zur Absicherung seines Lebensunterhalts).

1968 gewinnt er als Instrumentalist den Ersten Preis beim Internationalen Wettbewerb in Genf.

1969 gründet er das Ensemble Florilegium de Paris, das sich auf die Aufführung der Musik vom Mittelalter bis zum beginnenden Barock konzentrierte.

1972 holt ihn Bruno Maderna als Solo-Oboisten in sein Ensemble européen de musique contemporaine. Oboe und Englischhorn spielt er – auf Einladung von Charles Munch – auch im 1967 neu gegründeten Orchestre de Paris wie (zuvor) in anderen Pariser Orchestern.

1974 führt er auf dem English Bach Festival Rameaus *Les Indes galantes* auf (ebenso 1978 dessen Oper *Hippolyte et Aricie*). In den folgenden Jahren konzentriert er sich auf seine Tätigkeit als Dirigent, LP-Produktionen (wie Händels *Rinaldo*) und Engagements an Opernhäusern in verschiedenen Ländern. Malgoire produziert mit La Grande Écurie über einhundert Aufnahmen, darunter zahlreiche Ersteinspielungen (zunächst vor allem für CBS).

1981 gründet er mit seinem Ensemble das bis heute aktive Atelier Lyrique de Tourcoing (als feste Institution insbesondere für Opernproduktionen).

1987–1998 leitet er das Centre de musique baroque de Versailles.

2001 führt er die Trilogie der Opern Monteverdis am Théâtre des Champs-Élysées auf.

Malgoire hat zweifelsohne mit seinen Ensembles, mit denen er Musik vom 11. bis zum 18. Jahrhundert zur Aufführung bringt, die Entwicklung der Alte-Musik-Szene in Frankreich und darüber hinaus stark beeinflusst. Sein Interesse an der Alten Musik wurde zunächst durch die Société de musique d'autrefois geweckt, die bereits 1925 von Geneviève Thibault Comtesse de Chambure gegründet worden war. Madame Thibault hatte eine umfangreiche Instrumenten-, Traktaten- und Musikaliensammlung zusammengetragen, die sie bereitwillig den Musikern zur Verfügung stellte. Spiritus Rector der Société war der Cembalist Antoine Geoffroy-Dechaume (ein Schüler von Arnold Dolmetsch), der 1964 eine Untersuchung mit dem Titel *Les Secrets de la musique ancienne* zur Musik des 16., 17. und 18. Jahrhunderts herausgab und damit sicherlich auch Malgoire beeinflusst hat.

Malgoires Musizierstil wird in zahlreichen Kritiken anfänglich als »draufgängerisch«, aber auch temperamentvoll und lebendig beschrieben, wobei des Öfteren die raue Spielqualität von La Grande Écurie bemängelt wurde. Da sich Malgoire in der Anfangszeit des Ensembles auf französische Musiker beschränken musste, die nur in geringer Anzahl das notwendige Spezialwissen besaßen, war eine solche Kritik zunächst durchaus verständlich. Malgoire hat sich mit seinem Ensemble als einer der Ersten an die Aufgabe gemacht, Werke des französischen Barock – von der geistlichen über die höfische Repräsentationsmusik bis zu den spektakulären Opern – auszugraben, zu erarbeiten und so letztendlich dem Musikleben zurückzugeben.

Tonträger
1973 RAMEAU: *Les Indes galantes* (Rodde, Tréguir, Yakar, Brewer, Ensemble Vocal Raphaël Passaquet, GÉ / CdR; CBS) ▪ 1977 HÄNDEL: *Rinaldo* (Cotrubaş, Watkinson, Esswood, Brett, GÉ / CdR; CBS / Sony) ▪ 1977 VIVALDI: Stabat mater RV 621 / Dixit Dominus RV 594 (Helen Watts, English Bach Festival Choir & Orchestra; CBS / Sony) ▪ 1986 CAMPRA: *Tancrède* (Le Roux, Dubosc, Le Maigat, The Sixteen, GÉ / CdR; Erato) ▪ 1998 PHILIDOR: *Carmen saeculare* (Cangemi, Gubisch, Litaker, Abete, Coro & Orchestra della Svizzera Italiana; Naxos) ▪ 2002 SALIERI: *Falstaff* (Pruvot, Haller, Edwards, Thébault, GÉ / CdR; Dynamic)

Bildmedien
1988 SALIERI: *Tarare* (Crook, Caleb, Lafont, Deutsche Händel-Solisten; Arthaus) ▪ 2003 HÄNDEL: *Agrippina* (Gens, Jaroussky, Perruche, Smith, GÉ / CdR; Dynamic)

Literatur
Virginie Schaefer-Kasriel, Jean-Claude Malgoire. 50 Ans de musiques et d'aventure [Diskografie von Noël Godts], Lyon 2005

DGU

Mälkki, Susanna

1969 am 13. März in Helsinki geboren. Ihr Dirigierstudium absolviert sie bei Jorma Panula, Eri Klas und Leif Segerstam. Als Solocellistin ist sie Mitglied der Göteborger Sinfoniker.
1999 Dirigate von Thomas Adès' Oper *Powder Her Face* in Helsinki bringen ihr internationale Anerkennung.
2002–2005 übernimmt sie als Chefdirigentin das Stavanger Symphony Orchestra.
2006 leitet sie die Uraufführung von Kaija Saariahos Oratorium über Simone Weil *La Passion de Simone* mit dem Klangforum Wien.
2006–2013 ist sie Leiterin des von Pierre Boulez gegründeten Ensemble Intercontemporain. Ihr Nachfolger wird der deutsche Komponist Matthias Pintscher.
2011 dirigiert sie als erste Frau an der Mailänder Scala (in der Uraufführung von Luca Francesconis *Quartett*). Im selben Jahr erhält sie die Pro Finlandia Medal, eine der höchsten Auszeichnungen des Landes.
2013 wird sie Erste Gastdirigentin des Gulbenkian Orchestra in Lissabon.
2016 übernimmt sie die Chefposition beim Helsinki Philharmonic Orchestra.

Die Selbstverständlichkeit von Susanna Mälkkis Präsenz im internationalen Konzertleben scheint immer noch der Erwähnung wert: Wie weit müsste man zurückgehen, um es für undenkbar zu halten, dass eine junge Finnin die Leitung des renommierten Pariser Ensemble Intercontemporain übernimmt (Mälkki kann jedoch beim Dirigat nicht nur zeitgenössischer Partituren ohne Taktstock in der Art der rhythmisch präzisen Handbewegungen wie eine Adeptin von Pierre Boulez erscheinen). Tatsächlich ist eine solche Dirigentenkarriere auch eine Abbildung des zeitgenössischen Komponierens. Frankreich und Finnland verbindet ein stärker als in Deutschland spürbarer Trend zu »spätromantischen Spektralklängen«: Erfahrungen der elektronischen Musik vereinen sich mit einer Bereitschaft zur direkten Kommunikation, sodass unzweifelhaft »neue« Klänge dennoch der tonalen Tonsprache angenähert scheinen. Die Musik ist wieder leichter zu hören, aber deswegen nicht unbedingt leichter zu dirigieren – und daher bleiben Analytiker ohne Allüren als Rollenfach heutiger Orchesterleitung gefragt. Der Preis (oder ein zusätzlicher Gewinn) dieses Pluralismus ist ein Verlust an Leitfiguren und Reizfiguren: Die einfachen Gegensatzpaare – wie in der guten alten übersichtlichen Zeit Schönberg gegen Strawinsky oder auch noch Stockhausen gegen Henze – fehlen dem gegenwärtigen Musikleben. Das bildet sich auch in Diskografien ab: Die Namen der Komponisten in Mälkkis Aufnahmen dürften häufig nur absoluten Insidern bekannt sein. Oder kennen Sie Uljas Pulkkis und Jukka Tiensuu? Deren aufgefächerte Klangwelten aber scheinen bei Mälkki in besonders starkem Maße auch für die Deutung der großen Namen des Konzertbetriebs relevant zu sein. In den von jedem Pathos eines Durchbruchs befreiten Klavierarpeggien in Mahlers »Um Mitternacht« kann man das auch schon auf CD hören; ansonsten darf man es bei Debussy oder Sibelius im Konzert erleben, wie Mälkki in den Partituren einzelne Klangstränge als Aktionsträger isoliert, sodass die analytische Durchhörbarkeit in guter französisch-finnischer Tradition vornehmlich auch als Zugewinn an farblicher Differenzierung aufgefasst wird.

Tonträger
2005 PULKKIS: *Enchanted Garden / Symphonic Dalí / Flötenkonzert* (Jaakko Kuusisto, Sharon Bezaly, Stavanger SO; BIS) ▪ 2005 TIENSUU: *Alma II: Lumo / Alma III: Soma / Mood / Mind* [Klavierkonzert] (Juhani Lagerspetz, Tampere PO; Alba) ▪ 2007/09 JODLOWSKI: *Drones / Barbarismes* (Ensemble Intercontemporain; Kairos) ▪ 2007/10 MAHLER: *Lieder eines fahrenden Gesellen / Kindertotenlieder / Rückert-Lieder* (Katarina Karnéus, Göteborg SO; BIS) ▪ 2012 RIJNVOS: *Antarctique* / SAARIAHO: *Circle Map* (Arshia Cont, Concertgebouworkest; RCO Live)

JCA

Markevitch, Igor

1912 am 27. Juli in Kiew geboren; die Familie übersiedelt 1914 nach Paris, später in die Schweiz.

1926 Alfred Cortot als sein Entdecker, Nadia Boulanger als Lehrerin und später Sergej Diaghilew als kurzzeitiger Mentor, dessen Tod Markevitch tief trifft, fördern seine Karriere als Pianist und Komponist.

1930 tritt er erstmals als Dirigent auf (mit dem Concertgebouworkest) und unterhält in den Folgejahren Beziehungen zu Pierre Monteux, Willem Mengelberg und Hermann Scherchen. Er dirigiert zunächst vornehmlich seine eigenen Werke und erst 1938 ein vollständiges Konzertprogramm.

1933 Die konzertante Uraufführung seines für Serge Lifar geschriebenen Meisterwerks *L'Envol d'Icare* erfolgt durch Roger Désormière. 1938 spielt er selbst das Werk mit dem Belgischen Nationalorchester ein.

1936 Markevitch heiratet in erster Ehe Kyra, die Tochter Nijinskys, seine zweite Ehe mit Topazia Caetani geht er 1947 ein (ihr entstammt der Dirigent Oleg Caetani).

1943 Nach einer schweren Lebenskrise schließt er sich dem italienischen Widerstand an und gibt das Komponieren auf. Er beginnt seine Karriere als Dirigent im folgenden Jahr beim Maggio Musicale in Florenz. Seine Reputation in diesem Metier wächst durch die regelmäßig bei den Salzburger Festspielen durchgeführten Dirigierkurse (ab 1950). Ebenso trägt seine erste Einspielung von *Le Sacre du printemps* im Jahr 1951 mit dem Philharmonia Orchestra (PhO) zu seiner Bekanntheit entscheidend bei.

1954 scheitert das geplante Engagement für den *Tannhäuser* in Bayreuth.

1957 Markevitch tritt beim Orchestre des Concerts Lamoureux die diskografisch fruchtbarste seiner stets nur für wenige Jahre ausgeübten Chefpositionen an (in deren Liste sich u. a. Havanna, Montréal, Madrid, Monte Carlo und Rom finden).

1978 beginnt eine Wiederbeschäftigung mit den eigenen Kompositionen, die u. a. eine Neuveröffentlichung seiner Partituren bei Boosey & Hawkes zur Folge hat.

1983 stirbt er am 7. März in Antibes.

Von den rein analytischen Dirigenten hat Igor Markevitch sicherlich die suggestivsten Augen. Während seine Aura als Interpret dem Bild des asketisch-enigmatischen Pultmagiers durchaus entsprach, musste seine klangästhetische Haltung in den 1950er-Jahren als Traditionsbruch erscheinen. Auch die Werke hatten nun asketischen Idealen zu gehorchen und verloren in Markevitchs stecknadelscharfen Modellierungen des Notentexts alles irrational Enigmatische.

Zu diesem Zeitpunkt hatte Markevitch eine erste Karriere bereits hinter sich: Das Lebensjahrzehnt, in dem Dirigenten sonst als Korrepetitoren Fronarbeit ableisten, verbringt er als gefeierter Komponist, zu dessen Bewunderern u. a. Hermann Scherchen und Béla Bartók gehörten. Eine Einspielung seiner Orchesterwerke (Marco Polo / Naxos) profitiert von Christopher Lyndon-Gees Verständnis für Markevitchs aufgeraute Klangschichtungen, wäre aber durch Deutungen von Spitzenorchestern zu ergänzen. Die Gründe für Markevitchs spätere Verleugnung seiner eigenen Werke sind unklar (auch da er selbst sie offenkundig unklar belassen wollte). Spuren seiner Kompositionen bleiben allerdings in seiner Dirigierhaltung allgegenwärtig: So ist für ein polytonales Werk die Trennung verschiedener Instrumentalregister unabdingbar, und genau diese Trennung bestimmt auch den Orchesterklang des Dirigenten Markevitch (ebenso wie die miteinander verschachtelten und unabhängig voneinander verlaufenden motorischen Rhythmusschichten).

Markevitch gelingt es generell, einen Eindruck erhöhter rhythmischer Intensität zu erzielen, indem er vor allem auf der Ebene kleinerer Takteinheiten (nicht aber in der oftmals beinahe altmodisch wirkenden Formgestaltung) die dynamischen und tempomäßigen Retardierungen der Phrasenenden unterdrückt. Diese durchgehaltene (Tempo-)Spannung ist eines seiner Kennzeichen – zum Beispiel in Roussels *Bacchus et Ariane* oder in Ravels *La Valse*, wo die Blechbläser-Einwürfe und deren dynamische Abstufungen überaus markant abgebildet werden, während die glitzernde Streichereleganz sehr in den Hintergrund gerückt scheint.

Markevitch ist hier wie andernorts ein Dirigent der »permanenten Stretta«. Durch eine solche parataktische Konzeption macht sich sein Klangverständnis vom Paradigma der organischen Entwicklungsform unabhängig, sodass Markevitch als unübertroffener Dirigent gerade von Suiten und Ballettpartituren gelten darf. Schon früh als »zweiter Igor« bezeichnet, verbindet Markevitch mit Strawinsky vor allem die zugleich aristokratische und inklusionistische Grundhaltung: Er dirigiert nicht nur die *Krönungsmesse* Mozarts, sondern auch das Requiem Cherubinis, nicht nur die Sinfonien von Brahms, sondern auch die *Sinfonie singulière* von Franz Berwald. Dennoch bleibt mit *Le Sacre du printemps* ein einzelnes Werk seine Visitenkarte: Auffällig ist, dass Markevitch die kontrametrischen Akzente gerade nicht hervorhebt. Er orientiert sich und seine Orchester stattdessen an den regulär durchpulsenden Stimmen und ergänzt diese durch lang ausgehaltene Fermaten und Trillermotive, sodass der »erdtönige« Klang der Introduktionsteile in den Allegro-Sektionen bewahrt bleibt. In den überlieferten Interpretationen – was dem Philharmonia Orchestra in der frühen Mono-Einspielung an purer Frenetik fehlt, wird in der Stereo-Neueinspielung aus dem Jahr 1959 nachgeholt – tritt stets jene Schönheit der Kontrolle hervor, die Theodor W. Adorno offenkundig an den Kompositionen Strawinskys ängstigte (und ihn dazu verleitete, in einer später gestrichenen Fußnote seiner *Philosophie der neuen Musik* in Bezug auf die Kompositionen Markevitchs von einer faschistischen Ästhetik zu sprechen).

Anders aber als Strawinsky grenzt Markevitch das Kernrepertoire der deutschen Romantik nicht aus. Sein Buch über die Beethoven-Sinfonien ist dabei gegenüber demjenigen Felix Weingartners schlichtweg dicker: Zeugnis eines ebenso ernsthaften wie systematischen Umgangs mit interpretatorischen Entscheidungen, wobei seine Metronomvorschläge den Tempounterschied zwischen langsamer Einleitung und Allegro herausstreichen und keineswegs nur analytisch-werktreu argumentiert wird. Aristokratisch hält Markevitch an einem strikten Begriff musikalischer Ordnung fest, die der Dirigent bereits in sich tragen müsse, um sie dann auf den Orchestermusiker zu übertragen (eine Formulierung, die ebenso von den Ghostwritern Strawinskys stammen könnte). Den Komponisten und den Dirigenten Markevitch verbindet eine »Ästhetik der Kälte«, die jene Rezeptionshaltung hervorrufen kann, die den Künstler bewundert, aber niemals liebt (vor allem in seinen Tschaikowsky-Aufnahmen tritt eine oft ganz rücksichtslose Brutalisierung des Klangs hervor). Markevitchs spätere Neuerfindung als Orchesterpädagoge, der nach Ensembles zu suchen schien, die nicht zur internationalen Spitze gehörten und denen er allesamt denselben trockenen Klang einprägt, besaß auch kompensatorische Züge. Markevitch war ein Kind der 1920er-Jahre, deren antiromantische Ausrichtung und gemeinschaftsorientiertes Musizierideal er tief verinnerlicht hatte. Dabei scheint er als Komponist zu früh geboren und als Dirigent ein Spätberufener, der nun wiederum zu früh vergessen zu werden droht.

Tonträger
1951 STRAWINSKY: *Le Sacre du printemps* (PhO; HMV / Testament) ▪ **1954** SCHUBERT: Sinfonien Nr. 3 & 4 »Tragische« (BPh; DGG) ▪ **1955** BERWALD: Sinfonien Nr. 3 »Sinfonie singulière« & 4 (BPh; DGG) ▪ **1955** HAYDN: *Die Schöpfung* (Seefried, Holm, Borg, Chor der St. Hedwigs-Kathedrale Berlin, BPh; DGG) ▪ **1959** TSCHAIKOWSKY: *Der Nussknacker* [Suite] / *Romeo und Julia* (PhO; Columbia / Testament) ▪ **1960** MOZART: Klavierkonzerte Nr. 20 d-Moll KV 466 & 24 c-Moll KV 491 (Clara Haskil, Orchestre Lamoureux; Philips) ▪ **1961** BERLIOZ: *Symphonie fantastique* (Orchestre Lamoureux; DGG) ▪ **1962** STRAWINSKY: *Histoire du soldat* (Cocteau, Ustinov, Fertey; Philips) ▪ **1965/66** TSCHAIKOWSKY: Sinfonien Nr. 1–3 (London SO; Philips)

Kompositionen
L'Envol d'Icare [Fassung für zwei Klaviere und Schlagzeug] etc. (Lyndon-Gee, Lessing; Largo 1993) ▪ *Le Nouvel Âge* / *Cinéma*-Ouvertüre / *Sinfonietta in F* (Arnhem PO, Christopher Lyndon-Gee; Marco Polo / Naxos 1995/96) ▪ *Psaume* (Elena Prokina, Münchner Rundfunkorchester, Peter Rundel; Hänssler 2003)

Bearbeitungen
BACH: *Das musikalische Opfer* (ONRF; EMI 1956)

Schriften
Être et avoir été, Paris 1980 [Autobiografie] ▪ *Die Sinfonien von Ludwig van Beethoven. Historische, analytische und praktische Studien*, Leipzig 1983

Literatur
Point d'Orgue. Entretiens d'I. Markevitch avec Claude Rostand, Paris 1959 ▪ Josef Heinzelmann (Hrsg.), *Igor Markevitch*, Bonn 1982 [Werkverzeichnis und autorisierte Chronologie] ▪ Jörg Hillebrand, *Igor Markevitch. Leben, Wirken und kompositorisches Schaffen*, Kassel 2000 [Verzeichnis weiterer Schriften und Literatur]

JCA

Marriner, Neville

1924 am 15. April im englischen Lincoln geboren; seinen ersten Geigenunterricht erteilt dem Fünfjährigen sein Vater, ein Zimmermann, der auch den örtlichen Kirchenchor leitet. Der begabte Jugendliche erhält ein Stipendium für das Royal College of Music in London.

1943 wird er als Soldat eingezogen und im folgenden Jahr während einer Aufklärungsmission verwundet. Nach Kriegsende setzt er sein Violinstudium in London fort und vervollkommnet sich bei René Benedetti am Conservatoire National Supérieur in Paris.

1949 wird er Violinprofessor am Royal College of Music. Er beschäftigt sich zunehmend mit Barockliteratur.

1956 wird er Stimmführer der Zweiten Violinen beim London Symphony Orchestra (bis 1968).

1959 erfolgt am 13. November das erste öffentliche Konzert der im Jahr zuvor gegründeten Academy of St Martin in the Fields (ASMF).

1969–1978 ist er Music Director des neu gegründeten Los Angeles Chamber Orchestra.

1979 wird er mit dem Titel Commander of the British Empire ausgezeichnet. Im selben Jahr beruft ihn das Minnesota Orchestra als Music Director (vormals Minneapolis SO; Marriner bleibt dort bis 1986).

1983–1989 ist er Chefdirigent beim Radio-Sinfonieorchester Stuttgart.

1985 wird er von Queen Elizabeth II. in den Adelsstand erhoben.

1995 zeichnet ihn der französische Staat mit dem Ordre des Arts et des Lettres aus.

2011 tritt Sir Neville nach 53 Jahren von der Leitung der Academy of St Martin in the Fields zurück (sein Nachfolger wird Joshua Bell), bleibt dem Orchester aber als Gastdirigent und als Lifetime President verbunden.

Zuweilen scheint es, als beginne der Reifeprozess eines Dirigenten in einem Alter, in dem ein Normalarbeitender sein Berufsleben bereits beendet hat. Auch Neville Marriner scheint eine ewige dirigentische Jugend gepachtet zu haben. Seine unverwüstlich frische Musizierhaltung ist jedoch nicht auf einen »Teufelspakt« zurückzuführen, denn alles Dämonische ist Sir Neville fremd und seinem offenen Wesen nicht angemessen: Sein Lebenselixier ist die entspannte Freude am aktiven Musikmachen.

Marriners überbordende Tonträgerpräsenz und jahrzehntelang ausgeübte Leitungsfunktion an der Spitze der Academy of St Martin in the Fields überdecken jedoch seinen musikalischen Werdegang und seine dirigentische Entwicklung: Marriner begann seine Karriere als Geiger, entwickelte sich im Kammerorchester aus der Position eines Primus inter Pares – etwa in einer kammermusikalisch besetzten Aufnahme von Mendelssohns Oktett (Decca 1967) – zum Dirigenten und machte daneben und danach noch eine höchst beachtenswerte internationale Karriere als Chefdirigent und Gast großer Sinfonieorchester.

Dabei hat sich diese ansteigende Lebens- und Leistungskurve bei aller Zielgerichtetheit harmonisch ergeben, war niemals karrieristisch intendiert. Die Gründung der Academy entsprang, wie Marriner berichtet, sogar einem Zufall: Londoner Musiker, die eine ähnliche Klang- und Stilvorstellung verband, trafen sich über zwei Jahre regelmäßig in Marriners Wohnzimmer, um ohne den Zeitdruck des Londoner Orchesterlebens und nur zum eigenen Vergnügen Musik zu machen. Als vom Cembalisten, im Brotberuf Organist an der Londoner Kirche St Martin-in-the-Fields, die Idee eines öffentlichen Konzerts vorgebracht wurde, stieß dies zunächst auf Ablehnung. 1958 kam es dann in der markanten Kirche am Trafalgar Square doch zu ersten Auftritten des Ensembles nach dem Evensong, der gesungenen Abendandacht. Der Erfolg war groß, und als kurz darauf Louise Hanson-Dyer, eine musikbegeisterte australische Mäzenin und Besitzerin eines eigenen Noten- und Schallplattenverlags, eine für die BBC entstandene Aufnahme anhörte, bot sie Marriner einen Vertrag bei ihrem Label L'Oiseau-Lyre an. Dies war der Beginn einer ungeheuren Erfolgsgeschichte: In den folgenden mehr als fünf Jahrzehnten hat Marriner hauptsächlich mit der Academy, aber auch mit anderen Orchestern über 600 Schallplatten und CDs (mit etwa 2000 Werken) aufgenommen; übertroffen wird Marriners Gesamtmenge an verkauften Tonträgern nur durch Herbert von Karajan. An der Spitze der Academy hat Marriner Beginn und Anwachsen der historisch informierten Aufführungspraxis erlebt, die maßgeblich von England ausging. Marriner war aber nie interessiert an der Rekonstruktion historisch realer Klangmöglichkeiten, sondern immer auf der Suche nach dem idealen Klang, wie ihn sich Bach oder Mozart vorgestellt haben könnten.

Hatte Marriner die ersten Aufführungen der Academy nach barocker und frühklassischer Manier vom Konzertmeisterpult aus geleitet, so setzte sich bald die Erkenntnis durch, dass er sich für größer besetzte Werke oder das Kantaten- und Oratorienrepertoire auf eine reine Dirigententätigkeit konzentrieren müsse. Das dafür notwendige Handwerkszeug lernte Marriner beim seinerzeitigen Chefdirigenten des London Symphony Orchestra, dem französischen Altmeister Pierre Monteux. Im Jahr 1979 übernahm Marriner seine erste renommierte Chefposition beim traditionsreichen Minneapolis Symphony Orchestra, wo er die Reihe europäischer Chefdirigenten fortsetzte. Parallel begann Marriners Tätigkeit beim Stuttgarter Rundfunk, wo er zunächst als Erster Gastdirigent neben Sergiu Celibidache amtierte. Im Jahr 1983 wird er Chefdirigent und eröffnete dem Radio-Sinfonieorchester Stuttgart – nach dem Medienverweigerer Celibidache – eine hohe Präsenz auf dem Tonträgermarkt. Aber auch in musikalischer Hinsicht war dieser Übergang bemerkenswert: Das zeitweilige Nebeneinander zweier kontrastierender dirigentischer Temperamente bescherte den Stuttgarter Musikern und ihrem Publikum spannende Klangexperimente in höchst gegensätzlichen Interpretationen – hier der Magier Celibidache, dessen komplexe Interpretationen oft am unteren Rand der dynamischen Skala rangierten und dessen langsame Tempi die Musik mitunter dickflüssig gerinnen ließen, dort der lustbetonte Musizierer Marriner, bei dem das Orchester befreit und engagiert aufspielen konnte.

Ein Charakteristikum von Marriners Aufnahmen sind ihre federnd raschen, aber nie überhetzten Tempi (hinzu kommen orchestrale Durchhörbarkeit und instrumentale Transparenz). So befeuert nicht nur seine hochgelobte *Figaro*-Aufnahme die »comédie humaine« von Mozarts Menschenmusik, sondern Mozarts in instrumentale Form gegossene Operndramatik findet ihren gestalthaften Ausdruck ebenso in der Orchesterbegleitung der Klavierkonzerte mit Alfred Brendel (Marriners Gabe, Mozarts rasche musikalische Charakterwechsel quasi als Personenregie zu gestalten, vermittelt sich besonders zwingend in der »theatralischen« Einleitung des C-Dur-Konzerts KV 467). Ähnliches Bühnenflair vermitteln auch Rossinis Streichersonaten, die in ihrer Ausgeglichenheit von orchestraler und solistischer Präsenz das Ideal der Academy verkörpern: das Aufgehen von virtuosen Einzelleistungen in einem Gesamtensemble. Marriners vielleicht wirkmächtigste Aufnahme ist allerdings kein reiner Tonträger, sondern ein Film-Soundtrack: Marriner konzipierte und dirigierte die Mozart-Werkausschnitte für Peter Shaffers und Miloš Formans *Amadeus* (1984). In der Überschau auf Sir Nevilles langes und reiches musikalisches Leben scheint es, als sei er selbst auch ein Liebling der Götter.

Tonträger
1964 HÄNDEL: Concerti grossi op. 3 (ASMF; Argo/Decca) ▪ 1966/68 ROSSINI: Streichersonaten Nr. 1–6 (ASMF; Argo) ▪ 1970–1984 MOZART: Klavierkonzerte Nr. 5–27 (Alfred Brendel, ASMF; Philips) ▪ 1971 BACH: *Brandenburgische Konzerte* Nr. 1–6 (ASMF; Philips) ▪ 1975 RESPIGHI: *Antiche arie ed danze per liuto* [Suiten Nr. 1–3] (Los Angeles CO; EMI) ▪ 1982 GRIEG: Bühnenmusik zu *Peer Gynt* (Lucia Popp, Ambrosian Singers, ASMF; EMI) ▪ 1985 MOZART: *Le nozze di Figaro* (Raimondi, Popp, Hendricks, van Dam, Baltsa, ASMF; Philips) ▪ 1987 TSCHAIKOWSKY: Orchestersuiten Nr. 1–4 (RSO Stuttgart; Capriccio) ▪ 1989 WALTON: Filmmusiken zu *Hamlet / As You Like It* [Arrangement: Palmer] (Gielgud, Bott, ASMF; Chandos) ▪ 1991 CHERUBINI: Ouvertüren: *Anacréon / Médée / Concert Overture* etc. (ASMF; EMI)

Bildmedien
1983 MENDELSSOHN: Sinfonie Nr. 4 »Italienische« / BRITTEN: *Les Illuminations* etc. (Anthony Rolfe Johnson, ASMF; ICA)

Literatur
Philip Stuart, Marriner and the Academy. A Record Partnership. Discographies, London 1999 ▪ Christian Tyler, Making Music. Neville Marriner and the Academy of St Martin in the Fields, Norwich 2009

MIS

Martinon, Jean

1910 am 10. Januar in Lyon geboren, beginnt er seine musikalische Ausbildung bereits 1923 zunächst am Konservatorium seiner Heimatstadt.
1926 zieht er nach Paris, um am dortigen Conservatoire Violine (bei Jules Boucherit), Komposition (bei Albert Roussel und Vincent d'Indy) und Dirigieren (bei Roger Désormière und Charles Munch) zu studieren. In den folgenden Jahren tritt er vor allem als Geiger in Erscheinung, gibt aber noch vor Kriegsausbruch sein Debüt als Dirigent (mit eigenen Kompositionen).
1940–1941 entstehen während einer zweijährigen Kriegsgefangenschaft zahlreiche Werke in den verschiedensten Gattungen und Besetzungen: Martinons rund 120, im Wesentlichen bis 1965 entstandene Kompositionen zeigen zum einen deutlich die französischen Vorbilder Debussy, Ravel oder Roussel, während sie zum anderen in ihrer rhythmischen Verve auch Einflüsse Strawinskys, Prokofjews und Bartóks verraten.
1944 Nach der Befreiung Frankreichs geht Martinon zunächst als Kapellmeister nach Bordeaux, leitet aber daneben auch in Paris die Orchester der Concerts Colonne und der Concerts Pasdeloup. Zudem arbeitet er als Assistent Charles Munchs mit dem Orchestre de la Société des Concerts du Conservatoire (OSCC).
1946–1948 ist er Associate Conductor des London Philharmonic Orchestra, ebenso dirigiert er
1947–1950 regelmäßig das (heutige) RTÉ National Symphony Orchestra in Dublin.
1951–1957 übernimmt er das Orchester des Concerts Lamoureux (in der Nachfolge Eugène Bigots) und
1957–1959 das Israel Philharmonic Orchestra.
1960–1965 wirkt Martinon (zeitweise auch als Generalmusikdirektor) in Düsseldorf.
1963–1968 folgt er Fritz Reiner als Chefdirigent des Chicago Symphony Orchestra nach und übernimmt anschließend die Leitung des Orchestre National de la Radio-Télévision Française (ONRTF; 1968–1973).
1974 wird er Chefdirigent des Residentie Orkest Den Haag.
1976 stirbt er am 1. März in Neuilly-sur-Seine.

Trotz seines weitgespannten Repertoires – z. B. als Mahler-Dirigent (und erster französischer Preisträger der »Médaille Gustav Mahler«) – war und bleibt Jean Martinons größtes Verdienst sein Einsatz für die französische Musik des 19. und frühen 20. Jahrhunderts. Ähnlich wie seine Lehrer Roger Désormière und Charles Munch engagierte er sich für ein Repertoire, das in den 1960er- und 1970er-Jahren im internationalen Musikleben noch ziemlich vernachlässigt wurde. Das zeigt sich auch an den vielen Erstaufnahmen, die er realisiert hat – etwa der beiden Jugendsinfonien von Camille Saint-Saëns, der *Fantaisie* für Klavier und Orchester von Debussy (mit Aldo Ciccolini) oder der *Shéhérazade*-Ouvertüre von Ravel.

Vergleicht man Martinons Debussy- und Ravel-Aufnahmen mit denen von André Cluytens, Charles Munch oder Paul Paray, so wirken sie oft zurückhaltender, gleichsam »diskreter«, sind aber zugleich von ähnlichem Klangsinn und von jener für die französische Musik so typischen »clarté« getragen; präzise und federnde Rhythmik und ein sicheres Gespür für musikalische Bögen und Phrasierungen widerlegen nachdrücklich das Vorurteil »impressionistisch« dahingetupfter Konturlosigkeit. Diese Haltung zeigt sich auch in Martinons Körpersprache: Der lange Taktstock weicht nie von der geraden und klaren Linienführung ab, die Einsätze der linken Hand sind sparsam, aber genau, die Intensität entspringt einer souveränen Disziplin.

Tonträger
1958 BERLIOZ: Ouvertüren: *Béatrice et Bénédict / Benvenuto Cellini / Le Carnaval romain / Le Corsaire* etc. (OSCC; Decca) ▪ 1964 RAVEL: *Daphnis et Chloé* [Suite Nr. 2] / ROUSSEL: *Bacchus et Ariane* [Suite Nr. 2] (Chicago SO; RCA) ▪ 1972–1975 SAINT-SAËNS: Sämtliche Sinfonien [Sinfonien Nr. 1–3 / Sinfonie »Urbs Roma« / Sinfonie A-Dur] (ONRTF; EMI / Brilliant) ▪ 1973/74 BERLIOZ: *Symphonie fantastique / Lélio* (Topart, Gedda, Chœur & ONRTF; EMI) ▪ 1973/74 DEBUSSY: Sämtliche Orchesterwerke (ONRTF; EMI / Brilliant) ▪ 1974 RAVEL: Sämtliche Orchesterwerke (Orchestre de Paris; EMI)

Kompositionen
Sinfonie Nr. 4 »Altitudes« (Chicago SO; RCA 1967)

MST

Masur, Kurt

1927 am 18. Juli in Brieg (heute: Brzeg, Polen) geboren.
1942–1944 erhält er Klavier- und Cellounterricht an der Landesmusikschule in Breslau. Nach dem Notabitur wird er zum Kriegsdienst an der Westfront eingezogen.
1946–1948 studiert er an der Leipziger Musikhochschule (u. a. Dirigieren bei Heinz Bongartz). Es folgen erste Anstellungen als Kapellmeister und Repetitor am Landestheater in Halle an der Saale (1948–1951) und an den Stadttheatern in Erfurt (1951–1953) und Leipzig (1953–1955).
1955–1958 wird er von seinem Lehrer Bongartz als Zweiter Dirigent der Dresdner Philharmonie verpflichtet.
1958–1960 ist er Generalmusikdirektor am Mecklenburgischen Staatstheater in Schwerin.
1960–1964 ist er Generalmusikdirektor an der Komischen Oper Berlin. Dort kommt es zur Zusammenarbeit mit dem Regisseur Walter Felsenstein.
1967 Dirigate des *Lohengrin* in Venedig eröffnen ihm verstärkt Möglichkeiten zu internationalen Auftritten.
1967–1972 ist er nun Chefdirigent der Dresdner Philharmonie.
1970–1997 übernimmt er die traditionsreiche Stelle des Gewandhauskapellmeisters in Leipzig.
1975 wird er Professor an der Leipziger Hochschule für Musik »Felix Mendelssohn Bartholdy«.
1976 beginnt der auf zwei Jahre angelegte Zyklus der Aufführung aller Sinfonien Beethovens und Schostakowitschs in Leipzig.
1989 verleiht ihm die Stadt Leipzig aufgrund seiner politischen Mittlerrolle die Ehrenbürgerschaft.
1990 nach dem Tod Herbert von Karajans leitet er einmalig die Salzburger Osterfestspiele.
1991–2002 fungiert er als Chefdirigent des New York Philharmonic Orchestra.
1992 wird er zum Honorary Guest Conductor des Israel Philharmonic Orchestra ernannt.
2000–2007 übernimmt er das London Philharmonic Orchestra und zusätzlich
2002–2008 die musikalische Direktion des Orchestre National de France in Paris.
2012 Masur informiert die Öffentlichkeit darüber, dass er schon seit einigen Jahren an Parkinson erkrankt ist.

Kurt Masurs Wirken ist untrennbar mit der Stadt Leipzig verbunden. Zum einen ist es auch seiner Initiative zu verdanken, dass das Orchester, das seit 1943 keine eigene Spielstätte mehr hatte (sie wurde im Zweiten Weltkrieg weitgehend zerstört), 1981 in einen Neubau des Gewandhauses einziehen konnte. Zum anderen ist Masurs Einsatz zur Zeit des revolutionären Umbruchs in der DDR im kollektiven Gedächtnis geblieben. Masur ließ damals das Gewandhaus öffnen, um – wie in den Kirchen – politische Diskussionen zu ermöglichen. Mit anderen prominenten Bürgern der Stadt Leipzig setzte er sich in einem öffentlich verlesenen Aufruf für einen Verzicht auf Gewalt ein und trug so dazu bei, dass die Ereignisse einen friedlichen Verlauf nahmen. Dieses Verhalten und sein Einsatz für politisch heikle Musik wie die 13. Sinfonie von Dimitri Schostakowitsch oder auch die Uraufführung der 3. Sinfonie von Alfred Schnittke in Leipzig (1981) lassen auf eine liberale Grundhaltung schließen. Allerdings sind von Masur auch irritierend autoritäre Kraftausbrüche überliefert. So berichtet Hartmut Behrsing, der als Posaunist an der Komischen Oper in Berlin arbeitete, dass Masur meinte, ihm – in einer »Standpauke« vor versammeltem Chor und Orchester – untersagen zu müssen, auch als Jazzmusiker aufzutreten. Anderseits schrieb

Masur ein freundliches Vorwort zu einem in der DDR erschienenen Buch über die Beatles.

Irritieren kann auch die Kluft zwischen der öffentlichen Anerkennung und unbestrittenen internationalen Reputation des Dirigenten Kurt Masur und dem häufig eher skeptischen Blick der Rezensenten auf seine Einspielungen des klassisch-romantischen Standardrepertoires. So sehr sich viele der Einspielungen Masurs durch Gediegenheit auszeichnen und so sehr sie von klanglicher Wärme getragen sind, scheint Masur doch einer Klangästhetik zu folgen, der es bisweilen an Schärfe und Akzentuiertheit fehlt. Ein Beispiel hierfür liefert die Ouvertüre zu Mendelssohns *Paulus*, in der auf den rein instrumental ausgeführten Choral »Wachet auf, ruft uns die Stimme« eine Fuge folgt, deren neues Thema im weiteren Verlauf mit dem Choral kombiniert wird: Masur scheint hier alle Ecken und Kanten glätten zu wollen; soll sich allerdings gerade die Figur des Paulus, eine von inneren Widersprüchen und Konflikten zerrissene Persönlichkeit, im Gestus der Musik spiegeln, so würde die Interpretation durchaus eine stärker forcierte Dynamik und eine impulsivere Tonsprache erlauben.

Eine Erklärung dafür, dass auch Masurs Beethoven- und Bruckner-Zyklen einen ähnlich »mittelklassigen« Eindruck hinterlassen, könnte darin liegen, dass Masur eine Ästhetik vertritt, die bestimmte Verschiebungen des Geschmacks nicht mitvollzogen hat. In einem homogenen Gesamtklang wird die Musik eher als solides Gesamtbild und weniger als detailbezogene Erzählung aufgefasst. Masur verkörpert als Dirigent in gewisser Weise die konservative kompositorische Tradition einer Leipziger Schule: Einige klischeehafte Vorwürfe gegen die »mittlere« Musik des 19. Jahrhunderts treffen auf seine Einspielungen zu. Die »unproblematischen« Mittelsätze überzeugen am stärksten, und die – bei Masur häufig überaus laut und wuchtig polternden – affirmativen Schlüsse überdecken auch ein wenig die vorherige Kontrastarmut. Eine für seine Generation typische Eigenschaft prägt sich auch seinen Interpretationen auf: Die Musik soll keine Schwäche zeigen. Seine stärksten Momente hat Masur demzufolge dort, wo mit diesem Gestus unterstellte Schwächen der Kompositionen widerlegt werden können, die oft deren Rezeptionsgeschichte negativ bestimmt haben: in den Sinfonien und Konzertstücken von Max Bruch, in den weniger bekannten Sinfonischen Dichtungen Franz Liszts oder in Mendelssohns *Reformationssinfonie*.

Tonträger

1969 TSCHAIKOWSKY: Sinfonie Nr. 2 »Kleinrussische« (Dresdner Philharmonie; Berlin Cl) • 1971 MENDELSSOHN: Streichersinfonien Nr. 1–12 (Gewandhausorchester; Berlin Cl / Brilliant) • 1972 BEETHOVEN: *Missa solemnis* (Tomowa-Sintow, Burmeister, Schreier, Polster, Rundfunkchor Leipzig, Gewandhausorchester; Berlin Cl) • 1976 SCHUMANN: *Genoveva* (Moser, Schreier, Fischer-Dieskau, Schröter, Lorenz, Rundfunkchor Berlin, Gewandhausorchester; Berlin Cl) • 1979 LISZT: *Ce qu'on entend sur la montagne / Die Ideale / Festklänge* (Gewandhausorchester; EMI) • 1982 STRAUSS: *Vier letzte Lieder / Orchesterlieder* (Jessye Norman, Gewandhausorchester; Philips) • 1983/88 BRUCH: Sinfonien Nr. 1–3 (Gewandhausorchester; Philips) • 1989 MENDELSSOHN: Sinfonien Nr. 1 & 5 »Reformationssinfonie« (Gewandhausorchester; Teldec) • 1990 MUSSORGSKY: *Bilder einer Ausstellung* [Orchestration: Gortschakow] (London PO; Teldec) • 1996 WEBER: Klarinettenkonzerte Nr. 1 & 2 (Sharon Kam, Gewandhausorchester; Teldec) • 1997 DVOŘÁK: Violinkonzert (Maxim Vengerov, New York PO; Teldec)

Bildmedien

1969 VERDI: *Othello* [dt.] (Nocker, Noack, Bauer, Komische Oper Berlin; Arthaus) • 2009 MENDELSSOHN: Sinfonie Nr. 3 »Schottische« / Klavierkonzert Nr. 1 (Yuja Wang, Verbier FO; IdéaleAudience)
Kurt Masur – Eine Geburtstagsgala. Präsentiert von Harald Schmidt (Gewandhausorchester; EuroArts 1997)

Schriften

Autograph und Druck: Ludwig van Beethoven: IX. Sinfonie – ein Vergleich zwischen Autograph, Abschrift (Dedikationsexemplar für König Friedrich Wilhelm III.) und der gedruckten Partitur Edition Peters, in: Musik und Gesellschaft 18 (1968), S. 239–245

Literatur

Dieter Härtwig, Kurt Masur. Für Sie porträtiert, Leipzig 1976 • Karl Zumpe (Hrsg.), Der Gewandhauskapellmeister Kurt Masur, Leipzig 1987 • Ulla Schäfer (Hrsg.), »Mut und Zuversicht gegeben«. Briefe an Kurt Masur 9. Oktober 1989 bis 18. März 1990, Frankfurt a. M. 1990 • Johannes Forner, Kurt Masur – Zeiten und Klänge. Biographie, unter Mitarbeit von Manuela Runge, Berlin ²2002 • Anna-Barbara Schmidt (Hrsg.), Durch die Kraft der Musik: Kurt Masur [Ausstellung], Altenburg 2012

ADO / JCA

Matačić, Lovro von

1899 am 14. Februar im kroatischen Sušak geboren, wächst er in Wien auf, wo er Mitglied der Sängerknaben wird und an der Hochschule für Musik Komposition (bei Oskar Nedbal), Dirigieren, Klavier und Orgel studiert.
1919 erfolgt sein Debüt als Dirigent an der Kölner Oper (dort ist er bereits zuvor als Repetitor verpflichtet).
1938 übernimmt er nach verschiedenen Positionen in seiner Heimat (u. a. in Osijek, Novi Sad, Ljubljana und Zagreb) die Leitung sowohl des Opernhauses wie der Philharmoniker in Belgrad. Er tritt in den folgenden Jahren häufig in Wien und anderswo im faschistischen Europa auf. Nach dem Zweiten Weltkrieg wird er als Kollaborateur verurteilt. Auch nach seiner Begnadigung bleibt seine Tätigkeit ab 1949 zunächst auf das nun kommunistische Jugoslawien beschränkt (u. a. als Generalmusikdirektor in Skopje).
1954 erfolgen erste Aufnahmen bei der EMI mit dem Produzenten Walter Legge (u. a. Auszüge aus *Arabella* von Richard Strauss).
1956–1958 leitet er die Dresdner Staatskapelle und dirigiert gleichzeitig regelmäßig an der Berliner Staatsoper.
1961–1966 leitet er das Opernhaus in Frankfurt am Main (als Nachfolger von Georg Solti). Danach arbeitet er ab 1970 für ein Jahrzehnt als Chefdirigent in Zagreb und beim Orchestre Philharmonique in Monte Carlo (1973–1979).
1985 stirbt er am 4. Januar in Zagreb (ältere Quellen: Belgrad).

Die Sinfonien Ludwig van Beethovens unterteilt man gerne in die heroischen ungerade nummerierten und die weniger populären gerade nummerierten Werke. In diesem Sinne ist Lovro von Matačić ein zutiefst »ungerader« Dirigent gewesen. In der Erinnerung an ihn und seine Aufnahmen dominieren zwei Schlagworte: »leidenschaftlich«, aber auch »altmodisch«. Matačić liegen Werke mit großen Gesten und starken Gegensätzen wie Webers *Freischütz*, wo die Chöre, die diverse deutsche Berufsbilder präsentieren (Bauern, Jäger, Jungfern), sehr volltönend erklingen dürfen, oder auch Puccinis *Fanciulla del West*, wo die Vorwegnahme einiger der besten Effekte späterer Hollywood-Filmmusik hervorsticht. Bei Matačić wird jedes Werk eher zum Elefanten als zum Porzellanladen. Seine Diskografie bildet sein unstetes Leben ab: Für EMI, Supraphon und später Denon hat er einen immer recht selektiven Kanon vor allem romantischer Musik aufgenommen, in dem sein Ansatz durchaus konsistent starke Ergebnisse einfahren konnte. Die EMI-Aufnahmen sind eine Abfolge von Einzelprojekten mit besten Besetzungen wie Elisabeth Schwarzkopf oder Swjatoslaw Richter (mit Richter hat er die unsterbliche LP-Kombination der Grieg- und Schumann-Konzerte eingespielt, wobei dasjenige von Grieg etwas zu eindeutig vom kitschnahen Porzellannippes zum sinfonischen Elefanten umgedeutet werden soll). Bei Supraphon dokumentiert sind die letzten beiden Sinfonien von Tschaikowsky (ungeheuer klangschön), die *Eroica* (spürbar altmodisch im Tempo des ersten Satzes) und drei »ungerade« Sinfonien Bruckners (die Fünfte, typisch für Matačić, in der veralteten Schalk-Fassung, die Siebte, und eine die dunklen Farben der Tschechischen Philharmonie voll auskostende Neunte). Tatsächlich ist Matačić in erster Linie als Bruckner-Dirigent in Erinnerung geblieben. In der historisch ersten vollständigen Aufnahme einer Bruckner-Sinfonie in England lässt er in der Vierten zwei Grundgesten dominieren: den »leidenschaftlichen« punktierten Rhythmus und den »altmodischen« Schmelz der lang gezogenen Kantilenen. Wer einen stärker differenzierten Eindruck bevorzugt, könnte sich als Perle der »BBC Legends« Matačićs späte Aufführung der 3. Sinfonie anhören, die ganz auf den geheimnisvollen Ton und gerade nicht auf die große Geste ausgerichtet ist. Vielleicht lässt sich seine Person kaum besser erfassen als in jenem holprig übersetzten deutschsprachigen Booklet-Text, der einigen seiner Denon-Aufnahmen beigegeben ist: »Seine Stärken waren große Musikstücke mit Tiefe und Klasse.«

Tonträger

1954/56 BRUCKNER: Sinfonie Nr. 4 [Fassung Löwe / Schalk] / Ouvertüre g-Moll (PhO; HMV / Testament) ▪ **1958** PUCCINI: *La fanciulla del West* (Nilsson, Gibin, Mongelli, Teatro alla Scala; EMI) ▪ **1960/68** TSCHAIKOWSKY: Sinfonien Nr. 5 & 6 »Pathétique« (Czech PO; Supraphon) ▪ **1967** WEBER: *Der Freischütz* (Schock, Watson, Schädle, Frick, Deutsche Oper Berlin; RCA) ▪ **1983** BRUCKNER: Sinfonie Nr. 3 [Fassung 1877/89] (PhO; BBC Legends)

Kompositionen
Sinfonia konfrontacija [Symphonie der Konfrontationen; 1978–1982] (NHK SO; Denon 1984)

Literatur
Eva Sedak, Matačić, Zagreb 1996 [Diskografie, Konzertregister und Kompositionsverzeichnis]

JCA

Max, Hermann

1941 am 26. März in Goslar geboren. Er studiert Kirchenmusik bei Gerhard Schwarz an der Hochschule für Musik in Berlin. Seine erste Anstellung erhält er an der evangelischen Christuskirche in Dormagen (dort ist er als Kirchenmusikdirektor tätig bis 2006).

1977 markiert das Anfangsjahr der Dormagener Jugendkantorei, der Vorgängerin der seit 1985 so benannten Rheinischen Kantorei (RhK).

1980 gründet er Das Kleine Konzert (KlK), ein Barockorchester mit historischem Instrumentarium, benannt als Diminutiv zum 1743 in Leipzig gegründeten Großen Konzert, aus dem die Gewandhauskonzerte hervorgingen.

1992 finden auf seine Initiative hin erstmals die Festlichen Tage Alter Musik Knechtsteden in der nahe bei Dormagen gelegenen ehemaligen Prämonstratenser-Abtei statt (seit 2007 als Festival Alte Musik Knechtsteden).

1998 erhält er den Telemann-Preis der Stadt Magdeburg, im Jahr 2008 die Bach-Medaille der Stadt Leipzig und 2012 das Bundesverdienstkreuz.

Hermann Max hat mit seinen Ensembles eine Fülle von Werken unbekannter Komponisten eingespielt, vornehmlich aus dem näheren und weiteren Umkreis von Johann Sebastian Bach, wobei er sich von Anfang an auf den professionellen Chor Die Rheinische Kantorei stützen konnte, dessen Mitglieder aus ganz Deutschland und Holland stammen. Das anfänglich als reines Begleitensemble für die vokal-instrumentalen Aufführungen gegründete Orchester Das Kleine Konzert bestreitet mittlerweile auch eigene Programme. Zahlreiche seiner Einspielungen erhielten nationale und internationale Preise. Sein Musizieren zeichnet sich durch einen nie angestrengten Stil aus, der die Struktur der Werke hervortreten lässt und stets zu einem vokal-instrumentalen Klanggleichgewicht führt. Die kleine Chor- und Orchesterbesetzung ermöglicht es Max, durch ein zugleich flexibles und virtuoses Musizieren die Lebendigkeit der Alten Musik eindrucksvoll zu dokumentieren.

Tonträger
1983/93 HOMILIUS: Adventskantate »Verwundrung, Mitleid, Furcht und Schrecken« / HASSE: Miserere c-Moll / HEINICHEN: Magnificat A-Dur / ZELENKA: Miserere c-Moll (Zádori, Wessel, Jochens, Schreckenberger, Dormagener Jugendkantorei, RhK, KlK; Capriccio) ▪ **1984/86** BACH [C. P. E.]: Osterkantate Wq 244 / *Die Auferstehung und Himmelfahrt Jesu* Wq 240 (Schlick, Lins, Prégardien, Elliott, Varcoe, Schwarz, RhK, KlK; Capriccio / Brilliant) ▪ **1996/98** TELEMANN: Ouvertüre TWV 55:f1 / *Der Mai / Das befreite Israel* (Schmithüsen, Schubert, Crook, Mertens, Abele, RhK, KlK; CPO) ▪ **2004** HUMMEL: *Der Durchzug durchs Rote Meer* (Kermes, Winter, Mammel, Abele, Friedrich, RhK, KlK; CPO) ▪ **2006** BACH: *Johannes-Passion* [Fassung Robert Schumann, 1851] (Winter, Scholl, Romberger, Kobow, Abele, Heidrich, RhK, KlK; CPO) ▪ **2009** BRUCH: *Arminius* (Begemann, Smallwood, Eittinger, RhK, Göttinger SO; CPO)

Schriften
Zufällige Gedanken über historische Aufführungspraxis, in: Boje E. Hans Schmuhl (Hrsg.), Historische Aufführungspraxis und ihre Perspektiven, Augsburg 2007, S. 17–22

Webpräsenz
www.hermann-max.de [Diskografie und Verzeichnis eigener Editionen] (↪0080)

DGU

Mehta, Zubin

1936 am 29. April in Bombay als Sohn des Parsen Mehli Mehta, dem Gründer des Bombay Symphony Orchestra, geboren. Mit fünfzehn Jahren dirigiert er das Orchester zum ersten Mal.

1954 geht Mehta nach Wien, wo sein Talent insbesondere von Hans Swarowsky gefördert wird; daneben besucht er Kurse in Siena bei Carlo Zecchi, wo er mit Claudio Abbado und Daniel Barenboim Freundschaft schließt.

1958 gewinnt er den Internationalen Dirigierwettbewerb in Liverpool und wird dort stellvertretender Kapellmeister. In dieser Zeit heiratet er Carmen Lasky, seine zweite Ehe mit Nancy Kovack geht er 1969 ein.

1960 springt er (auf Empfehlung Charles Munchs) für Igor Markevitch in Montréal und bald darauf für Fritz Reiner in Los Angeles ein. Bei beiden Orchestern wird er Chefdirigent: beim Orchestre Symphonique de Montréal von 1961 bis 1967, beim Los Angeles Philharmonic Orchestra von 1962 bis 1978. In den folgenden Jahren feiert er erfolgreiche Debüts bei den Wiener und Berliner Philharmonikern (WPh / BPh).

1965 Nach ersten Opernproduktionen in Montréal (z. B. *Tosca*) wird er an die Metropolitan Opera (*Aida*) eingeladen. Er macht sich nicht nur hier rasch einen Namen im italienischen Repertoire.

1978–1991 leitet er das New York Philharmonic Orchestra.

1981 wird Mehta vom Israel Philharmonic Orchestra zum Chefdirigenten auf Lebenszeit gewählt, auch in Reaktion auf den Protest von Konzertbesuchern gegen die Aufführung des *Tristan*-Vorspiels.
1985 erhält er die Position des Chefdirigenten am Teatro del Maggio Musicale in Florenz, die er seither innehat.
1998–2006 ist er Generalmusikdirektor an der Bayerischen Staatsoper. In seine Ära fallen Uraufführungen wie *Bernarda Albas Haus* von Aribert Reimann und Neuinszenierungen vor allem des italienischen und deutschen Repertoires. Mehta erhält als Auszeichnungen u. a. den Nikisch-Ring, den Furtwängler-Preis, die Ehrenmitgliedschaft der Wiener sowie der Bayerischen Staatsoper, die Aufnahme in die Französische Ehrenlegion sowie Ehrenbürgerschaften in Tel Aviv und Florenz.
2015 dirigiert er bereits zum fünften Mal das Neujahrskonzert der Wiener Philharmoniker.

Insgesamt 554 Ton- bzw. Bildtonträger findet man Anfang 2015 im Katalog der Deutschen Nationalbibliothek mit dem Namen Zubin Mehta: von der *Alpensinfonie* bis zu *Le Sacre du printemps*, von Neujahrskonzerten mit den Wiener Philharmonikern bis zu Auftritten der »Drei Tenöre«, von Carl Nielsen bis Franz Schmidt, von Noam Sheriffs *Genesis* mit dem Israel Philharmonic Orchestra bis zu Ravi Shankars Sitarkonzert *Rāga-mālā* mit dem London Philharmonic Orchestra. Mit allen international bedeutenden Klangkörpern und Künstlern von Weltruhm ist Mehta aufgetreten; deren Aufnahmestudios sind ihm so bekannt, dass er in einer Studie über den speziellen Klang von Orchestern diese anhand der jeweils spezifischen Aufnahmeorte identifizieren konnte. Seine Medienpräsenz nutzt er verstärkt, um Projekte zur interkulturellen Verständigung ins Licht der Öffentlichkeit zu rücken. Unerschütterliche Bühnenpräsenz, konzentriertes Auswendigdirigat und analytische Werkkenntnis in der Tradition der Swarowsky-Schule bringen ihm schon zu Beginn seiner Karriere das Renommee ein, auch unter anspruchsvollen künstlerischen Umständen ein zuverlässiger, umsichtiger Partner zu sein – und zwar nicht nur musikalisch: Der Gefahr des Sechstagekriegs beispielsweise unterwirft er sich zusammen mit Daniel Barenboim und Jacqueline du Pré; nicht lange danach wird er von den Musikern des Israel Philharmonic Orchestra zum musikalischen Berater gewählt, 1981 dann zum Chefdirigenten auf Lebenszeit. Ein frühes Video zeigt den Maestro im Kreis seiner musikalischen Freunde zudem von einer vollkommen anderen Seite: 1969 führt er zusammen mit hochkarätigen Partnern – Barenboim, Perlman, Zukerman, du Pré – Schuberts *Forellenquintett* am Kontrabass auf.

Als Dirigent stellt Mehta sich den technischen Herausforderungen einer medialen Eventkultur: Puccinis *Tosca* dirigiert er mit einem Orchester, das meilenweit entfernt von den Sängern sitzt – in einem römischen Studio der RAI, während die Darsteller an den im Libretto fixierten Originalschauplätzen zu den entsprechenden Uhrzeiten agieren und das ganze Geschehen live im Fernsehen übertragen wird. Allerdings gilt eher seine frühere Studio-Einspielung als Referenzaufnahme, wie auch eine *Turandot*-Einspielung mit Luciano Pavarotti und Joan Sutherland. Alan Blyth lobt in *Opera on Record* Mehta genau für jene Eigenschaften (anhand von *La fanciulla del West*), deren Nivellierung später ab und an bemängelt wird: »Insbesondere Mehtas Tempo-Kontraste und dynamische Abstufungen sind stärker als gewöhnlich und erhöhen die Intensität des Dramas.«

Mehta »seziert« das Orchester nie, seine einfache und klare Schlagtechnik gibt vielmehr dem Klang den nötigen Raum, sich zu entfalten. Diese Eigenheiten hört und sieht man vor allem in Aufnahmen mit dem Israel Philharmonic Orchestra – doch orientiert er sich in puncto Struktur und Orchesterklang besonders in Werken der Wiener Schule sowie der Spätromantik auch am Ideal der Spielweise und Klangästhetik der Wiener Philharmoniker, des »Rolls-Royce« der Orchester. Immer aber erkennt man Mehtas Talent in der souveränen Bündelung großer Klangapparate, von der nicht zuletzt seine lebenslange Affinität zur italienischen Oper zeugt. In frühen Stationen seiner Karriere (etwa in Los Angeles) wird der ehrgeizige und begabte junge Mann gerne mit Toscanini verglichen. In Mehtas Produktion von Wagners *Ring des Nibelungen* mit der Theatertruppe La

Fura dels Baus erinnern in der Tat manche massive Wagner-Stellen an den italienischen Maestro – Siegfrieds Trauermarsch zelebriert er in ungefähr vergleichbarem Tempo und ähnlicher Klangauffassung wie Toscanini. Von Furtwängler allerdings habe er gelernt, so Mehta, dass Musik ununterbrochen fließen müsse: »Die musikalische Linie erscheint mir als das Wichtigste – man muss das Ende schon von Anfang an konzipieren – zu viele Höhepunkte, das wird nicht funktionieren« (nach: John L. Holmes, Conductors. A Record Collector's Guide, London 1988, S. 189).

Tonträger
1968 STRAUSS: *Also sprach Zarathustra* (Los Angeles PO; Decca) ▪ **1969** VERDI: *Il trovatore* (Price, Domingo, Cossotto, Milnes, New PhO; RCA) ▪ **1971** SCHMIDT: Sinfonie Nr. 4 (WPh; Decca) ▪ **1973** PUCCINI: *Turandot* (Sutherland, Pavarotti, Caballé, London PO; Decca) ▪ **1975** MAHLER: Sinfonie Nr. 2 »Auferstehungssinfonie« (Cotrubaș, Ludwig, Wiener Staatsopernchor, WPh; Decca) ▪ **1989** SUPPÉ: Ouvertüren: *Pique Dame / Leichte Kavallerie / Tantalusqualen* etc. (WPh; CBS / Sony) ▪ **1991–1994** PROKOFJEW: Klavierkonzerte Nr. 1–5 / *Ouvertüre über hebräische Themen* (Yefim Bronfman, Israel PO; Sony) ▪ **1998** SHERIFF: *Bereshit [Genesis]* (Israel PO; Signum) ▪ **2002** DVOŘÁK: Cellokonzert / STRAUSS: *Don Quixote* (Mischa Maisky, BPh; DGG)

Bildmedien
1992 PUCCINI: *Tosca* (Malfitano, Domingo, Raimondi, RAI SO; Teldec) ▪ **1996** STRAUSS: *Till Eulenspiegels lustige Streiche* [Probendokumentation] (Israel PO; Arthaus) ▪ **1998** WAGNER: *Tristan und Isolde* (West, Meier, Moll, Weikl, Bayerisches Staatsorchester; Arthaus) ▪ **2009** WAGNER: *Der Ring des Nibelungen* (Ryan, Wilson, Uusitalo, Salminen, Orquestra de la Comunitat Valenciana; CMajor) Zubin and I (Dokumentation von Ori Sivan; Sisu 2010)

Schriften
Die Partitur meines Lebens. Erinnerungen, mit Renate Gräfin Matuschka, München 2006

Literatur
Martin Bookspan / Ross Yockey, Zubin: The Zubin Mehta Story, New York 1978 ▪ »Wenn Musik der Liebe Nahrung ist, spielt weiter ...« Wunderbare Jahre: Sir Peter Jonas, Zubin Mehta und die Bayerische Staatsoper 1993–2006, zusammengestellt von Ulrike Hessler und Lothar Schirmer, München 2006

Webpräsenz
www.zubinmehta.net (↪0081)

CHD

Mengelberg, Willem

1871 am 28. März in Utrecht geboren, beginnt er sein Musikstudium zunächst in seiner Heimatstadt und setzt es am Kölner Konservatorium bei Franz Wüllner fort. Im Jahr 1892 schließt er sein Studium in Köln mit Diplomen in Dirigieren, Komposition und Klavier ab.

1892–1895 führt ihn eine Stelle als städtischer Kapellmeister nach Luzern.

1895 wird er als Nachfolger von Willem Kes Dirigent des Concertgebouworkest in Amsterdam. Er ist außerdem Dirigent der Diligentia-Konzerte in Den Haag sowie der Maatschappij Caecilia (ab 1897) und des Amsterdam Toonkunstkoor (ab 1898).

1899 etabliert er die Tradition der jährlichen Aufführung von Bachs *Matthäus-Passion*.

1902 Mengelberg besucht die Uraufführung von Mahlers 3. Sinfonie in Krefeld, im Jahr darauf lädt er Mahler als Dirigent nach Amsterdam ein. Im Jahr 1904 beginnen seine eigenen Mahler-Aufführungen in Amsterdam, die im umfassenden Mahler-Fest im Jahr 1920 kulminieren werden.

1903 tritt er mit dem Concertgebouworkest bei einem Richard-Strauss-Fest in London auf. Es folgen Auslandsdirigate in New York (1905), Paris (1907), Rom (1908) und Moskau (1909).

1907–1920 ist er Leiter des Frankfurter Museumsorchesters und ab 1908 des Caecilienvereins.

1922–1930 fungiert er als Music Director des (heutigen) New York Philharmonic Orchestra.

1940–1945 Mengelbergs Verhalten während der Besatzungszeit ist ambivalent: Einerseits kooperiert er mit den Nationalsozialisten und tritt während des Krieges in Deutschland und in von Deutschland besetzten Gebieten auf; andererseits setzt er sich weiterhin für das Werk Gustav Mahlers ein und interveniert bei den deutschen Besatzern für jüdische Musiker. Im Jahr 1944 übersiedelt er in die Schweiz.

1945 endet eine Amtszeit beim Concertgebouworkest mit einem lebenslänglichen Auftrittsverbot in den Niederlanden, das später auf sechs Jahre begrenzt wird.

1951 stirbt er in der Schweiz am 22. März auf Hof Zuort (Graubünden).

Das Zentrum von Willem Mengelbergs Tätigkeit war Amsterdam, wo er für fast genau fünfzig Jahre das Concertgebouworkest leitete und bereits nach kurzer Zeit zu einem internationalen Spitzenensemble formte. Als reiner Konzertdirigent lagen seine Repertoireschwerpunkte dabei nicht nur in der Musik der Klassik und Romantik, sondern Mengelberg zeigte auch eine große Aufgeschlossenheit gegenüber zeitgenössischer Musik. Er dirigiert französische Musik, setzt sich für zeitgenössische niederländische Komponisten ein (Alphons Diepenbrock, Cornelis Dopper, Willem Pijper) und leitet u. a. die Uraufführungen des Violinkonzerts von Paul Hindemith (1940) und des 2. Violinkonzerts von Béla Bartók (1939). Enge persönliche Freundschaften verbinden ihn mit Richard Strauss, der Mengelberg und dem Concertgebouworkest *Ein Heldenleben* widmete, sowie mit Gustav Mahler, dem er in Amsterdam die Möglichkeit gab, seine Kompositionen zu dirigieren. Unter Mengelberg, den Mahler als Interpreten seiner Werke außerordentlich geschätzt hat, entwickelt sich Amsterdam trotz der anfänglichen Zurückhaltung des Publikums früh zu einem Mittelpunkt der Mahler-Pflege, deren Kulminationspunkte die von Mengelberg geleiteten Mahler-Feste in den Jahren 1916 und 1920 bildeten. Fremd dagegen blieb ihm der Ausdruckscharakter der neoklassizistischen Werke Strawinskys, die sich seiner bevorzugten Interpretationshaltung zu widersetzen schienen. Dennoch hat er auch ein Werk wie beispielsweise dessen *Concerto for Piano and Wind Instruments* nach intensiver analytischer Beschäftigung aufgeführt.

Mengelberg besaß eine hervorragende Dirigiertechnik: Seine Körperhaltung beim Dirigieren war ruhig, sein Dirigierstil präzise und schnörkellos. Er galt als ein Dirigent, der akribisch, detailversessen und ausgedehnt probierte, wobei ihm despotische Allüren nicht fremd waren. Bekannt war er für seine ausführlichen mündlichen Erläuterungen, mit denen er sich vor dem Orchester als Sachwalter des Komponisten inszenierte. Seine Interpretationen werden als technisch makellos und formal plastisch disponiert, das erzeugte Klangbild als farbig, transparent, jedoch aufgrund der bisweilen stechend hellen Bläserfarben auch als direkt und sachlich beschrieben. Mengelbergs Aufnahme von *Ein Heldenleben* aus dem Jahr 1941 bietet dafür einen beeindruckenden Beleg. In Deutschland wurden während der 1920er-Jahre allerdings gelegentlich Mengelbergs Beethoven- und Brahms-Interpretationen bei allem Engagement für das Detail als zu nüchtern und äußerlich empfunden.

Einzigartige Dokumente von Mengelbergs intensiver Probenvorbereitung bilden seine reich annotierten Dirigierpartituren, die hinsichtlich der Aufführungspraxis des späten 19. und frühen 20. Jahrhunderts einen bedeutsamen Quellenbestand darstellen. Mengelberg sah sich über seinen Lehrer Franz Wüllner, der seinerseits Schüler Anton Schindlers war, nicht nur eng mit der Aufführungstradition des 19. Jahrhunderts verbunden, sondern sogar in einer fast direkten Beethoven-Nachfolge. Einen weiteren Bezugspunkt bildete für ihn Richard Wagners Schrift *Über das Dirigieren*. Darüber hinaus bergen Mengelbergs Interpretationen auch Elemente von Mahlers Interpretationshaltung: Dies gilt nicht nur für jene Werke Mahlers, deren Aufführung in engem Austausch mit dem Komponisten entstand, sondern auch für zahlreiche Werke etwa Beethovens, Mozarts und Schumanns, von denen Mahler die von ihm eingerichteten Arbeitspartituren Mengelberg überließ. Von Mahler übernimmt Mengelberg auch die Praxis der Retuschierung (vor allem bei den Sinfonien Beethovens), wobei er sogar gelegentlich über sein Vorbild hinausgeht, wie seine Partitur der Ouvertüre zu *Egmont* zeigt.

Die genannten Traditionslinien verbindet die Praxis des Rubato bzw. der Tempophrasierung. Daher kann Mengelberg in eine Interpretationsästhetik eingeordnet werden, die dem »Espressivo« verpflichtet bleibt. Seine Tempomodifikationen entspringen keinesfalls der Laune des Augenblicks, sondern sie sind – dies zeigen die entsprechenden Einträge in seinen Dirigierpartituren – als Resultate einer analytischen Auseinandersetzung mit der Partitur genau kalkuliert, durchgängig kontrolliert und wesentlicher Teil des interpretatorischen Konzepts, das in intensiver Probenarbeit mit dem Orchester exakt einstudiert wurde. Mengelberg geht dabei von einem Grundtempo aus, das mit dem Anfangstempo nicht identisch sein muss, erst im Verlaufe des Satzes erreicht bzw. über- oder unterschritten werden kann, aber in jedem Fall einen Bezugspunkt für die verschiedenen Tempomodifikationen bildet. Zudem verwendet er engräumige Tempoveränderungen zur Hervorhebung motivisch-melodischer Details und zur Markierung von Höhepunkten. So beginnt er den ersten Satz der 9. Sinfonie Beethovens mit Viertel = 92/96, um dann das Tempo bis zum Eintritt des Hauptthemas in Takt 17 kontinuierlich zu stauen; damit verbindet sich die Absicht, den erhabenen Gestus des Hauptgedankens zu unterstreichen. Großräumige Tempoveränderungen haben hingegen eine architektonische Funktion. Sie dienen zur plastischen Abhebung einzelner Satzzonen, wie beispielsweise zur Unterscheidung von Hauptsatzbereichen, Überleitungsabschnitten und Seitenthemen. Mengelbergs ausgeprägte Tempomodifikationen sind im Hinblick auf das Grundtempo und die Gesamtarchitektur des Satzes sorgfältig austariert und führen nicht zwangsläufig zu einer Verschleppung der Aufführungsdauer. Ein Vergleich etwa zwischen Mengelbergs Einspielung von *Ein Heldenleben* aus dem Jahr 1941 und Karajans Aufnahme aus dem Jahr 1959 zeigt, dass die einzelnen Episoden bei Mengelberg durchweg geringfügig kürzer sind. Im Kontext der Mahler-Interpretation ist Mengelbergs Aufnahme des Adagietto aus dessen 5. Sinfonie aufgrund ihrer erstaunlichen Kürze von etwa sieben Minuten singulär. Wenn man aber bedenkt, dass er dieses Werk für eine Aufführung unter Mahler im Jahr 1906 in Amsterdam unter Anweisung des Komponisten nicht nur voreinstudiert, sondern Mahlers Aufführung dann auch gehört hat, kann man davon ausgehen, dass Mengelbergs zügige Temponahme Mahlers Intention durchaus entspricht.

Ein weiteres Charakteristikum, das den Streicherklang des Concertgebouworkest unter Mengelberg bis Mitte der 1940er-Jahre kennzeichnet, ist das Portamento, das Mengelberg gezielt und gelegentlich auch an ungewöhnlichen Stellen (etwa zur Überbrückung kleinerer Pausen) einsetzte, um die Expressivität des Streichermelos zu intensivieren (vgl. neben dem Adagietto insbesondere Takt 427 f. und Takt 431 f. im Kopfsatz von Tschaikowskys 5. Sinfonie). Mengelberg lag eine stilspezifische Differenzierung seines Aufführungsmodus fern. Er realisiert sein Espressivo-Ideal auch im Bereich der vorklassischen Musik, was beispielsweise eindrucksvoll am Eingangschor der *Matthäus-Passion* wahrgenommen werden kann, dessen Stimmengewebe sich aus einem mystischen Dunkel heraus zu einer unendlichen Melodie zu entfalten scheint.

Tonträger
1926 MAHLER: Adagietto [aus der Sinfonie Nr. 5] (Concertgebouworkest; Columbia / Naxos Historical) ▪ 1927 CHERUBINI: Ouvertüre zu *Anacréon* (Concertgebouworkest; Columbia / Pearl) ▪ 1930 RAVEL: *Boléro* (Concertgebouworkest; Columbia / Pearl) ▪ 1939 MAHLER: Sinfonie Nr. 4 (Jo Vincent, Concertgebouworkest; Philips / Membran) ▪ 1939 BACH: *Matthäus-Passion* (Erb, Ravelli, Vincent, Durigo, Tulder, Schey, Amsterdam Toonkunstkoor, Concertgebouworkest; Philips / Naxos Historical) ▪ 1939 BARTÓK: Violinkonzert Nr. 2 (Zoltán Székely, Concertgebouworkest; Hungaroton / Philips) ▪ 1940 BEETHOVEN: Sinfonien Nr. 1–9 (Concertgebouworkest; Philips / Andromeda) ▪ 1941 STRAUSS: *Ein Heldenleben* (Ferdinand Helman, Concertgebouworkest; Telefunken / Naxos Historical) ▪ 1943 BRAHMS: Violinkonzert (Herman Krebbers, Concertgebouworkest; Archipel)

Literatur
Adolf Weissmann, Der Dirigent im 20. Jahrhundert, Berlin 1925, S. 135–140 ▪ Frits Zwart (Hrsg.), Willem Mengelberg. Dirigent, Conductor [Ausstellungskatalog], Den Haag 1995 ▪ John Hunt, Back from the Shadows: Mengelberg, Mitropoulos, Abendroth, Van Beinum. Discographies, London 1997 ▪ Frits Zwart, Willem Mengelberg (1871–1951). Een biographie 1871–1920, Amsterdam 1999 [Verzeichnis eigener Kompositionen und Konzertregister] ▪ Martin van Amerongen / Philo Bregstein, Willem Mengelberg tussen licht en donker, Baarn 2001 ▪ Frits Zwart (Hrsg.), Willem Mengelberg 1871–1951. Aus dem Leben und Werk eines gefeierten und umstrittenen Dirigenten und Komponisten, Münster 2006

Webpräsenz
www.willemmengelberg.nl [Bibliografie, Diskografie und weitere umfassende Materialien] (↦0082)
http://web.kyoto-inet.or.jp/people/thase29/Willem2/Willem2.html [Diskografie] (↦0083)

AEH

Metzmacher, Ingo
1957 geboren am 10. Dezember in Hannover als Sohn des Cellisten Rudolf Metzmacher. Er absolviert sein Studium in den Fächern Klavier, Theorie und Dirigieren in Hannover, Salzburg und Köln.
1981 wird er Pianist beim Ensemble Modern (zudem Zusammenarbeit als Pianist mit Karlheinz Stockhausen).

1985 wird er in der Ära Michael Gielens Solorepetitor an der Frankfurter Oper, im Jahr 1987 debütiert er dort mit Mozarts *Le nozze di Figaro* und wird als Kapellmeister nach Gelsenkirchen verpflichtet.
1988 Das Einspringer-Dirigat von Franz Schrekers *Der ferne Klang* in Brüssel bringt den Karriere-Durchbruch.
1992 leitet er die Uraufführung von Wolfgang Rihms *Die Eroberung von Mexico* in Hamburg, ebenso 1997 bei den Berliner Festwochen die Uraufführung von Hans Werner Henzes 9. Sinfonie.
1995–1999 ist er Erster Gastdirigent der Bamberger Symphoniker.
1997–2005 amtiert er als Generalmusikdirektor der Stadt Hamburg.
2005–2008 übernimmt er die Leitung der Nederlandse Opera in Amsterdam,
2007–2010 ist er als Nachfolger des ähnlich experimentierfreudigen Kent Nagano Chefdirigent beim Deutschen Symphonie-Orchester Berlin.
2012 Aufführung von Bernd Alois Zimmermanns Oper *Die Soldaten* bei den Salzburger Festspielen.
2016 wird er Intendant der Kunstfestspiele Herrenhausen.

Kann einem Dirigenten, der Stockhausen, Lachenmann und Kagel als prägende Erfahrungen seiner Gesellenjahre benennt, die Verantwortung für Abonnement-Serien und Opernhäuser überhaupt guten Gewissens übertragen werden? Die Frage ist, was genau die Eigenschaften sind, die einen Neue-Musik-Dirigenten kennzeichnen (abgesehen von der Bereitschaft und Freude, Neue Musik zu dirigieren). Experimentierlust gehört sicher dazu, und die hat am Opernhaus den günstigen Nebeneffekt, dass das in den Text eingreifende Regietheater und die texttreue musikalische Darstellung nicht in stillem Protest nebeneinander verlaufen, sondern eine ähnliche Ästhetik des Ausprobierens akzeptieren. In Webers *Freischütz* betont Metzmacher zukunftsweisende Momente wie das offene Ende des Walzers und versteht die Ironisierung des Jägertons durch den Regisseur Peter Konwitschny als Vorlage, die Hörner danach umso lustiger schmettern zu lassen. Auch der Hamburger *Wozzeck* ist düster und intensiv, aber hier übernimmt Metzmacher gleichsam selbst die Aufgabe, den Jägerton aus dem Stück herauszunehmen, da die von Alban Berg in die Partitur eingewobenen Genremusiken nicht wirklich hervortreten dürfen.

In Metzmachers alternativen Silvesterkonzerten, die unter dem Titel »Who Is Afraid of 20th Century Music?« auch auf CD vorliegen, tritt eine andere zentrale Eigenschaft des Neue-Musik-Interpreten hervor: die sehr bewusste und rationale Körperlichkeit. Der Dirigent muss in motorisch starren oder rhythmisch komplexen Stücken seinen Körper zum Kontroll- und Messgerät erheben, und Metzmachers Aufführungen der »populistischen« Varianten neuerer Musik von John Adams oder George Antheil gewinnen im Abgleich mit Studioaufnahmen nochmals an Reiz durch die Suggestion eines stets drohenden, aber nie statthabenden Kontrollverlusts. Am Silvesterabend wird dabei zwar der Säbeltanz den Serialismus stets abhängen, doch ist damit bei Metzmacher über die restlichen 364 Tage noch nichts gesagt.

Dieser Live-Tonfall fehlt ein wenig in Metzmachers Einspielung der acht Sinfonien Karl Amadeus Hartmanns. Schon in den überaus klugen Kopplungen der Einzelveröffentlichungen erkennt man ein Bemühen, Hartmanns Sinfonik nicht einzig der »Vitalsphäre« motorischer Neoklassik, sondern stärker auch dem Feld avancierter Bekenntnismusik zuzurechnen. Dadurch ergeben sich verblüffende stilistische Verbindungen: So reduziert auch Charles Ives' *Robert Browning Overture* genau wie die 3. Sinfonie von Hartmann die Charaktere auf die sinfonischen Mittelsätze Adagio und Scherzo. In den Scherzo-Sektionen aber muss auffallen, dass Dirigenten wie Ferenc Fricsay oder Rafael Kubelík mit der Hindemith-Nähe von Hartmanns Musik noch weitaus unbefangener umgegangen sind.

Unvoreingenommenheit hingegen ist ein Grundprinzip in Metzmachers Repertoireauswahl. So erzeugen auch Diskografien manchmal seltsame Bettgenossen, bei denen man Hans Pfitzner und dessen Eichendorff-Kantate *Von deutscher Seele* neben dem *Prometeo* Luigi Nonos vorfindet. Die Neigung der Musik zur Stille und zur Verinnerlichung aber erzeugt hier tatsächlich für den Dirigenten ähnliche Aufgaben. Der Neue-Musik-Experte ist nicht zuletzt der Anwalt jener Hörerüberforderungen, die dadurch entstehen, dass äußerlich relativ wenig passiert. In einer Kombination von *Ein Heldenleben* mit den *Amériques* von Edgard Varèse zeigt Metzmacher aber auch, wie durch solche Überkreuzungen in riesenhaft-lauten Partituren die gewünschten Zonen modernistischer Reflexion erst erzeugt werden können.

Tonträger
1993 NONO: *Prometeo. Tragedia dell'ascolto* (Wilms, Didi, Solistenchor Freiburg, Ensemble Modern; EMI) ▪ 1994 HARTMANN: Sinfonie Nr. 3 / IVES: *Robert Browning Overture* (Bamberger Symphoniker; EMI) ▪ 2000 »Who Is Afraid of 20th Century Music?« [Vol. 2]: ADAMS: *Short Ride in a Fast Machine* / ANTHEIL: *Archipelago* / MOSSOLOW: *Die Eisengießerei* u. a. (Philharmonisches Staatsorchester Hamburg; EMI) ▪ 2007 STRAUSS: *Ein Heldenleben* / VARÈSE: *Amériques* (Wei Lu, DSO Berlin; Challenge) ▪ 2009 SCHOSTAKOWITSCH: *Lady Macbeth von Mzensk* (Denoke, Didyk, Talaba, Wiener Staatsoper; Orfeo)

Bildmedien
1999 WEBER: *Der Freischütz* (Silvasti, Margiono, Ritterbusch, Dohmen, Hamburger Staatsoper; Arthaus) ▪ 2008 MESSIAEN: *Saint François d'Assise* (Gilfry, Tilling, Delamboy, Chorus of De Nederlandse Opera, The Hague Philharmonic; Opus Arte)

Schriften
Keine Angst vor neuen Tönen. Eine Reise in die Welt der Musik, Berlin 2005 ▪ Vorhang auf! Oper entdecken und erleben, Berlin 2009

Webpräsenz
www.ingometzmacher.com (↪0084)

JCA

Minkowski, Marc

1962 am 4. Oktober in Paris geboren. Seine Karriere beginnt als Fagottist in verschiedenen Ensembles, zudem nimmt er Dirigierkurse in der Schweiz und bei Charles Bruck an der Pierre Monteux School in Hancock (Maine).

1982 gibt er die ersten Konzerte (u. a. mit Theatermusik von Purcell) mit dem Pariser Laienensemble Les Musiciens du Louvre (MdL), das erst 1987 zum Profiensemble wird.

1984 erhält das mit drei Freunden gebildete und nach einem Pariser Restaurant benannte Lous Landès Consort auf dem Festival Musica Antiqua in Brügge den Ersten Preis in der Sparte Ensemblemusik.

1987 entsteht der erste Kontakt mit der Schallplattenfirma Erato, deren künstlerischer Direktor Michel Garcin gerade ein neues Barocksemble sucht.

1990 erhält Minkowski den Orphée d'Or als bester Nachwuchsdirigent.

1994 wechselt er mit seinem Orchester zur Archiv Produktion der Deutschen Grammophon.

1996 gibt er sein Debüt an der Pariser Oper mit Mozarts *Idomeneo*. Mit seinen MdL bindet er sich institutionell an die Stadt Grenoble, wo das Orchester in staatlicher Finanzierung zunehmend in instrumental stärker »gemischter« Besetzung auftritt.

1997 dirigiert er erstmals bei den Salzburger Festspielen (Mozarts *Entführung aus dem Serail*).

1997–1999 ist er Musikdirektor der Vlaamse Opera in Antwerpen.

2003 dirigiert Minkowski erstmals die Berliner Philharmoniker.

2004 wird er vom französischen Präsidenten zum Ritter der Ehrenlegion ernannt.

2007 beginnt eine exklusive Zusammenarbeit mit dem französischen Label Naïve.

2008–2012 übernimmt er die musikalische Leitung der Sinfonia Varsovia.

2011 gründet er das Festival Ré Majeure, seit 2013 leitet er die Mozartwoche in Salzburg.

Marc Minkowski ist unter den Dirigenten, die sich auf eine stilgerechte Aufführung der Alten Musik – wobei dieser Begriff bei ihm sehr weit auszulegen ist! – spezialisiert haben, ein Grenzgänger. Diese Charakterisierung bezieht sich nicht nur auf das stil- bzw. epochenübergreifende Repertoire, sondern beinhaltet z. B. auch Zugeständnisse in der Besetzung vokaler Rollenfächer sowie bei der Verwendung der sogenannten »period instruments«. Diese weitgesteckte Interpretationshaltung könnte vordergründig durch die Liaison mit dem modernen Opernbetrieb, zudem als Konsequenz der Übersiedlung der Musiciens du Louvre nach Grenoble und vielleicht auch durch das Beispiel und die Erfahrungen Nikolaus Harnoncourts bedingt sein (insbesondere im Hinblick auf dessen Aufführungen am Opernhaus Zürich, wo auch Minkowski seit 2003 regelmäßig arbeitet). Andererseits geht sie wohl auf Minkowskis ureigenste Einstellung zur Musik überhaupt zurück, die sich eben nicht auf eine bestimmte Epoche eingrenzen lässt. Sein Anliegen ist, wie er in einem Interview bekannte, »gleich um welches Werk es sich handelt, die Atmosphäre, die Stimmung, also den Klang der Epoche herzustellen«, wobei die Verwendung eines zeitgenössischen Instrumentariums oder das Einsetzen von Spezialisten-Sängern nicht zwingende Bedingung sein muss. In dieser Einstellung bezieht sich Minkowski auf Harnoncourt und dessen Versuch, auch mit modifizierten modernen Instrumenten (zum Beispiel moderne Streichinstrumente, die teilweise mit Darmsaiten bespannt werden) oder gemischten Besetzungen Annäherungen an die Ausdrucksvielfalt der Alten Musik zu erreichen. Am Beispiel von Rossinis *L'inganno felice* beschreibt Minkowski diesen Aufführungsstil als »barocke Romantik«, da mit Leichtigkeit und »romantischem Ausdruck«, andererseits aber »kraftvoll, die Tanzmusik parodierend« musiziert werde. Darum fordert Minkowski Sänger, die nicht auf eine Epoche fixiert sind, sondern über eine Technikvielfalt verfügen, die es ihnen ermöglicht, Partien in Theaterproduktionen des Barock genauso wie aus der Zeit Wagners stilgerecht auszuführen. Besonderen Wert legt er daneben auf Sänger- und Sängerinnen-Persönlichkeiten, die den tieferen Sinn des »Theatermachens« verinnerlicht haben, »Komödie« überzeugend darstellen können.

Sein Dirigieren vergleicht Minkowski mit der Tätigkeit eines Theaterregisseurs: Er gibt nicht alle Details des Musizierens vor, sondern setzt auf den verantwortungsbewussten Musiker, der seine eigenen Vorstellungen mit einbringt. Seine Auffassung ist es, für lediglich eine Hälfte des Musizierens verantwortlich zu sein, da der Rest bei den jeweiligen Musikern liege. Minkowski ist in der Alte-Musik-Szene einer der ersten Dirigenten, der von Beginn seines Arbeitens mit Les Musiciens du Louvre diese Aufgabe im modernen Sinn auffasste: Er hat auch die Barockmusik stets dirigiert und nur anfänglich in kleiner Besetzung selbst als Instrumentalist mitgewirkt. Kontinuität in seinem gesamten Schaffen zeigt vor allem seine Vorliebe für die französische Oper von Lully, Rameau und Charpentier über Grétry und Boieldieu bis hin zu Offenbach und Meyerbeer, was gelegentliche Ausflüge zu Händel, Gluck, Rossini oder Wagner und selbst zum zeitgenössischen Minimalismus nicht ausschließen muss.

Tonträger

1988 RAMEAU: *Platée* (Ragon, Smith, de Mey, Ensemble Vocal Françoise Herr, MdL; Erato) ▪ 1989 MÉHUL: Sinfonien Nr. 1 & 2 (MdL; Erato / Apex) ▪ 1991 GRÉTRY: *La Caravane du Caire* (Bastin, Ragon, Huttenlocher, de Mey, Namur Chamber Choir, Ricercar Academy; Ricercar) ▪ 1993 LULLY: *Phaëton* (Crook, Yakar, Smith, Gens, Fouchécourt, Ensemble Vocal Sagittarius, MdL; Erato) ▪ 1996 GLUCK: *Armide* (Delunsch, Workman, Naouri, Podles, MdL; DGG Archiv) ▪ 1997 HÄNDEL: *Ariodante* (von Otter, Dawson, Podles, Cangemi, MdL; DGG Archiv) ▪ 2005 MOZART: Sinfonien Nr. 40 KV 550 & 41 KV 551 »Jupiter« / *Idomeneo* [Ballettmusik] (MdL; DGG Archiv) ▪ 2009 HAYDN: »Londoner« Sinfonien Hob. I : 93–104 (MdL; Naïve) ▪ 2011 BERLIOZ: *Harold en Italie* / *Les Nuits d'été* (Antoine Tamestit, Anne Sofie von Otter, MdL; Naïve)

Bildmedien

1997 OFFENBACH: *Orphée aux enfers* (Beuron, Dessay, Naouri, Fouchécourt, Opéra National de Lyon; Arthaus) ▪ 2006 MOZART: *Mitridate, re di Ponto* (Croft, Or, Persson, Mehta, MdL; Decca) ▪ 2010 MASSENET: *Don Quichotte* (van Dam, van Mechelen, Santafé, La Monnaie; Naïve) ▪ 2012 »Magnificat – Wäre Heute Morgen und Gestern Jetzt« [Ballett von Heinz Spoerli nach Musik von J. S. Bach] (Orchestra La Scintilla, Opernhaus Zürich; BelAir)

Literatur

Helmut Schmitz, Reisender zwischen den Epochen, in: Concerto, Heft 132 (1998), S. 27–29 ▪ Serge Martin, Marc Minkowski, Louvain-la-Neuve 2009

DGU

Mitropoulos, Dimitri

1896 am 1. März in Athen geboren, entstammt er einer Familie griechisch-orthodoxer Priester und Mönche. Bereits früh machen sich seine Liebe zur Musik und sein phänomenales Gedächtnis bemerkbar. Ab 1908 studiert er Klavier und Komposition am Odeon in Athen (u. a. bei Armand Marsick).

1920 wird in Athen seine Oper *Sœur Béatrice* (nach Maurice Maeterlinck) uraufgeführt. Camille Saint-Saëns ist bei der Uraufführung anwesend und vermittelt Mitropoulos begeistert weiter nach Brüssel und Berlin.

1920–1921 studiert er in Brüssel Komposition bei Paul Gilson und Orgel bei Alphonse Desmet, danach in Berlin bei Ferruccio Busoni.

1922–1924 arbeitet er als Korrepetitor und Assistent Erich Kleibers an der Berliner Staatsoper (u. a. bei den Vorbereitungen zur Uraufführung von Alban Bergs *Wozzeck*). Nach dem Tod Busonis kehrt er nach Athen zurück. Dort leitet er das Orchester des Konservatoriums und unterrichtet Komposition. Ein Uraufführungsabend mit drei neuen eigenen Werken wird zum Fiasko, die Kritik spricht von »ästhetischer Psychopathie« (nach Kostios, S. 69).

1930 beginnt seine internationale Karriere, als er während eines Gastdirigats in Berlin in Anbetracht des abwesenden Solisten kurzerhand auch den Solopart in Prokofjews 3. Klavierkonzert spielt.

1932–1936 leitet er regelmäßig das (lediglich von 1928 bis 1939 aktive) Orchestre Symphonique de Paris.

1936 gibt er auf Einladung Serge Koussevitzkys mit dem Boston Symphony Orchestra sein USA-Debüt.

1937–1949 übernimmt er für zwölf Jahre den Chefdirigentenposten des Minneapolis Symphony Orchestra.

1940 verwirklicht er die weltweit erste Einspielung von Mahlers 1. Sinfonie. Ebenso leitet er 1947 die amerikanische Premiere der 6. Sinfonie.

1949 wechselt er zum New York Philharmonic Orchestra und teilt sich den Chefposten zunächst ein Jahr mit Leopold Stokowski, bis er ab 1951 alleiniger Musikdirektor in der Nachfolger Bruno Walters wird. Seine modernistische Programmauswahl ruft harsche Kritik hervor. Zudem ist er in den 1950er-Jahren ständiger Gastdirigent bei den Salzburger Festspiele. Zahlreiche dokumentierte Konzerte insbesondere mit den Wiener Philharmonikern (WPh) spiegeln den Kultcharakter dieser Auftritte wider.

1952 erleidet er aufgrund stetiger Überarbeitung einen ersten Herzinfarkt, dem 1959 ein zweiter folgt.

1954–1960 ist er regelmäßiger Gastdirigent an der Metropolitan Opera in New York.

1957 beginnt sein Abschied von New York: Der Druck auf ihn wächst, nicht zuletzt aufgrund seiner Homosexualität; er teilt sich die neue Saison mit dem aufstrebenden und von ihm protegierten Leonard Bernstein, fühlt sich aber 1958 gezwungen, endgültig sein Amt abzugeben.

1960 erklärt er sich bereit, das Kölner Rundfunk-Sinfonie-Orchester zu übernehmen, wozu es aber nicht mehr kommt; am 2. November verstirbt er an einem Herzanfall während einer Probe in der Mailänder Scala.

Der Dirigent Dimitri Mitropoulos liefert den Stoff, aus dem Legenden gemacht sind. Mit einer gewissen pathetischen Grundnote ließe sich sein künstlerisches Leben als kometenhaft beschreiben – unerwartet aus dem Nichts kommend, kurz und hell strahlend und schließlich auf dem künstlerischen Zenit verglühend. Die Legendenbildung begünstigen vier Bereiche.

1. Seine Herkunft: Schon die Abstammung aus einer streng religiösen Familie bescherte ihm die Bezeichnung eines »Priesters der Musik«. Man attestierte ihm ob seiner anspruchsvollen Programme missionarischen Eifer (nur das Musikverbot der griechisch-orthodoxen Kirche hatte ihn davon abgehalten, eine kirchliche Laufbahn einzuschlagen), sein Lebensstil unterstützte dieses Bild: Mitropoulos machte sich nichts aus finanziellem Erfolg, förderte mit seinen Gagen mittellose Musiker und lebte – abgesehen von exzessivem Rauchen – eher asketisch. Seine kleine Wohnung in New York bot selbst zu seinen Chefdirigentenzeiten das Bild eines Eremiten, der nur umgeben von Partituren und Büchern seine Tage verbringt.

2. Sein Paradoxon auf der Bühne: Im krassen Gegensatz zu seiner gutmütigen, offenherzigen und verletzlichen Persönlichkeit steht Mitropoulos' explosives Ganzkörperdirigat und dessen risikoreiches Reservoir an Gesten, Mimik, Anpeitschungen und unakademischer Expressivität. Das Publikum liebte ihn, vor allem seine späten Konzerte in Europa genossen kultische Verehrung. Die Kritik, besonders in den USA, verriss ihn häufig. Mitropoulos' Diktum, dass ein Konzertsaal kein Ort der Entspannung sei und sich ein Publikum anzustrengen habe (nicht zuletzt angesichts seiner höchst anspruchsvollen Konzertprogramme), wurde zur willkommenen Zielscheibe. Auch die Orchester waren gespalten. Zahlreiche Musiker in New York etwa brachten ihm wegen seiner freundlichen Probenarbeit und seines nachgiebigen Wesens nur Verachtung entgegen – man sagte ihm später nach, er habe wie ein »Märtyrer« (Voigt 2006) auf all diese Anfeindungen reagiert.

3. Seine Interpretationen: Mitropoulos lebte besonders für die Werke der Spätromantik und der Moderne; so dirigierte (und spielte) er beispielsweise 1946 die Uraufführung von Ernst Křeneks 3. Klavierkonzert, 1958 oblag ihm die Premiere der *Vanessa* von Samuel Barber in New York. Doch insbesondere die tiefgründigen Welten Mahlers und Richard Strauss' reizten ihn und wurden durch seine teils phantasmagorischen Aufführungen noch tiefgründiger. Seine Mahler-Exegese steht in bester romantischer Tradition, sie besticht durch ihre großzügigen Rubati und ungemein flexible Tempi, durch das fast gänzliche Verlöschen in den Pianissimi und zum Bersten gespannte Klangeruptionen. In Mahlers 6. Sinfonie führt er das Kölner Rundfunk-Sinfonie-Orchester mit einem nicht enden wollenden Vorwärtsdrang durch alle dämonischen Abgründe, wie mit verbundenen

Augen am Rande eines Vulkankraters. Und gerade die vielen spukhaften Szenerien in Mahlers Musik gelingen ihm mit gespenstischer Vieldeutigkeit und expressiver Wucht. Das unschuldige »Bimm-Bamm« des Kinderchors der 3. Sinfonie weiß er bedrohlich umzudeuten, als ob auf der Bühne die Verhältnisse von Licht und Schatten sich beständig umkehren würden. Von perfider Zerrissenheit ist seine *Elektra* gekennzeichnet, die in ihrem grellen Klangbild fast an den beißenden Ton Schostakowitschs erinnert. Dessen 10. Sinfonie wird unter Mitropoulos' Leitung zu einem Zerrbild zwischen Groteske und Resignation, aber auch zum Dokument eines ungemeinen musikalischen Überlebenswillen.

4. Sein Abschied: Mitropoulos' dirigentische Pioniertaten rücken zwar langsam, aber stetig wieder in den Fokus der öffentlichen Wahrnehmung, doch steht dies in keiner Relation zum Bekanntheitsgrad des Dirigenten zu seinen Lebzeiten. Ebenso ist er als Komponist vergessen: auch wenn er nur mit Unterbrechungen schrieb, so tat er dies nicht etwa aus Verlegenheit, sondern nahezu in jeder Gattung und auch in selbst weiterentwickelter Zwölftontechnik. Sein letztes Konzert dirigierte Mitropoulos am 31. Oktober 1960 in Köln mit der bereits erwähnten 3. Sinfonie Mahlers. Noch in der Pause dieses Konzerts baten ihn die Musiker und der Veranstalter, den Rest des Konzerts abzusagen, doch Mitropoulos dirigierte unbeirrt weiter und nahm sogar nach dem Konzert noch den Zug nach Mailand, um dort mit dem Orchester der Scala ebenfalls Mahlers Dritte einzustudieren. Während einer Probe erlitt er einen weiteren Herzanfall und verstarb auf der Bühne – in der genauen Angabe des Taktes, in dem dies geschah, setzen sich auch die Legendenbildungen weiter fort.

Tonträger
1940 MAHLER: Sinfonie Nr. 1 (Minneapolis SO; Columbia / Sony u. a.) ▪ **1940** SCHUMANN: Sinfonie Nr. 2 (Minneapolis SO; Columbia / Iron Needle u. a.) ▪ **1950** DEBUSSY: *La Mer* (New York PO; Columbia / IMG Artists) ▪ **1954** SCHOSTAKOWITSCH: Sinfonie Nr. 10 (New York PO; Columbia / CBS) ▪ **1955** BEETHOVEN: Sinfonie Nr. 3 »Eroica« (New York PO; Urania) ▪ **1956** MOZART: *Don Giovanni* (Siepi, Grümmer, Simoneau, Della Casa, Berry, Streich, WPh; Sony) ▪ **1957** BERLIOZ: *Symphonie fantastique* (New York PO; Columbia / Ermitage) ▪ **1957** STRAUSS: *Elektra* (Borkh, Madeira, Böhme, Della Casa, WPh; Orfeo) ▪ **1958** BACH: Klavierkonzert d-Moll BWV 1052 / SCHÖNBERG: Klavierkonzert (Glenn Gould, Concertgebouworkest, New York PO; Sony) ▪ **1960** MENDELSSOHN: Sinfonie Nr. 3 »Schottische« etc. (WPh; Orfeo) ▪ **1960** MAHLER: Sinfonie Nr. 3 (Lucretia West, RSO Köln; ICA)

Kompositionen
Sœur Béatrice [Oper nach Maurice Maeterlinck] (1918) ▪ Concerto grosso für Orchester (1928) ▪ *Elektra* [Szenenmusik nach Sophokles] (1936) ▪ *Hippolytus* [Szenenmusik nach Euripides] (1937)

Bearbeitungen
BACH: Fantasie und Fuge g-Moll BWV 542 (BBC SO, Leonard Slatkin; Chandos 2003) ▪ BEETHOVEN: Streichquartett op. 131 [Arrangement für Streichorchester] (WPh, Leonard Bernstein; DGG 1977)

Literatur
Stathis A. Arfanis, The Complete Discography of Dimitri Mitropoulos, Athen 1990 ▪ Apostolos Kostios, Dimitri Mitropoulos. Leben und Werk 1896–1960 [Ausstellung], Wien 1995 ▪ William R. Trotter, Priest of Music. The Life of Dimitri Mitropoulos, Portland 1995 ▪ Thomas Voigt, Der Mahler-Märtyrer Dimitri Mitropoulos [Vortrag 2006 bei den Gustav Mahler Musikwochen] ▪ Jens Malte Fischer, Mönch und Märtyrer. Der Dirigent Dimitri Mitropoulos als Mahler-Interpret, in: Camilla Bork (Hrsg.), Ereignis und Exegese, Schliengen 2011, S. 64–69

Webpräsenz
www.dimitrimitropoulos.gr [Bibliografie und Materialien zu eigenen Kompositionen] (↪0085)

AGU

Monteux, Pierre

1875 am 4. April in Paris als fünftes von sechs Kindern einer (ursprünglich sephardischen) Familie geboren; der Vater ist Schuhverkäufer, die Mutter Klavierlehrerin. Mit sechs Jahren beginnt er das Violinspiel.

1884 nimmt er sein Studium am Pariser Conservatoire auf.

1889–1892 spielt Monteux als Geiger im Orchester des Revuetheaters Les Folies Bergère,

1890 gibt der Fünfzehnjährige sein Debüt als Dirigent eines kleinen Studentenorchesters, mit dem er den zwölfjährigen Pianisten Alfred Cortot bei einigen Konzerten in und um Paris begleitet.

1893–1912 ist Monteux Solobratscher des Orchestre des Concerts Colonne und spielt auch in anderen Pariser Orchestern; im Dezember 1900 spielt er den Solopart in Berlioz' *Harold en Italie* (unter Felix Mottl), bei der Uraufführung von Debussys *Pelléas et Mélisande* (1902) sitzt Monteux als Stimmführer der Bratschen im Orchestergraben.

1894 ernennt Édouard Colonne ihn zum Chorleiter der Concerts Colonne; sein offizielles Debüt als Dirigent gibt er im Jahr darauf in einer Aufführung von Saint-Saëns' *La Lyre et la harpe* mit dem Komponisten an der Orgel.

1896 schließt Monteux sein Violinstudium am Conservatoire mit einem Premier Prix ab.

1902–1914 wirkt Monteux als Violinist und Dirigent bei den Casino-Sommerkonzerten in Dieppe.

1910 gründet er am Casino de Paris eine eigene Konzertreihe (die Concerts Berlioz).

1911–1916 wird er von Sergej Diaghilew zum Nachfolger Gabriel Piernés als Dirigent des Orchesters der Ballets russes berufen, mit dem er als Erstes 1911 – auf ausdrücklichen Wunsch des Komponisten – die Premiere von Strawinskys *Petruschka* realisiert.

1913 steht er am 29. Mai am Pult bei der legendären Skandalpremiere von *Le Sacre du printemps* am Pariser Théâtre des Champs-Élysées. Weitere Uraufführungen, die Monteux bei den Ballets russes dirigiert, sind Ravels *Daphnis et Chloé* (1912), Debussys *Jeux* (1913) und Strawinskys *Le Rossignol* (1914).

1916 begleitet Monteux die Ballett-Truppe Diaghilews auf eine USA-Tournee, wo es zum Zerwürfnis zwischen dem Impresario und seinem Dirigenten kommt, als Monteux (zuvor als Soldat u. a. in Verdun) sich weigert, das Werk eines Deutschen aufzuführen (Richard Strauss' *Till Eulenspiegel*).

1917–1919 bietet ihm die New Yorker Metropolitan Opera einen Dreijahresvertrag für das französische Repertoire an; mit Enrico Caruso, Geraldine Farrar und anderen Weltstars dirigiert Monteux Werke wie Bizets *Carmen*, Gounods *Faust* oder Saint-Saëns' *Samson et Dalila*.

1919–1924 leitet Monteux das Boston Symphony Orchestra.

1924–1934 ist er Erster Gastdirigent (neben Willem Mengelberg) beim Amsterdamer Concertgebouworkest.

1929–1938 leitet er das Orchestre Symphonique de Paris, das im Jahr zuvor auf Initiative der Princesse Edmond de Polignac und Coco Chanels gegründet worden war. Zu den Uraufführungen, die Monteux mit diesem Orchester gleich im ersten Jahr realisiert, gehören die 3. Sinfonie von Prokofjew und das *Concert champêtre* von Poulenc (mit Wanda Landowska).

1935–1952 übernimmt er die Leitung des San Francisco Symphony Orchestra – anfangs nur für fünf Monate im Jahr, um seine Arbeit in Paris nicht aufgeben zu müssen.

1937 ist er Mitbegründer des NBC Symphony Orchestra, mit dem er – noch vor Arturo Toscanini – die ersten Konzerte dirigiert. Als sich die politische Lage in Europa weiter zuspitzt, entschließt sich Monteux, ganz in den USA zu bleiben.

1942 wird er amerikanischer Staatsbürger und gründet im Jahr darauf in seinem Privathaus die Pierre Monteux School. Dirigenten wie Seiji Ozawa, André Previn oder David Zinman zählen zu seinen Schülern. Während seiner Jahre in San Francisco gastiert er als freier Dirigent bei nahezu allen großen Orchestern der Welt. Der inzwischen über 80-jährige Maestro ist von ungebrochener Vitalität, augenzwinkernd besteht er auf einem Vertrag über 25 Jahre mit der Option auf Verlängerung, als er im Jahr 1961 die Leitung des London Symphony Orchestra übernimmt, die er tatsächlich bis zu seinem Tod innehat. Sein letztes Konzert gibt er kurz nach seinem 89. Geburtstag in Mailand.

1964 stirbt er am 1. Juli in seinem Haus in Hancock im US-Bundesstaat Maine.

Nicht allein aufgrund seines langen und bis zuletzt aktiven Lebens war Pierre Monteux ein »Jahrhundert-Dirigent«. Monteux war »zudem der unglaublich seltene Fall eines Maestros, der von all seinen Orchestern geliebt wurde«, so der Schallplattenproduzent John Culshaw. Selbst der überstrenge und mit Lob extrem geizige Arturo Toscanini erklärte, der Franzose habe die beste Schlagtechnik, die er je gesehen habe – was Filmaufnahmen bestätigen können. Ein relativ langer Taktstock, sparsame Gesten und ein intensiver, bald freundlicher, bald strenger Blickkontakt zu den Musikern stehen für jene gelassen-kontrollierte Präzision, die er auch bei seinem vielleicht spektakulärsten Auftritt unter Beweis stellte: bei der Pariser Uraufführung von Strawinskys *Le Sacre du printemps* am 29. Mai 1913. »Ich saß in der vierten oder fünften Reihe rechts«, erinnerte sich der Komponist später, »und das Bild von Monteux' Rücken ist mir lebendiger in Erinnerung geblieben als das Bühnenbild. Er stand dort scheinbar unzugänglich und ohne Nerven wie ein Krokodil. Es ist für mich immer noch fast unglaublich, dass er das Orchester wirklich bis zum Ende durchbrachte.«

Pierre Monteux' diskografisches Vermächtnis beginnt bereits 1903 – als Bratscher! – mit einer Aufnahme mit dem Tenor Albert Vaguet für das Label Pathé (die Arie »Plus blanche que la blanche hermine« aus Meyerbeers *Les Huguenots*). Auch bei den ganz frühen Aufnahmen der Concerts Colonne dürfte Monteux als Bratscher zu hören sein. Als Dirigent setzt dann 1929 die erste Schallplattenaufnahme des *Sacre* den Auftakt – 35 Jahre, bevor er Ende Februar 1964 seine letzte Schallplatte mit dem London Symphony Orchestra und Werken von

Ravel für die Decca aufnahm. Neben den rund 100 Studioaufnahmen, die dazwischen entstanden, sind mittlerweile wenigstens ebenso viele Konzertmitschnitte veröffentlicht worden; so gibt es inzwischen allein fünf Aufnahmen des *Sacre* unter Monteux.

Man muss die Wirkungsgeschichte Monteux' wohl vor allem aus dem Blickwinkel des amerikanischen Musiklebens sehen: Viele Werke von Berlioz, Saint-Saëns, Franck oder d'Indy hat er dort durchgesetzt. Das gilt auch für seine Bedeutung als Spezialist jener Musik, die in seinen jungen Jahren neu gewesen war: etwa für Debussy, Ravel oder Strawinsky.

»Der Begriff ›französischer Geschmack‹ ist mißbraucht worden, doch wenn er je in der Musik Sinn gehabt hat, dann bei Pierre Monteux« (Harold C. Schonberg, Die großen Dirigenten, Bern 1970, S. 307). Womit der Kritikerpapst der *New York Times* etwas anspricht, worunter Monteux zeit seines Lebens gelitten hat: immer wieder auf das französische Repertoire festgelegt zu werden, während er selbst sich vor allem als berufenen Beethoven- und Brahms-Interpreten sah. Seine späten Aufnahmen der Beethoven-Sinfonien mit den Wiener Philharmonikern und dem London Symphony Orchestra sind tatsächlich bemerkenswert und erinnern in vielem an die etwa gleichzeitig entstandenen Einspielungen von George Szell. In den *Rules for Young Conductors*, die Monteux skizziert hat – acht »Musts« und zwölf »Don'ts« – lautet das erste Verbot: »Du sollst nicht ›überdirigieren‹; du sollst keine unnötigen Bewegungen machen.« Er selbst hat sich stets daran gehalten. Auf die Bitte eines Interviewers, sich selbst mit einem Wort zu charakterisieren, antwortete Monteux: »Ich bin ein verdammter Profi.«

Tonträger
1929 STRAWINSKY: *Le Sacre du printemps* (OS de Paris; Pristine u. a.) ▪ **1932** BACH: Doppelkonzert d-Moll BWV 1043 (Yehudi Menuhin, George Enescu, OS de Paris; EMI) ▪ **1950/52** CHAUSSON: Sinfonie op. 20 / *Poème de l'amour et de la mer* (Gladys Swarthout, San Francisco SO, RCA Victor SO; RCA) ▪ **1955** OFFENBACH: *Les Contes d'Hoffmann* (Tucker, Peters, Singher, Stevens, Metropolitan Opera; CBS / Sony) ▪ **1956** STRAWINSKY: *Petruschka* / *Der Feuervogel* [Suite 1919] (OSCC; RCA) ▪ **1957/58** BEETHOVEN: Sinfonien Nr. 3 »Eroica« & 6 »Pastorale« (WPh; Decca) ▪ **1959** BRAHMS: Klavierkonzert Nr. 1 (Julius Katchen, London SO; Decca) ▪ **1959/61** RAVEL: *Daphnis et Chloé / Rapsodie espagnole / Pavane* (London SO; Decca) ▪ **1961** FRANCK: Sinfonie d-Moll (Chicago SO; RCA)

Bildmedien
1959 BRAHMS: *Tragische Ouvertüre* / HINDEMITH: *Nobilissima visione* [Suite] / STRAWINSKY: *Petruschka* (Boston SO; VAI) ▪ **1961** BEETHOVEN: Sinfonie Nr. 8 / BERLIOZ: *Le Carnaval romain* / WAGNER: Vorspiel 3. Akt aus *Die Meistersinger von Nürnberg* (Chicago SO; VAI)

Literatur
Doris G. Monteux, It's All in the Music. The Life and Work of Pierre Monteux, New York 1965 [Diskografie von Erich Kunzel] ▪ Jean-Philippe Mousnier, Pierre Monteux, Paris 1999 ▪ John Canarina, Pierre Monteux. Maître, Pompton Plains 2003 [Diskografie]

Webpräsenz
http://sfsymphony-staging.pop.us/Support-Volunteer/Gift-Estate-Planning/The-Pierre-Monteux-Society (↪0086)
http://patachonf.free.fr/musique/monteux/discographie.php (↪0087)

MST

Morris, Wyn

1929 am 14. Februar in Wales in Trellech, Monmouthshire, als Sohn des Komponisten (aber auch zeitweiligen Bergarbeiters) Haydn Morris geboren. Ein ihn früh prägender Einfluss sind Radioübertragungen Wilhelm Furtwänglers, dessen Name in Beschreibungen von Morris' Dirigieren oft beschworen wird.

1954 gründet er das Welsh Symphony Orchestra.

1957 wird er nach dem Gewinn des Koussevitzky-Preises von George Szell als Assistent zum Cleveland Orchestra eingeladen. Zuvor war er Teilnehmer der Dirigierkurse von Igor Markevitch in Salzburg.

1964 arbeitet er beim London Chamber Orchestra, ein Jahr später erfolgt die Gründung der Symphonica of London, die unter Morris' Stabführung vor allem das deutsche spätromantische Repertoire zur Aufführung bringt.

1968–1970 übernimmt er die Leitung der Royal Choral Society, ebenso von 1969 bis 1974 die Leitung der Huddersfield Choral Society.

1984 beginnt eine regelmäßige Zusammenarbeit mit dem London Symphony Orchestra, die beeinträchtigt ist durch Morris' schwieriges Temperament und gesundheitliche Probleme.

1998 scheitert ein letzter Versuch, Morris auf das Podium zurückzuholen.

2010 stirbt er am 23. Februar in London.

Wyn Morris ist in vielerlei Hinsicht ein Außenseiter des Musikbetriebs gewesen. Viele seiner Aufnahmen realisiert er mit einem aus dem Pool nicht fest angestellter Londoner Musiker jeweils nur für das einzelne Projekt versammelten Orchester, sie erscheinen bei obskuren Labels und sind heute zumeist vergriffen. Im Internet findet man sie als umstrittene Kultobjekte abwechselnd zu absurd überteuerten Preisen oder kostenlos. Zudem bevorzugt er Repertoire-Kuriosa, von Bruckners *Helgoland* bis zu Barry Coopers Vervollständigung der Skizzen von Beethovens 10. Sinfonie. Eigentümlich ist auch seine Klangästhetik: Überdrastische Details mit einer besonderen Vorliebe für metallische Klänge und exponierte Dissonanzen werden mit beinahe behäbig langsamen Grundtempi verbunden. Der Eindruck ist nicht unähnlich einem gealterten Shakespeare-Mimen, von dem die eine Hälfte des Publikums überzeugt ist, er sei großartiger als je zuvor, während die andere Hälfte sein Spiel für bloßes Chargieren hält.

In seinen Mahler-Aufnahmen, die den Kern seiner Erbschaft ausmachen dürften, kommt ein für diesen Komponisten ursprüngliches Rezeptionsmoment wieder zum Vorschein: die Fähigkeit, die Geschmäcker zu teilen. In der 5. Sinfonie gelingt der Trauermarsch großartig gruselig und scheint direkt Madame Tussauds Wachsfigurenkabinett zu entstammen – die anderen Sätze allerdings auch: Das extrem langsam genommene Scherzo wird von einem verblüffend raschen, aber klanglich schwergewichtigen Adagietto beantwortet. Ganz aus der britischen Oratorientradition gedeutet wird die 8. Sinfonie, sodass die Einleitung des Faust-Teils sich zum großen und beeindruckenden Adagio-Satz verselbstständigt. Am ehesten zum Mahler-Mainstream gehört die vorzüglich besetzte und in ihrem Reichtum an Charakteren vorbildliche Version der Lieder aus *Des Knaben Wunderhorn*. Auch bei Mahler treten zudem Pionieraufnahmen der 10. Sinfonie und des *Klagenden Lieds* in der zweisätzigen Fassung als damaliges Randrepertoire hinzu. Ebenso hat er die fünfsätzige Frühfassung der 1. Sinfonie eingespielt und entdeckt die dort von Mahler noch nicht gestrichenen Schlagwerkeffekte und Tonreibungen dann auch in seiner dadurch ganz außergewöhnlichen späten Aufnahme der (äußerlich unveränderten) 4. Sinfonie. Vielleicht ist Morris also doch auch einem ursprünglichen Moment des Mahler'schen Komponierens auf der Spur gewesen.

Die sicher auch aus Mangel an anderen Angeboten bevorzugten Kuriositäten ergänzte Morris Ende der 1980er-Jahre um eine Einspielung der Beethoven-Sinfonien, die (nicht nur) bei Nostalgikern historischer Uninformiertheit durch ihre deftige Farbsättigung und das offene Pathos zumal der langsamen Sätze große Sympathien fand.

Tonträger
1966 MAHLER: Lieder aus *Des Knaben Wunderhorn* (Janet Baker, Geraint Evans, London PO; Nimbus) ▪ **1972** MAHLER: Sinfonie Nr. 8 (Baker, Simon, Burrowes, Hodgson, Mitchinson, Ambrosian Singers, Symphonica of London; IMP u. a.) ▪ **1977** CHAUSSON: *Poème de l'amour et de la mer* / DEBUSSY: *La Damoiselle élue* (Montserrat Caballé, Janet Coster, Ambrosian Ladies Chorus, Symphonica of London; Collins) ▪ **1988/89** BEETHOVEN Sinfonien Nr. 1–10 (London SO; Musical Concepts)

JCA

Mrawinski, Jewgeni

1903 am 4. Juni in St. Petersburg geboren. Mrawinski ist adliger Abstammung (sein Vater überzeugter Monarchist) und wächst in einem privilegierten, von Musik und Kunst durchdrungenen Umfeld auf. Seine Mutter führt ihn ans Klavierspiel heran; seine Tante ist die Sopranistin Jewgenija Mrawina, die von Tschaikowsky verehrt wird.

1917 bricht die Oktoberrevolution über das Land und die Familie Mrawinski herein. Sein altes Lebensumfeld wird zerstört, der Besitz enteignet, die Familie in eine ärmliche Wohnung umgesiedelt. Mrawinski bekommt als Statist bei Ballettaufführungen ersten Kontakt zur Bühne.

1921–1931 ist er Repetitor an der renommierten Vaganova-Ballettschule.

1924 nimmt er sein Studium am Leningrader Konservatorium auf und studiert Komposition bei Wladimir Schtscherbatschow sowie ab 1927 Dirigieren bei Nikolai Malko und Alexander Gauk. Sein erster Aufnahmeversuch am Konservatorium war ihm aufgrund seiner aristokratischen Abstammung verwehrt worden.

1931 wird er nach seinem Abschluss Assistent und Ballettdirigent am (heutigen) Mariinski-Theater.

1937 Am 21. November leitet er inmitten einer Zeit stalinistischer Verfolgungen die Uraufführung von Schostakowitschs 5. Sinfonie – eine vermeintliche Rehabilitierung des im Jahr zuvor attackierten Komponisten, die zu den wichtigsten Momenten der Musikgeschichte des 20. Jahrhunderts gehört.

1938 Nachdem er den Ersten Preis beim Moskauer All-Unions-Dirigentenwettbewerb gewinnt, wird der junge Ballettdirigent mit sofortiger Wirkung zum Chefdirigenten der Leningrader Philharmoniker ernannt. Mrawinski wird die Geschicke des Orchesters für 50 Jahre bis zu seinem Tod leiten.

1941 wird er während der deutschen Belagerung Leningrads mitsamt seinem Orchester nach Nowosibirsk evakuiert. Dort wird Kurt Sanderling als zweiter Dirigent der Leningrader Philharmoniker (bis 1960) einer seiner engen Vertrauten.

1943 leitet er in Moskau die Uraufführung von Schostakowitschs 8. Sinfonie, die ihm gewidmet ist. Insgesamt dirigiert er die Premieren von sechs Sinfonien Schostakowitschs.

1956 ermöglicht die politische Tauwetterperiode (nach Stalins Tod im Jahr 1953) das erste von zahlreichen international gefeierten Gastspielen im »Westen« (einschließlich der ersten ebenso gefeierten Aufnahmeserien für die DGG); es folgen mehr als 30 Tourneen innerhalb von 25 Jahren.

1961 beginnt er am Leningrader Konservatorium zu unterrichten, im Jahr 1963 erhält er den Professorentitel.

1962 kommt es zum Bruch mit Schostakowitsch, als er die Uraufführung der 13. Sinfonie »Babi Yar« überraschend absagt, angeblich wegen einer schweren Erkrankung im Familienkreis. Die Uraufführung war aber – auch aufgrund der im Werk enthaltenen Anprangerung des Antisemitismus – massiv von den staatlichen Behörden torpediert worden, sodass eine politisch motivierte Absage mehr als wahrscheinlich ist.

1982 wird er anlässlich der Feierlichkeiten zum hundertjährigen Bestehen der Leningrader Philharmoniker als Nationalheld und wichtigster Dirigent Russlands verehrt. Im selben Jahr gibt er seinen offiziellen Rücktritt als Leiter des Orchesters bekannt, bleibt ihm aber bis zu seinem Tod eng verbunden (sein Nachfolger Juri Temirkanow wird erst danach berufen).

1988 stirbt er am 19. Januar in Leningrad.

Als Jewgeni Mrawinski im Jahr 1937 die Uraufführung von Schostakowitschs 5. Sinfonie übernimmt, war die sowjetische Welt wieder einmal in Aufruhr: Politische Verfolgungen waren an der Tagesordnung, und gerade für den jungen Mrawinski stand seine ganze Existenz erneut auf Messers Schneide, nachdem er als behüteter Aristokrat bereits mit der 1917er-Revolution sein Hab und Gut verloren hatte und sein bisheriges Weltbild erschüttert wurde.

Es wäre ein Leichtes, Mrawinski angesichts seiner Übernahme der Chefposition bei den Leningrader Philharmonikern, die er in dieser Form nur aufgrund der staatlichen Absetzung aller ausländischer Amtsinhaber im Land erlangen konnte, als auf seinen Vorteil bedachten Opportunisten zu verurteilen oder ihm ein blauäugiges Politikverständnis anzukreiden. Doch auch andere Beispiele haben gezeigt, dass die Linie zwischen Politik und Kunst häufig nicht trennscharf verläuft und dass es, ähnlich wie in Schostakowitschs Biografie, Mittel und Wege der inneren Emigration gibt, die sich mit den gefährlichen Zeitumständen verbinden lassen. Mrawinskis Arrangement mit dem sowjetischen Regime scheint insbesondere jenem Wilhelm Furtwänglers mit den Nationalsozialisten sehr ähnlich (wenn es auch eine deutlich längere Zeitspanne umfasst), die Uraufführung der Fünften Schostakowitschs bedeutete einen vergleichbaren Tanz auf dem Vulkan wie Furtwänglers Konzerte mit Beethovens Neunter vor der versammelten NS-Elite. Kurt Sanderling bezeichnete seinen Vertrauten Mrawinski, der den Niedergang des Zarenreiches miterlebt hatte und in der Sowjetunion noch die Zeiten der Perestroika miterleben sollte, als widersprüchlichen Überlebenskünstler. Viele seiner ehemaligen Orchestermusiker haben von Mrawinskis harscher Ablehnung des Systems berichtet, die dieser allerdings nur im privaten Rahmen geäußert hat – nach außen wahrnehmbar waren lediglich seine Weigerungen, in die Partei einzutreten und an den Jahrestagen der Oktoberrevolution zu dirigieren.

Als Mrawinski die Leitung des renommiertesten Klangkörpers Russlands antritt, trifft er nicht nur auf Probleme im Orchester, da politische Linientreue mindestens ebenso wichtig wie Musikalität war, auch seine Menschenführung und seine Probenarbeit sorgen für Komplikationen. Aufgrund seiner künstlerischen Alleinherrschaft kann er teils drakonische Strafen verhängen, seine eigene Unsicherheit überspielt er mit eiserner Disziplin. Mindestens acht bis zehn Proben setzt Mrawinski auch für oft gespielte Repertoireprogramme an, seine Detailbesessenheit wird legendär, doch die daraus resultierende Perfektion ist in jeder musikalischen Pore seiner Aufführungen zu spüren (eine Aufführung von Bruckners 7. Sinfonie sagt er gar nach einer der letzten Proben ab, weil es nie wieder so gut wie eben in jener Probe werden könne). Mrawinski und »seine« Leningrader Philharmoniker werden zur Institution. Die nahezu 50-jährige Zusammenarbeit bringt in der stets weiter gesteigerten Exaktheit ein gegenseitiges musikalisches Verständnis zu Tage, das seinesgleichen sucht – in manchen Momenten vermag das Orchester sozusagen aus Mrawinskis gehobener Augenbraue ganze künstlerische Prozesse abzuleiten. Überhaupt ist sein Dirigierstil mit zunehmendem Alter von einer konzisen Bündelung der Zeichengebung geprägt, seine stoische Ruhe und hypnotische Aufmerksamkeit erinnern an die geistige Disziplin eines Schach-Großmeisters. Zugleich bildet seine Körpersprache fast notengetreu ablesbar die Partitur nach: Jeder Akzent, jeder Einsatz, jede Nebenstimme findet ihren Niederschlag, seine hochkonzentrierte Mimik wacht über den Klang. Dass Mrawinskis Perfektionismus für ihn auch besondere Glücksmomente umschließt, zeigt sich in der Probenarbeit an Schuberts »Unvollendeter«: Wenn er wieder und wieder die Sechzehntel der Eröffnung anspielen lässt, immer wieder einzelne von ihnen herausgreift, die Fingersätze der Streicher korrigiert und akribisch wiederholen lässt, bis alle Luftpausen selbst zwischen den kürzesten Noten perfekt sitzen, dann umspielt seine statuenhaften Lippen plötzlich ein leises Lächeln.

Mrawinskis zeitgeschichtlich herausragende Deutungen der Sinfonien Schostakowitschs sind von einer unerbittlichen Härte und zugleich einem nahezu manischen Kampfgeist getragen: Im bewusst zurückgehaltenen Tempo und in den für das russische Klangbild so typischen schneidenden Trompeten und grellen Beckenschlägen präsentiert das pseudojubelnde Finale der Fünften überdeutliche Signale einer bewussten Aushöhlung seiner Botschaft. Ähnliches geschieht im Perpetuum mobile des dritten Satzes aus der 8. Sinfonie: Die erbarmungslos ratternde Streicher-Maschinerie und der seltsam unwirkliche Galgenhumor der plötzlich einbrechenden Trio-Episode ergänzen sich gegenseitig zum Bild einer musikalisch-militärischen Mobilmachung (und sind zugleich deren Kritik).

Mrawinskis intellektuell durchdrungene Lesarten spiegeln sich in der Plausibilität eines immer wiederkehrenden Repertoires. Von exzeptionellem Wert ist dabei seine Beschäftigung mit den späten Sinfonien Tschaikowskys. Mrawinski vermeidet falsches Pathos, durchleuchtet die Sinfonien bis in ihre letzten Fasern und setzt die musikalischen Bausteine dann wieder neu zusammen. »Romantischen Klassizismus« nennt Mariss Jansons diese Herangehensweise seines Lehrers, und tatsächlich basiert Mrawinskis Ansatz auf der Einbettung der lyrischen Strukturen in ein festes Formgefüge: Er hebt Sentimentalität und Melancholie auf eine Art Metaebene, in der sie sich vom Status, nur große romantische Geste zu sein, befreien können. Dass hierbei in den Ausbrüchen des Schicksalsmotivs der Vierten oder in der verbissenen Durchführung des Kopfsatzes der *Pathétique* auch »romantische« Stilmittel zum Einsatz kommen, ist nur konsequent. Das breite Tenuto der wohldosierten Höhepunkte und das intensive, zugleich flexible Vibrato der Streicher unterstreichen ebenso wie manches Rubato eine genuin expressive Klangsprache. Tschaikowsky bleibt Tschaikowsky – und wird bei Mrawinski doch in gänzlich neuer und bis heute aktueller Weise durchleuchtet.

Tonträger
1946 SCHOSTAKOWITSCH: Sinfonie Nr. 6 (Leningrader Philharmoniker; Melodiya) ▪ **1946/48** TSCHAIKOWSKY: *Der Nussknacker* [Auszüge] (Leningrader Philharmoniker; Melodiya) ▪ **1949** RIMSKI-KORSAKOW: *Die Legende von der unsichtbaren Stadt Kitesch* [Suite] (Leningrader Philharmoniker; Melodiya) ▪ **1954** SCHOSTAKOWITSCH: Sinfonie Nr. 5 (Leningrader Philharmoniker; Melodiya) ▪ **1958** BEETHOVEN: Sinfonie Nr. 7 (Leningrader Philharmoniker; Melodiya) ▪ **1960** TSCHAIKOWSKY: Sinfonien Nr. 4–6 (Leningrader Philharmoniker; DGG) ▪ **1961** SCHOSTAKOWITSCH: Sinfonie Nr. 12 »Das Jahr 1917« (Leningrader Philharmoniker; Melodiya) ▪ **1965** MOZART: Sinfonie Nr. 39 KV 543 (Leningrader Philharmoniker; Melodiya) ▪ **1972/73** BRAHMS: Sinfonien Nr. 3 & 4 (Leningrader Philharmoniker; Melodiya) ▪ **1976** SCHO-

STAKOWITSCH: Sinfonie Nr. 10 (Leningrader Philharmoniker; Melodiya) ▪ **1977** SALMANOW: Sinfonie Nr. 4 (Leningrader Philharmoniker; Melodiya) ▪ **1980** BRUCKNER: Sinfonie Nr. 9 (Leningrader Philharmoniker; Melodiya) ▪ **1981** PROKOFJEW: *Romeo und Julia* [Suite Nr. 2] (Leningrader Philharmoniker; Melodiya) ▪ **1982** SCHOSTAKOWITSCH: Sinfonie Nr. 8 (Leningrader Philharmoniker; Philips)

Bildmedien
1983 SCHOSTAKOWITSCH: Sinfonie Nr. 5 / SCHUBERT: Sinfonie Nr. 8 »Unvollendete« [Probendokumentationen] (Leningrader Philharmoniker; Triton) Soviet Conductor, Russian Aristocrat (Dokumentation von Dennis Marks; EMI 2003)

Literatur
Kenzo Amoh / Frank Forman / Hiroshi Hashizume, Mravinsky Discography, Osaka 1993 ▪ Kenzo Amoh, Yevgeni Mravinsky. A Concert Listing 1930–1987, Tokio 2000 ▪ Gregor Tassie, Yevgeny Mravinsky. The Noble Conductor, Lanham 2005 ▪ Ernst Zaltsberg, Evgeny Mravinsky. Conductor Devoted to Shostakovich's Music, in: Journal of the Conductors Guild 26, Heft 1/2 (2005), S. 45–52

Webpräsenz
www.mravinsky.org [Russischsprachige Gedenkseite] (↪0088)
www.arsc-audio.org/journals/v25/v25n1p12-44.pdf [Diskografie] (↪0089)

AGU

Müller-Brühl, Helmut

1933 als Helmut Müller am 28. Juni in Brühl geboren. Studium der Philosophie, Theologie und Musikwissenschaft; zudem studiert er Violine bei Wolfgang Schneiderhan in Luzern, als er sich aufgrund einer Tuberkulose-Erkrankung in der Schweiz aufhält.
1958 begründet er die Brühler Schlosskonzerte und das Junge Kölner Streicherensemble.
1963 übernimmt er als Nachfolger von Erich Kraack die Leitung des Kölner Kammerorchesters. Erste Aufnahmen von weniger bekannten Werken des 18. Jahrhunderts entstehen für das Label Koch Schwann.
1976–1986 musiziert das Ensemble auf historischen Instrumenten und mit anderem Namen als Capella Clementina. Danach kehrt man zum modernen Instrumentarium zurück und begründet ab 1988 die Serie »Das Meisterwerk« in der gerade eröffneten Kölner Philharmonie (später auch in München und Paris).
1995 beginnt die Zusammenarbeit des Orchesters mit dem Label Naxos.
2008 gibt er die Leitung des Kölner Kammerorchesters ab.
2009 leitet er auf Einladung von Papst Benedikt XVI. die Pfingstmesse in Rom.
2012 stirbt er am 2. Januar in Brühl.

In der ersten Liga der Alte-Musik-Ensembles übernimmt das Kölner Kammerorchester die Rolle des Traditionsvereins. Das bereits 1923 durch Hermann Abendroth gegründete Orchester bewahrt auch in den mit Helmut Müller-Brühl produzierten Aufnahmen eines von Bach bis Beethoven reichenden Repertoires einige Merkmale eines »älteren« neoklassischen Aufführungsstils, der sich bewusst an ein größeres Publikum richten möchte. In rein sinfonischen Werken tritt dabei bisweilen eine ungünstige Kombination aus einem etwas zu dicken Streicherklang und einem zu dünnen Gesamtklang hervor. Als Gegenmittel werden einzelne Motive sozusagen als Stachel wider den Streicherapparat ausgesprochen schroff musiziert (besonders auffällig in Mozarts »Linzer« Sinfonie). Dieses Stilmittel wird aber nirgends durch unerwartete Tempi oder eine neue Balance der Instrumentengruppen wie etwa bei Thomas Fey auf den gesamten Satzverlauf ausgedehnt. Wo doch einmal rascheste Tempi vorliegen, wie im *Brandenburgischen Konzert* Nr. 3, treten diese in ein disparates Verhältnis zu dem in den Kurven nicht mehr elegant steuerbaren Streicherkorpus. Die *Matthäus-Passion* bindet rasche Tempi hingegen an einen durchgängig sehr hellen Chorklang und erzeugt so eine im Ton intime, aber im bewahrten Klangvolumen traditionelle Lesart. Ebenso überzeugend wird in Pergolesis Stabat mater durch eine vornehm zurückhaltende Artikulation die sentimentale Seite des galanten Stils vermittelt. Müller-Brühl gelingen nicht nur in diesem Fall die für alle Traditionsvereine periodisch notwendigen Verjüngungskuren. Zu empfehlen ist zum Beispiel eine Serie der Beethoven-Klavierkonzerte mit fünf verschiedenen jungen Pianisten (darunter Igor Levit und Henri Sigfridsson), wo in einem nun etwas stärker »rekonstruktiven« Klangbild manche pianistische »Einzelaktionen« in der Artikulation der Themen mit den stets gewahrten Qualitäten eines Dirigenten als Team Player (auch für die Zuhörer) verbunden sind.

Tonträger

1995 MOZART: Sinfonien Nr. 28 KV 200, 34 KV 338 & 36 KV 425 »Linzer« (Kölner KO; Naxos) ▪ **1997/98** TELEMANN: *Darmstädter Ouvertüren* TWV 55:g4, 55:C6 & 55:D15 (Kölner KO; Naxos) ▪ **2003** PERGOLESI: Stabat mater / Salve Regina (Waschinski, Chance, Kölner KO; Naxos) ▪ **2005** BACH: *Matthäus-Passion* (van der Meel, Nolte, Chung, Couwenbergh, Kielland, Schäfer, Müller-Brachmann, Dresdner Kammerchor, Kölner KO; Naxos)

JCA

Munch, Charles

1891 am 26. September in Straßburg geboren als Sohn des Organisten und Chorleiters Ernst Münch. Auch Albert Schweitzer gehört zur Verwandtschaft der Musikerfamilie. Er studiert Geige am Konservatorium, ebenso Orgel und Klavier. Nach seinem Diplom zieht er für weitere Studien nach Paris (bei Lucien Capet), wo er gleichzeitig ein erfolgloses Medizinstudium beginnt, und später nach Berlin (bei Carl Flesch).

1914 wird er zu Beginn des Ersten Weltkriegs als Elsässer von der deutschen Wehrmacht eingezogen und 1916 bei Verdun verwundet. Nach Kriegsende wird er Mitglied des Städtischen Orchesters in Straßburg.

1919 nimmt er in Folge der Versailler Verträge die französische Staatsbürgerschaft an. Er ersetzt das »ü« seines Nachnamens durch das in französischer Aussprache gleichklingende »u« aber gemäß den Angaben seines Biografen D. Kern Holoman endgültig erst in seiner Bostoner Zeit (in Leipzig tritt er als Carl Münch auf).

1925 verlässt er seine Professur für Violine am Straßburger Konservatorium, um in Leipzig Konzertmeister des Gewandhausorchesters zu werden.

1932 zieht er nach Paris und etabliert sich dort nach seinem Debüt bei den Concerts Straram als Dirigent (u. a. beim nur kurzzeitig ab 1935 bestehenden Orchestre de la Société Philharmonique de Paris).

1938–1946 leitet er das Orchestre de la Société des Concerts du Conservatoire (OSCC).

1945 wird ihm die Mitgliedschaft der Ehrenlegion verliehen.

1946 gibt er sein USA-Debüt in Boston, zudem dirigiert er das (heutige) Israel Philharmonic Orchestra.

1948 bestreitet er eine USA-Tournee mit dem Orchestre National de la Radiodiffusion Française.

1949 ernennt ihn das Boston Symphony Orchestra zum Nachfolger von Serge Koussevitzky.

1962 beendet er seine Amtszeit in Boston und kehrt nach Frankreich zurück, wo er im Jahr 1964 Präsident der Pariser École Normale de Musique wird.

1967 gründet er auf Initiative des Kulturministers André Malraux das Orchestre de Paris (als Nachfolger des OSCC) und wird dessen erster Musikdirektor.

1968 stirbt er am 6. November während einer Tournee mit dem Orchestre de Paris in Richmond (Virginia) in Folge eines Herzanfalls.

Es war für den jungen Charles Munch ein prägendes Erlebnis, als er mit 14 Jahren die Bekanntschaft Vincent d'Indys in Straßburg machte, der ihn als »Techniker und Poet« auf dem Dirigentenpodest begeisterte. Doch erst mit 41 Jahren betrat Munch zum ersten Mal in Paris als Dirigent das Podium. Bis hierhin kannte man ihn vor allem als herausragenden Violinisten und als Konzertmeister des Gewandhausorchesters, wo er unter Wilhelm Furtwängler und Bruno Walter musizierte. Der ausgiebige Briefwechsel mit Furtwängler dokumentiert den Austausch zweier auch in Anbetracht ihrer künstlerischen Persönlichkeiten am Dirigentenpult ähnlicher Charaktere. Seine spät gestartete Karriere als Dirigent verdankt Munch auch der Eheschließung mit Geneviève Maury, Enkelin eines der Gründer des Nestlé-Konzerns; rasch jedoch wird er einer der wichtigsten Förderer der französischen Musikkultur mit einem Schwerpunkt insbesondere bei Berlioz und den Komponisten der Gegenwart. So leitet er eine Vielzahl von Uraufführungen (zum Beispiel in den Jahren 1946 bzw. 1951 Honeggers 3. und 5. Sinfonie sowie im Jahr 1961 Poulencs Gloria). Dieser frankophile Schwerpunkt durchzieht auch seine herausragende künstlerische Zusammenarbeit mit dem Boston Symphony Orchestra, dessen Renommee 1953 eine große USA-Tournee und 1956 die Reise nach Russland bestätigen (beide geleitet zusammen mit Pierre Monteux) – inmitten des Kalten Krieges ist es sein Bostoner Orchester, das als erstes westliches Orchester in Leningrad und Moskau auftritt.

Seine Live-Präsenz ist wiederum jener Furtwänglers nicht unähnlich: Munchs Dirigierstil basiert auf einem hohen Grad an Spontaneität, wobei in der Inspiration des Augenblicks die Klarheit der Führung durch ungestümen Eifer in der Entfesselung dramatischer Momente abgelöst wird. Eine allzu strenge Befolgung des Notentextes wirft er manches Mal wie ein zu enges Korsett im Konzert ab, um mit seiner herausfahrenden Körpersprache den Impulsen der Musik zu folgen. In Studioproduktionen hingegen achtet er aufs Genaueste auf die Einhaltung seiner interpretatorischen Ideen. Dabei sind es besonders seine französischen Steckenpferde wie Ravel, Debussy, Franck oder Chausson, die von Munchs Engagement profitieren. Der Orchesterklang ist, trotz agogischer Spontaneität, von einer sensiblen Akkuratesse durchzogen, die gleichzeitig den Genuss des Klanges zu zelebrieren versteht und doch manches Mal augenzwinkernd mit den Kräften des Orchesters zu spielen scheint.

Einblick in Munchs Schaffen gibt auch seine charmant-aufschlussreiche, autobiografisch getönte Schrift *Ich bin Dirigent*. Dort heißt es etwa am Ende des Kapitels über die Orchesterproben: »›Ihre Taten folgen ihnen nach‹ gilt in der Musik mehr als irgendwo sonst: lasst uns nie vergessen, dass wir zur Freude derer spielen, die uns zuhören« (Munch, S. 84). Diese Freude seines Musizierens wirkt bis heute ungebrochen.

Tonträger
1935/39 SAINT-SAËNS: Klavierkonzert Nr. 4 / RAVEL: Klavierkonzert für die linke Hand (Alfred Cortot, Studio Orchestra [London], OSCC; HMV / Naxos Historical) ▪ 1946 FRANCK: Sinfonie d-Moll (OSCC; Decca) ▪ 1952–1961 HONEGGER: Sinfonien Nr. 5 »di tre re« & 2 / MILHAUD: *Suite provençale* / *La Création du monde* (Boston SO; RCA) ▪ 1954 BERLIOZ: *Symphonie fantastique* (Boston SO; RCA) ▪ 1955 RAVEL: *Daphnis et Chloé* (Boston SO; RCA) ▪ 1958 D'INDY: *Symphonie sur un chant montagnard* (Nicole Henriot-Schweitzer, Boston SO; RCA) ▪ 1960/61 DVOŘÁK: Cellokonzert / Sinfonie Nr. 8 (Gregor Piatigorsky, Boston SO; RCA) ▪ 1967 BERLIOZ: *Grande Messe des Morts* [Requiem] (Peter Schreier, Chor & SO des BR; DGG)

Bildmedien
1959–1961 FAURÉ: *Pelléas et Mélisande* / WAGNER: *Die Meistersinger von Nürnberg* [Orchestrale Auszüge] / FRANCK: Sinfonie d-Moll (Boston SO; ICA) ▪ 1962 BERLIOZ: *Symphonie fantastique* / DEBUSSY: *La Mer* / RAVEL: *Daphnis et Chloé* [Suite Nr. 2] (Boston SO; VAI)

Schriften
Je suis chef d'orchestre, Paris 1954 [dt.: Ich bin Dirigent, übs. von Suzanne Oswald, Zürich 1956]

Literatur
Philippe Olivier, Charles Munch. Une biographie par le disque, Paris 1987 ▪ Geneviève Honegger, Charles Munch. Un chef d'orchestre dans le siècle, Straßburg 1992 ▪ D. Kern Holoman, Charles Munch, Oxford 2012 [Online-Appendix mit Audiobeispielen: http://global.oup.com/us/companion.websites/9780199772704/] (↪0090)

Webpräsenz
www.78experience.com [Diskografie von Sylvain Gasser] (↪0091)
http://b.duhoux.free.fr/munch.html [Diskografie] (↪0092)

AGU

Münchinger, Karl

1915 am 29. Mai in Stuttgart geboren, strebt der Zehnjährige bereits ausdrücklich eine Dirigentenlaufbahn an, wenn auch auf Wunsch seiner verwitweten Mutter zunächst als Kirchenmusiker. Seine erste Geige baut er angeblich aus Geldmangel selbst, er erhält Unterricht an der Stuttgarter Musikhochschule (bei Carl Leonhardt) und wirkt an der Marienkirche als Chorleiter und Organist.

1937 erhält er nach Kursen bei Clemens Krauss und Hermann Abendroth sein Abschlussdiplom, wird 1939 als »bester junger Dirigent« ausgezeichnet und 1941 mit Unterstützung von Wilhelm Furtwängler Leiter des Niedersächsischen Symphonie-Orchesters in Hannover (bis zu seinem Einzug zum Kriegsdienst 1943).

1945 aus der Kriegsgefangenschaft in seine Geburtsstadt zurückgekehrt, verfolgt er seinen schon in Hannover gehegten Wunsch, ein eigenes Orchester zu gründen. »Sein 15- bis 20-köpfiges Stuttgarter Kammerorchester entwickelt sich rasch zu einem national wie international geachteten Spezialensemble, das auch unter seinen Nachfolgern weiterhin zu den weltweit prominentesten Kammerorchestern zählt.

1950 erfolgt nach zwei viel beachteten Auftritten im November 1949 in Paris – die Münchingers besondere Popularität in Frankreich einleiten – die Begehung des »Bach-Jahres« durch Gastauftritte in der Leipziger Thomaskirche und mit den *Brandenburgischen Konzerten*; ab November 1949 erfolgt deren Maßstäbe setzende Gesamtaufnahme auf Langspielplatte für das London-Label der Decca. Münchinger steigt in den technisch revolutionären 1950er-Jahren zum Decca-Hausdirigenten auf und produziert bald regelmäßig Schallplatten auch mit den Wiener Philharmonikern (WPh).

1966 gründet er die größer besetzte Klassische Philharmonie Stuttgart. Allerdings wird dadurch auch eine gewisse »Stagnation der künstlerischen Entwicklung in einem erstarrten Repertoire […] nur auf ein weiteres Ensemble übertragen« (Bolín, S. 162).

1977 wird der Vertrag mit der Decca nicht verlängert; das Stuttgarter Niedrigpreis-Label Intercord nimmt die Orchester Münchingers 1978 unter Vertrag (abermals vorzugsweise mit Bach, Mozart und Haydn).

1987 wird Münchingers Rücktritt als Leiter des Stuttgarter Kammerorchesters verkündet (im Januar statt laut Absprache Mitte 1988), als Folge der erstmals nachhaltigen Emanzipationsbestrebungen im Orchester, das eine stärkere Verteilung der Konzerte auf Helmuth Rilling und diverse Gastdirigenten durchgesetzt hat.

1990 stirbt er am 13. März in Stuttgart.

Für die Geschichte eines talentierten, ja innovativen Jungdirigenten, der nach zwanzig höchst erfolgreichen Jahren den Anschluss zu verlieren beginnt und als Relikt einer überholten Klangästhetik seinen Karriereabend erlebt, ist die Laufbahn Karl Münchingers ein Präzedenzfall. In der Kritik der 1950er-Jahre folgte einem Marathon durch europäische Konzertsäle zumeist ein begeistertes Echo, und seine auf kammermusikalische »Schlankheit« und Spielperfektion ausgerichteten Aufnahmen wurden als »Platten fürs Schatzkästlein« gepriesen, an denen sich im folgenden Vierteljahrhundert die neue Mode einer von internationalen Kammerformationen geprägten, aber noch nicht historisierenden Aufführungspraxis von Barockmusik orientieren konnte. Mozarts *Kleine Nachtmusik* demonstriert Münchingers spezifischen Zuschnitt als rhythmisch wie klanglich explizit »moderner« Dirigent, der traditionell gewohnten Streicherschmelz und beschauliche Rokoko-Tanzgebärden durch vorandrängende, mitunter schroffe Akzente zur Seite wischt. Davon profitieren wenig später auch die Wiener Philharmoniker, deren fast rastlose Vehemenz in Münchingers Debütaufnahme mit zwei Haydn-Sinfonien im Jahr 1954 gar nicht mehr an Schulungen im alternierenden Klanggruppen-Dialog unter Furtwängler oder auch Karl Böhm erinnert: Der Gestus einer durchgängigen Überführung motivischer Bausteine in rhythmische Impulse und Fortspinnungsflächen im Kopfsatz der G-Dur-Sinfonie Hob. I:88 erscheint konform mit den eher neobarocken als »neoklassizistischen« Strömungen der russischen und französischen Musikavantgarde. Umso bedauerlicher, dass aus Münchingers damaligem Repertoire – nach den verklärenden Auskünften von Bernard Gavoty umfasst es »die unglaubliche Anzahl von 255 Werken« – nichts Zeitgenössisches von »Bartók, Britten, Françaix, Honegger, Frank Martin, Roussel« (Gavoty, S. 15) aufgezeichnet wurde. Was jedoch Wilhelm Furtwängler (auch gegenüber dem wenig geschätzten Herbert von Karajan) an Münchingers durchaus neusachlichen Musizieridealen so förderungswürdig erschien, muss fragwürdig bleiben – wie auch das Gerücht, Münchinger sei 1955 einer von dessen Nachfolge-Konkurrenten bei den Berliner Philharmonikern gewesen.

Mit dem Projekt einer Wiener Gesamtaufnahme der Sinfonien Franz Schuberts traten ab 1959 aber zunehmend auch die Schwächen Münchingers hervor. Während die frühen Werke von seinem rhythmischen Zugriff durchaus noch profitieren, erweist sich in der »Unvollendeten« das Konzept, möglichst textgetreu den Klangverlauf über Schuberts vorgezeichnete Lautstärke-Dramaturgie zu bestimmen, geradezu als Hemmschuh: Unter den Sforzati als bedrohlichen Einbrüchen leidet – ganz unfurtwänglerisch – nun eben gerade der Fluss, es entsteht kaum mehr eine organische Entwicklung und übergreifende Spannung. Bachs große Chorwerke rücken hingegen tatsächlich zunehmend in die Traditionslinie Furtwänglers und Otto Klemperers: Wurde die *Matthäus-Passion* von 1964 noch gepriesen als »Ideal eines ausgeglichenen Bach-Stils ohne die Manierismen eines Karl Richter«, mit Peter Pears als berührendem Evangelisten und »sattelfesten Stuttgarter Hymnus-Chorknaben« (vgl. Elste, S. 217), so zeigen die voluminösen Choralsätze schon die Annäherung an ein romantisch-erhabenes Bach-Bild, das im sängerisch recht unbefriedigenden *Weihnachtsoratorium* (1966) wie auch in der h-Moll-Messe (1970) vollends dominiert. Gerade in der Fulminanz des inzwischen Unzeitgemäßen gegenüber der sich etablierenden Historischen Aufführungspraxis fasziniert aber doch die abschließende Produktion einer in ihrer Langsamkeit mitunter erschlagenden, gleichwohl durch die engagierten Solisten mitreißenden *Johannes-Passion*.

Im anbrechenden CD-Zeitalter, das die vollständige Durchsetzung eines rekonstruktiven Ideals barocker Aufführungspraktiken mit sich bringt, muten die letzten Aufnahmen, welche sein altes Label Decca Münchinger als einstigem Zugpferd mit einer überraschenden Offerte ermöglichte, wie ein Angebot für nachgebaute Gründerzeit-Schränke im Ikea-Katalog an: Händels *Wassermusik* (1981) und zwei Kantaten und die vier Ouvertüren von Bach (1985) erscheinen als blasse Erinnerungsstücke an die etwas langweilige Ära eines perfektionierten »sinfonischen« Kammerbarock-Klangs um 1970, den damals I Musici wie auch Karajans reduzierte Berliner Philharmoniker bedienten. Gerade noch an ältere Hörergenerationen gut verkäufliche Reproduktionen eines soliden Standards? Den Decca-Managern mag man solchen Zynismus zutrauen, nicht jedoch Münchinger, dessen Ideal einer bei aller mediengemäßen Perfektion »warm und lebensvoll« wiedergegebenen Musik (Bolín, S. 13) vielleicht doch in einigen der späten Intercord-Aufnahmen von Sinfonien Mozarts und Haydns in ihrer Heiterkeit wie ihrem Ernst gänzlich unspektakulär hervortritt; wohl ganz seiner Erscheinung schon in der Jugend entsprechend, als Jean Cocteau bei ihm »neben den Zügen eines Kindes irgendwie den Ausdruck eines Geistlichen« wahrnahm (Gavoty, S. 19).

Tonträger
1949–1951 BACH: *Brandenburgische Konzerte* Nr. 1–6 / Ouvertüren Nr. 2 & 3 (Stuttgarter KO; Decca) ▪ 1951 MOZART: Serenade KV 525 »Eine kleine Nachtmusik« / Divertimento KV 136 (Stuttgarter KO; Decca) ▪ 1954 HAYDN: Sinfonien Hob. I: 88 & 101 »Die Uhr« (WPh; Decca) ▪ 1964 BACH: *Matthäus-Passion* (Pears, Prey, Ameling, Höffgen, Wunderlich, Krause, Stuttgarter Hymnus-Chorknaben & KO; Decca) ▪ 1974 BACH: *Johannes-Passion* (Ellenbeck, Berry, Ameling, Hamari, Hollweg, Prey, Stuttgarter Hymnus-Chorknaben & KO; Decca) ▪ 1980 HAYDN: Sinfonien Hob. I: 45 »Abschiedssinfonie« & 92 »Oxford« (Stuttgarter KO; Intercord)

Literatur
Bernard Gavoty, Karl Münchinger, Fotografien von Roger Hauert, übs. von Monika Poestges, Genf 1959 ▪ Norbert Bolín, Stuttgarter Kammerorchester 1945–1995. Biographische Skizzen, Köln 1995 ▪ Martin Elste, Meilensteine der Bach-Interpretation 1750–2000. Eine Werkgeschichte im Wandel, Stuttgart / Kassel 2000

HAH

Muti, Riccardo

1941 geboren am 28. Juli in Neapel und aufgewachsen in Molfetta, erlernt er zunächst Violine und dann Klavier. Frühe Förderer sind Nino Rota und Antonino Votto, sein Dirigierlehrer am Konservatorium in Mailand.

1967 gewinnt er als erster Italiener den Guido-Cantelli-Wettbewerb, ein Jahr später übernimmt er seine erste Leitungsposition beim Festival Maggio Musicale in Florenz (bis 1980).

1971 erfolgt sein Debüt bei den Salzburger Festspielen mit Donizettis *Don Pasquale*.

1972–1982 ist er in London als Nachfolger Otto Klemperers Chefdirigent des Philharmonia Orchestra (PhO).

1980–1992 übernimmt er das Philadelphia Orchestra (nach dem Ende der Amtszeit von Eugene Ormandy; zuvor ist er dort ab 1977 Principal Guest Conductor).

1986–2005 ist er als Nachfolger Claudio Abbados musikalischer Direktor der Mailänder Scala, wo er – u. a. mit Cherubini und Spontini – die Oper vor dem Belcanto-Zeitalter ebenso in das Repertoire einbezieht wie die Musikdramen Richard Wagners.

1987 anlässlich der 750-Jahr-Feier Berlins dirigiert er Verdis Requiem in beiden Teilen der Stadt.

1992 übernimmt er das Konzert zum 150-jährigen Bestehen der Wiener Philharmoniker (WPh), erhält deren goldenen Ring und leitet 1993 erstmals das Neujahrskonzert – Zeugnisse einer von beiden Seiten als besonders eng empfundenen Beziehung.

2004 gestaltet er die Wiedereröffnung der Scala nach einer dreijährigen Renovierung mit Antonio Salieris *L'Europa riconosciuta* (der auch bei der Eröffnung im Jahr 1778 gespielten Oper). Im selben Jahr gründet er das Orchestra Giovanile Luigi Cherubini.

2010 feiert er seinen 200. Auftritt bei den Salzburger Festspielen. Dort führt er bis 2011 auch selten gespielte Werke der neapolitanischen Opernschule des 18. Jahrhunderts auf.

2010 tritt er eine neue renommierte Chefposition beim Chicago Symphony Orchestra an.

2011 erhält er als zweiter Geehrter nach Plácido Domingo den hoch dotierten Birgit-Nilsson-Preis.

2014 zieht er sich von seiner seit 2011 ausgeübten Leitungsfunktion am Teatro dell'Opera di Roma zurück.

2015 etabliert er in Ravenna eine Riccardo Muti Opera Academy zur musikalischen Nachwuchsförderung.

Riccardo Muti gehört einer Generation von Dirigenten an, deren exorbitante Diskografien in einer etablierten Kultur der Langspielplatte wachsen konnten; zugleich ist es die vielleicht letzte Generation, die noch vor der Zersplitterung der Aufführungskultur in historische und avantgardistische Speziallager ausgebildet wurde. Zum mit dieser Generation verbundenen Bild der »kommerziell informierten« Dirigenten in der Karajan-Nachfolge weist Muti aber vielleicht die meisten Synkopierungen auf: Die Anzahl gleichzeitiger Chefpositionen hält er begrenzt, auf Dirigate von Sportarenen-Events verzichtet er, und seine Kompromisslosigkeit lässt ihn mehrfach, selbst beim geplanten Scala-

Debüt, Produktionen abbrechen. Von Helga Schalkhäuser wurde er, auch bezogen auf seine stolz-provinzielle Herkunft, als »vielleicht italienischster Dirigent« der Gegenwart bezeichnet, der mit Jetset-Oberflächlichkeit nichts zu schaffen habe (was man über die Art ihrer Würdigung so nicht sagen kann).

Das Erbe Toscaninis vertritt Muti in der autoritären Auffassung vom Dirigieren, die mit der Inszenierung der Partitur als einziger Autorität begründet wird. Performativ verbindet er dabei die Rollen von Dompteur und Raubtier: In seiner Probenarbeit, die häufig auf begleitendes Hineinsingen und Zurufen statt auf verbale Erklärungen zurückgreift, wirkt Muti manchmal wie ein Löwe, der nur durch gutes Orchesterspiel gezähmt werden kann. Den prankenhaften Hochenergie-Klang – selten dominiert er ganz wie in Liszts *Les Préludes* oder wird so stark ausgespielt wie am Beginn von Orffs *Carmina Burana* – nutzt Muti zur Formsteuerung, indem die damit verbundene Aggressivität gezielt ein- und ausgeschaltet wird. In seiner ersten Aufnahme von Tschaikowskys *Pathétique* wird im Hauptthema das Staccato ganz licht ausgespielt, während das volle Tutti erst am Beginn der Durchführung mit einem Schlag da ist (auf dieselbe Weise wird in Schumanns 2. Sinfonie schon die Introduktion zweigeteilt). In Schuberts »Großer« C-Dur-Sinfonie ist es die Wiederkehr des Themas der Einleitung am Ende des Kopfsatzes, die in zwei klanglich getrennte Schlüsse differenziert wird: Im virtuosen Blech erscheint das Thema als Bestandteil der Allegro-Stretta, in den Streichern dagegen als Erinnerung an eine von der Stretta nicht eingeholte Vergangenheit.

Im italienischen Opernrepertoire ist Muti der Dompteur, der insbesondere die Partituren Giuseppe Verdis vor Virtuoseneffekten zu schützen versucht. Instruktiv ist hier der Vergleich seiner Neuinszenierung von *Il trovatore* an der Scala und der zeitnahen Einspielung mit Roberto Alagna unter der Leitung von Antonio Pappano, die wie aufeinander bezogene Trotzreaktionen wirken: Beide Aufführungen erwachsen aus der divergenten Haltung zur Ausführung einer einzelnen Note, dem ergänzten Spitzenton am Ende der kurzen Arie »Di quella pira«, gegen den Muti selbst in seiner Autobiografie ausführlich mit dem harmonischen Verlauf und der szenischen Situation argumentiert. Verdis instrumentale Ostinati werden bei Muti als zusätzliche Zeugen gegen eine rein virtuose Auffassung herangezogen und ebenfalls zu imaginären Sprachsilben, die geflüstert oder abrupt hervorgestoßen erklingen.

Für die Generation Mutis ist das Texttreue-Prinzip jedoch nicht in jedem Repertoire gleichermaßen durchzuhalten: Bei Mozart und in der Oper des 18. Jahrhunderts kann eine »traditionelle« Aufführung sich nur noch auf eine »höhere« Werktreue berufen. Muti interpretiert die drei Da-Ponte-Opern gleichsam aus dem Moment, in dem der Schwung der Ouvertüre sich in die erste Auftrittsmusik überträgt. Davon profitiert zum Beispiel die ironisierte Militärszenerie in *Così fan tutte*, doch das Continuo im *Don Giovanni*, das als historische Praxis die romantisierende Deutung eher stört, klingt beinahe ein wenig wie Beckmessers Vorbereitung zum Lautenspiel.

Muti bleibt so ein Dirigent, dem ganz verschiedenartige Rollenbilder zugewiesen werden: Einerseits galt er in der feuilletonistisch inszenierten Rivalität zu Claudio Abbado als der konservative Part, dem das Ethos der Neuen Musik abgeht. Allerdings hat Muti immer auch Wege gezeigt, um eingebettet im großen Orchesterklang ins 20. Jahrhundert vorzudringen: So spielt er Sinfonien von Skrjabin und Prokofjew ein, in dessen Fünfter seine Befähigung zum Tragen kommt, ausgedehnte lyrische Passagen und zupackende Höhepunkte nicht einander abschwächen zu lassen. Seinen Anhängern gilt Muti hingegen weiterhin als derjenige, der vom Kommerz vernachlässigtes Repertoire wie Verdis frühe Opern und die geistliche italienische Musik neu entdeckt hat. Muti repräsentiert auch darin seine Generation: Er vollzieht den Weg des Alleskönners in jene Bereiche der Musikgeschichte, die jenseits der spezialisierten

Lager dem »traditionellen« Dirigenten überhaupt noch zugänglich bleiben.

Tonträger
1974 VERDI: *Aida* (Caballé, Domingo, Cossotto, Chorus of the Royal Opera House, New PhO; EMI) ▪ **1976–1978** SCHUMANN: Sinfonien Nr. 1–4 ([New] PhO; EMI) ▪ **1979** TSCHAIKOWSKY: Sinfonie Nr. 6 »Pathétique« (PhO; EMI) ▪ **1980** CHERUBINI: Requiem c-Moll (Ambrosian Chorus, PhO; EMI) ▪ **1982** MOZART: *Così fan tutte* (Marshall, Baltsa, Morris, Araiza, van Dam, Battle, WPh; EMI) ▪ **1984** BELLINI: *I Capuleti e i Montecchi* (Baltsa, Gruberová, Howell, Tomlinson, Covent Garden; EMI) ▪ **1987** SCHUBERT: Sinfonien Nr. 4 »Tragische« & 6 (WPh; EMI) ▪ **1990** PROKOFJEW: Sinfonie Nr. 5 / *Die Begegnung von Wolga und Don* (Philadelphia Orchestra; Philips) ▪ **1991** HAYDN: *Die sieben letzten Worte unseres Erlösers am Kreuze* (BPh; Philips) ▪ **1994** ROTA: *La strada* [Suite] / *Il gattopardo* [Tänze] / *Concerto per archi* (OF della Scala; Sony) ▪ **2000** VERDI: *Il trovatore* (Licitra, Frittoli, Nucci, Urmana, Teatro alla Scala; Sony) ▪ **2011** VERDI: *Otello* (Antonenko, Stoyanova, Guelfi, Chicago SO & Chorus; CSO Resound)

Bildmedien
2004 POULENC: *Dialogues des Carmélites* (Schellenberger, Silja, Aikin, Teatro alla Scala; TDK / Arthaus) ▪ **2006** MOZART: *Die Zauberflöte* (Groves, Kühmeier, Pape, Damrau, Gerhaher, WPh; Decca)

Schriften
Prima la musica, poi le parole. Autobiografia, Mailand 2010 [engl. Übersetzung: New York 2011] ▪ Mein Verdi, hrsg. von Armando Torno, übs. von Michael Horst, Leipzig / Kassel 2013

Literatur
Judith Karp Kurnick (Hrsg.), Riccardo Muti. Twenty Years in Philadelphia, Philadelphia 1992 ▪ Helga Schalkhäuser, Riccardo Muti. Begegnungen und Gespräche, München 1994 ▪ Alberto Triola (Hrsg.), Riccardo Muti alla Scala, Mailand 2001 ▪ Giovanni Reale, L'arte di Riccardo Muti e la Musa platonica, Mailand 2005 ▪ Phyllis White Rodríguez-Peralta, Philadelphia Maestros. Ormandy, Muti, Sawallisch, Philadelphia 2006 ▪ »Eine der großen Vaterfiguren«, in: Walter Dobner, Unser Haydn. Große Interpreten im Gespräch, Wien 2008, S. 61–64

Webpräsenz
www.riccardomutimusic.com (↪0093)

JCA

Nagano, Kent

1951 am 22. November in Berkeley geboren, wächst er auf einer Farm in Morro Bay (Kalifornien) auf. Als Kind bekommt er Klavier- sowie Klarinettenunterricht von Wachtang Korisheli. Er studiert in Santa Cruz Soziologie und Musik.

1974 setzt er sein Studium in San Francisco fort und dirigiert an der Universität Werke seiner Kommilitonen.

1978–2008 ist er Musikdirektor des Berkeley Symphony Orchestra.

1984 debütiert er als Einspringer für Seiji Ozawa beim Boston Symphony Orchestra mit Mahlers 9. Sinfonie.

1985–1988 ist er Erster Gastdirigent des Ensemble Intercontemporain.

1988–1998 ist er Chef der Opéra National de Lyon,

1990–1998 Principal Guest Conductor des London Symphony Orchestra.

1991–2000 leitet er als Music Director das Hallé Orchestra in Manchester.

2000–2006 prägt er das Deutsche Symphonie-Orchester Berlin als musikalischer Leiter. Zudem arbeitet er 2003 bis 2006 als erster Musikdirektor der Los Angeles Opera (zuvor seit 2001 Principal Conductor).

2006 übernimmt er von Zubin Mehta den Chefposten an der Bayerischen Staatsoper, wo er bis 2013 tätig ist. Seit 2006 ist er auch Musikdirektor beim Orchestre Symphonique de Montréal (mit Vertrag bis 2020).

2013 wird er Nachfolger von Gustavo Dudamel bei den Göteborger Sinfonikern, ab 2015 von Simone Young an der Hamburger Staatsoper.

Der internationale Durchbruch Kent Naganos hängt letztlich mit seinem Engagement für das Œuvre Olivier Messiaens als Musikdirektor in Berkeley zusammen: Nach einer Aufführung der *Turangalîla-Sinfonie* schickt er einen Mitschnitt nach Paris, um vom Komponisten Hinweise zu seiner Interpretation zu bekommen. Die Ernsthaftigkeit beeindruckt, mit welcher sich der stets bescheidene und korrekte Amerikaner japanischer Abstammung selbst nach deren Abschluss noch um die Werkgerechtigkeit seiner Aufnahme besorgt zeigt. Messiaen empfiehlt ihn als Assistent der Uraufführung seiner Oper *Saint François d'Assise* im Jahr 1983 und lädt ihn für diese Zeit zu sich ein. Noch fünfzehn Jahre später achtet Nagano in seiner Aufführung des Werks bei den Salzburger Festspielen am Ende des sphärischen fünften Tableaus »L'Ange musicien« auf drei Akzente im Schlagwerk, welche die gedruckte Partitur nicht enthält (der Effekt eines mit einem Bass-Bogen gestrichenen Beckens erschien wohl bei der Uraufführung noch zu ungewöhnlich). Der Mitschnitt mit dem Hallé Orchestra überzeugt auch sonst durch ein meisterhaft verinnerlichtes Konzept, bei dem sinnliche Orchesterfarben facettenreich und mit feinem Pinsel konzise ausbalanciert werden.

Naganos Entdeckung für das Aufnahmestudio fällt zusammen mit dem Beginn seiner Ära an der Opéra National de Lyon. Seine Einspielung von Poulencs *Dialogues des Carmélites*, mit denen er wenig später an der Metropolitan Opera debütiert, erhält mehrere Preise, ebenso die Aufnahmen von Ferruccio Busonis Bühnenwerken *Arlecchino*, *Turandot* und *Doktor Faust*. Zahlreiche andere Werke des 20. Jahrhunderts – u. a. von John Adams, Carlisle Floyd, Péter Eötvös oder Kaija Saariaho – finden sich in seiner Diskografie. Gerade bei Uraufführungen mit im Extremfall noch bei Probenbeginn nicht vollendeten Experimentierphasen um die endgültige Werkgestalt – wie etwa *Babylon* von Jörg Widmann im Jahr 2012 – scheint Nagano vollkommen in seinem Element. Die Herausforderung, hochkomplexe Monumentalpartituren auf intelligente Weise zu durchdringen und die Kunst ihres Aufbaus transparent hörbar zu machen, meistert er mit selbstverständlicher Souveränität: »Es muss nicht nur von einem praktischen Standpunkt aus gesehen funktionieren – und gut funktionieren, es muss durch die Konsequenz seiner Struktur einen persönlichen, unverwechselbaren Charakter erhalten und dadurch überzeugen« – so äußert sich der Sohn eines gelernten Architekten (Traber, S. 24).

Durch kreative und kontrastreiche Konzertprogramme hat Nagano zusammen mit dem Dramaturgen Dieter Rexroth das Erscheinungsbild des Deutschen Symphonie-Orchesters in Berlin gefördert. Ebenso gelingen ihm beim

Bayerischen Staatsorchester stilvolle klangästhetische Konstruktionen (beispielsweise in Bruckners 4. Sinfonie in der seltener gespielten Urfassung). Wagners *Siegfried-Idyll* besitzt bei Nagano den Charakter der häuslichen Intimität, ja fast Zärtlichkeit, die man spontan mit der Situation der Uraufführung – in den Morgenstunden des 25. Dezember 1870 auf der Tribschener Haustreppe – assoziiert. Solche Begriffe lassen sich aber zum Beispiel auch für seine Mahler-Einspielungen mit dem Bariton Christian Gerhaher aufrufen.

Eine besondere Rarität innerhalb von Naganos Diskografie sind Aufnahmen, die er zusammen mit seiner Frau, der Pianistin Mari Kodama, produziert hat. Nachgerade beim selten gespielten 2. Klavierkonzert von Carl Loewe befinden sich sämtliche Beteiligten in bester Spiellaune – was nicht zuletzt Naganos intelligenter Probenarbeit geschuldet sein dürfte sowie seiner stets korrekten und freundlichen Art, mit dem Orchester umzugehen.»Ich träume von einer Welt, in der jeder Mensch die Möglichkeit hat, seinen Weg zur Kunst zu finden« – das ist Naganos Vision, für die er gerne auch außergewöhnliche Pfade beschreitet. So stellt er beispielsweise den Inuit Mozarts *Kleine Nachtmusik* vor, die dafür ihren traditionellen Kehlkopfgesang in Montréal präsentieren.

Tonträger
1990 POULENC: *Dialogues des Carmélites* (Dubosc, van Dam, Gorr, Fournier, Opéra National de Lyon; Virgin) ▪ 1993/94 FLOYD: *Susannah* (Studer, Ramey, Hadley, Opéra National de Lyon; Virgin) ▪ 1997 BRITTEN: *Billy Budd* (Hampson, Rolfe Johnson, Halfvarson, Hallé Choir & Orchestra; Erato) ▪ 1998 MESSIAEN: *Saint François d'Assise* (van Dam, Merritt, Upshaw, Arnold Schoenberg Chor, Hallé Orchestra; DGG) ▪ 2003 CHOPIN: Klavierkonzert Nr. 2 / LOEWE: Klavierkonzert Nr. 2 (Mari Kodama, Russian NO; Pentatone) ▪ 2005 BRUCKNER: Sinfonie Nr. 6 (DSO Berlin; HMF) ▪ 2008 SCHUMANN: Konzertstück für 4 Hörner / WAGNER: *Siegfried-Idyll* / STRAUSS: *Metamorphosen* (Bayerisches Staatsorchester; Farao) ▪ 2012 MAHLER: *Kindertotenlieder* / *Lieder eines fahrenden Gesellen* / *Rückert-Lieder* (Christian Gerhaher, OS de Montréal; Sony)

Bildmedien
2000 ADAMS: *El niño* (Upshaw, Hunt Lieberson, White, Theatre of Voices, DSO Berlin; Arthaus) ▪ 2007 CHIN: *Alice in Wonderland* (Matthews, Komsi, Henschel, Watts, Bayerisches Staatsorchester; EuroArts)
Kent Nagano dirigiert Monumente der Klassik [Siebenteilige Reihe] (DSO Berlin; Arthaus 2006) ▪ Kent Nagano – Neue Wege, Neue Klänge (Portrait von Oliver Becker; Arthaus 2007) ▪ Kent Nagano. Montréal Symphony (Dokumentation von Bettina Ehrhardt; GoodMovies 2010)

Schriften
Erwarten Sie Wunder! Expect the Unexpected, mit Inge Kloepfer, Berlin 2014

Literatur
Habakuk Traber, Kent Nagano. Musik für ein neues Jahrhundert, Berlin 2002

Webpräsenz
http://kentnagano.com (↪0094)

CHD

Nelsons, Andris

1978 geboren am 18. November in Riga, studiert er dort zunächst Trompete sowie Gesang und Dirigieren bei Alexander Titov. Die zusätzliche Ausbildung als Dirigent erfolgt durch Jorma Panula, Neeme Järvi und Mariss Jansons. Als Trompeter erhält er eine Anstellung im Orchester der Lettischen Nationaloper.
2003–2007 übernimmt er dieses Orchester als Chefdirigent,
2006–2009 auch die Nordwestdeutsche Philharmonie in Herford.
2008 beginnt seine Amtszeit beim City of Birmingham Symphony Orchestra (CBSO; bis 2015).
2010 debütiert er in Bayreuth mit *Lohengrin* (auch für die Neuinszenierung 2016 des *Parsifal* ist er vorgesehen).
2014 tritt er das Amt als Music Director beim Boston Symphony Orchestra an. Ab 2015 produziert er mit diesem Orchester eine Aufnahmeserie mit Sinfonien von Schostakowitsch für die DGG.

Aufnahmen sind selten die Ursache einer Dirigentenkarriere. Andris Nelsons' Durchmarsch in die erste Dirigentenliga dürfte nicht zuletzt seiner zugleich schalkhaften und ernsthaften Live-Präsenz geschuldet sein: Er verfügt über ein äußerst facettenreiches Reservoir an Gesten und Sprachbildern, mit dem er Orchesterroutinen offenkundig zu durchbrechen vermag. Dabei verabschiedet er das Publikum manchmal von der Illusion, das Orchester würde den Dirigenten stets benötigen, indem er den Taktstock kurz in die andere Hand oder ganz zur

Seite legt. Er selbst hat sich dazu so geäußert: »Man muss ein Orchester spielen lassen. Wenn man permanent schlägt, stört man den Fluss« (Cobbers, S. 36). Das Orchester wird bei Nelsons selbst Teil des Publikums und umgekehrt der Dirigent zum Zuhörer (nicht nur der Habitus des Abstützens am Geländer erinnert dabei an Carlos Kleiber).

Nelsons' Interpretationen basieren darauf, einen »neoromantischen« Orchesterklang mit einer vor allem im Bassregister stets beachteten rhythmischen Präzision zu verbinden. Er ist so einer der wenigen jüngeren Dirigenten, für den Richard Strauss gleichwertig neben Gustav Mahler der Urahn des von ihm gewählten Grundkolorits zu sein scheint: Die Walzerfolgen aus dem *Rosenkavalier* gewinnen dadurch, dass ihnen genau das fehlen darf, was man bei Mahler gerne als Gebrochenheit bezeichnet.

Ouvertürenstücke interpretiert Nelsons überaus kontrastreich und mit einer gehörigen Portion Pathos, während er in groß angelegten Partituren Extrempositionen der Interpretation eher bewusst zu meiden scheint. In Tschaikowskys 5. Sinfonie dominiert im Finalsatz beim Übergang zum Allegro vivace ganz gemäß dem Notentext nicht das abrupte Pauken-Crescendo, sondern das Crescendo des Bass-Orgelpunkts, das die Formteile miteinander verbindet. In den Mittelsätzen betont er durch Klangschärfungen der Holzbläser die auf Strawinskys russische Ballette weisenden Züge. Die selbstverständlich mit eingesetzte Tempo-Varianz dient dabei der symbolischen Abbildung der Zweifel an Tschaikowskys melodischem Sentiment (was die Zweifel zugleich zerstreut): So wird die Zweiunddreißigstelfigur im Seitenthema der 4. Sinfonie unwiderstehlich personalisiert, wie ein Erwachsener, der zunächst zögert, ob er auf dem Kinderspielplatz noch die Rutschbahn benutzen darf. Auch in Dvořáks Sinfonie »Aus der Neuen Welt« lässt er immer wieder agogische Momente des Heimwehs hervortreten. Mit solch subtilen melodischen Charakterstudien dürfte er auch Amerika im Sturm erobern.

Tonträger

2008 TSCHAIKOWSKY: Sinfonie Nr. 5 / *Hamlet* (CBSO; Orfeo) • 2009 STRAUSS: *Rosenkavalier*-Suite / *Ein Heldenleben* (Laurence Jackson, CBSO; Orfeo) • 2010 CHOPIN: Klavierkonzerte Nr. 1 & 2 (Daniel Barenboim, Staatskapelle Berlin; DGG) • 2010/12 DVOŘÁK: Sinfonie Nr. 9 »Aus der Neuen Welt« / *Heldenlied* (SO des BR; BR Klassik) • 2011–2013 STRAUSS: *Don Juan / Also sprach Zarathustra / Till Eulenspiegels lustige Streiche* (CBSO; Orfeo)

Bildmedien

2011 SCHOSTAKOWITSCH: Sinfonie Nr. 8 / WAGNER: *Rienzi*-Ouvertüre etc. (Concertgebouworkest; CMajor) • 2011 WAGNER: *Lohengrin* (Vogt, Dasch, Rasilainen, Lang, Bayreuther Festspiele; Opus Arte)
Andris Nelsons – Genius on Fire (Dokumentation von Astrid Bscher; Orfeo 2012)

Literatur

Arnt Cobbers, »Als Dirigent bin ich noch ein Kind.« Ein Probenbesuch bei Andris Nelsons, in: Partituren, Heft 13 (2007), S. 34–37

Webpräsenz

www.andrisnelsons.com (↦0095)

JCA

Neumann, Václav

1920 am 29. September in Prag geboren. Er studiert ab 1940 am dortigen Konservatorium, wo er zu den Gründungsmitgliedern des – erst später so benannten – Smetana-Quartetts gehört (als Geiger und Bratschist).

1945 wird er Mitglied der Tschechischen Philharmonie (Czech PO). Nach seinem Debüt als Dirigent 1948 leitet er Orchester in Brünn und Karlsbad und wirkt neben Václav Smetáček bei den Prager Sinfonikern.

1956 beginnt seine Zeit als Dirigent an der Komischen Oper Berlin. Aus der Zusammenarbeit mit Walter Felsenstein wird vor allem die realistische Umsetzung von Janáčeks *Das schlaue Füchslein* berühmt.

1964–1968 ist er Kapellmeister des Gewandhausorchesters Leipzig, das er aus Protest gegen das Eingreifen der Warschauer-Pakt-Staaten bei der Niederschlagung des Prager Frühlings verlässt. Wie zuvor an der Komischen Oper wird auch hier Kurt Masur sein Nachfolger.

1968–1990 ist er Chefdirigent der Tschechischen Philharmonie. Dort produziert Supraphon mit ihm ab Ende der 1970er-Jahre erstmals größere Zyklen der Sinfonien von Dvořák, Mahler und Martinů.

1970–1972 ist er Generalmusikdirektor der Stuttgarter Oper.

1989 engagiert er sich im friedlichen Übergang vom Kommunismus zur Demokratie in seinem Heimatland.

1995 stirbt er am 2. September in Wien.

Václav Neumanns Persönlichkeit tritt in der Gegenüberstellung seiner Aufnahmen nicht unbedingt hervor. Diese dokumentieren eher den tontechnischen Standard der Zeit, wobei im weichen »Kuschelklassik-Klangbild« der Supraphon-Studioproduktionen manche Kontraste eingeebnet werden, während die Leipziger Aufnahmen im gleichen Repertoire klangtechnisch häufig das genaue Gegenteil darstellen. Neumann gehört damit zu denjenigen Dirigenten, die diskografisch gerade nicht durch den schnellen Griff zu den fünf am häufigsten genannten und leicht erhältlichen Aufnahmen am besten repräsentiert werden.

In Mahlers 5. Sinfonie zum Beispiel tappt die spätere tschechische Aufnahme bereits im beginnenden Trauermarsch in die stereophone Trompetenkonzert-Falle, während die frühere mit dem Gewandhausorchester stärker den vorwärtsdrängenden Marschcharakter exponiert – doch wie auch in der 7. und 9. Sinfonie wird die rasant-kontrapunktische Lesart von teilweise wackeliger Intonation und einem begrenzten Klangspektrum getrübt. Um Neumanns Mahler kennenzulernen, ist daher die späte Aufnahme der Vierten trotz einiger Merkwürdigkeiten der japanischen Tontechnik eine schöne Alternative, auch da sie wichtige Kennzeichen seines Dirigierens, den exquisiten Streicherklang und die naturlautartigen Farbspektren, in nun eher gemächlicher Gangart präsentiert.

In Smetanas *Mein Vaterland* wird bei Neumann doch wieder *Vltava* [*Die Moldau*] zum repräsentativen Stück: Die Eigenständigkeit der programmatischen Episoden wird reduziert, indem alle kontrastierenden Affekte in die beginnenden Flötengirlanden eingewoben bleiben. Erneut wird dabei die spätere Supraphon-Aufnahme von pastosen Orchesterfarben dominiert, die der stärker dramatischen Leipziger Aufnahme fehlen, sodass der jüngst beim Label King veröffentlichte Live-Mitschnitt aus Japan trotz schlechteren Orchesterspiels Neumanns Konzept vielleicht am reinsten repräsentiert. In Dvořáks *Rusalka* zeigt ein solcher Aufnahme-Abgleich hingegen, wie nah Salzburg und Prag sich sein können: Charakteristische Färbungen der Holzbläser verbinden den Live-Mitschnitt (Orfeo) mit der zeitnahen Studioproduktion.

Neumann bemüht sich in seiner Amtszeit, das Klangbild der Tschechischen Philharmonie stärker zu internationalisieren: Die größere Homogenität der einzelnen Orchestersektionen und das verstetigte Legato-Fundament der Streicher erzeugen in sinfonischen Werken von Leoš Janáček, Josef Suk und Bohuslav Martinů leicht abgeschliffene Interpretationen, die heute starke Konkurrenz durch Dirigenten wie Jiří Bělohlávek oder Libor Pešek erhalten haben, die umgekehrt internationale Orchester an einen »böhmischen« Klang heranführen. Doch gibt es auch hier keine berechenbaren Konstanten: Bei Martinů ist Neumanns Aufnahme der Violinkonzerte mit Josef Suk (einer jener fünf Klassiker) von einer schroffen Diktion geprägt, sodass die pastoralen Motivbausteine in kleine Stückchen geschnitten werden, die in der hervorragenden Neuaufnahme des 2. Konzerts mit Lorenzo Gatto und Walter Weller (Fuga Libera 2011) intakt aufgefädelt bleiben. Bei Suk wiederum ist es die frühe E-Dur-Sinfonie, in der Neumanns Ansatz die folkloristischen Themen und den formal beinahe überzogenen Anspruch des Jugendwerks mitreißend zusammenführen kann.

Die Internationalisierung des Klangs verweist darauf, dass Neumann als eigentlich erster der großen tschechischen Dirigenten gleichwertig in der Heimat wie im Ausland präsent sein konnte. Die Probe zu Smetanas Ouvertüre aus der *Verkauften Braut* zeigt ihn – auch im Abgleich mit Ferenc Fricsays berühmter Smetana-Probe ebenfalls mit dem Südfunk-Orchester – vor allem bemüht, nicht nur dem Publikum das Werk zu erzählen, sondern zugleich für die Orchesterspieler eine angenehme Arbeitsatmosphäre zu schaffen. Am stärksten überträgt vielleicht der Dvořák-Zyklus diese Probenatmosphäre auch in das Produkt: In den mittleren Sinfonien – auch das eine Form der Internationalisierung – lässt Neumann die an Wagner und Beethoven epigonal erinnernden Momente offensiv hervortreten, in den letzten drei Sinfonien hingegen entspricht die eher verhaltene Dramatik einem eigenständigen Formkonzept nationaler und melodisch grundierter

Sinfonik. In diesem Repertoire finden die Freundlichkeit der Interpretation und diejenige der Werke ideal zusammen.

Tonträger
1965 BRUCKNER: Sinfonie Nr. 1 [1877, Ed. Haas] (Gewandhausorchester; Berlin Cl) ▪ 1972 FUČÍK: Einzug der Gladiatoren / Florentiner Marsch / Donausagen etc. (Czech PO; Teldec) ▪ 1973 MARTINŮ: Violinkonzerte Nr. 1 & 2 (Josef Suk, Czech PO; Supraphon) ▪ 1974 JANÁČEK: Amarus etc. (Soukupová, Přibyl, Prague Philharmonic Choir, Czech PO; Praga) ▪ 1978 SMETANA: Má vlast [Mein Vaterland] (NHK SO; King) ▪ 1981/82 DVOŘÁK: Sinfonien Nr. 7–9 (Czech PO; Supraphon) ▪ 1982 SUK: Sinfonie E-Dur (Czech PO; Supraphon) ▪ 1987 DVOŘÁK: Rusalka (Beňačková-Čáp, Dvorský, Nesterenko, Wiener Staatsoper; Orfeo) ▪ 1993 MAHLER: Sinfonie Nr. 4 (Pamela Coburn, Czech PO; Canyon)

Bildmedien
1965 JANÁČEK: Das schlaue Füchslein [dt.] (Arnold, Hopp, Asmus, Komische Oper Berlin; Arthaus) ▪ 1989 DVOŘÁK: Stabat mater (Kenny, Randová, Ochmann, Galla, Prague Philharmonic Chorus, Czech PO; Arthaus)

JCA

Nézet-Séguin, Yannick

1975 am 6. März in Montréal geboren, wird er nach frühem Klavierunterricht bereits mit dreizehn Jahren Student am Conservatoire de Musique du Québec; zudem studiert er am Westminster Choir College und nimmt Privatunterricht bei Carlo Maria Giulini.
1995 gründet er sein eigenes Ensemble La Chapelle de Montréal,
2000 übernimmt er das Orchestre Métropolitain seiner Heimatstadt, das er bis heute leitet.
2008 erhält er Positionen als Chefdirigent des Rotterdam Philharmonic Orchestra (bis 2018) und als Erster Gastdirigent des London Philharmonic Orchestra (bis 2014).
2012 tritt er zusätzlich das Amt als Music Director des Philadelphia Orchestra an (mit Vertrag bis 2022).
2013 veröffentlicht die Deutsche Grammophon in rascher Folge drei neue Produktionen mit drei verschiedenen Orchestern (darunter Così fan tutte als zweite Folge einer geplanten Serie aller sieben »kanonischen« Mozart-Opern), eine Auffrischung früherer Allianzen zwischen Major Labels und einzelnen Dirigentennamen. Im selben Jahr beginnt er eine dreijährige Verbindung als Exklusivkünstler mit dem Konzerthaus Dortmund.

Yannick Nézet-Séguin gilt als einer der großen Hoffnungsträger des Dirigentenberufs. Welche Hoffnung aber ist damit verbunden? In einem kanonisierten Repertoire scheinen die Möglichkeiten ausgereizt, es eklatant anders zu machen, und die Möglichkeiten, es besser zu machen, bleiben angesichts der im Back-Katalog versammelten Namen fraglich. Nézet-Séguin ist ein Meister in der verbliebenen Disziplin, Einzelheiten nochmals feiner zu gestalten und so durch eine kleine Extraportion dirigentischer Eleganz neues Interesse zu erwecken. In Beethovens Violinkonzert zum Beispiel wird der anfängliche Gegensatz des Oboenthemas und der vorangestellten Paukenschläge beinahe spektral nachgezeichnet, indem auf das möglichst dumpfe Pochen ein möglichst gleißender Klangmantel folgt. In Mozarts Don Giovanni sind die Achtelnoten der Ouvertüre im raschen Tempo so exakt ausgehört, dass sie in der Begleitung noch deutlich als Einzelnoten, doch im Thema auch schon rhetorisch als sich überschlagendes Figurenwerk phrasiert werden können. Die Rezensionen einer solchen danach primär auf ihre All-Star-Sängerbesetzung setzenden Neuaufnahme werden immer als »Registerarien« enden, die einzelne vokale Leistungen loben und andere tadeln. Für den Dirigenten bleibt dann nur ein kurzer Vermerk, dass er die Orchesterkulisse – besonders schön in eben jener Arie des Leporello – mithilfe einzelner historisch-rekonstruktiver Wissensnachweise exquisit ausgestattet hat (doch liegt gerade darin die Leistung, zwischen dem ganz unterschiedlichen Background der einzelnen Sänger und Sängerinnen zu vermitteln).

In Bruckners Sinfonien etabliert Nézet-Séguin einen zwar volltönenden, aber auch möglichst differenzierten Streichersatz, der immer wieder für eine Infusion mit flirrenden Mendelssohn-Klangwelten sorgt – die Scherzo-Anfänge der 6. und 9. Sinfonie reizen diese »Streicher-Schlagseite« besonders aus, das Adagio der 8. Sinfonie verbindet die schlankere Klanggrundlage reizvoll mit einer ganz langsamen Lesart. Diese unvoreingenommene Kopplung von mehr Transparenz als gewohnt mit etwas mehr »Sich-Gehen-Lassen« strebt Nézet-Séguin in seinen Aufnahmen generell an. Die Introduktion von Le Sacre du printemps, in der die Artikulation stärker als sonst zwischen bereits aufgewachten und noch schlafenden Frühlingsboten schwanken darf, mündet in der CD-Kopplung sehr schlüssig in jenen Stokowski-Sound, der umgekehrt zum Beispiel in Strauss' *Ein Heldenleben* zugunsten einer ganz auf Pathosentzug setzenden Aufnahme unterdrückt bleibt.

Typisch für das derzeitige Musikleben scheint, dass das Auftreten einer neuen Generation von Interpreten in keiner Weise mehr mit gleichzeitigen Tendenzen der Kompositionsgeschichte verbunden ist. Bei Nézet-Séguin dominiert bislang die diskografische Dokumentation eines bestehenden Werkkanons: Für EMI hat er Ravel eingespielt, für die DGG Tschaikowsky und Schumann, für BIS neben Strauss auch Berlioz, bei LPO Live liegen Mahler und Brahms vor. Nézet-Séguin wirkt dabei wie eine um alle Manierismen beschnittene Podiumsversion des Pianisten Tzimon Barto: Äußerlich mit dem Körperbau eines gut trainierten Turners ausgestattet (von dessen scheinbar unbegrenzten Kraftreserven nicht zuletzt Opernaufführungen profitieren), wirkt die dann oftmals unerwartet verinnerlichte, leise Grundausrichtung als Zeichen bereits erreichter Reife.

Tonträger
2009 BEETHOVEN / KORNGOLD: Violinkonzerte (Renaud Capuçon, Rotterdam PO; Virgin) ● 2009 BRUCKNER: Sinfonie Nr. 8 [Ed. Haas] (Orchestre Métropolitain du Grand Montréal; ATMA) ● 2011 MOZART: *Don Giovanni* (D'Arcangelo, Damrau, Villazón, DiDonato, Erdmann, Pisaroni, Mahler CO; DGG) ● 2013 STRAWINSKY: *Le Sacre du printemps* / BACH: Toccata und Fuge d-Moll BWV 565 / Fuge g-Moll BWV 578 / Passacaglia und Fuge c-Moll BWV 582 [Transkriptionen: Stokowski] (Philadelphia Orchestra; DGG)

Bildmedien
2008 GOUNOD: *Roméo et Juliette* (Villazón, Machaidze, Mozarteumorchester Salzburg; DGG) ● 2010 BIZET: *Carmen* (Garanča, Alagna, Frittoli, Tahu Rhodes, Metropolitan Opera; DGG)

Webpräsenz
www.yannicknezetseguin.com (↪0096)

JCA

Nikisch, Arthur

1855 am 12. Oktober in Lébényi Szent Miklós (Ungarn) geboren.
1866–1873 studiert er am Wiener Konservatorium Violine, Klavier und Komposition (u. a. bei Joseph Hellmesberger und Felix Otto Dessoff). Sein eigenes Komponieren beschränkt sich nach einigen Studienwerken (u. a. zwei Sinfonien) bald auf Gelegenheitsarbeiten.
1874 wird er Violinist an der Wiener Hofoper.
1878–1889 ist Nikisch Chordirektor und (ab 1879 Erster) Kapellmeister am Leipziger Stadttheater, wo es gegen Ende seiner Amtszeit mit dem neu berufenen Zweiten Kapellmeister Gustav Mahler zu Rivalitäten kommt.
1884 dirigiert er am 30. Dezember die Uraufführung von Anton Bruckners 7. Sinfonie mit dem Gewandhausorchester im Leipziger Stadttheater.
1889 wird er Dirigent des Boston Symphony Orchestra.
1893 tritt er den Posten als Operndirektor an der Königlichen Oper in Budapest an.
1895 wird Nikisch Kapellmeister am Leipziger Gewandhaus (als Nachfolger Carl Reineckes) sowie Leiter des Berliner Philharmonischen Orchesters (in der Nachfolge Hans von Bülows). Beide Posten behält er bis an sein Lebensende.
1897 wird Nikisch regelmäßiger Leiter der Philharmonischen Konzerte in Hamburg.
1904–1914 ist er Gastdirigent des London Symphony Orchestra.
1913 wird am 10. November Beethovens 5. Sinfonie mit den Berliner Philharmonikern (BPh) unter Nikisch auf Tonträger aufgenommen (es existiert außerdem auch ein kurzer Stummfilm, der ihn beim Dirigieren zeigt; vgl. The Art of Conducting – Great Conductors of The Past, Teldec 1994).
1920 finden Gastdirigate in Amsterdam statt, bei denen auch Nikischs Sohn Mitja als Pianist auftritt.
1922 dirigiert Nikisch am 10. Januar sein letztes Konzert in Leipzig, wo er wenig später am 23. Januar stirbt.

Als wohl einflussreichster Dirigent seiner Generation erreichte Arthur Nikisch ein Maß an Bekanntheit, Beliebtheit und Autorität, das in der bisherigen Geschichte des Dirigierens beispiellos war. Dabei stellte die Tätigkeit am Leipziger Gewandhaus einen konstanten Bezugspunkt dar, während sein Posten als Chefdirigent der Berliner Philharmoniker auch Konzertreisen durch ganz Europa mit sich brachte. Nikisch etablierte sich dabei als durch und durch romantisch beeinflusster Dirigent: Die Romantik bestimmte seinen Zugang auch zur Wiener Klassik, bei barocken Werken sprach er sich noch selbstverständlich gegen die Mitwirkung des Klaviers bzw. eines Continuo-Spielers aus. Sein Schwerpunkt und seine Leidenschaft war die Sinfonik des 19. Jahrhunderts. Beethoven galt hier als die unumstößliche Referenz, aber auch Werke von Schumann, Brahms, Bruckner und Tschaikowsky dirigierte er regelmäßig. Ein Grundsatz Nikischs war zudem die Kombination des bereits etablierten Standardrepertoires mit neuen Werken (u. a. von Strauss und Reger). Für musikästhetische Parteienstreitereien völlig unempfänglich, unterschied Nikisch schlicht zwischen guter und schlechter Musik. So war es für ihn kein Widerspruch, im Rahmen seines im Gewandhaus veranstalteten ersten umfassenden Bruckner-Zyklus' 1919/20 auch Werke von Brahms in das Programm einzubeziehen. Seine Wagner-Interpretationen, insbesondere von *Tristan und Isolde*, setzten ebenfalls Maßstäbe. Aber auch in anderer Hinsicht ist Wagner eine einflussreiche Größe in Nikischs Karriere gewesen: Nach eigenem Bekunden wurden zwei 1872 von ihm als Violinist im Orchester miterlebte Beethoven-Dirigate Wagners (in Wien und bei der Grundsteinlegung des Festspielhauses in Bayreuth) entscheidend für seine Entwicklung und sein Selbstverständnis als Dirigent.

Nikisch war mehr ein persuasiver als ein diktatorischer Dirigent. Er versuchte nie, die Eigenarten eines Orchesters seinen Vorstellungen entsprechend zurechtzubiegen, sondern respektierte jeden einzelnen Orchestermusiker als Künstler. Zeitgenössische Schilderungen seines Dirigierstils heben oftmals eine geradezu hypnotische Wirkung hervor – nicht nur Tschaikowsky verglich Nikisch mit einem Magier, der seine Musiker verzaubert. Dazu hat sicherlich Nikischs Ausstrahlung, aber auch die Tatsache beigetragen, dass er zumeist nicht in die Partitur (die er schnell auswendig kannte), sondern in das Orchester blickte. Seine ruhige, sparsame Gestik verlagerte den Schwerpunkt ganz auf die Tätigkeit der Hände. Häufig gerühmt wurde die äußerst kontrollierte, aus dem Handgelenk erzeugte Führung des Dirigierstabs sowie die Eigenständigkeit der linken Hand und deren Formung von »Vortrag und Ausdruck, Seele und Geist« (Pfohl, S. 67).

Nikischs virtuose Interpretationen bestimmte ein Hang zu breiten und flexibel gehandhabten Tempi. Hinzu kam ein improvisatorisches Element, das – abhängig von den jeweils in ihm erregten Emotionen – interpretatorische Unterschiede zwischen verschiedenen Aufführungen eines Werks bewirken konnte: »Der moderne Dirigent ist ein Neuschöpfer; darin beruht die Selbständigkeit und der produktive Charakter seiner Kunst« (Nikisch nach Pfohl, S. 70).

Die 1913 mit den Berliner Philharmonikern eingespielte Aufnahme von Beethovens 5. Sinfonie, seinerzeit auf vier Einzelplatten veröffentlicht, gilt als eine der ersten bedeutenden Aufnahmen klassischer Musik. Sie bestätigt den von Zeitgenossen oftmals beschriebenen Umgang Nikischs mit den Tempi. Insbesondere bei den leisen Einsätzen nach den sehr lange gehaltenen Fermaten des »Schicksalsmotivs« neigt Nikisch dazu, langsam zu beginnen und dann graduell zu beschleunigen, was den intendierten Spannungsaufbau noch verstärkt. In der Reprise kommt es beim ersten Themeneinsatz zunächst zu einem starken, lang vorbereiteten Ritardando, nach dem Adagio-Takt der Solo-Oboe wiederum zu einem rapiden Accelerando.

Nikisch hat in vielen Bereichen neue Maßstäbe geschaffen. Das betrifft nicht nur seinen Dirigierstil, sondern ebenso seine zahlreichen Konzertreisen, seine frühe Aufnahmetätigkeit, sein bewusstes kulturpolitisches Engagement (u. a. durch Dirigate von Volkskonzerten des Arbeiterbildungsinstituts) und nicht zuletzt seine für die damalige Zeit überdurchschnittlich gute Bezahlung: All das lässt ihn als wahren Pionier, ja Mitbegründer seines Berufsstandes erscheinen.

Tonträger
1913 BEETHOVEN: Sinfonie Nr. 5 (BPh; DGG u. a.) ▪ 1914 WEBER: Ouvertüren: *Der Freischütz / Oberon* (London SO; HMV / Symposium) ▪ 1920 BERLIOZ: *Le Carnaval romain* / LISZT: *Ungarische Rhapsodie Nr. 1* (BPh; DGG)

Literatur
Heinrich Chevalley (Hrsg.), Arthur Nikisch. Leben und Wirken, Berlin 1922 ▪ Ferdinand Pfohl, Arthur Nikisch. Sein Leben, seine Kunst, sein Wirken, Hamburg 1925 ▪ Adrian Boult, Thoughts on Conducting, London 1963 ▪

Johannes Forner, Die Gewandhauskonzerte zu Leipzig 1781–1981, Leipzig 1983 ▪ Raymond Holden, The Virtuoso Conductors. The Central European Tradition from Wagner to Karajan, New Haven 2005 ▪ Susanne Stähr, »Der Magnet der ganzen musikalischen Welt«. Die Ära Nikisch 1895 bis 1922, in: Variationen mit Orchester. 125 Jahre Berliner Philharmoniker, Bd. 1: Orchestergeschichte, Berlin / Leipzig 2007

MWE

Niquet, Hervé

1957 am 28. Oktober in Abbeville geboren. Nach einem umfassenden Musikstudium – Komposition, Klavier, Cembalo, Orgel, Gesang, Chor- und Orchesterleitung – wird er 1980 als Chorleiter an die Opéra National de Paris verpflichtet.

1985–1986 wirkt er als Tenor in William Christies Ensemble Les Arts Florissants mit.

1987 gründet er sein eigenes Originalklang-Ensemble Le Concert Spirituel (LCS), das er bis heute leitet. Niquet macht sich schnell einen Namen als Spezialist für französische Barockmusik; zahlreiche Werke verdanken ihm ihre (zumeist auch in Aufnahmen dokumentierte) Wiederentdeckung. Nach seinen diskografischen Anfängen bei Accord, Adda und Naxos arbeitet Niquet heute als Exklusivkünstler für das Label Glossa. Sein Interesse wendet sich dabei mehr und mehr auch dem französischen Repertoire des 19. und frühen 20. Jahrhunderts zu.

2009 ist er an der Gründung des Centre de musique romantique française der Stiftung Palazzetto Bru Zane beteiligt, für die er u.a. die Rompreis-Kompositionen von Claude Debussy und Camille Saint-Saëns aufnimmt.

2011 wird Niquet Leiter des Chœur de la Radio Flamande und ständiger Gastdirigent des Brussels Philharmonic Orchestra.

Als in den 1980er-Jahren in Frankreich die Originalklang-Orchester und -Ensembles wie Pilze aus dem Boden schossen, war Hervé Niquet mit seinem (nach der legendären Pariser Konzertgesellschaft des 18. Jahrhunderts benannten) Concert Spirituel anfangs nur einer unter vielen. Dass er heute international zu den wichtigsten und angesehensten Interpreten vor allem französischer Barockmusik zählt, liegt nicht nur an der Neugier, mit der er immer wieder erlesene Repertoire-Raritäten dem Vergessen entreißt, sondern auch an der Konsistenz und Sorgfalt seiner künstlerischen Arbeit, die stets auf dem festen Boden gründlicher musikwissenschaftlicher Recherchen steht. Anders als viele Barock-Dirigenten verfügt Niquet zudem über eine solide handwerkliche Ausbildung und eine Schlagtechnik, die sich auch bei Musik des 19. und 20. Jahrhunderts bewährt.

Während die »erste Generation« der Historischen Aufführungspraxis französischer Barockmusik – William Christie oder Philippe Herreweghe – noch regelrechte Pionierarbeit leisten musste, kann Hervé Niquet dieses Repertoire mit einer gewissen Selbstverständlichkeit angehen. Dabei fällt immer wieder die große Ausgewogenheit zwischen rhythmischer Verve – »à la française« und »inégal«, wie es sich für diese Musik gehört – und fließend gestalteter Melodik auf. Gerade in Opern und Kirchenwerken gelingt Niquet zudem eine perfekte Umsetzung der spezifisch französischen Prosodie, die bei anderen Interpreten oft etwas spröde und hölzern wirkt. Eine besondere Empfehlung verdient die (auch auf DVD dokumentierte) Aufführung von Henry Purcells *King Arthur* in der Regie des Komiker-Duos Shirley & Dino (Corinne und Gilles Benizio), in der Niquet nicht nur als Dirigent, sondern auch als Schauspieler brilliert.

Tonträger

1993 LULLY: Te Deum / Miserere etc. [Grand Motets, Vol. 1] (LCS; Naxos) ▪ **1995** CHARPENTIER: *Vespres à la Vierge* [Motetten / Magnificat H 72 / Salve Regina H 24 etc.] (LCS; Naxos) ▪ **1997** BODIN DE BOISMORTIER: *Ballets de village* etc. (LCS; Naxos) ▪ **1999** CHARPENTIER: Messe de Monsieur de Mauroy (Duthoit, Gouton, Goubioud, Evreux, Sam, LCS; Glossa) ▪ **2001** BODIN DE BOISMORTIER: *Daphnis et Chloé* (Geslot, Méchaly, Duthoit, LCS; Glossa) ▪ **2006/07** LULLY: *Proserpine* (Haller, d'Oustrac, Fernandes, LCS; Glossa) ▪ **2010** SAINT-SAËNS: »Musik für den Prix de Rome« [*Ivanhoé / Motets au Saint Sacrement* etc.] (Chœur de la Radio Flamande, Brussels PO; Glossa) ▪ **2012** VOGEL: *La Toison d'or* (Kalinine, Bou, Chor des Staatstheaters Nürnberg, LCS; Glossa)

Bildmedien

2009 PURCELL: *King Arthur* (Labin, Santon-Jeffery, Ruvio, Vidal, LCS; Glossa)

Webpräsenz

www.concertspirituel.com (↪0097)

MST

Norrington, Roger

1934 am 16. März in Oxford geboren, entstammt er einer musikalischen Akademikerfamilie und kommt so bereits früh mit dem Geigenspiel und dem Chorgesang in Berührung.
1954–1957 ist er während seines Geschichts- und Literaturstudiums in Cambridge Mitglied im Chor des Clare College.
1962–1964 absolviert er am Royal College of Music in London sein Dirigierstudium bei Adrian Boult. Zudem tritt er erfolgreich als Tenor in Erscheinung und gründet den schnell international erfolgreichen Heinrich Schütz Choir.
1969–1984 übernimmt er den Posten des Music Director an der Kent Opera.
1973 gibt er mit Mozarts *Le nozze di Figaro* sein Londoner Operndebüt an der Sadler's Wells Opera, 1986 dann mit Händels *Samson* am Royal Opera House, Covent Garden.
1978 gründet er die London Classical Players (LCP), ein Originalklang-Ensemble, mit dem er zunächst Werke der Frühklassik, dann Beethovens Sinfonien und später auch Repertoire der Spätromantik in radikal erneuerter Klanglichkeit aufnimmt.
1985–1989 ist er Musikdirektor der Bournemouth Sinfonietta.
1990–1994 wirkt er als erster Musikdirektor in der Geschichte des New Yorker Orchestra of St. Luke's.
1997 erhebt man ihn aufgrund seiner Verdienste in den Adelsstand. Im Jahr darauf übernimmt er die Camerata Salzburg (bis 2006).
1998–2011 ist er Chefdirigent und danach Ehrendirigent auf Lebenszeit des Radio-Sinfonieorchesters Stuttgart des SWR. Der ausgiebig diskografisch dokumentierte und prämierte »Stuttgart Sound« – historisch informiertes, vibratoloses Spiel auch auf modernen Orchesterinstrumenten – wird zu seinem Markenzeichen.
2008 dirigiert er in London die Last Night of the Proms.
2011 beginnt seine Tätigkeit als Chefdirigent beim Zürcher Kammerorchester (bis 2015; sein Nachfolger ist ab 2016 der Violinist Daniel Hope).
2012 wird er für seine musikalischen Verdienste mit dem Bundesverdienstkreuz geehrt.

Sir Roger Norringtons luftiger Orchesterklang ist ein Klang ohne Socken – nicht nur, weil dies etwa eine plausible Metapher wäre, sondern weil Norrington es bevorzugt, seine Proben barfuß zu leiten. So ungewöhnlich dieses Erscheinungsbild wirken kann, so unkonventionell ist auch Norringtons Künstlerpersönlichkeit; viele Kritiker würden es dabei belassen, ihn auf seine Skurrilitäten zu reduzieren. Geschichtlich nüchtern betrachtet, begründete Norrington mit Kollegen wie John Eliot Gardiner oder Nikolaus Harnoncourt das, was heute als historisch informierte Aufführungspraxis längst bei allen Orchestern, selbst im Laienbereich, angekommen ist. Unter den frühen Vertretern der neuen Alten Musik ist Norrington aber bis heute ein Unikum geblieben, der virtuos zwischen den Rollen des Puristen und des Publikumslieblings zu wechseln versteht.

Während seiner Arbeit mit den London Classical Players beruht Norringtons Klangarbeit auf den zentralen Säulen der Historischen Aufführungspraxis: Es wird auf historischen Instrumenten musiziert, die Gestaltung folgt hierbei einem tendenziell raschen Tempo (als Gegenzug zur romantischen Verlangsamung des 19. Jahrhunderts), und das Klangbild kommt ohne Dauervibrato aus, sodass es nicht nur in den Dissonanzen deutlich geschärft und durchsichtiger wird. Vor allem sein drastischer, ungewohnt aggressiver Beethoven-Zyklus in durchhörbarer Orchesterstärke löste eine Debatte um diese neue Klangkultur aus. Mit unermüdlicher Neugier unterzieht er aber auch Komponisten bis zur Spätromantik einer Entschlackungskur. Er nennt dies den »reinen Klang«, was jedoch nicht absolutistisch alle anderen Sichtweisen ausschließt: »Die Vorzüge liegen nicht darin, etwas richtig zu machen, sondern die Musik schön und aufregend klingen zu lassen« (Reif, S. 52). Die volle Ausschöpfung des in der Komposition enthaltenen Potenzials steht für Norrington im Zentrum, einschließlich musikwissenschaftlicher Recherchen über historisch überlieferte Spielweisen und Orchestergrößen. Bei seiner Zusammenarbeit mit dem Radio-Sinfonieorchester Stuttgart hat er ein modernes Orchester durch die Implantation von Grundsätzen historisch informierter Aufführungen hin zu seinem spezifischen vibratolosen »Stuttgart Sound« revolutioniert (und dabei sogleich die Musikgeschichte ein zweites Mal durchquert).

Doch der Musikwissenschaftler Norrington wäre nichts ohne den Entertainer Norrington. Norman Lebrecht bezeichnet ihn als den »Bernstein der Alten Musik« und trägt hiermit Norringtons Vermittlungsqualitäten und seiner unverwechselbaren Erscheinung auf der Bühne

Rechnung. Er fungiert nicht als ein für das Publikum unerreichbarer Klangmeister, sondern als ein Moderator, der während des Konzerts auch mal süffisant ins Publikum grinsen kann und gestisch auf bestimmte Stellen der Musik hinweist. Einem Jazzmusiker ist er in dieser Hinsicht gar nicht unähnlich, nur dass es keinen Zwischenapplaus für besonders gelungene Soli gibt – wobei ihn dieser vielleicht nicht einmal stören würde.

Bruckners Sinfonien ergehen sich bei ihm nicht in blecherner Monumentalität, sondern präsentieren sich jugendlich und ungestüm. Norringtons Wagner wird zum Gräuel für Freunde des altgedienten Klangschmelzes, wenn er das *Tristan*-Vorspiel in seinem Dreiertakt als Walzer begreift, dies sogar historisch begründen kann und so die vom Pathos benebelten revolutionären Dissonanzen dieser Takte neu, aber nicht weniger packend realisiert. Kräftig schnarren bei ihm die originalen Ophikleiden in Berlioz' *Symphonie fantastique*, wo sonst die Tuben spielen. Sie lassen den historischen Schauer des Dies irae wieder aufleben, den diese Stelle hervorgerufen haben muss – Norrington würde sie »herrlich grässlich« nennen. Und auch die großen romantischen Szenen der musikalischen Literatur sind vor seiner neuen Lesart nicht gefeit: Tschaikowskys Finale der *Pathétique* wirkt im Stuttgarter Sound zugleich robust und doch ausgeblichen, es wird zum ernüchterten und unausweichlichen Abgesang.

Norringtons Ziel ist weder zeigefingerschwingende Publikumsbelehrung noch dogmatische Rekonstruktion oder narzisstische Selbstdarstellung, vielmehr offeriert er (frei nach der Idee, dass jede Irritation produktiv ist) Angebote an den Hörer, Komponisten neu kennenzulernen und seine Begeisterung über solche Neuentdeckungen zu teilen. Dass hierbei alle seine Ideen und Entscheidungen diskussionswürdig fortwirken, ist ihm mindestens so wichtig wie das unmittelbar ansprechende Konzerterlebnis. Die qualitative wie quantitative Produktivität seiner Einzelkämpferhaltung macht deutlich, dass man durchaus mehr als nur einen Norrington gebrauchen könnte – denn es gibt vieles anders zu hören.

Tonträger
1971 SCHÜTZ: *Matthäus-Passion* (Pears, Shirley-Quirk, Heinrich Schütz Choir; Decca) ▪ 1986–1988 BEETHOVEN: Sinfonien Nr. 1–9 (LCP; EMI) ▪ 1988 BERLIOZ: *Symphonie fantastique* (LCP; EMI) ▪ 1992 BRAHMS: *Ein deutsches Requiem / Begräbnisgesang* op. 13 (Dawson, Bär, The Schütz Choir of London, LCP; EMI) ▪ 1995 BRUCKNER: Sinfonie Nr. 3 [Version 1873] (LCP; EMI) ▪ 1998 STRAWINSKY: *Danses concertantes* / MOZART: Sinfonie Nr. 41 KV 551 »Jupiter« / Divertimento KV 136 (Camerata Salzburg; Orfeo) ▪ 1999 BACH: Kantaten BWV 56, 82 & 158 etc. (Matthias Goerne, Camerata Salzburg; Decca) ▪ 1999 ELGAR: Sinfonie Nr. 1 / WAGNER: *Die Meistersinger von Nürnberg* [Vorspiel] (RSO Stuttgart; Hänssler) ▪ 2006 MAHLER: Sinfonie Nr. 5 (RSO Stuttgart des SWR; Hänssler) ▪ 2011 BACH: Klavierkonzerte d-Moll BWV 1052 & E-Dur BWV 1053 / BACH [C. P. E.]: Klavierkonzert E-Dur Wq 14 / BACH [J. CHR.]: Klavierkonzert Es-Dur op. 7,5 (Sebastian Knauer, Zürcher KO; Berlin Cl)

Bildmedien
1985 TIPPETT: *King Priam* (Macann, Walker, Haskin, Kent Opera; Arthaus) ▪ 2006 MOZART: *Idomeneo* (Vargas, Kožená, Siurina, Harteros, Salzburger Bachchor, Camerata Salzburg; Decca)
Norrington – The Romantics (RSO Stuttgart; Hänssler 2007) ▪ Sir Roger Norrington: Dirigent zwischen Stuttgart und Berkshire (Dokumentation von Karl Thumm; Hänssler 2009)

Schriften
Conducting Brahms [mit Michael Musgrave], in: Michael Musgrave (Hrsg.), The Cambridge Companion to Brahms, Cambridge 1999, S. 231–249 ▪ Tschaikowsky in der Werkstatt, in: Christoph Wolff (Hrsg.), Die Gegenwart der musikalischen Vergangenheit, Salzburg / Wien 1999, S. 202–220 ▪ Historische Aufführungspraxis mit einem modernen Sinfonieorchester [CD mit Konzerteinführungen zu den Sinfonien Nr. 1–8 von Ludwig van Beethoven; Hänssler 2002] ▪ The Sound Orchestras Make, in: Early Music 32/1 (2004), S. 2–5

Literatur
Channan Willner, Beethoven Symphonies on Period Instruments: A New Tradition?, in: The Musical Times 131 (1990), S. 88–91 ▪ Dieter David Scholz, Mythos Maestro. Dirigenten im Dialog, Berlin 2002, S. 245–253 ▪ Adelbert Reif, Nicht anders, sondern wahr, in: Fono Forum 03/2009, S. 50–53

Webpräsenz
www.kanzaki.com/norrington [Diskografie] (↪0098)

AGU

Nott, Jonathan

1962 am 25. Dezember im englischen Solihull als Sohn eines Pastors geboren. Als Kind spielt er Klavier, entscheidender noch prägen ihn Erfahrungen als Sängerknabe. Später studiert er Musikwissenschaft an der Universität Cambridge, Gesang und Flöte in Manchester und anschließend Dirigieren in London.

1988 gibt er sein Debüt als Dirigent beim Opernfestival im italienischen Batignano.

1989 beginnt er die »Ochsentour« durch deutsche Theater als Kapellmeister an der Oper Frankfurt, zwei Jahre später wechselt er als Erster Kapellmeister ans Hessische Staatstheater Wiesbaden (das er 1995/96 als Interims-Generalmusikdirektor leitet).

1997–2002 ist er Musikdirektor des Luzerner Theaters sowie Chefdirigent des Luzerner Sinfonieorchesters.

2000 legt er den Grundstein für eine langjährige und künstlerisch erfolgreiche Zusammenarbeit als Chefdirigent mit den Bamberger Symphonikern (bis 2016); in den folgenden Jahren stellt er das Musiktheater zugunsten seiner Konzerttätigkeit dauerhaft in den Hintergrund.

2000–2005 übernimmt er die Leitung des Ensemble Intercontemporain in Paris (ab 2003 als fester Gastdirigent).

2014 tritt er die Stelle des Musikdirektors beim Tokyo Symphony Orchestra an. Im selben Jahr wird er Erster Dirigent der Jungen Deutschen Philharmonie, zudem leitet er ab 2016 das Orchestre de la Suisse Romande.

Jonathan Nott ist eine Ausnahmeerscheinung unter den Dirigenten seiner Generation. Trotz seiner Auftritte als Gast mit führenden internationalen Orchestern konzentrierte er sich abseits der allgemeinen Jetset-Sprunghaftigkeit auf die langfristige, intensive Arbeit mit den Bamberger Symphonikern. Er hat sie im Laufe dieser Zusammenarbeit zu »seinem« Klangkörper gemacht. Den samtigen Grundklang des Orchesters, das sich kurz nach Ende des Zweiten Weltkriegs aus Flüchtlingen aus Böhmen gebildet hatte, lässt Nott unangetastet, macht ihn jedoch flexibler und variabler in der Farbvielfalt, nicht zuletzt durch die intensive Beschäftigung mit zeitgenössischer Musik. So ergänzt der englische Dirigent seine Gesamtaufnahme der Sinfonien Franz Schuberts um kompositorische Schubert-Reflexionen des 20. und 21. Jahrhunderts von Jörg Widmann, Wolfgang Rihm, Dieter Schnebel und Bruno Mantovani. Fein ausgehörte Klangszenen entwirft er auch im Rahmen des von Sony begonnenen und bei Teldec fortgeführten »Ligeti-Project«. Nott zeichnet für die maßstabsetzende Aufnahme von *Lontano* und *Atmosphères* mit den Berliner Philharmonikern verantwortlich. Großzügige Farbigkeit erzielt Nott vor allem durch die sorgsam gestaffelte Balance der Stimmen, wie in seiner Einspielung von Bruckners 3. Sinfonie; aber auch in Leoš Janáčeks *Sinfonietta* lässt er rhythmische Ostinati in atmosphärische Farbflächen umschlagen.

Notts stark auf Kantabilität ausgerichtete Phrasierung zielt auf eine Eliminierung der Taktstriche. Das führt im besten Fall zu einem freien Ausschwingen melodischer Linien; manchmal (wie beispielsweise in Schuberts »Unvollendeter«) werden dadurch allerdings harte Kanten abgeschliffen. Am besten und bislang erfolgreichsten kommt Notts impulsives Dirigat, das mit weit ausgreifenden, stets weich gezeichneten Schwüngen die Klangkraft und Intensität des Orchesters zu bündeln scheint, in seinen Interpretationen der Sinfonien von Gustav Mahler zum Tragen. Im ersten Satz der 3. Sinfonie lässt Nott die gegensätzlichen Kräfte fast körperlich spürbar werden: Das Vorwärtsdrängende der Marschrhythmen hält er bewusst zurück, es entsteht der Eindruck, als liege ein Riese in Fesseln und versuche sich loszureißen. Sein ebenso strukturklarer wie emotionaler Zugang zu Mahlers 9. Sinfonie wurde mit dem Schallplattenpreis »Toblacher Komponierhäuschen« sowie dem »MIDEM Classical Award« ausgezeichnet.

Tonträger

2001 LIGETI: *Lontano / Atmosphères / Apparitions / San Francisco Polyphony / Concert românesc* (BPh; Teldec) ▪ **2004** JANÁČEK: *Sinfonietta / Taras Bulba / Das schlaue Füchslein* [Suite] (Bamberger Symphoniker; Tudor) ▪ **2006** SCHUBERT: Sinfonie Nr. 9 C-Dur »Große« (Bamberger Symphoniker; Tudor) ▪ **2008** MAHLER: Sinfonie Nr. 2 »Auferstehungssinfonie« (Schwanewilms, Braun, Bamberger Symphoniker & Chor; Tudor) ▪ **2008** MAHLER: Sinfonie Nr. 9 (Bamberger Symphoniker; Tudor) ▪ **2008/11** GUBAIDULINA: *Glorious Percussion / In tempus praesens* (Vadim Gluzman, Luzerner SO; BIS)

Literatur

Heute ist mehr Unruhe im Tourneegeschäft [Interview mit Ulrich Ruhnke], in: Das Orchester 58/3 (2010), S. 17 f. ▪ Tom Service, Music as Alchemy, London 2012, S. 96–131

TOP

Oramo, Sakari

1965 am 26. Oktober in Helsinki geboren; nach dem Studium der Violine ist er zunächst Mitglied des Avanti! Chamber Orchestra. Seine Qualitäten als Violinist sind u. a. dokumentiert in den mit seiner Frau, der Sopranistin Anu Komsi, eingespielten *Kafka-Fragmenten* György Kurtágs (Ondine).

1989 beginnt er sein Studium beim legendären finnischen Dirigierlehrer Jorma Panula.

1991 wird Oramo Konzertmeister beim Finnischen Radio-Sinfonieorchester, springt dort zwei Jahre später als Dirigent ein und ist ab 1994 dessen stellvertretender Dirigent, schließlich Chefdirigent (2003–2012).

1998–2008 ist er der Nachfolger von Simon Rattle beim City of Birmingham Symphony Orchestra (CBSO).

2004 ist er zusammen mit seiner Frau einer der Mitbegründer der Kokkola Oper an der finnischen Westküste, die im Jahr 2006 als Sommerfestival ihren Betrieb aufnimmt.

2008 beginnt seine Tätigkeit als Chefdirigent beim Royal Stockholm Philharmonic Orchestra.

2012 übernimmt er für Lorin Maazel Konzerte einer Skandinavien-Tournee der Wiener Philharmoniker (WPh).

2013 tritt er neue Ämter als Leiter des BBC Symphony Orchestra und Ostrobothnian Chamber Orchestra an.

Sakari Oramos Interpretationsansatz zielt vornehmlich auf Transparenz und Texttreue. Diese Charakteristika aber bekommen leicht etwas Abwertendes, sobald ihnen das zusätzliche Wörtchen »nur« in Kritiken und Rezensionen vorangestellt wird – zwischen den beiden Charismatikern Simon Rattle und Andris Nelsons als Vorgänger und Nachfolger in Birmingham gehört Oramo eher zu den Unterschätzten als zu den Hochgejubelten des Feuilletons.

Es entspricht dem Ansatz Oramos, die Pflege der Musik des 20. Jahrhunderts nicht nur als Pflicht zu begreifen. Sein Repertoire reicht dabei von einer Begeisterung für die Musik Arnold Schönbergs (von der Oramo sagt, dass sie seinen Agenten zunehmend nervös macht) bis zu den mehrfach doppelbödigen Sinfonien von Per Nørgård. Diskografisch dominiert dagegen die Abbildung des finnischen Musiklebens in seiner ganzen Vielfältigkeit: Die Palette umfasst heimliche Klassiker wie die Sinfonien von Joonas Kokkonen und heimliche Hits wie das in ein Klezmer-Finale einmündende Klarinettenkonzert von Kimmo Hakola, Exportschlager wie die Orchesterskulpturen Magnus Lindbergs und nahezu Unbekanntes wie die Strawinsky in Sibelius einschmelzende *Sinfonie in C* von Eero Hämeenniemi. Eine solch ausgeprägte Präferenz für das Neue und eine Präferenz für analytische Nüchternheit sind bei Dirigenten eigentlich synonyme Begriffe. Dennoch kann es irritieren, wenn Oramo auch Werke von Rachmaninow und Mahler in dieser Weise dirigiert (was aber im Trauermarsch von Mahlers 1. Sinfonie schon wieder gut funktioniert). Dieselben »entgiftenden« Interpretationen werden geschätzt, wenn ein Komponist vom Verdacht des Überfrachteten befreit werden soll. So bedurfte es wohl eines Nicht-Einheimischen, um die Orchesterwerke des zeitweiligen Light-Music-Komponisten John Foulds und deren exotische Viertelton-Passagen neu zu entdecken.

Unvoreingenommenheit zeichnet auch Oramos Schumann-Zyklus aus, der sich wie die Sinfonien selbst nicht auf ein vorgegebenes Ablaufschema festlegt, sondern Klangtendenzen der Gegenwart wie den schlanken Kammerorchester-Schumann und den wieder verdüsterten »deutschen« Orchesterklang variabel durchmischt. Ein »finnischer« Dirigent ist Oramo höchstens indirekt, indem er Vorurteile über ein schweigsames Volk in Eigenschaften ummünzt, die einen Dirigenten bei Orchestern beliebt machen (wie eine sachbezogene und mit der Kompetenz des Instrumentalisten durchgeführte Probenarbeit). Durch die spürbare Abdunkelung des Orchesterklangs erhält aber auch sein Sibelius-Zyklus aus Birmingham eine durchaus »nordische« Note, zumal auch Transparenz und Texttreue in bewusste Extreme der Stille überführt werden: Kaum ein anderer

Dirigent hat die langen Pausen zwischen den Schlussakkorden der 5. Sinfonie oder auch zwischen den Bläsereinwürfen im langsamen Satz der Zweiten so konsequent ausgespielt.

Tonträger
2000 SIBELIUS: Sinfonien Nr. 2 & 4 (CBSO; Erato / Warner) ▪ 2002/03 RACHMANINOW: Klavierkonzerte Nr. 1 & 3 (Nikolai Lugansky, CBSO; Warner) ▪ 2003/05 LINDBERG: Klarinettenkonzert / *Gran Duo* / *Chorale* (Kari Kriikku, Finnish RSO; Ondine) ▪ 2006 FOULDS: *Dynamic Triptych* / *April-England* / *Keltic Lament* etc. (Peter Donohoe, CBSO; Warner) ▪ 2008/09 SCHUMANN: Sinfonien Nr. 1 »Frühlingssinfonie« & 2 (Royal Stockholm PO; Sony) ▪ 2013 NØRGÅRD: Sinfonien Nr. 1 »Sinfonia Austera« & 8 (WPh; Dacapo) ▪ 2013/14 NIELSEN: Sinfonien Nr. 1 & 3 »Espansiva« (Royal Stockholm PO; BIS)

Webpräsenz
www.sakarioramo.com (↪0099)

JCA

Ormandy, Eugene

1899 am 18. November als Jenő Blau in Budapest als Sohn eines jüdischen Zahnarztes geboren, der als Verehrer des ungarischen Geigers Jenő Hubay die musikalische Laufbahn früh forciert: Der fünfjährige Jenő bekommt Unterricht an der Königlichen Staatsakademie, gibt sein erstes Konzert mit sieben und wird mit neun tatsächlich Schüler Hubays, der den Vierzehnjährigen zum Examen bringt (später wird er zudem kurzzeitig dessen Nachfolger als Dozent). Nebenbei studiert er auch bei Béla Bartók und Zoltán Kodály.

1917 bestreitet er erste Tourneen in Ungarn und Deutschland (u. a. mit dem Berliner Blüthner-Orchester) und beginnt zusätzlich ein Philosophie-Studium (Abschluss 1920).

1921 folgt er einer Einladung zu einer Tournee in Amerika, die jedoch nicht stattfindet. Er ist gezwungen, als Geiger beim Stummfilm-Orchester des Capitol Theatre in New York anzuheuern. Im Jahr 1924 springt er dort so überzeugend als Dirigent ein, dass er in den folgenden Jahren zum stellvertretenden Musikdirektor aufsteigt.

1927 wird er (rechtzeitig zum Ende der Stummfilmära) von dem Musikagenten Arthur Judson entdeckt und u. a. für Rundfunkkonzerte verpflichtet. In diesem Jahr wird er auch amerikanischer Staatsbürger.

1931 bedeutet sein Einspringen für Toscanini beim Philadelphia Orchestra den Durchbruch: Das Minneapolis Symphony Orchestra (heute: Minnesota Orchestra) engagiert ihn nach einem Schlaganfall seines Leiters Henri Verbruggen als neuen Chefdirigenten. Das Orchester wird wie die Arbeiter einer Firma für fest einzuhaltende Arbeitszeiten bezahlt, die es unter Ormandy über Proben und Konzerte hinaus nutzt, um sich mit unzähligen, fast honorarfrei produzierten Aufnahmen für RCA Victor auf dem amerikanischen Markt zu positionieren – es entstehen wichtige frühe Einspielungen u. a. von Schönbergs *Verklärter Nacht* und Mahlers 2. Sinfonie.

1936 wechselt Ormandy als Associate Conductor neben Leopold Stokowski nach Philadelphia und entwickelt ab 1938 als Chefdirigent bis 1980 dessen »Philadelphia Sound« als Marke des Orchesters in unzähligen Schallplattenaufnahmen erfolgreich weiter.

1944 nimmt Columbia (CBS) das Orchester unter Vertrag (als Hauptkonkurrenz zu Toscanini bei RCA, wo Ormandy nur für das Nebenrepertoire zuständig war). Wie viele Dirigenten dieser Zeit produziert Ormandy sein Standardrepertoire – einschließlich eigener Spezialitäten wie der sowjetischen Moderne und amerikanischer Zeitgenossen – in den 1950er-Jahren für die Mono-Langspielplatte und etwa ein Jahrzehnt später noch einmal in Stereo.

1968 hat sich Leonard Bernstein bei CBS als amerikanischer Marktführer etabliert; wohl auch deshalb kehrt Ormandy mit seinem Orchester zu RCA zurück. Zudem entstehen Aufnahmen für EMI und Telarc.

1973 bestreitet er mit dem Philadelphia Orchestra eine historisch bedeutsame China-Tournee.

1980 tritt Ormandy nach einer bislang bei Spitzenorchestern ungebrochenen Rekordzeit von 42 Jahren als Chefdirigent des Philadelphia Orchestra zurück. Einschließlich der zwei Jahre mit Stokowski und vier weiterer Jahre als Ehrendirigent (letztes Konzert im Januar 1984) erreicht er fast die »Goldene Hochzeit«.

1985 stirbt er am 12. März in Philadelphia.

Eugene Ormandy repräsentiert in den CD-Kopplungen und Kompilationen der Musikindustrie die Rolle des zuverlässigen Gebrauchtwagenhändlers. Er wird nicht als individuelle »Marke« angesehen, sondern zumeist umstandslos in eine von zwei naheliegenden Traditionslinien mit eingeordnet: Erstens repräsentiert er die Phalanx der ungarischen Orchesterleiter in den USA (neben George Szell in Cleveland und Fritz Reiner in Chicago); zweitens verwaltet er das Erbe von Stokowskis »Philadelphia Sound«. Typisch erscheint, dass für Ormandy noch keine seriöse Biografie vorliegt, aber für sein Orchester gleich mehrere; typisch ist auch, wie selbst der Artikel von José Bowen im *New Grove* lediglich vermerkt, dass Ormandy einem schon vorhandenen Klangdesign »even greater polish and precision« verliehen habe. Tatsächlich lassen Ormandys eher unauffällige Tempi und seine relativ gediegene Repertoirepolitik solche Aussagen zu (wobei Ormandy einige frühe Aufnahmen verspätet entdeckter Stücke etwa von Schostakowitschs 4. Sinfonie oder Mahlers 10. Sinfonie zu verdanken sind). Folgerichtig läuft eine Beschreibung Ormandys immer darauf hinaus, ihn von dem einen seiner beiden Traditionsäste abzugrenzen, indem man ihn dem anderen umso stärker zuführt. Am Schlusssatz aus Bartóks Konzert für Orchester kann man das durchexerzieren: Die legendäre Aufnahme Fritz Reiners trennt zwei Schichten der Perfektion voneinander, die kollektive der Streicher und die solistische der Bläserstimmen. Bei Ormandy geht es viel stärker darum, den tumultuösen Grundaffekt darin abzubilden, dass sich diese beiden Schichten miteinander vermischen. Verweist ein solches Orgel-Sounddesign auf Stokowski, so fehlen bei Ormandy doch dessen funkelnd-glitzernde Klangzusätze (die überbetonten Harfen in Bartóks Finalsatz in Stokowskis Aufnahme aus Houston sind hierfür ganz typisch). Es ist überraschend, welch »zugespitzte« Artikulation Ormandy im Vergleich zu Stokowski selbst in einem Stück wie der Streicherserenade von Tschaikowsky bevorzugt. Auch in Mahlers 1. Sinfonie erscheint es bezeichnend, dass er im Trauermarsch des dritten Satzes die Tuba hervorkehrt, während in der zentralen Lindenbaum-Episode der Streichergesang eher zurückgenommen bleibt. In seiner Londoner Aufnahme von Dvořáks 9. Sinfonie erlebt man eine ganz ähnliche Strategie: Ein hörerfreundlicher weicher Melodiekern wird mit einer leicht stacheligen Schale ausgehaltener Bläserakkorde ummantelt.

Auf eine Formel gebracht, könnte man sagen, dass es bei Stokowski eher darum geht, vor der Erfindung der Stereo-Technik dennoch bereits deren spezifische Meriten von einem möglichst volltönenden Streicherklang her auch auf alle anderen Instrumentengruppen zu übertragen, während sich der Klang bei Ormandy viel stärker in einem Zentrum zusammenballt und die Virtuosität des Blechs vermehrt auch für den Streicherapparat verpflichtend wird.

Ormandys angeblicher Mangel an Individualität tritt am stärksten dort als eigene Qualität hervor, wo er sich alternativen Interpretationen erfolgreich entziehen kann: In Kodálys Háry-János-Suite vermeidet er sowohl die überzogene Deutung als Drama, die man bei Ferenc Fricsay erleben kann, wie auch die virtuose Trockenheit der Einspielung von George Szell. Stattdessen betont er den Charme einer Spieldosenmusik, deren Räderwerk mithilfe eines starken Vibrato und süffiger Soloauftritte angetrieben wird. Die Aufnahmen der Suite aus Minneapolis (1934) und Philadelphia (1961) sind sich dabei bis in Details hinein ganz ähnlich (und auch das mag dazu beitragen, die Individualität des Ansatzes zu unterschätzen). Die wahre Genialität des Gebrauchtwagenhändlers besteht darin, gegen die beständigen Innovationen (in diesem Fall der Aufnahmetechnik) bewährte technische Mittel vor dem Vergessen zu schützen.

Tonträger
1934 KODÁLY: *Háry-János*-Suite / SCHÖNBERG: *Verklärte Nacht* / WEINBERGER: Polka & Fuge aus *Schwanda der Dudelsackpfeifer* (Minneapolis SO; Victor) ▪ **1939–1941** RACHMANINOW: Klavierkonzerte Nr. 1 & 4 (Sergej Rachmaninow, Philadelphia Orchestra; Victor / Naxos Historical) ▪ **1947–1952** HAYDN: Sinfonien Hob. I:7 »Le Midi« & 45 »Abschiedssinfonie« (Philadelphia Orchestra; Columbia / Naxos Classical Archives) ▪ **1950/53** PROKOFJEW: Sinfonien Nr. 6 & 7 (Philadelphia Orchestra; Columbia / Naxos Classical Archives) ▪ **1955** GRIEG: *Peer Gynt* [Suiten Nr. 1 & 2] / BIZET: *L'Arlésienne* [Suiten Nr. 1 & 2] (Philadelphia Orchestra; Columbia) ▪ **1959/60** TSCHAIKOWSKY: Sinfonie Nr. 5 / Serenade für Streicher (Philadelphia Orchestra; CBS / Sony) ▪ **1960/63** IBERT: *Escales / Divertissement* (Philadelphia Orchestra; CBS / Sony) ▪ **1966** DVOŘÁK: Sinfonie Nr. 9 »Aus der Neuen Welt« (London SO; CBS / Sony) ▪ **1967** GERSHWIN: *Rhapsody in Blue / Concerto in F* (Philippe Entremont, Philadelphia Orchestra; CBS / Sony) ▪ **1973** RACHMANINOW: Sinfonie Nr. 2 (Philadelphia Orchestra; RCA / IMG Artists) ▪ **1980** SAINT-SAËNS: Sinfonie Nr. 3 »Orgelsinfonie« (Michael Murray, Philadelphia Orchestra; Telarc)

Bildmedien
1977 HOLST: *The Planets* / DEBUSSY: *La Mer* (Philadelphia Orchestra; EuroArts)

Literatur
Herbert Kupferberg, Those Fabulous Philadelphians. The Life and Times of a Great Orchestra, New York 1969 ▪ John Ardoin (Hrsg.), The Philadelphia Orchestra. A Century of Music, Philadelphia 1999 ▪ Phyllis W. Rodriguez-Peralta, Philadelphia Maestros. Ormandy, Muti, Sawallisch, Philadelphia 2006 ▪ Richard A. Kaplan, The Philadelphia Orchestra. An Annotated Discography, Lanham 2015

Webpräsenz
www.reocities.com/Tokyo/1471/ormandy_disk_e.html
[Diskografie] (↪0100)
www.library.upenn.edu/exhibits/music [Quellensammlung] (↪0101)

HAH / JCA

Ozawa, Seiji

1935 am 1. September in Mukden (Shenyang im heutigen China) in der zu dieser Zeit von den Japanern besetzten Mandschurei als Sohn japanischer Eltern geboren.
1944 gehen seine Eltern mit ihm zurück nach Japan, dort erhält er Klavierunterricht u. a. von Noboru Toyomasu.
1952–1958 studiert er zunächst Klavier an der Tōhō Gakuen School, die in Chōfu nahe Tokio beheimatet ist. Nachdem er sich bei einem Sportunfall zwei Finger gebrochen hat, wechselt er das Fach und studiert Komposition und Dirigieren bei Hideo Saito.
1959 gewinnt er den renommierten Dirigierwettbewerb in Besançon.
1960 wird er mit dem Koussevitzky-Preis ausgezeichnet. Er erhält ein Stipendium bei Herbert von Karajan und wird 1961 für vier Jahre Assistent von Leonard Bernstein beim New York Philharmonic Orchestra.
1964–1968 fungiert er als erster Musikdirektor beim Ravinia Festival des Chicago Symphony Orchestra.
1965–1969 ist er Musikdirektor des Toronto Symphony Orchestra.
1970 wird er zusammen mit Gunther Schuller künstlerischer Leiter des Berkshire Music Festival in Tanglewood.
1970–1976 bekleidet er den Posten als Music Director des San Francisco Symphony Orchestra (danach folgt noch eine Saison als Music Advisor).
1973–2002 leitet er das Boston Symphony Orchestra.
1984 ist er Mitbegründer des Saito Kinen Orchestra und 1992 auch des Saito Kinen Festivals in Matsumoto, benannt nach seinem ehemaligen Lehrer, der früh in Japan westliche Musik rezipiert und vermittelt hat (im Jahr 2015 wird das Festival erstmals unter dem Namen Seiji Ozawa Matsumoto Festival durchgeführt).
2002 leitet er das Neujahrskonzert der Wiener Philharmoniker und wird Musikdirektor der Wiener Staatsoper (bis 2010).
2010 kann Ozawa wegen gesundheitlicher Probleme nicht mehr auftreten, kehrt nach schwerer Krebserkrankung aber im Jahr 2013 auf das Podium zurück.

Vielen wird Seiji Ozawa nicht zuletzt wegen seiner Gestik und seiner persönlichen Ausstrahlungskraft am Dirigierpult in Erinnerung bleiben. Stets wirken seine Bewegungen graziös und leicht tänzelnd, wobei er noch die kompliziertesten Partituren aus dem Gedächtnis dirigiert – und dies bei einem sehr breiten Repertoire, in dem Komponisten des 20. Jahrhunderts von Schönberg, Strawinsky und Bartók über Messiaen bis hin zu Tōru Takemitsu einen Schwerpunkt bilden. Bisweilen ist seinen Interpretationen vorgeworfen worden, es ermangele ihnen an Ausdruckskraft, sie klängen insgesamt routiniert, aber eben auch etwas beliebig. Tatsächlich strebt Ozawa eine Klangästhetik an, die ein Werk eher durch Zurückhaltung – aber auch Farbenreichtum – als durch übermäßige Expressivität zur Geltung kommen lassen will. Ein Vergleich der 2. Sinfonie Mahlers in Georg Soltis Interpretation mit dem Chicago Symphony Orchestra und Ozawas Einspielung mit dem Saito Kinen Orchestra zeigt dies sehr sinnfällig. Eher gedehnte Tempi sind bei Ozawa keine Seltenheit, wie etwa im 1993 mit dem Pianisten Evgeny Kissin aufgenommenen 3. Klavierkonzert von Rachmaninow. So präzise und klar artikuliert die Darbietung auch sein mag, so sehr auch die für Rachmaninow charakteristischen, groß angelegten Spannungsbögen herausgearbeitet werden, so scheint gerade dem ersten Satz durch das recht gemächliche Tempo doch einiges von seiner Dynamik und Impulsivität genommen zu sein. Andere Werke profitieren von diesem Ansatz: Favoritstücke Ozawas wie die *Carmina Burana* Carl Orffs gewinnen eine neuartige Einheitlichkeit, indem der animierende Gestus des Dirigenten sich in eine Eigenschaft des Stückes selbst zu verwandeln scheint.

Ozawas Prokofjew-Interpretationen wirken wie ein Kaleidoskop seiner Qualitäten. Im Fall des 2. Klavierkonzerts vermögen Yundi Li und Ozawa das expressive wie virtuose Werk gemeinsam mit den Berliner Philharmonikern (BPh) fesselnd und mitreißend darzubieten. Dabei erscheint nichts um eines reinen Sinneskitzels willen geglättet oder geschönt, Prokofjews größter konzertanter Gewaltritt wird vielmehr in seiner ganzen Ausdrucksvielfalt zur Geltung gebracht. Ebenfalls mit den Berliner Philharmonikern entstand eine Einspielung sämtlicher Sinfonien Prokofjews, die von einigen Kritikern wohl allzu harsch beurteilt wurde: Zwar wirken manche Sätze wie Durchspielproben auf allerhöchstem Niveau, da die Tempovarianz auf ein Minimum reduziert wird, aber gerade dadurch treten zum Beispiel in den Kopfsätzen der 2. und 6. Sinfonie die Akzente der Blechbläser plastisch hervor. Vielleicht bildet sich hier auch die Unsicherheit darüber ab, wie man eigentlich ein einheitliches Bild eines Komponisten in einem im Frühjahr 1989 begonnenen und im Herbst 1992 beendeten Aufnahmezyklus wahren soll, wenn sowohl das Orchester wie die Zeiten sich derart in Umbruch befinden.

Ozawas Experimentierfreude und Offenheit illustriert in einer geradezu bezaubernden Art das 2003 von ihm geleitete Waldbühnen-Konzert der Berliner Philharmoniker. Gespielt wird Musik von George Gershwin, unter anderem sein *Concerto in F* und die *Rhapsody in Blue*. Das Orchester spielt mit einem Jazz-Trio, dessen Pianist Marcus Roberts den Solopart übernimmt: Der besondere Reiz dieser Darbietung liegt darin, dass Roberts mit seinem Trio das Original immer wieder mit Improvisationen bereichert und so den Dirigenten sowohl zum geduldigen Zuhören wie zum überaus präzisen Koordinieren zurück zu den Teilen mit Orchesterbegleitung zwingt; Ozawa zeigt sich von beiden Aufgaben sichtbar begeistert.

Tonträger

1967 MESSIAEN: *Turangalîla-Sinfonie* (Yvonne & Jeanne Loriod, Toronto SO; RCA) ▪ **1973** BERLIOZ: *La Damnation de Faust* (Burrows, Mathis, McIntyre, Tanglewood Festival Chorus, Boston SO; DGG) ▪ **1975** SCHOSTAKOWITSCH: Cellokonzert Nr. 2 (Mstislaw Rostropowitsch, Boston SO; DGG) ▪ **1986** PROKOFJEW: *Romeo und Julia* (Boston SO; DGG) ▪ **1988** ORFF: *Carmina Burana* (Gruberová, Aler, Hampson, Shinyukai Choir, BPh; Philips) ▪ **1989** HONEGGER: *Jeanne d'Arc au bûcher* (Keller, Wilson, Escourrou, Chœur & Maîtrise de Radio France, ONF; DGG) ▪ **1989/90** TAKEMITSU: *November Steps / Violakonzert »A String Around Autumn«* (Nobuko Imai, Saito Kinen Orchestra; Philips) ▪ **1991** POULENC: *Concert champêtre /* Orgelkonzert (Trevor Pinnock, Simon Preston, Boston SO; DGG) ▪ **2000** MAHLER: Sinfonie Nr. 2 »Auferstehungssinfonie« (Suga, Stutzmann, Shinyukai Choir, Saito Kinen Orchestra; Sony) ▪ **2007** PROKOFJEW: Klavierkonzert Nr. 2 / RAVEL: Klavierkonzert G-Dur (Yundi Li, BPh; DGG)

Bildmedien

1992 STRAWINSKY: *Oedipus Rex* (Norman, Langridge, Terfel, Shinyukai Choir, Saito Kinen Orchestra; Philips) ▪ **2003** GERSHWIN: *Concerto in F / An American in Paris / Rhapsody in Blue* etc. (Marcus Roberts Trio, BPh; EuroArts)

Literatur

Caroline Smedvig (Hrsg.), Seiji. An Intimate Portrait of Seiji Ozawa. Music Director of the Boston Symphony Orchestra, Fotografien von Lincoln Russell, Boston 1998

ADO

Panula, Jorma

1930 am 10. August in Kauhajoki geboren. Er studiert an der Sibelius-Akademie in Helsinki, aber auch in Hilversum bei Franco Ferrara, einem anderen legendären Dirigierlehrer.

1963–1965 ist er Chefdirigent des Turku Philharmonic Orchestra, danach

1965–1972 beim Helsinki Philharmonic Orchestra und beim Aarhus Symphony Orchestra (1973–1976).

1973 übernimmt er die Professur für Orchesterleitung an der Sibelius-Akademie (er unterrichtet dort seit 1969): Hier begründet er bis 1993 seinen Ruf als vielleicht wichtigster Dirigierlehrer der Gegenwart und entscheidender Kopf hinter dem »finnischen Dirigentenwunder«. Als Professor wirkt er zudem in Stockholm und Kopenhagen, Meisterkurse führen ihn als Lehrer in alle Welt, wofür er sein eigenes Dirigieren zunehmend zurückstellt.

1978 trägt die Uraufführung seiner Oper *Jaakko Ilkka* zur beginnenden Blüte der Gattung in Finnland bei.

1999 findet in Vaasa der erste nach Jorma Panula benannte Dirigierwettbewerb statt (der Sieger ist Olari Elts).

Äußern sich berühmte Dirigenten offen kritisch über einen ihrer Kollegen, dann ist der meistens ein berühmter Dirigierlehrer. Jorma Panulas Pädagogik basiert auf möglichst knapp ausgedrückten Warnungen, sich vor dem Orchester immer möglichst knapp auszudrücken, mediengestützten Varianten des »russischen« Studierens vor dem Spiegel und einer durchaus jovial vermittelten, aber nie angezweifelten Autorität. Er selbst bezeichnet seine Lehrmethode oft und gern als unmethodisch. Dieses Attribut bezieht sich aber auf das Resultat, nicht den Weg dorthin, der auch bei Meisterkursen einer klaren Choreografie folgt: Der möglichst frühen Konfrontation mit einem Orchester folgt die gemeinsame Auswertung der Videoaufzeichnungen dieser Orchesterproben (sodass die Schüler auch mit ihrer eigenen Rolle als Gegenüber des Orchesters konfrontiert werden).

In Panulas eigenen Einspielungen tritt ein Klangdesign hervor, das als typisches Merkmal von »Billig-Produktionen« eher einen schlechten Ruf besitzt: Das Geschehen drängt sich in den Mittellagen zusammen und bleibt dennoch zugleich mit einer gewissen Kantigkeit durchsetzt. In Sibelius' *Kullervo*-Sinfonie werden dadurch die drastischen mythologischen Konflikte vor der Naturkulisse eines in sich konfliktfreien, eher sanften Szenenbilds ausgetragen. In der aus modernistischer Sicht schockierend gut gelaunten Musik von Uuno Klami betont Panula hingegen auch die eingemischten kleinen Widerborstigkeiten.

Jorma Panula ist als Dirigentenlehrer ein Spezialist, weil er als Mensch und Musiker ein Allrounder ist: In der 2007 von 3sat ausgestrahlten Dokumentation *Der Maestro-Macher* von Ralf Pleger kann man ihn u. a. beim Arbeiten mit der Motorsäge und beim Begleiten eigener Schlagerkompositionen auf dem Akkordeon erleben. Ohne Motorsäge und Akkordeon, aber mit viel Routine sind auch seine Arrangements der Lieder Alma Mahlers hergestellt: Die individuellen Farben entspringen stets einer soliden Grundierung – genau diese Eigenschaft macht ihn als Dirigenten zum Soliden, der als Dirigentenlehrer Individuen formt.

Tonträger

1984 SIBELIUS: Orchesterlieder: *Luonnotar / Serenade / Arioso* etc. (Jorma Hynninen, MariAnne Häggander, Göteborg SO; BIS) ▪ **1986** NØRGÅRD: Sinfonien Nr. 2 & 4 »Indischer Roosen-Gaarten und Chineesischer Hexensee« (Aarhus SO; Point) ▪ **1996** KLAMI: *Kalevala Suite / Sea Pictures / Suomenlinna Ouvertüre / Lemminkäinens Abenteuer auf der Insel Saari* (Turku PO; Naxos) ▪ **2002/03** MAHLER [ALMA]: Lieder [Arrangement: Panula] (Lilli Paasikivi, Tampere PO; Ondine)

Literatur

Arnt Cobbers, »Hilf dem Orchester, stör es nicht!« Auf Kurs mit Jorma Panula, in: Partituren, Heft 13 (2007), S. 58–61 ▪ Arja Ropo / Erika Sauer, The Success of Finnish Conductors: Grand Narratives and Small Stories about Global Leadership, in: International Journal of Arts Management 9/3 (2007), S. 4–15

JCA

Pappano, Antonio

1959 am 30. Dezember als Sohn italienischer Einwanderer – der Vater ist Gesangslehrer, arbeitet aber auch in der Gastronomie – in Epping (Essex) geboren.

1973 zieht die Familie nach Bridgeport, Connecticut (USA); er wird dort Schüler der Pianistin Norma Verrilli und erlernt das Dirigieren bei Gustav Meier.

1981 wird Pappano Korrepetitor und Assistant Conductor an der New York City Opera – ohne ein regelrechtes Studium an einem Konservatorium, aber mit viel praktischer Erfahrung aus den Gesangsstunden seines Vaters, als »Mädchen für alles« an der Connecticut Grand Opera in Bridgeport (ab 1979) oder auch als Bar-Pianist.

1983 wechselt er an das Gran Teatre del Liceu in Barcelona und anschließend an die Frankfurter Oper zu Michael Gielen; in Bayreuth assistiert er Daniel Barenboim u. a. bei dessen *Ring*-Produktion.

1987 erfolgt an der Norske Opera in Oslo sein Debüt als Operndirigent mit Puccinis *La Bohème*; er wird dort 1990 Musikdirektor (im Jahr seines Covent-Garden-Debüts mit dem gleichen Stück).

1992 beginnt seine Dienstzeit als Musikdirektor des Théâtre Royal de la Monnaie in Brüssel (bis 2002).

1997–1999 ist er Principal Guest Conductor des Israel Philharmonic Orchestra.

1999 kehrt er als Dirigent des *Lohengrin* nach Bayreuth zurück; er wird EMI-Exklusivkünstler und erhält bereits die Ernennung zum Nachfolger Bernard Haitinks als Musikdirektor am Royal Opera House, Covent Garden (offizieller Dienstantritt im Jahr 2002).

2005 wird er Chefdirigent des Orchestra dell'Accademia Nazionale di Santa Cecilia in Rom; das traditionell fast nur aus Opernaufnahmen bekannte Orchester gelangt unter ihm auch als Konzertorchester zu Weltruhm.

2012 wird er in seinem Geburtsland zum Ritter geschlagen.

Antonio Pappano ist als Dirigent längst nicht mehr nur, aber weiterhin auch ein überragender Begleiter. Er reiht sich mit dieser Eigenschaft ein in eine Liste so unterschiedlicher Namen wie Daniel Barenboim, Wolfgang Sawallisch oder Ingo Metzmacher, die als Pianisten gelernt haben, wie man vom »unteren System« einer Klavierbegleitung her, aus den Basslinien, Nebenmotiven und unauffälligen Klanggrundierungen, nicht nur den Liedgesang beleben, sondern auch die große Opernbühne bewältigen kann. Prokofjews Sinfonia concertante ist ein schönes Beispiel, um diese Qualitäten Pappanos kennenzulernen, weil der Komponist sich hier die Aufgabe gestellt hat, das »singende« Cello beständig mal von oben und mal von unten mit begleitenden Klängen mehr oder minder zu bedrohen. Bei Pappano als Interpret werden alle diese Nebenschauplätze stark dramatisch aufgeladen – dennoch oder gerade deswegen bleibt die Führungsrolle des virtuosen Soloparts immer respektiert. Ein solches Konzept geht auch in einem rein instrumentalen Riesenwerk wie Mahlers 6. Sinfonie auf: Die Hysterie der Themen im »oberen System« muss nicht durch Tempoextreme noch mehr angeheizt werden, weil alle wichtigen Vorgänge des Formverlaufs sich ohnehin im »unteren System« abspielen (was Pappano durch stark betonte Bass-Pizzicati an den Zäsurmomenten verdeutlicht).

Eine solche Aktivierung einer Armee klanglicher Details kann man auch als Übertragung einer für die italienische Oper besonders geeigneten Interpretationsweise auf die Instrumentalmusik wahrnehmen. Das wird in Dvořáks Sinfonie »Aus der Neuen Welt« besonders deutlich, wo die Paukenschläge der Introduktion wie das Fluchmotiv einer Belcanto-Oper auftreten und der leise verklingende Schluss nicht abgeblendet, sondern stabil wie der Schlusston einer Arie ausgehalten wird. Doch auch die italienische Oper kann man entweder in einer »sinfonischen« Weise dirigieren oder bewusst theaterhaft, indem die beliebte Arie, die besondere Stimme von vornherein den Vorrang erhalten und eine gleichartige Interpretation aller Einzelmomente als der Gattung im Grunde ganz unangemessen gilt. Pappanos Bedeutung liegt darin, dass er zwischen diesen beiden Ansätzen vermittelt (und damit dem theaterhaften Augenblick ein wenig mehr als heute üblich auch auf Tonträgern zu seinem Recht verhilft). Verdis Requiem ist seit seiner Entstehung der Ort, an dem die Frage beantwortet wird, wie viel »Oper« in der Interpretation erlaubt ist, und Pappanos Einspielung funktioniert genau über den Wechsel zwischen den beiden konkurrierenden Prinzipien: Das einleitende Kyrie ist noch »sinfonisch«, weil die Vokaleinsätze und harmonischen Färbungen stets in eine übergreifende Linie eingeordnet bleiben. Danach aber vollzieht sich die opernhafte Zuspitzung auch und gerade mithilfe prononcierter instrumentaler Details:

Von den durch Akzente auf jedem halben Takt verstärkten Piccolofiguren und Trompetenreibungen am Beginn des Dies irae spannt sich ein logischer Bogen bis zu den geräuschhaftbedrohlich gespielten Begleitfiguren der Streicher am Beginn des Libera me.

Pappanos interpretatorischer »Begleitschutz« bewährt sich in allen Situationen, in denen eine Stimme in für sie ungewohntes Repertoire überführt wird: Er unterstützt Plácido Domingos späte Ausflüge zu Wagner mit einem Klang, der die Einzelteile des Orchesters genau wie Siegfried das Schwert zuerst einschmilzt und dann in frischem Glanz neu entstehen lässt; ebenso begleitet er Anna Netrebko in der Musikgeschichte zurück bis zu Giovanni Battista Pergolesi. Dort allerdings wird Tony Pappano, der Dirigent des kleinen emotionalen Moments am unteren Rand der Partitur, ein wenig zu »Tony Soprano«, der das Stabat mater allzu stark romantisch melodisiert. Ein solcher in Film und Fernsehen zur Charakterisierung des Bösewichts beliebter Orgelklang passt dann doch bei Weitem besser zu seiner Quelle, dem Te Deum am Ende des ersten Akts von Puccinis *Tosca*: Hier treten Pappanos Qualitäten als Klangorganisator gebündelt hervor, indem er die geniale Synthese aus Kanonendonner und Kirchenchor in perfekter Balance in den krachenden Höhepunkt kulminieren lässt. Pappano ist ein überragender Operndirigent der Gegenwart, gerade weil er an rekonstruktiven oder avantgardistisch neuen Ansätzen weniger interessiert ist und stattdessen den Unterbau des Opernhauses, die korrepetierenden Pianisten und Probendirigenten, als eigenen Erfahrungsschatz in seinen Bühnenklang mit einbaut.

Tonträger
1995 PUCCINI: *La Bohème* (Văduva, Alagna, Hampson, Swenson, London Voices, PhO; EMI) ▪ 1999 MASSENET: *Manon* (Gheorghiu, Alagna, Patriarco, van Dam, La Monnaie; EMI) ▪ 2002 PROKOFJEW: Sinfonia concertante für Cello & Orchester (Han-Na Chang, London SO; EMI) ▪ 2004/05 WAGNER: *Tristan und Isolde* (Domingo, Stemme, Pape, Fujimura, Bär, Covent Garden; EMI) ▪ 2009 VERDI: *Messa da Requiem* (Harteros, Ganassi, Villazón, Pape, Coro & Orchestra dell'Accademia Nazionale di Santa Cecilia; EMI) ▪ 2010 »Verismo Arias« [von Boito, Cilea, Giordano, Leoncavallo, Mascagni, Ponchielli, Refice, Zandonai] (Jonas Kaufmann, Orchestra dell'Accademia Nazionale di Santa Cecilia; Decca) ▪ 2011 MAHLER: Sinfonie Nr. 6 (Orchestra dell'Accademia Nazionale di Santa Cecilia; EMI)

Bildmedien
1996 VERDI: *Don Carlos* [Französische Fassung] (Alagna, Hampson, Mattila, van Dam, Meier, Chœur du Théâtre du Châtelet, Orchestre de Paris; NVC Arts) ▪ 2011 PUCCINI: *Tosca* (Gheorghiu, Kaufmann, Terfel, Covent Garden; EMI) ▪ 2011 TURNAGE: *Anna Nicole* (Westbroek, Bickley, Finley, Covent Garden; Opus Arte) ▪ Il Maestro Pappano (Porträt von Pierre Barré und Thierry Loreau; Cypres 2002) ▪ The Italian Character – The Story of a Great Italian Orchestra (Dokumentation von Angelo Bozzolini; EuroArts 2013)

Literatur
Lucrèce Maeckelbergh, Antonio Pappano. Con Passione, Gent 2006 ▪ Pietro Acquafredda, Tony Pappano. Direttore d'orchestra, Mailand 2007

HAH / JCA

Parrott, Andrew

1947 am 10. März in Walsall (England) geboren.
1973 Nach seinem Studium am Merton College in Oxford gründet er den Taverner Choir und wenig später das Taverner Consort (die Taverner Players), das »on period instruments« musiziert. Mit diesen Ensembles produziert er zahlreiche Schallplattenaufnahmen, wobei ein Schwerpunkt auf der englischen Musik des 15. und 16. Jahrhunderts liegt. Er dirigiert aber auch an der Kent Opera, der Mailänder Scala und am Royal Opera House, Covent Garden (Mozarts *Zauberflöte* im Jahr 1993). Als Assistent von Michael Tippett kommt er zudem mit zeitgenössischer Musik – u. a. von John Tavener, Judith Weir und Arvo Pärt – in Kontakt.
2000 erscheint das Buch *The Essential Bach Choir*, in dem er vehement, allerdings ohne neue Argumente, Joshua Rifkins Thesen von der solistischen Besetzung des Bach-Chors wiederholt. Im gleichen Jahr wird er der Nachfolger von Matthias Bamert bei den London Mozart Players (bis 2006).
2002–2010 leitet er das auf historischen Instrumenten spielende Ensemble The New York Collegium (bis zu dessen Auflösung). 2004 führt Parrott dort erstmals die durch ihn rekonstruierte Fassung der Trauermusik BWV 244a für Fürst Leopold von Anhalt-Köthen aus dem Jahr 1729 auf, deren Musik verloren ist, aber nach dem Bach-Werke-Verzeichnis aus mutmaßlichen Parodievorlagen zum Teil wiederherstellbar zu sein scheint.

In seiner engagierten Beschäftigung auch mit zeitgenössischer Musik scheint Parrott den Pionieren der ersten Generation der Alte-Musik-Bewegung verwandt zu sein. Mit der Einbeziehung dieses Repertoires in sein Dirigieren, das seinen Schwerpunkt aber immer noch in der Alten Musik hat, ist Parrott – neben einer umfangreichen Tätigkeit als Musikforscher und Bearbeiter – sicherlich einer der am breitesten aufgestellten Musiker der heutigen Zeit. Vergleichbar weit ist daher sein Repertoire der Alten Musik ausgerichtet, das von der Vokalmusik des 14. Jahrhunderts (Machauts *Messe de Nostre Dame*) bis zu Oratorien und Opern des Spätbarock und der Klassik reicht. Das 19. Jahrhundert bleibt gänzlich ausgespart – mit der gewichtigen Ausnahme einer Einspielung aller Werke für Klavier und Orchester Beethovens mit dem Pianisten Ronald Brautigam für das schwedische Label BIS. Sieht man von den Einspielungen der Instrumentalmusik Johann Sebastian Bachs mit den Taverner Players ab, besteht seine lange Diskografie fast ausschließlich aus Aufnahmen von Vokal-Instrumentalmusik, wobei Monteverdi, Bach, Händel und vor allem englische Komponisten wie Tallis und Taverner Schwerpunkte bilden. An den Aufnahmen, die Parrott mit dem Taverner Choir und dem Taverner Consort vorgelegt hat, wird vor allem eine ausgesuchte bzw. in ihrer jeweiligen Individualität herausgearbeitete Klanglichkeit gelobt, die der Musik des 15. bis 17. Jahrhunderts besonders zugutekommt. Bei den Oratorien- und Opernaufnahmen (z. B. in Händels *Messiah*) erscheint die wohlüberlegte Temponahme ebenso signifikant wie die nicht in den Vordergrund drängende Rhythmik, das Vermeiden jener in den 1980er-Jahren häufig festzustellenden Leichtigkeit, die ins Tänzerische, Tändelnde abglitt.

Tonträger
1981 PURCELL: *Dido and Aeneas* (Kirkby, Thomas, Nelson, Taverner Choir & Players; Chandos) ▪ 1986 TALLIS: Lateinische Kirchenmusik [Vol. 1: *Spem in alium* etc.] (Taverner Consort & Choir; EMI / Virgin) ▪ 1988 HÄNDEL: *Messiah* (Kirkby, van Evera, Cornwell, Thomas, Taverner Choir & Players; EMI / Virgin) ▪ 1999 WEIR: *A Night at the Chinese Opera* (Thomas, McCafferty, Chance, Scottish CO; NMC) ▪ 2008 BEETHOVEN: Klavierkonzerte Nr. 2 & Es-Dur WoO 4 [Rekonstruktion: Brautigam] / Rondo WoO 6 (Ronald Brautigam, Norrköping SO; BIS) ▪ 2010 BACH: *Trauer-Music* BWV 244a [Rekonstruktion: Parrott] (Taverner Consort & Players; Avie)

Editionen
The New Oxford Book of Carols [mit Hugh Keyte], Oxford 1992

Schriften
Performing Purcell, in: Michael Burden (Hrsg.), The Purcell Companion, London 1995, S. 385–444 ▪ The Essential Bach Choir, Woodbridge 2000 [dt.: Bachs Chor. Zum neuen Verständnis, übs. von Claudia Brusdeylins, Stuttgart / Kassel 2003] ▪ Composers' Intentions, Performers' Responsibilities, in: Early Music 41/1 (2013), S. 37–43

Webpräsenz
http://taverner.org (↪0102)
http://virelai.net/disco/parrott [Diskografie bis 1998] (↪0103)

DGU

Petrenko, Kirill

1972 in Omsk geboren, zieht er im Jahr 1990 mit der Familie nach Vorarlberg, wo der Vater als Geiger eine Orchesterstelle antritt. Er studiert in Feldkirch und Wien.

1997–1999 ist er Kapellmeister an der Volksoper Wien, danach

1999–2002 Generalmusikdirektor in Meiningen (wo er mit einer *Ring*-Produktion Aufsehen erregt).

2002–2007 leitet er die Komische Oper in Berlin. Es folgt eine Phase freischaffender Tätigkeit an zahlreichen großen Opernhäusern, verbunden mit einem teilweisen Rückzug vom Medienbetrieb der Musikwelt.

2013 Amtsantritt als Generalmusikdirektor der Bayerischen Staatsoper. Im gleichen Jahr debütiert er mit *Der Ring des Nibelungen* in Bayreuth.

2015 wählen die Berliner Philharmoniker ihn zu ihrem neuen Chefdirigenten. Petrenko wird das Amt als Nachfolger von Simon Rattle frühestens 2018 antreten.

Während die (musikwissenschaftliche) Interpretationsforschung den Tonträger und die rein instrumentale Partitur bevorzugt, bleibt das Musikfeuilleton stärker am live dargebotenen Opernabend ausgerichtet. Kirill Petrenko, der bislang nur sehr wenige Tondokumente, aber viele gelungene Opernabende vorgelegt hat, ist von der Musikkritik schon früh zum möglichen Nachfolgekandidaten von Simon Rattle in Berlin auserkoren worden; eine am dokumentierten Klang ausgerichtete Beschreibung kann das berechtigte Lob für den zugleich selbstironischen und energiegeladenen Dirigenten trotz der noch kaum repräsentativen Auswahl bestätigen. Josef Suks Orchesterwerke hat er für CPO eingespielt und präsentiert sie als merkwürdige Verbindungen des Sentimentalen und des Konstruktivistischen. Bei Petrenko dürfen immer wieder einzelne Motive an den Rändern der spätromantischen Formkonstruktionen rütteln, indem Registerextreme oder Klanggegensätze der Instrumentengruppen ausgereizt werden. Das weist auch auf einen besonders im Opernhaus geschulten Charakter hin. In Pfitzners *Palestrina* bewahrt er mit aller notwendigen Geduld und Ruhe den sakral vergilbten Grundton und nutzt doch jede Gelegenheit, das Satzbild durch einzelne dynamische Details zu beleben (wie die Paukenwirbel im ersten und die Hörnertriller im zweiten Vorspiel). Auf diese Weise ist die Oper nicht nur formal ein bisschen so gebaut wie Tarantinos *Pulp Fiction*. Petrenko als Außenseiter des Tonträger-Marktes und Arrivierter des Musiktheaters könnte die üblichen Erfolgsgesetze der Klassik durcheinanderrütteln, indem er als der »unbekannteste berühmte Dirigent der Welt« (*Die Welt*, 27. 7. 2014) das Image des rätselhaften Independent-Künstlers in eine institutionell konservative Kulturwelt hineinträgt.

Tonträger
2006 SUK: *The Ripening / Tale of a Winter's Evening* (Orchester der Komischen Oper Berlin; CPO) ▪ **2008** RACHMANINOW: Klavierkonzert Nr. 2 (Dejan Lazić, London PO; Channel) ▪ **2010** PFITZNER: *Palestrina* (Bronder, Stallmeister, Mahnke, Koch, Kränzle, Oper Frankfurt; Oehms)

JCA

Petrenko, Vasily

1976 am 7. Juli in Leningrad (heute St. Petersburg) geboren. Er sammelt erste Erfahrungen im Knabenchor, später studiert er am Konservatorium seiner Heimatstadt. Seine Dirigierausbildung erhält er vor allem bei Ravil Martynov, weitere Anregungen geben u. a. Ilya Musin und Mariss Jansons.
1994–1997 ist er Chefdirigent am Michailowski-Theater in St. Petersburg (seit 2012 erneut Erster Gastdirigent).
2002 gewinnt er den Ersten Preis des internationalen Dirigierwettbewerbs in Cadaqués.
2004–2007 übernimmt er die Leitung des Orchesters der Staatsakademie St. Petersburg.

2006 wird er zwei Jahre nach seinem Debüt Principal Conductor des Royal Liverpool Philharmonic Orchestra; schon nach wenigen Monaten wird sein Vertrag verlängert, im Jahr 2009 unterstreicht das Orchester die erfolgreiche Zusammenarbeit durch die Umwandlung der Position zum Chief Conductor.
2009–2013 arbeitet er als Principal Conductor beim National Youth Orchestra of Great Britain.
2013 wird er Chefdirigent des Oslo Philharmonic Orchestra.

Die positive künstlerische Entwicklung des Royal Liverpool Philharmonic Orchestra unter der Leitung von Vasily Petrenko ist (noch) nicht ganz mit der legendären Aufbauarbeit von Simon Rattle in Birmingham oder von Mariss Jansons in Oslo vergleichbar. Doch das technische Niveau des Klangkörpers hat sich unter Petrenko enorm gesteigert. Das lässt sich an einer stattlichen Anzahl von Aufnahmen nachvollziehen, die innerhalb weniger Jahre erschienen sind. Im Gegensatz zu seinen gemischten Konzertprogrammen hat sich Petrenko auf dem Tonträgersektor allerdings bislang fast ausschließlich auf das russische Repertoire verlegt. In seiner preisgekrönten Einspielung von Tschaikowskys *Manfred*-Sinfonie sind die instrumentalen Farben – von den heiser krächzenden Fagotten am Beginn des Kopfsatzes bis zum athletisch-kraftvollen, fast »russisch« stählernen Blech – suggestiv herausgearbeitet; die expressive Geste des Hauptgedankens im ersten Satz unterstreicht er ausdrucksstark mit kopfüber hinabstürzenden Portamenti. Dem Episodischen der *Manfred*-Sinfonie begegnet Petrenko mit übergreifenden Spannungsbögen, um die groß dimensionierten Sätze zusammenzuhalten. Im Gegensatz zu diesem hochexpressiven, das Pathos rückhaltlos ausstellenden Zugriff sind seine Schostakowitsch- und Rachmaninow-Lektüren nüchterner. In den Sinfonien von Schostakowitsch setzt er der in den letzten Jahrzehnten feststellbaren Tendenz zu immer langsameren Tempi (beispielsweise im Zyklus von Mark Wigglesworth beim Label BIS) einen straffen Zugriff entgegen, der eher bei Interpretationskonzepten der Werkentstehungszeit anknüpft. Noch deutlicher ist ein solcher Anschluss an frühere Aufnahmetraditionen – man könnte hier André Previn in den 1970er-Jahren nennen – im Fall von Rachmaninow: Petrenko, dessen Dirigat sich durch eine schnörkellose und sachdienliche Gestik auszeichnet, hält den Orchesterklang auffallend schlank (aber mit dennoch üppig rauschenden Streicherphrasierungen), vor allem vermeidet er sentimentalisierende Ritardandi an formalen Übergängen; seine Temponahme bleibt flexibel, indem insbesondere in Rachmaninows 3. Sinfonie Phasen des Vorwärtsdrängens und Zurückhaltens gegeneinander balanciert werden. Petrenko lässt nicht nur in den sehnig gespielten Klavierkonzerten (mit dem Pianisten Simon Trpčeski) Nebenstimmen zum Vorschein kommen, auch in Rachmaninows 2. Sinfonie hält er das Blech zugunsten subtiler Streicher- und Holzbläserfarben zurück; bei diesem Stück geht das jedoch auf Kosten weitschwingender Linien, insbesondere Höhepunkte in den Hörnern sind davon negativ betroffen. In Schostakowitschs Sinfonien lässt Petrenkos Lektüreweg dagegen durch den differenzierten Umgang mit instrumentalen Farben atmosphärische Dichte entstehen, etwa im ersten Satz der 11. Sinfonie »Das Jahr 1905« oder in den Glissandi im ersten Satz der 13. Sinfonie »Babi Yar«.

Tonträger
2007 TSCHAIKOWSKY: *Manfred*-Sinfonie / *Der Woiwode* (Royal Liverpool PO; Naxos) . 2008/09 RACHMANINOW: *Sinfonische Tänze / Die Toteninsel / Der Fels* (Royal Liverpool PO; Avie) . 2009 SCHOSTAKOWITSCH: Sinfonie Nr. 10 (Royal Liverpool PO; Naxos) . 2009/10 RACHMANINOW: Sinfonie Nr. 3 / *Caprice bohémien / Vocalise* (Royal Liverpool PO; EMI) . 2012 PROKOFJEW: Violinkonzerte Nr. 1 & 2 (Arabella Steinbacher, Russian NO; Pentatone) . 2013 SCHOSTAKOWITSCH: Sinfonie Nr. 13 »Babi Yar« (Alexander Vinogradov, Royal Liverpool PO & Choir; Naxos)
TOP

Pierné, Gabriel

1863 am 16. August in Metz geboren, tritt er bereits 1871 ins Pariser Conservatoire ein, wo er unter anderem Komposition bei Jules Massenet und Orgel bei César Franck studiert.
1882 erhält er als Komponist den Premier Prix de Rome.
1890–1898 ist er als Nachfolger Francks Titularorganist an der Pariser Église Sainte-Clotilde. Neben anhaltenden Erfolgen als Komponist arbeitet Pierné auch als Dirigent verschiedener Orchester.
1903 wird er Assistent von Édouard Colonne bei dessen 1873 gegründetem Orchestre Colonne, das er nach dessen Tod als Chefdirigent leitet (1910–1932; sein Nachfolger wird Paul Paray). Obgleich seine eigenen Werke eher konservativ-eklektizistische Züge tragen, setzt sich Pierné nachdrücklich für die neue Musik seiner Zeit ein: Zu den Uraufführungen, die man ihm zu verdanken sind, gehören Ravels *Une Barque sur l'océan* (1907), Strawinskys *Feuervogel* (1910 bei den Ballets russes), Debussys *Ibéria* (1910) sowie Roussels *Pour une fête de printemps* (1921).
1928 nimmt Pierné im März seine ersten Schallplatten für das Label Odéon auf.
1937 stirbt er am 17. Juli in Ploujean.

Gabriel Pierné lebt heute eigentlich nur noch als Komponist im Musikleben fort. Sein umfangreiches und durchaus lohnendes Œuvre, das Werke aller Gattungen umfasst, wird seit etwa zwanzig Jahren nicht zuletzt auf Tonträgern allmählich wiederentdeckt. In den ersten drei Jahrzehnten des 20. Jahrhunderts gehörte Pierné jedoch auch zu den herausragenden Dirigenten-Persönlichkeiten der Pariser Musikszene; die 48 Konzerte der Association artistique des Concerts Colonne, die er jährlich leitete, »haben seine Bedeutung als Komponist oft in den Schatten gestellt« (René Dumesnil). Auch die Tatsache, dass er bei der Neugründung des französischen Rundfunks als musikalischer Berater hinzugezogen wurde, hatte mehr mit seiner Arbeit als Dirigent als mit seinen Kompositionen zu tun.

»Gabriel Pierné ist kein eleganter Dirigent«, charakterisiert ihn Dominique Sordet 1924, »er ist ein Feind aller unnötigen Virtuosität und lenkt nur wenig Aufmerksamkeit auf seine Person.« Piernés minimalistischer Dirigierstil wurde oft mit dem von Richard Strauss verglichen (beide verband eine herzliche gegenseitige Wertschätzung). Seine Aufnahmen bestätigen das hohe spieltechnische Niveau des Orchestre Colonne, das in vielen zeitgenössischen Rezensionen gerühmt wird. Seine Tempi sind eher langsam – etwa im Vergleich zu den gleichzeitig entstandenen Aufnahmen derselben Werke unter Piero Coppola – und wirken durch Rubati und Portamenti manchmal ein wenig altmodisch; auch die typisch französische »clarté« erscheint weniger ausgeprägt als zum Beispiel bei Désiré-Émile Inghelbrecht. Andererseits sind diese Tondokumente überaus wertvolle Zeugnisse »à la recherche du temps perdu«.

Tonträger
1928/29 BERLIOZ: *Le Carnaval romain / Symphonie fantastique* [Sätze 2, 4 & 5] / *Benvenuto Cellini* [Ouvertüre] / *La Damnation de Faust* [Auszüge] / *Roméo et Juliette* [Auszüge] (Orchestre Colonne; LYS) ▪ **1929–1934** CHABRIER: *España / Fête polonaise* / DEBUSSY: *Prélude à l'après-midi d'un faune* / LALO: Ouvertüre zu *Le Roi d'Ys* / PIERNÉ: *Giration* (Orchestre Colonne; Cascavelle)

Kompositionen
Cydalise et le Chèvre-pied [Ballett] (OP du Luxembourg, David Shallon; Timpani 2000) ▪ Klavierkonzert / *Ramuntcho* [Suiten Nr. 1 & 2] / *Marche des petits soldats de plomb* etc. (Jean-Efflam Bavouzet, BBC Philharmonic, Juanjo Mena; Chandos 2009/10)

Literatur
Dominique Sordet, Douze Chefs d'orchestre, Paris 1924 ▪ René Dumesnil, La Musique en France entre les deux guerres 1919–1939, Genf 1946 ▪ Georges Masson, Gabriel Pierné. Musicien lorrain, Nancy 1987 ▪ Correspondance romaine, hrsg. von Cyril Bongers, Lyon 2005 ▪ Cyril Bongers, Histoire de girations, introduction à la discographie de Gabriel Pierné, in: Tempus Perfectum, Band 4 (2008), S. 15–19

MST

Pinnock, Trevor

1946 am 16. Dezember in Canterbury geboren, singt er als Knabe im Kathedralchor. Sein Studium am Royal College of Music absolviert er unter anderem bei der Cembalistin Millicent Silver.
1972 gründet er The English Concert (EC) als zunächst nur siebenköpfiges Originalinstrumente-Ensemble, das im Jahr darauf – bereits etwas vergrößert – auf dem English Bach Festival in London debütierte.
1974 entsteht die erste Schallplattenaufnahme mit Konzerten der Bach-Söhne für das britische Label CRD.
1978 nimmt ihn die Archiv Produktion der DGG unter Vertrag: im Hinblick auf das wachsende Marktsegment historisch orientierter Aufführungspraxis ein Glücksgriff für beide Seiten, wie die stetigen Aufnahmen bis 1995 unterstreichen (ab 1987 auch eines »klassischen« Repertoires mit Werken von Haydn und Mozart).
1988 debütiert er mit Händels *Messiah* bei den Salzburger Festspielen und mit dessen *Giulio Cesare* an der Metropolitan Opera; im Jahr darauf gründet er The Classical Band als seine »New York Base« (deren Leitung aber schon 1990 Bruno Weil übernimmt).
2003 gibt Pinnock die Leitung von The English Concert endgültig an den Geiger Andrew Manze ab, um sich verstärkt eigenen Projekten als Dirigent und Cembalist zu widmen.
2011 wird er Erster Gastdirigent beim Mozarteumorchester in Salzburg.

Trevor Pinnock gelang es, mit dem Historischer Aufführungspraxis verpflichteten The English Concert, das er vom Cembalo aus leitete, ab Mitte der 1970er-Jahre einen neuen, ganz individuellen Ensembleklang zu entwickeln: Als dessen Kennzeichen können eine federnde, großrhythmisch orientierte Motorik und die Perfektionierung eines hellen, ja brillanten vibratoarmen Streicherklangs gelten – mit weitgehendem Verzicht auf »inégale« Phrasierungsmanieren und extremere Kontrastwirkungen alter Instrumente, wie sie für Nikolaus Harnoncourt und die niederländische Schule um Gustav Leonhardt bis dahin kennzeichnend waren. Diese stärker rhythmusorientierte Ebenmäßigkeit des Ensembleklangs knüpft durchaus auch an den Barockstil der britischen Kammerorchester-Tradition an (Raymond Leppard, Neville Marriner) und subkutan sogar an den Drive populärer Musik: nach Meinung des Kritikers und Wissenschaftlers Richard Taruskin eine paradoxe, aber für ihre Zeit signifikante Synthese von Altem und Aktuellem. Der spezifische Klang von The English Concert erwies sich in besonderem Maße als geeignet, in den Jahren um 1980 zwischen einem zumeist noch traditionell orientierten Publikum und der Alte-Musik-Bewegung zu vermitteln und die bis dahin verbreitete pauschale Kritik mangelnder Perfektion und eines unschönen Klangs der Originalinstrumente weitgehend zu entkräften.

Für die Musik italienischer Barock-Komponisten wie Vivaldi und Corelli erscheinen die Klangvorstellungen von The English Concert fast ideal; und auch die Orchesterwerke Johann Sebastian Bachs oder Johann Friedrich Faschs rücken bei Pinnock historisch nachvollziehbar unmittelbar in das Umfeld ihrer italienischen Vorbilder. Zunächst mag deshalb eine Übertragung dieser Klangästhetik auch auf

Musik Mozarts und Haydns (»Sturm und Drang«-Sinfonien) experimentell anmuten: In ihrer ungewohnten Transparenz und einnehmenden Intimität demonstrieren aber sogar die »Jupiter«-Sinfonie oder Haydns »Theresienmesse« Pinnocks individuelle Qualitäten einer Verlebendigung »alter Musik«, die nicht zuletzt als Zeugnis unserer eigenen gegenwärtigen Epoche »authentisch« erscheint.

Tonträger
1983 BACH: Violinkonzerte BWV 1041–1043 (Simon Standage, Elizabeth Wilcock, EC; DGG Archiv) ▪ **1986/87** VIVALDI: *L'estro armonico* [12 Concerti op. 3] (Simon Standage, EC; DGG Archiv) ▪ **1992** HAYDN: Messen Hob. XXII:6 »Sancti Nicolai« & 12 »Theresienmesse« (Argenta, Robbin, Schade, Miles, EC & Choir; DGG Archiv) ▪ **1992–1995** MOZART: Sämtliche Sinfonien (EC; DGG Archiv) ▪ **1995** FASCH: Concerti / Orchestersuite FWV K:g2 (EC; DGG Archiv) ▪ **2006/07** BACH: *Brandenburgische Konzerte* Nr. 1–6 (European Brandenburg Ensemble; Avie)

Schriften
Reflections of a Pioneer, in: Early Music 41/1 (2013), S. 17–21

Literatur
Richard Taruskin, The Pastness of the Present and the Presence of the Past, in: Nicholas Kenyon (Hrsg.), Authenticity and Early Music, Oxford 1988, S. 137–210

Webpräsenz
www.trevorpinnock.com (↪ 0104)

HAH

Plasson, Michel

1933 am 2. Oktober in Paris geboren, studiert er am dortigen Conservatoire Klavier (bei Lazare-Lévy) und Schlagzeug. Er wirkt als Schlagzeuger in verschiedenen Formationen mit, tritt in Pariser Clubs und Cabarets auf und ist sogar in Aufnahmen mit Édith Piaf zu hören.
1962 ist er Preisträger beim Dirigierwettbewerb in Besançon. Hier wird Charles Munch auf ihn aufmerksam und rät ihm, seine Ausbildung in den USA fortzusetzen (wo er Kurse bei Erich Leinsdorf, Pierre Monteux und Leopold Stokowski besucht).
1965 wird er nach seiner Rückkehr nach Frankreich Musikdirektor der Oper von Metz (bis 1968).
1968–2003 ist er dem Orchestre National du Capitole de Toulouse (ONCT) verbunden, wo er nach seiner langen Amtszeit als Musikdirektor bis heute als Ehrendirigent fungiert.
1977 debütiert er mit Poulencs *Dialogues des Carmélites* an der Metropolitan Opera in New York.
1994 wird er Leiter der Dresdner Philharmonie (bis 1999).
2010 beginnt seine feste Zusammenarbeit mit dem China National Symphony Orchestra.

Ähnlich wie der eine Generation ältere Jean Martinon hat sich Michel Plasson unschätzbare Verdienste um die französische Musik des 19. und frühen 20. Jahrhunderts erworben. Unter den rund 150 Werken, die er als Exklusivkünstler für EMI mit seinem Orchestre National du Capitole de Toulouse aufgenommen hat, finden sich zahllose Weltpremieren vor allem musikdramatischer Raritäten. Dass er auf Weltstars wie Teresa Berganza, Régine Crespin, Mirella Freni, Marilyn Horne, Jessye Norman oder José van Dam zurückgreifen konnte, verleiht diesen Produktionen – über ihren Repertoirewert hinaus – Referenzstatus.

Die Tatsache, dass Plasson 35 Jahre lang mit »seinem« Orchester verbunden blieb, hat in Zeiten der Jetset-Pultstars Ausnahmecharakter. Dabei hat diese Kontinuität auch ihre Schattenseiten: Während das Orchester unter seiner Leitung zu höchstem Niveau heranwuchs und den Vergleich mit europäischen Spitzenorchestern nicht zu scheuen brauchte, blieb Plasson selbst ein wenig im Abseits der großen Musikzentren – was allerdings auch seinem zurückhaltenden Selbstverständnis eines unauffälligen »Musik-Handwerkers« entsprechen mag. Sein Dirigierstil ist ökonomisch, klar, effizient und ohne »Mätzchen«; gerade als Operndirigent hat er ein Gespür für vokale Gestaltungsmöglichkeiten und -grenzen, führt seine Sängerinnen und Sänger absolut sicher und drängt sich nie mit dem Orchester in den Vordergrund. Dass er indessen durchaus mehr Aufmerksamkeit verdient hätte als nur für seine diskografischen Ausgrabungen, zeigt etwa seine exzellente Aufnahme der Sinfonischen Dichtungen Liszts mit der Dresdner Philharmonie.

Tonträger
1976 OFFENBACH: *La Vie parisienne* (Crespin, Mesplé, Chœurs & ONCT; EMI) ▪ **1979** GOUNOD: *Mireille* (Freni, Vanzo, van Dam, Bacquier, Chœurs & ONCT; EMI) ▪ **1982/83** ROUSSEL: *Padmâvatî* (Horne, Gedda, van Dam, Berbié, Orfeón Donostiarra, ONCT; EMI) ▪ **1983–1989**

MAGNARD: Sinfonien Nr. 1–4 etc. (ONCT; EMI) ▪ **1985** BIZET: *L'Arlésienne* [Komplette Bühnenmusik] (Orfeón Donostiarra, ONCT; EMI) ▪ **1986** MAGNARD: *Guercœur* (van Dam, Behrens, Denize, Lakes, Orfeón Donostiarra, ONCT; EMI) ▪ **1992/93** LISZT: *Les Préludes / Mazeppa / Orpheus / Tasso* (Dresdner Philharmonie; Berlin Cl)

Bildmedien
2010 MASSENET: *Werther* (Kaufmann, Koch, Tézier, Opéra National de Paris; Decca)

MST

Pluhar, Christina

1965 in Graz geboren, studiert Christina Pluhar Laute bei Toyohiko Satoh in Den Haag und bei Hopkinson Smith an der Schola Cantorum Basiliensis sowie Barockharfe bei Mara Galassi in Mailand. Sie absolviert Meisterkurse bei Paul O'Dette, Andrew Lawrence-King und Jesper Bøje Christensen.
1992 wählt sie Paris als ihren Lebensmittelpunkt. Im selben Jahr gewinnt sie den Ersten Preis beim Festival für Alte Musik in Malmö (zusammen mit dem Ensemble La Fenice).
1999 nimmt sie eine Professur für Barockharfe am Königlichen Konservatorium Den Haag an.
2000 gründet sie das Ensemble L'Arpeggiata, das sie von der Theorbe aus leitet.
2009 erhält sie für das Album »Teatro d'Amore«, das sich mit Philippe Jaroussky und Nuria Rial als Solisten dem Werk Claudio Monteverdis widmet, ihren ersten Echo Klassik in der Kategorie »Klassik ohne Grenzen«.

Wie viele Vertreterinnen und Vertreter der Historischen Aufführungspraxis hat auch Christina Pluhar ihr eigenes Ensemble gegründet und diesem ein unnachahmliches Profil verschafft. Mit L'Arpeggiata gräbt sie nicht nur Unbekanntes aus, sondern die Musik der Renaissance und des Barock wird auch auf äußerst ungewöhnliche Weise aktualisiert: Es wird wie im Jazz improvisiert, die Rhythmen sind sehr frei gestaltet, ähneln so oftmals einem »Walking Bass«, und selbst »Blue Notes« finden sich integriert, z. B. prominent in Monteverdis *Ohimè ch'io cado* (enthalten auf der CD »Teatro d'Amore«). Das Ergebnis wurde von Wolfram Goertz als »Barock mit Beat« charakterisiert (*Die Zeit*, 10.5.2010). Pluhar leitet das halbkreisförmig angeordnete, international besetzte Ensemble von der Theorbe aus, mal von vorne, mal in der Reihe der Musikerinnen und Musiker sitzend. Über ihre Rolle als Ensembleleiterin sagt sie: »Wie im Jazz bin ich Kontrabass und Schlagzeug, aber in einer Person. Ich sehe das Gras von unten wachsen, der Sänger guckt von oben drauf« (ebd.).

Pluhar bewegt sich fließend zwischen den »Standards« der Alten Musik von Landi, Monteverdi und Purcell sowie Folklore aus Europa und darüber hinaus. Oftmals stellt sie die Programme thematisch oder unter einem bestimmten Motto zusammen, wie z. B. »Los Impossibiles« mit Musik der Alten und Neuen Welt in Mexiko (in Kooperation mit den King's Singers) oder einem dem Volkstanz Tarantella gewidmeten Album. Der Countertenor Philippe Jaroussky und die spanische Sopranistin Nuria Rial sind Stammgäste ihres Ensembles. Weil Pluhar in einer Fotosession einen Ledermantel trug, wurde sie als »Domina der Alten Musik« tituliert. Pluhar nahm es mit Humor und reagierte mit dem Sticker »FSK ab 0 Jahren« auf der nächsten CD. Zu fragen ist dennoch, ob diese Bezeichnung nicht Ausdruck der Irritation ist, die weiterhin besteht, wenn eine Frau ein hochkarätiges Ensemble leitet, und dabei den Dirigentenberuf, den die stärker auf »Authentizität« fixierten früheren Generationen der Alte-Musik-Szene interessanterweise nicht abzuschaffen vermochten, in gleich mehrere bislang unbekannte Grenzregionen entführt.

Tonträger
2007/08 MONTEVERDI: »Teatro d'Amore« (Rial, Jaroussky, Auvity, van Elsacker, Fernandes, L'Arpeggiata; Virgin) ▪ **2010** MONTEVERDI: *Vespro della Beata Vergine* (L'Arpeggiata; Virgin) ▪ **2011** »Los Pájaros Perdidos. The South American Project« [Werke von Piazzolla, Soler u. a.] (Jaroussky, Galeazzi, Mancini, Capezzuto, Andueza, L'Arpeggiata; Virgin) ▪ **2013** »Music for a While. Improvisations on Purcell« (Jaroussky, Andueza, Capezzuto, Visse, Trovesi, Muthspiel, L'Arpeggiata; Erato)

Webpräsenz
www.arpeggiata.com (↪0105)

GFI

Prêtre, Georges

1924 am 14. August im nordfranzösischen Waziers geboren. In seiner Kindheit erlernt er Klavier und Trompete.

1939–1944 studiert er am Conservatoire National Supérieur de Musique in Paris (u. a. bei Maurice Duruflé).

1951 Nach ersten Anstellungen in Marseille, Lille und Casablanca wechselt er an das Théâtre du Capitole in Toulouse. Dort war er schon zuvor kurzzeitig unter dem Pseudonym Georges Dhérain für das leichte Repertoire zuständig; er komponiert unter diesem Namen die erfolgreiche Operette *Pour toi* (auch bekannt als *L'Inconnue de Saint-Moritz*).

1956 geht er nach Paris und dirigiert dort vor allem an der Opéra Comique. Durch Michel Glotz wird er zum vielfältig beschäftigten EMI-Aufnahmedirigenten.

1959 leitet er die Uraufführung von Francis Poulencs *La Voix humaine*.

1961 kommt es zur ersten Zusammenarbeit für ein Studioalbum mit Maria Callas. Es folgen im Jahr 1964 Studioproduktionen von *Tosca* und *Carmen* sowie Dirigate einiger ihrer letzten Auftritte.

1962 debütiert er auf Einladung Herbert von Karajans mit *Capriccio* von Richard Strauss an der Wiener Staatsoper. Außerdem ist er nach dem Tod von Thomas Beecham Associate Conductor des Royal Philharmonic Orchestra (1962/63).

1964 Debüt an der Metropolitan Opera in New York mit *Samson et Dalila* (ein Jahr später erfolgt auch das Debüt am Teatro alla Scala in Mailand, wo Prêtre in der Folge regelmäßig arbeitet).

1970 übernimmt er die künstlerische Leitung der Opéra de Paris, tritt aber schon nach kurzer Zeit zurück und vermeidet fortan aufgrund der notwendigen künstlerischen Kompromisse in Besetzung und Regie die feste Bindung an ein einzelnes Haus.

1986–1991 ist er de facto leitender Dirigent, offiziell lediglich Erster Gastdirigent der Wiener Symphoniker (mit denen er danach als Ehrendirigent weiter eng zusammenarbeitet).

1989 leitet er am 13. Juli die Eröffnungsgala der Opéra Bastille.

1996–1998 betreut er das Radio-Sinfonieorchester Stuttgart (erneut mit der offiziellen Titulierung als Erster Gastdirigent bzw. später als Ehrendirigent).

2008 dirigiert er erstmals das Neujahrskonzert der Wiener Philharmoniker (ebenso 2010). Bis kurz vor seinem 90. Geburtstag als Dirigent international aktiv, muss er nach einem Sturz alle Konzerttermine absagen.

Georges Prêtre vertritt unter den französischen Dirigenten die Rolle des Wiener Charmeurs. Diesem Bild entsprechen seine Begabung auch für Operette und Walzermusik, eine zutiefst katholisch geprägte Weltanschauung und eine Karriere, deren Zentrum sich zunehmend von Paris in den deutschsprachigen Raum verschiebt (und zugleich von der Oper zum Konzert). Aber auch die innere Beschaffenheit von Prêtres Aufnahmen lässt sich mit den fast immer für französische Interpreten bemühten Begriffen der »clarté« und der Klassizität nicht verbinden. Die beiden Opernproduktionen mit Maria Callas sind hierfür die besten Beispiele: Am Anfang der *Tosca* werden dynamisch unflexible Konturen in Kauf genommen, um einen möglichst starken und durchgängigen Impetus zu etablieren. Mit dem Elan des ersten Beckenschlags zielt auch das Vorspiel der *Carmen* auf diesen Effekt einer zugunsten des Schwungs reduzierten Subtilität, doch irritiert dann die Tatsache, dass die gefühlt 200 folgenden Beckenschläge allesamt eine genauso extrovertierte Stellung im Klangbild erhalten.

Prêtre ist zwar zuerst mit Einspielungen von französischem Repertoire und mit französischen Orchestern bekannt geworden. Die Schwerpunkte liegen dabei aber auf der Oper des späteren 19. Jahrhunderts und der umfassend eingespielten Musik von Francis Poulenc (und damit auf genau jener Seite der französischen Musik, mit der zum Beispiel ein Name wie Pierre Boulez nicht verbunden wird). Diese Aufnahmen profitieren davon, dass Prêtre und sein Prinzip der romantischen Überwältigung genau das einbringen können, was den Werken routinemäßig abgesprochen wird. Typisch ist der überlieferte Kommentar Poulencs zur Aufnahme von *Les Biches*: »Es ist viel zu schnell. Aber so schön!«

Auch Ravels *La Valse* verbindet die Musikkulturen von Wien und Paris, und schon deswegen erscheint das Stück zentral für Prêtre. Eine Einspielung aus dem Jahr 1987 für EMI mit dem Orchestre National de France repräsentiert in ihrer viel zu detailarmen Salonmusik-Sanftheit allerdings eher den manchmal desinteressierten Studiodirigenten. Das kann man von einer späteren Einspielung aus Stuttgart so sicher nicht sagen, und in diesem Einzelfall erscheint es erlaubt, deren Beschreibung einmal auch anhand der Launen der Musikkritik zu versuchen: Benjamin G. Cohrs bezeichnet die Aufnahme bei Klassik Heute als »sehr kontrolliert«, Jed Distler auf Classicstoday als »smothered with crass distensions of phrase and tempo«. Beide Urteile sind überzogen kritisch gegenüber einer Aufnahme, die vor allem darin Eigenständigkeit besitzt, dass (am deutlichsten gleich zu Beginn) einzelne Instrumentalfarben in einer bewusst stark interpunktierten Weise aus dem Klanggewebe isoliert werden. Die beiden Aussagen liefern in der Summe aber eine zutreffende Beschreibung von Prêtres Ästhetik: Er ist ein Dirigent der vielen kleinen Rubato-Details, aber er ist kein Rubato-Dirigent der Großform. Einerseits ist Prêtre schon auf Fotografien als ein Interpret inszeniert, der eher dem spontanen emotionalen Moment als der analytischen Kontrolle zugetan ist. Andererseits bleiben diese spontanen Momente im Mainstream akzeptabler Tempo- und Interpretationsentscheidungen verankert. Prêtre ist von allen Dirigenten, die den Segen Herbert von Karajans erfahren durften, am weitesten von dessen Ideal der kalkulierten Klangperfektion entfernt; er ersetzt es durch ein ganz eigenes Prinzip einer manchmal beinahe undisziplinierten, aber meistens inspirierten Detailintensivierung.

Tonträger
1959 POULENC: *La Voix humaine* (Denise Duval, Orchestre du Théâtre National de l'Opéra Comique; RCA / EMI) ▪ **1962** SAINT-SAËNS: *Samson et Dalila* (Gorr, Vickers, Blanc, Chœurs René Duclos, Orchestre du Théâtre National de l'Opéra de Paris; EMI) ▪ **1964** BIZET: *Carmen* (Callas, Gedda, Massard, Chœurs René Duclos, Orchestre du Théâtre National de l'Opéra de Paris; EMI) ▪ **1967** RACHMANINOW: Klavierkonzert Nr. 3 (Alexis Weissenberg, Chicago SO; RCA) ▪ **1983** GOUNOD: *Cäcilienmesse* (Hendricks, Dale, Lafont, Chœurs & Nouvel OP de Radio France; EMI) ▪ **1984** ROUSSEL: *Bacchus et Ariane / Le Festin de l'araignée* [Fragments symphoniques] (ONF; EMI) ▪ **1991–1997** BIZET: Sinfonie C-Dur / RAVEL: *La Valse / Daphnis et Chloé* [Suite Nr. 2] (RSO Stuttgart; Hänssler)

Bildmedien
1981 MASCAGNI: *Cavalleria rusticana* / LEONCAVALLO: *Pagliacci* (Domingo, Obraztsova, Stratas, Teatro alla Scala; Philips / DGG)

Schriften
La Symphonie d'une vie. Entretiens avec Isabelle Prêtre, Paris 2013

Literatur
Michaela Schlögl / Wilhelm Sinkovicz, *Georges Prêtre. Maestro con Brio*, Wien 2009

JCA

Previn, André

1929 am 6. April als Andreas Ludwig Priwin (Sohn des Rechtsanwalts Jakob Priwin) in Berlin geboren. Noch im Kindesalter besucht er das Stern'sche Konservatorium und erhält Klavierunterricht von Rudolf Breithaupt.

1938 Seine Familie russisch-jüdischer Herkunft emigriert zunächst nach Paris, wo er das Konservatorium besucht, ein Jahr später nach Los Angeles. Dort erhält er Kompositionsunterricht bei Joseph Achron, Ernst Toch und später Mario Castelnuovo-Tedesco.

1943 wird er amerikanischer Staatsbürger. In den folgenden beiden Jahrzehnten wird er vor allem als Komponist von Filmmusik für das Studio MGM bekannt (er gilt als Spezialist für die Adaption von Musicals, arbeitet mit Regisseuren wie Billy Wilder zusammen und erhält vier Academy Awards). Außerdem ist er erfolgreicher Jazz- und Kammermusiker.

1962 debütiert er als Dirigent mit dem Saint Louis Symphony Orchestra. Der Musikmanager Ronald Wilford vermarktet in den folgenden Jahren systematisch Previns neue Karriere.

1967–1969 übernimmt er als Nachfolger von John Barbirolli das Houston Symphony Orchestra.

1968–1979 bekleidet er die Position als Chefdirigent des London Symphony Orchestra. Außerdem übernimmt Previn leitende Funktionen beim Pittsburgh Symphony Orchestra (1976–1984), danach beim Los Angeles Philharmonic Orchestra (1985–1989), dem Royal Philharmonic Orchestra (1985–1992) sowie beim Oslo Philharmonic Orchestra (2002–2006); er ist aber gerade auch als Gastdirigent – insbesondere der Wiener Philharmoniker (WPh) – weltweit erfolgreich.

1996 wird er von Elizabeth II. mit dem Orden Knight Commander of the British Empire ausgezeichnet.

2002–2006 ist er in fünfter Ehe mit der Violinistin Anne-Sophie Mutter verheiratet.

2009–2012 wirkt er als Principal Guest Conductor beim NHK Symphony Orchestra in Tokio.

André Previns Vielseitigkeit ist exzeptionell. Sein Repertoire als Pianist und Dirigent umfasst Mozart ebenso wie Gershwin und den Jazz; mit seinen eigenen Kompositionen hat er rein instrumentale Gattungen gleichermaßen bedient wie Bühnen- und Vokalwerke von der großen Oper bis zum Musical. Seine Doppelbegabung als Solist und Dirigent in Kombination mit der Aufgeschlossenheit verschiedensten musikalischen Einflüssen gegenüber und der Fähigkeit, diese produktiv im eigenen Œuvre umzusetzen, lässt ihn mit dem elf Jahre früher geborenen Leonard Bernstein vergleichbar erscheinen. Nachdem seine Familie aus Deutschland in die USA emigriert war, begleitete er bereits im jugendlichen Alter Stummfilme und machte Aufnahmen als Jazzpianist. In Hollywood begann seine Laufbahn als Filmkomponist, wo er sehr bald beachtliche Erfolge erzielen konnte. Previn hatte zudem das Glück, dass er 1952 während seines Wehrdienstes in San Francisco Unterricht im Dirigieren bei Pierre Monteux nehmen konnte.

Es ist naheliegend, dass Previns Erfahrungen mit Jazz und Filmmusik seine klangästhetischen Vorstellungen geprägt haben. Seine Gershwin-Aufnahmen grenzen sich vom Ansatz Bernsteins dadurch ab, dass sie auf bisweilen exzentrisch erscheinende Details und starke Tempoagogik verzichten und einen eher kompakten Klang bevorzugen.

Als Dirigent entwickelt Previn unter anderem eine Vorliebe für britische Komponisten des 20. Jahrhunderts, insbesondere Ralph Vaughan Williams, dessen Sinfonien er zu seiner Zeit als Chefdirigent des London Symphony Orchestra vollständig eingespielt hat (einige später noch einmal mit dem Royal Philharmonic Orchestra). Er kultiviert hier einen breiten und warmen Ton, der der Klangsprache und Orchestration von Vaughan Williams sehr entgegenkommt (besonders im »Romanza« betitelten dritten Satz der 5. Sinfonie, den er in leuchtenden Farben erstrahlen lässt). Zugleich kann er das Orchester auch rhythmisch äußerst akzentuiert artikulieren lassen, ohne dass es dabei jemals schroff klingen würde, wovon gerade die Scherzi der Sinfonien von Vaughan Williams profitieren, die mit einer fast schon federnden Leichtigkeit wiedergegeben werden. Maßstäbe setzen konnte Previn auch mit seinen Rachmaninow-Interpretationen. Mit Vladimir Ashkenazy zieht er ganz offenbar in der Vorstellung, wie die Klavierkonzerte zu realisieren sind, am selben Strang: kraftvoll-virtuos und mit weiten dynamischen Spannungsbögen. Die Emotionalität dieser Musik wird – ebenso wie in Previns Deutungen der Sinfonien Rachmaninows – ohne Einschränkungen erfahrbar, gleichzeitig bleibt die exakte Artikulation der teils komplexen musikalischen Faktur erhalten.

Für Ashkenazy hat Previn auch sein Klavierkonzert geschrieben, so wie er andere Werke eigens auf bestimmte Interpreten zugeschnitten hat: seine Cellosonate beispielsweise für Yo-Yo Ma oder sein Violinkonzert für Anne-Sophie Mutter. Stilistisch fügt sich dieses »späte« Werk mit seiner vertraut wirkenden, impulsiv-emotionalen Klangsprache, die dem Solopart großen Raum zur Entfaltung lässt, nahtlos in Previns Repertoire. Mit der Geigerin in fünfter Ehe verheiratet, hat er nicht nur als Dirigent weitere Werke mit ihr eingespielt, sondern auch zusammen mit dem Cellisten Daniel Müller-Schott Klaviertrios von Mozart.

Dass Previn als Komponist von Filmmusik und Musicals das Gespür besitzt, gerade Werke von Erich Wolfgang Korngold überzeugend wiederzugeben, erscheint fast selbstverständlich: Korngold gehörte zu den frühen großen Filmmusikkomponisten in Hollywood, etabliert sich aber – anders als Previn – zuvor und nicht danach als Komponist »klassischer« Gattungen; insbesondere die Einspielung seines Violinkonzerts mit Itzhak Perlman und dem Pittsburgh Symphony Orchestra sollte hier nicht unerwähnt bleiben, in der Korngolds Kantilenen durch das glockenartige »Underscoring« tatsächlich an bewährte Instrumentationsmanieren von Filmmusik erinnern können.

Tonträger
1965 Schostakowitsch: Sinfonie Nr. 5 (London SO; RCA) ▪ **1966** Walton: Sinfonie Nr. 1 (London SO; RCA) ▪ **1967–1972** Vaughan Williams: Sinfonien Nr. 1–9 (London SO; RCA) ▪ **1970/71** Rachmaninow: Klavierkonzerte Nr. 1–4 (Vladimir Ashkenazy, London SO; Decca) ▪ **1973–1976** Rachmaninow: Sinfonien Nr. 1–3 / Die Toteninsel / Sinfonische Tänze etc. (London SO; EMI) ▪ **1977–1980** Korngold / Goldmark: Violinkonzerte / Sinding: Suite »Im alten Stil« (Itzhak Perlman, Pittsburgh SO; EMI) ▪ **1980** Tschaikowsky: Sinfonie Nr. 4 (Pittsburgh SO; Philips) ▪ **1987** Strauss: Also sprach Zarathustra / Tod und Verklärung (WPh; Telarc) ▪ **2001** Korngold: Filmmusik zu The Sea Hawk / The Prince and the Pauper etc. (London SO; DGG) ▪ **2002/03** Previn:

Violinkonzert »Anne-Sophie« / BERNSTEIN: *Serenade after Plato's Symposium* (Anne-Sophie Mutter, Boston SO, London SO; DGG)

Bildmedien

1998 PREVIN: *A Streetcar Named Desire* (Fleming, Gilfry, Futral, San Francisco Opera; Arthaus)
The Kindness of Strangers (Dokumentation von Tony Palmer; Arthaus 1998) ▪ A Bridge Between Two Worlds (Dokumentation von Lillian Birnbaum und Stephan Jungk; CMajor 2008)

Kompositionen

Coco (1969) ▪ *The Good Companions* (1974) ▪ Klavierkonzert (1985) ▪ Cellosonate (1993) ▪ *A Streetcar Named Desire* (1998) ▪ Violinkonzert »Anne-Sophie« (2002)

Schriften

Music Face to Face, London 1971 [mit Antony Hopkins] ▪ No Minor Chords. My Days in Hollywood, New York 1991

Literatur

Martin Bookspan / Ross Yockey, André Previn. A Biography, London 1981 ▪ Michael Freedland, André Previn, London 1991 ▪ Frédéric Döhl, André Previn. Musikalische Vielseitigkeit und ästhetische Erfahrung, Stuttgart 2012 [Verzeichnis der Kompositionen und weiterer Literatur]

ADO

Rahbari, Alexander

1948 am 26. Mai in Teheran geboren, wird er als Jugendlicher am persischen Nationalkonservatorium von Rahmatollah Badiyi (Violine) und Hossein Dehlavi (Komposition) unterrichtet. Er setzt sein Studium an der Wiener Musikhochschule bei Gottfried von Einem und den Dirigenten Karl Österreicher und Hans Swarowsky fort.

1973-1977 steht er in seinem Heimatland dem Teheraner Konservatorium vor, gründet das Jugendorchester Jeunesses Musicales de Teheran und konzertiert mit dem Kammerorchester des Nationalen Rundfunks, den Sinfonikern und dem Opernorchester seiner Heimatstadt.

1977 siedelt er – angesichts der Spannungen im Vorfeld der Islamischen Revolution – nach Europa über und gewinnt (ex aequo mit Tomas Koutnik) den Dirigentenwettbewerb in Besançon, ein Jahr darauf erhält er die Silbermedaille beim Concours de Genève.

1979 wird er von Herbert von Karajan eingeladen, die Berliner Philharmoniker zu dirigieren; er bleibt dem Orchester mit weiteren Gastauftritten verbunden (sowie 1980 als Assistent Karajans bei den Salzburger Osterfestspielen). Es folgen Auftritte mit weiteren Spitzenorchestern u. a. in Dresden, Leipzig, Zürich und Prag. 1980 nimmt er mit den Nürnberger Symphonikern für das Label Colosseum die Box mit Orchesterwerken iranischer Komponisten auf, darunter ein eigenes Stück (*Persische Mystik um G*).

1988-1996 ist er Chefdirigent des Philharmonischen Orchesters des Nationalen Belgischen Rundfunks und Fernsehens in Brüssel (BRT / BRTN, heute Brussels Philharmonic).

1992 gründet er das Budget-Label Discover International, welches überwiegend BRTN-Produktionen vertreibt und 1996 von Koch International übernommen wird; es verschwindet jedoch um 2000 wieder vom Markt.

1997-1999 leitet er die Virtuosi di Praga und die Philharmoniker in Zagreb; das 1997 gegründete Persian International Philharmonic führt Exil-Iraner für ein gemeinsames CD-Projekt zusammen.

2000-2004 ist er Chefdirigent des Orquesta Filarmónica de Málaga.

2005 kehrt er nach Teheran zurück, um dort Beethovens Neunte zu dirigieren; für die ihm angetragene Leitung der Teheraner Sinfoniker sieht er nach Anfeindungen in der iranischen Öffentlichkeit jedoch keine kulturpolitischen Spielräume (die sich im Frühjahr 2015 mit den ersten Konzerten des Orchesters nach mehreren Jahren wieder geweitet zu haben scheinen).

Mit zumeist großem Respekt wurden Alexander (Ali) Rahbaris Beiträge zu den Katalogen der preisgünstigen Labels Naxos und Discover in der Fachpresse mit den dreimal so teuren Produkten von großen Firmen und großen Namen verglichen. Der spannende Lebenslauf des Wahlösterreichers und die Auszeichnung als Karajans vielleicht exotischster »Schüler« machten neugierig. Noch dazu fand seine Interpretationsästhetik ihr passendes Medium in einem weniger bekannten, aber in puncto Moderne traditionsreichen belgischen Spitzenorchester: Anfang der 1930er-Jahre als Rundfunkensemble unter dem Dirigenten Franz André gegründet, gehörte von Beginn an die Auseinandersetzung mit Zeitgenössischem zum Orchesterprofil. In dieser Tradition spielte Rahbari u. a. Flor Alpaerts' *James Ensor Suite* (1931) oder André Laportes Kafka-Oper *Das Schloss* (1986) ein, aber auch das durch das Orchester in Belgien geförderte Repertoire der französischen und sowjetischen Moderne. Seine nach Karajans Vorbild überwiegend an großrhythmischer Konstanz festhaltende, von zumeist eher langsamen Zeitmaßen ausgehende Tempo-Regie zeigt Debussys *La Mer* (Naxos 1989) zwar als eine eher einschläfernd wiegende statt windberauscht wogende Brandung; die prägnanten Schicksale der Themen und Rhythmen in den Sinfonien von Schostakowitsch oder Arthur Honegger weiß er hingegen als fast filmische Handlungsbögen nachzuerzählen.

Dass eine manchmal opernhafte Inszenierung instrumentaler Protagonisten als Gegenpol kompositorisch abgezirkelter Klangflächen recht ungewohnte »Narrationen« nach sich zieht, führen Rahbaris stellenweise ganz individuelle Bruckner-Interpretationen vor: Im Finale der Zweiten wirkt er als spontan agierender Klangregisseur – ganz so, wie er sich auch in seinen Opernaufnahmen mit viel Gespür für Spannungsaufbau und ausdrucksstarke Ausbrüche präsentiert. Einige seiner Verdi- und Puccini-Aufnahmen der 1990er-Jahre gelten auch dank international konkurrenzfähiger Sängerriegen bis heute als Schnäppchen (sozusagen sprichwörtlich die Perser-Teppiche unter der Auslegeware der »Billig-Labels«). Neben seinen internationalen Auftritten – bis 2013 soll er mehr als 120 Orchester dirigiert haben – sucht er zuletzt auch wieder stärker als Komponist nach Brückenschlägen zwischen westlicher und traditioneller persischer Musik.

Tonträger
1989 Schostakowitsch: Sinfonie Nr. 10 (BRT PO; Naxos) ▪ **1994** Bruckner: Sinfonie Nr. 2 [Fassung 1877, Ed. Nowak] (BRTN PO; Discover / Koch) ▪ **1994** Verdi: *Simon Boccanegra* (Tumagian, Mikulas, Sardinero, Gauci, Aragall, BRTN PO; Discover / Koch) ▪ **1997** Honegger: Sinfonien Nr. 3 »Liturgique« & 5 »di tre re« / *Nocturne* (BRTN PO; Discover / Koch) ▪ **2001** Puccini: *Turandot* (Casolla, Bartolini, Deguci, Heredia, Choral Society of Bilbao, Malaga PO; Naxos)

Webpräsenz
http://artira.com/rahbari/ (↪0106)

HAH

Rattle, Simon

1955 am 19. Januar in Liverpool geboren, erlernt er in einem musikbegeisterten Elternhaus Schlagzeug und Klavier.

1970 dirigiert er erstmals ein Sinfoniekonzert mit einem selbst zusammengestellten Orchester, eine für die nächsten Jahre übliche Praxis, die bis zu Mahlers *Auferstehungssinfonie* ausgedehnt wird.

1971–1974 studiert er an der Royal Academy of Music; in dieser Zeit ergeben sich wichtige Kontakte zum Agenten Martin Campbell-White und zu seinem »Mentor«, dem Dirigenten John Carewe.

1974 kann er als Sieger der John Player International Conductors' Competition zwei Jahre als Assistent beim Bournemouth Symphony Orchestra arbeiten.

1980 wird er nach Assistentenstellen in Liverpool und Glasgow Chefdirigent des City of Birmingham Symphony Orchestra (CBSO; bis 1998). Dennoch studiert er auch ein Jahr lang Literatur in Oxford. Seine erste Aufnahme von Mahlers 10. Sinfonie erhält große Beachtung – das Werk wird seine Visitenkarte bei internationalen Gastdirigaten.

1981–1994 ist er Principal Guest Conductor des Los Angeles Philharmonic Orchestra.

1985 dirigiert er Mozarts *Idomeneo* beim Glyndebourne Festival, im Jahr darauf Gershwins *Porgy and Bess*.

1987 erfolgt mit Mahlers 6. Sinfonie sein erster Auftritt bei den Berliner Philharmonikern (BPh).

1990 debütiert er am Royal Opera House, Covent Garden, mit Janáčeks *Das schlaue Füchslein*.

1991 erfolgt die Eröffnung der neuen Symphony Hall in Birmingham. Mit dem Orchester beginnt Rattle eine auf zehn Jahre angelegte Retrospektive der Musik des 20. Jahrhunderts (unter dem Titel »Towards the Millennium«).

1992 werden er und Frans Brüggen zu Ersten Gastdirigenten des an Historischer Aufführungspraxis orientierten Orchestra of the Age of Enlightenment (OAE) berufen.

1994 wird er durch die Queen in den Adelsstand erhoben.

2002 tritt er nach geheimer Wahl durch die Orchestermitglieder (deren offenes Geheimnis der Sieg über Daniel Barenboim ist) als Nachfolger Claudio Abbados die Position des Chefdirigenten der Berliner Philharmoniker an. Das Orchester wird mit seinem Amtsantritt in eine Stiftung umgewandelt.

2005 dirigiert er ein Konzert mit einem gemeinsamen Orchester aus Berliner und Wiener Philharmonikern (WPh; auf dem Programm stehen Vaughan Williams und Mahlers 6. Sinfonie).

2013 kündigt Rattle seinen Rückzug vom Amt in Berlin für das Jahr 2018 an. Mit dem Orchester wechselt er nach kulturpolitischen Turbulenzen von Salzburg zu Osterfestspielen nach Baden-Baden.

2014 etabliert sich mit Schumanns Sinfonien als erster Veröffentlichung ein eigenes Label der Berliner Philharmoniker. Ab 2017 leitet er das London Symphony Orchestra.

Über wenig andere Dirigenten lässt sich so viel Gutes sagen, ohne über Musik zu sprechen. Simon Rattle verbindet die Macher-Qualitäten Karajans mit Claudio Abbados Befähigung, manche Marktgesetze konsequent zu ignorieren. Dank einiger Anglizismen auch abseits des Podiums kann er den Status der Berliner Philharmoniker als Aushängeschild deutscher Orchesterkultur festigen: Das »Education-Programm« stürmt mit dem Dokumentarfilm *Rhythm Is It* die Kinoleinwände, die »Digital Concert Hall«, die jeden Auftritt für die Nachwelt dokumentiert hält, erfüllt einen alten Karajan-Traum. Rattle ist einer der wenigen Dirigenten, die in Interviews tatsächlich Interessantes über verschiedenste Themen erzählen können: von der unverhohlenen Abneigung gegen Wolfgang Wagner bis zur scharfen Kritik am britischen Erziehungssystem. Kommt man dabei auf die Musik zu sprechen, so lässt sich erneut mit wenig anderen über so viel Verschiedenes reden: Rattles Alleinstellungsmerkmal ist, dass er zur Aufführungsszene der Neuen Musik wie zu derjenigen der Barockmusik Anschluss hält. Die Kombination aus Lockenkopf, jugendlicher Ausstrahlung und einem Nachnamen mit Wortspielpotenzial bringt Rattle schon früh in die günstige Position, den Event-Charakter auf sich als Person zu lenken und so in der Programmpolitik Spielräume zu gewinnen. Seine Abscheu vor dem »Haudrauf-Klang« oder auch der weitgehende Verzicht auf Tschaikowsky stellen das Gegenteil sicherer Breitenwirksamkeit dar. Dazu passt, dass Rattle zu den größten Skeptikern der Studioaufnahme gehört: Auf vielen seiner CDs ist als Angabe »Recorded in Concert« vermerkt, was punktuelle Nachtakes erlaubt, aber nicht jenen Live-Klang suggeriert, der in einem durch historische Dokumente expandierenden Tonträgerangebot für das Knistern und Rauschen der technischen Vergangenheit einsteht.

Rattles Interpretationen sind in mehr als einem Sinn Orchesterlektüren: Biografisch früh geprägt vom Partiturlesen, präsentiert er dem Publikum bisweilen das interessante Detail vom Rand der einzelnen Partiturseite wie einen besonders gelungenen Satz aus einem Roman. Mit Nikolaus Harnoncourt verbindet ihn eine Neigung, altbekannte Werke bewusst gegen den Strich zu lesen. Der Orchesterklang Rattles bleibt dadurch in außergewöhnlicher Weise flexibel und ist letztlich nicht einheitlich zu beschreiben. Seine Ausflüge zu *Rheingold* und *Tristan* sind ganz auf einen Wagner aus der gläsernen Manufaktur abgestimmt. Doch die Detailausrichtung kann den einzelnen Phrasen auch wie Bleiwesten angehängt sein: In Mahlers *Auferstehungssinfonie*, mit deren Aufnahme Rattle die Kritik Mitte der 1980er-Jahre erstmals nachhaltig begeistert und irritiert, wird in der beginnenden »Totenfeier« mit aller Schwere des Klangs die britische Mahler-Tradition John Barbirollis beschworen. Manchmal scheint Rattle sogar bewusst einen anderen als seinen eigenen Klang zu dirigieren: In Beethovens Klavierkonzerten mit Alfred Brendel werden alle Nuancen in einen vornehm ausgeblichenen, vollendet veredelten Hallklang eingebettet. In Beethovens Sinfonien konfrontiert Rattle die Wiener Philharmoniker allerdings mit schärferen Geschmacksvarianten, die auch einer mit Namen wie Norrington und Gardiner verbundenen britischen Tradition viel verdanken. Hier wird die sprichwörtliche Unberechenbarkeit einer Pralinenschachtel zur Tugend erhoben: Man weiß nie, welche Wege der Interpretation die nächsten Takte bestimmen werden.

Rattle kann als Chamäleon der Traditionsbezüge perfekte Imitationen von Klangkulturgut herstellen. Der Zyklus der Brahms-Sinfonien mit den Berliner Philharmonikern wählt einen für ihn untypisch schwärmerischen, aber nie schweren Grundton. Noch eindrücklicher ist die Annäherung an eine »deutschromantische« Tradition in Bruckners 9. Sinfonie, die er (eine von vielen kleinen Parallelen zu Harnoncourt) in einer viersätzigen Vervollständigung einspielt. Rattle lässt hier einen Klang produzieren, der dem bewährten Trick des enervierten Klavierzöglings ähnelt, das rechte Pedal konstant durchzudrücken (wodurch als Nebeneffekt im Finale die Klebestellen verdeckt werden). Die kurz, aber heftig aufflammende Kritik an Rattles Verweigerung eben jener Klangtradition beruht eigentlich auf einem Missverständnis: Rattle ist nicht an einem Orchester interessiert, das nur *einen* Klang beherrscht, doch manchmal steht der aus der Palette gewählte Farbton irritierend quer zum Üblichen. Berlioz' *Symphonie fantastique* nähert sich der Handlungslosigkeit von Debussys *Jeux*, und Bizets *Carmen* endet als heitere Serenadenmusik mit eingestreuten Todesfällen – die »Micaëlaisierung« der Titelfigur, die durch die Besetzung mit Rattles dritter Ehefrau Magdalena Kožená vorgegeben ist, wird zur sinnstiftenden Richtschnur der Interpretation: Der Chor der Zigarettenmädchen erhält mehr Erotikpunkte als die Habanera, die elegischen Varianten der Toreador-Musik dominieren über die protzigen Gesten.

Zu den vielen spannenden Eigenschaften Rattles zählt, dass seine Ehefrauen gegen das patriarchalische Berufsbild des Dirigenten seine Repertoire-Erkundungen mit beeinflussen. So verstärkte seine zweite Ehefrau, die Autorin Candace Allen, seine Jazz-Affinitäten bis zu Duke Ellington. Schon zuvor produzierte er für Gershwins *Porgy and Bess* einen Meilenstein: Rattle nimmt den Chor als Protagonisten der Oper ernst, dessen beständige Einwürfe die berühmten Melodien zwischen den Klippen der Broadwayoper und des Meistergesangs sicher hindurchgeleiten. Grundsätzlich koordiniert Rattle dabei seine Orchester in einer »vokalen« Weise, da nicht nur die Augen und Arme, sondern vor allem auch der vordeklamierende Mund seine performative Umsetzung von Partituren prägen.

Neue Musik findet für Rattle nicht als Alibi der Uraufführungen statt, sondern im Bestreben, Bleibendes durch wiederholte Aufführungen zu dokumentieren. Dabei dominieren diejenigen Namen, die zwischen der ganz gemäßigten und der ganz radikalen Moderne zu verorten wären, wie Henri Dutilleux und Thomas Adès. Zugleich besitzt Rattle einen ausgesprochenen Spürsinn, im Repertoire der etablierten Namen lange unterschätzte Werke zu propagieren: Das gilt für Schostakowitschs 4. Sinfonie und insbesondere für Mahlers Zehnte. Rattles spätere Einspielung verweigert sich einer Deutung als reine Abschiedsmusik, stattdessen wird gleichsam der Skizzenstatus des Werks hörbar belassen in der Abbildung wie hektisch hingeworfener und mit Fortsetzungspunkten versehener Gesten.

Rattles Lektürewege ziehen den Schmetterling stets dem Orkan vor: In Mahlers 9. Sinfonie (vielleicht am überzeugendsten in der späteren Einspielung aus Berlin) kann er sich niemals dazu durchringen, auch die Vortragsanweisung »alles übertönend« zu beachten. Der Anfang von Dvořáks *Wassermann* bietet ein Beispiel auf engstem Raum für die so gewährte Stimmtransparenz wie für die Nivellierung melodischer Höhepunkte. Die Neuaufnahme von *Le Sacre du printemps* weitet das Prinzip auf das ganze Stück aus: Rattle ist der Schutzpatron aller Pizzicato-Basslinien, doch die perkussiven Anteile der Partitur müssen dafür stellenweise stark abgedämpft werden. Ein solcher Ansatz funktioniert immer dort, wo der musikalische Fluss sich in zahlreiche Staustufen untergliedern lässt (wie in den humoristischen Texturwechseln Haydns oder den tragischen von Brittens *War Requiem*). Karol Szymanowskis Musik entspricht besonders gut diesem Ideal eines Schönklangs, der nicht aus Massierungen, sondern aus kaleidoskopisch ausgerichteten Einzeldetails erzeugt ist. Raffinesse ersetzt nicht nur in dessen *Król Roger* bei Rattle Reizbeschallung: In diesem Punkt bestehen Parallelen zu Pierre Boulez, dessen Gesamtrepertoire sozusagen ein zentrales Teilgebiet von Rattles Diskografie darstellt. Kein anderer Dirigent kann und will so vielen verschiedenen Musikwelten nachspüren.

Tonträger
1983 BRITTEN: *War Requiem* (Söderström, Tear, Allen, CBSO & Chorus; EMI) ▪ 1986 MAHLER: Sinfonie Nr. 2 »Auferstehungssinfonie« (Augér, Baker, CBSO & Chorus; EMI) ▪ 1988 GERSHWIN: *Porgy and Bess* (White, Haymon, Evans, Glyndebourne Chorus, London PO; EMI) ▪ 1990 HAYDN: Sinfonien Hob. I: 60 »Il distratto«, 70 & 90 (CBSO; EMI) ▪ 1990 JANÁČEK: *The Cunning Little Vixen* [engl.] (Allen, Watson, Montague, Covent Garden; EMI) ▪ 1994 SCHOSTAKOWITSCH: Sinfonie Nr. 4 / BRITTEN: *Russian Funeral* (CBSO; EMI) ▪ 1997/98 BEETHOVEN: Klavierkonzerte Nr. 1–5 (Alfred Brendel, WPh; Philips) ▪ 1998 ADÈS: *Asyla* (CBSO; EMI) ▪ 1998 SZYMANOWSKI: *Król Roger* (Hampson, Szmytka, Minkiewicz, CBSO & Chorus; EMI) ▪ 1999 MAHLER: Sinfonie Nr. 10 [Fassung D. Cooke] (BPh; EMI) ▪ 2004 DVOŘÁK: *Der Wassermann / Die Mittagshexe / Das goldene Spinnrad / Die Waldtaube* (BPh; EMI) ▪ 2005 MOZART: Arien aus *Le nozze di Figaro / Così fan tutte / Idomeneo* etc. (Magdalena Kožená, Jos van Immerseel, OAE; DGG Archiv) ▪ 2007 STRAWINSKY: *Symphony in C / Symphony in Three Movements / Psalmensinfonie* (BPh; EMI) ▪ 2008 BRAHMS: Sinfonien Nr. 1–4 (BPh; EMI) ▪ 2012 BRUCKNER: Sinfonie Nr. 9 [viersätzige Fassung] (BPh; EMI)

Bildmedien
2013 MAHLER: Sinfonie Nr. 1 etc. [El Sistema at Salzburg Festival] (National Children's SO of Venezuela; CMajor) ▪ 2013 MOZART: *Die Zauberflöte* (Breslik, Royal, Ivashchenko, Durlovsky, Nagy, BPh; EuroArts) Leaving Home. Orchestral Music in the 20th Century [Sieben Folgen] (CBSO; Arthaus 1996) ▪ Rhythm Is It (Film von Thomas Grube und Enrique Sánchez Lansch; Boomtown 2004) ▪ Trip to Asia. Die Suche nach dem Einklang (Dokumentation von Thomas Grube; Boomtown 2008)

Literatur
Beresford King-Smith, Crescendo! 75 Years of the City of Birmingham Symphony Orchestra, London 1995 ▪ James Badal, Recording the Classics. Maestros, Music and Technology, Kent 1996, S. 69–78 ▪ Annemarie Kleinert, Berliner Philharmoniker. Von Karajan bis Rattle, Berlin 2005 ▪ Nicholas Kenyon, Simon Rattle. Abenteuer der Musik, aktualisiert und erweitert von Frederik Hanssen, übs. von Maurus Pacher, Berlin 2007 ▪ Jürgen Otten, Die

ersten Jahre mit Sir Simon Rattle, in: Variationen mit Orchester. 125 Jahre Berliner Philharmoniker, Bd. 1: Orchestergeschichte, Berlin / Leipzig 2007, S. 366–389 ▪ Angela Hartwig, Rattle at the Door. Sir Simon Rattle und die Berliner Philharmoniker 2002–2008, Berlin 2009 ▪ David Patmore, Recording and the Rattle Phenomenon, in: Amanda Bayley (Hrsg.), Recorded Music. Performance, Culture and Technology, Cambridge 2010, S. 125–145

JCA

Reiner, Fritz

1888 am 19. Dezember als Reiner Frigyes in Budapest geboren. Vom Jurastudium an der Budapester Universität wechselt Reiner nach dem Tod seines Vaters 1905 zur Budapester Musikakademie, wo er Klavier bei István Thomán (später auch bei Béla Bartók) und Komposition bei Hans Koessler studiert.

1907 wird Reiner Korrepetitor an der Budapester Komischen Oper, wo er als Einspringer mit Bizets *Carmen* sein Debüt als Dirigent gibt. Er wechselt 1910 als Kapellmeister an das Nationaltheater Laibach (Ljubljana).

1911–1914 übernimmt er das Amt eines Kapellmeisters an der Budapester Volksoper.

1914–1921 wechselt Reiner als Kapellmeister (und später zeitweise als musikalischer Leiter) an die Dresdner Hofoper, wo er eng mit Richard Strauss zusammenarbeitet. Nach dem Ersten Weltkrieg wird der Intendant Nikolaus Graf von Seebach abgesetzt; als ein neues Verwaltungskomitee für die Sinfoniekonzerte der Staatskapelle Fritz Busch favorisiert, legt Reiner sein Amt nieder und emigriert in die USA.

1922–1931 übernimmt er als Nachfolger von Eugène Ysaÿe die Leitung des Cincinnati Symphony Orchestra.

1931–1941 unterrichtet Reiner am Curtis Institute in Philadelphia; zu seinen Studenten gehören Leonard Bernstein und Lukas Foss.

1938 entsteht am 22. November in der Carnegie Hall mit dem New York Philharmonic Orchestra seine erste Schallplattenaufnahme (u. a. die ersten beiden *Nocturnes* und das *Prélude à l'après-midi d'un faune* Debussys).

1938–1948 leitet er (als Nachfolger von Otto Klemperer) das Pittsburgh Symphony Orchestra.

1943 dirigiert Reiner am 21. Januar in New York die Uraufführung des (ihm gewidmeten) Konzerts für zwei Klaviere und Schlagzeug von Béla Bartók.

1949–1953 wechselt er an die New Yorker Metropolitan Opera; zu den legendären Produktionen, die Reiner hier dirigiert, gehören die *Salome* von Strauss (mit Ljuba Welitsch) und

1953 die amerikanische Erstaufführung von Strawinskys *The Rake's Progress*.

1953 wird er als Nachfolger von Rafael Kubelík Music Director des Chicago Symphony Orchestra, mit dem er die Mehrzahl seiner Schallplattenaufnahmen realisiert (für RCA Living Stereo).

1963 stirbt er während der Proben zu Wagners *Götterdämmerung* an der Metropolitan Opera in New York am 15. November.

Unter den vielen »Pult-Tyrannen« der Musikgeschichte war Fritz Reiner einer der gefürchtetsten. Anders als Arturo Toscanini jedoch, der ja gleichfalls für seine cholerischen Ausbrüche berüchtigt war, blieb Reiner in seinen Wutanfällen zumeist eiskalt, was viele Anekdoten bezeugen: Eines Tages soll ein Kontrabassist aus Spaß mit einem Fernglas zur Probe erschienen sein, in Anspielung auf Reiners extrem sparsame Dirigiergesten. Nach der Pause hielt Reiner einen mit winzigen Buchstaben beschriebenen Zettel in seine Richtung; der Musiker zückte sein Fernglas – und las: »You're fired.« Kein Wunder, dass böse Zungen sogar behaupten, die Mitglieder des Chicago Symphony Orchestra hätten seinen Tod regelrecht gefeiert (wobei es wohlgemerkt ebenso viele Musiker gab, die sagten, sie hätten nie so überragend gespielt wie unter Fritz Reiner).

Tatsächlich war seine Gestik minimalistisch: Filmaufnahmen zeigen einen kleinen, grimmig dreinblickenden Mann – den überlangen Taktstock weit ausgestreckt –, der fast wie eine Statue am Pult steht und seinen Musikern durch ein Monokel böse Blicke zuwirft. Dennoch war Reiners Gestik atemberaubend präzise, er galt als einer der größten Schlagtechniker seiner Zeit. »Bei einem dieser komplizierten modernen Stücke«, so zitiert Harold C. Schonberg einen seiner Musiker, »schlug die Spitze seines Stabes drei, die Ellbogen vier, die Hüften sieben, und seine linke Hand kümmerte sich um alle anderen Rhythmen« (Die großen Dirigenten, Bern 1970, S. 313). All das verlangte seinen Orchestern äußerste Konzentration ab, die dann wiederum zu spektakulären Ergebnissen führte.

Reiners umfangreiches (und in den Living Stereo-Jahren technisch perfekt überliefertes) diskografisches Vermächtnis, das von Bach bis Bartók reicht, ist in fast allen Facetten seines Repertoires exemplarisch und hat in vielem bis heute nichts von seiner Gültigkeit verloren. Es gibt zwar ein paar weniger gelungene »Ausrutscher« – Dvořáks Sinfonie »Aus der Neuen Welt« oder Tschaikowskys *Pathétique* zum Beispiel –, aber viele von Reiners Interpretationen sind von einer unglaublichen Präzision (ohne die »Kälte«, die man manchmal Toscanini unterstellt) und einer erstaunlichen Modernität. Wenn man seine Mozart-, Haydn- oder Beethoven-Sinfonien mit den etwa gleichzeitig entstandenen Aufnahmen Karajans vergleicht, zeigt Reiners Zugriff – schlank und geradlinig, ohne agogische Mätzchen und ohne Pathos im Orchesterklang – fast schon die Merkmale der späteren Historischen Aufführungspraxis. Dabei spannt sich der Bogen von der champagnerleichten Eleganz seiner Rossini-Ouvertüren oder Strauß-Walzer bis hin zu der geradezu gemeißelten Wucht in Bartóks *Konzert für Orchester*. Auch als Begleiter hat Reiner einige Einspielungen hinterlassen, die Schallplattengeschichte geschrieben haben: Mehrere Aufnahmen mit Van Cliburn gehören dazu und vor allem das zweite Brahms-Konzert mit Emil Gilels und das dritte Rachmaninow-Konzert mit Vladimir Horowitz. Einen Schwerpunkt bilden natürlich die Werke von Richard Strauss: Auch hier vermeidet Reiner schwerfälligen Bombast, selbst im dichtesten Orchester-Tutti der Tondichtungen *Don Juan* oder *Also sprach Zarathustra* herrschen bei ihm Klarheit und Ordnung, und Aufnahmen wie die *Burleske* (mit Byron Janis) oder die Schlussszene der *Salome* (mit Inge Borkh) gehören zu den Meilensteinen der Strauss-Diskografie.

Tonträger
1936 WAGNER: *Die Walküre* [2. Akt] (Flagstad, Lehmann, Melchior, Meisle, Schorr, San Francisco Opera; Music & Arts u.a.) • **1951** RACHMANINOW: Klavierkonzert Nr. 3 (Vladimir Horowitz, RCA Victor SO; RCA) • **1952** BIZET: *Carmen* (Stevens, Tucker, Silveri, Conner, Metropolitan Opera; Sony) • **1955/57** BRAHMS / TSCHAIKOWSKY: Violinkonzerte (Jascha Heifetz, Chicago SO; RCA) • **1955/58** BARTÓK: *Konzert für Orchester / Musik für Saiteninstrumente, Schlagzeug und Celesta* (Chicago SO; RCA) • **1957/62**: STRAUSS: *Burleske / Der Rosenkavalier* [Walzerfolgen] / *Also sprach Zarathustra* (Byron Janis, Chicago SO; RCA) • **1958** BRAHMS: Klavierkonzert Nr. 2 (Emil Gilels, Chicago SO; RCA / IMG Artists) • **1958** ROSSINI: Ouvertüren: *La scala di seta / La gazza ladra / Guillaume Tell / Il barbiere di Siviglia* etc. (Chicago SO; RCA) • **1959** BEETHOVEN: Sinfonie Nr. 5 / Ouvertüre zu *Coriolan* (Chicago SO; RCA) • **1960** VERDI: *Messa da Requiem* (Price, Elias, Björling, Tozzi, Singverein der Gesellschaft der Musikfreunde, WPh; RCA / Decca)

Bildmedien
1953 MOZART: Sinfonie Nr. 39 KV 543 / DEBUSSY: *Petite Suite* [Orchestration: Büsser] etc. (Chicago SO; VAI)

Literatur
Philip Hart, Fritz Reiner. A Biography, Evanston 1994 [Diskografie] • Kenneth Morgan, Fritz Reiner. Maestro & Martinet, Urbana 2005

Webpräsenz
www.columbia.edu/cu/lweb/eresources/archives/rbml/Reiner/ [Fritz Reiner Papers 1916–1983] (↪0107)
www.stokowski.org/Fritz_Reiner_Discography.htm (↪0108)

MST

Richter, Hans

1843 als Sohn eines Domkapellmeisters und einer Opernsängerin am 4. April in Raab (heute: Győr, Ungarn) geboren. Mit elf Jahren beginnt nach dem Tod des Vaters seine Ausbildung als Chorknabe in Wien.
1858–1862 studiert er am Konservatorium der Gesellschaft der Musikfreunde in Wien (u. a. bei Simon Sechter).
1862–1866 ist er Hornist im Orchester des Kärntnertortheaters.
1866 reist er im Oktober zu Richard Wagner nach Tribschen, dem er als Kopist der *Meistersinger*-Partitur empfohlen worden war.
1868 wirkt Richter als Assistent bei den Aufführungen der *Meistersinger* am Münchner Hoftheater mit, wo er anschließend zum Königlichen Musikdirektor ernannt wird (Rücktritt 1869).
1871 wird er Kapellmeister und ab 1874 Operndirektor am Nationaltheater in Budapest.
1875 wird er Erster Kapellmeister an der Hofoper in Wien sowie Dirigent der Wiener Philharmoniker (bis 1898) und leitet ab 1880 für ein Jahrzehnt die Konzerte der Gesellschaft der Musikfreunde. Richters Wiener Zeit endet nicht nur, aber sicher auch als Folge der Berufung Gustav Mahlers an die Hofoper.
1876 leitet er in Bayreuth die erste vollständige Aufführung von Wagners *Ring des Nibelungen*, wo er auch in fast allen folgenden Festspieljahren dirigiert (zuletzt 1912).
1879–1897 dirigiert er in London die Orchestral Festival Concerts,
1885–1909 ist er Leiter der Musikfeste in Birmingham.
1900–1911 leitet er das Hallé Orchestra in Manchester, wo er sich auch mit seiner Familie niederlässt.
1904–1911 ist er Chefdirigent des London Symphony Orchestra und dirigiert zudem an der Royal Opera, Covent Garden (vorwiegend die Bühnenwerke Wagners).
1916 stirbt er am 5. Dezember an seinem Altersruhesitz in Bayreuth.

Hans Richter, der es einmal als die heiligste Aufgabe seines Lebens bezeichnete, in Bayreuth zu dirigieren, begann seine Karriere gewissermaßen bei Richard Wagner, der ihn in jungen Jahren förderte, und ließ sie dort – mit seinem letzten Dirigat der *Meistersinger* 1912 – auch enden. Als Dirigent der ersten Bayreuther Festspiele mit der Uraufführung des vollständigen *Ring des Nibelungen* im Jahr 1876 schrieb Richter Musikgeschichte. Seine Festspiel-Dirigate von 1888 bis 1912 – er leitete entweder die *Meistersinger* oder den *Ring* – machten ihn zu einem der wichtigsten Bayreuth-Dirigenten der ersten Generation. Seine Ergebenheit gegenüber Wagner trat 1869 in jenem denkwürdigen Skandal zutage, als König Ludwig II. die Münchner Aufführung des *Rheingold* gegen den Willen des Komponisten anordnete und Richter deswegen seinen erst im Jahr zuvor angetretenen Posten als Königlicher Musikdirektor aus Loyalität zu seinem »Meister« aufgibt. Ein überlieferter Kritikpunkt seines Mentors Wagner waren jedoch die Tempi Richters, die dieser tendenziell nicht dem dramatischen Verlauf anpasste, sondern rein musikalisch begründete.

In Wien beeinflusste Richter als Kapellmeister an der Hofoper sowie als Dirigent der Wiener Philharmoniker ein Vierteljahrhundert lang maßgeblich das Musikleben der Stadt. Darüber hinaus war er für die Aufführung der Kirchenmusik der Hofkapelle zuständig. Gerade in Wien dem Parteienstreit zwischen dem Hanslick-Lager und den Anhängern Wagners, Liszts und Bruckners hautnah ausgesetzt, ließ sich Richter von keiner Seite vereinnahmen und hielt sich aus jeglichen ideologischen Auseinandersetzungen heraus. So leitete er die Uraufführungen von Brahms' 2. (1877) und 3. Sinfonie (1883), von Bruckners 4. (1881) und 8. Sinfonie (1892) und von Tschaikowskys Violinkonzert (1881).

Richters dritte zentrale Wirkungsstätte war England, wo er anfangs parallel zu seinen Aktivitäten in Wien tätig war. In England verhalf er Edward Elgar 1899 mit der Uraufführung der *Enigma Variations* zum Durchbruch; berühmt ist die Widmung, die dieser anlässlich seiner 1. Sinfonie Richter als »true artist and true friend« zukommen ließ.

Richters Dirigierstil ließ den praktisch veranlagten Vollblutmusiker erkennen. Er beherrschte fast jedes Musikinstrument und konnte schon als Kind die Aufnahmekommission am Konservatorium mit seinem absoluten Gehör beeindrucken. Dadurch hatte er bei Orchestermusikern den Ruf, jeden noch so kleinen Fehler herauszuhören. Sein gutes Gedächtnis ermöglichte es ihm, oftmals ohne Partitur zu dirigieren, sodass er mit seinen Blicken das Orchester führen konnte. Dabei verzichtete er auf überschwängliches Virtuosentum, stand vielmehr ruhig am Pult. Seine linke Hand spielte dabei eine wesentliche Rolle – Claude Debussy etwa schwärmte von ihrem Ausdruck und ihrer geschmeidigen Beweglichkeit. Richter hielt nicht viel von der Unterjochung seines Orchesters, sondern sah sich als Dirigent auch selbst in einem stetigen Lernprozess und war der Auffassung, dass »der wahre Dirigent lehrend lernt« (nach Schacht-Richter, S. 18). Anlässlich von Richters Einstand mit den *Meistersingern* in Wien schrieb der Musikkritiker August Wilhelm Ambros: »Er dirigiert mit Geist, mit tiefem Verständnis. Er scheint nicht, gleich manchen Enthusiasten, sich beim Taktieren mit einem unsichtbaren Gegner herumzuprügeln, aber er ist auch keiner jener Gelassenen, deren Dirigieren an das Drehen einer Kaffeemühle erinnert. Es war sehr anziehend, Herrn Richter zu beobachten, wie er im Orchester durch Blick und Handbewegung gleichsam allgegenwärtig war« (nach Eger, S. 63).

Literatur
Egon Voss, Die Dirigenten der Bayreuther Festspiele, Regensburg 1976 ▪ Christopher Fifield, True Artist and True Friend. A Biography of Hans Richter, Oxford 1993 ▪ Manfred Eger, Hans Richter. Der Urdirigent der Bayreuther Festspiele, Bayreuth 1995 ▪ Eleonore Schacht-Richter, Hans Richter. Leben und Schaffen des großen Dirigenten, Bayreuth 1995

MWE

Richter, Karl

1926 am 15. Oktober in Plauen als Sohn eines Pfarrers geboren. Zwei Jahre nach dem Tod des Vaters wird er im Jahr 1937 Mitglied im Dresdner Kreuzchor, wo er zum Assistenten von Rudolf Mauersberger aufsteigt.
1943 wird er zum Militärdienst eingezogen. Nach Kriegsende studiert er in Leipzig, seine Lehrer im Orgelspiel sind Karl Straube und Günther Ramin.
1949 erhält er die Organistenstelle an der Leipziger Thomaskirche.
1951 entschließt er sich, trotz der zu erwartenden Anstellung als Thomaskantor die DDR zu verlassen. Er wird Dozent an der Musikhochschule und Kantor an der Markuskirche in München; außerdem übernimmt er den Heinrich-Schütz-Kreis, der 1954 in Münchener Bach-Chor (MBC) umbenannt wird und den er wie das zugehörige Orchester (MBO) bis zu seinem Tod leitet.
1954–1964 Auftritte bei der Bachwoche Ansbach (zunächst als Solist, später mit seinen Ensembles).
1956 wird er Professor an der Musikhochschule in München. Im Jahr darauf führt er Bruckners 8. Sinfonie mit dem Bayerischen Staatsorchester auf, auch danach dirigiert er regelmäßig ein bis zu Schumann, Dvořák und Verdi ausgedehntes Repertoire sowohl von sinfonischen wie oratorischen Werken.
1968 erfolgt die erste Tournee mit seinem Bach-Orchester in die Sowjetunion.
1976 leitet er das Gedenkkonzert für Rudolf Kempe mit den Münchner Philharmonikern (das Gedenkkonzert für Richter wird dann Leonard Bernstein dirigieren).
1981 stirbt er am 15. Februar an einem Herzinfarkt in München.

Eine Würdigung der von Karl Richter verfochtenen Klangästhetik, mit der er von München aus internationale Anerkennung gefunden hat, scheint ohne einen relativierenden Blick auf die gleichzeitige Entwicklung der Aufführungspraxis älterer Musik kaum möglich. Tatsächlich dürfte kein anderer Dirigent nach seinem Tod in vergleichbarer Weise umstritten sein: Seine Fanblogs feiern ihn als den »zweifellos bedeutendsten Bach-Interpreten des vergangenen Jahrhunderts«, zugleich scheinen auch heftig negative Reaktionen in Radio-Features oder Rezensionen heute sozial erlaubt. Die Ursache dieser Umstrittenheit wäre wohl darin zu suchen, dass im Kontext der Aufführung Alter Musik die Begriffe »objektiv« und »subjektiv« schillernd alle Eindeutigkeit verlieren. Richters Interpretationshaltung kann daher sowohl als »zu subjektiv« wie als »zu objektiv« wahrgenommen werden: »Subjektiv« ist sie in den großen Besetzungen, der monumentalisierend-expressiven Ästhetik und in Spielmanieren wie dem Vibrato oder dem von der Orgel aus koordinierten Continuo, das zum Beispiel im Crucifixus der h-Moll-Messe den Seufzer-Sekundschritten alles Beklemmende nimmt (und diese in die Starrheit der von den Kameras eingefangenen Kirchenarchitektur überführt). »Objektiv« ist demgegenüber eine gegen die musikalische Romantik gerichtete motorische Bach-Auffassung, die Richter äußerlich als sachlicher Dirigent mit unbewegter Miene und innerlich durch den in den Aufnahmen oftmals dominierenden metrischen Grundpuls erfüllt. Dieses Skandieren ist der Aspekt, den Richters Verteidiger am stärksten zu nivellieren versuchen, somit ist es aus heutiger Hörweise auch dieser Aspekt, der am stärksten den Wert seiner Aufnahmen zu mindern droht. Tatsächlich ist der bei Richter deutlich zum Beispiel im sechsten *Brandenburgischen Konzert* hervortretende Grundpuls Teil eines in der Proben- und Live-Situation als besonders flexibel geschätzten Musizierens. Nichts kennzeichnet Richter besser als die mehrfach erzählte Anekdote, dass ein kurzfristig eingesprungener Musiker nach der erleichtert mit »Ja« beantworteten Frage, ob er denn als Orientierung Richters Aufnahme des Werkes kenne, noch den Hinweis erhält: »So mache ich es nicht.« Die Historische Aufführungspraxis ist auch eine elitäre Bewegung, die mit kleinen Besetzungen und notwendigem Spezialwissen die Barockmusik ihrer breiten bürgerlichen Verankerung entzieht. Wer die groß besetzten Chöre in Richters Aufführungen mit offenkundiger Hingabe musizieren sieht, kann vermuten, dass sein Erbe in unzähligen Konzertsituationen fernab der aktuellen Rezensentenkultur lebendig bleibt.

Tonträger

1958 BACH: *Matthäus-Passion* (Haefliger, Seefried, Fahberg, Engen, Töpper, Fischer-Dieskau, MBC, MBO; DGG Archiv) ▪ **1960** MOZART: *Flötenkonzerte KV 313 & 314* etc. (Aurèle Nicolet, MBO; Teldec) ▪ **1964** HÄNDEL: *Der Messias* [dt.] (Janowitz, Höffgen, Haefliger, Crass, MBC, MBO; DGG) ▪ **1967** GLUCK: *Orfeo ed Euridice* (Fischer-Dieskau, Janowitz, Moser, MBC, MBO; DGG) ▪ **1969**

BEETHOVEN: Messe C-Dur op. 86 (Janowitz, Hamari, Laubenthal, Schramm, MBC, MBO; DGG) ▪ **1970–1972** BACH: Advents- & Weihnachtskantaten BWV 61, 63 & 121 (Mathis, Reynolds, Schreier, Fischer-Dieskau, MBC, MBO; DGG Archiv)

Bildmedien
1969 BACH: Messe h-Moll (Janowitz, Töpper, Laubenthal, Prey, MBC, MBO; DGG)
The Legacy of Karl Richter (Dokumentation von Tobias Richter; DGG 1986)

Literatur
Roland Wörner (Hrsg.), Karl Richter 1926–1981. Musik mit dem Herzen. Eine Dokumentation aus Anlass seines 75. Geburtstags, München 2001 [Chronologie und Diskografie] ▪ Karl Richter in München 1951–1981. Zeitzeugen erinnern sich. Eine Dokumentation von Johannes Martin, Dettelbach 2005 ▪ Johannes Martin, Karl Richter, Zeitdokumente [7 Bände], Dettelbach 2010 ff.

Webpräsenz
www.karlrichtermunich.blogspot.de [Fanblog] (↪0109)
ADO / JCA

Rilling, Helmuth

1933 am 29. Mai in Stuttgart geboren.
1952 beginnt er das Studium an der Musikhochschule Stuttgart u. a. bei Karl Ludwig Gerok (Orgel), Johann Nepomuk David (Komposition) und Hans Grischkat (Chorleitung).
1954 hat sich aus studentischen Singtreffen in Gächingen die nach diesem Dorf in der Schwäbischen Alb (aus dem kein Teilnehmer stammt) benannte Kantorei gebildet, die Rillings Projektchor der nächsten sechs Jahrzehnte bilden wird.
1955 schließt Rilling das Studium als Schulmusiker ab, setzt diese Laufbahn aber nicht fort, sondern folgt einer Einladung des Petersdom-Organisten Fernando Germani, in Rom weiter Orgelspiel zu studieren und ab 1956 als dessen Assistent in Siena zu lehren.
1957–1998 ist die Gedächtniskirche in Stuttgart seine Heimat als Kirchenmusiker; im Jahr 1959 wird er Stuttgarter Bezirkskantor, 1963 Kirchenmusikdirektor. Er übernimmt zudem einen Lehrauftrag an der Kirchenmusikschule Berlin-Spandau, wo er auch die Kantorei aufbaut (bis 1966).
1965 Gründung des Bach-Collegiums Stuttgart (BCS) als Begleitensemble der Gächinger Kantorei (GäK).
1966–1985 lehrt er an der Frankfurter Musikhochschule und leitet auch die von Kurt Thomas im Jahr 1945 gegründete Frankfurter Kantorei (1969–1981).
1967 hospitiert er einige Monate bei Leonard Bernstein und dem New York Philharmonic Orchestra.
1970 beginnt er zunächst mit der Frankfurter Kantorei, dann ausschließlich mit der Gächinger Kantorei und dem Bach-Collegium Stuttgart für den Claudius- und nachfolgend den Hänssler-Verlag eine Gesamtaufnahme der Kirchenkantaten Johann Sebastian Bachs (abgeschlossen 1984, Grand Prix du Disque 1985).
1981 folgt auf seit 1979 stattfindende Sommerakademien die Gründung der Stiftung Internationale Bachakademie Stuttgart, welche Konzertreihen, Meisterkurse und Vorträge im In- und Ausland veranstaltet und als Träger seiner beiden Hauptensembles fungiert (er bleibt bis 2012 Akademieleiter). Unter den Kooperationen finden sich das schon 1970 von Rilling und Royce Saltzman ins Leben gerufene Oregon Bach Festival sowie Akademien in Japan (mit Masaaki Suzuki), Südamerika sowie diversen osteuropäischen Ländern.
1995 ist er an der Gründung der Real Filharmonía de Galicia in Santiago de Compostela beteiligt; er dirigiert 1996 das erste Konzert und bleibt bis 2000 Chefdirigent.
1999–2000 erscheint das Gesamtschaffen Bachs zu dessen 250. Todestag geschlossen unter Rillings künstlerischer Leitung als »Edition Bachakademie« auf CD (später auch für den iPod). Das Jubiläum wird beim Stuttgarter Europäischen Musikfest 2000 mit vier neukomponierten Passionsvertonungen von Sofia Gubaidulina, Tan Dun, Osvaldo Golijov und Wolfgang Rihm begangen.
2011 kündigt er nach Querelen mit den Gremien der Stiftung Bachakademie seinen Rücktritt als künstlerischer Leiter an; seit 2013 ist Hans-Christoph Rademann dort sein Nachfolger.

Bachs »Kantatenwerk« ist bei Rilling – ganz aus der Perspektive eines Chordirigenten und mit nahezu idealen Vokalkräften – primär vom gesungenen Wort her konzipiert. Gerade das hat im Umfeld der Alte-Musik-Szene jedoch zu massiver Kritik an dem andererseits noch scheinbar traditionellen, an die Kammerorchester-Traditionen Karl Münchingers in Stuttgart und Karl Richters in München anknüpfenden und »zu glatten« Spiels seiner Instrumentalisten geführt. Als fast zeitgleicher Gegenentwurf darf das Gesamtprojekt der alternierend verantwortlichen »Instrumentalisten« Gustav Leonhardt (Cembalo) und Nikolaus Harnoncourt (Cello) gelten, das in der Koppelung deutlich weniger geschliffener Knabenstimmen mit den »Original«-Klängen historischer Instrumente und Spielweisen Neuland betritt. Der Wunsch nach einer Synthese von Rillings Gesangsidealen mit Harnoncourts klangsprachlichen Orchesterreizen musste somit naheliegend erscheinen (tatsächlich lösten die folgenden Kantaten-Projekte Ton Koopmans und John Eliot Gardiners genau dies auf ihre Art ein). Der Klang des Bach-Collegiums Stuttgart und seine relativ

»historisch uninformierte« Spielweise ist allerdings keineswegs unattraktiv: Rilling, der die Qualitäten des Stuttgarter und des Württembergischen Kammerorchesters kannte, welche er zeitweise auch in Konzertreihen leitete und aus denen er viele Musiker borgte, verordnet den hervorragenden Bläsersolisten ein immer »gesanglich« sprechendes, weniger für sich forciertes als vielmehr den Vokalparts durchgehend komplementäres Phrasieren. In den 1990er-Jahren entwickelt das Bach-Collegium sogar einen im Vibrato reduzierten Streicherton, der unter Beibehaltung eines rhythmisch äußerst konstanten, fast motorischen Duktus an die damals dominierenden englischen Barock-Ensembles erinnert: Besonders Rillings Aufnahmen der Bach'schen Violinkonzerte mit Isabelle Faust und der mitreißend virtuosen Cembalokonzerte mit Robert Levin geben ein Beispiel dieses gelungenen Stilwandels (ganz anders als seine in recht starrer Phrasierung und Dynamik oft nahezu kontrastlos eingeebneten Einspielungen mit dem Oregon Bach Festival Chamber Orchestra).

Inzwischen hat Rilling auch umfassend den klassisch-romantischen Kanon geistlicher Musik erkundet und um teils konkurrenzlose Aufnahmen bedeutender, aber kaum mehr aufgeführter oratorischer Werke u. a. von Franz Liszt, César Franck (*Les Béatitudes*) und Franz Schubert (*Lazarus*, vervollständigt von Edison Denisov) ergänzt. Insbesondere auch die Reanimation der *Missa per Rossini*, eines Toten-Tributs mehrerer von Verdi angeführter Komponisten, gehört zu seinen Pioniertaten. So unverrückbar Bach auch im Zentrum seiner Kantorentradition und seiner Diskografie steht: Rilling personifiziert den Typus eines im Repertoire universellen und in der Reisetätigkeit global umtriebigen Kirchenmusikdirektors auf eine nahezu singuläre Weise.

Tonträger
1970–1984 BACH: Kantaten [Gesamtaufnahme] (GäK, BCS; Claudius / Hänssler) ▪ **1978** BACH: *Matthäus-Passion* (Augér, Hamari, Kraus, Baldin, Nimsgern, Huttenlocher, GäK, BCS; CBS / Sony) ▪ **1995** »Requiem der Versöhnung. Zum Gedenken an die Opfer des Zweiten Weltkriegs« [Gemeinschaftswerk von Berio, Cerha, Harbison, Penderecki, Rihm, Weir u. a.] (GäK, Krakauer Kammerchor, Israel PO; Hänssler) ▪ **1997** LISZT: *Christus* (Bonde-Hansen, Vermillion, Schade, Schmidt, GäK, Krakauer Kammerchor, RSO Stuttgart; Hänssler / Brilliant) ▪ **1998** PENDERECKI: *Credo* (Banse, Simpson, Vargas, Randle, Quasthoff, Oregon Bach FO & Choir; Hänssler) ▪ **1999** BACH: Cembalokonzerte BWV 1052–1058 (Robert Levin, BCS; Hänssler) ▪ **2005** BRAHMS: *Alt-Rhapsodie / Rinaldo* / SCHUBERT: *Gesang der Geister über den Wassern* (Braun, Süss, GäK, RSO Stuttgart des SWR; Hänssler) ▪ **2011** HONEGGER: *Jeanne d'Arc au bûcher* (Rohrer, Kisfaludy, Wierzba, Briend, Le Roux, Knabenchor Collegium Iuvenum Stuttgart, GäK, RSO Stuttgart des SWR; Hänssler)

Schriften
J. S. Bach. Matthäus-Passion. Einführung und Studienanleitung, Frankfurt a. M. 1975 ▪ J. S. Bachs h-Moll-Messe, Stuttgart 1979

Literatur
Sara Maria Rilling, Mein Vater Helmuth Rilling, Holzgerlingen 2008 ▪ Helmuth Rilling. Ein Leben mit Bach. Gespräche mit Hanspeter Krellmann, Kassel / Leipzig 2013 [Chronologie und Liste eingespielter Werke]

Webpräsenz
www.helmuth-rilling.de (↪0110)

HAH

Rodziński, Artur

1892 am 1. Januar in Split (Dalmatien) geboren. Sein aus Polen stammender Vater wird als ranghoher Arzt der Habsburger Armee nach Lemberg (Lwów) versetzt, wo Rodziński sein Musikstudium beginnt, das er später in Wien – u. a. bei Franz Schreker, Franz Schalk und Emil von Sauer – fortsetzt; parallel dazu erwirbt er einen Abschluss in Rechtswissenschaften.
1920 Nach dem Ersten Weltkrieg kehrt er nach Lwów zurück, arbeitet als Chorleiter an der Oper und gibt dort sein Debüt als Dirigent mit Verdis *Ernani*.
1921–1925 dirigiert er an der Warschauer Oper, wo ihn Leopold Stokowski hört und so begeistert von diesem »geborenen Dirigenten« ist, dass er ihn in die USA einlädt (Debüt in Philadelphia im November 1925).
1925–1929 arbeitet er als Assistent Stokowskis in Philadelphia und unterrichtet am Curtis Institute of Music.
1929–1933 ist er Chefdirigent des Los Angeles Philharmonic Orchestra.
1933–1943 wird er Chef des Cleveland Orchestra, mit dem er zahlreiche Schallplatten für Columbia aufnimmt. Besonders setzt er sich für die Werke von Schostakowitsch ein, u. a. dirigiert er 1935 die amerikanische Erstaufführung der Oper *Lady Macbeth von Mzensk*.
1936 dirigiert er die Wiener Philharmoniker bei den Salzburger Festspielen (ebenso 1937).

1937 stellt er auf Einladung Arturo Toscaninis das NBC Symphony Orchestra zusammen.
1943–1947 ist Rodziński Chefdirigent des New York Philharmonic Orchestra, mit dem er u. a. Martinůs *Memorial to Lidice* (1943), Hindemiths *Symphonische Metamorphosen* und Schönbergs *Ode to Napoleon Buonaparte* (beide 1944) uraufführt. Als er das Orchester nach einem Zerwürfnis mit dem Management verlässt, schlägt der Eklat so hohe Wellen, dass ihm das *Time Magazine* eine Titelstory widmet.
1947–1948 leitet er das Chicago Symphony Orchestra. In den nächsten Jahren gastiert er regelmäßig in Europa, u. a. in Florenz beim Maggio Musicale (wo er 1953 die erste Aufführung von Prokofjews Oper *Krieg und Frieden* außerhalb der UdSSR dirigiert) und an der Mailänder Scala.
1954 beginnt seine Zusammenarbeit für Aufnahmen mit dem Label Westminster.
1958 stirbt Artur Rodziński – kurz nach einer enthusiastisch gefeierten *Tristan*-Aufführung mit Birgit Nilsson an der Lyric Opera in Chicago – am 27. November in Boston.

Anders als die Dirigentenlegenden Leopold Stokowski und Arturo Toscanini ist der Name Artur Rodziński heute fast in Vergessenheit geraten; dabei hätte er es in mancher Hinsicht durchaus verdient, mit den beiden in einem Atemzug genannt zu werden. Rodziński galt als »großer Orchestererzieher« (Alain Pâris), der drei der als »Big Five« gefeierten US-Orchester – Cleveland, New York und Chicago – mehr oder weniger mit zu dem gemacht hat, was sie sind. Wie »schmerzhaft« das sein konnte, zeigt das Beispiel der New Yorker Philharmoniker: Kaum hatte Rodziński sein Amt dort angetreten, entließ er vierzehn Musiker des Orchesters einschließlich des Konzertmeisters! Nicht weniger problematisch als die eiserne Disziplin und Kompromisslosigkeit seiner Probenarbeit war Rodzińskis nachdrückliches Engagement für die musikalische Moderne, an dem sich das konservative amerikanische Publikum immer wieder stieß. Hinzu kam sein cholerisches Temperament, das ihm in New York ebenso zum Verhängnis wurde wie später in Chicago. Sein Dirigierstil, der in Edgar G. Ulmers Film *Carnegie Hall* am Beispiel des Finales der Fünften von Beethoven zu sehen ist, erinnert an den seines Mentors Stokowski: ohne Taktstock, sehr von der Hand bestimmt, mit klarer, fließender Gestik. Als Schallplattendirigent hatte Rodziński quasi doppeltes Pech: Seine Karriere endete kurz vor Einführung der Stereophonie, sodass es eher seine jeweiligen Nachfolger waren, die mit den von ihm geleiteten und maßgeblich geformten Orchestern die »diskografische Ernte« einbrachten.

Tonträger
1938 SKRJABIN: Sinfonie Nr. 3 »Le divin poème« (NBC SO; LYS) ▪ **1941** DEBUSSY: *La Mer* / RAVEL: *Daphnis et Chloé* [Suite Nr. 2] (Cleveland Orchestra; LYS) ▪ **1944** SAINT-SAËNS: Klavierkonzert Nr. 4 (Robert Casadesus, New York PO; Artone u. a.) ▪ **1944** SCHOSTAKOWITSCH: Sinfonie Nr. 8 (New York PO; Guild) ▪ **1954** TSCHAIKOWSKY: Sinfonien Nr. 5 & 6 »Pathétique« / DVOŘÁK: Sinfonie Nr. 9 »Aus der Neuen Welt« (Royal PO; Westminster) ▪ **1957** WAGNER: *Tannhäuser* [Dresdner Fassung] (Liebl, Brouwenstijn, Wächter, Ernster, Coro & OS di Roma della RAI; IDIS u. a.)

Literatur
Halina Rodzinski, Our Two Lives, New York 1976 ▪ John Hunt, The Great Dictators. Evgeny Mravinsky, Artur Rodzinski, Sergiu Celibidache, Discographies, London 1999

MST

Rosbaud, Hans

1895 am 22. Juli in Graz geboren, studiert er ab 1913 Klavier und Komposition am Konservatorium in Frankfurt am Main (Komposition bei Bernhard Sekles, zu dessen Schülern zeitgleich auch Paul Hindemith gehört).
1921 wird er Direktor der neu begründeten städtischen Musikschule in Mainz, dirigiert aber auch im Konzert und an der Oper.
1929 übernimmt er die leitende Funktion am Rundfunk in Frankfurt am Main. Hier beginnt seine Rolle als Förderer zeitgenössischer Musik, u. a. durch Konzerte von und mit Igor Strawinsky, die Auftragsvergabe für Rundfunkvorträge wie Arnold Schönbergs »Brahms, der Fortschrittliche« und Uraufführungen wie Béla Bartóks 2. Klavierkonzert mit dem Komponisten als Solist.
1937–1941 ist er Generalmusikdirektor in Münster (Westfalen).
1941–1944 übernimmt er die aufgrund der angestrebten Germanisierung des besetzten Elsass politisch heikle Position des Generalmusikdirektors in Straßburg.
1945 wird er von den amerikanischen Behörden als unbelastet eingestuft (womöglich auch wegen der Rolle seines Bruders als Spion für die Alliierten) und zum Leiter der Münchner Philharmoniker ernannt.
1948 ist er Mitbegründer des Festivals in Aix-en-Provence. Im selben Jahr holt ihn Heinrich Strobel als Leiter des Sinfonieorchesters des Südwestfunks nach Baden-Baden.

1954 leitet er – kurzfristig eingesprungen für Hans Schmidt-Isserstedt – in Hamburg die nicht-szenische Premiere von Arnold Schönbergs *Moses und Aron* (zudem zahllose Uraufführungen in Donaueschingen).
1955–1957 ist er Leiter des Opernhauses in Zürich und übernimmt nach sieben Jahren der mit Erich Schmid geteilten Leitung im Jahr 1957 alleinverantwortlich (wie beim SWF bis zu seinem Tod) das Tonhalle-Orchester.
1959 gibt er in Chicago sein USA-Debüt. Im selben Jahr erkrankt er an einem Nierenleiden, als Einspringer für Rosbaud in Donaueschingen beginnt so die Dirigentenkarriere von Pierre Boulez.
1962 stirbt er am 29. Dezember in Lugano.

Die fünf CDs, auf denen Hans Rosbauds gesamte Aufnahmen für die DGG zusammengefasst sind, muten an wie ein utopisches Reich miteinander versöhnter Musikgeschmäcker (oder wie eine Erinnerung an jene Zeit, als sie noch nicht als unvereinbar galten): Rachmaninow und Sibelius stehen neben Berg und Webern, deren orchestrale Trauermärsche mit »dionysischer« Brutalität als programmatisch plastische Spätromantik in Szene gesetzt sind; Strawinsky und Boris Blachers Orchesterdrive sind alternative Bestandteile einer musikalischen Moderne mit dem Ahnvater Joseph Haydn, in dessen Sinfonien Rosbaud mit eisernen Nerven nichts dem Notentext beifügt, was sie in die Nähe Beethovens rücken würde. Beethoven selbst aber darf in der Aufnahme des 5. Klavierkonzerts mit Robert Casadesus ganz gemäß dem üblichen Bild ein pathetischer Bilderstürmer bleiben.

Zugleich ist Rosbaud ein Hauptprotagonist der nach dem Zweiten Weltkrieg immer weiter radikalisierten Neuen Musik, die man sich aber stets als Revolution in Anzug und Krawatte vorzustellen hat. Diesen »altmodischen« Anteil hört man zum Beispiel in einer bei Hänssler veröffentlichten 8. Sinfonie Beethovens: Beständig erfolgt eine Umwandlung von Humor in Struktur, vor allem durch unerwartet langsame Tempi und die formale Eingliederung aller Überraschungsmomente. Im Kopfsatz wird vor der im Klang verdeckten Reprise die Basslinie überbetont, wodurch das Versteck des Hauptthemas verraten ist, dessen unerwarteten letzten Auftritt am Satzende ebenfalls ein Ritardando vorbereitet. Gemächliche Tempi findet man auch im Finale von Mahlers 7. Sinfonie, das noch nicht als »affirmatives« Problemstück behandelt wird. Selbst Theodor W. Adorno hätte sich aber darüber gefreut, dass im zentralen Scherzo jener Sinfonie die Texttreue gerade in den Tempobeschleunigungen – und damit an einer eher anarchistisch gegen den Textgehalt gerichteten Stelle – endlich einmal exakt umgesetzt ist.

Rosbaud repräsentiert den Typus des Universalgelehrten, nicht den unwissenden Musikanten, darum schmerzen aus Sicht eines nachträglichen Anklägers die Kompromisse, die auch er im Nationalsozialismus eingehen musste; aus Sicht der Verteidigung können an seiner persönlichen Integrität wohl nur wenig Zweifel bestehen. Hätte er den erwogenen Entschluss zur Emigration umgesetzt, wäre sein Name heute vermutlich in der Reihe der legendären amerikanischen Orchestererzieher weit oben mit eingereiht.

Tonträger
1950 HARTMANN: *Adagio* [Sinfonie Nr. 2] (SWF SO; BMG / Col Legno) ▪ **1955/60** XENAKIS: *Metastaseis* / PENDERECKI: *Anaklasis* (SWF SO; BMG / Col Legno) ▪ **1956/57** MOZART: Violinkonzert Nr. 4 KV 218 / HAYDN: Sinfonien Hob. I: 92 »Oxford« & 104 (Wolfgang Schneiderhan, BPh; DGG) ▪ **1957** BERG: Drei Orchesterstücke op. 6 / WEBERN: Sechs Stücke für Orchester op. 6 / STRAWINSKY: *Agon* (SWF SO; DGG) ▪ **1957** MAHLER: Sinfonie Nr. 7 (SWF SO; Andromeda u. a.)

Schriften
Der Rundfunk als Erziehungsmittel für das Publikum, in: Die Musik 29 (1937), S. 705–708 ▪ »Musik und Wissenschaften«, in: Josef Müller-Marein / Hannes Reinhardt (Hrsg.), Das musikalische Selbstportrait, Hamburg 1963, S. 193–204

Literatur
Joan Evans, Hans Rosbaud. A Bio-Bibliography, New York 1992 [Diskografie] ▪ Jürg Stenzl (Hrsg.), Orchester-Kultur. Variationen über ein halbes Jahrhundert. Aus Anlaß des 50. Geburtstages des SWF-Sinfonieorchesters, Stuttgart 1996 ▪ Boris von Haken, »The Case of Mr. Rosbaud«. Der Fortgang einer Karriere, in: Albrecht Riethmüller (Hrsg.), Deutsche Leitkultur Musik? Zur Musikgeschichte nach dem Holocaust, Stuttgart 2006, S. 101–115 / Joan Evans, Hans Rosbaud and New Music. From 1933 to the Early Postwar Period, in: Ebd., S. 117–129

JCA

Roschdestwenski, Gennadi

1931 am 4. Mai in Moskau als Sohn des Dirigenten Nikolaj Anossow und der Sängerin Natalja Roschdestwenskaja geboren. Der hochbegabte Junge lernt früh das Klavierspiel, später studiert er am Moskauer Konservatorium bei seinem Vater Orchesterleitung und Klavier bei Lew Oborin.
1951 gibt er am Bolschoi-Theater sein Debüt als Dirigent mit Tschaikowskys *Dornröschen*. Dort wird er als Assistent übernommen (zunächst bis 1961).
1961–1974 ist er Chefdirigent des Allunion-Rundfunk-Sinfonieorchesters der UdSSR.
1962 leitet er in Edinburgh die westliche Erstaufführung der 4. Sinfonie Dimitri Schostakowitschs, die der Komponist im Jahr 1936 als Reaktion auf die gegen ihn geführte Kampagne zurückgezogen hatte.
1965–1970 verpflichtet ihn das Bolschoi-Theater als Chefdirigenten.
1969 heiratet er die Pianistin Viktoria Postnikova (auch künstlerisch oft seine Partnerin).
1974 gelingt ihm als Musikdirektor des Moscow Chamber Theatre ein spektakulärer Erfolg mit der Wiederaufführung von Schostakowitschs Oper *Die Nase*.
1974–1977 ist er musikalischer Leiter des Royal Stockholm Philharmonic Orchestra (und erhält damit das Privileg, als erster sowjetischer Dirigent eine hauptamtliche Anstellung außerhalb der UdSSR annehmen zu dürfen).
1978–1981 hat er den Posten des Chefdirigenten des BBC Symphony Orchestra inne und steht auch den Wiener Symphonikern vor (1981–1983).
1981 wird er Chefdirigent des Staatlichen Sinfonieorchesters des Kultusministeriums der UdSSR. Hier verwirklicht er zahlreiche bis heute Maßstäbe setzende Aufnahmen. Das ab 1992 von Valery Polyansky geleitete Orchester fungiert auf Tonträgern heute zumeist als Russian State Symphony Orchestra (da das u. a. für Naxos und mit Dmitry Yablonsky tätige »Svetlanov-Orchestra« denselben Namen verwendet, wird als Hinweis auf den beigeordneten Chor aber auch der Zusatz »Symphony Capella« in verschiedenen Varianten ergänzt).
1991–1995 beruft ihn das Royal Stockholm Philharmonic Orchestra erneut zu seinem Chefdirigenten.
2000 wird er Generalmusikdirektor des Bolschoi-Theaters; nach scharfen Kritiken an seiner Inszenierung von Prokofjews Oper *Der Spieler* legt er sein Amt nach einem Jahr nieder.
2006 findet der erste Internationale Gennadi-Roschdestwenski-Wettbewerb für Dirigenten in Bulgarien statt.

Sieht man Gennadi Roschdestwenski dabei zu, wie er seiner dirigentischen Arbeit nachgeht, möchte man zunächst nicht meinen, dass sich in seiner humorvollen Schlagfertigkeit und so mühelosen Klangexegese dramatische Zuspitzungen der Musikgeschichte und Spuren einer vergangenen Ära verbergen. Als der junge Roschdestwenski 1961 für dreizehn Jahre das wichtige Allunion-Rundfunk-Sinfonieorchester der UdSSR übernahm, katapultierte er sich mit seinen Aufnahmen der Sinfonien von Sergej Prokofjew schnell in die Oberliga russischer Dirigenten, neben den übermächtigen Jewgeni Mrawinski in Leningrad und seinen Moskauer Kollegen Kirill Kondraschin. Sein Einsatz für die Moderne eröffnete Komponisten wie Schostakowitsch, Prokofjew oder Alfred Schnittke eine gewissenhafte Anwaltschaft, von der auch aktuellere Namen wie Rodion Schtschedrin, Giya Kancheli und Sofia Gubaidulina profitiert haben. Rund vierzig Werke Schnittkes – Roschdestwenski bezeichnet ihn als Schostakowitschs ebenbürtigen Nachfolger – wurden von ihm uraufgeführt. Roschdestwenskis Diskografie mit knapp 400 Einspielungen von nahezu 800 verschiedenen Werken macht ihn zu einem der vielseitigsten Dirigenten überhaupt. Und doch verblasst diese Aufzählung von Komponisten, Orchestern und Aufnahmestatistiken in Anbetracht seiner historischen Rolle: Er ist der letzte Vertreter einer goldenen Dirigenten-Ära, eine Erinnerung an die Blüte und Unterdrückung russischer Musizier- und Orchesterkultur.

Umso erstaunlicher, mit welchem Charisma und welcher offenherzigen Musikalität er die Drangsalierungen immer quittiert hat, gerade wenn man sein Auftreten mit der diktatorischen Disziplin Mrawinskis vergleicht. Hinter seiner launigen Art verbirgt sich ein brillanter Geist, der durch die sowjetischen Kulturverordnungen nur schärfer und wohl auch sarkastischer geworden ist. Roschdestwenskis Bühnenpräsenz profiliert sich mit einem oftmals fast humorigen Repertoire mitunter geradezu pantomimischer Schlaggesten. Man beobachte, wie er beispielsweise den Marsch aus Schnittkes Gogol-Suite *Die toten Seelen* dirigiert: Pompös sticht er seinen langen Taktstock in die musikalischen Plattitüden wie in einen Luftballon, um ihn kurz darauf wie ein Feldherr in die Luft zu reißen oder wie ein Florettfechter gegen das Orchester zu richten. Und doch überschreitet er nie die Grenze zum Klamauk – eher erkennt man hinter seinen Überspitzungen eine wehmütige Ironie. Hinzu kommt ein ausgesprochenes Desinteresse an der Probenarbeit: Wo Mrawinski in zehn Proben jedes Detail zurechtschleift, um es im Konzert schließlich in voller Wirkung abzurufen, setzt Roschdestwenski auf die Spontaneität und Intuition der Aufführung. Dies ist ein Konzept künstlerischer Freiheit, das auch deutlich politischen Charakter trägt. Roschdestwenski setzt auf das Individuum und gegenseitiges Vertrauen, um auf diese Weise aus der relativ fehlenden Kontrolle während des einzelnen Konzerts musikalische Kräfte zu entfesseln. Das zeigen beispielsweise seine legendären Gastspiele mit den Leningrader Philharmonikern in London: Tschaikowskys 4. Sinfonie bricht mit all ihrer Dramatik schier aus dem Orchester heraus, Roschdestwenski öffnet der Musik sämtliche Schleusen, ohne sich von ihr überspülen oder wegreißen zu lassen; das ohnehin schon drastische Finale entwickelt sich zu einem lärmenden Höllenritt, dessen Schlussakkord im aufbrandenden Jubel des Publikums untergeht. In solchen Klangfluten könnte man eine Art gewollter Disziplin- oder Zügellosigkeit wittern. Doch das Toben seiner russischen Orchester bleibt in Roschdestwenskis Ideal der Hingabe an den Augenblick von einem unkontrollierten Wüten immer unterscheidbar. Insbesondere in Schostakowitschs Sinfonien geht ein solches Konzept des größtmöglichen Klangspektrums wie des bitteren Humors in der ebenso doppelbödigen Kompositionsweise auf. Wie sich Schostakowitsch als musikalischer Hofnarr auf geschickte Art und Weise alles erlauben kann, so reizt Roschdestwenski die damit verbundenen klanglichen Extreme konsequent aus.

Tonträger
1962 SCHOSTAKOWITSCH: Sinfonie Nr. 4 / *Katerina Ismailova* [Suite] (PhO; BBC Legends) ▪ 1965–1967 PROKOFJEW: Sinfonien Nr. 1–7 (Allunion RSO der UdSSR; Melodiya) ▪ 1971 TSCHAIKOWSKY: Sinfonie Nr. 4 (Leningrader Philharmoniker; BBC Legends) ▪ 1983–1986 SCHOSTAKOWITSCH: Sinfonien Nr. 1–15 (USSR Ministry of Culture SO; Melodiya) ▪ 1983–1987 PROKOFJEW: Klavierkonzerte Nr. 1–5 (Viktoria Postnikova, USSR Ministry of Culture SO; Melodiya) ▪ 1988 RACHMANINOW: Sinfonie Nr. 2 (London SO; Regis) ▪ 1993 GUBAIDULINA: Sinfonie »Stimmen ... Verstummen« / *Stufen* (Royal Stockholm PO; Chandos) ▪ 1994 SCHNITTKE: Sinfonie Nr. 8 / Concerto grosso Nr. 6 (Royal Stockholm PO; Chandos) ▪ 1997 ENESCU: Sinfonie Nr. 3 etc. (Leeds Festival Chorus, BBC Philharmonic; Chandos) ▪ 2007 GLASUNOW: Violinkonzert / SCHOSTAKOWITSCH: Violinkonzert Nr. 1 (Sascha Roschdestwenski, State Symphony Capella of Russia; Nimbus)

Bildmedien
1954 PROKOFJEW: *Romeo und Julia* (Bolschoi-Theater; VAI) ▪ 1979 SCHOSTAKOWITSCH: *Die Nase* (Akimov, Lomonosov, Moscow Chamber Opera Theatre; VAI) The Red Baton. Scenes of Musical Life in Stalinist Russia / Gennadi Rozhdestvensky: Conductor or Conjuror? (Dokumentationen von Bruno Monsaingeon; Idéale Audience 2004)

Schriften
Dirizerskaja applikatura [Die Schlagtechnik des Dirigenten], Leningrad 1974 ▪ Mysli o muzyke [Gedanken zur Musik], Moskau 1975 ▪ Schnittke as Seen by Others – Gennadi Rozhdestvensky (1989), in: Alexander Ivashkin (Hrsg.), A Schnittke Reader, Bloomington 2002, S. 236–240

Literatur
Henny van der Groep, Interpreters on Shostakovich: Gennadi Rozhdestvensky, in: DSCH Journal 19 (2003), S. 46–48 ▪ David Nice, The Russian Tradition, in: José Antonio Bowen (Hrsg.), The Cambridge Companion to Conducting, Cambridge 2003, S. 191–201 ▪ Götz Thieme, »Das Wichtigste sind die Augen«, in: Fono Forum 5/2006, S. 40 ff. ▪ Meine Erfahrungen mit der Musik Sergej Prokofjews [Gespräch mit Grigori Pantijelew, 1991], in: Ernst Kuhn (Hrsg.), Um das Spätwerk betrogen? Prokofjews letzte Schaffensperiode, Berlin 2007, S. 49–73

AGU

Rostropowitsch, Mstislaw

1927 am 27. März in Baku (Aserbaidschan) geboren. Als Sohn des Cellisten Leopold Rostropowitsch und der Pianistin Sofia Fedotowa beginnt seine musikalische Ausbildung bereits im Elternhaus.
1943–1946 studiert er am Moskauer Konservatorium bei Semyon Kozolupow (Violoncello), Wissarion Schebalin (Komposition) und Dimitri Schostakowitsch.
1945 erlebt Rostropowitsch seinen Durchbruch als Cellist: Er gewinnt den Ersten Preis beim Moskauer Allsowjetischen Wettbewerb für reproduktive Musiker; es folgt eine weltweit erfolgreiche Solistenkarriere mit zahllosen internationalen Auszeichnungen.
1955 heiratet er die Sopranistin Galina Wischnewskaja.
1968 debütiert Rostropowitsch offiziell als Dirigent mit Tschaikowskys *Eugen Onegin* am Bolschoi-Theater.
1970 setzt er sich in einem »offenen Brief« für den in der UdSSR geächteten Literaturnobelpreisträger Alexander Solschenizyn ein.

1974 erhalten er und seine Frau eine zunächst zweijährige Ausreisegenehmigung. Die nächsten Jahre verbringt er im Exil als Schweizer Staatsbürger.
1977–1994 ist er als Nachfolger Antal Dorátis Chefdirigent des National Symphony Orchestra Washington, D. C.
1978 wird Rostropowitsch und seiner Frau im März die sowjetische Staatsbürgerschaft entzogen.
1990 kehrt er im Rahmen einer Konzerttournee mit dem National Symphony Orchestra nach Russland zurück.
2007 stirbt er am 27. April in Moskau.

Während Mstislaw Rostropowitsch als weltweit gefeierter Solist die gesamte Breite des Cellorepertoires von Bachs Solosuiten über die Instrumentalkonzerte des 19. Jahrhunderts bis hin zu Neutönern wie Witold Lutosławski und Pierre Boulez bediente (und zu einem Gutteil selbst in Auftrag gab), widmete er sich als Dirigent in besonderem Maße der russischen Moderne. Vor allem um die Werke Prokofjews und Schostakowitschs machte sich Rostropowitsch verdient, zum Beispiel durch seine Produktion der Oper *Krieg und Frieden* am Bolschoi-Theater 1970 und durch die Aufnahme der in der UdSSR verbotenen Originalversion der Oper *Lady Macbeth von Mzensk*. Rostropowitschs eigene Politisierung begann jedoch erst mit seiner Fürsprache für Alexander Solschenizyn: Nachdem er sich auch im Exil wiederholt systemkritisch geäußert und in Washington, der Hauptstadt des »Klassenfeinds«, als Dirigent angeheuert hatte, versuchte die sowjetische Kulturpolitik, ihn aus ihrem Gedächtnis zu streichen, zum Beispiel durch die Tilgung seines Namens als Widmungsträger aus der Schostakowitsch-Gesamtausgabe. Vor diesem Hintergrund wird die politische Dimension selbst noch der konzertanten Wiederaufnahme der *Lady Macbeth* in Moskau und St. Petersburg, die Rostropowitsch 1996 nach der Öffnung des Ostblocks mit initiierte, besonders deutlich.

Sein enger persönlicher Kontakt zu Prokofjew und Schostakowitsch begründete deren zentrale Stellung im Repertoire des Dirigenten Rostropowitsch und hat sicher zur Profilierung gegenüber dem Cellisten Rostropowitsch beigetragen, in dessen langem Schatten der Dirigent unvermeidlich stand. Im Fall Schostakowitschs scheint ihm die Oper näherzuliegen als die reine Orchestermusik: Rostropowitschs Einspielung von *Lady Macbeth* besticht durch genau diejenige Sicherheit in dynamischem Spannungsaufbau und effektvoll nuancierten Klangkontrasten, die seinen Schostakowitsch-Sinfoniezyklen bisweilen abgeht. Seine Lesart der 5. Sinfonie indessen hat ihre spannungsvollsten Momente in komischen Umbrüchen wie der Marsch-Durchführungsepisode im Kopfsatz oder der ungebremsten Kollision verschiedener Tanz-Versatzstücke im Scherzo, deren Wahlverwandtschaft zu Mahler Rostropowitsch klar herausarbeitet.

Die getragene Ruhe seiner Prokofjew-Aufnahmen lässt gerade die Finalsätze im Verhältnis zu ihrer klassizistischen Orientierung am heiteren »Kehraus«-Typus etwas gebremst wirken, kommt dafür aber umso mehr den langsamen Sätzen zugute, die als elegische Gesangsszenen quasi vom Mittelsatz zum Zentralsatz avancieren: In wenigen Interpretationen wird das Andante espressivo der Siebten seinem Namen derart gerecht, und im Andante der Dritten lösen sich die Melodielinien der Streicher immer wieder zugunsten der unregelmäßig hervortretenden Nebenstimmen auf, sodass die Melancholie des Satzes einen eigentümlich »unwirklichen« Unterton gewinnt. Wollte man bei Dirigenten ähnlich wie bei Sängern von einem lyrischen Fach sprechen, so könnten die Prokofjew-Dirigate Rostropowitschs dafür einstehen.

Tonträger
1976 Tschaikowsky: Sinfonie Nr. 3 »Polnische« (London PO; EMI) ▪ **1978** Schostakowitsch: *Lady Macbeth von Mzensk* (Wischnewskaja, Gedda, Petkov, Ambrosian Opera Chorus, London PO; EMI) ▪ **1983** Schostakowitsch: Sinfonie Nr. 5 (National SO Washington; DGG) ▪ **1985–1987** Prokofjew: Sinfonien Nr. 1–7 (ONF; Erato) ▪ **1987** Mussorgsky: *Boris Godunow* [Urfassung 1872] (Raimondi, Polozov, Gedda, Wischnewskaja, Choral Arts Society of Washington, National SO Washington; Erato) ▪ **2002** Schostakowitsch: Sinfonie Nr. 11 »Das Jahr 1905« (London SO; LSO Live)

Schriften
Die Musik und unser Leben, mit Galina Rostropowitsch, aufgezeichnet von Claude Samuel, übs. von Annette Lallemand, Bern 1985

Literatur
Galina A. Rasina, »Ideologisch entartete Elemente«. Eine Dokumentation zur Ausbürgerung von Mstislaw Rostropowitsch und Galina Wischnewskaja aus der ehemaligen UdSSR (1974–1978), übs. von Ernst Kuhn, Berlin 1996 ▪ Alexander Ivashkin / Josef Oehrlein, Rostrospektive. Zum Leben und Werk von M. Rostropowitsch, Schweinfurt 1997 ▪ Thomas Migge, Brot für die Seele, in: Fono Forum 4/2002, S. 24–29 ▪ Elizabeth Wilson, Rostropovich. The Musical Life of the Great Cellist, Teacher, and Legend, Chicago 2008

FKR

Roth, François-Xavier

1971 am 6. November in Neuilly-sur-Seine als Sohn des Organisten Daniel Roth geboren. Er studiert ab 1990 Flöte am Pariser Conservatoire National Supérieur de Musique (später auch Dirigieren bei János Fürst).
2000 gewinnt er den Donatella-Flick-Dirigentenwettbewerb; er arbeitet als Assistent beim London Symphony Orchestra und für John Eliot Gardiner.
2003 gründet er das Ensemble Les Siècles, das auf historischen Instrumenten verschiedener Epochen musiziert.
2008 wird er Erster Gastdirigent des Orquesta Sinfónica de Navarra (bis 2010) und Associate Guest Conductor des BBC National Orchestra of Wales (bis 2012).
2009–2010 ist er für eine Saison Musikdirektor des Orchestre Philharmonique de Liège.
2011 wird er Chefdirigent beim SWR Sinfonieorchester Baden-Baden und Freiburg.
2013 führt er mit Les Siècles Strawinskys *Le Sacre du printemps* zum hundertjährigen Jubiläum der Uraufführung erstmals mit historischen Instrumenten auf.
2015 übernimmt er als Generalmusikdirektor der Stadt Köln die Leitung des Gürzenich-Orchesters.

Wer die Sendung »Das musikalische Quartett« des SWR kennt, der weiß, dass dort eigentlich immer John Eliot Gardiner bei den Aufnahmevergleichen gewinnt – François-Xavier Roth könnte seinem Mentor mit seiner musikalischen Vielseitigkeit aber bald Konkurrenz machen. Mit Les Siècles hat er rekonstruktive Aufführungsmodelle ähnlich wie Jos van Immerseel auf Musik des 20. Jahrhunderts übertragen. Mitschnitte von Konzerten des Ensembles weisen jedoch manchmal den leichten Mangel auf, dass die Tontechnik den Klang nur wenig präsent abbildet. Und das widerspricht der Verwendung alter Instrumente, die mit ihren farblichen und dynamischen Extremen eher den kleineren Aufführungsorten früherer Zeiten adäquat sind (die Studioaufnahme ist im Grunde deren modernes Äquivalent). Dennoch beeindruckt in Debussys *La Mer* die große Vielfalt an Details, die wie in einem sorgfältig restaurierten Gemälde hervortreten (auch weil das dynamisch begrenzte Klangbild von der Lautstärkekonkurrenz anderer Musikkulturen noch nichts zu wissen scheint). Strawinskys *Sacre* erklingt auf leisen Sohlen ähnlich »unschuldig« als heimliches Schwesterwerk von Beethovens *Pastorale*, deren Partiturseiten jemand rhythmisch in Unordnung gebracht hat.

Roths bislang zentrales Aufnahmeprojekt widmet sich Richard Strauss, einem Komponisten, um den sowohl die Experten der Alten Musik wie die Adepten der zeitgenössischen Klänge zumeist einen auffälligen Bogen machen. Die von beiden Lagern geteilten Strategien der »Objektivierung« des Klangs treten in den herausgestellten Dissonanzen und in den eher unterdrückten sentimentalen Melodien deutlich hervor (etwa im Schlussteil von *Ein Heldenleben*). Roth inszeniert Strauss als eine Art »Breaking Bad« der musikalischen Romantik, und das erinnert nun beinahe an jene Formen der Aktualisierung, die das Kino sich für Figuren des 19. Jahrhunderts wie Sherlock Holmes ausgedacht hat: Ein Stück wie *Till Eulenspiegel* erweckt den Eindruck, die Geschichte würde viel »blutiger« als gewohnt erzählt. Roth zeigt sich somit in der Summe seiner bisherigen Aufnahmen als Experte dafür, wie das etablierte Repertoire gleichermaßen von der Alten Musik wie von der Avantgarde her neu beleuchtet werden kann.

Tonträger
2005 CHOPIN: Klavierkonzerte Nr. 1 & 2 (Denis Pascal, Orchestre Les Siècles; Polymnie) ▪ **2009** VARÈSE: *Offrandes / Hyperprism / Intégrales / Ecuatorial / Ionisation* (Julie Moffat, Ensemble Modern Orchestra; Col Legno) ▪ **2012** DEBUSSY: *La Mer / Première Suite d'orchestre* (Les Siècles; LSL) ▪ **2012/13** STRAUSS: *Till Eulenspiegels lustige Streiche / Don Quixote / Macbeth* (Frank-Michael Guthmann, SWR SO Baden-Baden und Freiburg; Hänssler)

Bildmedien
Presto 2 [Kurzfilme zu einzelnen Musikstücken, realisiert von François-René Martin] (Les Siècles; BelAir 2007)

Webpräsenz
www.francoisxavierroth.com [Chronologie und Diskografie] (↪0111)

JCA

Rousset, Christophe

1961 am 12. April in Montfavet bei Avignon geboren. An der Schola Cantorum in Paris sowie dem Königlichen Konservatorium Den Haag studiert er Cembalo und Kammermusik.
1983 gewinnt er als Cembalist die International Competition beim Festival Musica Antiqua in Brügge.
1986–1991 ist er Cembalist des Ensembles Les Arts Florissants, wo er als Assistent von William Christie auch erste Dirigiererfahrungen sammelt.
1991 gründet er sein eigenes Ensemble Les Talens Lyriques (LTL), das er bis heute leitet. Er unterrichtet am Pariser Conservatoire National Supérieur de Musique (später auch in Siena), im internationalen Musikleben tritt er als Cembalist wie auch als Gastdirigent in Erscheinung. Ergänzt wird seine Tätigkeit durch Meisterkurse, Akademien und Musikvermittlungsprojekte, bei denen ihn die Musiker von Les Talens Lyriques unterstützen.
1993 spielen er und sein Ensemble in Metz die Musik für den Soundtrack des Kinofilms *Farinelli* ein.
2004 wird ihm der Ordre National du Mérite im Rang eines Chevalier verliehen,
2011 folgt die Verleihung des Ordre des Arts et des Lettres im Rang eines Commandeur.

Dass es bereits vor Johann Sebastian Bach Musik gab, demonstriert eindrucksvoll die stetig wachsende Zahl der Ensembles für Alte Musik, die nicht zuletzt in den 1990er-Jahren einen weiteren Gründungsboom erlebten. Dass es schon vor Wolfgang Amadeus Mozart Opern gab, zeigen besonders Rousset und sein Ensemble: Ganz gemäß der Vorlieben ihres leitenden »Musikarchäologen« hat sich Roussets auf Originalinstrumenten spielendes Barockensemble insbesondere der Wiederentdeckung der europäischen Opernliteratur des 17. und 18. Jahrhunderts verschrieben. Roussets Interpretationen als Ensembleleiter weisen dabei die gleichen Eigenschaften auf, die sein Cembalospiel auszeichnen. Die Tragédie en musique von Jean-Baptiste Lully, Jean-Philippe Rameau oder Antoine Dauvergne erklingt nicht noch zusätzlich übertrieben theatralisch, aber schwungvoll und mit der den Werken inhärenten Dramatik. Dabei ist Rousset nicht nur auf musikalische Perfektion bedacht, sondern auch auf diejenige der Sprache, deren natürlicher Gestus die Interpretation des jeweiligen Werkes mit beeinflusst, ohne dessen spezifische Dynamik dabei zu dominieren. Auf diese Weise erlangt er auf vokaler wie auch instrumentaler Seite maximale Präzision und Verständlichkeit, was die Herausarbeitung kleinster stilistischer Details und deren hörende Wahrnehmung ermöglicht. Rousset besitzt eine immer lebhafte und sogar teilweise bei aller Ernsthaftigkeit äußerst humorvolle Herangehensweise, wie sie in ähnlicher Form vielleicht schon manchen Adeligen des Barock mühelos von den Problemen der Tagespolitik abgelenkt haben dürfte.

Tonträger
1995 HÄNDEL: *Riccardo Primo* (Mingardo, Piau, Brua, Scaltriti, Bertin, Lallouette, LTL; L'Oiseau-Lyre) ▪ **1998** MOZART: *Mitridate, re di Ponto* (Bartoli, Dessay, Sabbatini, Asawa, Piau, Flórez, LTL; Decca) ▪ **2000** RAMEAU: Six Concerts en sextuor (LTL; Decca) ▪ **2001** LULLY: *Persée* (Agnew, Panzarella, Haller, Correas, Billier, LTL; Astrée) ▪ **2007** SOLER: *Il burbero di buon cuore* (de la Merced, Chausson, Gens, Orquesta Sinfónica de Madrid; Dynamic) ▪ **2011** DAUVERGNE: *Hercule mourant* (Foster-Williams, Gens, Toro, LTL; Aparté)

Bildmedien
2000 HÄNDEL: *Serse* (Rasmussen, Hallenberg, Piau, LTL; EuroArts) ▪ **2008** RAMEAU: *Castor et Pollux* (Panzarella, Gens, Bjarnason, Neven, Chorus of De Nederlandse Opera, LTL; Opus Arte)

Schriften
Jean-Philippe Rameau, Arles 2007

Literatur
Stephen Pettitt, Virtuosity with Heart, in: Gramophone 9/1993, S. 14–16 ▪ Atys und die Folgen [Interview mit Helmut Schmitz], in: Concerto, Heft 127 (1997), S. 32–35 ▪ Klangschönheit als Wissenschaft [Interview mit Johannes Jansen], in: Concerto, Heft 220 (2008), S. 26 f. ▪ Herbert Schneider, Zur dramaturgischen und musikalischen Konzeption der Tragédie en musique von Jean-Baptiste Lully, aufgezeigt an *Persée* und *Roland*, in: Thomas Seedorf (Hrsg.), Barockes Musiktheater in Geschichte und Gegenwart, Laaber 2010, S. 175–198

Webpräsenz
www.lestalenslyriques.com (↪0112)

DWI

Rowicki, Witold

1914 am 26. Februar als Witold Kałka in Taganrog (Russland) geboren.
1923 übersiedelt die Familie nach Polen.
1931 beginnt er sein Studium in Krakau, ein Jahr später debütiert er als Dirigent. Im Jahr 1938 erhält er ein Diplom als Violinist. Die Kriegsjahre verbringt er in Krakau mit weiteren Studien bei Rudolf Hindemith, aber auch als Bratschist u. a. in der von Hans Frank begründeten Philharmonie des Generalgouvernemts.
1945 Neugründung des Sinfonieorchesters in Kattowitz (als Leiter der Musikabteilung des Rundfunks).
1950 kommt er an seine Hauptwirkungsstätte als Leiter des Nationalen Philharmonischen Orchesters Warschau, wo er mit einer Unterbrechung (1955–1958) bis zu seiner Pensionierung im Jahr 1977 verbleibt.
1954 leitet er die Uraufführung von Witold Lutosławskis *Konzert für Orchester* (das ihm gewidmet ist).
1965–1970 ist er zusätzlich am wieder errichteten Wielki-Theater in Warschau tätig.
1983–1985 ist er Chefdirigent der Bamberger Symphoniker.
1989 stirbt er am 1. Oktober in Warschau.

Dirigenten und Komponisten sind voneinander getrennte Exportartikel: Witold Rowicki, der wohl bekannteste polnische Dirigent aus der Zeit des Kalten Krieges, ist als Name weit weniger präsent geblieben als die »polnische Avantgarde« der Komposition. Für Ungarn und Tschechien dürfte sich dies eher umgekehrt darstellen, vielleicht auch, weil in Polen immer ein Rest mehr an individuellen Freiheiten möglich blieb, der den Komponisten die internationale Verbreitung sicherte und den Interpreten den Druck zur Emigration nahm.

In einigen Aufnahmen Rowickis tritt eine Neigung zu unerwartet pompösen oder umgekehrt überzogen rasanten Einzelpartien hervor, die auf Wurzeln in einem spontanen Live-Musizieren schließen lassen. Im Trauermarsch der *Eroica* wird jene »Hand voll Erde«, als die Ferenc Fricsay einmal die Bassfiguren zu Beginn poetisch umschrieb, sozusagen spatenweise auf das Grab geworfen, in Tschaikowskys *Schwanensee*-Suite wirken die Protagonisten stellenweise geradezu klanglich gemästet (und machen dennoch enormen Eindruck).

Die Londoner Gesamtaufnahme der Sinfonien Antonin Dvořáks hingegen präsentiert eine perfekte Imitation eines schlanken »böhmischen« Orchesterklangs. Die drei frühen »nichttschechischen« Dvořák-Zyklen lassen sich dabei sinnfällig mit Max Webers Herrschaftstypen sortieren: Rowicki ist der Charismatiker, der willkürliche Entscheidungen nicht scheut, aber in der Summe die aufregendsten Ergebnisse präsentiert. Im Finale der 8. Sinfonie wird das Hauptthema viel zu forsch angespielt, wodurch sich der Satz aber insgesamt vereinheitlicht. István Kertész lässt wenige Jahre früher mit demselben Orchester im Sinne einer legalen Herrschaft stärker einzelne Partitursegmente durchstrukturieren. Otmar Suitner schließlich ist der Traditionalist, der einen stärker »romantischen« Tonfall hervorkehrt: Das Finale der Achten zerfällt dadurch anders als bei Rowicki in märchenhafte Adagio- und abenteuerlustige Allegro-Sektionen.

Als Dirigent zeitgenössischer Musik hat sich Rowicki bedingungslos für eine breite Palette polnischer Komponisten eingesetzt (und auch deren Weg von eher dürftiger Neoklassik über aufregende Avantgardismen hin zu individueller Neoromantik nachvollzogen). Dabei macht er Verbindungslinien zur Tradition hörbar, wenn zum Beispiel im zweiten Satz von Lutosławskis *Konzert für Orchester* genau wie in dessen Vorlage, dem *Sommernachtstraum* Mendelssohns, den flirrenden Streichertexturen alles Fragile genommen wird und stattdessen virtuose Stabilität dominiert. Rowickis Sonderstellung liegt darin, dass er die Expertise für Neue Musik mit jener expressiven Auflaudung verbindet, die sonst im Namen reinen Materialdenkens und strikt analytischer Lesarten zurückgewiesen wird. Auch dies verbindet ihn mit der Musik seines Heimatlandes.

Tonträger
1958 SCHUMANN: Klavierkonzert (Swjatoslaw Richter, National PO Warsaw; DGG) ▪ **1959** TSCHAIKOWSKY: *Schwanensee / Dornröschen* [Suiten] (National PO Warsaw; DGG u.a.) ▪ **1964** LUTOSŁAWSKI: *Konzert für Orchester / Jeux vénitiens / Trauermusik* (National PO Warsaw; Philips) ▪ **1965–1971** DVOŘÁK: Sinfonien Nr. 1–9 (London SO; Philips/Decca) ▪ **1976** KILAR: *Krzesany* (National PO Warsaw; Polskie Nagrania)

Literatur

Marian Gołębiowski, Witold Rowicki w Filharmonii Warszawskiej i Narodowej. Dokumentacja, Koncertowa i Fotograficzna, [Warschau] 1991 [Diskografie und Verzeichnis eigener Kompositionen]

Webpräsenz

www.witoldrowicki.com (↪0113)

JCA

Runnicles, Donald

1954 am 16. November in Edinburgh geboren. Er studiert an den Universitäten von Edinburgh und Cambridge.
1980 beginnt seine musikalische Laufbahn als Korrepetitor am Nationaltheater Mannheim. Später ist er ab 1989 für drei Jahre Generalmusikdirektor in Freiburg im Breisgau.
1988 debütiert er an der Metropolitan Opera in New York mit Alban Bergs *Lulu*.
1992–2009 leitet er die San Francisco Opera.
2001 beginnt seine langjährige Arbeit als Principal Guest Conductor beim Atlanta Symphony Orchestra und für einige Jahre auch als Chefdirigent des New Yorker Orchestra of St. Luke's.
2006 leitet er erstmals das Grand Teton Music Festival (wo er bis mindestens 2019 wirken wird).
2009 wird Runnicles Generalmusikdirektor an der Deutschen Oper Berlin (mit Vertrag bis 2018) sowie Chefdirigent des BBC Scottish Symphony Orchestra (Conductor Emeritus ab 2016).

Siebzehn Jahre an der Spitze der San Francisco Opera weisen Donald Runnicles als einen Mann der Kontinuität aus. Den immer kürzeren Karrierewegen und -sprüngen junger Dirigenten und Sänger steht er ausgesprochen skeptisch gegenüber. Eben diese Beständigkeit dürfte mit ausschlaggebend für seine Verpflichtung an die Deutsche Oper gewesen sein, die in Berlin dauerhaft mit internationalen Spitzenorchestern konkurriert.

Für den Opernbetrieb fordert Runnicles eine Partnerschaft zwischen Musik und Bühne auf Augenhöhe. Als Dirigent bringt er die Instrumente zuweilen sogar als eine Art imaginärer Bühnencharaktere in Stellung: Im zweiten Akt des *Tristan* beispielsweise konzipiert er das Orchester nicht so sehr wie sein erklärtes Vorbild Carlos Kleiber als homogenen Klangkörper, dessen innere Entwicklung zugleich die Entwicklung der Gesangslinien trägt, sondern als ein mehrschichtiges Geflecht, das selbst in polyphoner Interaktion mit den Vokalstimmen steht. Insbesondere die weichen Einsätze aller Instrumentengruppen und die lang angelegten Decrescendi verleihen Runnicles' Phrasierung einen eigentümlich »humanen« Charakterzug.

Bei den Salzburger Festspielen gelang ihm 2004 mit *Die tote Stadt* ein Überraschungserfolg. Während Paul, die Hauptfigur in Erich Wolfgang Korngolds Oper, unsicher auf dem schmalen Grat zwischen Vergangenheit und Gegenwart, Vision und Wirklichkeit balanciert, durchmisst Runnicles' Orchesterführung den stilistisch weiten Weg der Partitur zwischen Tanz, Katastrophe und Kitsch geradezu spielerisch. Nicht zuletzt durch die sensible dynamische Abstimmung zwischen Streichern und Blechbläsern kann sich Runnicles' Aufnahme in jeder Hinsicht mit der Maßstäbe setzenden Einspielung Erich Leinsdorfs messen.

Tonträger

1994 HUMPERDINCK: *Hänsel und Gretel* (Larmore, Ziesak, Behrens, Weikl, Tölzer Knabenchor, SO des BR; Teldec) ▪ **1999** WAGNER: Wesendonck-Lieder / STRAUSS: *Vier letzte Lieder* / BERG: Sieben frühe Lieder (Jane Eaglen, London SO; Sony) ▪ **2002/03** WAGNER: *Tristan und Isolde* (Brewer, Treleaven, Pecková, Daniel, Rose, Apollo Voices, BBC SO; Warner) ▪ **2004** KORNGOLD: *Die tote Stadt* (Denoke, Skovhus, Kerl, Wiener Staatsopernchor, WPh; Orfeo)

Webpräsenz

www.donaldrunnicles.org (↪0114)

FKR

Sabata, Victor de

1892 am 10. April in Triest als Sohn eines Chorleiters und Gesangslehrers geboren, zeigt Victor Symptome eines Wunderkindes: Klavierspiel mit vier, erste Kompositionen mit sechs Jahren.

1910 schließt er ein Kompositionsstudium am Mailänder Konservatorium ab (u. a. bei Giacomo Orefice, außerdem Klavier- und Violinstudien); in den folgenden Jahren spielt er u. a. unter Toscanini im Orchester, komponiert jedoch vor allem mit der Oper *Il macigno* (1917, später revidiert als *Driada*) einen nicht unumstrittenen Achtungserfolg an der Scala.

1918 beginnt seine Dirigentenkarriere als Leiter der Oper von Monte Carlo (bis 1929).

1921 debütiert er in Italien als Konzertdirigent an der Accademia di Santa Cecilia in Rom.

1925 leitet er in Monte Carlo die Uraufführung von Maurice Ravels *L'Enfant et les sortilèges*.

1927 folgt – als Vertretung von Fritz Reiner – sein USA-Debüt beim Cincinnati Symphony Orchestra.

1930 wird er nach gefeierten Aufführungen von Puccinis *La fanciulla del West* und Wagners *Tristan und Isolde* (Teile einer Aufführung von 1930 sind als Tondokument erhalten) Nachfolger Toscaninis als musikalischer Leiter des Teatro alla Scala. Obwohl er 1931 nach einer unglücklichen Aufführung seiner neukomponierten »azione coreografica« *Mille e una notte* schon kurzzeitig zurückgetreten ist, jedoch durch einen Brief Toscaninis zur Fortsetzung der Leitung gemahnt wird, kann er über die kriegsbedingten Unterbrechungen seiner mehr als 23 Jahre überwölbenden Amtszeit hinweg die künstlerischen Geschicke des Hauses prägen.

1939 folgt er Toscanini als zweiter italienischer Festspieldirigent in Bayreuth; er arrangiert sich trotz jüdischer Abstammung (seitens der Mutter) mit den Kulturpolitikern in Berlin, die Toscaninis Abkehr von den faschistischen Staaten Europas durch das Hofieren des Mussolini freundschaftlich verbundenen Landsmanns zu kompensieren trachten. De Sabata gastiert außer in Bayreuth auch an der Berliner Staatsoper und spielt mit Furtwänglers Berliner Philharmonikern (BPh) eine Reihe von Schallplatten für Polydor ein.

1945 ist die Scala noch sichtlich beschädigt, weniger jedoch de Sabatas Karriere – man hält ihm eine eher apolitische Fixiertheit auf das Künstlerische zugute. Obwohl Toscanini 1946 medienwirksam das Wiedereröffnungskonzert dirigieren darf, bleibt de Sabata das europäische Aushängeschild der italienischen Orchesterkultur und wird im selben Jahr wieder nach London eingeladen.

1950 holt ihn die politische Vergangenheit kurzzeitig ein, als er im Vorfeld einer Konzertreihe mit dem New York Philharmonic Orchestra von den amerikanischen Behörden überprüft wird (merkwürdigerweise im Zuge des antikommunistisch ausgerichteten MacCarran Act); die in Rundfunkmitschnitten dokumentierten New Yorker Konzerte (jeweils im März 1950 und 1951) werden ein nachhaltiger künstlerischer Erfolg.

1953 Die bis heute legendäre Einspielung von Puccinis *Tosca* (mit Maria Callas und Tito Gobbi) bleibt seine einzige Studioproduktion einer Oper: Ein Herzanfall im selben Jahr hat seinen Rückzug vom Podium zur Folge. Carlo Maria Giulini folgt als Musikdirektor der Scala, während de Sabata als künstlerischer Leiter eher pro forma an das Haus gebunden bleibt. Es ist bezeichnend, dass zwei Aufführungen von Verdis Requiem – 1954 im Studio, 1957 auf Toscaninis Trauerfeier – als seine letzten Dirigate zu verzeichnen sind.

1957 zieht sich de Sabata zur Schonung seines Herzens für ein letztes Lebensjahrzehnt völlig zurück – angeblich beschäftigt mit Kompositionen und Problemen höherer Mathematik.

1967 wird aus Santa Margherita (Ligurien) sein Tod am 11. Dezember vermeldet.

Bezeichnenderweise in Alexander Mossolows knapp vierminütiger, futuristisch-brutaler Ostinato-Studie *Zavod* [*Die Eisengießerei*] führt Victor de Sabata vor, wie man aus einer bereits »rotglühenden« durch fein gestufte Tempobeschleunigungen zu einer schließlich »weißglühenden« Aufführung gelangt (genau dies bezeichnete laut gerne zitiertem Bonmot eines Mitglieds des London Philharmonic Orchestra den Unterschied zwischen Thomas Beecham und dem italienischen Espressivo-Spezialisten). De Sabatas Trick ist wirklich ganz einfach und besonders in Brahms' Violinkonzert quasi einkomponiert, nachzuverfolgen in dessen New Yorker Live-Mitschnitt 1950 mit Nathan Milstein: Man beginne eher gemächlich und forciere dann mehrfach heftig das Tempo; gelegentliche Verlangsamungen stärken dabei die lyrische Ausdrucksintensität und ermöglichen immer wieder auch ein landschaftlich-pastorales Grundempfinden. Auf Beethoven ist das leicht übertragbar, nicht nur in der berühmten römischen Aufnahme der *Pastorale* von 1947, und es gelingt auch im ruhigeren Mittelteil der bruitistisch eröffneten »Circenses« aus Respighis *Feste Romane*.

Konstante Grundrhythmen, auf die sich etwa Toscanini – wenn auch erst in seiner späten Schallplattenkarriere nach dem Zweiten Weltkrieg – zunehmend hinbewegt, sind de Sabatas Sache nicht: Der elastische Tempowechsel, das untrügliche Gefühl für eine jeder Phrase individuell angemessen erscheinende Geschwindigkeit (und Klangfarbe) zeichnen seine Aufnahmen aus und machen ihn zu einem faszinierend eigensinnigen Debussy-Exegeten, aber auch zum perfektionistisch denkenden und probenden Opernspezialisten. Neben jener *Tosca*, die schon fast alleine seinen Nachruhm begründet, vermittelt unter den Live-Mitschnitten der Jahre 1949 bis 1952 aus der Scala Rossinis *Barbier* klanglich am eindrucksvollsten die ungeheuren Ansprüche an perfektes Zusammenspiel und Verve, die de Sabata an seine Orchester und Sänger stellte. Trotz herausstechender Rollenporträts von Maria Callas in *Macbeth* und Renata Tebaldi in *Falstaff* (dessen knappe Vorspiele er sehr forciert angeht) sind demgegenüber seine Live-Aufnahmen der Opern Verdis – auch der mitgeschnittenen *Aida*-Aufführungen auf Scala-Tourneen 1936 in Wien und 1937 in Berlin – aufgrund massiver Klang- und Ensembledefizite für sein Vermögen, Szenerie und Stimmung der Figuren bereits vom Orchester her zu beherrschen, weniger aufschlussreich als die späte, im Studio austarierte Aufnahme des Requiems.

Mit Sabatas Tätigkeit in Berlin verbindet sich ein interpretationsgeschichtlich maßgeblicher Einfluss auf Herbert von Karajan, den er dort 1938 kennengelernt hatte, nach dem Weltkrieg und dessen Flucht nach Italien unterstützte und ab 1948 als Dirigent vor allem des deutschen Repertoires an seiner Scala installierte. Der mitunter auch verbal weißglühend artikulierte Perfektionismus des privat eher als warmherzig beschriebenen Italieners fand Erben zudem in seinen Mailänder Assistenten, Kollegen und Nachfolgern: Mit Guido Cantelli, Tullio Serafin oder Carlo Maria Giulini pflanzte sich seine Schule klanglich höchst kontrollierter und dramaturgisch höchst expressiver ausgerichteter Interpretationen im internationalen Musikleben fort – man kann sogar in Claudio Abbados oder Antonio Pappanos Musizieren noch deutlich den ein oder anderen Moment hören, der an ihren bedeutenden Vorgänger erinnert.

Tonträger
1933 STRAWINSKY: *Feu d'artifice* / MOSSOLOW: *Eisengießerei* / GLASUNOW: *Aus dem Mittelalter* [Serenade & Scherzo] / DE SABATA: *Juventus* (OS della RAI Torino; Parlaphone / Naxos Historical) ▪ 1939 BRAHMS: Sinfonie Nr. 4 / KODÁLY: *Tänze aus Galánta* / RESPIGHI: *Feste Romane* / STRAUSS: *Tod und Verklärung* / WAGNER: *Tristan und Isolde* [Vorspiel und Liebestod] (BPh; Polydor / IDIS) ▪ 1946 BEETHOVEN: Sinfonie Nr. 3 »Eroica« (London PO; Decca / Andromeda u.a.) ▪ 1947/48 DEBUSSY: *Jeux* / *La Mer* / *Nocturnes* [Nuages & Fêtes] (Orchestra Stabile dell'Accademia di Santa Cecilia Roma; HMV / Testament) ▪ 1952 ROSSINI: *Il barbiere di Siviglia* (Bechi, Gatta, Valletti, Rossi-Lemeni, Teatro alla Scala; Walhall) ▪ 1953 PUCCINI: *Tosca* (Callas, di Stefano, Gobbi, Teatro alla Scala; Columbia / EMI) ▪ 1954 VERDI: *Messa da Requiem* (Schwarzkopf, Dominguez, di Stefano, Siepi, Teatro alla Scala; Columbia / Naxos)

Kompositionen
Juventus [1919] / *La notte di Plàton* [1924] / *Gethsemani* [1925] (London PO, Aldo Ceccato; Hyperion 2000) ▪ *Il mercante di Venezia* [Bühnenmusik, Biennale Venedig 1934] (Coro & OF di Málaga, Aldo Ceccato; La Bottega Discantica 2008)

Literatur
Guido M. Gatti, Victor de Sabata, Genf / Mailand 1958 ▪ Teodoro Celli, L'arte di Victor de Sabata, Turin 1978 ▪ Victor de Sabata nel centenario della nascita, Mailand 1992 [Katalog, Mailänder Scala, mit Beiträgen von Paolo Isotta, Gianandrea Gavazzeni, Alfredo Mandelli, Riccardo Muti u. a.]

Webpräsenz
https://en.wikipedia.org/wiki/Victor_de_Sabata_discography (↪0115)

HAH

Sacher, Paul

1906 geboren am 28. April in Basel. Er erhält Violinunterricht und studiert Musikwissenschaft u.a. bei Karl Nef und Jacques Handschin sowie Dirigieren beim damals in Basel tätigen Felix Weingartner.
1926 gründet er das Basler Kammerorchester (als Nachfolger eines seit 1922 bestehenden Studentenorchesters); es gibt im folgenden Januar sein erstes Konzert und wird 1928 durch einen Kammerchor ergänzt.
1931 entsteht in Paris Sachers erste Plattenaufnahme mit Auszügen aus Mozarts *Idomeneo*. In den 1930er-Jahren macht er auch einige Aufnahmen für die »Anthologie sonore« von Curt Sachs.

1933 gründet er die Schola Cantorum Basiliensis (zusammen mit u. a. August Wenzinger und Ina Lohr), die sich wie auch das Kammerorchester für die Wiederaufführung Alter Musik einsetzt.

1934 heiratet er Maja Hoffmann-Stehlin, die Witwe des Sohns des Unternehmers Fritz Hoffmann-La Roche. In dessen Pharmakonzern übernimmt Sacher auch ökonomische Leitungsfunktionen. Er beginnt vor allem in Form zahlreicher Kompositionsaufträge eine umfassende Tätigkeit als Musikmäzen. Besonders zu erwähnen sind neben Werken von Honegger und Strawinsky das *Divertimento* und die *Musik für Saiteninstrumente, Schlagzeug und Celesta* (Uraufführung 1937) von Béla Bartók.

1941 übernimmt er – erneut für viele Jahrzehnte bis 1992 – die Leitung des neu gegründeten Collegium Musicum Zürich. Hier verwirklicht er u. a. die Uraufführung von Richard Strauss' *Metamorphosen* (1946).

1954–1958 leitet er Opernproduktionen beim Glyndebourne Festival.

1973 wird die Paul Sacher Stiftung begründet, die sich zehn Jahre später durch den Ankauf des Strawinsky-Nachlasses zu einem zentralen Archiv für Musik des 20. Jahrhunderts entwickelt.

1987 gibt das Basler Kammerorchester sein letztes Konzert und wird aufgelöst.

1999 stirbt er – bis ins hohe Alter als Dirigent aktiv – am 26. Mai in Basel.

Paul Sacher ist unter den Dirigenten sicherlich ein Sonderfall: Man erkennt das schon am ungewöhnlichen Verhältnis zwischen eher wenigen Tonaufnahmen und außergewöhnlich viel der Person gewidmeter Literatur (wobei sich die eher »linke« Szene der Neuen Musik gerne daran reibt, dass ein reicher Schweizer Industrieller deren Weg so stark mitbestimmt hat). Paul Sacher war auch in seinem Repertoire vor allem ein Sammler. Das kleine unbekannte oder das neue Stück interessierten ihn mehr als die Sinfonien des 19. Jahrhunderts, die in den Konzerten seines Basler Kammerorchesters eine bewusste Lücke bildeten. Für Sacher sind daher verstreute Einzelaufnahmen kürzerer Werke in kleinerer Besetzung charakteristisch: Henri Dutilleux' *Mystère de l'instant* scheint in Titel und Anlage typisch. Sacher ist kein Satiriker (auch in Strawinskys Violinkonzert fasst er die schroffe Instrumentation eher als Spielmusik auf), er ist aber auch kein Serieller (die relative Absenz der Wiener Schule wurde ihm oft vorgeworfen). Stattdessen konzentriert er sich neben viel Alter Musik auf jene neoklassizistische Motorik, die auch ohne eingreifenden Interpreten ästhetisch funktionieren soll. Sachers Rezensenten fragen sich daher, ob er sich ebenso bisweilen auf die Rolle des reinen Taktschlägers beschränkt. Es liegt hier vielleicht das Paradox eines Pultdirigenten vor, der in der Kapitalwirtschaft gelernt hat, wie man am nachhaltigsten aus dem Hintergrund wirken kann. Der Dirigent Sacher ist dabei eine diskografische Spätgeburt (und dies ist – man denke nur an Toscanini – am wenigsten ein Sonderfall). In Honeggers *Symphonie liturgique* fällt auf, wie säuberlich das klassizistische Hauptthema von seiner Umgebung getrennt bleibt, wofür auch ein kurzzeitiger Spannungsabfall in Kauf genommen wird. Die Neue Sachlichkeit, die in anderen Künsten ein kurzes Intermezzo darstellte, aber in der Musik bis heute als dominantes Modell der Interpretation gelten darf, wurde auch durch Paul Sacher und dessen über den Tod hinaus institutionalisiertes Wirken als Musikmäzen aus den 1920er-Jahren bis in das 21. Jahrhundert getragen.

Tonträger
1960 BRITTEN: *Cantata academica* »Carmen basiliense« (Giebel, Cavelti, Pears, Rehfuss, Basler Kammerchor & KO; Ars Musici) ▪ **1977** BOCCHERINI: Cellokonzert Nr. 2 D-Dur / TARTINI: Cellokonzert A-Dur / VIVALDI: Konzerte RV 398 & 413 (Mstislaw Rostropowitsch, Collegium Musicum Zürich; DGG) ▪ **1988** STRAWINSKY: Violinkonzert (Anne-Sophie Mutter, PhO; DGG) ▪ **1990** DUTILLEUX: *Mystère de l'instant* (Collegium Musicum Zürich; Erato) ▪ **1992** HONEGGER: Sinfonie Nr. 3 »Liturgique« / *Chant de joie* / *Horace victorieux* (Basler SO; Pan)

Schriften
Reden und Aufsätze, Zürich 1986

Literatur
Alte und Neue Musik. Das Basler Kammerorchester (Kammerchor und Kammerorchester) unter Leitung von Paul Sacher 1926–1951, Zürich 1952 [Band II: Zürich 1977; Band III: Zürich 1988] ▪ Jürg Erni, Paul Sacher. Musiker und Mäzen. Aufzeichnungen und Notizen zu Leben und Werk, Basel 1999 [Verzeichnis weiterer Literatur] ▪ Lesley Stephenson, Symphonie der Träume. Das Leben von Paul Sacher, Zürich 2001 ▪ Ulrich Mosch (Hrsg.), Paul Sacher. Facetten einer Musikerpersönlichkeit, Basel / Mainz 2006 [Diskografie]

JCA

Salonen, Esa-Pekka

1958 am 30. Juni in Helsinki geboren. Er studiert an der Sibelius-Akademie seiner Heimatstadt Horn, bevor er Studien in Komposition bei Einojuhani Rautavaara und in Orchesterleitung bei Jorma Panula aufnimmt. Es folgen Meisterkurse in Italien bei Niccolò Castiglioni und Franco Donatoni. Einer seiner zentralen Mentoren wird später Witold Lutosławski.

1977 gründet er u. a. mit Magnus Lindberg und Kaija Saariaho den avantgardistischen Verein »Korvat auki-yhdistys« [»Ohren auf«], dem viele wichtige Komponistenkollegen seiner Generation angehören.

1979 gibt er mit dem Finnischen Radio-Sinfonieorchester sein Dirigentendebüt.

1983 springt er kurzfristig für Michael Tilson Thomas beim Londoner Philharmonia Orchestra (PhO) ein und dirigiert Mahlers 3. Sinfonie – über Nacht steht der junge Dirigent im internationalen Rampenlicht.

1984 gibt er mit Lutosławskis 3. Sinfonie sein Debüt beim Los Angeles Philharmonic Orchestra.

1985–1994 ist er Principal Guest Conductor des Philharmonia Orchestra,

1985–1995 Chefdirigent des Schwedischen Radio-Sinfonieorchesters (als Nachfolger Herbert Blomstedts).

1992–2009 ist er Music Director des Los Angeles Philharmonic Orchestra und formt es zu einem der innovativsten Klangkörper Amerikas (nicht zuletzt dank der Eröffnung der Walt Disney Concert Hall im Jahr 2003). Heute ist er Ehrendirigent des Orchesters.

1996 wird er vom schwedischen König mit der Litteris-et-Artibus-Medaille ausgezeichnet.

2003 ruft er zusammen mit Valery Gergiev das alljährlich stattfindende Baltic Sea Festival ins Leben.

2008 wird er Principal Conductor and Artistic Advisor des Philharmonia Orchestra.

2009 initiiert er die interaktive Ausstellung »re-rite« über Strawinskys Le Sacre du printemps. Im Jahr 2011 ist die Ausstellung in Kooperation mit dem Konzerthaus Dortmund erstmalig in Deutschland zu sehen.

2012 wird ihm für sein Violinkonzert der Grawemeyer Award for Music Composition verliehen.

2013 leitet er am Uraufführungsort im Théâtre des Champs-Élysées das offizielle Konzert zum 100. Geburtstag von Le Sacre du printemps. Ab 2015 ist er Composer in Residence des New York Philharmonic Orchestra.

Eigentlich wollte Esa-Pekka Salonen nicht primär Dirigent werden. Zu stark war sein Wunsch, kompositorisch tätig zu sein, sein Weg auf das Podium war von der Absicht getragen, seinen eigenen Werken Gehör zu verschaffen – bis heute definiert er sich selbst zuerst als Komponist. Auch wenn in der gegenwärtigen Wahrnehmung der Dirigent Salonen im Vordergrund steht, so lohnt sich doch zumindest ein kurzer Blick auf die künstlerischen Verknüpfungen des Dirigenten mit dem Komponisten: Salonens Werke werden von einer straffen Formstruktur organisiert, die jedoch erst durch eine klangfreudige, neoromantische Musikalität Gestalt annimmt, wie etwa das monumentale *Wing on Wing* oder die pulsierenden *LA Variations* zeigen. Eben diese Grundelemente durchziehen auch sein dirigentisches Selbstverständnis: Salonen legt die spezifischen Werkstrukturen frei, ohne die musikalische Klanggestalt zu vernachlässigen. Egal, welchen Komplexitätsgrad die jeweilige Komposition aufweisen mag, er konzipiert vor allem sein breites zeitgenössisches Repertoire trotz einer modernistischen Grundhaltung stets von der klanglichen Seite her – die Form wird zum tragenden Skelett, die ohne die Individualität des Klangs keinen Wert besäße.

Das für Salonen zentrale Moment der Entfesselung der kompositorischen Kräfte illustriert sein bahnbrechender Umgang mit Strawinskys *Le Sacre du printemps*. Salonen zeichnet die Partitur mit der Schärfe eines Skalpells nach, seine dennoch niemals rein chirurgischen Pointierungen der klanglichen wie der rhythmischen Formmittel bewirken eine geradezu muskulöse Abbildung des musikalischen Geflechts. Wo andere schon am Limit des *Sacre* sind, holt Salonen noch zweimal aus: In einer Vielzahl von Klangspektren, die den Hörer wie im Sog verschlingen, und inmitten der katastrophischen Zuspitzungen des rhythmischen Konfliktpotenzials tritt sein Sinn für destruktive Schönheit als ruhender Pol hervor.

Die Breite und Plausibilität von Salonens nicht auf die klangliche Wucht beschränkten Repertoiredeutungen zeigt sich, wenn er Debussys *Prélude à l'après-midi d'un faune* schemenhaft wie unter Wasser erklingen lässt, um dann in Momenten vollendeter Klarheit die Themen wie aus ruhiger Wasseroberfläche auftauchen zu lassen (Debussys Musik wird so selbst die versunkene Kathedrale, die dieser in einem seiner Klavier-Préludes beschworen hat). Die Mischung modernistischer Aktualisierung und kontextualisierter Romantik ist auch für seine Herangehensweise an die Sinfonik Mahlers bezeichnend. So drängen die ersten drei Sätze der 9. Sinfonie weit ins 20. Jahrhundert, doch das folgende Adagio-Finale erfüllt alle Vorstellungen spätromantischer Klangkultur. Im selbst geschaffenen Kontext der vorangegangenen Sätze wirkt der melancholische Schmelz der Streicher umso stärker wie eine schmerzliche Erinnerung an unwiederbringliche Zeiten.

Salonens mediale Präsenz verdankt sich auch seiner technischen Aufgeschlossenheit: Die von ihm entworfene interaktive Ausstellung »re-rite« über das Innenleben eines Orchesters, in der man anhand von *Le Sacre du printemps* nicht nur die Interaktionen der Orchestermusiker beobachten, sondern auch zwischen diversen Kameraperspektiven wechseln und sogar selbst dirigieren konnte, hat ihre Fortführung in seinem Projekt »Universe of Sound« über Gustav Holsts *The Planets* gefunden – sowie in der revolutionären »The Orchestra«-App, die alle Sicht- und Hörweisen eines vollständig vernetzten Orchesters mit Notenausschnitten, Interviews und einem Musiklexikon verbindet.

Tonträger

1985–2012 LUTOSŁAWSKI: Sinfonien Nr. 1–4 (Los Angeles PO; Sony) ▪ **1986** PROKOFJEW: *Romeo und Julia* [Auszüge] (BPh; CBS/Sony) ▪ **1988** STRAWINSKY: *Der Feuervogel* [Fassung 1910] / *Jeu de cartes* (PhO; CBS/Sony) ▪ **1989** HAYDN: Sinfonien Hob. I:22 »Der Philosoph«, 78 & 82 »Der Bär« (Stockholm CO; Sony) ▪ **1996** HERRMANN: Filmmusiken zu *Psycho* / *Marnie* / *Vertigo*, *Taxi Driver* etc. (Los Angeles PO; Sony) ▪ **1998** LIGETI: *Le Grand Macabre* (Ehlert, Claycomb, Hellekant, van Nes, London Sinfonietta Voices, PhO; Sony) ▪ **2002/03** LINDBERG: *KRAFT* / Klavierkonzert Nr. 1 (Magnus Lindberg, Toimii Ensemble, Finnish RSO; Ondine) ▪ **2006** STRAWINSKY: *Le Sacre du printemps* / BARTÓK: *Der wunderbare Mandarin* [Suite] / MUSSORGSKY: *Eine Nacht auf dem kahlen Berge* (Los Angeles PO; DGG) ▪ **2007** SCHÖNBERG / SIBELIUS: Violinkonzerte (Hilary Hahn, Swedish RSO; DGG) ▪ **2009** MAHLER: Sinfonie Nr. 9 (PhO; Signum) ▪ **2011/12** DUTILLEUX: *Correspondances* / Cellokonzert »Tout un monde lointain …« / *The Shadows of Time* (Barbara Hannigan, Anssi Karttunen, OP de Radio France; DGG)

Bildmedien

1997 DEBUSSY: *La Mer* [Probendokumentation] (Los Angeles PO; Arthaus) ▪ **2004** SAARIAHO: *L'Amour de loin* (Upshaw, Groop, Finley, Finnish National Opera; DGG) ▪ **2012** HOLST: *The Planets* [»Universe of Sound«] (PhO; Signum)

Kompositionen

LA Variations [1996] (Los Angeles PO; Sony 2000) ▪ *Foreign Bodies* [2001] / *Insomnia* [2002] / *Wing on Wing* [2004] (Anu & Piia Komsi, Finnish RSO; DGG 2004) ▪ Konzert für Violine und Orchester [2009] (Leila Josefowicz, Finnish RSO; DGG 2012)

Literatur

Antti Häyrynen, The Composer Behind the Conductor, in: Finnish Music Quarterly 3/1998 ▪ Jörg Hillebrand, Energiequelle Orchester, in: Fono Forum 3/2005, S. 34–37 ▪ Alex Ross, The Anti-maestro: Esa-Pekka Salonen at the Los Angeles Philharmonic, in: Listen to This, New York 2010, S. 102–123 ▪ Alain Steffen, Bitte fragen Sie. Interviews mit Musikern, Freiburg i. Br. 2010, S. 441–448 ▪ Christoph Vratz, Interaktives Frühlingsopfer, in: Fono Forum 10/2011, S. 24–27

Webpräsenz

www.esapekkasalonen.com (↪0116)
http://orchestra.touchpress.com/?tpnav=1 [»The Orchestra«: Interaktive App] (↪0117)

AGU

Sanderling, Kurt

1912 am 19. September in Arys (Ostpreußen) in eine Kaufmannsfamilie ohne starken musikalischen Hintergrund geboren. Er wächst in Königsberg und Berlin auf.

1931 wird er Korrepetitor an der Städtischen Oper Berlin.

1933 findet er nach seiner Entlassung zunächst Arbeit beim Jüdischen Kulturbund.

1936 entscheidet er sich, ermöglicht durch dort lebende Verwandte, zur Emigration in die UdSSR; eine wiederkehrende Begründung hierfür lautet: »In Amerika mußte man etwas sein, in der Sowjetunion konnte man etwas werden« (Bitterlich, S. 10).

1937 leitet er am 12. Januar das Orchester des Moskauer Rundfunks bei einer Aufführung von Mozarts *Die Entführung aus dem Serail*. Datum und Werk bilden Bezugspunkte seiner Jubiläumskonzerte als Dirigent.

1941–1960 ist er nach einer Anstellung beim Philharmonischen Orchester in Charkow neben Jewgeni Mrawinski ständiger Dirigent des Leningrader Philharmoniker. Die Berufung auf diese Stelle (zunächst in kriegsbedingter Auslagerung in Nowosibirsk) erreicht Sanderling, der sich in Alma-Ata aufhält, in einer Phase existenzieller Not.

1956 erfolgt im Rahmen einer Tournee der Leningrader Philharmoniker (geteilt mit Mrawinski) eine für die Tschaikowsky-Wahrnehmung im »Westen« wichtige Aufnahmeserie für die Deutsche Grammophon.

1960–1977 ist er Chefdirigent des Berliner Sinfonie-Orchesters (heute: Konzerthausorchester), nachdem – so die Anekdote – sich Walter Ulbricht persönlich für seine Freigabe eingesetzt hat. Nach dem Mauerbau verbleiben viele Orchestermusiker im Westteil der Stadt, weshalb Sanderling mit jungen Musikern einen Neuaufbau beginnt.

1964–1967 leitet er auch die Staatskapelle Dresden, beschränkt sich aber vornehmlich auf die Konzertdirigate. Als Operndirigent tritt er nur selten hervor, zum Beispiel 1961 mit Schostakowitschs Fassung von Mussorgskys *Boris Godunow* an der Berliner Staatsoper.

1972 beginnt beim (New) Philharmonia Orchestra (PhO) seine späte internationale Karriere als Einspringer für Otto Klemperer (mit dem ihn nicht nur äußerliche Ähnlichkeiten verbinden). Im Jahr 1981 spielt er mit dem Orchester für das Label EMI einen Zyklus der Beethoven-Sinfonien ein. Der junge Simon Rattle gehört zu den Besuchern der Aufnahmesitzungen.

1990 dirigiert er die Berliner Philharmoniker (BPh) beim Festkonzert zum Tag der Deutschen Einheit.

2002 gibt er am 19. Mai sein Abschiedskonzert als Dirigent (dokumentiert in einer Edition bei HMF).

2011 stirbt er am 18. September einen Tag vor seinem 99. Geburtstag in Berlin. Aus Sanderlings zweiter Ehe mit der Kontrabassistin Barbara Sanderling entstammen die Söhne Stefan (*1964, Berlin), der in Potsdam und Mainz als Generalmusikdirektor tätig gewesen ist, und Michael (*1967, Berlin), der nach einer Karriere als Cellist ebenso zum Dirigieren findet. Thomas Sanderling (*1942, Nowosibirsk) ist als Dirigent bekannt vor allem durch Erstaufführungen von Schostakowitsch und Weinberg und über Tonträgerprojekte, die ein im Vergleich zu seinem Vater sehr buntes Repertoire abdecken (u. a. Zyklen der Sinfonien von Magnard und Tanejew).

Langsame Tempi, ein eher kleines Repertoire mit einigen umso häufiger dirigierten Werken und die ebenso akribische wie autoritäre Probenarbeit – was wie eine Beschreibung Sergiu Celibidaches anmutet, trifft auch auf Kurt Sanderling zu. Wie äußerlich solche Kriterien sein können, erkennt man daran, dass Sanderling sich gerade über Celibidache recht kritisch geäußert hat und so auf die tatsächlich mindestens ebenso fundamentalen Unterschiede zwischen den beiden Dirigenten verweist: Wo Celibidache den Klang gleichsam in seinem Urzustand, um alles Allzumenschliche bereinigt, wiederentdecken will, ist Sanderling von der geschichtlichen Gemachtheit der Musik tief durchdrungen. Die Widerspiegelung der Welt aber wird strikt im »traditionellen« Modus und als Bekenntnis zu einer überzeitlichen Botschaft umgesetzt. Vor allem Sanderlings Beethoven-Dirigate beziehen ihre Souveränität aus dem Ignorieren aktueller Alternativen; dennoch veraltet ein solches Konzept nie ganz, weil die Abgrenzung von den Moden der eigenen Zeit ein inhärenter Charakterzug wohl auch schon der Werke sein dürfte.

Sanderlings in der Probenarbeit angewendete bildhafte Umschreibungen, die sich häufig schlagend konkret auf Absurditäten des Stalinkults beziehen, implizieren bei ihrer Umsetzung eine relativ freskohafte Zuschneidung: Das treffende Bild bezieht sich eher auf eine ganze Formsektion als auf das einzelne Detail. Daher ist von Sanderlings Mahler-Aufnahmen vielleicht die vervollständigte 10. Sinfonie am überzeugendsten, da hier nicht Details vermisst bleiben, sondern (auch durch vorgenommene Verschärfungen der Instrumentation) die fehlende Detailsättigung der fragmentarischen Vorlage vergessen gemacht wird.

Beginnend mit einem ungewohnt scharfkantigen G-Dur-Klavierkonzert Beethovens (mit Maria Judina) bis zum kaum überbietbaren Lärmpegel am Ende von Bruckners 3. Sinfonie besitzen Sanderlings Dirigate eine Neigung zum Monumentalen, die in späteren Jahren zwar nie aufgegeben, aber doch um alles Aggressive beschnitten wird. Sein zweiter Brahms-Zyklus (nach dem ersten in Dresden nun mit seinem Berliner Orchester) bestätigt durch stoisch durchgehaltene langsame Tempi eine tief im kulturellen Gedächtnis verwurzelte Ansicht: dass bei diesem Komponisten die Gefühle nur unter der stillen Wasseroberfläche zu finden seien.

Sanderlings Bekenntnis zu Schostakowitsch ist nicht in der Werkauswahl umfassend, wohl aber in deren Wiedergabe. Die 6. Sinfonie, die erst allmählich aus dem Schatten ihrer bekannteren »Kollegen« heraustritt, sich dann aber als mindestens gleichwertig herausstellt, könnte man auf verschiedenen Ebenen als Symbol für seine Rezeption als Dirigent wählen. Sanderling dirigiert den Kopfsatz vom Tremolo der Begleitung her, das als Chiffre politisch infiltrierter Klänge auch in den lyrischen Passagen eine maskenhafte Bedrohlichkeit bewahrt. Das Ungefähre ist hier nie das Ungefährliche, sodass man den Satz als verblüffend eindeutige Aussage über das erzwungene verstellte Sprechen erleben kann. Zugleich zeichnet der Kopfsatz in gewisser Weise Sanderlings ästhetischen Weg in immer stärker verlangsamte und verinnerlichte Klangwelten ebenso wie seinen biografischen Werdegang nach, der zu einer allmählich gewachsenen Freiheit des Sprechens und Handelns finden darf.

Sanderlings von der Politik geformter Lebenslauf trotzt deren Einfluss mit einer überaus geschlossen wirkenden Diskografie: In der Mitte stehen jene Bekenntniskomponisten, denen Sanderling nur einen Teil ihrer Botschaft abkaufte, umrahmt werden sie von häufig mehrfachen Einspielungen politisch weniger aufgeladener Favoriten, zu denen neben Brahms und Beethoven auch noch Sibelius und Sergej Rachmaninow zählen. Dessen 2. Sinfonie erweist sich schon dadurch als Meisterwerk, dass sie zwei derartig voneinander verschiedene Lesarten durch denselben Dirigenten zulässt: 1956 nimmt Sanderling die Einleitung des Kopfsatzes beinahe rascher als den Beginn der Exposition, 1989 mit dem Philharmonia Orchestra dagegen stellt die Exposition sich als Fortsetzung der langsamen Einleitung dar. Die in solchen Formdurchdringungen hervortretende relative Autonomie der Musik bewertet Sanderling jedoch im Rückblick scharfsichtig als zweischneidiges Schwert: »Ich weiß nicht, was für die Menschheit, wenn ich das große Wort benutzen darf, wichtiger gewesen wäre: Wenn ich politisch aktiver gewesen wäre oder wenn ich Brahms besser dirigiert hätte. Ich habe das Bequemere gewählt, das für mich Bequemere: zu versuchen, Brahms besser zu dirigieren« (Roloff-Momin, S. 228).

Tonträger
1948 BEETHOVEN: Klavierkonzert Nr. 4 (Maria Judina, Leningrader Philharmoniker; HDC) ▪ 1956 RACHMANINOW: Sinfonie Nr. 2 (Leningrader Philharmoniker; DGG) ▪ 1963 BRUCKNER: Sinfonie Nr. 3 [Fassung 1890] (Gewandhausorchester; Berlin Cl) ▪ 1970–1976 SIBELIUS: *En Saga / Finlandia /* Sinfonie Nr. 1 (Berliner SO; Berlin Cl) ▪ 1979 MAHLER: Sinfonie Nr. 10 [Fassung D. Cooke] (Berliner SO; Berlin Cl) ▪ 1979 SCHOSTAKOWITSCH: Sinfonie Nr. 6 (Berliner SO; Berlin Cl) ▪ 1981 BEETHOVEN: Sinfonien Nr. 5 & 7 (PhO; EMI) ▪ 1989 RACHMANINOW: Sinfonie Nr. 2 (PhO; Teldec) ▪ 1990 BRAHMS: Sinfonien Nr. 1–4 / *Haydn-Variationen / Alt-Rhapsodie* (Annette Markert, Berliner SO; Capriccio) ▪ 1997 BEETHOVEN: Klavierkonzerte Nr. 1 & 2 (Mitsuko Uchida, SO des BR; Philips)

Bildmedien
1992 SAINT-SAËNS: Klavierkonzert Nr. 2 / TSCHAIKOWSKY: Sinfonie Nr. 4 (Yefim Bronfman, BPh; EuroArts)

Literatur
Hans Bitterlich, Kurt Sanderling. Für Sie porträtiert, Leipzig 1987 ▪ Gerhard Müller (Hrsg.), Das Berliner Sinfonie-Orchester, Berlin 2002 ▪ Ulrich Roloff-Momin, »Andere machten Geschichte, ich machte Musik.« Die Lebensgeschichte des Dirigenten Kurt Sanderling in Gesprächen und Dokumenten, Berlin 2002 ▪ Anat Feinberg, Nachklänge. Jüdische Musiker in Deutschland nach 1945, Berlin / Wien 2005, S. 30–47

Webpräsenz
http://daphne.fc2web.com/sanderling-dis.htm [Diskografie] (↪0118)

JCA

Saraste, Jukka-Pekka

1956 am 22. April in Heinola (Finnland) geboren. In Lahti erlernt er Klavier und Geige, später studiert er Dirigieren bei Jorma Panula an der Sibelius-Akademie in Helsinki.

1981 gewinnt er die Scandinavian Conducting Competition.

1983 ist er Mitbegründer des Avanti! Chamber Orchestra (u. a. mit Esa-Pekka Salonen).

1987–1991 übernimmt er das Scottish Chamber Orchestra.

1987–2001 leitet er das Finnische Radio-Sinfonieorchester (dessen Mitglied er auch als Violinist war), mit dem er für das zum Warner-Konzern gehörende – und inzwischen in dessen Back-Katalog aufgegangene – Label Finlandia die Sinfonien von Nielsen und Sibelius einspielt (die Sinfonien von Sibelius erneut nach einem Zyklus für RCA).

1994–2001 ist er zugleich Musikdirektor des Toronto Symphony Orchestra.

2000 wird er mit dem Staatspreis seines Heimatlandes ausgezeichnet.

2002–2005 ist er Principal Guest Conductor des BBC Symphony Orchestra.

2006–2013 ist er Musikdirektor des Oslo Philharmonic Orchestra (seitdem Conductor Laureate).

2008–2011 arbeitet er als Artistic Advisor des Lahti Symphony Orchestra.

2010 wird er Chefdirigent des WDR Sinfonieorchesters Köln (mit Vertrag bis mindestens 2019).

Jukka-Pekka Saraste erscheint von allen finnischen Dirigenten am stärksten einem der lakonischen Filme Aki Kaurismäkis entsprungen: Er wäre dort eine jener Gestalten, die in produktiver Weise eigene Persönlichkeit nicht stattfinden lassen. Seine relativ unbewegliche Miene beim Dirigieren konnte sich zwischen Rebellion und Aristokratie ganz verschiedenen Bildern des Berufsstandes anpassen. Eine frühe Aufnahme zeigt ihn auf dem Cover mit längeren Haaren und Sonnenbrille, was wohl einzig im Marktsegment der Klassik-CD noch als Provokation durchgehen konnte. Heute wirkt Saraste als Inbegriff dirigentischer Noblesse, ein Silberrücken, der an Scherenschnitte des 19. Jahrhunderts erinnern kann – auch aufgrund der ungewohnt hohen Armhaltung, mit der Saraste präzise Schlagfiguren von sich als Person weg in den Raum einzeichnet. Ähnlich wie Bernard Haitink steht Saraste im Verdacht, dass seine Interpretationen sich einer persönlichen Note ganz bewusst entziehen. Selbst in der drei knappe Sätze umfassenden Würdigung der Musikenzyklopädie MGG enthält einer davon den Tadel, dass Sarastes »luzider Zugriff manchmal etwas unverbindlich neutral wirken kann«.

Zwei Korrekturen dieses Bildes sind mindestens angebracht: In den frühen Aufnahmen erkennt man eine stetige Suche nach einem Mittelweg zwischen aufgerauten und weichen Artikulationen. In Nielsens *Sinfonia espansiva* erzeugt die Trennung von Blechbläsern und Streichern einen unsentimentalen Klang, das Ritardando dient weniger der melodischen Schönzeichnung als der Brutalisierung der nachfolgenden galoppartig »abdudelnden« Motivsegmente. Das erinnert an den Sibelius-Stil von Paavo Berglund, obgleich Saraste sich beim finnischen Nationalhelden erneut eher als Verweigerer allzu überzeichneter Interpretationen positioniert – so gelingt ihm in der Einspielung der 5. Sinfonie aus dem Jahr 1993 ein Interpretationsweg, der vielen misslingt: Die fahlen Flächenstrukturen werden sehr langsam aufgebaut und bilden ihre eigenen Höhepunkte wie das Fagottsolo im ersten Satz; dafür wird auf den letzten »Kick« der Temposteigerungen notwendigerweise verzichtet.

Eine zweite Korrektur erlauben die veröffentlichten Aufnahmen von seiner Position beim WDR Sinfonieorchester. Hier tritt eine Suche nach Schnittmengen zwischen sinnlichen und strukturellen Verständniswegen der Musik des 20. Jahrhunderts hervor. Schönbergs *Pelleas und Melisande* wird durch den relativ trockenen Grundton an die frühen Partituren Bartóks angenähert und ebenso wenig in einen spätromantischen Kokon gehüllt wie die Klangfarbenwechsel von Strawinskys *Feuervogel*. Die finnische Dirigierschule könnte so in Deutschland als Überwinder eingeübter Gegensatzpaare Neuer Musik segensreich wirken.

Tonträger
1992 SIBELIUS: *The Tempest* [Bühnenmusik] (Groop, Hynninen, Silvasti, Opera Festival Chorus, Finnish RSO; Ondine) ▪ 1993 MACMILLAN: *Veni, veni, Emmanuel* (Evelyn Glennie, Scottish CO; RCA) ▪ 1993 SIBELIUS: Sinfonien Nr. 2 & 5 (Finnish RSO; Finlandia) ▪ 1999 NIELSEN: Sinfonien Nr. 3 »Espansiva« & 6 »Sinfonia semplice« (Finnish RSO; Finlandia) ▪ 2008 SILVESTROV: Sinfonien Nr. 4 & 5 (Lahti SO; BIS) ▪ 2011 SCHÖNBERG: *Pelleas und Melisande / Erwartung* (Jeanne-Michèle Charbonnet, WDR SO; Hänssler)

Literatur
Günter Moseler, Saraste, Jukka-Pekka, in: MGG², Personenteil, Bd. 14, Sp. 963 f.

Webpräsenz
http://jukkapekkasaraste.com (↪0119)

JCA

Sawallisch, Wolfgang

1923 am 26. August in München geboren. Nach einer privaten musikalischen Ausbildung mit dem Ziel, Pianist und Dirigent zu werden, legt er 1946 sein Examen an der Staatlichen Musikhochschule nach nur einem Semester Studium ab.
1947–1953 sammelt er Erfahrungen als Korrepetitor und Kapellmeister in Augsburg und arbeitet während der Sommermonate als Assistent von Igor Markevitch in Salzburg.
1953 Nach seinem glanzvollen Debüt bei den Berliner Philharmonikern folgen Posten als Generalmusikdirektor an den Theatern in Aachen, Wiesbaden, Köln und schließlich in Hamburg (1961–1973). In diese Zeit fallen auch erste Einspielungen für die EMI wie z. B. von *Die Kluge* von Carl Orff (im Beisein des Komponisten).
1957 lädt Wieland Wagner ihn nach Bayreuth ein, wo er in den folgenden Jahren neben *Tristan und Isolde* auch den *Fliegenden Holländer*, *Tannhäuser* und *Lohengrin* dirigiert.
1960–1970 leitet er die Wiener Symphoniker, danach das Orchestre de la Suisse Romande (1973–1980).
1971–1992 wird er in der Nachfolge Joseph Keilberths an die Bayerische Staatsoper berufen. In dieser Zeit diri-

giert er alle Opern von Strauss und Wagner und nimmt etliche davon sowie zahlreiche weitere Werke auf.
1993–2003 übernimmt er die Leitung des Philadelphia Orchestra (als Nachfolger von Riccardo Muti).
2003 zieht er sich weitgehend vom Musikbetrieb zurück und betreut in Grassau (Bayern) seine Stiftung zur Förderung des musikalischen Nachwuchses.
2013 stirbt er am 22. Februar in Grassau.

»Als Probedirigat sollte man jungen Kapellmeistern nicht *Tannhäuser* oder *Rigoletto*, sondern *Hänsel und Gretel* oder *Land des Lächelns* geben.« So resümiert Wolfgang Sawallisch in seiner ersten Autobiografie mit 65 Jahren als renommierter Generalmusikdirektor der Bayerischen Staatsoper im Rückblick auf seine Anfänge in Augsburg. Als ein »Handwerker« im besten Sinne war er bekannt, und nicht nur seine Qualitäten als Orchestererzieher, sondern auch als Liedbegleiter und Kammermusikpartner waren international geschätzt. Schon in – für einen Kapellmeister – relativ jungen Jahren nimmt er mit Starbesetzungen wie Elisabeth Schwarzkopf, Peter Schreier oder Dietrich Fischer-Dieskau Miniaturuniversen wie die Lieder von Johannes Brahms und Hugo Wolf auf. Auch seine Operneinspielungen setzen Maßstäbe, darunter das von Kritikern einstimmig zur Referenzaufnahme erklärte *Capriccio* von Richard Strauss oder Wiederentdeckungen wie *Die Zwillingsbrüder* von Schubert und *Die Feen* von Wagner. Nach der Beschäftigung mit Werkgenese und Aufführungstradition des *Fliegenden Holländer* lässt Sawallisch als Pionier in Bayreuth die Ballade der Senta wieder in a-Moll singen, ebenso wirkt er dem kompositorischen Bruch im *Tannhäuser* durch eine selbst erstellte Mischung aus Dresdner und Pariser Fassung entgegen – dokumentiert in temperamentvollen Mitschnitten mit der damaligen Neuentdeckung Anja Silja. Dem experimentellen Regietheater setzt er zielgerichtet Interpretationen entgegen, die in der Musik selbst die Auslotung von deren psychologischen Dimensionen anstreben, wie etwa seine Studioeinspielung der Strauss-Oper *Die Frau ohne Schatten* zeigt, die unter seiner Leitung zum ersten Mal ohne Striche produziert wird. Durch detailgetreue Motivarbeit verdeutlicht er die dramatische Entwicklung der Charaktere: jede musikalische Linie, jedes Thema in der Gesangsstimme oder im Orchester ist geprägt durch sein Bewusstsein für dessen jeweils einmalige Instrumentierung und Phrasierung. Ein solches strukturelles Konzept hinsichtlich Temporelation und Ausdruck hat sich Sawallisch durch genaues Partiturstudium und in langjähriger Praxis erarbeitet. Sichere Schlagtechnik, kluge Klangbalance und analytische Durchdringung des Werks verleihen seinen Interpretationen Geschlossenheit und orchestrale Farbigkeit. Sein Repertoireschwerpunkt liegt dabei »in der Tradition Furtwänglers […] auf romantischer und spätromantischer Musik deutscher Provenienz« (Behrens, Sp.1044).

Als exzellenter Pianist bringt Sawallisch auch jenen Überblick mit ein, den er sich vom Klavierauszug her erschlossen hat, und geht vor allem beim Tempo mit angenehmer Selbstverständlichkeit auf die vokalen Partien ein. Während seiner künstlerischen Laufbahn spielt er die Sinfonie-Zyklen von Beethoven in Amsterdam, Schubert in Dresden und Mendelssohn in London ein, die Sinfonien von Brahms oder Schumann sogar mehrfach mit verschiedenen Orchestern, wobei vor allem Letztere aufgrund ihrer Klarheit und der warmen Tongebung beeindrucken. Auch Aufnahmen von geistlichen Kompositionen, zu denen Sawallisch einen besonderen Zugang hat – etwa die sakralen Werke von Franz Schubert oder das Requiem von Antonín Dvořák –, bereichern seine Diskografie. Seine musikalischen Partner, Orchester wie Solisten, wissen seinen stets integren Umgang mit ihnen wie mit den Werken zu schätzen. Von dem zeitlebens hohen Anspruch, den Sawallisch an sich selbst stellt und im Rahmen der jeweiligen künstlerischen Gegebenheiten zu realisieren sucht, zeugt nicht zuletzt der Titel seiner ersten Autobiografie, die er, nach einem Zitat aus dem *Vollkommenen Capellmeister* von Johann Mattheson, programmatisch »Im Interesse der Deutlichkeit« nennt.

Tonträger

1957/58 STRAUSS: *Capriccio* (Schwarzkopf, Gedda, Waechter, Fischer-Dieskau, Hotter, Ludwig, PhO; EMI) ▪ **1962** WAGNER: *Tannhäuser* (Silja, Bumbry, Windgassen, Waechter, Bayreuther Festspiele; Philips) ▪ **1966/67** SCHUBERT: Sinfonien Nr. 1–9 (Staatskapelle Dresden; Philips) ▪ **1972** MOZART: *Die Zauberflöte* (Moll, Moser, Rothenberger, Schreier, Berry, Bayerische Staatsoper; EMI) ▪ **1972** SCHUMANN: Sinfonien Nr. 1–4 / Ouvertüre, Scherzo & Finale (Staatskapelle Dresden; EMI) ▪ **1980/81** SCHUBERT: Messen As-Dur D 678 & C-Dur D 452 (Donath, Popp, Fassbaender, Araiza, Dallapozza, Fischer-Dieskau, Chor & SO des BR; EMI) ▪ **1981** BRUCKNER: Sinfonie Nr. 6 (Bayerisches Staatsorchester; Orfeo) ▪ **1987** STRAUSS: *Die Frau ohne Schatten* (Kollo, Studer, Schwarz, Chor & SO des BR; EMI) ▪ **1989** WAGNER: *Der Ring des Nibelungen* (Behrens, Varady, Kollo, Hale, Bayerisches Staatsorchester; EMI) ▪ **1991/93** BRAHMS: Klavierkonzerte Nr. 1 & 2 (Stephen Kovacevich, London PO; EMI) ▪ **1994** HINDEMITH: Sinfonie »Mathis der Maler« / *Symphonische Metamorphosen* / *Nobilissma visione* [Suite] (Philadelphia Orchestra; EMI)

Bildmedien

1994 HENZE: *Der Prinz von Homburg* (Le Roux, Dernesch, Bayerisches Staatsorchester; Arthaus) ▪ **2001** DVOŘÁK: *Slawische Tänze* op. 46 / TSCHAIKOWSKY: *Schwanensee* [Suite] (Israel PO; 5Tone) ▪ The Art of Dietrich Fischer-Dieskau [Sawallisch als Liedbegleiter] (DGG 2005)

Schriften

Im Interesse der Deutlichkeit. Mein Leben mit der Musik, Hamburg 1988 ▪ Kontrapunkt. Herausforderung Musik, Hamburg 1993

Literatur

Hanspeter Krellmann (Hrsg.), Stationen eines Dirigenten. Wolfgang Sawallisch, München 1983 [Diskografie] ▪ Wolfgang Behrens, Sawallisch, Wolfgang, in: MGG², Personenteil, Bd. 14, Sp. 1044 f.

Webpräsenz

www.sawallisch-stiftung.de [Literaturhinweise] (↪0120)

CHD

Scherchen, Hermann

1891 am 21. Juni in Berlin-Schöneberg als Sohn eines Gastwirts geboren. Er erlernt Violine und Bratsche und spielt früh in Berliner Orchestern, aber auch im Kaffeehaus.

1912 erfolgt anlässlich der Uraufführung des *Pierrot lunaire* der entscheidende Kontakt zu Arnold Schönberg (Scherchen sollte Violine spielen, stattdessen dirigiert er die Tournee im Wechsel mit dem Komponisten).

1914 gerät er aus der Verpflichtung als Kapellmeister in Dubbeln bei Riga für vier Jahre als Zivilgefangener in russischer Internierung. Er komponiert u. a. ein als Opus 1 veröffentlichtes Streichquartett, bekannter sind seine deutschen Textierungen russischer Kampflieder wie *Brüder, zur Sonne, zur Freiheit*.

1919–1922 leitet er den Schubert-Chor und den Chor Groß-Berlin und begründet 1920 die Zeitschrift *Melos*.

1922–1924 dirigiert er in Frankfurt am Main als Nachfolger Wilhelm Furtwänglers die Museumskonzerte. Im Jahr 1922 leitet er erstmals das Musikkollegium, bald auch das Stadtorchester in Winterthur (erst 1950 endet Scherchens stabilste Beziehung zu einem Orchester aufgrund seiner pro-kommunistischen Überzeugungen).

1925–1928 leitet er den Leipziger Konzertverein (zuvor dort 1920 bis 1922 das Grotrian-Steinweg-Orchester).

1928 wechselt er als Musikalischer Oberleiter am Rundfunk nach Königsberg.

1933 verlegt er seinen Lebensmittelpunkt vor allem in die Schweiz. Er leitet jährlich an wechselnden Orten eigene »Arbeitstagungen« und dirigiert bei den Festivals der IGNM (u. a. 1936 mit Louis Krasner die Uraufführung von Alban Bergs Violinkonzert in Barcelona).

1940 übernimmt er Lehrfunktionen am Konservatorium in Bern.

1945–1950 leitet er das Studioorchester Beromünster in Zürich. Es kommt im Zuge dieser Amtsübernahme zu Konflikten u. a. mit Paul Sacher und zu einer Kampagne gegen Scherchen. Im Jahr 1950 muss er seine Schweizer Positionen aufgeben.

1947 nimmt er erstmals an den Ferienkursen für Neue Musik in Darmstadt teil, wo er vier Jahre später den »Tanz um das goldene Kalb« aus Schönbergs *Moses und Aron* zur Uraufführung bringt.

1950 beginnt seine Zusammenarbeit mit dem Label Westminster, die ein Repertoire von Händels *Messiah* bis zu den Sinfonien Gustav Mahlers abdeckt. Dabei wird auch die englische Praxis der für einzelne Aufnahmen rekrutierten Orchester übernommen, deren manchmal fiktive Namen in heutigen Diskografien letztlich nur abgeschrieben werden können. Zahlreiche Live-Mitschnitte vor allem auf dem von Scherchens Tochter Myriam betreuten Label Tahra ergänzen sein diskografisches Erbe.

1953 lässt er sich in Gravesano im Tessin nieder, wo er ein Tonstudio für experimentelle Akustik einrichtet. Im Dezember 1954 dirigiert er die einen Skandal auslösende Uraufführung von Edgard Varèses *Déserts* in Paris.

1959–1960 leitet er für eine Saison die Nordwestdeutsche Philharmonie in Herford.

1961 wird er zum Ehrenmitglied der IGNM ernannt.

1966 stirbt er am 12. Juni in Florenz.

Hermann Scherchen ist der Dirigent des musikalischen Futurismus: Biografisch sind die Verbindungen zu dieser Bewegung der wilden Manifeste und der Maschinenbegeisterung eher dünn, aber die Sonderbarkeiten von Scherchen als Mensch und Dirigent lassen sich mit dieser Assoziation umso besser erklären. Zum Beispiel hat Scherchen sogar noch den Verzicht auf das motivische Denken in der Musik nach 1945 durch Uraufführungen von Xenakis und Stockhausen mitvollzogen (was für einen Vertreter der »ersten atonalen Generation« eher ungewöhnlich ist – Adorno wäre das Gegenbeispiel). Andererseits ist es für einen solchen Vorkämpfer des Neuen unüblich, eine ebenso stabile Begeisterungsfähigkeit für die Schlachtenmusiken des 19. Jahrhunderts von Beethovens *Wellingtons Sieg* bis zu Tschaikowsky zu besitzen.

Scherchen vertritt mit einer Konsequenz, die das übliche Schlagwort der Neuen Sachlichkeit handzahm erscheinen lässt, das Ideal nicht mehr der subjektiven Interpretation, sondern der objektiven Exekution des musikalischen Werks. Seine subjektiven Eingriffe in die Partituren liegen gleichsam außerhalb dieses Paradigmas, sie sind auf all das vorgelagert, was man auch beim Abspielen einer Notenrolle auf einem Pianola experimentell variabel einstellen könnte. Die Tempi sind oftmals extrem schnell oder extrem langsam, manchmal wechselnd in einem einzelnen Satz (wie in der *Symphonie fantastique*, deren »Träume und Leidenschaften« zur Abfolge von Tiefschlafphasen und Tagesmärschen gesteigert sind), manchmal kontinuierlich über ein ganzes Werk (seine Einspielung der *Eroica* besitzt Kultstatus durch ihre manisch raschen Tempi, die die Historische Aufführungspraxis vor deren Entstehung überbieten und auch Scherchens beinahe sadistische Lust dokumentieren, den expressiven Ausdruck aus den Grenzen mechanischer Spielbarkeit seiner darin oft limitierten Ensembles zu gewinnen).

In den Partituren als »Pianola-Rollen« können quasi einzelne Streifen ganz herausgeschnitten oder isolierte Akzente wie ein falsch gestanztes Loch in ihr Gegenteil verkehrt werden. Die beiden Konzerte, die Scherchen zum 100. Geburtstag von Gustav Mahler in Leipzig geleitet hat (bei Tahra dokumentiert), fassen diese Tugenden und Laster gebündelt zusammen: Die 6. Sinfonie bricht durch Kürzungen im Finale und absurd schnelle Tempi bereits weit vor dem letzten Hammerschlag in sich zusammen, das Adagio der Zehnten ist acht Minuten schneller als eine frühere Studioeinspielung (und kehrt Mahlers Tempodifferenz von Andante und Adagio um), doch die Dritte weist im nachtschwarzen Posaunensolo und den nah am Steg spielenden Streichern einige Momente derart radikaler Intensität auf, wie sie sonst höchstens vielleicht noch Dimitri Mitropoulos erzeugen konnte. Im Vergleich zu Scherchens Wiener Aufnahme der Dritten verlagert sich dabei der Akzent – wohl insgesamt typisch – vom proletarischen Marsch zur Herausstellung von Klangfarbenkontrasten.

Bei Scherchen ist die Radikalität immer an deren Wortbedeutung der Wurzel gebunden: Was er durch Extreme zur Aufführung bringt, soll nichts anderes als das Werk selbst sein. Eine die Notation maschinell ganz exakt umsetzende Aufführung ist aber sowohl unmöglich wie ästhetisch unerwünscht und muss immer unlebendig falsch wirken. Scherchen versucht es trotzdem: Eines seiner Markenzeichen sind Gruppen kleiner Notenwerte, die strikt gleich und ganz exakt artikuliert werden. Am Beginn von Beethovens 9. Sinfonie ist die Melodielinie in geradezu irritierender Weise präsent, da statt eines Nebelbilds die notierten rhythmischen Verhältnisse ausgeführt werden. In der Reprise bleiben dann innerhalb des inszenierten Weltuntergangs das Thema und dessen entscheidende harmonische Rückung klar vernehmbar.

Man spürt in Scherchens rastlos auf allen Feldern der Musik tätiger Persönlichkeit einen unbedingten Glauben an die Formbarkeit des Menschen (und wohl auch an die Notwendigkeit einer solchen Formung), der ihn mit totalitären Ideen verbindet und zugleich von deren Institutionalisierung fernhält. Das Kürzel »KdF« steht bei ihm ironisch für Bachs *Kunst der Fuge*, die in ähnlicher Weise die unstoffliche Form von ihrer variablen Realisierung trennt und deren orchestrale Bearbeitung Scherchen über Jahrzehnte beschäftigte. Auch das Moment der abstrakten Rationalität aber bleibt bei Scherchen stets biografisch »kontrapunktiert«, etwa durch die Entscheidung, grundsätzlich ohne Taktstock und damit eher in einer emotional möglichst direkten Weise zu dirigieren.

Scherchen ist der bis heute einzige Dirigent einer nahezu anarchischen Werktreue.

Tonträger
1930 WEILL / HINDEMITH: *Der Lindberghflug* (Ginsberg, Berliner Funkchor & Funkorchester; Capriccio) ▪ **1951** PROKOFJEW: *Skythische Suite* / *Leutnant-Kije*-Suite (Vienna SO, Vienna State Opera Orchestra; Westminster) ▪ **1952/54** MAHLER: Sinfonien Nr. 10 [Adagio] & 1 (Vienna State Opera Orchestra, Royal PO; Westminster) ▪ **1954** HÄNDEL: *Messiah* (Ritchie, Shacklock, Herbert, Standen, London Philharmonic Choir & SO; Westminster) ▪ **1958** BEETHOVEN: Sinfonien Nr. 3 »Eroica« & 6 »Pastorale« (Vienna State Opera Orchestra; Westminster) ▪ **1958** MOZART: Requiem (Jurinac, West, Loeffler, Guthrie, Vienna Academy Chamber Choir, Vienna State Opera Orchestra; Westminster) ▪ **1960** MAHLER: Sinfonie Nr. 3 (Soňa Červená, RSO Leipzig; Tahra) ▪ **1960** REGER: *Eine romantische Suite* / *Variationen und Fuge über ein Thema von W. A. Mozart* / *An die Hoffnung* etc. (Margarete Bence, Nordwestdeutsche Philharmonie; CPO) ▪ **1962** BEETHOVEN: *Wellingtons Sieg* op. 91 / ORFF: *Entrata* / GABRIELI: *Canzoni in primi toni* (Vienna State Opera Orchestra; Westminster)

Bearbeitungen
BACH: *Die Kunst der Fuge* (Mitglieder der Wiener Symphoniker, Wiener Radio-Orchester; Westminster 1965)

Schriften
Lehrbuch des Dirigierens, Mainz 1929 ▪ Vom Wesen der Musik, Zürich 1946 ▪ Musik für Jedermann, Winterthur 1950 ▪ Aus meinem Leben: Rußland in jenen Jahren. Erinnerungen, hrsg. von Eberhardt Klemm, Berlin 1984 ▪ Werke und Briefe, hrsg. von Joachim Lucchesi, Band I: Schriften I, Berlin 1991

Literatur
»… alles hörbar machen«. Briefe eines Dirigenten. 1920 bis 1939, hrsg. von Eberhardt Klemm, Berlin 1976 ▪ Hansjörg Pauli / Dagmar Wünsche (Hrsg.), Hermann Scherchen 1891–1966. Ein Lesebuch, Berlin 1986 [Chronologie] ▪ Mechthild Kreikle (Hrsg.), Hermann Scherchen 1891–1966. Phonographie [Deutsches Rundfunkarchiv], Frankfurt a. M. 1991 ▪ Hansjörg Pauli, Hermann Scherchen 1891–1966, Zürich 1993

Webpräsenz
www.fonoteca.ch/green/discographies/Scherchen.pdf (↪0121)

JCA

Schmidt-Isserstedt, Hans

1900 am 5. Mai in Berlin als Paul Hans Ernst Schmidt geboren (1928 erweitert die Familie ihren Namen um den Mädchennamen der Mutter). Er erhält früh Geigenunterricht und studiert ab 1919 Musikwissenschaft (mit einer Promotion in Münster abgeschlossen im Jahr 1923), ab 1920 ist er Mitglied der Berliner Meisterklasse von Franz Schreker.

1923 erste Anstellung als Korrepetitor am Stadttheater Barmen-Elberfeld. Dort komponiert er auch noch, u. a. Bühnenmusiken, eine Sinfonia concertante (1924) und die Oper *Hassan gewinnt* (1928).

1928 wechselt er als Erster Kapellmeister nach Rostock.

1931 übernimmt er die Leitung des Hessischen Landestheaters in Darmstadt, muss den Posten aber 1933 auf Druck der Nationalsozialisten aufgeben. Danach arbeitet er kurz für die Wanderoper »Deutsche Musikbühne«.

1935 übernimmt er die Position als Erster Kapellmeister an der Hamburgischen Staatsoper. Er lässt sich von seiner jüdischen Ehefrau Gerta Herz scheiden, die mit den zwei Söhnen zunächst nach Florenz, dann nach England emigriert. Im Jahr darauf heiratet er die Tänzerin Helga Swedlund.

1943 übernimmt er die Leitung der unter dem Einfluss von Joseph Goebbels stehenden Deutschen Oper Berlin.

1945 beauftragt ihn die britische Besatzungsmacht (da er kein Parteimitglied der NSDAP gewesen ist) mit dem Aufbau des Sinfonieorchesters des damaligen NWDR (heute: NDR), dessen Leitung er bis 1971 innehat.

1950–1960 unterrichtet er als Professor für Dirigieren an der neu gegründeten Musikhochschule in Hamburg.

1955 übernimmt er zusätzlich die Leitung des Royal Stockholm Philharmonic Orchestra (bis 1964).

1973 stirbt er am 28. Mai in Holm.

Hans Schmidt-Isserstedt gehört weder jener Generation von Dirigenten an, die bereits vor 1933 voll etabliert war, noch kann man ihn der jungen Generation zurechnen, deren Karriere erst nach 1945 begann. Für diese Zwischengeneration war die Aufbauarbeit am Rundfunk eine wichtige Option, ihre Karriere nach dem Zweiten Weltkrieg in Deutschland fortsetzen zu können. Bei Schmidt-Isserstedt verbindet sich dies mit einer fortgesetzten Förderung der gemäßigten Moderne, während die allerneueste Musik südlich der Mainlinie ihre wichtigsten Zentren findet. Das Vibrato ist ein äußerliches Zeichen solcher Traditionswahrung: In Regers *Romantischer Suite* wird im »Notturno« durch das Hörnervibrato die statisch-fahle Harmonik pastoral eingefärbt; in Brahms' Violinkonzert kontrastieren dunkel vibrierende Texturen mit dem hoch über dem Orchester singenden Geigenton von Ginette Neveu (sodass die Studioaufnahme des Konzerts mit Neveu und Issay

Dobrowen in ihrer Intensität nochmals übertroffen scheint). Eine Zwischengeneration repräsentiert Schmidt-Isserstedt auch in seinem Klangideal: Im Verzicht auf starke Agogik und in den häufig aneinander angenäherten Tempi ist er »modern«; so wird im »Engelskonzert« von Hindemiths *Mathis*-Sinfonie der Kontrast zwischen Einleitung (etwas rascher) und Allegro-Teil (nur mäßig bewegt) spürbar reduziert. Die verhaltenen Grundtempi verbleiben aber »traditionell«. Die Beethoven-Zyklen der Sinfonien und Klavierkonzerte (mit Wilhelm Backhaus und den Wiener Philharmonikern) unterdrücken bewusst die metrische Skansion, indem immer äußerst fein zwischen Staccato und Legato unterschieden und Letzterem zumeist der Vorrang gewährt wird.

Schmidt-Isserstedts charismatisches Auftreten ist im Spitznamen »Schmiss« und zahlreichen Anekdoten verewigt – als junger Dirigent erscheint er zu einer Vorstellung in letzter Sekunde und begrüßt den zürnenden Intendanten mit den Worten: »Hat's schon angefangen?« Die auf den Punkt konzentrierte Energie, die sich jederzeit in entspannte Spielmusik auflösen kann, findet man auch leicht in seinen Aufnahmen wieder (nur die Aufnahmen findet man leider derzeit nicht so leicht).

Tonträger
1948 BRAHMS: Violinkonzert (Ginette Neveu, NWDR SO; Acanta) ▪ **1950** HÄNDEL: *Giulio Cesare* [dt., gekürzt] (Hotter, Hermann, Wegner, Geisler, NWDR SO & Chor; Walhall) ▪ **1958/59** BEETHOVEN: Klavierkonzerte Nr. 1–5 (Wilhelm Backhaus, WPh; Decca) ▪ **1967/72** REGER: *Eine romantische Suite / Vier Tondichtungen nach Arnold Böcklin* (NDR SO; Acanta) ▪ **1967–1972** HINDEMITH: Sinfonie »Mathis der Maler« / *Sinfonische Tänze / Nobilissima visione* [Suite] (NDR SO; EMI / NDR Klassik) ▪ **1971** MOZART: *Idomeneo* (Gedda, Dallapozza, Rothenberger, Moser, Schreier, Adam, Chor des Leipziger Rundfunks, Staatskapelle Dresden; EMI / Brilliant)

Literatur
Hubert Rübsaat, Hans Schmidt-Isserstedt, Hamburg 2009
JCA

Schønwandt, Michael

1953 am 10. September in Kopenhagen geboren. Er studiert Klavier, Musikwissenschaft, Komposition und Orchesterleitung am Konservatorium Kopenhagen und schließt seine Ausbildung an der Royal Academy of Music in London ab.

1977 debütiert er als Dirigent im Kopenhagener Tivoli, zwei Jahre später tritt er eine Stelle als Kapellmeister an der Königlichen Oper Kopenhagen an.

1981 etabliert er als dänisches Ensemble für frühklassische Musik das Collegium Musicum Kopenhagen.

1984–1987 ist er Erster Gastdirigent am Théâtre de la Monnaie Brüssel, danach

1987–1991 Erster Gastdirigent der Oper und des Orchestre Philharmonique de Nice.

1989 beginnt eine langjährige enge Zusammenarbeit als Erster Gastdirigent mit dem Dänischen Rundfunk-Sinfonieorchester (DNSO), mit dem er zahlreiche Werke aufnimmt; seine Einspielung der *Salome* von Richard Strauss (mit Inga Nielsen; Chandos 1997) wird international gefeiert.

1992–1998 leitet er als Chefdirigent das Berliner Sinfonie-Orchester (heute: Konzerthausorchester).

2000–2011 prägt er nach seiner Demission beim Rundfunk als Musikdirektor der Königlichen Oper eine weitere Institution des Kopenhagener Musiklebens.

2008–2014 ist er Erster Gastdirigent der Oper Stuttgart.

2010–2013 leitet er bis zu dessen Auflösung das Netherlands Radio Chamber Philharmonic Orchestra.

2015 übernimmt er die Leitung des Opéra Orchestre National Montpellier.

Michael Schønwandt gehört zu den bedeutendsten Dirigenten, die Dänemark hervorgebracht hat. So war er etwa 1987 mit *Die Meistersinger von Nürnberg* der erste dänische Dirigent bei den Bayreuther Festspielen; seine Kompetenzen als Wagner-Dirigent unterstreicht ein auf DVD erschienener *Ring des Nibelungen* aus der Königlichen Oper Kopenhagen. Doch auch wenn der Dirigent bedeutende Erfolge im Ausland (insbesondere in London, Brüssel, Berlin und Wien) feiern konnte – dem Musikleben und der Musik seines dänischen Heimatlandes widmete er sich stets mit besonderem Engagement. So zeichnet er nicht nur für Gesamteinspielungen dänischer Sinfoniker (Christoph Ernst Friedrich Weyse, Niels Wilhelm Gade, Carl Nielsen) verantwortlich, sondern nahm sich wie kein Zweiter der selbst im eigenen Land vergessenen dänischen Operntradition an, beispielsweise *Liden Kirsten* von Johan Peter Emilius Hartmann. In Schønwandts Karriere sind Oper und Konzert in gleicher Weise bedeutsam, auf dem Tonträgermarkt indes stehen Einspielungen sinfonischer Musik klar im Vordergrund. Mit seinem Zyklus der Sinfonien Carl Nielsens konnte Schønwandt nachhaltig beeindrucken. Besonders zu Nielsens 6. Sinfonie findet der Dirigent einen bemerkenswert geschlossen wirkenden Zugang, der das Werk weder als durchweg ironisch noch als gänzlich tragisch zeichnet: Avancierte Elemente werden mit volksliedhaft-einfach anmutenden Prägungen schlüssig verbunden. Wesentlichen Anteil am Gelingen hat Schønwandts energische Betonung rhythmischer Verhältnisse, die sich auch in seinen äußerst präzise den Takt angebenden und mit schwungvoll wippendem Oberkörper ausgeführten Dirigierbewegungen abbildet. Schønwandt bevorzugt ein stets nach vorn gerichtetes Musizieren, anstatt Details zelebrierend auszuleuchten: Mit sicherem Gespür für die formale Dramaturgie steuert er Satzhöhepunkte gezielt an, seine musikdramatischen Erfahrungen zeigen sich dabei in klar geformten, schnörkellosen Phrasierungen.

Tonträger

1992 HEISE: *Drot og Marsk* [*König und Marschall*] (Elming, Norup, Johansson, DNSO & Choir; Chandos) • **1992/94** HORNEMAN: *Gurre* [Schauspielmusik] / *Ouverture héroïque* / Ouvertüre: *Aladdin* (Guido Päevatalu, DNSO & Choir; Chandos) • **1993–1998** KUHLAU: Ouvertüren: *William Shakespeare* / *Die Zauberharfe* / *Lulu* etc. (DNSO; Chandos) • **1996** RUDERS: *Solar Trilogy* [*Gong* / *Zenith* / *Corona*] (Odense SO; Dacapo) • **2000** NIELSEN: Sinfonien Nr. 1 & 6 »Sinfonia semplice« (DNSO; Dacapo / Naxos)

Bildmedien

2006 NIELSEN: *Maskarade* (Milling, Resmark, Hedegaard, Royal Danish Opera; Dacapo) • **2006** WAGNER: *Siegfried* (Andersen, Theorin, Johnson, Morgny, Royal Danish Opera; Decca)

TOP

Schuricht, Carl

1880 am 3. Juli in Danzig geboren als Sohn eines Orgelbaumeisters (der Vater stirbt drei Wochen vor der Geburt beim Seetransport eines Instruments); er erlernt früh Violine und Klavier, die Schule besucht er in Berlin und Wiesbaden.

1901–1902 Engagement als Korrepetitor am Mainzer Theater bei Emil Steinbach. Er studiert anschließend dank eines Stipendiums in Berlin bei Ernst Rudorff, Engelbert Humperdinck und Heinrich van Eycken, zudem in Leipzig bei Max Reger. Einige seiner Kompositionen werden publiziert. Es folgen nach einer Unterbrechung der Karriere durch eine längere Krankheit erste Anstellungen u. a. in Dortmund und Zwickau.

1909 übernimmt er die Leitung des Rühl'schen Oratorien-Vereins in Frankfurt am Main.

1912 erhält er die Stelle als Musikdirektor in Wiesbaden, wo er über dreißig Jahre lang wirken wird (ab dem Jahr 1922 als Generalmusikdirektor). Er profiliert sich durch Aufführungen der Sinfonien von Bruckner und Mahler, aufgrund einer frühen persönlichen Bekanntschaft setzt er sich zudem für die Musik von Frederick Delius ein.

1930–1939 Auftritte bis zum kriegsbedingten Abbruch beim Scheveningen-Festival in Holland.

1931–1933 leitet er das Leipziger Sinfonie-Orchester (das heutige MDR Sinfonieorchester).

1933 übernimmt er für eine Saison als Nachfolger von Otto Klemperer den Philharmonischen Chor Berlin. Regelmäßig dirigiert er in den folgenden Jahren das Rundfunk-Symphonie-Orchester in Frankfurt.

1942–1944 ist er kommissarischer leitender Gastdirigent der Dresdner Philharmonie. Die Position des Chefdirigenten tritt er nicht mehr an, da er am Jahresende 1944 Deutschland verlässt und in der Schweiz dank der Unterstützung Ernest Ansermets das Orchestre de la Suisse Romande dirigiert. Nach dem Kriegsende beschränkt er sich endgültig auf die Tätigkeit als Gastdirigent (u. a. bereits 1946 in Salzburg). Besonders regelmäßig tritt er mit dem damals von Hans Müller-Kray geleiteten Sinfonieorchester des Süddeutschen Rundfunks in Stuttgart auf (die Konzertmitschnitte sind umfassend bei Hänssler Classics dokumentiert).

1956 bestreitet er eine Nordamerika-Tournee mit den Wiener Philharmonikern (WPh).

1957–1958 produziert er einen in Tempo- und Klangansatz außergewöhnlichen Zyklus der Sinfonien Beethovens mit dem Orchestre de la Société des Concerts du Conservatoire (OSCC).

1967 stirbt er am 7. Januar an seinem Wohnsitz in Corseaux-sur-Vevey (Schweiz).

Wer René Leibowitz als den Messias einer an den Metronomwerten orientierten Beethoven-Interpretation verehrt, der müsste Carl Schuricht zumindest die Rolle des vorwegnehmenden Propheten zusprechen. Sein in Paris eingespielter Zyklus der neun Sinfonien verblüfft vor allem dadurch, dass den oftmals spektakulär raschen Tempi und transparenten Texturen jedes Element der Bilderstürmerei fehlt. Es geht Schuricht nicht um einen inszenierten Bruch mit der Tradition, sondern um deren bewahrende Transformation. Der erste Satz der *Eroica* ist hierfür das eindrücklichste Beispiel: In den geradezu frenetischen Grundduktus bleiben Einzelelemente eines Espressivo-Ansatzes eingeflochten, wie der Vibratoklang des Horns in der Reprise oder die den Triumph der Coda verstärkende und zu diesem Zweck lang bewährte Trompetenretusche. Zugleich treten die ästhetischen Grundideen der anti-romantischen Wende der 1920er-Jahre bei Schuricht deutlicher als bei seinen dirigierenden Altersgenossen hervor: Schlagworte einer musikalischen Energetik wie das Lineare und das Motorische wären hier an erster Stelle zu nennen (ein typisches analytisches Detail der *Eroica*-Aufnahme sind die anapästischen Rhythmen, die zu Beginn der Durchführung in den Vordergrund gerückt werden und auf diese Weise den Vorwärtsdrang der Musik verstärken).

Schuricht war immer zugleich ein neusachlicher und ein altmodischer Dirigent; das macht ihn zu einer eigentümlichen, beinahe einzigartigen Figur, die in die gewohnten Schubladen der Interpretationsforschung nicht zu passen scheint. Die auch im Bild überlieferte Aufführung von Strawinskys *Feuervogel*-Suite macht das eindrücklich deutlich: Wilde Bläser-Glissandi im Höllentanz und ein unerwartet getragenes, pathetisches Klangbild für die finale Hymne stehen einander bewusst gegenüber und bleiben doch durch Schurichts äußerst klare wie autoritative Schlagtechnik miteinander verbunden. Eine extreme Variante einer solchen Konfrontation der Klangmittel erlebt man in Schuberts »Unvollendeter«, die in der Aufnahme aus dem Jahr 1952 auch Schurichts typische Ritardandi in ausgedünnten Überleitungsmomenten dokumentiert (mit denen er bei Bruckner erneut nicht die kantablen Seitenthemen, sondern unauffällige Strukturscharniere besonders aufmerksam ausgestaltet). Schuberts zweisätziger Torso wird so letztlich ebenfalls zur Abfolge von Höllentanz und Hymnus, indem Momente des Stillstands und die signalartige Artikulation rhythmischer Synkopierungen sich beständig abwechseln.

Man könnte in Abwandlung des Titels der Karajan-Biografie von Wolfgang Stresemann, die diesen als einen »seltsamen Mann« porträtiert, bei Schuricht (und zwar in eminent positiver Intention) von einem »seltsamen Klang« sprechen, den dieser nach allen Dokumenten sehr umgängliche und »normale« Mann oftmals erzeugen konnte. Wer in Karajan immer nur den Beelzebub einer entmenschlichten und kommerzialisierten Klangkultur erkennen will, für den konnte Schuricht zum Gegenentwurf eines ebenso ehrbaren wie unterschätzten Dirigenten werden. Nicht umsonst ist er der erklärte Lieblingskapellmeister des Literaten Thomas Bernhard gewesen; man muss Bernhards seitenweise Beleidigungen von Bruckner in *Alte Meister* nicht teilen, aber mit guten Bruckner-Interpreten kannte er sich schon aus.

Tonträger
1942 STEPHAN: Musik für Orchester (Berliner Städtisches Orchester; Archiphon) ▪ 1952 BRAHMS: Klavierkonzert Nr. 2 (Wilhelm Backhaus, WPh; Decca u. a.) ▪ 1952 SCHUBERT: Sinfonie Nr. 8 »Unvollendete« (RSO Stuttgart; Music & Arts) ▪ 1957/58 BEETHOVEN: Sinfonien Nr. 1–9 (OSCC; EMI) ▪ 1960 MAHLER: Sinfonie Nr. 3 (Ruth Siewert, RSO Stuttgart; Hänssler u. a.) ▪ 1963 BRUCKNER: Sinfonie Nr. 8 [Ed. Haas] (WPh; EMI)

Bildmedien
1957 STRAWINSKY: *Der Feuervogel* [Suite 1919] [+ Dokumentation von Rolf Unkel: Carl Schuricht. Porträt eines Lebens] (RSO Stuttgart; Hänssler)

Schriften
»Weniger Eile, mehr Fülle«, in: Josef Müller-Marein / Hannes Reinhardt (Hrsg.), Das musikalische Selbstportrait, Hamburg 1963, S. 418–428

Literatur
Bernard Gavoty, Carl Schuricht, Fotografien von Roger Hauert, übs. von Eva Rechel-Mertens, Genf 1955 ▪ Frank Wohlfahrt, Carl Schuricht, Hamburg 1960 ▪ Michel Chauvy, Carl Schuricht. Le Rêve accompli. Destin d'un chef d'orchestre, Lausanne 2004 ▪ Michel Chauvy, Concerts de Carl Schuricht de 1910 à 1965, Lausanne 2008

Webpräsenz
http://page.freett.com/Schuricht/Schuricht.htm [Diskografie] (↪0122)

JCA

Segerstam, Leif

1944 am 2. März in Vaasa (Finnland) geboren, studiert er in Helsinki Violine und Dirigieren (bei Jussi Jalas, dem Schwiegersohn von Sibelius) und erhält 1962 den ersten Preis im Maj-Lind-Klavierwettbewerb.

1964 erwirbt er ein Diplom in Dirigieren an der Juilliard School in New York bei Jean Morel.

1968–1972 wirkt er zum ersten Mal als Chefdirigent der Königlichen Oper Stockholm (erneut 1995–2000), anschließend leitet er für eine Saison die Nationaloper Helsinki (1973/74).

1975–1982 ist er Chefdirigent beim ORF Radio-Symphonieorchester in Wien, danach bei der Staatsphilharmonie Rheinland-Pfalz (1983–1989; seitdem Ehrendirigent).

1977–1987 ist er Chefdirigent des Finnischen Radio-Sinfonieorchesters, im Dezember 1988 wird er auch zum Leiter des (heutigen) Danish National Symphony Orchestra ernannt (DNSO; bis 1995).

1995–2007 ist er Chefdirigent des Helsinki Philharmonic Orchestra (danach dessen Ehrendirigent).

1997–2013 übernimmt er die Professur für Dirigieren an der Sibelius-Akademie in Helsinki.

1999 erhält er den von den skandinavischen Ländern gemeinsam vergebenen Nordic Council Music Prize.

2012 übernimmt er Chefposten beim Turku Philharmonic Orchestra und der Malmö Opera.

Der Dirigentenkörper Leif Segerstams ist in zwei Fassungen überliefert: Die Frühfassung zeigt einen strebsamen jungen Mann mit großer Brille im inneren Zirkel der Neuen Musik. Die gebräuchlichere Spätfassung zeigt einen Riesen mit Zottelbart, der direkt aus einer *Herr-der-Ringe*-Verfilmung herausgeschüttelt zu sein scheint. Diese zweite Dirigentenfigur zieht eine trollhafte Freude daraus, die Reinheitsgebote innerer Zirkel zu verletzen. Segerstam dirigiert die neoromantische Fortsetzung von Wagners *Ring des Nibelungen* in Form des Schlagzeugkonzerts *Der gerettete Alberich* von Christopher Rouse, das aus Hagens Erwachen kurzfristig in Heavy Metal abbiegt; ebenso wird unter dem Titel »Earquake« eine CD der angeblich lautesten Klassik-Tracks mit beigelegten Ohrstöpseln vermarktet. Zugleich bleibt die Risikobereitschaft eines Avantgarde-Künstlers für Segerstam verbindlich: So hat er sich für die sinfonischen Monolithen Allan Petterssons ebenso eingesetzt wie für die sinfonischen Steinbrüche Alfred Schnittkes (und erst Christian Lindberg gelingt im Fall von Pettersson ein ähnlich überzeugender Zugang in diese den Zuhörer entweder ganz oder gar nicht berührende sperrige Sinfonik).

Auch in Segerstams eigenen Orchesterwerken scheint der eine gegen den anderen Körper des Dirigenten zu revoltieren: Der Komponist Segerstam hat inzwischen weit über 200 Sinfonien vorgelegt, die prinzipiell ohne Dirigent vom Orchester aufgeführt werden sollen. Dabei werden dissonante Klangschichtungen durch performative Prinzipien des 18. Jahrhunderts gesteuert – wie zum Beispiel die Koordination vom Klavier aus, die zumeist Segerstam selbst übernimmt. Der Dirigent Segerstam dagegen hat das Zentrum seines Wirkens dorthin gelegt, wo die Klangpracht der Musik des späten 19. auch im 20. Jahrhundert weiter gepflegt wird. Mit verschiedenen Orchestern und Labels findet er hierbei stetig neuen Stoff: Charles Koechlin, die dänischen Märchenhorror-Landschaften von Bent Sørensen und Poul Ruders, vor allem jedoch seinen Landsmann Einojuhani Rautavaara, dessen somnambules Klangbild in gewisser Weise verpflichtend scheint für alles, was Segerstam dirigiert. Sein Mahler-Zyklus bevorzugt in eher breiten Tempi ein die Klänge miteinander verklebendes Legato, bewahrt aber auch die grotesken Gesten. In der 7. Sinfonie beruht der Reiz der Aufnahme darauf, dass dieser für die zweite Nachtmusik passende Grundton danach für das Rondo-Finale nicht gewechselt wird. Bei den Sinfonien von Sibelius stellt sich Segerstams zweiter Zyklus (Ondine) gegen eine klanglich eher asketische Deutungslinie, wie sie beispielhaft Osmo Vänskä vertritt, indem einige Grundprinzipien des ersten Zyklus (Chandos) bewusst beibehalten werden – wie in der 5. Sinfonie das ganz allmähliche Wachsen der finalen Steigerung, an deren Ende abrupt in ein schnelleres Tempo gewechselt wird. Der zweite Zyklus ist aber überlegen im Nachweis, dass ein stark expressiv aufgeladener Grundklang die feinen Verästelungen von Sibelius' Texturen ebenso transparent halten kann wie die asketische Alternativauffassung.

Der Operndirigent Segerstam ist leider nur in Mitschnitten dokumentiert, bei denen der

CD-Rezensent klangliche und sängerische Abstriche vermerken müsste. Doch auch hier entsteht ein Bild, in dem Avantgarde (die Schönberg-Nachfolge) und Romantik (die Schönklang-Nachzügler) eben doch derselben Musikgeschichte angehören. Den morbiden Grundton von Korngolds *Die tote Stadt* zum Beispiel trifft Segerstam sehr genau, das einzelne Glissando im Nachspiel von »Mariettas Lied« wirkt dabei wie eine versteckte Signatur seiner Klangästhetik, die jeglichen Gegensatz zwischen Sentimentalität und Strukturdenken verleugnet.

Tonträger
1985 KOECHLIN: *Le Livre de la jungle* (Staatsphilharmonie Rheinland-Pfalz; Marco Polo) ▪ **1991** MAHLER: Sinfonie Nr. 7 (DNSO; Chandos) ▪ **1992** PETTERSSON: Sinfonien Nr. 7 & 11 (Norrköping SO; BIS) ▪ **1995** RAUTAVAARA: Sinfonie Nr. 7 »Angel of Light« / Orgelkonzert »Annunciations« (Kari Jussila, Helsinki PO; Ondine) ▪ **1996** KORNGOLD: *Die tote Stadt* (Sunnegårdh, Dalayman, Royal Swedish Opera; Naxos) ▪ **2002–2004** SIBELIUS: Sinfonien Nr. 1–7 (Helsinki PO; Ondine)

Kompositionen
Concertino-Fantasia / Klavierkonzert Nr. 1 / *Orchestral Diary Sheet* Nr. 34 (Hannele Segerstam, Rainer Keuschnig, ORF SO; Kontrapunkt 1977–1980) ▪ Sinfonien Nr. 81 »After Eighty …«, 162 »Doubling the Number for Bergen!« & 181 »Names Itself When Played …= (Raising the Number with 100 for Bergen)« (Bergen PO; Ondine 2003/08)

JCA

Šejna, Karel

1896 am 1. November in Zálezly (Böhmen) geboren.
1922 dirigiert er das erste Mal die Tschechische Philharmonie (Czech PO; zuvor ist er dort Erster Kontrabassist). In den folgenden Jahren sammelt er Erfahrungen als Dirigent u. a. beim Tschechoslowakischen Orchester der Eisenbahner.
1939 ernennt ihn sein Förderer Václav Talich zum Zweiten Dirigenten der Tschechischen Philharmonie.
1950 gewinnt er nach der Emigration Rafael Kubelíks die freie Wahl der Orchestermitglieder der Tschechischen Philharmonie gegen Václav Neumann, wird als Chefdirigent jedoch durch Karel Ančerl ersetzt.
1959 erlangt seine Einspielung von Dvořáks *Slawischen Tänzen* internationale Anerkennung.
1972 beendet er seine Karriere nach über 500 Auftritten mit seinem Stammorchester in einem Abschiedskonzert mit Mahlers 4. Sinfonie.
1982 stirbt er am 17. Dezember in Vojkov.

Wenn Wien die Tonika der musikalischen Klassik ist, so ist Prag deren Dominante. Das »böhmische Musikantentum« gedeiht in jenen lyrischen Seitenthemen und Episoden, die analytisch gesehen der formbildenden Funktion von Nebentonarten entspringen. In Karel Šejnas Interpretation von Mozarts »Prager« Sinfonie scheint sich tatsächlich das Erreichen der Dominante als nächstgelegener Nebentonart stets mit Aufhellungen der Textur zu verbinden. Šejnas Bedeutung liegt darin, im Orchesterrepertoire (wie auch Zdeněk Chalabala am Prager Nationaltheater) jene »rustikale« Seite der tschechischen Musik zu bewahren, zu der sich noch jeder deutsche Großkritiker als seine heimliche Liebe öffentlich bekannt hat. Tatsächlich besitzt Šejna ein ausgesprochenes Talent, verarbeitende Formteile zu melodisieren (wie in der Durchführung des Kopfsatzes der *Pastorale*, die in flotten Tempi und mit idiomatischen Klangfarben wiedergegeben wird). Für eine solche Melodisierung ist die Beschränkung der Agogik auf die Vorbereitungsphasen vor den umso natürlicher fließenden Themeneinsätzen ein bevorzugtes Mittel: »Schöne Stellen« sind nicht das ästhetisch Problematische, das durch eine Interpretation legitimiert, sondern das ästhetisch Selbstverständliche, das vor der Interpretation auch geschützt werden muss. Dieser Ansatz ist besonders eindrücklich in seiner Einspielung von Mahlers 4. Sinfonie zu erleben, bei der sich auch das Gesetz bestätigt, dass der Sopranpart umso besser gesungen wird, je weniger die Solistin als internationaler Star gilt: Maria Tauberovás helle, aber nicht einseitig hohe Stimme bildet den heikel naiven Tonfall des Schlussliedes in perfekter Textintonation nach.

Zu entdecken gibt es bei Karel Šejna nicht zuletzt Nebenfiguren der tschechischen Musik wie Zdeněk Fibich und Nebenwerke wie Smetanas *Festsinfonie*. Bei Dvořák grenzt sich Šejna vom stärker modernistischen Karel Ančerl mit einer Art gesprenkelter Disziplin ab: Es werden immer wieder Momente zugelassen, in denen die Orchesterdisziplin durch das hereinpolternde Schlagwerk oder das gelöste Ausspielen eines

Themas etwas gelockert wird. Nicht der volkstümliche Tanz, der in Nikolaus Harnoncourts Aufnahme von Dvořáks 7. Sinfonie wie von außen in das Scherzo eindringen soll, sondern die Verschmolzenheit von Tanzmusik und Kunstmusik gilt hier als ursprünglich. Nicht nur dem Großkritiker darf bei Šejna das Herz aufgehen.

Tonträger
1950 MAHLER: Sinfonie Nr. 4 (Maria Tauberová, Czech PO; Supraphon) ▪ **1951** DVOŘÁK: Sinfonien Nr. 6 & 7 (Czech PO; Supraphon) ▪ **1959** DVOŘÁK: *Slawische Tänze* op. 46 & 72 (Czech PO; Supraphon) ▪ **1966** SMETANA: Festsinfonie op. 6 (Czech PO; Supraphon)

JCA

Serafin, Tullio

1878 am 1. September in Rottanova di Cavarzere bei Venedig geboren. Er studiert Bratsche am Mailänder Konservatorium und wird nach seinem Abschluss Mitglied im Orchester der Mailänder Scala, wo ihn Toscanini bald zu seinem Assistenten befördert.
1898 debütiert er (zunächst unter Pseudonym) am Teatro Comunale in Ferrara.
1907 ist ein Auslandsgastspiel in London am Royal Opera House, Covent Garden, dokumentiert.
1909–1914 kehrt er als Hauptdirigent an die Mailänder Scala zurück (erneut 1917/18); nach einer weiteren Schließung des Hauses folgt ihm 1921 sein zwischenzeitlich in New York tätiger Vorgänger Toscanini.
1924–1934 wird wiederum Serafin ständiger Dirigent an der New Yorker Metropolitan Opera, verantwortlich hauptsächlich für das italienische Repertoire. Er leitet aber u. a. auch 1934 die szenische Uraufführung von Howard Hansons *Merry Mount* (Mitschnitt auf Naxos Historical).
1934–1943 dauert seine Ära als künstlerischer Direktor des Teatro Reale dell'Opera di Roma (Lamberto Gardelli wird dort sein Assistent); erst jetzt beginnt auch seine Karriere im Aufnahmestudio.
1946 dirigiert er als kommissarischer Vertreter Victor de Sabatas im Zuge der Wiedereröffnung der Mailänder Scala Verdis *Nabucco*; trotz hohen Alters international als Gastdirigent gefragt (u. a. an der Lyric Opera of Chicago 1955–1958), bleibt er seinem alten Haus durch kontinuierliche Auftritte und zahlreiche Einspielungen für EMI (später auch die DGG) eng verbunden.
1968 stirbt er am 2. Februar in Rom.

In der Geschichte der Schallplatte war es überraschenderweise weder Toscanini noch Serafin, sondern Carlo Sabajno (1874–1938), der als italienischer »Hausdirigent« der britischen Gramophone Company auf deren Label His Master's Voice mit Kräften der Mailänder Scala bereits ab 1915 eine eindrucksvolle Serie von Gesamtaufnahmen italienischer Opern produzierte. Mit den elektrischen Aufzeichnungsverfahren folgte in Konkurrenz dazu bis 1932 eine zweite Serie mit Lorenzo Molajoli (1868–1939), der für das Label Columbia ebenfalls an der Scala aufnahm (beide Firmen fusionierten 1931 zur EMI). Erst nachdem beide Pioniere, über deren Biografien heute fast nichts mehr bekannt ist, verstorben waren, wurde Serafin als deren Nachfolger der neue italienische EMI-»Hausdirigent«. Bereits seine ersten, um den Startenor Beniamino Gigli zentrierten Aufnahmen von Werken Verdis etablieren ein neues orchestrales Niveau: Serafin fordert wie Toscanini höchste Präzision im Zusammenspiel und legt Wert auf feine dynamische Abstufungen (beachtlich dabei die Aufnahmetechnik in Verdis Requiem im Jahr 1939). Während Toscanini in seinen amerikanischen Opernproduktionen nach wie vor schroffe Theatereffekte und starke Klangkontraste in alter Espressivo-Manier ausgestaltet, setzt Serafin in seinen römischen Aufnahmen von *Un ballo in maschera* (1943) und *Aida* (1946) auf organischere Tempoübergänge und eine Gesang und Orchester bereits stärker »sinfonisch« verschmelzende Klangschönheit (wie sie in den 1950er-Jahren mit den stetigen Verbesserungen der Mono- und schließlich dann der Stereo-Aufzeichnung bei Karajan oder Solti als ästhetische Agenda in den Mittelpunkt der Opernproduktion für Tonträger rücken sollte). Serafin hatte zudem das besondere Glück, nach Gigli bald auch für Maria Callas zum fast ständigen Begleiter auf Schallplatte zu werden und damit für EMI noch eine lange Reihe herausragender Aufnahmen der 1950er-Jahre betreuen zu dürfen. Seine sinfonischen Qualitäten treten insbesondere auch bei Puccini hervor, wie 1957 in *Turandot* und vor allem in *Manon Lescaut*, wo es darum geht, vom ergreifenden orchestralen Intermezzo ausgehend in den beiden Schlussakten das lange Leiden und Sterben der Protagonisten quasi filmmusikalisch zu überzeichnen. So tritt der nur als Operndirigent dokumentierte Maestro doch auch immer wieder als rein akustischer Vermittler von Unaussprechlichem auf der instrumentalen Ebene hervor: komplementär das ergänzend, was die Opernfiguren über ihren Gesang hinaus bewegt.

Tonträger
1939 VERDI: *Messa da Requiem* (Caniglia, Stignani, Gigli, Pinza, Teatro dell'Opera di Roma; HMV Italia / EMI) ▪ **1943** VERDI: *Un ballo in maschera* (Gigli, Bechi, Caniglia, Barbieri, Teatro dell'Opera di Roma; HMV Italia / Naxos Historical) ▪ **1953** DONIZETTI: *Lucia di Lammermoor* (Callas, di Stefano, Gobbi, Arié, Maggio Musicale Fiorentino; EMI) ▪ **1954** BELLINI: *Norma* (Callas, Stignani, Filippeschi, Rossi-Lemeni, Teatro alla Scala; EMI) ▪ **1955** VERDI: *Aida* (Callas, Tucker, Barbieri, Gobbi, Teatro alla Scala; EMI) ▪ **1957** CHERUBINI: *Medea* (Callas, Picchi, Scotto, Pirazzini, Teatro alla Scala; EMI) ▪ **1957** PUCCINI: *Manon Lescaut* (Callas, di Stefano, Fioraventi, Calabrese, Teatro alla Scala; EMI) ▪ **1960** MASCAGNI: *Cavalleria rusticana* (del Monaco, Simionato, MacNeal, Accademia di Santa Cecilia; Decca)

Schriften
Stile, tradizioni e convenzioni del melodramma italiano del settecento e dell'ottocento [mit Alceo Toni], Mailand 1958

Literatur
Daniele Rubboli, Tullio Serafin. Vita, carriera, scritti inediti, Cavarzere 1979 ▪ Teodoro Celli / Giuseppe Pugliese, Tullio Serafin. Il patriarca del melodramma, Venedig 1985 ▪ Hartmut Hein, »Tyranneien« der Dirigenten? Aspekte der Orchesterleitung und Diskographie, in: Anselm Gerhard / Uwe Schweikert (Hrsg.), Verdi Handbuch, Stuttgart / Kassel ²2013, S. 623–642 ▪ Nicla Sguotti, Tullio Serafin. Il custode del bel canto, Padua 2014

Webpräsenz
http://fischer.hosting.paran.com/music/Serafin/discography-serafin.htm (↪0123)

HAH

Serebrier, José

1938 am 3. Dezember in Montevideo als Kind russisch-polnischer Eltern geboren. Er bekommt Violinunterricht, komponiert mit neun Jahren eine Sonate für Violine solo und gründet als Elfjähriger ein eigenes Orchester, das er auf Konzerttourneen durch Uruguay auch dirigiert. Ein Stipendium führt ihn in die USA, wo er in Philadelphia am Curtis Institute bei Vittorio Giannini und in Tanglewood bei Aaron Copland studiert.

1958 assistiert er zwei Jahre lang Antal Doráti beim Minneapolis Symphony Orchestra.

1962 ernennt Leopold Stokowski den bis dahin mit zahlreichen Preisen ausgezeichneten Komponisten zu seinem Assistenten beim neu gegründeten American Symphony Orchestra.

1968 verbringt er auf Einladung von George Szell zwei Jahre als Composer in Residence beim Cleveland Orchestra. Mehrere Auszeichnungen als Komponist und erste Einspielungen folgen.

1982 ist er Erster Gastdirigent des Adelaide Symphony Orchestra. In den folgenden Jahrzehnten verwirklicht er nahezu 300 Aufnahmen, während er die feste Anstellung bei einem Orchester vermeidet. Neben der Arbeit mit zahlreichen Jugendorchestern leitet er mehrere Musikfestivals (wie das 1985 von ihm initiierte Festival Miami).

Den Startschuss für die erfolgreiche Laufbahn José Serebriers, die in Amerika und England viel stärker als hierzulande wahrgenommen wird, gaben die von keinem Geringeren als Leopold Stokowski empfangenen Weihen: Der Hohepriester orchestralen Timbres lobte die außerordentlichen Fähigkeiten des jungen Serebrier, mit den reichhaltigen Klangfarben eines großen Orchesters wirkungsvoll umzugehen. Mit Stokowski bleibt Serebriers späteres Wirken in mehrerlei Hinsicht verbunden: So setzt er sich intensiv für Stokowskis Orchesterarrangements ein, darunter auch für dessen im Konzertbetrieb vernachlässigte Instrumentierung der *Bilder einer Ausstellung* von Modest Mussorgsky. Darüber hinaus fertigte Serebrier wie sein Mentor sinfonische Auszüge von Bühnenwerken an, beispielsweise von Bizets *Carmen* und Janáčeks *Die Sache Makropulos*.

In Serebriers umfangreichem Repertoire zeigen sich neben der Aufführung zahlreicher zeitgenössischer Werke zwei Hauptstränge: der Einsatz für amerikanische Musik (u. a. von Ned Rorem, George Whitefield Chadwick und William Schuman) und eine besondere Vorliebe für die slawisch-russische Musiktradition des 19. Jahrhunderts, deren Espressivo-Auffassung ihm in den USA von Efrem Zimbalist vermittelt wurde. Neben Einspielungen von Janáček und Rimski-Korsakow (*Scheherazade*), die mit silbrig schimmernden Streichern und einer äußerst breiten Farbpalette der Bläser aufwarten können, zeichnet Serebrier für eine der überzeugendsten Gesamtaufnahmen der Sinfonien von Alexander Glasunow verantwortlich. Impulsiv unterstreicht Serebrier hier die dramatischen Momente, widmet sich mit gleicher Sorgfalt aber auch suggestiv phrasierten lyrischen Themen, wobei er deren Spannungsverlauf mit fein dosierten Rubati nachbildet. In den Glasunow-Einspielungen zeigt sich allerdings ein Nachteil, der für eine ganze Reihe seiner Aufnahmen gilt: Die technischen Leistungen der Orchester, mit denen Serebrier – prinzipiell ohne sich als Chef über einen längeren Zeitraum zu binden – regelmäßig zusammenarbeitet, sind nicht immer auf Weltklasseniveau, und auch die Aufnahmetechnik lässt Serebriers außergewöhnliche Fähigkeiten orchestraler Balance nicht durchweg optimal zur Geltung kommen. Fast nur seine bei BIS und Reference Recordings erschienenen Einspielungen bilden seine Klangfarbengestaltung detailgetreu ab; unter den bei Naxos veröffentlichten Produktionen sticht (nicht nur klangtechnisch) seine rhythmisch mitreißende und mit süffigen Kantilenen aufwartende Aufnahme sämtlicher Ballettmusiken aus den Opern Giuseppe Verdis hervor.

Tonträger
1974 IVES: Sinfonie Nr. 4 (The John Alldis Choir, London PO; RCA / Chandos). **1999** RIMSKI-KORSAKOW: *Scheherazade* / Ouvertüre: *Russische Ostern* (Joakim Svenheden, London PO; Reference). **2006** GLASUNOW: Sinfonien Nr. 4 & 7 (RSNO; Warner). **2006** ROREM: Klavierkonzert Nr. 2 / Cellokonzert (Simon Mulligan, Wen-Sinn Yang, RSNO; Naxos). **2006** WAGNER: »Sinfonische Synthesen« aus *Tristan und Isolde* / *Parsifal* etc. [Arrangement: Stokowski] (Bournemouth SO; Naxos). **2011** VERDI: Ballettmusiken aus *Aida* / *Jérusalem* / *I vespri siciliani* etc. (Bournemouth SO; Naxos)

Kompositionen
Sinfonie Nr. 2 »Partita« / *Winterreise* etc. (London PO; Naxos 1999). Sinfonie Nr. 3 / *Fantasia* / *Elegy for strings* etc. (Carole Farley, Orchestre de Chambre National de Toulouse; Naxos 2003). *Flötenkonzert mit Tango* (Sharon Bezaly, Australian CO, Richard Tognetti; BIS 2009)

Literatur
Michel Faure, José Serebrier. Un chef d'orchestre et compositeur à l'aube du XXIe siècle, Paris 2001 [Diskografie]

Webpräsenz
www.joseserebrier.com (↪0124)

TOP

Sinopoli, Giuseppe

1946 am 2. November in Venedig geboren; er erhält als Jugendlicher Klavier-, Orgel- und Violinunterricht und studiert (ohne Abschluss) am Conservatorio Benedetto Marcello in Venedig (u. a. bei Bruno Maderna). Zusätzlich Medizinstudium ab 1964 in Padua.
1970 beginnt er Studien der Komposition an der Accademia Musicale Chigiana in Siena bei Franco Donatoni.
1972 besucht Sinopoli die Dirigierklasse von Hans Swarowsky in Wien. Im selben Jahr erhält er einen Lehrauftrag am Konservatorium in Venedig für Komposition und elektronische Musik.
1975 gründet er das Ensemble Bruno Maderna.
1978 debütiert Sinopoli mit Verdis *Aida* am 26. Januar am Teatro la Fenice in Venedig als Operndirigent.
1980 wichtiges Debüt mit Verdis *Macbeth* an der Deutschen Oper in Berlin.
1983–1987 hat Sinopoli das Amt als Chefdirigent des Orchestra dell'Accademia Nazionale di Santa Cecilia in Rom inne; er wird Exklusivkünstler der Deutschen Grammophon und übernimmt zahlreiche Gastdirigate, u. a. 1985 Puccinis *Tosca* in New York, 1986 Puccinis *Manon Lescaut* in Wien, zudem Japan-Tournee mit den Wiener Philharmonikern (WPh; im Jahr 1992).
1984–1994 leitet er das Londoner Philharmonia Orchestra (PhO; ab 1987 als Music Director).
1985 tritt Sinopoli erstmals bei den Bayreuther Festspielen auf (*Tannhäuser* 1985–1989, *Der fliegende Holländer* 1990–1993, *Parsifal* 1994–1999, *Der Ring des Nibelungen* 2000).
1990 tritt er wegen Konflikten mit dem Intendanten Götz Friedrich noch vor Dienstantritt von dem ihm angetragenen Amt des Generalmusikdirektors der Deutschen Oper Berlin zurück.
1992 bis zu seinem Tod ist Sinopoli Chefdirigent der Sächsischen Staatskapelle Dresden.
2001 stirbt er am 20. April während einer von ihm geleiteten Aufführung von Verdis *Aida* in Berlin.

Giuseppe Sinopoli war in vielfacher Hinsicht eine bemerkenswerte Persönlichkeit. Dies gilt zunächst für seine auffälligen Interessen und Befähigungen neben der Musik (1972 wurde er als Mediziner promoviert, kurz vor seinem Tod wurde seine Dissertation in Vorderasiatischer Archäologie in Rom mit summa cum laude angenommen). Es gilt aber ebenso für Sinopolis Entwicklung zum hauptberuflichen Dirigenten: Zentrales Interesse seiner musikalischen Arbeit war zuerst das Komponieren (das zum Teil von modern-konstruktivistischen Ansätzen geprägt war, wie seine Klaviersonate am avanciertesten zeigt). Gleichzeitig blieb sein Verhältnis zur Darmstädter Avantgarde offenkundig gespalten – als Hörer besuchte er die dortigen Sommerkurse nur 1969, er kehrte aber 1976 nochmals als Dozent zurück. Stattdessen setzte er sich verstärkt auch mit der Alten Musik insbesondere Italiens auseinander, wobei Bruno Maderna, sein akademischer Lehrer in Venedig, und das freundschaftliche Verhältnis zu Luigi Nono sicherlich prägend wirkten. Eine kompositorische Synthese aus alter und neuer Musik zog Sinopoli vor allem mit *Pour un livre à Venise*, einer Bearbeitung von Motetten von Costanzo Porta. Die entscheidende Wende in Sinopolis Karriere markierte allerdings das Jahr 1981 mit der Uraufführung seiner Oper *Lou Salomé* in München. Nach deren Misserfolg sah Sinopoli von weiteren Kompositionen ab und verfolgte die Karriere des internationalen Repertoiredirigenten, wobei er sich deutlich auf die Musik des späteren 19. Jahrhunderts und des Fin de siècle konzentrierte (Schumann, Verdi, Wagner, Bruckner, Brahms, Mahler, Puccini und Strauss). Hierin nun die reaktionäre Kehre des verletzten Avantgardisten zu sehen, wäre so ungerecht wie unrichtig, denn ein deutlich modernsachlicher Zug ist in Sinopolis Interpretationen kaum zu bestreiten: Oft dirigiert er mit präziser Metrik über alle notierten Flexionen des Tempos hinweg (wenn auch häufig in deutlich verlangsamten und ungewöhnlichen Grundtempi), Separierung der Klangfarben steht anstelle von Verschmelzung, den Pianissimo- und Solo-Stellen wird äußerste Akribie gewidmet.

Dennoch wird ein solches Konzept nicht bruchlos durchgehalten: Neben auf Präzision und innere Intensität bedachten Stellen stehen ekstatische Tutti-Ausbrüche, aber auch – wohl bewusst – unexakte Einsätze (zum Beispiel in *Das Lied von der Erde*). Dieser »Rückfall« ins Espressivo definiert sich dabei aus Sinopolis individuellem und gebrochenem Verhältnis zur Avantgarde. Unter klarer Nennung der Darmstädter Kurse schrieb Sinopoli schon vor *Lou Salomé* im Jahr 1979, die Schönheit und der historische Verweischarakter etwa der tonalen Stellen bei Alban Berg werde von heutigen Exegeten einfach totgeschwiegen oder relativiert.

So ist vielleicht auch Sinopolis Äußerung zu verstehen, in seiner Arbeit als Dirigent habe er sich nie an seinem Lehrer Maderna orientiert, gleichwohl sich auch dieser (wie übrigens auch Boulez) als »Komponistendirigent« von der Moderne ausgehend allmählich dem Repertoire des 19. Jahrhunderts geöffnet hat.

Sinopoli spielte nur einen Bruchteil seines Aufführungsrepertoires in zumeist nicht zyklisch konzipierten Aufnahmeprojekten ein. Der nahezu alle Orchesterwerke umfassende Mahler-Zyklus bildet gleichsam die Ausnahme. Dass Sinopoli ungern Konzertmitschnitte (wie etwa im Falle von *Das klagende Lied*) auf Tonträger bannen wollte, lässt erahnen, dass er bei Aufnahmesitzungen zudem die Möglichkeiten der Studioregie – etwa durch eine sehr nahe Mikrofonierung – zur Unterstreichung der interpretatorischen Absicht nutzte (und ein kursorischer Blick auf postum erschienene Mitschnitte von Rundfunkanstalten bestätigt dies). Sinopolis Suche nach dem verborgenen Detail hat dabei sowohl heftige Abwehrreaktionen ausgelöst (Norman Lebrecht rückt ihn in die Nähe des Dilettanten) als auch engagierte Rechtfertigungen erfahren: »Dass in seinen Interpretationen über solcher Arbeit am ›Detail‹ der sogenannte ›große Bogen‹ manchmal verloren ging – was Kritiker ihm gelegentlich vorwarfen –, nahm er bewusst in Kauf. Architektur war für ihn keine Frage des leichten Überblicks, sondern der klar herausgearbeiteten Gestalt, gerade in ihren feineren Aspekten. Es ging ihm um die ›Mikrostrukturen‹, aus denen die ›Makrostrukturen‹ gebildet sind« (Kienzle, S. 308).

Tonträger
1979 Maderna: *Biogramma / Aura / Quadrivium* (NDR SO; DGG) ▪ 1983/84 Puccini: *Manon Lescaut* (Freni, Domingo, Bruson, Chorus of the Royal Opera House, PhO; DGG) ▪ 1984 Verdi: *Rigoletto* (Bruson, Gruberová, Shicoff, Coro & Orchestra dell'Accademia Nazionale di Santa Cecilia; Philips) ▪ 1990 Mahler: *Das klagende Lied* (Studer, Meier, Goldberg, Allen, Shinyukai Choir, PhO; DGG) ▪ 1995 Zemlinsky: *Lyrische Sinfonie* (Deborah Voigt, Bryn Terfel, WPh; DGG) ▪ 1996 Strauss: *Die Frau ohne Schatten* (Voigt, Heppner, Schwarz, Grundheber, Staatskapelle Dresden; Teldec) ▪ 1996/97 Schönberg: *Erwartung / Pierrot lunaire*

(Alessandra Marc, Luisa Castellani, Staatskapelle Dresden; Teldec) ▪ **1997/2001** MAHLER: Sinfonie Nr. 9 / STRAUSS: *Tod und Verklärung* (Staatskapelle Dresden; Hänssler) ▪ **1998** LISZT: *Dante-Sinfonie* / BUSONI: *Sarabande & Cortège* (Staatskapelle Dresden; DGG)

Bildmedien
1998 STRAUSS: *Eine Alpensinfonie* / WAGNER: *Rienzi*-Ouvertüre etc. (Staatskapelle Dresden; Arthaus) ▪ **1998** WAGNER: *Parsifal* (Elming, Sotin, Struckmann, Watson, Bayreuther Festspiele; CMajor)

Kompositionen
Erfahrungen für 13 Soloinstrumente (1968) ▪ *25 studi su tre parametri* für Tonband (1968/69) ▪ *Musica per calculatori analogici* (1969) ▪ *Opus Daleth* für Orchester (1970/71) ▪ *Opus Ghimel* für Kammerorchester (1971) ▪ *Opus Scir* für Mezzosopran und Instrumente (1971) ▪ *Numquid* für Oboen und Tasteninstrumente (1972) ▪ Klaviersonate (1974) ▪ Klavierkonzert (1974) ▪ *Pour un livre à Venise* für Orchester (1975) ▪ *Tombeau d'Armor* I–III für Orchester (1975, 1977/78) ▪ Streichquartett (1977) ▪ Kammerkonzert (1977–1979) ▪ *Lou Salomé* (1981) [Suiten Nr. 1 & 2 auf Tonträger: Lucia Popp, José Carreras, RSO Stuttgart; DGG 1983/87]

Schriften
Pour une auto-analyse, in: Musique en jeu 21 (1975), S. 5–9 ▪ Von Darmstadt nach Wien, in: Hans Werner Henze (Hrsg.), Zwischen den Kulturen, Frankfurt a. M. 1979, S. 235–239 ▪ Parsifal a Venezia, Venedig 1993 [dt.: Parsifal in Venedig, übs. von Maja Pflug, München 2001] ▪ Humanitas als Entsagung und Mitleid. Werte und Symbolik in »Die Frau ohne Schatten« von Hugo von Hofmannsthal und Richard Strauss, in: Rolf Müller (Hrsg.), Werte, München 1997, S. 233–252 ▪ Wagner o la musica degli affetti, hrsg. von Pietro Bria und Sandro Cappelletto, Mailand 2002 ▪ Il mio Wagner. Il racconto della tetralogia, hrsg. von Sandro Cappelletto, Venedig 2006

Literatur
Ulrike Kienzle, Giuseppe Sinopoli. Komponist – Dirigent – Archäologe, Band 1: Lebenswege / Band 2: Porträts, Würzburg 2011 [Verzeichnis der Kompositionen, Schriften und weitere Literatur] ▪ Ulrike Kienzle, Ein Komponist des Negativen? Gustav Mahler aus der Sicht des Dirigenten Giuseppe Sinopoli, in: Ute Jung-Kaiser (Hrsg.), »Was mir die Engel erzählen …«. Mahlers traumhafte Gegenwelten, Hildesheim 2011, S. 217–238 ▪ Ulrike Kienzle, Entropie der Erinnerung. Der Komponist Giuseppe Sinopoli und die Wiener Moderne, in: Federico Celestini u. a. (Hrsg.), Musik in der Moderne, Wien 2011, S. 287–303 ▪ Egmont Feuerabendt, Giuseppe Sinopoli. Ein Sizilianer in Bayreuth, Norderstedt 2013 [eBook]

Webpräsenz
http://users.libero.it/enrico.gustav/Sinopoli/home.htm [Diskografie] (↪0125)

PEN

Skrowaczewski, Stanisław

1923 am 3. Oktober in Lwów geboren. Mit elf Jahren debütiert er als Pianist, mit dreizehn Jahren leitet er Beethovens 3. Klavierkonzert vom Klavier aus. Im Jahr 1941 macht eine Verletzung bei einer Bombardierung durch deutsche Truppen eine Karriere als Pianist unmöglich. Er studiert in Lwów und Kraków (Krakau; Diplom 1945).

1946–1947 leitet er das Philharmonische Orchester der Oper in Wrocław (Breslau).

1947–1949 Als Preisträger des Szymanowski-Wettbewerbs für Komposition kann er in Paris bei Nadia Boulanger und Paul Kletzki studieren.

1949–1954 leitet er das Sinfonieorchester von Katowice, danach wechselt er nach Krakau (1954–1956), schließlich zur Warschauer Nationalphilharmonie (1956–1959).

1956 gewinnt er den Dirigierwettbewerb der Accademia Nazionale di Santa Cecilia.

1958 erfolgt auf Einladung von George Szell sein USA-Debüt beim Cleveland Orchestra.

1960 verlässt er Polen und wird für knapp zwei Jahrzehnte bis 1979 Musikdirektor beim Minneapolis Symphony Orchestra (seit 1968: Minnesota Orchestra). Mit diesem Orchester spielt er für VOX u. a. die Orchesterwerke von Maurice Ravel und Musik von Prokofjew und Strawinsky ein.

1984–1991 leitet er das Hallé Orchestra in Manchester, **1987–1988** als Music Advisor auch das Saint Paul Chamber Orchestra.

1994 beginnt seine enge Verbindung als Gastdirigent mit dem Rundfunk-Sinfonieorchester Saarbrücken (ab 2007: Deutsche Radio Philharmonie), mit dem Aufnahmezyklen der Sinfonien von Bruckner, Beethoven, Schumann und Brahms entstehen.

2007 wird er Chefdirigent des Yomiuri Nippon Symphony Orchestra in Tokio (seit 2010 Conductor Laureate).

Stanisław Skrowaczewski gehört zu den Dirigenten, die man auch aus dem Charakter ihrer eigenen Kompositionen heraus beschreiben könnte. Pierre Boulez repräsentiert zum Beispiel in einem solchen Modell in beiden Disziplinen die analytische Auffädelung klanglich aparter, aber stets modernistisch kontrollierter Texturen. Der Komponist Skrowaczewski vertritt eher ein Gegenmodell der polnisch-amerikanischen Alternative zu diesem strikten Modernismus: Seine Musik kann zwar einen hohen Dissonanzgrad aufweisen, bewahrt aber eine immer direkte Ansprache, wobei originelle Orchesterfarben in einen neoklassizistischen Grundablauf eingebettet werden. Übersetzt auf den Dirigenten Skrowaczewski bedeutet dies, dass ein transparent-texttreuer Gesamteindruck dominiert, aus dem nicht nur die vielen differenzierten »objektiven« Details (wie die gestopften Blechbläser in der Kopfsatz-Durchführung von Bruckners 9. Sinfonie), sondern auch einzelne eruptiv »subjektive« Momente herausstechen (wie die Trompetenfanfaren in Schumanns *Frühlingssinfonie*).

Dieser leicht aufgeraute, aber luzide Grundklang wird auch im 1. Klavierkonzert Chopins etabliert, wodurch in Skrowaczewskis zweiter von insgesamt drei Aufnahmen (nach Arthur Rubinstein und vor Ewa Kupiec) das konsequent »inégale«, aber auch bewusst »unelegante« Klavierspiel von Alexis Weissenberg idiomatisch unterstützt wird. Eine überzeugende Lösung findet Skrowaczewski auch für den zugleich fingierten und unleugbar vorhandenen Finaljubel von Schostakowitschs 5. Sinfonie: Durch das unruhig flackernde und zumeist vom Bassregister her zusätzlich erodierte Tempo wirkt die umgekehrt dann viel zu stabile und starre Coda wie das zwangsläufige Ergebnis eines Triumphes, der aus der Kälte kam.

In seinen frühen Aufnahmen etabliert sich Skrowaczewski mit einer Synthese amerikanischer Orchestervirtuosität und avantgardistischer Reibungen zwischen einzelnen Klangregistern. In den späteren Aufnahmen aus Saarbrücken beweist dieser grundsätzlich gewahrte Ansatz seine hohe Modulationsfähigkeit: In Beethovens ersten beiden Sinfonien überraschen die aggressiv schnellen Tempi und der prononcierte Spaltklang, in dem aber anders als bei vielen rekonstruktiven Aufführungen der Vorrang der Streicher in der Gesamtbalance stets bewahrt bleibt. In Bruckners 7. Sinfonie hingegen nimmt Skrowaczewski sich knapp 25 Minuten Zeit für den langsamen Satz (zuletzt auch 2012 im Konzertmitschnitt bei LPO Live), der dabei in einem stoisch einheitlichen Tempo erklingt. Man könnte sich bei einer solchen Kombination an eine Dirigentenlegende wie Otto Klemperer erinnert fühlen: Dessen strikt anti-romantische und schroff verlangsamte Tempi aus frühen und aus späten Jahren werden bei Skrowaczewski innerhalb einzelner Aufnahmeprojekte miteinander kombiniert.

Tonträger
1967 CHOPIN: Klavierkonzerte Nr. 1 & 2 (Alexis Weissenberg, OSCC; EMI) ▪ **1977/83** PROKOFJEW: *Die Liebe zu den drei Orangen* [Suite] / *Skythische Suite* (Minnesota Orchestra; VOX) ▪ **1990** SCHOSTAKOWITSCH: Sinfonien Nr. 5 & 10 (Hallé Orchestra; Hallé) ▪ **1991–2001** BRUCKNER: 11 Sinfonien [Nr. 1–9 / Sinfonie d-Moll »Nullte« / »Studiensinfonie« f-Moll] (RSO Saarbrücken; Arte Nova / Oehms) ▪ **2005** BEETHOVEN: Sinfonien Nr. 2 & 3 »Eroica« (RSO Saarbrücken; Oehms) ▪ **2011** BRAHMS: Sinfonie Nr. 1 (Deutsche Radio Philharmonie Saarbrücken Kaiserslautern; Oehms)

Kompositionen
Passacaglia immaginaria / Kammerkonzert »Ritornelli poi ritornelli« / Klarinettenkonzert (Richard Stoltzman, RSO Saarbrücken; Albany 2000/01) ▪ *Music at Night* / Sinfonie / *Il piffero della notte* [Fantasie für Flöte und Orchester] (Roswitha Staege, Deutsche Radio Philharmonie Saarbrücken Kaiserslautern; Oehms 2005–2008)

Bearbeitungen
BACH: Toccata und Fuge d-Moll BWV 565 (BBC SO, Leonard Slatkin; Chandos 2003)

Literatur
Frederick Edward Harris Jr., Seeking the Infinite. The Musical Life of Stanisław Skrowaczewski, 2011 [www.createspace.com; Diskografie] (↪0126)

Webpräsenz
www.mcknight.org/system/asset/document/87/adobe-acrobat-format-1-3-mb.pdf [Festschrift mit Chronologie und Verzeichnis der Kompositionen] (↪0127)

JCA

Slatkin, Leonard

1944 am 1. September in Los Angeles geboren. Sein Vater ist der Dirigent Felix Slatkin (1915–1963), der neben seiner Arbeit für die Filmindustrie auch als Primarius des Hollywood String Quartet Bekanntheit erlangt (in dem Slatkins Mutter Eleanor Aller als Cellistin mitwirkt). Im musikalischen Haushalt seiner Familie ist Leonard hauptsächlich für Klavier und Viola vorgesehen.
1964–1968 studiert er Dirigieren bei Jean Morel an der Juilliard School, zusätzlich nimmt er Unterricht in Aspen bei Walter Susskind.
1968 beginnt als Assistant Conductor seine langjährige Verbindung mit dem Saint Louis Symphony Orchestra, wo er im Jahr 1979 Musikdirektor wird (bis 1996, danach Conductor Laureate) und eine oft mit Simon Rattles Arbeit in Birmingham verglichene Ära begründet.
1974 eröffnet ihm ein Dirigat als Einspringer beim New York Philharmonic Orchestra Einladungen zu vielen der großen amerikanischen Orchester.
1977–1979 ist er in leitender Position beim New Orleans Philharmonic Orchestra tätig.

1980 gründet er das Viennese Sommerfest in Minneapolis, ebenso leitet er
1990–1999 das Blossom Festival des Cleveland Orchestra.
1996–2008 ist er Chefdirigent des National Symphony Orchestra in Washington, D. C., wo er das National Conducting Institute als Ausbildungsstätte etabliert.
1997–2000 ist er Erster Gastdirigent des Philharmonia Orchestra (PhO), er wechselt in London als Chefdirigent
2000–2004 zum BBC Symphony Orchestra. Die Gestaltung der Last Night of the Proms wenige Tage nach den Anschlägen in New York im Jahr 2001 wird zur besonderen Herausforderung. Ab 2005 bleibt er London als Erster Gastdirigent des Royal Philharmonic Orchestra verbunden (dort wird 2009 Pinchas Zukerman sein Nachfolger), ebenso ist er ab 2006 für drei Jahre Artistic Advisor des Nashville Symphony Orchestra.
2008 wird er Music Director des Detroit Symphony Orchestra, im selben Jahr beginnt seine Tätigkeit als Principal Guest Conductor des Pittsburgh Symphony Orchestra (bis 2014).
2011 wird er zudem Chefdirigent des Orchestre National de Lyon.

Leonard Slatkin ist der prototypische amerikanische Dirigent. Das zeigt sich besonders eindrücklich im Vergleich mit Leonard Bernstein, der genau diese Rolle über viele Jahrzehnte eher mit europäischem Weltschmerz ausgefüllt hat. Wo Bernstein in seinen Büchern um philosophische Erklärungen der Musik ringt, legt Slatkin sein eigenes Buch über das Dirigieren als praxisnahen Ratgeber zum Umgang mit den übermächtigen Gewerkschaften an. Bernsteins Dirigierstil setzt eine in Amerika gerne als europäisch deklarierte Kultur exzessiv emotionaler Interpretationen fort, während Slatkin eine betont nüchterne, aber auch ironisch gelassene Haltung vertritt. Slatkins Dirigieren besitzt so eine stärkere Verbindung zum in Amerika lange vorherrschenden Trend zumeist dissonant gearbeiteter, manchmal aber auch etwas gesichtsloser neusachlicher Sinfonik (die Bernstein in seinen Aufnahmen und Kompositionen bewusst umschifft). Slatkin hat in Saint Louis mustergültige Kompilationen mit Werken von Walter Piston und William Schuman vorgelegt; die zyklische Erkundung dieses Repertoires lag dagegen häufig in den Händen von Gerard Schwarz (der dabei leider nicht selten mit einer lediglich gediegenen Qualität des Orchesterspiels zu kämpfen hat). Als Dirigent dieser »akademischen« amerikanischen Musiktradition benötigt man vor allem zwei Eigenschaften, die Slatkins Aufnahmen tatsächlich durchgängig auszeichnen und sich erneut am besten mit anglizistischen Schlagworten umschreiben lassen:

1. »Relaxedness«: Pathos und starke Emotionen der europäischen Spätromantik bei Bruckner oder Mahler – für Slatkins Reputation nie ganz so wichtig – werden durch die Betonung der kontrapunktischen Linienführung kontrolliert. Bei Slatkin ist das aber immer die Sorte Kontrapunkt, die man nicht nur bei Bach, sondern auch in Bernsteins *Candide*-Ouvertüre lernen kann: die Vitalität der dudelnden, gerne auch ein bisschen frivolen Nebenstimmen, deren einziges und nie erreichtes Ziel es zu sein scheint, die Hauptmelodie aus dem Takt zu bringen. Durch diese Haltung wird in Holsts *The Planets* unerwartet der Merkur zum zentralen Allegro-Satz, der zu fragen scheint, worüber sich denn eigentlich Mars und Jupiter so stark erregen. Die Musik Prokofjews steht diesem Paradigma besonders nahe, und Slatkin hat früh Maßstäbe setzende Aufnahmen der 1. und 5. Sinfonie vorgelegt (zweifellos ein verpasster Zyklus), während bei Ravel eine solch entspannte Auffächerung des Klangs in *La Valse* spürbar weniger überzeugt als zum Beispiel in den *Valses nobles et sentimentales*.

2. »Commitment«: Die starken Emotionen, die in der neoromantischen amerikanischen Orchestermusik abgebildet werden, darf man nie mit »europäischer« Herablassung dirigieren. In Coplands 3. Sinfonie reizt Slatkin den dissonanten Höhepunkt des Finales so stark aus, dass der überzogen triumphale Schluss dann eher wie eine Reprise dieses vorherigen kompakten Tuttiklangs wirkt. Ähnlich wird in Rachmaninows 2. Sinfonie der Streicherklang an den melodischen Umschlagpunkten minimal gedehnt, bevor er durch den Richtungswechsel wieder kontrahiert erscheint, sodass die für diese Musik zentrale Metapher der rauschenden Meereswellen emotional und doch kontrolliert umgesetzt wird.

Slatkin empfindet Entertainment nicht als Widerspruch zur elitären Kunst: Typisch hierfür sind bunt gemischte Alben, auf denen Mussorgskys *Bilder einer Ausstellung* in einer Kompilation verschiedener Instrumentationen eingespielt werden oder die für jedes Breitwandkino geeigneten Bach-Transkriptionen berühmter Dirigenten vorgestellt werden. Das repräsentative Werk für solche Wechsel zwischen den verschiedensten Stilen sind William Bolcoms *Songs of Innocence and of Experience*, in denen jeder Musikgeschmack mindestens einmal getroffen und einmal verletzt wird (und auch hier benötigt man das richtige Verhältnis von Relaxedness und Commitment, um den unerwarteten finalen Übergang einer Orff'schen C-Dur-Apotheose in eine apokalyptische Reggae-Nummer überzeugend zu gestalten). Nach seinem Wechsel zu Naxos hat Slatkin die Möglichkeit, beim »Billig-Label« größere Zyklen einzuspielen (zuletzt Berlioz in Lyon) und in Europa beinahe völlig unbekannte Namen der amerikanischen Gegenwartsmusik vorzustellen (wobei erfreulicherweise auch Komponistinnen dazu gehören wie Joan Tower oder Cindy McTee, die seit 2011 die vierte Ehefrau Slatkins ist). Als sympathisch-souveräner Vermittler zwischen lockerer Konzertmoderation und ernsthaftem Konzertablauf gehört Slatkin längt selbst in die Reihe der »American Classics«.

Tonträger
1984/85 PROKOFJEW: Sinfonien Nr. 5 & 1 »Classique« (Saint Louis SO, London PO; RCA) ▪ **1985/86** BERNSTEIN: *Fancy Free / Facsimile / Candide*-Ouvertüre / *On the Town [Three Dance Episodes]* (Saint Louis SO; EMI) ▪ **1989** COPLAND: Sinfonie Nr. 3 / *Music for a Great City* (Saint Louis SO; RCA) ▪ **1992** VAUGHAN WILLIAMS: Sinfonie Nr. 1 »A Sea Symphony« (Valente, Allen, PhO & Choirs; RCA) ▪ **1994/95** BARBER: Violinkonzert / Cellokonzert / *Capricorn Concerto* (Kyoko Takezawa, Steven Isserlis, Saint Louis SO; RCA) ▪ **2003** BACH: »The Conductors' Transcriptions« [von Skrowaczewski, Ormandy, Leinsdorf, Wood, Sargent, Barbirolli, Mitropoulos, Gui, Klemperer, Damrosch] (BBC SO; Chandos) ▪ **2004** BOLCOM: *Songs of Innocence and of Experience* (Brewer, Morris, Lee Graham, University of Michigan School of Music SO; Naxos) ▪ **2006** TOWER: *Made in America / Tambor / Konzert für Orchester* (Nashville SO; Naxos) ▪ **2009** RACHMANINOW: Sinfonie Nr. 2 / *Vocalise* (Detroit SO; Naxos) ▪ **2011/12** RAVEL: *Valses nobles et sentimentales / Le Tombeau de Couperin / La Valse / Gaspard de la nuit* [Orchestration: Constant] (Orchestre National de Lyon; Naxos)

Schriften
Conducting Business. Unveiling the Mystery Behind the Maestro, Milwaukee 2012

Webpräsenz
www.leonardslatkin.com (↪0128)

JCA

Smetáček, Václav

1906 am 30. September in Brno (Brünn) geboren.
1922–1930 studiert er Oboe, Komposition und Dirigieren am Prager Konservatorium und erwirbt zudem 1933 einen Doktortitel an der Universität.
1928 begründet er als Oboist das Prager Bläserquintett, dem er mehrere Jahrzehnte angehört; zudem ist er ab **1930** für drei Jahre Mitglied der Tschechischen Philharmonie (Czech PO).
1934 beginnt seine Dirigentenkarriere am Rundfunk und als Leiter des traditionsreichen Hlahol-Chors.
1942–1972 leitet er für dreißig Jahre das Prager Sinfonieorchester (FOK-Orchester).
1986 stirbt er am 18. Februar in Prag.

Von dem knappen Dutzend Aufnahmen von Smetanas *Má vlast [Mein Vaterland]*, die das tschechische National-Label Supraphon derzeit im Katalog führt, wird immer wieder einer der weniger bekannten Dirigentennamen als die heimliche Referenz empfohlen. Die Beliebtheit von Václav Smetáčeks Version ist leicht nachvollziehbar: In ihrem vibratoreichen und auf die Höhepunkte ausgerichteten Grundklang entspricht sie perfekt einem programmmusikalischen Postkartenbild von Prag als goldener Stadt. Gleichzeitig bleibt durch präzise Pizzicati in den Begleitstimmen – entscheidend für den berühmten Anfang von *Vltava [Die Moldau]* – und niemals schleppende Tempi der »sinfonische« Zusammenhang stets gewahrt. Dvořáks Stabat mater, seine wohl mit Abstand bekannteste Aufnahme, zeigt mustergültig, wie man ein Werk, das auf der Schwelle zum Repertoirestatus verharrt, im Studio über diesen Rand schubsen kann: durch erneut bewusst zugespitzte Höhepunkte, deren Zwischenräume mit Legato-Melodiebögen gefüllt und durch sachlich konstante Tempi zusammengehalten werden. Man hört so in diesen Aufnahmen romantischer Werke auch Smetáčeks beständigen Einsatz für die neoklassizistische tschechische Musik des 20. Jahrhunderts (wie die *Sinfonia pacis* von Viktor Kalabis, das vielleicht beste der recht vielen Plagiate von Honeggers *Symphonie liturgique*). Man hört aber auch seine enorme Expertise für die böhmische Musik des 18. Jahrhunderts, deren wichtige Rolle bei der Genese der musikalischen Klassik Smetáček als Kammermusiker und Miteditor in Erinnerung gehalten hat.

Tonträger
1961 DVOŘÁK: Stabat mater (Woytowicz, Soukupová, Žídek, Borg, Prague Philharmonic Choir, Czech PO; Supraphon / DGG / Brilliant) ▪ **1961/63** TSCHAIKOWSKY: Sinfonie Nr. 1 »Winterträume« / *Romeo und Julia* (Prager SO; Supraphon) ▪ **1970/74** LUTOSŁAWSKI: *Konzert für Orchester* / KALABIS: Sinfonie Nr. 2 »Sinfonia pacis« / BRITTEN: *Cantata misericordium* (Czech PO, Prager SO; Praga) ▪ **1980** SMETANA: *Má vlast* [*Mein Vaterland*] (Czech PO; Supraphon)

JCA

Sokhiev, Tugan

1977 am 22. Oktober in Wladikawkas (Nordossetien) geboren. Zwei Jahre nimmt er Dirigierunterricht bei Anatoli Briskin, danach studiert er in St. Petersburg bei Ilya Musin und Juri Temirkanow.
2003 wird er Musikalischer Direktor der Welsh National Opera, wo er jedoch bereits im Jahr darauf wieder von seinem Posten zurücktritt.
2005 beginnt seine regelmäßige Zusammenarbeit mit dem Mariinski-Theater in St. Petersburg.
2008 wird er Künstlerischer Leiter des Orchestre National du Capitole de Toulouse (ONCT), wo er bereits seit 2005 als Erster Gastdirigent gearbeitet hat und bis mindestens 2016 unter Vertrag steht.
2012 übernimmt er den Posten als Chefdirigent des Deutschen Symphonie-Orchesters Berlin (bis 2016).
2014 wird er mit sofortiger Wirkung zum Musikdirektor des Bolschoi-Theaters in Moskau ernannt.

Tugan Sokhiev ist ein herausragender Vertreter der Musin-Schule. Dem Nestor der russischen Dirigentenschule Ilya Musin verdankt er die Kunst der Leichtigkeit, die Bedeutung der mit den Händen gezeichneten Musik – ohne exzentrische Gestik oder Mimik, ohne Herrschaftsattitüde oder Maestro-Gehabe. Laut Musin ist technische Perfektion die unabdingbare Voraussetzung für das Dirigieren, und Sokhiev hat diese Einsicht zutiefst verinnerlicht. Er ist ein bis in die feinsten Verästelungen einer Partitur vorbereiteter Dirigent, der Eleganz, Großzügigkeit und Tiefe verbindet und dabei doch Bescheidenheit und Noblesse ausdrückt. Seine Dirigierästhetik beansprucht, das Innere der Partitur freizulegen, zugleich sorgt er in der Musik oft dort für weiche Übergänge und melodischen Schmelz, wo andere Dirigenten Abgründiges entdecken würden.

Auffallend ist seine Repertoirewahl »sprechender« Kompositionen – zum einen Opern, zum anderen solche Werke, die trotz ihrer sinfonisch komprimierten Dichte oft auch eine Geschichte erzählen. Dazu gehören Ballettmusiken, die *Bilder einer Ausstellung* von Mussorgsky, aber auch die Sinfonien von Gustav Mahler. Ein Akzent scheint deutlich auf russischer Musik zu liegen – Prokofjews Musik zu Eisensteins Film *Iwan der Schreckliche* steht zum Beispiel im Zentrum der ersten gemeinsamen Einspielung mit dem Deutschen Symphonie-Orchester Berlin.

In einem Gespräch mit Frederik Hanssen (*Tagesspiegel*, 8.12.2013) gibt Tugan Sokhiev Einblicke in seine Arbeitsweise, die erneut einen »bildnerischen« Zugang zur Musik zeigen: »Durch die große Menge an Eintragungen war mein Blick immer auf die Noten fixiert, ich hatte gar keine Augen mehr für die Musiker. Das ist, als würden Sie ein Buch lesen und dabei ununterbrochen Anmerkungen an den Rand schreiben. Das entfremdet Sie von der Geschichte, weil Sie sich nur noch auf Ihre Kommentare konzentrieren. Also habe ich meine Methode umgestellt. [...] Statt mich in die Partitur hineinzuschreiben, muss ich die Partitur in mich einschreiben.«

Tonträger
2006 MUSSORGSKY: *Bilder einer Ausstellung* [Orchestration: Ravel] / TSCHAIKOWSKY: Sinfonie Nr. 4 (ONCT; Naïve) ▪ **2011** STRAWINSKY: *Der Feuervogel* [Suite 1919] / *Le Sacre du printemps* (ONCT; Naïve) ▪ **2013** PROKOFJEW: *Iwan der Schreckliche* (Borodina, Abdrazakov, Rundfunkchor Berlin, Staats- und Domchor Berlin, DSO Berlin; Sony)

Bildmedien
2004 PROKOFJEW: *Die Liebe zu den drei Orangen* (Tanovitski, Serdyuk, Tsanga, Ilyushnikov, Europa Chor Akademie, Mahler CO; BelAir)

AKH

Solti, Georg

1912 am 21. Oktober als György Stern in Budapest geboren.

1925–1931 Studium an der Budapester Musikakademie (u. a. bei Béla Bartók, Ernő Dohnányi, Zoltán Kodály, Arnold Székely und Leó Weiner; 1930 Klavierdiplom, 1931 Kompositionsdiplom). Unmittelbar danach beginnt seine Tätigkeit als Korrepetitor an der Nationaloper Budapest.

1932–1933 ist er Korrepetitor am Badischen Staatstheater Karlsruhe unter Josef Krips. Nach der Machtergreifung der Nationalsozialisten kehrt er nach Budapest zurück.

1936 besucht er erstmals die Salzburger Festspiele, wo er im Jahr darauf als Assistent von Arturo Toscanini einspringen kann (in Mozarts *Zauberflöte*).

1938 gibt er am 11. März sein Debüt als Dirigent in Budapest mit Mozarts *Le nozze di Figaro* (am selben Abend vollzieht sich der »Anschluss« Österreichs).

1939 flüchtet er aufgrund der antisemitischen Gesetzgebung in Ungarn in die Schweiz und verbringt dort die Kriegsjahre.

1942 gewinnt er als Pianist bei seiner zweiten Teilnahme den Concours de Genève.

1946 Nachdem er auf Einladung der amerikanischen Militärregierung Beethovens *Fidelio* in München dirigierte, wird er dort auf Initiative von Edward Kilenyi Generalmusikdirektor (bis 1952).

1947 nimmt Maurice (Moritz) Rosengarten Solti für Decca unter Exklusivvertrag (die allerersten Aufnahmen noch als Pianist); dieser besteht bis zu Soltis Lebensende.

1951 debütiert Solti mit Mozarts *Idomeneo* bei den Salzburger Festspielen.

1952–1961 ist er Generalmusikdirektor in Frankfurt am Main.

1953 debütiert er in den USA mit Konzerten und Opernaufführungen in San Francisco.

1954 dirigiert er als seine einzige Produktion für das Glyndebourne Festival Mozarts *Don Giovanni*.

1958–1965 produziert er mit den Wiener Philharmonikern (WPh) und dem Produzenten John Culshaw die erste Studioeinspielung von Richard Wagners *Der Ring des Nibelungen*.

1961–1962 ist er als Nachfolger von Paul Kletzki Music Director des Dallas Symphony Orchestra. Er kündigt zudem im Jahr 1961 noch vor Dienstantritt die Stelle als Leiter des Los Angeles Philharmonic Orchestra.

1961–1971 arbeitet er in London als musikalischer Leiter des Royal Opera House, Covent Garden.

1969–1991 ist er Music Director des Chicago Symphony Orchestra, außerdem

1972–1975 Musikdirektor des Orchestre de Paris.

1979–1983 ist Solti Principal Conductor des London Philharmonic Orchestra (zuvor Principal Guest Conductor, danach Conductor Laureate).

1980 leitet er als seine einzige Produktion für die Wiener Staatsoper Giuseppe Verdis *Falstaff*.

1983 dirigiert er bei den Bayreuther Festspielen den *Ring des Nibelungen* (Inszenierung offiziell Peter Hall; ursprünglich hatte Solti allein inszenieren wollen).

1989 dirigiert er anstelle des kurz zuvor verstorbenen Herbert von Karajan Verdis *Un ballo in maschera* bei den Salzburger Festspielen (in den Jahren 1992 und 1993 übernimmt er die Leitung der Osterfestspiele).

1991 führt er anlässlich von Mozarts 200. Todestag dessen Requiem im Wiener Stephansdom auf.

1997 stirbt er überraschend am 5. September in Antibes kurz vor einer Aufführung von Verdis Requiem bei den Londoner Proms (die zum Memorial auch für Lady Diana wird).

Um eine Probe seiner Handschrift gebeten (Abbildung in Haußwald 1965), notierte Georg Solti am 23. Juni 1965 in London einige Zeilen zu seinem Selbstverständnis als Künstler: »Dirigieren« bedeute für ihn »interpretieren«, aber auch »vermitteln«. Er sehe seine Aufgabe darin, die »Idee des Komponisten [...] dem Orchester und Publikum näher zu bringen«, somit also dem »Werk mit der bestmöglichen Interpretation, mit allem [...] Können und Talent« zu »dienen«. Man mag die Relevanz solcher Selbsteinschätzungen grundsätzlich bezweifeln, in Soltis Fall betrifft sie aber Wesentliches seiner Arbeit. Es ging Solti weder darum, der Musik subjektives Espressivo und Rubato aufzuprägen, noch sind seine Interpretationen durch Individualität suchende Alleinstellungsmerkmale geprägt. Fragt man nach den grundlegenden Merkmalen von Soltis Musizieren, erscheinen diese in Phänomenen wie metrischer und rhythmischer Präzision, Brillanz, klarer Phrasierung, Prägnanz, rapiden Tempi und einem dynamischen Vorwärtsstreiben abgebildet (wobei die letztgenannten Punkte keineswegs in allen seinen Interpretationen deutlich präsent waren, bezeichnenderweise etwa nicht immer in seinen Beethoven-Einspielungen).

Die genannten Eigenschaften verweisen in Richtung eines neusachlichen Interpretationsstils. Allerdings darf nicht übersehen werden, dass Neusachlichkeit im Kern bedeutet, Konzepte der Moderne auf das traditionelle Repertoire zu übertragen, Soltis interpretatorischer Impuls aber in anderer Weise motiviert ist. Solti darf zwar nicht als Feind der Moderne missverstanden werden – der Unterricht bei Bartók und Kodály war sicher einflussreich, und neben Bartók dirigierte er auch Werke von Igor Strawinsky und Arnold Schönberg (insbesondere häufig *Moses und Aron*, wie an Covent Garden 1965). Prägend für seine Arbeit als Dirigent waren aber die Vorbilder Erich Kleiber, der in Solti überhaupt den Wunsch zu dirigieren entstehen ließ, und vor allem natürlich Toscanini. Dabei lässt sich mit Abstrichen sagen, dass Solti ähnlich wie Toscanini den Stil der italienischen Oper auf das gesamte Repertoire übertrug (und aus dieser Perspektive nimmt es wenig wunder, dass Solti auch ein gefeierter Verdi-Interpret gewesen ist).

Soltis Karriere begann im Opernbetrieb, wobei insbesondere seine Leistungen an Covent Garden, dessen Niveau er durch Einführung des Stagione-Prinzips bemerkenswert steigerte, Hervorhebung verdienen. Die von Solti erwartete Qualität und die geforderte Disziplin, die sich insbesondere in intensiven und langen, zum Leidwesen der Musiker mit Pausen über den ganzen Tag verteilten Proben zeigte, war dabei durchaus um den Preis der Antipathie erkauft (man nannte ihn »The Prussian«, »Solti the Terrible« und »The Screaming Skull«). In London gelang es Solti, sich endgültig als Stardirigent zu etablieren, der gleichermaßen als Opern-, Konzert- und Schallplattendirigent, aber auch insgesamt als künstlerischer Spiritus Rector agiert. Hinsichtlich dieser Rolle entspricht er somit Herbert von Karajan, erscheint aber auf verschiedensten Ebenen als dessen Antipode. Schon der Habitus unterscheidet beide: Karajan mit geschlossenen Augen, die Hände oft unter der Gürtellinie mit »rollenden« Bewegungen, Solti mit in alle Richtungen blitzenden Augen, hoch erhobenen Armen und durchaus auch »zackigen« Schlägen. Während Karajan stets auswendig dirigierte, vergewisserte sich Solti immer wieder anhand der Partitur und zeichnete seine Interpretation in mehreren Farbschichten in die Noten ein. Schließlich stand für Karajan der perfekt verschmolzene Orchesterklang im Vordergrund (weswegen er mit dem Fortschritt der Aufnahmetechnik auch seine Tempi mehr und mehr reduzierte), für Solti dagegen das Prozesshafte des musikalischen Textes. Deutlich zeigt dies etwa Richard Kleins Vergleich am *Rheingold*-Vorspiel: Unmerkliche Einsätze bei Karajan und der Versuch, das Unmögliche des in der Partitur geforderten Sempre piano zu realisieren, stehen einem dynamischen Crescendo bei Solti gegenüber (Klein 2009).

Als die Dirigenten des HiFi-Zeitalters treten Karajan und Solti jedoch in deutliche Analogie. Nicht nur, dass Solti im Rahmen seines Exklusivvertrags mit der Decca insgesamt rund 250 Aufnahmen vorlegte, er verstand es auch wie Karajan, die technischen Möglichkeiten des Mediums interpretatorisch zu nutzen. Soltis Aufnahme von Wagners *Ring* bildet das vielleicht bedeutendste Beispiel: Sie war die erste Gesamtaufnahme dieses Werks überhaupt, war ungleich erfolgreicher als Karajans wenig später entstandene Aufnahme, trug nachhaltig zur Rehabilitierung von Wagner nach dem Zweiten Weltkrieg bei und basierte vor allem auf keiner konkreten Inszenierung, sondern war als reines Studioprojekt konzipiert. Der Stereoraum wird von Solti gleichsam als Bühne genutzt, und dabei ist es keineswegs so, dass er den Orchesterklang lediglich den dynamischen Möglichkeiten des Aufnahmevorgangs anpasste; durch technische Eingriffe entstanden vielmehr Effekte, die bei einer szenischen oder konzertanten Aufführung gar nicht möglich gewesen wären.

Überhaupt nimmt der *Ring* in Soltis Repertoire, das in der Oper von Mozart bis Verdi, in der Sinfonik von Beethoven bis Mahler reichte, eine besondere Stellung ein, auch weil er ihn letztlich wohl nie vollkommen zur Aufführung bringen konnte. Lediglich die Inszenierung in London 1964 kann als Erfolg gelten. Die Pariser Produktion 1976 – natürlich in Konkurrenz zu Patrice Chéreaus Bayreuther Jahrhundert-*Ring* – musste aufgrund einer provokanten, aber konzeptlosen Regie wegen nach der *Walküre* abgebrochen werden. Als man Solti 1983 nach Bayreuth holte, wollte er auf den Chéreau-*Ring* wie auf das Pariser Debakel mit konsequentem Realismus gemäß Wagners Text reagieren. Also schwammen die Rheintöchter völlig nackt in echtem Wasser, die Regenbogenbrücke wurde durch eine (nicht geräuschfreie) Hebehydraulik realisiert etc. Da man solche Effekte aufgrund der technischen Probleme nicht in die Wiederaufnahmen übernehmen wollte oder konnte, dirigierte auch Solti nicht mehr in Bayreuth (am Pult stand nun Peter Schneider).

Das späte »Scheitern« an der Opernbühne wird durch den zunehmend kanonischen Chicago-Sound im Bereich der sinfonischen Musik kompensiert, wo Soltis Interpretationen etwa der Bruckner-Sinfonien stets für ihre unerhörte instrumentale Präzision gelobt worden sind, aber als wenig individuelle Angleichungen der Werke an einen primär reproduktionsästhetischen Standard selbst im ungarischen Repertoire auch Kritik erfahren haben.

Tonträger

1955 KODÁLY: *Háry-János*-Suite / BARTÓK: *Musik für Saiteninstrumente, Schlagzeug und Celesta* (London PO; Decca / Naxos Classical Archives) ▪ **1958–1965** WAGNER: *Der Ring des Nibelungen* (London, Flagstad, Hotter, Nilsson, King, WPh; Decca) ▪ **1961** STRAUSS: *Salome* (Nilsson, Waechter, Hoffman, Stolze, WPh; Decca) ▪ **1964** MAHLER: Sinfonie Nr. 1 (London SO; Decca) ▪ **1966/67** STRAUSS: *Elektra* (Nilsson, Resnik, Collier, Krause, WPh; Decca) ▪ **1970** MAHLER: Sinfonie Nr. 6 (Chicago SO; Decca) ▪ **1982/83** VERDI: *Un ballo in maschera* (Price, Battle, Ludwig, Pavarotti, Bruson, London Opera Chorus, National PO; Decca) ▪ **1984** SCHÖNBERG: *Moses und Aron* (Mazura, Langridge, Haugland, Bonney, Chicago SO & Chorus; Decca) ▪ **1993/97** STRAWINSKY: *Symphony in Three Movements / Symphony in C / Psalmensinfonie* (Chicago SO & Chorus; Decca) ▪ **1995** BRUCKNER: Sinfonie d-Moll »Nullte« (Chicago SO; Decca) ▪ **1997** BARTÓK: *Cantata profana* / WEINER: *Serenade* / KODÁLY: *Psalmus Hungaricus* (Choir of Hungarian Radio & TV, Budapest FO; Decca)

Bildmedien

1981 HUMPERDINCK: *Hänsel und Gretel* (Fassbaender, Gruberová, Prey, Wiener Sängerknaben, WPh; DGG) ▪ **1990** BEETHOVEN: Sinfonie Nr. 5 / Ouvertüre: *Egmont* etc. (Chicago SO; Sony) ▪ **1991** MOZART: *Requiem* (Augér, Bartoli, Cole, Pape, Wiener Staatsopernchor, WPh; Decca) ▪ The Golden Ring (Dokumentation von Humphrey Burton; Decca 1965) ▪ Solti. The Making of a Maestro (Dokumentation von Peter Maniura; Arthaus 1997) ▪ Maestro or Mephisto. The Real Georg Solti (Dokumentation von Andy King-Dabbs; Arthaus 2012) ▪ Solti. Journey of a Lifetime (Dokumentation von Georg Wübbolt; CMajor 2012)

Schriften

Memoirs, with Assistance from Harvey Sachs, New York 1997 [dt.: Solti über Solti, übs. von Michael Schmidt und Harald Stadler, München 1997]

Literatur

Günter Haußwald (Hrsg.), Dirigenten. Bild und Schrift, Berlin 1965 ▪ John Culshaw, Ring Resounding. The Recording of *Der Ring des Nibelungen*, New York 1967 [Neuausgabe London 2012] ▪ William Barry Furlong, Season with Solti. A Year in the Life of the Chicago Symphony Orchestra, New York 1974 ▪ Paul Robinson, Solti, übs. von Sylvia Hofheinz, Zürich 1983 ▪ »Ja, ich habe Angst vor Bayreuth« [Interview mit Klaus Umbach], in: Der Spiegel 6/1983, S. 174–179 ▪ Über die Wiener Philharmoniker. Ein Gespräch mit Manfred Wagner, in: Otto Biba / Wolfgang Schuster (Hrsg.), Klang und Komponist. Ein Symposion der Wiener Philharmoniker, Tutzing 1992, S. 397–403 ▪ Michael Haas, Studio Conducting, in: José Antonio Bowen (Hrsg.), The Cambridge Companion to Conducting, Cambridge 2003, S. 28–39 ▪ David N. C. Patmore / Eric F. Clarke, Making and Hearing Virtual Worlds. John Culshaw and the Art of Record Production, in: Musicae Scientiae 11 (2007), S. 269–293 ▪ Richard Klein, Raumkonstruktionen. Wagners *Rheingold*-Vorspiel mit Blick auf Solti und Karajan, in: Wagnerspectrum 5/1 (2009), S. 105–128 ▪ David N. C. Patmore, Sir Georg Solti and the Record Industry, in: ARSC Journal 41/2 (2010), S. 200–232

Webpräsenz

http://hcl.harvard.edu/libraries/loebmusic/exhibitions/solti [Dirigierpartituren] (↪0129)
https://en.wikipedia.org/wiki/Georg_Solti_discography (↪0130)

PEN

Steinberg, William

1899 geboren als Hans Wilhelm Steinberg am 1. August in Köln, debütiert er mit dreizehn Jahren als Dirigent einer eigenen Komposition und beginnt mit vierzehn Jahren sein Studium am Kölner Konservatorium.

1920 schließt er das Dirigierstudium als Schüler von Hermann Abendroth ab (und erhält bereits zuvor den Franz Wüllner Preis als besondere Auszeichnung); er wird Kapellmeister an der Kölner Oper unter Otto Klemperer.

1925 wird Steinberg der Nachfolger von Alexander Zemlinsky als Operndirektor am Neuen Deutschen Theater in Prag.

1929 geht er als Generalmusikdirektor nach Frankfurt am Main (als Nachfolger von Clemens Krauss).

1933 wird er in Frankfurt entlassen, bleibt jedoch zunächst in Deutschland. Neben seiner Vorstands- und Dirigententätigkeit im Kulturbund Deutscher Juden bereitet er mit dem Geiger Bronisław Huberman die Gründung des Palestine Orchestra vor (Arturo Toscanini leitet 1936 das Gründungskonzert, Steinberg wird einer der Hauptdirigenten des heutigen Israel Philharmonic Orchestra).
1938 ernennt ihn Toscanini als seinen Stellvertreter beim NBC Symphony Orchestra in New York.
1944 wird Steinberg amerikanischer Staatsbürger. Er dirigiert bis 1949 regelmäßig an der San Francisco Opera.
1945–1952 ist Steinberg Music Director des Buffalo Philharmonic Orchestra.
1952–1976 steht er an der Spitze des Pittsburgh Symphony Orchestra. Daneben geht Steinberg kurzzeitige Verpflichtungen ein als Chefdirigent des London Philharmonic Orchestra (1958–1960) und als Principal Guest Conductor des New York Philharmonic Orchestra (1966–1968).
1969–1972 leitet er das Boston Symphony Orchestra.
1978 stirbt er am 16. Mai in New York. Sein 1945 in Israel geborener Sohn Pinchas Steinberg ist – nach geigerischer Ausbildung und Tätigkeit als Konzertmeister an der Oper von Chicago – ebenfalls Dirigent.

Arturo Toscanini war als erklärter Antifaschist der Initiator von Steinbergs amerikanischer Karriere, wobei er in ihm einen geistesverwandten Präzisionsfanatiker gesehen haben mochte. Zwar war Steinberg ebenfalls Vertreter einer antiromantisch-sachlichen Musikauffassung, aber er pflegte keineswegs einen autokratischen Musizierstil, sondern eine jedweder Selbstinszenierung abholde Haltung. Steinberg setzte ganz auf die Wirkung der Musik aus sich selbst heraus, weshalb er zum Beispiel den Mars in Gustav Holsts *The Planets* gemessen, aber umso bedrohlicher aufmarschieren lässt. Auch die Apotheose von Mahlers *Auferstehungssinfonie* wird nicht über Gebühr aufgeheizt; hingegen erklingen Mahlers plötzlich aus dem Nichts heraus einsetzende Fortissimo-Aufschreie mit atemberaubender Gewalt, die – Filmausschnitte bestätigen hier die Augenzeugenberichte – von Steinberg mit minimaler Mimik hervorgerufen werden konnte.

Steinberg litt in den USA nicht an seinen gekappten deutschen Wurzeln: Als »Buffalo Bill« bezeichnete er sich bei seiner ersten amerikanischen Chefposition in Buffalo, in der er das bis dahin provinzielle Niveau des Orchesters beträchtlich hob und Schostakowitschs »Leningrader« Sinfonie erstmals auf Platte einspielte. Die anschließende, ein Vierteljahrhundert andauernde künstlerische Verbindung mit dem Pittsburgh Symphony Orchestra unterstrich Steinbergs Bekenntnis zu Sesshaftigkeit und kontinuierlicher Basisarbeit. Nur als Gastdirigent kehrte Steinberg ab den 1950er-Jahren nach Europa zurück; in seiner Geburtsstadt Köln stand er ab 1955 oft am Pult des Kölner Rundfunk-Sinfonie-Orchesters, wo er sich besonders für neueste amerikanische Musik einsetzte. Ein weiteres Anliegen Steinbergs war die »Repatriierung« von Gustav Mahler, und es ist nur allzu bedauerlich, dass Mahlers 6. Sinfonie, die Steinberg 1960 in London beim Jubiläumsfestival mit dem London Philharmonic Orchestra aufgeführt hatte, aufgrund von Querelen mit seinen Schallplattenfirmen nie veröffentlicht wurde.

Tonträger
1946 SCHOSTAKOWITSCH: Sinfonie Nr. 7 »Leningrader« (Buffalo PO; LYS) ▪ **1956** HINDEMITH: Sinfonie »Mathis der Maler« / TOCH: Sinfonie Nr. 3 (Pittsburgh SO; EMI) ▪ **1957/59** BEETHOVEN: Sinfonie Nr. 7 / MENDELSSOHN: Sinfonie Nr. 4 »Italienische« / Italienische Serenade (Pittsburgh SO; EMI) ▪ **1965** MAHLER: Sinfonie Nr. 2 »Auferstehungssinfonie« (Delorie, Woytowicz, Rundfunkchor & RSO Köln; ICA) ▪ **1970** HOLST: *The Planets* (Boston SO; DGG)

Bildmedien
1962 BRUCKNER: Sinfonie Nr. 8 [Version 1892] (Boston SO; ICA)

Webpräsenz
www.oper-frankfurt.de/fileupload/dateien/Sonstige_Dateien/AusstellungWilliamSteinberg.pdf (↪0131)
www.juedischesmuseum-koeln.de/publik/Kulturtransfer.pdf [Broschüre von Klaus Wolfgang Niemöller zur Gründung des Palestine Orchestra] (↪0132)

MIS

Stenz, Markus

1965 am 28. Februar in Bad Neuenahr-Ahrweiler geboren, studiert er später an der Kölner Musikhochschule bei Volker Wangenheim Orchesterleitung.
1988 kann er sich dank eines Stipendiums in Tanglewood bei Leonard Bernstein und Seiji Ozawa fortbilden.
1989–1995 leitet er die von Hans Werner Henze initiierten Cantiere Internazionale d'Arte in Montepulciano.

1994–1998 fungiert er als Chefdirigent der London Sinfonietta.
1998–2004 wechselt er als Chefdirigent nach Australien zum Melbourne Symphony Orchestra.
2003 kehrt er nach Deutschland zurück und wird Kapellmeister des Kölner Gürzenich-Orchesters, ab dem Jahr 2004 ist er Generalmusikdirektor der Stadt Köln (bis 2014).
2003 leitet er bei den Salzburger Festspielen die Uraufführung von Henzes Oper *L'Upupa und der Triumph der Sohnesliebe*.
2009 wird er Principal Guest Conductor des Hallé Orchestra in Manchester (ab 2015 ist dort Ryan Wigglesworth sein Nachfolger).
2012 wird er Chefdirigent des niederländischen Radio Filharmonisch Orkest (Hilversum). Im gleichen Jahr etabliert er mit dem Journalisten Ranga Yogeshwar als neuartige Form der Musikvermittlung die Konzertreihe »Experiment Klassik«.
2015 wird er Principal Guest Conductor des Baltimore Symphony Orchestra.

Als Markus Stenz nach und nach die internationalen Podien betrat, hatte man ihn vor allem als sachkundigen Vertreter der Moderne auf der Rechnung. Offenlegung der Form und Empfindsamkeit des Klangs sorgen dafür, dass seine Interpretationen Neuer Musik nie den kommunikativen Aspekt aus dem Blick verlieren. In Anverwandlung von Arnold Schönbergs Diktum von (und Forderung nach) der Klangfarbenmelodie findet er im Dickicht klanglicher Komplexität Möglichkeiten, die kompositorischen Strukturen und Verästelungen transparent zu halten. So hat er in Hans Werner Henzes 8. Sinfonie keine Scheu davor, die vielen Anklänge und Erinnerungen dieses Werks auszuspielen (sie Zitate zu nennen wäre zu viel gesagt). Stenz darf als einer der wichtigsten gegenwärtigen Interpreten der Musik Henzes gelten, und so verwundert es nicht, dass er im November 2012 das offizielle Gedenkkonzert des Landes Nordrhein-Westfalen für Hans Werner Henze mit dessen Requiem dirigierte.

Die Einspielungen von Sinfonien Gustav Mahlers mit dem Gürzenich-Orchester belegen einen Fortschritt seiner durch die Moderne geschulten Werkzugriffe: In Form und Struktur deutlich auf einen »modernistischen« Mahler bedacht, greift Stenz zugleich auf bewährte klangliche Romantizismen zurück und entschlackt nicht etwa den Orchesterklang, sondern folgt ihm in seine spätromantisch-üppigen Untiefen.

Dass Kommunikation ein wesentlicher Bestandteil in seinem Selbstverständnis als Künstler ist, zeigen Stenz' Bemühungen um Musikvermittlung und mediale Präsenz. So bietet das Gürzenich-Orchester auf seine Initiative hin das erlebte Konzert direkt anschließend als offizielle CD zum Verkauf an – eine zunächst weltweit einzigartige Aktion, die 2007 den Live Entertainment Award gewinnt. Im Bereich der Musikvermittlung entwickelte Stenz bereits in Melbourne den sogenannten »3. Akt«, der in Köln zum Markenzeichen seiner Konzerte geworden ist: Nach dem offiziellen Konzertprogramm folgt ein bis hierhin geheimes Überraschungswerk, welches oftmals der Moderne entstammt und so – auch dank sympathischer Moderation – die vermeintlichen Berührungsängste des Publikums mit Neuer Musik überwindet.

Tonträger
1989 Henze: *The English Cat* (Berkeley-Steele, Coles, Watt, Platt, Pike, Parnassus Orchestra London; Wergo) ▪ **1993/94** Hindemith: Kammermusiken Nr. 1–7 (Ensemble Modern; RCA) ▪ **1996** Weill: *Der Silbersee* (Kruse, Lascarro, Gruber, Dernesch, London Sinfonietta; RCA) ▪ **2004/06** Henze: Sinfonie Nr. 8 / *Nachtstücke und Arien* / *Die Bassariden* [*Adagio, Fuge und Mänadentanz*] (Claudia Barainsky, Gürzenich-Orchester; Capriccio) ▪ **2010** Mahler: Sinfonie Nr. 3 (Michaela Schuster, Gürzenich-Orchester; Oehms) ▪ **2012** Hartmann: *Simplicius Simplicissimus* (Banse, Marsch, Hartmann, Netherlands Radio PO & Choir; Challenge)

Bildmedien
2003 Henze: *L'Upupa und der Triumph der Sohnesliebe* (Goerne, Aikin, Wiener Staatsopernchor, WPh; EuroArts)

Webpräsenz
www.markusstenz.com (↪0133)

AGU

Stock, Frederick

1872 am 11. November in Jülich bei Aachen geboren. Er studiert am Kölner Konservatorium Violine und Komposition, u. a. bei Engelbert Humperdinck und Franz Wüllner. Hier begegnet er anderen jungen Dirigenten seiner Generation wie Willem Mengelberg und Oskar Fried. Er wird als Geiger Mitglied im Gürzenich-Orchester und spielt dort unter Dirigenten wie Brahms, Tschaikowsky und Richard Strauss.

1895 emigriert er auf Einladung von Theodore Thomas, der im Jahr 1891 das Chicago Orchestra gegründet hatte, in die USA und wird Bratscher in diesem Orchester. Vier Jahre später übernimmt er dort die Position des stellvertretenden Dirigenten.

1905 wird er nach dem Tod von Thomas Musikdirektor des Chicago Symphony Orchestra (bis 1913 Theodore Thomas Orchestra). Er behält diese Stellung für 37 Jahre bis zu seinem Tod, prägt die Entwicklung des Klangkörpers und der Kulturregion Chicago entscheidend und setzt sich zudem für zeitgenössische Komponisten in den USA ein.

1916 entsteht für die Columbia die erste Aufnahme des Chicago SO mit Mendelssohns »Hochzeitsmarsch« aus dem *Sommernachtstraum*.

1919 gründet er mit dem Civic Orchestra of Chicago das erste professionelle Nachwuchsorchester in den USA.

1941 gibt er zum 50. Geburtstag des Chicago SO neue Werke bei namhaften Komponisten wie Strawinsky, Kodály, Glière, Milhaud und Mjaskowski in Auftrag, die unter seiner Leitung uraufgeführt werden.

1942 stirbt er unerwartet am 20. Oktober in Chicago.

Frederick Stocks nur von Eugene Ormandy in der Dauer übertroffene Amtszeit als Chefdirigent eines amerikanischen Orchesters steht nicht nur für die Herausbildung der Region Chicago zu einem international renommierten Zentrum künstlerischer Produktivität, sondern für einen neuen Fokus auf die Musik der Gegenwart. So dirigierte er eine wahre Fülle amerikanischer Ur- und Erstaufführungen, u. a. die US-Premieren von Holsts *The Planets* (1920) und Mahlers 7. Sinfonie (1921) sowie die Uraufführungen von Prokofjews 3. Klavierkonzert (1921) und Kodálys *Konzert für Orchester* (1941). Doch gerade die Schwelle zwischen Spätromantik und Moderne, zwischen der Abwesenheit tontechnischer Aufnahmemöglichkeiten und ihrer vollen Präsenz, ist bekannt dafür, die Erinnerung an ihre einstmaligen Protagonisten auf einzelne prominente Namen einzuengen (wie auch zahlreiche andere wiederentdeckenswerte Beispiele zeigen).

Stocks Interpretationen allerdings sind über jeden Zweifel erhaben und regen zu hoher diskografischer Neugier an. Seine grundsätzliche Nähe zur Interpretationskultur der Spätromantik trifft auf erste Merkmale einer kontrastierenden neusachlichen Lesart, die an den jungen Otto Klemperer erinnert. Dabei bewahrt Stock aber auch romantische Stilmittel wie Rubati oder glissandierende Streicher, wodurch sich seine Interpretationen stets aus zwei Richtungen, ja aus zwei Epochen hören lassen. Das Ergebnis ist etwa eine sehr schnelle, energische 5. Sinfonie Tschaikowskys, die eine romantische Zurschaustellung ihrer Nebenschauplätze zulässt, ohne den kompakten Zugriff auf die Klangmassen zu verlieren. Auch Stocks Interpretation der 3. Sinfonie von Johannes Brahms markiert deren formale Strenge, ohne auf die idyllhaften Entrückungen etwa im melancholischen Walzer des dritten Satzes zu verzichten. Die vermeintliche Unentschlossenheit wird zur Abbildung der eigenen stilistischen Janusköpfigkeit von Brahms zwischen Romantik und Moderne. Gerade im Falle Stocks darf man sich an dieser Stelle (unter vorsichtiger Nennung einer möglichen authentischen Verbindung) seine Biografie vor Augen führen, denn immerhin hatte er noch unter Brahms musizieren können und bietet so womöglich einen jener seltenen akustischen Fingerabdrücke einer Zeit vor der Tonaufzeichnung.

Tonträger

1926 WAGNER: Vorspiel zu *Die Meistersinger von Nürnberg* (Chicago SO; Victor / Biddulph) ▪ **1927** TSCHAIKOWSKY: Sinfonie Nr. 5 (Chicago SO; Victor / Biddulph) ▪ **1930** MOZART: Sinfonie Nr. 40 KV 550 (Chicago SO; Victor / LYS) ▪ **1940** BRAHMS: Sinfonie Nr. 3 (Chicago SO; Columbia / Radiex) ▪ **1940** STRAUSS: *Also sprach Zarathustra* (Chicago SO; Columbia / Biddulph) ▪ **1941** SCHUMANN: Sinfonie Nr. 4 (Chicago SO; Columbia / Radiex)

Kompositionen

Symphonic Variations (1904) ▪ *Eines Menschenlebens Morgen, Mittag und Abend* für Orchester (1905) ▪ Sinfonie c-Moll (1909) ▪ *A Psalmodic Rhapsody* für Tenor, Chor und Orchester (1921) ▪ Cellokonzert (1929)

Literatur

Donald Herbert Berglund, A Study of the Life and Work of Frederick Stock During the Time He Served as Musical Director of the Chicago Symphony Orchestra, with Particular Reference to His Influence on Music Education, Diss., Northwestern University, Illinois 1955 ▪ Dena J. Epstein, Frederick Stock and American Music, in: American Music 10/1 (1992), S. 20–52 ▪ Edmund A. Bowles, Karl Muck and His Compatriots: German Conductors in America During World War I (and How They Coped), in: American Music 25/4 (2007), S. 405–440

Webpräsenz
http://adp.library.ucsb.edu/ [Diskografie der Victor-Aufnahmen] (↪0134)
http://theodore.cso.org [Archivseite] (↪0135)

AGU

Stokowski, Leopold

1882 am 18. April in London geboren; sein Vater ist Brite polnischer Abstammung, seine Mutter Irin. Früh erhält er ersten Unterricht am Klavier und an der Orgel.
1896 nimmt er am Royal College of Music in London seine Studien auf. Neben Klavier und Orgel studiert er Komposition bei Charles Villiers Stanford, später kommen Dirigieren und am Queen's College in Oxford Chorleitung hinzu.
1902 wird er Chorleiter und Organist der Gemeinde St James in Piccadilly.
1905–1908 geht er nach New York und übernimmt dort den Kirchenchor St. Bartholomew's.
1909 gibt er in Paris sein Debüt als Dirigent und wird im selben Jahr Chefdirigent des Cincinnati Symphony Orchestra, das er 1912 nach internen Konflikten vorzeitig wieder verlässt.
1910 erlebt er in München die Uraufführung von Gustav Mahlers 8. Sinfonie unter der Leitung des Komponisten. Im Jahr 1916 wird er die amerikanische Erstaufführung in Philadelphia dirigieren.
1912 beginnt seine bis heute legendäre künstlerische Zusammenarbeit als Musikdirektor mit dem Philadelphia Orchestra, deren Signum der sogenannte »Stokowski-Sound« ist.
1929 leitet er seine erste Rundfunkübertragung. Bereits zuvor entstehen zahlreiche akustische Aufnahmen und als erste elektrische Aufnahme Saint-Saëns' *Danse macabre* (1925).
1936 wird Eugene Ormandy zum Co-Dirigenten des Philadelphia Orchestra ernannt, zwei Jahre später übernimmt er von Stokowski das Amt des Musikdirektors. Dieser verwendet in den folgenden Jahren viel Zeit auf die Vorbereitung von Walt Disneys *Fantasia*.
1940 gründet er das All American Youth Orchestra, eines der ersten professionellen Jugendorchester, das bis zum Kriegseintritt der USA aktiv ist.
1941–1944 leitet er gemeinsam mit Arturo Toscanini das NBC Symphony Orchestra.
1944 gründet er mit dem New York City Symphony Orchestra und im Jahr darauf dem Hollywood Bowl Symphony Orchestra zwei wichtige Klangkörper dieser Zeit.
1949–1950 leitet er zusammen mit Dimitri Mitropoulos das New York Philharmonic Orchestra (als regelmäßige Dirigenten bereits seit 1947).
1955–1961 ist er Chefdirigent des Houston Symphony Orchestra.
1962 gründet er das American Symphony Orchestra und steht ihm als Chefdirigent bis 1972 vor.
1975 dirigiert er in Vence (Frankreich) sein letztes Konzert.
1977 stirbt er mit 95 Jahren am 13. September in Nether Wallop (England) an Herzversagen.

Leopold Stokowski ist ein Dirigent der Superlative. Womit hat man ihn nicht schon betitelt und beschimpft, wie heftig verachtet und vergöttert: als Scharlatan und als Klangzauberer, als den amerikanischsten aller Dirigenten, der sogar Mickey Mouse die Hand schüttelte – zugleich aber kursiert die schier unglaubliche Zahl von mehr als 2000 Erstaufführungen, die er geleitet haben soll. Theodor W. Adorno schmähte seinen massentauglichen Kulturkapitalismus, Arturo Toscanini nannte ihn einen Clown, Glenn Gould vergötterte ihn – selten schieden und scheiden sich bis heute derart die Geister an einer dirigentischen Erscheinung. Grund genug, inmitten dieses schillernden Dickichts Stokowskis Wirkungsmechanismen unter die Lupe zu nehmen.

Der inszenierte Stokowski: Schon aus seiner Abstammung machte Stokowski einen Mythos, wenn er manchmal behauptete, sein Urgroßvater sei jener General Stokowski gewesen, der an der Seite Napoleons in Russland gekämpft hatte; auch um seine Herkunft machte er ein Geheimnis, da manchmal Krakau statt London als Geburtsort zu lesen ist. Sehr auf seine Mystifizierung und Medialisierung bedacht, inszenierte er alle seine öffentlichen Auftritte, bis hin zum hollywoodreifen Techtelmechtel mit Greta Garbo. Kein Wunder also, dass auch seine musikalische Präsenz von den Methoden einer bewussten Inszenierung profitierte. Durch sein taktstockloses Dirigat fokussierte er die Blicke auf sich als Erschaffer des Klangs, die großen Gesten unterstrich er noch durch die geschickte Ausleuchtung seiner Person und besonders seiner Hände im Konzert.

Der unbekannte Stokowski: Es gibt wohl keinen prominenteren Dirigenten, der sich derart massiv für die Verbreitung zeitgenössischer Werke eingesetzt hat. So dirigierte er etwa 1926 die Uraufführung von Edgard Varèses *Amériques*, 1940 von Arnold Schönbergs Violinkonzert. Die Liste von US-Erstaufführungen ist mit Igor Strawinskys *Le Sacre du printemps* (1922), Dimitri Schostakowitschs 1. Sinfonie (1928) und Alban Bergs *Wozzeck* (1931) nicht minder beeindruckend. Ebenso verdanken wir Stokowski die Einführung von Jugendkonzerten und eine Form der Musikvermittlung, die bis heute seine Spuren trägt.

Der Revolutionär Stokowski: Seine Technikbegeisterung trug Stokowski durch ein gefühltes Jahrhundert der Schallaufzeichnung, mehr als 700 Aufnahmen gehen auf sein Konto, von akustischen Schellackplatten über erste Pionieraufnahmen der Stereophonie bis hin zu komplexen Mehrkanaltechniken wie dem Phase-4-Stereo (ein bei der Decca entwickeltes, inzwischen überholtes Aufnahmeverfahren, das als Vorläufer des Dolby Surround gelten kann). Die perfekte Wiedergabe des Orchesterklangs beherrschte Stokowski jedoch auch im Konzertsaal: Mit bisweilen optisch skurrilen, aber akustisch plausiblen Umstrukturierungen der Sitzordnung lotete er die Tücken jedes Auditoriums aus und wusste sein Orchester so zu positionieren, dass er allen Stimmgruppen gerecht wurde. Die unorthodoxe Aufforderung an die Streicher, bisweilen zugunsten eines üppigen Gesamtklangs ohne einheitlichen Bogenstrich zu spielen, unterstreicht diese Suche nach der Manifestation eines orgelhaften Orchestersounds, der in seiner prallen Farbigkeit und bisweilen nahezu perversen Fülle als unverwechselbarer »Stokowski-Sound« in die Musikgeschichte eingegangen ist. Kompositorisch festgehalten hat er diesen Sound zudem in seinen mehr als 200 Orchester-Transkriptionen, die er häufig als Konzertzugaben aufführte und mit denen er später auch ganze Konzerte bestritt. Die seinerzeit noch fraglos Johann Sebastian Bach zugeschriebene Toccata und Fuge in d-Moll ist wohl das prominenteste Beispiel, dessen spätromantische Überhöhung des Originals zwar Bach-Liebhaber immer noch wie im Zuckerschock erschaudern lassen kann, aber zugleich eine ausnotierte Interpretation darstellt, die detailliert den Stimmverläufen und Registerwechseln folgt.

Der Dirigent Stokowski: Technisch mit allen Finessen versiert und mit steter Neugier auf die musikalische Zukunft ausgerüstet, ist Stokowski stilistisch einer der letzten Romantiker geblieben (darin Sergej Rachmaninow gar nicht unähnlich). Wie einfach wäre es nun, ihn als einen Ewiggestrigen abzustempeln, seine hemmungslose Subjektivität als Zügellosigkeit, seine Selbstinszenierung als Hybris zu werten. Bei genauerer Beobachtung aber könnte man sagen, dass Stokowski vor allem ein Geschichtenerzähler ist: Natürlich bleibt der romantische Abgesang in Prokofjews *Romeo und Julia* ein Lehrstück an pathetischen Verzögerungen im breit-elegischen Streicherklang, mitsamt leidenschaftlichem Portato-Schluchzen. Natürlich überschwemmt Stokowski seine Hörer häufig mit einer Woge aus dichter, zähflüssiger Klangmasse, die wie in Brahms' 4. Sinfonie aber imstande ist, ein magmagleiches dunkles Glühen zu entfalten, von dessen verklärend-utopischer Melancholie sich die Ohren nicht abwenden lassen. Mit den Mitteln der Dramatisierung und Überzeichnung, der klanglichen Zeitlupe und der psychologischen Innenschau bringt er die Musik in unmittelbare Nähe zum Zuhörer. Stokowskis Meisterschaft liegt nicht nur in seinem Vermögen, aufrichtig kitschig zu sein, bei ihm wird alles, sogar die eigene Person, zum Stilmittel der Interpretation.

Tonträger

1929 STRAWINSKY: *Le Sacre du printemps* (Philadelphia Orchestra; Victor / Sony) ▪ **1929** RACHMANINOW: Klavierkonzert Nr. 2 (Sergej Rachmaninow, Philadelphia Orchestra; Victor / Dutton) ▪ **1950** MAHLER: Sinfonie Nr. 8 (Graf, Williams, Yeend, Bernhardt, Lipton, Conley, Alexander, Westminster Choir, Schola Cantorum New York, New York PO; Music & Arts) ▪ **1954** PROKOFJEW: *Romeo und Julia* [Auszüge] (NBC SO; RCA) ▪ **1960** WAGNER: *Tristan und Isolde* [Auszüge, Arrangement: Stokowski] (Philadelphia Orchestra; Columbia) ▪ **1965** IVES: Sinfonie Nr. 4 (American SO; CBS) ▪ **1965** MUSSORGSKY: *Bilder einer Ausstellung* [Orchestration: Stokowski] (New PhO; Decca) ▪ **1972** SKRJABIN: *Le Poème de l'extase* (Czech PO; Decca) ▪ **1974** BRAHMS: Sinfonie Nr. 4 (New PhO; RCA) ▪ **1974** BACH: Toccata und Fuge d-Moll BWV 565 [Orchestration: Stokowski, mit Probenmitschnitten] (London SO; RCA)

Bildmedien

1969 SCHUBERT: Sinfonie Nr. 8 »Unvollendete« / BEETHOVEN: Sinfonie Nr. 5 (London PO; EMI) Fantasia (Spielfilm von Walt Disney; Disney 1940) ▪ Carnegie Hall (Spielfilm von Edgar G. Ulmer; United Artists 1947)

Bearbeitungen
BACH: Toccata und Fuge in d-Moll BWV 565 / Passacaglia und Fuge in c-Moll BWV 582 / *Jesu bleibet meine Freude* (Kantate BWV 147, Nr. 10) / Präludium und Fuge in g-Moll BWV 542 ▪ WAGNER: Sinfonische Synthesen: *Der Ring des Nibelungen* [Auszüge] / *Parsifal* [3. Akt] / *Tristan und Isolde* [Auszüge] ▪ DEBUSSY: *Claire de lune* [aus *Suite bergamasque*] ▪ MUSSORGSKY: *Bilder einer Ausstellung* [ohne »Tuileries« und »Marktplatz von Limoges«] / *Eine Nacht auf dem kahlen Berge* ▪ SCHOSTAKOWITSCH: Prélude es-Moll op. 34 Nr. 14 ▪ RACHMANINOW: Prélude cis-Moll op. 3 Nr. 2

Schriften
Music for All of Us, New York 1943

Literatur
Edward Johnson (Hrsg.), Stokowski. Essays in Analysis of His Art, London 1973 ▪ Ulrich Schreiber, Das Orchester im orgelnden Blow-Up. Leopold Stokowski und die Technologie des Klangs, in: HiFi-Stereophonie 5/1974, S. 495–504 ▪ Paul Robinson, Stokowski, London 1977 ▪ Abram Chasins, Leopold Stokowski. A Profile, London 1979 ▪ Oliver Daniel, Stokowski. A Counterpoint of View, New York 1982 ▪ Preben Opperby, Leopold Stokowski, Tunbridge Wells 1982 ▪ William Ander Smith, The Mystery of Leopold Stokowski, Rutherford 1990 [Diskografie] ▪ John Hunt, Leopold Stokowski 1882–1977. Discography, Concert Register, London 1996 ▪ Rollin Smith, Stokowski and the Organ, Hillsdale 2004 ▪ Herbert Haffner, Genie oder Scharlatan? Das aufregende Leben des Leopold Stokowski, Berlin 2009 [Chronologie]

Webpräsenz
www.stokowski.org [Diskografie] (↪0136)
http://stokowski.tripod.com [Diskografie] (↪0137)

AGU

Storgårds, John

1963 am 20. Oktober in Helsinki geboren; dort studiert er Violine an der Sibelius-Akademie. Seine erste Karriere als Violinvirtuose setzt er bis heute mit Uraufführungen (zuletzt des Konzerts von Kimmo Hakola 2013 in Köln) und Einspielungen fort; bekannt wurde insbesondere die Aufnahme des Konzerts *Tālā Gaisma* [*Fernes Licht*] von Pēteris Vasks. Zudem war er Konzertmeister des Schwedischen Radio-Sinfonieorchesters.
1993–1997 studiert er Dirigieren bei Jorma Panula und Eri Klas.
1996 übernimmt er die Leitung des Lapland Chamber Orchestra.
2006–2009 ist er Chefdirigent des Tampere Philharmonic Orchestra.
2008 wird er Chefdirigent des Helsinki Philharmonic Orchestra (bis 2015).
2012 wird er Principal Guest Conductor beim BBC Philharmonic, mit dem er für Chandos sämtliche Sinfonien von Jean Sibelius einspielt (einschließlich dreier kurzer Fragmente, die zur 8. Sinfonie gehören könnten).

Wenige Programme zur Regionalförderung zeitgenössischer Musik können es derzeit mit Lappland aufnehmen. Unter der Leitung von John Storgårds profiliert sich das dortige Kammerorchester mit einem ganzen Bündel guter Konzepte: vom Kompositionsauftrag für ein ganzes Konzertprogramm an Kalevi Aho bis zur Einspielung der Kammersinfonien von Vagn Holmboe, die schlicht die wichtigsten Beiträge in diesem Genre nach Arnold Schönberg darstellen dürften. Mit dem ebenso entdeckungsfreudigen Avanti! Chamber Orchestra hat er die (für den Titelsong des Films *Schiffbruch mit Tiger* für einen Oscar nominierte) indische Sängerin Bombay Jayashri in einem ohne Schiffbruch, aber mit ungewohnt farbigen Rhythmen agierenden Liederzyklus von Eero Hämeenniemi begleitet (2009 für Alba eingespielt). Seine Diskografie gleicht einem dringend benötigten Ergänzungsband zu den üblichen Namen der Musikgeschichte des 20. Jahrhunderts, der dann unter anderem Busoni, Corigliano, Hallgrímsson, Klami, Madetoja, Nordgren, Panufnik, Rautavaara und Vasks zu umfassen hätte.

Es verwundert kaum, dass Storgårds' Interpretationen immer eine besondere Sorgfalt für artikulatorische Nuancen des Streicherklangs auszeichnet, dessen Mannigfaltigkeit relativ langsame Grundtempi zulässt. Korngolds Sinfonie in Fis wird reizvoll als Elegie auf eine eigentlich schon verlorene Tonsprache gedeutet, und bei Sibelius wird die hinreißende, aber für hundert Jahre vergessene Tondichtung *Die Waldnymphe* zur Vorstudie jener Schichtungen unabhängiger Klangfelder, die Storgårds auch in seiner Einspielung der Sinfonien hervorhebt. Natürlich aber dürfte vor allem das Violinkonzert von Sibelius als Visitenkarte seiner Ästhetik gelten, das Storgårds mit dem Solisten Frank Peter Zimmermann aufgenommen hat: Der rhapsodische Grundcharakter des Konzerts wird nicht als Naturpanorama, sondern eher als Theatermonolog aufgefasst und mit einer produktiven Unruhe vorgetragen, die sich bis in das Tremolo der Orchesterbegleitung überträgt. Während Storgårds häufig »Sibelianische« Strategien der Klangauffächerung für das Repertoire einer alternativen Moderne entdeckt, nähert er Sibelius' eigenes Werk der zutiefst deutschen Kategorie einer »musikalischen Prosa«.

Tonträger
2006 PANUFNIK: *Sinfonia sacra / Sinfonia di sfere / Heroic Overture / Landscape* (Tampere PO; Ondine) ▪ **2007** AHO: *The Book of Questions /* Violakonzert */ Sinfonie Nr. 14* »Rituals« (Monica Groop, Anna Kreetta Gribajcevic, Herman Rechberger, Lapland CO; BIS) ▪ **2008/10** SIBELIUS: Violinkonzert */ Der Barde / Die Waldnymphe* (Frank Peter Zimmermann, Helsinki PO; Ondine) ▪ **2011** HOLMBOE: Kammersinfonien Nr. 1–3 (Lapland CO; Dacapo) ▪ **2011/12** KORNGOLD: *Sinfonietta /* Bühnenmusik zu *Much Ado About Nothing* op. 11 (Helsinki PO; Ondine)

Webpräsenz
www.johnstorgards.com (↦0138)

JCA

Suitner, Otmar

1922 am 16. Mai in Innsbruck geboren, studiert er am Salzburger Mozarteum Klavier und bei Clemens Krauss Dirigieren. Seine Karriere als Dirigent beginnt am Landestheater Innsbruck. Im Jahr 1946 ist er Mitbegründer der Bregenzer Festspiele, in den Folgejahren findet er eher als Pianist Aufmerksamkeit.
1952 wird er in Remscheid Musikdirektor, danach bei der (heutigen) Staatsphilharmonie Rheinland-Pfalz (1957–1960).
1960–1964 ist er Leiter der Staatskapelle Dresden (unter den Mitbewerbern war bereits Kurt Masur, doch mit Suitner soll die Strauss-Tradition des Hauses fortgeführt werden). 1964 wechselt er nach Berlin an die von der DDR-Regierung stärker protegierte Staatsoper Unter den Linden.
1964–1967 dirigiert er bei den Bayreuther Festspielen (ab 1966 die *Ring*-Tetralogie).
1971 beginnt die langjährige Zusammenarbeit mit dem NHK Symphony Orchestra in Tokio. In Japan gewinnt Suitner große Popularität, auch durch Aufnahmen für das Label Denon, die mit der Staatskapelle Berlin eingespielte Zyklen der Sinfonien von Beethoven, Schubert und Schumann umfassen.
1977 übernimmt er als Nachfolger von Hans Swarowsky eine Professur an der Wiener Musikhochschule.
1990 muss er wegen einer Parkinson-Erkrankung das Dirigieren aufgeben.
2010 stirbt er am 8. Januar in Berlin.

Otmar Suitner galt einer politisch aufgeladenen Zeit als Inbegriff des »DDR-Dirigenten«. Das würde bedeuten, dass der durchschnittliche DDR-Dirigent ein gläubiger Katholik aus Tirol ist, der über Jahrzehnte neben seiner Ehe ein heimliches Familienleben in West-Berlin führt. Zwar fallen das Ende der DDR und das Ende seines Dirigierens nur aus biografisch zufälligen Gründen genau zusammen, doch scheint es reizvoll, Suitners Diskografie tatsächlich einmal mit jenen Merkmalen zu konfrontieren, die einen spezifischen »DDR-Klang« kennzeichnen könnten.

1. Die vorgegebene Kompositionsästhetik: Der offiziellen Parteilinie entspricht ein objektiv-optimistischer Neoklassizismus, der nicht im Komponieren, aber sehr wohl in der Interpretation international zeitgemäß bleibt. Auf diesem Feld kann die DDR nicht hinter avantgardistische Gegenentwürfe zurückfallen. Suitners Operneinspielungen sind daher ein wichtiges kulturelles Exportgut; in Kombination mit Sängerstars in ihrer Glanzzeit etabliert er einen Mozart-Klang, der eher getragene Tempi und süffige Klangfarben aufweisen kann, aber in der Herauszeichnung der charakteristischen Motive und der Konstanz des gewählten Grundtempos auch die Etikette eines »modernen« Klangideals einhält.

2. Die Übernahme ostdeutscher Traditionen: Die marxistische Erbetheorie hatte ausgerechnet die spezifisch protestantisch-kontrapunktische Musikkultur in ihre proletarische Musikästhetik zu integrieren. Dieser Aspekt passt am wenigsten auf Suitner, dessen »österreichisches« Musizieren daher erfrischend exotisch gewirkt haben dürfte. In den Mozart-Ouvertüren zum Beispiel vernimmt man auch polternde Nebenstimmen und scharf angespielte dynamische Kontraste, die allerdings mit einer immer weichen sonoren Grundierung verbunden sind.

3. Die Außenwahrnehmung als spießige Gesellschaft: Zum (nicht nur) musikalischen Bild der DDR gehört auch die Langlebigkeit einer »biederen« Form der Romantik. Dieser Punkt passt auf Suitner, sowohl was die deutsche Spiel- und Märchenoper als Teil seines Repertoires angeht als auch im Klangbild der

Staatskapelle: Das Blech zeichnet idyllische Stimmungsgemälde, die Holzbläser verwandeln ihre Themen in pastorale Vogelrufmotive. Durch die Tendenz, formale Sektionen als in sich geschlossene Bilder zu behandeln, werden auf diese Weise die Sinfonien Antonín Dvořáks der Programmmusik stark angenähert. Bei Bruckner gelingt es Suitner, eine oftmals geleugnete Gegensätzlichkeit der einzelnen Sinfonien zu betonen: In der Fünften sind die Motive, unabhängig davon, welche Gruppe tatsächlich spielt, stets als »gezacktes« Blech inszeniert, in der Siebten hingegen als »glatter« Streicherteppich.

Für alle »DDR-Dirigenten« trifft zu, dass sie in beinahe notorischer Weise mit dem Attribut des gediegenen Kapellmeisters belegt worden sind. Suitner inszeniert dieses Rollenbild mit der souveränen Überlegenheit eines selbst ernannten »Bauernbuben«, der in Berlin und Dresden Werke des Standardrepertoires manchmal auch so dirigiert, als wären es bislang unentdeckte Teile der *Fledermaus*.

Tonträger
1963 STRAUSS: *Der Bürger als Edelmann* [Suite] / *Salome* [»Tanz der sieben Schleier«] / *Intermezzo* [Zwischenspiele] etc. (Staatskapelle Dresden; Hänssler) ▪ 1970 MOZART: *Die Zauberflöte* (Schreier, Donath, Adam, Geszty, Leib, Rundfunkchor Leipzig, Staatskapelle Dresden; RCA) ▪ 1976 MOZART: Ouvertüren: *La finta giardiniera* / *Idomeneo* / *Don Giovanni* / *La clemenza di Tito* / *Die Zauberflöte* etc. (Staatskapelle Berlin; Berlin Cl) ▪ 1978 SCHUBERT: *Alfonso und Estrella* (Mathis, Schreier, Fischer-Dieskau, Prey, Adam, Rundfunkchor & Staatskapelle Berlin; Berlin Cl) ▪ 1980 BEETHOVEN: Sinfonie Nr. 6 »Pastorale« (Staatskapelle Berlin; Denon) ▪ 1990 BRUCKNER: Sinfonie Nr. 5 [Ed. Nowak] (Staatskapelle Berlin; Berlin Cl)

Bildmedien
Nach der Musik (Dokumentarfilm des Sohnes Igor Heitzmann; Alive 2007)

Literatur
Dirk Stöve, »Meine herrliche Kapelle« Otmar Suitner und die Staatskapelle Berlin, Berlin 2002

Webpräsenz
http://daphne.fc2web.com/suitner-dis.htm [Diskografie] (↪0139)

JCA

Svetlanov, Evgeny

1928 am 6. September in Moskau geboren. Svetlanov stammt aus einer Musikerfamilie – beide Eltern gehören dem Ensemble des Bolschoi-Theaters an – und studiert bis 1951 am renommierten Moskauer Gnessin-Institut, danach am Moskauer Tschaikowsky-Konservatorium: Klavier bei Heinrich Neuhaus, Komposition bei Juri Schaporin und Dirigieren bei Alexander Gauk.
1953 gibt er sein Debüt als Dirigent beim Moskauer Rundfunk.
1955 wird er als Assistent an das Bolschoi-Theater berufen, das er ab 1962 als Chefdirigent leitet.
1965–2000 wechselt er als Chefdirigent zum Großen Staatlichen Sinfonieorchester der UdSSR, das Anfang der 1990er-Jahre in State Academic Symphony Orchestra of Russia umbenannt wird (und seit 2005 den Ehrennamen Svetlanov Symphony Orchestra trägt).
1972 erhält er den Leninpreis als eine von vielen UdSSR-typischen Auszeichnungen.
1979 wird er Principal Guest Conductor beim London Symphony Orchestra.
1992–2000 ist er Chefdirigent des Residentie Orkest Den Haag,
1997–1999 auch beim Schwedischen Radio-Sinfonieorchester. Nach dem Zerfall der Sowjetunion häufen sich Svetlanovs Gastspiele im Ausland, was im April 2000 zu seiner Entlassung durch das Kultusministerium führt, die in Russland einen regelrechten Skandal auslöst. Ein offener Brief, den Svetlanov an Präsident Putin schreibt, bleibt unbeantwortet.
2002 stirbt er am 3. Mai in Moskau.

Wer immer sich zwischen 1965 und 1995 für russische und sowjetische Musik interessiert hat, dürfte das meiste davon in den Interpretationen Evgeny Svetlanovs kennengelernt haben. Dabei war sein Repertoire durchaus nicht auf die Musik seiner Heimat beschränkt, sondern umfasste auch die Sinfonien von Beethoven, Brahms, Bruckner und Mahler oder Orchesterwerke von Elgar und Holst, Schönberg, Webern und Gershwin; eine besondere Neigung hegte er zudem für die französische Musik (so brachte er Messiaens *Turangalîla-Sinfonie* in der UdSSR zur Erstaufführung). In seiner schier unglaublichen Diskografie finden sich rund 2 000 Werke – manche Quellen sprechen sogar von 3 000!

Svetlanovs (im Westen nur wenig bekanntes) Œuvre als Komponist umfasst Klavierwerke, Lieder und Chöre, Kammermusik und ein gutes Dutzend Orchesterwerke und Konzerte, die durchweg in einer gemäßigt modernen Tonsprache gehalten sind, in der deutlichen Nachfolge seiner erklärten Vorbilder Nikolai Mjaskowski und Sergej Rachmaninow. Svetlanov vertritt idealtypisch die sowjetische Orchesterschule: Eine absolute Präzision des Zusammenspiels, ein tief-dunkler Klang (mit intensivstem Streichervibrato und dem typischen Vibrato auch der Blechbläser), ein ungezügelt-wildes Temperament, breite Rubati und aufpeitschende Steigerungen in Tempo und Dynamik (bis an die möglichen Grenzen der Lautstärke), weit ausladende Phrasierungen und Bögen. Dabei war er in seiner Gestik eher sparsam und verzichtete seit Anfang der 1980er-Jahre auf einen Taktstock: »Ich lasse die Energieströme von meinen Fingerspitzen ins Orchester fließen – es ist wie ein Magnetfeld.« Seine Interpretationen sind von einer geradezu epischen Wucht und Größe (gleichsam gewaltige Fresken wie die Romane Tolstois oder Dostojewskis), deren Intensität man sich allerdings kaum entziehen kann: »Ihr müsst spielen, als ob es um euer Leben ginge.«

Tonträger
1967 TSCHAIKOWSKY: Sinfonien Nr. 1–6 (USSR State SO; Melodiya / Aulos) ▪ **1985** TSCHAIKOWSKY: Orchestersuiten Nr. 1–4 (USSR State SO; Melodiya) ▪ **1988** ALFVÉN: Sinfonie Nr. 2 (Swedish RSO; Musica Sveciae) ▪ **1995** MAHLER: Sinfonie Nr. 5 (Russian State SO; Le Chant du Monde / Warner) ▪ **2000** KHACHATURIAN: *Spartacus* [Auszüge] / *Gayaneh* [Auszüge] (Bolshoi Theatre Orchestra; Le Chant du Monde / Brilliant)

Kompositionen
Sinfonie Nr. 1 / *Poem* für Violine und Orchester (Igor Oistrach, USSR State SO; Russian Disc 1975/78)

Webpräsenz
www.svetlanov-evgeny.com (↪0140)
http://homepage3.nifty.com/svetlanov/discograhyhead.html (↪0141)

MST

Swarowsky, Hans

1899 am 16. September in Budapest als unehelicher Sohn des österreichischen Großindustriellen Baron Josef Kranz und einer Schauspielerin geboren.
1910 singt er als Chorknabe bei der Uraufführung von Mahlers 8. Sinfonie unter der Leitung des Komponisten in München. In Wien erhält er Klavierunterricht bei Emil von Sauer, Moriz Rosenthal, Ferruccio Busoni und Eduard Steuermann; seine Dirigierlehrer sind Franz Schalk und Felix Weingartner.
1919 studiert er an der Wiener Universität Kunstgeschichte, Philosophie sowie Psychologie (bei Sigmund Freud).
1920 kommt er mit Arnold Schönberg in Kontakt, bei dem er Privatunterricht in Musiktheorie erhält; diese Studien setzt er bei Anton Webern fort.
1924 wird er Korrepetitor, später Kapellmeister an der Wiener Volksoper.
1933 wird er nach Stationen in Stuttgart und Gera Erster Kapellmeister in Hamburg.
1935–1937 wechselt er als Erster Kapellmeister nach Berlin an die Staatsoper Unter den Linden.
1937–1940 ist er Chefdirigent der Zürcher Oper, kehrt aber trotz eines Dirigierverbots während des Zweiten Weltkriegs nach Deutschland zurück, wo sich eine in Hamburg begonnene Zusammenarbeit mit Richard Strauss fortsetzt: Swarowsky arbeitet neben Clemens Krauss am Libretto der Oper *Capriccio* mit.
1944 leitet er für wenige Monate die Konzerte der Philharmonie des Generalgouvernements in Krakau. Das Kriegsende erlebt er versteckt am Starnberger See.
1946 wird er Dirigierlehrer an der Wiener Musikakademie (ab 1961 als ordentlicher Professor).
1946–1947 amtiert er als Chefdirigent der Wiener Symphoniker, danach an der Grazer Oper (bis 1949).
1957–1959 wird Swarowsky in Edinburgh Chefdirigent des Scottish National Orchestra.
1959 beginnt seine Tätigkeit als ständiger Dirigent an der Wiener Staatsoper.
1975 stirbt er am 10. September in Salzburg.

Legendär ist »Swa«, wie er von seinen Kollegen und Studenten liebevoll genannt wurde, als charismatischer Dirigierlehrer. Was seiner nachhaltigen internationalen Podiumskarriere im Wege stand, wird sich vollständig nie klären lassen: Es mag daran gelegen haben, dass die inneren Werte und Wahrheiten eines musikalischen Kunstwerks, die Swarowsky als Lehrender zu ergründen suchte, allzu oft für die rein äußerlichen medialen Bedürfnisse des Musikbetriebs wenig interessant sind. Der Polyhistor Swarowsky illustrierte die musikalische Ordnung mit aus der Kunstphilosophie entlehnten Begriffen wie »geregelte Klassizität« und »Wahrung der Gestalt« (so auch der Titel seiner nachgelassenen Schriften).

Aufhorchen lassen in diesem Zusammenhang die »gemessenen« Einleitungen der Kopfsätze bei Mahler und bei Brahms: Die Einleitung von Brahms' 1. Sinfonie erhält eine alttestamentarische Unerbittlichkeit in Rhythmus und Klanggewalt, die im anschließenden, sehr maßvoll angegangenen Allegro ihre proportionale Entsprechung findet. Zwingend ist in dieser architektonisch ausgewogenen Einspielung auch die Verzahnung von drittem Satz und Finale: Unmittelbar sinnfällig wird Swarowskys Anliegen der Temporelationen als Grundfrage jeglicher musikalischer Gestaltung, wenn er im pausenlosen Übergang den letzten Akkord des Allegretto als ersten Ton des anschließenden Adagio auffasst.

Swarowskys Zeitzeugenschaft zu Mahler hört man auf faszinierende Weise in den klassischen Proportionen der Aufnahme der 5. Sinfonie, die schlüssig klarlegt, dass Mahler nicht nur als der erste Komponist des bilderstürmenden 20. Jahrhunderts begriffen werden kann, sondern vor allem als der letzte Synthetisierer des romantischen 19. Jahrhunderts. Swarowsky überrumpelt nicht mittels entäußerter Darstellung von Effekten, sondern lässt die Komposition durch eine eher maßvoll-ausgewogene Anlage in ihrer großen Architektonik wirken.

Unbestritten epochal sind Swarowskys Verdienste als Lehrer, der die Wiener Schule der Dirigentenausbildung in den 30 Jahren vom Kriegsende bis zu seinem Tod 1975 modernisiert und systematisiert hat. Seine Prinzipien geistiger Durchdringung der Musikwerke hat er als prometheische Flamme weitergegeben an einen riesigen Schülerkreis, aus dem als prominenteste Absolventen Claudio Abbado, Zubin Mehta und Mariss Jansons herausragen.

Tonträger
1950 HAYDN: *L'anima del filosofo* (Handt, Hellwig, Poell, Berry, Chor & Orchester der Wiener Staatsoper; Haydn Society / Music & Arts) . 1960 MOZART: Klavierkonzerte Nr. 21 C-Dur KV 467 & 27 B-Dur KV 595 / *Eine kleine Nachtmusik* (Friedrich Gulda, Wiener Volksopernorchester; Preiser) . 1968 WAGNER: *Der Ring des Nibelungen* (Polke, Kniplová, McKee, Kühne, Großes Symphonieorchester [Mitglieder des Czech PO und Nationaltheaters Prag]; Hänssler) . 1970 BRAHMS: Sinfonien Nr. 1–4 (Großes Symphonieorchester [Süddeutsche Philharmonie / Bamberger Symphoniker]; Weltbild / Membran) . 1971 MAHLER: Sinfonie Nr. 5 (Wiener Symphoniker; Berlin Cl) . 1973 SCHÖNBERG: *Pelleas und Melisande* / WEBERN: Passacaglia op. 1 (Czech PO; Supraphon)

Schriften
Wahrung der Gestalt – Schriften über Werk und Wiedergabe, Stil und Interpretation in der Musik, hrsg. von Manfred Huss, Wien 1979

Literatur
»Was hat denn ›Swa‹ gesagt …«. Hans Swarowsky. Dirigent – Lehrer – Autor, Österreichische Musikzeitschrift 3/2000 [Themenschwerpunkt] . Manfred Huss, Hans Swarowsky und die Lehre von der Interpretation in der Zweiten Wiener Schule, in: Markus Grassl / Reinhard Kapp (Hrsg.), Die Lehre von der musikalischen Aufführung in der Wiener Schule, Wien 2002, S. 377–388 . Erika Horvath, Der Wiener Dirigent Hans Swarowsky – ein Sonderfall?, in: Matthias Pasdzierny / Dörte Schmidt (Hrsg.), Zwischen individueller Biographie und Institution. Zu den Bedingungen beruflicher Rückkehr von Musikern aus dem Exil, Schliengen 2013, S. 255–282

MIS

Szell, George

1897 am 7. Juni als György Endre Szél in Budapest geboren. Drei Jahre später siedelt die Familie nach Wien über, wo sie vom Judentum zum Katholizismus übertritt. Dort beginnt Szell das Klavierstudium bei Richard Robert, zu dessen Schülern auch Clara Haskil und Rudolf Serkin gehörten. Zudem studiert er bei Josef Bohuslav Foerster, Karl Prohaska und dem Brahms-Freund Eusebius Mandyczewski Musiktheorie und Komposition. Er absolviert außerdem in Leipzig ein kurzes Kompositionsstudium bei Max Reger.

1908 debütiert er als Pianist und Komponist im Musikvereinssaal mit dem Wiener Tonkünstlerorchester unter Oskar Nedbal und wird danach als Wunderkind gefeiert. Die Universal Edition verlegt einige seiner Kompositionen.

1913 erfolgt (nach eigener Erzählung) in Bad Kissingen sein Debüt als Dirigent; im Jahr darauf dirigiert er das Blüthner-Orchester in Berlin.

1915–1917 Von Richard Strauss berufen, wirkt Szell als Assistent und Korrepetitor an der Berliner Königlichen Oper. Er fertigt eine Klavierfassung von Strauss' Tondichtung *Till Eulenspiegel* an und leitet 1917 Teile einer Aufnahme des *Don Juan* (die mit Strauss als Dirigent vertrieben wird).

1917–1923 ist Szell dank Strauss' Unterstützung an verschiedenen Opernhäusern tätig: 1917/18 in Straßburg (unter Hans Pfitzner), 1919 bis 1921 in Prag, 1921 in Darmstadt und ab 1922 in Düsseldorf.

1924 wird er von Erich Kleiber als Erster Kapellmeister an die Berliner Staatsoper berufen. Er dirigiert das Berliner Rundfunkorchester und unterrichtet ab 1927 an der dortigen Musikhochschule.

1929 wechselt er nach Prag als Generalmusikdirektor an das Deutsche Landestheater.

1930 gastiert Szell erstmals in den USA (beim Saint Louis Symphony Orchestra).

1937–1939 arbeitet er gleichzeitig beim Residentie Orkest in Den Haag und beim Scottish Orchestra in Glasgow.

1939 Nach dem Ausbruch des Zweiten Weltkriegs wandert Szell nach New York aus, unterrichtet an der New School for Social Research und wird 1941 von Toscanini eingeladen, das NBC Symphony Orchestra zu dirigieren.

1942–1946 dirigiert er regelmäßig an der New Yorker Metropolitan Opera.

1946 wird Szell Music Director des Cleveland Orchestra, das er bis zu seinem Tod leiten wird.

1949 dirigiert er zum ersten Mal bei den Salzburger Festspielen (*Der Rosenkavalier* und ein Konzert der Wiener Philharmoniker); ab 1952 zählt Szell zu den ständigen Gastdirigenten der Festspiele.

1958 wird er für drei Jahre Erster Gastdirigent des Concertgebouworkest in Amsterdam.

1970 stirbt er am 30. Juli in Cleveland.

Das Cleveland Orchestra, dessen internationales Ansehen im 20. Jahrhundert unlösbar mit dem Namen George Szells verbunden ist, avanciert ab 1946 neben den Orchestern von New York, Chicago, Philadelphia und Boston, die ebenso von der langjährigen Tätigkeit hervorragender Dirigenten europäischer Herkunft geprägt wurden, zu einem der Hauptträger amerikanischer Orchesterkultur. Gewichtig war insbesondere der Beitrag ungarischer Dirigenten: Der Generation Arthur Nikischs und Hans Richters (beide gebürtige Ungarn) folgt eine zweite, der Szell, Reiner und Ormandy, und dann eine dritte, der Solti, Fricsay und Kertész angehörten. Versucht man die Interpretationsästhetik vor allem dieser »mittleren« Generation historisch zu verorten, so erweist sich die geistige Verbindung mit dem Kunstempfinden der Neuen Sachlichkeit der 1920er-Jahre als ausschlaggebend. Obwohl auch diese Generation in der deutsch-österreichischen Tradition tief verwurzelt war (Szell behauptete, er fühle sich aufgrund seiner Ausbildung und der frühen prägenden Erfahrungen geradezu als Wiener), schlug sie die moderne, durch Toscanini repräsentierte Richtung ein: Ihr künstlerisches Profil wäre ohne das mächtige Vorbild des italienischen Maestro kaum zu denken. Letzterer lud 1941 Szell, der ihn tief verehrte, nach dessen Übersiedlung in die USA ein, »sein« NBC Symphony Orchestra zu dirigieren. Andere bedeutende Vorbilder waren Nikisch und vor allem Richard Strauss, mit dem Szell bis zu dessen Tod 1949 auch freundschaftlich verbunden war: Strauss' sachbezogene Arbeitsweise und funktional-sparsame Schlagtechnik beeindruckten den jungen Dirigenten zutiefst.

Szells nüchterne, technisch orientierte und akribisch durchgeführte Probenarbeit befremdete zunächst die europäischen Spitzenorchester und belastete zuweilen selbst seine Zusammenarbeit mit dem Cleveland Orchestra – und noch mehr die Beziehung zu einem so traditionsbewussten Klangkörper wie den Wiener Philharmonikern, die ihn erst in den 1960er-Jahren zu einem ihrer Abonnementkonzerte einluden. Sein Ideal der äußersten Durchhörbarkeit aller Stimmen und Texturen einer Partitur und der größtmöglichen Klarheit der Artikulation setzte Szell durch eine genaue, jeden Takt zergliedernde Analyse um. Seine ästhetischen Prinzipien fasste der Dirigent selbst folgendermaßen zusammen: »Ich wollte amerikanische Sauberkeit und Schönheit des Tons und die Virtuosität der Wiedergabe mit dem europäischen Sinn für Tradition, Wärme des Ausdrucks und Stilgefühl verbinden« (nach Harold C. Schonberg, Die großen Dirigenten, Bern 1970, S. 315).

Szells Klarheitsideal findet exemplarisch in der Aufnahme des Vorspiels zu Wagners *Meistersingern* seinen Niederschlag: Das Eröffnungsthema klingt im Vergleich etwa zu Karajans Interpretation bei den Bayreuther Festspielen 1951 oder Otto Klemperer und dem Philharmonia Orchestra weniger majestätisch, fast nüchtern im Klang, da der Dirigent die Viertelnoten weniger emphatisch markiert und die Dynamik mäßigt; das dichte kontrapunktische Gewebe des Mittelteils indessen wird mit einer echt komödienhaften, spielerischen Leichtigkeit herausgearbeitet. Dieselbe unpathetische, auf technische Brillanz und klangliche Transparenz angelegte Diktion zeichnet auch Szells weitere Wagner-Interpretationen aus. Ein solches Klarheitsideal weicht allerdings von den Mitteln der älteren Dirigentengeneration ab (wofür Mengelbergs Vortragsstil einstehen mag), da Szell das Wagner'sche Prinzip der ständigen Tempo-Fluktuationen streng ablehnt und in antiromantischer Attitüde von den sogenannten »Espressivo-Dirigenten« Abstand hält. Obwohl Modernität vor allem »Texttreue« bedeutet, kann man nicht behaupten, Szells Einstellung zu den Partituren sei jedwede Freiheit gegenüber der originalen Instrumentation fremd gewesen: Seine instrumentatorischen »Retuschen« vor allem in Beethovens und Schumanns Sinfonien setzen (aber nur diesbezüglich) die alteuropäische, von Wagner herrührende und von Mahler weitergeführte Tradition fort, auch wenn Szell, anders als Mahler, sich meistens auf Verdopplungen beschränkt.

Als Beispiel für diese Praxis kann Szells späte Live-Wiedergabe der 8. Sinfonie Beethovens mit dem New Philharmonia Orchestra vom November 1968 gelten. Szell erhöht zwar die Anzahl der Hörner von zwei auf vier, setzt das zusätzliche Instrumentenpaar aber nur in den Tutti-Passagen ein, so zum Beispiel bei der Reprise im Kopfsatz, wo es ihm trotzdem gelingt, die *fff*-Exposition des Hauptthemas in den Violoncelli und Kontrabässen plastisch zu gestalten. In der Herausarbeitung des wuchtigen rhythmischen Impulses sowie der dynamischen Kontraste (die »humoristischen« 64stel-Läufe des Allegretto scherzando könnten nicht heftiger hereinplatzen) ist Szells Intention ersichtlich, das Werk trotz der ihm anhaftenden neoklassizistischen Züge nicht auf das 18. Jahrhundert rückzudatieren (wie etwa Celibidache mit den Münchner Philharmonikern), sondern eher in die Nähe der Klangwelt der 9. Sinfonie zu rücken, mit der Szell es in jenem Londoner Programm tatsächlich verband.

Dass Szell in der Programmgestaltung seiner Orchesterkonzerte bei den Salzburger Festspielen den Akzent entschieden auf die Wiener Klassik legte, dürfte auf seine Absicht zurückzuführen sein, die Kontinuität mit der europäischen Tradition sowie die Anverwandlung derselben durch eine spezifisch amerikanische Orchesterkultur gleichsam programmatisch herauszustellen: Eine Synthese, die ihm manchmal (wohl zu Unrecht) den Vorwurf einer eher kühlen, auf grelle Brillanz angelegten instrumentalen Effizienz einbrachte. Eine tiefe Wahlverwandtschaft empfand Szell mit Solisten wie den Pianisten Robert Casadesus, Rudolf Serkin, Leon Fleisher, Clifford Curzon und Emil Gilels, aber auch mit dem Violinisten David Oistrach, deren Form- und Klangideale ästhetisch weitgehend an klassischen Prinzipien orientiert waren. Das mag die Randstellung erklären, die zum Beispiel Debussys Musik (nur durch *La Mer* vertreten) in seinem Repertoire einnimmt, denn Szell, anders als etwa Stokowski oder Bernstein, hatte keinen stark ausgeprägten Sinn für Kolorismus.

Trotz mancher Uraufführungen zeitgenössischer Opern von Rolf Liebermann und Werner Egk und seines ständigen Engagements für Komponisten wie William Walton und Gottfried von Einem, die als repräsentativ für eine gemäßigte Moderne gelten können, bildeten die (hauptsächlich sinfonischen) Werke der klassisch-romantischen Tradition bis hin zu Richard Strauss den Kern seines nicht sehr umfangreichen Repertoires. Neben Werken von Mozart (denkwürdig wegen der »natürlich« fließenden Phrasierung ist seine Interpretation der Sinfonie g-Moll KV 550 mit den Berliner Philharmonikern) und Beethoven nehmen Haydns späte Sinfonien in Szells Repertoire einen zentralen Platz ein: Die Haydn-Einspielungen mit »seinem« amerikanischen Orchester repräsentieren das beschriebene Klarheitsideal des Dirigenten durch die fast kammermusikalische Ausbalancierung der Instrumentengruppen und den herausgestellten zyklischen Zusammenhang zwischen den Sätzen.

Tonträger
1937 DVOŘÁK: Cellokonzert (Pablo Casals, Czech PO; Victor / EMI) ▪ **1938** BRAHMS: Klavierkonzert Nr. 1 (Artur Schnabel, London PO; Victor / Naxos Historical) ▪ **1954–1969** HAYDN: Sinfonien Hob. I: 88, 92–99 & 104 (Cleveland Orchestra; CBS / Sony) ▪ **1957** MOZART: Sinfonien Nr. 29 KV 201 & 40 KV 550 / DEBUSSY: *La Mer* etc. (BPh; Orfeo) ▪ **1957/64** STRAUSS: *Tod und Verklärung / Sinfonia domestica* (Cleveland Orchestra; CBS / Sony) ▪ **1959/61** BEETHOVEN: Klavierkonzerte Nr. 1–5 (Leon

Fleisher, Cleveland Orchestra; CBS / Sony) ▪ **1962/65** WAGNER: Ouvertüren und Vorspiele: *Tannhäuser / Die Meistersinger von Nürnberg / Rienzi / Der fliegende Holländer* etc. (Cleveland Orchestra; CBS / Sony) ▪ **1962–1965** DVOŘÁK: *Slawische Tänze* op. 46 & 72 (Cleveland Orchestra; CBS / Sony) ▪ **1963** BEETHOVEN: Sinfonie Nr. 3 »Eroica« / Ouvertüre: *Egmont* (Czech PO; CBS / Sony) ▪ **1964** HINDEMITH: *Symphonische Metamorphosen /* WALTON: *Variations on a Theme by Hindemith* (Cleveland Orchestra; CBS / Sony) ▪ **1966** BRAHMS: Sinfonie Nr. 4 / *Akademische Festouvertüre / Tragische Ouvertüre* (Cleveland Orchestra; CBS / Sony) ▪ **1966** PROKOFJEW: Klavierkonzerte Nr. 1 & 3 (Gary Graffman, Cleveland Orchestra; CBS / Sony) ▪ **1968** BEETHOVEN: Sinfonien Nr. 8 & 9 (Harper, Baker, Dowd, Crass, New PhO & Chorus; BBC Legends)

Bildmedien

George Szell & The Cleveland Orchestra: »One Man's Triumph« (Dokumentation; VAI 1966)

Bearbeitungen

SMETANA: Streichquartett Nr. 1 »Aus meinem Leben« (Cleveland Orchestra; CBS / Sony 1949)

Literatur

Donald Rosenberg, The Cleveland Orchestra Story: »Second to None«, Cleveland 2000 ▪ Michael Charry, George Szell. A Life of Music, Urbana 2011

Webpräsenz

http://fischer.hosting.paran.com/music/Szell/discography-szell.htm (↪0142)

AFA

Talich, Václav

1883 am 28. Mai in Kroměříž (Kremsier) in Mähren als Kind einer Musikerfamilie geboren. Antonín Dvořák vermittelt dem 14-jährigen Václav Talich ein Stipendium am Prager Konservatorium, wo er **1897–1903** Violine bei Otakar Ševčík und Jan Mařák studiert.

1903–1904 Auf Einladung von Arthur Nikisch ist er Konzertmeister der Berliner Philharmoniker, geht aber bald darauf als Geiger und Dirigent zunächst nach Odessa, dann als Professor für Violine nach Tiflis.

1908 übernimmt er die Leitung der Slowenischen Philharmonie in Ljubljana und dirigiert ab 1911 am dortigen Opernhaus. Daneben studiert er in Leipzig bei Nikisch Dirigieren und Komposition bei Max Reger.

1912 wechselt er an die Oper nach Plzeň (Pilsen; bis 1915).

1918 leitet er mit der Tschechischen Philharmonie (Czech PO) die Uraufführung von Josef Suks *Zrání [Das Lebensreifen]*.

1919 Die gut zehnjährige Zeit der Wanderschaft endet, als Talich in Prag Chefdirigent der Tschechischen Philharmonie wird, die sich unter seiner Leitung zu einem der bedeutendsten Orchester Europas entwickelt. Zu den Uraufführungen, die er mit diesem Orchester realisiert, gehört 1926 die *Sinfonietta* von Leoš Janáček.

1926–1936 leitet er das Philharmonische Orchester Stockholm.

1932 übernimmt er eine Professur am Prager Konservatorium; zu seinen Schülern zählen u. a. Karel Ančerl, Charles Mackerras und Ladislav Slovák.

1935 wird er zum Intendanten des Prager Nationaltheaters ernannt.

1941 legt er sein Amt bei der Tschechischen Philharmonie aus Protest gegen die politischen Zeitumstände nieder; sein Nachfolger wird Rafael Kubelík. Das Dirigat von Smetanas *Má vlast [Mein Vaterland]* in Berlin wird ihm später dennoch zum Vorwurf gemacht.

1945 wird Talich unter dem Verdacht der passiven Kollaboration mit dem nationalsozialistischen »Protektorat Böhmen und Mähren« verhaftet. Er wird zwar nach wenigen Wochen wieder freigelassen, doch es gibt weiterhin Anfeindungen gegen ihn (organisiert von Zdeněk Nejedlý); Talich unterliegt in Prag einem Auftrittsverbot und arbeitet nur noch im Rundfunk- und Schallplattenstudio. Dennoch lehnt er es ab, ins Ausland zu gehen, und setzt sich weiter nachhaltig für das tschechische Musikleben ein, u. a. als Gründer und Dirigent des Tschechischen Kammerorchesters (1946–1948).

1949–1952 ist er Gründer und erster Leiter der Slowakischen Philharmonie in Bratislava.

1954 übernimmt er wieder die Leitung von Konzerten der Tschechischen Philharmonie. Gesundheitsprobleme zwingen ihn jedoch schon im folgenden Jahr, seine Konzerttätigkeit aufzugeben.

1961 stirbt er am 16. März in Beroun (Böhmen).

Václav Talich ist und bleibt eine Schlüsselfigur der tschechischen Musik- und vor allem Orchesterkultur. Der (eigentlich bis heute) unverwechselbare Klang der Tschechischen Philharmonie mit ihren samtweichen Streichern und der Wärme der Holzbläser ist im Wesentlichen sein Werk, und kaum ein anderer Dirigent konnte Smetanas *Má vlast* oder die Musik Dvořáks mit solcher Glut und Intensität erfüllen. Dabei war Talichs Dirigierstil eher zurückhaltend und fast ein bisschen spröde, wie die späte Filmaufnahme seiner Supraphon-Produktion der *Slawischen Tänze* zeigt; ein Großteil seiner Arbeit lag in den langen und harten Proben, die er seinen Musikern und Sängern abverlangte. »Die scheinbare Leichtigkeit [wird] durch ungewöhnlichen Fleiß, erschöpfende Aufmerksamkeit für jedes Detail der Zeichnung und harte Unnachgiebigkeit beim Durchsetzen der erkannten Wahrheit erkauft«, schrieb er 1943 in einem Brief. Dass Talich in seiner internationalen Reputation heute eher hinter Rafael Kubelík oder auch Karel Ančerl zurücksteht und eigentlich nur als Interpret des tschechischen Repertoires in Erinnerung geblieben ist, dürfte wie so häufig auch das Resultat einer knapp vor dem Stereo-Zeitalter abbrechenden Aufnahmekarriere sein. Die tschechische Supraphon hat aber nahezu das komplette diskografische Vermächtnis in einer 17-teiligen »Václav Talich Special Edition« veröffentlicht. Darin erweist er sich u. a. auch als herausragender Mozart-Dirigent, wie seine Einspielungen der Sinfonia concertante KV 297b und einiger Sinfonien belegen (natürlich mit der »Prager« Sinfonie als besonderer Referenz). Talich »gehört zu den größten Dirigenten, denen ich begegnet bin«, schreibt H. H. Stuckenschmidt in seinen Lebenserinnerungen *Zum Hören geboren*.

Tonträger

1929 SMETANA: *Má vlast [Mein Vaterland]* (Czech PO; HMV/RCD) ▪ **1935** DVOŘÁK: *Slawische Tänze* op. 46

& 72 / Ouvertüre: *Karneval* (Czech PO; HMV / Naxos Historical) ▪ **1951/52** SUK: Serenade für Streicher op. 6 / *Asrael-Sinfonie* (Czech PO; Supraphon) ▪ **1951/54** TSCHAIKOWSKY: Suite Nr. 4 »Mozartiana« / MOZART: Sinfonien Nr. 33 KV 319 & 38 KV 504 »Prager« etc. (Slovak PO, Czech PO; Supraphon) ▪ **1953** TSCHAIKOWSKY: Sinfonie Nr. 6 »Pathétique« (Czech PO; Supraphon) ▪ **1954** JANÁČEK: *Taras Bulba / Das schlaue Füchslein* [Suite, Arrangement: Talich] (Czech PO; Supraphon)

Bildmedien
1955 DVOŘÁK: *Slawische Tänze* op. 46 & 72 [+ Dokumentation von Martin Suchánek: Václav Talich – Confidence and Humility] (Czech PO; Supraphon)

Literatur
Václav Holzknecht, Česká filharmonie. Příběh orchestru, Prag 1963 ▪ Milan Kuna, Václav Talich, Prag 1980 ▪ Graham Slater (Hrsg.), Václav Talich 1883–1961, Tadley 2003 [Chronologie und Diskografie] ▪ Milan Kuna, Václav Talich: 1883–1961. Šťastný i hořký úděl dirigenta, Prag 2009

Webpräsenz
www.frantisekslama.com [Dokumentensammlung] (↪0143)

MST

Tennstedt, Klaus

1926 am 6. Juni als Sohn eines Orchestermusikers in Merseburg an der Saale geboren; mit sechs Jahren erlernt er Klavier und später Violine.

1942–1945 kann er als talentierter Geiger an der Musikhochschule in Leipzig dem Kriegsdienst entgehen.

1948 wird er Konzertmeister im Orchester der Städtischen Bühnen in Halle an der Saale; durch ein Überbein an der linken Hand beeinträchtigt, gibt er 1951 seine Laufbahn als Geiger auf und fungiert nun in Halle als Kapellmeister.

1954–1958 ist er Erster Kapellmeister an den Städtischen Bühnen in Karl-Marx-Stadt (Chemnitz).

1958 wird er Generalmusikdirektor erst in Radebeul und danach in Schwerin (1962–1971). Er gastiert zudem ab 1970 an der Komischen Oper in Berlin.

1971 setzt er sich nach Schweden ab; bereits im Jahr darauf wird er in Kiel Generalmusikdirektor.

1974 startet mit Auftritten bei den Sinfonieorchestern in Toronto und Boston tatsächlich noch eine internationale Karriere. Dass ihn bald Columbia Artists als Agentur vertritt, verdeutlicht das ihm nun zugestandene Potenzial: Er wird in den nächsten Jahren alle führenden amerikanischen Orchester dirigieren.

1976 debütiert er in London mit dem London Symphony Orchestra. Sein Londoner »Wohnzimmer« wird jedoch das London Philharmonic Orchestra, welches ihn nach dem ersten Auftritt 1977 für Aufnahmen von Mahlers 1. und 5. Sinfonie verpflichtet; das Orchester ernennt ihn 1980 zum Principal Guest Conductor.

1979–1981 ist er Chefdirigent des NDR Sinfonieorchesters.

1983 wird er beim London PO Nachfolger von Georg Solti; allerdings nehmen bald darauf gesundheitliche Probleme zu, die ihn 1987 zum Rückzug als Music Director zwingen (er bleibt Conductor Laureate). Im Jahr 1983 debütiert er zudem an der Metropolitan Opera in New York mit *Fidelio*.

1988 erlaubt eine deutliche Verbesserung seiner Konstitution eine Tournee mit dem London PO nach Südostasien; in den folgenden Jahren wird eine Reihe seiner Londoner Konzerte (Sinfonien von Mahler, Brahms und Bruckner) mitgeschnitten – mehr noch als die EMI-Studioproduktionen um 1980 sein Erbe für die Nachwelt.

1994 zieht er sich auf ärztlichen Druck vollends vom Dirigieren zurück.

1998 stirbt er am 11. Januar in Heikendorf bei Kiel.

Typisch der Thread-Einstieg eines deutschen HiFi-Forums im Internet aus dem Jahr 2004: »Unter meinen fast 1 000 Klassik-CDs findet sich kein einziger Tennstedt. Keine Ahnung warum. Er war mir immer bekannt, aber es gab immer interessantere Alternativen. Verkannt?« Typisch auch, dass viele Teilnehmer an der Diskussion dann genau dasselbe feststellen – denn in Tennstedts Kernrepertoire der deutschen Musik des »langen 19. Jahrhunderts« von Beethoven bis Strauss ist die Konkurrenz nicht nur auf dem deutschen Markt um Alternativen nie verlegen. Bezeichnend der Fall von Brahms' 1. Sinfonie: Ein früher und ein später Live-Mitschnitt übertreffen beide in ihrer anfänglichen Wucht und finalen Vision die von EMI hierzulande verbreitete, aber deutlich blassere Studioproduktion. Im Konzert wurde Tennstedt seinem fast unausweichlich zitierten Etikett des »High Voltage Maestro« akustisch am eindrucksvollsten gerecht.

Dem merkwürdig »unterklassigen« Karrierestart in der DDR – vor allem mit Musiktheater, das für Tennstedts Diskografie kaum mehr eine Rolle spielte – folgte auch in Westdeutschland trotz kontinuierlicher Verpflichtungen u. a. bei den Berliner Philharmonikern (Konzertmitschnitte veröffentlicht beim Label Testament) keine adäquate öffentliche Wertschätzung, wohingegen er in England, den USA und in Israel – 1978 als erster deutscher Gastdirigent nach dem Zweiten Weltkrieg – einen hervorragenden Ruf genoss. Während in

Deutschland vor allem Rafael Kubelíks wie ein Volkswagen geschätzte Gesamtaufnahme die Mahler-Rezeption lange dominierte, erfreute sich in England Tennstedts Zyklus mit dem London Philharmonic Orchestra größter Beliebtheit – ein Echo seiner regelmäßigen, höchst populären Londoner Mahler- und Bruckner-Konzerte (die in der deutschen Kritik hingegen oft als blass, ja mitunter konzeptionslos bewertet wurden). Vielleicht kann ja das eine oder andere für die englischsprachigen Fan-Gemeinden inzwischen veröffentlichte Live-Dokument den Glauben an Tennstedt auch in hiesigen Tonträgersammlungen verankern.

Tonträger
1973/76 MARTINŮ: Sinfonie Nr. 4 / BRAHMS: Sinfonie Nr. 1 (RSO Stuttgart; ICA) ▪ **1978** MAHLER: Sinfonie Nr. 5 (London PO; EMI) ▪ **1982** BRUCKNER: Sinfonie Nr. 8 [Ed. Nowak] (London PO; EMI) ▪ **1982–1989** STRAUSS: *Vier letzte Lieder / Don Juan / Also sprach Zarathustra* (Lucia Popp, London PO; EMI) ▪ **1983/92** BRAHMS: Sinfonien Nr. 3 & 1 (London PO; LPO) ▪ **1985/86** JANÁČEK: *Glagolitische Messe* / STRAUSS: *Der Bürger als Edelmann* [Suite] (Armstrong, Gunson, Tear, Shimell, London PO & Choir; BBC Legends)

Bildmedien
1977 MAHLER: Sinfonie Nr. 4 / MOZART: Sinfonie Nr. 35 KV 385 »Haffner« (Phyllis Bryn-Julson, Boston SO; ICA) ▪ **1988** WAGNER: Orchesterstücke aus *Rienzi / Tannhäuser / Der Ring des Nibelungen* etc. (London PO; EMI)

HAH

Thielemann, Christian

1959 am 1. April in Berlin geboren; nach einem Klavierstudium bei Helmut Roloff an der Berliner Hochschule für Musik (zudem erhält er Geigen- und später Bratschenunterricht) wird er 1978 Korrepetitor an der Deutschen Oper Berlin. Er assistiert bei Herbert von Karajan und in Bayreuth bei Daniel Barenboim.
1985 wird er Erster Kapellmeister in Düsseldorf (nach Stationen in Gelsenkirchen, Karlsruhe und Hannover). Im selben Jahr scheitert er spektakulär beim Karajan-Dirigierwettbewerb, da seine detailversessene Probenarbeit nur der ersten Takte des als Pflichtstück vorgegebenen *Tristan*-Vorspiels einem Teil der Jury nicht bewertbar erscheint. Andere Jurymitglieder sprechen sich für ihn aus – neben Karajan auch Peter Ruzicka.
1988–1992 ist er Generalmusikdirektor in Nürnberg, wo er nach einem Eklat um Anwesenheitspflichten geht (und Jahre später gerichtlich Recht erhält). Schon zuvor ist er umstritten durch die von ihm unterschätzte Symbolkraft der Wahl von Hans Pfitzners *Palestrina* als Einstandswerk.

1991 gibt er sein Amerika-Debüt mit *Elektra* in San Francisco, rasch folgen Einladungen weiterer Opernhäuser (u. a. Debüt mit *Der Rosenkavalier* in New York im Jahr 1993).
1993 wird er Erster Gastdirigent am Teatro Comunale di Bologna (bis 1996).
1997–2004 ist er Generalmusikdirektor der Deutschen Oper Berlin.
2000 debütiert er in Bayreuth mit den *Meistersingern*. Im Jahr 2010 wird er offiziell zum Musikalischen Berater der Festspiele (ab 2015 Musikalischer Direktor). Hier festigt sich sein Ruf als repräsentativer deutscher Dirigent seiner Generation.
2004–2011 ist er Chefdirigent der Münchner Philharmoniker.
2012 übernimmt er die Leitung der Staatskapelle Dresden, mit der er 2013 erstmals auch als Künstlerischer Leiter die Salzburger Osterfestspiele mit einer Neuinszenierung des *Parsifal* gestaltet.

Christian Thielemann verhält sich zum Dirigieren wie die Großmutter zum Apfelkuchen. Lange Zeit begleitet ihn der Verdacht, dass er das Altbewährte allzu einseitig gegen eine aktualisierende Ästhetik ausspielt, indem er darauf verweist, dass Kunst nicht immer experimentell oder kritisch sein müsse. Doch betören bei ihm unzweifelhaft einige »Klassiker der Küche« mit einem Duft, wie er sonst höchstens in Aufnahmen »von anno dazumal« zu erleben ist. Thielemann verbindet romantisierende Darstellungsmanieren mit einer letztlich modernen Auffassung einer klar durchgegliederten musikalischen Form. Die Agogik betrifft nicht so sehr die thematischen Gestalten selbst, sondern deren Einbettung in eine sinuskurvenartige Abfolge von Versickern und Neuentstehen. Der Abgleich mit Furtwängler scheint eher irreführend: Furtwängler inszeniert Krisen bis in die Themen hinein, Thielemann hingegen die optimistische Überwindung von Krisen durch Themen.

Natürlich zielen solche Beschreibungen bereits auf die Sinfonien Beethovens. Dort lässt sich im Zyklus mit den Wiener Philharmonikern (WPh) die Souveränität Thielemanns in der Steuerung von Tempostreuungen erleben. Typisch ist der in der 4. und 7. Sinfonie gewählte Ansatz, im Allegro-Teil Spuren zurück zur gemächlicheren Klangwelt der Einleitung zu legen; die teilweise auch inszenierte Traditionalität solcher Einsprengsel tritt hervor, wenn im Scherzo der Neunten selbst der Kameraschwenk über die mitspielende Hörnergruppe eine althergebrachte Retusche in Erinnerung ruft.

Kein anderer Dirigent der Gegenwart erzeugt mit seinen Interpretationen so verschiedenartige Reaktionen: Den einen ist Thielemann Gralshüter, den anderen Grabpfleger. Zum Kern dieser Umstrittenheit dürfte gehören, dass musikalische Intensität nicht nur aus der Überwindung, sondern auch aus einem bewussten Hervorkehren von Phlegma entstehen kann. In Proben und Konzerten Thielemanns drückt sich diese Suche nach der Orchester-Lava in einer den Körper nach unten drückenden Gestik aus, bei der der Dirigent als Atlas das Gewicht des Werkes auf seinen Schultern zu tragen scheint. Thielemann ist der Animateur eines möglichst nicht-sportiven Klangs, der vor allem in den Musikdramen Richard Wagners gewinnbringend eingesetzt werden kann. Der gerechtfertigte Ruf, die schwierigen Bedingungen Bayreuths außergewöhnlich souverän zu meistern, dürfte auch darin begründet sein, dass Thielemann in relativ schnellen Tempi und schlanken Klangbildern trotzdem die »teutonische« Tradition eines den Zuhörer umfangenden Erlebnismusizierens evozieren kann. Zwei Schlüsselmomente können diesen Zugang umschreiben: Die letzten Minuten des *Tristan*, in denen Thielemann den Liebestod als leisen Schluss in sein Recht setzt, wirken auch sachlich-modern, die Anfangstakte des *Parsifal*, in denen die synkopierte Sololinie nur darauf zu warten scheint, in die warmen Orchesterfarben eingehüllt zu werden, sind es nicht. Ein solches Wagner-Klangbild erinnert ein wenig an den recht deutschen Stolz darüber, dass ein Wagen der Luxusklasse dennoch wenig Treibstoff verbraucht. Technisch hat Thielemann diesen Effekt anhand der *Meistersinger* umschrieben (und in dieser Aussage die vielleicht beste Zusammenfassung seiner eigenen Qualitäten gleich mitgeliefert): »Die *Meistersinger* sind mit dem feinsten Pinsel gemalt und trotzdem monumental. Man denkt: Das müsste sich eigentlich ausschließen« (Warnecke, S. 190).

Der typische Thielemann-Klang ist langsam, leise und licht. Orffs *Carmina Burana* können darin als Elegie neu entdeckt werden, Schumanns *Manfred* allerdings flüstert bei Thielemann davon, dass er in einem früheren Leben einmal eine dramatische Ouvertüre war. Die bisher für eine solche Klanglogik repräsentativste Aufnahme dürfte Bruckners 5. Sinfonie sein. Das Werk wirkt bei vielen Dirigenten wie Bruckners heimliche Ring-Tetralogie, da auch hier alles vom Ende her erzählt wird und die ersten drei Sätze eine notwendige Vorgeschichte ergänzen. Der zur Introduktion geschrumpfte Kopfsatz wird bei Thielemann in erheblich verlangsamten Tempi jedoch zu einer in sich geschlossenen Skulptur aus feinsten Legato-Stufungen erhoben, während dem Finale seine Höhepunktfunktion ein wenig entzogen wird, da es völlig konträr zum Üblichen als der nüchtern-rasche Satz behandelt wird.

Die kulinarische Direktheit von Thielemanns Ansatz polarisiert heute kaum mehr die Kritiker, aber weiterhin das Repertoire: Objektive und subjektive Doppelbödigkeit, respektive Strawinsky und Mahler, scheinen nicht in ein solches Konzept zu passen. Stattdessen programmiert Thielemann für Antrittskonzerte gerne Werke von Hans Pfitzner. Dessen *Palestrina* profitiert davon, dass alle Kritik an der reaktionären Person des Komponisten verstummt, wenn die ungeheuer sanfte Musik zu erklingen beginnt. Dieses Bild direkt auf den Dirigenten Thielemann zu übertragen, wäre wohl etwas zu einfach gedacht. »Betrachtungen eines Unpolitischen« liefert er am ehesten in der konservativen Tugend einer sozusagen verschmitzten, da auch nie ganz ernst zu nehmenden Humorlosigkeit. In sich immer mehr einander angleichenden Interpretationsstempeln kann Thielemanns bewusster Traditionalismus aber sehr erfrischend wirken, als eine lausbübisch-kecke Volte gegen die beständig behauptete Notwendigkeit des »Durchlüftens« und »Wie-Neu-Hörens«.

Tonträger
1995 PFITZNER: *Palestrina*-Vorspiele / STRAUSS: *Guntram*-Vorspiel / Streichsextett aus *Capriccio* etc. (Orches-

ter der Deutschen Oper Berlin; DGG) ▪ **1998** ORFF: *Carmina Burana* (Oelze, Keenlyside, Kuebler, Deutsche Oper Berlin; DGG) ▪ **2000** STRAUSS: *Eine Alpensinfonie / Rosenkavalier*-Suite (WPh; DGG) ▪ **2003** WAGNER: *Tristan und Isolde* (Voigt, Moser, Holl, Weber, Lang, Wiener Staatsoper; DGG) ▪ **2004** BRUCKNER: Sinfonie Nr. 5 [Version 1878] (Münchner Philharmoniker; DGG) ▪ **2005** WAGNER: *Parsifal* (Domingo, Struckmann, Selig, Meier, Wiener Staatsoper; DGG) ▪ **2008** STRAUSS: *Vier letzte Lieder* / Lieder und Arien (Renée Fleming, Münchner Philharmoniker; Decca) ▪ **2011** BRAHMS: Klavierkonzert Nr. 1 (Maurizio Pollini, Staatskapelle Dresden; DGG) ▪ **2014** STRAUSS: *Elektra* (Herlitzius, Schwanewilms, Meier, Pape, Staatskapelle Dresden; DGG)

Bildmedien
2009 STRAUSS: *Der Rosenkavalier* (Fleming, Koch, Hawlata, Damrau, Münchner Philharmoniker; Decca) ▪ **2011** WAGNER: *Eine Faust-Ouvertüre* / LISZT: *Eine Faust-Sinfonie* (Endrik Wottrich, Staatskapelle Dresden; CMajor) Durch die Nacht mit Christoph Schlingensief & Christian Thielemann (Zweitausendeins 2002) ▪ Discovering Beethoven [Gespräche mit Joachim Kaiser / Sinfonien Nr. 1–9] (WPh; CMajor 2008–2010)

Schriften
Mein Leben mit Wagner, unter Mitwirkung von Christine Lemke-Matwey, München 2012

Literatur
Dieter David Scholz, Mythos Maestro. Dirigenten im Dialog, Berlin 2002, S. 308–289 ▪ Kläre Warnecke, Christian Thielemann. Ein Porträt, Berlin 2003 ▪ »Wagner ist immer positiv« [Gespräch mit Udo Bermbach], in: Udo Bermbach / Hans Rudolf Vaget (Hrsg.), Getauft auf Musik, Würzburg 2006, S. 27–35

JCA

Thomas, Michael Tilson

1944 am 21. Dezember in Los Angeles geboren.
1967 schließt er sein Studium (Komposition, Dirigieren und Klavier) an der University of Southern California ab. In den Monday Evening Concerts setzt er sich für zeitgenössische Musik ein, zudem arbeitet er als Assistent von Friedelind Wagner in Bayreuth.
1969 wird er mit dem Koussevitzky-Preis ausgezeichnet. Danach fungiert er als Assistant Conductor und Principal Guest Conductor beim Boston Symphony Orchestra (bis 1974).
1971–1977 leitet er regelmäßig die Young People's Concerts des New York Philharmonic Orchestra.
1971–1979 ist er Music Director des Buffalo Philharmonic Orchestra.
1981–1985 Principal Guest Conductor des Los Angeles Philharmonic Orchestra.
1987 begründet er die New World Symphony (Miami) als Orchesterakademie für junge Musiker.
1988–1995 übernimmt er das London Symphony Orchestra (danach bleibt er dort Erster Gastdirigent).

1995 wird er Music Director des San Francisco Symphony Orchestra.
2004 lanciert er das Multimedia-Projekt »Keeping Score«, das auf CD und DVD veröffentlichte und vom Public Broadcast Service ausgestrahlte Konzerte mit Zusatzinformationen auf der gleichnamigen Website verbindet.
2009 ist er Koordinator des YouTube Symphony Orchestra und dirigiert das Debütkonzert in der Carnegie Hall.

Müsste man Dirigenten eine bestimmte Sinfonie Beethovens als Visitenkarte zuordnen, so fiele diese Wahl im Fall von Michael Tilson Thomas leicht: Er ist ein ausgesprochener »*Pastorale*-Dirigent«. Ruhige Tempi und ein Extreme vermeidender Klang stützen die Kultivierung des San Francisco Symphony Orchestra als eher »europäisches« Ensemble. Die Streicher erzeugen eine helle, überaus transparente Grundierung, in die auch die Blechbläser stets eingebunden bleiben. Dieser Ansatz funktioniert interessanterweise besonders gut in Beethovens 7. Sinfonie: Die verschiedenen Grundrhythmen erklingen weich abgefedert und artikulatorisch ausdifferenziert. In Schostakowitschs 5. Sinfonie dagegen täuscht dieser Klang eine Kirmesplatz-Heiterkeit vor, die sich allzu weit von jenem anklagend satirischen Tonfall entfernt, den nicht nur Bernstein, sondern schon Mitropoulos hier einfordern.

Thomas hat sich als Dirigent zeitlebens für die Außenseiter des amerikanischen Musiklebens eingesetzt: von einer frühen Gesamtaufnahme aller Kompositionen von Carl Ruggles (das Gesamtwerk umfasst allerdings nur zwei CDs) bis zu einer unter dem Titel »American Mavericks« vorgelegten Einspielung u. a. des Konzerts für Orgel und Perkussionsinstrumente von Lou Harrison. Referenzstatus besitzt lange Zeit auch sein Zyklus sinfonischer Werke von Charles Ives. In der nachträglich erstellten Orchesterbegleitung einer von George Gershwin selbst rasant auf mechanischen Klavierwalzen eingespielten *Rhapsody in Blue* allerdings wird seine Neigung zu unaufgeregten Tempi auf eine harte Probe gestellt. Thomas übernimmt Uraufführungen ganz verschiedener Schulen zeitgenössischer Musik, so Oliver Knussens 3. Sinfonie (1979), Steve Reichs *The Desert Music* (1984) und Tōru Takemitsus *Quotation of Dream* (1991). Und mit seinem Projekt »Keeping Score« versucht er ein breiteres, vor allem aber auch jugendliches Publikum für das klassische Konzertrepertoire zu begeistern.

Zu Recht ist seine Einspielung der Sinfonien Mahlers von verschiedener Seite hoch gelobt worden. Den auch hier eher zurückgenommenen Tempi zum Trotz bleibt seine Interpretation spannungsgeladen und voller Energie, deren Emotionalität oftmals durch den warmen und vollen Klang des hervorragend spielenden Orchesters unterstützt wird. Doch wird der gebrochene Duktus der Sinfonik Mahlers ein wenig gegen die Intention des Komponisten gedeutet, wenn er in leicht verdünnter Konzentration dem Hörer zugunsten einer vermeintlich besseren Bekömmlichkeit verabreicht wird: So ersetzen im Kopfsatz der 3. Sinfonie Pastellfarben den »Großen Gott Pan«. Dieselbe kontrollierte Interpretationshaltung aber wird zum Zeugnis eminenter Professionalität, wenn ausgerechnet Mahlers 6. Sinfonie am 12. September 2001 aufgeführt wird (übrigens genau wie die Einspielung der Zehnten durch Rudolf Barshai).

Tonträger
1970 SCHUMAN: Violinkonzert / PISTON: Sinfonie Nr. 2 / RUGGLES: *Sun-Treader* (Paul Zukofsky, Boston SO; DGG) ▪ **1984** REICH: *The Desert Music* (Members of Brooklyn PO & Chorus; Nonesuch) ▪ **1986** IVES: *A Symphony: New England Holidays* / *The Unanswered Question* / *Central Park in the Dark* (Chicago SO & Chorus; CBS) ▪ **1999** COPLAND: *Billy the Kid* / *Appalachian Spring* / *Rodeo* (San Francisco SO; RCA) ▪ **2001** MAHLER: Sinfonie Nr. 6 (San Francisco SO; SFS Media) ▪ **2010/11** BEETHOVEN: Sinfonie Nr. 7 / Ouvertüre: *Leonore* Nr. 3 (San Francisco SO; SFS Media) ▪ **2013** BERNSTEIN: *West Side Story* (Jackson, Silber, Vosk, Vortmann, San Francisco SO & Chorus; SFS Media)

Bildmedien
2004 STRAWINSKY: *Le Sacre du printemps* [Keeping Score] (San Francisco SO; SFS Media) ▪ *The Thomashefskys: Music and Memories of a Life in the Yiddish Theater* (Dokumentation; Docurama 2012)

Kompositionen
From the Diary of Anne Frank (1990) ▪ *Shówa / Shoáh* (1995)

Literatur
Viva voce. Conversations with Edward Seckerson, London 1994

Webpräsenz
http://michaeltilsonthomas.com (↪0144)
www.keepingscore.org (↪0145)

ADO / JCA

Tintner, Georg

1917 am 22. Mai in Wien geboren; nach der Neubegründung der Wiener Sängerknaben ist er dort als erster Jude Mitglied, später studiert er Komposition bei Joseph Marx und besucht Dirigierkurse von Felix Weingartner.

1938 verliert er seine Position als Assistent an der Wiener Volksoper und emigriert zunächst nach England.

1940 übersiedelt er nach Neuseeland, wo er einige Jahre als Geflügelfarmer lebt; erst ab 1947 wird er Leiter kleinerer musikalischer Ensembles in Auckland.

1954 übernimmt er die erste von zahlreichen Positionen in Australien an der National Opera. Seine inzwischen strikt vegane Lebensweise und seine sozialistisch-pazifistischen Ansichten machen ihn zum Außenseiter, er übernimmt kaum feste Positionen (wie 1966/67 in Cape Town in Südafrika).

1967 versucht er letztlich erfolglos, sich an der Sadler's Wells Opera im Londoner Musikleben zu etablieren.

1970 kehrt er als Leiter der West Australian Opera Company in Perth nach Australien zurück.

1971 startet mit Dirigaten des National Youth Orchestra seine Karriere in Kanada, das ab 1987 sein neuer Lebensmittelpunkt als Musikdirektor der Symphony Nova Scotia in Halifax wird (bis 1994).

1995 beginnt die Aufnahmeserie der Sinfonien Anton Bruckners für Naxos, die seinen späten Ruhm begründet.

1999 beendet er, schwer an Krebs erkrankt, am 2. Oktober in Halifax sein Leben aus eigenem Entschluss.

In den 1990er-Jahren ging die Sorge um, das Goldene Zeitalter des Dirigierens sei endgültig Vergangenheit. »Elder Statesmen«, die glaubhaft diese Tradition vertraten, waren daher sehr gefragt (wovon u.a. Kurt Masur und Günter Wand profitierten). Die ungewöhnlichste dieser Alterskarrieren aber konnte Georg Tintner verzeichnen. Kein anderer Dirigent hatte am Ende des 20. Jahrhunderts ein Leben vorzuweisen, das direkt im Zentrum einer um ihre Fortsetzung besorgten Musikkultur begonnen hatte: Tintner sang aus Notenblättern, die vermutlich auch schon Franz Schubert als Chorknabe in den Händen gehalten hatte. Kein anderer Dirigent wurde danach weiter an die Peripherie gedrängt: Unabhängig von einem in jeder Hinsicht exzentrischen Lebenslauf – nur von wenigen Dirigenten, die einen Großteil ihres Repertoires auswendig beherrschen, ist überliefert, dass sie mit dem Fahrrad nach einigen Stunden Farmarbeit zur Probe erscheinen – mutet es skandalös an, dass dieser auch ein wenig altmodische Interpret in Kontinentaleuropa nur eine Handvoll Konzerte leiten konnte.

Ein solches Dirigentenleben erzählt man mit Beethoven und Bruckner, auch wenn Tintners erste späte Aufnahmen u. a. Frederick Delius und »Colonial Diversions« von Douglas Lilburn und Percy Grainger galten. Die *Eroica* erhält bei Tintner sozusagen dieselben schlohweißen Haare, die ihn selbst wie eine Erinnerung an eine vergangene Zeit erscheinen ließen: Seine Lesart ist auf der einen Seite schon in den ersten Takten tief traditionalistisch, weil ihr die motorische Verbindung zwischen den Tutti-Schlägen und dem vibrierenden Thema fehlt, andererseits wird die strikte Texttreue hörbar gemacht, wenn Tintner vor der Wiederholung der Exposition zwei Takte ergänzt, die dort seit Carl Czerny niemand vermisst hat; in der Coda des Kopfsatzes betont er anstelle der als Retusche ergänzten Trompetenstimme, die das Thema triumphal weitertragen würde, dessen Versickern im Stimmengeflecht. Ähnlich sorgfältig erklingen die Gegenakzente im Thema des langsamen Satzes von Mozarts »Jupiter«-Sinfonie, die hier einmal wirklich den Melodieverlauf irritierend durchbrechen.

Der Bruckner-Zyklus adelt einige der selten gespielten Erstfassungen durch die Fähigkeit, den Grundpuls über alle Kontraste hinweg auf ein ganz getragenes Maß zu senken. Der Kopfsatz der 3. Sinfonie nimmt sich über eine halbe Stunde Zeit, um eines jener Tiefenerlebnisse zu zelebrieren, das Vorstellungen von einem spirituellen Spätstil voll erfüllt. Vielleicht gelingt so etwas tatsächlich – wie auch in Celibidaches Münchner Konzerten – am ehesten denjenigen, die in dem Gefühl gealtert sind, dass ihnen in den Jahren zuvor das eigentlich zustehende Maß an Aufmerksamkeit genommen wurde.

Tonträger
1988–1991 Mozart: Sinfonien Nr. 41 KV 551 »Jupiter« & 34 KV 338 / Ouvertüre: *Idomeneo* (Symphony Nova Scotia; Naxos) ▪ **1991** Delius: Violinkonzert / *Irmelin* [Vorspiel] / *On Hearing the first Cuckoo in Spring* etc. (Philippe Djokic, Symphony Nova Scotia; CBC / Naxos) ▪ **1998** Bruckner: Sinfonie Nr. 3 [Version 1873] (RSNO; Naxos)

Kompositionen
Violinsonate / Klaviersonate / *Trauermusik* etc. (Cho-Liang Lin, Helen Huang; Naxos 2005)

Literatur
Tanya Buchdahl Tintner, Out of Time. The Vexed Life of Georg Tintner, Crawley 2011

JCA

Toscanini, Arturo

1867 am 25. März in Parma geboren; sein Vater Claudio – ein überzeugter Republikaner und Freiheitskämpfer an der Seite Garibaldis – ist Schneider, auch die Mutter Paola besitzt keinerlei musikalische Bezugspunkte. Dennoch zeigt Arturo schon früh eine Neigung zur Musik.

1876 beginnt er am Konservatorium seiner Heimatstadt das Studium in den Fächern Violoncello (bei Leandro Carini) und Komposition (bei Giusto Dacci), das er 1885 mit Auszeichnung abschließt. Schon vorher arbeitet er als Cellist und Korrepetitor bei der Operntruppe des Impresarios Claudio Rossi.

1886 geht er mit diesem Ensemble auf eine Brasilien-Tournee. Am 30. Juni gibt er (als Einspringer) in Rio de Janeiro sein Debüt als Dirigent mit Giuseppe Verdis *Aida*, die er auswendig dirigiert. Der Erfolg ist so spektakulär, dass ihm Rossi die Aufführung weiterer Opern anvertraut. Nach Italien zurückgekehrt, geht Toscanini als Kapellmeister an das Teatro Carignano in Turin, wo er die Uraufführung der revidierten Fassung von Alfredo Catalanis *Edmea* leitet. Weiterhin sitzt er aber auch regelmäßig am zweiten Cellopult des Orchesters der Mailänder Scala, wo er 1887 am 5. Februar bei der Uraufführung von Verdis *Otello* mitspielt und den Komponisten persönlich kennenlernt.

1890–1891 ist er Zweiter Kapellmeister am Gran Teatre del Liceu in Barcelona.

1892 dirigiert er am Teatro dal Verme in Mailand die Uraufführung von Ruggero Leoncavallos *Pagliacci*,

1896 am Teatro Regio in Turin die Uraufführung von Giacomo Puccinis *La Bohème*. Hier dirigiert er auch am 20. März sein erstes abendfüllendes Sinfoniekonzert (u. a. mit Schuberts »Großer« C-Dur-Sinfonie).

1897 heiratet Toscanini am 21. Juni die 19-jährige Carla de Martini.

1898 dirigiert er in Turin anlässlich der Esposizione generale italiana 43 Sinfoniekonzerte. Am 19. März wird sein Sohn Walter geboren. Im August wird er zum Musikdirektor der Mailänder Scala ernannt, wo er in den nächsten fünf Jahren zahllose Ur- und italienische

Erstaufführungen dirigiert, ebenso die Scala-Debüts von Enrico Caruso und Fjodor Schaljapin.

1901 dirigiert Toscanini im Sommer erstmals in Buenos Aires (insgesamt fünf Aufenthalte bis 1912).

1903 führt Toscaninis unbarmherziger und cholerischer Arbeitsstil zu einem Zerwürfnis mit der Scala und zu seinem Rücktritt. Drei Jahre lang nimmt er nur freie Dirigate an, dann kehrt er an die Scala zurück (1906–1908).

1907 am 7. Dezember wird seine Tochter Wanda Giorgina geboren (die spätere Ehefrau des Pianisten Vladimir Horowitz).

1908 folgt er einer Einladung an die New Yorker Metropolitan Opera, deren musikalische Leitung er bis 1915 übernimmt (in den ersten Jahren arbeitet dort gleichzeitig Gustav Mahler als Dirigent). Im Jahr 1910 dirigiert er in New York die Uraufführung von Puccinis *La fanciulla del West*. Sein USA-Debüt als Konzertdirigent gibt er im April 1913 (u. a. mit *Till Eulenspiegel* von Richard Strauss und Beethovens 9. Sinfonie).

1915 gibt er die Leitung der Met auf und kehrt nach Europa zurück, auch aufgrund der Zuspitzung einer Liebesaffäre – einer von vielen – mit der Sängerin Geraldine Farrar. Bis 1920 folgt »die wirrste Periode im Leben Toscaninis« (Sachs, S. 189), in der er bis auf zahlreiche Kriegs-Benefizkonzerte kaum in Erscheinung tritt. Eine kurze Zeit findet man ihn sogar im Umfeld Benito Mussolinis, doch schon bald wendet er sich entschieden von den Faschisten ab. Die »wirre« Zeit endet mit Toscaninis erneuter Rückkehr an die Mailänder Scala, mit deren Orchester er ab Dezember 1920 eine große Nordamerika-Tournee unternimmt (dabei entstehen auch die ersten Schallplattenaufnahmen des damals fast 54-jährigen Toscanini für die Victor Company).

1926 leitet er am 25. April an der Scala die postume Uraufführung von Puccinis *Turandot*. Je stärker sich derweil der Faschismus in Italien ausbreitet, desto häufiger zieht es Toscanini ins Ausland. So gibt er am 14. Januar 1926 sein Debüt mit dem New York Philharmonic Orchestra.

1929 folgen Gastspiele der Scala in Wien und Berlin. Im Sommer dieses Jahres legt er sein Amt an der Scala nieder und geht nach New York, um die Leitung der Philharmoniker zu übernehmen, mit denen er 1930 eine triumphale Europa-Tournee unternimmt.

1930 tritt Toscanini als erster nicht-deutscher Dirigent bei den Bayreuther Festspielen auf (ebenso 1931; mit *Tannhäuser*, *Tristan und Isolde* und *Parsifal*). Nach der Machtergreifung der Nationalsozialisten weigert er sich jedoch, nach Bayreuth zurückzukehren.

1933 gibt er am 24. Oktober sein Debüt mit den Wiener Philharmonikern (WPh).

1934 dirigiert er erstmals bei den Salzburger Festspielen, wo er in den nächsten Jahren mit Aufführungen von Mozarts *Zauberflöte*, Beethovens *Fidelio* und Wagners *Meistersingern* Furore macht; auch hier endet seine Arbeit mit der Machtübernahme der Nationalsozialisten, die u. a. zu einem tiefen Zerwürfnis Toscaninis mit Wilhelm Furtwängler führt.

1935 dirigiert er eine Reihe von Aufführungen mit dem BBC Symphony Orchestra.

1936 legt er sein Amt beim New York Philharmonic Orchestra nieder und übernimmt am Jahresende die Leitung der ersten Konzerte des neu gegründeten Palestine Orchestra.

1937 verlässt Toscanini endgültig Europa und übernimmt mit 70 Jahren die Leitung des NBC Symphony Orchestra, das der RCA-Manager David Sarnoff eigens für ihn gegründet hat. Die ersten Proben werden von Artur Rodziński und Pierre Monteux geleitet, am 25. Dezember wird Toscaninis erstes NBC-Konzert live im Rundfunk übertragen. Bis 1954 dirigiert Toscanini in der Regel ein Konzert pro Woche im legendären Studio 8-H im New Yorker Rockefeller Center (mit seiner überaus trockenen Akustik), das sowohl live ausgestrahlt als auch auf Schallplatte bzw. Tonband mitgeschnitten wird und den Grundstock der beeindruckenden »Legacy« des Dirigenten bildet: 117 Opern von 53 Komponisten und 480 sinfonische Werke von 175 Komponisten.

1938 nimmt Toscanini am neu gegründeten Lucerne Festival teil (ebenso 1939).

1946 kehrt er nach acht Jahren erstmals nach Italien zurück und dirigiert das Konzert zur Wiedereröffnung der Mailänder Scala.

1948 wird erstmals ein Konzert Toscaninis für das Fernsehen aufgezeichnet.

1954 dirigiert er am 4. April sein letztes NBC-Konzert und zieht sich danach aus der Öffentlichkeit zurück, um mit seinem Sohn Walter das Archiv seiner Aufnahmen für Veröffentlichungen auf LP vorzubereiten.

1957 stirbt er am 16. Januar in seinem Haus in Riverdale (New York).

Mit Arturo Toscanini begann etwas ganz und gar Neues in der Geschichte des Dirigierens. Das erkannte schon 1925 der Berliner Kritiker und Musikschriftsteller Adolf Weissmann in seinem Buch *Der Dirigent im 20. Jahrhundert* (Berlin 1925, S. 130–132): »Der Dirigent Toscanini ist in jedem Fall ein Besessener. […] Natürlich gibt es auch andere Dirigenten, zumal Italiener, die das Orchester mit Leidenschaft singen machen. Toscanini unterscheidet sich von ihnen allen durch den Fanatismus, mit dem er das klar Erkannte in Impuls umsetzt, durch die künstlerische Bewußtheit, mit der er am Werk ist, durch den Drang zur Linie, die er unweigerlich durchführt. Während er so getrieben wird und treibt, hört man ihn, wenn man ihm ganz nahe ist, im Urlaut mitsingen. Und was sich aus alldem ergibt, ist ein Klang von einzigartiger Abgestuftheit. Die Dynamik, vom leisesten Pianissimo bis zum stärksten Fortissimo, ist in ihrer Farbigkeit, Ausdrucksfähigkeit, Einheitlichkeit nicht zu überbieten: vollendetste Aussprache der Persönlichkeit des Dirigenten. […]

Für Toscanini gibt es, wenn er erst ein Werk durchgearbeitet und durchdacht hat, keine Probleme mehr. Die auf den Noten und Zeichen des Komponisten ruhende Idealauffassung steht für ihn fest. Er ist nicht nur entschlossen, sie zu erreichen, sondern er kennt keine Schwankungen in den Mitteln, in der Wahl der Menschen, die der Verwirklichung seiner Aufgabe dienen.«

Schon die ersten, 1920/21 entstandenen Aufnahmen Toscaninis bezeugen – jenseits aller aufnahmetechnischen Mängel – jene »Besessenheit« und jenen »Fanatismus«, der alle seine Interpretationen auszeichnet: Kein Dirigent vor ihm hat seine Kunst so bedingungslos in den Dienst des Komponisten und seines Werkes gestellt. Um die Tragweite zu ermessen, die Toscaninis Bemühen um »Werktreue« bedeutete, muss man sich die Dirigiertradition in Erinnerung rufen, die es bis dahin gab. Die ersten großen und prägenden Dirigentenpersönlichkeiten des 19. Jahrhunderts – Hector Berlioz, Hans von Bülow, Franz Liszt, Felix Mendelssohn oder Richard Wagner – waren allesamt »Ausdrucks«- oder »Ideen«-Dirigenten gewesen; wenn sie einmal davon überzeugt waren, den Geist eines Werkes erfasst oder verstanden zu haben, konnte »nun keinerlei Buchstaben-Pietät vermögen [...], die vom Meister in Wahrheit beabsichtigte Wirkung in der gegebenen irrigen Bezeichnung aufzuopfern«, wie Wagner in einem Text über *Sorge für Verständlichkeit der Aufführung* seine Retuschen in Beethovens Neunter rechtfertigt. Toscanini waren derartige Freiheiten absolut fremd und zuwider, und für einen Kollegen wie den vier Jahre jüngeren Willem Mengelberg, mit dem er sich Ende der 1920er-Jahre zeitweise die Leitung des New York Philharmonic Orchestra teilte, hatte er nur Spott übrig: »Einmal kam Mengelberg zu mir und schilderte mir langatmig die richtige deutsche Art, die Ouvertüre zu *Coriolan* zu dirigieren. Er hätte es, sagte er, von einem Dirigenten, der es direkt von Beethoven wusste. Pah! Ich sagte ihm, ich hätte es direkt von Beethoven selbst: Von der Partitur ...«

Seine am 1. Juni 1945 entstandene Aufnahme der *Coriolan*-Ouvertüre ist ein gutes Beispiel, um das Phänomen Toscanini zu erfassen: Ein zwei ¼-Takte lang fortissimo ausgehaltenes Unisono-*c* der Streicher mündet in einen Viertelschlag, einen f-Moll-Akkord des ganzen Orchesters, fortissimo und staccato, auf den sieben Viertel Pause folgen. In den meisten Aufnahmen jener Zeit (Mengelberg, Klemperer, Furtwängler etc.) ist schon der Einsatz dieses ersten *c* nicht ganz präzise, das Staccato-Viertel ist zu lang, die sieben Viertelschläge Pause zu kurz; das Ergebnis ist ein eher breites und entsprechend pathetisches Klangbild – weit entfernt von dem »Schwung«, den die Tempovorschrift Allegro con brio suggeriert. Bei Toscanini dagegen ist das ausgehaltene *c* messerscharf attackiert und bohrt sich dem Hörer mit unerbittlicher Intensität ins Ohr, der Viertelschlag – kurz, präzise und secco – wirkt wie ein Peitschenhieb, die exakt ausgehaltene Pause ist ein Abgrund, über dem einem schwindelig werden könnte: Hochspannung, die einem den Atem stocken lässt.

Diese Stringenz und Perfektion, die Toscaninis Interpretationen anstreben, sind heute noch so bestechend, wie sie es in ihrer Zeit waren; und sie revolutionierten nicht nur das Hören, sondern auch die Spielkultur der Orchester, wie sich zum Beispiel George Szell erinnerte: »The clarity of texture; the precision of ensemble; the rightness of balances; the virtuosity of every section, every solo-player of the orchestra – then at its peak – in the service of an interpretative concept of evident, self-effacing integrity, enforced with irresistible will power and unflagging ardor, set new, undreamed-of standards literally overnight« (*The Saturday Review*, 25. März 1967, S. 53 f.).

Der Preis, den Toscaninis Musiker für diese Perfektion zahlen mussten, war bekanntermaßen hoch. Über die Arbeit des Maestro mit seinen Orchestern kursieren zahllose Anekdoten: Sein cholerisches Temperament, seine notorischen Wutanfälle, die bis zu physischen Übergriffen reichen konnten, die Beschimpfungen, zerbrochenen Taktstöcke und ins Orchester geschleuderten Partituren – all das ist legendär und wird auch durch viele Probenmitschnitte bestätigt. Auf die vorsichtige Frage eines Journalisten, weshalb er denn so oft explodiere, soll Toscanini geantwortet haben: »Weil die Musiker meine Träume zerstören!« Doch selbst wenn er sie noch so schlecht behandelte, bewunderten und liebten ihn bezeichnenderweise die meisten seiner Musiker trotzdem und waren bereit, ihm auf seinem Weg zur »Wahrheit« zu folgen – bis zur Selbstverleugnung. Das mag auch einer der Gründe dafür sein, dass Toscaninis Diskografie nur relativ wenige Solokonzert-Aufnahmen verzeichnet, die allerdings bis heute eine geradezu knisternde Spannung vermitteln: Beethovens Klavierkonzerte Nr. 1 und Nr. 4 mit Ania Dorfmann und Rudolf Serkin, oder die legendären Brahms- und Tschaikowsky-Konzerte mit seinem Schwiegersohn Vladimir Horowitz.

Toscanini dirigierte stets auswendig, mit eher sparsamen, dabei aber extrem genauen Gesten seines langen Taktstocks. Nichts war oder wurde Routine, immer ging es aufs Neue ums Ganze, um die bedingungslose Wahrheit des Augenblicks. Das zeigen auch jene Werke, von denen unterschiedliche Aufnahmen existieren: Keine gleicht der anderen, auch wenn jede für sich die Aura der Gültigkeit und Vollkommenheit atmet. Und selbst da, wo man mit seiner Interpretation vielleicht nicht hundertprozentig einverstanden ist, kann man sich ihrer Magie kaum entziehen. Dabei wirken viele seiner Deutungen erstaunlich modern – fast schon dem Geist der »Historischen Aufführungspraxis« verpflichtet, die jedoch erst nach seinem Tod aufkam. Vor allem seine Haydn-, Mozart- und Beethoven-Interpretationen sind dem post-romantischen Zeitstil diametral entgegengesetzt und bestechen immer noch durch ihre beispielhafte Klarheit, Geradlinigkeit und Kantabilität – diese Bögen, deren Spannung nie zu enden scheint: »Cantare! Sostenere!« waren Toscaninis Schlachtrufe, so der NBC-Geiger Samuel Antek: »Singen! Aushalten!«

Tonträger

1929 MOZART: Sinfonie Nr. 35 KV 385 »Haffner« (New York PO; Guild u. a.) ▪ **1937** VERDI: *Falstaff* (Stabile, Biasini, Oltrabella, Wiener Staatsopernchor, WPh; Gramofono) ▪ **1938** SMETANA: Ouvertüre zu *Die verkaufte Braut* / MARTUCCI: Sinfonie Nr. 1 / LISZT: *Orpheus* / RAVEL: *Daphnis et Chloé* [Suite Nr. 2] (NBC SO; Naxos Historical) ▪ **1939** BEETHOVEN: *Missa solemnis* etc. (Milanov, Thorborg, von Pataky, Moscona, BBC Choral Society & SO; BBC Legends) ▪ **1940/41** BRAHMS: Klavierkonzert Nr. 2 / TSCHAIKOWSKY: Klavierkonzert Nr. 1 (Vladimir Horowitz, NBC SO; Victor / Naxos Historical) ▪ **1940/46** FRANCK: Sinfonie d-Moll (NBC SO; RCA) ▪ **1944** BEETHOVEN: *Fidelio* (Bampton, Peerce, Moscona, Steber, NBC SO & Chorus; RCA) ▪ **1946** PUCCINI: *La Bohème* (Albanese, Peerce, Valentino, McKnight, NBC SO & Chorus; RCA) ▪ **1947** VERDI: *Otello* (Vinay, Nelli, Valdengo, NBC SO & Chorus; RCA) ▪ **1949** VERDI: *Aida* (Nelli, Tucker, Valdengo, Gustavson, NBC SO & Chorus; RCA) ▪ **1949–1953** BEETHOVEN: Sinfonien Nr. 1–9 (NBC SO; RCA) ▪ **1949–1953** CHERUBINI: Sinfonie D-Dur / Ouvertüren: *Anacréon* / *Ali Baba* / *Medea* (NBC SO; RCA) ▪ **1951** VERDI: *Messa da Requiem* (Nelli, Barbieri, di Stefano, Siepi, Robert Shaw Chorale, NBC SO; RCA) ▪ **1952** BRAHMS: Sinfonien Nr. 1–4 etc. (PhO; Testament)

Bildmedien

1948 WAGNER: Orchestermusik aus *Lohengrin* / *Tannhäuser* / *Der Ring des Nibelungen* [The Television Concerts, Vol. 1] (NBC SO; Testament)
Toscanini: The Maestro (Dokumentation von Peter Rosen; RCA / Sony 1988) ▪ Toscanini: In His Own Words (Dokudrama von Larry Weinstein; Medici Arts 2008)

Literatur

Paul Stefan, Arturo Toscanini, Wien 1935 ▪ Samuel Chotzinoff, Toscanini. An Intimate Portrait, New York 1956 ▪ Harvey Sachs, Toscanini, London 1978 [übs. von Hans-Horst Henschen, München 1980] ▪ Joseph Horowitz, Understanding Toscanini, London / New York 1987 ▪ Thomas Hathaway (Hrsg.), Arturo Toscanini. Contemporary Recollections of the Maestro by B. H. Haggin, New York 1989 [Neuausgabe] ▪ Mortimer H. Frank, Arturo Toscanini. The NBC Years, Portland 2002 [Diskografie] ▪ Harvey Sachs (Hrsg.), The Letters of Arturo Toscanini, London / New York 2002 ▪ Marco Capra / Ivano Cavallini (Hrsg.), Arturo Toscanini. Il direttore e l'artista mediatico, Lucca 2011 ▪ Cesare Civetta, The Real Toscanini. Musicians Reveal the Maestro, Montclair 2012 ▪ Christopher Dyment, Toscanini in Britain, Woodbridge 2012 ▪ Kenneth A. Christensen, The Toscanini Mystique, 2014 [www.xlibris.com] (↪0146)

Webpräsenz

www.arturotoscanini.org [Konzert-Datenbank] (↪0147)
www2u.biglobe.ne.jp/~toshome/main/Discographyfrm.htm (↪0148)

MST

Vänskä, Osmo

1953 am 28. Februar im finnischen Sääminki geboren. Als Klarinettist ist er Mitglied zunächst des Turku und dann des Helsinki Philharmonic Orchestra; später nimmt er Kammermusik von Aho und Sibelius auf.

1982 ist er Preisträger beim Dirigierwettbewerb in Besançon, das Dirigieren studiert er zusammen mit u. a. Esa-Pekka Salonen bei Jorma Panula.

1988–2008 ist er Chefdirigent des Lahti Symphony Orchestra (danach Conductor Laureate), mit dem ihm gleichsam der Durchmarsch aus der Regionalliga in die Champions League europäischer Orchester gelingt.

1993–1996 leitet er das Iceland Symphony Orchestra (ab 2014 ist er dort erneut Principal Guest Conductor).

1996–2002 ist er Chefdirigent des BBC Scottish Symphony Orchestra.

2003 wird er Music Director des Minnesota Orchestra in Minneapolis, im Jahr 2013 tritt er (wenn auch nur vorübergehend) aufgrund von Finanzierungsdebatten und Streikphasen von diesem Posten zurück. Mit seinem amerikanischen Orchester führt er mehrfach auch eigene Kompositionen auf.

Osmo Vänskä hat als Chefdirigent die Voraussetzungen dafür geschaffen, dass die deutschsprachige Wikipedia-Seite in der Liste der Sehenswürdigkeiten der finnischen Industriestadt Lahti das Sinfonieorchester ganz oben anführt. Vänskäs Begabung, Werke auch von ihren Extremen her zu deuten und dennoch jeden episodischen Eindruck zu meiden, wurde erstmals hörbar in den Sinfonien von Kalevi Aho, dem langjährigen »Composer in Residence« des Lahti Symphony Orchestra. Mit diesen Qualitäten werden Vänskä und sein Orchester zu zentralen Stützen im Projekt des schwedischen Labels BIS, jede von Jean Sibelius geschriebene Note auf Tonträger einzuspielen (einschließlich einiger Frühfassungen, die faszinierende Einblicke in die Genese des Violinkonzerts oder der 5. Sinfonie ermöglichen). Der Zyklus der Sinfonien zeigt Vänskä als zentralen Verfechter eines »konstruktivistischen« Sibelius-Bildes: Ein möglicher qualitativer Gegensatz der frühen plakativen und der späteren abstrakten Werke wird in der Wiedergabe widerlegt, indem zum Beispiel *Tapiola* und *En Saga* genau dieselbe Kombination aus blockhaften Tempowechseln (in der Horizontale) und feinsten Registertrennungen (in der Vertikale) erhalten.

Vänskäs Beethoven-Zyklus macht sich unabhängig von der Frage nach dem historischen Standort der Interpretation, weil die technische Innovationskraft der SACD gleichzeitig eine verstärkte Transparenz und eine gewahrte Monumentalität erlaubt (was vor allem der 9. Sinfonie zugutekommt). Bezeichnend ist hierfür die organische Integration »widerborstiger« Momente: Verselbstständigte Einzelstimmen und starke dynamische Kontraste, zwei zentrale Merkmale der humoristischen Abweichungen Beethovens, werden von der Aufnahmetechnik zur Arbeitsgrundlage auch des heroischen Stils und damit des gesamten Zyklus' erhoben.

Vänskäs Persönlichkeit tritt in zwei Manieren der Interpretation besonders deutlich hervor: Zum einen versucht er, längere Abläufe aus einer geringen Zahl gleichbleibender Grundtempi zu deuten; zum anderen wird die so erzeugte Einheitlichkeit durch ein manchmal beinahe übertriebenes Pianissimo ausschattiert. Sein Nielsen-Zyklus dokumentiert die beiden Effekte besonders eindrücklich: In der 3. Sinfonie determiniert die in Takt 1 getroffene Entscheidung für ein relativ rasches Grundtempo den gesamten weiteren Ablauf – der Kopfsatz wird zum Kampf eines Walzers, seine eigenen Begleittexturen abzuschütteln. In der 5. Sinfonie wird der ostinate Trommelrhythmus zunächst bis zur Unhörbarkeit abgeschwächt, um später in der anarchischen Kadenz gleichsam als Racheakt völlig von der Leine gelassen zu werden. In den USA hat Vänskä seinen Ruf durch einige spektakuläre Pressezitate über das Minnesota Orchestra als derzeit bestes amerikanisches Orchester gefestigt, in Deutschland hingegen fehlt eine solche Anerkennung bislang noch.

Tonträger
1990/91 KOKKONEN: *Erekhtheion* / *Inauguratio* / Sinfonie Nr. 2 / *Die letzten Versuchungen* [Zwischenspiele] (Lahti SO; BIS) ▪ **1994** AHO: Sinfonie Nr. 8 / *Pergamon* (Hans-Ola Ericsson, Lahti SO; BIS) ▪ **1997/98** SIBELIUS: *Karelia*-Suite / *König Christian II* / *Pelléas et Mélisande* (Laukka, Jakobsson, Lahti SO; BIS) ▪ **1999–2002** NIELSEN: Sinfonien Nr. 1–6 (BBC Scottish SO; BIS) ▪ **2006** BEETHOVEN: Sinfonie Nr. 9 (Juntunen, Karnéus, Norman, Davies, Minnesota Chorale & Orchestra; BIS) ▪ **2012** SIBELIUS: Sinfonien Nr. 1 & 4 (Minnesota Orchestra; BIS)

Literatur
Performing Sibelius. Sir Colin Davis and Osmo Vänskä in Conversation with Daniel M. Grimley, in: Daniel M. Grimley (Hrsg.), The Cambridge Companion to Sibelius, Cambridge 2004, S. 229–242 ▪ Michael Anthony, Osmo Vänskä. Orchestra Builder, Minneapolis 2009

JCA

Waart, Edo de

1941 am 1. Juni in Amsterdam geboren; nach dem Studium ist er Oboist im Concertgebouworkest.

1964 gewinnt er den Mitropoulos-Dirigierwettbewerb in New York, was ihm die einjährige Arbeit als Assistent von Leonard Bernstein ermöglicht. Später ist er Assistent von Bernard Haitink in Amsterdam.

1973 leitet er (nach einigen Jahren als fester Dirigent) das Rotterdam Philharmonic Orchestra (bis 1979).

1977–1985 ist er Music Director des San Francisco Symphony Orchestra,

1986–1995 übernimmt er eine neue Chefposition beim Minnesota Orchestra.

1989 kehrt er in sein Heimatland als Leiter der Niederländischen Radiophilharmonie zurück (bis 2004).

1994 tritt er die Stelle als Chefdirigent beim Sydney Symphony Orchestra an (bis 2003). Er arbeitet regelmäßig an wichtigen Opernhäusern, insbesondere der Metropolitan Opera, wo er 2009 den *Rosenkavalier* als Einspringer für James Levine übernimmt. Von 1999 an leitet er für fünf Jahre die Nederlandse Opera.

2004 vollendet er seine »Tournee« auf verschiedene Kontinente mit der Chefposition beim Hong Kong Philharmonic Orchestra (bis 2012).

2009 übernimmt er das Milwaukee Symphony Orchestra (bis 2017), zudem leitet er seit 2011 das Royal Flemish Philharmonic Orchestra in Antwerpen (bis 2016).

Edo de Waarts Arbeitsschwerpunkte repräsentieren über Holland bis nach San Francisco und Australien eine lässig-liberale »West-Coast«-Mentalität, die auch die an den jeweiligen Schaffensorten vorgefundene zeitgenössische Musik zu prägen scheint: So sind die Kompositionen von John Adams durch de Waarts Ersteinspielungen über viele Jahre repräsentiert worden. *Nixon in China* wirkt dabei stärker als meditativer Trip, in dem liberale Intellektuelle zwei reaktionäre Politiker dabei beobachten, wie sie aneinander vorbeireden, und weniger als klanglich bissige Satire wie in Marin Alsops Naxos-Einspielung. Spuren eines solchen beruhigenden Pulsierens hört man bei de Waart reizvoll auch schon in der *Orgelsinfonie* von Camille Saint-Saëns oder in den ersten Takten von Rachmaninows 3. Klavierkonzert. Im europäischen Kernrepertoire dominiert dagegen eher amerikanische Orchesterperfektion: Bei den für Virgin produzierten Aufnahmen einiger Tondichtungen von Richard Strauss wird die oft beklagte Sterilität einer solchen Perfektion dazu genutzt, um Lesarten, die sich relativ stark in den einzelnen Episoden verlieren können, dennoch kontrolliert zu halten.

In Amerika gehörte es zu den beliebten Gesprächsthemen, auf die inzwischen sechs Ehen des Dirigenten hinzuweisen. Interessanterweise wirken auch seine Label-Beziehungen wie eine Abfolge von eher spontanen Eheschließungen, die teilweise nur kurz und heftig blühten (wie sein vergriffener Mahler-Zyklus für RCA). Ein stabiles Vertrauensverhältnis bestand dagegen mit dem Label Philips, für das er in seinen frühen Aufnahmen ein Repertoire von Haydn bis zu Gershwin abgedeckt hat. In den 1990er-Jahren wird Richard Wagner ein Schwerpunkt seines Repertoires, wobei in das skizzierte Bild des lässigen Entrepreneurs am besten die Einspielungen von Orchester-Synopsen einzelner Musikdramen passen: In *Tristan und Isolde* ist böse gesprochen alles da bis auf die Liebesgeschichte; doch gelingt es de Waart, sozusagen das leise Grundregister der Liebe von der Geschichte abgelöst als einen weiteren Vorläufer psychedelischer Klangfarbenwellen zu inszenieren.

Tonträger

1972 HAYDN: Cellokonzerte Hob. VIIb:1 & 2 (Christine Walevska, ECO; Philips) ▪ **1982/83** RACHMANINOW: Klavierkonzerte Nr. 4 & 3 (Zoltán Kocsis, San Francisco SO; Philips) ▪ **1984** SAINT-SAËNS: Sinfonie Nr. 3 »Orgelsinfonie« (Jean Guillou, San Francisco SO; Philips) ▪ **1985** ADAMS: *Harmonielehre* (San Francisco SO; Nonesuch) ▪ **1987** ADAMS: *Nixon in China* (Maddalena, Duykers, Craney, Hammons, Orchestra of St. Luke's; Nonesuch) ▪ **1995** WAGNER: *Tristan und Isolde* [»An Orchestral Passion«, Arrangement: de Vlieger] (Netherlands Radio PO; RCA / Challenge) ▪ **1997/98** VINE: Klavierkonzert / *Symphony 4.2* / *Choral Symphony* (Michael Kieran Harvey, Sydney Philharmonia Motet Choir, Sydney SO; ABC)

Bildmedien
2003 PUCCINI: *Madama Butterfly* (Barker, Thompson, Keen, Chorus of De Nederlandse Opera, Netherlands PO; Opus Arte)

JCA

Walter, Bruno

1876 am 15. September als Bruno Schlesinger in Berlin geboren. Am Stern'schen Konservatorium erlernt er ab 1884 zunächst Klavier, später dann Dirigieren und Komposition.

1889 tritt er das erste Mal öffentlich als Pianist mit den Berliner Philharmonikern auf.

1893 wird er Korrepetitor am Stadttheater in Köln, wo er im Jahr darauf mit Lortzings *Der Waffenschmied* als Dirigent debütiert.

1894–1896 ist er zunächst Korrepetitor, dann Chordirektor und schließlich Kapellmeister am Hamburger Stadttheater unter dem Generalmusikdirektor Gustav Mahler.

1896–1897 ist er Kapellmeister am Stadttheater in Breslau, danach am Preßburger Stadttheater (1897–1898) und am Stadttheater in Riga (1898–1900), schließlich an der Hofoper in Berlin (1900–1901).

1901–1912 ist er Erster Kapellmeister an der Hofoper in Wien, wo Mahler bis 1907 Operndirektor ist. In dieser Zeit entstehen die meisten seiner eigenen Kompositionen (vor allem Lieder und Kammermusik).

1907 konzertiert Walter erstmals mit den Wiener Philharmonikern (WPh).

1910 wird er österreichischer Staatsbürger und gibt mit *Tristan und Isolde* sein Debüt am Royal Opera House, Covent Garden.

1911–1913 ist er Direktor der Singakademie in Wien.

1913–1922 ist Walter als Generalmusikdirektor an der Oper in München tätig (ab 1918 als Operndirektor). Er tritt zudem regelmäßig als Gastdirigent mit den Berliner Philharmonikern auf; dort leitet er später als eigene Aufführungsreihe die Bruno-Walter-Konzerte.

1923 reist Walter erstmalig in die USA und dirigiert Konzerte u. a. in New York und Detroit.

1925–1929 ist er Generalmusikdirektor der Städtischen Oper in Berlin. Außerdem dirigiert er ab 1925 regelmäßig bei den Salzburger Festspielen (bis 1937).

1929–1933 ist Walter Kapellmeister am Gewandhaus in Leipzig (als Nachfolger von Wilhelm Furtwängler).

1933 flieht er nach der Machtergreifung der Nationalsozialisten nach Österreich.

1936–1938 ist er künstlerischer Direktor der Wiener Staatsoper, bis er nach dem »Anschluss« Österreichs erneut fliehen muss und zunächst die französische Staatsbürgerschaft erhält. 1939 emigriert Walter in die USA.

1941 tritt er mit Beethovens *Fidelio* erstmals an der Metropolitan Opera in New York auf.

1946 wird Walter amerikanischer Staatsbürger und unternimmt seine erste europäische Konzertreise nach dem Zweiten Weltkrieg.

1947–1949 ist er Musical Adviser des New York Philharmonic Orchestra.

1955 wird er Ehrenpräsident bei der Gründung der Internationalen Gustav Mahler Gesellschaft in Wien.

1958–1961 macht er mit dem für ihn neu zusammengestellten Columbia Symphony Orchestra in Los Angeles Schallplattenaufnahmen.

1960 dirigiert Walter am 4. Dezember sein letztes öffentliches Konzert in Los Angeles.

1962 stirbt er am 17. Februar in Beverly Hills (Kalifornien) an einem Herzinfarkt.

Schon zu Lebzeiten galt Bruno Walter als einer der letzten Vertreter der musikalischen Welt des 19. Jahrhunderts und der großen romantischen Dirigententradition. Vor allem durch seine Kontakte zu Komponisten wie Gustav Mahler, Hans Pfitzner oder Richard Strauss entstand das Bild eines Verbindungsglieds in eine längst vergangene Zeit. Seine Rolle als Assistent und enger Vertrauter Mahlers bis zu dessen Tod sowie die postumen Uraufführungen von *Das Lied von der Erde* im Herbst 1911 in München und der 9. Sinfonie im Juni 1912 in Wien führten dazu, dass Walter zeitlebens als Autorität auf dem Gebiet der Mahler-Sinfonien angesehen wurde. Durch seinen lebenslangen Einsatz trug er maßgeblich zu ihrer Verbreitung bei, und auch auf seinen eigenen Werdegang als Dirigent hatte die Begegnung mit Mahler einen entscheidenden Einfluss.

In Walters umfangreichen Studioaufnahmen mit dem Columbia Symphony Orchestra in den Jahren 1958 bis 1961 wurde diesem Bild eines Statthalters der Tradition entsprechend sein musikalisches Vermächtnis kreiert, zugleich entstand damit aber eine verzerrte Darstellung bezüglich seines in Wirklichkeit viel breiteren Repertoires. Zeitlebens setzte sich Walter für neue Komponisten und deren Werke ein, sofern sie der Tradition der Tonalität entsprangen. Eine seiner wichtigsten Uraufführungen war die Premiere von Hans Pfitzners *Palestrina* am 12. Juni 1917 in München; die Erstaufführung von Dimitri Schostakowitschs 1. Sinfonie außerhalb Russlands am 6. Februar 1928 war ebenfalls Walters Verdienst. Sein Ruf als Romantiker hing auch mit seiner strikten Ablehnung atonaler und jazzbeeinflusster Musik und dem Festhalten an einem Ideal der musikalischen Schönheit zusammen.

Walters humanistisch geprägte Welt- und Musikanschauung machte sich in allen Bereichen seiner Tätigkeit bemerkbar, nicht zuletzt in seinem höflichen, aber bestimmten Umgang mit den Orchestermusikern. Durch bloße Tyrannei könne man zwar Widerstand ausschalten, jedoch keine innere Überzeugung jedes einzelnen Musikers erzielen: »Ich erkannte, daß ich gewiß nicht zum Herrscher oder Despoten, aber vielleicht wohl zum Erzieher veranlagt war, der ja seine Methode zur Einwirkung auf den Anderen aus der Einfühlung in dessen Wesen gewinnt« (Walter 1957, S. 141). Walters Dirigierstil war von äußerer Ruhe und einer bewussten Vermeidung dramatischer Gesten geprägt, vieles vermittelte er vielmehr durch seine Mimik. Außerdem zog er es vor, die Werke auswendig zu beherrschen, auch da für ihn der Augenkontakt zur erhöhten Spontaneität und Intensität der Interpretation beitrug.

In seinen musikalischen Interpretationen war einer der wichtigsten Faktoren die Hervorhebung des Lyrischen sowie der Kantabilität und des Vokalcharakters aller Stimmen. Bei Proben forderte Walter die Instrumentalisten oftmals auf zu »singen«. Auch in *Von der Musik und vom Musizieren* hebt er die zentrale Rolle des Melos hervor: Von ihm hänge – und damit bezieht sich Walter auf Wagners Schrift *Über das Dirigieren* – die richtige Tempofindung ab, die satzübergreifend durch ein Haupttempo gestaltet werden müsse. Resultat sei ein »natürliche[s] Dahinströmen« (Walter 1957, S. 39) über die Gesamtheit des Werkes hinweg. Auch eine gewisse Weichheit war Walters Interpretationen oftmals zu eigen, was ihm manchmal den Vorwurf der Sentimentalität einbrachte (u. a. von Theodor W. Adorno). Walters Mozart-Interpretationen distanzierten sich allerdings bereits spürbar vom spätromantischen Mozart-Bild, auch wenn Richard Wagner, den er während seiner Zeit am Konservatorium als einen »Gott« für sich entdeckt hatte, eine wichtige Bedeutung für sein Musikdenken behielt.

Viele der mit dem Columbia Symphony Orchestra in Stereoqualität produzierten Aufnahmen fallen durch langsamere Tempi im Vergleich zu früheren Interpretationen auf, in denen der dramatische Ausdruck Walters stärker hervortritt. Dies trifft auch auf die 1960 entstandene Studioaufnahme von Bruckners 4. Sinfonie zu, verglichen mit einem 1940 mit dem NBC Symphony Orchestra entstandenen Live-Mitschnitt. Die getragene Interpretation mag angesichts der epischen Breite der Bruckner'schen Sinfonien angemessener erscheinen, die ältere Aufnahme dagegen hat den stärker beschwingten und vorantreibenden Charakter. In seiner »tendenziell konfliktscheuende[n] Mahlerinterpretation« (Christian Glanz, in: Staudinger, S. 23) bemühte sich Walter oft um einen Ausgleich der starken Gegensätze, eine Glättung der in den Kompositionen enthaltenen Brüche, wie auch aus Eintragungen (z. B. »weich«) in seiner Partitur der 9. Sinfonie hervorgeht. In der 1938 dirigierten Ersteinspielung mit den Wiener Philharmonikern lässt Walter sehr sinnlich musizieren, vor allem die Streicher spielen ausdrucksvoll und »singend«. Auch bei dieser Aufnahme ist das wesentlich zügigere Tempo im Vergleich zur späteren Einspielung mit dem Columbia Symphony Orchestra signifikant. Als eine der meistgeschätzten Aufnahmen Walters gilt zudem Mahlers *Das Lied von der Erde* aus dem Jahr 1952 mit den Wiener Philharmonikern und den Solisten Kathleen Ferrier und Julius Patzak. Walter lässt das Orchester hier durchaus »emotional« spielen, doch vor allem in »Der Abschied« stimmt er die Musik auf den melancholischen Gesang der Ferrier ab.

Bei allem Ruhm blieb Walter in seinem langen Leben nicht von mehreren schweren Schicksalsschlägen verschont: Bis zu seiner Emigration war er häufig antisemitischen Anfeindungen vor allem in der Presse ausgesetzt, zweimal musste er dann vor den Nationalsozialisten fliehen, verlor mit dem Tod seiner Tochter 1939 sowie dem Tod seiner ersten Frau Elsa 1945 zwei nahe Angehörige. Dennoch blieb er stets ein Optimist. Walter war ein sehr religiöser und spiritueller Mensch – in jungen Jahren konvertierte er vom jüdischen zum christlichen Glauben, im Alter beschäftigte er sich intensiv mit der Anthroposophie Rudolf Steiners –, was in hohem Maße seine Musikanschauung beeinflusste und ihn stets an die moralische Kraft der Musik glauben ließ. Die Verbreitung dieser Botschaft der Menschlichkeit durch die Musik war ihm als Ausführenden – dem »conductor of humanity«, wie er in Amerika genannt wurde – immer ein zentrales Anliegen.

Tonträger
1923 BEETHOVEN: *Coriolan*-Ouvertüre (Orchester der Berliner Staatsoper; Polydor / Pristine u. a.) ▪ **1925** TSCHAIKOWSKY: Sinfonie Nr. 6 »Pathétique« (Orchester der Berliner Staatsoper; Polydor / DGG) ▪ **1935** WAGNER: *Die Walküre* [1. Akt] (Lehmann, Melchior, List, WPh; Victor / EMI) ▪ **1936** MAHLER: *Das Lied von der Erde* (Kerstin Thorborg, Charles Kullmann, WPh; Columbia / Dutton u. a.) ▪ **1937** MOZART: *Don Giovanni* (Pinza, Borgioli, Rethberg, Helletsgruber, Bokor, WPh; Andromeda) ▪ **1938** MAHLER: Sinfonie Nr. 9 (WPh; HMV / Naxos Historical u. a.) ▪ **1945** BARBER: Sinfonie Nr. 1 (New York PO; Columbia / Sony) ▪ **1951/53** BRAHMS: Sinfonien Nr. 1–4 (New York PO; Columbia / Sony) ▪ **1952** MAHLER: *Das Lied von der Erde* (Kathleen Ferrier, Julius Patzak, WPh; Decca) ▪ **1954** MOZART: Sinfonien Nr. 25 KV 183, 28 KV 200 & 29 KV 201 (Columbia SO; Columbia / Sony) ▪ **1959/61** DVOŘÁK: Sinfonien Nr. 9 »Aus der Neuen Welt« & 8 (Columbia SO; Columbia / Sony) ▪ **1960** BRUCKNER: Sinfonie Nr. 4 [Ed. Haas] (Columbia SO; Columbia / Sony) ▪ **1961** MAHLER: Sinfonien Nr. 1 & 9 (Columbia SO; Columbia / Sony)

Bildmedien
Bruno Walter – The Maestro, The Man (Dokumentation und Probenmitschnitte; CBC / VAI 1958)

Kompositionen
Sinfonie in d-Moll [1907] (NDR SO, Leon Botstein; CPO 2007)

Schriften
Von den moralischen Kräften der Musik, Wien 1935 ▪ Gustav Mahler, Wien 1936 ▪ Theme and Variations, New York 1946 [dt.: Thema und Variationen. Erinnerungen und Gedanken, Stockholm 1947] ▪ Von der Musik und vom Musizieren, Frankfurt a. M. 1957

Literatur
Paul Stefan, Bruno Walter, Wien 1936 ▪ Artur Holde, Bruno Walter, Berlin 1960 ▪ Briefe 1894–1962, hrsg. von Lotte Walter Lindt, Frankfurt a. M. 1969 ▪ Susanne Eschwé / Michael Staudinger (Hrsg.), Bruno Walter. Der Wiener Nachlass. Beiträge zur Ausstellung der Universitätsbibliothek anlässlich seines 125. Geburtstags, Wien 2001 ▪ Raymond Holden, The Virtuoso Conductors. The Central European Tradition from Wagner to Karajan, New Haven 2005, S. 145–170 ▪ Erik Ryding / Rebecca Pechefsky, Bruno Walter. A World Elsewhere, New Haven 2006 ▪ Michael Staudinger (Hrsg.), Bruno Walter erinnern [Kongressbericht], Wien 2013

Webpräsenz
www.bwdiscography.com (↪0149)

MWE

Wand, Günter

1912 am 7. Januar in Elberfeld (heute ein Stadtteil von Wuppertal) als Sohn eines Kaufmanns geboren, erhält er ab dem sechsten Lebensjahr Klavierunterricht.

1930 immatrikuliert er sich in Philosophie, Germanistik, Kunst- und Musikwissenschaft an der Universität Köln, konzentriert sich jedoch auf den Unterricht in Musiktheorie, Klavier und Komposition an der Rheinischen Musikschule. Ein Jahr später wird er in die Dirigierklasse von Karl Ehrenberg aufgenommen; es folgen Studien an der Akademie für Tonkunst München und Privatunterricht in Theorie und Komposition bei Philipp Jarnach.

1932 übernimmt er eine Stelle als Korrepetitor, Bühnenkomponist und Dirigent am Wuppertaler Opernhaus, anschließend folgen Tätigkeiten in Allenstein (Ostpreußen, heute das polnische Olsztyn) und Detmold.

1939–1944 wirkt er als Erster Kapellmeister an der Kölner Oper.

1946 Nach kriegsbedingter Interimstätigkeit in Salzburg ernennt man ihn zum Kölner Generalmusikdirektor; dort konzentriert er sich auf die Konzerte des Gürzenich-Orchesters (Chefdirigent bis 1974), in denen er zahlreiche zeitgenössische Werke von Messiaen, Ligeti, Zimmermann oder Fortner in Deutschland erst- und zum Teil auch uraufführt.

1974–1981 produziert er mit dem Kölner Rundfunk-Sinfonie-Orchester einen Bruckner-Zyklus, der Schallplattengeschichte schreibt.

1982–1991 übernimmt er die Leitung des NDR Sinfonieorchesters, das ihn bereits im Jahr 1987 zum Ehrendirigenten ernennt. In den folgenden Jahren gastiert er bei internationalen Spitzenorchestern wie dem Chicago Symphony Orchestra (USA-Debüt 1989) und dem BBC Symphony Orchestra (ab 1982).

1995 beginnt eine auf Tonträgern dokumentierte regelmäßige Zusammenarbeit mit den Berliner Philharmonikern (BPh).

1996 ernennt ihn das Deutsche Symphonie-Orchester Berlin zum Ehrendirigenten.

2002 stirbt er am 14. Februar an seinem Wohnsitz im schweizerischen Ulmiz.

Günter Wand eilte der Ruf eines äußerst peniblen Perfektionisten voraus. Er bestand auf ungewöhnlich langen Probenzeiten für jedes Konzert, machte sie gar zur Bedingung für Gastauftritte, auch und gerade bei Repertoirestücken. Seine Bemühungen zielten stets zuerst darauf, die Musiker auf eine genaue Ausführung des Notentexts zu verpflichten. »Keine Interpretation!«, pflegte er kameradschaftlich zu ermahnen, wenn das Orchester ihm nicht notierte Ritardandi oder andere eingeschliffene Spielroutinen anbot. Wands von ihm selbst als »komponistengläubig« apostrophierte Interpretationsästhetik lässt sich anhand einer Probenszene mit dem NDR Sinfonieorchester brennspiegelartig bündeln: Als die Musiker sich im Finale von Brahms' 1. Sinfonie der Wiederholung des Hauptthemas abermals mit einem Accelerando nähern, wird Wand ungeduldig und pocht darauf, an dieser Stelle – »Ihr tut das nicht mir zuliebe. Die Musik ist so!« – ohne vermittelnden Übergang von der langsameren in die schnellere Gangart zu schalten.

Wand forderte höchste Präzision im Zusammenspiel, eine differenzierte Artikulation und vor allem eine sorgfältige Gewichtung der Stimmen, um die kompositorische Struktur so deutlich wie nur möglich zu machen. Seine Aufnahmen von Sinfonien Schuberts und Mozarts zeichnen sich durch ihre federleichte Textumsetzung aus, während bei Beethoven oder Bruckner ungeschönte Klangentladungen mit einer klaren Auffächerung linearer Mehrstimmigkeit einhergehen. Die musikalischen Parameter in eine Balance zu bringen war sein erklärtes Ziel. Besondere Aufmerksamkeit schenkte er dem Zusammenhang von Tempo, Takt und Metrum nicht nur in den einzelnen, sondern auch zwischen den Sätzen eines Werks. Ausgehend von einem durchgehenden Grundpuls suchte er die Tempi in Form von Geschwindigkeitsverhältnissen und Satzproportionen zu ermitteln, um so die Einheit eines Werks zu stärken. Durch ein Netz fester Tempobezüge verhilft Wand etwa Mussorgskys *Bildern einer Ausstellung* von suitenhafter Reihung zu sinfonischer Statur.

Kompromisslos zeigte er sich nicht nur in seiner texttreuen Interpretationshaltung. Politisch blieb er ebenso unbestechlich, auch wenn ihm die Weigerung, der NSDAP beizutreten, Karrierechancen verbaute. Konsequenz vermittelte er auch bei der Freigabe seiner Aufnahmen: Bis ins hohe Alter ließ er es sich nicht nehmen, verschiedene Mitschnitte eines Konzertprogramms zu vergleichen, um einen Schnittplan zu konzipieren. Mindestens ebenso hohe Ansprüche wie an die Musiker stellte der öffentlichkeitsscheue Dirigent an sich selbst. Der von Peter Gülke als »leidenschaftlich sachlich« beschriebene Wand suchte nicht nur hinter dem Werk und seinem Komponisten zurückzutreten, sondern stellte sich stets uneitel mit den Musikern auf eine Stufe. Standesdünkel und Maestro-Gehabe schmähte er mit rheinischer Kauzigkeit als »Gedöns«. Seine Haltung gegenüber der Musik war stets identifikatorisch: Womit er sich als »Diener des Komponisten« nicht identifizieren konnte, was zu durchdringen ihm nicht gelang, das führte er nicht auf. Das gilt vor allem für Musik, in der sich seiner Meinung nach allzu sehr persönliche Befindlichkeiten ausdrücken. So machte er Zeit seines Lebens einen großen Bogen um Mahler und Wagner sowie (mit Ausnahme einzelner Ouvertüren) um Berlioz; auch zu Schumanns 2. Sinfonie fand Wand keinen Zugang, während er die »Rheinische« und vor allem die d-Moll-Sinfonie häufig dirigierte.

Die Sinfonien Bruckners führte Wand bis ins Greisenalter auf; in Einspielungen der letzten Jahre, insbesondere mit den Berliner Philharmonikern, gibt er gegenüber dem unerbittlich strengen Gleichmaß früherer Aufnahmen etwas nach und rundet die einst kantig gegeneinandergestellten Themenblöcke weicher ab. Selbst noch als der gebückte Dirigent zum Pult geführt werden musste, wippte er mit dem Oberkörper im Metrum der Musik. Mit der rechten Hand wie ein Mühlrad stets den Takt angebend, nutzte er die linke Hand und vor allem den Augenkontakt, um Balanceverhältnisse zu korrigieren. Sobald aber koordinativ heikle Stellen vorüber waren, ging Wand gerne in größere metrische Einheiten über, um den Schwung aufrechtzuerhalten. Die spät – nach Überredung durch seinen Freund Bernd Alois Zimmermann – ins Repertoire genommene 5. Sinfonie Bruckners ist dabei zu seinem »Schicksalswerk« geworden: Eine Aufnahme mit dem (heutigen) WDR Sinfonieorchester, der bald ein kompletter Bruckner-Zyklus folgte, markierte im Jahr 1974 den Start von Wands Alterskarriere. Mit seinem nüchternen, klar strukturierenden Zugriff prägte er eine neue Perspektive der Bruckner-Interpretation und wurde für Dirigenten der nächsten Generation wie Kent Nagano oder Simon Rattle zum erklärten Vorbild.

Tonträger
1952 BRAUNFELS: Te Deum op. 32 (Rysanek, Melchert, Gürzenich-Chor Köln, RSO Köln; Hänssler) ▪ **1974–1981** BRUCKNER: Sinfonien Nr. 1–9 (RSO Köln; DHM/RCA) ▪ **1984/85** MARTIN: Petite symphonie concertante / STRAWINSKY: Concerto in Es »Dumbarton Oaks« / WEBERN: Orchesterstücke op. 10 / FORTNER: Zwischenspiele aus *Bluthochzeit* (NDR SO; RCA) ▪ **1986/87** BEETHOVEN: Sinfonien Nr. 1 & 7 (NDR SO; DHM/RCA) ▪ **1990/91** SCHUMANN: Sinfonien Nr. 4 & 3 »Rheinische« (NDR SO; RCA) ▪ **1995** HAYDN: Sinfonie Hob. I:76 / MOZART: Serenade D-Dur KV 239 »Serenata notturna« etc. (DSO Berlin; Hänssler) ▪ **1995** SCHUBERT: Sinfonien Nr. 8 »Unvollendete« & 9 C-Dur »Große« (BPh; RCA) ▪ **1996** BRUCKNER: Sinfonie Nr. 5 [Ed. Haas] (BPh; RCA) ▪ **1999** MUSSORGSKY: *Bilder einer Ausstellung* [Orchestration: Ravel] (NDR SO; RCA)

Bildmedien
1997 BRAHMS: Sinfonie Nr. 1 / SCHUBERT: Sinfonie Nr. 5 (NDR SO; TDK) ▪ **2000** BRUCKNER: Sinfonie Nr. 8 [Ed. Haas] (NDR SO; TDK/Arthaus)

Literatur
Nona Nyffeler (Hrsg.), Günter Wand. Der Musik dienen, Köln 1992 ▪ Wolfgang Seifert, Günter Wand. So und nicht anders. Gedanken und Erinnerungen, Mainz ²2007 [Diskografie]

TOP

Weil, Bruno

1949 am 24. November in Hahnstätten geboren. Er studiert bei Hans Swarowsky und Franco Ferrara.
1975 beginnt seine Karriere am Staatstheater Wiesbaden, danach ist er
1977–1981 Kapellmeister am Staatstheater Braunschweig.
1979 reüssiert er als Zweiter Preisträger beim Karajan-Dirigierwettbewerb.
1981–1989 ist er Generalmusikdirektor in Augsburg. Außerdem arbeitet er für Herbert von Karajan bei den Salzburger Festspielen (u. a. Dirigate von *Don Giovanni* als Einspringer 1988).
1991–1993 dirigiert er regelmäßig an der Wiener Staatsoper (vor allem die Opern Mozarts).
1992–2010 leitet er das Carmel Bach Festival (sein Nachfolger wird Paul Goodwin).
1993 begründet er das Festival Klang & Raum am Kloster Irrsee, das bis zum Jahr 2011 besteht. Als Festivalensemble dient das kanadische Tafelmusik Baroque Orchestra, mit dem Weil auch für Aufnahmen eng zusammenarbeitet (wobei Jeanne Lamon, die dem Orchester bis 2014 als Konzertmeisterin vorsteht, oftmals als zweite Leiterin mit vermerkt ist).
1994 wird er Generalmusikdirektor in Duisburg (bis Ende 2001).
2001 übernimmt er eine Professur an der Hochschule für Musik und Theater in München.
2003 wird er Künstlerischer Leiter der Cappella Coloniensis (Beginn der Zusammenarbeit im Jahr 1997). Mit diesem Ensemble produziert er Aufnahmen von Werken Haydns für das Label Ars Produktion.

Bruno Weil ist ein Dirigent der musikalischen Klassik. Dieses Rollenprofil (mit Haydn als Fixpunkt) ist gar nicht so häufig und selbstverständlich, da die Ensembles der Historischen Aufführungspraxis meist im Barock und die groß besetzten Orchester im 19. Jahrhundert ihr eigentliches Standbein besitzen. Die Entstehung einer musikalischen Klassik basierte jedoch nicht zuletzt darauf, bislang unterschiedene »galante« und »gelehrte« Stilarten miteinander zu vermischen; vielleicht ist sie auch daher bei einem Interpreten wie Weil in besonders guten Händen, der mit der frühen Förderung durch Herbert von Karajan und dem nachhaltigen Engagement bei Ensembles für Alte Musik ebenfalls zwei Bereiche des Musiklebens zusammenführt, die zumeist strikt getrennt voneinander betrachtet werden. Die Sinfonien Haydns erläutert Weil folgerichtig in Einführungen anhand kurz angespielter Musikbeispiele, die ein Repertoire von Bach bis Offenbach umfassen (womit auch Weils eigene Interessen abgesteckt scheinen).

Die Musik Haydns fällt heute allerdings eindeutig eher in das Zuständigkeitsfeld der Alten Musik und ihrer Aufführungspraxis, und darum ist auch bei Bruno Weil vor allem das Bemühen um einen möglichst differenzierten Klang erkennbar, der die changierenden Affekte schon im Orchestertimbre abzubilden versucht. Ein Beispiel hierfür wäre der Anfang von Mozarts d-Moll-Klavierkonzert, in dem »helle« und »dunkle« Schichten der Streicher den ins Ungewisse zielenden Beginn dialogisch zu kommentieren scheinen: Die Tonrepetitionen der Violinen sagen: »Geh nur munter voran«, die Rollfigur der Bässe: »Gib lieber acht«.

Die Kombination rascher Tempi und reichhaltiger Farbdetails überträgt sich in der Musik des 19. Jahrhunderts vor allem gewinnbringend auf »Nebengattungen« des heutigen Musiklebens wie Oratorium und Messe. In Spohrs *Die letzten Dinge* wird der Gegensatz lichter und bedrohlicher Klänge in den ausgedehnten Vorspielen durch den Kontrast der Streicher und der Bläsereinwürfe sehr elegant abgebildet. In Webers *Freischütz* fehlt als einzige Einzelfarbe jedoch ein wirklich volltönendes Tutti der Streicher, für das einige bei Haydn noch gegebene Möglichkeiten der Anreicherung nicht mehr eingesetzt werden können: Das Hauptthema von Haydns »Abschiedssinfonie« wird mithilfe der pulsierenden statt verschmelzenden Nebenstimmen rhythmisch profiliert, die »Vorstellung des Chaos« der *Schöpfung* durch das mitspielende Continuo-Klavier klanglich differenziert. Weils Strategien zur subtilen Anpassung kleinerer Ensemblegrößen an die Erwartungen größerer Publikumskreise tritt in der Einspielung der *Schöpfung* mit dem Tafelmusik-Orchester besonders hervor: Der Tutti-Akkord des »Es werde Licht« ist für sich genommen im dynamischen Spektrum notwendig begrenzt, wirkt aber überzeugend, weil er ganz verschiedenartige vokale Deklamationsweisen voneinander trennt – zuvor ist alles bewusst etwas starr gehalten, danach viel beschwingter. Bruno Weil betont im für die Historische Aufführungspraxis zentralen Begriff der Klangrede weniger stark den zweiten Wortbestandteil der rhetorischen Ausziehrung einzelner Noten und Phrasen, aber umso überzeugender (gerade im Umfeld »traditioneller« Orchester) den ersten Wortbestandteil einer für jeden Formabschnitt individuell konzipierten Klanggestaltung.

Tonträger
1993 HAYDN: *Die Schöpfung* (Monoyios, Hering, van der Kamp, Tölzer Knabenchor, Tafelmusik; Sony) ▪ 1993 HAYDN: Sinfonien Hob. I: 45–47 (Tafelmusik; Sony) ▪ 1995 SCHUBERT: Messen F-Dur D 105 & G-Dur D 167 (Hering, Azesberger, van der Kamp, Wiener Sängerknaben, Chorus Viennensis, OAE; Sony) ▪ 2001 WEBER: *Der Freischütz* (Prégardien, Schnitzer, Stojkovic, Zeppenfeld, WDR Rundfunkchor Köln, Cappella Coloniensis; DHM) ▪ 2005 MOZART: Klavierkonzerte Nr. 20 d-Moll KV 466 & 24 c-Moll KV 491 (Martin Stadtfeld, NDR SO; Sony) ▪ 2006 SPOHR: *Die letzten Dinge* (Korondi, Barkowski, Dürmüller, Baykov, ChorWerk Ruhr, Cappella Coloniensis; Capriccio) ▪ 2013 MOZART: Violinkonzerte Nr. 1–5 etc. (Lena Neudauer, Deutsche Radiophilharmonie Saarbrücken Kaiserslautern; Hänssler)

Literatur
Dieter David Scholz, Mythos Maestro. Dirigenten im Dialog, Berlin 2002, S. 328–339 ▪ Thomas Otto / Stefan Piendl (Hrsg.), Erst mal schön ins Horn tuten. Erinnerungen eines Schallplattenproduzenten. Gespräche mit Wolf Erichson, Regensburg 2007

JCA

Weingartner, Felix

1863 am 2. Juni in Zara (heute: Zadar / Kroatien) geboren. Nach erstem Unterricht bei der Mutter erhält er während des Gymnasialzeit in Graz bei Wilhelm Mayer Kompositions- und Klavierunterricht.
1881 beginnt er sein Studium am Leipziger Konservatorium (Klavier und Komposition bei Carl Reinecke, Kontrapunkt bei Salomon Jadassohn, Orchesterleitung bei Oskar Paul).
1884 Franz Liszt ermöglicht in Weimar die Uraufführung seiner ersten Oper *Sakuntala*. Im selben Jahr wird er Kapellmeister in Königsberg, danach übernimmt er Positionen in Danzig, Hamburg und Mannheim.
1891 erhält er die Stelle des Hofkapellmeisters an der Berliner Oper (bis 1898, anschließend dirigiert er weiter die Konzerte der Königlichen Kapelle).
1898–1905 übernimmt er die Leitung des Kaim-Orchesters (die heutigen Münchner Philharmoniker).
1904 debütiert er in Amerika mit Konzerten beim New York Philharmonic Orchestra.
1908–1911 ist er der Nachfolger von Gustav Mahler an der Wiener Hofoper (1935 wird er an das Haus nochmals für ein Jahr zurückkehren). Zudem ist er bis 1927 Dirigent der Wiener Philharmoniker (WPh), mit denen er erste große Auslandstourneen unternimmt (u. a. 1922 nach Lateinamerika).
1914–1919 übernimmt er den Posten des Generalmusikdirektors in Darmstadt; dort werden 1914 seine Oper *Kain und Abel* und 1916 seine Oper *Dame Kobold* uraufgeführt.
1919–1924 ist er Direktor der Wiener Volksoper.
1927–1933 wird er als Dirigent und Direktor des Konservatoriums in Basel ansässig.
1942 stirbt er am 7. Mai in Winterthur.

Felix Weingartner ist in der Geschichte des Dirigierens eine Figur des Übergangs. Seine viel gelesenen Aufführungsratgeber enthalten deutliche Absetzbewegungen gegen eine überzogen »subjektive« Dirigierweise und bleiben doch als Darstellungsmedium dem 19. Jahrhundert zugehörig. Seine Diskografie wirkt modern, wenn man die Einspielung aller Sinfonien von Beethoven und Brahms zum Maßstab wählt, bleibt aber dem Status der Schallaufnahme als Gelegenheitstat verpflichtet: Ein auch für den Komponisten Weingartner eminent wichtiger Name wie Franz Schubert wird einzig durch ein Intermezzo aus *Rosamunde* repräsentiert, von Mozart ist nur die Es-Dur-Sinfonie KV 543 auf Tonträger eingespielt, diese aber in gleich vier Aufnahmen.

So sehr Weingartner von Wagner und Liszt beeinflusst war, pflegte er doch vor allem ein klassisches Repertoire, das er in einer maßvollen, Extravaganzen vermeidenden Klangsprache zu deuten wusste. Noch heute lässt sich an den Einspielungen recht leicht nachvollziehen, weshalb Weingartner nicht zuletzt dank seiner Deutungen der Sinfonien Beethovens als Kapellmeister ein hohes Renommee zuteilwurde. Maß, Klarheit und Präzision ohne Übertreibungen sind die Koordinaten seiner klangästhetischen Vorstellungen, die sich gepaart mit in Einzelfällen recht raschen Tempi von dem breiten Klang der teils übermäßig gedehnten Beethoven-Einspielungen Wilhelm Furtwänglers deutlich abgrenzen.

Bei Brahms vermeint man zu hören, dass der objektiv gespeicherte Klang noch nicht ganz zu seinem neuen Medium gefunden hat: Im Finalsatz der 1. Sinfonie dirigiert Weingartner im Grundtempo auch dort, wo es als irritierende Einebnung der verschiedenen Charaktere unerwartet wirken kann, im Kopfsatz der Zweiten hingegen ist das starke Nachgeben im Tempo trotz der Hervorhebung der Formgliederung kaum mehr objektiv zu nennen.

Dank des von ihm kultivierten präzis-klaren Orchesterklanges und der deutlich artikulierten Rhythmen – auch Resultat einer exakten Schlagtechnik – konnte sich Weingartner als Dirigent einen nachhaltigen Ruf erwerben. Weitgehend aus dem Bewusstsein und dem heute gängigen Konzertrepertoire verschwunden sind jedoch seine eigenen Kompositionen. Er hat ein stattliches Œuvre hinterlassen, das sieben Sinfonien ebenso umfasst wie Kammermusik und Opern, mit denen er nur zu seinen Lebzeiten Erfolge verbuchen konnte.

Weingartners Rezeption leidet vermutlich bis heute unter dem sich aufdrängenden und dann eher gegen ihn gewendeten Vergleich mit seinem Wiener Amtsvorgänger Gustav Mahler. Als Komponist wirkt er dabei bis in die Werktitel und Schreibanlässe hinein als die doch um einiges konservativere Persönlichkeit. Märchenopern und heroische Programmouvertüren vertreten eine Kompositionskultur, die durch den Stilwandel nach dem Ersten Weltkrieg einen starken Bedeutungsverlust erlitt. Als Dirigent scheint der nur drei Jahre jüngere in seinem drei Jahrzehnte längeren Leben dagegen anders als Mahler genau diesen Stilwandel zu vertreten: Weingartner liefert neuartige Interpretationen in alten sozialen Kontexten.

Tonträger
1927–1938 BEETHOVEN: Sinfonien Nr. 6 »Pastorale« & 5 / *Mödlinger Tänze* (Royal PO, British SO, London PO; Columbia / Naxos Historical) ▪ 1933/36 BEETHOVEN: Sinfonien Nr. 4 & 3 »Eroica« (London PO, WPh; Columbia / Naxos Historical) ▪ 1939/40 BRAHMS: Sinfonien Nr. 1 & 2 (London SO, London PO; Columbia / Radiex u. a.)

Kompositionen
Sinfonie Nr. 6 »La Tragica« / *Frühling* [Orchesterwerke, Vol. 6] (SO Basel, Marko Letonja; CPO 2006/07) ▪ Streichquartette Nr. 2 & 4 [Streichquartette, Vol. 3] (Sarastro Quartett; CPO 2008)

Bearbeitungen
BEETHOVEN: Sonate für das Hammer-Klavier op. 106 (Royal PO; Columbia / Naxos Historical 1930) ▪ SCHUBERT: Sinfonie E-Dur D 729 [Instrumentation der Skizzen] (SWR Rundfunkorchester Kaiserslautern, Alun Francis; CPO 2007)

Schriften
Die Lehre von der Wiedergeburt und das musikalische Drama, nebst dem Entwurf eines Mysteriums »Die Erlösung«, Kiel 1895 ▪ Über das Dirigieren, Berlin 1896 ▪ Bayreuth (1876–1896), Berlin 1897 ▪ Ratschläge für die Aufführungen klassischer Symphonien [Beethoven, Leipzig 1906 / Schubert und Schumann, Leipzig 1918 / Mozart,

Leipzig 1923] ▪ Akkorde. Gesammelte Aufsätze, Leipzig 1912 ▪ Lebenserinnerungen [Band 1: Wien 1923 / Band 2: Zürich 1929]

Literatur
Emil Krause, Felix Weingartner als schaffender Künstler. Eine Studie, Berlin 1904 ▪ Festschrift für Dr. Felix Weingartner zu seinem siebzigsten Geburtstag, hrsg. von der Allgemeinen Musikgesellschaft Basel, Basel 1933 ▪ Christopher Dyment (Hrsg.), Felix Weingartner: Recollections and Recordings, Rickmansworth 1976 ▪ Simon Obert / Matthias Schmidt (Hrsg.), Im Mass der Moderne. Felix Weingartner – Dirigent, Komponist, Autor, Reisender, Basel 2009 [Bibliografie, Diskografie und Werkverzeichnis]
ADO / JCA

Welser-Möst, Franz

1960 am 16. August als Franz Leopold Maria Möst in Linz geboren. Ein schwerer Autounfall im Jahr 1978 verhindert die anvisierte Karriere als Violinist. 1979 gehört er zu den Finalisten im Karajan-Dirigierwettbewerb.
1980–1984 Dirigierstudium in München. Im Jahr 1986 erregt sein Einspringer-Dirigat beim London Philharmonic Orchestra internationales Aufsehen. Als Assistent von Claudio Abbado an der Wiener Staatsoper debütiert er dort 1987 mit *L'Italiana in Algeri*.
1986–1991 übernimmt er als erste Chefposition das Norrköping Symphony Orchestra.
1990 beginnt seine von Kontroversen begleitete Amtszeit als Musikdirektor des London PO (bis 1996).
1995 bindet er sich an das Opernhaus Zürich, wo er einige Jahre auch Generalmusikdirektor ist (2005–2008).
2002 wird er der Nachfolger Christoph von Dohnányis beim Cleveland Orchestra, dessen Tradition langer Amtszeiten von Chefdirigenten er mindestens bis 2022 fortsetzen soll.
2010 übernimmt er die Position als Musikdirektor der Wiener Staatsoper. Im September 2014 tritt er unerwartet mit sofortiger Wirkung von diesem Amt zurück.

Spätestens mit dem Amtsantritt an der Wiener Staatsoper und der Übernahme zweier Neujahrskonzerte durfte Franz Welser-Möst als wichtigster Dirigent Österreichs der Gegenwart gelten. Beide Seiten schienen zunächst etwas verblüfft, wie es dazu kommen konnte. Zwar hat Welser-Möst sich stets für »austromusikalische« Traditionen eingesetzt: Von Lehárs *Lustiger Witwe* spannt sich der Bogen über Franz Schmidt und Erich Wolfgang Korngold, die als »trauernde Witwer« der verlorenen Tonalität letzte Ehrerbietungen erweisen, bis zum Pandämonium *Frankenstein!!* von H. K. Gruber, der in seinen Chansons gemäß diesem Bild das – durchaus österreichische – Geschäft der Witwenverbrennung betreiben würde. Welser-Möst ist als Persönlichkeit von den stetig neu befeuerten Walzerträumen des österreichischen Kulturbetriebs jedoch denkbar weit entfernt – er vertritt das Ideal eines skrupulös kontrollierten, aber häufig auch bewusst unspektakulären Klangbilds: »Ich bin nicht in der symphonischen Welt großgeworden, sondern in der Hausmusik« (Richter, S. 59).

Beethovens 9. Sinfonie ist immer ein guter Ort, um sein interpretatorisches Image zu inszenieren. Tatsächlich wirkt Welser-Mösts Version (live eingespielt 2007 für die DGG in Cleveland) von den unschuldig-idyllisch klingenden ersten Takten an wie die Neuverfilmung einer Romanvorlage, die sich nicht auf die revolutionären Taten, sondern auf das Innenleben des Protagonisten konzentriert. Eklatant tritt dies in der Reprise des Kopfsatzes hervor, wo die Paukenwirbel im melodisch beweglichen Tremolo der Basslinie beinahe verschwinden. Auch in den Aufführungen aus der Oper Zürich erlebt man Welser-Möst als einen Sympathisanten des Sich-Zurücknehmens. In Schuberts *Fierrabras* ist schon die Inszenierung Claus Guths als eine einzige Entschuldigung eines Liederkomponisten für die missratene Operndramaturgie angelegt. Mancher nur aus Sicht der »Hausmusik« sinnvolle Einfall Schuberts kann so ganz gelassen ausmusiziert werden: Am Ende des ersten Duetts etwa spielt das Orchester an exakt der Stelle, wo bei Rossini der Applaus einsetzen würde, noch einen leisen Echotakt.

Welser-Mösts gegen den Vorwärtsdrang der Musik gestellte Details wirken wie ins Wasser geworfene Stöcke, die die Strömung zugleich etwas aufhalten und deren Tiefenverlauf erkennbar machen. Eine solche bewusste »Entschleunigung des Einzelklangs« lässt dabei eher rasche und über weite Strecken stabile Tempoverhältnisse durchaus zu. Als Vorzeigeprojekt dieser Strategie kann seine Version der *Alpensinfonie* gelten, die wie eine chemische Reaktion wirkt, in der gigantische Mengen Blech erhitzt werden müssen, damit an den Seiten einzelne unerwartet subtile Streichertexturen austreten können. Bruckners 8. Sinfonie (erneut mit dem Gustav Mahler Jugendorchester; GM JO) besitzt ähnliche Meriten, wohingegen die Fünfte für die Londoner Jahre repräsentativ scheint: Welser-Mösts Diskografie wird quantitativ nach wie vor von den frühen EMI-Produktionen dominiert, die in ihrem auch auf äußere Virtuosität setzenden Klangbild gerade nicht typisch erscheinen.

Tonträger
1989 MOZART: Requiem (Lott, Jones, Lewis, White, London PO & Choir; EMI) ▪ **1997** SCHMIDT: *Das Buch mit sieben Siegeln* (Andersen, Pape, Oelze, Kallisch, Chor & SO des BR; EMI) ▪ **2002** BRUCKNER: Sinfonie Nr. 8 [Version 1890] (GM JO; EMI) ▪ **2005** STRAUSS: *Eine Alpensinfonie* (GM JO; EMI) ▪ **2013** »Neujahrskonzert«: STRAUSS [J.]: *An der schönen blauen Donau / Kuss-Walzer* / SUPPÉ: *Leichte Kavallerie* / LANNER: *Steyrische Tänze* / WAGNER: *Lohengrin* [Vorspiel 3. Akt] etc. (WPh; Sony)

Bildmedien
2005 BRITTEN: *Peter Grimes* (Ventris, Magee, Nikiteanu, Muff, Oper Zürich; EMI) ▪ **2005/06** SCHUBERT: *Fierrabras* (Kaufmann, Banse, Volle, Robinson, Oper Zürich; EMI) ▪ **2012** BRUCKNER: Sinfonie Nr. 4 [Version 1888, Ed. Korstvedt] (Cleveland Orchestra; Arthaus)

Schriften
»Dirigent und Priester haben dieselbe Funktion«, in: Michaela Schlögl (Hrsg.), Woran glaubt, wer glaubt? Gespräche über Gott und die Welt, Wien 1999, S. 145–156 ▪ Kadenzen. Notizen und Gespräche, aufgezeichnet von Wilhelm Sinkovicz, Wien 2007

Literatur
Die perfekte Balance zwischen Kopf und Bauch [Gespräch mit Klaus P. Richter], in: Österreichische Musikzeitschrift 61, Heft 1/2 (2006), S. 58–63 ▪ »Prägender Wegbereiter«, in: Walter Dobner, Unser Haydn. Große Interpreten im Gespräch, Wien 2008, S. 106–110

JCA

Wenzinger, August

1905 am 14. November in Basel geboren. Neben dem Cellounterricht bei Willi Treichler und Hermann Beyer-Hané besucht er die Vorlesungen des Musikwissenschaftlers Karl Nef.
1927 setzt er seine Cellostudien bei Paul Grümmer an der Musikhochschule in Köln fort. Bei Grümmer erhält er auch den ersten Gambenunterricht, nachdem er das Instrument auf Anregung von Nef bereits in Basel zu spielen begonnen hatte. In Köln studiert er zudem Komposition bei Philipp Jarnach, bevor er für weiterführende Cellostudien zu Emanuel Feuermann nach Berlin geht.
1929 wird er Solocellist im Städtischen Orchester Bremen.
1933 verlässt Wenzinger seine Orchesterstelle in Bremen, geht nach Basel zurück und gründet mit Paul Sacher und Ina Lohr die Schola Cantorum Basiliensis. Er unterrichtet an diesem Institut für Historische Musikpraxis bis 1970 Viola da gamba, Blockflöte und Ensembleleitung. Daneben leitet er die Konzertgruppe und ein Gambenquartett.
1935 gründet Wenzinger mit Gustav Scheck und Fritz Neumeyer den Kammermusikkreis Scheck-Wenzinger, ein Ensemble, das durch die Kriegsjahre hindurch konzertiert und auch in der Nachkriegszeit noch besteht.
1950–1953 spielt er mit der Konzertgruppe der Schola Cantorum Basiliensis (SCB) Bachs *Brandenburgische Konzerte* auf historischem Instrumentarium ein (bis auf die Trompete im 2. Konzert, deren Part Adam Zeyer noch auf einem modernen Instrument ausführt).
1954 ist er Gründungsmitglied und Leiter der Cappella Coloniensis des damaligen NWDR in Köln (bis 1958). In seiner Nachfolge leiten das Ensemble auch »generalistische« Dirigenten wie Ferdinand Leitner.
1955 erscheint die erste Gesamtaufnahme von Claudio Monteverdis *L'Orfeo* bei der Archiv Produktion (u. a. mit Fritz Wunderlich), zu der Wenzinger das Aufführungsmaterial und die Einrichtung erstellt. Die Instrumentalisten sind Mitglieder der Cappella Coloniensis, durften jedoch nicht unter diesem Namen auftreten.
1958–1966 leitet er Konzert- und Opernaufführungen bei den Festspielen in Hannover-Herrenhausen.
1972 unterrichtet er am neu gegründeten Baroque Performance Institute des amerikanischen Oberlin Institute.
1996 stirbt er am 25. Dezember in Metzerlen-Mariastein bei Basel.

Die Dirigentenkarriere Wenzingers begann spät: Erst mit Gründung der Cappella Coloniensis tritt neben seine Tätigkeiten als Lehrer und Solist die des Dirigenten, der zu bestimmten Zeiten im Jahr das Barockorchester des damaligen NWDR in Rundfunkproduktionen, Konzerten und Schallplattenaufnahmen leitet. Doch bereits im Jahr 1927 kam es zum ersten Kontakt mit dem Industriellen Hans Eberhard Hoesch, der eine umfangreiche Sammlung historischer Instrumente besaß und als begeisterter Alte-Musik-Liebhaber alsbald mit Wenzingers Hilfe einen Musikerkreis in Hagen um sich versammelt: die sogenannte »Kabeler Kammermusik«, die die Rekonstruktionsbewegung vor dem Zweiten Weltkrieg entscheidend anstößt.

Wenzingers Musizierstil bleibt von seinem Gambenspiel geprägt und repräsentiert den Wissensstandard der damaligen Zeit: So lässt er die Streicher mit Dauervibrato spielen und schätzt ein sehr sangliches Klangbild, das sich nicht wesentlich von dem eines modernen Kammerorchesters unterscheidet – außer in der durch die historischen Instrumente zurückgenommenen Klangfülle. Mit der Konzertgruppe der Schola Cantorum Basiliensis musiziert er in der Aufnahme der *Brandenburgischen Konzerte* jedoch ganz anders: Hier sind sämtliche Stimmen solistisch besetzt, was einen viel durchsichtigeren Klang ermöglicht, wie er sich auch in der musikhistorisch bedeutsamen Aufnahme von Monteverdis *L'Orfeo* konstatieren lässt.

Tonträger
1950–1953 BACH: Brandenburgische Konzerte Nr. 1–6 (SCB; DGG Archiv) ▪ **1955** MONTEVERDI: *L'Orfeo* (Krebs, Mack-Cosack, Günter, Wunderlich, Orchester der Sommerlichen Musiktage Hitzacker; DGG Archiv / Naxos Classical Archives) ▪ **1964/65** TELEMANN: *Tafelmusik* (SCB; DGG Archiv) ▪ **1967** HÄNDEL: *Brockes-Passion* (Stader, Moser, Haefliger, Adam, Regensburger Domchor, SCB; DGG Archiv)

Schriften
Der Ausdruck in der Barockmusik und seine Interpretation, in: Alte Musik in unserer Zeit, Kassel / Basel 1968, S. 35–46 ▪ Erinnerungen an die Anfänge der Wiederbelebung alter Musik in den zwanziger und dreißiger Jahren, in: Historische Aufführungspraxis im heutigen Musikleben, Michaelstein/Blankenburg 1992, S. 29–33

Literatur
Der Gesamtüberblick fehlt [Interview mit Dieter Gutknecht], in: Concerto, Heft 4 (1986), S. 18–27 ▪ Dieter Gutknecht, Studien zur Geschichte der Aufführungspraxis Alter Musik, Köln ²1997 ▪ Thomas Synofzik u. a. (Hrsg.), 50 Jahre Alte Musik im WDR 1954–2004, Köln 2005 ▪ Nikolaus de Palézieux, Pionier der Alten Musik. Hans Eberhard Hoesch und die Kabeler Kammermusik, Kassel 2012

DGU

Wit, Antoni
1944 am 7. Februar in Krakau geboren, erfolgt seine musikalische Ausbildung an der staatlichen Musikhochschule seiner Heimatstadt (u. a. mit Kompositionsstudien bei Krzysztof Penderecki).
1964 debütiert er als Student bereits mit der Krakauer Staatsphilharmonie.

1967 schließt er die Dirigierklasse von Henryk Czyż mit Auszeichnung ab. Es folgen zwei Jahre als Assistent Witold Rowickis bei der Warschauer Nationalphilharmonie und Studien in Paris bei Pierre Dervaux (Dirigieren) und Nadia Boulanger (Komposition).
1969 schließt er in Krakau auch ein Jurastudium an der Jagiellonen-Universität ab.
1970–1972 dirigiert er das Sinfonieorchester in Posen; während dieser Zeit debütiert er auch an der Warschauer Oper mit Rossini und Verdi und gewinnt 1971 den Zweiten Preis beim Karajan-Dirigierwettbewerb in Berlin.
1974–1977 ist er Künstlerischer Direktor der Pommerschen Philharmonie.
1977–1983 amtiert er als Leiter des Chors und Orchesters des Polnischen Rundfunks und Fernsehens in Krakau.
1983–2000 etabliert er als Musikdirektor wie Manager das Nationale Sinfonieorchester des Polnischen Rundfunks (RSO Katowice bzw. Polish National RSO) als das international meistbeachtete polnische Orchester.
1987–1992 ist er beim Orquesta Filarmónica de Gran Canaria erstmals auch außerhalb Polens als Chefdirigent (bis 1988) und dann als fester Gastdirigent tätig; seit 2013 leitet er in Pamplona das Orquesta Sinfónica de Navarra.
2002–2013 übernimmt Wit als Chefdirigent mit der Warschauer Nationalphilharmonie das traditionell renommierteste Orchester seines Heimatlandes (sein Nachfolger wird Jacek Kaspszyk).

Antoni Wit ist ein Meister der musikalischen Flächenwirkungen: Er betont eher dasjenige, was längere Abschnitte vereinheitlicht, was die aufeinanderprallenden Affekte einander annähert. Rachmaninows 2. Klavierkonzert bietet hierfür ein besonders gutes Beispiel: In den beiden Einspielungen Wits mit Bernd Glemser und kurz darauf mit Idil Biret bleiben die exaltierten Ritardandi und akzentuierten Texturwechsel stets in einen durchgängigen Fluss eingebettet. Das Klangbild allerdings umfasst dabei als gelungene Synthese mit einem internationalen analytischen Standard auch letzte Reste einer mit allem Aplomb versehenen osteuropäischen Orchestertradition.

Innerhalb der Riege der beim Label Naxos tätigen Dirigenten kommt Wit mit dem zunächst noch in der Brillanz und Raumtiefe etwas begrenzten Klangspektrum am besten zurecht, weil es diesem »flächigen« Ansatz genau entspricht. Das ist der eine Grund, warum seine Reputation stärker gewachsen ist als die anderer »Naxos-Dirigenten« der ersten Stunde wie Theodore Kuchar oder Dmitry Yablonsky. Der zweite, wichtigere Grund dürfte sein, dass dieser klangliche Ansatz auch ein symbolisches Abbild der von Wit umfassend eingespielten polnischen Musik des 20. Jahrhunderts darstellt: Wit legt manchmal erste Sätze so an, als wären es zweite, und genau diese allmähliche Überformung des schnellen Allegro durch das mal pathetische, mal elegische Adagio dominiert auch die polnische Sinfonik von Górecki bis zu Penderecki. Bei Lutosławski werden dadurch die starken Schwankungen zwischen den stärker avancierten und den weiterhin traditionellen Stilmitteln gegeneinander vermittelt, was Wits Zyklus aller Orchesterwerke darin konkurrenzlos macht, dass nie der Eindruck entsteht, manches sei nur um der Vollständigkeit willen mit eingespielt worden. Zugleich bleiben auch Klangextreme abgebildet, wofür die im positiven Sinn völlig verrückten Orchesterstücke von Wojciech Kilar einstehen können, in denen der erfolgreiche Filmmusik-Komponist sozusagen von seinen alten Tagen als erfolgloser Avantgardist zu träumen scheint.

Für Naxos erweitert Wit sein diskografisches Spektrum um genau solche Werke, die diesem Ansatz entsprechen: Messiaens *Turangalîla-Sinfonie*, Dvořáks Requiem, Strauss' *Alpensinfonie* oder Mahlers Achte (in der Wit eine halligkirchenmusikalische Auffächerung der im Orchesterraum immer ganz unterschiedlich platzierten Solostimmen anstrebt). Vielleicht ist es ja kein Zufall, dass der nach Russland emigrierte Mieczysław Weinberg seiner 8. Sinfonie den Beinamen »Polnische Blumen« gegeben hat. Hier ist in einem Werk alles enthalten, was die polnische Musik nach 1945 und Wits Umgang mit ihr auszeichnet: Der ruhig pulsierende Beginn wird in einer eher episodischen Grundhaltung fortgeführt, und gerade, als dieses vokalsinfonische Prinzip etwas langweilig zu werden droht, überführt ein einzelner ungemein dissonanter Klang das Geschehen in eine ganz andersartige spirituelle Sphäre.

Tonträger

1991 Prokofjew: Klavierkonzerte Nr. 1–5 (Kun-Woo Paik, Polish National RSO; Naxos) ▪ **1991/92** Meyer: *Musica incrostata* / Klavierkonzert op. 46 (Pavel Gililov, RSO Katowice; Koch) ▪ **1994/95** Lutosławski: Sinfonie Nr. 2 / *Sinfonische Variationen / Kleine Suite* / Klavierkonzert (Piotr Paleczny, Polish National RSO; Naxos) ▪ **1994/97** Kilar: *Angelus / Exodus / Krzesany* etc. (Cracow Philharmonic Chorus, Polish National RSO; Naxos) ▪ **1998** Messiaen: *Turangalîla-Sinfonie / L'Ascension* (Weigel, Bloch, Polish National RSO; Naxos) ▪ **1998–2006** Penderecki: Sinfonien Nr. 1–5, 7 »Seven Gates of Jerusalem« & 8 »Lieder der Vergänglichkeit« etc. (Polish National RSO, Warsaw National PO & Choir; Naxos) ▪ **2006–2008** Szymanowski: Sinfonien Nr. 1 & 4 / Konzertouvertüre op. 12 (Warsaw National PO; Naxos) ▪ **2011** Weinberg: Sinfonie Nr. 8 »Polish Flowers« (Rafał Bartmiński, Warsaw National PO & Choir; Naxos)

HAH / JCA

Wood, Henry

1869 am 3. März in London geboren. An der Royal Academy of Music studiert er ab 1886 Klavier, Orgel, Komposition und Klavierbegleitung. Nach seinem Abschluss arbeitet er zunächst als Gesangslehrer.

1889 verzeichnet ihn die Arthur Rousbey's Touring Opera Company als Musikdirektor, es folgen weitere Stellen bei anderen Operngesellschaften und eine Zusammenarbeit mit Arthur Sullivan. Zugleich etabliert er sich in diesen Jahren als Komponist eigener Opern und Oratorien.

1892 leitet er die britische Premiere von Tschaikowskys *Eugen Onegin*.

1894 lernt er Felix Mottl bei den Bayreuther Festspielen kennen und wird daraufhin dessen Assistent für eine Serie von Wagner-Konzerten in England.

1895 dirigiert er die neu gegründeten Promenade Concerts in der Queen's Hall, die er trotz anderer Angebote über mehrere Jahrzehnte zu seiner Hauptaufgabe erhebt (und die bis heute mit seinem Namen verbunden sind).

1902 leitet er erstmalig das Sheffield Festival.

1911 wird er zum Ritter geschlagen.

1912 dirigiert er bei den Proms in einem Potpourri-Programm direkt nach Stücken von Saint-Saëns und Gounod die Uraufführung von Arnold Schönbergs Fünf Orchesterstücken op. 16.

1923 übernimmt er als Professor die Dirigierklasse an der Royal Academy of Music.

1930 leitet er die britische Premiere von Mahlers 8. Sinfonie. Seine umfangreiche Aufnahmetätigkeit für die Labels Columbia und Decca umfasst auch zeitgenössische Werke und eigene Bearbeitungen.

1944 stirbt er am 19. August in Hitchin (Hertfordshire).

Es ist fraglich, ob Hector Berlioz' Urteil über den Orchesterdirigenten am Ende seiner gleichnamigen Schrift so hart ausgefallen wäre, hätte er Henry J. Wood noch erleben können. Als äußerst disziplinierter und sich selbst in Aussehen und Technik an Arthur Nikisch anlehnender Musiker brach Wood mit weiten Teilen der bislang herrschenden Traditionen und entwickelte sich zu einem Dirigenten als Interpreten, der um den Wert guter Proben- und Schlagtechnik wusste und schon vor der eigentlichen Aufführung auf eine Verbesserung der Klangqualität des Orchesters bedacht war. So bevorzugte der »Band-Sergeant« Wood neben einem prägnanten Schlagbild einen etwa 50 Zentimeter langen Taktstock, um bei den meist nur wenigen Proben keine Zeit mit Sichtbarkeits- oder Verständigungsproblemen verschenken zu müssen. Weiterhin wurde das unästhetische Einstimmen auf der Bühne dadurch unterbunden, dass alle Musiker fortan auf dieselbe Tonhöhe stimmen mussten – und zwar teilweise vor dem Konzert hinter der Bühne, was Wood die Kontrolle jedes einzelnen Instruments ermöglichte. Zudem experimentierte er mit der bis dahin üblichen deutschen Orchesteraufstellung. Um ein besseres Zusammenspiel der Ersten und Zweiten Violinen zu ermöglichen und gleichzeitig die klanglich schwächere Tenorlage nach vorne zu holen, vertauschte er die Positionen der Zweiten Violinen und der Violoncelli und positionierte ferner die Kontrabässe als Bassgruppe hinter den Celli. Leopold Stokowski nahm diesen Ansatz später mit nach Amerika, von wo er sich im 20. Jahrhundert als »amerikanische Aufstellung« weltweit verbreitete.

Bevor Wood sich dem Dirigieren von Konzertliteratur verschrieb, etablierte er sich als Operndirigent, was sich bei seinen Einspielungen wiederholen sollte. Gioachino Rossinis Ouvertüre zu *Wilhelm Tell* in einer Aufnahme aus dem Jahr 1928 präsentiert sich in energischem Presto statt dem üblichen und geforderten Allegro vivace, was durchaus dem Trend der Zeit entspricht und in einer für Wood typischen Unnachgiebigkeit durchgehalten wird. Einsätze und Rhythmik werden mit mechanisch wirkender Präzision umgesetzt, ähnlich wie in der Einspielung von Wagners *Walkürenritt* (1935). Im Gegensatz dazu steht seine Vorliebe für slawische Musik und insbesondere für die Kompositionen Tschaikowskys, deren Schwankungen zwischen Heiterkeit und Schwermut sich bei Wood in einer großzügigen Handhabung des »tempo rubato« widerspiegeln (die man auch in Begleitungen der Sängerin Clara Butt vernehmen kann).

Edward Elgars Bedeutung für die Kompositionsgeschichte Großbritanniens lässt sich in etwa mit der von Wood für dessen Dirigiergeschichte vergleichen. Die »Proms« verbinden beide Persönlichkeiten auch über den Tod hinaus und würdigen Jahr um Jahr ihre Verdienste um die Popularität herausragender Orchestermusik.

Tonträger
1926 BEETHOVEN: Sinfonie Nr. 3 »Eroica« (New Queen's Hall Orchestra; Columbia / Beulah) ▪ **1932** LISZT: Klavierkonzert Nr. 1 (Walter Gieseking, London PO; Columbia / Naxos Historical) ▪ **1933** LITOLFF: Concerto symphonique Nr. 4 [Scherzo] (Irene Scharrer, London SO; Columbia) ▪ **1940** ELGAR: *Pomp and Circumstance* [Marches Nr. 1 & 4] (London PO; Columbia / History)

Bearbeitungen
Fantasia on British Sea Songs (BBC Concert Orchestra, Barry Wordsworth; Decca 1996) ▪ MUSSORGSKY: *Bilder einer Ausstellung* [+ weitere Orchestrationen Woods] (London PO, Nicholas Braithwaite; Lyrita 1990)

Schriften
The Gentle Art of Singing, London 1927 ▪ My Life of Music, London 1938 ▪ About Conducting, London 1945

Literatur
Rosa Newmarch, Henry J. Wood, London / New York 1904 ▪ Filson Young, More Mastersingers. Studies in the Art of Music, New York 1911 ▪ Reginald Pound, Sir Henry Wood. A Biography, London 1969 ▪ Arthur Jacobs, Henry J. Wood. Maker of the Proms, London 1994

DWI

Young, Simone

1961 am 2. März in Sydney als Tochter kroatisch-irischer Einwanderer geboren. Studiengänge in Klavier und Komposition empfindet sie als zu praxisfern (ein Diplom erwirbt sie daher nur in Klavierrepetition).

1982 leitet sie Gilbert & Sullivans *H. M. S. Pinafore* als erstes Pultdirigat, drei Jahre später dirigiert sie mit *The Mikado* ihre erste Repertoirevorstellung in Sydney (dort ist sie seit 1983 als Korrepetitorin angestellt).

1986 verleiht man ihr die Auszeichnung als »Young Australian of the Year«. Sie erhält ein Stipendium, das ihr einen Aufenthalt in Europa ermöglicht (u. a. Hospitanzen in Köln und Paris). Schließlich wird sie Solokorrepetitorin und Erste Kapellmeisterin an der Kölner Oper (ab 1991, als Assistentin von James Conlon).

1993–1995 holt Daniel Barenboim sie als Erste Kapellmeisterin an die Berliner Staatsoper; sie ist für Barenboim auch als Assistentin in Bayreuth und Paris tätig. Debüts in Wien, London und anderen Musikmetropolen folgen in rascher Folge.

1999–2002 ist sie Chefdirigentin des Bergen Philharmonic Orchestra.

2001–2003 ist sie Künstlerische Leiterin der Opera Australia in Sydney und Melbourne. Gegen ihren Rücktritt wegen unerfüllter finanzieller Forderungen formiert sich die Kampagne »Keep Simone!«.

2005 übernimmt sie das Amt als Hamburgische Generalmusikdirektorin und ist damit Intendantin der Hamburgischen Staatsoper und Chefdirigentin der Philharmoniker Hamburg (beides bis 2015).

2007–2013 ist sie Erste Gastdirigentin des Gulbenkian Orchestra in Lissabon.

2013 leitet sie in Hamburg unter dem Titel »Verdi im Visier« drei szenische Neuproduktionen der frühen Verdi-Opern *La battaglia di Legnano*, *I due Foscari* und *I Lombardi alla prima crociata*.

»Das ist kein Mann!« Siegfrieds entsetzt-überraschter Ausruf dürfte viele der frühen Auftritte von Frauen am Dirigentenpult begleitet haben (doch bis heute dürfte es in dieser Situation eher darum gehen, das unbegründete Fürchten zu verlernen). In Simone Youngs Aufnahme der Oper gehört dieser Moment zu den Höhepunkten, weil er einmal konsequent wimmernd und nicht etwa heroisch vorgetragen wird. Eine solche psychologische Differenzierung wird mit einer sehr plastischen Gestaltung der Leitmotive kombiniert, durch die auch die »Grundstimmung« der einzelnen Szenen abgebildet bleibt. Tatsächlich besitzen die Einspielungen von Simone Young generell einige spezifisch der Tradition Wagners und der deutschen Romantik verpflichtete Eigenschaften: Das Klangbild zielt auf dunkle Farbtöne und eine Verschmelzung der Register, wobei die rhythmisch pulsierenden und die melodisch führenden Stimmen nicht analytisch voneinander getrennt, sondern syntheseartig miteinander verwoben werden. In Bruckners Sinfonien wird dadurch eher der durchgängige Fluss als die Gliederung der Form herausgestellt. Die zupackend artikulierenden Bläser bleiben stets in eine Art Grundvibrieren der tieferen Klangschichten eingebettet (das am Schluss von Brahms' 2. Sinfonie besonders eindrücklich hervortritt). Simone Young verzichtet aber auf alle willkürlichen Tempoentscheidungen, die einem solchen traditionellen Klangansatz bei ihrem »Mentor« Daniel Barenboim oder auch bei Christian Thielemann den Anstrich einer bewussten »Retro-Ästhetik« verleihen. Mit Barenboim verbindet sie eher ein Bewusstsein um medial wirksame und zugleich in der Sache innovative Wege der Musikvermittlung: Im Jahr 2009 startete sie ein ungewöhnliches Projekt mit den Philharmonikern, bei dem sie vom Turm des Michel in Hamburg 100 Musiker an 50 Standorten dirigierte. In Mozarts *Così fan tutte* verblüffte sie das Berliner Publikum mit einem in die Rezitativbegleitung eingeflochtenen Beatles-Zitat (als Pianistin hat sie auch Benjamin Brittens Volkslied-Adaptionen mit Steve Davislim beim Label Melba eingespielt). Eine selbstbewusste diskografische »Außenseiterin« ist Simone Young mit diesem Klangkonzept durch ihre Lehrer und vielleicht auch durch ihre ersten Lehrjahre fernab der europäischen Musikzentren, nicht aber zwingend deswegen, weil sie kein Mann ist: Simone Young überwindet im Gegenteil bis heute bestehende und bewusst androgyne Strategien der Selbstinszenierung früher Dirigentinnen wie Ethel Leginska von der Haarlänge bis zur Höhe der Schuhabsätze (auf die in Sydney auch die Kampagne »Keep Simone!« angespielt hatte).

Tonträger
1998 HALÉVY: *La Juive* (Shicoff, Isokoski, Schörg, Todorovic, Wiener Staatsoper; RCA) ▪ 2005 HINDEMITH: *Mathis der Maler* (Struckmann, MacAllister, Anthony, Kalna, Chor der Staatsoper Hamburg, Philharmoniker Hamburg; Oehms) ▪ 2006 DEAN: Violakonzert (Brett Dean, Sydney SO; BIS) ▪ 2009 WAGNER: *Siegfried* (Franz, Foster, Struckmann, Galliard, Philharmoniker Hamburg; Oehms) ▪ 2010 BRUCKNER: Sinfonie Nr. 1 [Linzer Fassung 1865/66] (Philharmoniker Hamburger; Oehms)

Bildmedien
2008 POULENC: *Dialogues des Carmélites* (Schöne, Voulgaridou, Schukoff, Harries, Schwanewilms, Schnaut, Chor der Staatsoper Hamburg, Philharmoniker Hamburg; Arthaus)

Literatur
Ralf Pleger, Simone Young. Die Dirigentin. Ein Portrait, Hamburg 2006

Webpräsenz
www.simoneyoung.com (↪0150)

JCA

Zagrosek, Lothar

1942 am 13. November in Otting geboren. Als Kind ist er Mitglied der Regensburger Domspatzen und singt unter Georg Solti in Salzburg einen der drei Knaben in Mozarts *Zauberflöte*. Das Dirigieren studiert er u. a. in Wien bei Hans Swarowsky und in einem Meisterkurs Herbert von Karajans.

1972–1977 ist er Generalmusikdirektor in Solingen, **1977–1982** am Gemeinschaftstheater in Krefeld und Mönchengladbach.

1982–1986 ist er Chefdirigent des ORF Radio-Symphonieorchesters in Wien. Danach übernimmt er Positionen an der Pariser Oper und als Gastdirigent beim BBC Symphony Orchestra.

1990–1992 ist er Generalmusikdirektor der Oper Leipzig.

1995 beginnt seine langjährige Partnerschaft mit der Jungen Deutschen Philharmonie (bis 2014).

1997–2006 ist er Generalmusikdirektor der Staatsoper Stuttgart (dabei werden er und sein Ensemble insgesamt fünf Mal und einmal sogar drei Jahre hintereinander als Opernhaus des Jahres ausgezeichnet).

2006–2011 ist er Chefdirigent des Konzerthausorchesters in Berlin, mit dem er einige Aufnahmen für das Label Altus verwirklichen kann.

Lothar Zagrosek ist ein Dirigent, wie ihn die Musikwissenschaft schätzt. Die Aufbauarbeit an einem Opernhaus oder die Jugendförderung mit einem Orchester sind ihm wichtiger als eine umfassende mediale und merkantile Präsenz. Typisch für ihn erscheint nicht das großflächige CD-Cover, sondern die im Kleingedruckten aufgeschlüsselte Mitwirkung an einem Komponistenporträt. Manuel Hidalgos wilde und wunderbar humorvolle Orchestrierung von Beethovens *Großer Fuge* ist ein Beispiel für die Entdeckungen, die man dabei machen kann. Tatsächlich ist der überwiegende Teil von Zagroseks Aufnahmen genau solchen Entdeckungen gewidmet. Dabei erweist er sich als ein Dirigent, zu dessen Tugenden gehört, dass er sich nicht direkt in die Karten schauen lässt: Welche der vielen von ihm eingespielten Raritäten er tatsächlich schätzt, und welche er vielleicht gerade dank einer gesund skeptischen Einstellung sachgerecht wiedergibt, wird man aus den stets sorgfältigen, aber selten spektakulären (oder spektakulär andersartigen) Ergebnissen kaum ablesen können.

Die kommerzielle Tonträgerproduktion hat eine ähnliche Wertschätzung für den Dirigenten Zagrosek eigentlich nie entwickeln können. Zwei Ausnahmen aber stechen heraus: Die erste betrifft Zagroseks Beteiligung an der vom Label Decca unter dem Titel »Entartete Musik« vermarkteten Aufnahmeserie. Nun gelten zwar viele Dirigenten als neusachlich, doch die hier dokumentierte Musik der Neuen Sachlichkeit ist das Produkt weniger Jahre, deren Schlüsselwerke wie Křeneks *Jonny spielt auf* man bewusst ganz ohne romantisches Pathos spielen muss, wenn man sich zu ihnen bekennen will. Wilhelm Kienzls *Der Evangelimann* hingegen, eine spätromantische Symbiose von Kirmes- und Kirchenoper, kann man nur mit ganzem Pathos in ihrem Kitsch glaubhaft machen, und auch diese Haltung vertritt Zagrosek in seiner bekanntesten frühen Aufnahme überzeugend.

Als zweite Ausnahme ist natürlich die epochale Stuttgarter Inszenierung von Wagners *Ring des Nibelungen* zu nennen, die auf Video und vom Label Naxos auch auf CD veröffentlicht wurde. Hier sucht Zagrosek einen Mittelweg zwischen Pathos und Pathosverzicht (mit einer deutlichen Tendenz allerdings in die letztgenannte Richtung). Berühmt ist dieser »Stuttgarter Ring« für sein Konzept, die Tetralogie vier verschiedenen Regisseuren anzuvertrauen. Der Dirigent scheint dadurch eher in den Hintergrund gedrängt, von wo aus er die Regiekonzepte vereinheitlicht. Der Weg aus dem mondänen Kurort, in den die Götter-Oligarchen sich zur Machtsicherung zurückgezogen haben, in die Unterschichtenküche, in der die erhoffte Rettung in Form eines schwer erziehbaren Jugendlichen heranwächst, wird von Zagrosek beinahe »kontrapunktisch« begleitet: Er betont im *Rheingold* die »schmutzigen« Momente mit einer spürbaren Sympathie auch für die Welt Alberichs, die im einheitlichen Bühnenbild Joachim Schlömers am wenigsten abgebildet ist, während er im ersten Akt des *Siegfried* eine vorbildliche kammermusikalische Feingliedrigkeit bewahrt. Zagroseks Dirigieren wirkt dabei optisch wie eine Kombination einer ein wenig an Claudio Abbado erinnernden Physiognomie mit einer stärker kapellmeisterlich raumgreifenden Schlagtechnik – und in den besten Momenten klingt es auch so.

Tonträger
1980 KIENZL: *Der Evangelimann* (Jerusalem, Moll, Donath, Wenkel, Chor des BR, Tölzer Knabenchor, Münchner Rundfunkorchester; EMI) ▪ **1991** KŘENEK: *Jonny spielt auf* (Kruse, St. Hill, Marc, Opernchor Leipzig, Gewandhausorchester; Decca) ▪ **1994** »Tanz Grotesk«: SCHREKER: *Der Geburtstag der Infantin* / SCHULHOFF: *Die Mondsüchtige* / HINDEMITH: *Der Dämon* (Gewandhausorchester; Decca) ▪ **2001** LACHENMANN: *Das Mädchen mit den Schwefelhölzern* (Keusch, Leonard, Kammer, Staatsoper Stuttgart; Kairos) ▪ **2011** REGER: Violinkonzert / Zwei Romanzen (Tanja Becker-Bender, Konzerthausorchester Berlin; Hyperion)

Bildmedien
2002/03 WAGNER: *Siegfried* (West, Gasteen, Göhrig, Schöne, Staatsorchester Stuttgart; EuroArts)

Literatur
»… verschiedene Schichten von Präsenz«. Wagnerorchester und Wagnerregie [Gespräch mit Eckehard Kiem], in: Richard Klein (Hrsg.), Narben des Gesamtkunstwerks. Wagners *Ring des Nibelungen*, München 2001, S. 293–300
JCA

Zender, Hans

1936 am 22. November in Wiesbaden geboren; er studiert Komposition (bei Wolfgang Fortner), Klavier und Dirigieren an den Musikhochschulen in Frankfurt am Main und Freiburg im Breisgau. Zudem Studienaufenthalte an der Villa Massimo in Rom (u. a. gemeinsam mit Bernd Alois Zimmermann).
1964–1968 übernimmt er seine erste leitende Position an der Bonner Oper.
1969–1972 ist er Generalmusikdirektor der Stadt Kiel.
1971–1984 wirkt er als Chefdirigent beim Rundfunk-Sinfonieorchester Saarbrücken.
1984–1987 leitet er als Generalmusikdirektor die Hamburger Oper, die er in anhaltendem Streit vorzeitig verlässt. Danach arbeitet er als Dirigent am Opernhaus Brüssel und mit dem Radio Kammerorchester Hilversum.
1988 übernimmt er eine Professur für Komposition an der Musikhochschule Frankfurt.
1997 erhält er den Goethepreis der Stadt Frankfurt (ebenso 2002 den Hessischen Kulturpreis).
1999–2007 ist er ständiger Gastdirigent des SWR Sinfonieorchesters Baden-Baden und Freiburg.

Die Doppelexistenz als Dirigent und Komponist ist für einen Protagonisten der Neuen Musik nicht unüblich. Ungewöhnlich hingegen ist, welch zentrale Rolle bei Hans Zender in beiden Existenzen die ästhetischen Ideen der deutschen Romantik einnehmen. Eine bewusste Kritik am chronometrischen Zeitprinzip und damit auch am europäischen Fortschrittsdenken verbindet seine von asiatischer Philosophie beeinflussten Werke mit den »komponierten Interpretationen« zentraler Partituren aus dem Fundus der Romantik, deren »verfälschende« Rezeptionsgeschichte durch die Bearbeitung offengelegt werden soll; dieser für Dirigenten gebräuchliche Weg der Selbstbeschaffung von neuem Repertoire wird vom Stokowski-Sound möglichst weit entfernt angesiedelt – und erzielt dennoch zumindest im Fall der Orchesterfassung von Schuberts *Winterreise* bombastische Aufführungszahlen.

Als Dirigent Neuer Musik macht Zender Überschneidungen deutlich zwischen Außenseitern wie Giacinto Scelsi und Morton Feldman und Etablierten wie Pierre Boulez und Wolfgang Rihm. Dabei spielt vor allem das Ritualistische als Vermittlungskategorie eine Rolle: Rihms *In-Schrift*, das ein zügelloses Schlagzeug-Ostinato integriert, strahlt dennoch große Ruhe aus, Boulez' *Rituel*, wohl dessen zugänglichstes Stück, weil es beständig um einen Zentralklang kreist, wirkt bei Zender wie eine Trauerserenade über den Verlust aller heiteren Musik. Zenders etwas stärker frankophiles Verständnis der musikalischen Moderne trennt ihn von Michael Gielen, mit dem er lange eine Art Zweigestirn der Vorkämpferschaft für das Neue bildete. Saarbrücken erweist sich dabei als günstige Wirkungsstätte für dieses ästhetische Programm, in dem Debussy als eigentlicher Erfinder der Neuen Musik gelten darf (wobei man bei Zender dessen Rückbezüge auf Schumann und Wagner deutlich hören soll).

Für Schubert und Schumann sucht Zender einen eigenständigen Weg zwischen Kammer- und Riesenorchester: Der musikalische Fluss wird ganz offensiv mit einer gewissen Trägheit ausgestattet, wodurch aber die unterschwelligen Verläufe hervortreten. Gegenüber der »Fahrrinne« des großen Orchesters lässt Zender sozusagen Schumann die Perspektive des Wanderers auf dem Treidelpfad einnehmen und zeigt, dass dessen Instrumentation nicht deshalb irritiert, weil man manches nicht gut hören kann, sondern weil beständig Details hervortreten, die die Strömungsgeschwindigkeit abbremsen. Dieser »romantisch informierte« Ansatz bleibt über 25 Jahre hinweg in den Aufnahmen der 1. und der 2. Sinfonie erkennbar (Glor 2007 / CPO 1981), zum Beispiel in den beginnenden Fanfaren, die nicht strahlend, sondern prononciert phlegmatisch erklingen. Auch Beethovens Violinkonzert präsentiert Zender zusammen mit Henryk Szeryng in ganz »altmodischer« Ausphrasierung: Von allen Modernen hat Zender die größten Sympathien für eine Nostalgie zurück ins musikalische 19. Jahrhundert.

Tonträger

1975 BOULEZ: *Rituel in memoriam Bruno Maderna* etc. (RSO Saarbrücken; CPO) ▪ 1975/81 SCHUMANN: Sinfonien Nr. 4 & 2 (RSO Saarbrücken; CPO) ▪ 1982 BEETHOVEN: Violinkonzert (Henryk Szeryng, RSO Saarbrücken; CPO) ▪ 1998 RIHM: *In-Schrift* (Bamberger Symphoniker; Col Legno) ▪ 2002–2005 DEBUSSY: *Printemps / Préludes* [Auswahl, Orchestration: Zender] / *Nocturnes / Prélude à l'après midi d'un faune* (SWR SO Baden-Baden und Freiburg; Glor)

Kompositionen

Zeitströme / Kantate nach Worten von Meister Eckhart / Fünf Haiku (Lo-Shu IV) [+ Werke von Scelsi] (RSO Saarbrücken; CPO 1974–1983) ▪ *Dialog mit Haydn* (Bundesjugendorchester; DHM 1993) ▪ *Logos-Fragmente (Canto IX)* (SWR Vokalensemble Stuttgart, SWR SO Baden-Baden und Freiburg, Emilio Pomàrico; Wergo 2011)

Bearbeitungen

Schuberts »Winterreise« – Eine komponierte Interpretation (Hans Peter Blochwitz, Ensemble Modern; RCA 1994) ▪ *Schumann-Phantasie* (SWR SO Baden-Baden und Freiburg, Sylvain Cambreling; Hänssler 2005)

Schriften

Happy New Ears, Freiburg i. Br. 1991 ▪ *Wir steigen niemals in denselben Fluß*, Freiburg i. Br. 1996 ▪ *Die Sinne denken. Texte zur Musik 1975–2003*, hrsg. von Jörn Peter Hiekel, Wiesbaden 2004 ▪ *Waches Hören. Über Musik*, hrsg. von Jörn Peter Hiekel, München 2014

Literatur

Wilfried Gruhn, Zender, Hans, in: Komponisten der Gegenwart, 12./32. Nachlieferung, München 1997/2006 [Werkverzeichnis, Bibliografie, Diskografie der Kompositionen] ▪ Peter Förtig, Von Mozart bis Lachenmann. Hans Zender als Dirigent, in: Musik & Ästhetik, Heft 14 (2000), S. 99–101 ▪ Stefan Jena, Die Negation der Zeit. Zur Musik Hans Zenders, in: Hartmut Krones (Hrsg.), Struktur und Freiheit in der Musik des 20. Jahrhunderts, Wien 2002, S. 213–221 ▪ Werner Grünzweig u. a. (Hrsg.), Hans Zender. Vielstimmig in sich, Hofheim 2008 ▪ Ulrich Tadday (Hrsg.), Musik-Konzepte. Sonderband Hans Zender, München 2013

JCA

Zinman, David

1936 am 9. Juli in New York geboren; am Oberlin Konservatorium studiert er Violine sowie Komposition an der University of Minnesota, als Dirigent wird er frühzeitig gefördert von Pierre Monteux.

1964–1977 arbeitet er neben Szymon Goldberg als Dirigent des Niederländischen Kammerorchesters.

1974–1985 übernimmt er Chefpositionen beim Rochester Philharmonic Orchestra und

1979–1982 beim Rotterdam Philharmonic Orchestra.

1985–1998 hat er die Position des Music Director beim Baltimore Symphony Orchestra inne.

1992 erzielt seine Aufnahme der 15 Jahre zuvor von Ernest Bour uraufgeführten 3. Sinfonie (»Sinfonie der Klagelieder«) von Henryk Górecki den größten Chart-Erfolg in der Geschichte der »E-Musik«.

1995–2014 ist er Chefdirigent des Tonhalle-Orchesters Zürich (sein Nachfolger wird Lionel Bringuier).

1998 erfolgt die Ernennung zum Leiter der Musikkurse und des Festivals in Aspen, das er 2010 im Streit verlässt. Im Jahr 2010 etabliert er stattdessen eigene Dirigierkurse in Zürich.

2006 erhält er den alle zwei Jahre an einen Dirigenten vergebenen renommierten Theodore Thomas Award.

Die Einspielung aller Sinfonien Ludwig van Beethovens ist heute sicher nicht mehr der alles entscheidende Initiationsritus in die erste Liga der Dirigenten. Die Reputation David Zinmans allerdings scheint beinahe in die Phasen vor und nach seinem Aufsehen erregenden Beethoven-Zyklus zu zerfallen. Davor ist er ein Dirigent »neumodischer« amerikanischer Orchestermusik, deren Annäherungen an den swingenden Tonfall von Bar-Classics Zinman gewinnbringend auch auf ein Repertoirestück wie das Violinkonzert von Samuel Barber überträgt. Danach wächst seine Diskografie mit einer »altmodischen« Systematik, die (in dieser Reihenfolge) das sinfonische Werk von Strauss, Schumann, Mahler, Brahms und Schubert in zum Teil bewusst chronologisch eingespielten Gesamtzyklen erkundet.

Die Überraschung über die Qualität der Beethoven-Aufnahmen Ende der 1990er-Jahre wurde dadurch gesteigert, dass diese bei einem ausgesprochenen Low-Budget-Label erschienen. Ihre Bedeutung liegt darin, dass auf modernen Instrumenten zwei konträre Ausprägungen der Historischen Aufführungspraxis miteinander verbunden werden: Der Freiheitsverlust, der durch die Übernahme der häufig überaus raschen Metronomvorgaben Beethovens und durch den Verzicht auf jede »romantische« Agogik entsteht, wird ausgeglichen durch Freiheitszuwächse in Form einer »rhetorischen« Agogik, die auf tradierte Verzierungspraktiken zurückverweisen soll. Die Respektierung des Notentexts erfolgt in Tempi häufig an, aber nie jenseits der Grenze sinnvoller Artikuliertheit, doch zugleich darf die Oboe im Trauermarsch der *Eroica* oder auch im rezitativartigen Adagio-Takt des Kopfsatzes der 5. Sinfonie vom Notentext abweichende freie Fioriture ergänzen. Die darin abgebildete Sehnsucht nach Abwechslung scheint aber eher auf die Tatsache der hundertsten modernen als der einen imaginären historischen Aufführung zu referieren. Der eigentliche Reiz entsteht dann, wenn diese Extreme einander berühren: So wird im Kopfsatz der 4. Sinfonie der harmonische Konflikt vor der Reprise performativ im Gegensatz eines eher »authentischen« Paukenklangs und einer eher »traditionellen« Streicherbesetzung abgebildet.

Beethovens 9. Sinfonie, deren Gesamtdauer bei Zinman unter einer Stunde verbleibt, erhält eine Interpretation, in der das Davor und das Danach seines Karrierewegs gleichsam mit abgebildet scheinen: Aggressive Lässigkeit bestimmt das Klangbild, doch im (gemäß einer umstrittenen Metronomangabe) schneller genommenen Trio des Scherzosatzes entsteht ein Musterbeispiel für den Effekt, dass ein rasches Tempo den Eindruck größerer Ruhe erzeugen kann, wenn dadurch übergreifende metrische Einheiten hörbar gemacht werden. Ähnlich verhalten sich einzelne Abschnitte des Kopfsatzes zueinander: Die amerikanische Gender-Forscherin Susan McClary hat dessen Reprise als Darstellung männlicher sexueller Gewaltphantasien denunziert; bei Zinman ist das potenzielle Opfer jedoch eine Joggerin, die der romantischen Interpretationstradition der Passage mühelos davonläuft. In der Coda andererseits beeindruckt die Atmosphäre des Bedrohlichen, die Zinman vor allem mithilfe der Trillermotive der Holzbläser bewahren kann.

Wird dieser Klang auf die Sinfonien von Schubert und Schumann übertragen, so hört man in den Werken auf reizvolle Weise eine genau umgekehrte Wegstrecke: In die »romantischen« Introduktionsteile dringen die aus einem zeitlich früheren Stilhorizont abgeleiteten interpretatorischen Prinzipien und deren aggressive Akzentgestaltung allmählich ein. Bei Zinman kann man gleichsam erleben, wie Schumann seine Sinfonieanfänge als Schalen anlegt, aus denen die Allegro-Teile schlüpfen. Die Grenzen der Übertragung dieses Klangs auf immer größer besetzten Werke sind aber spätestens in Mahlers 8. Sinfonie erreicht. Der Mahler-Zyklus insgesamt beruht auf der Strategie, die Ecksätze durch langsame Grundtempi episch in die Fläche ausfließen zu lassen, während die Genremusiken der Mittelsätze eher objektiviert werden. Als grundlegende Tendenz wird dabei oftmals der Affekt des Finalsatzes auf die gesamte Sinfonie übertragen: So legt Zinman eine von vornherein beinahe konfliktfreie Fünfte und eine mehr erhebende als kämpferische *Auferstehungssinfonie* vor.

Bei Richard Strauss steht noch deutlicher ein klangliches Diätprogramm im Vordergrund. Die Rezeption der Aufnahmen war daher einigermaßen berechenbar: Wo die Überzuckerung des Originals auszugleichen ist, wird Zinmans Ansatz begrüßt, doch wo die reduzierte Dosis nicht notwendig erscheint, vermisst man die volle. Eine ganz eigenartige Konzeption findet Zinman dabei für *Also sprach Zarathustra*: Nach dem allzu oft in anderen Kontexten gehörten Beginn erfolgt die allmähliche Entdeckung der Leere, ja Langeweile dieser C-Dur-Fanfare, die sich gleichsam eine Musik erträumt, in der sie als musikalisches Motiv ernst genommen werden kann. So entsteht ein Richard Strauss für die Gebildeten unter seinen Verächtern.

Zinmans heutige Reputation verdankt sich einer Podiumspräsenz, die erneut als glückliche Kombination verschiedener Einflüsse beschrieben werden könnte: Eine amerikanische Zugänglichkeit, die auf locker vorgetragene, ebenso einfache wie schlagende Sprachbilder zur Erklärung zurückgreift, ergänzt sich durch eine ganz althergebrachte Befähigung, vieles auch aus den Handbewegungen nonverbal kommunizieren zu können. Beides kann man in der Dokumentation *Going Against Fate* erleben. Zum Konzert zu seinem 75. Geburtstag kamen neben vielen anderen Alfred Brendel und Julia Fischer – was mit diesem Treffen der Generationen in Zürich gefeiert wurde, war ein auf Kontinuität setzendes Arbeitsmodell, das besonders häufig umgekehrt von europäischen Dirigenten mit amerikanischen Orchestern gepflegt wurde. Gemäß diesem Modell aber ist Produktivität bis ins hohe Alter nicht nur möglich, sondern beinahe verpflichtend.

Tonträger

1990 TORKE: »Color Music«: *Green / Ash / Bright Blue Music* etc. (Baltimore SO; Argo/Decca/Ecstatic) ▪ **1991** GÓRECKI: Sinfonie Nr. 3 »Sinfonie der Klagelieder« (Dawn Upshaw, London Sinfonietta; Nonesuch) ▪ **1996** BARBER/WALTON: Violinkonzerte / BLOCH: *Baal Shem* (Joshua Bell, Baltimore SO; Decca) ▪ **1998** BEETHOVEN: Sinfonien Nr. 3 »Eroica« & 4 (Tonhalle-Orchester; Arte Nova / Sony) ▪ **2000/03** STRAUSS: Serenade op. 7 / Romanze op. 13 / *Don Quixote* (Thomas Grossenbacher, Tonhalle-Orchester; Arte Nova) ▪ **2001** BEETHOVEN: *Missa solemnis* (Orgonášová, Larsson, Trost, Selig, Schweizer Kammerchor, Tonhalle-Orchester; Arte Nova) ▪ **2003** SCHUMANN: Sinfonien Nr. 1–4 (Tonhalle-Orchester; Arte Nova) ▪ **2006** MAHLER: Sinfonie Nr. 3 (Birgit Remmert, Tonhalle-Orchester; RCA) ▪ **2011** SCHUBERT: Sinfonien Nr. 1 & 2 (Tonhalle-Orchester; RCA)

Bildmedien
Going Against Fate (Dokumentation von Viviane Blumenschein; RCA 2008)

JCA

Zweden, Jaap van

1960 am 12. Dezember in Amsterdam geboren.
1977 gewinnt er den Oskar-Back-Violinwettbewerb und studiert in New York an der Juilliard School, wo er von Dorothy DeLay unterrichtet wird.
1980 wird er jüngster Konzertmeister in der Geschichte des Concertgebouworkest (bis 1997).
1996–2000 übernimmt er ein Jahr nach dem Beginn seiner Dirigentenkarriere das Netherlands Symphony Orchestra in Enschede.
1997 gründet er gemeinsam mit seiner Frau die »Papageno Foundation« (aktiv seit dem Jahr 2000), die autistische Kinder u. a. mittels Musiktherapie unterstützt.
2000–2005 leitet er das Residentie Orkest in Den Haag.
2005–2011 hat er die Position des Chefdirigenten beim Netherlands Radio Philharmonic Orchestra in Hilversum inne, er bleibt nach seinem Weggang dem Orchester als Ehrendirigent verbunden.
2008–2011 leitet er das Royal Flemish Philharmonic Orchestra in Antwerpen.
2008 wird er Music Director des Dallas Symphony Orchestra (mit Vertrag bis 2019).
2012 übernimmt er als Chefdirigent das Hong Kong Philharmonic Orchestra.
2013 springt er für den erkrankten Mariss Jansons bei den Berliner Philharmonikern ein.

Fragt man Jaap van Zweden nach seinen dirigentischen Einflüssen, so erzählt er von seiner Zeit als Konzertmeister des Amsterdamer Concertgebouworkest. Dort habe er sozusagen jede Woche einen neuen Meisterkurs erhalten, von Legenden wie Georg Solti, Bernard Haitink oder Leonard Bernstein. Letzterer war es auch, der van Zweden im Jahr 1990 erstmals zum Dirigieren ermunterte, und führt man sich seine Entwicklung der letzten zehn Jahre vor Augen, so ist mit seiner bescheidenen Erscheinung bereits eine ganze Kette an internationalen Visitenkarten verbunden.

Und doch sollte man Jaap van Zweden nicht für einen Shootingstar halten: Seine aufstrebende Karriere bietet zwar derartige Assoziationen an, doch seine musikalische Ausbildung ist zu intellektuell gereift, um sich in Allüren zu verlieren. Er trägt stets mehrere plausible Handschriften in sich, ohne eklektizistisch zu sein. Bruckners monumentale 8. Sinfonie zum Beispiel klingt unter seiner Leitung ein bisschen nach Bernard Haitink, entfaltet aber zugleich fern jeder Stilkopie ihr eigenes dichtes Klanggeflecht, das die diversen Themenköpfe anschaulich miteinander verknüpft. Sein Mozart – etwa die Klavierkonzerte mit David Fray – ist fern jeder Romantisierung von einer kammermusikalischen Liebe zum Detail getragen, die jeden Takt auskostet, und bleibt doch zugleich im großen Bogen strukturiert. Verknüpft werden beide Ansätze in seinen Aufnahmen von Tschaikowskys 4. und 5. Sinfonie: Mit straffen Tempi und klarer Klangformung regt er sein Orchester aus Dallas zu kompakter Wucht an, die gebündelten Energien entladen sich in herausfahrenden Klanggesten.

Tonträger
2007 HAYDN: Sinfonien Hob. I:92 »Oxford«, 94 »Paukenschlag« & 97 (Netherlands Radio Chamber Philharmonic; Exton) ▪ **2009/10** TSCHAIKOWSKY: Sinfonie Nr. 4 / Suite Nr. 4 »Mozartiana« (Dallas SO; DSO Live) ▪
2010 BRITTEN: *War Requiem* (Dobracheva, Griffey, Stone, Netherlands Radio PO & Choir; Challenge) ▪
2010 WAGNER: *Parsifal* (Vogt, Struckmann, Holl, Dalayman, Netherlands Radio PO & Choir; Challenge) ▪
2011 BRUCKNER: Sinfonie Nr. 8 [Version 1890, Ed. Nowak] (Netherlands Radio PO; Challenge) ▪ **2011** STUCKY: *August 4, 1964* (Mahajan, Jepson, Rideout, Gilfry, Dallas SO & Chorus; DSO Live)

Bildmedien
2010 MOZART: Klavierkonzerte Nr. 22 Es-Dur KV 482 & 25 C-Dur KV 503 [+ David Fray Records Mozart; Dokumentation von Bruno Monsaingeon] (David Fray, PhO; Virgin 2010)

Webpräsenz
www.jaapvanzweden.com (↦0151)

AGU

Der Dirigent und sein Umfeld

Dirigieren ist mehr als das bloße Koordinieren von Musikern. Was darüber hinaus auf das künstlerische Ergebnis einwirkt, ist nur selten Thema von Dirigier-Lehrbüchern und des Dirigier-Unterrichts.

Wolfgang Hattinger schildert diese »weichen« Aspekte des Dirigierens, mit denen jeder Künstler im Laufe seines Berufslebens in Berührung kommt.
Dargestellt und hinterfragt werden die vielfältigen und weit über das rein Musikalische hinausgehenden Vermittlungsebenen zwischen Dirigent und Publikum, dem Orchester, den Medien, der Ästhetik, der Partitur und der Spiritualität.

Aus dem Inhalt
- **Musikhistorische Entwicklungen am Beispiel einiger berühmter Dirigenten-Persönlichkeiten**
- **Zur Freiheit der Interpretation im modernen Sinne**
- **Wie entschärft man Konflikte mit Orchestermusikern?**
- **Macht und Ohnmacht des Dirigenten**
- **Mythen rund um das Dirigieren**

Ein Blick hinter die Kulissen des Musikbetriebs

▶ Leseprobe im Internet

Wolfgang Hattinger
Der Dirigent

Macht – Mythos – Merkwürdigkeiten

320 Seiten mit 25 Schwarz-Weiß-Abbildungen; kartoniert
ISBN 978-3-7618-2298-2

Koproduktion mit dem Verlag
J. B. Metzler, Stuttgart

www.baerenreiter.com

Ein einzigartiges Nachschlagewerk

für Kenner und Liebhaber der Klaviermusik

Ingo Harden · Gregor Willmes
PianistenProfile

600 Interpreten:
ihre Biografie,
ihr Stil,
ihre Aufnahmen

Unter Mitarbeit von
Peter Seidle (2008).
798 Seiten mit über 100
Abbildungen; geb.
ISBN 978-3-7618-1616-5

Das Handbuch porträtiert
über 600 Pianisten des
20. und 21. Jahrhunderts
mit den wichtigsten bio-
grafischen Informationen
und Diskografien und
beschreibt deren pianis-
tisches Profil in anschaulicher und allgemein-
verständlicher Weise.

Die Autoren verstehen es,
mit der profunden und
unbestechlichen Kenntnis der Musik-
und CD-Kritiker jedem Künstler gerecht
zu werden, indem sie seine pianistische
Philosophie herausarbeiten.

Das Buch ist unverzichtbar für Pianisten,
Klaviermusikfreunde, Klavierlehrer,
Journalisten und Redakteure, kurz:
für alle, die mehr wissen wollen
über die Protagonisten
einer faszinierenden Kunst.

Bärenreiter
www.baerenreiter.com

▶ Leseprobe im Internet

Udo Bermbach
Houston Stewart Chamberlain
Wagners Schwiegersohn – Hitlers Vordenker
2015, IV, 636 Seiten, 46 s/w Abb.,
geb. m. Schutzumschlag € 39,95
ISBN 978-3-476-02565-4

Houston Stewart Chamberlain (1855–1927) war einer der wirkungsmächtigsten Publizisten im Deutschen Kaiserreich. Sein Buch *Die Grundlagen des 19. Jahrhunderts* wurde ein Weltbestseller. Der Schwiegersohn Richard Wagners und Vertraute Cosimas war der führende Kopf Bayreuths. Die Nazis erklärten ihn zu ihrem Vordenker. Doch sein Denken ging über solche Verengung hinaus, wie seine erfolgreichen Bücher zu Kant, Goethe und zur Theologie belegen. Der studierte Biologe Chamberlain entwarf eine Weltanschauung aus verschlanktem Christentum, klassischer Bildung, Antisemitismus und Rassismus und erleichterte damit Teilen des Bürgertums den Weg zum Nationalsozialismus. Die hier vorgelegte erste deutsche Werkbiographie will Leben und Weltanschauung im historischen Kontext aufschließen und so zum Verstehen eines wichtigen Abschnitts deutscher Geschichte beitragen.

info@metzlerverlag.de
www.metzlerverlag.de

J.B. METZLER